Anforderungsbereich III (Reflexion und Problemlösung)

Er umfasst den kritischen und reflektierten Umgang mit neuen Problemstellungen, den eingesetzten Methoden und den gewonnenen Erkenntnissen. Ziel sind eigenständige Begründungen, Folgerungen, Deutungen und Wertungen.

beurteilen	den Stellenwert von Sachverhalten oder Prozessen in einem Zusammenhang → *überprüfen*, um kriterienorientiert zu einem begründeten Sachurteil zu gelangen
entwickeln	zu einem Sachverhalt oder zu einer Problemstellung eine Einschätzung, ein konkretes Lösungsmodell, eine Gegenposition oder ein Lösungskonzept inhaltlich weiterführend und / oder zukunftsorientiert darlegen
erörtern	zu einer vorgegebenen Problemstellung eine reflektierte, abwägende Auseinandersetzung führen und zu einem begründeten Sach- und / oder Werturteil kommen
interpretieren	Sinnzusammenhänge aus Quellen erschließen und eine begründete Stellungnahme abgeben, die auf einer Analyse (→ *analysieren*), Erläuterung (→ *erläutern*) und Bewertung beruht
Stellung nehmen	Beurteilung (→ *beurteilen*) mit zusätzlicher Reflexion individueller, sachbezogener und / oder politischer Wertmaßstäbe, die Pluralität gewährleisten und zu einem begründeten eigenen Werturteil führen
überprüfen	Inhalte, Sachverhalte, Vermutungen oder Hypothesen auf der Grundlage eigener Kenntnisse oder mithilfe zusätzlicher Materialien auf ihre sachliche Richtigkeit bzw. auf ihre innere Logik hin untersuchen

Übergreifende Aufgaben

Sie umfassen themen-, modul- oder semesterübergreifende Aufgaben auf der Grundlage der Anforderungsbereiche I bis III.

Weitere kompetenzorientierte Aufgaben

Sie vernetzen Materialien miteinander oder regen kreative Ergebnis- und Präsentationsformen an.

Jasmin Eller 11
Gymnasium Oedeme

BUCHNERS KOLLEG

GESCHICHTE

Ausgabe Niedersachsen
Abitur 2019

C.C.Buchner

Buchners Kolleg Geschichte
Ausgabe Niedersachsen
Abitur 2019

Unterrichtswerk für die Oberstufe

Bearbeitet von Nikolaus Barbian, Boris Barth, Klaus Dieter Hein-Mooren, Stephan Kohser, Maximilian Lanzinner, Ulrich Mücke, Oliver Näpel, Jochen Oltmer, Thomas Ott, Reiner Schell, Jürgen Weber, Stefanie Witt und Hartmann Wunderer unter Mitarbeit von Thomas Ahbe, Jana Bretschneider, Harald Focke, Thoralf Klein und Sabine Panzram

Zu diesem Lehrwerk ist erhältlich:
Lehrermaterial auf CD-ROM (ISBN 978-3-661-**32032**-8)
Weitere Materialien finden Sie unter: www.ccbuchner.de

Dieser Titel ist auch als digitale Ausgabe unter www.ccbuchner.de erhältlich.

1. Auflage, 1. Druck 2017
Alle Drucke dieser Auflage sind, weil untereinander unverändert, nebeneinander benutzbar.

Dieses Werk folgt der reformierten Rechtschreibung und Zeichensetzung. Ausnahmen bilden Texte, bei denen künstlerische, philologische oder lizenzrechtliche Gründe einer Änderung entgegenstehen.

Auf verschiedenen Seiten dieses Buches finden sich Mediencodes. Sie enthalten optionale Unterrichtsmaterialien und/oder Verweise (*Links*) auf Internetadressen. Haftungshinweis: Trotz sorgfältiger inhaltlicher Kontrolle wird die Haftung für die Inhalte externer Seiten ausgeschlossen.

Redaktion: Stefanie Witt
Korrektorat: Kerstin Schulbert
Layout, Satz und Umschlaggestaltung: ARTBOX Grafik und Satz GmbH, Bremen
Karten und Grafiken: ARTBOX Grafik und Satz GmbH, Bremen
Druck und Bindung: Firmengruppe Appl, aprinta Druck, Wemding

www.ccbuchner.de

ISBN 978-3-661-**32031**-1

Inhalt

1. Krisen, Umbrüche und Revolutionen

2. Wechselwirkungen und Anpassungsprozesse in der Geschichte

3. Wurzeln unserer Identität

4. Geschichts- und Erinnerungskultur

5. Abiturvorbereitung

Anhang

▸ **Geschichte In Clips:**
Auf unserer Homepage (www.ccbuchner.de) befinden sich Filmausschnitte zu Ereignissen, die in diesem Buch behandelt werden. Geben Sie dazu in das Suchfeld unserer Internetseite den im Buch genannten Code ein.

Mit „Buchners Kolleg Geschichte“ lernen und arbeiten

Das vorliegende Werk ist ein **Lern- und Arbeitsbuch.** Verfassertexte und Materialien liefern eine solide Grundlage für die systematische Vorbereitung auf das niedersächsische Abitur.

▸ Einführungsseiten

leiten mit **problemorientierten Fragen** 1 und **charakteristischen Bildern** 2 in die vier Rahmenthemen ein.

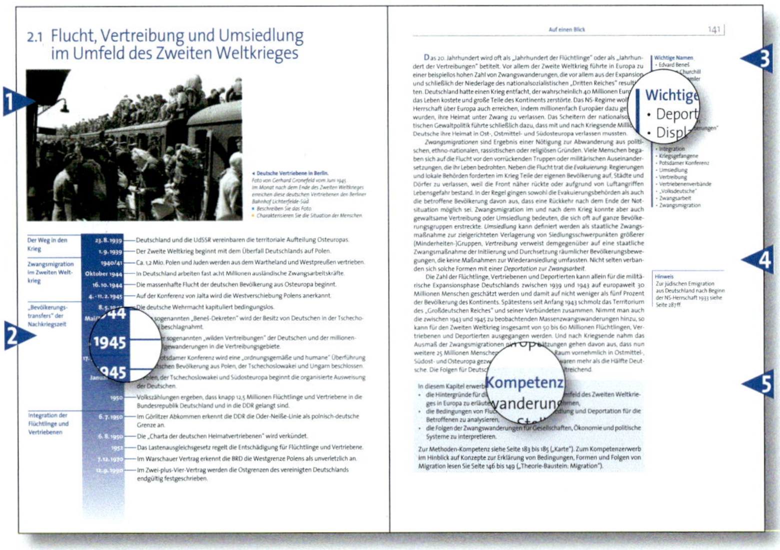

◂ Orientierungsseiten

informieren überblicksartig über die Themen der **Pflichtmodule** bzw. der **Wahlmodule**. Die Doppelseite umfasst ein **Auftaktbild** 1, eine **Chronologie** mit zentralen Daten und Fakten 2, **wichtige Namen und Begriffe** des Kapitelthemas 3, einen **Überblickstext** 4 und die **Kompetenzerwartungen** 5 des Lehrplans.

▸ Darstellungen/Verfassertexte

vermitteln ein Verständnis für historische Zusammenhänge und Strukturen. Sie sind mit den Materialien vernetzt (▸ M1).

Die Randspalte enthält einen Hinweis auf „**Geschichte In Clips**“ 1, weiterführende **Lese-, Internet- und Filmtipps** 2 sowie **Namens- und Begriffserläuterungen** 3. Um auf die Filmclips und die Internettipps zuzugreifen, geben Sie bitte in das Suchfeld auf unserer Internetseite (www.ccbuchner.de) den im Buch genannten Code ein.

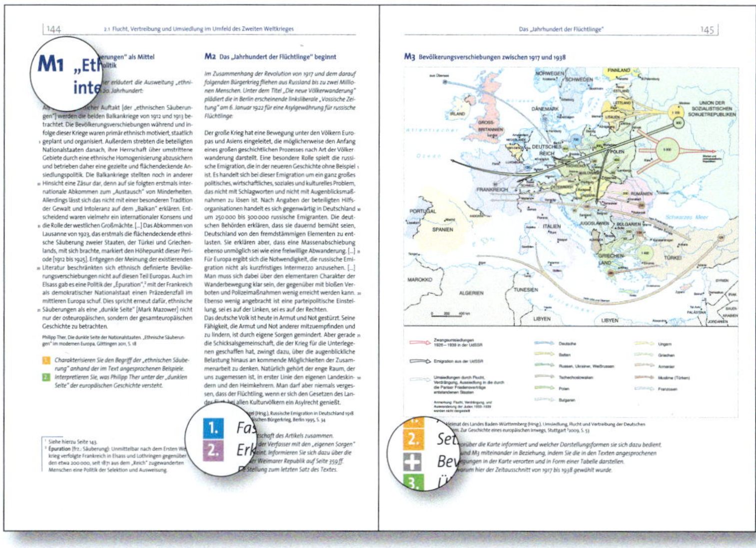

◀ Materialien

veranschaulichen und vertiefen einzelne Aspekte, stellen kontroverse Sichtweisen dar und berücksichtigen alle relevanten Gattungen.

◀ Arbeitsaufträge

sind farblich gekennzeichnet. Sie verwenden die **„Operatoren"** der drei Anforderungsbereiche des Zentralabiturs. Themen-, modul- und semesterübergreifende Aufgaben sowie weitere kompetenzorientierte Arbeitsvorschläge sind zusätzlich ausgewiesen. Siehe hierzu ausführlich die Angaben vorne im Buch.

▶ Theorie-Bausteine

behandeln exemplarisch **historische Theorien und Erklärungsmodelle** und vernetzen die Module durch Querverweise und Arbeitsvorschläge miteinander.

▶ Methoden-Bausteine

erläutern spezifische **historische Arbeitstechniken** an einem konkreten Beispiel. Ergänzt wird dies hinten im Buch durch eine Übersicht **Methoden wissenschaftlichen Arbeitens**.

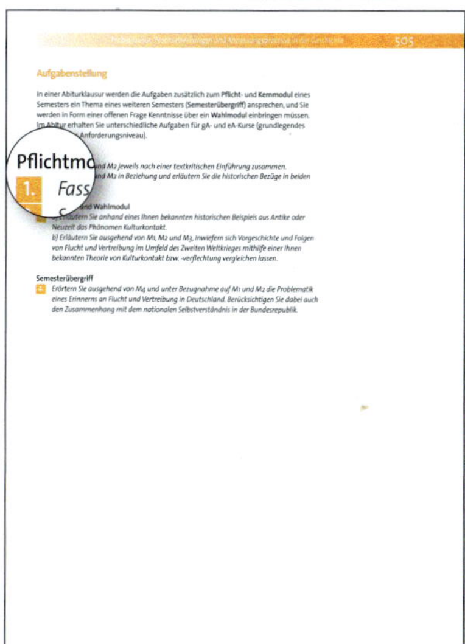

◀ Kompetenzen testen

Mit einem **Rätsel** 1 und **handlungsorientierten Arbeitsaufträgen** 2 lassen sich die angeeigneten **Kompetenzen** testen. Eine Abbildung zur **Geschichts- und Erinnerungskultur** 3 rundet die Seite ab.

◀ Probeklausur

Mithilfe der Klausuren kann das erworbene **Wissen zu den Rahmenthemen** angewendet und überprüft werden. Praktische **Hinweise zur Bearbeitung von Klausuren** stehen hinten im Buch (siehe Seite 496).

1. Krisen, Umbrüche und Revolutionen

- Welche Entwicklungen führten zu Krisen und Umbrüchen im Spätmittelalter, im absolutistischen Frankreich und in der DDR?
- Unter welchen Bedingungen kann im Zuge von politischen, gesellschaftlichen und wirtschaftlichen Umbrüchen von Revolutionen gesprochen werden?
- Welche politischen, religiösen, sozialen und geistigen Rahmenbedingungen lassen sich für die reformatorische Bewegung des 16./17. Jahrhunderts anführen? Welche Veränderungen brachte die Reformation mit sich?

1.1 Von den Krisen des Spätmittelalters bis zur Reformation

◂ **„Tanz der Gerippe."**
Kolorierter Holzschnitt von Michael Wolgemut aus der „Schedel'-schen Weltchronik", 1493, Nürnberg.
Die „Weltchronik" des Nürnberger Arztes Hartmann Schedel (1440-1514) gliedert sich in sogenannte sieben Weltalter. Der hier abgebildete Holzschnitt stammt aus dem siebenten Weltalter, welches sich mit dem Ende der Welt und dem Jüngsten Gericht beschäftigt.

- *Charakterisieren Sie die dargestellte Szene.*
- *Recherchieren Sie im Internet oder in Lexika den Begriff „Totentanz". Entwickeln Sie anschließend Hypothesen, warum sich „Totentanz-Motive" im Spätmittelalter herausbildeten.*

Soziale und wirtschaftliche Krisen im Spätmittelalter	seit etwa 1310	Das Klima verschlechtert sich; die „Kleine Eiszeit" beginnt.
	1347-1352	Eine erste große Pestwelle zieht über Europa; sie führt zu einem dramatischen Rückgang der Bevölkerung. An vielen Orten finden Judenverfolgungen statt.
	14./15. Jh.	In Europa kommt es zu einer Krise der Landwirtschaft (Agrarkrise).
Renaissance und Frühkapitalismus	1350-1600	Mit der Renaissance beginnen Denken, Wissenschaft und Kunst der Neuzeit.
	14.-15. Jh.	In den Städten kämpfen Gruppen der Einwohnerschaft um Macht und Verfassung.
	um 1450	Johannes Gutenberg erfindet in Mainz den Buchdruck mit beweglichen Lettern.
	um 1500	Handelshäuser entstehen; der Frühkapitalismus beginnt.
Reichsreform	1495	Auf dem Reichstag in Worms wird eine Reform des Reiches verkündet.
Reformation und Bauernkrieg	31.10.1517	Martin Luther protestiert in Briefen an die Bischöfe gegen den Ablass; die Reformation beginnt.
	1524-1526	Die Erhebung der Bauern (Bauernkrieg) wird blutig niedergeschlagen.
	25.6.1530	In der „Confessio Augustana" legen die evangelischen Reichsstände ihr Bekenntnis fest.
Konfessionalisierung	ab etwa 1530	England, Skandinavien und der größte Teil des Reiches trennen sich von der römisch-katholischen Kirche und führen neue Kirchenordnungen ein.
	ab etwa 1550	Der Calvinismus breitet sich in Europa aus.
	25.9.1555	Der Augsburger Religionsfrieden bestätigt die Glaubensspaltung. Die Landesfürsten bestimmen von nun an die Konfession ihrer Untertanen nach dem Grundsatz: „Cuius regio, eius religio" („Wessen das Land, dessen die Religion").
Dreißigjähriger Krieg	1618-1648	Aus einem konfessionellen Konflikt entsteht der Dreißigjährige Krieg; er endet mit dem Westfälischen Frieden.

In der Geschichtswissenschaft gilt das Spätmittelalter, vor allem das 14. Jahrhundert, als eine Epoche voller Krisen. Der Klimawandel, die *Pest*, häufige Kriegsverwüstungen und immer wiederkehrende Missernten und Hungersnöte hatten hohe Bevölkerungsverluste zur Folge und riefen religiöse Zweifel, soziale Ängste und politische Unsicherheiten hervor. Andererseits erhielten die Bürger der Städte mehr Mitbestimmungsrechte. Kaufleute konnten zu Unternehmern werden, die nicht nur mit Waren handelten, sondern auch für ihre Produktion und ihren Vertrieb sorgten. Zudem gewannen die Fürsten immer mehr Einfluss auf die Könige und das Reich.

Die Krisen und der Wandel hatten – trotz eines allgemeinen religiös bestimmten Krisenbewusstseins der Zeit – nicht zu einem tief greifenden Umbruch, zu keiner Revolution, sondern zu zahlreichen politischen, rechtlichen, wirtschaftlichen und kulturellen Modernisierungsprozessen geführt. Einen Umbruch brachte erst die *Reformation* im 16. Jahrhundert, die eine Glaubensreform zum Ziel hatte und in einer Spaltung der katholischen Kirche endete. Vorbereitet worden war dieser Umbruch in dem Jahrhundert zuvor.

Um das Spätmittelalter zu verstehen, gilt es zu untersuchen, was die Krisen und den Wandel ausgelöst hat und welche Veränderungen sie eingeleitet haben.

In diesem Kapitel erwerben Sie die **Kompetenz**,
- wirtschaftliche, soziale und religiöse Krisen des Spätmittelalters zu charakterisieren und zu beurteilen,
- (Krisen-)Bewältigungsstrategien und ihre Folgen zu beschreiben und zu analysieren,
- Modernisierungsschübe wie die Renaissance und den Frühkapitalismus zu erläutern,
- Voraussetzungen, Verlauf und Auswirkungen der Reformation im Reich und Europa wiederzugeben und zu erörtern.

Zur Methoden-Kompetenz siehe Seite 35 bis 37 („Bildquelle – ‚Die vier apokalyptischen Reiter' von Dürer"). Zum Kompetenzerwerb im Hinblick auf Theorien und Modelle zu Umbruchsituationen lesen Sie Seite 20 bis 22 („Theorie-Baustein: Krise").

Wichtige Namen
- Johannes Calvin
- Albrecht Dürer
- Erasmus von Rotterdam
- Jakob II. Fugger
- Johannes Gutenberg
- Jan Hus
- Karl V.
- Nikolaus Kopernikus
- Leonardo da Vinci
- Martin Luther
- Philipp Melanchthon
- Thomas Müntzer
- John Wyclif
- Ulrich Zwingli

Wichtige Begriffe
- Ablass
- Agrarkrise
- Augsburger Religionsfrieden
- Bann
- Bauernkrieg
- Confessio Augustana
- Frühkapitalismus
- Fürstenreformation
- Humanismus
- „Kleine Eiszeit"
- Konfessionalisierung
- Landeskirche
- Medienrevolution
- Partizipationsbewegungen
- Pest
- Reformation
- Reichsacht
- Reichsreform
- Renaissance
- Volksfrömmigkeit
- Volksreformation

Soziale und wirtschaftliche Krisen im Spätmittelalter

	1000	1340	1450
Iberische Halbinsel	7,0	9,0	7,0
Frankreich	6,0	19,0	12,0
Italien	5,0	9,3	7,5
Britische Inseln	1,7	5,0	3,0
Deutsches Reich und Skandinavien	4,0	11,6	7,5
Insgesamt	23,7	53,9	37,0

▲ **Die Bevölkerung Europas (geschätzt in Millionen Einwohner).**
Franz Irsigler, Artikel „Bevölkerung", in: Lexikon des Mittelalters, Bd. 2, Stuttgart/Weimar 1999, S. 14

Ende einer Wachstumsperiode Anfang des 14. Jahrhunderts ging in Europa eine lange Periode des Wachstums zu Ende. Riesige Wälder waren gerodet und für die Landwirtschaft erschlossen worden. Das Klima hatte für gute Ernten gesorgt und die Bevölkerung wuchs zwischen 1000 und 1300 um mehr als das Doppelte. Alte Städte waren ausgebaut und viele neue gegründet worden. Davon hatten sich einige zu Zentren von Handel und Wirtschaft entwickelt. Trotzdem wohnten immer noch 80 bis 90 Prozent der Menschen auf dem Lande. Sie lebten von der Landwirtschaft. Die großen Höfe versorgten aber längst nicht mehr nur die **Grundherren** und ihre Hörigen, sondern produzierten Überschüsse. Sie wurden auf den lokalen Märkten gewinnbringend verkauft. Münzgeld hatte sich als Zahlungsmittel durchgesetzt und im Fernhandel gab es bereits einen bargeldlosen Zahlungsverkehr.

Wie schnell diese Wachstumsperiode enden konnte, wurde im 14. Jahrhundert deutlich. Seit 1310 verschlechterte sich das Klima. Eine **„Kleine Eiszeit"** mit langen kalten Wintern und extrem nassen Sommern begann. Dieser Klimawandel führte schon in den ersten Jahrzehnten des 14. Jahrhunderts zu Ernteausfällen, Teuerungen und Hungersnöten. Die Bevölkerungszahl sank. Nördlich der Alpen kamen weitere Katastrophen wie die Heuschreckenplagen von 1338 und 1363, die Erdbeben von 1348 und 1356, das „Jahrhunderthochwasser" von 1342 sowie die Sturmflut vom 16. Januar 1362 an der Nordseeküste dazu, die Sylt und Föhr zu Inseln machte. Sie alle zusammen forderten Hunderttausende Menschenleben, zerstörten Ackerflächen, Dörfer und Städte und trugen zu Teuerungen und Hunger bei. Zahlreiche **Fehden** und Kriegszüge vergrößerten noch die Folgen der *Naturkatastrophen* (▸ M1).

Die Pest Den größten Krisenfaktor stellte jedoch die als „Schwarzer Tod" bezeichnete *Pest* dar. Die Seuche kam aus Asien und verbreitete sich zwischen 1347 und 1352 wie ein Lauffeuer über ganz Europa. Auch danach brach sie immer wieder aus und nur wenige Regionen blieben von ihr ganz verschont. Schätzungen gehen davon aus, dass insgesamt etwa ein Drittel der europäischen Bevölkerung an den Folgen der Pest starb.
Die Zeitgenossen kannten die tatsächlichen Ursachen der Pest noch nicht. Sie wurde hauptsächlich durch Flöhe übertragen und traf am wenigsten die, die am saubersten lebten. Die zeitgenössische Medizin ging davon aus, dass die Krankheit durch ungesunde Dämpfe verursacht worden sei, und empfahl zum Beispiel, Duftkräuter zu verbrennen. Andere Berichte machten ungünstige Planetenkonstellationen oder die Strafe Gottes für die sündigen Menschen für das Massensterben verantwortlich.

Die Katastrophe beeinflusste das Denken und Fühlen der Menschen und trug zu einer Krise des Zusammenlebens bei (▸ M2 und M3). Wer konnte, zog sich aus dem öffentlichen Leben zurück. Es gab auch Personen, die halfen. Sie pflegten Kranke oder begruben die Toten, obwohl sie wussten, dass sie dabei ihr Leben riskierten.

Zahlreiche Gläubige schlossen sich auch der schon vor der Pest entstandenen *Flagellantenbewegung* (von. lat. *flagellare*: schlagen, geißeln) an. In Gruppen von bis zu 1 000 Personen zogen die „Geißler" singend und sich selbst schlagend für 33 1/2 Tage (= Lebensjahre Christi) von Stadt zu Stadt (▸ M4). Mit ihrer Selbsterniedrigung und Selbstverletzung wollten sie für ihre Sünden öffentlich büßen, um so das Erbarmen

Grundherren: Sie übergaben Teile ihres Landbesitzes an Bauern zur Bewirtschaftung. Diese mussten ihnen dafür einen Teil der Erträge abliefern und Dienste leisten. Die Grundherren gewährten den Bauern Schutz und Hilfe und durften über sie bei einfachen Straftaten richten.

„Kleine Eiszeit": Klimaphase vom 14. bis zum ausgehenden 18. Jahrhundert, die durch niedrigere Temperaturen gekennzeichnet war. Die Durchschnittstemperatur sank um zwei Grad.

Fehde (mhd. *vehede*: Feindschaft, Streit): Seit dem 12. Jahrhundert waren Fehden als Form rechtlicher Auseinandersetzungen zugelassen. Adel, Bauern, Fürsten und Städte griffen zu dem Mittel, um ihre Rechte mit Gewalt durchzusetzen. Sie waren an bestimmte Regeln gebunden. Häufig wurde der Besitz des Gegners durch Brandstiftung und Raub geschädigt.

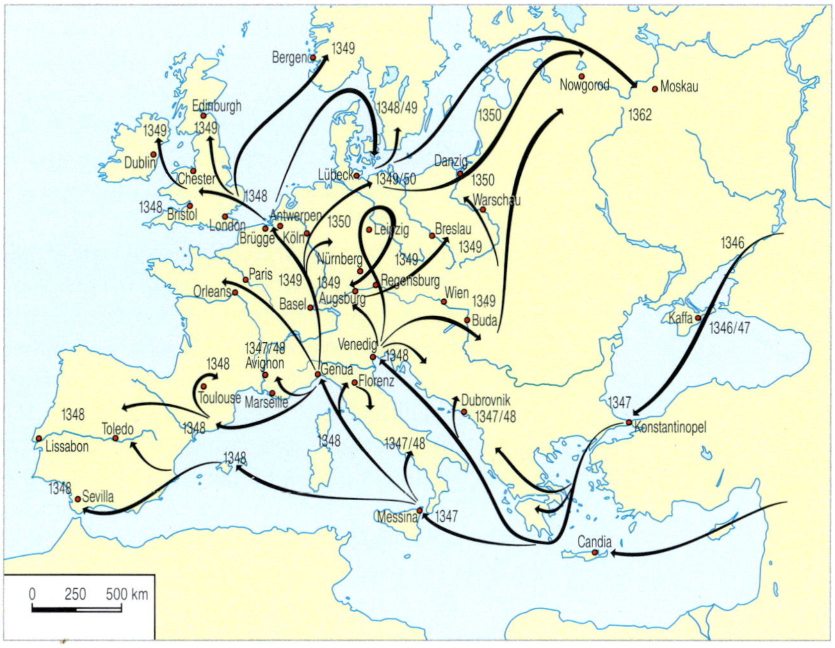

▲ **Die Ausbreitung der Pest im 14. Jahrhundert.**
Die Pest war eine der größten Katastrophen der europäischen Geschichte. Besonders grausam wütete sie zwischen 1347 und 1351. Betroffen war zwar ganz Europa, doch waren die Verluste von Stadt zu Stadt, von Region zu Region höchst unterschiedlich. So blieben beispielsweise größere Städte wie Nürnberg, Würzburg und Prag in der Zeit von 1348 bis 1350 von der Pest weitgehend unberührt.
Zum Vergleich: Während im Zweiten Weltkrieg etwa fünf Prozent der europäischen Bevölkerung zum Opfer fielen, dezimierte die Pest mindestens 25 Prozent der damaligen Bevölkerung.

Städte	Anzahl der Pesttoten
Basel	14000
Erfurt	12000
Münster	11000
Mainz	8000
Limburg	2400

▲ **Todesopfer in ausgewählten Städten Europas um die Mitte des 14. Jahrhunderts.**
Nach: Rolf Walter, Geschichte der Weltwirtschaft. Eine Einführung, Köln 2006, S. 75

Gottes zu erreichen. Die Kirche unterstützte diese Bewegung nicht, sondern verurteilte sie 1349 als ketzerisch.

Rationaler reagierten viele städtische Obrigkeiten: Sie verkündeten Quarantäneauflagen, erließen Vorschriften für die Bestattung der Toten und zur Reinigung der Straßen. Darüber hinaus verboten einige das Glücksspiel sowie das Tragen von unangemessener Kleidung. Wohlhabende Bürger verteilten ihre Nachkommen an Verwandte in pestfreien Orten, um das Überleben der Familie zu sichern.

Judenverfolgungen ■ Die Pest löste Ängste aus. Diese richteten sich auch gegen Randgruppen der Bevölkerung, vor allem gegen die *Juden*. Sie hatten sich ihren eigenen Glauben und ihre eigene Lebensweise bewahrt und sich ihre bescheidene Sicherheit oft durch besondere Abgaben an den Stadt- oder Landesherrn erkaufen müssen. Oft schon bevor die Pest eine Stadt erreicht hatte, wurde gezielt das Gerücht verbreitet, Juden hätten die Brunnen vergiftet und das große Sterben verursacht. Diese unhaltbaren Vorwürfe lösten die größten mittelalterlichen **Judenpogrome** aus. Zu den Gründen für diese Pogrome zählte auch der Vorwurf des angeblichen Zinswuchers jüdischer Geldverleiher. Dabei hatte man die jüdischen Geldverleiher bereits weitgehend aus dem Bankgeschäft verdrängt und ihnen nur noch die Finanzierung der riskantesten Geschäfte überlassen. Zahlreiche Schuldner, darunter auch weltliche und geistliche Obrigkeiten, nutzten die Ängste der Menschen vor der Pest dazu, ihre Gläubiger auf diese Weise zu beseitigen (▸ M5 und M6).

Pogrom (russ.: Verheerung, Verwüstung): Bezeichnung für eine von der Obrigkeit eingeleitete oder geduldete Judenverfolgung, die mit Vertreibung, Raub und Mord verbunden war

Filmtipp
Karl IV. und der Schwarze Tod. ZDF-Sendereihe „Die Deutschen", Staffel 2, Teil 4, 2010

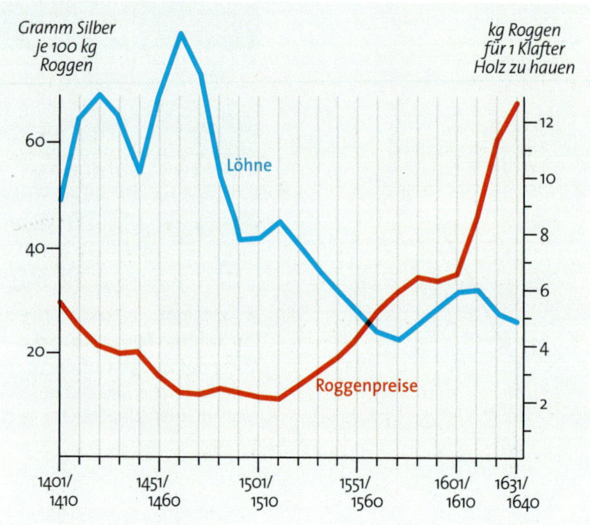

▲ **Löhne und Roggenpreise in Göttingen 1401 bis 1640.**
Nach: Wilhelm Abel, Agrarkrisen und Agrarkonjunktur, Hamburg/Berlin 1978, S. 64, Abb. 11
▪ *Analysieren Sie die Grafik.*

Die Agrarkrise Die Pest hatte nicht nur einen dramatischen Bevölkerungsverlust zur Folge. Sie trug auch dazu bei, dass ganze Dörfer und Landstriche verlassen wurden. Die Zahl der *Wüstungen*, so die Bezeichnung für die aufgegebenen Siedlungen und landwirtschaftlich nicht mehr genutzten Flächen, wird für den deutschen Raum auf fast 25 Prozent des vormaligen Bestandes geschätzt (▸ M7). Gefördert wurde diese Entwicklung durch eine schon vor der Seuche begonnene Landflucht. Immer mehr Menschen zog es in die *Städte*. Dort konnte man sicherer und angenehmer leben, dort herrschten Arbeitskräftemangel und gute Verdienstmöglichkeiten.[1]

Die sinkende Nachfrage nach Getreide hatte den Prozess beschleunigt. Waren die Getreidepreise bis weit ins 14. Jahrhundert hinein stetig gestiegen, so fielen sie seit Mitte der 1370er-Jahre rapide. Es entstand eine Lohn-Preis-Schere: Während die Löhne sowie die Preise für landwirtschaftliche Geräte stiegen, fielen die Preise für Getreide und damit die Einkünfte der Grundherren. Die vielen kleinen Höfe, die sich immer noch ausschließlich selbst versorgten, betraf dieses Problem weniger.

Modernisierungsprozesse auf dem Lande Die geistlichen und adligen Grundherren reagierten auf die wirtschaftlichen Probleme unterschiedlich: In einigen Gebieten senkten sie die Abgabeverpflichtungen ihrer hörigen Bauern oder boten bessere Pachtbedingungen an, um die Abwanderung zu stoppen und neue Siedler zu gewinnen. In anderen Gebieten erhöhten sie die Abgaben oder schränkten bisherige Nutzungsrechte der Bauern ein, um so ihre eigenen Einkommensverluste auszugleichen. Diese Maßnahmen vergrößerten die Unzufriedenheit vieler Bauern und trugen zu zahlreichen *Bauernaufständen* bei. Zwischen 1300 und 1523 wurden allein für das Heilige Römische Reich 52 bäuerliche Revolten nachgewiesen.

Nach der Pest setzte eine Umstrukturierung in der Landwirtschaft ein. Statt Getreide wurde nun mehr Gemüse und Obst sowie Pflanzen wie Krapp, die als Färbemittel für Stoffe dienten, angebaut. Auch die Schafszucht nahm zu. Sie deckte den steigenden Wollbedarf im Textilgewerbe. Nicht jedem Grundherrn gelang diese kostenintensive Umorientierung. Insbesondere der wenig finanzkräftige niedere Adel und der Ritterstand zählten zu den Verlierern dieses Modernisierungsprozesses auf dem Lande. Ihnen drohte sozialer Abstieg. Eine Karriere als Söldner blieb dann manchmal der einzige Ausweg.

1. ✚ *Entwickeln Sie aufgrund Ihres Hintergrundwissens ein Schaubild, das Ursachen und Folgen sozialer und wirtschaftlicher Krisen im Spätmittelalter darstellt.*
2. ✚ *Überprüfen Sie in Partner- oder Gruppenarbeit Ihr Schaubild und ändern Sie es gegebenenfalls.*

[1] Zur Entwicklung der Städte im Spätmittelalter siehe Seite 38-40.

M1 Klimawandel

a) Temperaturwechsel der letzten 1 000 Jahre

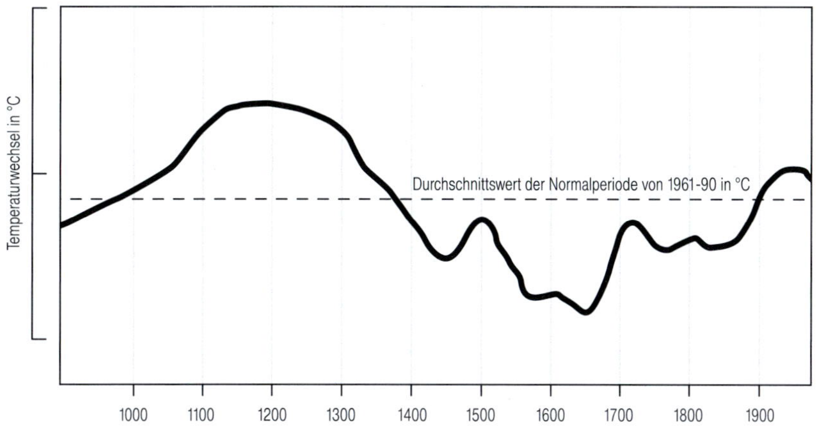

Nach: Wolfgang Behringer, Kulturgeschichte des Klimas. Von der Eiszeit bis zur globalen Erwärmung, München 2007, S. 10

b) „Kleine Eiszeit" und Landwirtschaft

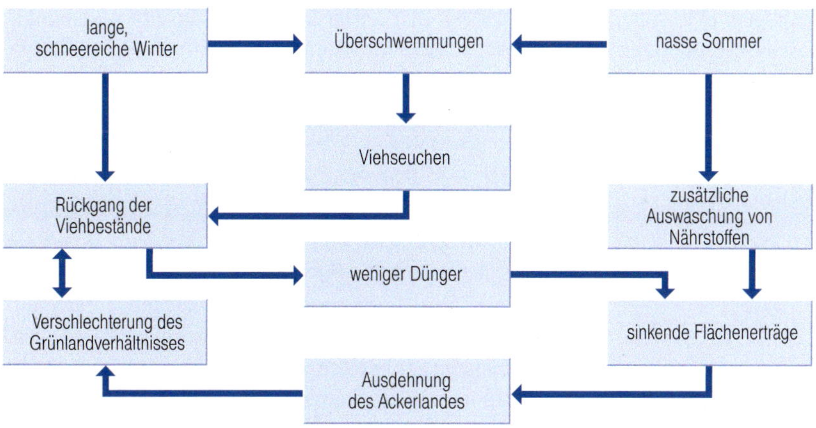

Nach: Christian Pfister, in: Wolfgang Behringer, a.a.O., S. 130

1. *In der Klimaforschung wurde der Temperaturverlauf der letzten 1 000 Jahre in zwei größere Phasen unterteilt: in eine Warmperiode und eine „Kleine Eiszeit". Arbeiten Sie die Zeiträume anhand von Diagramm a) heraus und erklären Sie die Gründe für die Bezeichnung.*
2. *Setzen Sie das Diagramm a) mit der Grafik auf Seite 14 in Beziehung und erläutern Sie den Zusammenhang zwischen Klima und Getreidepreisen.*
3. *Erklären Sie den im Schaubild b) dargestellten Wirkungszusammenhang zwischen Klima und Landwirtschaft. Um welche Faktoren lässt sich das Schaubild ggf. erweitern?*
4. *Arbeiten Sie aus dem Text c) heraus, mit welchen Naturkatastrophen die Menschen im 14. Jh. zu kämpfen hatten.*
5. *Erläutern Sie ausgehend von c) mögliche Folgen der Wetterbedingungen für Menschen und ihre Lebenssituation im Spätmittelalter aber auch in der Gegenwart. Ziehen Sie für letzteren Punkt aktuelle Beispiele heran.*

c) Naturkatastrophen

Eine norddeutsche Chronik gibt über die Klimabedingungen im 14. Jahrhundert Auskunft:

In der Fastenzeit [1328] an Tag Mariä Verkündigung [25. März] fiel in allen Ländern an der [Ost-]See so viel Schnee, dass man nicht ohne Schwierigkeiten über Land von einer Stadt in die andere gehen konnte. [...]
Im selben Sommer [1361] herrschte große Hitze in Preußen, sodass das Getreide auf dem Feld verbrannte. [...]
Im Winter desselben Jahres [1363] war es so kalt wie noch nie. Die Kälte dauerte ein Vierteljahr. In der Zeit starben viele Menschen und viel Vieh an der Kälte. [...]
Um die Mittagszeit am Dienstag vor Pfingsten im selben Jahr [1364] fiel Hagel so groß wie Hühnereier in Preußen herab. Und der Hagel dauerte auch den nächsten Tag an und verursachte einen großen Schaden am Getreide. [...]
In demselben Jahr [1375] in der Sankt Brixiusnacht [13. November] wehte ein großer Sturm in den Städten. Der verursachte großen Schaden. Er löste ein Viertel des Daches des Kirchturms von Sankt Jakobi in Lübeck [...]. Auch in Schwerin riss der Sturm sehr viele Bäume mit samt Wurzeln aus dem Boden.

Nach: Arnd Reitemeier, Grundherrschaft und bäuerliche Lebensbedingungen, Münster 2008, S. 107 f.

M2 Folgen der Pest

Der Chronist Agnolo di Tura aus Siena notiert im 14. Jh.:

Im Juni, Juli und August [1348] starben so viele Menschen, dass sie – selbst gegen Entgelt – keiner mehr begraben wollte. Weder Verwandte noch Freunde noch ein Priester oder Bettelbruder gingen beim Begräbnis mit, und es wurde keine Messe mehr gehalten. Auch wer einem Verstorbenen nahe gestanden hatte, musste sterben. Man nahm dann den Toten, ob Tag oder Nacht, und trug ihn zusammen mit zwei oder drei weiteren zur Kirche und begrub ihn, so gut es ging und wo es gerade möglich war, und bedeckte ihn mit etwas Erde, damit die Hunde ihn nicht fraßen. Vielerorts in der Stadt hub man Gräben von riesigen Ausmaßen aus und legte, ja warf die Leichen hinein und deckte sie mit etwas Erde zu. So machte man es Schicht für Schicht, bis der Graben voll war. Danach hub man den nächsten aus. Und ich, Agnolo di Tura, genannt „der Dicke", begrub mit eigenen Händen meine fünf Kinder in einer Grube. Genauso erging es vielen anderen. Es gab auch Leichen, die so schlecht beerdigt waren, dass Hunde sie fanden [...] und an ihnen fraßen. Es läuteten keine Glocken mehr und niemand weinte. Welch ein Unglück war das, als jeder nur noch seinen Tod erwartete! So schrecklich waren diese Ereignisse, dass das Volk glaubte, niemand würde mehr übrig bleiben. Viele waren davon überzeugt und äußerten, dass das Ende der Welt gekommen sei. Weder ein Arzt noch eine Arznei brachte hier Nutzen, und es gab keine Möglichkeit, sich zu schützen. Selbst wer einen besonderen Ratschlag geben konnte, war, wie man sehen konnte, wenige Tage später tot.

Der Zeitzeuge Matteo Villani aus Florenz schreibt:

Da die Leute nur noch wenige waren und Grund und Boden im Überfluss erbten, vergaßen sie die Vergangenheit, als ob sie nie vorhanden gewesen wäre. Sie benahmen sich schamlos und führten ein zügelloses Leben, wie sie es vor der Seuche nie getan hatten. Sie gaben sich dem Nichtstun hin und frönten hemmungslos dem Essen und Trinken, liebten Gelage und Spelunken, schätzten das Angenehme, köstliche Speisen und das Spiel. [...]

Das niedrige Volk [...] wollte nicht mehr in den alten Berufen arbeiten. Man verlangte [...] nach teuren und köstlichen Speisen, und bei Hochzeiten kleideten sich die Kinder und Frauen niedrigen Standes in all die schönen und teuren Gewänder der Vornehmen, die gestorben waren.

Erster Text: Klaus Bergdolt (Hrsg.), Die Pest 1348 in Italien. Fünfzig zeitgenössische Quellen, Heidelberg 1989, S. 83 f.; zweiter Text: ebda., S. 64

1. *Beschreiben Sie die durch die Pest ausgelöste Krise des Zusammenlebens.*
2. *Analysieren Sie den Text auf a) die sozialen und ökonomischen Folgen der Pest, b) die Folgen der Pest für Bewusstsein und Mentalität der Menschen.*
3. *Interpretieren Sie das Verhalten, das Matteo Villani für die Florentiner Bevölkerung beschreibt, und beurteilen Sie, ob es auch andere Bewältigungsstrategien angesichts der Pest gab.*
4. *Überprüfen Sie, inwieweit die Menschen der Gegenwart mit ähnlichen Katastrophen anders umgehen. Ziehen Sie dazu aktuelle Beispiele von Naturkatastrophen oder Epidemien heran.*

M3 „Krise von welthistorischer Dimension"

Rolf Walter, Historiker für Wirtschafts- und Sozialgeschichte, schreibt 2006:

So handelte es sich bei der Großen Pest um eine gesellschaftliche und wirtschaftliche Krise von welthistorischer Dimension. Es gab kaum eine gesellschaftliche Gruppe, die von der Seuche nicht erheblich dezimiert wurde. Zünfte[1] hatten plötzlich Schwierigkeiten, genügend befähigte Mitglieder zu gewinnen, und sahen sich veranlasst, ihre Aufnahmepolitik rigoros zu revidieren. Die zuvor recht strenge Klasseneinteilung der Gesellschaft wurde brüchig und durchlässig. Die Gruppe der Ärzte hatte nur angesichts ihres vollkommenen Versagens Anlass, über einen verbindlichen Ehrenkodex nachzudenken, und so ist zu erklären, dass sich da und dort sog. „Collegien" gründeten, die das Berufsethos und die Moral heben und pflegen und gemeinsame Verhaltensnormen für die Ärzteschaft entwickeln sollten. Hoffnungslose Fälle zu kurieren war verpönt, alle Kraft sollte den leichter Erkrankten oder der Vorbeugung der Krankheit dienen.

Auch andere Berufsgruppen waren schwer betroffen. Da die Notare nicht zu den Sterbenden gingen, unterblieben Testamente und viele Erbschaften wurden neu und ungeplant verteilt. Viele Gesetze konnten nicht erlassen oder durchgesetzt werden, da die Ratsherren entweder verstorben waren oder die Sitzungen des Rates nicht besuchten. Chaos und Rechtlosigkeit waren häufig die Folge. Es ist unschwer vorstellbar, dass angesichts dieser desolaten Strukturen Handel und Wandel erlahmten, wenn nicht erlagen. [...]

Insgesamt stellte die Pest die bis dahin grausamste und nachhaltigste Fundamentalzäsur dar. Die Grenzen menschlicher Toleranz und Belastbarkeit waren in weiten Teilen der

[1] Zu den Zünften siehe Seite 40.

Seuchengebiete erreicht und überschritten worden. Die betroffenen Gesellschaften lebten in einem physischen und psychischen Ausnahmezustand, der Kult und Menschenliebe vorübergehend zu einer nie für möglich gehaltenen Seltenheit werden ließ.

Rolf Walter, Geschichte der Weltwirtschaft. Eine Einführung, Köln 2006, S. 77f.

1. *Fassen Sie die gesellschaftlichen und wirtschaftlichen Auswirkungen der Pest nach Rolf Walter zusammen.*
2. *Erläutern Sie den von Rolf Walter verwendeten Begriff „Fundamentalzäsur" (siehe Zeile 27).*
3. *Visualisieren Sie Ursachen, Ausbreitung und Folgen der Pest in Form eines Schaubildes. Berücksichtigen Sie dabei die Informationen aus der Darstellung (Seite 12f.) und den Materialien (M2 und M3).*

M4 Die Geißlerzüge

Der Straßburger Geistliche und Chronist Fritsche Closener (um 1315-1390/96) berichtet:

Wenn sie nun Buße tun wollen, so nannten sie das Geißeln. Das geschah täglich wenigstens zweimal, früh und spät. Sie zogen dann ins Feld hinaus und man läutete die Glocken und sie versammelten sich und gingen in Zweierreihen und sangen ihr Lied, wie schon vorher gesagt. Und wenn sie an die Stelle der Geißelung kamen, so zogen sie sich barfuss und bis auf die Hosen aus und legten sich Kittel oder andere weiße Tücher um, die vom Gürtel bis zu den Füßen reichten, und wenn sie anfangen wollten zu büßen, so legten sie sich in einem weiten Ring nieder und je nachdem wie jeder gesündigt hatte, legte er sich nieder: War er ein meineidiger Bösewicht, so legte er sich auf eine Seite und streckte seine drei Finger über das Haupt. War er ein Ehebrecher, so legte er sich auf den Bauch. So legten sie sich in verschiedener Weise nach den Sünden verschiedener Art, die sie begangen hatten. Dabei sah man genau, welcherlei Sünde jeder begangen hatte. [...]

Unterdessen gingen die Brüder in Zweierreihen um den Ring herum und schlugen sich mit Geißeln aus Riemen, die vorn Knoten hatten, in die Spitzen gesteckt waren, und schlugen sich auf ihre Rücken, sodass viele heftig bluteten. [...]

Und wo sie in die Städte kamen, da liefen ihnen viele Leute zu, die auch Geißler wurden, sowohl Laien wie Geistliche. Doch schloss sich kein Geistlicher an, der gebildet war. [...] Einigen gefiel die Bruderschaft besonders gut. Wenn sie den Bußakt einmal vollbracht hatten, begannen sie ihn von Neuem. Das geschah deshalb, weil sie zu der Zeit müßig gingen und nicht arbeiteten. Denn wo sie hinkamen – wie viele es auch waren –, lud man sie alle ein und behandelte sie außerordentlich großzügig und es gab viele Leute, die sie gern eingeladen hätten, wenn sie nur Gelegenheit dazu gehabt hätten. So hoch wurden sie geschätzt.

Die Bürger in den Städten gaben ihnen von der Gemeinde aus Geld, damit sie sich Fahnen und Kerzen kauften. Die Brüder nahmen große Heiligkeit für sich in Anspruch und sagten: Es geschähen aufgrund ihres Willens große Zeichen. [...]

Diese Geißelfahrt dauerte länger als ein Vierteljahr, indem jede Woche eine Gruppe von Geißlern kam. Danach machten sich Frauen auf und reisten auch durch das Land und geißelten sich. Danach nahmen junge Knaben und Kinder an der Geißelfahrt teil. Danach wollten die von Straßburg ihnen nicht mehr läuten und wollten ihnen auch keine Beihilfe zu Kerzen und Fahnen geben. Man wurde ihrer auch so müde, dass man sie nicht mehr nach Hause einlud, wie man das getan hatte. So kam es zu einer Geringschätzung, sodass man sie wenig achtete.

Nach: Hartmut Boockmann, Das Mittelalter. Ein Lesebuch, München 1988, S. 247ff.

1. *Beschreiben Sie die Geißler und ihre Praktiken.*
2. *Arbeiten Sie die personelle Zusammensetzung der Geißlerzüge aus der Quelle heraus.*
3. *Analysieren Sie, wie die Bevölkerung auf die Geißlerzüge reagierte.*
4. *Mitte des 14. Jahrhunderts traten Geißlerzüge massenhaft auf. Erläutern Sie, warum.*

M5 Was in Straßburg und andernorts geschah

Im 14. Jahrhundert leben in Straßburg etwa 20 000 Menschen, die jüdische Gemeinde umfasst 250 bis 300 Personen. Sie wird 1349 ausgelöscht. Über die Vorgänge berichtet um 1400 der Priester und Chronist Jakob Twinger von Königshofen:

Als man das Jahr 1349 zählte, war das größte Sterben, das je gewesen war; von einem Ende der Welt bis zum anderen, diesseits und jenseits des Meeres. Unter Heiden war es noch größer als in der Christenheit. [...]

Wegen dieses Sterbens wurden die Juden in der ganzen Welt verleumdet und bezichtigt, es mithilfe von Gift verursacht zu haben, das sie in die Gewässer und Brunnen geschüttet hätten; aus diesem Grund wurden die Juden vom Meer bis nach Deutschland verbrannt, nur in Avignon beschützte sie der Papst. In Bern und in Zofingen folterte man etliche Juden, die gestanden, sie hätten viele Brunnen vergiftet, und man fand

◂ **Judenverfolgung in Tournai (Belgien), 1349.**
Illustration aus den Annalen des Geistlichen Gilles le Muisit, Tournai, um 1353.
- *Beschreiben Sie die Miniatur.*
- *Charakterisieren Sie die dargestellten Personengruppen.*
- *Erörtern Sie ausgehend von der Miniatur, ob es sich bei den Judenverfolgungen um spontane Ausbrüche handelte oder nicht.*

dort auch Gift. Da verbrannte man sie in vielen Städten und schrieb diese Geschichte nach Straßburg, Freiburg und Basel, dass sie auch dort ihre Juden verbrennen sollten. Da meinten jedoch die Mächtigen in diesen drei Städten, man solle den Juden nichts tun. In Basel zwang das Volk die Ratsherren zu schwören, die Juden verbrennen und 200 Jahre nicht wieder in die Stadt zu lassen.

Darauf wurden die Juden im ganzen Land gefangengesetzt und ein Tag zur Beratung bestimmt. Dorthin kamen der Bischof von Straßburg, alle Landesherren des Elsass und Sendboten der drei Städte. Die von Straßburg wurden befragt, was sie mit ihren Juden zu tun gedächten; sie antworteten, sie wüssten keine Bosheit von ihnen. Da fragte man sie, warum sie dann ihre Brunnen verschlossen und die Eimer entfernt hätten, und es entstand ein großer Lärm gegen die Straßburger. So kamen der Bischof, die Herren und die Reichsstädte überein, sich ihrer Juden zu entledigen. [...]

Als nun in Straßburg alles Volk über die Juden ergrimmt war, versperrte man die Judengasse und setzte bewaffnete Leute davor. An diesem Freitag [13. Februar] fing man auch die Juden in Straßburg, und am folgenden Samstag verbrannte man sie auf einem hölzernen Gerüst in ihrem Kirchhofe; es waren ihrer an die zweitausend. Nur wer sich taufen lassen wollte, den ließ man leben. Es wurden auch viele kleine Kinder gegen den Willen ihrer Eltern aus dem Feuer genommen, um sie zu taufen.

Was man den Juden schuldete, galt als bezahlt, alle Schuldbriefe, die die Juden in Verwahrung gehabt hatten, wurden zurückgegeben. Das Bargeld der Juden verteilte der Rat unter die Handwerker. Das Geld war auch die Ursache, warum die Juden getötet wurden. Denn wären sie arm und die Landesherren nicht ihre Schuldner gewesen, hätte man sie nicht verbrannt. Als das Geld verteilt war, gaben etliche ihren Teil für den Bau des Münsters oder nach dem Rat ihrer Beichtväter als Almosen.

Nach: Klaus Arnold (Bearb.), Das Mittelalter. Quellen zur deutschen und europäischen Geschichte vom 8.-15. Jahrhundert, Paderborn 1991, S. 80 f.

1. *Gliedern Sie die Ereignisse, die in der Quelle beschrieben werden, tabellarisch nach Schauplatz, handelnden Personen und ihren Handlungen.*
2. *Analysieren Sie die Motive der handelnden Gruppen an den verschiedenen Schauplätzen. Beziehen Sie dabei ein, dass die jüdische Gemeinde erhebliche Geldzahlungen für ihren Schutz an den Stadtrat von Straßburg leistete.*
3. *Analysieren Sie die Einstellung des Chronisten Jakob Twinger von Königshofen gegenüber den Ereignissen.*

M6 „Angesichts des drohenden Massensterbens ...“

Klaus Bergdolt, Professor für Geschichte und Ethik der Medizin in Köln, schreibt 1994 über die Hintergründe der Judenverfolgungen:

Wirtschaftliche Überlegungen und politische Motive spielten zur Zeit der *Pestilentia Magna* eine erstaunliche Rolle. Angesichts des drohenden Massensterbens entluden sich Angst, Unzufriedenheit, Machtgier, Habsucht und Hoffnungslosigkeit im Hass auf die Juden. Das mehrfach geschilderte Nachgeben von Patriziern und Ratsherren bei Pogromen erklärt sich zunächst durch eine brisante soziale Lage der städtischen Unterschicht, die den Ratsherren und Obrigkeiten wohl bewusst war. Während man lange annahm, dass Besitzbürgertum, Stadtadel, Episkopaten[1], Feudalherren und vor allem der König mäßigend auf das niedere Volk einwirkten, der aufstrebende Handwerkerstand und das „Proletariat" dagegen den aggressiven Antisemitismus verkörperten, lässt sich eine solche Polarisierung heute nicht mehr aufrechterhalten. Schon das mehrfach erwähnte opportunistische Verhalten Karls, aber auch die Taktik der Freiburger oder Nürnberger Stadtväter lassen hier Zweifel aufkommen. Zu oft wurden Schutzrechte als Ausbeutungsprivilegien aufgefasst und zwischen Herrscher, Städten und Patriziat hin- und hergeschoben, nicht selten die Ermordung von Juden durch die Zuteilung ihres Erbes an Rat oder Patriziat besiegelt. Während die Zünfte von Steuernachlässen träumten oder auf die Beseitigung unliebsamer Konkurrenz spekulierten, erfreuten sich Landesfürsten, Land- und Stadtadlige, vor allem aber die Städte selbst nicht selten nach Pogromen eines realen Vermögenszuwachses.

Klaus Bergdolt, Der Schwarze Tod in Europa. Die Große Pest und das Ende des Mittelalters, München 1994, S. 139

[1] **Episkopat**: Gesamtheit der Bischöfe

1. *Fassen Sie zusammen, welche Rolle Ratsherren und andere Obrigkeiten bei der Judenverfolgung laut Klaus Bergdolt spielten.*
2. *Klaus Bergdolt begründet den Hass auf die Juden mit „Angst, Unzufriedenheit, Machtgier, Habsucht und Hoffnungslosigkeit" (Zeile 4 f.). Erläutern Sie dies und weisen Sie die genannten Aspekte in M5 nach.*
3. *Arbeiten Sie heraus, welche Vorteile die Zünfte, Städte und Landesherren durch die Judenverfolgungen hatten.*
4. *Diskutieren Sie anhand aktueller Beispiele, wie aus Vorurteilen, Angst, Unsicherheit, Machtgier oder Habsucht noch heute die Sicherheit und Menschenwürde von Minderheiten bedroht werden.*

M7 Spätmittelalterliche Wüstungen

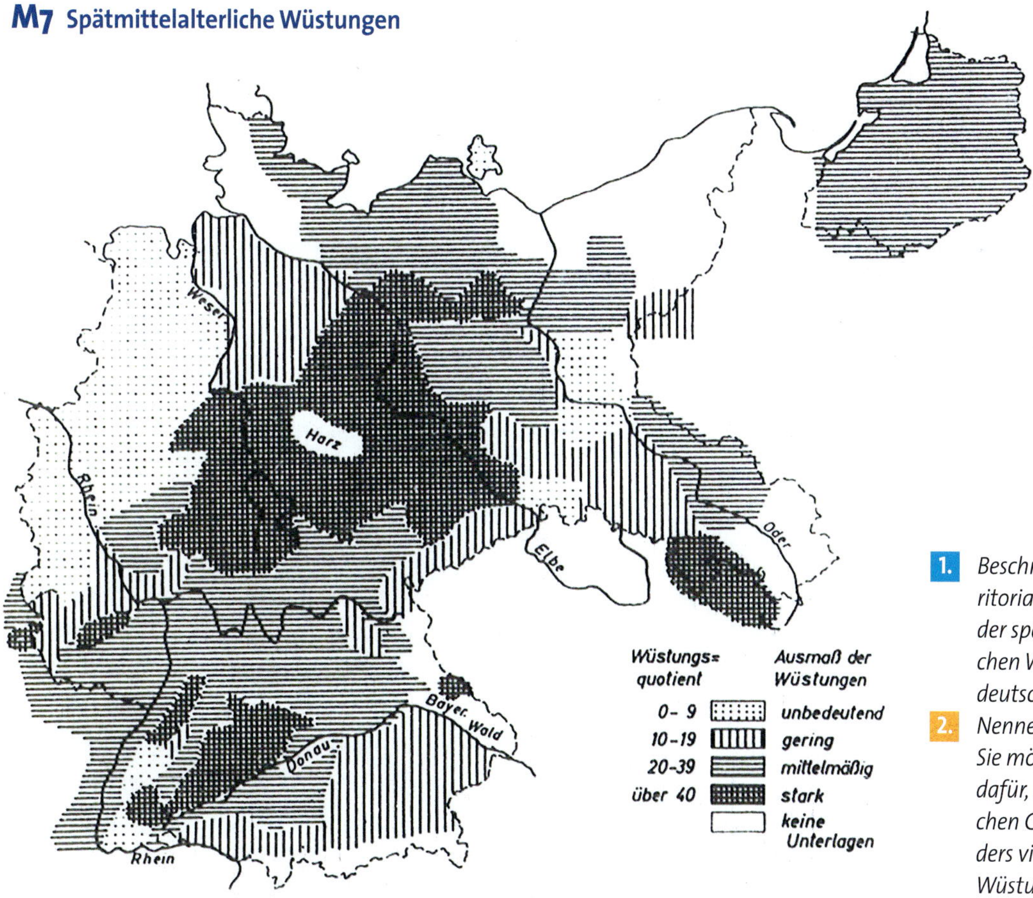

Nach: Werner Rösener, Bauern im Mittelalter, München [3]1987, S. 256

1. *Beschreiben Sie die territoriale Ausbreitung der spätmittelalterlichen Wüstungen im deutschen Raum.*
2. *Nennen und erläutern Sie mögliche Gründe dafür, warum in manchen Gegenden besonders viele bzw. kaum Wüstungen anzutreffen sind.*

Kompetenz:
Krisen und Umbrüche charakterisieren, die von Beharrung und Wandel geprägt sind, und Theorien über deren Ursachen und Wirkungen beurteilen

Was heißt hier Krise?

Der Begriff Krise begegnet uns in den unterschiedlichsten Bereichen. In den Medien ist von „Wirtschafts- und Finanzkrisen", „Umwelt- und Energiekrisen" oder „Existenz- und Glaubenskrisen" die Rede – um nur einige Beispiele zu nennen. Das Wort taucht immer wieder auf und erzeugt ein Gefühl von Unsicherheit oder sogar Angst. Was aber ist eine Krise eigentlich genau? Kennzeichen einer Störung? Zeichen eines Untergangs? Oder vielleicht doch die Chance für einen Neubeginn oder eine positive Entwicklung (▸ M1)?
Der Begriff lässt letztlich den Ausgang einer Entwicklung offen. Denn Krisen erfassen in der Regel nur bestimmte Bereiche des sozialen, wirtschaftlichen, religiösen und politischen Lebens. Sie können bewältigt werden, ohne dass es zu einem Umbruch oder einer Revolution[1] kommt. So ließen die vielfältigen Krisen des späten Mittelalters zwar ein allgemeines, religiös bestimmtes Krisenbewusstsein entstehen, konnten aber lange Zeit innerhalb einer sich allmählich entwickelnden Ordnung überwunden werden (▸ M2 und M3).

▸ **Krise?**
- *Stellen Sie dar, was eine „Krise" Ihrer Meinung nach kennzeichnet.*
- ➕ *Vergleichen Sie Ihre Beschreibung mit den in M1 und M2 gemachten Aussagen zum Begriff „Krise".*

M1 Was sind Krisen?

Der Historiker Rudolf Vierhaus (1922-2011) hat lange Zeit das Max-Planck-Institut für Geschichte in Göttingen geleitet. In einem Lexikonartikel von 2002 definiert er den Begriff „Krisen" so:

Krisen sind Prozesse, deren Anfänge, Höhepunkte, Ende prinzipiell datierbar sind. Niedergangs-, Auflösungs-, Verfallsprozesse sind keine Krisen, wohl aber können ihnen sich steigernde Krisen vorangegangen sein. Krisen sind prinzipiell offene Prozesse; ihre Geschwindigkeit, ihr Ausgang sind nicht zwangsläufig, ihr Ablauf und ihr Wendepunkt selten so deutlich erkennbar wie in einem Krankheitsprozess. Der medizinische Krisen-Begriff – von griech. krisis – bezeichnet eine „kritische" Phase, in der es sich entscheidet, ob im Krankheitsverlauf eine Wendung zum Besseren oder zum Exitus[2] eintritt.

Von Krisen kann gesprochen werden, wenn zuvor bestehende stabile und funktionierende Zustände sich aufzulösen beginnen, erodieren[3], dysfunktional[4] werden und die eingetretenen Störungen nicht mit hergebrachten Mitteln überwunden werden können, sondern eine renovatio, eine Reform, eine Revolution[5] erforderlich wird und erfolgt; geschieht dies nicht, handelt es sich nicht (mehr) nur um eine Krise. Kennzeichen von Krise ist, dass es in ihrem Prozess Alternativen gibt, Phasen und Konstellationen, in denen sich entscheidet, ob sie überwunden werden können.

[1] Siehe dazu den Theorie-Baustein „Revolution" auf Seite 104-106.
[2] **Exitus**: Tod; hier allgemein eine negative Entwicklung
[3] **erodieren**: zerstören
[4] **dysfunktional**: einer Funktion, Wirkung o.Ä. abträglich, schädlich
[5] Lesen Sie dazu den Theorie-Baustein „Revolution", Seite 104-106.

Krisen sind keine Naturprozesse, wohl aber können z.B. Erdbeben, Flutkatastrophen, Dürreperioden Krisen auslösen: Hunger-Krisen, aber auch Krisen des Vertrauens in die Fähigkeit von Regierung und Verwaltung, mit ihnen fertig zu werden. Naturprozesse können Bedingungen der Möglichkeit von Krisen sein, diese sind von Menschen erfahrene, erlittene, gemachte und genutzte Krisen. Allerdings genügt subjektiv oder auch kollektiv geäußertes Krisen-Bewusstsein nicht als hinreichender Beweis, sondern kann allenfalls als Indiz für tatsächliche Krisen gelten. Indes kann Krisen-Bewusstsein Verlauf und Ausmaß einer Krise wesentlich beeinflussen. Krisen müssen, um als solche bezeichnet werden zu können, objektiven Charakter haben, also nicht nur herbeigeredet sein, indem vorübergehenden und vereinzelten krisenhaft erscheinenden Symptomen von Veränderung aus Sorge übertriebene Bedeutung zugeschrieben wird. [...]
Es geschieht nicht selten, dass der Krisen-Charakter gerade langfristiger Veränderungsprozesse, in die viele Menschen und Lebensbereiche involviert[1] waren, nachträglich von der historischen Forschung unterschiedlich interpretiert, infrage gestellt oder überhaupt bestritten wird. [...] So ist gegen die allerdings sehr pauschale Rede von der „Krise des späten Mittelalters" unter Hinweis auf Kontinuitäten, die Lebendigkeit religiösen Lebens und kirchliche Reformansätze Einspruch erhoben worden.

Stefan Jordan (Hrsg.), Lexikon Geschichtswissenschaft. Hundert Grundbegriffe, Stuttgart 2002, S. 193-195

1. *Fassen Sie die wesentlichen Aspekte von Krisen zusammen, die Vierhaus nennt.*
2. + *Formulieren Sie ausgehend von Vierhaus' Definition des Begriffes „Krise" Fragen, die an einen historischen Sachverhalt gestellt werden müssen, um herauszufinden, ob ihm eine Krise zugrunde liegt.*
3. *Krisen müssen, wie Vierhaus schreibt, „objektiven Charakter" (Zeile 34) haben. Überprüfen Sie, ob unter diesem Gesichtspunkt das Spätmittelalter von Krisen geprägt war.*

[1] **involviert**: eingeschlossen

M2 Krise als Ergebnis von Teilkrisen

1987 legt der deutsch-böhmische Historiker František Graus ein Buch über das Spätmittelalter vor, in dem er Pest, Geißlerbewegung Judenmorde und Kirche sowie soziale Unrast und Aufstände des 14. Jahrhunderts untersucht hat. In dem Zusammenhang geht er auch auf den Krisenbegriff ein und schreibt:

Neben Epochen relativer Ruhe [...] zeichnen sich Zeitalter mit einer außerordentlichen „Katastrophendichte" ab, Zeitabschnitte, in denen sich Naturerscheinungen, Epidemien, Kriege und Erschütterungen der Gesellschaft dermaßen häuften, dass sie die Zeit zu beherrschen scheinen. Die Nachrichten aus dem 14. Jahrhundert erwecken durch Einzelheiten der Schilderung und die Beredtheit vieler zeitgenössischer Zeugen, den Eindruck einer allgemeinen Misere, die Historiker zuweilen dazu geführt hat, diese Epoche als Krisenzeit, geradezu als die dramatische Zäsur im Ablauf des sogenannten Mittelalters zu deuten. [...]
Wenn der Begriff [„Krise"] historisch sinnvoll angewandt werden soll, müssen seine Grenzen einerseits so eng werden, dass nicht alles als „Krise" bezeichnet werden kann, andererseits darf dadurch nicht eine so strikte Festlegung erfolgen, dass sie den Begriff ausschließlich mit einem einzigen Phänomen verbindet. Bei der Bezeichnung einer Zeit als „Krise" geht man von der Vorstellung aus, dass es neben Teilkrisen (Handels-, Agrar-, demografischen[2] Krisen u.a.m.) Gemeinsamkeiten gibt, die Einzelgebiete miteinander verbinden. Bei der Benützung dieser Bezeichnung hat sich stillschweigend eine Begrenzung des Gebrauchs herausgebildet: Die „Krise" wird vom Verfall-Zerfall unterschieden, eine „Offenheit" des Ausgangs muss gegeben sein. Übereinstimmung herrscht auch darin, dass verschiedene Aspekte des Lebens erfasst werden müssen, bevor man von einer Krise schlechthin sprechen kann. Insbesondere zeichnet sich ein gewisser Konsens darin ab, dass man den Begriff nur dann verwenden sollte, [...] wenn bedeutendere Veränderungen und ein verbreitetes „Krisengefühl" vorhanden sind.
Ich schlage daher vor, als „Krise" das Zusammenfallen verschiedenartiger Erschütterungen (sog. Teilkrisen) objektiver Art (qualitative Umbrüche, Trendeinbrüche, Trendwenden) zu bezeichnen, sofern sie von Erschütterungen (drohenden Verlusten), bisher kaum bestrittener Sicherheiten (Werte) begleitet sind, deren man sich bewusst ist. Die Einzelbestandteile sind meist unterschiedlich stark ausgeprägt; sie

[2] **Demografie**: Lehre von der Entwicklung der Bevölkerung nach Zahl und Zusammensetzung

weisen zuweilen die Tendenz gegenseitiger Potenzierung auf. Begleitet werden Veränderungen von einem umfassenden Gefühl der Verunsicherung. [...]

Gelegentlich wird [...] das Spätmittelalter auch mit unserer eigenen Zeit und ihrer „Krise“ parallelisiert. Diese Betrachtungsweise ist insofern legitim, als jede Zeit die ganze Vergangenheit nur von sich aus sehen kann: Keinem Historiker steht ein Beobachtungspunkt „außerhalb der Geschichte“ zur Verfügung. Er muss sich aber davor hüten, diese Parallelen zu eng zu sehen, zu eindeutig zu werten. [...] Weil es die oft postulierte[1] bestimmende Einheit des Mittelalters in Wirklichkeit gar nicht gab, kann es auch nicht „die“ Krise des Spätmittelalters geben – wohl aber eine Fülle von sich gegenseitig potenzierenden Krisenphänomenen, die es m. E. gestatten, von Gesellschaften in einer Krisenzeit zu sprechen. Das Spätmittelalter war wohl keine „Schlüsselzeit“ [...], aber im 14. und 15. Jahrhundert wurden [...] „Weichen gestellt“: Es war nicht nur eine Epoche der beginnenden europäischen Expansion nach Übersee, der weiteren Kirchenspaltung[2], die Anfangszeit des Humanismus, der Renaissance[3] und all jener Aspekte, die für Jahrhunderte die europäische Entwicklung prägten und ihr ihren eigenartigen und spezifischen Charakter verliehen.

František Graus, Pest – Geißler – Judenmorde. Das 14. Jahrhundert als Krisenzeit, Göttingen 1987, S. 537 und 556 f. (ohne Anmerkungen)

1. *Fassen Sie das Konzept von Krise und Teilkrisen nach Graus zusammen.*
2. *Vergleichen Sie das Krisenverständnis von Vierhaus (M1) mit dem von Graus (M2). Nennen Sie die Unterschiede.*

M3 Die Krise des Spätmittelalters ist eine Einbildung des 20. Jahrhunderts

Peter Schuster lehrt Geschichte des Mittelalters und der Frühen Neuzeit in Bielefeld. In einem 1999 veröffentlichten Aufsatz schreibt er:

Um den Krisenbegriff zur Charakterisierung einer Epoche aufrechterhalten zu können, müssen wir uns [...] fragen, ob mit den von Graus[4] dargestellten Erscheinungen und den wirtschaftshistorischen Ergebnissen ein verbreitetes Krisengefühl, wie Graus es annimmt, aber meines Erachtens nicht beweisen kann, verbunden war, oder gar „Ratlosigkeit“ und „Disperspektivität“[5], die andere als konstituierend[6] für die Krise annehmen.

[1] **postulieren**: fordern
[2] Siehe hierzu Seite 50.
[3] Zum Humanismus und zur Renaissance siehe Seite 23 ff.

Disperspektivität und Ratlosigkeit sind in der Literatur jener Zeit weder in der politischen Theorie, in der Chronistik noch in den Reformschriften nachzuweisen. Eher das Gegenteil scheint der Fall gewesen zu sein:

In keiner Phase des Mittelalters hat es ein inspirierteres[7] Nachdenken über Politik und Gesellschaft gegeben als eben im späten Mittelalter. Auch mit der entwickelteren Bestimmung dessen, was eine Krise sei, also mit Graus, Vierhaus[8] [...] lässt sich der politischen Literatur jener Zeit nur bedingt ein Krisengefühl einschreiben. [...]

Die Krise des Spätmittelalters, so Winfried Eberhard am Ende eines langen Buches auf der Suche nach ihr, findet „letzten Endes in den Köpfen und Herzen der Menschen statt“.[9] Sollte er damit, was ihm fern lag, die Köpfe und Herzen der Historiker des 20. Jahrhunderts gemeint haben, dann und nur dann wäre ihm zuzustimmen. Denn die Krise ist zuallererst eine Imagination[10] des 20. Jahrhunderts.

Peter Schuster, Die Krise des Spätmittelalters, in: Historische Zeitschrift, Bd. 269 (1999), S. 42 f. und 53

1. *Geben Sie die wesentlichen Aussagen von Schuster wieder.*
2. *Vergleichen Sie Schusters Aussagen mit denen von Graus (M2).*
3. *Überprüfen Sie, inwieweit Schusters Haltung zum Begriff „Krise“ der Definition von Vierhaus (M1) entspricht.*

[4] Der Autor bezieht sich hier auf einen Beitrag von Graus; siehe hier M2.
[5] **Disperspektivität**: Zukunftsangst
[6] **konstituieren**: gründen
[7] **inspirieren**: zu etwas anregen
[8] Der Verfasser bezieht sich hier auf einen Beitrag von Vierhaus; siehe hier M1.
[9] Das Zitat stammt aus dem Beitrag „Die Krise des Spätmittelalters: Versuch einer Zusammenfassung“, der 1985 in einem von Ferdinand Seibt und Winfried Eberhard veröffentlichten Buch erschien.
[10] **Imagination**: Vorstellung, Einbildung

Modernisierungsschübe: Renaissance und Frühkapitalismus

Die Renaissance, der Beginn der Moderne Das französische Wort *Renaissance* bedeutet „Wiedergeburt" und kennzeichnet das Wiederaufleben der antiken Kultur an der Wende vom Mittelalter zur Neuzeit. Der Begriff wird daneben auch auf alle Versuche zur Wiederbelebung früherer Stil- und Kulturepochen angewendet.

Unter Renaissance als einer historischen Epoche verstehen Historiker die Ära von etwa 1350 bis 1600 (▸ M1). In dieser Zeit versuchten die Europäer systematisch, das gesamte Wissen der alten Griechen und Römer zu erfassen, um es weiterzuführen und in Wissenschaft, Kunst, Religion und Politik zu nutzen. Die Leistungen der Antike galten als „klassisch", also als vorbildlich. Die Renaissance war damit im Kern eine Bildungsbewegung, die die Lebenswelt der Menschen tief greifend veränderte.

Die Wiederentdeckung der Antike im 14. Jahrhundert wird als der Beginn der Moderne gesehen, weil sich ein fundamentaler Wandel vollzog. Im Mittelalter dominierte die Überzeugung, dass Wissenschaft und Kunst vor allem dem christlichen Glauben zu dienen hatten. Die Renaissance machte stattdessen die Lebenswelt des Menschen zum Gegenstand eines vorurteilsfreien Denkens und kreativen Gestaltens. Genau deshalb sehen Historiker diese Epoche als Zeitenwende. Gelehrte und Künstler wollten nun die sichtbare Welt aus sich selbst heraus verstehen. Die Erklärung, dass Gott sie so gewollt habe, genügte ihnen nicht mehr.

Das neue Weltbild Das neue Denken führte zu einem neuen Weltbild. Das christliche Mittelalter sah den Menschen in eine *gottgewollte*, unwandelbare Ordnung (lat.: *ordo*) gestellt, in die er sich zu fügen hatte. Auch Leid hatte er hinzunehmen, die Ungleichheit der Menschen, Gewalt und Not. Die Erlösung kam erst im Jenseits. In der Renaissance dagegen sahen Künstler und Gelehrte den Menschen als Gestalter seiner Lebenswelt. Damit wandten sie sich nicht vom Evangelium ab, aber von der Auslegung der Kirche, dass der Mensch allein für sein Seelenheil lebe. Das Denken der Renaissance sprach dem Menschen eine eigene Würde zu und die Kraft, die Welt zu verändern. Es entwarf damit eine *menschengewollte*, dynamische Ordnung.

Italien: die Wiege der Renaissance Die Renaissance entfaltete sich zuerst in italienischen Städten und wurde im 16. Jahrhundert zur europäischen Bewegung. Warum begann sie gerade in Italien?

- In Italien erlosch das Erbe der Antike nie. Tempel, Paläste, Arenen und Wohnhäuser hatten das Jahrtausend seit der Römerzeit überdauert, auch wenn sie zerfielen. Das Lateinische blieb neben den italienischen Dialekten unter den Gebildeten in Gebrauch.
- Italien litt zwar seit 1350 unter wiederkehrenden Pestepidemien und Kriegen, zugleich aber nahmen Handel und Wirtschaft einen ungeahnten Aufschwung. Bürger kamen zu Reichtum und Macht, alte Adelsgeschlechter verarmten. Eine neue Elite entstand, die niveauvolle Bildung und Kunst schätzte.
- Diese Elite befasste sich mit Philosophie, Rhetorik, Literatur, Geschichte und Recht. Gelehrte sammelten Texte antiker Schriftsteller, die in Abschriften überliefert waren, und vervielfältigten sie. Architekten, Bildhauer und Maler hatten den Ehrgeiz, Kunstwerke im Geist der antiken Klassik zu schaffen. Den Auftrag dazu gaben

▲ **„David."**
Statue von Michelangelo, 1501-1504. Die fast sechs Tonnen schwere Figur war ursprünglich für eine Kirchenfassade gedacht. Sie fand dann aber ihren Platz vor dem Regierungsgebäude von Florenz. Das Original befindet sich heute in der Galleria dell' Accademia.
Michelangelo schuf die erste nachantike Kolossalfigur aus Marmor (5,17 m hoch). Er bildete David anders als üblich nicht als Sieger, sondern vor dem Kampf mit Goliath ab. Die Gestaltung weicht provozierend von der antiken Klassik ab mit übergroßen Händen und Füßen, plastisch hervortretenden Adern und sichtbaren Muskeln.
Nebenbei: Die biblische Figur des David diente mehreren Renaissancekünstlern als Motiv. Mit dem Hirtenjungen David erinnerte man die mächtigen Fürsten an die Stärke und Kampfbereitschaft der kleinen städtischen Führungsschicht. Zur Rolle der Städte siehe Seite 38-40.

vielfach die Stadtherren und Herzöge in Florenz, Mailand, Venedig, Mantua oder Parma, aber ebenso die Päpste in Rom. Sie wurden zu Förderern der Künste (*Mäzene*), die hofften, sich durch Kunstwerke nach ihrem Geschmack ein Denkmal zu setzen.

▲ Das „Rattenfängerhaus" in Hameln.
Foto vom September 2013. Der Ratsherr und Kornkaufmann Hermann Arendes ließ dieses Haus 1602/03 errichten. Benannt wurde es nach einer Inschrift an der Seitenfront. Das Bauwerk ist der sogenannten Weserrenaissance zuzuordnen. Im Weserraum wurden besonders viele frühere Adelsburgen zu Schlössern, außerdem Stadtbauten zu kunstvollen Rat- und Bürgerhäusern im Stil der Renaissance umgestaltet.

Die Renaissance im übrigen Europa Die Antikenbegeisterung Italiens brachte Werke hervor, die in ganz Europa bestaunt wurden. Die Renaissance wurde zum Exportschlager. Nördlich der Alpen waren Herrscher, vornehme Adlige und Bürger fasziniert, aber ebenso Gelehrte, Architekten, Maler und Handwerker. Sie wollten von den Italienern lernen, die nach Frankreich, Spanien und Portugal, später auch in deutsche Gebiete des Heiligen Römischen Reiches[1], nach England und Polen kamen, um dort zu arbeiten oder ihr Wissen weiterzugeben. Italien selbst wurde zum Lernort Europas. Studenten suchten italienische Universitäten auf, um Recht und Medizin, aber auch um Latein, Griechisch, Mathematik und Astronomie zu studieren. Künstler unternahmen Bildungsreisen nach Italien.

Um 1500 begann sich dann die Renaissance nördlich der Alpen zu verbreiten, aber angepasst an die regionalen Traditionen. Davon zeugen bis heute Bauwerke in ganz Europa. Die Renaissanceschlösser an der Loire behielten die charakteristischen französischen Rundtürme. In Spanien verloren die beliebten muslimischen Bauformen nur allmählich ihre Attraktivität. Nach Moskau hatte man zwar einen italienischen Renaissancearchitekten geholt, der aber die Uspenski-Kathedrale über einem altrussischen Grundriss errichten musste; in der Kirche wurden über Jahrhunderte hinweg die Zaren gekrönt.

Die Renaissance wurde auf diese Weise zu einer europäischen Erscheinung. Sie festigte die Einheit der europäischen Kultur, deren stärkstes Band bis dahin die römisch-katholische Kirche gewesen war. Zugleich jedoch bewahrten die Regionen und Nationen des Kontinents ihre Eigenheiten. Die Einheit in der Vielfalt kennzeichnete Europa, im Mittelalter wie in der Neuzeit und in der Gegenwart.

Das Menschenbild Im Mittelalter hatte die Kirche verkündet, das Elend der menschlichen Existenz sei eine Folge der Erbsünde; es sei als gottgewollt zu erdulden. Ganz im Gegensatz dazu wies das Denken der Renaissance dem Menschen nun eine positive, aktive Rolle zu. Demnach war er fähig und würdig, sich selbst und die Welt zu verändern. Dies bedeutet nicht, dass sich die Renaissancemenschen vom Christentum abwandten. Die meisten Künstler und Gebildeten waren fromme Christen. Nur wenige

[1] Siehe hierzu Seite 45 ff.

glaubten nicht an Gott oder ein Weiterleben im Jenseits. Aber sie sprachen nicht mehr von der Schuld des Menschen, sondern von seinem Streben nach Erkenntnis und von der Erhabenheit seiner Seele.

Die Renaissance leitete die Wertschätzung des Menschen aus den Schriften der antiken Philosophen ab. Der bewunderte Grieche *Platon* (428/27-348/47 v. Chr.) hatte die Unsterblichkeit des Menschen ohne Gottglauben begründet. Darauf beriefen sich die Gebildeten. Aber sie rechtfertigten ihre Aufwertung des Menschen ebenso aus der Bibel. Kein Beleg eignete sich dazu besser als ein Satz in der *Genesis*, der Erzählung von der Erschaffung der Welt. Dort heißt es: „Gott schuf den Menschen nach seinem Ebenbild" – dies galt als Beweis für die Würde des Menschen, nicht für seine Sündhaftigkeit.

Die Kunst In der Bildenden Kunst wurde der anonyme Handwerker des Mittelalters vom *schöpferischen Individuum* abgelöst, dessen Gestaltungskraft in einzigartigen Kunstwerken zum Ausdruck kam. Dieses neue Verständnis des Künstlers als kreative Persönlichkeit hat seine Gültigkeit behalten.

Die Maler strebten danach, die reale Welt abzubilden. Dazu studierten sie intensiv Farben, Proportionen und Kompositionstechniken und erweiterten die antiken Projektionsregeln für Bilder. Die Parallelperspektive lieferte ein naturnahes Abbild, die *Zentralperspektive* stellte die räumliche Tiefendimension her. Auch die Bildhauer suchten in ihren Plastiken Realitätsnähe, wobei sie sich wie die alten Klassiker auf die Darstellung des menschlichen Körpers konzentrierten.

Nicht anders ahmten die Architekten die antiken Vorbilder nach. Dabei wandelten sie den Formenkanon ab, den schon die alten Griechen zu den Fassaden, Bögen, Säulen und Ornamenten ausgebildet hatten. Sie vermieden jede Monumentalität. Stattdessen erstrebten sie Harmonie und ein dem Menschen angepasstes Maß. Dies glückte musterhaft im Bau von Villen, Stadtresidenzen und Schlössern, die bei aller Zurückhaltung dem Bedürfnis nach Repräsentation ebenso Rechnung trugen wie die gewaltigen Kirchenbauten.

Die Literaten mussten den antiken *Formenkanon*[1] beherrschen, um anerkannt zu sein. In Italien, Spanien, Frankreich und England wurden die antiken Dramen-, Erzähl- oder Gedichtformen erstmals auch in den Volkssprachen verwendet und begründeten dort eine hochentwickelte Literatur. Parallel dazu bildete sich ein national-vaterländisches Bewusstsein aus.

Die Humanisten und der Renaissance-Humanismus Für die Gebildeten in der Renaissancezeit stand jedoch die Gelehrsamkeit höher als die Kunst – also die Beschäftigung mit dem Wissen der Antike, die das Studium lateinischer und griechischer Texte voraussetzte. Die Gelehrten nannten die Auseinandersetzung mit der Antike *„Studia humanitatis"* (etwa: „Studien in menschlich bildenden Fächern"); deshalb wurden sie auch *Humanisten* genannt. In ihrer Vorstellung wurde der Mensch nicht allein durch die Geburt zum Menschen, sondern erst durch Bildung. Die Humanisten strebten demzufolge die moralische Besserung, sogar die Vervollkommnung des Menschen an. Damit waren sie der wesentliche Teil der *Bildungsbewegung* der Renaissance, weshalb man ihren Beitrag als *Renaissance-Humanismus* bezeichnet.

[1] Dieser Kanon betraf die Verwendung der Gattungen, rhetorischen Figuren oder Versmaße, die in der Antike üblich waren.

Malerei
Leonardo da Vinci (u. a. „Mona Lisa", Anfang des 16. Jh.); siehe Seite 30 f.
Michelangelo (Deckenmalerei der Sixtinischen Kapelle in Rom, 1508-1512)
Raffael („Sixtinische Madonna", 1512/13)
Bildhauerei
Donatello („David", um 1444-1446)
Michelangelo („David", 1501-1504); siehe Seite 23.
Architektur
Filippo Brunelleschi (Kuppel der Kathedrale von Florenz, 1418-1434)
Donato Bramante (Entwurf der Peterskirche in Rom, 1505; Weiterführung u. a. durch Raffael und Michaelangelo)
Andrea Palladio (Villa Rotonda bei Vicenza, 1566-1570)

▲ **Künstler der italienischen Renaissance (Auswahl).**

■ *Recherchieren Sie in Fachbüchern und/oder dem Internet zur Renaissancekunst in Deutschland und ihren Vertretern. Verfassen Sie auf der Grundlage Ihrer Ergebnisse einen Lexikonartikel: „Renaissancekunst in Deutschland". Tipp: Ausführliche Informationen zum deutschen Renaissancekünstler Albrecht Dürer finden Sie auf Seite 35.*

Wichtige Fächer waren die „Grammatik“, d.h. die Beherrschung der alten Sprachen (Latein und Griechisch), und die „Rhetorik“, also die Fertigkeit im öffentlichen Sprechen und Verhandeln. Hinzu kamen die „Ethik“, die Lehre vom richtigen Verhalten, weiterhin auch die „Poetik“ (Dichtkunst) oder „Historia“ (Geschichte). Aus diesen Fächern lassen sich die beiden großen Bildungsziele der Humanisten ableiten: erstens die Gelehrsamkeit und zweitens die richtige Lebensführung.

Gelehrte, Künstler, Naturforscher Wie hingen Renaissance und Renaissance-Humanismus zusammen? Renaissance ist der übergeordnete Begriff. Die Humanisten waren wie die Künstler die Träger der Bildungsbewegung. Sie lasen die antiken Schriften und verglichen die Textüberlieferungen. Davon erstellten sie zunächst handgeschriebene, seit etwa 1500 gedruckte Ausgaben. Sie sorgten damit für den Transfer des Wissens, des Weltverständnisses und der Lebenshaltung der Antike. Zwar studierten die Architekten, Bildhauer, Maler und Literaten ebenso die alten Texte, aber sie achteten auf das Formale der Kunstwerke. Außerdem wollten sie in erster Linie selbst gestalten. Die Gelehrten und Künstler hatten also unterschiedliche Arbeitsfelder und Ziele.

Nur wenige Universalgenies gehörten beiden Seiten an. Der Italiener *Leonardo da Vinci* zählte nicht dazu. Er war Künstler und *Naturforscher* (▸ M2), jedoch kein Humanist. Leonardo war dennoch leidenschaftlich bestrebt, die Gesetze der belebten und unbelebten Natur zu ergründen. Insbesondere Einzelgänger wie er, die über die antiken Schriften hinausgehend die Welt erforschen wollten, gelangten zur folgenreichsten Kulturleistung der Epoche: die Begründung der modernen Naturwissenschaft. Herausragend war um 1600 *Galileo Galilei* (1564-1642), der als erster Naturforscher Experimente entwickelte, um daraus Gesetze abzuleiten. Es waren also drei Gruppen, die den Fortgang der Renaissance bestimmten: die Künstler, die Humanisten und die Naturforscher.

Geozentrisches Weltbild: Vorstellung, dass die Erde im Zentrum unseres Planetensystems steht. Die Kirche hielt lange an dieser Vorstellung fest, damit nicht Gottes Bedeutung als Schöpfer der Erde angezweifelt wird.

Erasmus von Rotterdam (um 1465-1536): führender Kopf des europäischen Humanismus. Er studierte, lehrte und schrieb in Frankreich, England, Italien, der Schweiz und im Heiligen Römischen Reich. Erasmus gab u.a. das Neue Testament in griechischer Sprache und in einer neuen lateinischen Übersetzung heraus. Zudem regte er an, die heiligen Schriften in die Volkssprachen zu übersetzen. Siehe zu Erasmus auch Seite 54 (M3).

Neue Wissensgebiete Unter allen Wissenschaftszweigen des Renaissance-Humanismus ragte die klassische *Philologie* heraus. Sie bemühte sich um eine distanzierte, kritische und damit wissenschaftliche Überprüfung der Texte. Zu dramatischen Neuentdeckungen gelangten die Naturforscher in der Astronomie, einem damals zentralen Wissensgebiet, das praktischen Nutzen hatte und für die Zeitgenossen geradezu unglaubliche Vorhersagen machte. Die Gestirne dienten den Seefahrern zur Orientierung, außerdem waren alle überzeugt, dass die Sterne das Leben der Menschen beeinflussen. Am meisten verblüfften die Vorhersagen der Astronomen, die sie stundengenau zu Sonnen- und Mondfinsternissen und anderen Himmelserscheinungen machen konnten. Abwägende Beobachtungen brachten schließlich *Nikolaus Kopernikus* (1473-1543) zu der Einsicht, dass sich die Erde um die eigene Achse dreht und dass sie nicht im Mittelpunkt des Kosmos steht, sondern wie andere Planeten um die Sonne kreist. Das alte **geozentrische Weltbild** der Antike wurde damit – allerdings nicht zum ersten Mal – infrage gestellt. Dabei forderte das neue *heliozentrische Weltbild* die Gläubigen und die Kirche heraus, weil es dem Wortlaut der Bibel widersprach und den Menschen gleichsam aus dem Zentrum an den Rand der Schöpfung abschob.

Das richtige Verhalten Ein breites Schrifttum widmete sich dem richtigen Verhalten des Menschen. Der am meisten gefeierte Autor war der Niederländer **Erasmus von Rotterdam**. Er verfasste Schriften zu einer christlich-tugendhaften Lebensführung, die in den Schulen Europas noch lange gelehrt wurde. Ebenso nachhaltig beeinflusste Erasmus die *Anstandsbücher* späterer Jahrhunderte, wobei er seiner Zeit weit voraus war. Im Gegensatz zu den Kirchenmeinungen nahm er an, dass der Mensch von Natur aus gut sei. Auch warb er für Toleranz und den Bildungsanspruch der Frau.

Städte	Jahr
Heidelberg	1386
Köln	1388
Erfurt	1389
Leipzig	1409
Rostock	1419
Freiburg	1455
Greifswald	1456
Ingolstadt	1472
Mainz	1476
Wittenberg	1502

▲ Spätmittelalterliche Universitätsgründungen (Auswahl).
Die spätmittelalterliche Gründungswelle basierte neben städtischen Initiativen besonders auf dem Engagement der Fürsten. Die Universitätsgründungen mussten allerdings von kirchlicher Seite genehmigt werden.
- *Entwickeln Sie Hypothesen, warum Fürsten sich für die Gründung von Universitäten einsetzten.*

Gymnasien und Universitäten Die „Studia humanitatis" wurden bis etwa 1600 in die Lehrpläne der *Gymnasien* und *Universitäten* aufgenommen. Humanisten fanden sich daher in allen akademischen Berufen, unter Theologen, Ärzten oder Juristen, außerdem in politischen wie kirchlichen Ämtern. Führende Reformatoren wie *Martin Luther* (1483-1546) oder der Schweizer *Johannes Calvin* (1509-1564)[1] waren brillante Kenner antiker Schriften und sprachgewaltige Autoren, ebenso führende Politiker oder Kleriker wie *Thomas Morus* (um 1478-1535), der Kanzler von England, oder *Enea Silvio Piccolomini* (1405-1464), der zum Papst (*Pius II.*) aufstieg. Nicht zuletzt die Fürsten wurden im Geist des christlichen Humanismus erzogen. Einzelne wie *Lorenzo I. de' Medici* (1449-1492), Stadtherr von Florenz, publizierten selbst, andere betätigten sich als Mäzene, als Sammler antiker Kunst, von Handschriften oder Büchern.

Renaissance und Humanismus hielten damit Einzug an den Höfen der Mächtigen. Sie begründeten in der Folge einen gemeinsamen Werte- und Wissenshorizont der Eliten, beginnend bei den Päpsten, Königen, Fürsten und gebildeten Adligen bis zu den Welt- und Ordenspriestern, Pfarrern und Kaufleuten. Ein immer größerer Anteil junger Menschen besuchte Gymnasien oder Universitäten. Vor allem im Heiligen Römischen Reich wurden diese in einer Anzahl gegründet wie später erst wieder im 20. Jahrhundert.

Der Buchdruck: die erste Medienrevolution der Neuzeit Der europaweite Siegeszug des Renaissance-Humanismus ist ohne die Erfindung des Buchdrucks nicht vorstellbar. Um 1450 verbesserte der Mainzer Goldschmied *Johannes Gensfleisch*, genannt *Gutenberg* (um 1400-1468) die bis dahin bekannte Drucktechnik durch die Verwendung beweglicher Lettern aus Metall. Er beabsichtigte, rascher vervielfältigen zu können. Doch vor allem lag ihm, wie man vermutet, an einem gleichmäßigeren, schöneren Schriftbild. Gutenberg erreichte beides und noch mehr: die massenhafte Verbreitung von Texten, die ungeahnte Wirkungen hatte.

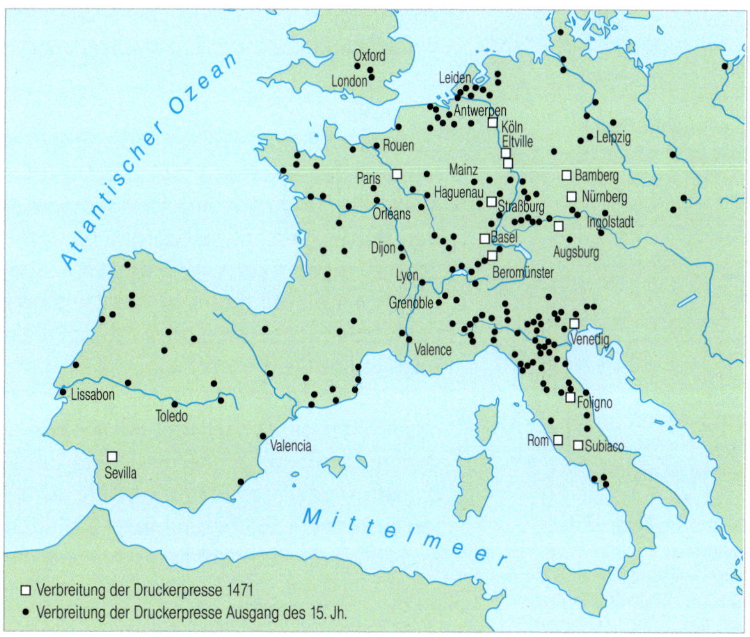

▶ Die Verbreitung der Druckerpresse in Europa nach der Erfindung durch Gutenberg.
- *Erläutern Sie die Aussage, der Buchdruck habe eine neue Öffentlichkeit geschaffen und das kulturelle und politische Leben verändert. Beziehen Sie dazu auch die Karte mit ein.*
- *Erläutern Sie, welche Fähigkeit notwendig war, damit der Buchdruck eine breite Wirkung in der Bevölkerung erzielen konnte. Überlegen Sie, ob dies im 15./16. Jahrhundert bereits der Fall war.*

[1] Zu Martin Luther siehe Seite 56, zu Johannes Calvin siehe Seite 69.

Die Erfindung der „Schwarzen Kunst“ fiel in eine Zeit, in der die Schriftlichkeit stark zunahm – in den Verwaltungen, den Kontoren der Kaufleute und den Stuben der Gelehrten. Dort wurde noch jedes Blatt durch Abschreiben vervielfältigt. Die Druckerpresse Gutenbergs erlaubte nun die Massenproduktion. Der *Buchdruck* bewirkte eine *„Revolution des Wissens“*, des Informationsflusses und der gesamten Kommunikation. Ein öffentlicher Raum entstand (▶ M3). Autoren, Verleger und Drucker erkannten umgehend die Vorteile, wenn sie Geschriebenes in schier unendlichen Reproduktionen auf den Markt bringen konnten. Die Kirche gab liturgische Texte oder Bibeln, zehntausendfach auch *Ablassbriefe*[1] in Druck, welche die Gläubigen von zeitlichen Sündenstrafen freisprachen. Die Herrscher lasen Gedrucktes zum Zustand ihrer Länder und nutzten das neue Medium von Anfang an für den publizistischen Kampf. Die Gelehrten konnten ihre eigenen Werke, dazu die Texte lateinischer und griechischer Klassiker in immer neuen Auflagen drucken lassen. Die Verbreitung von Wissen schien unbegrenzt.

Wirtschaftlicher Wandel Die fallenden Getreidepreise nach der Mitte des 14. Jahrhunderts sorgten dafür, dass Adel, Bürger und Landesfürsten weitere Erwerbsmöglichkeiten auf dem Lande suchten und schufen. Damals entstanden ganze „Tuchreviere“ mit Spinnereien und Webereien für billige und erlesene Stoffe (Tuche) in den Niederlanden, in Flandern, Lothringen und Westfalen. Auch in Eisen, Zinn sowie Gold und Silber – den Grundstoffen für Werkzeuge, Schmuck und Münzgeld – wurde investiert. Im Harz, in den Ostalpen und den Vogesen entstanden beispielsweise neue Bergwerke und in der Oberpfalz und in Böhmen große Eisenreviere.

Handelshäuser: entstanden um 1500 aus den Firmen von Großkaufleuten. In diesen Gesellschaften schlossen sich zwei oder mehr Personen gleichberechtigt zusammen und trafen längerfristig bindende Vereinbarungen über Kapitaleinlagen, Geschäftsführung und Haftung.

Um die Schürfrechte und die technisch aufwändige Förderung von Erzen finanzieren zu können, schlossen sich Großkaufleute als gleichberechtigte Partner in **Handelshäusern** zusammen. Dazu erwarben sie von Fürsten und Königen, denen die Bodenschätze zustanden, die Nutzungsrechte der Minen. So brachten sie Rohstoffquellen und Produktionsstätten unter ihre Kontrolle und konnten die Preise einseitig festsetzen. Die Gewinne dieser Handelshäuser flossen in erneute Investitionen, zum Beispiel in den teuren Schiffsbau, in die Suche nach neuen Seewegen sowie – nach der „Entdeckung“ Amerikas durch *Christoph Kolumbus* 1492 – in den Übersee- und Sklavenhandel.

Ein moderner Finanzverkehr entsteht Die expandierende Wirtschaft setzte ein funktionierendes *Bankwesen* voraus. Dieses war, gefördert durch den Kontakt mit den Mittelmeeranrainern und der Übernahme der arabischen Ziffern, in Italien entstanden. Dort hatte sich schon seit dem 13. Jahrhundert der *Wechsel*, ein Vorfahre des modernen Schecks, durchgesetzt. Anstatt große Summen Geldes in Umlauf zu setzen, deponierten die Kaufleute dieses in Wechselbanken, den Vorläufern unserer Banken. Als Gegenwert erhielten sie eine Quittung, die so viel wert war wie das zur Aufbewahrung überlassene Geld. Damit konnten sie dann ihre Schulden begleichen.

Und wer waren die Bankiers? Reiche Kaufmannsfamilien wie die *Medici* in Florenz oder später die *Fugger* und *Welser* in Augsburg. Sie verliehen ihr Geld nicht nur an andere Kaufleute, sondern auch an Landesherren und Fürsten, die auf das Geld der Banken angewiesen waren, um ihre aufwändige Hofhaltung und ihre Kriege finanzieren zu können. Zur Tilgung ihrer Schulden überließen sie den Banken neben Steuern und Zöllen die Rechte, Bodenschätze zu heben.

Begriffe aus dem Mittelalter:
Bank *von ital. banca: Sitzbank, Verkaufsstand*
Bankrott *von ital. banca rotta: zerbrochene Bank*
Konto *von ital. conto: Guthaben*
Saldo *von ital. saldo: Restbetrag*
Giroverkehr *von ital. girare: kreisen*
Scheck *von arab. sakk (sprich: schack): Vertrag*
Kredit *von ital. credito: Leihwürdigkeit*
Zinssatz *von lat. censere: schätzen*
Brutto *von ital. brutto: ohne Abzug vom Rohgewicht*
Netto *von ital. netto: rein, ohne Verpackung*
Liquidität *von lat. liquidus: flüssig*

▲ **Aus der Sprache der Bankiers.**
Nach: Martina Hartmann, Mittelalterliche Geschichte studieren, Konstanz 2004, S. 71 (ergänzt)

[1] Zum Ablass siehe vor allem Seite 50.

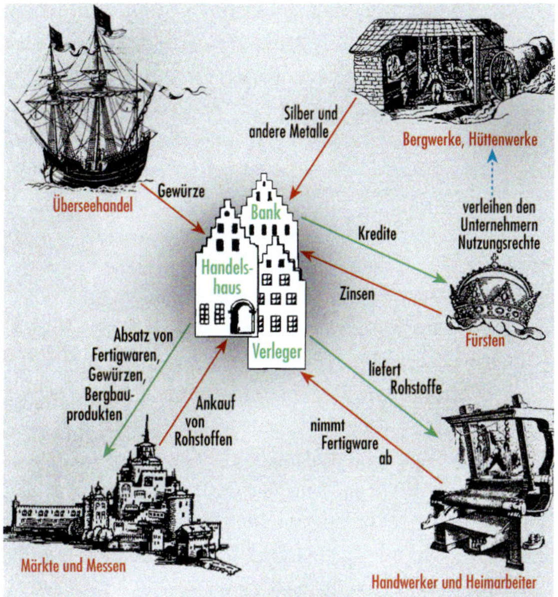

◀◀ Eine Handelsgesellschaft um 1500.

- *Erläutern Sie die Geschäftsfelder und ihren Zusammenhang.*

◀ Im Fuggerkontor. *Miniatur (etwa 16 x 10 cm) von Narziss Renner aus dem Trachtenbuch des Matthäus Schwarz, 1526 (Ausschnitt). Das Bild zeigt Jakob II. Fugger (rechts) und Matthäus Schwarz in der Buchhaltung (Kontor: von lat. computare: zählen; Schreibstube der Handelsgesellschaft). Schwarz war seit 1516 Chefbuchhalter der Fugger. Das Buch auf dem Tisch zeigt – hier nicht lesbar – die Seitenüberschriften „uns soll" (links) und „wir sollen" (rechts). Dahinter verbirgt sich das System der „doppelten Buchführung", das Schwarz vor 1517 in Venedig kennengelernt hatte. Es hielt fest, welche Waren gekauft und bezahlt oder welche verkauft und bezahlt worden waren. Im Hintergrund sind die Aktenfächer folgender Niederlassungen zu sehen: Rom, Venedig, Ofen (Budapest), Craca (Krakau), Mayland (Mailand), Inspruck (Innsbruck), Nuerenberg (Nürnberg), Antorff (Antwerpen) und Lisbona (Lissabon).*

- *Verfassen Sie in Partnerarbeit einen Dialog zwischen Jakob II. Fugger und Matthäus Schwarz über ein Geschäft z.B. mit einem Fürsten, der über Silberminen verfügt. Zu den Unternehmungen der Fugger siehe auch die Karte auf Seite 34.*

Verlagswesen Die Handelshäuser orientierten sich an wachsenden überregionalen Märkten. Sie ließen große Mengen preiswerter Waren produzieren und vertreiben. Dazu bedienten sie sich des *Verlagswesens* (▸ M4). Sie kauften Rohstoffe oder unfertige Produkte (zum Beispiel Tuche) in Mengen günstig auf, stellten sie vor allem Heimwerkern zur Verfügung („legten" sie ihnen „vor") und übernahmen dann den Verkauf der fertigen Produkte. Die „Verleger" umgingen damit die Qualitäts- und Lohnforderungen der *Zünfte*[1]. Verlierer dieser wirtschaftlichen Modernisierung war damit das zünftisch organisierte städtische Handwerk. Andererseits schuf das Verlagswesen für die armen Kleinbauern und Tagelöhner auf dem Lande neue Erwerbs- und Einkommensmöglichkeiten.

Frühkapitalismus Die neuen Handelshäuser verknüpften Bergbau, Massenproduktion, Fernhandel und Geldverleih – und machten damit große Gewinne. Die 1494 von *Jakob II. Fugger*, einem Enkel des Stammvaters der Kaufmannsfamilie Fugger, gegründete *Fugger'sche Handelsgesellschaft* zählte zu den erfolgreichsten frühkapitalistischen Unternehmen Europas (▸ M5). *„Frühkapitalismus"* bedeutet, dass diese Wirtschaftsform hier schon vor ihrem eigentlichen Beginn auftrat. Denn erst die Industrialisierung und die Einführung der Gewerbefreiheit um 1800 öffneten immer mehr Märkte für Unternehmen, die sich unter freien „kapitalistischen" Rahmenbedingungen entfalten konnten.

Erörtern Sie, in wieweit Renaissance und Frühkapitalismus als „Modernisierungsschübe" bezeichnet werden können. Zum Begriff „Modernisierung" siehe auch den Theorie-Baustein auf Seite 107 bis 109.

[1] Ausführliche Informationen zu den „Zünften" erhalten Sie auf Seite 40.

M1 Die Renaissance: Wiederaufleben der Antike mit weltgeschichtlichen Folgen

Renaissance als Epochenbegriff bezeichnet nicht nur die Wiedererweckung der Antike. In dieser Zeit kommt es auch zu starken Veränderungen auf sozialem, politischem, religiösem und sogar wirtschaftlichem Gebiet; außerdem bezieht sich der Begriff auf Europa insgesamt.[1] Der französische Historiker Fernand Braudel (1902-1985; siehe Seite 253) formuliert dies als einer der Ersten in seinem Buch „Le modèle italien" („Modell Italien"):

Mit anderen Worten, wir empfehlen den Historikern durchaus, den vielschichtigen Begriff Renaissance trotz allem auch weiterhin zu verwenden, denn er bietet eine bequeme Handhabe, das erforderliche chronologische Umfeld abzustecken, in dem sich erklären lässt, wie und warum sich die Kultur des kleinen Europa schließlich verändert und mit einem Schlag die anderen Kontinente und Kulturen überflügelt, ja, für lange Zeit ihrem Willen unterwirft. Das läuft in erster Linie auf eine Darlegung der Geschichte Italiens hinaus, aber in der Zusammenschau mit der Geschichte Europas: der Niederlande, Deutschlands, Englands, Frankreichs, der Iberischen Halbinsel einschließlich Spaniens, das man vor Kurzem noch „ein Land ohne Renaissance" nannte, was aber keineswegs zutrifft, denn das hieße, dem Land die Modernität abzusprechen.

Jedenfalls aber schließt diese perspektivische Sicht der Renaissance nicht die anderen, die zeitlich begrenzten aus und soll sie auch gar nicht ausschließen. Beispielsweise ließe sich die wahre, die einzige Renaissance (der man notfalls auch einen anderen Namen geben könnte) durchaus auf jenen kurzen Abschnitt der abendländischen Geschichte, jenen Augenblick einschränken, der, da er im Zeichen eines kurzen und ungewöhnlichen Glücks erstrahlt, völlig aus der Reihe der düsteren Jahrhunderte herausfällt.[2] Diese als so bezaubernd beschriebene Epoche umfasst die Namen und Proklamationen einer ganzen Humanistengeneration, die die ganze Seligkeit eines Goldenen Zeitalters bewusst erlebte – allen voran Erasmus von Rotterdam.[3]

Umgekehrt rufen wir, wenn wir das Feld [...] erweitern, sogleich den ganzen europäischen Raum ins Gedächtnis und mit ihm natürlich auch seine Widersprüche und Streitereien: das archaische und das feudale, das grundherrliche, das fürstliche und das staatliche Element, die noch kaum vom Geld berührte Wirtschaft und den bereits ausgefeilten Kapitalismus, den Atlantik und das Mittelmeer und schließlich den Norden und den Süden – lauter bedeutende Mitspieler[4], die allesamt zahlreiche Länder, Schicksale und Mentalitäten verkörpern. Natürlich kommen dann noch Strömungen, Gegenströmungen, Gezeiten und Wirbel hinzu. Die kulturelle Ausstrahlung ist ohnehin vielstimmig und Italien keineswegs immer, wenn auch häufig, der Wasserturm, aus dem alles einschließlich der Schönheit und Weisheit fließt. Die Schlüsselerfindungen auf technischem Gebiet: Schießpulver, Hochofen, Buchdruck und Hochseeschifffahrt, stammen samt und sonders nicht aus Italien, ebenso wenig die gewaltige Reformation[5], die das Schicksal ganz Europas umwälzen und aus den Angeln heben und die Völker in zwei einander für alle Zeiten fremde Parteien spalten sollte, diese religiöse Sturmflut, die im 15. Jahrhundert Privileg und Kennzeichen der gesamten Christenheit ist.

Fernand Braudel, Modell Italien 1450-1650, Berlin 2003, S. 80f.

1. *Weisen Sie nach, dass Braudel die Renaissance als europäischen Vorgang begreift, obwohl sein Buch der Geschichte Italiens gewidmet ist.*
2. *Arbeiten Sie heraus, warum Braudel empfiehlt, der „wahren", „einzigen" Renaissance „notfalls" einen anderen Namen zu geben (vgl. Zeile 19f.).*
3. *Erläutern Sie, welche historischen Kräfte nach Braudel zu berücksichtigen sind, wenn man Renaissance als Epochenbegriff versteht.*

[1] Braudel begrenzt die Epoche auf die Zeit von 1450 bis 1650, weil in diesem Zeitraum das „Modell Italien" stark auf Europa ausstrahlte.

[2] Hier meint der Autor den engeren Zeitraum von ca. 1450 bis 1520 und die Zentren Oberitalien und Niederlande; dort konzentrierten sich in der gebildeten Elite die Beschäftigung mit der Antike und ein starker Zukunftsglaube.

[3] Siehe zu Erasmus von Rotterdam Seite 26.

[4] hier gemeint: historisch wirksame Kräfte

[5] Lesen Sie zur Reformation Seite 56ff.

M2 Leonardo – mehr als ein Künstler

Leonardo da Vinci stellt etwa um 1482 dem Herzog von Mailand in einem Schreiben seine Fähigkeiten vor:

1. Ich habe Pläne für sehr leichte, aber dabei starke Brücken, die sich ganz leicht befördern lassen und mit denen man den Feind verfolgen und manchmal auch fliehen kann, und solche für andere, feste Brücken, die weder durch Feuer noch im Kampf zerstört und leicht und bequem abgebrochen und errichtet werden können, und auch Pläne, um die des Feindes zu verbrennen und zu zerstören.

▲ **Leonardo da Vinci.**
Selbstbildnis (Ausschnitt), um 1512-1515. Leonardo da Vinci (1452-1519) musizierte, malte Ölbilder und Fresken, entwarf Standbilder, Gebäude und Befestigungsanlagen. Zugleich forschte und experimentierte er. Leonardo untersuchte den menschlichen Körper und die Naturerscheinungen, er entwarf Flugmaschinen, gepanzerte Fahrzeuge oder gar Unterseeboote. Vieles war damals allerdings nicht zu verwirklichen.

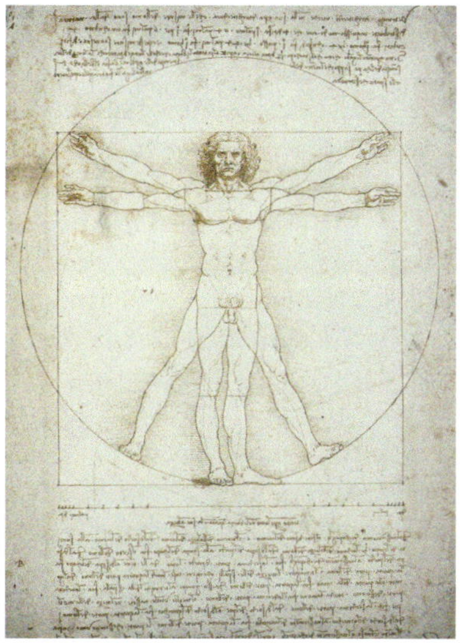

▲ **Der menschliche Körper als Ausdruck der Harmonie.**
Skizze (34,4 x 24,5 cm) von Leonardo da Vinci, um 1485-1490.
Kreis und Quadrat sind die Grundformen der Harmonie, sie bestimmen die Proportionen des menschlichen Körpers.

▲ **„Mona Lisa."**
Ölgemälde (77 x 53 cm) von Leonardo da Vinci, um 1503-1506.

2. Ich kann bei der Belagerung eines Platzes das Wasser aus den Gräben ableiten und zahlreiche Brücken, Rammböcke, Sturmleitern und andere zu einem solchen Unternehmen gehörende Geräte machen [...].
4. Ferner habe ich Pläne für Bombarden[1], die sich sehr bequem und leicht befördern lassen, mit denen man kleine Steine schleudern kann, fast so, als ob es hagle, und deren Rauch dem Feind gewaltigen Schrecken einjagt [...].
6. Ferner werde ich sichere und unangreifbare gedeckte Wagen bauen, die mit ihren Geschützen durch die Reihen des Feindes fahren und jeden noch so großen Haufen von Bewaffneten zersprengen werden [...].
10. In Friedenszeiten kann ich mich wohl mit jedem anderen in der Baukunst messen, sei es bei der Errichtung öffentlicher und privater Gebäude oder bei der Leitung des Wassers von einem Ort zum anderen. Ferner werde ich bei der Bearbeitung von Marmor, Erz und Ton sowie in der Malerei wohl etwas leisten, was sich vor jedem anderen, wer immer es sei, sehen lassen kann.

[1] **Bombarden**: große Kanonen

Der Sekretär des Herzogs von Aragón berichtet über einen Besuch bei Leonardo am 10. Oktober 1517:

Dieser Herr hat eine besondere Abhandlung über den Körperbau zusammengestellt, mit Illustrationen nicht nur der Glieder, sondern auch der Muskeln, Nerven, Adern, Gelenke, Eingeweide und allem, was an den Körpern der Männer wie auch der Frauen studiert werden kann, so wie noch kein anderer Mensch es jemals getan hat. All das haben wir mit unseren eigenen Augen gesehen; und er sagte, er hätte bereits mehr als dreißig Leichen zerlegt, Männer wie Frauen jeden Alters. Er hat auch über die Natur des Wassers geschrieben und über verschiedene Maschinen und andere Dinge, die er in einer endlosen Zahl von Bänden niedergeschrieben hat, und all das in Umgangssprache.

Erster Text: Leonardo da Vinci, Tagebücher und Aufzeichnungen, hrsg. von Theodor Lücke, München [2]1952, S. 889 f.; zweiter Text: Kenneth Clark, Leonardo da Vinci, Reinbek 1989, S. 167 f.

1. *Fassen Sie zusammen, für welche Arbeiten sich Leonardo da Vinci in dem Brief (erster Text) anbietet.*
2. *Arbeiten Sie aus dem Bericht des Sekretärs (zweiter Text) heraus, wie er Leonardos Arbeiten beurteilt.*
3. **+** *„Leonardo da Vinci – mehr als ein Künstler?". Erörtern Sie diese Aussage in Form eines Essays unter Einbeziehung von M2 und der Abbildungen auf dieser Seite.*

M3 Die Medienrevolution um 1500

Der Medienhistoriker Michael Giesecke beschreibt in seinem Standardwerk zum Buchdruck die Quantitäten und die Bedeutung, die der neue Medienmarkt um 1500 erreicht hat:

Gegen Ende des 15. Jahrhunderts wird an mehr als zweihundertundfünfzig Orten in Europa gedruckt. In vielen Städten arbeiteten nebeneinander zahlreiche Druckereien, sodass man mehr als 1100 Offizinen[1] mit wiederum oftmals mehreren Pressen gezählt hat. Abgesehen von wenigen Ausnahmen, konnten sich in allen Städten Deutschlands Institutionen und natürlich auch Einzelpersonen der neuen Kommunikationsmedien bedienen. Die Zahl der im 15. Jahrhundert gedruckten Bücher, der sogenannten „Inkunabeln"[2], ist kaum überschaubar – von Druckerzeugnissen wie Formularen oder Handzetteln ganz zu schweigen. Ob man nun zwanzig oder vierzigtausend verschiedene Drucke mit einer durchschnittlichen Auflage von einhundert oder dreihundert Exemplaren annimmt – in jedem Fall breiteten sich die Druckerzeugnisse von Jahr zu Jahr aus und gehörten bald zur alltäglichen Umwelt der Stadtbevölkerung. Wer wollte, konnte die neuen Medien an den Marktständen, Anschlagbrettern oder in der Kirche bestaunen.
Eingesetzt wurde die neue Informations- und Nachrichtentechnologie von Anfang an auch zu ideologischen, politischen und religiösen Zwecken. Diejenigen Kräfte, die sich für die Reformation der Papstkirche und die politische Autonomie einer deutschen Nation einsetzten, benutzten das neue Medium, um sich untereinander zu verständigen, ihre Ziele abzusprechen. Es ist kaum umstritten, dass die Flugschriften in den zwanziger und dreißiger Jahren des 16. Jahrhunderts zu „Massenmedien" wurden. Luthers Flugschrift „An den christlichen Adel deutscher Nation", mit einer ersten Auflage von viertausend Exemplaren am 18. August 1520 erschienen, war in fünf Tagen vergriffen (und erlebte vierzehn hochdeutsche sowie eine niederdeutsche, insgesamt also fünfzehn Ausgaben). Von Luthers Neuem Testament erschienen in kurzer Zeit mehr als hunderttausend Exemplare und selbst die Luther'sche Vollbibel wurde zwischen 1534 und 1626 vierundachtzigmal aufgelegt. Nicht nur die Kirche, die Gelehrten, die Städtebürger, Handwerker und Kaufleute, auch der gemeine Mann auf dem flachen Lande waren von der neuen Technologie umgeben. Es konnte „itzo nichts kundwirdigs inn der gantzen welt geschehen/es kumbt schrifftlich durch den Truck zu lesen"[3]. Lautstark wurde deshalb auch von der Bevölkerung gefordert, sich an dieses neue Informationssystem anzuschließen: „Der lust aber und nutz dieser kunst/ist so groß/daß es gleich ain wunder/wie sy so wenig leut lernen und können/dann was will man doch ainer sollichen kunst vergleichen/durch welche man alles in der welt erfaren/wissen/und ewig merken vnd behalten/auch andern/wie fern die von uns sein/one personliche beywesung und mündtliche anzaigung/zuowissen thuon kann? Ich geschweig viler anderer nutzbarkait/die in allen leben und stande hierauß volgt/das schier niemandts jr geraten kann."[4]

Michael Giesecke, Der Buchdruck in der frühen Neuzeit. Eine historische Fallstudie über die Durchsetzung neuer Informations- und Kommunikationstechnologien, Frankfurt am Main [4]2006, S. 64 f.

1. *Analysieren Sie die Quantitäten und Kommunikationschancen des Drucks, die der Text beschreibt. Erklären Sie dabei die frühneuhochdeutschen Schlusszitate: „itzo nichts [...] zu lesen" (Zeile 38-40), „Der lust [...] geraten kann" (Zeile 42-50).*
2. *Medienhistoriker nennen die Summe der Handschriften ein skriptografisches (handgeschriebenes), die Summe der Drucke ein typografisches (gesetztes) Speichersystem. Überprüfen Sie den Gewinn an Gedächtnis (der europäischen Kultur), der durch das neue „Speichersystem" möglich war.*
3. ➕ *Vergleichen Sie die Entwicklung und Wirkung des Buchdruckes im 15. Jahrhundert mit der des Internets heute. Beziehen Sie dabei auch die Karte auf Seite 27 mit ein.*
4. *Beurteilen Sie den Gewinn an Gedächtnis, der durch die Medienrevolution um 2000 gegenüber dem Zeitalter des Drucks möglich wurde.*

[1] **Offizinen**: Druckwerkstätten, abgeleitet von lat. *officina*: Werkstätte
[2] **Inkunabeln**: Wiegendrucke, abgeleitet von lat. *incunabula*: Windeln, Wiegen; Verweis auf Druckwerke, die zwischen 1450 und 1500 hergestellt wurden, als der Buchdruck noch in der Wiege lag

[3] Übertragung aus dem Frühneuhochdeutschen: „Jetzt nichts Bemerkenswertes in der ganzen Welt geschehen, ohne dass es gedruckt zu lesen war".
[4] „Freude und Nutzen dieser Kunst ist so groß, dass es geradezu ein Wunder ist, dass so wenige Menschen sie lernen und beherrschen. Denn was kann man mit einer solchen Kunst vergleichen, durch die man alles in der Welt erfahren, wissen und ewig erinnern und behalten, auch anderen, wie fern sie von uns sind, ohne persönliche Anwesenheit und mündlichen Bericht mitteilen kann? Ganz zu schweigen von anderem Nutzen, der sich in allen Lebenslagen zeigt, sodass ihn beinahe niemand entbehren kann."
Beide Zitate stammen aus Sprachlehrbüchern um 1530.

M4 Das Verlagswesen

Der österreichische Historiker Franz Mathis schreibt in seinem Werk zur Wirtschaftsgeschichte des 16. Jahrhunderts:

Was die Bergwerks- und Hüttenunternehmer als „frühkapitalistisch" kennzeichnete, waren nicht nur ihre besonders großen, letztlich aber vielfach nur vorübergehenden Vermögen, sondern mindestens ebenso sehr die von ihnen praktizierte Trennung von Arbeit und Kapital sowie die Größe ihrer Unternehmen, die über den Rahmen eines Handwerksbetriebes weit hinausging. Beides war im Prinzip auch bei den Verlegern gegeben, mit dem Unterschied, dass die von diesen beschäftigten Arbeitskräfte noch nicht in einem zentralisierten Betrieb zusammengefasst waren, sondern nach wie vor dezentralisiert in ihren städtischen und ländlichen Werkstätten arbeiteten.

Aus der Sicht der Unternehmer handelte es sich in beiden Fällen um die Beschäftigung einer Vielzahl von Menschen, die im Auftrag der Gewerken oder der Verleger bestimmte Produkte herstellten, die dann von diesen auf den Markt gebracht wurden. Eine so gestaltete Arbeitsorganisation unterschied sich grundlegend von der Produktionsweise selbstständiger, unmittelbar für den Markt arbeitender Handwerksmeister. Sie nahm bereits einige wesentliche Kennzeichen der modernen kapitalistischen Industrieproduktion vorweg und kann daher in diesem Sinne als frühkapitalistisch bezeichnet werden.

Der Übergang vom handwerklichen Meisterbetrieb, in dem Arbeit und Kapital in einer Hand vereinigt und die Produktion in erster Linie auf den lokalen Markt ausgerichtet war, zum frühkapitalistischen Unternehmen, in dem Arbeit und Kapital getrennt und die Produkte für ferner liegende Märkte bestimmt waren, lässt sich allerdings [...] nicht erst im 16. Jahrhundert beobachten. Sowohl im Bergbau als auch im Verlagswesen reichen frühkapitalistische Produktionsverhältnisse bis ins 14./15. Jahrhundert und teilweise noch weiter zurück; in Westeuropa ist das Verlagssystem seit dem 13. Jahrhundert überliefert. Das 16. Jahrhundert sah daher diesbezüglich nichts grundlegend Neues, sondern erlebte lediglich eine Intensivierung und Ausweitung von Produktionsformen, die bereits seit längerer Zeit bekannt waren.

Franz Mathis, Die deutsche Wirtschaft im 16. Jahrhundert, München 1992, S. 38

1. *Arbeiten Sie die Bedeutung des Verlagssystems für die Entwicklung des Frühkapitalismus nach Mathis heraus.*
2. *Erläutern Sie, was den Frühkapitalismus vom ausgebildeten Kapitalismus der Moderne unterscheidet.*

▲ Jakob Fugger „der Reiche".
Ölgemälde (68 x 52 cm) von Albrecht Dürer, um 1519 (Ausschnitt). 1518 fand der Reichstag in Augsburg statt und tagte zum Teil im Stadtpalast der Fugger. Die Reichsstadt Nürnberg hatte den berühmtesten deutschen Renaissancemaler Albrecht Dürer (siehe Seite 35) entsandt. Damals porträtierte er Jakob Fugger.

M5 „Ich will gewinnen, dieweil ich kann"

Jakob II. Fugger (1459-1525) ist das zehnte von elf Kindern. Für ihn ist eine geistliche Laufbahn vorgesehen. Nachdem vier seiner Brüder gestorben sind, muss er doch noch in das Familienunternehmen eintreten.

Was ihn vorantrieb, erzählte er einmal seinem Neffen. „Er wolle gewinnen, dieweil er könne." Hierfür lernte er begierig die Kniffe des Geschäftslebens. Reich wurde Jakob mit einer Geschäftsidee, die er perfektionierte: Er verlieh Geld an Herzöge, Könige und Kaiser und verlangte als Sicherheit Silber aus deren Bergwerken und Handelsprivilegien.

Als Jakob von seinen Brüdern 1485 nach Innsbruck geschickt wird, um die dortige Niederlassung zu leiten, kann er zum ersten Mal selbstständig handeln. Sofort sucht er die Nähe zum Hof des Herzogs Sigismund. Dessen stete Finanznot bietet ihm große Chancen: Da in Tirol die größten bekannten Silbervorkommen liegen, muss Sigismund dafür sorgen, dass Geldgeber deren Erschließung und Abbau finanzieren.

Jakob wird zum größten Kreditgeber des Hofes. Dafür übernimmt er die Oberaufsicht über die Silberförderung, eine mächtige Stelle: Den Unternehmern zahlt Fugger fünf Gul-

▲ Die Fugger zu Beginn des 16. Jahrhunderts in Europa.

Die Fugger beteiligten sich auch an der Finanzierung von Entdeckungsfahrten. Sie waren in Südamerika aktiv und machten beim Sklavenhandel mit. Internettipp: Zur Geschichte der Augsburger Familie Fugger siehe den Code 32031-01.

■ *Arbeiten Sie die Unternehmungen der Fugger aus der Karte heraus. In welchen heutigen Ländern waren die Fugger besonders aktiv?*

den pro Mark [= 233 Gramm], der Münzstätte verkauft er sie für acht. Gleichzeitig gelingt es ihm, die Fördermenge zu steigern.

Jakob erkennt: Für eine weitere Expansion seines Unternehmens braucht er einen Schuldner von größerem Format. Er sucht Kontakt zum Habsburger Erzherzog Maximilian, dem Sohn des Kaisers. Die Kredite an die Habsburger finanzieren die Fuggerbrüder aus eigener Tasche und aus dem Vermögen stiller Teilhaber. 1494 beträgt Jakobs Kapital 15552 Gulden, bis zu seinem Tod wächst es auf 667790 Gulden.

Rastlos nutzt Jakob alle Chancen im Umkreis der Habsburger. Für hohe Kredite erhält er Ländereien, den Grafentitel, Handelsprivilegien. Zum Silberabbau kommen bald der Silberhandel und -transport. Hohe Gewinne macht Jakob Fugger durch massenhaften Ankauf von Münzen mit überdurchschnittlichem Silbergehalt. Überschüsse investiert er in ungarischen Kupferbergbau, in Hüttenwerke und Waffenschmieden. Sogar der Papst lässt seine deutschen Einnahmen über die neue Fugger-Bank nach Rom schaffen.

Mit dem Reichtum wächst Jakob Fuggers politischer Einfluss. Um das Gewonnene zu bewahren, setzt er 1519 fast all sein Geld ein, um seinen Wunschkandidaten Karl V. zum Kaiser zu machen. Nachdem der Habsburger sich verpflichtet hat, die Privilegien der Fugger anzuerkennen, bringt Jakob 852000 Gulden Bestechungsgelder auf. Allein die Stimme des Erzbischofs von Mainz soll 113000 Gulden gekostet haben.

Die Stärke der Fugger, ihre Nähe zu den Habsburgern, wurde ihr Verhängnis: Als ihre Silberminen erschöpft waren und ihre politische Macht sank, weigerten sich die Nachkommen Karls V., die Schulden zu begleichen. Habsburgs Niedergang wurde auch zu dem der Fugger: Wenige Generationen später waren sie keine Konzernherren von europäischem Format mehr.

Nach: Götz Hamann, Jakob und die dummen Herren. Die Zeit. Das Lexikon in 20 Bänden, Bd. 5, Hamburg 2005, S. 637-639 (Kürzungen nicht gekennzeichnet)

1. *Beschreiben Sie, in welchem Verhältnis Jakob Fugger zu den im Text genannten Personen steht.*

2. *Charakterisieren Sie, welche Strategien des Frühkapitalismus Jakob Fugger verfolgt.*

3. *Vergleichen Sie den Lebenslauf Jacob Fuggers mit dem eines gegenwärtigen Großunternehmers. Erläutern Sie dabei die Gemeinsamkeiten und die (zeitgenössisch bedingten) Unterschiede in dem wirtschaftlichen Verhalten beider Personen.*

4. *Überprüfen Sie anhand des Lebenslaufes, ob die vorgestellte Entwicklung einen Modernisierungsprozess im Sinne Wehlers (siehe M1 und M2, Seite 107f.) beschreibt.*

Holzschnitte als Bildquelle

Kompetenz:
Holzschnitte als Bildquelle beschreiben, analysieren und interpretieren, sowie in den historischen Kontext richtig einordnen

Holzschnitte stellen für uns eine wichtige Informationsquelle für die Zeit des Spätmittelalters und der Renaissance dar. Sie nehmen zu politischen, gesellschaftlichen oder religiösen Themen Bezug. Um den Bildinhalt und die (oft christliche) Symbolsprache richtig zu verstehen, ist eine sorgfältige Analyse notwendig.
Um 1400 verbreitete sich das Druckverfahren auf einem hölzernen Druckstock in Europa. Die Technik ermöglichte eine hohe Auflagenzahl (mehr als 1000 Exemplare) und wurde beim Herstellen von Buchillustrationen und Flugblättern angewandt. Zum eigenständigen künstlerischen Medium entwickelte sich der Holzschnitt Ende des 15. bis Mitte des 16. Jahrhunderts, bis er durch andere grafische Techniken wie den Kupferstich und die Radierung verdrängt wurde.
Ein Meister des Holzschnitts war der deutsche Renaissancekünstler **Albrecht Dürer**, der über 300 solcher Bildwerke schuf. Bekannt wurde er durch seine 15 Holzschnitte umfassende Bildfolge „Apokalypse“ zur Offenbarung des Johannes (Neues Testament). Als die Ausgabe um 1498 erschien, sorgte sie für großes Aufsehen. Dürer war zu diesem Zeitpunkt erst 27 Jahre alt.

▲ **„Selbstbildnis im Pelzrock.“**
Ölgemälde (67 x 49 cm) von Albrecht Dürer, 1500.
Die lateinische Inschrift auf der rechten Seite des Bildes lautet übertragen: „So malte ich, Albrecht Dürer aus Nürnberg, mich selbst mit meinen eigenen Farben im Alter von 28 Jahren.“

Formale Kennzeichen

- *Wer* hat den Holzschnitt geschaffen oder in Auftrag gegeben?
- *Wann* und *wo* ist er entstanden, gedruckt und veröffentlicht worden?
- Welche *Maße* besitzt der Holzschnitt?
- Gehört er einer *Bildfolge* an?

Inhalt

- *Wen* oder *was* zeigt der Holzschnitt?
- Welche *Komposition* (Bildaufbau, Figuren etc.) liegt ihm zugrunde?
- Welche *Symbole*, *Zeichen* und *Attribute* werden verwendet? Wie sind diese zu deuten?

Historischer Kontext

- Aus welchem *Anlass* ist der Holzschnitt entstanden?
- Auf welches *Ereignis*, welchen *Sachverhalt* oder welche *Person* bezieht er sich?
- Inwiefern haben die *politischen*, *religiösen* oder *sozialen Verhältnisse* der Entstehungszeit das Bild beeinflusst?

Intention und Wirkung

- An welche *Adressaten* wendet sich der Holzschnitt?
- Was lässt sich über seine *Verbreitung* sagen?
- Welche *Aussageabsicht* verfolgten Künstler bzw. Auftraggeber?
- Inwiefern unterstützt ein eventueller *Text* die Wirkung des Holzschnittes?
- Welche *Wirkung* erzielte der Holzschnitt möglicherweise bei den zeitgenössischen Betrachtern?

Bewertung

- Wie lässt sich die *Aussage* des Holzschnittes insgesamt *einordnen* und *bewerten*?
- Gibt es *weitere Quellen* zum Bildthema, mit denen sich der Holzschnitt *vergleichen* lässt?

Analysieren Sie die formalen Kennzeichen und den Bildinhalt des Holzschnittes auf Seite 10 oder auf Seite 51. Tragen Sie anschließend Ihr Ergebnis in Form eines Kurzreferates der Klasse vor.

Albrecht Dürer (1471-1528): bedeutendster Künstler der Renaissance nördlich der Alpen. 1484 begann Dürer bei seinem Vater in Nürnberg eine Goldschmiedelehre, 1486 erhielt er eine Ausbildung in einer Nürnberger Malerwerkstatt. Nach mehreren Reisen nach Italien wurde Dürer 1512 „Kaiserlicher Maler“ für Maximilian I. Sein künstlerisches Werk umfasst zahlreiche Gemälde, Zeichnungen, Kupferstiche und Holzschnitte, sowie mehrere Bücher, in denen er seine Studien zur Malkunst, zur Geometrie und über den menschlichen Körperbau veröffentlichte.

Beispiel und Analyse

Strahlenbündel
Rückverweis auf den vorangegangenen Holzschnitt, der sich mit dem Öffnen des Himmelstores und dem Erscheinen Gottes beschäftigt

Waagenträger
steht für Teuerung und Hunger

Abgemagerter Mann
versinnbildlicht den Tod

Höllenrachen
verschlingt den „Repräsentanten der Obrigkeiten"; die Kopfbedeckung (Kombination aus Kaiserkrone und Bischofsmitra) symbolisiert die weltlichen und geistlichen Machthaber

Segnender und wegweisender Engel
schwebt über dem Geschehen

Bogenschütze
steht für den Sieg

Schwertträger
verkörpert den Krieg

Schwarz-Weiß-Kontraste
erhöhen die dramatische Wirkung des Holzschnittes

Bauer
steht im Blickkontakt mit dem Tod und zeigt eine abwehrende Gestik

Monogramm
Signatur aus den Anfangsbuchstaben des Namens (Albrecht Dürer)

Bürgersfrau
Die Opfer der Reiter tragen zeittypische Kleidung

▲ **„Die vier apokalyptischen Reiter."**
Holzschnitt (39,6 x 28,5 cm) von Albrecht Dürer, um 1498.

Formale Kennzeichen Albrecht Dürer schuf den rund 40 cm hohen und 28 cm breiten Holzschnitt. Er gehört einer abgeschlossenen Bildfolge zu den Texten der Offenbarung des Johannes (Neues Testament) an. Das Buch erschien um 1498 auf Deutsch („Die heimlich offenbarung iohannis") und Latein („Apocalipsis cum figuris"). Dürer veröffentlichte die Ausgaben im Selbstverlag in Nürnberg.

Inhalt Dürer setzt mit diesem Holzschnitt eine Stelle aus der Offenbarung des Johannes bildlich um (siehe hierzu die Randspalte). Gezeigt werden die vier apokalyptischen Reiter, die für Sieg, Krieg, Teuerung/Hunger und Tod stehen. Zu erkennen sind sie an ihren Attributen: Pfeil/Bogen, Schwert, Waage und Dreizack. Im Gegensatz zum Bibeltext treten die Reiter im Holzschnitt nicht nacheinander, sondern gleichzeitig auf. Der dritte Reiter fällt dem Bildbetrachter durch seine Größe und seine Platzierung in der Bildmitte besonders ins Auge. Seine mit sich geführte Waage schwingt bedrohlich und wird selbst zur Waffe.
In Dürers Darstellung scheinen die ersten drei Reiter aus dem Bild zu stürmen. Dieser Eindruck wird durch die angeschnittene Figur des Bogenschützens unterstützt. Die Blicke der Reiter sind nach vorne, auf Ziele außerhalb des Bildes gerichtet.
Den Opfern im unteren Bildteil wird bis auf den Bauern eine passive Rolle zugedacht. Es lassen sich Vertreter verschiedener Stände ausmachen. Sie werden von den Reitern zertrampelt oder vom Höllenrachen verschlungen. Allein der Bauer zeigt eine abwehrende Haltung im Angesicht des nahenden Todes.

Historischer Kontext Die „Vier apokalyptischen Reiter" wirken so, als habe Dürer vor allem die zeitgenössischen Ängste der Menschen vor dem Weltende und die Krisen des Spätmittelalters darstellen wollen. Da diese „Endzeitstimmung" um 1500 historisch nicht allgemein nachgewiesen werden kann, ist auch eine andere Interpretation möglich. Danach nutzte Dürer den noch jungen Buchdruck, um aus künstlerischen und wirtschaftlichen Motiven heraus ein zeitlos gültiges Thema zu verbreiten: die Ängste der Menschen vor Krieg, Hunger und Tod.

Intention und Wirkung Dürers Holzschnitt ist nicht als bloße Illustration des Bibeltextes zu verstehen. Vielmehr steht er für sich. Dürer lässt die apokalyptischen Reiter gemeinsam auftreten und geht auch auf deren Opfer ein. Die im Holzschnitt gezeigten Standesvertreter dienen als Identifikationsfiguren und stellen einen Bezug zum Betrachter her. Sie sind nicht schemenhaft dargestellt, sondern in ihrer Mimik, Gestik und Kleidung detailreich gestaltet.
Dürer erreichte mit seiner „Apokalypse" einen breiten Adressatenkreis mit unterschiedlichem Bildungsgrad. Mit der lateinischen Ausgabe wandte er sich vor allem an ein internationales Publikum. Latein war damals „die" Sprache Europas.

Bewertung Mit dem Holzschnitt der „Vier apokalyptischen Reiter" zeigt Dürer eindrucksvoll wie das göttliche Strafgericht über die Menschen hereinbricht. Durch seine Darstellung wird die Aussagekraft des Bibeltextes noch gesteigert. Die Schwarz-Weiß-Kontraste sowie die feine und lebendige Linienführung tragen zu einer dramatischen und dynamischen Umsetzung des Bibelstoffes bei. Die außergewöhnliche künstlerische Gestaltung des Holzschnittes bzw. der gesamten Bildfolge haben Dürer damals in ganz Europa berühmt gemacht – und wirken bis heute auf den Betrachter.

Offenbarung des Johannes, Kapitel 6, Vers 1 bis 8:

Dann sah ich: Das Lamm öffnete das erste der sieben Siegel; und ich hörte das erste der vier Lebewesen wie mit Donnerstimme rufen: Komm! Da sah ich ein weißes Pferd; und der, der auf ihm saß, hatte einen Bogen. Ein Kranz wurde ihm gegeben und als Sieger zog er aus, um zu siegen.
Als das Lamm das zweite Siegel öffnete, hörte ich das zweite Lebewesen rufen: Komm! Da erschien ein anderes Pferd; das war feuerrot. Und der, der auf ihm saß, wurde ermächtigt, der Erde den Frieden zu nehmen, damit die Menschen sich gegenseitig abschlachteten. Und es wurde ihm ein großes Schwert gegeben.
Als das Lamm das dritte Siegel öffnete, hörte ich das dritte Lebewesen rufen: Komm! Da sah ich ein schwarzes Pferd; und der, der auf ihm saß, hielt in der Hand eine Waage. Inmitten der vier Lebewesen hörte ich etwas wie eine Stimme sagen: Ein Maß Weizen für einen Denar und drei Maß Gerste für einen Denar. Aber dem Öl und dem Wein füge keinen Schaden zu!
Als das Lamm das vierte Siegel öffnete, hörte ich die Stimme des vierten Lebewesens rufen: Komm! Da sah ich ein fahles Pferd; und der, der auf ihm saß, heißt „der Tod"; und die Unterwelt zog hinter ihm her. Und ihnen wurde die Macht gegeben über ein Viertel der Erde, Macht, zu töten durch Schwert, Hunger und Tod und durch die Tiere der Erde.

Nach: www.bibelwerk.de/Bibel.12790.html/Einheitsuebersetzung+online.12798.html (Zugriff: 19. Januar 2015)

Partizipationsbewegungen in den Städten

Lesetipp
Bernd Fuhrmann, Hinter festen Mauern. Europas Städte im Mittelalter, Darmstadt 2014

Soziale und politische Struktur der Städte Im 15. Jahrhundert gab es im Deutschen Reich etwa 4000 Städte. Rund 90 Prozent dieser Orte zählte weniger als 2000 Einwohner. Großstädte wie Nürnberg mit 22000 (1431) oder Köln mit 40000 Einwohnern (Anfang des 14. Jahrhunderts) waren die Ausnahme (▸ M1). Sie unterschieden sich nach ihrem wirtschaftlichen Schwerpunkt: Handels-, Handwerks-, Gewerbe- oder Ackerbürgerstädte; sowie nach dem Rang des Stadtherrn: Bischofsstädte, Städte eines Landesherrn oder des Kaisers (Freie Reichsstädte).

Patriziat: Bezeichnung für eine bevorrechtigte Gruppe der städtischen Oberschicht. Die Patrizier (lat. *patres*: Väter) stellten zunächst allein die Mitglieder des Rates und besaßen die politische Führung in den Städten.

Ganz oben auf der sozialen Leiter kleinerer Städte standen Händler, wohlhabende Handwerker und Gastwirte. In den größeren Städten bildete das **Patriziat** die Oberschicht. Der Vorrang der sozial wie politisch führenden „Geschlechter" beruhte auf ihrer Abstammung, außerdem auf ihrem Reichtum, der häufig durch Fernhandel und Geldgeschäfte erworben war. Ebenfalls zur Oberschicht gehörten allgemein Kaufmannsfamilien, aber auch hohe Beamte. Zur Mittelschicht zählten Haus- und Grundbesitzer sowie vor allem die Handwerksmeister. Vollgültiges Mitglied der Stadtgemeinschaft war nur, wer das *Bürgerrecht* besaß. Dieser Personenkreis bildete die Ober- und Mittelschicht mit etwa 40 bis 60 Prozent der Stadtbewohner. Der Bürger hatte einen

▲ **„Der Augsburger Perlachplatz im Winter."**
Ölgemälde (225 x 358 cm), wahrscheinlich von Heinrich Vogtherr d. J., Augsburg, um 1545.
- *Gliedern Sie das Bild in sinnvolle Bereiche (z. B. nach Bildebenen, Handlungen, Personengruppen etc.).*
- *Charakterisieren Sie die einzelnen Personengruppen. Versuchen Sie, deren Tätigkeit und Stellung zu identifizieren.*
- *Erörtern Sie, was das Gemälde über das städtische Leben in Augsburg um 1545 aussagt.*

▲ **Steingutmacherin an der Töpferscheibe.**
Bild auf einer Spielkarte, um 1425.

▲ **Weber am Trittwebstuhl.**
Zeichnung (29 x 20 cm) aus dem Hausbuch der Mendel'schen Zwölfbrüderstiftung, Nürnberg, um 1425.

eigenen Hausstand, ihm gehörte ein Handwerksbetrieb oder ein Geschäft, und er bezahlte Steuern. Der *Bürgereid* verpflichtete ihn zu militärischen Leistungen bei der Stadtverteidigung. Dafür genoss der Bürger den Schutz der Stadt, ferner ihre Fürsorge in Armut, Krankheit und Alter, und er durfte sich am politischen Leben beteiligen.

Die Dienstboten, alle Besitzlosen und die Randgruppen waren von der politischen Mitwirkung ausgeschlossen. Zu den verachteten Randgruppen gehörten „unehrliche Leute", die unehelich geboren waren oder einen „unehrlichen" Beruf ausübten (u.a. Henker, Totengräber). Sie besaßen daher nur einen eingeschränkten Rechtsschutz, erhielten kein christliches Begräbnis und konnten jederzeit aus der Stadt gewiesen werden. Eine Sonderstellung nahmen auch die Juden ein. Seit dem 15. Jahrhundert wurde die jüdische Bevölkerung in mehreren Wellen aus Städten und Territorien ausgewiesen. Am Ende des 16. Jahrhunderts gab es größere Judengemeinden in Deutschland nur noch in Worms, Friedberg (Hessen) und Frankfurt am Main. Wo man auf die Ausweisung verzichtete, wurden die Juden in *Ghettos* oder verschließbare Judengassen abgedrängt.

Die Stadt – eine Demokratie im Kleinen? Grundlage des städtischen Rechts waren Privilegien, die der Stadtherr den Bürgern verlieh. Zu ihnen gehörten das Befestigungs-, Markt-, Münz- und Zollrecht sowie Handelsrechte, schließlich die Gerichts- und Wehrhoheit. Adlige fielen nicht unter das Stadtrecht. Sie behielten ebenso ihren besonderen Rechtsstatus wie die Geistlichen und Ordensmitglieder, die weiterhin ihrem Bischof oder Abt unterstanden. Frauen profitierten von der Stadtfreiheit; in zahlreichen Städten waren sie den Männern gleichgestellt. Allerdings konnten sie kein städtisches oder kirchliches Amt ausüben. Gesellschaftlich war das Bürgertum also ein privilegierter Stand: Stadtbürger durften nicht vor fremde Gerichte gezogen werden, sie durften ohne Genehmigung eines Herrn heiraten, konnten ohne Beschränkungen ihren Besitz verkaufen oder vererben und ihren Wohnsitz wechseln. Damit waren die Stadtbürger

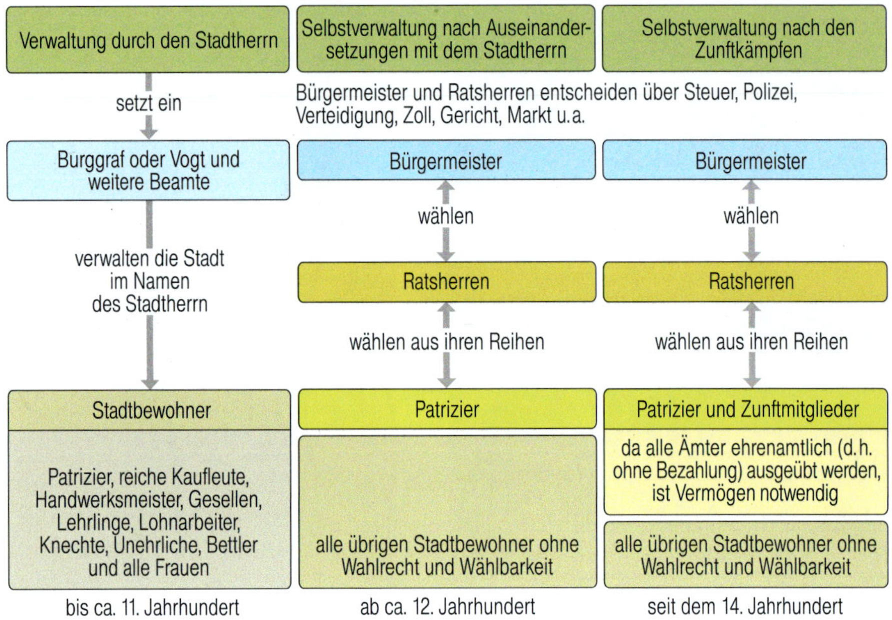

▶ **Die städtische Verwaltung im Wandel.**
Die Entwicklung der städtischen Selbstverwaltung seit dem 14. Jahrhundert war uneinheitlich.
Nicht in allen Städten regierten Patrizier und Zunftmitglieder gemeinsam. In Regensburg, Schwäbisch Hall oder Mühlhausen im Elsass etwa konnten sich die Zünfte politisch nicht gegen die Patrizier durchsetzen. Dafür übernahmen sie aber z. B. in Straßburg, Augsburg, Ulm und Zürich die führende Rolle im Stadtregiment.
Nach: Ernst Bruckmüller und Peter Claus Hartmann (Hrsg.), Putzger. Historischer Weltatlas, Berlin [103]2001, S. 69

- *Analysieren Sie, wie sich die städtische Verwaltung im Laufe der Jahrhunderte veränderte.*

persönlich frei. Die Bauern, die einem Grundherrn untertan waren, waren das nicht. Sie besaßen im besten Fall einzelne der genannten Rechte.

Man sollte sich die vormoderne Stadt jedoch nicht als Demokratie im Kleinen vorstellen, sondern als eine Republik der privilegierten Bürger. Nur wenige Familien durften alle Bürgerrechte ausschöpfen und damit auch die Stadt regieren. Zudem wurde mit Beginn der Neuzeit jegliche soziale Durchlässigkeit erschwert. In dem Maß, in dem der Adel sich vom gehobenen Bürgertum durch Betonung seiner Herkunft abzuheben suchte, errichteten die bürgerlichen Ratsfamilien in der Stadt eigene Schranken. Ihr Rang war eine sinnlich erfahrbare Wirklichkeit des Alltags. Denn die Stellung der vornehmen Familien drückte sich aus im Aufwand des Hauses, der Kleidung, des Schmucks, in den Formen des Grußes und der Anrede oder im Anspruch auf die vorderen Plätze in der Kirche und bei Umzügen (▶ M2).

Mehr Mitsprache Gegen das Stadtregiment der Patrizier regten sich seit Mitte des 14. Jahrhunderts immer wieder Unmut und Widerstand. Die in **Zünften** organisierten Handwerker akzeptierten deren Alleinherrschaft und Vorrechte nicht mehr. Entsprechend ihrer gewachsenen wirtschaftlichen Bedeutung traten sie immer selbstbewusster auf und forderten mehr Mitspracherechte. Ihr Unmut führte zwischen 1300 und 1500 allein im Deutschen Reich zu etwa 150, oft blutigen, innerstädtischen Kämpfen. Auslöser dieser „Revolten" waren nicht in erster Linie der Wunsch nach Mitbestimmung, sondern die angebliche Misswirtschaft der amtierenden Stadträte oder die Erhöhung von Abgaben (▶ M3 und M4).

Die Aufstände veränderten die Verhältnisse. In einigen Städten verdrängten die Zünfte die alteingesessene Führungsschicht vollständig, in anderen konnten sich die Patrizier behaupten. Oft entstanden auch Mischformen, in denen sich der Stadtrat zu unterschiedlichen Anteilen aus Handwerkern und Patriziern zusammensetzte.

Zünfte (mhd. „sich ziemen"): im 11. Jahrhundert entstandene christliche Gemeinschaften städtischer Handwerker, die von der Obrigkeit, also dem Stadtherrn, kontrolliert wurden. Sie erließen Vorschriften über das Arbeitsleben, kontrollierten Menge und Qualität der Waren, legten Löhne fest und sorgten in Not, bei Krankheit oder Tod für ihre Mitglieder und deren Familien.

Erklären Sie die Partizipationsbewegungen in den Städten des Spätmittelalters. Gehen Sie dabei auch auf Ursachen und Folgen ein.

M1 Europäische Großstädte um 1500 und 1600

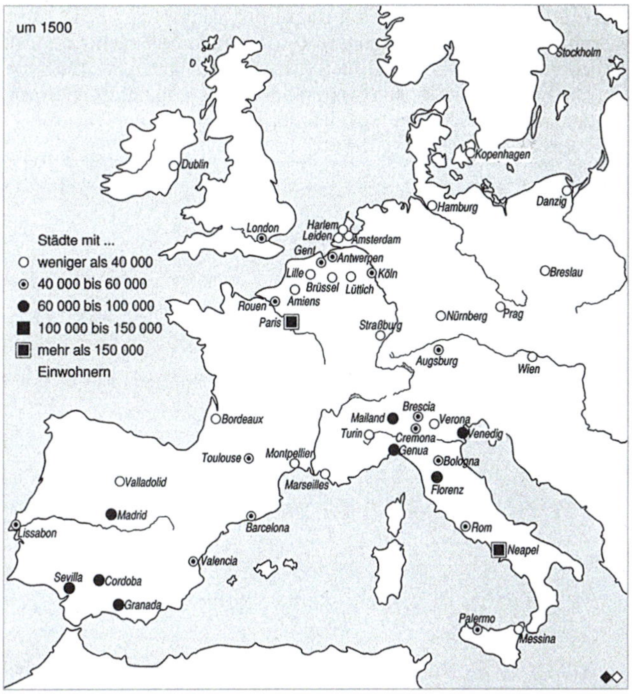

Karten nach: Hein Schilling, Aufbruch und Krise. Deutschland 1517-1648, München 1998, S. 54f.

▲ **Florenz um 1500.**

Die sogenannte „Carta della Catena", um 1482/92 (Ausschnitt).
Die Städte Italiens gehörten zu unabhängigen Königreichen, Fürstentümern und Stadtrepubliken. Politisch bestimmend waren fünf Staaten: das Königreich Neapel, die Republiken Venedig und Florenz, das Herzogtum Mailand und der Kirchenstaat in Rom.

- *Beschreiben Sie die Stadtansicht. Beziehen Sie dabei noch heute erhaltene Bauwerke mit ein. Dazu können Sie auch das Internet nutzen.*

1. *Analysieren Sie vergleichend die beiden Karten.*
2. *Beurteilen Sie die Aussagekraft der Karten.*

M2 Eine Kleiderordnung

Die frühsten Kleiderordnungen im Deutschen Reich stammen aus Göttingen (1340) und Braunschweig (1349). In der zweiten Hälfte des 14. Jahrhunderts nehmen Kleiderordnungen vermehrt zu, was nicht zuletzt auf die damaligen modischen Erscheinungen zurückzuführen ist. Eine stärkere Differenzierung nach Ständen lässt sich seit der zweiten Hälfte des 15. Jahrhunderts nachweisen. Die vorliegende Kleiderordnung ist Teil einer auf dem Augsburger Reichstag 1530 von den Reichsständen festgelegten und von Kaiser Karl V. verkündeten Rechtsordnung („Reichspoliceyordnung"), die überall im Deutschen Reich gelten sollte:

9. Von unstandesgemäßer und kostbarer Kleidung.
Da es nur recht und billig ist, dass ein jeder, je nach seiner Würde und seinem Herkommen, die seinem Stand, seiner Ehre und seinem Vermögen entsprechende Kleidung trägt, damit jeder Stand als solcher wahrgenommen wird, haben Wir Uns mit den Kurfürsten, Fürsten und Ständen auf die nachfolgende Kleiderordnung geeinigt, die Wir eingehalten wissen wollen und deren Verstoß Wir unter Strafe gestellt haben. [...]

11. Über die Kleidung der Bürger und Einwohner in Städten.
1. In Städten findet man gemeinhin drei Gruppen von Einwohnern: 1. einfache Bürger und Handwerker, 2. Kaufleute und Gewerbetreibende sowie 3. Ratsmitglieder, Bürger von vornehmem Geschlecht oder sonst vornehmer Herkunft, die von den Zinsen ihres Vermögens oder Pensionen leben. Demgemäß befehlen Wir, dass die einfachen Bürger und Handwerker sowie die einfachen Krämer weder Gold, Silber, Perlen, Samt und Seide noch gesticktes, zerschnittenes[1] oder [...] kostbares Futter tragen dürfen, sondern sich mit geziemender und gebührlicher Kleidung, auch aus Pelzen und Fellen, etwa von [...] Füchsen, Iltis, Lämmern und dergleichen, begnügen sollen. [...]

12. Über die Kleidung der Kaufleute und Gewerbetreibenden.
1. Ferner sollen die Kaufleute und Gewerbetreibenden in Städten keine Röcke aus Samt, Damast, Atlas oder Seide, kein Gold, kein Silber und keine Perlen sowie keine seidenen, goldenen und silbernen Haarhauben tragen. Doch sie dürfen Röcke aus Kamelhaar, auch unverzierte Wämser aus Seide, allerdings nicht aus Samt und karmesinfarbenem Atlas, desgleichen goldene Ringe tragen. [...]

13. Über die Kleidung der Ratsmitglieder, der Bürger von vornehmen Geschlechtern oder sonst vornehmer Herkunft, die von den Zinsen ihres Vermögens oder Pensionen leben.
1. [...] Für sie soll die gleiche Kleiderordnung wie für Kaufleute und Gewerbetreibende gelten. Allerdings mit folgenden Ausnahmen: Sie dürfen Röcke aus Kamelhaar tragen, die mit bis zu drei Ellen Samt verziert sein können, desgleichen Marderpelz, aber keinen besseren, auch Wämser aus Samt und Seide, ausgenommenen karmesinfarbene, sowie Haarhauben aus Seide. [...]

22. Über die Kleidung der Juden.
1. Desgleichen sollen Juden einen gelben Ring gut sichtbar an ihrem Rock oder ihrer Kappe tragen, damit man sie als Juden identifizieren kann.
2. Und damit diese Unsere Satzung und Ordnung hinsichtlich der verbreitet unstandesgemäßen Kleidung und Kleinodien umso strenger eingehalten und vollzogen wird, gebieten Wir allen Kurfürsten, Fürsten, Prälaten, Grafen, Freien, Herren, Rittern, Knechten, Gemeindevorstehern, Bürgermeistern, Richtern und Räten hiermit mit Nachdruck: sich selbst strikt an diese Unsere Ordnung zu halten und diese auch unnachgiebig bei den Untertanen umzusetzen. Wenn jemand gegen die Ordnung verstößt, soll die jeweilige Obrigkeit denjenigen, wie folgt, bestrafen: durch Konfiszierung des Kleidungsstücks oder Kleinods, das wider diese Unsere Ordnung getragen wurde, und außerdem durch eine Geldbuße an die bürgerliche Obrigkeit des jeweiligen Orts, die dem doppelten Wert des Kleidungsstücks oder Kleinods entspricht. Sollten sich Obrigkeiten bei der Handhabung der Ordnung und bei der Ausführung der Bestrafung nachlässig zeigen, [...] so wird Unser Fiskal gegen die nachlässige Obrigkeit sowie gegen den Unserer Ordnung zuwiderhandelnden Untertanen gemäß den oben angedrohten Strafen vorgehen.

Matthias Weber, Die Reichspolizeiordnungen von 1530, 1548 und 1577. Historische Einführung und Edition, Frankfurt am Main 2002, S. 141-144 und 151 (Übertragung: Maximilian Lanzinner)

[1] **zerschneiden**: Kleider aufschlitzen und das bunte Futter aus den Schlitzen hervortreten lassen; modische Tracht des 14. bis 17. Jahrhunderts

1. *Geben Sie die wesentlichen Regelungen der Kleiderordnung in eigenen Worten wieder. Nach welchen in der Stadt lebenden Gruppen unterscheidet sie?*

2. *Erklären Sie die Intention von Kleiderordnungen.*

3. *Erläutern Sie, wie sich solche Vorschriften in sozialer und finanzieller Hinsicht auf a) die unteren Stände und Ränge und auf b) die Angehörigen der oberen Schichten ausgewirkt haben.*

4. **+** *Ein alteingesessener Handwerker erläutert einem zugezogenen Neubürger die Regeln, Pflichten und Rechte, die für ihn in der Stadt gelten. Verfassen Sie einen entsprechenden Dialog.*

M3 „In übler Weise bevormundet"

1374 kommt es in Braunschweig zu einem Konflikt zwischen den Zünften und dem Stadtrat. Er weitet sich zu einem Zunftaufstand aus, der sogenannten „Schicht". Bei einer Versammlung des nur von Patriziern besetzten Rates mit den Zunftmeistern werden mehrere Ratsherren von Zunftmitgliedern und anderen Bürgern getötet oder vertrieben. Im Sommer des Jahres schreiben die Zunftmeister der Bäcker an ihre Amtskollegen in Lüneburg, Hamburg und Lübeck:

Aufrichtige Leute haben uns zu verstehen gegeben, dass Eure Ratsherren mit anderen Räten der Seestädte übereingekommen sind, alle Zünfte und die gesamte Stadtgemeinde von Braunschweig wegen der Schicht, die dort gegen den Rat geschehen ist, zu verfolgen; und zwar sollen die Kaufleute und alle Bürger von Braunschweig aus der Hanse[1] verwiesen und ihnen ihre Rechte in allen Regionen genommen werden. Die Bürger und ihr Kaufmannsgut sollen in jeder Stadt Geleit und Sicherheit verlieren, und in allen Städten soll man über sie wie über Mörder richten.

Wisst nun aber, liebe Freunde, dass alle Zünfte und die gesamte Bürgerschaft in Braunschweig in außergewöhnlichem Maße von dem früheren Rat beschwert und bedrückt worden sind, indem er große Willkür gezeigt hat und uns nicht zu unserem Recht verhalf. Auch wurden wir vom Rat in übler Weise bevormundet; denn die Ratsherren hatten viele Jahre lang durch Sondersteuern viel Geld von uns eingenommen und hatten die Stadt trotzdem in große Schulden gebracht, was wir wohl beweisen können. Darüber hinaus hatte der Rat zuletzt den Zünften und der Bürgerschaft neue Abgaben und Pflichten auferlegt, [...] wie dies zuvor nicht üblich gewesen war. Dies geschah gegen die Freiheit der Stadt, der Zünfte und der gesamten Bürgerschaft. Insbesondere wollten sie neue Maße für Wein und Bier einführen, um sie kleiner zu machen.

Aufgrund dieser und vieler anderer Nöte, mit denen der Rat alle Zünfte und Bürger von Braunschweig zu Unrecht beschwert hatte, ist dem Rat diese Schicht widerfahren. Und zwar ist alles ganz öffentlich mit Urteilen und vor Gericht geschehen; folglich tun uns alle Unrecht, die uns deshalb für Mörder halten. [...]

Falls uns nunmehr die Seestädte aus der Gemeinschaft der Hanse ausschließen und uns und unsere Habe für friedlos erklären wollen, so tun sie uns großes Unrecht. Darum bitten wir, liebe Freunde, dass ihr um des gemeinen Nutzens, des Friedens und aller aufrichtigen Leute willen, die in Eurer und in unserer Zunft sind, die ehrbaren Ratsherren in Güte bittet, dass sie uns und anderen Zunftmitgliedern [...] nicht Unrecht tun oder uns zu Feinden werden, da wir Euch und ihnen, so sie sich freundlich mit uns halten wollen, mit Liebe und Güte zu Diensten sein wollen. Dafür wollen wir uns Euch gegenüber dankbar erweisen; und bitten Euch um Antwort.

Nach: Klaus Arnold (Bearb.), Das Mittelalter. Quellen zur deutschen und europäischen Geschichte vom 8.-15. Jahrhundert, Paderborn 1991, S. 81f.

▲ **Die „Kölner Weberschlacht" von 1371.**
Nachträglich kolorierter Holzschnitt von 1499.
Der Protest der Zünfte löste im 14. Jahrhundert in vielen Städten Bürgerkämpfe aus. In Köln führten die Weber den Protest gegen den patrizischen Rat an. In einer Schlacht gewannen die Vertreter der alten Oberschicht die Herrschaft über die Stadt zurück und bestraften die aufständischen Handwerker hart.

1. *Fassen Sie die Gründe des Konfliktes zusammen.*
2. *1386 wurde einigen Zünften doch noch der Einzug in den Stadtrat erlaubt. Erläutern Sie, mit welcher Zielsetzung diese Beteiligung von den Zünften angestrebt wurde.*
3. *Entwickeln Sie eine mögliche Gegenposition zu dem Brief aus Sicht eines Ratsherrn. Gehen Sie dabei auch auf die Argumente der Bäcker ein.*

[1] **Hanse:** zunächst eine Gemeinschaft von Kaufleuten im Ost- und Nordseeraum. Unter Führung Lübecks entstand um die Mitte des 13. Jahrhunderts ein Bund von freien Hansestädten, der bis zum 15. Jahrhundert im Ostseeraum den Handel beherrschte und zugleich eine starke politische Macht war.

M4 „Lust auf Freiheiten"

Der Historiker Bernd Schneidmüller schreibt 2011:

Das 14. und 15. Jh. wurde in vielen Teilen Europas zum Zeitalter der Kämpfe um Aufstieg und Teilhabe an Rechten und Freiheiten sowie zur Epoche grell praktizierender Gewalt und Körperlichkeit. Nicht allein in Königreichen und Fürstentümern handelten Herrscher und Stände miteinander ständig ihre Kräfteverhältnisse und Grenzen aus. Auch in den Stadt- und Landgemeinden spitzten sich soziale Krisen immer wieder zu. [...] Handelte es sich um Revolutionen, Revolten, Bürgerkämpfe, Zunft- oder Bauernaufstände[1]? In ihren begrenzten Zielen unterschieden sich die Konflikte von den großen Revolutionen des 18. bis. 20. Jh. Zumeist wurde nicht der Umsturz aller bestehenden Ordnung, sondern ihre Veränderung zum eignen begrenzten Nutzen angestrebt. [...] Auch in den Städten zielten die Revolten vielfach auf Partizipation aufsteigender sozialer Gruppen im Stadtregiment. In den Stadtgemeinden hatte sich der Rat im 12./13. Jh. als bürgerliches Vertretungsgremium gegen die alten Stadtherren entwickelt. Er wurde vom Patriziat aus früheren feudalen Amtsträgern und reichen Kaufleuten gebildet, das sich bald abschloss und den Zünften als Vereinigung von Handwerkern oder kleineren Kaufleuten keine Mitwirkung bei der städtischen Politikgestaltung gewährte. Gegen solche Oligarchien[2] richteten sich die von Zünften getragenen Proteste des 14. und 15. Jh.

Bernd Schneidmüller, Grenzerfahrung und monarchische Ordnung. Europa 1200-1500, München 2011, S. 255 f.

▲ **Einzug der sechs Handwerkervertreter in den Augsburger Rat im Jahre 1368.**
Miniaturmalerei von Jörg Breu d. J. in der Zweitausfertigung des „Konsulatsbuches" von Clemens Jäger, Augsburg 1564.

- ✚ *1368 erhoben sich die Augsburger Handwerker gegen die Geschlechterherrschaft. Recherchieren Sie dazu im Internet oder in Fachbüchern. Visualisieren Sie Ihre Ergebnisse in einem Plakat, in dem Sie auf die Ursachen, den Verlauf und die Folgen der Unruhen in Augsburg 1368 eingehen.*
- ✚ *Vergleichen Sie die städtischen Konflikte in Augsburg und Köln (siehe Abbildung und Bildlegende auf Seite 43). Stellen Sie dabei Gemeinsamkeiten und Unterschiede in Form einer Tabelle dar.*

1. *Fassen Sie die zentralen Aussagen von Bernd Schneidmüller stichwortartig zusammen.*
2. *Arbeiten Sie heraus, warum es in den Städten des Spätmittelalters zu Unruhen kam.*
3. ✚ *Bernd Schneidmüller bezeichnet die städtischen Konflikte als „Revolten" (Zeile 14). Grenzen Sie diese Bezeichnung vom Begriff „Revolution" ab. Erörtern Sie anschließend unter Einbeziehung der Ergebnisse aus M3 und der Arbeitsaufträge zur Miniaturmalerei (Seite 44), ob man bei den Partizipationsbewegungen in den Städten von „Revolten" oder „städtischen Revolutionen" sprechen sollte. Siehe dazu auch den Theorie-Baustein „Revolution" auf Seite 104 bis 106.*

[1] Zu den Bauernaufständen im Deutschen Reich siehe Seite 67 f.
[2] **Oligarchie**: Herrschaft einer kleinen Gruppe

Krise der Herrschaft: Reformen im Reich

Krise des Königtums An der Spitze des Deutschen Reiches, das erst seit dem ausgehenden 15. Jahrhundert als *Heiliges Römisches Reich Deutscher Nation* (lat. *Sacrum Imperium Romanum Nationis Germanicae*) bezeichnet wird, standen gewählte Könige. Sie durften sich Kaiser nennen, wenn sie vom Papst gesalbt und gekrönt worden waren. Aufgabe der Könige war es, für Frieden und Recht zu sorgen. Als Kaiser hatten sie darüber hinaus die Kirche zu schützen und die Einheit des Christentums zu wahren.

▲ **Die Kurfürsten am 27. November 1308.**
Miniatur aus einer Bilderhandschrift des 14. Jahrhunderts.
Die sieben Kurfürsten sitzen auf einer Bank. Sie haben soeben im Frankfurter Dominikanerkloster Heinrich VII. als ersten römisch-deutschen König aus der Familie der Luxemburger zum König erhoben. Die Wappen über ihren Köpfen identifizieren sie (von links nach rechts) als die Erzbischöfe von Köln, Mainz und Trier, den Pfalzgrafen bei Rhein, den Herzog von Sachsen, den Markgrafen von Brandenburg und den König von Böhmen.

Um diese Aufgaben erfüllen zu können, waren die Könige auf die Unterstützung der mächtigen Landesherren angewiesen: der Herzöge, Reichsbischöfe, Pfalzgrafen usw. Aus diesem Kreis bildete sich ein bestimmtes Kollegium, das die römisch-deutschen Könige wählte: die **Kurfürsten**. Sie bestimmten nach dem Ende der **Staufer** vor allem „schwache" Fürsten mit kleiner Machtgrundlage zu Königen, um ihre eigene Macht nicht zu schwächen. Es störte die weltlichen Kurfürsten kaum, wenn die gewählten Könige keine Kaiserwürde vom Papst erlangten. Die Folge war, dass nur etwa die Hälfte der römisch-deutschen Könige des Spätmittelalters die Kaiserwürde erhielt und das Königtum an Ansehen verlor.

Kurfürsten: die Fürsten, die den König „küren" (wählen) durften

Staufer: schwäbisches Adelsgeschlecht, das von 1138 bis 1254 die deutschen Könige und Kaiser stellte

Grundlage der Königsmacht war das *Reichsgut*. Es bestand vor allem aus Grundbesitz und Herrschaftsrechten (Münz-, Markt- und Zollrechte u.a.). Auch die reichsunmittelbaren Städte – um 1500 waren das noch etwa 65 – zählten dazu. Die Einnahmen aus dem Reichsgut sollten für die Hofhaltung und die Erhaltung der Macht sorgen. Oft diente es auch dazu, das *Hausgut* der Könige zu vergrößern. In der Regel reichte das Reichsgut zur Herrschaft nicht aus. Die Könige verkauften oder verpfändeten daher Teile des Reichsgutes. Nach und nach wurde so die Machtbasis des Königtums geschmälert.

Dagegen wuchs seit Mitte des 13. Jahrhunderts die Macht der Landesherren. Durch Eheschließungen, Erbschaften, Kauf und Tausch, aber auch durch Kriege und eigens angezettelte Fehden vergrößerten sie ihren Herrschaftsbereich.

Die Goldene Bulle Angesichts der Doppelwahlen von Königen, versuchte *Karl IV.* aus dem Geschlecht der *Luxemburger*, das Königtum zu stärken. Er selbst war 1346 in einer umstrittenen Königswahl zum römisch-deutschen König erhoben und 1355 vom Papst in Avignon zum Kaiser gekrönt worden. Gemeinsam mit den Kurfürsten erarbeitete er 1356 auf zwei Hoftagen in Nürnberg und Metz ein „Kaiserliches Rechtsbuch": die *Goldene Bulle*. Die Bezeichnung bezieht sich auf das an seidenen Bändern hängende goldene kaiserliche Siegel der Urkunde. Das Gesetz regelte unter anderem das Zere-

▲ **„650 Jahre Goldene Bulle."**
Briefmarke der Deutschen Post von 2006.
Das Motiv zeigt das Siegel der Goldenen Bulle mit dem Bildnis Kaiser Karls IV. Die lateinische Aufschrift lautet übertragen: „Karl der Vierte durch die gnädige Milde Gottes römischer Kaiser und Augustus und böhmischer König."

moniell, die Wahlbedingungen und die Zusammensetzung des Kurfürstenkollegiums (drei geistliche und vier weltliche Fürsten) sowie deren Vorrechte. König und Kaiser sollte sein, wer bei der Wahl die meisten Stimmen der Kurfürsten erhielt – unabhängig von der Genehmigung eines Papstes. Dazu wurde festgelegt, dass die Kurfürstentümer nicht geteilt werden durften. Die Erzbischöfe sollten sie an ihre gewählten Nachfolger, die vier weltlichen Kurfürsten an ihre ältesten Söhne vererben. Die Goldene Bulle machte die sieben Kurfürsten zu „Säulen des Reiches", die als „Teil des kaiserlichen Körpers" dieses Reich vertraten. Sie blieb in ihren Grundzügen bis zum Ende des Heiligen Römischen Reiches Deutscher Nation 1806 gültig.

Frühe Reformversuche Die Goldene Bulle löste die Probleme des Königtums nicht. Weiterhin kam es zu Unregelmäßigkeiten bei den Wahlen, weiterhin bestand das Problem, dass die Könige nicht in der Lage waren, Frieden zu wahren und Recht durchzusetzen. Mit diesen Themen befasste sich im 15. Jahrhundert die geistliche und politische Elite. Sie war an den alten europäischen Universitäten (Bologna, Paris, Oxford, Cambridge etc.) oder in den ab Mitte des 14. Jahrhunderts im deutschsprachigen Raum gegründeten Universitäten (Prag, Wien, Erfurt, Heidelberg, Köln usw.) ausgebildet worden und nun für die Kirche, ihre Landesherren oder ihre Könige tätig. Aus diesem Kreis der humanistisch gebildeten Gelehrten kamen Kritik an Reich und Kirche ebenso wie Anregungen, wie die kaiserliche Gewalt gestärkt, die zahllosen Fehden vermieden und ein **Landfrieden** durchgesetzt werden könne (▸ M1). Die Könige reagierten darauf mit Reformen. Sie verstanden darunter nicht wie wir heute die planmäßige und schrittweise Verbesserung der Verhältnisse, sondern in erster Linie die Wiederherstellung der „alten guten Ordnung". Doch ihre Mitte des 15. Jahrhunderts erlassenen Reformgesetze, mit denen u.a. Fehden eingeschränkt und an ihrer Stelle geregelte Gerichtsverfahren durchgesetzt werden sollten, scheiterten. Die Landesherren waren nicht bereit, sich den Reichsgesetzen zu unterwerfen – und den Königen fehlten die Machtmittel, sie durchzusetzen, wie die „Soester Fehde" exemplarisch belegt (▸ M2).

Landfrieden: öffentlich-rechtlicher Schutz gegen den Missbrauch der Fehde. Der Landfrieden erlaubte sie nur unter bestimmten Bedingungen und stellte Kirchen, Geistliche, Frauen, Kaufleute und Bauern unter Schutz. Die Anordnung des Landfriedens blieb dem Kaiser vorbehalten. Zur Wahrung des zunächst nur zeitlich befristeten Landfriedens wurden Strafen festgesetzt.

Möglicherweise lag das Scheitern der Reformen auch daran, dass die handschriftlich vervielfältigten Reformschriften und -gesetze immer nur einem kleinen Kreis zugänglich waren. Das änderte sich erst, nachdem um 1450 der Buchdruck mit beweglichen Lettern erfunden[1] und nach 1490 vom Kaiser eine Reichspost eingerichtet worden war. Beide „Erfindungen" revolutionierten die Kommunikationsmöglichkeiten und schufen neue Formen der Öffentlichkeit.

Die Reichsreform Einen politischen Fortschritt brachte erst der Reichstag von Worms 1495. Der seit 1486 regierende König *Maximilian I.* aus dem Hause Habsburg hatte dazu per Post und auf gedruckten Einladungsbriefen alle die eingeladen, die im Reich Herrschaft ausübten. Von den rund 300 geladenen Herrschern kam etwa die Hälfte. Der König erhoffte sich eine *Reichsreform*, die ihm die „alte" Macht über Frieden und Recht wiedergeben sollte. Doch außenpolitische Probleme zwangen ihn zu Kompromissen. Zum einen befand er sich in einem Konflikt mit dem französischen König, zum anderen plante er einen „Türkenkrieg" gegen das Osmanische Reich, das 1453 Konstantinopel eingenommen hatte. Er war daher auf die finanzielle und militärische Hilfe aller Herrscher des Reiches angewiesen. Gemeinsam einigten sie sich auf folgende Punkte:

[1] Siehe zum Buchdruck Seite 27 f.

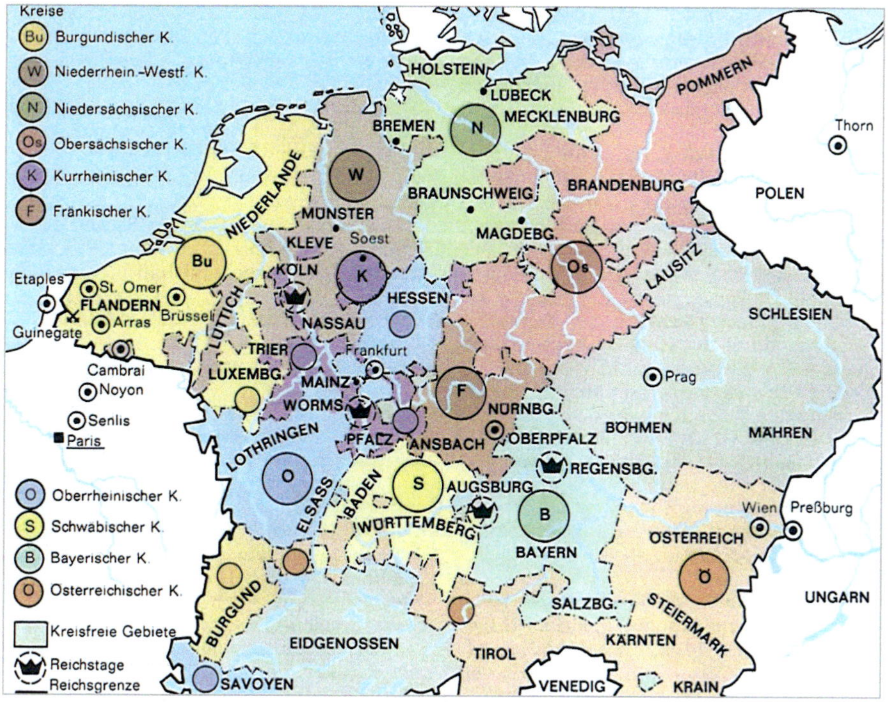

▲ **Die Kreiseinteilung des Deutschen Reiches von 1512.**

Karte nach: Hermann Kinder und Werner Hilgemann, Dtv-Atlas Weltgeschichte, Bd. 1: Von den Anfängen bis zur Französischen Revolution, München [32]1998, S. 218

Auf dem Reichstag zu Köln von 1512 wurde u.a. die Einteilung des Reiches in insgesamt zehn Kreise beschlossen. Die Reichskreise umfassten mehrere Landesherrschaften und sollten u.a. den inneren Frieden aufrechterhalten. Sie bestanden bis 1806.

▪ *Erläutern Sie, welche Vorteile die Kreiseinteilung hatte.*

Reichstag zu Worms (1495)
u.a. Verkündung eines „Ewigen Landfriedens", Regelungen betreffend der Reichstage, Einführung einer allgemeinen Reichssteuer (ohne Bestand), Einrichtung eines Reichskammergerichtes

Reichstag zu Augsburg (1500)
u.a. Einteilung des Reiches in sechs Reichskreise, Errichtung eines Reichsregiments (1500-1502 und 1521-1530), das eine ständige ständische Mitregierung des Reiches zum Ziel hatte

Reichstag zu Köln (1512)
u.a. Erweiterung der Reichskreise auf zehn

Reichstag zu Worms (1521)
u.a. Reichsmatrikelordnung (Verzeichnis über Einkünfte der Territorien als Grundlage ihrer Truppen- und Steuerleistungen)

Reichstag zu Augsburg (1555)
u.a. Reichsexekutionsordnung (Sicherung des Landfriedens durch die Reichskreise)

▲ **Beschlüsse der Reichsreform des 15./16. Jahrhunderts.**

- Aus den bisher unregelmäßig stattfindenden Hoftagen, zu denen der König einladen konnte, wen er wollte, wurden regelmäßig stattfindende *Reichstage*, die jährlich unter dem Vorsitz des Königs abgehalten werden sollten.
- Der Reichstag wurde zur obersten rechtlichen und politischen Institution, auf dem der König nur gemeinsam mit den **Reichsständen** Entscheidungen treffen konnte, die das ganze Reich betrafen.
- Ein „*Ewiger Landfrieden*" (also nicht mehr wie bisher ein zeitlich begrenzter) billigte dem König das alleinige Gewaltmonopol zur Durchsetzung von Recht und Frieden zu.
- Ein neu zu bildendes *Reichskammergericht* erhielt den Auftrag, die Einhaltung des Landfriedens zu überwachen; die Mitglieder des Gerichts durfte der König nicht allein bestimmen.
- Eine allgemeine *Reichssteuer*, der „Gemeine Pfennig", sollte zur Finanzierung der militärischen Unternehmungen, des Reichstages und des Reichskammergerichts erhoben werden.

Auch wenn der „Ewige Landfrieden" erst nach Jahrzehnten mithilfe der Landesherren umgesetzt werden konnte und die Einführung des „Gemeinen Pfennigs" scheiterte, weil Maximilian I. sich selbst weigerte, diese Steuer für seine Habsburgischen Lande zu entrichten, trug diese Reform zu einer Modernisierung des Reiches bei (▸ M3). Die Beziehungen zwischen König und Reichsständen sowie unter den Reichsständen wurden enger und ermöglichten so eine wirkungsvollere Politik.

Reichsstände: Gremium, das aus drei Kurien (von lat. *curia*: Rat) bestand: den Kurfürsten (1. Kurie), den geistlichen und weltlichen Fürsten und anderen Herrschern (2. Kurie) sowie den Reichsstädten und Freien Städten (3. Kurie). Ohne die Zustimmung der Reichsstände konnte der König keine neuen Steuern erheben oder Truppen für Kriegszüge verlangen.

▪ *Beurteilen Sie, inwieweit die Beschlüsse des Reichstages von Worms einen Modernisierungsprozess im Sinne Wehlers (Seite 107 f.) darstellen.*

M1 „Über die allumfassende Eintracht“

Einer der großen Denker des 15. Jahrhunderts ist der Theologe und Philosoph Nikolaus von Kues, der 1448 Kardinal und 1450 Fürstbischof von Brixen wird. In einer 1432 verfassten Reformschrift „Über die allumfassende Eintracht“ fordert er:

Kap. 32. Es müssen gründliche und rasche Maßnahmen ergriffen werden, weil eine tödliche Krankheit das Deutsche Reich befallen hat. Wenn dieser nicht auf der Stelle mit einem heilsamen Gegenmittel begegnet wird, wird ganz gewiss der Tod eintreten.

Kap. 33. Es scheint zweckmäßig anzuordnen, dass zwölf oder mehr Gerichte, über die Reichsländer verteilt, in der Weise eingerichtet werden, dass jedes Gericht sich aus drei Richtern zusammensetzt entsprechend den drei Ständen, d.h. aus einem adligen, einem geistlichen und einem bürgerlichen Richter.

Kap. 34. Es soll ein Gesetz erlassen werden, das jedermann verbietet, zur Entschädigung für Diebstahl oder Raub gewaltsam und eigenmächtig fremden Besitz zu beschlagnahmen oder sich und den Seinen durch Fehdeansagen[1] zu schaden. Vielmehr soll alles durch richterliche Autorität geregelt werden, die gegen einen Renitenten auch Zwangsmaßnahmen gestatten kann.

Kap. 35. Es soll jedes Jahr zur Pfingstzeit ein Reichstag nach Frankfurt einberufen werden, weil dieser Ort aufgrund seiner Lage am besten geeignet erscheint. Dort sollen alle Richter und die Kurfürsten des Reiches zusammenkommen, und zwar ohne Prachtentfaltung und Aufwand. Den Vorsitz führe der Herr Kaiser, wenn möglich persönlich, wenn nicht, dann der erste der Kurfürsten in seinem Namen. Zur Verhandlung sollen Reichsangelegenheiten kommen, aber auch private Rechtsfälle, die bei den Richtern aufgelaufen sind, und was zu bessern ist, soll gebessert werden.

Kap. 36. Schließlich ist die größtmögliche Anstrengung zu unternehmen, um den Kurfürsten des Hl. Reiches einen peinlich genau einzuhaltenden (Wahl-)Modus vorzugeben, den sie unter keinen Umständen verletzen dürfen. Vor allem sollen sie sich eidlich verpflichten, nicht aufgrund von Absprachen oder für Geld oder einen anderen privaten Vorteil ihre Wahlentscheidung zu treffen, sondern ohne Hintergedanken allein zur Förderung des gemeinen Wohls, des Hl. Reiches und seiner Ehre, so wie Gott und das Gewissen es ihnen befiehlt. Wenn aber einer dem zuwiderhandelt, dann soll dieser sogleich ewiger Acht[2] verfallen und eine Anklage wegen Majestätsbeleidigung und die darauf stehenden Strafen zu gewärtigen haben. Es ist nämlich absolut notwendig, die Kurfürsten hinsichtlich unlauteren Wahlverhaltens mit allen möglichen Höchststrafen unter Druck zu setzen wegen der absolut unsinnigen und völlig unehrenhaften Absprachen, die, wie ich lese, in der Vergangenheit stattgefunden haben.

Kap. 39. Es ist mit höchster Anstrengung darauf hinzuarbeiten, dass die Reichsgewalt wiederhergestellt wird, sonst bleiben alle Anordnungen wirkungslos. Wegen des Fehlens eines mit der Verteidigung beauftragten Reichs- und Staatsheeres ist das Gemeinwesen tief gesunken. So muss jeder Fürst, jede Kommune und Grafschaft sich selber um die Bekämpfung der Räuber kümmern. Das verursacht hohe Kosten, und die Untertanen können nicht ungestört ihrer Arbeit nachgehen. So sind im Reich ungeheure Spaltungen entstanden, und nirgendwo trifft man auf Zuversicht. Gäbe es ein einziges Reichsheer zur Aufrechterhaltung von Frieden und Recht, hätten wir nicht diese sinnlosen Ausgaben und die Ohnmacht des Staates.

Nach: Jean-Marie Moeglin und Rainer Müller (Hrsg.), Spätmittelalter 1250-1495, Stuttgart 2000, S. 394 f., 397 f. und 401 f.

[1] **Fehde**: Siehe Seite 12.
[2] **Acht**: Siehe hierzu Seite 59.

1. *Beschreiben Sie die einzelnen Reformvorschläge jeweils mit einem einzigen treffenden Begriff.*
2. *Analysieren Sie, welche Themen a) die Land- und Stadtbevölkerung, b) den König, c) die Kurfürsten und d) den niederen Adel betreffen.*
3. *Entwickeln Sie, ausgehend von Aufgabe 2, Einsprüche der genannten Gruppen gegen einzelne Vorschläge.*

M2 „Wir wären hoffnungslos und erledigt gewesen“

1445 bis 1449 tobt die „Soester Fehde“ zwischen dem Erzbischof von Köln, dem Herzog von Kleve und anderen Herrschern. Dabei kommt es 1447 vor Göttingen, das Herzog Wilhelm dem Älteren von Braunschweig untersteht, zu einem Zwischenfall. Ein Göttinger Ratsmitglied berichtet:

Im Jahre des Herrn 1447 am nächsten Montag nach dem Sonntag Trinitatis [= 11. Juni] zog der hochgeborene Fürst Wilhelm, Herzog zu Sachsen, Landgraf zu Thüringen und Markgraf zu Meißen, mit vielen Leuten [...] feindlich durchs Land, wozu viele böhmische Herren gehörten und andere Grafen, Ritter und Knechte zu Fuß und zu Pferde, die man auf 30 000 Mann schätzte. Die waren so gewappnet, dass man sie mit Armbrüsten und geraden Handbüchsen nicht durchschießen konnte, und sie taten großen Schaden. Und wie viele von ihnen auch erschossen wurden, darauf achteten sie nicht, die anderen stürmten vor und schlugen Holz und Reisig, damit füllten sie die Gräben, und es waren unchristliche

Leute. Sie schindeten und beraubten alle Leute und schonten niemanden. Die Leute von allen Dörfern waren geflohen und brachten, was sie an Korn, Vieh, Pferden und Kühen hatten, jeder in die Stadt, die in seiner Nähe war. Alle waren in die Städte geflohen mit ihrem Besitz, und die Trabanten[1] gingen in die Klöster und schlugen Schränke und Bänke entzwei. Und als das Heer an unserer Stadt vorüberzog, da wurde ein adliger Mann aus Mähren mit Namen Johann Fisch vor unserer Stadt totgeschlagen. Dieser Totschlag geschah nicht vonseiten unserer Stadt. Als die böhmischen Herren das am Abend erfuhren, gingen sie zu dem Herzog, fielen ihm zu Füßen und beklagten sich sehr über die von Göttingen, dass der erwähnte Johann schuldlos totgeschlagen worden sei, obwohl sie doch in keiner Weise nachweisen konnten, dass wir es getan hätten, und baten, den Totschlag zu rächen. Und des Nachts schrieb der Herzog von Sachsen unserem Herrn, dass dieser Totschlag von uns geschehen sein sollte, und dass er vier aus dem Rat mitbringen sollte, die sich wegen der Tat verantworten sollten. Also hielt unser gnädiger Herr Rat, und als er zum Heer kam, war der Herzog von Sachsen unmutig, und die böhmischen Herren und Trabanten waren sehr zornig und wollten unbedingt gegen uns ziehen, was unser Herr mit großer Mühe abwandte. Wenn sie uns gestürmt hätten, wären wir in Sorge gewesen, dass sie unsere Stadt gewonnen hätten, und die Bürger und wir wären hoffnungslos und erledigt gewesen.

Nach: Hartmut Boockmann, Das Mittelalter. Ein Lesebuch aus Texten und Zeugnissen des 6. bis 16. Jahrhunderts, München 1988, S. 227-229

1. *Beschreiben Sie die Situation a) der Landbevölkerung, b) der Bürger Göttingens, c) der beteiligten Adligen.*
2. *Erläutern Sie, inwieweit hier eine „Krise des Reiches" vorliegt.*
3. *Die „Soester Fehde" ist ein Beleg für die „Krise des Spätmittelalters". Entwickeln Sie zu dieser Behauptung Stellungnahmen aus der Sicht der Historiker Vierhaus, Graus und Schuster (siehe dazu Seite 20 bis 22).*

M3 „Der ewige Landfriede"

Auf dem Reichstag zu Worms beschließen König Maximilian I. und die Vertreter der Stände 1495 folgende Reform:

Wir Maximilian, von Gottes Gnaden Römischer König, haben für das Heilige Römische Reich Deutscher Nation einen allgemeinen Frieden geplant, aufgerichtet, angeordnet und gemacht kraft dieses Briefes:

§ 1. Von der Zeit dieser Verkündung an soll niemand den andern befehden, bekriegen, berauben, fangen, mit Krieg überziehen, belagern, noch Schloss, Stadt, Markt, Befestigung, Dörfer, Höfe oder Weiler plündern, mit Gewalt einnehmen oder mit Brand oder in anderer Art beschädigen. Auch soll niemand solchen Tätern Rat, Hilfe, Beistand oder Vorschub leisten, noch sie beherbergen, ihnen Essen und Trinken oder Aufenthalt gewähren. Wer Ansprüche gegen jemanden erhebt, der soll sich an die Gerichte wenden, da diese Sachen jetzt in der Ordnung des Kammergerichts stehen [...]. [...]
§ 6. Und wenn die Übertreter dieses Friedens Schutz oder sonstige Hilfe oder Gunst erhalten, sodass erhebliche Hilfe oder ein Feldzug nötig wäre, oder wenn jemand, der diesen Landfrieden befolgt, von jemand, der diesen Landfrieden nicht befolgt, befehdet, bekriegt oder sonst geschädigt wird, soll dies durch die Geschädigten selbst oder durch Unsern Kammerrichter an Uns oder Unsern Anwalt und die jährliche Versammlung der Kurfürsten, Fürsten und Stände des Reiches gebracht werden. Den Bekriegten oder Geschädigten soll unverzüglich Hilfe und Beistand gewährt werden.

Zur Durchführung der neuen Ordnung wird beschlossen:

§ 1. Was die Verächter und Übertreter Unseres Friedens betrifft [...] ordnen Wir an, dass am nächsten Fest Mariä Reinigung [= 2. Februar] Wir und Unsere Kurfürsten, Fürsten [...] und die Reichsstände nach Frankfurt kommen, um dort zu beschließen, wie Friedensbrecher bestraft und zur Wiedergutmachung der Schäden gebracht werden, um festzustellen, ob gefällten Urteilen Folge geleistet wurde, und um Tag und Ort des nächsten Zusammenkommens festzusetzen.
§ 2. Es sollen die Kurfürsten, Fürsten [...], die zu der jährlichen Versammlung kommen, wenigstens einen Monat beieinander bleiben und verbindlich und endgültig beratschlagen und beschließen. [...]
§ 7. Auch sollen Wir und Unser lieber Sohn und auch Unsere Kurfürsten, Fürsten und Stände des Reiches ohne Wissen und Willen der gemeinsamen jährlichen Versammlung keinen Krieg oder Kampf anfangen. [...]
§ 8. Was auch immer an Landen, Leuten, Städten, Flecken, Märkten oder Dörfern durch die allgemeine Hilfe erobert wurde, soll dem allgemeinen Reich vorbehalten sein und bleiben.

Nach: Fritz Dickmann (Bearb.), Geschichte in Quellen, Bd. 3: Renaissance, Glaubenskämpfe, Absolutismus, München [2]1976, S. 95 f. und 101 f. (vereinfacht)

1. *Geben Sie die mit dem „ewigen Landfrieden" verbundenen Ziele wieder.*
2. *Setzen Sie M2 und M3 in Beziehung zueinander.*

[1] **Trabant**: Landsknecht

Die Kirche in der Krise

Kirchenspaltung Anfang des 14. Jahrhunderts führte die Frage, ob der französische König oder der Papst in Rom den regionalen **Klerus** besteuern dürfe, zu einem Konflikt der beiden Oberhäupter, in dessen Verlauf die päpstliche Residenz 1309 von Rom nach Avignon verlegt wurde. Der Aufenthalt der Päpste in Avignon dauerte bis 1376 und machte deutlich, wie sehr die Päpste von den weltlichen Mächten abhängig waren. Weiteren Schaden nahm die kirchliche Autorität, als sich bei der Papstwahl 1378 das **Kardinalskollegium** nicht einigen konnte. Mit der Wahl eines italienischen Papstes in Rom und eines französischen Papstes in Avignon begann eine bis 1417 dauernde Kirchenspaltung, das *Große Abendländische Schisma*, in dem sich zwei, seit 1409 sogar drei Päpste gegenüberstanden.

Klerus (von lat. *clericus*): Geistlichkeit

Kardinalskollegium: Es wählt seit dem 11. Jahrhundert den Papst. Die Kardinäle sind die höchsten katholischen Würdenträger nach dem Papst.

Kritik Nicht nur das Schisma schwächte das Ansehen des Papsttums, sondern auch die zunehmende Kritik an der reich gewordenen Institution Kirche und ihrer Glaubenslehre, die alle Menschen im christlichen Abendland erreichte.

Zu den einflussreichsten Kritikern zählte der englische Theologe, Pfarrer und Berater des Königshauses *John Wyclif*. Nach dem Ausbruch des Schismas forderte er eine umfassende Reform der Kirche (▸ M1). Wyclif vertrat das urchristliche Armutsideal, kritisierte das Besitzstreben der Kirche, lehnte die Ausübung weltlicher Herrschaft durch Geistliche ab und verwarf die kirchlichen Abgaben und den **Ablass** ebenso wie die Lehre vom **Fegefeuer**. Zum „wahren" Glauben bedürfe es, so Wyclif, weder Priestern noch Mönchen, keiner Ohrenbeichte und keiner Heiligenverehrung. Allein die Bibel, die er 1382, zwei Jahre vor seinem Tod, erstmals aus dem Lateinischen ins Englische übersetzte, sollte Grundlage des Glaubens sein. Mit diesen Vorstellungen rüttelte Wyclif an den Grundfesten der Kirche. Er starb 1384, doch seine Anhänger, die im Auftrag der Kirche von den weltlichen Herrschern als *Ketzer* (Irrgäubige) verfolgt wurden, verbreiteten seine Ideen bis nach Böhmen. Dort ließ sich *Jan Hus* von ihnen beeinflussen. Er war Priester, lehrte Theologie und leitete die Universität Prag als Rektor in den Jahren 1409 und 1410. Hus forderte die Kirche ebenfalls auf, zur Armut der Urkirche zurückzukehren. Um ein breites Publikum zu erreichen, predigte und schrieb er in tschechischer Sprache. 1410 erhielt er Predigtverbot, zwei Jahre später belegte der Papst Hus mit dem **Bann**. Daraufhin erklärte Hus demonstrativ, sich nur Christus als dem Haupt der Kirche unterordnen zu wollen, nicht aber dem Papst.

Ablass (von althochdt. *Ablaz*: Nachlass): zeitlicher Nachlass der Sündenstrafen im Fegefeuer gegen bestimmte Leistungen wie die Teilnahme an einer Wallfahrt oder an einem Kreuzzug, Spenden oder Stiftungen. Voraussetzungen für den Ablass waren Reue, Beichte und Freisprechung von Sünden (Absolution) durch einen Priester. Wegen des hohen Finanzbedarfs der Kirche wurde im Spätmittelalter der Ablass bei Zahlung einer Geldsumme gewährt. Während die Reformatoren den Ablass aus theologischen Gründen verwarfen, kritisierten andere lediglich den Handel mit ihm.

Fegefeuer: im Hochmittelalter entstandene Vorstellung, dass die Seelen der Verstorbenen die Zeit bis zum Jüngsten Tag im Fegefeuer verbringen müssen, um ihre Sünden zu büßen. Erst dann werde Gott über ihre Wiederauferstehung oder ihre Verdammnis in der Hölle entscheiden.

Bann: Kirchenstrafe, die den Verurteilten aus der Gemeinschaft der Gläubigen ausschloss. Der Bann konnte durch Buße aufgehoben werden. Zeigte der Gebannte keine Reue, folgte auf den Bann die Acht (siehe dazu Seite 59).

Reform „an Haupt und Gliedern"? 1414 lud der drei Jahre zuvor gewählte römisch-deutsche König *Sigismund* zum Konzil nach Konstanz ein, um drängende Probleme der Kirche und des Reiches zu erörtern. Über 300 Kardinäle, Bischöfe und Äbte sowie zahlreiche Fürsten, Gesandte und Universitätsangehörige (insgesamt wohl bis zu 10 000 Menschen) kamen 1415 in die Stadt am Bodensee und tagten dort vier Jahre. Drei Themen bestimmten das Konzil: die Beilegung des Schismas, die Überwindung der „Ketzerei" und die Reform der Kirche „an Haupt und Gliedern", womit der Papst und der gesamte Klerus gemeint waren.

Die Teilnehmer nutzten die Schwäche des Papsttums und beschlossen, dass ein Konzil die höchste Instanz der Kirche sein solle. Rechtmäßigen Konzilsbeschlüssen müsse sich letztlich auch ein Papst unterwerfen. Die Zustimmung der Kardinäle warteten sie nicht ab. Die Auslegung dieses Beschlusses löste eine Diskussion über den *Konziliarismus* aus, die bis in die Reformationszeit und darüber hinaus dauerte, obwohl die Päpste ihn schon bald für „null und nichtig" erklärten (▸ M2).

Das Konzil befasste sich auch sofort mit dem aus Prag angereisten Reformator Jan Hus und dessen Lehre. Obwohl der König ihm freies Geleit zugesichert hatte, wurde er als Ketzer angeklagt, verurteilt und zusammen mit seinen Schriften am 6. Juli 1415 verbrannt, um jede Erinnerung an ihn und seine Lehre auszulöschen. Der Wortbruch des Königs führte zu jahrelangen kriegerischen Auseinandersetzungen mit Hus' böhmischen Anhängern, den *Hussiten*.

Erfolgreich löste die Versammlung mit Unterstützung des Königs das Schisma: 1417 wurden alle drei rivalisierenden Päpste für abgesetzt erklärt und ein neuer, allgemein anerkannter Papst gewählt.

Die Reform der Kirche „an Haupt und Gliedern" aber misslang. Auch das folgende „Reformkonzil" von Basel (1431-1449) brachte in dieser Hinsicht keine wirkliche Veränderung. Dafür gestalteten sich aber die Beziehungen zwischen den Päpsten und einigen weltlichen Territorialherren im Reich neu. Um sich die Anerkennung als höchste Autorität zu sichern, gewährte die Kirche einzelnen Landesherren die Kontrolle über das kirchliche Vermögen in deren Herrschaftsbereich sowie die Möglichkeit, über Gottesdienste, Prozessionen und andere kirchliche Veranstaltungen mitzubestimmen.

Volksfrömmigkeit ▀ Die Gläubigen des Spätmittelalters waren – wie der Historiker *Lucien Febvre* einmal betonte – von einem „unstillbaren Hunger nach Gott" erfüllt. Sie suchten vor allem Antworten auf eine Frage: Wie rechtfertige ich mein sündhaftes Leben vor Gott, um das ewige Leben zu erlangen? Die Menschen verspürten ein wachsendes Bedürfnis, mit frommen Werken für ihr Heil vorzusorgen. Sie wollten in den Himmel kommen, die Gnade Gottes gewinnen und spendeten deshalb immer größere Summen für Altäre, Messen, die Ausstattung von Kirchen, die Bezahlung eines Predigers oder kauften Ablassbriefe. Die Verehrung Marias (Mutter Gottes) und der Heiligen wurde intensiver, ebenso der Glaube an die Wunderkraft der **Reliquien**. Gleichermaßen wuchs das Vertrauen in die Wunderkraft von Heiligenbildern. Von den Heiligen versprach man sich Schutz und Beistand, auch Wunder in persönlicher Not. Zahlreiche Texte und Bilder aus der Zeit um 1500 zeugen bis heute von der tiefen Angst vor dem Tod und dem Jüngsten Gericht. Daraus vor allem ist die tiefe Frömmigkeit zu erklären, der Wunsch, zu büßen und sich von Schuld zu befreien.

▲ **„Über die Sage, dass Sankt Peters Schifflein zu unserer Zeit an einem Fels zerstoßen wird."**
Holzschnitt von Hans von Kulmbach, 1508.
Das Bild illustriert ein astrologisches Werk des Priesters und Gelehrten Joseph Grünpeck, das 1508 zuerst lateinisch, im selben Jahr dann auch in deutscher Übersetzung erschien und bis 1522 in Nachdrucken verbreitet wurde.

- *Beschreiben Sie den Holzschnitt.*
- *Charakterisieren Sie die dargestellten Personen.*
- *Interpretieren Sie, was das Bild offensichtlich anmahnt.*

◂ **Ofenkachel mit christlicher Symbolik.**
Vermutlich aus Mitteldeutschland, um 1500.
Dargestellt ist Thomas, einer der zwölf Apostel.

Reliquien (von lat. *reliquiae*: Zurückgelassenes, Überbleibsel): Überreste vom Körper eines Heiligen oder Gegenstände, mit denen dieser in Berührung gekommen war, z. B. Kleidungsstücke

▲ **Hexen brauen ein Unwetter.**
Holzschnitt von 1489/90. Angst und Frömmigkeit trugen auch zum Glauben an böse Geister, Wiedergänger (Tote, die als „unerlöste" Seelen um Mitternacht auf Kirchhöfen umherirren), Schadenzauber und Hexerei bei. Auf Drängen der Gläubigen erließ der Papst 1484 den Befehl zur systematischen Verfolgung von Hexen. Die Hexenverfolgung erreichte dann aber erst im 16. und 17. Jahrhundert ihren Höhepunkt.

◂ **Erlösung der Seelen durch die Rosenkranzbruderschaft.**
Der Holzschnitt stammt aus: Marcus von Weida: Über die Rosenkranzbruderschaft, Leipzig: Melchior Lotter d.Ä., 1515. Die Rosenkranzbruderschaften sind Gemeinschaften von Laien, in deren Gebetspraxis der Rosenkranz (Zähl- und Gebetskette) im Mittelpunkt steht. Ihre frühsten Gründungen gehen auf das 15. Jahrhundert zurück. Auch heute gibt es noch Rosenkranzbruderschaften.

- *Charakterisieren Sie die dargestellten Personengruppen im unteren Bildteil.*
- *Erörtern Sie, inwieweit die Volksfrömmigkeit der Menschen aus dem Spätmittelalter in dieser bildlichen Darstellung widergespiegelt wird. Gehen Sie dabei auch auf einzelne Bildelemente ein.*

Jedoch fand diese Frömmigkeit wenig kirchliche Unterstützung, im Gegenteil. Gerade die Frommen empörten sich über die Mängel der Kirche. Deren Erscheinungsbild passte immer weniger zu den gestiegenen Ansprüchen der Gläubigen. Viele Dorfpfarrer hatten keine Ausbildung, einzelne kannten nicht einmal die Zehn Gebote (▸ M3). Ihre Hauptsorge galt ihren Einkünften sowie den Abgaben und Diensten der Bauern. Zum Ärgernis wurden Klöster, die nicht mehr dem religiösen Leben dienten, sondern nur noch dem Wohlleben der Mönche und Nonnen. Die Bischöfe im Reich verstanden sich nicht als Seelsorger, sondern als weltliche Herrscher, die ihr geistliches Fürstentum regierten und daraus hohe Einkünfte bezogen. Dem Papst und der *Kurie*, den Kirchenbehörden in Rom, warfen Kritiker vor, die kirchlichen Abgaben aus dem Reich für Prachtbauten und Luxus zu verprassen.

Auch nutzten Kirche und Landesherren die Ängste und die Frömmigkeit der Menschen aus. Als die Kurie 1476 sogar den Verkauf von Ablässen auf bereits Verstorbene ausdehnte, um ihre Einkünfte zu vergrößern, nahm die Kritik an der Institution Kirche weiter zu (▸ M4).

Entwickeln Sie eine Mindmap zum Thema „Die Kirche in der Krise".

M1 Angriffe auf den Papst

Der englische Theologe und Kirchenreformer John Wyclif schreibt um 1380 über das Papsttum:

Wenn der Papst in Lehre und Leben Christo entgegen ist, so ist er der vornehmste Feind Christi [...] und der hauptsächlichste Antichrist [...]. In Worten ist er dies, weil er Lügen ausstreut.

Wenn wir hinsehen auf die Schriften der Apostel, die geschrieben sind aus dem Glauben an den Herrn Jesum Christum, und auf die päpstlichen Schriftstücke [...] dann können wir ersehen, wie wenig sie in ihrem Inhalt übereinstimmen; denn die päpstlichen Schriften sprechen von der Macht in der Welt, die evangelischen Schriften aber von demütiger Flucht aus der Welt.

Christus war sehr milde und sanftmütig, wie es bei Matthäus 11,20 heißt. Der Papst aber ist, wie man sagt, ein hochmütiger Mensch und ein grausamer Rächer. Denn wenn ihm die Macht des weltlichen Arms fehlt, so wendet er die Strafe der Exkommunikation[1] an und verleiht angeblich Ablässe allen denen, die ihn an seinen Feinden rächen wollen. [...]

Als Christus durch Samarien zog und den Seinigen Speise und Herberge verweigert wurde, da wollte er nicht, dass die Leute darum gekreuzigt würden, wie es laut Lukas 9,56 hervorgeht: „Des Menschen Sohn ist nicht gekommen, der Menschen Seelen zu verderben, sondern zu erhalten." Der Papst verdirbt, wie man sagt, viele Seelen; müssen wir ihn darum nicht für den Antichrist halten?

Wenn es hundert Päpste gäbe und alle Bettelmönche Kardinäle würden, man dürfte ihnen in Glaubenssachen doch nur insoweit beipflichten, als sie mit der Heiligen Schrift übereinstimmen.

Nach: Wolfgang Lautemann (Bearb.), Geschichte in Quellen, Bd. 2: Mittelalter. Reich und Kirche, München ²1978, S. 799 (übersetzt von R. Buddensieg und G. Lechler)

1. *Geben Sie in eigenen Worten wieder, was John Wyclif am Papsttum kritisiert.*
2. *Arbeiten Sie heraus, was Wyclif als „Autorität" in Glaubensfragen ansieht.*
3. *Erörtern Sie, welches Bild Wyclifs Aussagen vom Papsttum im Spätmittelalter zeichnen. Inwiefern kann hier von einer Krise der Kirche gesprochen werden?*

[1] **Exkommunikation**: Ausschluss aus der Glaubensgemeinschaft

M2 Wem steht in der Kirche die oberste Gewalt zu?

Am 6. April 1415 beschließt das Konstanzer Konzil:

Diese heilige Synode[1] zu Konstanz, die zum Lobe Gottes rechtmäßig im Heiligen Geist versammelt ist, erklärt, dass sie, ein allgemeines Konzil abhaltend und die irdische katholische Kirche repräsentierend, ihre Vollmacht unmittelbar von Christus hat. Ihr ist jeder, welchen Standes und welcher Würde auch immer – sei es auch die päpstliche – in denjenigen Angelegenheiten zum Gehorsam verpflichtet, die sich auf den Glauben, die Ausrottung des Schismas und die allgemeine Reform der Kirche Gottes an Haupt und Gliedern beziehen.

Desgleichen erklärt sie, dass jeder, welcher Stellung, welchen Standes und welcher Würde auch immer – sei es auch die päpstliche – der den schon beschlossenen wie auch noch zu beschließenden Geboten, Satzungen oder Anordnungen oder Vorschriften dieser heiligen Synode und eines jeden anderen rechtmäßig versammelten allgemeinen Konzils den Gehorsam verweigert, einer entsprechenden Buße unterworfen und gehörig bestraft wird, wobei nötigenfalls auch andere Rechtsmittel angewendet werden.

45 Jahre später gibt Papst Pius II. am 18. Januar 1460 in einer Bulle (päpstliches Schreiben) bekannt:

Ein verwünschenswerter Missbrauch ist in unseren Tagen aufgekommen, dass nämlich vom römischen Papst, dem Stellvertreter Jesu Christi, [...] einige vom Geist des Aufruhrs [und] durch Sünde verleitete Kritiker des Papstes sich herausnehmen, ein künftiges Konzil zu verlangen. Wie sehr ein solches Vorgehen den heiligen Canones[2] widerstreitet, wie sehr es dem christlichen Gemeinwesen schadet, kann jeder Rechtskundige erfassen. Um dieses üble Gift aus der Kirche Christi auszuscheiden, verdammen wir solchen Appell und weisen ihn als irrig und abscheulich zurück; wir erklären ihn für null und nichtig, falls er sich noch hervorwagen sollte, und betrachten ihn als sinnlos und bedeutungslos.

Martin Luther (siehe Seite 56) fasst 1520 in seiner Schrift „An den christlichen Adel deutscher Nation" die Kritik an der Kirche und am Papst zusammen und schreibt:

Alle Christen sind wahrhaftig geistlichen Standes und ist unter ihnen kein Unterschied außer allein des Amts halber,

[1] **Synode** (griech. *synodos*: Zusammenkunft): Konzil
[2] **Canones**: Das Kirchenrecht besteht aus Canones, das sind kirchliche Beschlüsse, die auf Konzilien gefasst werden.

wie Paulus sagt, dass wir allesamt ein Leib sind. [...] Demnach werden wir alle durch die Taufe zu Priestern geweiht, wie Petrus sagt: „Ihr seid ein königliches Priestertum und ein priesterliches Königreich" [...]. Wenn ein Häuflein frommer Laien würde in eine Wüstenei gesetzt, die nicht bei sich hätten einen von einem Bischof geweihten Priester und würden allda einig, erwählten einen unter ihnen, er wäre ehelich oder nicht, und würden ihm das Amt zu taufen, Messe zu halten, zu absolvieren[3] und zu predigen befehlen, der wäre in Wahrheit ein Priester, als ob ihn alle Bischöfe und Päpste hätten geweihet. [...]
Sie haben auch keinen Grund in der Schrift, dass es allein dem Papst gebühre, ein Konzil zu berufen oder zu bestätigen. [...] Darum, wo es die Not erfordert und der Papst der Christenheit ärgerlich ist, soll dazu tun, wer am ersten kann, dass ein rechtes, freies Konzil werde. Das vermag niemand so gut wie das weltliche Schwert[4], besonders da sie nun auch Mitchristen sind, Mitpriester, Mitgeistliche, mitmächtig in allen Dingen. [...]
Es ist keine Gewalt in der Kirche, außer zur Besserung. Drum, wo der Papst die Gewalt gebrauchen wollte, die Besserung der Kirche [zu] verhindern, so sollen wir ihn und seine Gewalt nicht ansehen.

Erster und zweiter Text nach: Adolf Martin Ritter, Bernhard Lohse und Volker Leppin (Hrsg.), Kirchen- und Theologiegeschichte in Quellen. Mittelalter, Neukirchen-Vluyn ^{6}2008, S. 235-237 (vereinfacht), dritter Text: Martin Luther, An den christlichen Adel deutscher Nation, hrsg. von Ernst Kähler, Stuttgart 1993, S. 14 f. und 24 f.

1. *Erklären Sie, was mit Reform „an Haupt und Gliedern" (Zeile 9) gemeint war und arbeiten Sie heraus, in welcher Weise diese Reform erfolgen soll.*
2. *Analysieren Sie, auf welche Argumente sich Pius II. beruft und zu welcher Folgerung er kommt.*
3. *Überprüfen Sie, inwieweit Martin Luthers Haltung 1520 mit der des Konzils von 1415 übereinstimmt und in welchen Punkten Luther darüber hinaus geht.*
4. ➕ *Entwickeln Sie ein Beziehungsdiagramm, das Luthers Vorstellung von der Kirche darstellt. Verwenden Sie dabei mindestens die Begriffe Papst, Fürsten, Geistliche, Konzil und christliche Gemeinde.*

[3] **Absolution**: Vergebung der Sünden
[4] Gemeint sind hier Fürsten und andere weltliche Herrscher.
[5] **Syllogismen**: Katalog von logischen Argumenten

M3 „Ein wahrer Theologe"

Der niederländische Humanist Erasmus von Rotterdam (siehe Seite 26) schreibt 1516 über die Theologen und Mönche:

Von denen möchte ich aber sagen – sie machen zwar nur einen geringen Anteil an dem, was christliches Volk genannt wird, aus –, sie sollten doch in höherem Maße im Leben verwirklichen, was sie hören. Ich fürchte nämlich, man könnte unter den Theologen solche finden, die weit von ihrem Namen entfernt sind, das heißt, dass sie Irdisches, nicht Himmlisches reden; und unter den Mönchen solche, die die Armut Christi und die Verachtung der Welt mehr mit den Lippen bekennen, als dass sie sich von der Welt wirklich lösen. Der ist mir ein wahrer Theologe, der nicht mit künstlich zusammengedrechselten Syllogismen[5], sondern mit Herzenswärme, durch sein Antlitz, durch seine Augen, durch sein persönliches Leben lehrt, dass man den Reichtum verachten müsse, dass der Christ nicht auf den Schutz dieser Welt vertrauen solle, sondern sich ganz vom Himmel abhängig fühlen müsse; dass man kein Unrecht vergelten dürfe, dass man die Fluchenden segnen solle, dass man sich gute Verdienste um die erwerben müsse, die Schlimmes verdienen, dass man alle Guten wie die Glieder desselben Leibes lieben und in gleicher Weise hegen müsse; dass die Bösen ertragen werden müssten, wenn man sie nicht bessern könne. Jene, die ihrer Habe beraubt, die von ihren Besitzungen vertrieben werden, die trauern, die seien selig und nicht zu bejammern; auch jetzt schon müssten die Frommen den Tod herbeisehnen, wo dieser doch nichts anderes ist als ein Übergang zum ewigen Leben. – Wenn einer dieses und Ähnliches, vom Geiste Christi angetrieben, predigt, einschärft, dazu ermahnt, einlädt und ermuntert, der ist letzten Endes ein wahrer Theologe, und sei er auch ein Ackersmann oder Tuchweber.

Nach: Ulrich Köpf (Hrsg.), Deutsche Geschichte in Quellen und Darstellung, Bd. 3: Reformationszeit, 1495-1555, Stuttgart 2001, S. 70 f.

1. ➕ *Arbeiten Sie heraus, was einen guten und einen schlechten Theologen laut Erasmus von Rotterdam kennzeichnet. Fertigen Sie dazu eine Tabelle an.*
2. ➕ *Setzen Sie die Quelle mit der Darstellung „Volksfrömmigkeit" (Seite 51 f.) in Beziehung. Inwiefern stimmen die Äußerungen von Erasmus über einen „wahren Theologen" mit der spätmittelalterlichen Realität überein?*
3. *Erläutern Sie den letzten Satz (Zeile 26-30).*
4. ➕ *Erasmus von Rotterdam forderte u. a. auch, die Bibel in die Volkssprachen zu übertragen. Entwickeln Sie Argumente dafür (aus der Sicht des Humanisten) und dagegen (aus der Sicht der spätmittelalterlichen Kirche).*

M4 Der Ablasshandel

Peter Wiegand äußert sich 2013 in einem Katalogbeitrag über die Ablasspraxis:

Wer am Schatz der Kirche teilhaben und den Erlass seiner Sündenstrafen erwirken wollte, dem standen in den Jahren um 1500 viele Wege offen. Ablässe boten die großen Pilgerzentren Europas ebenso wie die zahllosen Kirchen und Kapellen, die sich als Ziel einer Nahwallfahrt[1] oder als lokale Andachtsstätte etabliert hatten. Wer eine beschwerliche Reise scheute, dem brachten umherziehende Prediger die Indulgenzen[2] ihrer Heimatkirchen bis vor die Haustür. Schon seit dem Ende des 14. Jh. wurden auch die päpstlichen Ablasskommissare auf dem Feld mobiler Angebote aktiv. In großräumigen Kampagnen verbreiteten sie vor allem den Kreuzzugsablass[3] und den ursprünglich nur in Rom zu erlangenden Jubiläumsablass[4]. Als Plenarindulgenzen[5] verhießen diese einen maximalen Heilsgewinn.

Die päpstlichen Ablasskampagnen wurden zu einem Motor einer lebhaften Konkurrenz zwischen alltäglichen und saisonalen Ablassangeboten. Sie heizten die Nachfrage nach Ablässen weiter an, trugen aber auch zur schleichenden Übersättigung des „Ablassmarktes" bei. Die veräußerlichten Formen des Ablassgeschäfts, die während der großen Kampagnen besonders zutage traten, schürten die unter Theologen und Laien schon lange vorhandene Ablasskritik. Fürstliche und städtische Gravamina[6], die sich gegen die Auswüchse eines kurialen Fiskalismus wandten, zielten vor allem auf die römischen Ablasskommissare, deren Präsenz gerade in Deutschland als übermäßig empfunden wurde.

Peter Wiegand, Die Ablasskampagnen, in: Alltag und Frömmigkeit am Vorabend der Reformation in Mitteldeutschland, Katalog zur Ausstellung „Umsonst ist der Tod", hrsg. im Auftrag der Mühlhäuser Museen, des Stadtgeschichtlichen Museums Leipzig und des Kulturhistorischen Museums Magdeburg, Petersberg 2013, S. 362 - 363

▲ **Kritik am Ablasshandel.**
Titelblatt einer anonymen Flugschrift gegen den Ablass von 1520.
- *Gliedern Sie das Titelblatt in sinnvolle Bereiche und geben Sie diesen jeweils eine passende Überschrift.*
- *Charakterisieren Sie die verschiedenen Personengruppen.*
- *Interpretieren Sie, warum auf dem Kreuz in der Mitte des Bildes zwar eine Dornenkrone, nicht aber der gekreuzigte Jesus Christus zu sehen ist. Worauf wollte der Künstler damit hinweisen?*

1. *Fassen Sie stichpunktartig zusammen, welche Arten von Ablässen die Gläubigen im Spätmittelalter erwerben konnten.*
2. *Erklären Sie, was Peter Wiegand mit einer „Übersättigung des ‚Ablassmarktes'" (Zeile 24) meint.*
3. ✚ *Recherchieren Sie im Internet oder in Fachbücher über die „Gravamina der deutschen Nation". Tragen Sie anschließend Ihre Ergebnisse in einem Kurzreferat vor.*

[1] **Wallfahrt** (von mhdt. *wallen*: unterwegs sein): Reise, die den Besuch einer Pilgerstätte zum Ziel hat. Zu den beliebtesten Pilgerzielen zählten Rom (Apostel Peter und Paul), Santiago de Compostela (Apostel Jakob) und Jerusalem, der Schauplatz des biblischen Heilsgeschehens.
[2] **Indulgenz**: hier: Ablass der zeitlichen Sündenstrafen
[3] Diesen Ablass erhielten die Teilnehmer der Kreuzzüge.
[4] Der Ablass wurde im Rahmen besonderer Jubeljahre bzw. Heiligen Jahre gewährt. Papst Bonifatius VIII. rief 1300 erstmals ein solches kirchliches Jubeljahr für nach Rom reisende Pilger aus.
[5] **Plenarindulgenz**: vollständige Tilgung aller Sündenstrafen
[6] **Gravamina**: hier: Beschwerden gegen die Kirche

Anfänge und Verlauf der Reformation

▲ **Luthers Thesenanschlag.**
Ölgemälde (85 x 72 cm) des belgischen Historienmalers Ferdinand Pauwels, 1872, Eisenach/Wartburg. Der Beginn der Reformation wurde über Jahrhunderte hinweg als Bild überliefert: Luther in wehendem Gewand an der Wittenberger Schlosskirche, wo er seine 95 Thesen am 31. Oktober 1517 anschlug. Ob das tatsächlich so war, wird bis heute in der historischen Forschung diskutiert. Von einem solchen Thesenanschlag berichtete Luther selbst nie. Er fand erst seit den Vierzigerjahren des 16. Jahrhunderts Erwähnung – u. a. bei Philipp Melanchthon (siehe Seite 58).

Hinweis: Über Martin Luther und die Reformation in Film und Fernsehen siehe den Exkurs auf Seite 466 bis 471.

Martin Luther (1483-1546): Theologe und Reformator. Als Sohn eines zu Wohlstand gekommenen Bergmanns in Eisleben/Thüringen geboren, sollte Luther Jurist werden, brach das Studium jedoch ab und trat 1505 in das Kloster der Augustiner-Eremiten in Erfurt ein. Als Mönch und Priester promovierte er 1512 zum Doktor der Theologie. 1517 veröffentlichte er seine 95 Thesen über den Ablass in Wittenberg, bestritt später die Führungsrolle des Papstes und die Unfehlbarkeit der Konzilien. 1520 wurde Luther der Prozess gemacht, ein Jahr später die Reichsacht über ihn verhängt. Er übersetzte die ganze Bibel neu, verfasste zahlreiche Lehrwerke und Kirchenlieder.

Die Reformation – ein Umbruch Die 95 Thesen von **Martin Luther** vom 31. Oktober 1517, die eine theologische Diskussion zum Ablass vorbereiten sollten, gelten bis heute als Auftakt der Reformation (▸ M1). Den Kern seiner Kirchenkritik formulierte Luther bereits in These 62: „Der wahre Schatz der Kirche ist das allerheiligste Evangelium von der Herrlichkeit und Gnade Gottes." Der Satz deutete die Überzeugung an, dass der wahre Glaube nur auf dem *Evangelium* gründen könne – und nicht auf den kirchlichen Lehren. Luthers Ideen lösten eine europaweite Bewegung aus. Die Zeitgenossen bezeichneten sie als evangelisch, erst 200 Jahre später verwendete man dafür den Begriff *Reformation*. Er ist abgeleitet von lateinisch „reformatio", was die Erneuerung eines vergangenen, besseren Zustandes meint. Genau das wollten Luther und seine Anhänger: einen ursprünglichen, bibelnahen Zustand des Christentums, und das zog immer mehr Menschen an.

Nicht nur Prediger verkündeten die evangelische Botschaft. Bis 1525 verkauften die Händler von Druckerzeugnissen mehrere Millionen Exemplare der Lutherschriften, obwohl wahrscheinlich kaum mehr als fünf Prozent der Menschen lesen konnten. Die neuen Druckmedien entfalteten ihre revolutionäre Wirkung – das Buch, die Flugschrift mit wenigen Seiten und das einseitige Flugblatt mit Bild und Text. Sie verbreiteten die reformatorischen Lehren umgehend im Reich und bald auch in ganz Europa. Fünfzig Jahre danach, um 1570, bekannten sich große Teile Europas und rund zwei Drittel der Deutschen zu einer neuen evangelischen Glaubensrichtung. Die Verteilung der Bevölkerung auf katholische und evangelische Gebiete verfestigte sich; sie blieb in den Grundzügen erhalten bis in unsere Tage.

Die evangelische Lehre Obwohl er als Theologe rasch Karriere gemacht hatte, war Luther in seinem religiösen Empfinden unsicher. Wie konnte er als sündhafter Mensch das Heil erlangen? Gute Werke schienen ihm nicht zu genügen, ebenso nicht ein entsagungsvolles Mönchsleben, letztlich auch nicht die **Sakramente** der Kirche. Luther suchte die Antwort in der Bibel, die er unablässig studierte. Die richtungweisende Aussage fand er schließlich im *ersten Römerbrief* des Apostels Paulus: „Der aus dem Glauben Gerechte wird leben." Dies deutete Luther so, dass der Mensch nur durch den Glauben an Gott das Seelenheil erlangen könne, nicht durch fromme Werke. Der Mensch konnte mithin nicht aus eigener Kraft selig werden. Er musste auf die Gnade Gottes vertrauen.

Luther formulierte seine Lehren seit 1518 in einer Serie von Druckschriften. Zwei Grundsätze waren dabei mit der römischen Kirche nicht mehr vereinbar: die ausschließliche Orientierung an der Bibel und das alleinige Vertrauen auf den Glauben.

Evangelische Theologen fassten diese Grundsätze lateinisch in die Formeln *sola scriptura* („allein die Schrift") und *sola fides* („allein der Glaube"). Die Kirche vertrat die gegenteiligen Prinzipien. Neben der Bibel sollte die kirchliche Tradition gelten, und für das Seelenheil der Menschen blieben fromme Werke unverzichtbar.

Luther beließ, weil er die kirchliche Tradition bestritt, von den sieben Sakramenten nur noch zwei: die Taufe und das Abendmahl, die er unmittelbar aus der Bibel begründen konnte. Das Abendmahl wurde den Gläubigen nun in Gestalt von Brot und Wein, nicht mehr allein in Gestalt des Brotes gereicht. Die neue Form machte die Lehre Luthers beliebt, ebenso der Gottesdienst in deutscher statt in lateinischer Sprache.

Die größte Wirkung hatte Luthers Übersetzung des Evangeliums, die 1534 in einer Gesamtausgabe erschien. Das Werk wurde zum Bestseller und gab der Entstehung der deutschen Hochsprache einen entscheidenden Impuls. Als wegweisender Reformator fand Luther dennoch immer weniger Gehör, je weiter die evangelische Bewegung über ihre Anfänge hinauswuchs.

▲ **Die „Nürnberger Bibel".**
Deutsche Bibel, gedruckt von Anton Koberger, 17. Februar 1483, Nürnberg.
Vermutlich druckte der Nürnberger Unternehmer Anton Koberger die Bibel mit einer hohen Auflage von ungefähr 1000 Stück. Weltweit sind etwa 200 Exemplare erhalten geblieben.

Sakramente (von lat. *sacrare*: weihen, heiligen): spezifische kirchliche Handlungen (Riten). Die römisch-katholische und die anglikanische Kirche sowie die orthodoxen Kirchen kennen sieben Sakramente: Taufe, Firmung, Abendmahl, Buße (Beichte), Krankensalbung („letzte Ölung"), Ordination (Weihe der Diakone, Priester und Bischöfe) und Ehe. In der evangelischen Kirche gibt es nur die Sakramente Taufe und Abendmahl.

Die evangelische Bewegung Die Reformation ist nicht denkbar ohne die Unzufriedenheit vieler Menschen mit der Kirche. Sie ist ebenso wenig denkbar ohne den Buchdruck. Allein von 1517 bis 1523 verfünffachte sich die Gesamtzahl aller Drucke – einzelne Flugblätter mit Bildern, Flugschriften mit wenigen Seiten, aber auch Bücher. Die anschwellende Papierflut informierte Gelehrte, Geistliche und Bürger vor allem über die neuen Glaubenslehren. Historiker sprechen von einer *reformatorischen Öffentlichkeit*, in der die evangelische Bewegung diskutiert und weitergetragen wurde. Als wichtige Multiplikatoren unter den Lutheranhängern wirkten Mönche, städtische Pfarrer und junge Gelehrte, die nicht nur aus den Drucken vorlasen, sondern in Predigten andere überzeugten.

Deshalb fasste die evangelische Bewegung zuerst in den Städten Fuß, wo man las und die Drucke kaufen konnte, erst danach in den Dörfern. In den Städten wiederum nahm zuerst die mittlere Schicht der Handwerker die neuen Lehren auf, dann folgten

▲ **Luther spricht vor Kaiser Karl V. am 18. April 1521 in Worms.**
Historiengemälde (66 x 125 cm) von Anton von Werner, um 1877.
Das Bild ist die Nachbildung eines 3,50 x 7,00 m großen Wandbildes, das Anton von Werner 1870 für die Aula der Kieler Gelehrtenschule gemalt hat. Die Originalunterschrift lautet: „Hier stehe ich, ich kann nicht anders, Gott helfe mir, Amen." Zum Ölgemälde siehe auch die Probeklausur auf Seite 518 bis 523.
- *Erläutern Sie, welche Deutung der Person und Lehre Luthers das Bild vermittelt.*
- *Analysieren Sie, auf welcher Seite der Maler steht.*
- *Beurteilen Sie, inwiefern das Bild ein „Schlüsselereignis" der Reformation darstellt.*

Philipp Melanchthon (1497-1560): humanistischer Philologe, Theologe, neulateinischer Dichter und Reformator. Er wurde 1518 als Professor des Griechischen nach Wittenberg berufen und organisierte während der Reformation das Unterrichtswesen.

Ulrich (Huldrych) Zwingli (1484-1531): Schweizer Reformator. Ihm und dem von ihm beeinflussten Genfer Reformator Johannes Calvin (vgl. S. 69) ging es vor allem um die Einheit von Kirchen- und Bürgergemeinde. Anders als Luther verwarfen sie die „leibliche Gegenwart" Christi im Abendmahl und akzeptierten in der Kirche nur das, was ausdrücklich in der Bibel stand.

Thomas Müntzer (1486/90-1525): Pfarrer, Theologe und Revolutionär in der Zeit des Bauernkrieges. Müntzer widersprach Luther und wollte Gottes Reich schon auf Erden verwirklichen. Er rief zum Kampf gegen die Gottlosen und die Obrigkeit auf. 1525 wurde er hingerichtet.

die oberen Schichten, die in der Stadt regierten. Nur die Bürgermeister und Ratsherren aber, die überwiegend aus der Oberschicht kamen, konnten rechtskräftig neue Kirchen- und Lebensformen begründen. Indem sie evangelische Prediger beriefen und neue Kirchenordnungen erließen, schufen sie eine christliche Heilsgemeinschaft, die sich von der alten Kirche löste (▸ M2). Weil dies unabhängig von Kaiser, Fürsten und Landesherren geschah, bezeichnete man den Prozess als *Reformation von unten*, auch als Gemeinde- oder *Volksreformation*. Sie breitete sich im Lauf der 1520er-Jahre in der Mitte und im Südwesten des Reiches aus.

Luther und die Auffächerung der evangelischen Bewegung ■ Luther löste die Reformation zwar aus, aber von Anfang an hatte er selbstbewusste Mitstreiter mit abweichenden Lehren, bald auch Gegner, die eigene theologische Konzepte entwickelten. Die evangelische Bewegung fächerte so in ungezählte Richtungen auf. **Philipp Melanchthon** etwa, der das evangelische Kirchen- und Schulwesen ordnete, war ein enger Vertrauter Luthers, blieb allerdings im religiösen Brauchtum näher bei der römischen Kirche. **Ulrich Zwingli** hingegen, der für die Schweiz maßgebend wurde, rückte entschieden weiter von der alten Kirche ab als Luther. **Thomas Müntzer** schließlich glaubte, auf biblischer Grundlage eine völlig neue Gesellschaftsordnung aufbauen zu können. Er wollte zum Entsetzen Luthers einen christlichen Gottesstaat errichten und jede weltliche Obrigkeit abschaffen.

Reich und Reformation Die römisch-katholische Kirche missbilligte Luthers Lehre und forderte ihn auf, sie zu widerrufen. Aber Luther weigerte sich und brach öffentlich mit der Kirche. Daraufhin verhängte der Papst den Bann über ihn. Der erst 19 Jahre alte, seit 1519 regierende Kaiser **Karl V.** wollte die Einheit der katholischen Kirche erhalten. Die höchsten Obrigkeiten im Reich, Kaiser Karl V. und die Fürsten, luden Luther im Jahr 1521 daher vor ihren Wormser Reichstag. Der Reformator blieb sich jedoch treu und verweigerte den geforderten Widerruf. Im Gegenzug verhängte der Kaiser im *Wormser Edikt* die **Reichsacht** über ihn und seine Anhänger (▸ M3). Es war Luthers Glück, dass sein Landesherr, Kurfürst *Friedrich der Weise*, ihn auf der Wartburg in Sicherheit brachte und damit ihn und seine Lehre schützte. Jedoch konnte der Reformator Kursachsen nicht verlassen.

Die Vollstreckung der Reichsacht oblag allerdings nicht dem Kaiser, sondern den Fürsten, weil nur sie in den Territorien des Reiches regierten. Einige vollstreckten das Edikt nicht, sodass der Reichstag 1526 den Vollzug des Ediktes überhaupt aussetzte. Drei Jahre später beschloss der Reichstag jedoch mit den Stimmen der katholischen Fürstenmehrheit, dass es wieder gelten sollte. Der Grund war, dass nach 1526 in Sachsen und Hessen eine evangelische Kirchenorganisation entstand. Die nun evangelischen Pfarrer, Diener und Lehrer wurden aus den eingezogenen Kirchengütern finanziert. Die vormaligen Eigentümer mussten den Verlust hinnehmen, darunter Erzbischöfe und Bischöfe, die selbst Fürsten des Reiches waren. Sie waren es, die seit 1529 den Vollzug des Wormser Ediktes und damit die Ächtung aller Evangelischen forderten. Die Macht, dies durchzusetzen, hatte nur der Kaiser, der aber seit 1521 nicht mehr im Reich weilte.

Als König und Fürst in Spanien, (Süd-)Italien und den Niederlanden hatte Karl V. es mit zwei großen Gegnern zu tun. Der erste war König *Franz I.* von Frankreich, der Ansprüche auf italienische Besitzungen Karls erhob und sie seit 1521, wenngleich vergebens, zu erobern suchte. Der zweite Gegner war der Sultan des türkischen Osmanischen Reiches, *Suleiman I.* Er attackierte mit gewaltigen Flotten Inseln und Küsten des Mittelmeeres. Zugleich eroberten die Türken Südosteuropa bis weit nach Ungarn hinein und bedrohten sogar Österreich und das Reich in immer neuen Kriegen.

Im Jahr 1530 kehrte Karl V. endlich nach Jahren der Abwesenheit ins Reich zurück. Er wollte und konnte die immer zahlreicheren evangelischen Fürsten und Städte nicht mit Gewalt in die Schranken weisen. Noch hoffte er auf die freiwillige Rückkehr der evangelischen Fürsten zur alten Kirche. Aber diese beharrten beim Augsburger Reichstag 1530 auf ihrem Glauben, nicht anders als Luther 1521. Der Kaiser verlangte eine Bekenntnisschrift, die einheitlich die evangelischen Glaubenssätze definierte, um anschließend darüber zu verhandeln. Das Resultat war das *„Augsburger Bekenntnis"* (*Confessio Augustana*) (▸ M4). Der Text zog allerdings keine Einigung nach sich, sondern bewirkte das Gegenteil. Die Confessio wurde zur Richtschnur der neuen evangelischen Kirchen und ist es bis heute geblieben.

Karl V. (1500-1558): König (ab 1519) und Kaiser (ab 1530) des Heiligen Römischen Reiches aus dem Geschlecht der Habsburger. Er herrschte über große, weit über Europa und Südamerika verstreute Gebiete. Karl V. versuchte vergeblich, die religiöse Einheit des Reiches zu bewahren. 1556 dankte er als Kaiser ab.

Reichsacht: Ausschluss aus der Gesellschaft wegen schwerer Verbrechen. Der Geächtete war rechtlos und durfte von jedermann straflos beraubt oder getötet werden. Die Acht schloss ein Gemeinschaftsverbot ein, d.h. niemand durfte mit dem Geächteten Umgang haben.

1. *Erklären Sie den von Historikern geprägten Begriff „reformatorische Öffentlichkeit".*
2. *Der deutsche Kirchenhistoriker Thomas Kaufmann von der Universität Göttingen schreibt 2006 in seiner Luther-Biografie: „Luther ist der erste ‚Medienstar' der Geschichte, der die Medienrevolution der Zeit zu nutzen wusste und zugleich von den neuen Medien aus der Druckerpresse benutzt wurde." Erörtern Sie, ob diese Aussage zutrifft.*

◂ **Wyclif – Hus – Luther.**
Holzschnitt aus dem ersten Drittel des 16. Jahrhunderts.

- *Interpretieren Sie den Holzschnitt. Gehen Sie dabei auch auf einzelne Elemente wie die brennende Fackel und die Taube am Himmel ein. Informationen zu John Wyclif und Jan Hus finden Sie auf Seite 50.*
- *Beurteilen Sie, ob die im Holzschnitt gezeigte Verbindungslinie „Wyclif – Hus – Luther“ zutreffend ist.*

M1 „Es begann mit Luther“

Die deutsche Historikerin Luise Schorn-Schütte schreibt 1996 über den Ablasshandel und Luthers 95 Thesen:

Auch wenn Luthers Kritik seit 1517 rasch immer grundsätzlicher wurde, so hatte er niemals die Absicht, die Kirche selbst oder das Papsttum infrage zu stellen. Der Konflikt entzündete sich denn auch an einer theologischen Marginalie, einem Einzelproblem, das allerdings von großer praktischer Bedeutung war: der Frage des *Ablasshandels*.
Die Verdinglichung des Ablasshandels war nicht erst durch Luther kritisiert worden; der ganz konkrete Missbrauch der Ablassbriefe aber, dem Luther als Seelsorger im Herbst 1517 begegnete, hatte einen hochpolitischen Hintergrund, der öffentliche Kritik nicht wohl ertragen wollte. Albrecht von Brandenburg (1490-1545), der jüngere Bruder des Kurfürsten Joachim, wollte zum Erzbischof von Mainz, damit Primas der deutschen Kirche und Erzkanzler des Heiligen Römischen Reiches Deutscher Nation gewählt werden. Dies war keineswegs nur eine private Ambition, vielmehr Teil des Konkurrenzkampfes zwischen den beiden Kurfürstenhäusern Sachsen und Brandenburg: Die Wahl Albrechts hätte die Machtposition Brandenburgs im Reich deutlich verbessert. Die Wahl eines Erzbischofs durch das Domkapitel (das Wahlgremium war zumeist aus hohen Adligen und geistlichen Würdenträgern zusammengesetzt) bedurfte der päpstlichen Bestätigung – dies geschah nur gegen Geldzahlungen, in diesem Falle 14 000 Gulden, eine auch für die Zeitgenossen beträchtliche Summe. Da das Mainzer Domkapitel in den letzten Jahren wiederholt solche „Wahlbestätigungsgelder“ aufzubringen hatte, wurde Albrecht verpflichtet, die Zahlungen an den Papst selbst zu übernehmen. Da er zugleich bereits Erzbischof von Magdeburg und Administrator von Halberstadt war, benötigte er zur Legitimierung dieser Ämterhäufung einen päpstlichen Dispens, und auch dieser (in Höhe von weiteren 10 000 Gulden) war zu bezahlen. Albrecht konnte diese Summen nicht ohne Weiteres aufbringen. Das Angebot aus Rom, den sogenannten Petersablass über acht Jahre lang in seinen Territorien verkündigen zu lassen, sodass er die Hälfte der Gelder für sich selbst behalten könne, kam ihm deshalb sehr gelegen. Die Zwischenfinanzierung in Gestalt eines Kredites übernahm das Handelshaus der Fugger, sodass zusammen mit den Ablasspredigern dessen Beauftragte im Land umherzogen und von den täglich eingehenden Geldern sogleich die Hälfte als Tilgung und Zins für den Kredit einbehielten!
Luther erfuhr von dieser auch für viele seiner Zeitgenossen als ungeheuerlicher Skandal empfundenen Vermischung von Geld, Politik und Frömmigkeit durch die Berichte seiner Beichtkinder. Der berüchtigte Spruch des Ablasspredigers Johann Tetzel, eines Dominikanermönches, dürfte auch ihm begegnet sein: „Wenn das Geld im Kasten klingt, die Seele aus dem Fegefeuer springt“. Als Seelsorger wie als akademi-

scher Lehrer fühlte er sich zum Handeln verpflichtet; in einem Schreiben, das am 31.10.1517 an den Erzbischof Albrecht von Mainz abgeschickt wurde, bat er um die Korrektur der Praxis und regte eine akademische Disputation an. Als deren Grundlage verfasste er jene berühmten 95 Thesen, aus deren öffentlichkeitswirksamer Bekanntmachung am Portal der Wittenberger Schlosskirche sich die protestantische Identität über Jahrhunderte ableitete. Selbst wenn der Thesenanschlag in dieser Form nicht sicher ist: Die ursprünglich für eine akademische Auseinandersetzung verfassten Artikel verbreiteten sich wie ein Lauffeuer in ganz Deutschland. Innerhalb weniger Wochen waren sie in zahllosen Drucken vervielfältigt, auch deutsche Übersetzungen lagen vor. Luther selbst hatte dies am wenigsten kalkuliert. Mit einer in deutscher Sprache verfassten knappen Predigt, dem *Sermon von Ablass und Gnade*, schickte er im Frühjahr 1518 eine Erläuterung hinterher, die den Bekanntheitsgrad der 95 Thesen noch übertraf. Die Zustimmung war außergewöhnlich breit. Selbst viele der späteren Gegner Luthers empfanden die Ablasskritik als die lang ersehnte Diskussion über innerkirchliche Reformen.

Luise Schorn-Schütte, Die Reformation. Vorgeschichte, Verlauf, Wirkung, München [5]2011, S. 30-32

1. ➕ *Entwerfen Sie ausgehend von M1 ein Schaubild, in dem Sie den Ablasshandel und Luthers 95 Thesen in Beziehung zueinander setzen. Verwenden Sie dafür u. a. folgende Namen und Begriffe: Albrecht von Brandenburg, Erzbischof Albrecht von Mainz, Fugger, Martin Luther, Johann Tetzel; Ablasshandel, Ablasskritik, Ablassprediger, Ämterhäufung, Frömmigkeit, Kredite, 95 Thesen. Analysieren Sie anschließend Ihr Schaubild.*

2. *Erläutern Sie, was mit einer „Vermischung von Geld, Politik und Frömmigkeit" (siehe Zeile 44 f.) gemeint ist.*

3. *Die ersten beiden Thesen Luthers lauten: „1. Da unser Herr und Meister Jesus Christus spricht: ‚Tut Buße' usw. (Matth. 4,17), hat er gewollt, dass das ganze Leben der Gläubigen Buße sei. 2. Dies Wort kann nicht im Sinne der sakramentalen Buße verstanden werden (d. h. im Sinne der Beichte und Genugtuung, die durch das Amt der Priester vollzogen wird). [...]" (Nach: Ulrich Köpf (Hrsg.), Deutsche Geschichte in Quellen und Darstellung, Bd. 3: Reformationszeit, 1495-1555, Stuttgart 2001, S. 102). Analysieren Sie, was Luther mit den beiden Thesen meinte.*

M2 Die erste evangelische Ordnung

Der Rat der Stadt Wittenberg beschließt, beeinflusst von evangelischen Predigern, im Januar 1522 die erste evangelische Gemeindeordnung. Sie wird im Druck verbreitet und dient als Vorbild für andere Ordnungen, unter anderem in der Einrichtung eines „Gemeinen Kastens" zur Armenfürsorge:

Erstlich ist einhelliglich beschlossen, dass der Zehnte[1] der Gotteshäuser, Priesterschaft und bestimmter Gewerbe in einen gemeinen Kasten[2] gelegt wird. Dazu sind verordnet zwei des Rates, zwei von der Gemeinde, und ein Schreiber, die den Zehnten einnehmen, verwalten und damit arme Leute versorgen. [...]

Es sollen auch keine Bettler in unserer Stadt gelitten werden, die alters- oder krankheitshalber zu arbeiten nicht geschickt sind, sondern man soll diese zur Arbeit treiben oder aus der Stadt verweisen. Wer aber ohne Schuld wegen Krankheit oder sonst in Armut ist, soll aus dem gemeinen Kasten durch die Verordneten in ziemlicher Weise versorgt werden. [Bettelverbot auch für Mönche und auswärtige Schüler]

Aus dem gemeinen Kasten soll man auch die armen Handwerksleut beleihen, die ihr Handwerk nicht kontinuierlich ausüben können, damit sie einen Lebensunterhalt haben. Sie sollen aber zur festgelegten Zeit das Geld ohne Zins zurückzahlen, wenn sie dazu in der Lage sind. [Unterstützung aus dem gemeinen Kasten auch für Waisen und Kinder armer Leute]

Wenn aber die Einkünfte zu solchen guten Werken nicht genügen, so soll jeder, er sei Priester oder Bürger, nach Vermögen jährlich eine Summe Geldes zur Armenfürsorge geben.

Da der Zehnte der Priester, die wir jetzt haben, auch in den gemeinen Kasten geht, soll jeder, nachdem er bisher acht Gulden jährlich für seine Vigilien[3] erhalten hat, mit sechs Gulden auskommen. Weil Messen und Vigilien abgebaut werden, sollen die Priester stattdessen arme, kranke Menschen besuchen und trösten, doch sollen sie niemand zu einem Testament veranlassen.

Die Bilder und Altäre in den Kirchen sollen weggeschafft werden, damit Abgötterei vermieden wird, denn drei Altäre ohne Bilder sind genug.

Die Messe soll so gehalten werden, wie sie Christus beim Abendmahl eingesetzt hat [Hinweise zum Ablauf]. Es mag auch der Kommunikant die konsekrierten Hostien[4] in die

[1] **Zehnt**: zehnprozentige Steuer (Geld oder Naturalien)
[2] hier: gemeinsame Kasse
[3] **Vigil**: Feier zur Vorbereitung auf ein kirchliches Fest
[4] **konsekrierte Hostien**: geweihte (in ihrem Wesen gewandelte) Hostien, d. h. Abendmahlsbrote

Hand nehmen und selbst in den Mund schieben, ebenso den Kelch nehmen und daraus trinken.

Es ist künftig auch nicht gestattet, dass unehrliche Personen[5] sich in der Stadt aufhalten, vielmehr sollen sie heiraten. Wollen sie das nicht tun, wenn sie eine Wohnung haben, soll man sie vertreiben. Wohnen sie zur Untermiete, soll der Vermieter bestraft und sie selbst aus der Stadt vertrieben werden.

Sofern Mitbürger und Bewohner der Stadt fünf oder sechs Prozent Zinsen bezahlen, aber ohne Vermögen sind, lösen wir den Kredit aus dem gemeinen Kasten ab, sodass sie dem gemeinen Kasten nur noch vier Prozent Zins zu zahlen haben, bis sie den Kredit ablösen.

Auch soll man insbesondere darauf achten, dass man armer Leute Kinder, nämlich Knaben, die zur Schule und zum Studium geeignet sind, sich dies aber nicht leisten können, unterstützt, damit man jederzeit gelehrte Leute hat, die das Evangelium und die Schrift predigen, und damit auch in den weltlichen Behörden an geschickten Leuten kein Mangel ist. Die nicht Geeigneten soll man zum Handwerk oder zur Arbeit anhalten, denn dort braucht man sie.

Nach: Ulrich Köpf (Hrsg.), Deutsche Geschichte in Quellen und Darstellung, Bd. 3: Reformationszeit, 1495-1555, Stuttgart 2001, S. 200-203 (sprachlich normalisiert)

1. *Gliedern Sie die Regelungen der Ordnung nach Bereichen. Wo liegen die Schwerpunkte?*

2. *Die jüngere reformationsgeschichtliche Forschung spricht von einer neuen „christlichen Heilsgemeinschaft", die durch die evangelische Bewegung in den Gemeinden entstand. Überprüfen Sie die Tragfähigkeit dieses Begriffes anhand der Ordnung.*

[5] Henker, Abdecker, Totengräber, Nachtwächter, Chirurgen, Schäfer, Prostituierte oder Bettler

M3 Das Wormser Edikt von 1521

Kaiser Karl V. unterzeichnet das Wormser Edikt am 12. Mai 1521, ab 26. Mai 1521 wird der Druck gefertigt. Vom päpstlichen Legaten Hieronymus Aleander stammt der Entwurf für den Erlass, der fast unverändert nach Ende des Reichstages von einigen Kurfürsten und Fürsten in der Residenz des Kaisers akzeptiert wird. Der Legat ist einer der bedeutendsten gelehrten Philologen Europas.

Am ersten zu Lob dem Allmächtigen und Beschirmung des christlichen Glaubens [...] haben wir [...] den gedachten Martin Luther, als ein von Gottes Kirchen abgesondertem Glied und einen verstockten Spalter und offenbaren Ketzer – von unseretwegen und Euch allen und jedem insonderheit – zu achten und zu halten erkannt und erklärt, und tun das wissentlich in Kraft dies Briefs. Und gebieten darauf Euch allen und jedem besonders bei den Pflichten, damit Ihr uns und dem heiligen Reiche verwandt seid, auch Vermeidung der poenae criminis laesae majestatis[1] und unserer und des Reichs Acht und Aberacht und dazu des Verlusts und des Entzugs aller Regalien[2], Lehen, Gnaden und Freiheiten, so Ihr bisher von unseren Vorfahren, uns und dem heiligen Reiche in einigen Weg gehabt, von römischer kaiserlicher Macht ernstlich mit diesem Brief und Willen, dass Ihr sämtlich und sonderlich nach Verlauf der genannten zwanzig Tage, die mit dem vierzehnten Tag des gegenwärtigen Monats Mai enden, den erwähnten Martin Luther nicht übernachten lasst, empfangt, zu essen oder zu trinken gebt, noch ihm mit Worten oder Werken heimlich oder öffentlich Hilfe, Unterstützung, Beistand noch Vorschub leistet. Vielmehr sollt Ihr, wo Ihr ihn trefft, erkennt und seiner Person mächtig werdet, ihn gefangen nehmen und uns unversehrt zuschicken oder [...] uns verständigen und ihn mittlerweile gefangen halten, bis Euch von uns Bescheid gegeben, was Ihr weiter nach Ordnung der Recht gegen ihn unternehmen sollt. Ihr werdet für ein solches heiliges Werk, auch Eure Mühe und Kosten ziemliche Ergötzlichkeit empfangen. Aber gegen seine Mitverwandten, Anhänger, Beschützer, Begünstigenden, Gönner und Nachfolger samt derselben bewegliche und unbewegliche Güter sollt Ihr in Kraft der heiligen Konstitution und unserer und des Reichs Acht und Aberacht in dieser Weise handeln: nämlich sie niederwerfen und fangen und ihre Güter zu Euren Händen nehmen und sie zu Eurem eigenen Nutzen verwenden und behalten, ohne dass Euch jemand hindern darf, es

[1] **poenae criminis laesae majestatis**: Strafe für Majestätsverbrechen
[2] **Regalien**: vom Kaiser verliehene Sonderrechte

sei dann, dass sie glaubhaft dartun, dass sie diesen unrechten Weg verlassen und päpstliche Absolution erlangt haben. [...] [Ebenso gebieten wir, dass von Euch keiner Luthers] Ansicht beipflichte, diese auch nicht halte, predige oder verteidige, auch nicht in anderer Weise, wie Menschensinn das bedenken kann, unterstütze, unangesehen, ob darin etwas Gutes, um den einfältigen Menschen damit irrezuführen, mit ausgedrückt wäre. Dann wie die allerbeste Speise, die mit einem kleinen Tropfen Gift vermischt ist, von allen Menschen gemieden wird, um so mehr sollen solche Schriften und Bücher, mit denen so manches Gift für die Seelen und Verdammung verbunden ist, von uns allen nicht allein vermieden, sondern auch aus dem Gedächtnis aller Menschen gelöscht und ausgetilgt werden, damit sie niemand schaden oder ewig töten. [...]

Nach: www.uni-muenster.de/FNZ-Online/politstrukturen/reformation/quellen/edikt.htm (Zugriff: 10. November 2014) (sprachlich normalisiert)

1. *Fassen Sie die wesentlichen Aussagen des Ediktes in eigenen Worten zusammen.*
2. *Charakterisieren Sie die angedrohten Strafen.*
3. + *Die überlieferten Quellen erlauben es nicht, die Umstände zu rekonstruieren, ob und wie das Edikt den Untertanen mitgeteilt wurde. Entwickeln Sie Hypothesen, wie das geschehen konnte. Berücksichtigen Sie dabei, dass auf dem Land, wo mehr als 80 Prozent der Menschen lebten, weniger als zehn Prozent lesen konnten.*
4. *Beurteilen Sie die Wirkung des Wormser Ediktes.*

M4 Der Staatsrat Kaiser Karls V. erwägt das Vorgehen gegen die Lutheraner

Am 25. Juni 1530 verliest der sächsische Kanzler Christian Beyer vor dem Kaiser und dem versammelten Reichstag zu Augsburg die „Confessio Augustana". In ihr legen die evangelisch-lutherischen Reichsstände und Städte – erstmals und für Jahrhunderte verbindlich – ihr Bekenntnis fest. Der Kaiser holt von seinem Staatsrat ein Gutachten ein, wie er nun vorgehen solle:

Man kann es bei dieser Frage nicht bewenden lassen, ohne sich davon anderes zu erwarten als eine Verschlechterung und einen nicht wiedergutzumachenden, verfahrenen Zustand. Auch kann ohne Konzil nichts entschieden werden. Wenn also die besagten Lutheraner verweigern, sich dem Urteil S. Mt.[1] zu unterwerfen, scheint es, dass man ihnen einen vernünftigen und passenden Termin für dieses besagte Konzil vorschlagen soll, um sie so mit Beweisen unserer vernünftigen Haltung zu überhäufen. Dies soll allerdings nur unter der Bedingung erfolgen, dass bis dahin die besagten Lutheraner von allen gegen unseren hl. Glauben und unsere hl. Kirche eingeführten Neuerungen Abstand nehmen, zumindest insoweit, dass sie damit genau und mit voller Wirkung das auf dem Reichstag zu Worms erlassene Edikt[2] einhalten und befolgen.

Man muss die Lutheraner mit Milde zu einer der beiden Möglichkeiten überreden, nämlich es entweder S. Mt. oder dem Konzil zu überlassen, über die Sache zu entscheiden. Wenn die besagte Milde nichts nützt, dann muss es mit Strenge geschehen, wenn auch mit nicht zu offenkundiger und den Umständen angepasster.

[Man soll mit ihnen nicht disputieren.] Wenn die besagten Lutheraner den Kaiser nicht als Richter annehmen und auch nicht den Weg des besagten Konzils einschlagen wollen, sondern halsstarrig bleiben, dann muss man auch die Meinung des Herrn Legaten[3] einholen darüber, mit welchen Mitteln man hart gegen sie vorgehen und das geteilte Volk wieder gewinnen könnte, aber auch die Adligen und die Städte. Gibt es schließlich kein anderes Mittel als Gewalt, dann soll man die Methoden, die man diesbezüglich anwenden könnte, studieren und schriftlich festlegen.

Alfred Kohler (Hrsg.), Quellen zur Geschichte Karls V., Darmstadt 1990, S. 164 f.

1. *Arbeiten Sie aus dem Gutachten die Handlungsmöglichkeiten, die der Staatsrat entwickelt, heraus.*
2. *Beurteilen Sie, weshalb dem Staatsrat ein Konzil der römischen Kirche als wünschenswert erscheint, um der Glaubensspaltung zu begegnen.*
3. *Das Bekenntnis zur evangelischen Lehre war streng genommen Ketzerei und damit im äußersten Fall mit der Todesstrafe bedroht. Erörtern Sie, aus welchen Gründen der Staatsrat dennoch Milde vorschlägt.*

[1] Abkürzung für „Seine Majestät"

[2] Vgl. M3; das Wormser Edikt wurde 1529 noch einmal bestätigt, jedoch von den Evangelischen nicht anerkannt.

[3] **Legat**: päpstlicher Gesandter

▲ **Luther-Denkmal auf dem Marktplatz von Wittenberg.** *Die knapp zehn Meter hohe Statue Luthers wurde von Johann Gottfried Schadow entworfen und zum Reformationsfest 1821 enthüllt. Es ist das erste öffentliche Denkmal für eine bürgerliche Persönlichkeit in Deutschland und wurde stilbildend für zahlreiche andere Lutherdenkmäler.*

▲ **„Martin Luther: Hier stehe ich."** *Foto vom 11. August 2010. Die vom deutschen Künstler Ottmar Hörl stammende Installation zeigt 800 Lutherstatuen auf dem Wittenberger Marktplatz. Zur bewegbaren Panoramaansicht der Kunstaktion von 2010 siehe den Code 32031-02.*

Geschichts- und Erinnerungskultur: das Lutherbild im Wandel

Martin Luther – überall Luther begegnet uns heute in vielfältiger Gestalt. Sei es in Museen und Ausstellungen, in der Kunst oder unzähligen Publikationen. Daneben haben Kino und Fernsehen den Wittenberger Theologen für sich entdeckt. Und nicht nur das. Den Reformator gibt es auch zu „kaufen". Sein Gesicht ziert Tassen, T-Shirts und Bonbons – sogar eine Biersorte ist nach ihm benannt. Events, wie die seit 1993 in Wittenberg aufgeführte Hochzeit Luthers mit Katharina von Bora, ziehen inzwischen mehrere zehntausend Schaulustige jährlich an.

Luther im Wandel der Zeit Die Sichtweise auf Luther und die Reformation war oft einem Wandel unterzogen (▸ M1 bis M3). Das gilt allerdings nicht für das katholische Lutherbild. Dieses wurde drei Jahrhunderte lang durch die 1549 entstandene Schrift „Commentaria" des Theologen und Luther-Kritikers Johannes Cochlaeus geprägt. Differenzierter gestaltete sich das Lutherbild auf protestantischer Seite. Im 17. Jahrhundert fanden mehrere Gedenkveranstaltungen zu Ehren des Reformators statt. Mancherorts wurde sein Geburts- und Todestag sowie der 100. Jahrestag des Thesenanschlages begangen. Mit der Jubiläumsfeier von 1617 sollten vor allem die Macht und Einigkeit des protestantischen Lagers demonstriert werden. Während in den damaligen Krisenzeiten die Reformation als ein heilsgeschichtlicher Prozess gesehen wurde, interpretierte das Zeitalter der Aufklärung sie als revolutionäres Ereignis, das eine neue Zeit einläutete. Der deutsche Dichter Gotthold Ephraim Lessing erhob Luther gar zu einem Kämpfer für die Vernunft.

Anfang des 19. Jahrhunderts verknüpfte man den Reformationsbeginn mit einem anderen geschichtlichen Ereignis: 1817 erinnerten etwa 600 Studenten protestantischer Universitäten auf dem Wartburgfest an den 300. Jahrestag des Thesenanschlages und an den 4. Jahrestag der Völkerschlacht bei Leipzig. Luther wurde nun zum Kämpfer für die Freiheit und zum Befreier des Vaterlandes stilisiert, die Reformation erhielt eine nationalgeschichtliche Bedeutung (▸ M4). Eine ganze Reihe von Denkmälern, Fresken, Gemälden und Drucken entstand, die den Theologen und die Reformation zum Gegenstand hatten.

Im „Dritten Reich" wurde Luther von den Nationalsozialisten für ihre Zwecke instrumentalisiert. Sie beuteten vor allem seine antijüdischen Äußerungen aus. Die Gedenkfeier zum 450. Geburtstag des Reformators stand 1933 unter dem Motto „Mit Luther und Hitler, für Glaube und Rasse". Die ein Jahr zuvor gegründete Bewegung der „Deutschen Christen" behauptete sogar, dass erst die Machtübernahme der Nationalsozialisten es möglich machte, Luthers nationale und rassistische Sendung abzuschließen. Nach dem Zusammenbruch des „Dritten Reiches" kam es abermals zu einem Wandel des Lutherbildes. Als Beispiel sei hier die Geschichtswissenschaft der 1949 gegründeten DDR zu nennen. Diese wandte sich zunächst von Luther ab, galt er doch als Fürstenknecht und Verräter der Bauern. Allerdings wurde dieses Bild Ende der 1960er-Jahre revidiert. Der Reformator wurde nun als „Bürgersohn im Fürstendienst", die Reformation als „frühbürgerliche Revolution" gesehen (▸ M5).

Und heute? 2017 wird das 500-jährige Reformationsjubiläum begangen. Es bildet den Höhepunkt der von Staat und Kirche gemeinsam gestalteten Lutherdekade. Seit 2008 steht jedes Jahr unter einem bestimmten Thema, das sich in Ausstellungen und Veranstaltungen widerspiegelt. 2016 heißt das Motto „Reformation und die Eine Welt".

M1 Luther im Kreis der Familie

Die Farblithografie „Luthers Familie: ein Ständchen für Katharina von Bora" entsteht um 1890 nach einem Wandgemälde von Paul Poetzsch in der Höheren Mädchenschule in Dresden (1945 zerstört).
Luther heiratet 1525 die ehemalige Nonne Katharina von Bora. Aus der Ehe gehen sechs Kinder hervor, von denen allerdings zwei Mädchen früh sterben. Die Familie bewohnt ein Haus im ehemaligen Augustinerkloster in Wittenberg. Unter dem Dach leben auch elf verwaiste Kinder aus der Verwandtschaft sowie Studenten und Gäste.

M2 SA wacht am Luther-Denkmal in Berlin

Das Material zeigt das Titelblatt (Ausschnitt) des „Bildberichtes für das deutsche Christenvolk" (November 1933). Es handelt sich um eine Beilage der Kirchenzeitschrift „Evangelium im Dritten Reich", die von der „Glaubensbewegung Deutscher Christen" (siehe dazu Seite 64) herausgegeben wird.

M3 Luther als „Tourismus-Botschafter"

Die Deutsche Zentrale für Tourismus und die Stadt Nürnberg haben im Februar 2015 die Luther-Spielfigur als Werbebotschafter für Reisen nach Deutschland der Öffentlichkeit vorgestellt. Auf dem aufgeklappten Buch der Playmobil-Figur steht geschrieben: „Bücher des Alten Testaments Ende – Das Neue Testament übersetzt von Doktor Martin Luther".

1. *Vergleichen Sie M1 bis M3 miteinander.*
2. *Analysieren Sie die in M1 über Luther bzw. seine Familie gemachte Aussage.*
3. *Recherchieren Sie im Internet weitere Darstellungen Luthers aus verschiedenen Zeiten. Arbeiten Sie heraus, welches Lutherbild jeweils gezeigt wird.*

M4 „Luther und die deutsche Nation"

Anlässlich des 400. Geburtstages Martin Luthers hält der deutsche Historiker Heinrich von Treitschke am 7. November 1883 in Darmstadt folgende Rede:

In den hoffnungsvollen ersten Jahren seines öffentlichen Wirkens begrüßte ihn die Nation mit einer stürmischen Freude, wie sie der deutsche Boden erst in unseren Tagen wieder erlebt hat. Damals, als er zuerst der Katze die Schelle anband und dann kühn und kühner, fortgerissen von der zwingenden Macht des freien Gedankens und des wachen Gewissens, aus einem treuen Sohne der alten Kirche zum erklärten Ketzer ward, als er die Bannbulle des Papstes in das Feuer warf und in den flammenden Aufruf „An den christlichen Adel deutscher Nation" seine Deutschen aufforderte zur Reform der Kirche und des Reiches an Haupt und Gliedern: da stand er vor Kaiser und Reich als der Führer der Nation, heldenhaft wie ihr Volksheiliger, der streitbare Michael [...]. Da schien es wirklich, als sollten alle die elementarischen Kräfte, die in der tief erregten Nation arbeiteten, der Glaubensernst der frommen Gemüter, der Forschermut der jungen Wissenschaft, der Nationalhatz des ritterlichen Adels wider die welschen Prälaten[1], der Groll der misshandelten Bauern, sich zu einem mächtigen Strome vereinigen und gewaltig aufwallend alles römische Wesen aus unserem Staate, unserer Kirche hinwegschwemmen. Aber noch war unsere deutsche Königskrone fest verkettet mit der weltumspannenden Politik des römischen Kaisertums. [...] Das köstlichste Vermächtnis, das Luther unserem Volke hinterlassen hat, bleibt doch er selber und die lebendige Macht seines gottbegeisterten Gemüts. Keine andere der neuen Nationen hat je einen Mann gesehen, der so seinen Landsleuten jedes Wort von den Lippen genommen, der so in Art und Unart das innerste Wesen seines Volkes verkörpert hätte. [...] Wo immer deutsches und fremdes Volkstum feindselig aufeinanderstößt, da war der Protestantismus allezeit unser sicherster Grenzhüter [...].

Nach: www.historicum.net/themen/reformation/mythos-reformation/1-sprachliche-dimension/b-geschichtsschreibung/#rlmp_officelib_footnote_bottom_2 (Zugriff: 28. Januar 2015)

1. *Charakterisieren Sie das Lutherbild, das Heinrich von Treitschke in seiner Rede zeichnet.*
2. *Erörtern Sie, inwiefern der letzte Satz (Zeile 29 bis 32) zutreffend ist. Ziehen Sie dazu ausgewählte Beispiele von bewaffneten Konflikten in der Zeit von 1618 bis 1871 aus der „deutschen Geschichte" heran. Recherchieren Sie dazu im Internet.*

[1] **Prälat**: geistlicher Würdenträger

M5 Eine frühbürgerliche Revolution?

In einem Band über die „Deutsche Geschichte" aus der DDR von 1983 ist über die Reformation und Martin Luther zu lesen:

Die sozial heterogene Reformationsbewegung zur Veränderung von Kirche, Staat und Gesellschaft war wesentlich breiter und vielgestaltiger als der unmittelbar von Luther zum Ausdruck gebrachte Protest; aber Luther war in diese gesamtgesellschaftliche Bewegung eingebunden. Er war der allgemeine Exponent des Veränderungswillens. Ohne weitergehende Bestrebungen bewusst zu fördern, aber auch ohne sie von vornherein auszuschließen, lieferte er der gesamten Opposition Argumente zur ideellen Begründung ihrer Forderungen.

An anderer Stelle heißt es:

Die Reformation war jedoch Element, Startbahn und Rahmen einer revolutionären Bewegung, die objektiv den Übergangsprozess vom Feudalismus zum Kapitalismus beschleunigen konnte. Die marxistisch-leninistische Geschichtswissenschaft hat diese Bewegung in ihrem Zusammenhang mit dem Bauernkrieg als frühe Form einer bürgerlichen Revolution definiert. [...]
Der Bauernkrieg radikalisierte die von der reformatorischen Bewegung aufgeworfenen gesellschaftlichen Probleme und ging zugleich entscheidend über das Maß der von der Reformation angestrebten Veränderungen hinaus, indem er die Machtfrage in Staat und Gesellschaft stellte und die feudale Adelsherrschaft als ganze bedrohte. Er wurde damit zum entscheidenden Höhepunkt der frühbürgerlichen Revolution, auf dem der Sturz der Feudalordnung in Angriff genommen wurde. In ihm kam der revolutionäre Charakter der Gesamtbewegung zum Ausdruck.
Diese Bewegung angestoßen zu haben, war das bleibende historische Verdienst Martin Luthers. Für ihre Entfaltung und ihren Verlauf waren jedoch auch die Gegenwirkungen der römischen Kirche von nicht geringer Bedeutung.

Adolf Laube und Günter Vogler (u.a.), Deutsche Geschichte, Bd. 3: Die Epoche des Übergangs vom Feudalismus zum Kapitalismus von den siebziger Jahren des 15. Jahrhunderts bis 1789, Berlin 1983, S. 100 f.

1. *Arbeiten Sie aus der Quelle heraus, welche Bedeutung Luther für die „frühbürgerliche Revolution" hatte.*
2. *Vergleichen Sie das Lutherbild von M4 und M5 miteinander.*
3. *Überprüfen Sie ausgehend von M5 anhand von passenden Kriterien, ob die Reformation als Auslöser für eine „frühbürgerliche Revolution" angesehen werden kann.*

Auswirkungen im Reich und auf Europa

▲ **Bauern plündern das Kloster Weißenau bei Ravensburg.**
Federzeichnung (etwa 32 x 45 cm) aus einer Handschrift des Abtes Jacob Murer, um 1525.
- *Beschreiben Sie die einzelnen Szenen.*
- *Arbeiten Sie heraus, welches Interesse der Zeichner hatte, das Geschehen so wiederzugeben.*

Vorgeschichte und Ursachen des Bauernkrieges Schon um 1490 erhoben sich im Süden des Reiches immer wieder Bauern gegen ihre Obrigkeiten, indem sie Abgaben verweigerten und sich zu bewaffneten Haufen zusammenrotteten. Die Ursache war nicht wirtschaftliche Not. Gerade die Jahrzehnte um 1500 zeichneten sich durch beständig gute Ernten aus, der Wohlstand wuchs. Die Ursache für die Unruhen lag vielmehr darin, dass viele Grundherren fortdauernd die überlieferten Rechte der Bauern verletzten. Sie verlangten neue und höhere Abgaben, beanspruchten die Nutzung der *Allmende*, des Gemeineigentums an Wald, Wiesen und Gewässern, das eigentlich den Bauern zustand, und sie versuchten, die Bauern leibeigen zu machen, indem sie die Freizügigkeit unterbanden.

Der *Bauernkrieg* der Jahre 1524 bis 1526 war die größte Erhebung der Bauern in Europa überhaupt. Er ist wie die Unruhen um 1500 erstens mit der Empörung der Bauern zu erklären, der Empörung über die Rechtsbrüche und die Unterdrückung durch ihre Obrigkeiten. „Tyranni und Uffrur gehören zusamen", urteilte schon ein Freund Zwinglis. Die zweite Erklärung ist die evangelische Bewegung. Sie hatte die Herrschaft der römischen Kirche an der Bibel geprüft und zurückgewiesen. In gleicher Weise glaubten die Bauern, nun die Herrschaft des Adels und der Fürsten prüfen und verwerfen zu können. Ihr Widerstand schien ihnen evangelisch begründet. Auch die Rechtfertigung aus dem „Göttlichen Recht" entzündete also die „Revolution des Gemeinen Mannes", wie der Bauernkrieg auch genannt wurde (▸ M1 und M2).

Lesetipp
Peter Blickle, Der Bauernkrieg: die Revolution des gemeinen Mannes, München [4]2012

Verlauf Nach unbedeutenden, aber erfolgreichen Unruhen im Jahr 1524 erhoben sich im März und April 1525 Hunderttausende von Bauern in Schwaben, am Ober- und Mittelrhein, in Franken, Thüringen, später auch in Salzburg und Tirol. Sie bildeten bewaffnete Haufen, stürmten Klöster und Burgen und beauftragten Vertrauensleute, Pläne zu einer neuen Herrschaftsordnung zu verfassen. Diese wurden jedoch nicht mehr verwirklicht. Bereits seit dem Mai 1525 unterlagen die ersten Bauernhaufen den Söldnern der Fürsten, die ein Blutbad anrichteten. Nur in Salzburg vermochten die Bauern und Bergleute selbst die Herrschaft zu übernehmen, bis auch sie im Juli 1526 von Söldnern besiegt wurden. Im Ganzen wurden möglicherweise an die 100 000 Bauern niedergemetzelt und hingerichtet.

Ursachen und Folgen der Niederlage Warum unterlagen die Bauern? Den Ausschlag gab erstens die militärische Überlegenheit der Söldnerhaufen, die von Fürsten und großen Städten finanziert wurden. Sie hatten bessere Waffen, eiserne Rüstungen und waren geübt, sich in einer Schlacht richtig zu verhalten. Zudem vereinigten die Bauern ihre bewaffneten Haufen nicht. Zweitens hatten die Bauern keinerlei politische Erfahrung. Sie wurden sich nicht einig über ihr Vorgehen gegen die Obrigkeiten und noch weniger über eine künftige politische Ordnung. Wo sie wie in Salzburg zur Selbstregierung ansetzten, waren sie überfordert. Um wirklich zu herrschen, hätten sie die Rechts-, Eigentums- und Machtverhältnisse radikal umwandeln müssen, was die Bauern allein unmöglich leisten konnten. Die Juristen und Amtsträger indessen, die Erfahrung in Regierungsgeschäften hatten, blieben in der Regel den Fürsten treu (▸ M3).

Die Folgen der Niederlage sind schwer abzuschätzen. In einigen Regionen machten die Obrigkeiten den Bauern Zugeständnisse, ihr Los besserte sich. In anderen wurden ihre Rechte weiterhin rigoros abgebaut. Gemeinsame politische Forderungen konnten die Bauern nicht mehr durchsetzen. Aber die Obrigkeiten achteten später meist darauf, das Recht einzuhalten und die Bauern wirtschaftlich nicht allzu sehr zu belasten. Denn auch nach 1525/26 leisteten die Bauern vielfachen Widerstand, regelmäßig durch Prozesse vor Gerichten, aber bis ins 18. Jahrhundert hinein auch durch Waffengewalt.

Die Fürstenreformation Zu den beiden bereits genannten tragenden Pfeilern der Reformation, nämlich der Unzufriedenheit der Menschen mit der katholischen Seelsorge und dem Buchdruck mit seiner Massenwirkung, kam noch ein dritter hinzu: Die evangelische Bewegung wurde nach 1525 in einer politischen Ordnung gebändigt. Die Volksreformation wurde in einer *Fürstenreformation* weitergeführt. Das bedeutete: Die Fürsten bauten *Landeskirchen* auf, die das Fortbestehen der Reformation sicherstellten.

Wie und wo vollzog sich dieser Wandel? Luther selbst entwarf für Kursachsen ein Modell der neuen Kirche, das die Landesherren, die sächsischen Kurfürsten, mit ihren Amtsträgern in den Jahren 1527 bis 1542 verwirklichten. *Katechismen*, also Lehrbücher für die Glaubensunterweisung, formulierten die Lehrsätze des Glaubens, Mess-, Tauf- und Trauungsordnungen normierten die religiösen Praktiken. Pfarrer und Schulen wurden auf Einhaltung der Glaubensnormen überprüft. Der Kurfürst zog die kirchlichen Güter ein, bezahlte davon aber weiterhin die Pfarrer, die Armenfürsorge und einen Teil der Schulen. Ein „Konsistorium“, eine Oberbehörde, in der Theologen und

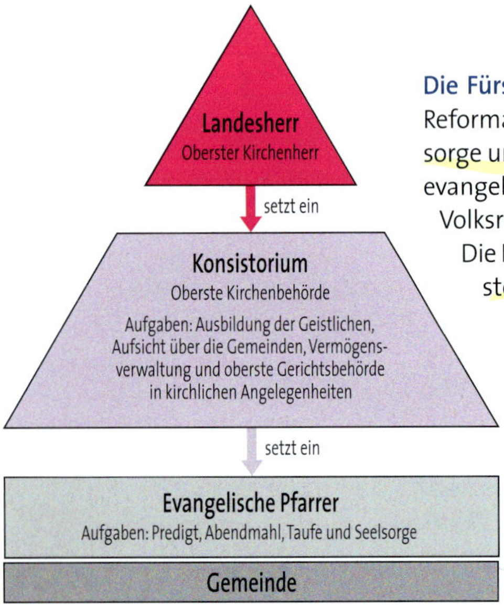

▲ **Aufbau einer evangelisch-lutherischen Landeskirche.**

Räte des Landesherrn saßen, leitete das Kirchenwesen Kursachsens. Die letzte Entscheidung lag beim Kurfürsten. Dieses Modell der Landeskirche mit dem Fürsten an der Spitze wurde zum Vorbild im ganzen Reich. Außerhalb Deutschlands, in England und Skandinavien, standen ebenfalls die Herrscher an der Spitze ihrer von Rom unabhängigen Staatskirchen.

Ausbreitung der Reformation im Reich und in Europa Gleichzeitig mit Kursachsen bildete Hessen eine Landeskirche aus, dann folgten unter anderem Pommern, Mecklenburg, in den 1550er-Jahren Württemberg, (Kur-)Pfalz und (Kur-)Brandenburg (▸ M4). Um 1570 hatten die evangelischen Fürstentümer im Reich eine Kirchenordnung, die in den Grundzügen der kursächsischen entsprach. Damit war die Reformation verstetigt, der überwiegende Teil Deutschlands evangelisch (▸ M5). Bei der katholischen Kirche verblieben nur die Fürstentümer am Niederrhein, am Main und der äußerste Süden mit Bayern und den habsburgisch-österreichischen Territorien.

Die Reformation in Deutschland strahlte auf Europa aus. Die skandinavischen Länder im Norden, unmittelbar von Luther beeinflusst, sagten sich gänzlich von der römischen Kirche los. Dies war auch der Fall in England, wo König **Heinrich VIII.** 1535 eine englische Nationalkirche begründete. Die Lehren Luthers wurden ebenso im Westen und Süden Europas wahrgenommen, aber dort nur vereinzelt. Italien und Spanien hielten am katholischen Glauben fest. Im östlichen Mitteleuropa, in Ungarn und Polen, verbreiteten sich die neuen Lehren flächenhaft.

Heinrich (Henry) VIII. (1491-1547): König von England und Irland aus dem Haus der Tudors. Berühmt-berüchtigt wurde er wegen seiner sechs Eheschließungen, von denen zwei mit Scheidung und zwei mit Hinrichtung der Ehefrauen endeten. Da aus seiner ersten Ehe kein männlicher Thronfolger hervorgegangen war, suchte er den Papst um eine Scheidung an. Als dieser ablehnte, sagte sich Heinrich von der römisch-katholischen Kirche los und ernannte sich selbst zum Oberhaupt der englischen Kirche, woraufhin er exkommuniziert wurde. Dadurch legte er die Grundlage für die protestantische Reformation in England.

Der Calvinismus Eine neuartige Dynamik erhielt die Reformation in Europa ab der Mitte des 16. Jahrhunderts durch den *Calvinismus*. Der Name leitet sich ab vom Initiator, dem Schweizer Reformator *Johannes Calvin* (1509-1564). Er begründete in Genf 1541 eine christliche Heilsgemeinschaft, in der penibel die Kirchendisziplin und das Verhalten der Bürger überwacht wurden. Der Calvinismus unterwarf so die Gläubigen nach dem Genfer Vorbild einer strengen kirchlichen Zucht, die im äußersten Fall auch den Widerstand gegen den Staat verlangte. Das war politisch von hoher Bedeutung. Langfristige soziale Auswirkungen hatte die calvinistische *Prädestinationslehre*. Danach ist dem Einzelnen vorausbestimmt, ob ihn Gott für das ewige Heil erwählt hat; der Grad der Erwählung zeigt sich bereits an den irdischen Lebensverhältnissen, also auch am wirtschaftlichen Wohlstand.

Der Calvinismus verbreitete sich in Varianten seit etwa 1550 über Europa, von der Schweiz ins Reich hinein, in die Niederlande, nach Frankreich, England, Schottland und nach Mittelosteuropa.

Hugenotten: Anhänger der reformatorischen Lehre in Frankreich, deren Glaube stark vom Calvinismus geprägt war. Seit 1530 wurden sie in Frankreich unterdrückt; 1685 erreichte die Verfolgung einen Höhepunkt und löste eine große Fluchtwelle in protestantische Gebiete Europas, nach Amerika und Südafrika aus.

Innere Kriege in Frankreich und den Niederlanden In Frankreich wandten sich dem Calvinismus rund fünf bis zeitweilig zehn Prozent der Bevölkerung zu. Sie wurden **Hugenotten** genannt. Unter ihnen befanden sich zahlreiche Familien des hohen Adels, die um Unabhängigkeit und Macht kämpften. Eine Serie von inneren Kriegen, in denen die Hugenotten gegen den König und eine katholische Adelsfraktion standen, erschütterten das Land seit 1562 (▸ M6). Erst König *Heinrich IV.* (1553-1610) versöhnte die Kriegsparteien mit dem *Edikt von Nantes* 1598, das den Hugenotten eine begrenzte Religionsausübung im katholischen Frankreich gewährte.

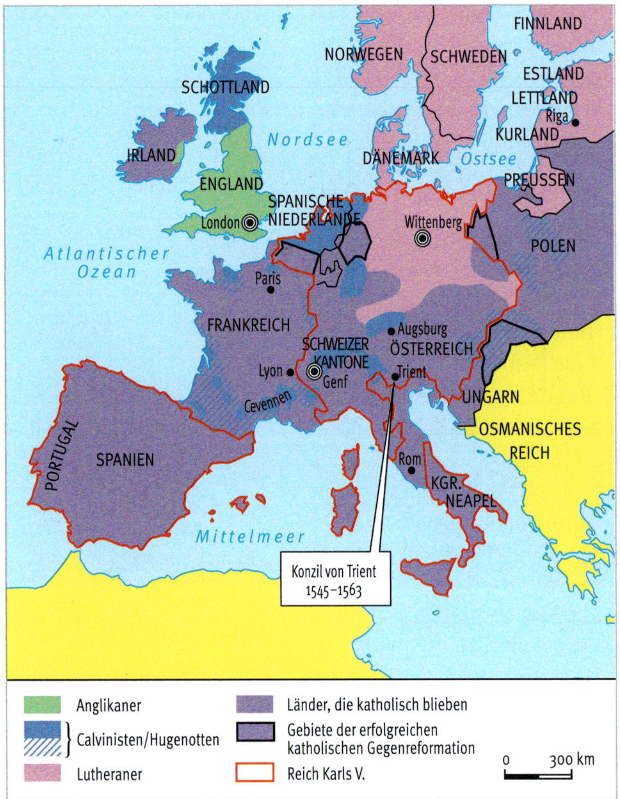

▲ Die Bekenntnisse in Europa am Ende des 16. Jahrhunderts.

Mit der sogenannten „Gegenreformation" versuchte die katholische Kirche, durch Zwang und Reformen Terrain zurückzugewinnen. Das Konzil von Trient (1545-1563) war eine Reaktion auf die Reformation.

- *Informieren Sie sich im Internet und/oder in Fachbüchern über die wesentlichen Beschlüsse des Trienter Konzils.*
- *Einige Historiker meinen: Hätte die katholische Kirche die in Trient gefassten Beschlüsse dreißig oder vierzig Jahre früher verabschiedet, hätte es keine Reformation gegeben. Nehmen Sie dazu Stellung.*

Die Niederlande, die damals in etwa die heutigen Benelux-Staaten umfassten, wurden vom spanischen König *Philipp II.* (1527-1598) regiert. Er bestrafte jede Abweichung vom katholischen Glauben, versuchte, jeden politischen Widerstand mit äußerster militärischer Gewalt zu brechen, und trieb rigoros, auch widerrechtlich, Steuern ein. Es waren vor allem die calvinistischen Bürger in den Nordprovinzen der Niederlande, die sich nicht unterwarfen, sondern unbeugsam seit 1568 gegen die spanische Übermacht Krieg führten. 1581 sagten sich sieben Nordprovinzen von Spanien los und fanden zu einem eigenen republikanischen Staatswesen zusammen (▸ M7). Spanien nahm das nicht hin, musste aber 80 Jahre nach dem Beginn der Kämpfe 1648 die Unabhängigkeit der Nordprovinzen anerkennen, die sich nun die *Vereinigten Niederlande* nannten.

Konfessionalisierung ■ Der Begriff *Konfessionalisierung* ist abgeleitet von „Konfession", d.h. dem „Bekenntnis" einer christlichen Religionsgemeinschaft. Er bezeichnet einen historischen Prozess im 16. und 17. Jahrhundert. In dessen Verlauf suchten die europäischen Staatswesen durchzusetzen, dass ihre Bevölkerung nur einer einzigen Konfession angehörte, entweder der katholischen, einer evangelischen oder calvinistischen. Denn die meisten Zeitgenossen waren überzeugt, dass nur die Einheit der Konfession den inneren Frieden und die Existenz eines Staatswesens zu sichern vermochte. Wie konnte erreicht werden, dass alle Bewohner eines Staates der gleichen Konfession angehörten? Die entscheidenden Maßnahmen waren:

- Die staatlichen und kirchlichen Amtsträger wurden auf die Konfession des Landes verpflichtet. Sie hatten zu kontrollieren, ob die Menschen die jeweilige Konfession auch wirklich praktizierten, also ob sie den Gottesdienst besuchten oder am Abendmahl teilnahmen.
- Wer dies nicht tat oder gar offen konfessionell abwich, musste schwere Nachteile in Kauf nehmen und im äußersten Fall das Land verlassen.
- Schulen und Universitäten erzogen streng nach der Konfession des Landes.
- Staat und Kirchen bemühten sich, gut ausgebildete Pfarrer oder Ordenspriester für die Seelsorge einzusetzen, die zuverlässig den Gottesdienst abhielten und überzeugend im Sinn der jeweiligen Lehre predigten (▸ M8).

Auf diese Weise wurde der katholische Glaube in Spanien, in den italienischen Staaten und in Frankreich (erst ab 1685) unvermischt gesichert, der evangelische in den skandinavischen Ländern. Dagegen konnte das anglikanische England die katholischen und calvinistischen „Dissenters" nicht verdrängen. Auch in Mittelosteuropa vermengten sich weiterhin die Konfessionen, sogar im katholischen Polen. Im Heiligen Römischen Reich Deutscher Nation bezog sich die konfessionelle Trennung auf die einzelnen Fürstentümer, die entweder rein katholisch, evangelisch oder calvinistisch waren.

Der frühmoderne Staat entsteht Die Einheit der Konfession begünstigte die Regenten und ihre Verwaltung, also den „Staat". Sie konnten die Herrschaft im Innern wie noch nie zuvor ausbauen. Die Verwaltungen wurden größer, obgleich nicht immer effizienter. Schulen und Universitäten bildeten in wachsender Anzahl treue Kirchen- und Staatsdiener aus.

Die Kriege zwischen den europäischen Mächten führten dazu, dass viele Staaten ab der Mitte des 17. Jahrhunderts stehende Heere unterhielten. Diese Veränderungen kosteten gewaltige Summen, die aus Steuern aufgebracht wurden. Die Steuern vervielfachten sich deshalb zwischen 1550 und 1650. Von da an wurden die Untertanen und später die Bürger in Europa regelmäßig hoch besteuert.

In dieser Zeit wurden auch die Fundamente des modernen Staates gelegt. Er verlangt zwar heute von seinen Bürgern keine bestimmte Konfession mehr, aber immer noch gebietet er über die Verwaltung, das Bildungswesen, das Militär und die Steuern. Deshalb bezeichnen die beschriebenen Veränderungen bis 1650 die Entstehungsphase des *frühmodernen Staates*.

Das Heilige Römische Reich Deutscher Nation 1555-1618 Im Heiligen Römischen Reich Deutscher Nation bekämpfte Kaiser Karl V., der von 1519 bis 1556 regierte, die evangelischen Fürsten seit 1546 mit Waffengewalt, aber ohne wirklichen Erfolg. Deshalb schloss sein Bruder, der spätere Kaiser *Ferdinand I.*, 1555 Frieden mit den Reichsständen, d.h. mit den Fürsten, Grafen und Städten, die Sitz und Stimme beim Reichstag hatten.

Dieser *Augsburger Religionsfrieden* ließ zwei Konfessionen im Reich zu, die katholische und die evangelische (▸ M9). Jedoch galt, dass die Reichsstände in ihren Territorien die Konfession bestimmen konnten. Anderskonfessionelle Untertanen durften auswandern, tatsächlich wurden sie bald vertrieben. Allerdings hörte nach 1555 jede Gewaltanwendung zwischen dem Kaiser, den katholischen und den evangelischen Reichsständen auf; etwa dreißig Jahre lebten die Konfessionen friedlich nebeneinander.

Um 1590 jedoch kippte die Stimmung. Eine neue Generation, die in den Konfessionsschulen und -universitäten erzogen worden war, betrat die politische Bühne. Immer erbitterter stritten die Reichsstände um die Auslegung des Religionsfriedens. Vor allem forderten die katholischen Fürsten Kirchengut zurück, das die evangelischen nach 1555 eingezogen hatten. Die regelmäßigen Reichstage, auf denen Kaiser und Reichsstände miteinander verhandelten, brachten keine Einigung. 1608 schlossen sich einige evangelische und calvinistische Fürsten zu einem militärischen Schutzbündnis zusammen: der *Union*. Im Gegenzug verbündeten sich ein Jahr später die meisten katholischen Fürsten in der *Liga*. Beide Bündnisse bemühten sich um Unterstützung durch ausländische Mächte: die Union in Frankreich, England und den Niederlanden, die Liga in Spanien und Polen.

Ausblick: der Dreißigjährige Krieg 1618 erhoben sich protestantische Adlige Böhmens gegen ihren katholischen König *Ferdinand* aus dem Hause Habsburg. Sie warfen ihm vor, gegen verbriefte Rechte verstoßen zu haben, so gegen das Recht der freien Religionsausübung. Die Böhmen setzten Ferdinand schließlich ab und erhoben den pfälzischen Kurfürsten *Friedrich V.* zum neuen König. Ferdinand, seit 1619 Kaiser Ferdinand II., bekämpfte den Aufstand und holte sich die böhmische Krone mithilfe bayerischer und spanischer Truppen zurück. Friedrich V., der rebellische Adel und 150 000 böhmische Protestanten mussten fliehen.

Was als regionaler Konflikt in Böhmen begann, weitete sich zu einem jahrzehntelang andauernden Kriegsgeschehen auf europäischer Ebene aus. Der sogenannte *Dreißigjährige Krieg* bestand aus mehreren Feldzügen, die bis 1648 nacheinander ausgetragen wurden. Zu den Konfessionsgegensätzen trat der Kampf Spaniens und Frankreichs um die Vorherrschaft in Europa. Der Schauplatz allerdings war das Heilige Römische Reich Deutscher Nation, dessen Bewohner in einem zuvor nie gekannten Ausmaß unter dem Krieg litten. So wurden ganze Landstriche in Mitteleuropa verwüstet, Städte und Dörfer niedergebrannt. Bevölkerungsverluste von bis zu 60 Prozent waren keine Seltenheit.

Noch während der Kriegszüge versammelten sich seit 1643/44 Gesandte aus ganz Europa zum ersten Friedenskongress der europäischen Geschichte in Münster und Osnabrück. Nach jahrelangen Verhandlungen wurde das Friedenswerk am 24. Oktober 1648 unterzeichnet. Durch den *Westfälischen Frieden* festigten sich die Rollen Frankreichs und Schwedens, das seit 1630 gegen den Kaiser Krieg geführt hatte. Die beiden Länder verlangten und erhielten als Entschädigung für ihre Kriegskosten Gebiete im Reich. Zugleich wurden sie zu Garantiemächten des Friedens, nicht zuletzt um die eigenen Gewinne abzusichern.

Den deutschen Reichsständen wurde die Landeshoheit bestätigt, einschließlich des Rechts, Kriege zu erklären und Frieden zu vereinbaren. Sie waren frei, Bündnisse miteinander und mit fremden Staaten zu schließen, sofern sie sich nicht gegen Kaiser und Reich richteten. Der Kaiser brauchte bei Angelegenheiten des Reiches wie Kriegserklärungen und Friedensschlüssen die Zustimmung der Reichsstände.

Diese Bestimmungen sicherten die Existenz des Reiches und den Fortbestand einer Staatenvielfalt innerhalb Deutschlands bis 1806. Anders als in Spanien, England oder Frankreich bildete sich daher der moderne Staat im Reich auf der Ebene der Einzelterritorien aus.

Lesetipp
Martin H. Jung, Reformation und Konfessionelles Zeitalter (1517-1648), Göttingen 2012

Daneben bekräftigte die Friedensordnung von 1648 den Augsburger Religionsfrieden und dehnte ihn auf die Calvinisten aus. Die konfessionellen Besitzstände des Jahres 1624 waren wiederherzustellen. Alle religiösen Streitfragen sollte der Reichstag zwischen den getrennt beratenden katholischen und protestantischen sowie den calvinistischen Reichsständen entscheiden. Der Westfälische Frieden beendete zwar das Zeitalter der Glaubenskriege, nicht aber die Kirchenspaltung.

1. *Vergleichen Sie die Volks- und Fürstenreformation miteinander.*
2. *Entwickeln Sie ein treffendes Schaubild, in dem Sie die Auswirkungen der Reformation*
+ *sowohl im Reich und als auch in Europa darstellen.*

M1 „Wir wöllen frei sein“

Der Historiker Peter Blickle setzt sich im Zusammenhang mit dem Bauernkrieg von 1525 mit den Begriffen „Freiheit“ und „Leibeigenschaft“ auseinander:

Kein Herrschaftsrecht stand um 1500 unter einem dermaßen großen Legitimationsdruck wie das über den Leib, Leibeigenschaft genannt. Ihre Umkehrung hieß Freiheit. Auf allen gesellschaftlichen Ebenen, unter Bürgern und Bauern, Juristen und Theologen wurde sie diskutiert, auf allen politischen Ebenen wurde sie verhandelt, von der Dorfgemeindeversammlung bis hinauf in das erlauchteste ständische Gremium der Zeit, den Reichstag.

Als geprägter und inhaltlich scharf konturierter Begriff tritt Freiheit in den Zwölf Artikeln der oberschwäbischen Bauern von 1525 in Erscheinung, deren dritter ausdrücklich fordert, „das wir frei seien und wöllen sein“, und darunter die Aufhebung der Leibeigenschaft [...] versteht. Die Drucke der Zwölf Artikel in Augsburg und Breslau, Konstanz und Magdeburg, Nürnberg und Regensburg, Erfurt und Straßburg belegen die Durchschlagskraft der Freiheitsforderung bei den deutschen Bauern.

Radikalität und Prägnanz gewann der bäuerliche Freiheitsbegriff durch seine Verknüpfung mit dem Evangelium. „Zum dritten“, heißt es in den Zwölf Artikeln, „ist der Brauch bisher gewesen, das man uns für eigen Leüt gehalten hat, wölchs zuo Erbarmen ist, angesehen das uns Christus all mit seinem kostparlichen Bluotvergüssen erlößt und erkauft hat.“ Die Begründung der Freiheit mit dem Erlösertod Christi wird ergänzt durch die Hoffnung der Bauern, sie „seien auch on Zweifel, ir [die Herren] werdend uns der Eigenschaft als war und recht Christen geren entlassen oder uns im Evangeli des berichten, daz wirs seien“. Aus dem Evangelium ziehen die Bauern die dreifache Begründung der Freiheit mit dem Erlösertod Christi, der christlichen Nächstenliebe und der von Gott in die Welt gelegten Rechtsordnung des Naturrechts. Das war die Hermeneutik[1] der Betroffenen, die sich auf diese Weise das Evangelium erschloss. Sie wäre ohne die Reformation und ihren Rückgriff auf das Evangelium als alleiniger Norm für Theologie und Glauben schwer möglich gewesen. Nicht ohne Grund baten die Bauern die Reformatoren mittels eines gedruckten Aufrufs, der ausdrücklich Richterliste heißt, um Gutachten zu ihren Artikeln, also auch dem Leibeigenschaftsartikel.

Dass gerade Bauern das Problem der Unfreiheit gewissermaßen auf einen prinzipiellen theologischen, juristischen und ethischen Punkt brachten, war nicht selbstverständlich, denn neben ihnen gab es nicht wenige Bürger, namentlich in den landesherrlichen Städten, die nicht minder leibeigen waren als sie selbst. Aus zahlreichen württembergischen Amtsstädten liegen Urkunden vor, ausgestellt von Schultheiß, Richtern und Bürgern, in denen die Bürgerschaften versprechen, sich ihrem Grafen nicht zu „entfremden [...], weder mit unsern Leibern, Weiben, Kindern noch Guten“. Den Leib darf man nicht entfremden, das ist Leibeigenschaft. Württemberg war kein Sonderfall. Von den meisten Reichsstädten abgesehen, gehört die Freiheit nicht zu den Statusrechten von Bürgern. Noch im frühen 18. Jahrhundert waren die Bregenzer Leibeigene. Aber unbestreitbar war das Problem in der ländlichen Gesellschaft besonders drängend und dringend.

Peter Blickle, Der Bauernkrieg. Die Revolution des Gemeinen Mannes, München ³2006, S. 55 f. und 61 f.

▲ **Die „Zwölf Artikel“ der Bauern.**
Titelblatt eines Druckes aus Zwickau von 1525.
In den „Zwölf Artikeln“ fasste der Kürschner Sebastian Lotzer 1525 die Forderungen der aufständischen Bauern an die „weltlichen und geistlichen Obrigkeiten“ zusammen. Sie waren das Resultat wochenlanger Beratungen oberschwäbischer Bauern. Nach ihrer Veröffentlichung in Augsburg wurden die „Zwölf Artikel“ bald in einem Dutzend Städte vom Südwesten des Reiches bis nach Sachsen nachgedruckt und auf Messen und Jahrmärkten verbreitet.

1. *Geben Sie Blickles Freiheitsbegriff wieder.*
2. *Fassen Sie die mit der Leibeigenschaft verbundenen Pflichten und Beschränkungen zusammen. Welche Bevölkerungsgruppen waren betroffen?*
3. *Erklären Sie, warum die Leibeigenschaft um 1500 „unter einem dermaßen großen Legitimationsdruck“ (Zeile 1 f.) stand. Welche Rolle spielte dabei die Reformation?*
4. *Erläutern Sie die Ursachen der Erhebung von 1525. Ziehen Sie die „Zwölf Artikel“ der oberschwäbischen Bauern von 1525 hinzu (siehe den Code 32031-03) und analysieren Sie die Hauptforderungen. Wie werden diese begründet?*
5. *Welche Vorstellungen von „Freiheit“ werden in den „Zwölf Artikeln“ deutlich? Definieren Sie, wie die Bauern sie verstehen. Vergleichen Sie mit einer modernen Begriffsbestimmung.*

[1] **Hermeneutik** (von griech. *hermēneuein*: (Gedanken) ausdrücken, (etwas) interpretieren, übersetzen): in Antike und Mittelalter die Wissenschaft und Kunst der Auslegung von Kunst oder Texten; in der Neuzeit die Lehre der sachgerechten Interpretation

M2 Müntzer versus Luther

Im Juli 1524 verfasst Thomas Müntzer seine Schrift „Ausgedrückte Entblößung des falschen Glaubens". Darin heißt es u. a.:

Sie tun das dünne Zünglein hervor, mit zarter Weis sprechen sie: „Erforschet die Schrift, denn ihr wähnet, ihr lasset euch dünken, ihr wollet eure Seligkeit daselbst bekommen." Da werden denn die armen dürftigen Leut also hoch betrogen, dass es keine Zung genug erzählen kann. Mit allen Worten und Werken machen sie es ja also, dass der arme Mann nicht lesen lerne vor Bekümmernis der Nahrung. Und sie predigen unverschämt, der arme Mann solle sich von den Tyrannen lassen schinden und schaben. Wann wird er denn lernen die Schrift lesen? [...] Die Schriftgelehrten sollen schöne Bücher lesen, und der Bauer soll ihnen zuhören, denn der Glaub kommt durchs Gehör. Ach ja, da haben sie einen feinen Griff gefunden. [...]
Die ganze unsinnige fantastische Welt bringt hervor einen falschen glossierten[1] Weg und saget mit einem spitzen Zünglein: „Ei, man kann wohl das Evangelion predigen, Gott allein fürchten und auch die unvernünftigen Regenten in Ehren halten, wiewohl sie wider alle Billigkeit streben und Gottes Wort nit annehmen. Ach, um Gottes willen, man soll ihnen in allen Sachen, den guten Junkern, gehorsam sein." Ei, willkommen du Verteidiger der Gottlosen! Wie fein, fein muss das stehen, dass man solle löblich zween Herrn, die wider einander streben, dienen könnte, wie der Regenten Rat tun! [...]
So die heilige Kirch soll durch die bittre Wahrheit erneut werden, so muss ein gnadenreicher Knecht Gottes hervortreten im Geist Eliae[2], und muss alle Ding in den rechten Schwang bringen. Wahrlich, ihrer werden viel müssen erweckt werden, auf dass sie mit dem allerhöchsten Eifer durch brünstigen Ernst die Christenheit fegen von den gottlosen Regenten.

Luther schreibt in seiner Schrift „Wider die räuberischen und mörderischen Rotten der Bauern" vom Mai 1525:

Dreierlei gräuliche Sünden wider Gott und Menschen laden diese Bauern auf sich, daran sie den Tod verdient haben an Leib und Seele mannigfältiglich.
Zum ersten, dass sie ihrer Obrigkeit Treu und Huld geschworen haben, untertänig und gehorsam zu sein, wie solchs Gott gebeut, da er spricht: „Gebt dem Kaiser, was des Kaisers ist"; und [...] „Jedermann sei der Obrigkeit untertan" etc. Weil sie aber diesen Gehorsam brechen mutwilliglich und mit Frevel, und dazu sich wider ihre Herren setzen, haben sie damit verwirkt Leib und Seel, wie die treulosen, meineidigen, lügenhaften, ungehorsamen Buben und Bösewichte pflegen zu tun. [...]
Zum andern, dass sie Aufruhr anrichten, rauben und plündern mit Frevel Klöster und Schlösser, die nicht ihr sind, womit sie, als die öffentlichen Straßenräuber und Mörder, alleine wohl zwiefältig den Tod an Leib und Seele verschulden [...]. [...]
Zum dritten, dass sie solche schreckliche, gräuliche Sünde mit dem Evangelio decken, nennen sich christliche Brüder, nehmen Eid und Huld und zwingen die Leute, zu solchen Gräueln mit ihnen zu halten. [...]

Erster und zweiter Text nach: Fritz Dickmann (Bearb.), Geschichte in Quellen, Bd. 3: Renaissance, Glaubenskämpfe, Absolutismus, München ^{2}1976, S. 143 f. und S. 154

[1] **glossiert**: auf falscher Glossierung (Auslegung) der Schrift beruhend
[2] **Elijas**: biblischer Prophet

1. *Fassen Sie zusammen, was Müntzer kritisiert (Text 1).*
2. *Arbeiten Sie heraus, wie Müntzer das Vorgehen gegen die Regenten begründet (Text 1).*
3. *Erläutern Sie die von Luther genannten „dreierlei gräuliche[n] Sünden" (Text 2).*
4. + *Versetzen Sie sich mit Ihrem Sitznachbarn in die Rolle eines Anhängers von Müntzer bzw. Luther. Entwickeln Sie ausgehend von Text 1 und 2 einen Dialog darüber, ob die Bauern gegen die Obrigkeit vorgehen dürfen.*

M3 Aus einem Geschichtsschulbuch

In einem Schulbuch der DDR für die 7. Klasse heißt es:

Nie zuvor hatte es in Deutschland eine so breite revolutionäre Bewegung gegeben. Doch die Aufständischen waren zu zersplittert, um gegen die militärische Macht der Feudalherren den Sieg zu erringen zu können. Sie waren durch die reformatorischen Losungen geeint. Sie waren aber uneins in Bezug auf die Mittel des Kampfes. Sie waren unterschiedlich in der sozialen Zusammensetzung und in den Zielen. Sie kämpften in den verschiedenen Gegenden isoliert voneinander zu unterschiedlichen Zeiten. Sie waren oftmals zu vertrauensselig gegenüber den Herren. Sie erhielten ungenügende Unterstützung der Städte, und auch viele von denen, die die Reformation begonnen hatten, stellten sich gegen sie.

Geschichte. Lehrbuch für Klasse 7, Berlin 1989, S. 46

\+ *Vergleichen Sie M3 mit der Darstellung „Ursachen und Folgen der Niederlage" auf Seite 68.*

M4 Die Religion wird überwacht

Der neue Kurfürst der Pfalz, Ottheinrich (1502-1559, Kurfürst von 1556 bis 1559), beginnt sofort nach seinem Amtsantritt, eine evangelische Kirchenordnung im pfälzischen Territorium (Oberrhein, Oberpfalz) durchzusetzen. Dazu führen seine Amtsträger 1556 eine Visitation aller Gemeinden durch, um eine Bestandsaufnahme des kirchlichen Lebens vorzunehmen und es nachfolgend zu verbessern. Derartige Visitationen finden seit Mitte des 16. Jahrhunderts in katholischen wie evangelischen Territorien statt. Abschließend fassen die pfälzischen Visitatoren ihre Beobachtungen zusammen:

Die gewöhnlichen Mängel und Fehler aber sind zweierlei – etliche betreffen die Kirchen und Gemeindemitglieder, etliche die Pfarrer und Kirchendiener. Bei den Kirchen und der Gemeinde ist das zum Ersten der seltene und liederliche Kirchgang. Die Leute gehen gar nicht oder doch verspätet in die Kirche, um die Predigt zu hören. Zum anderen ist die Verachtung und Geringschätzung des heiligen Sakraments ein Mangel [...]. Zum Dritten ist ein Mangel, dass außer an wenigen Orten kein Katechismus gehalten wurde. Und selbst wenn von etlichen Pfarrern bereits damit begonnen wurde, mussten sie doch wieder aufhören, weil weder Alt noch Jung zu solcher Predigt und solchem Unterricht in die Kirchen gekommen sind. [Viertens würden nach der Sakramentsspendung keine Almosen aufgebracht. Die Baugefälle für die Kirchen würden zweckentfremdet. ...] Zum Sechsten sind noch immer in vielen Kirchen allerlei abgöttische Bilder, Altartafeln, Kreuzfahnen und andere papistische[1] Zeremonien üblich, an denen das gewöhnliche Volk hängt und damit abergläubische Praktiken betreibt. [Siebtens verfaulten Messgewänder und anderes Tuch. Die Visitatoren empfehlen, dass der Kurfürst ein gedrucktes Mandat erlassen sollte, das auf Abstellung der Missbräuche dringe; der Bericht gibt Hinweise, was dieses Mandat zu berücksichtigen habe. Abschließend werden die bei den Pfarrern und Kirchendienern beobachteten Fehler und Mängel angesprochen:] Fürs Erste sind die alten Pfarrer, die zum Großteil katholisch aufgezogen wurden, nichts anderes gewohnt – und haben es auch gelernt – als das Verlesen der Messe. Und jetzt wird ihnen sauer zumute wie alten Weinschläuchen, da es ihnen schwer fallen mag, den neuen Most der evangelischen Lehre zu fassen. Die Jungen haben aber auf keiner rechtschaffenen Universität studiert, sondern allein in den Partikularschulen [...] [Zweitens wird auf die schlechte Besoldung der Pfarrer hingewiesen, die sich so sehr um ihren Lebensunterhalt bemühen müssten, dass sie keine Zeit hätten, zu studieren und ihren seelsorgerlichen Aufgaben nachzukommen. Die Gemeindemitglieder würden ungern geben, die Pfarrer seien unzufrieden und ließen sich „geizige Pfaffen" schelten. Die meisten kämen – drittens – auf nicht mehr als 40-50 Gulden im Jahr[2], was nicht zur Haushaltsführung ausreiche, geschweige denn dazu, Kleider und Bücher zu kaufen. Dabei seien die Kirchen der Pfalz nicht arm.]

Bernd Roeck, Deutsche Geschichte in Quellen und Darstellung, Bd. 4: Gegenreformation und Dreißigjähriger Krieg, 1555-1648, Stuttgart 1996, S. 37-39 (außerhalb der Klammern Übertragung: Maximilian Lanzinner)

[1] **papistisch**: hier abwertend für katholisch

[2] Zum Vergleich: Ein Tagelöhner kam auf 30 Gulden im Jahr.

1. *Arbeiten Sie die Ziele der Visitatoren heraus, die sich aus ihrem Mängelbericht ableiten lassen.*
2. *Charakterisieren Sie den Zustand des kirchlichen Lebens, wie ihn der Bericht zusammenfassend beschreibt.*
3. *Der Kurfürst veranlasste die Visitation, die von weltlichen und kirchlichen Amtsträgern durchgeführt wurde. Erläutern Sie, warum die weltliche Macht die Kontrolle über das kirchliche Leben anstrebte.*

M5 Auswirkungen der Reformation auf die Frauen

In einer Fachpublikation von 2011 heißt es:

Für die neuere Forschung ist [...] die Frage wichtig geworden, ob sich denn mit der Reformation tatsächlich die Rolle der Frau in Familie, Kirche und Gesellschaft veränderte. Dabei richtet sich der Blick besonders auf Luthers Eheverständnis. Getragen von der Überzeugung, dass vor Gott alle Menschen gleich seien, gehörte eine gewisse Partnerschaftlichkeit zwischen Mann und Frau zu den neuen Wesensmerkmalen des verheirateten Paares. Die Ehefrauen der großen Reformatoren, Katharina von Bora, Katharina Melanchthon (1497-1557), Anna Zwingli (1484-1538) oder Idelette Calvin (1507-1549), verkörperten diesen neuen Typus der „besseren Lebensgefährtin" (Calvin). Aufgewertet wurde aber nicht nur ihre Rolle als Ehefrau, sondern auch als Haushaltsmanagerin und Mutter. Damit rückten das alltägliche Familienleben, die Geburt und Erziehung von Kindern stärker in den Horizont der Reformatoren. Seelsorge an schwangeren und gebärenden Frauen wurde beispielsweise ein neues Thema, mit Trostschriften für schwangere und gebärende Frauen oder Leichenpredigten für Kinder. Auch die Stellung der Hebamme wurde durch die Reformation aufgewertet, denn in den neuen reformatorischen Kirchenordnungen erhielt der Pfarrer eine Art mentale und wirtschaftliche Fürsorgepflicht für die Hebammen. Ob all diese stärkere Diesseitigkeit allerdings zu mehr Gleichberechtigung der Frau führte, ist umstritten. Es gibt die Forscher und Forscherinnen, die meinen, die evangelische Ehe habe die Frau aufgewertet, weil nun Partnerschaftlichkeit das Verhältnis zwischen dem Ehepaar begründete und so der Frau neue Freiräume ermöglicht wurden. Durch die hervorgehobene Rolle der Frau als Hausfrau und Mutter sei darüber hinaus ihre soziale Position gestärkt und ihre wirtschaftliche Sicherheit gewährleistet worden. Darin allerdings sieht die Gegenseite eine erneute patriarchalische Unterordnung der Frau. Sie betont außerdem, dass gerade durch das reformatorische Eheideal alternative Lebenswege für Frauen nicht mehr möglich waren. Denn das gemeinsame Leben von Frauen im Kloster, das Ideal der Jungfräulichkeit, aber auch die besondere weibliche Spiritualität, wie sie beispielsweise im Marienkult verkörpert wurde, waren nun für die evangelische Frau keine Option mehr.

Katharina Kunter, 500 Jahre Protestantismus. Eine Reise von den Anfängen bis in die Gegenwart, Berlin 2011, S. 46 und 48 f.

1. ➕ *Arbeiten Sie aus dem Text heraus, inwiefern sich mit der Reformation die Rolle der Frau wandelte. Fertigen Sie dazu eine Tabelle mit den Oberbegriffen „Familie", „Kirche" und „Gesellschaft" an und ordnen Sie Ihre Ergebnisse stichpunktartig den Begriffen zu.*
2. ➕ *Wählen Sie eine der nachstehend genannten Frauengestalten der Reformationszeit aus und recherchieren Sie über deren Leben und Wirken in Fachbüchern und/oder dem Internet. Stellen Sie anschließend Ihre Ergebnisse in Form eines Kurzreferates vor.*
   a) Argula von Grumbach
   b) Katharina Zell
   c) Ursula Weyda
   d) Katharina von Bora
3. *Überprüfen Sie, ob der im Text angesprochene Wandel der Rolle der Frau einen Modernisierungsprozess im Sinne Wehlers (siehe Seite 107 f.) darstellt.*

M6 Die Bartholomäusnacht

Das nach 1572 entstandene Ölgemälde „Le Massacre de la Saint-Barthélemy" (94 x 154 cm) stammt von dem in Paris lebenden Künstler François Dubois.

Filmtipp
Die Bartholomäusnacht; Frankreich/Italien/Deutschland 1994, Regie: Patrice Chéreau (Historienfilm)

1. *Charakterisieren Sie die im Gemälde dargestellten Personen(gruppen) und deren Beziehungen zueinander.*
2. ➕ *Informieren Sie sich im Internet und/oder in Fachbüchern über Vorgeschichte, Verlauf und Folgen der „Bartholomäusnacht". Fassen Sie Ihre Ergebnisse in Form einer Tabelle zusammen.*
3. ➕ *Vergleichen Sie Ihre Ergebnisse über die „Bartholomäusnacht" (Aufgabe 2) mit dem Gemälde. Inwieweit kann hier von einer realistischen Darstellung gesprochen werden?*

M7 Ein König wird abgesetzt

Die aufständischen Provinzen und Städte der nördlichen Niederlande schließen sich 1579 zur Union von Utrecht zusammen. Sie beauftragen 1581 eine Kommission von Juristen, einen Text zur Absetzung König Philipps II. auszuarbeiten. Dieser wird in Form eines öffentlichen Anschlages am 26. Juli 1581 bekannt gemacht. Das bedeutende Dokument der europäischen Verfassungsgeschichte begründet das moderne Widerstandsrecht:

Ein Volk ist nicht wegen des Fürsten, sondern ein Fürst um des Volkes willen geschaffen; denn ohne das Volk wäre er ja kein Fürst. Er ist dazu da, dass er seine Untertanen nach Recht und Billigkeit regiere und sie liebe wie ein Vater seine Kinder, dass er treu walte, wie ein Hirt über seine Herde. Behandelt er sie aber nicht so, sondern bloß wie Sklaven, dann hört er auf, ein Fürst zu sein, und ist ein Tyrann. Die Untertanen aber haben das Recht, nach gesetzlichem Beschluss ihrer Vertreter, der Stände, wenn kein anderes Mittel mehr übrig ist und sie durch keine Vorstellung ihrer Not irgendwelche Versicherung der Freiheit für Leib und Gut, für Weib und Kind von dem Tyrannen erlangen können, diesen zu verlassen. Unter dem Vorwand der Religion hat der König von Spanien eine Tyrannei einzurichten versucht und, ohne auf irgendeine Vorstellung des Landes zu achten, dessen Privilegien verletzt, den Eid gebrochen, den er auf deren Erhaltung geschworen. Und so erklären wir denn jetzt den König von Spanien verlustig jedes Anspruchs auf die Herrschaft in den Niederlanden; wir entbinden hiermit alle Amtsleute, Obrigkeiten, Herren, Vasallen und Einwohner von dem einst dem König von Spanien geleisteten Eid des Gehorsams und der Treue und befehlen allen Beamten, fortan den Namen, die Titel und die Siegel des Königs von Spanien nicht mehr zu gebrauchen und einen neuen Eid abzulegen, des Inhalts, uns treu zu sein gegen den König von Spanien und alle seine Anhänger.

Nach: Gottfried Guggenbühl, Quellen zur Geschichte der neueren Zeit, Zürich ^{4}1976, S. 135 f.

1. *Erklären Sie den Begriff „Stände". Inwiefern repräsentieren sie die Bevölkerung?*
2. *Arbeiten Sie heraus, wie im Text Tyrannei definiert wird. Welche Rolle spielte im Fall des Königs von Spanien die Religion?*
3. *Nehmen Sie Stellung zur Begründung des Widerstandsrechts. Inwieweit ist sie nachvollziehbar, inwieweit problematisch?*

M8 Glaubenslehren brauchen Medien

Der Orden der Jesuiten (Gesellschaft Jesu) treibt wie keine andere Einrichtung der katholischen Kirche seit der zweiten Hälfte des 16. Jahrhunderts die kirchliche Erneuerung voran. Ignatius von Loyola (1491 - 1556), ihr Ordensgründer, unterweist in einem Schreiben vom 13. August 1554 den deutschen Ordensprovinzial Petrus Canisius, wie er den Menschen den katholischen Glauben nahe bringen und damit die Lehren der „Neuerer" abwehren kann:

Angesichts des Fortschritts, den die Neuerer in so kurzer Zeit machen – verbreitet sich doch das Gift ihrer schlimmen Lehre bereits über große Völker und Länder, und noch immer sind sie im Vordringen [...]. Die Neuerer verstehen es, ihre falsche Lehre mundgerecht zu machen und dem Fassungsvermögen der Masse anzupassen, indem sie ihre Lehre vor der Menge und in den Schulen verkünden und zugleich kurze Broschüren unter das Volk werfen, die von vielen verstanden und gekauft werden können. Durch ihre Schriften verschaffen sie sich auch da Zugang, wo ihre Agenten nicht selber hingelangen können, und bei der Nachlässigkeit der berufenen Wächter, bei dem schlechten Beispiel und der Unwissenheit der Katholiken, hauptsächlich der Geistlichen, haben sie im Weinberg des Herrn einen wahren Jammer der Verwüstung angerichtet. Demgemäß will uns bedünken, dass die Gesellschaft sich besonders mit den folgenden Mitteln auf den Kampfplatz werfen und gegen die Schäden angehen solle, die der Kirche von jener Seite zugefügt werden: [...] Die Hauptsätze der Theologie ließen sich, nach Art eines kurzen Katechismus zusammengestellt, den Kindern und dem ungebildeten Volke lehren, wie man jetzt Christenlehre gibt [...]. Für die höheren Klassen, vor allem die Prima, und für die philosophischen und theologischen Hörer wäre außerhalb der gewöhnlichen Stunden jener apologetische[1] Kurs vorzutragen, damit alle, die einigermaßen dafür reif sind, mit den Gemeinplätzen vertraut werden. [...] Zu diesem Kurs wären die einheimischen Priester und die Schüler der höheren Klassen zuzulassen, überhaupt alle, die Lust hätten. Und mit ihrer Mitarbeit ließe sich verhältnismäßig schnell das Gegengift gegen die Häresie[2] über viele Orte verbreiten; denn die Vorlesung, die sie hören, und das Buch, das sie in der Hand haben, befähigen die Hörer, ihrerseits dem Volke zu predigen und in den katholischen Schulen zu unterrichten.
Da ferner die Neuerer häufig Broschüren und Flugschriften verbreiten, durch die sie der Katholiken und besonders unser,

[1] **apologetisch**: verteidigend (gemeint: die Grundsätze der katholischen Kirche verteidigend)
[2] **Häresie**: Ketzerei

der Jesuiten, Ansehen zu untergraben und einige falsche Glaubenslehren auszustreuen suchen, scheint es zweckmäßig, dass auch die Unsrigen zur Abwehr einige Verteidigungsschriften oder Traktate herausgeben, und zwar gut und kurz geschriebene, damit sie schnell zur Stelle sind und von vielen gekauft werden können.

Nach: Albrecht P. Luttenberger, Katholische Reform und Konfessionalisierung, ausgewählte Quellen zur deutschen Geschichte der Neuzeit, Bd. 17, Darmstadt 2006, S. 295-297

1. *Erläutern Sie, in welcher Lage der katholischen Kirche Ignatius von Loyola seine Unterweisung vorbringt.*
2. *Arbeiten Sie die Ziele, die der Jesuitenorden verfolgt, aus dem Text heraus.*
3. *Charakterisieren Sie die medialen und sprachlichen Formen, die Ignatius von Loyola für sinnvoll hält.*
4. *Recherchieren Sie im Internet und/oder in Fachbüchern über die Aufgaben bzw. Tätigkeiten des Jesuitenordens. Tragen Sie Ihre Ergebnisse in Form einer Mindmap zusammen.*

M9 Der Augsburger Religionsfrieden

Die Historikerin Luise Schorn-Schütte schreibt 1996 über die Beschlüsse des Augsburger Religionsfriedens:

Das wichtigste Ergebnis des Friedensschlusses war die im Reichsrecht festgeschriebene Anerkennung des evangelischen Bekenntnisses und seiner Kirchenorganisation. Zwei Konfessionen standen seitdem unter dem Schutz des Landfriedens. Mit diesem Ergebnis von 1555 war der Abschluss der Reformation als Bewegung erreicht. Sein Kompromisscharakter zeigte sich in verschiedenen Aspekten. Zum ersten war der Friedensschluss kein Ende der Glaubenskämpfe. Diese wurden weitergeführt; der andere Wahrheiten ausschließende Absolutheitsanspruch beider Konfessionen verstärkte sich sogar noch in den Jahren nach 1555. Die Wege der Auseinandersetzungen aber sollten friedlicher Natur sein; der Rechtsweg blieb ausdrücklich offen. [...]
Zum zweiten erstreckte sich der Frieden lediglich auf zwei Konfessionen: Die Zwinglianer wurden ausdrücklich ausgeschlossen. Insofern war der Weg zur religiösen Neutralität weltlicher Herrschaft noch recht weit [...].
Das Recht der Bekenntniswahl zum dritten wurde nur den weltlichen Reichsständen, nicht den Individuen zugesichert. Der ausdrücklich aufgenommene Vorbehalt, wonach geistliche Reichsstände (also z.B. Bischöfe) nur zum Protestantismus übergehen konnten, wenn sie alle ihre geistlichen und weltlichen Herrschaftsrechte aufgäben, beschränkte faktisch die freie Bekenntniswahl. Nur in den konfessionell gemischten Reichsständen blieb die Bikonfessionalität gewahrt. Jeden Einzelnen stand allerdings das Recht auf Auswanderung zu (beneficium emigrandi).
Die Regelung, die politisch die weitreichendsten Folgen hatte, zum vierten, war das Recht der weltlichen Reichsstände zur Festlegung des Bekenntnisses auch für ihre Untertanen (ius reformandi). *Cuius regio eius religio*[1], so lautete die durch die Reichsjuristen geprägte Formel. Bemerkenswert ist vor allem, dass die auf Reichsebene durch den Religionsfrieden erreichte konfessionelle Gleichrangigkeit (Parität) auf der Ebene der Territorien geradezu verhindert wurde: Hier galt die konfessionelle Geschlossenheit, deren Durchsetzung zu einem wesentlichen Teil der Politik der Herrschaftszentrierung wurde. Insofern hat der Augsburger Religionsfrieden dazu beigetragen, die mit und durch die Reformation intensivierte Diskussion um die Form der Herrschaft im Reich zu beenden: Weder das bündische Modell eines ständisch dominierten Reiches, noch das durch monarchische Herrschaftszentrierung beim Kaiser geprägte Modell setzte sich durch. Es waren die Territorien, die Landesherrschaften also, die den deutschen Weg in der Neuzeit prägten. Diese regionale Vielfalt blieb das Signum auch des deutschen Protestantismus.

Luise Schorn-Schütte, Die Reformation. Vorgeschichte, Verlauf, Wirkung, München [5]2011, S. 88-90

1. *Fassen Sie die Folgen des Augsburger Religionsfriedens nach Luise Schorn-Schütte in eigenen Worten zusammen.*
2. *Die Historikerin beschreibt den Augsburger Religionsfrieden als „Religionskompromiss im Reich". Erläutern Sie diese Aussage anhand des Textes.*
3. *Beurteilen Sie, ob der Augsburger Religionsfrieden als „Abschluss der Reformation" (Zeile 5 f.) bezeichnet werden kann.*
4. *Erörtern Sie ausgehend von den letzten beiden Sätzen des Textes (Zeile 44 bis 47), ob die Reformation ein Hemmnis auf Deutschlands Weg zu einem Nationalstaat darstellte.*

[1] **cuius regio, eius religio** (dt.: „wessen das Land, dessen die Religion"): Diese Formel wurde vom Greifswalder Juristen Joachim Stephani 1612 geprägt.

Exkurs: Konfessionelle Änderungen in Niedersachsen

Die Reformation in Niedersachsen Auf dem Gebiet des heutigen Niedersachsen gab es zur Zeit der Reformation viele Fürstentümer, Bistümer und Einzelherrschaften. Bis Ende des 16. Jahrhunderts waren diese weitgehend protestantisch. Nur einige Gebiete blieben katholisch oder wurden es später wieder. In Ostfriesland breitete sich der Calvinismus aus, was nicht zuletzt an der Nähe zu den calvinistisch geprägten Niederlanden lag (▸ M1).

Die großen Städte Niedersachsens führten eigenständig die Reformation durch. Dort waren es vor allem die unteren Volksschichten, die die lutherische Lehre durchsetzten. Den neuen Kirchenliedern Luthers kam dabei eine besondere Bedeutung zu (▸ M2). Die Einführung der Reformation lief allerdings nicht überall lautlos ab. In Lüneburg, Göttingen und Hannover war sie von Auseinandersetzungen zwischen dem Rat und der Gemeinde begleitet (▸ M3).

In den kleineren Städten und auf dem Land war die Haltung des Fürsten ausschlaggebend, ob sich für oder gegen die Reformation entschieden wurde. Für die Landesherren spielten politische Interessen eine nicht unwesentliche Rolle. Mit der Einführung der Reformation verband sich nämlich für sie ein deutlicher Machtzuwachs. So standen sie nun der Landeskirche als oberster Kirchenherr vor. Proteste bei ihren Untertanen blieben aus, dagegen regte sich bei den niedersächsischen Frauenklöstern Widerstand (▸ M4).

▲ **Elisabeth von Braunschweig-Lüneburg.**
Ölgemälde, um 1530 (Ausschnitt).
Siehe den Code 32031-04.

Fürstenreformation: das Beispiel Calenberg-Göttingen Im Fürstentum Calenberg-Göttingen regierte seit 1495 der katholische Herzog *Erich I. von Braunschweig-Lüneburg* mit seiner Gemahlin *Elisabeth*, die 1538 öffentlich zur lutherischen Konfession übertrat. Während sich Erich I. an der Reichspolitik beteiligte und Kaiser Karl V. gegen die protestantischen Fürsten unterstützte, verwaltete Elisabeth das Land, verfasste christliche Lieder und Gebete.

Als der Herzog 1540 starb, übernahm Elisabeth die Regierungsgeschäfte für ihren minderjährigen Sohn *Erich II.* und ordnete 1542 an, die Reformation im Fürstentum einzuführen. Auf Anraten Martin Luthers, mit dem sie Briefe wechselte, berief sie den hessischen Reformator *Antonius Corvinus*. Er organisierte die Reformation und verfasste eine lutherische Kirchenordnung.

Bei der Auflösung der Klöster ging Elisabeth behutsam vor. Die ehemaligen Nonnen ließ sie dort weiter wohnen und beanspruchte nicht wie andere Fürsten die Einnahmen und Schätze der Klöster. Sie übertrug sie einem Klosterfonds mit dem Zweck, damit „gute Werke zu tun".

1546 übernahm Erich die Regierung, verließ aber bald darauf das Fürstentum, um einer Einladung Kaiser Karls V. nach Regensburg zu folgen. Der ernannte ihn zum kaiserlichen Obersten. Erich kämpfte nun gegen die protestantischen Fürsten und trat 1547 zum katholischen Glauben über. Sein Versuch, das Fürstentum Calenberg-Göttingen zu rekatholisieren, scheiterte allerdings am Widerstand des Adels und der Städte. Schließlich ließ er den lutherischen Gottesdienst wieder zu und bestätigte 1555 die Kirchenordnung von 1542. Dass sein Fürstentum evangelisch blieb, lag an den weiteren Bemühungen seiner Mutter Elisabeth. Sie sorgte sich um das Territorium, während ihr Sohn als Heerführer in Frankreich und Italien kämpfte.

Charakterisieren Sie, wie sich der konfessionelle Wandel in Niedersachsen im 16. Jahrhundert vollzog.

▲ **Antonius Corvinus.**
Zeitgenössischer Holzschnitt. Die meisten der in Niedersachsen tätigen Reformatoren stammten aus anderen Teilen des Reiches und wurden von den Städten oder den Landesherren berufen. Darunter sind zu nennen: Johannes a Lasco, Hermann Bonnus, Johannes Bugenhagen, Antonius Corvinus und Urbanus Rhegius.

- *Wählen Sie einen der genannten Reformatoren aus. Recherchieren Sie im Internet und/oder in Fachbüchern über sein Wirken in Niedersachsen. Stellen Sie anschließend die Persönlichkeit in einem Kurzreferat vor.*

M1 Konfessionen in Niedersachsen Ende des 16. Jahrhunderts

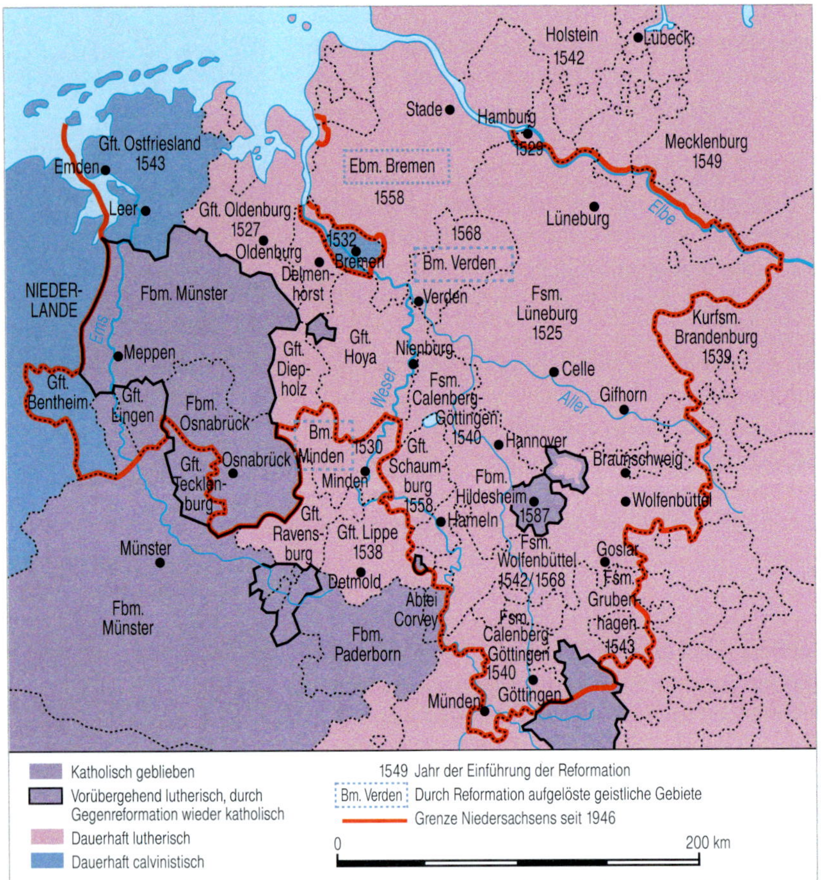

1. *Arbeiten Sie aus der Karte heraus, welche Konfessionen wie stark in Niedersachsen Ende des 16. Jahrhunderts vertreten waren. Berücksichtigen Sie dabei auch die territoriale Verteilung.*
2. *Informieren Sie sich über die Reformation in Ihrer Region:*
   a) Wann fand sie statt?
   b) Welche Rolle spielten Landesherr oder Stadträte dabei?
   c) Welche Reformatoren waren in Ihrer Region tätig? Was leisteten sie?
   Verfassen Sie auf der Grundlage Ihrer Ergebnisse einen Aufsatz zu dem Thema.

M2 Zur Rolle der Kirchenlieder

Der aus Niedersachsen stammende Historiker Ernst Schubert (1941-2006) schreibt 1997:

Markanter als in anderen deutschen Landen zeigt sich in den niedersächsischen Städten, welche Bedeutung Luthers Lieder für die Durchsetzung seiner Lehre hatten. Mit diesen Liedern störten in Göttingen die Wollwebergesellen 1529 die vom Rat veranlasste Prozession, provozierten damit den Auflauf, der zur erregten Auseinandersetzung über die Berechtigung der neuen Lehre führte. Den Versuch, die Macht der Alten Kirche durch einen herkömmlichen Gottesdienst noch einmal zu demonstrieren, unterband die Braunschweiger Gemeinde, indem sie sang: „Oh Gott im Himmel, sieh darein und lass Dich des erbarmen“. Die Gemeinde hatte kein Gesangbuch, die neuen Lieder lebten in ihr; allen waren sie bekannt. Nicht etwa Luthers große Bekenntnisschriften, sondern seine Lieder öffneten der neuen Lehre den Weg nach Niedersachsen. Das Singen lutherischer Lieder war im Grunde eine Fortsetzung dessen, was die Laien mit Wallfahrten und Prozessionen in früherer Zeit gewollt hatten: aktive Teilhabe am Gottesdienst. An den Sinn nur von Klerikern verantworteter Zeremonien wurde jetzt nicht mehr geglaubt.

Ernst Schubert, Die Reformation und ihre Folgen, in: Bernd Ulrich Hucker, Ernst Schubert und Bernd Weisbrod (Hrsg.), Niedersächsische Geschichte, Göttingen 1997, S. 274-280, hier S. 276 f.

1. *Arbeiten Sie die Bedeutung der Kirchenlieder für die Durchsetzung der Reformation in den niedersächsischen Städten nach Schubert heraus.*
2. *Erklären Sie die Aussagen in Zeile 15 bis 18.*

M3 Stadtreformation

Der Historiker Carl-Hans Hauptmeyer äußert sich im Jahre 2009 in seiner Geschichte Niedersachsens über die Einführung der Reformation in Hannover:

Die weitgehend autonome Stadt stand in gutem Einvernehmen mit dem welfischen Landesherrn, der wiederum die Beziehungen zu Kaiser und Reich pflegte. Die meisten Zünfte waren allerdings nicht im Rat vertreten, in dem eine kleine Gruppe wohlhabender Handelsbürger die Macht in der Hand hielt. Da die Wirtschaftslage günstig war, kamen immer mehr Handwerker und Händler aus den nicht ratsbeteiligten Gilden zu Vermögen. Da bot die evangelische Bewegung eine Chance, das verkrustete Herrschaftssystem aufzubrechen. Die Lutheranhänger forderten ab 1524 eine Kirchenreform und stellten Beschwerden über wirtschaftliche Missstände zusammen. Zaghafte Zugeständnisse des Rates berührten nicht die Religionsfrage. Dies führte dazu, dass ein Teil der Bürgerschaft die städtische Tradition des Schwurverbandes wiederaufgriff. Am 26. Juni schwor eine Versammlung von Bürgern auf dem hannoverschen Marktplatz, zu Martin Luthers Wort zusammenzustehen: Reformation „von unten". Der Rat floh in das altgläubige Hildesheim. Daraufhin ließ der Landesherr die Zufahrtsstraßen sperren. Hunger und Anarchie machten sich breit. Benachbarte Städte, in denen die Reformation ebenfalls Fuß fasste, schalteten sich ein und erreichten im Juli 1534 schließlich einen Ausgleich, der die Reformation sicherte, die einstige Führungsgruppe aber dauerhaft entmachtete. Der neue Rat erweiterte in der Kirchenordnung von 1536 die bereits traditionellen Möglichkeiten der weltlichen Einflussnahme auf kirchliche Angelegenheiten in der Stadt. Die klösterlichen Konvente wurden aufgelöst, eine Disziplinargerichtsbarkeit für den Klerus eingerichtet, Eheangelegenheiten dem Rat unterstellt und die Pfründenvermögen eingezogen. Das Abendmahl wurde in beiderlei Gestalt gereicht und die Predigt in deutscher Sprache gehalten.

Carl-Hans Hauptmeyer, Geschichte Niedersachsens, München 2009, S. 53

1. *Fassen Sie stichpunktartig zusammen, wie die Einführung der Reformation in Hannover verlief.*
2. *Weisen Sie anhand der Quelle Parallelen zwischen den spätmittelalterlichen Bürgerkämpfen und der Einführung der Reformation nach.*

M4 Widerstand gegen die Reformation?

Über die Frauenklöster während der Reformationszeit heißt es bei Ernst Schubert:

Entschlossener Widerstand wurde am sichtbarsten in vielen Frauenklöstern geleistet, während die Mönche, mit Pensionen oder Schreiberstellen versorgt, sich eilig mit den neuen Verhältnissen abfanden. Im Lüneburger Fürstentum zum Beispiel fügte sich das altadlige Benediktinerkloster St. Michael ziemlich schnell den Wünschen des Landesherrn, Ernst des Bekenners. Anders die Frauenklöster im Fürstentum. Alle Bemühungen Herzog Ernsts, mit eigens abgesandten lutherischen Predigern die Nonnen von der neuen Lehre zu überzeugen, begegneten hartem kollektivem Widerstand. In Lüne zogen bei einer protestantischen Predigt die Nonnen die ältesten Filzlatschen an, „dass es in der Kirche so grausam übel stank, dass der Prediger mit allem Volk daraus gehen mussten". In Medingen wurde Luthers Bibelübersetzung, vom Fürsten übersandt, ins Feuer geworfen. Der Fürst persönlich musste eingreifen, musste Visitationen vornehmen, bei denen die Nonnen in hartnäckigem Widerstand verharrten, der selbst nach einem Jahrzehnt noch nicht gebrochen war. Auch in anderen Teilen Niedersachsens waren es die Frauenklöster, die sich der Reformation massiv widersetzten.

Ernst Schubert, a.a.O., hier S. 278

- *Erklären Sie, warum gerade Frauenklöster Widerstand gegen die Einführung der Reformation leisteten.*

1.2 Die Französische Revolution und ihre Wirkung

◂ **Die drei Stände schmieden die Verfassung.**
Kolorierter Kupferstich (18,1 x 18,6 cm), 1789/90.
Die Bildszene wurde vom Künstler mit folgenden Zeilen versehen: „Rasch, rasch, rasch! Schmiedet das Eisen heiß! Rasch, rasch, rasch! Nur guten Mut, man muss beherzt zu Werke gehen."

- *Interpretieren Sie Zeichnung und Text. Ordnen Sie vorab den Personen bestimmte Stände und Funktionen zu.*

Das Ancien Régime in der Krise	**1787/88**	Steuer- und Finanzreformen scheitern am Einspruch des Adels und des Klerus.
	1788	Im Sommer verschärfen Missernten die Wirtschaftskrise. Der Staatsrat beschließt, die Generalstände (*Etats généraux*) für den 1. Mai 1789 einzuberufen.
Die Revolution beginnt	**Feb.-Mai 1789**	Brotunruhen; überall werden Beschwerdehefte (*Cahiers de doléances*) verfasst.
	5.5.1789	Ludwig XVI. eröffnet die Generalstände in Versailles.
	17.6.1789	Der Dritte Stand erklärt sich zur Nationalversammlung (*Assemblée nationale*).
	14.7.1789	In Paris wird die Bastille gestürmt.
	Juli/Aug. 1789	Die „Große Furcht" („*Grande peur*") führt zu Bauernaufständen.
Konstitutionelle Monarchie	**4.8.1789**	„Augustbeschlüsse" der Nationalversammlung; die feudalen Privilegien und Rechte sollen abgeschafft werden.
	26.8.1789	Die Menschen- und Bürgerrechte werden verkündet.
	5./6.10.1789	Protestmarsch der Pariser Frauen nach Versailles; der königliche Hof und die Nationalversammlung werden nach Paris verlegt.
	3.9.1791	Frankreich wird konstitutionelle Monarchie.
	20.4.1792	Frankreich erklärt Österreich und Preußen den Krieg: Der Erste Koalitionskrieg beginnt.
	Juli/Aug. 1792	Österreich und Preußen bedrohen Frankreich; das Königtum wird vorübergehend aufgehoben und Ludwig XVI. mit seiner Familie gefangengesetzt.
	2.-6.9.1792	In Paris werden die Gefängnisse gestürmt und zahllose Häftlinge ermordet.
Republik und „Schreckens-herrschaft"	**21.9.1792**	Die Monarchie wird abgeschafft und die Republik errichtet.
	21.10.1792	Französische Truppen marschieren in Mainz ein.
	21.1.1793	Ludwig XVI. wird wegen Landesverrat verurteilt und hingerichtet.
	17.9.1793	„Gesetz über die Verdächtigen": Höhepunkt der „Schreckensherrschaft" („*La Terreur*").
	27.7.1794	Robespierre und seine Anhänger werden gestürzt und hingerichtet.
Das „amtliche Ende" der Revolution	**20.-23.5.1795**	Die Sansculotten demonstrieren für „Brot und die Verfassung von 1793"; ihr Aufstand wird niedergeschlagen.
	22.8.1795	Die „Direktorialverfassung" wird verkündet.
	9./10.11.1799	Staatsstreich Napoleons; er erklärt die Revolution für beendet.

Soziale und wirtschaftliche Problem, zerrüttete Staatsfinanzen, neue staatstheoretische Ideen der Aufklärer, nicht mehr akzeptierte Vorrechte des Adels und des Klerus, mangelnde politische Mitbestimmungsrechte des *Dritten Standes* sowie ein entscheidungsschwacher Monarch trugen 1789 zum Ausbruch der Französischen Revolution bei. Welche von den genannten Faktoren ausschlaggebend dafür waren, ist bis heute umstritten. Unbestritten ist inzwischen die Bedeutung der Revolution für die französische Nation sowie für die Weltgeschichte.

In ihrem Verlauf wurden die *Menschen- und Bürgerrechte* verkündet. Sie gelten heute als ihr wichtigstes Erbe. Für die Historiker sind darüber hinaus die zahllosen politischen, rechtlichen, sozialen, wirtschaftlichen, kulturellen und territorialen Veränderungen wichtig, die die Revolution mit sich brachte. Dazu zählten die Auflösung der jahrhundertealten ständischen Gesellschaftsordnung, der Übergang von der absolutistischen zur konstitutionellen Monarchie mit der Verfassung von 1791, das Ende der Königsherrschaft und die Ausrufung der Republik im September 1792 sowie die Trennung von Staat und Kirche ebenso wie die Entstehung von Parteien und einer auf Diskussion basierenden neuen politischen Kultur. Dies alles trug zu einer umfassenden Modernisierung Frankreichs bei, die aber nicht alle alten und neuen sozialen und wirtschaftlichen Probleme lösen konnte. Die gewählten Repräsentanten des Volkes mussten mit zahllosen innenpolitischen Herausforderungen und einer außenpolitischen Bedrohung fertig werden. Dies trug zu einer Terrorphase bei, in der die gerade erst verkündeten Menschenrechte grob missachtet wurden, und zu Kriegszügen, mit denen die revolutionären Errungenschaften verteidigt und in andere Länder „exportiert“ werden sollten. 1799 beendete General *Napoleon Bonaparte* die Revolution mit einem Staatsstreich. Er sicherte dem Bürgertum einen Teil der revolutionären Errungenschaften, versöhnte sich mit dem Adel und der Kirche und unterdrückte die demokratischen Freiheiten. 1804 krönte er sich selbst zum Kaiser und überzog Europa bis 1815 mit weiteren Kriegen, in denen drei bis sechs Millionen Menschen starben.

Und was macht nach dieser Entwicklung die Französische Revolution so einzigartig? Viele Historiker sind heute der Ansicht, dass sie erst das Bewusstsein für eine politische Demokratie geschaffen hat. Sie ist außerdem, wie der Historiker *Ernst Schulin* feststellte, „die erste große, auf völlige Neuerung ausgehende Revolution gewesen – Vorbild für alle gescheiterten oder gelungenen, künstlichen oder echten Revolutionen der Folgezeit, aber auch für die Reformen der Folgezeit. Darin liegt ihre lebendige geschichtliche Wirkung bis heute.“ Darüber hinaus ist die Französischen Revolution für Schulin noch solange unvollendet, wie „die Abschaffung von Ständen und anderen Ungleichheiten nicht zur Gleichheit, sondern zu neuer Klassenherrschaft führt; solange Revolutionen in terroristischen Minderheitsdiktaturen steckenbleiben; solange Menschen- und Bürgerrechte nicht überall praktiziert werden“.

Wichtige Namen
- George Jacques Danton
- Olympe de Gouges
- Marquis de Lafayette
- Ludwig XVI.
- Jean-Paul Marat
- Napoleon Bonaparte
- Maximilien de Robespierre
- Emmanuel Joseph Sieyès
- Charles Maurice Talleyrand

Wichtige Begriffe
- Ancien Régime
- „Augustbeschlüsse“
- Ballhausschwur
- Dritter Stand
- Erklärung der Menschen- und Bürgerrechte
- Feuillants
- Generalstände (*Etats généraux*)
- Gesetzgebende Nationalversammlung (*Assemblée nationale législative*)
- Girondisten
- „Große Furcht“ („*Grande Peur*“)
- Jakobiner
- Koalitionskriege
- Montagnards
- Nationalkonvent (*Convention nationale*)
- Sansculotten
- „Schreckensherrschaft“ („*La Terreur*“)
- Sicherheitsausschuss (*Comité de sûreté générale*)
- Verfassunggebende Nationalversammlung (*Assemblée nationale constituante*)
- Wohlfahrtsausschuss (*Comité de salut public*)

In diesem Kapitel erwerben Sie die **Kompetenz**,
- die Ursachen der Revolution zu beschreiben und zu erläutern,
- die Phasen der Revolution und ihre Träger zu charakterisieren und zu beurteilen,
- die Ausstrahlung der Französischen Revolution auf Deutschland und ihre Wirkungsgeschichte zu erklären.

Zur Methoden-Kompetenz siehe Seite 110 bis 113 („Historische Fachliteratur“). Zum Kompetenzerwerb im Hinblick auf Theorien und Modelle zu Revolutionen lesen Sie Seite 104 bis 106 („Theorie-Baustein: Revolution“), über Theorien zur Modernisierung informiert Seite 107 bis 109 („Theorie-Baustein: Modernisierung“).

1740	24,6 Mio.
1750	24,5 Mio.
1760	25,7 Mio.
1770	26,6 Mio.
1780	27,6 Mio.
1790	28,1 Mio.
1800	29,1 Mio.

▲ **Entwicklung der französischen Bevölkerung (heutige Grenzen).**
Nach: Wolfgang Mager, Frankreich vom Ancien Régime zur Moderne, Stuttgart 1980, S. 32

Die alte Ordnung in der Krise Die Bevölkerung Frankreichs war im 18. Jahrhundert schnell gewachsen. Landwirtschaft und Kolonialhandel prägten die Wirtschaft. Rund ein Drittel der Bevölkerung konnte lesen und schreiben. Die traditionelle Gesellschaftsordnung bestand aus drei in sich stark untergliederten Ständen: Den *Ersten Stand* bildete der katholische Klerus. Er zählte ca. 130 000 Köpfe, besaß rund zehn Prozent des Grundeigentums und brauchte keine Steuern zu entrichten. Der *Zweite Stand* umfasste etwa 25 000 adlige Familien, denen rund 25 Prozent des gesamten Grundbesitzes gehörte. Auch dieser Stand zahlte kaum Abgaben und besaß dazu noch zahlreiche Vorrechte, zum Beispiel bei der Vergabe von hohen Kirchen-, Verwaltungs- und Militärämtern. Dem *Dritten Stand* gehörten 98 Prozent der Bevölkerung an: Bauern und Bürger. Seine Steuern und Abgaben bildeten die Grundlagen des Staatshaushaltes und stellten die Einkünfte der privilegierten Stände sicher.

Zwischen dem verarmten und dem wohlhabenden Provinzadel sowie dem Hofadel gab es sehr große Unterschiede. Seine kulturelle Führungsfunktion hatte der Adel längst verloren. Die neue Bildungselite war aristokratisch-bürgerlich gemischt. Ihre Wortführer setzten sich ganz im Sinne der Aufklärung gegen Vorurteile, kirchliche Unterdrückung und für politische Freiheit ein und förderten damit den Zerfall der ständischen Ordnung. Dazu trug auch der wirtschaftliche Wandel bei. Früher musste der Adel fast jede Handelstätigkeit als unstandesgemäß ablehnen, inzwischen beteiligte er sich direkt oder indirekt auch an Geld- und Kolonialgeschäften. Sogar in der Landwirtschaft waren Adel und Bürger zu Partnern und Konkurrenten geworden. Beide profitierten von der bäuerlichen Fronarbeit und vom Jagd- und Fischereimonopol.

Besonders große soziale Unterschiede bestanden innerhalb des Dritten Standes. So gehörte dem Großbürgertum ein Viertel des Grundbesitzes. Allen übrigen auf dem Lande lebenden Franzosen blieben rund 40 Prozent des Bodens. Die Kleinbauern waren auf zusätzliche Erwerbsquellen angewiesen, dabei mussten sie mit den Menschen ohne Grundbesitz konkurrieren. Bei Missernten waren Kleinbauern, Gesinde und Tagelöhner von der Not unmittelbar betroffen.

In den Städten bestimmte das Großbürgertum (Bankiers, Unternehmer etc.) und die aufgeklärte Bildungselite (Künstler, Anwälte, Ärzte, Beamte etc.) die öffentliche Meinung. Die Sorgen der Arbeiter und Dienstboten, der Ladenbesitzer, Gastwirte und Handwerker fanden kaum Gehör; sie lebten oft am Rande des Existenzminimums.

Ancien Régime: wörtlich: alte, ehemalige Regierung. Der Begriff steht für die vorrevolutionären Zustände.

Machtkämpfe Das **Ancien Régime** litt ständig unter finanziellen Problemen. Sie waren durch die massive Unterstützung der nordamerikanischen Kolonien im Kampf um ihre Unabhängigkeit von Großbritannien (1776-1783) noch vergrößert worden. Alle Versuche der Krone, die Stände entsprechend ihren Einkünften gleichmäßig zur Deckung der öffentlichen Lasten heranzuziehen, scheiterten am Widerstand von Klerus und Adel. Als Ende der 1780er-Jahre das Wirtschaftswachstum ausblieb, entwickelte sich die Finanzkrise zur Staatskrise[1].

Ludwig XVI., der seit 1774 regierte, rief 1787 Vertreter der höheren Geistlichkeit, des Hofadels, der Obersten Gerichtshöfe, der Provinzialstände und der Stadtmagistrate zusammen, um die Krise zu lösen. Doch diese **Notabeln** erarbeiteten keine konkreten Reformen, sondern forderten den Monarchen lediglich auf, die **Generalstände** (*Etats généraux*) einzuberufen. Nur sie sollten das Recht haben, über eine Steuerreform zu beraten. Die Generalstände waren zuletzt 1614 zusammengekommen. Der König weigerte sich zunächst, diese Forderung zu erfüllen. Er gab aber nach und verzichtete

Notabeln: durch Stellung, Vermögen und Bildung ausgezeichnete Mitglieder der Gesellschaft

Generalstände: Ständevertretung ganz Frankreichs mit je 300 Abgeordneten des Klerus, des Adels und des Dritten Standes (= Bürger, Bauern)

[1] Zum Begriff „Krise" siehe den Theorie-Baustein auf Seite 20 bis 22.

▲ **„Le Serment du Jeu de Paume" (dt.: „Der Ballhausschwur").**
Federzeichnung (105 x 65 cm) von Jacques-Louis David, September 1791.
Die Zeichnung ist ein Entwurf für ein Historiengemälde. Es sollte für den Versammlungsraum der Nationalversammlung angefertigt werden und etwa 6,5 m hoch und 10,0 m breit werden. Die im Vordergrund dargestellte Verbrüderung eines Ordensgeistlichen, eines Weltgeistlichen und eines protestantischen Pfarrers fand nachweislich in der Form nicht statt. Zum „Ballhausschwur" siehe Seite 86.
- *Analysieren Sie, wie der Künstler die Aufbruchstimmung einerseits und die „Einheit der Nation" andererseits dargestellt hat.*

damit auf den absolutistischen Anspruch, allein die Geschicke des Landes zu lenken. Im Januar 1789 wurde eine Wahlordnung für die Generalstände veröffentlicht. Sie legte fest, dass die gesamte männliche Bevölkerung über 25 Jahre, die in den Steuerlisten eingetragen war, wählen durfte. Adel und Klerus konnten ihre Vertreter direkt wählen, die Bürger und Bauern durften ihre Deputierten aber nur über Wahlmänner bestimmen.

Der einsetzende Wahlkampf politisierte die Bevölkerung. Begriffe wie Freiheit, Gleichheit, Glück, Souveränität und Repräsentation, die schon zuvor den amerikanischen Unabhängigkeitskampf geprägt hatten, wurden zu Schlagwörtern. Die weltanschaulichen Vorstellungen der **Patrioten** hatte die Aufklärung und vor allem *Jean-Jacques Rousseaus* Lehre von der Volkssouveränität beeinflusst (▸ M1). Ihren programmatischen Ausdruck fand sie in einer im Januar 1789 von dem dreißigjährigen Geistlichen *Emmanuel Joseph Sieyès* veröffentlichten Flugschrift mit dem Titel *„Was ist der Dritte Stand?"* (▸ M2). Im Zusammenhang mit der Wahl konnten die Wähler der Regierung Klagen, Beschwerden und Wünsche nennen. Sie wurden in „Beschwerdeheften" (*Cahiers de doléances*) zusammengefasst. Die Monarchie stand bei dieser ersten modernen „Meinungsumfrage" der Geschichte nicht zur Diskussion.

Patrioten: Vaterlandsfreunde; hier die Ständevertreter, die gegen die Privilegien des Klerus und Adels kämpften

Die Revolution der Abgeordneten Am 5. Mai 1789 eröffnete der König in Versailles die Sitzungsperiode der Generalstände feierlich. Doch die Erwartungen wurden enttäuscht. Die Stände tagten getrennt, und die Reformen sollten an die Aufrechterhaltung der Ständeordnung gebunden sein. Nachdem die Versammlung deshalb über einen Monat handlungsunfähig geblieben war, forderte Sieyès die Abgeordneten des Ersten und Zweiten Standes auf, gemeinsam mit dem Dritten Stand zu tagen. Dem Aufruf folgten reformwillige Männer aus Adel und Klerus. Am 17. Juni erklärten sich 491 gegen 90 Abgeordnete zur Nationalversammlung (*Assemblée nationale*) und Sieyès verkündete, „dass es der Versammlung – und nur ihr – zukommt, den Gesamtwillen der Nation auszudrücken und zu vertreten; zwischen dem Thron und dieser Versammlung kann kein Veto, keine Macht des Einspruchs stehen". Das war revolutionär! Die an Stand und Auftrag ihrer Wähler gebundenen Deputierten (*imperatives Mandat*) hatten sich eigenmächtig (*souverän*) zu Abgeordneten der gesamten Nation erklärt, die nur noch dem Allgemeinwillen (*Volonté générale*) dienen wollten. Damit hatte der Dritte Stand nicht nur den ersten Schritt vom politisch unmündigen Untertanen zum mitbestimmenden Staatsbürger (*Citoyen*) vollzogen, sondern darüber hinaus die Nation als politische Gemeinschaft rechtsgleicher Bürger gefordert, in der es keine ständischen Unterschiede mehr geben sollte.

Als die Krone daraufhin kurzfristig den Versammlungsraum der Deputierten des Dritten Standes schloss, zogen die reformbereiten Abgeordneten aller drei Stände in eine nahe gelegene Sporthalle und beteuerten am 20. Juni in einer improvisierten Erklärung, dem *Ballhausschwur*, „niemals auseinanderzugehen und sich überall zu versammeln, wo es die Umstände gebieten sollten, so lange, bis die Verfassung des Königreiches ausgearbeitet ist und auf festen Grundlagen ruht". Angesichts der Entschlossenheit der Deputierten gab der König sein alleiniges Recht, Ständeversammlungen einzuberufen, zu vertagen oder aufzulösen, preis. Feierlich erklärte sich daraufhin am 9. Juli 1789 die Mehrheit der Abgeordneten zur Verfassunggebenden Nationalversammlung (*Assemblée nationale constituante*). Der Monarch herrschte nicht mehr absolut.

Nationalgarde (*Garde nationale*): Am 11./12. Juli 1789 in Paris entstandene Bürgerwehr, die einerseits die Bürger vor der königlichen Armee schützen und andererseits das Eigentum der Bürger sichern sollte. Ihre Mitglieder kamen aus dem Bürgertum. Sie bestand mit Unterbrechungen bis 1871.

Der 14. Juli 1789 und die städtische Volksrevolution Ludwig XVI. berief Mitte Juli eine konservative Regierung und zog die Truppen um Paris und Versailles zusammen. Die Furcht vor einer politischen Wende traf in Paris mit sozialen Problemen zusammen. Die Lebensmittelpreise hatten einen Schwindel erregenden Höhepunkt erreicht. Notleidende Bürger forderten Brot und Waffen und rissen die verhassten Zollstationen nieder. Daraufhin übernahmen die Wahlmänner der Pariser Stadtbezirke als „Kommune" die Stadtverwaltung. Ein *Ständiger Ausschuss*, der zukünftige Stadtrat, gründete eine Bürgerwehr: die **Nationalgarde**. Sie sollte die Bevölkerung schützen und für Ruhe und Ordnung sorgen. Damit hatte die bürgerliche Selbstverwaltung begonnen. Sie konnte aber nicht verhindern,

◄ **Die Bastille wird gestürmt.**
Öl auf Leinwand (88,5 x 73 cm), um 1790.
- *Entwickeln Sie Grundzüge einer Revolutionsdefinition und ergänzen Sie diese im Zuge Ihrer Auseinandersetzung mit der Französischen Revolution. Begründen Sie Ihre Auswahl der Definitionsmerkmale.*
- *Ordnen Sie Ihre eigenen Überlegungen in die später vorgestellten Revolutionsdefinitionen (siehe Seite 104 bis 106) ein.*

dass aufgrund von Gerüchten, königliche Truppen würden die Stadt angreifen, eine aufgebrachte Menge am 14. Juli die *Bastille* stürmte. Die alte Festung diente als Staatsgefängnis und Pulverlager – und galt als Symbol der Unfreiheit. Ihre Eroberung, bei der sieben Gefangene befreit werden konnten und 98 Angreifer im Kampf fielen, gab den Aufständischen in Paris ein nicht mehr zu nehmendes Bewusstsein von Macht. Es hatte die „Ketten der Knechtschaft" (Rousseau) gesprengt – und ganz Europa nahm das staunend zur Kenntnis.

▲ **Kokarde.**
Bandschleife in Form einer Rosette, die in der Regel am Hut getragen wurde.
Am 21. Oktober 1789 führte der Militärausschuss der Stadt Paris eine Kokarde ein, die aus einem weißen mit blauer und roter Borte eingefassten Band bestand. Damit verknüpfte man die Farben der Stadt (rot und blau) mit denen der Monarchie (weiß).

Die Revolution der Bauern Auch auf dem Lande hatte man von den Generalständen Reformen erwartet. Als die Taten ausblieben, protestierten die Bauern mit friedlichen und gewaltsamen Mitteln gegen ihre Grundherren. Sie verweigerten Abgaben, stürmten Herrensitze, Schlösser und Klöster und vernichteten die Urkunden, die ihre Abgaben und Pflichten belegten. Gleichzeitig verbreitete sich eine „Große Furcht" („*Grande Peur*") vor herumstreunenden Bettlergruppen, plündernden Räuberbanden und Rachefeldzügen der Aristokratie. Sie stellte sich im Nachhinein oft als unbegründet heraus.

Von der ständischen zur bürgerlichen Ordnung Während die ersten Adligen ins Exil gingen, richteten sich die politischen Hoffnungen der Bevölkerung auf die Verfassunggebende Versammlung. Waren die fast 1200 Abgeordneten in der Lage, die ständische Gesellschaftsordnung in eine auf Freiheit und Gleichheit beruhende bürgerliche Ordnung umzuwandeln? Diese Aufgabe verlangte zunächst die Umformung der ständischen in eine bürgerliche Rechtsordnung. Der erste Schritt dahin waren die *„Augustbeschlüsse"*, mit ihnen sollten die Sonderrechte (Privilegien) von Ständen, Provinzen und Städten abgeschafft werden. Die folgende Gesetzgebung regelte erstmals die politische Gleichberechtigung aller Stände und – daraus resultierend – die rechtliche und steuerliche Gleichheit der Bürger. Freie (ständisch ungebundene) Staatsbürger sollten von nun an selbst über ihr Eigentum (vor allem über Grund und Boden) verfügen können.

In einem zweiten Schritt wurde am 26. August 1789 die *Erklärung der Menschen- und Bürgerrechte* verabschiedet. **Marquis de Lafayette**, der im amerikanischen Unabhängigkeitskrieg gekämpft hatte und nun Befehlshaber der Nationalgarde war, hatte der Nationalversammlung am 11. Juli den Entwurf der Erklärung vorgelegt. Sie sollte Teil der zu erarbeitenden Verfassung werden und verkündete die wirkungsmächtigsten Prinzipien der Französischen Revolution von 1789: die Freiheit des Individuums (*Liberté*), die Gleichheit der Bürger (*Egalité*) sowie, weniger deutlich, die Brüderlichkeit (*Fraternité*) aller Menschen. Die „Charta der modernen Demokratie", so der Historiker *François Furet*, hatte einen Nachteil: Sie löste die noch schwache Forderung nach der Gleichberechtigung der Geschlechter nicht ein.

Marie Joseph Paul Yves Roch Gilbert du Motier, Marquis de Lafayette (auch La Fayette) (1757-1834): Obwohl adliger Herkunft, unterstützte er die Forderungen des Dritten Standes. Am Tag nach dem Sturm auf die Bastille wurde er zum Kommandanten der Pariser Nationalgarde gewählt. Er beteiligte sich an der Ausarbeitung der Menschen- und Bürgerrechtserklärung, setzte sich für eine konstitutionelle Monarchie ein und ging 1792 ins Exil.

Von zentraler Bedeutung während der Verfassungsberatungen war die Frage, welche Kompetenzen dem Monarchen künftig zugestanden werden sollten. Seine Exekutivgewalt wurde nicht infrage gestellt, aber in der Gesetzgebung räumte die Mehrheit der Deputierten dem König nur noch ein aufschiebendes Einspruchsrecht (*suspensives Veto*) ein, mit dem er Gesetze zwar nicht generell verhindern, aber für vier Jahre blockieren konnte. Trotz dieser Zugeständnisse wollte der König die Verfassung zunächst nicht anerkennen.

Während die Deputierten mit dem König in Versailles politisch nicht vorankamen, hungerten viele Einwohner von Paris. Mit der Bemerkung „Die Männer trödeln, die Männer sind feige, jetzt nehmen wir die Sache in die Hand“ zogen am 5. Oktober 1789 etwa 6 000 Frauen nach Versailles, um gegen die Not zu demonstrieren; ihnen folgten rund 20 000 Nationalgardisten. Im Verlauf des Protestes erkannte Ludwig XVI. die von der Konstituante erarbeiteten Verfassungsartikel einschließlich der „Augustbeschlüsse“ und der Menschenrechtserklärung an. Um ihn besser kontrollieren zu können, wurde er gezwungen, mit seiner Familie in die Hauptstadt zu ziehen; die Abgeordneten folgten ihm. Paris wurde zum Zentrum der Macht.

Charles Maurice Talleyrand (1754-1838): Priester und Politiker. Seit 1789 war er als Bischof von Autun Vertreter des Ersten Standes in den Generalständen. Er wurde Mitglied der Nationalversammlung, leistete 1790 den Eid auf die Verfassung, woraufhin er vom Papst aus der Gemeinschaft der Gläubigen gebannt wurde. Von 1797 bis 1807 Außenminister Napoleons und nach dessen Niederlage ab 1814 erneut Außenminister.

Die Arbeit der Konstituante Die Revolution lähmte Handel und Gewerbe. Der Staat nahm kaum noch Steuern ein. Zur Sanierung des Staatshaushalts beschlossen die Abgeordneten auf Vorschlag des 35-jährigen **Charles Maurice Talleyrand** die Verstaatlichung der Kirchengüter. Orden und Klöster wurden aufgelöst. Die Versteigerung der kirchlichen Güter begann. Der Staat übernahm die sozialen Aufgaben des Klerus, wie Schulen, Kranken- und Armenpflege, und machte aus Bischöfen und Geistlichen vom Volk wählbare Staatsdiener. Er bezahlte von nun an die Priester und forderte dafür von ihnen einen Eid auf die Verfassung. Dies führte zum Streit. Zahlreiche Priester lehnten den Eid ab – bestärkt vom Papst und vom König, der das Gesetz blockierte –, da sie sich nur der katholischen Kirche gegenüber verantwortlich fühlten.

Eine weitere spektakuläre Entscheidung der Abgeordneten war die Abschaffung des erblichen Adels am 19. Juni 1790. Bei den folgenden Bemühungen, Staat und Wirtschaft neu zu ordnen, konnten die Abgeordneten zum Teil auf die im Ancien Régime begonnenen Reformen zurückgreifen. Die nun durchgeführten Verwaltungs-, Justiz-, Finanz-, Steuer- und Gemeindereformen griffen ineinander und wurden parallel zu einer Neueinteilung des Landes in 83 etwa gleich große Verwaltungsbezirke (*Départements*) durchgeführt. Die Binnenzölle fielen und die Berufs- und Gewerbefreiheit wurde eingeführt. Ganz im Sinne der neuen Wirtschaftsordnung wurde aber auch den Handwerkern und Arbeitern das Recht auf Vereinigung und Streik im Juni 1791 genommen (*Gesetz Le Chapelier*); eine Regelung, die bis 1864 bzw. 1884 bestehen blieb.

Die Erklärung der Menschen- und Bürgerrechte vom 26. August 1789 schloss die staatsbürgerliche Gleichheit der Protestanten und Juden noch nicht ein. Nachdem die Protestanten am 24. Dezember 1789 die vollen Bürgerrechte erhalten hatten, erlangten die Juden von Bordeaux sie am 28. Januar 1790. Erst am 24. September 1791 beschloss dann die Nationalversammlung die Emanzipation aller 40 000 in Frankreich lebenden Juden per Gesetz.

Eine neue politische Kultur Die Revolution schuf eine neue politische Kultur. Sie drückte sich in unzähligen öffentlichen Versammlungen, Reden, Demonstrationen, zahlreichen – oft nur kurzlebigen, aber zum Teil auflagenstarken – Zeitungen, Plakatanschlägen, Bildern und Grafiken aus. Einen besonderen Stellenwert erhielten die großartig inszenierten Revolutionsfeiern, die an den solidarischen Aufbruch und die gemeinsamen

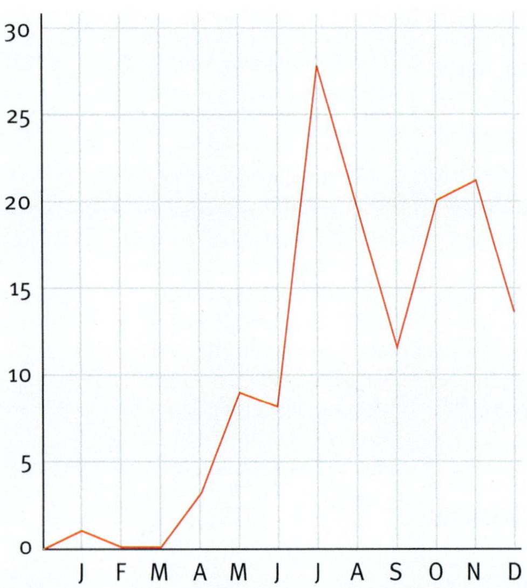

◄ **Zeitungsgründungen in Paris im Jahr 1789.**
Pierre Rétat, Die Zeitungen des Jahres 1789: einige zusammenfassende Perspektiven, in: Reinhart Koselleck und Rolf Reichardt (Hrsg.), Die Französische Revolution als Bruch des gesellschaftlichen Bewußtseins, München 1988, S. 156 (geändert)

■ *Analysieren Sie die Statistik mithilfe der Leitfragen auf Seite 256.*

Ziele erinnerten. Theater, Dichtung, Musik, Malerei und Architektur wurden vom Revolutionsverlauf beeinflusst oder versuchten ihrerseits, die Massen zu manipulieren.

Die politische Kultur wurde bestimmt von dem zunehmenden Organisationsgrad der städtischen Bevölkerung. Ausgangspunkt der Entwicklung war die Vereinigung der bretonischen Deputierten zur Zeit der Generalstände. Seit dem Umzug der Nationalversammlung nach Paris wurde der **Jakobinerklub** zum Sammelpunkt politisch interessierter Bürger und Mandatsträger. Mitglieder waren zumeist Akademiker und Angehörige des Besitzbürgertums. 1791 hatte ihr Klub bereits rund 1000 Tochtergesellschaften in der Provinz. Neben dem Jakobinerklub entstand im April 1790 in Paris der **Club des Cordeliers**. In ihm sammelte sich die kleinbürgerliche städtische Volksbewegung, die **Sansculotten**. In den Klubs und Volksgesellschaften – darunter auch etwa 60 reine Frauenklubs – wurde einerseits die Arbeit von Deputierten und Stadtverordneten diskutiert und vorbereitet, andererseits wurden von hier aus Petitionen und Demonstrationen in Gang gebracht. Die Bewegung erfasste die Massen. Zwischen 1789 und 1795 wurden in 5500 Orten ca. 6000 politische Klubs gezählt, sie hatten um 1794 etwa 500000 bis 600000 Mitglieder.

Frankreich wird konstitutionelle Monarchie ■ Ludwig XVI. verlor nach einem Fluchtversuch ins Ausland, der am 21. Juni 1791 scheiterte, seine Glaubwürdigkeit und sein Ansehen – bei den Deputierten und in der Bevölkerung. Die Mehrheit der Abgeordneten wollte dennoch die Revolution beenden, um endlich wieder zu stabilen Verhältnissen zurückzukehren. Diese Haltung führte zur ersten Spaltung des Jakobinerklubs. Die verfassungsorientierten, monarchisch eingestellten Mitglieder (rund 1800 von 2400)

Jakobinerklub: Benannt nach dem Dominikanerkloster Saint-Jacques, in dessen Räumen sich die Mitglieder versammelten und diskutierten.

Club des Cordeliers: so benannt nach seinem ersten Tagungsort, einer Kirche der Franziskaner, die im Volksmund „cordeliers“ genannt wurden

Sansculotten (franz. sans culotte: ohne Kniebundhosen): Anhänger der städtischen Volksbewegung, die nicht die Kniehose (culotte) der „guten Gesellschaft“, sondern lange Hosen der einfachen Bürger trugen. Weitere Kennzeichen der Sansculotten waren die rote Mütze („Bonnet rouge“), die Pike (Spieß) und das brüderliche Du.

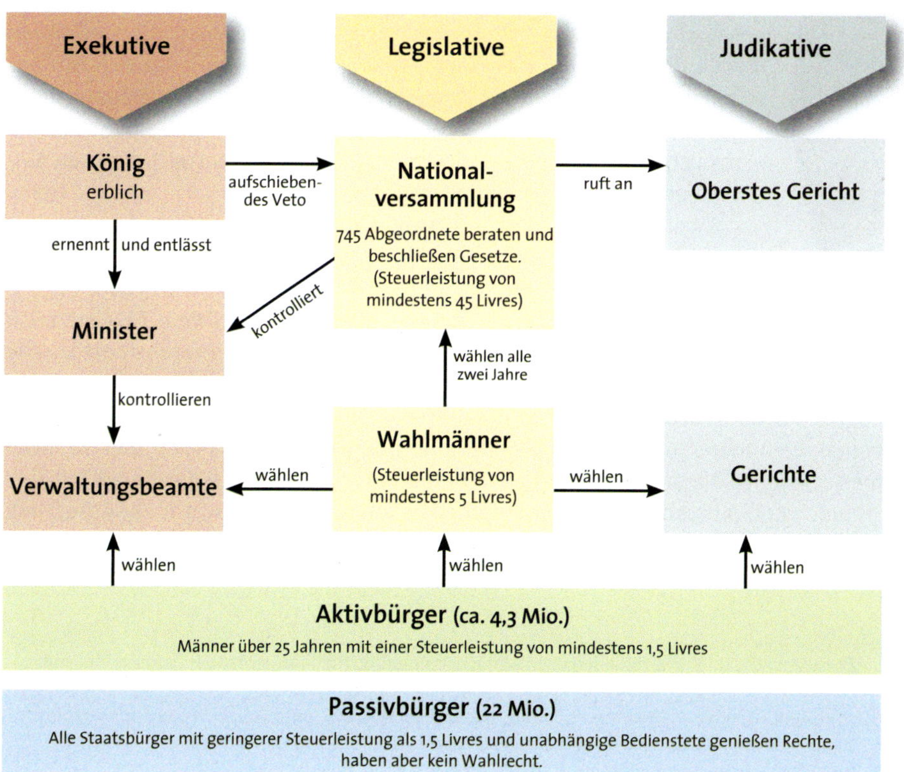

◂ **Die Verfassung der konstitutionellen Monarchie von 1791.**
Über die Verfassung informiert Seite 90.
■ *Arbeiten Sie die Macht der Nationalversammlung heraus.*

Club des Feuillants: Benannt nach dem ehemaligen Feuillantinerkloster in Paris

gründeten den **Club des Feuillants**. Ihre Gegner, die Jakobiner, nahmen für sich in Anspruch, über die „Reinhaltung" der revolutionären Prinzipien zu wachen. Sie behielten den alten Namen und das Netzwerk der Tochterklubs bei – ein nicht zu unterschätzender Vorteil.

Am 14. September 1791 musste Ludwig XVI. einen Eid auf die von der Konstituante verabschiedete Verfassung ablegen. Aus Frankreich war eine *konstitutionelle Monarchie* geworden. Der König stand nicht mehr „über dem Gesetz", sondern regierte „nur durch dieses", wie es die Verfassung bestimmte.

Internettipp
Zu den verschiedenen Verfassungen Frankreichs siehe den Code 32031-05.

Die Konstitution, der die Menschenrechte vorangestellt wurden, änderte nichts an der Rechtsungleichheit zwischen Männern und Frauen (▸ M3). Die Gleichheit der Bürger fand zudem im Zensus- und Männerwahlrecht ihre Grenzen (ein allgemeines Frauenwahlrecht gibt es in Frankreich erst seit 1946). Die Bevölkerung wurde in politisch berechtigte (steuerzahlende) Aktivbürger (*Citoyens actifs*) und schutzbefohlene Passivbürger (*Citoyens passifs*) eingeteilt. Das Wahlrecht war indirekt. Von den circa 4,3 Millionen Aktivbürgern erfüllten nur etwa 45 000 die Voraussetzungen dafür, als Wahlmann kandidieren zu können. Abgeordnete in der Nationalversammlung konnten nur Bürger werden, deren jährliche Steuerlast ausreichend hoch war.

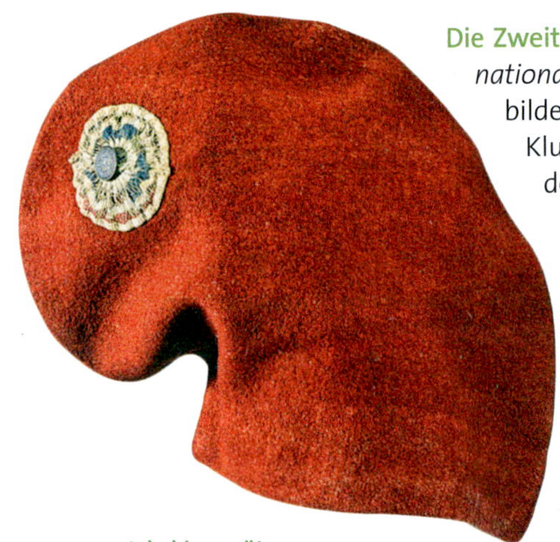

▲ **Jakobinermütze von 1792.**
Im alten Rom kennzeichneten solche Kopfbedeckungen in Freiheit entlassene Sklaven. Während der Revolutionszeit bekannten sich die Träger dieser roten Mützen („Bonnet rouge") öffentlich zu den revolutionären Idealen „Freiheit und Gleichheit". Die Jakobinermütze gilt bis heute als Symbol republikanischer Gesinnung.

Die Zweite Revolution Die neue *Gesetzgebende Nationalversammlung* (*Assemblée nationale législative*) trat am 1. Oktober 1791 zusammen. Von den 745 Deputierten bildeten 345 die Mitte. Sie besaßen keine direkten Bindungen zu bestimmten Klubs. 264 Abgeordnete gehörten zur Rechten. Sie waren oder wurden Mitglieder im Club des Feuillants und wollten die Revolution beenden. Die zahlenmäßig kleinste Abgeordnetengruppe stellten die 136 Abgeordneten der Linken. Sie hatten sich in den Klubs der Jakobiner, Cordeliers und anderer Volksgesellschaften organisiert, forderten ein allgemeines Wahlrecht und waren gegen das Vetorecht des Königs. Diese Gruppe unterteilte sich noch in *Girondisten*, deren Führungspersonal zum Teil aus dem Département Gironde stammte und die ihren Rückhalt im mittleren und gehobenen Provinzbürgertum hatten, und *Montagnards* („Bergpartei"), die ihren Aufstieg den Sansculotten verdankten.

Zwei Jahre nach dem Sturm auf die Bastille hatten über 40 000 Franzosen ihr Land verlassen, nicht nur Adlige und Geistliche, sondern auch Bürger und Bauern.[1] Die Emigranten, unter ihnen die beiden Brüder des Königs, mobilisierten die europäischen Regierungen gegen die Revolution. Als Österreich und Preußen erklärten, Ludwig XVI. militärisch zu helfen, eröffneten französische Truppen im April 1792 einen Angriff auf die österreichischen Niederlande (Belgien). Zugleich erklärte das Parlament den „nationalen Notstand" und begann den Kampf gegen die „inneren und äußeren Feinde" unter dem Motto: *„Das Vaterland ist in Gefahr"*. Erste militärische Niederlagen und die Befürchtung, dass der König mit den „Feinden des Vaterlandes" zusammenarbeiten könnte, führten in Paris zur Absetzung der königstreuen Stadtverwaltung und zur Bildung der *Kommune des Aufstands*. Unter deren Führung brach am 10. August 1792 die Zweite Revolution aus: Sansculotten und

[1] Zwischen 1789 und 1794 verließen nach amtlichen Angaben mehr als 150 000 Franzosen ihr Land: Rund 25 Prozent waren Kleriker, 17 Prozent Adlige, 11 Prozent Großbürger, 6 Prozent Kleinbürger, 14 Prozent Arbeiter und 19 Prozent Bauern. Darunter waren drei Viertel aller Offiziere der Armee. Hauptziele der Flüchtlinge waren die deutschen Anliegerstaaten, in denen sie allerdings keine freundliche Aufnahme erlebten.

Soldaten stürmten das königliche Schloss, die Tuilerien. Unter dem Druck der Aufständischen sahen sich die Abgeordneten veranlasst, den König seines Amtes zu entheben und ihn und seine Familie zu inhaftieren. Die konstitutionelle Monarchie war zerbrochen.

Im Schatten des Grauens ein Neuanfang Von nun an wurden die königstreuen Politiker offen verfolgt. Willkürliche Verhaftungen waren an der Tagesordnung, erste politisch motivierte Hinrichtungen folgten. Die Furcht vor gegenrevolutionären Aktionen trug dann dazu bei, dass zwischen dem 2. und 5. September 1792 Teile der städtischen Volksbewegung Gefängnisse stürmten und Gefangene töteten („*Septembrisaden*"). Der Terror blieb nicht auf Paris beschränkt, aber allein hier wurden um die 1500 Menschen (Aristokraten, Eid verweigernde Priester und Strafgefangene) ermordet. Weder der vom Parlament ernannte Provisorische Vollzugsrat, dem **Georges Jacques Danton** als Justizminister angehörte, noch die Führer der Pariser Kommune waren fähig oder willens, diese blutigen Aktionen zu unterbinden.

In dieser gewalttätigen Atmosphäre fanden die Wahlen zu einer neuen Nationalversammlung nach dem allgemeinen Wahlrecht statt. Die Unterscheidung zwischen Aktiv- und Passivbürgern war ebenso aufgehoben worden wie das Zensuswahlrecht. Alle Männer über 21 Jahre durften wählen. Trotzdem gingen weniger als zehn Prozent der Berechtigten zur Wahl.

Am 21. September 1792 traten die 749 Abgeordneten des Nationalkonvents (*Convention nationale*) zusammen. Sie riefen die „eine und unteilbare Republik" aus und wollten eine neue Verfassung erarbeiten. In diesem Parlament bildeten die Girondisten die neue Rechte. Sie setzten sich ein für eine dezentrale Verwaltung des Landes, die Unverletzlichkeit des Eigentums, Wirtschaftsfreiheit, Rechtssicherheit und die Fortsetzung des begonnenen – wie der girondistische Abgeordnete *Jacques-Pierre Brissot* am 31. Dezember 1792 sagte – „Kreuzzuges für die Freiheit der Welt".

Georges Jacques Danton (1759-1794, hingerichtet): Er war Mitbegründer des Cordeliers-Clubs, wurde 1792 Abgeordneter des Nationalkonvents und war zeitweise Mitglied des Wohlfahrtsausschusses.

Prozess gegen den König Die republikanische Phase der Revolution begann mit militärischen Erfolgen. In der *Schlacht von Valmy* (20. September 1792) vertrieben die Revolutionstruppen das von Preußen und Österreich angeführte Emigrantenheer. Der Kampf gegen die „Feinde der Republik" stärkte das republikanische und nationale Bewusstsein der Franzosen. Nach dem von dem Abgeordneten *Pierre Joseph Cambon* im Dezember 1792 geprägten Motto „Krieg den Palästen, Friede den Hütten!"[1] zogen jetzt die Revolutionstruppen in Speyer, Worms, Mainz und Frankfurt am Main ein.

In Paris hatte sich der Nationalkonvent zum Gericht erhoben. Nachdem im November 1792 geheime Unterlagen entdeckt worden waren, die eine Zusammenarbeit des einstigen Königs mit feindlichen Mächten belegten, wurde er wegen „Verschwörung gegen die Freiheit" und „Anschlägen gegen die nationale Sicherheit" angeklagt. Über 90 Prozent der Abgeordneten stimmten für schuldig. Uneinigkeit entstand erst über das Strafmaß und den Zeitpunkt der Strafvollstreckung. Am 21. Januar 1793 wurde „Bürger Capet", wie der abgesetzte König aus dem Geschlecht der *Capetinger* nun genannt wurde, vor den Augen des Volkes auf der Place de la Révolution, der heutigen Place de la Concorde, hingerichtet. In ganz Europa, nicht nur in den Fürstenhäusern, erschraken die Menschen über das gewaltsame Ende des französischen Monarchen.

Filmtipp
Leb wohl, meine Königin!; Frankreich 2012, Regie: Benoît Jacquot

[1] Das Motto stammt aus einem Bericht des Abgeordneten Pierre Joseph Cambon an den Konvent vom 15. Dezember 1792.

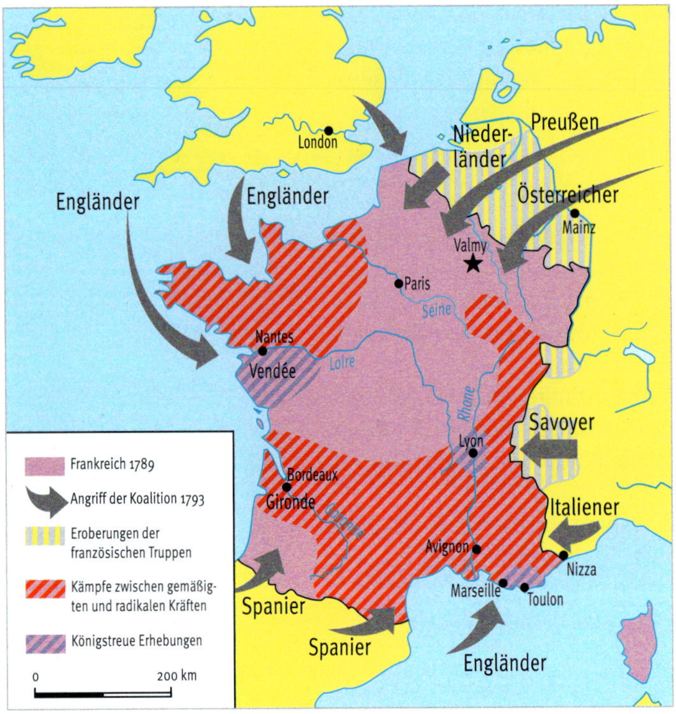

▲ **Die belagerte Republik im Sommer 1793.**
Während der Auseinandersetzungen zwischen den Revolutionstruppen und ausländischen Heeren oder gegenrevolutionären Gruppen fielen hunderttausende Menschen. Allein der Bürgerkrieg zwischen der königlich-katholisch gesinnten Landbevölkerung und den republikanischen Revolutionstruppen in der Vendée von 1793 bis 1796 führte in einigen Gemeinden zu einem Bevölkerungsverlust von 25 bis 35 Prozent.

Die Revolution in der Krise Im Winter 1792/93 weitete sich der Krieg aus, Hunger- und Teuerungsunruhen nahmen zu und in ländlichen Regionen wie der Vendée setzten gegenrevolutionäre Rebellionen ein. In dieser Phase der Revolution wurden ein außerordentliches Gericht, das spätere Revolutionstribunal, und revolutionäre Überwachungsausschüsse gebildet. Um schnell und effektiv handeln zu können, richtete der Konvent dazu eine Regierung in Form von zwei zwölfköpfigen Gremien ein: den *Wohlfahrtsausschuss* (*Comité de salut public*) und den *Sicherheitsausschuss* (*Comité de sûreté générale*). Der erste Ausschuss übernahm die Leitung und Kontrolle über Kriegsführung, Regierung, Verwaltung und Wirtschaft, der zweite entwickelte sich zu einer Art Polizeiministerium. Mit diesen Maßnahmen hatte das Parlament das Gewaltmonopol des Staates zurückgewinnen wollen. Dabei ignorierten die Abgeordneten jede Gewaltenteilung und schufen so die Grundlagen für eine „Schreckensherrschaft" („*La Terreur*").

Die angespannte Lage sollte durch Zugeständnisse an die Volksbewegung beruhigt werden. Das Parlament beschloss Höchstpreise (Maximum) für Getreide, Zwangsanleihen bei den Reichen und Bodenverteilung an die Armen. Doch diese Maßnahmen reichten den radikalen Kräften nicht. Die Jakobiner und Sansculotten schalteten daraufhin ihre politischen Gegner aus. Am 2. Juni 1793 zogen 80 000 Frauen und Männer vor das Parlament, um die Auslieferung von 29 führenden girondistischen Abgeordneten und zwei Ministern zu erzwingen. Sie wurden für die katastrophale innen- und außenpolitische Lage verantwortlich gemacht. Das war das Ende der Girondisten, aber zugleich auch ein schwerer Schlag gegen das repräsentative System.

Mit dem Ausschluss der Girondisten übernahmen die Montagnards die Führung im Parlament. Um das Vertrauen der Sansculotten zu gewinnen, wurde am 24. Juni 1793 eine neue Verfassung verabschiedet. Sie verkündete ein erweitertes Wahlrecht und garantierte soziale Grundrechte (Recht auf Arbeit, öffentliche Unterstützung, allgemeinen Unterricht für Jungen und Mädchen). Obwohl die Verfassung durch eine Volksabstimmung bestätigt wurde, blieb sie Programm. Der Grund: Das Parlament hatte beschlossen, die Verfassung erst nach Beendigung des Krieges in Kraft zu setzen.

Jean-Paul Marat (1744-1793): Der Journalist vertrat in seiner populären Zeitung „L'Ami de Peuple" („Der Volksfreund") die Interessen der städtischen Volksbewegung. Als Präsident des Jakobinerklubs und Mitglied des Nationalkonvents kämpfte er gegen die Girondisten.

„Macht alle gleich!" Inflation, Arbeitslosigkeit, Lebensmittelknappheit, Krieg im Innern und nach außen ließen die Bevölkerung nicht zur Ruhe kommen. Die Ermordung des von den Sansculotten verehrten Journalisten und Konventsabgeordneten **Jean-Paul Marat** am 13. Juli 1793 durch die 24-jährige *Charlotte Corday*, eine Sympathisantin der Girondisten, verschärfte die Spannungen. Der Kampf gegen die soziale Ungleichheit wurde radikaler. Daran änderten auch die entschädigungslose Abschaffung aller Feudalrechte (17. Juli 1793) und die Einführung der Todesstrafe für Spekulanten und Schwarzhändler (26. Juli 1793) nichts. Dafür fanden die Abgeordneten im August 1793 eine Lösung für die Kriegsführung: die Einführung der *Allgemeinen Wehrpflicht* (*Levée* *en masse*) für alle unverheirateten Männer zwischen 18 und 25 Jahren.

Am 2. September 1793 forderten die Sansculotten von den Abgeordneten *„Macht alle gleich!"* (▸ M4), drei Tage später umstellten sie das Parlament und verlangten: *„Gesetzgeber! Setzt den Terror auf die Tagesordnung!"* Diese Forderung galt den Wucherern, Spekulanten und Kriegsgewinnlern. Die Abgeordneten mussten die Forderung ernst nehmen. Denn nur mit Unterstützung der Sansculotten konnten sie die Aufstellung der Volksarmee durchführen, die Waffen, Kleider und Lebensmittel für das Heer beschaffen sowie die aufständischen Gebiete unter Kontrolle bringen. In dieser Lage beschloss das Parlament ein *„Gesetz über die Verdächtigen"* (▸ M5) und legte ein *„Allgemeines Maximum"* für Preise und Löhne fest. Damit war der Höhepunkt der „Schreckensherrschaft" erreicht. Verantwortlich für den Terror zeichnete der 35-jährige Rechtsanwalt **Maximilien de Robespierre**. Der Abgeordnete des Nationalkonvents war der führende Kopf der Montagnards und stand seit Juli 1793 mit diktatorischer Macht an der Spitze des Wohlfahrtsausschusses. Für Robespierre war der Terror ein politisches Mittel, die Republik von allen tatsächlichen und möglichen Gegnern zu befreien. Meinungs-, Versammlungs- und Religionsfreiheit galten nicht mehr. Kirchen und Klöster wurden geschlossen und abgerissen, der christliche Glaube verfolgt und verhöhnt. Dagegen setzten Robespierre und seine Anhänger republikanische Vernunftkulte. Ein deutliches Zeichen für die „Zeitenwende" stellte die Einführung des republikanischen Kalenders im Oktober 1793 dar. Er folgte der Einführung des Dezimalsystems für Maße und Gewichte und ersetzte den siebentägigen christlichen Wochenrhythmus durch einen zehntägigen. Zum Jahr I der „einen und unteilbaren Republik" wurde rückwirkend der 22. September 1792 erklärt – am 21. September war die Monarchie abgeschafft worden; der Revolutionskalender galt bis zum 31. Dezember 1805.

▲ **Der ermordete Marat.**
Ölgemälde (165 x 128 cm) von Jacques-Louis David, 1793.
▪ *Analysieren Sie, mit welchen künstlerischen Mitteln Marat hier dargestellt wird.*

Maximilien de Robespierre (1754-1794, hingerichtet): Rechtsanwalt; Mitglied des Jakobinerklubs, Abgeordneter des Nationalkonvents und seit Juli im Wohlfahrtsausschuss tätig

„Die Revolution frisst, gleich Saturn, ihre eigenen Kinder" Denunziantentum und Spitzelwesen stützten den Polizei- und Justizterror. Alle überregionalen Klubs, die nicht zu den Jakobinergesellschaften gehörten, verbot der Sicherheitsausschuss. Zeugnisse der Staatsbürgertreue wurden obligatorisch und Hausdurchsuchungen alltäglich. Die Gefängnisse waren bald überfüllt und die Prozesse eine Farce. Die **Guillotine**, die „Sense der Gleichheit", wie der Volksmund sie nannte, wurde zum Inbegriff der „Schreckensherrschaft", und der girondistische Konventsabgeordnete *Pierre-Victurnien Vergniaud* meinte vor seiner Hinrichtung: „Die Revolution frisst, gleich Saturn, ihre eigenen Kinder." Die Verantwortlichen rechtfertigten ihre blutige Herrschaft durch das *„Grundgesetz der Revolutionsregierung"* (4. Dezember 1793). Bald fielen selbst Revolutionsanhänger wie Danton dem Terror zum Opfer. Aber auch Robespierre verlor durch den Terror seinen Rückhalt. Am 27. Juli 1794 (*9. Thermidor des Jahres II*) stürzte ihn eine Mehrheit

Guillotine: Hinrichtungsgerät, benannt nach dem Arzt Joseph Ignace Guillotin (1738-1834), der sich als Abgeordneter in der Konstituante für einen humaneren und für alle Stände gleichen Vollzug der Todesstrafe eingesetzt hatte des Parlaments, um die „Schreckensherrschaft“ zu beenden. Er und 105 seiner engsten Anhänger wurden ohne Prozess hingerichtet. Die Bilanz des Terrors: Landesweit waren von März 1793 bis Ende Juli 1794 etwa 500 000 Menschen verhaftet und circa 50 000 guillotiniert worden. Diese geschätzten Zahlen berücksichtigen die Toten der Aufstände nicht.

▲ **Hinrichtung mit der Guillotine.**
Zeichnung von Michael Welply, 2007.

Nach der „Schreckensherrschaft“ Die neue Regierung beseitigte Polizei- und Justizterror, Wirtschaftslenkung und Meinungsdruck schrittweise. Politische Gefangene wurden entlassen und die Jakobinerklubs geschlossen. Eine „Säuberung“ des öffentlichen Dienstes von Jakobinern begann. Die Not der städtischen Kleinbürger hielt allerdings an, denn die Lebensmittelpreise wurden wieder freigegeben und stiegen zusätzlich noch wegen der anhaltenden Inflation. Als die Sansculotten im Mai 1795 *„Brot und die Verfassung von 1793“* forderten und das Parlament bedrohten, beendeten regierungstreue Truppen diese letzte große Aktion der Sansculotten blutig.

Im August 1795 veröffentlichte der Nationalkonvent eine neue Verfassung; es war die dritte seit 1791 (▸ M6). Mit ihr wurde das Zensuswahlrecht wieder eingeführt. Danach erfüllten nur noch etwa 30 000 Franzosen die Voraussetzungen, um Wahlmänner zu werden und Abgeordnete wählen zu können.

Noch stärker als die vorhergehenden Regierungen versuchten die neuen Machthaber durch eine expansive Außenpolitik, die innenpolitische Misere auszugleichen. Sie ließen ihr Volksheer im Glauben an die Revolution und Nation gegen die stehenden Heere der traditionellen Mächte Europas marschieren. Mit Erfolg: Am Ende des *Ersten Koalitionskrieges* 1797 war das gesamte linksrheinische Gebiet erobert.

▲ **Olympe de Gouges.**
Diese Pastellminiatur von 1785 gilt als das einzige zuverlässige Porträt der 1748 geborenen Schriftstellerin und Frauenrechtlerin, die 1791 die „Erklärung der Rechte der Frau und Bürgerin“ (siehe M3, Seite 99 f.) verfasste.

Lesetipp
Paul Noack, Olympe de Gouges 1748-1793. Kurtisane und Kämpferin für die Rechte der Frau, München 1992

Die Revolution und die Frauen Mit dem Sturz der Girondisten im Juni 1793 endete auch der von wenigen Frauen und Männern geführte politische Dialog zwischen den Geschlechtern. Dabei hatten Frauen im revolutionären Alltag – wie der Zug der Marktfrauen nach Versailles zu Beginn der Revolution gezeigt hatte – eine wichtige Rolle übernommen. Sie demonstrierten gegen Missstände, entsandten Deputationen und meldeten sich mit Petitionen und Streitschriften zu Wort. Frauen organisierten sich teils in Volksgesellschaften der Männer, teils in eigenen Klubs. Nach Kriegsbeginn stellten sie freiwillige Frauenregimenter für den Kampf gegen die Feinde der Revolution auf. Trotzdem waren, sieht man von dem im September 1792 erlassenen Scheidungsrecht ab, Forderungen nach Verbesserung ihrer Stellung in Ehe und Familie, in Ausbildung und Berufsleben weitgehend unberücksichtigt geblieben. Von der Mitarbeit in den Kommunen und im Parlament blieben Frauen weiterhin ausgeschlossen.

Nach gewalttätigen Ausschreitungen verbot der Nationalkonvent im Oktober 1793 alle Frauenklubs. Danach wurde den Frauen auch das Petitionsrecht genommen und der Besuch des Parlaments sowie der Volksgesellschaften untersagt. Die gelenkte Presse verunglimpfte politisch aktive Frauen nun als „unweiblich“ und „blutrünstig“ und forderte sie auf, ihre republikanischen Aufgaben im Haushalt, in der Familie und bei der Erziehung der Kinder zu erfüllen. Es blieb nicht bei verbalen Diskriminierungen: Frauen wurden in Gefängnisse geworfen und starben auf dem Schafott. *Olympe de Gouges*, die in einem Manifest die freie Wahl des Volkes zwischen Monarchie, föderativer oder zentralistischer Republik verlangt hatte, wurde am 3. November 1793 wegen

▲ **Tanz um den Freiheitsbaum.**
Ölgemälde (19 x 30 cm) eines unbekannten Künstlers, um 1793.
Ab 1790 wurden in Frankreich „Freiheitsbäume" gesetzt. Man knüpfte damit – wie schon in den amerikanischen Kolonien – an die Tradition des Maibaumes an. Im Frühjahr 1792 standen in ganz Frankreich zehntausende solcher Bäume. Die Revolutionsheere brachten sie auch ins Rheinland. Dort wurden etwa 100 Freiheitsbäume errichtet. Das Bild zeigt vermutlich eine Szene, die in Aachen stattfand.
- *Beschreiben Sie die abgebildete Szene.*
- *Analysieren Sie die Symbole und die Zusammensetzung der Tanzenden.*
- *Arbeiten Sie den Standpunkt des Künstlers heraus.*

„Gefährdung der Volkssouveränität" hingerichtet. Madame *Manon Roland*, die mit einem führenden Girondisten verheiratet war und einen einflussreichen Salon geführt hatte, verurteilte ein Revolutionsgericht fünf Tage später wegen „Konspiration gegen die Republik und Entfachung des Bürgerkrieges" zum Tode.

Wirkung auf Deutschland Überall im territorial zersplitterten Heiligen Römischen Reich Deutscher Nation brachen mit den Nachrichten vom Sturm auf die Bastille alte sowie neue soziale, rechtliche und konfessionelle Konflikte aus. Es kam zu regional begrenzten Bauern- und Handwerkerunruhen in Baden, in der Pfalz, im Rheinland, in Kursachsen und in Schlesien sowie zu lokalen Aktionen in Trier, Köln, Göttingen, Hamburg, Nürnberg, Ulm und Reutlingen. Sie alle wurden mit Gewalt unterdrückt.

Der französische Versuch, die Gedanken der Aufklärung in praktische Politik umzusetzen, wurde zunächst von einem großen Teil des Bildungsbürgertums mit Sympathie verfolgt. Es entstanden ein ausgedehnter Revolutionstourismus nach Paris und eine breite Revolutionspublizistik. Zentren der intellektuellen Auseinandersetzung mit der Revolution waren die Universitäten, die höheren Schulen, Lesegesellschaften und Freimaurerlogen. In einigen deutschen Städten wurden auch politische Vereinigungen nach dem Vorbild der französischen Jakobinerklubs gegründet.

Nirgendwo sonst im Reich fanden die Ideen der Französischen Revolution eine so weite Verbreitung wie in Mainz. Angeregt von den Franzosen, die am 21. Oktober 1792

Internettipp
Ausführliche Informationen über die Hintergründe, den Verlauf und die Wirkung der Französischen Revolution finden Sie unter 32031-06.

Lesetipps
- *Wolfgang Kruse, Die Französische Revolution, Paderborn 2005*
- *Axel Kuhn, Die Französische Revolution, Stuttgart 2012*
- *Susanne Lachenicht, Die Französische Revolution, Darmstadt 2012*
- *Ernst Schulin, Die Französische Revolution, München [5]2013*
- *Hans-Ulrich Thamer, Die Französische Revolution, München [3]2009*

Napoleon Bonaparte (1769-1821): Er kämpfte zunächst gegen die Royalisten; kam dann 1799 durch einen Staatsstreich an die Regierung, krönte sich 1804 selbst zum Kaiser der Franzosen und nannte sich fortan Napoleon I.

Mainz besetzt hatten, und gefördert von dem kurz darauf gegründeten Jakobinerklub wurde in den von den alten Herrschern befreiten Gebieten Anfang 1793 ein *„Nationalkonvent der freien Deutschen diesseits des Rheins"* gewählt. Am 18. März riefen dessen Abgeordnete einen *„Rheinisch Deutschen Freistaat"* für das Gebiet zwischen Landau und Bingen aus. Doch der erste deutsche Versuch, eine auf Freiheit, Gleichheit und Eigentum beruhende demokratische Staats- und Gesellschaftsordnung einzuführen, scheiterte wenige Monate später – einerseits, weil die Franzosen begannen, das Land wirtschaftlich auszubeuten, andererseits, weil zur gleichen Zeit Rheinhessen und die Pfalz von österreichisch-preußischen Truppen zurückerobert wurden. Abgesehen davon hatte das Schicksal der französischen Flüchtlinge und die Hinrichtung Ludwigs XVI. den Kreis der deutschen Revolutionsanhänger nach 1793 stark schrumpfen lassen.

Unabhängig davon wurden in den deutschen Staaten zwischen 1790 und 1798/99 mehrere Verfassungen entworfen. Sie machen die intensive juristische Auseinandersetzung mit den Entwicklungen in den USA und Frankreich deutlich und begründen zugleich die demokratische Verfassungstradition in Deutschland (▸ M7).

Das „amtliche" Ende der Revolution In Paris brachen erneut Machtkämpfe aus, als sich militärische Rückschläge einstellten. In dieser Lage rief Sieyès, der Mann der ersten Stunde, den 30-jährigen, aus korsischem Kleinadel stammenden **Napoleon Bonaparte** zu Hilfe. Als siegreicher Oberbefehlshaber der Truppen in Italien war er zur unentbehrlichen Stütze der Machthaber geworden. Das hinderte Bonaparte nicht, die Regierung am 9. November 1799 (*18. Brumaire des Jahres VIII*) zu stürzen und den Widerstand des Parlaments mit Waffengewalt zu brechen. Ein Kollegium von drei Konsuln trat an die Stelle der alten Regierung. Bonaparte wurde Erster Konsul und ließ sich seine Stellung vom Volk bestätigen. Von über drei Millionen Stimmen wurden nur 1562 gegen ihn abgegeben – bei allerdings vier Millionen Enthaltungen. Danach erklärte er die Revolution für „amtlich beendet".

Das vermögende Bürgertum wurde damit letztlich zum Gewinner der Revolution. Es hatte von der Veräußerung der Nationalgüter am stärksten profitiert und den Adel endgültig aus wichtigen Positionen in Verwaltung und Militär verdrängt. Die städtischen Unterschichten und die kleinen Bauern gehörten zu den eigentlichen Verlierern der Revolution. Ihre soziale und politische Lage hatte sich nicht wesentlich verbessert.

M1 Vom Gesellschaftsvertrag

Einer der wirkungsmächtigsten Schriftsteller der Aufklärung ist der 1712 in Genf geborene Calvinist Jean-Jacques Rousseau. Er veröffentlicht 1762 in Amsterdam sein politisches Hauptwerk „Du contrat social ou principes du droit politique". Diese Schrift über die vertragstheoretische Grundlegung der Gesellschaft beginnt mit der Feststellung: „Der Mensch ist frei geboren, und überall liegt er in Ketten." Um ihn daraus zu befreien, schlägt Rousseau vor:

„Finde eine Form des Zusammenschlusses, die mit ihrer ganzen gemeinsamen Kraft die Person und das Vermögen jedes einzelnen Mitglieds verteidigt und schützt und durch die doch jeder, indem er sich mit allen vereinigt, nur sich selbst gehorcht und genauso frei bleibt wie zuvor." Das ist das grundlegende Problem, dessen Lösung der *Gesellschaftsvertrag* darstellt. [...]
Wenn man also beim *Gesellschaftsvertrag* von allem absieht, was nicht zu seinem Wesen gehört, wird man finden, dass er sich auf Folgendes beschränkt: Gemeinsam stellen wir alle, jeder von uns, seine Person und seine ganz Kraft unter die oberste Richtschnur des *Gemeinwillens*; und wir nehmen, als Körper, jedes Glied als untrennbaren Teil des Ganzen auf.
Dieser Akt des Zusammenschlusses schafft augenblicklich anstelle der Einzelperson jedes Vertragspartners eine sittliche Gesamtkörperschaft, die aus ebenso vielen Gliedern besteht, wie die Versammlung Stimmen hat, und die durch ebendiesen Akt ihre Einheit, ihr gemeinschaftliches Ich, ihr Leben und ihren Willen erhält. Diese öffentliche Person, die so aus dem Zusammenschluss aller zustande kommt, trug früher den Namen Polis, heute trägt sie den der Republik oder der staatlichen Körperschaft, die von ihren Gliedern Staat genannt wird, wenn sie passiv, Souverän, wenn sie aktiv ist, und Macht im Vergleich mit ihresgleichen. Was die Mitglieder betrifft, so tragen sie als Gesamtheit den Namen Volk, als Einzelne nennen sie sich Bürger, sofern sie Teilhaber der Souveränität, und Untertanen, sofern sie den Gesetzen des Staates unterworfen sind. [...]
Damit nun aber der Gesellschaftsvertrag keine Leerformel sei, schließt er stillschweigend jene Übereinkunft ein, die allein die anderen ermächtigt, dass, wer immer sich weigert, dem *Gemeinwillen* zu folgen, von der gesamten Körperschaft dazu gezwungen wird, was nichts anderes heißt, als dass man ihn zwingt, frei zu sein [...]. [...]
Aus dem Vorhergehenden folgt, dass der *Gemeinwille* immer auf [...] das öffentliche Wohl abzielt: woraus allerdings nicht folgt, dass die Beschlüsse des Volkes immer gleiche Richtigkeit haben. Zwar will man immer sein Bestes, aber man sieht es nicht immer. Verdorben wird das Volk niemals, aber oft wird es irregeführt, und nur dann scheint es das Schlechte zu wollen.
Es gibt oft einen beträchtlichen Unterschied zwischen dem *Gesamtwillen* und dem *Gemeinwillen*; dieser sieht nur auf das Gemeininteresse, jener auf das Privatinteresse und ist nichts anderes als eine Summe von Sonderwillen: Aber nimm von ebendiesen *das Mehr* und *das Weniger* weg, das sich gegenseitig aufhebt, so bleibt als Summe der Unterschiede der *Gemeinwille*. [...] Um wirklich die Aussage des *Gemeinwillens* zu bekommen, ist es deshalb wichtig, dass es im Staat keine Teilgesellschaften gibt und dass jeder Bürger nur seine eigene Meinung vertritt.

Jean-Jacques Rousseau, Gesellschaftsvertrag, übersetzt und hrsg. von Hans Brockard, Stuttgart 1977, S. 10, 21 und 30 ff.

▲ **Jean-Jacques Rousseau.**
Kupferstich, um 1753.

1. *Arbeiten Sie die Unterscheidung Rousseaus von Gesamtwillen und Gemeinwillen heraus.*
2. *Überprüfen Sie den Nutzen des Gesellschaftsvertrages für den Einzelnen und für die Gesamtheit aller Bürger.*
3. *Nehmen Sie vor dem Hintergrund pluralistischer Demokratiekonzeptionen (wie z. B. in der Bundesrepublik Deutschland) Stellung zu Rousseaus Entwurf eines Gemeinwesens.*

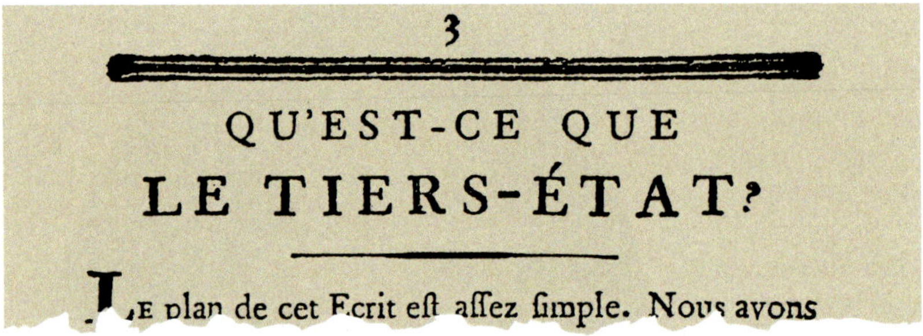
3

QU'EST-CE QUE
LE TIERS-ÉTAT?

Le plan de cet Ecrit eſt aſſez ſimple. Nous avons

▲ „Qu'est-ce que le tiers-état?"
Überschrift des ersten Kapitels der Schrift von Emmanuel Joseph Sieyès, um 1788/89.

M2 „Was ist der Dritte Stand?"

Der katholische Geistliche Emmanuel Joseph Sieyès, genannt Abbé Sieyès, verfasst Ende 1788 die Schrift „Qu'est-ce que le tiers-état?". Sie wird im Januar 1789 anonym veröffentlicht, erreicht eine Auflage von über 30000 Exemplaren und wird damit zur maßgeblichen „Kampfschrift" des Dritten Standes:

Der Plan dieser Schrift ist ganz einfach. Wir haben uns drei Fragen vorzulegen.

1. Was ist der Dritte Stand? ALLES.
2. Was ist er bis jetzt in der politischen Ordnung gewesen? NICHTS.
3. Was verlangt er? ETWAS ZU SEIN. [...]

Also, was ist der Dritte Stand? Alles, aber ein gefesseltes und unterdrücktes Alles. Was wäre er ohne den privilegierten Stand? Alles, aber ein freies und blühendes Alles. Nichts kann ohne ihn gehen; alles ginge unendlich besser ohne die anderen. [...]
Was ist eine Nation? Eine Körperschaft von Gesellschaftern, die unter einem gemeinschaftlichen Gesetz leben und durch dieselbe gesetzgebende Versammlung repräsentiert werden usw. [...]
Der Dritte Stand umfasst also alles, was zur Nation gehört; und alles, was nicht der Dritte Stand ist, kann sich nicht als Bestandteil der Nation ansehen. Was also ist der Dritte Stand? ALLES. [...]
Unter dem Dritten Stand muss man die Gesamtheit der Bürger verstehen, die dem Stand der gewöhnlichen Leute (l'ordre commun) angehören. Alles, was durch das Gesetz privilegiert ist, einerlei auf welche Weise, tritt aus der gemeinschaftlichen Ordnung heraus, macht eine Ausnahme für das gemeinschaftliche Gesetz und gehört folglich nicht zum Dritten Stand. [...]
Der Dritte Stand hat bis zur Stunde keine wahren Vertreter auf den Generalständen gehabt. Er hat also keinerlei politische Rechte. [...]
Was verlangt der Dritte Stand? Etwas zu werden.
[...] Man kann die wirklichen Forderungen des Dritten Standes nur nach den authentischen Beschwerden beurteilen, welche die großen Stadtgemeinden (municipalités) des Königreichs an die Regierung gerichtet haben. Was sieht man da? Dass das Volk etwas sein will, und zwar nur das Wenigste, was es sein kann. [...] Es will haben 1. echte Vertreter auf den Generalständen, das heißt Abgeordnete, die aus seinem Stand kommen und die fähig sind, die Interpreten seines Willens und die Verteidiger seiner Interessen zu sein. Was nützt es ihm, an den Generalständen teilzunehmen, wenn das dem seinen entgegengesetzte Interesse dort dominiert? [...] Es verlangt weiter 2. eine Zahl von Vertretern, die derjenigen ebenbürtig ist, welche die beiden anderen Stände zusammen besitzen. Diese Gleichheit der Vertretung wäre indessen völlig illusorisch, wenn jede Kammer eine eigene Stimme besäße. Der Dritte Stand verlangt deshalb 3., dass die Stimmen nach Köpfen und nicht nach Ständen gezählt werden. [...]
Ich bitte zu beachten, welch gewaltiger Unterschied zwischen der Versammlung des Dritten Standes und den Versammlungen der beiden anderen Stände besteht. Ersterer vertritt fünfundzwanzig Millionen Menschen und berät über die Interessen der Nation. Die beiden letzteren haben, sollten sie zusammentreten, nur die Vollmacht von ungefähr zweihunderttausend Einzelpersonen und denken nur an ihre Vorrechte. Man wird sagen, der Dritte Stand allein könne keine „Generalstände" bilden. Nun, umso besser, dann wird er eben eine „Nationalversammlung" bilden!

Eberhard Schmitt und Rolf Reichardt (Hrsg.), Emmanuel Joseph Sieyès. Politische Schriften 1788-1790, München/Wien ²1981, S. 119, 123-125, 127, 130, 131 und 180

1. *Erklären Sie, was die Ausführungen von Sieyès zu einer revolutionären „Kampfschrift" macht.*
2. *Arbeiten Sie Sieyès' Argumente dafür heraus, dass nur ein Stand die Nation vertreten könne.*
3. ✚ *Entwickeln Sie aus dem Beitrag eine Definition des Begriffes „Nation".*

M3 Menschenrechte für alle?

Die „Erklärung der Menschen- und Bürgerrechte" wird am 26. August 1789 von der Verfassunggebenden Versammlung (Konstituante) verkündet und der Verfassung von 1791 vorangestellt (linke Spalte). In Anlehnung an dieses Dokument veröffentlicht 1791 die 43-jährige Schriftstellerin Olympe de Gouges eine „Erklärung der Rechte der Frau und Bürgerin" (rechte Spalte):

Da die Vertreter des französischen Volkes, als Nationalversammlung eingesetzt, erwogen haben, dass die Unkenntnis, das Vergessen oder die Verachtung der Menschenrechte die einzigen Ursachen des öffentlichen Unglücks und der Verderbtheit der Regierungen sind, haben sie beschlossen, die natürlichen und unveräußerlichen und heiligen Rechte der Menschen in einer feierlichen Erklärung darzulegen, damit diese Erklärung allen Mitgliedern der Gesellschaft beständig vor Augen ist und sie unablässig an ihre Rechte und Pflichten erinnert; damit die Handlungen der Gesetzgebenden wie der Ausübenden Gewalt in jedem Augenblick mit dem Endzweck jeder politischen Einrichtung verglichen werden können und dadurch mehr geachtet werden; damit die Ansprüche der Bürger, fortan auf einfache und unbestreitbare Grundsätze begründet, sich immer auf die Erhaltung der Verfassung und das Allgemeinwohl richten mögen. Infolgedessen erkennt und erklärt die Nationalversammlung in Gegenwart und unter dem Schutze des Allerhöchsten folgende Menschen- und Bürgerrechte:

Artikel 1

Die Menschen sind und bleiben von Geburt frei und gleich an Rechten. Soziale Unterschiede dürfen nur im gemeinen Nutzen begründet sein.

Artikel 2

Das Ziel jeder politischen Vereinigung ist die Erhaltung der natürlichen und unveräußerlichen Menschenrechte. Diese Rechte sind Freiheit, Eigentum, Sicherheit und Widerstand gegen Unterdrückung. [...]

Artikel 4

Die Freiheit besteht darin, alles tun zu können, was einem anderen nicht schadet. So hat die Ausübung der natürlichen Rechte eines jeden Menschen nur die Grenzen, die den anderen Gliedern der Gesellschaft den Genuss der gleichen Rechte sichern. Diese Grenzen können allein durch Gesetz festgelegt werden. [...]

Artikel 6

Das Gesetz ist der Ausdruck des allgemeinen Willens. Alle Bürger haben das Recht, persönlich oder durch ihre Vertreter

Wir, die Mütter, Töchter, Schwestern, Vertreterinnen der Nation, verlangen in die Nationalversammlung aufgenommen zu werden. In Anbetracht dessen, dass Unkenntnis, Vergessen oder Missachtung der Rechte der Frauen die alleinigen Ursachen öffentlichen Elends und der Korruptheit der Regierungen sind, haben wir uns entschlossen, in einer feierlichen Erklärung die natürlichen, unveräußerlichen und heiligen Rechte der Frau darzulegen, damit diese Erklärung allen Mitgliedern der Gesellschaft ständig vor Augen ist und sie unablässig an ihre Rechte und Pflichten erinnert; damit die Machtausübung von Frauen ebenso wie jene von Männern jederzeit und somit auch mehr geachtet werden kann; damit die Beschwerden von Bürgerinnen, nunmehr gestützt auf einfache und unangreifbare Grundsätze, sich immer zur Erhaltung der Verfassung, der guten Sitten und zum Wohl aller auswirken mögen.
Das an Schönheit wie Mut im Ertragen der Mutterschaft überlegene Geschlecht anerkennt und erklärt somit, in Gegenwart und mit dem Beistand des Allmächtigen, die folgenden Rechte der Frau und Bürgerin:

Artikel I

Die Frau ist frei geboren und bleibt dem Manne gleich in allen Rechten. Die sozialen Unterschiede können nur im allgemeinen Nutzen begründet sein.

Artikel II

Ziel und Zweck jedes politischen Zusammenschlusses ist der Schutz der natürlichen und unveräußerlichen Rechte sowohl der Frau als auch des Mannes. Diese Rechte sind: Freiheit, Sicherheit, das Recht auf Eigentum und besonders das Recht auf Widerstand gegen Unterdrückung. [...]

Artikel IV

Freiheit und Gerechtigkeit besteht darin, den anderen zurückzugeben, was ihnen zusteht. So wird die Frau an der Ausübung ihrer natürlichen Rechte nur durch die fortdauernde Tyrannei, die der Mann ihr entgegensetzt, gehindert. Diese Schranken müssen durch Gesetz der Natur und Vernunft revidiert werden. [...]

Artikel VI

Das Gesetz sollte Ausdruck des allgemeinen Willens sein. Alle Bürgerinnen und Bürger sollen persönlich oder durch ihre

[Erklärung von 1789]

an seiner Formung mitzuwirken. Es soll für alle gleich sein, mag es beschützen, mag es bestrafen. Da alle Bürger in seinen Augen gleich sind, sind sie gleicherweise zu allen Würden, Stellungen und Beamtungen nach ihrer Fähigkeit zugelassen ohne einen anderen Unterschied als den ihrer Tugenden und ihrer Talente.

Artikel 7
Jeder Mensch kann nur in den durch das Gesetz bestimmten Fällen und in den Formen, die es vorschreibt, angeklagt, verhaftet und gefangen gehalten werden. [...]

Artikel 10
Niemand soll wegen seiner Meinung, selbst religiöser Art, beunruhigt werden, solange ihre Äußerungen nicht die durch das Gesetz festgelegte öffentliche Ordnung stören.

Artikel 11
Die freie Mitteilung der Gedanken und Meinungen ist eines der kostbarsten Menschenrechte. Jeder Bürger kann also frei schreiben, reden, drucken unter Vorbehalt der Verantwortlichkeit für den Missbrauch dieser Freiheit in den durch Gesetz bestimmten Fällen. [...]

Artikel 17
Da das Eigentum ein unverletzliches und heiliges Recht ist, kann es niemandem genommen werden, wenn es nicht die gesetzlich festgelegte, öffentliche Notwendigkeit augenscheinlich erfordert und unter der Bedingung einer gerechten und vorherigen Entschädigung.

[Olympe de Gouges von 1791]

Vertreter an seiner Gestaltung mitwirken. Es muss für alle das Gleiche sein. Alle Bürgerinnen und Bürger, die gleich sind vor den Augen des Gesetzes, müssen gleichermaßen nach ihren Fähigkeiten, ohne andere Unterschiede als die ihrer Tugenden und Talente, zu allen Würden, Ämtern und Stellungen im öffentlichen Leben zugelassen werden.

Artikel VII
Für Frauen gibt es keine Sonderrechte; sie werden verklagt, in Haft genommen und gefangen gehalten in den durch das Gesetz bestimmten Fällen. Frauen unterstehen wie Männer den gleichen Strafgesetzen. [...]

Artikel X
Niemand darf wegen seiner Meinung, auch wenn sie grundsätzlicher Art ist, verfolgt werden. Die Frau hat das Recht, das Schafott zu besteigen. Sie muss gleichermaßen das Recht haben, die Tribüne zu besteigen, vorausgesetzt, dass ihre Handlungen und Äußerungen die vom Gesetz gewahrte öffentliche Ordnung nicht stören.

Artikel XI
Die freie Gedanken- und Meinungsäußerung ist eines der kostbarsten Rechte der Frau, denn diese Freiheit garantiert die Vaterschaft der Väter an ihren Kindern. Jede Mutter kann folglich in aller Freiheit sagen: „Ich bin die Mutter eines Kindes, das du gezeugt hast", ohne dass ein barbarisches Vorurteil sie zwingt, die Wahrheit zu verschleiern. [...]

Artikel XVII
Das Eigentum gehört beiden Geschlechtern vereint oder einzeln. Jede Person hat darauf ein unverletzliches und heiliges Anrecht. Niemandem darf es als wahres Erbteil der Nation vorenthalten werden, es sei denn, eine öffentliche Notwendigkeit, die gesetzlich festgelegt ist, mache es augenscheinlich erforderlich, jedoch unter der Voraussetzung einer gerechten und vorher festgesetzten Entschädigung.

Ute Gerhard, Menschenrechte – Frauenrechte 1789, in: Viktoria Schmidt-Linsenhoff (Hrsg.), Sklavin oder Bürgerin? Französische Revolution und Neue Weiblichkeit 1760-1830, Frankfurt am Main 1989, S. 68-72

1. *Erläutern Sie die Funktion der Präambeln beider Erklärungen.*
2. *Geben Sie die wesentlichen Rechte, die den Bürgern nach den jeweiligen Texten eingeräumt werden, wieder.*
3. *Leiten Sie aus diesen Rechten bzw. Forderungen möglicherweise bestehende Missstände ab.*
4. *Die Forderungen von Olympe de Gouges sind unseren heutigen Vorstellungen näher. Prüfen Sie diese These.*

M4 „Macht alle gleich!"

In Paris beschließen die Sansculotten am 2. September 1793 folgende Adresse an den Nationalkonvent:

Abgeordnete des Volkes!

[...] Beeilt euch, den Preis der Grundnahrungsmittel unverrückbar festzusetzen, ebenso den der Rohstoffe, den Arbeitslohn, die Industrieprofite und die Handelsgewinne; ihr habt dazu das Recht und die Macht ... „Aber wie!" werden euch die Aristokraten, die Royalisten, die Gemäßigten, die Ränkeschmiede sagen. „Heißt das nicht Hand an das Eigentum legen, das heilig sein soll und unverletzlich?" [...] Zweifellos; aber wissen sie nicht, diese Schurken, wissen sie nicht, dass Eigentum nur soweit gut ist, als es den Bedarf des Einzelnen befriedigt? Wissen sie nicht, dass keiner das Recht hat, etwas zu tun, was dem anderen schaden kann? Was gibt es Schändlicheres, als willkürlich einen Preis für die Lebensmittel zu verlangen, den sieben Achtel der Bürger nicht aufbringen können? [...]

2. Alle Grundnahrungsmittel sind unveränderlich auf den Preis der sogenannten „früheren Jahre" 1789 bis 1790 festzusetzen, jedoch in Ansehung ihrer unterschiedlichen Qualität.

3. Ebenso sollen die Rohstoffpreise festgesetzt werden, und zwar so, dass die Industrieprofite, die Arbeitslöhne und die Handelsgewinne durch Gesetz in Grenzen gehalten werden und den gewerblichen Arbeiter, den Bauer und den Kaufmann in die Lage versetzen, sich nicht nur die Dinge zu verschaffen, die er zum Leben braucht, sondern auch all das, was es ihm angenehm machen kann. [...]

8. Es soll ein Maximum für Vermögen festgesetzt werden. [...]

11. Ein Bürger soll nicht mehr als eine Werkstatt oder einen Laden besitzen dürfen. [...]

Walter Markov, Revolution im Zeugenstand. Frankreich 1789-1799, Bd. 2: Gesprochenes und Geschriebenes, Leipzig [2]1986, S. 489 f.

1. *Charakterisieren Sie das Wirtschaftsmodell, das die Sansculotten fordern.*
2. *Überprüfen Sie, ob die Forderungen mit Artikel 4 der Erklärung der Menschenrechte (M3, Seite 99) vereinbar sind.*

M5 „Gesetz über die Verdächtigen"

Der „Große Terror" beginnt für viele Historiker mit diesem Gesetz vom 17. September 1793:

Artikel 2. Als Verdächtige gelten: **1.** alle, die sich durch ihr Verhalten, ihre Beziehungen oder ihre in Wort oder Schrift geäußerten Ansichten als Anhänger der Tyrannei, des Föderalismus[1] und als Feinde der Freiheit erwiesen haben; **2.** alle, die sich nicht auf die durch das Gesetz vom 21. März dieses Jahres vorgeschriebene Weise über die Mittel ihrer Existenz und die Erfüllung ihrer Bürgerpflichten ausweisen können; **3.** alle, denen die Beglaubigung der Staatsbürgertreue verweigert worden ist; **4.** durch den Nationalkonvent oder seine Kommissare von ihren Ämtern suspendierte oder abgesetzte und nicht wieder eingesetzte öffentliche Beamte, namentlich diejenigen, die kraft des Gesetzes vom 12. August dieses Jahres abgesetzt worden sind oder noch abgesetzt werden müssen; **5.** jene unter den ehemaligen Adligen, ob Männer, Frauen, Väter, Mütter, Söhne oder Töchter, Brüder oder Schwestern wie auch Bevollmächtigte von Emigranten, die nicht beständig ihre Verbundenheit mit der Revolution kundgetan haben; **6.** alle, die in dem Zeitraum zwischen dem 1. Juli 1789 und der Verkündung des Gesetzes vom 8. April 1792 emigriert sind, auch wenn sie in der von diesem Gesetz bestimmten Frist oder davor nach Frankreich zurückgekehrt sein sollten.

Walter Markov, a. a. O., S. 499 f.

1. *Nehmen Sie zu dem Gesetz Stellung. Beachten Sie dabei, dass die Mehrheit des Nationalkonvents dafür stimmte.*
2. *In der Auseinandersetzung zwischen der städtischen Volksbewegung und den Girondisten (siehe M4 und M5) sieht die marxistisch geprägte Revolutionsgeschichtsschreibung den Beginn eines Klassenkampfes zwischen „Bourgeoisie" und „Proletariat". Erläutern Sie diese Vorstellung. Berücksichtigen Sie dazu auch den Theorie-Baustein „Revolution" (siehe M2, Seite 105 f.).*

[1] Als Parteigänger des Föderalismus galten alle, die die Einheit der Republik infrage stellten.

M6 Staatsform und Wahlrecht von 1789 bis 1795

Zwischen 1789 und 1799 werden in Frankreich vier Verfassungen verabschiedet. Sie alle dokumentieren unterschiedliche Stadien der Revolution und sind Ausdruck eines intensiven Erfahrungs- und Lernprozesses.

	Ancien Régime (Wahlordnung von 1789)	Verfassung von 1791	Verfassung von 1793 (trat nicht in Kraft)	Verfassung von 1795
Regierungsform	absolutistische Monarchie	konstitutionelle Monarchie	Republik	Republik
Staatsoberhaupt	König	König	–	5 Direktoren
Vertretungssystem	Generalstände (beratende Funktion) 1. Stand: ca. 300 Vertreter 2. Stand: ca. 300 Vertreter 3. Stand: ca. 600 Vertreter	Nationalversammlung für 2 Jahre (etwa 745 Vertreter aus 83 Départements)	Nationalrepräsentation für 1 Jahr (je 1 Abgeordneter auf 40 000 Einwohner, 749 Abgeordnete, zuzüglich 28 aus den Kolonien)	– Rat der Alten (250 Mitglieder) – Rat der Fünfhundert (beide Räte wurden alljährlich zu einem Drittel erneuert)
Wahlverfahren	nach Ständen	indirekt	direkt	indirekt
Wahlberechtigung (in den Urversammlungen)	– Männer (beim Adel auch Frauen) – 25 Jahre – Eintragung in die Steuerliste	– Männer – 25 Jahre – fester Wohnsitz seit einem Jahr – weder Tagelöhner noch Dienstleute – Steuerleistung im Wert von 3 Arbeitstagen – Mitglied der Nationalgarde – Bürgereid	– Männer – 21 Jahre – ein Jahr in Frankreich	– Männer – 21 Jahre – ein Jahr in Frankreich und/oder (ehemaliger) Soldat – Jungwähler sollten lesen und schreiben können und einer qualifizierten Arbeit nachgehen
Voraussetzungen, um als Wahlmann bestellt zu werden	–	– aktives Bürgerrecht – 25 Jahre	–	– aktives Bürgerrecht – 25 Jahre
Eigentum/Einkommen im Wert von				
– in Städten über 6 000 Einwohner		– 200 Arbeitstagen		– 100 Arbeitstagen
– in Städten unter 6 000 Einwohner		– 100-150 Arbeitstagen		– 150 Arbeitstagen
– auf dem Land		– ca. 150 Arbeitstagen		– 150-200 Arbeitstagen
Zahl der Wahlmänner	–	etwa 45 000	–	etwa 30 000
Voraussetzungen, um als Abgeordneter gewählt zu werden	–	aktives Bürgerrecht	aktives Bürgerrecht	Rat der Fünfhundert: – 30 Jahre – fester Wohnsitz seit 10 Jahren Rat der Alten: – 40 Jahre – fester Wohnsitz seit 15 Jahren

1. *Vergleichen Sie die vier Verfassungen hinsichtlich der politischen Teilhaberechte der Bevölkerung.*
2. *Erklären Sie das unterschiedliche Ausmaß der Teilhaberechte.*
3. *Arbeiten Sie heraus, welche Interessen welcher gesellschaftlicher Gruppen Niederschlag in den jeweiligen Verfassungen gefunden haben.*

M7 Ein Verfassungsentwurf für Deutschland von 1798/99

Der „Entwurf einer republikanischen Verfassungsurkunde, wie sie in Deutschland taugen möchte" wird im Sommer 1798 verfasst und ein Jahr später gedruckt. Er umfasst über 500 Artikel, ist von der französischen Verfassung von 1795 beeinflusst worden (siehe M6) und findet am Oberrhein, in Baden und Württemberg großes Interesse. Der oder die Verfasser sind bis heute nicht eindeutig nachgewiesen.

Zweiter Teil. Grundartikel der Verfassung des deutschen Freistaates

1. Die deutsche Völkerschaft ist ihr einziger Oberherr. Sie verfasset und vollziehet ihre Gesetze und strafet die Übertreter derselben.
2. Sie bildet einen einzigen unzerteilbaren Körper unter einem und demselben Gesetze; keine Abteilung derselben hat eine abgesonderte Gewalt. Sie ist der eine und unzerteilbare deutsche Freistaat.
3. Keine Macht und kein Ausspruch kann je einen Teil von ihr trennen. [...]

16. Die Mehrheit der Stimmen drückt die Annahme und den Willen des deutschen Volkes aus. Dieses will allemal, was der Erhaltung der menschlichen Gesellschaftsrechte und der Grundartikel seiner Verfassung gedeihlich ist. [...]

48. Die Gesetze, Urteile und Verfügungen, die nicht zur Erhaltung der menschlichen Gesellschaftsrechte und der Grundartikel der deutschen Verfassung beitragen oder derselben entgegenstehen, sind ungiltig. [...]

81. Die Freiheit der Meinungen ist unantastbar, soweit sie sich mit der Ruhe, Ordnung, dem Wohl des Staats, den Menschen- und Gesellschaftsrechten und Grundartikeln der Verfassung vertragen. [...]

Dritter Teil. Verfassungsform. Zweiter Abschnitt: Bürgerlicher Zustand der Staatsglieder

1. Jeder ist des ganzen Freistaates und nicht besonderer Kreise, Bezirke oder Gemeinden Bürger.
2. Jeder deutsche Bürger [...] ist im ganzen Umfange des Freistaates zu allen Ämtern stimm- und wahlfähig.
3. Deutscher Bürger ist, wer einen Nahrungszweig hat, republikanisch denkt und
   a) in einem deutschen Kreise oder von einem Vater oder einer Mutter geboren ist, die wirklich noch deutsche Bürger sind, oder
   b) ein Jahr lang in Deutschland ein erlaubtes Gewerbe getrieben oder der Wissenschaften oder Künste gepflogen hat und giltige Beweise von seiner guten Aufführung aufweisen kann [...], oder
   c) eine nützliche Erfindung oder Entdeckung in den Freistaat gebracht oder dem Staate andere nützliche Dienste geleistet und seine Ergebenheit an denselben tätig bewiesen hat, oder
   d) sich durch eine schöne Tat auszeichnet, oder [...]
   g) sich um die Menschheit, um die Sache der Freiheit und Gleichheit verdient gemacht und sich niemals als Feind des deutschen Freistaates bewiesen hat.
4. Deutscher Bürger kann nicht sein:
   a) Wer wegen seines Hasses gegen Freiheit und Gleichheit und Menschenrechte seinen Geburts- oder Aufenthaltsort verließ oder verlassen musste; [...]
   c) wer Gesinnungen heget, die nicht mit den Grundsätzen von Freiheit und Gleichheit übereinstimmen [...].

Horst Dippel (Hrsg.), Die Anfänge des Konstitutionalismus in Deutschland. Texte deutscher Verfassungsentwürfe am Ende des 18. Jahrhunderts, Frankfurt am Main 1991, S. 184-187, 190 und 192 f.

1. *Fassen Sie die hier ausgewählten demokratischen Elemente des Verfassungsentwurfs zusammen.*
2. *Erklären Sie den Begriff „Freistaat".*
3. *Vergleichen Sie die Bestimmungen zum Staatsbürgerrecht aus dem Verfassungsentwurf mit dem Grundgesetz für die Bundesrepublik Deutschland.*
4. *Überprüfen Sie, ob die Bestimmungen mit den Menschen- und Bürgerrechten von 1789 (siehe M3, Seite 99 f.) vereinbar sind.*

Kompetenz:
Theoretische Vorstellungen über Revolutionen analysieren und beurteilen

Revolutionärer Wandel

Revolutionen sind ganz besondere Formen des geschichtlichen Wandels. Sie unterscheiden sich von lang dauernden, evolutionären Prozessen durch schnelle und radikale, stark beschleunigte Veränderungen in Politik, Recht, Gesellschaft, Wirtschaft, Kultur und Technik (▶ M1). Der aus der Astronomie stammende Begriff „Revolution" wird erst seit dem 17. Jahrhundert auf die Geschichte angewendet, zunächst im Sinne des Wortes als „Wiederkehr", dann als „Umwälzung" bzw. „Wiederherstellung" alter Rechte und Zustände. Erst mit der Amerikanischen und der Französischen Revolution (▶ M3) erfuhr das Wort seine heutige Bedeutung eines abrupten Wandels, der meist politische Freiheiten und soziale Fortschritte bringen soll. Beide Revolutionen beeinflussten die sozialen, nationalen und rechtlichen Forderungen auch späterer Revolutionen.

Mit der Suche nach Ursachen und Gründen für den revolutionären Wandel befasst sich die Revolutionstheorie. Sie analysiert das Besondere dieser Form des Wandels, nicht nur, um ihn zu erklären, sondern auch, um ihn zukünftig beeinflussen zu können. Ein Beispiel dafür ist die Gesellschafts- und Revolutionsanalyse von *Karl Marx* und *Friedrich Engels* (▶ M2).

Heute erarbeiten Sozialwissenschaftler, Politologen und Historiker überprüfbare Kriterien, um revolutionären Wandel beschreiben, analysieren und beurteilen zu können (▶ M4). Bei der Bewertung von Revolutionen nehmen in demokratisch verfassten Gesellschaften die während der Amerikanischen und Französischen Revolution verkündeten Menschen- und Bürgerrechte einen besonderen Stellenwert ein. Auf sie setzten noch 1989/90 viele Menschen in der DDR sowie den autoritären und diktatorischen Staaten Ost- und Mitteleuropas, um einen revolutionären politischen Wandel mit friedlichen Mitteln zu erreichen. Ihre Erfolge ließen die berechtigte Frage aufkommen, ob die Anwendung von Gewalt wirklich ein fester Bestandteil aller Revolutionen sei.

M1 Was sind Revolutionen?

Der Kölner Historiker Theodor Schieder definiert den Begriff „Revolution" 1972 so:

Je größer der Anwendungsbereich eines Begriffs wird, desto schwieriger ist es, seinen spezifischen Gehalt zu bestimmen. Dies gilt auch für den Begriff „Revolution". Man wird sich daher im einzelnen Fall einer Revolution an die Ereignisse zu halten haben, die im Geschehensablauf durch relativ feste Daten oder Datenketten markiert sind. Diese Ereignisse spielen sich in der Regel innerhalb der politischen Institutionen ab, erfassen aber je nach ihrer Komplexität gesellschaftliche, kulturell-ideologische, materielle Lebensbereiche. Diese Komplexität ist es, die revolutionäre Ereignisse nach ihrer historischen Bedeutung unterscheiden lässt: Ein *Staatsstreich* führt beispielsweise nur einen irregulären Regierungswechsel oder – in der Monarchie – eine irreguläre Erbfolge herbei, ohne an der Grundstruktur eines politischen und sozialen Systems etwas zu ändern. [...] *Rebellionen* können als Form der Wiederherstellung einer bestimmten politischen Struktur und Sozialstruktur, als Akt sozialer Chirurgie verstanden werden, mit dem eine durch Machtmissbrauch von Einzelnen oder ganzen Schichten gestörte Ordnung restituiert[1] wird. In der modernen Revolutionssoziologie unterscheidet man solche Vorgänge auf drei Ebenen – auf der Ebene 1. der *Regierung*, 2. der *Regierungsform* und 3. der *Gesellschaftsverfassung* – und bemisst danach den Wirkungsgrad und die Stufe einer revolutionären Aktion. [...]

Die großen modernen Revolutionen sind insofern Totalrevolutionen, als von ihnen alle Bereiche erfasst und in verschiedenem Grad dauerhaft umgeformt wurden. Ihnen kommt auch Ausstrahlung über ihren nationalen Ursprungsherd hinaus zu.

Theodor Schieder, Artikel „Revolution", in: C. D. Kernig (Hrsg.), Sowjetsystem und demokratische Gesellschaft. Eine vergleichende Enzyklopädie, Bd. V, Freiburg/Basel/Wien 1972, Sp. 696

1. *Beschreiben Sie die von Schieder genannten Typen des schnellen Wandels. Notieren Sie dazu die jeweiligen Charakteristika in einem Schaubild.*
2. *Erläutern Sie Schieders Modell, indem Sie selbst gewählte historische Beispiele untersuchen.*
3. *Entwickeln Sie eine eigene Definition des Begriffes „Revolution".*

[1] **restituieren**: zurückgeben; hier im Sinne von wiederherstellen

M2 „Ein Gespenst geht um in Europa – das Gespenst des Kommunismus“

Karl Marx und Friedrich Engels schreiben vom Dezember 1847 bis Januar 1848 im Auftrag des „Bundes der Kommunisten“ das „Manifest der Kommunistischen Partei“; in ihrer „Kampfschrift“ heißt es:

Es ist hohe Zeit, dass die Kommunisten ihre Anschauungsweise, ihre Zwecke, ihre Tendenzen vor der ganzen Welt offen darlegen und dem Märchen vom Gespenst des Kommunismus ein Manifest der Partei selbst entgegenstellen. [...]

Bourgeois und Proletarier[1]

Die Geschichte aller bisherigen Gesellschaft ist die Geschichte von Klassenkämpfen. Freier und Sklave, Patrizier und Plebejer, Baron und Leibeigener, Zunftbürger und Gesell, kurz, Unterdrücker und Unterdrückte standen in stetem Gegensatz zueinander, führten einen ununterbrochenen, bald versteckten, bald offenen Kampf, einen Kampf, der jedesmal mit einer revolutionären Umgestaltung der ganzen Gesellschaft endete oder mit dem gemeinsamen Untergang der kämpfenden Klassen. [...]
Die aus dem Untergange der feudalen Gesellschaft[2] hervorgegangene moderne bürgerliche Gesellschaft hat die Klassengegensätze nicht aufgehoben. Sie hat nur neue Klassen, neue Bedingungen der Unterdrückung, neue Gestaltungen des Kampfes an die Stelle der alten gesetzt.
Unsere Epoche, die Epoche der Bourgeoisie, zeichnet sich jedoch dadurch aus, dass sie die Klassengegensätze vereinfacht hat. Die ganze Gesellschaft spaltet sich mehr und mehr in zwei große feindliche Lager, in zwei große, einander direkt gegenüberstehende Klassen: Bourgeoisie und Proletariat. [...]
Jede dieser Entwicklungsstufen der Bourgeoisie war begleitet von einem entsprechenden politischen Fortschritt. [...] Die Bourgeoisie hat in der Geschichte eine höchst revolutionäre Rolle gespielt. [...]

▸ **Titelblatt des „Manifestes“.**
Im Februar 1848 erschien das „Manifest“ ohne Angabe der Verfasser in London in einer Auflage von nur 500 Exemplaren, weitere Auflagen folgten. Eine größere Leserschaft fand es erst in den 1870er-Jahren durch die Sozialdemokraten. Inzwischen zählt diese „Kampfschrift“ zu den häufigsten gedruckten Büchern der Welt.

Das Bedürfnis nach einem stets ausgedehnteren Absatz für ihre Produkte jagt die Bourgeoisie über die ganze Erdkugel. [...] In demselben Maße, worin sich die Bourgeoisie, d.h. das Kapital, entwickelte, in demselben Maße entwickelte sich das Proletariat. [...] Aber mit der Entwicklung der Industrie vermehrt sich nicht nur das Proletariat; es wird in größeren Massen zusammengedrängt, seine Kraft wächst, und es fühlt sie mehr. [...] [Die Bourgeoisie] produziert vor allem ihren eigenen Totengräber.

Proletarier und Kommunisten

[...] Der erste Schritt in der Arbeiterrevolution [ist] die Erhebung des Proletariats zur herrschenden Klasse, die Erkämpfung der Demokratie. [...] Das Proletariat wird seine politische Herrschaft dazu benutzen, der Bourgeoisie nach und nach alles Kapital zu entreißen, alle Produktionsinstrumente in den Händen des Staats, d.h. des als herrschende Klasse organisierten Proletariats, zu zentralisieren und die Masse der Produktionskräfte möglichst rasch zu vermehren. [...]
An die Stelle der alten bürgerlichen Gesellschaft mit ihren Klassen und Klassengegensätzen tritt eine Assoziation[3], worin die freie Entwicklung eines jeden die Bedingung für die freie Entwicklung aller ist. [...]
Mit einem Wort, die Kommunisten unterstützen überall jede revolutionäre Bewegung gegen die bestehenden gesellschaftlichen und politischen Zustände. [...]
Die Kommunisten verschmähen es, ihre Ansichten und Absichten zu verheimlichen. Sie erklären es offen, dass ihre Zwecke nur erreicht werden können durch den gewaltsamen Umsturz aller bisherigen Gesellschaftsordnung. Mögen die

[1] „Unter **Bourgeoisie** wird die Klasse der modernen Kapitalisten verstanden, die Besitzer der gesellschaftlichen Produktionsmittel sind und Lohnarbeit ausnutzen. Unter **Proletariat** die Klasse der modernen Lohnarbeiter, die, da sie keine eigenen Produktionsmittel besitzen, darauf angewiesen sind, ihre Arbeitskraft zu verkaufen, um leben zu können.“ Fußnote von Engels zur englischen Ausgabe von 1888.

[2] **Feudalismus**: In dieser Gesellschaftsordnung des Mittelalters und der Frühen Neuzeit übt der adlige Lehnsherr richterliche, politische und militärische Herrschaftsfunktionen aus. Bürger und Bauern, der „Dritte Stand“, genießen den Schutz des Lehnsherrn, sind ihm aber zu Diensten und Abgaben verpflichtet und unterstehen seiner Herrschaft.

[3] **Assoziation**: im Sinne von Marx und Engels freiwillige Verbindung aller Gesellschaftsmitglieder, nicht nur einer gesellschaftlichen Teilgruppe

herrschenden Klassen vor einer kommunistischen Revolution zittern. Die Proletarier haben nichts in ihr zu verlieren als ihre Ketten. Sie haben eine Welt zu gewinnen.
Proletarier aller Länder, vereinigt euch!

Theo Stammen und Alexander Classen (Hrsg.), Karl Marx: Das Manifest der kommunistischen Partei, Paderborn 2009, S. 66-69, 72, 74, 77, 84-86, 96 und 207

1. ➕ *Beschreiben Sie mithilfe eines Schaubildes das Revolutionsverständnis von Marx und Engels. Unterscheiden Sie dabei die verschiedenen Phasen der revolutionären Entwicklung.*
2. *Setzen Sie die Merkmale der bürgerlichen, sozialistischen und kommunistischen Gesellschaft zueinander in Beziehung.*
3. *Erläutern Sie, warum Revolutionen nach Marx und Engels gesetzmäßig sind.*
4. *Nehmen Sie Stellung zum Demokratieverständnis von Marx und Engels (siehe bes. Zeilen 44ff.). Grenzen Sie es vom heutigen Demokratieverständnis ab.*

M3 Reformen können gefährlich sein

Der französische Schriftsteller und Politiker Alexis de Tocqueville analysiert in den 50er-Jahren des 19. Jahrhunderts die Ursachen der Französischen Revolution und verallgemeinert seine Untersuchung zu folgender grundsätzlichen Hypothese:

Man gelangt nicht immer nur dann zur Revolution, wenn eine schlimme Lage zur schlimmsten wird. Sehr oft geschieht es, dass ein Volk, das die erdrückendsten Gesetze ohne Klage und gleichsam, als fühlte es sie nicht, ertragen hatte, diese gewaltsam beseitigt, sobald ihre Last sich vermindert. Die Regierung, die durch eine Revolution vernichtet wird, ist fast stets besser als die unmittelbar voraufgegangene, und die Erfahrung lehrt, dass der gefährlichste Augenblick für eine schlechte Regierung der ist, wo sie sich zu reformieren beginnt.

Alexis de Tocqueville, Der alte Staat und die Revolution, hrsg. von Jacob Peter Mayer, Reinbek 1969, S. 153

1. ➕ *Vergleichen Sie die Bedeutung von Revolutionen für Tocqueville und Marx / Engels (M2).*
2. *Überprüfen Sie Tocquevilles Aussage über Revolutionen auf der Grundlage Ihres Wissens über die Französische Revolution. Beziehen Sie sich auch – auf Grundlage eigener Recherche – auf die russische Revolution von 1917.*

M4 Über Ursachen von Revolutionen

Der an der School of Public Policy der George Mason University in Virginia lehrende Jack A. Goldstone nennt 1991 folgende zusammenwirkende Trends für die Zusammenbrüche von Staaten:

1. Zunehmender Druck auf die Staatsfinanzen, da die Inflation die Staatseinnahmen unterhöhlte und das Bevölkerungswachstum die Realausgaben erhöhte. Die Staaten versuchten, sich selbst zu erhalten, indem sie die Einnahmen auf verschiedene Arten erhöhten, doch diese Versuche entfremdeten Eliten, Bauernschaft und die städtischen Konsumenten vom Staat und versagten gleichzeitig als Mittel gegen die wachsende Verschuldung und schließlich den Bankrott.
2. Konflikte zwischen Eliten wurden immer vorherrschender, da eine größere Zahl an Familienmitgliedern und die Inflation es manchen Familien erschwerte, ihren Status zu halten, während Bevölkerungswachstum und steigende Preise zum Aufstieg anderer Familien und somit zu Anwärtern neuer Elitepositionen führten. Die finanziell schwache Situation des Staates erlaubte es diesem nicht, allen diesen Anwärtern entsprechende Positionen zur Verfügung zu stellen, und innerhalb der Elitehierarchie kam es zu beträchtlichen Änderungen und Verschiebungen. [...] Wenn die zentralen Autoritäten dann aufgrund von Bankrott oder Krieg zusammenbrachen, traten beim Kampf um die Macht die Elitegruppen in den Vordergrund.
3. Die Unruhen in der Bevölkerung nahmen in dem Maße zu, in dem Konkurrenz um Boden, Landflucht, übersättigte Arbeitsmärkte, abnehmendes Realeinkommen und Anstieg des Anteils der jugendlichen Bevölkerung zu einem Anstieg des Potenzials für Massenmobilisierung innerhalb der Bevölkerung führten. Unruhen traten sowohl in ländlichen als auch in städtischen Gebieten [...] in verschiedenen Varianten auf: Als Hungeraufstände, Angriffe auf die Landbesitzer und Staatsbeamte oder Land- und Nahrungsbeschlagnahmungen. [...]
4. Die Bedeutung der [...] Ideologien nahm zu.

Jack A. Goldstone, Revolution and Rebellion in the Early Modern World, 1991; zitiert nach: Shmuel N. Eisenstadt, Die großen Revolutionen und die Kulturen der Moderne, Wiesbaden 2006, S. 44f. (vereinfacht)

1. ➕ *Fassen Sie die Ursachen für eine Revolution nach Goldstone zusammen. Tipp: Verwenden Sie die Form eines Schaubilds mit Folge- und Beziehungspfeilen.*
2. *Analysieren Sie die Französische Revolution mithilfe der von Goldstone genannten Faktoren.*
3. *Erläutern Sie Goldstones Überlegungen anhand eines selbst gewählten historischen Beispiels.*

Was sind Modernisierungen?

Kompetenz:
Ursachen, Erscheinungsformen und Dauer von Veränderungsprozessen beschreiben, analysieren und beurteilen

Modernisierung steht für Fortschritt. In den Sozialwissenschaften, zu denen die Geschichte gehört, bezeichnet sie eine bestimmte Form des sozialen, wirtschaftlichen, gesellschaftlichen und kulturellen Wandels. Die Entwicklung von der traditionellen Agrar- zur Industrie- und dann zur Dienstleistungsgesellschaft gilt als ein Modernisierungsprozess. Auch der Weg von der Adelsherrschaft zur Demokratie ist ein solcher Prozess. Dabei zeigt sich meist ein widersprüchliches Bild aus althergebrachten dauerhaften Strukturen, aus Rückschritten und modern wirkendem Wandel.
Modernisierung kann das Ergebnis einer bewusst geplanten Politik sein oder sie ergibt sich indirekt. Grundsätzlich verläuft sie nicht kontinuierlich und harmonisch. Sie ist mit Krisen, Umbrüchen und Revolutionen verbunden.[1]
Historiker untersuchen die Geschichte bestimmter Entwicklungen, um die Faktoren herauszufinden, die gesellschaftlichen Wandel lenken, fördern oder behindern. Sie analysieren auch die Folgen der Modernisierung. Ihre Überlegungen fassen sie in Theorien zusammen. Kritik entzündet sich an den Modernisierungstheorien vor allem dann, wenn sie

- ausgesuchte Prozesse isoliert beschreiben,
- die Modernisierung unkritisch bewerten und
- Wechselbeziehungen zwischen Tradition und Moderne ausblenden.

[1] Siehe dazu die Theorie-Bausteine „Krise" (Seite 20 bis 22) und „Revolution" (Seite 104 bis 106).

M1 Traditional – Modern

Hans-Ulrich Wehler lehrt von 1971 bis 1996 an der Universität Bielefeld Geschichte (siehe auch Seite 356). Er hat 1975 folgenden Katalog von Begriffen zusammengestellt, um seine modernisierungstheoretischen Vorstellungen anschaulich zu machen:

	Traditional	*Modern*
Alphabetismus[1]	gering	hoch
Berufe	einfach, stabil	ausdifferenziert, wechselnd
Soziale Bewegung	stabil	mobil
Soziale Differenzierung	gering	hoch
Einkommen	niedrig, große Unterschiede	hoch, tendenzielle Angleichung
Familie	Dominanz großer Primärgruppe	Kernfamilie, konkurrierender Gruppeneinfluss
Herrschaft	lokal, personal	zentralistisch, anonym
Kommunikation	personal	Medien
Konflikte	offen, disruptiv[2]	institutionalisiert, eingehegt
Soziale Kontrolle	direkt, personal	indirekt, bürokratisch
Lebenserwartung	gering	hoch
Mobilität	gering	hoch

→

[1] **Alphabetismus**: Fähigkeit, lesen und schreiben zu können
[2] **disruptiv**: störend

Politische Partizipation[3]	gering	groß
Produktivität	gering	hoch
Recht	religiös, personalistisch	abstrakt, formelle Verträge
Religion	Dogmatik, Staatsbeistand	Säkularisierung, Trennung von Staat und Kirche
Siedlungsweise	ländlich	städtisch
Sozialstruktur	homogen, stabile lokale Gruppen	heterogen, hohe Mobilität
Technik	gering	hoch
Wirtschaft	agrarische Subsistenzweise[4]	Technologie

Zit. nach: Hans-Ulrich Wehler, Modernisierungstheorie und Gesellschaftsgeschichte, in: ders., Die Gegenwart als Geschichte, München 1995, S. 20 (gekürzt)

1. *Erklären Sie einzelne Begriffspaare. Hier ein kurzes Beispiel: „Recht: In traditionellen Gesellschaften ist das Rechtswesen oft an religiösen Werten orientiert, und ein Urteil wird nicht unabhängig von Macht und Einfluss der Prozessbeteiligten gesprochen. In modernen Gesellschaften ..."*
2. *Wehler hat diese Gegenüberstellung als „Dichotomien-Alphabet" bezeichnet. Erläutern Sie den Begriff.*
3. *Modernisierungen sind stets positiv. Nehmen Sie Stellung zu dieser Aussage.*

[3] **Partizipation**: Teilhabe
[4] **agrarische Subsistenzweise**: bäuerliche Wirtschaft für den Eigenbedarf

M2 Basisprozesse untersuchen

Hans-Ulrich Wehler (siehe M1) schreibt in einem Aufsatz von 1998:

Diese historische Modernisierungsforschung bevorzugt die Analyse eines Bündels von Basisprozessen, z. B.

- die Entwicklung des Kapitalismus, insbesondere des Industriekapitalismus;
- die Bildung von Klassen und damit neuer Muster der sozialen Ungleichheit;
- die Entstehung und den Ausbau des bürokratischen Anstaltsstaats[1], vor allem in Form des Nationalstaats mit einem demokratischen politischen System;
- die kulturelle Mobilisierung[2] und Rationalisierung;
- die „Entzauberung" der Welt: die Verwissenschaftlichung der Produktion und der Lebensführung;
- die Urbanisierung usw.

Zugleich gibt die historische Modernisierungsforschung Entwicklungskriterien an (die Bewegung hin zum Kapitalismus, zur Klassengesellschaft, zum modernen Staat), die idealtypisch-hypothetisch[3] verwendet werden können. Sie macht auch die normativen Implikationen[4] klar, um die in jeder Modernisierungsforschung kein Weg herumführt und die deshalb [...] diskussionsfähig gemacht werden müssen.

Hans-Ulrich Wehler, Diktaturenvergleich, Totalitarismustheorie, DDR-Geschichte, in: ders., Umbruch und Kontinuität. Essays zum 20. Jahrhundert, München 2000, S. 120

Weisen Sie „normativ[e] Implikationen" (Zeile 18) nach Wehler in den von Flemming (M3) referierten Modernisierungstheorien nach.

[1] **bürokratischer Anstaltsstaat**: Fachleute führen die Staatsgeschäfte nach demokratisch festgelegten Regeln.
[2] **kulturelle Mobilisierung**: Alte, überlieferte Rollen weichen neuen Lebensstilen freier Individualität.

[3] **idealtypisch-hypothetisch**: Auf der Grundlage theoretischer Überlegungen werden Analysekriterien oder Modelle gewonnen, die z. B. bei der Untersuchung historischer Ereignisse helfen können.
[4] **normative Implikationen**: Annahmen über Gesetzmäßigkeiten

M3 Modernisierungstheorie als Denkanstoß

Jens Flemming lehrt von 1992 bis 2009 an der Universität Kassel Geschichte. Er schreibt in einem Lexikonartikel von 1994 über Modernisierungstheorien:

Modernisierungstheorien oder Elemente von Modernisierungstheorien, wie sie derzeit in der Geschichtsschreibung benutzt werden, versuchen den sozialen, kulturellen und wirtschaftlichen Wandel zu erfassen, der sich im Zeitalter der industriellen und demokratischen Revolution seit dem späten 18. Jh. vollzieht. Dabei geht es um den Übergang von Agrar- zur Industrie-, von der ständischen zur Klassengesellschaft. Geprägt wird dieser Prozess durch die fortschreitende „Entzauberung der Welt" (Max Weber[1]). Ältere Regelwerke, Normen für Sinnbezüge werden fragwürdig, Religion und Kirche müssen sich der Konkurrenz der Wissenschaften erwehren. Am Ende stehen der säkularisierte Mensch und die säkularisierte Gesellschaft. An die Stelle von Selbstgenügsamkeit und Statik treten Bewegung, Tempo und Mobilität. Darin eingeschlossen sind Bürokratisierung, Rationalisierung und Zentralisierung, Mechanisierung und Kommerzialisierung, Verstädterung, steigende Produktivität und steigende Masseneinkommen. Konflikte werden institutionalisiert und verrechtlicht, insoweit entschärft und gezähmt. Verkehrsmittel durchdringen Landstriche und ganze Kontinente, Raum und Zeit, Metropole und Peripherie rücken zusammen. Moderne Gesellschaften sind im Vergleich zu traditionalen komplexer, arbeitsteiliger und durchlässiger. Sozialer Status orientiert sich nicht mehr an Geburt und Herkunft, sondern an individueller Tüchtigkeit und beruflicher Leistung. Staatliche Herrschaft bedarf neuer Formen der Legitimation, muss Möglichkeiten der politischen Teilhabe für alle bieten, die Erwartungen und Interessen der Bürger zu befriedigen. Milieus und Lebenswelten verlieren an Geschlossenheit und Bindekraft, Rollen und Rollenbilder verändern sich ebenso wie die Beziehungen der Geschlechter, der Generationen und Klassen.

Ein derartiges Raster von Merkmalen und Kategorien entworfen zu haben ist zweifellos ein Verdienst. Der Nachteil jedoch ist, dass diese ungeordnet, ohne plausiblen inneren Zusammenhang bleiben; Überhaupt arbeiten Modernisierungstheorien mit relativ starren, schematischen Gegensatzpaaren, die in dieser Reinheit gewöhnlich nicht in der Wirklichkeit anzutreffen sind[2]. Historische Prozesse verlaufen nicht linear, sondern in Sprüngen, sind widersprüchlich und vielschichtig. Fortschritt und Rückschritt, Tradition und Modernität sind nicht säuberlich getrennt, sondern liegen häufig dicht beieinander. Kennzeichnend ist die Gleichzeitigkeit höchst unterschiedlicher Entwicklungen und Entwicklungslinien, spannend sind die Brüche, die Ambivalenzen und Mischungsverhältnisse. Insofern liefern sozialwissenschaftliche Konzepte der Modernisierung bestenfalls Denkanstöße, Ausgangspunkte für vergleichende Betrachtungen. Idealtypen, die sich am historischen Material aber erst noch zu bewähren haben.

Manfred Asendorf, Jens Flemming, Achatz von Müller und Volker Ullrich (Hrsg.), Geschichte. Lexikon der wissenschaftlichen Grundbegriffe, Hamburg 1994, S. 446 f.

1. *Fassen Sie Flemmings Ausführungen zu Modernisierungstheorien zusammen.*
2. *Beurteilen Sie ausgehend von den kritischen Anmerkungen zu den Modernisierungstheorien, ob diese ein sinnvolles Modell zur Betrachtung geschichtlicher Prozesse sein können.*
3. \+ *Entwickeln Sie ausgehend von M1, M2 und M3 einen Kriterienkatalog, mit dem sich untersuchen lässt, ob ein Modernisierungsprozess vorliegt, und überprüfen Sie anhand dessen, inwieweit bei der Französischen Revolution und dem ausgehenden Mittelalter Formen von Modernisierungsprozessen auszumachen sind.*

[1] **Max Weber** (1864-1920): deutscher Jurist, Soziologe und Nationalökonom

[2] Vgl. M1, Seite 107 f.

Kompetenz:
Historische Fachliteratur als interpretierte Vergangenheit analysieren und einordnen

Umgang mit historischer Fachliteratur

Historische Fachliteratur ist ein Sammelbegriff für wissenschaftliche Veröffentlichungen zur Geschichte. Darin entwickeln Historiker aus Quellen und Fachliteratur historische Darstellungen oder setzen sich mit bereits vorliegenden wissenschaftlichen Werken auseinander. Historische Fachliteratur umfasst Bücher eines Autors (Monografien), Aufsätze, gedruckte Vorträge, Lexikonartikel und Buchbesprechungen (Rezensionen).
Die Literatur über die Französische Revolution ist nahezu unüberschaubar. Ein Verzeichnis der Aufsätze und Bücher zu dem Thema von 1985 enthält bereits über 42 000 Titel und 1989, anlässlich des 200. Jahrestages der Erstürmung der Bastille, kamen erneut unzählige hinzu.
Die Forschung über die Französische Revolution ist von unterschiedlichen wissenschaftlichen und politisch-ideologischen Anschauungen geprägt (▸ M1 bis M4). Es gibt keine objektive, für immer gültige oder richtige und verbindliche Geschichtsschreibung. Wichtig ist die Einsicht, dass diese immer abhängig ist von der Person, die die Forschung betreibt, von der Zeit, in der geforscht wird, von den Fragen, die der Forscher an die Vergangenheit stellt, von den ausgewerteten Quellen und von der benutzten Literatur. Um den Text eines Historikers zu verstehen, die Darstellung der Geschichte, die er entwirft, einordnen, und die Zuverlässigkeit seiner Deutung beurteilen zu können, helfen die unten angeführten Leitfragen sowie Wissen über die Quellen und den Stand der historischen Forschung. Von besonderer Bedeutung ist es jedoch, die Qualität der wissenschaftlichen Arbeitsweise und den Standpunkt des Autors zu prüfen.

Formale Kennzeichen

- Wer ist der *Autor* (Name, Beruf, Funktion)?
- Welche *Textsorte* liegt vor (z. B. Lexikonartikel, Auszug aus einem Fachbuch, Essay)?
- An welchem Ort und ggf. in welchem *Medium* (z. B. wissenschaftliche Zeitschrift, Zeitung, Internet) wurde der Text veröffentlicht?
- Wann ist der Text veröffentlicht worden (*Erscheinungsjahr*) und gab es möglicherweise einen besonderen *Anlass* (z. B. Jubiläum, Jahrestag) für die Veröffentlichung?

Textinhalt und -struktur

- Was sind *Thema* und *Hauptaussage* des Textes? Welchen Zeitraum, welches Ereignis und welche Personen behandelt der Text?
- Welche *Textstruktur* ist erkennbar? Welche *Behauptungen* oder *Thesen* werden aufgestellt? Mit welchen *Argumenten* werden diese gestützt und welche *Belege* (Quellen, Fachliteratur) werden verwendet?
- Welche *sprachlichen Besonderheiten* weist der Text ggf. auf (Sprache, Stil)?

Intention und Standpunkt des Autors

- An welchen *Adressaten* richtet sich der Text?
- Welche *Aussageabsicht* hat der Autor (z. B. sachlich informieren, unterhalten)?
- Auf welche *wissenschaftliche oder politische Diskussion* geht der Autor ein?
- Welchen (wissenschaftlichen, ideologischen oder politischen) *Standpunkt* nimmt der Autor ein?

Bewertung

- Welche *wissenschaftliche Qualität* besitzen die Ausführungen? Wurde das Thema schlüssig und mit Mitteln der wissenschaftlichen Objektivität bearbeitet?
- Sind die *Wertungen* des Autors – soweit er welche vornimmt – plausibel begründet?

M1 „Im Zentrum der modernen Weltgeschichte“

Albert Soboul fasst das Ergebnis der Französischen Revolution 1973 wie folgt zusammen:

Mit der radikalen Zerstörung der gesamten feudalen Hinterlassenschaft, der Befreiung der Bauern von den Herrenrechten, den kirchlichen Zehnten und – eingeschränkt – auch von den kollektiven Zwängen (contraintes communautaires), mit der Aufhebung der Zunftmonopole und der Herstellung des nationalen Marktes beschleunigte die Französische Revolution die Entwicklung des Übergangs vom „Feudalismus“ zum Kapitalismus und bildete zugleich eine ihrer entscheidenden Etappen. Indem sie andererseits die provinziellen Besonderheiten und die lokalen Vorrechte aufhob und die Staatsgewalt des Ancien Régime zerbrach, schuf sie vom Direktorium bis zum Empire die Voraussetzungen eines modernen Staates, der den wirtschaftlichen und sozialen Interessen der Bourgeoisie entsprach. [...]
Die Französische Revolution steht damit im Zentrum der modernen Weltgeschichte, am Kreuzweg verschiedener gesellschaftlicher und politischer Strömungen, welche die Nationen entzweit haben und noch weiterhin entzweien werden. Ihr Enthusiasmus begeistert die einen, die an die Kämpfe für Freiheit und Unabhängigkeit und an ihren Traum von der brüderlichen Gleichheit denken – bei anderen löst er Hassgefühle aus. Den einen bedeutet ihr aufgeklärter Geist einen Angriff auf Privileg und Tradition – andere sehen darin maßlose Vernunft, die mit ihrer gewaltigen Kraft die ganze Gesellschaft neu ordnen wollte. Die Revolution, ob bewundert oder gefürchtet, lebt weiter im Bewusstsein der Menschen.

Albert Soboul, Die große Französische Revolution. Ein Abriss ihrer Geschichte (1789-1799), Frankfurt am Main [5]1988, S. 571 ff.

M2 „Die erste Erfahrung mit der Demokratie“

In einem Essay von 1978 hebt François Furet hervor:

Was die Originalität des damaligen Frankreich ausmacht, ist nicht, dass es von einer absoluten Monarchie zu einem repräsentativen Regime übergegangen ist, oder von der Welt des Adels zur bürgerlichen Gesellschaft: Das übrige Europa ging den gleichen Weg ohne Revolution und ohne Jakobiner, wenn auch die Ereignisse in Frankreich hier und da die Entwicklung beschleunigen und Nachahmer erzeugen konnten. Doch die Französische Revolution ist eben keine Übergangsphase, sondern ein Ursprung, sowie das Trugbild eines Ursprungs. Das Einmalige an ihr macht sie historisch interessant, und übrigens ist gerade dieses „Einmalige“ allgemein geworden: Es ist die erste Erfahrung mit der Demokratie.

Am 19. Januar 1989 bemerkt Furet in einem Vortrag:

Wenn man am Begriff einer *bourgeoisen Revolution* festhält, sollte man ihn [...] unbestimmt lassen [...] und darin bloß die Spitze einer umfassenderen Bewegung sehen, die ein wenig vage als Fortschritt der *civilisation* beschrieben wird. So betrachtet, lässt sich ein Ensemble von Bedingungen für 1789 ausmachen, darunter ein quantitatives Wachstum der Wirtschaft, Fortschritte in Verkehr und Handel, die Verschönerung der Städte und eine glanzvollere Kunst zu leben, die Modernisierung und Vereinheitlichung des Königreichs durch den Staat – alles Dinge, für die die Menschen des 18. Jahrhunderts einen so ausgeprägten Sinn hatten. Die Französische Revolution war ein Kind des Wachstums und nicht eine Krise der Stagnation. Der Historiker gewinnt jedoch keine größere Klarheit, wenn er die Bourgeoisie zur einzigen Triebkraft der Revolution macht, denn so, wie der historische Prozess verlaufen ist, war sie weder der einzige Akteur noch der einzige Nutznießer der Revolution. Er muss sich deshalb von der Vorstellung freimachen, als gäbe es zur Erklärung von 1789 einen Königsweg, um den sich alle Ursachenverkettungen ordnen und dessen Achse als Hauptakteur der Bewegung der bürgerlichen Gesellschaft die Bourgeoisie darstellte. [...]
Die Französische Revolution war vor allem ein Laboratorium der modernen Politik; sie bietet eine ungewöhnlich komplexe Fülle politischer Materialien sowie eine Vielzahl von intelligenten Akteuren und scharfsinnigen Kommentatoren.

Erster Text: François Furet, 1789 – vom Ereignis zum Gegenstand der Geschichtswissenschaft, Frankfurt am Main 1980, S. 96; zweiter Text: Ders., Zur Historiographie der Französischen Revolution heute, München 1989, S. 30-32

M3 Einfluss auf die politische Kultur Europas

Rolf E. Reichardt schreibt 1998 über die Französische Revolution:

Überall wirkte die Revolution bei unzufriedenen Gruppen als Anstoß, überfällige Reformen und Veränderungen im jeweils eigenen Land energischer zu betreiben. Überall löste sie eine Welle politischer Publizistik von neuer Radikalität und sozialer Reichweite aus, welche die revolutionären Grundvorstellungen und Schlagworte verbreitete. Überall verband sich damit sowohl eine neuartige Klubkultur als auch eine internationale Freiheits- und Gleichheitssymbolik – beides nach französischem Vorbild. Überall wurden durch die so bewirkten Akkulturationsprozesse[1] neue soziale Gruppen und Schichten an die Politik herangeführt beziehungsweise zusätzlich politisiert [...]. Überall bildeten sich in Auseinandersetzung mit der Revolution deutlicher als zuvor gegensätzliche politische Lager heraus. So hat die Französische Revolution, wie unterschiedlich sie auch vordergründig auf einzelne Länder einwirkte, letztlich wichtige Impulse zur Herausbildung einer gemeinsamen, tendenziell demokratischen politischen Kultur Europas gegeben.

Rolf E. Reichardt, Das Blut der Freiheit. Französische Revolution und demokratische Kultur, Frankfurt am Main ³2002, S. 331

[1] **Akkulturation**: Übernahme fremder geistiger und materieller Kulturgüter durch Einzelpersonen oder ganze Gruppen

M4 Zweifel an der Bedeutung der Revolution

Hans Fenske kommt in einem Beitrag von 2004 zu folgender Betrachtung:

Die Eruption in Frankreich gab dem Konservatismus außerordentlich viel Nahrung. [...] Der konservative, im Dienst Wiens stehende Publizist Friedrich von Gentz brachte das Ende 1805 in einem Brief an den Historiker Johannes von Müller in wenige Sätze. Zwei Prinzipien konstituierten die Welt, so schrieb er: das des immerwährenden Fortschritts und das der notwendigen Beschränkung des Fortschritts. Die besten Zeiten seien diejenigen, in denen sich beide Tendenzen im Gleichgewicht befänden. Wenn aber, „wie in unserem Jahrhundert, Zerstörung alles Alten die herrschende, die überwiegende Tendenz wird, so müssen die ausgezeichneten Menschen bis zur Halsstarrigkeit altgläubig werden". So wie Gentz dachten viele. Es ist zu vermuten, dass sich die Erfolgsaussichten der vielen reformwilligen Persönlichkeiten unter dem Eindruck der Entwicklung in Frankreich wenigstens ab 1792 verschlechterten, dass ihr Weg schwieriger wurde. Genau messen lässt sich das nicht, aber es ist doch erwägenswert, ob die europäischen Staaten 1815 ohne die Französische Revolution nicht auch dort gestanden hätten, wo sie tatsächlich waren. Es ist sogar denkbar, dass sie auf dem Wege zum modernen Verfassungsstaat schon weiter vorangekommen wären.

Hans Fenske, Staatsformen im Zeitalter der Revolutionen, in: Alexander Gallus und Eckhard Jesse (Hrsg.), Staatsformen von der Antike bis zur Gegenwart. Ein Handbuch, Köln ²2007, S. 185

1. *Vergleichen Sie die Bedeutung, die die Historiker Soboul, Furet, Reichardt und Fenske der Französischen Revolution zuschreiben (M1 bis M4).*
2. *Recherchieren Sie den wissenschaftlichen und ggf. ideologischen Hintergrund der vier Historiker.*

Beispiel und Analyse

Analysieren Sie die Darstellung der Bedeutung der Französischen Revolution durch Albert Soboul (M1).

Formale Kennzeichen Albert Soboul (1914-1982) gilt als einer der bedeutendsten Kenner der Französischen Revolution und hatte ab 1967 für lange Zeit den Lehrstuhl für die Geschichte der Französische Revolution an der Sorbonne in Paris inne. Der vorliegende Text ist ein Auszug aus Soboul Monografie „Précis d'histoire de la Révolution française". Dieses Standardwerk über die Französische Revolution erschien 1962 in Frankreich und wurde in viele Sprachen übersetzt.

Textinhalt und -struktur Der kurze Text weist keine argumentierende Struktur auf. Es handelt sich hier vielmehr um eine Zusammenfassung und Darstellung zentraler Thesen: Für Soboul markiert die Französische Revolution erstens den Übergang von der feudalen zur

kapitalistischen Gesellschaft. Sie schuf die wirtschaftlichen und sozialen Voraussetzungen für einen modernen bürgerlichen Staat. Somit komme ihr zweitens eine zentrale Stellung in der modernen Weltgeschichte zu, deren Wirkung noch immer anhalte.
Soboul bedient sich einer gut verständlichen Sprache und verzichtet auf möglicherweise nicht allgemein und unmittelbar verständliche Fachbegriffe der Geschichtswissenschaft. Einige der verwendeten Begriffe wie das Gegensatzpaar „Feudalismus" und „Kapitalismus" (M1, Zeile 7f.) oder die Bezeichnung „Bourgeoisie" (M1, Zeile 14) weisen Anklänge an die Begriffsverwendung der sozialistisch geprägten Forschung auf. Eine solche ideologische Prägung lässt sich jedoch nicht eindeutig festmachen, da die Begriffe im vorliegenden Textauszug ebenso in ihrer allgemeinsprachlichen Verwendung gebraucht sein könnten.

Intention und Standpunkt des Autors Wie bereits die Verwendung einer allgemeinverständlichen Sprache zeigt, wendet sich Soboul nicht nur und nicht vorrangig an Fachkollegen, sondern an eine breitere Leserschaft. Sein Ziel ist es, über die Entwicklung der Französischen Revolution zu informieren. Auch macht er seine Konstruktion von Geschichte und seine Forschungsergebnisse zugänglich. Es ist ihm offenbar ein besonderes Anliegen, die überaus große Bedeutung der Französischen Revolution, die „im Zentrum der modernen Weltgeschichte" (M1, Zeile 15f.) stehe, hervorzuheben. Soboul steht hierbei in der Tradition der sozialistischen Geschichtsschreibung, die die universitäre Forschung zur Französischen Revolution in der Mitte des 20. Jahrhunderts in Frankreich prägte. Nach der Revolutionstheorie von Marx und Engels (vgl. M2, Seite 105f.) stellt die Französische Revolution als „bürgerliche Revolution" mit dem Sieg des Bürgertums über den Adel und der kapitalistischen über die feudalen Produktionsverhältnisse einen ersten notwendigen Schritt auf dem Weg zur „klassenlosen" Gesellschaft des Kommunismus dar.

Bewertung Die Feststellung, dass der Französischen Revolution zentrale weltgeschichtliche Bedeutung zukomme, begründet Soboul im vorliegenden Textausschnitt nicht näher. Diese Zuschreibung einer weltweiten Bedeutung lässt sich jedoch in den Kontext der marxistischen Revolutionstheorie einordnen. Nach dieser ist der Kommunismus das weltweite Ziel der Geschichte. Andere Historiker wie Rolf Reichardt (vgl. M3, Zeile 14 bis 18) und François Furet (vgl. M2, Zeile 35f.) weisen der Revolution hingegen vor allem Bedeutung für den europäischen oder von europäischen politischen Werten geprägten Raum zu.
Auch Sobouls Deutung der Revolution als notwendige Phase auf dem Weg vom Feudalismus zum bürgerlichen Kapitalismus steht in der Kritik. Furet kritisiert diese Deutung als zu monokausal (vgl. M2, Zeile 25 bis 38). Tatsächlich ist fraglich, ob angesichts der Dauer der Revolution und der oft sehr unterschiedlichen inhaltlichen Forderungen und Ziele verschiedener Gruppierungen von einem einheitlichen Prozess ausgegangen werden kann. Extremer noch ist die Haltung des Historikers Hans Fenske, der die Bedeutung der Revolution für die Entwicklung moderner Staatswesen bezweifelt (vgl. M4, Zeile 16 bis 21).

1.3 Mauerfall und „Wende“ in der DDR 1989

◂ **Volksfeststimmung am Brandenburger Tor.**
Foto, 9./10. November 1989, Berlin.
Auf beiden Seiten der Grenze kam es in der Nacht vom 9. zum 10. November 1989 zu volksfestartigen Verbrüderungsszenen. Menschen aus Ost und West kletterten auf die Mauer am Brandenburger Tor.

In der DDR entsteht eine Opposition	**1982**	Pfarrer Rainer Eppelmann und Robert Havemann fordern im „Berliner Appell – Frieden schaffen ohne Waffen“ mehr Toleranz und freie Meinungsäußerung.
	1985	Die „Initiative Frieden und Menschenrechte“ (IFM) wird von Bürgerrechtlern in Ost-Berlin gegründet.
	7.5.1989	Bürgerrechtler protestieren gegen die gefälschten Wahlergebnisse bei den Kommunalwahlen.
	September/ Oktober 1989	Bürgerrechtler gründen das Neue Forum, Demokratie Jetzt, den Demokratischen Aufbruch und die Sozialdemokratische Partei (SDP).
Massenproteste, Massenflucht	**4.9.1989**	Die erste „Montagsdemonstration“ findet in Leipzig statt.
	10./11.9.1989	Die ungarische Regierung erlaubt DDR-Bürgern die Ausreise über ihre Grenzen.
	9.10.1989	Etwa 70 000 Menschen demonstrieren friedlich in Leipzig für demokratische Reformen. Die Sicherheitskräfte greifen nicht ein.
Das SED-Regime zerfällt	**18.10.1989**	Generalsekretär Erich Honecker wird entmachtet, sein Nachfolger wird Egon Krenz.
	4.11.1989	Über 500 000 Menschen fordern auf dem Berliner Alexanderplatz einen „eigenständigen Weg“ der DDR.
	7.11.1989	Die Regierung der DDR tritt zurück, am Tag darauf folgt der Rücktritt des Politbüros der SED.
Ende der DDR	**9.11.1989**	Die Grenzübergänge nach West-Berlin und in die Bundesrepublik werden geöffnet.
	Dezember 1989	Die SED verzichtet auf ihr Herrschaftsmonopol, das Ministerium für Staatssicherheit wird aufgelöst.
	18.3.1990	Die ersten freien Wahlen zur Volkskammer finden statt.
	12.4.1990	Die Volkskammer wählt Lothar de Maizière zum Ministerpräsidenten der DDR.
	1.7.1990	Die D-Mark wird in der DDR eingeführt.
	3.10.1990	Durch den Beitritt der fünf ostdeutschen Länder und Ost-Berlins zur Bundesrepublik ist die Wiedervereinigung Deutschlands vollzogen.

Um die Mitte der 1980er-Jahre wandelten sich *Friedens- und Umweltinitiativen* in der DDR zu einer regimekritischen *Bürgerrechtsbewegung*. Vorbild waren die Oppositionsbewegungen „Solidarność" in Polen und „Charta 77" in der Tschechoslowakei. Die Reformpolitik *Michail Gorbatschows* in der Sowjetunion ließ auf Veränderungen hoffen.

Im Frühjahr 1989 machten Bürgerrechtler Wahlfälschungen bei DDR-Kommunalwahlen öffentlich bekannt. Im September entstand eine neue Welle von Flüchtlingen aus der DDR, die über die ČSSR und Ungarn in die Bundesrepublik ausreiste. Zur selben Zeit begannen in Leipzig Montagsdemonstrationen. Die Protestbewegung fand immer stärkeren Zulauf. Angesichts der anhaltenden Proteste im ganzen Land wurde *Erich Honecker* vom Politbüro Mitte Oktober entmachtet. Der völlig überraschende *Fall der Berliner Mauer* am 9. November 1989 und die Öffnung der Grenzen zur Bundesrepublik beschleunigten den Machtverfall des DDR-Regimes. Die Führungsspitze der *SED* trat geschlossen zurück. In Verhandlungen mit den Bürgerrechtlern wurden freie Wahlen für den März 1990 vereinbart. Die „Wende" war gelungen, die kommunistische Herrschaft beendet.

Die *„friedliche Revolution"* trägt ihren Namen zu Recht – denn der Sturz des SED-Regimes gelang ohne die Anwendung von Gewalt. Friedlich waren auch die Ziele. Die mehrheitlich geforderte deutsche Einheit („Wir sind ein Volk!") durfte nicht gegen den Willen der Nachbarn in Europa durchgesetzt werden. Zugleich drängte die Zeit: Die DDR-Wirtschaft befand sich im freien Fall und die *Massenflucht* ließ nicht nach. Nur eine rasche deutsche Einheit versprach eine Stabilisierung der Lage. Nach einem komplizierten Diskussions- und Verhandlungsprozess im Frühjahr und Sommer 1990 erfolgte schließlich am 3. Oktober 1990 mit dem Beitritt der fünf neu gebildeten ostdeutschen Länder und Ost-Berlins zur Bundesrepublik die Wiedervereinigung Deutschlands. Eine Volksabstimmung über eine neue gesamtdeutsche Verfassung gab es nicht, stattdessen galt das Grundgesetz jetzt für ganz Deutschland.

In diesem Kapitel erwerben Sie die **Kompetenz**,
- die politische und wirtschaftliche Situation in der DDR in den 1980er-Jahren zu charakterisieren und zu analysieren,
- die Formierung von Oppositionsgruppen zu beschreiben und die Forderungen nach Reformen zu erläutern,
- die Auflösungs- und Wandlungsprozesse vom Sommer 1989 bis zum März 1990 zu erörtern.

Zur Methoden-Kompetenz siehe Seite 134 bis 136 („Autobiografie").

Wichtige Namen
- Bärbel Bohley
- Rainer Eppelmann
- Michail Gorbatschow
- Robert Havemann
- Erich Honecker
- Egon Krenz
- Lothar de Maizière
- Hans Modrow

Wichtige Begriffe
- Bürgerrechtsbewegung
- Evangelische Kirche
- Friedens- und Umweltgruppen
- Friedliche Revolution
- „Initiative Frieden und Menschenrechte" (IFM)
- Massendemonstrationen
- Massenflucht
- Mauerfall
- Neues Forum
- „Runder Tisch"
- Sozialistische Einheitspartei Deutschlands (SED)

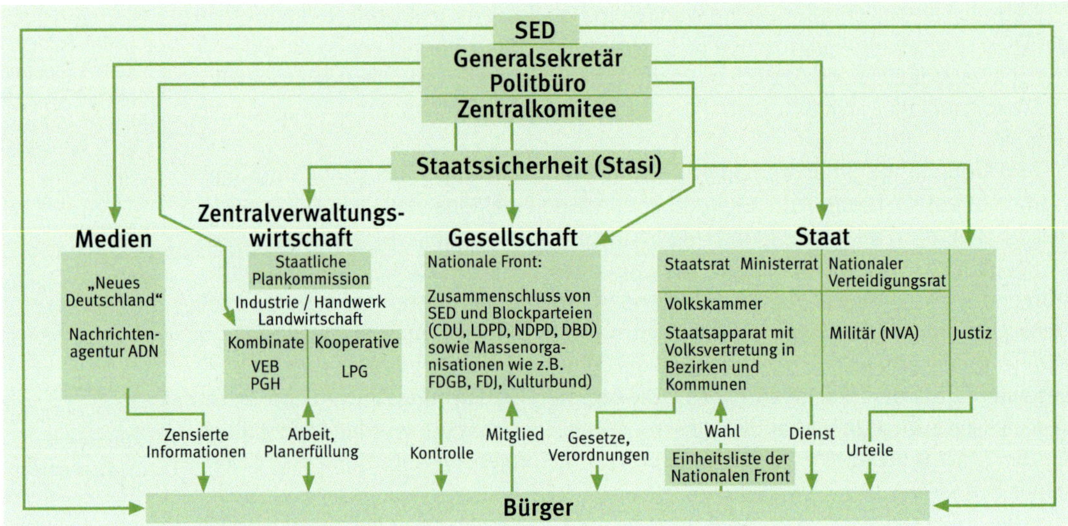

▲ **Die Verfassungswirklichkeit in der DDR.**
Grafik nach Eberhard Wilms.
▪ *Analysieren Sie das Schaubild.*

SED: Die 1946 aus der erzwungenen Vereinigung von SPD und KPD entstandene SED hatte sich den Führungsanspruch in die Verfassung festschreiben lassen; er wurde erst am 1. Dezember 1989 rückgängig gemacht.

Staatssicherheitsdienst („Stasi"): Das 1950 gegründete Ministerium für Staatssicherheit (MfS) war Geheimpolizei, geheimer Nachrichtendienst und Organ strafrechtlicher Untersuchungen. Die Stasi unterstand allein der SED-Spitze. Eine parlamentarische Kontrolle bestand nicht.

Soziale Marktwirtschaft: Wirtschaftsordnung, in der der Markt Produktion und Verteilung von Gütern regelt. Angebot und Nachfrage regulieren weitgehend die Preise. Der Staat garantiert die Vertragsfreiheit, den Wettbewerb und ein funktionierendes Geldwesen.

Planwirtschaft: Wirtschaftsordnung, in der die Produktion von Gütern sowie deren Verteilung nach staatlich festgelegten Plänen (z.B. Fünfjahrespläne) vorgenommen wird.

Nach sowjetischem Vorbild: die DDR Vier Jahre nach dem Ende des Zweiten Weltkrieges wurden zwei deutsche Staaten gegründet: die Bundesrepublik Deutschland (23. Mai 1949) und die Deutsche Demokratische Republik (7. Oktober 1949). Die Entwicklung beider deutscher Teilstaaten fand vor dem Hintergrund des *Kalten Krieges* statt. Ein politischer, wirtschaftlicher und militärischer Konkurrenzkampf bestand zwischen den Großmächten USA und UdSSR und ihren jeweiligen Verteidigungsbündnissen. Während mit der Bundesrepublik im Westen Deutschlands unter der wohlwollenden Führung der USA und Großbritanniens ein demokratischer und wirtschaftlich prosperierender Rechtsstaat entstand, entfaltete sich die DDR im Osten zu einem von der Sowjetunion abhängigen Staat, in dem die *Sozialistische Einheitspartei Deutschlands* (SED) diktatorisch herrschte. Zum Vorbild wurde die *Kommunistische Partei der Sowjetunion (KPdSU)*. Diejenigen, die nach Ansicht der Kommunisten der „Herrschaft der Arbeiterklasse" im Weg standen, wurden entmachtet oder ausgeschaltet – durch eine gelenkte Justiz, durch Enteignungen oder durch den Staatssicherheitsdienst (kurz *„Stasi"*), der die Bevölkerung überwachte und einschüchterte.[1]

Im Gegensatz zur Bundesrepublik, in der die Soziale Marktwirtschaft galt, wurde in der DDR die sozialistische Planwirtschaft nach sowjetischem Vorbild eingeführt. Der Aufbau der Industrie in der DDR gestaltete sich schwierig. Zum Ausgleich für Versorgungsmängel verlangte das Regime ständig höhere Arbeitsleistungen. Das führte zu Unruhen in den Belegschaften, während immer mehr Bürger das Land in Richtung Bundesrepublik verließen (▸ M1). Der Arbeiteraufstand vom Juni 1953 weitete sich zum *Volksaufstand* aus. Die Bevölkerung stellte nicht nur wirtschaftliche Forderungen, sondern verlangte auch freie Wahlen und die Wiedervereinigung. Der Aufstand wurde durch die Rote Armee mit Zustimmung der SED-Führung niedergeschlagen. Er bildete einen Höhepunkt des Ost-West-Konflikts und zeigte die Abhängigkeit des SED-Regimes von der sowjetischen Schutzmacht.

[1] Siehe hierzu auch M3, Seite 128.

▲ **Die Verwaltungseinteilung der DDR ab 1952.**
Nach: Die Fischer Chronik Deutschland '49-'99. Ereignisse – Personen – Daten, Frankfurt am Main 1999, Sp. 121

Die Stabilisierung des Regimes unter **Walter Ulbricht** gelang erst, nachdem sich die DDR im Jahre 1961 durch die *Berliner Mauer* und einen „Todesstreifen“ entlang der innerdeutschen Grenze gegenüber dem Westen abgeriegelt hatte. Die *Massenflucht* war damit beendet, die Bürger mussten sich in der Diktatur einrichten.

Das SED-Regime wollte in den 1960er-Jahren den „Klassenfeind“ Bundesrepublik ökonomisch überholen. Dieses Vorhaben misslang zwar, doch gelangte die DDR-Wirtschaft an die Spitze aller **Ostblockstaaten**. Das Regime schmückte sich dazu mit sportlichen Erfolgen und betonte die Modernität seiner Frauenförderung und Bildungspolitik. Die DDR-Verfassung von 1968 garantierte sogar ein „Recht auf Arbeit“.

Walter Ulbricht (1893-1973): 1950-1971 Generalsekretär der SED, 1960-1971 Staatsratsvorsitzender der DDR

Ostblockstaaten: Unter der Führung der Sowjetunion zählten dazu die DDR, Polen, die Tschechoslowakei, Ungarn, Rumänien, Albanien (bis 1968) und Bulgarien.

Von Ulbricht zu Honecker Zum Bruch zwischen Ulbricht und der Sowjetführung kam es in der Frage der Deutschlandpolitik. Die deutsche Bundesregierung unter dem sozialdemokratischen Kanzler *Willy Brandt* bemühte sich seit 1970 um eine Normalisierung der Beziehungen zu Moskau und Ost-Berlin. Die UdSSR begrüßte die *Entspannungspolitik* und bestand wie Ulbricht auf der vollen Anerkennung der DDR. Allerdings wollte sie dessen Pläne, im Alleingang enge wirtschaftliche Beziehungen zur Bundesrepublik zu knüpfen, nicht dulden. Angesichts der Engpässe bei der Versorgung der Bevölkerung sowie der schlechten Wirtschaftslage verlor er auch den internen Rückhalt in der SED. In Absprache mit Moskau zwang die Parteiführung Ulbricht zum Rücktritt. Die treibende Kraft dieses Machtwechsels war **Erich Honecker**, der im Mai 1971 zum Ersten Sekretär (seit 1976 Generalsekretär) der SED gewählt wurde. Unter der neuen Regierung gelang schließlich der DDR die lang ersehnte internationale Anerkennung als zweiter deutscher Staat.

Honecker vereinte bald alle wichtigen Ämter (Vorsitzender des Nationalen Sicherheitsrates, Staatsratsvorsitzender) auf sich. Gestützt auf *Erich Mielke* (Leiter der Staatssicherheit) und *Günter Mittag* (Sekretär für Wirtschaftsfragen) sowie den bürokratischen Apparat an der Spitze der SED, behielt er die alleinige Kontrolle über Partei, Staat und Verwaltung. Am umfassenden Machtanspruch der SED änderte sich nichts.

Erich Honecker (1912-1994): kommunistischer Politiker, baute nach 1946 die Jugendorganisation der SED, die „Freie Deutsche Jugend“, auf. 1961 organisierte er den Bau der Berliner Mauer. Ab 1971 Nachfolger Ulbrichts als SED-Chef; 1976-1989 Staatsratsvorsitzender der DDR.

▸ **Geschichte In Clips:**
Zur Ära Honecker (1971-1989) siehe Code 32031-07

„Einheit von Wirtschafts- und Sozialpolitik“ In der Ära Honecker blieb es bei der weltanschaulichen Abgrenzung vom Westen und von der Bundesrepublik. Der Sozialismus sei das bessere Gesellschaftssystem, er sei gerechter und menschlicher als der Kapitalismus. Die Menschen in der DDR nahmen aber weiterhin den Wohlstand und

Lesetipp
Ulrich Mählert, Kleine Geschichte der DDR, München [6]2009

die demokratischen Freiheiten der Bundesrepublik zum Maßstab, die in der DDR nicht durchzusetzen waren.

Dem SED-Regime war klar, dass sich der Rückhalt der Bevölkerung nicht allein durch Überwachung, Unterdrückung und Propaganda erzwingen ließ. Die Regierung setzte auf Sozialleistungen und Konsum. Schon 1971 hatte Honecker erklärt, die wichtigsten Aufgaben der Politik seien die Verbesserung des Lebensstandards und die Herstellung sozialer Gleichheit. Als vorrangige Ziele galten der Wohnungsbau, die Anhebung von Löhnen und Renten und eine bessere Versorgung mit Waren und Dienstleistungen. Die Regierung erhob die *„Einheit von Wirtschafts- und Sozialpolitik"* zum Programm: Ökonomisches Wachstum und technischer Fortschritt sollten den Ausbau des Sozialstaats und die Steigerung der Wirtschaftsleistung ermöglichen (▸ M2).

Das Konzept schien anfangs erfolgreich. Die Industrieproduktion stieg zwischen 1970 und 1974 um etwa 30 Prozent, die durchschnittlichen Löhne in der gleichen Zeit um 14 Prozent. Zahlreiche soziale Vergünstigungen kamen Frauen und Jugendlichen (nicht dagegen den Senioren) zugute, die Mieten und die Kosten für Grundnahrungsmittel sowie Gebrauchsgüter für das tägliche Leben blieben stabil. Immer mehr DDR-Haushalte verfügten seit Beginn der 1970er-Jahre über eine eigene Waschmaschine, einen Kühlschrank, ein Fernsehgerät und selbst ein Auto, auf das man allerdings viele Jahre warten musste.

Gesetzesreformen in den 1970er-Jahren Die Umwandlung der Gesellschaft im Zeichen des „real existierenden Sozialismus" schritt weiter voran. Neue Gesetzeswerke sollten die veränderten Verhältnisse abbilden. 1975 trat das *Zivilgesetzbuch der DDR* an die Stelle des Bürgerlichen Gesetzbuches, das noch aus der Zeit vor der deutschen Teilung herrührte. Nach dem neuen Gesetz besaß Volkseigentum („sozialistisches Eigentum") Vorrang vor persönlichem Eigentum. Schon ab 1972 waren die verbliebenen Betriebe in privater Hand verstaatlicht worden. Die ehemaligen Besitzer erhielten bestenfalls eine geringe finanzielle Entschädigung.

Durch die neuen gesetzlichen Regelungen wurde die **Bodenreform** der späten 1940er-Jahre ebenso rechtlich gedeckt wie alle weiteren Enteignungen und Kollektivierungen. Als Folge dieser Maßnahmen verschwanden im Laufe der 1970er-Jahre der bäuerliche Mittelstand und das Wirtschaftsbürgertum aus der ostdeutschen Gesellschaft.

Seit 1977 gab es ein *Arbeitsgesetzbuch der DDR*. Es beseitigte das Streikrecht für Beschäftigte und hob die **Tarifautonomie** auf – beides hatte bis dahin nur noch formal bestanden. Das Gesetzeswerk legte großen Wert auf die soziale Sicherheit. So bestand fast völliger Schutz vor Kündigung; Ausnahmen galten bei politischem Fehlverhalten, das zum Berufsverbot führen konnte. Einerseits sollte das Arbeitsrecht dem sozialen Frieden dienen (etwa durch Arbeitsplatzgarantie), andererseits hemmte es die Wirtschaft, da es weder Leistungsanreize noch betriebliche Mitbestimmung vorsah.

Bodenreform: Im Zuge der Bodenreform wurde tausenden Großgrundbesitzern ihr Land entschädigungslos entzogen und an Landarbeiter, landlose Bauern, Flüchtlinge und Vertriebene verteilt. Ein Drittel des enteigneten Bodens erhielten die Länder, Kreise und Gemeinden.

Tarifautonomie: Löhne und Arbeitsbedingungen werden von Gewerkschaften und Arbeitgeberverbänden vereinbart, ohne dass sich der Staat einmischt.

Öffnung gegenüber dem Westen: die KSZE Die DDR nahm seit 1972 an der *„Konferenz über Sicherheit und Zusammenarbeit in Europa"* (*KSZE*) teil. Sie unterzeichnete am 1. August 1975 im finnischen Helsinki die *KSZE-Schlussakte*, in der die Teilnehmer ihre Gleichberechtigung, Souveränität und territoriale Unantastbarkeit anerkannten, auf Gewalt verzichteten und sich zur Achtung der Menschenrechte verpflichteten.

Ost-Berlin feierte dies als weiteren Schritt zur internationalen Anerkennung. Die DDR-Regierung wollte sich v.a. als Exportnation dem Westen öffnen, die Bevölkerung

Internettipp
Auszüge aus den Bestimmungen der KSZE-Schlussakte befinden sich unter 32031-08.

▲ **Protestplakat vor der Dresdner Kreuzkirche.**
Foto, 13. Februar 1982.
Das eingekreiste „A" steht für Ausreise.

sollte dagegen von den Einflüssen des Kapitalismus und der Demokratie abgeschirmt bleiben. Diese Politik schlug jedoch fehl. Unter Berufung auf die KSZE-Schlussakte forderten viele DDR-Bürger mehr Freiheiten, v.a. Meinungs- und Pressefreiheit sowie die Möglichkeit zur Ausreise (▸ M3).

Niedergang der DDR-Wirtschaft Gegen Ende der 1970er-Jahre brach die Konjunktur der DDR-Wirtschaft ein. Das entsprach zwar einer weltweiten Entwicklung. Doch während sich die westlichen Industrieländer davon wieder erholten, gelang das der DDR und den übrigen Ostblockstaaten nicht.

Der Niedergang der DDR-Wirtschaft während der 1980er-Jahre war das Ergebnis kurz- und langfristiger Ursachen:

- Rohstoffknappheit. Die DDR war auf Erdöl angewiesen, das vorwiegend aus der UdSSR stammte. Seit den Ölkrisen der 1970er-Jahre drosselte die Sowjetunion die Ölzufuhr. Die DDR verwendete das Öl für die Produktion von Exportwaren und musste für den übrigen Energiebedarf auf die heimische Braunkohle ausweichen. Die Umstellung war kostspielig und belastete die Wirtschaft schwer.
- Unzureichende Modernisierung. In den Industriebetrieben mangelte es an Rationalisierung und Investitionen. Um Arbeitslosigkeit zu vermeiden, waren viele Stellen überbelegt, Arbeitskräfte wurden nicht sinnvoll eingesetzt und mussten veraltete Geräte bedienen. Für neue Ausstattungen fehlte das Kapital. Um 1989 waren weniger als die Hälfte aller Industrieanlagen jünger als zehn Jahre (in der Bundesrepublik betrug die Quote damals rund 70 Prozent). In Schlüsseltechnologien wie der Mikroelektronik verpasste die DDR den internationalen Anschluss.

▲ **Der „Silbersee" in Bitterfeld.**
Foto vom Juni 1990.
Der See war biologisch tot und glänzte silbern. In ihn wurden vor allem Abfälle einer Filmfabrik eingeleitet. Umweltdaten waren in der DDR Staatsgeheimnis.
▪ ➕ *Informieren Sie sich im Internet über die Umweltsituation und -politik in der DDR. Stellen Sie Ihre Ergebnisse in einem Kurzreferat vor.*

Devisen: Zahlungsmittel in ausländischer Währung. Die DDR brauchte fremde Währungen aus dem Westen, weil sie für ihr eigenes Geld im westlichen Ausland keine gleichwertigen Waren und Dienstleistungen erwerben konnte.

- Exportschwäche, Devisenmangel und Verschuldung. Die zahlreichen Produkte, die auf dem Weltmarkt nicht konkurrenzfähig waren, mussten mit enormen staatlichen Zuschüssen verbilligt werden. Ohne den Export fehlten die **Devisen**, mit denen Rohstoffe und Westwaren eingekauft werden konnten. Die DDR importierte weit mehr, als sie ausführte, und nahm dafür immer höhere Kredite auf (▸ M4).
- Krise des Binnenmarktes. Die schlecht ausgerüsteten Wirtschaftsbetriebe konnten auch nicht den Bedarf an Konsumgütern im Inland (z. B. Kfz, Baumaterial) decken (▸ M5). Daher nahm der Verbrauch weiter ab, obwohl die Nettolöhne stiegen. Die Menschen sparten das Geld, das nicht mehr in die Wirtschaft zurückfloss.
- Verlangsamter Strukturwandel. Der Wandel der DDR-Wirtschaft verlor immer mehr an Tempo. Im Zeitraum von 1950 bis 1989 sank der Anteil der Land- und Forstwirtschaft von 26 auf elf Prozent. Industrie- und Handwerk waren bis Anfang der 1980er-Jahre von 40 auf 51,5 Prozent angewachsen, machten aber bis 1989 weiterhin 50 Prozent der Gesamtwirtschaft aus. Dagegen erreichte der Handels- und Dienstleistungssektor bis Ende der 1980er-Jahre nur einen Anteil von knapp 40 Prozent. Dieses Zahlenverhältnis entsprach der Situation in der Bundesrepublik von 1965.
- Planwirtschaft und Einbindung in den RGW. Die DDR hielt unter Honecker an der staatlichen zentralen Lenkung der Wirtschaft fest. Die Betriebe konnten ohne die Zustimmung der Staates nichts unternehmen und unmittelbar auf die Bedarfslage reagieren. Die Versorgung der Bevölkerung mit Gebrauchsgütern verschlechterte sich deshalb stetig. Für die Wirtschaft galt die Erfüllung von langfristigen Plänen, nicht die flexible Orientierung an Angebot und Nachfrage. Hinzu kam die internationale Dimension der Planwirtschaft in Gestalt des *Rates für Gegenseitige Wirtschaftshilfe (RGW)*. Dieses Gremium unter Leitung der UdSSR regelte, welches Mitgliedsland welche Produkte herstellte und wohin abführte. Anstatt sich an den Weltmarkt anzupassen, blieb die DDR-Wirtschaft von den übrigen Volkswirtschaften des Ostblocks abhängig.
- Personalmangel und Überalterung. Seit Bestehen der DDR schrumpfte ihre Bevölkerung. Von 1946 bis 1964 nahm die Einwohnerzahl in Ostdeutschland von 18,4 auf 17 Millionen ab, sank bis 1981 auf 16,7 Millionen und fiel weiter. Vor allem in der jüngeren Generation war der Arbeits- und Fachkräftemangel dramatisch, da die DDR-Führung auch keine Fachkräfte aus dem Ausland anwarb.

Zu Beginn der 1980er-Jahre unternahm die Regierung den Versuch, die Ausfuhren massiv zu erhöhen. Die DDR setzte angesichts des hohen Weltmarktpreises für Erdöl auf die Verarbeitung von sowjetischem Öl und den Export von Treibstoffen, Heizmitteln, Chemiefasern und Kunstdünger (Erdölderivate). Eine Zeitlang wurden damit Gewinne erzielt und Schulden abgebaut. Als sich der Ölpreis Ende 1985 plötzlich halbierte, ging der Absatz der Produkte drastisch zurück. Der Aufschwung brach erneut zusammen. Unterdessen führten Ernteausfälle zu Versorgungsengpässen. 1982 hatten Polen und Rumänien, zu deren Gläubigern die DDR gehörte, ihre Zahlungsunfähigkeit erklärt. Der DDR drohte ihrerseits der Staatsbankrott.

1983 und 1984 gewährte die Bundesrepublik zinslose *Milliardenkredite* zur Stützung der DDR. Im Gegenzug wurden die Minenfelder und Selbstschussanlagen an der innerdeutschen Grenze entfernt, die DDR ließ politische Häftlinge – gegen West-Mark – frei und gewährte Reiseerleichterungen. Aber diese Transferleistungen reichten ebensowenig wie der **Mindestumtausch** aus, um die rasante Verschuldung der DDR aufzuhalten.

Mindestumtausch („Zwangsumtausch"): Besucher der DDR und Ost-Berlins mussten täglich einen bestimmten Betrag in DDR-Mark umtauschen. Dies trug der Regierung Devisen ein.

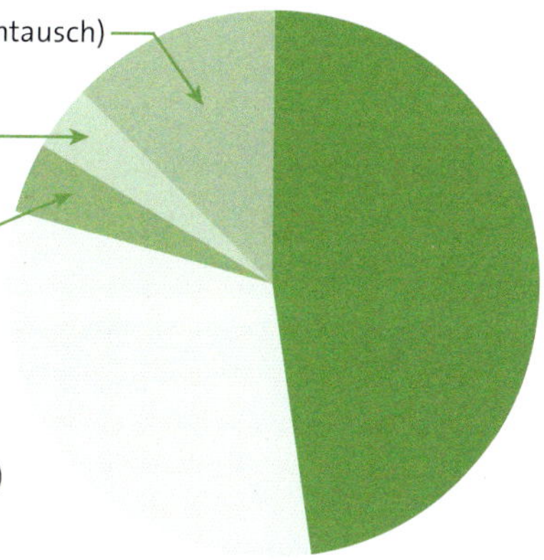

◂ **Zahlungen der Bundesrepublik an die DDR um 1980 (Schätzung).**
Nach: Die Fischer Chronik. Deutschland, a.a.O., Sp. 711

- *Analysieren Sie die Statistik mithilfe der Leitfragen auf Seite 256.*

Propaganda statt Reformen Schon 1976 hatte sich die DDR mit umgerechnet 2,6 Milliarden Euro verschuldet, damals ein Staatsgeheimnis, das nur Honecker und einigen Vertrauten bekannt war. 1989 entsprach die Auslandsverschuldung von 25 Milliarden Euro bereits dem volkswirtschaftlichen Nettoprodukt eines Jahres. Der wirtschaftliche Zusammenbruch war nur eine Frage der Zeit.

Das Honecker-Regime war mit seiner „Einheit von Wirtschafts- und Sozialpolitik“ gescheitert, änderte jedoch nichts an den viel zu hohen Ausgaben für den Sozialstaat. Die Regierung rührte weder an den subventionierten Mietpreisen noch an der Höhe der Löhne oder an den Arbeitsplätzen. Künstlich wurden damit Vollbeschäftigung und eine gute Versorgung aufrechterhalten. „Künstlich“ bedeutete: „auf Pump“ und unter Verschweigen der tatsächlichen Situation.

Die oberste Staats- und Parteispitze wiegte die breite Bevölkerung mit gefälschten Bilanzen und Durchhalteparolen in Sicherheit. So verkündete die SED-Führung im Oktober 1988 feierlich das Erreichen ihres Zieles, drei Millionen neue Wohnungen seit 1976 gebaut zu haben. Tatsächlich waren erst 1,9 Millionen Wohnungen fertiggestellt (mitgezählt wurden dabei auch Wohnheimplätze für Senioren und Studenten).

Die Propaganda übertönte jede Kritik, selbst innerhalb der SED. Sie wirkte nicht zuletzt im westlichen Ausland, wo man die Missstände in der DDR kaum wahrnahm. Dabei halfen populäre Maßnahmen und Inszenierungen wie die Einweihung des modernen Sport- und Erholungszentrums in Ost-Berlin (1981) oder der Wiederaufbau der Semperoper in Dresden. Das Bild von der erfolgreichen DDR überdauerte damit die Wirklichkeit, vor allem in den Köpfen der Machthaber. Das DDR-Regime zeigte sich unfähig zu Reformen und wurde zum Opfer seiner eigenen Selbsttäuschung.

Wachsende Kritik von Friedens- und Umweltgruppen in der DDR Die Krise der kommunistischen Herrschaft in der DDR entzündete sich nicht nur am Versagen der Ökonomie. Den Boden für den Massenprotest des Jahres 1989 bereiteten oppositionelle Gruppierungen, die seit den frühen 1980er-Jahren mit wachsendem Selbstbewusstsein das Regime herausforderten, aber auch viele einzelne Bürger, die unter Berufung auf die von der DDR 1975 unterschriebene KSZE-Schlussakte[1] ihre Menschenrechte einforderten.

Anfangs waren es vor allem *Friedens- und Umweltgruppen*, die unter dem Schutz der Kirchen einen Freiraum von staatlicher Erziehung schufen und die ökologische Krise, die offiziell ignoriert wurde, zur Sprache brachten. Zunächst entstanden diese

[1] Siehe hierzu Seite 118 f.

▶ **Informationsblatt des Friedens- und Umweltkreises der Zionskirchgemeinde Berlin (Ausschnitt).**
Papier (29,7 x 21 cm), nach September 1986.
Umweltaktivisten wie die Mitglieder der 1986 gegründeten Umweltbibliothek in der Ost-Berliner Zionskirche und anderenorts versuchten die Öffentlichkeit für die überall sichtbare Umweltzerstörung zu sensibilisieren.

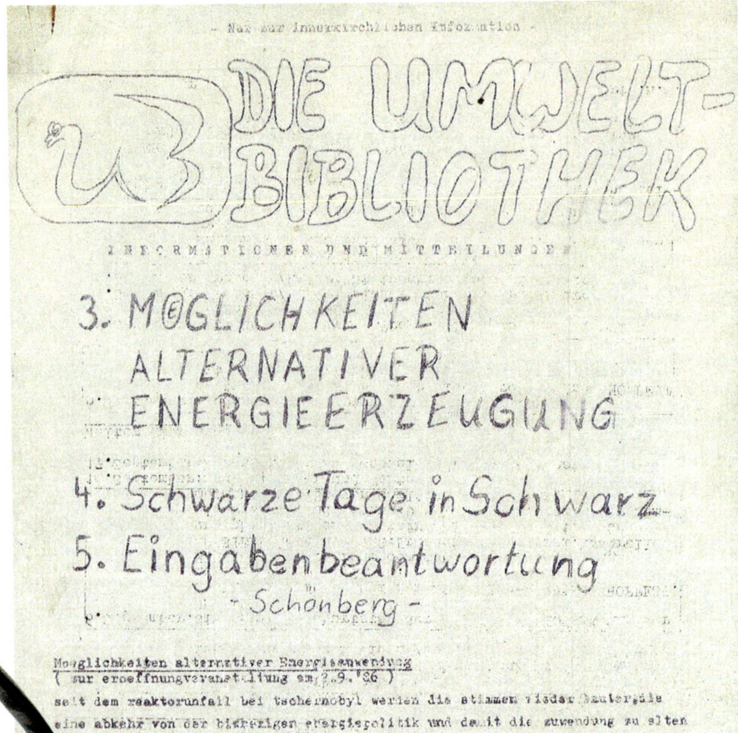
- Nur zur innerkirchlichen Information -

DIE UMWELT-BIBLIOTHEK

INFORMATIONEN UND MITTEILUNGEN

3. MÖGLICHKEITEN ALTERNATIVER ENERGIEERZEUGUNG

4. Schwarze Tage in Schwarz

5. Eingabenbeantwortung
- Schönberg -

Moeglichkeiten alternativer Energieanwendung
(zur eroeffnungveranstaltung am 2.9.'86)

seit dem reaktorunfall bei tschernobyl werden die stimmen wieder lauter, die
eine abkehr von der bisherigen energiepolitik und damit die zuwendung zu alten

◀ **Plastik des Symbols „Schwerter zu Pflugscharen".**
Eisenguss (27,1 x 9,8 x 21 cm), 1978.
Unter dem Motto „Schwerter zu Pflugscharen" forderte die christliche Friedensbewegung zur Abrüstung auf. Trotz Betonung ihrer Friedensliebe verbot die SED-Führung jegliche Friedenssymbole und forderte die Bischöfe auf, die Friedensaktivisten zu bremsen. Sie erreichte damit das Gegenteil.
- *Recherchieren Sie, was als Vorbild für das Symbol diente.*

informellen Zusammenschlüsse von aufbegehrenden DDR-Bürgern aus der Empörung über konkrete Maßnahmen des SED-Staates. Die Einführung des „Wehrkundeunterrichts" an allen Schulen seit 1978, die staatlich verordnete Militarisierung der Gesellschaft sowie die Aufrüstung in Ost und West entwickelten sich alsbald zu Plattformen für eine umfassendere Kritik. Eine wichtige Rolle spielte etwa der von Pfarrer **Rainer Eppelmann** und *Robert Havemann* gemeinsam formulierte „Berliner Appell – Frieden schaffen ohne Waffen" (1982). Die Forderungen nach Toleranz und Anerkennung des Rechts auf freie Meinungsäußerung unterschrieben innerhalb weniger Monate Tausende.

Rainer Eppelmann (*1943): evangelischer Pfarrer, 1989 Mitbegründer der Partei „Demokratischer Aufbruch" (DA), seit 1990 Mitglied der CDU, 1990 Minister für Verteidigung und Abrüstung in der letzten DDR-Regierung

In Friedensseminaren und Friedenswerkstätten fanden sich zumeist jugendliche Teilnehmer aus der ganzen DDR zusammen. Ihr gemeinsames Protestsymbol war ein Aufnäher mit der Aufschrift „Schwerter zu Pflugscharen". Die Staatsmacht reagierte mit Verhaftungen und Ausbürgerungen prominenter Oppositioneller und vor allem mit dem massiven Einsatz von sogenannten *Inoffiziellen Mitarbeitern* (*IM*) der Staatssicherheit. Die beabsichtigte „Zersetzung" oppositioneller Gruppierungen ging so weit, dass manche Friedenskreise von Stasi-Spitzeln regelrecht unterwandert wurden.

Eine Bürgerrechtsbewegung entsteht 1985 gründeten Bürgerrechtler in Ost-Berlin – darunter **Bärbel Bohley**, *Ralph Hirsch, Gerd Poppe, Wolfgang Templin, Vera Wollenberger* – die *„Initiative Frieden und Menschenrechte“* (*IFM*). Die zunächst stark christlich-pazifistisch ausgerichtete Protestbewegung gewann eine neue Qualität. Erstmals erhoben ostdeutsche Oppositionelle Forderungen nach einer freiheitlichen Demokratie, wie sie die Bürgerrechtsbewegungen in Polen (**Solidarność**), Ungarn und der Tschechoslowakei (**Charta 77**) schon länger vertraten.

Die Reformpolitik in der Sowjetunion unter dem neuen Staats- und Parteichef **Michail Gorbatschow** machte den Oppositionsbewegungen in den kommunistischen Staaten Ostmitteleuropas Mut. Gorbatschow versuchte mit einer Politik der *„Offenheit“* (*Glasnost*) und der *„Umgestaltung“* (*Perestroika*), den Sozialismus zu reformieren und leistungsfähiger zu machen. Als deutlich wurde, dass die Sowjetunion in ihren Vasallenstaaten das kommunistische System nicht mehr mit militärischer Gewalt halten würde, brachen die Dämme: Die herrschenden Parteidiktaturen wurden von Reformkräften abgelöst. Vorreiter dieser Entwicklung waren Polen und Ungarn.

In der DDR solidarisierten sich nun immer mehr Menschen mit jenen, die verhaftet, ausgebürgert oder auf andere Weise eingeschüchtert werden sollten. Zu den dauerhaften aktiven Regimegegnern zählten nur wenige hundert Personen, die jedoch viele tausend Sympathisanten gewinnen konnten. Allmählich entstand ein landesweites Netzwerk durch im Untergrund gedruckte Zeitschriften und Flugblätter, Treffen und Protestaktionen.

Landesweite Aufmerksamkeit und wachsende Anerkennung in der Bevölkerung erhielten die Bürgerrechtler im Zusammenhang mit den *Kommunalwahlen vom 7. Mai 1989*. In mehreren Städten der DDR beobachteten Vertreter dieser Gruppen die Auszählung der Stimmen und protestierten anschließend gegen die festgestellten Wahlfälschungen.

Bärbel Bohley (1945-2010): Malerin, Friedensaktivistin und Politikerin, 1989 Mitbegründerin der Bürgerrechtsorganisation „Neues Forum“ (NF)

Internettipp
Zu den Demokratiebewegungen im östlichen Europa siehe den Code 32031-09.

Solidarność: dt. „Solidarität“; Bezeichnung für eine polnische Gewerkschaft, die 1980 entstand und großen Einfluss auf die politische Wende von 1989 hatte

Charta 77: Petition gegen Menschenrechtsverletzungen, veröffentlicht im Januar 1977; gleichzeitig der Name für die in den 1970er- und 80er-Jahren aktive Bürgerrechtsbewegung in der Tschechoslowakei, die zum Zentrum der Opposition gegen das kommunistische Regime wurde

Flucht vor der Staatsmacht Immer mehr Bürger stellten einen Antrag auf Ausreise aus der DDR, obwohl sie in vielen Fällen deswegen jahrelang benachteiligt und schikaniert wurden. Im ersten Halbjahr 1989 gestattete die Regierung 46 343 Personen die Übersiedlung in die Bundesrepublik. Doch die Hoffnung der SED, auf diese Weise wieder Ruhe herstellen zu können, erfüllte sich nicht. Im Gegenteil: Im Sommer 1989 lagen bereits eine Viertelmillion weiterer Ausreiseanträge vor.

Am 10./11. September erlaubte die reformkommunistische Regierung Ungarns, die bereits seit Mai ihre Grenzsperren nach Österreich abbaute, fluchtwilligen Urlaubern aus der DDR die Ausreise. Über 25 000 Menschen nutzten das neue Schlupfloch im bislang undurchlässigen „Eisernen Vorhang“. Andere fanden Einlass in den diplomatischen Vertretungen der Bundesrepublik in Prag, Warschau und Ost-Berlin. Nach langwierigen Verhandlungen zwischen beiden deutschen Regierungen durften sie Anfang Oktober in den Westen übersiedeln.

Unter dem Eindruck der Massenflucht aus der DDR entschlossen sich die Bürgerrechtler zur Gründung öffentlich auftretender Oppositionsgruppen. Anfang September 1989 rief das *Neue Forum* zum freien Dialog im öffentlichen Raum auf – ein unerhörter Vorgang in einer kommunistischen Diktatur (▸ M6). Später traten weitere Bürgerbewegungen hervor: *Demokratie Jetzt, Demokratischer Aufbruch, Sozialdemokratische Partei* (*SDP*), *Grüne Partei* und andere. Mit unterschiedlicher Akzentuierung forderten sie eine Reform der DDR. Dazu zählten das Recht auf freie Meinungsäußerung, Rechtsstaatlichkeit und Gewaltenteilung, Zulassung weiterer Parteien und Organisationen, Versammlungsfreiheit und Streikrecht, Kontrolle des Sicherheitsapparates.

Michail Sergejewitsch Gorbatschow (*1931): letzter sowjetischer Staats- und Parteichef 1985-1991; erhielt 1990 den Friedensnobelpreis

Internettipp
Zur Oppositionsbewegung in der DDR siehe den Code 32031-10.

In der DDR strebten die Bürgergruppierungen eine parlamentarische Demokratie mit basisdemokratischen Elementen an, keineswegs aber die Abschaffung der Eigenstaatlichkeit. Zum Teil wurde über einen sogenannten „Dritten Weg" als Alternative zur westlichen Konsumgesellschaft nachgedacht: „Weder Diktatur noch Konsumgesellschaft" (▸ M7).

Egon Krenz (*1937): SED-Politiker, 1989 DDR-Staatsratsvorsitzender und Generalsekretär der SED. 1997 wegen Totschlags im Zusammenhang mit den Todesschüssen an der innerdeutschen Grenze zu mehrjähriger Freiheitsstrafe verurteilt.

▸ **Geschichte In Clips:** Zum Mauerfall und zur Wiedervereinigung siehe Code 32031-11

Massenprotest und friedliche Revolution Seit Anfang September 1989 demonstrierten in Leipzig an jedem Montag nach Friedensgebeten in der Nikolaikirche immer mehr Menschen für Reisefreiheit statt Massenflucht. In Ost-Berlin, Leipzig und Potsdam hielten Bürgerrechtler Mahnwachen für politische Gefangene. Das alles geschah unter den Augen der Stasi, die die Protestwelle mit Verhaftungen auflösen wollte. In den ersten Oktobertagen spitzte sich in vielen Städten die Situation gefährlich zu. Während die Machthaber den 40. Jahrestag der DDR am 6. und 7. Oktober vor den Kameras des In- und Auslands und im Beisein des sowjetischen Staats- und Parteichefs Gorbatschow mit Pomp, Militärparaden und Aufmärschen begingen, versuchten sie gleichzeitig, mit einem Riesenaufgebot bewaffneter Sicherheitskräfte die Demonstranten einzuschüchtern.

Honecker weigerte sich, Reformen einzuleiten, zu denen ihm Gorbatschow dringend geraten hatte („Wer zu spät kommt, den bestraft das Leben").

Die große *Montagsdemonstration* am 9. Oktober in Leipzig brachte den Umschwung. 70 000 Menschen demonstrierten friedlich, im klaren Bewusstsein, dass es dabei zu einem Blutbad kommen könne (▸ M8). Ähnliches geschah in Ost-Berlin, wo am 4. November 1989 fast 500 000 Menschen für Meinungs-, Presse- und Versammlungsfreiheit demonstrierten (▸ M9). Obgleich die bewaffneten Kräfte in höchste Alarmbereitschaft versetzt waren, blieb der Befehl zur Zerschlagung der Demonstrationen aus. Honecker, der die Bürgerproteste nötigenfalls gewaltsam beenden lassen wollte, wurde am 18. Oktober 1989 von einer Gruppe im Politbüro um Egon Krenz abgesetzt. Krenz übernahm Honeckers Ämter. Die politische Führung versuchte jetzt, durch Gesprächsangebote an die Bevölkerung die Situation wieder in den Griff zu bekommen. Doch die Menschen wollten sich nicht mehr mit kleinen Korrekturen der bisherigen Politik zufriedengeben. „Wir sind das Volk!", riefen sie selbstbewusst den Machthabern zu, und im November mischte sich darunter immer häufiger der Ruf „Wir sind ein Volk!".

Das Ende der SED-Diktatur Die anhaltende Massenflucht und der zunehmende Massenprotest im ganzen Land untergruben innerhalb weniger Wochen das brüchige Machtfundament der SED. Das Ende ihrer Herrschaft beschleunigte die Öffnung der Mauer und der Grenzübergänge nach West-Berlin und in die Bundesrepublik am 9. November 1989. Die Annahme der SED-Führung, mit der von den Demonstranten geforderten Reisefreiheit das Regime noch in letzter Minute stabilisieren zu können, erwies sich als Illusion. Nach

◂ **Umjubelter Grenzübertritt.**
Foto vom 9./10. November 1989.
In Berlin nutzten mehr als eine halbe Million Menschen die Grenzöffnung zu einem Kurzbesuch im Westteil der Stadt.

▸ **Der Zentrale Runde Tisch der DDR im Schloss Niederschönhausen in Ost-Berlin.**
Foto vom 22. Januar 1990.
Um mit der Bürgerbewegung ins Gespräch zu kommen, richtete Ministerpräsident Hans Modrow am 7. Dezember 1989 nach polnischem Vorbild den Zentralen Runden Tisch ein, der die Bürgerrechtler in wichtige Entscheidungen einband. Gemeinsam vereinbarten SED-Regierung und Bürgerrechtler freie Volkskammerwahlen für den 18. März 1990 und arbeiteten einen Verfassungsentwurf sowie ein neues Wahlgesetz für die demokratische Umgestaltung der DDR aus. Währenddessen nahm die in der Bevölkerung geforderte Einheit Deutschlands immer mehr Gestalt an. Nach den Volkskammerwahlen im März 1990 und dem hohen Wahlsieg der Ost-CDU wurden die Bürgerrechtler schließlich von der politischen Bühne gedrängt und von den Ereignissen, die sie selbst angestoßen hatten, überrollt.

dem *Fall der Mauer* besuchten Millionen den anderen Teil Deutschlands und entschieden sich gegen die DDR.

Unter dem Druck der Bevölkerung gab die SED ihre Vormachtstellung schrittweise auf. Im Dezember 1989 wurde ihre „führende Rolle" aus der Verfassung gestrichen, das Ministerium für Staatssicherheit aufgelöst, Politbüro und Zentralkomitee traten geschlossen zurück, Staats- und Parteichef Krenz legte seine Ämter nieder. Die *friedliche Revolution* in der DDR hatte gesiegt, die SED-Diktatur war zusammengebrochen.

Seit Mitte November 1989 amtierte eine SED-Regierung unter Ministerpräsident **Hans Modrow**. Sie stand von Beginn an unter Erfolgszwang. Die Probleme der Wirtschaft, über die jetzt in aller Öffentlichkeit berichtet und diskutiert wurde, ließen sich von der DDR allein nicht mehr bewältigen. Zugleich hielt die Ausreisewelle an. Im November und Dezember 1989 kehrten 176 650 Menschen der DDR den Rücken. Anfang Dezember wurde ein *„Runder Tisch"* eingeführt. Die Vertreter der SED und die wichtigsten Bürgerrechtsgruppen traten zu diesem Gesprächsforum zusammen. Somit bekamen Oppositionsgruppierungen erstmals Einfluss auf die Regierungspolitik.

Unter öffentlichem Druck stimmten die Regierung Modrow und die inzwischen neu formierte SED/**PDS** den Forderungen des Runden Tisches nach baldigen Neuwahlen zu. Am 18. März 1990 fanden die ersten freien Wahlen zur DDR-Volkskammer statt. Die „Allianz für Deutschland", eine Verbindung von CDU mit Bundeskanzler Helmut Kohl als Parteivorsitzenden an der Spitze, der konservativen Deutschen Sozialen Union (DSU) und dem Demokratischen Aufbruch erhielt 47,8 Prozent der Stimmen.

Die SPD erreichte knapp 22 Prozent, und nur 20 Prozent der Wähler unterstützten jene Parteien, die sich für eine eigenständige DDR eingesetzt hatten. Die Mehrheit der DDR-Bürger hatte sich für die umgehende Einbeziehung Ostdeutschlands in ein wiedervereinigtes Deutschland ausgesprochen.

Hans Modrow (*1928): SED-Politiker, 1989/90 Regierungschef der DDR (Vorsitzender des Ministerrates); 1990-1994 Abgeordneter der PDS im Bundestag; seit 2007 Mitglied der Partei „Die Linke"

PDS: Partei des Demokratischen Sozialismus, seit Dezember 1989 Rechtsnachfolgerin der SED

Internettipp
Zur friedlichen Revolution von 1989/90 siehe auch den Code 32031-12.

Grundgesetz oder neue Verfassung? Am 12. April 1990 wählte die Volkskammer **Lothar de Maizière** zum Ministerpräsidenten und bestätigte sein Kabinett der Großen Koalition aus CDU, SPD, Liberalen, DSU und Demokratischem Aufbruch (DA). Diese Parteien hatten sich auf das Ziel geeinigt, „Wohlstand und soziale Gerechtigkeit für alle Bürger der DDR zu sichern, Freiheit und Rechtsstaatlichkeit durchzusetzen, die Einheit

Lothar de Maizière (*1940): Mitglied der CDU (Ost), von April bis Oktober 1990 letzter Regierungschef (ab August auch Außenminister) der DDR, trat kurz nach der Wiedervereinigung als Bundesminister wegen Stasi-Vorwürfen zurück

▲ **Gedenken an die friedliche Revolution von 1989.**
Foto, 18. April 2010, Leipzig. Auf dem Kirchhof der Nikolaikirche wurde 1999 eine mit Palmwedeln gekrönte Säule aus dem Kirchenschiff nachgebildet. Die Idee der freistehenden Gedenksäule stammt von dem Leipziger Künstler Andreas Stötzner. Sie steht symbolisch für den Gedanken des Aufbruchs, der aus der Kirche hinausgetragen wird.
- *Recherchieren Sie nach weiteren Erinnerungsorten der friedlichen Revolution.*

Lesetipp
Andreas Rödder, Geschichte der deutschen Wiedervereinigung, München 2011

Filmtipp
Good bye, Lenin!; Deutschland 2003, Regie: Wolfgang Becker

Deutschlands nach Verhandlungen mit der BRD auf der Grundlage von Artikel 23 des Grundgesetzes zügig und verantwortungsvoll für die gesamte DDR gleichzeitig zu verwirklichen und damit einen Beitrag zur europäischen Friedensordnung zu leisten“.

Nach Artikel 23 GG konnten die neu gegründeten fünf Länder der DDR (Brandenburg, Mecklenburg-Vorpommern, Sachsen, Sachsen-Anhalt, Thüringen) der Bundesrepublik beitreten. Dafür hatten sich bereits während des Wahlkampfes namhafte Politiker der „Allianz für Deutschland“ ebenso wie die Bundesregierung in Bonn ausgesprochen – mit dem Argument, dass die in der DDR mit Händen greifbare Erosion der Wirtschaft und ein bedrohlicher Zerfall der politischen Strukturen eine rasche Vereinigung unumgänglich machten. Die oppositionelle SPD in Bonn sprach sich für die Wiedervereinigung nach Artikel 146 aus, also eine neue gesamtdeutsche und durch eine Volksabstimmung in Kraft gesetzte Verfassung.

In der DDR sympathisierten viele Bürgerrechtler mit einer gemeinsamen neuen Verfassung. In Westdeutschland brachten vor allem Schriftsteller und Intellektuelle aus dem linksliberalen Milieu einer raschen Vereinigung wenig Sympathie entgegen und sprachen kritisch vom „Anschluss“ der DDR. Der prominente Sozialphilosoph Jürgen Habermas sah in einer neuen gesamtdeutschen Verfassung die Grundlage für das „republikanische Selbstverständnis künftiger Generationen“, während im anderen Fall die Bürger die Vereinigung nur passiv hinnehmen würden. Andere Kritiker hofften auf eine „Runderneuerung“ des Grundgesetzes mit mehr basisdemokratischen Elementen (Volksentscheid), sozialen und ökologischen Grundrechten (Recht auf Arbeit, Umweltschutz) und stärkeren Begrenzungen der kapitalistischen Wirtschaftsordnung.

Die Debatte spiegelte die Kontroverse zwischen den Anhängern des sogenannten „Dritten Weges“ und den Verfechtern der Fortführung der in der Bundesrepublik entstandenen Lebens-, Sozial- und Wirtschaftsordnung. Die Bevölkerung in Ost- wie in Westdeutschland wollte mehrheitlich keine neue Verfassung. Das zeigte sich in Umfragen und bei allen Wahlen im Jahr 1990. Die politische und soziale Ordnung des Grundgesetzes hatte sich in den Augen der meisten Bürger bewährt.

Nach einem komplizierten Diskussions- und Verhandlungsprozess im Frühjahr und Sommer 1990 erklärte die Volkskammer am 23. August 1990 mit überwältigender Mehrheit den Beitritt der DDR zum Geltungsbereich des Grundgesetzes nach Artikel 23 mit Wirkung zum 3. Oktober 1990. Mit der auf diesem Weg vollzogenen *Wiedervereinigung* entstand eine um die DDR erweiterte Bundesrepublik, in der sich für die Ostdeutschen fast alles bisher Gewohnte veränderte: politische Ordnung, gesellschaftliche Rahmenbedingungen, Wirtschaftssystem. Aber auch die Westdeutschen mussten sich neuen Bedingungen anpassen, zu denen vor allem die langdauernde Finanzierung der hohen Folgekosten der Einheit und die von zahlreichen Einschnitten begleitete Erneuerung des Sozialstaates gehörten.

M1 Übersiedler und Flüchtlinge zwischen DDR und Bundesrepublik

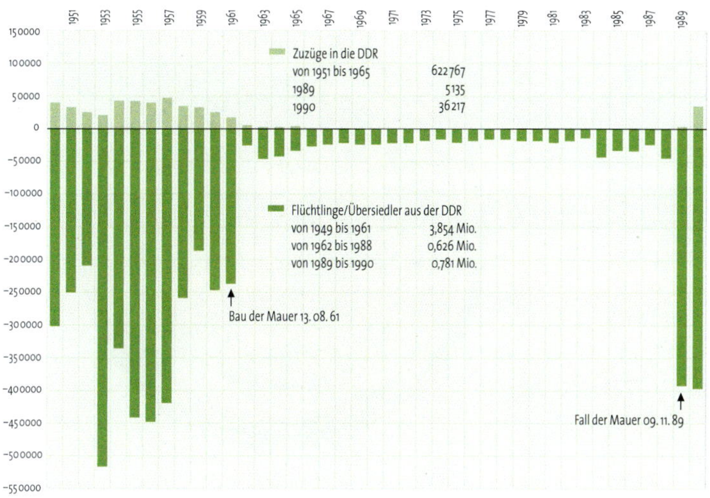

Nach: Hartmut Wendt, Wanderungen in Deutschland zwischen Ost und West [...], in: Paul Ganz und Franz-Josef Kemper (Hrsg.), Mobilität und Migration in Deutschland, Erfurt 1995, S. 6-8, und Matthias Judt (Hrsg.), DDR-Geschichte in Dokumenten. Beschlüsse, Berichte, interne Materialien und Alltagszeugnisse, Berlin 1998, S. 545 f.

1. *Überlegen Sie, welche Motive es für die Migration zwischen den beiden deutschen Staaten gegeben hat.*
2. *In der Zentralkartei der DDR war die registrierte Zahl der Übersiedler immer doppelt so hoch wie von Behörden der Bundesrepublik angegeben. Ab 1966 machte die DDR überhaupt keine Angaben mehr zur Zahl der Übersiedler. Erklären Sie mögliche Gründe, warum das Ausmaß von Flucht und Übersiedlung politisch stets sehr brisant war.*
3. *Erläutern Sie die Folgen der Fluchtbewegung für Staat, Gesellschaft und Wirtschaft der DDR.*

M2 Sozialpolitik und Legitimation der SED-Herrschaft

In einer Untersuchung über die Wirksamkeit der Sozialpolitik für die Akzeptanz des DDR-Regimes durch die Bürger heißt es:

Von der Sozialpolitik hatten sich die SED und die Staatsführung der DDR großen ökonomischen und politischen Nutzen erhofft. Voraussetzung und Ansporn wirtschaftlicher Leistung und Produktivitätssteigerung sollte sie sein und als Quelle von Legitimität dienen, um den grundlegenden Mangel an Anerkennung des SED-Regimes zu kompensieren. Ist dies erreicht worden?
Die sozialwissenschaftliche Forschung neigt zu der These, die Politik der sozialen Sicherung habe zur Stabilisierung des SED-Regimes beigetragen. Der paternalistische[1] Herrschaftsmechanismus der Sozialpolitik habe Wohlverhalten und konsumorientierte Anpassung hervorgerufen oder verstärkt, so wird die Stabilisierungsthese begründet. Zumindest zeitweise sei es gelungen, mit der Sozialpolitik eine Brücke zwischen den Herrschenden und den Beherrschten zu schlagen, so pflichten manche dieser Auffassung bei, meist unter Berufung auf die Aufwertung der Sozialpolitik in den 70er-Jahren.
Allerdings betonen alle seriösen Untersuchungen die Grenzen der Legitimierung der DDR-Sozialpolitik und deren widersprüchlichen, teils Anerkennung stiftenden, teils Protest hervorrufenden Wirkungen. [...]
Hockerts[2] zufolge sind die „sozialistischen Errungenschaften" wie Vollbeschäftigung und Grundversorgung von der Bevölkerung insgesamt angenommen und genutzt worden. Aber als Herrschaftsstützen seien sie viel zu schwach, wenn nicht gar morsch gewesen. [...]
Die Sozialpolitik fand nicht nur Zustimmung, sie rief auch Widerspruch hervor, zum Beispiel aufgrund offenkundiger Leistungsmängel, wie im Falle der mangelhaften Altenpflege, der verfallenden Bausubstanz in den Städten, der Ausstattungsmängel des Gesundheitswesens, und Unzufriedenheit ob der Vernachlässigung produktionsferner Lebenslagen und Risiken, wie bei vielen Rentnern. [...]
Damit sind Kehrseiten der DDR-Sozialpolitik angesprochen, die kaum legitimierend wirken. Zu den Legitimierungsgrenzen ist ein Weiteres zu zählen: Die DDR-Sozialpolitik legte ihre Bürger viel stärker als die Sozialpolitik westlicher Prägung auf eine Politiknehmerrolle fest. Soweit dies den Politiknehmer der unbotmäßigen Eigeninitiative beraubte, konnte man darin eine system- und ideologiegerechte Konsequenz sehen. Doch der Politiknehmerstatus förderte Anspruchshaltung und Passivität. Überdies verhinderte er, was die DDR-Sozialpolitik der parteioffiziellen Ideologie zufolge eigentlich bewirken sollte: die Entwicklung von Qualifikation und Staatsbürgertugenden einer loyalen, produktiven und konstruktiv mitwirkenden „sozialistischen Persönlichkeit". Doch von der war ebenso wenig zu sehen wie von der Steigerung der Produktivität, die man sich von der „Einheit von Wirtschafts- und Sozialpolitik" erhoffte.
Eine noch gefährlichere Legitimierungsgrenze bestand für die Sozialpolitik der DDR in dem Ost-West-Vergleich, vor al-

[1] **paternalistisch**: väterlich bevormundend

[2] **Hans Günter Hockerts**: deutscher Zeithistoriker (*1943)

lem dem Vergleich mit der Bundesrepublik Deutschland. Hier stößt man auf die Achillesferse des DDR-Sozialismus. Im Ost-West-Vergleich erwiesen sich seine „sozialen Errungenschaften“ einschließlich der Sozialleistungen als mittelmäßig, nicht selten als unzulänglich, oft als unattraktiv. Das ergab sich aus den repressiven Strukturen des Staatswesens und dem niedrigeren Entwicklungsstand der DDR-Wirtschaft, der rückständigen Technologie, der geringen Qualität der Dienstleistungen, der niedrigeren Kaufkraft der Sozialeinkommen und Löhne und dem unzureichenden Angebot an Konsumgütern des gehobenen Bedarfs. Die nur mäßige Produktivität der DDR-Wirtschaft bedeutete einen großen Rückstand an volkswirtschaftlichem Wohlstand sowie an privatem und öffentlichem Konsumniveau gegenüber den fortgeschrittenen westlichen Industrieländern wie der Bundesrepublik Deutschland. Vor diesem Rückschritt schrumpften die „sozialen Errungenschaften“ des SED-Staates zu Wohltaten, welche die überwältigende Mehrheit der DDR-Bürger bei erster Gelegenheit gegen die volle Teilhabe an den Gütern der Sozialen Marktwirtschaft und des Sozialstaats der Bundesrepublik Deutschland eintauschte.

Manfred G. Schmidt, Grundzüge der Sozialpolitik in der DDR, in: Eberhard Kuhrt, Hannsjörg F. Buck und Gunter Holzweißig (Hrsg.), Die Endzeit der DDR-Wirtschaft – Analysen zur Wirtschafts-, Sozial- und Umweltpolitik, Opladen 1999, S. 297ff.

1. *Listen Sie Vor- und Nachteile der „Einheit von Wirtschafts- und Sozialpolitik“ auf. Erläutern Sie, ob man tatsächlich von einer „Einheit“ sprechen kann.*
2. *Charakterisieren Sie den Einfluss des permanenten Vergleichs mit der Bundesrepublik auf die Mentalität der DDR-Bevölkerung.*

M3 Richtlinien für „Operative Vorgänge“

1976 werden im Ministerium für Staatssicherheit (MfS) folgende Richtlinien in Umlauf gebracht:

2.3.4 Das Herausbrechen von Personen [...]
Das Herausbrechen ist darauf zu richten, Personen aus feindlichen Gruppen für eine inoffizielle Zusammenarbeit zu werben, um dadurch in die Konspiration der Gruppe einzudringen und Informationen und Beweise über geplante, vorbereitete oder durchgeführte Handlungen sowie Mittel und Methoden ihres Vorgehens zu erarbeiten, Anknüpfungspunkte und Voraussetzungen für eine notwendige Paralysierung[1] und Einschränkung der feindlichen Handlungen bzw. zur Auflösung der Gruppen zu schaffen. [...]

[1] **Paralysierung**: Lähmung

▲ **Erinnerung an den 20. Jahrestag des MfS.**
Wandteller (Durchmesser 36 cm) von 1970.

2.6.1 Zielstellung und Anwendungsbereiche [...]
Maßnahmen der Zersetzung sind auf das Hervorrufen sowie die Ausnutzung und Verstärkung solcher Widersprüche bzw. Differenzen zwischen feindlich-negativen Kräften zu richten, durch die sie zersplittert, gelähmt, desorganisiert und isoliert und ihre Handlungen einschließlich deren Auswirkungen vorbeugend verhindert, wesentlich eingeschränkt oder gänzlich unterbunden werden. [...]
2.6.2 Formen, Mittel und Methoden [...]
Bewährte Formen sind:

- systematische Diskreditierung des öffentlichen Rufes, des Ansehens und des Prestiges [...];
- systematische Organisierung beruflicher und gesellschaftlicher Misserfolge zur Untergrabung des Selbstvertrauens einzelner Personen;
- zielstrebige Untergrabung von Überzeugungen [...];
- Erzeugen von Misstrauen und gegenseitigen Verdächtigungen innerhalb von Gruppen [...].

Matthias Judt (Hrsg.), a.a.O., S. 471

1. *Erläutern Sie die Wirkung dieser Maßnahmen.*
2. *Finden Sie Beispiele für von der Staatssicherheit verfolgte Personen oder Gruppen. Prüfen Sie, inwieweit die genannten Methoden angewandt wurden.*
3. *Vergleichen Sie anhand der Quelle die Situation im Inneren des Landes mit den Versprechungen der DDR-Führung auf internationaler Ebene.*

▶ **„Ich kenne keine Produkte, ich kenne nur Produktion.“**
Karikatur von Heinz Behling, 1978.
▪ *Analysieren Sie die Karikatur. Auf welche Probleme der DDR-Wirtschaft weist der Karikaturist hin?*

M4 Die DDR am Rande der Zahlungsunfähigkeit

Ende Oktober 1989 erarbeiten leitende Wirtschaftsfunktionäre der SED eine Analyse der ökonomischen Lage der DDR. Das Expertengremium leitet der langjährige Chef der Staatlichen Plankommission und Politbüro-Mitglied Gerhard Schürer:

Die Verschuldung im nichtsozialistischen Wirtschaftsgebiet ist seit dem VIII. Parteitag[1] gegenwärtig auf eine Höhe gestiegen, die die Zahlungsfähigkeit der DDR infrage stellt. [...]
Im Zeitraum seit dem VIII. Parteitag wuchs insgesamt der Verbrauch schneller als die eigenen Leistungen. Es wurde mehr verbraucht als aus eigener Produktion erwirtschaftet wurde zulasten der Verschuldung im NSW[2], die sich von 2 Mrd. VM[3] 1970 auf 49 Mrd. VM 1989 erhöht hat. Das bedeutet, dass die Sozialpolitik seit dem VIII. Parteitag nicht in vollem Umfang auf eigenen Leistungen beruht, sondern zu einer wachsenden Verschuldung im NSW führte. [...]
Der Fünfjahresplan 1986-1990 für das NSW wird in bedeutendem Umfang nicht erfüllt. Bereits in den Jahren 1971-1980 wurden 21 Mrd. VM mehr importiert als exportiert. Das ist im Zusammenhang mit der dazu erforderlich gewordenen Kreditaufnahme und den Zinsen die Hauptursache des heutigen außergewöhnlich hohen Schuldenberges. [...] Die Konsequenzen der unmittelbar bevorstehenden Zahlungsunfähigkeit wäre ein Moratorium (Umschuldung), bei der der Internationale Währungsfonds bestimmen würde, was in der DDR zu geschehen hat. [...] Es ist notwendig, alles zu tun, damit dieser Weg vermieden wird. [...]
Auch wenn alle diese Maßnahmen in hoher Dringlichkeit und Qualität durchgeführt werden, ist der im Abschnitt I dargelegte, für die Zahlungsfähigkeit der DDR erforderliche NSW-Exportüberschuss nicht sicherbar.
1985 wäre das noch mit großen Anstrengungen möglich gewesen. Heute besteht diese Chance nicht mehr. Allein ein Stoppen der Verschuldung würde im Jahre 1990 eine Senkung des Lebensstandards um 25-30% erfordern und die DDR unregierbar machen. Selbst wenn das der Bevölkerung zugemutet werden würde, ist das erforderliche exportfähige Endprodukt in dieser Größenordnung nicht aufzubringen. [...]
Trotz dieser Maßnahmen ist es für die Sicherung der Zahlungsfähigkeit 1991 unerlässlich, zum gegebenen Zeitpunkt mit der Regierung der BRD über Finanzkredite in Höhe von 2-3 Mrd. VM über bisherige Kreditlinien hinaus zu verhandeln. Gegebenenfalls ist die Transitpauschale der Jahre 1996-1999 als Sicherheit einzusetzen. [...]
Dabei schließt die DDR jede Idee von Wiedervereinigung mit der BRD oder der Schaffung einer Konföderation aus.

Maria Haendcke-Hoppe-Arndt, Außenwirtschaft und innerdeutscher Handel, in: Eberhard Kuhrt, Hannsjörg F. Buck und Gunter Holzweißig (Hrsg.), Die wirtschaftliche und ökologische Situation der DDR in den 80er Jahren, Opladen 1996, S. 63 ff.

[1] Parteitag der SED 1971 in Ost-Berlin, auf dem die Politik des kurz zuvor abgesetzten Ulbricht kritisiert und als neue „Hauptaufgabe“ die „Einheit von Wirtschafts- und Sozialpolitik“ beschlossen wurde.
[2] **NSW**: Nichtsozialistisches Wirtschaftsgebiet
[3] **VM**: Valutamark (= D-Mark)

1. *Fassen Sie die Folgen der Wirtschaftspolitik Honeckers zusammen.*
2. *Beschreiben Sie, auf welche Weise die Schuldenlast abgetragen wird.*
3. *Untersuchen Sie, warum Honecker der Entwicklung nicht früher Einhalt geboten hat.*

▲ **Alltag in der Mangelwirtschaft.**
Foto aus Leipzig vom März 1989.
Die DDR-Bürger mussten immer improvisieren, besonders wenn sie Ersatzteile für die Wartungsarbeiten ihres PKW brauchten wie dieser Leipziger Bürger.

M5 „Wenn man da nicht Leute kannte ...“

Ein Betroffener berichtet nach 1989 darüber, wie man sich mit der Versorgung in der DDR arrangiert hat:

In der DDR kann ein Mann alleine nicht für den Unterhalt einer Familie sorgen. Wenn es ein guter Monat ist, dann verdiene ich so tausend Mark, wenn man Leistung macht. Da kommt es auf den Tag an. [...]
Wenn man in einen Gemüseladen reinkommt und Schwein hat, dann liegen dort ein paar deutsche Zwiebeln. Die nimmt man raus aus der Steige, dann hat man schon die Pfoten voll Schmiere. Die Möhren sehen aus, wie man sie vom Acker runterholt. Die Radieschen auch. Die waren nicht gewaschen und nichts. Ich meine, das liegt auch ein bisschen an der Schlamperei der Leute. Wenn ich so einen Laden hätte, ich hätte sie wahrscheinlich in einem Eimer abgewaschen. Aber es ist nicht ihr Laden, es geht sie nichts an. Und da die Leute die Sachen brauchen, kaufen sie das eben. Also, das stimmt, Kraut gab es in den letzten Jahren in Hülle und Fülle. Anderes Gemüse aber nur zu der Jahreszeit. Und dann kriegt man das aber auch nicht jeden Tag. Da muss man Anfang der Woche Blumenkohl kaufen, wenn man den am Freitag essen will. Aber das ist nicht so schlimm. Der Blumenkohl hier hat doch schon meistens Flecken. Obst hat man kaum gesehen. Äpfel gab es, aber Kirschen oder Erdbeeren nur ganz selten. Wenn man da nicht Leute kannte, die einen Garten haben und verkauft haben, da hätte man so was nie gekriegt. [...] Mit Obst war es die Jahre ganz schlecht. Einmal im Jahr, vor Weihnachten, gab es Apfelsinen. [...]
Manche Lebensmittel bekommt man nicht: Tomatenmark, Ketch-up, solches Zeug. Ganz Seltenes kriegt man nur durch Beziehungen. Man muss in der DDR Beziehungen haben. Man muss viele Leute kennen, dann kriegt man mal was. [...]
Aber auf der anderen Seite wird das Geld zum Fenster rausgeschmissen. In den Neubaugebieten zum Beispiel, wo Fernheizung ist, die können das gar nicht regeln. Da ist kein Thermostat. Die machen die Fenster auf, damit die Wärme hinaus kann. Die rennen drinnen nur im Turnhemd rum. Die baden und versauen das Wasser. Die Kosten sind alle in der Miete enthalten. Die haben noch nicht einmal eine Wasseruhr. Es ist gleich, wie viel Wasser man verbraucht. [...]
Wer Grundeigentum hat, der darf nicht so ohne Weiteres drauf bauen. Da hat erst einmal der Staat das Vorrecht zum Bauen. Wenn jetzt auf den Dörfern oder auch hier in Saalfeld jemand bauen möchte, kriegt er in der Regel seine 500 Quadratmeter zugeteilt. Dann hat man so ein kleines bisschen Garten. Das Haus wird vorgeschrieben, der Typ, den man bauen darf. Aber das macht man erst seit den letzten Jahren. Das Haus wird Eigentum, aber der Grund und Boden nicht. [...] Wenn man so ein Haus baut, muss man sich eine Feierabendbrigade suchen, die einem das hochzieht. Das sind Bauarbeiter, die so was nach Feierabend machen oder im Urlaub oder auch sonnabends und sonntags. Es gibt auch keine Baufirmen. Hier baut man alles in Eigeninitiative. [...] Manches Material haben die auch nicht so gekriegt, wie die wollten. Oder sie mussten es irgendwie teuer bezahlen, weil sie auf normalem Weg nicht drangekommen sind. Das ist jetzt nicht so, wenn sie ihre Wasserleitung oder ihre Heizung legen wollen, dass sie da in die Märkte, wo das Material verteilt wird, fahren können, und sie alles bekommen, was sie haben wollen. Da gibt es manchmal nur ein Halbzoll-Rohr oder mal nur ein Viertelzoll-Rohr. Dann gibt es keine Winkel oder keinen Wasserhahn. Sie müssen da schon rennen.

Mike Dennis und Johannes-Dieter Steinert, Deutschland 1945-1990. Von der bedingungslosen Kapitulation zur Vereinigung, Schwalbach 2005, S. 213 f.

1. *Arbeiten Sie aus dem Text die Folgen einer Planwirtschaft heraus.*

2. *Charakterisieren Sie die Haltung des Berichterstatters. Stellen Sie Vermutungen an, wie sich diese Folgen auf die Mentalität der Bevölkerung auswirkten.*

M6 Gründungsaufruf der Initiativgruppe „Neues Forum"

Der von 30 Personen unterzeichnete Gründungsaufruf der Initiativgruppe „Neues Forum" trägt kein Datum. Bereits Anfang September 1989 haben ihn mehrere hundert Personen unterschrieben, Ende des Jahres über 200 000:

In unserem Lande ist die Kommunikation zwischen Staat und Gesellschaft offensichtlich gestört. Belege dafür sind die weitverbreitete Verdrossenheit bis hin zum Rückzug in die private Nische oder zur massenhaften Auswanderung. [...] In Staat und Wirtschaft funktioniert der Interessenausgleich zwischen den Gruppen und Schichten nur mangelhaft. Auch die Kommunikation über die Situation und die Interessenlage ist gehemmt. Im privaten Kreis sagt jeder leichthin, wie seine Diagnose lautet, und nennt die ihm wichtigsten Maßnahmen. Aber die Wünsche und Bestrebungen sind sehr verschieden und werden nicht rational gegeneinander gewichtet und auf Durchführbarkeit untersucht. Auf der einen Seite wünschen wir uns eine Erweiterung des Warenangebots und bessere Versorgung, andererseits sehen wir deren soziale und ökologische Kosten und plädieren für die Abkehr von ungehemmtem Wachstum. Wir wollen Spielraum für wirtschaftliche Initiative, aber keine Entartung in eine Ellenbogengesellschaft. Wir wollen das Bewährte erhalten und doch Platz für Erneuerung schaffen, um sparsamer und weniger naturfeindlich zu leben. Wir wollen geordnete Verhältnisse, aber keine Bevormundung. [...]

Um all diese Widersprüche zu erkennen, Meinungen und Argumente dazu anzuhören und zu bewerten, allgemeine von Sonderinteressen zu unterscheiden, bedarf es eines demokratischen Dialogs über die Aufgabe des Rechtsstaates, der Wirtschaft und der Kultur. Über diese Fragen müssen wir in aller Öffentlichkeit, gemeinsam und im ganzen Land, nachdenken und miteinander sprechen. [...]

Wir bilden deshalb gemeinsam eine politische Plattform für die ganze DDR, die es Menschen aus allen Berufen, Lebenskreisen, Parteien und Gruppen möglich macht, sich an der Diskussion und Bearbeitung lebenswichtiger Gesellschaftsprobleme in diesem Lande zu beteiligen. Für eine solche übergreifende Initiative wählen wir den Namen Neues Forum.

Die Tätigkeit des Neuen Forums werden wir auf gesetzliche Grundlagen stellen. Wir berufen uns hierbei auf das in Art. 29 der Verfassung der DDR geregelte Grundrecht, durch gemeinsames Handeln in einer Vereinigung unser politisches Interesse zu verwirklichen. [...]

Allen Bestrebungen, denen das Neue Forum Ausdruck und Stimme verleihen will, liegt der Wunsch nach Gerechtigkeit, Demokratie und Frieden sowie Schutz und Bewahrung der Natur zugrunde. Es ist dieser Impuls, den wir bei der kommenden Umgestaltung der Gesellschaft in allen Bereichen lebensvoll erfüllt wissen wollen.

Wir rufen alle Bürger und Bürgerinnen der DDR, die an der Umgestaltung unserer Gesellschaft mitwirken wollen, auf, Mitglieder des Neuen Forums zu werden. Die Zeit ist reif.

Charles Schüddekopf (Hrsg.), „Wir sind das Volk!" Flugschriften, Aufrufe und Texte einer deutschen Revolution, Reinbek 1990, S. 29-31

1. *Arbeiten Sie die Ziele des Neuen Forums heraus.*
2. *Überlegen Sie, weshalb die Gruppe sich als Initiative bezeichnet und keine Partei gründet.*
3. ✚ *Vorschlag für ein Referat: Die Bürgerbewegungen in den Ostblockstaaten im Verlauf der achtziger Jahre des 20. Jahrhunderts – Gemeinsamkeiten und Unterschiede.*

M7 Die Stunde der Bürgerbewegungen

Mit eigenen Aufrufen wenden sich zwischen August und Oktober 1989 auf Betreiben einiger Bürgerrechtler weitere Initiativbewegungen an die Menschen in der DDR. Sie werben für ihre politischen Ziele und die Mitwirkung an einer Reform der DDR. Sie gehen dabei ein hohes Risiko ein, weil die SED keine Vereinigungen und Initiativen außerhalb ihres Machtbereiches duldet und bisher entsprechende Gruppen stets als Staatsfeinde verfolgt hat. Der erste Aufruf der Bürgerbewegung „Demokratie Jetzt" erscheint am 12. September 1989:

Liebe Freunde, Mitbürgerinnen, Mitbürger und Mitbetroffene! Unser Land lebt in innerem Unfrieden. Menschen reiben sich wund an den Verhältnissen, andere resignieren. Ein großer Verlust an Zustimmung zu dem, was in der DDR geschichtlich gewachsen ist, geht durch das Land. Viele vermögen ihr Hiersein kaum noch zu bejahen. Viele verlassen das Land, weil Anpassung ihre Grenzen hat.

Vor wenigen Jahren noch galt der „real existierende" Staatssozialismus als der einzig mögliche. Seine Kennzeichen sind das Machtmonopol einer zentralistischen Staatspartei, die staatliche Verfügung über die Produktionsmittel, die staatliche Durchdringung und Uniformierung der Gesellschaft und die Entmündigung der Bürgerinnen und Bürger. Trotz seiner unbestreitbaren Leistungen für soziale Sicherheit und Gerechtigkeit ist es heute offenkundig, dass die Ära des Staatssozialismus zu Ende geht. Es bedarf einer friedlichen, demokratischen Erneuerung. [...]

Der Sozialismus muss nun seine eigentliche, demokratische Gestalt finden, wenn er nicht geschichtlich verloren gehen soll. Er darf nicht verloren gehen, weil die bedrohte Menschheit auf der Suche nach überlebensfähigen Formen menschlichen Zusammenlebens Alternativen zur westlichen Konsumgesellschaft braucht, deren Wohlstand die übrige Welt bezahlen muss.

Entgegen aller Schönfärberei sind die politischen, ökonomischen und ökologischen Krisenzeichen des Staatssozialismus auch „in den Farben der DDR" unübersehbar. Nichts aber deutet darauf hin, dass die SED-Führung zum Umdenken bereit ist. Es scheint, als spekuliere sie auf ein Scheitern der Reformen in der Sowjetunion. Es kommt aber darauf an, die demokratische Umgestaltung mitzuvollziehen. [...]

Der Wunsch vieler Bürgerinnen und Bürger nach einer Demokratisierung des Verhältnisses von Staat und Gesellschaft kann in der DDR noch immer nicht öffentlich zur Sprache gebracht werden. Deshalb rufen wir auf zu einer Bürgerbewegung „Demokratie Jetzt".

Wir wenden uns an alle, die von der Not unseres Landes betroffen sind. Wir laden alle Initiativgruppen mit ähnlichen Anliegen zum Zusammengehen ein. Wir hoffen auf ein Bündnis aller reformfreudigen Kräfte, auch von Christen und kritischen Marxisten. Lasst uns gemeinsam nachdenken über unsere Zukunft, über eine solidarische Gemeinschaft, in der

- soziale Gerechtigkeit, Freiheit und Menschenwürde für alle gewahrt sind,
- der gesellschaftliche Konsens im öffentlichen Dialog gesucht und durch den gerechten Ausgleich verschiedener Interessen verwirklicht wird,
- die verantwortliche und schöpferische Arbeit der Bürgerinnen und Bürger einen lebendigen Pluralismus unseres Gemeinwesens schafft,
- Rechtsstaatlichkeit und Rechtssicherheit den inneren Frieden sichern,
- Ökonomie und Ökologie in Einklang gebracht werden,
- Wohlstand nicht mehr auf Kosten der armen Länder vermehrt wird,
- Lebenserfüllung in Gemeinschaftlichkeit und schöpferischem Tun für das Gemeinwohl mehr als bisher gesucht und gefunden werden kann. [...]

Lassen Sie uns zusammengehen und gemeinsam die Hoffnung wieder aufrichten in unserem Land! [...]

Bitte abschreiben und weitergeben.

Gerhard Rein (Hrsg.), Die Opposition in der DDR. Entwürfe für einen anderen Sozialismus, Berlin 1989, S. 59-61

1. *Beschreiben Sie das politische und juristische Umfeld, in dem der Aufruf erschien.*

2. *Das Papier benennt die aktuellen Probleme in der DDR. Inwieweit schlägt es konkrete Lösungen vor?*

3. *Beurteilen Sie die Chance eines „Dritten Weges" zwischen Marktwirtschaft und Planwirtschaft unter besonderer Berücksichtigung der Verhältnisse in der DDR.*

M8 Am Rande eines Bürgerkrieges

Ein Augenzeuge berichtet über die Montagsdemonstration vom 9. Oktober 1989 in Leipzig:

In Betrieben wurde davor gewarnt, nach 16 Uhr die Innenstadt zu betreten; Mütter sollten ihre Kinder bis 15 Uhr aus den Krippen und Kindergärten des Zentrums abholen; Schülern und Studenten wurde mit Relegation[1] für den Fall der Beteiligung an „Aktionen" gedroht. Gerüchte schwirrten durch die Stadt. Man munkelte von MG-Nestern auf zentralen Gebäuden, befürchtete den Einsatz von Fallschirmjägern [...]. In Krankenhäusern wurden Notbetten aufgestellt und vor allem die chirurgischen und Intensivstationen verstärkt besetzt. Tausende von zusätzlichen Blutkonserven standen bereit. [...]

Leipzig glich an diesem Tag einem Heerlager. Nach späteren Aussagen von Bereitschaftspolizisten war ihnen vormittags mitgeteilt worden, dass ein friedlicher Ausgang der Demonstration wenig wahrscheinlich sei und sie vorbereitet sein müssten, möglichen Gewalttätigkeiten zu begegnen. Dementsprechend trugen sie Kampfausrüstung [...]. Auf dem Hof der VP-Bezirksbehörde[2] standen „aufmunitionierte" Schützenpanzerwagen bereit, die tonnenschweren Stahlkolosse ausgerüstet mit Räumschilden, die Fahrer mit MPi und je sechzig Schuss Munition. Die Polizeitruppe zählte insgesamt dreitausend Mann, davon zwölfhundert zur Verstärkung aus den Bezirken Halle und Neubrandenburg herbeibeordert. Hinzu kamen noch fünf Hundertschaften von Betriebskampfgruppen sowie eine sicher vierstellige Anzahl von Einsatzkräften des Ministeriums für Staatssicherheit, dessen Arsenale nicht nur Handfeuerwaffen bargen. [...]

In der Nikolaikirche und in drei weiteren Gotteshäusern wurde während der Friedensgebete ein von sechs Persönlichkeiten der Stadt getragener Aufruf zur Besonnenheit verlesen: „Unsere gemeinsame Sorge und Verantwortung haben uns heute zusammengeführt. Wir sind von der Entwicklung in unserer Stadt betroffen und suchen nach einer Lösung. Wir alle brauchen einen freien Meinungsaustausch über die Weiterführung des Sozialismus in unserem Land. Deshalb versprechen die Genannten heute allen Bürgern, ihre ganze Kraft und Autorität dafür einzusetzen, dass dieser Dialog nicht nur im Bezirk Leipzig, sondern auch mit unserer Regierung geführt wird. Wir bitten Sie dringend um Besonnenheit, damit der friedliche Dialog möglich wird."

Dieser gemeinsame Appell des Kabarettisten Bernd-Lutz Lange, des Gewandhauskapellmeisters Kurt Masur und des

[1] **Relegation**: Verweis von der Schule bzw. Hochschule
[2] **VP**: Volkspolizei

Theologen Peter Zimmermann sowie der Sekretäre der SED-Bezirksleitung Kurt Meyer, Jochen Pommert und Roland Wötzel wurde um 18 Uhr auch vom Sender Leipzig und etwa eine Stunde später vom Stadtfunk ausgestrahlt. Die engagierte wie couragierte Wortmeldung hat unzweifelhaft beigetragen zum friedlichen Verlauf dieses Tages, ohne jedoch die voreilig bescheinigte entscheidende Rolle gespielt zu haben. Einzig die geballte Kraft der siebzigtausend angsterfüllten und dennoch nicht weichenden Menschen in der Innenstadt und auf dem Ring erzwang um 18.25 Uhr den endgültigen Rückzug der bewaffneten Einheiten. Jene Namenlosen meinte wohl Christoph Hein, als er vorschlug, Leipzig zur „Heldenstadt der DDR“ zu ernennen.

Wolfgang Schneider, Leipziger Demontagebuch, Leipzig 1990, S. 71 f.

1. *Analysieren Sie verschiedene Gefahrenmomente im Verlauf des Tages.*

2. *Diskutieren Sie darüber, aus welchen Gründen die SED-Führung auf den Einsatz von Gewalt verzichtet hat.*

▲ **Transparent der Demonstration vom 4. November 1989 in Berlin.**
Format: 60 x 129 cm.
▪ *Einige der Losungen, die auf den Transparenten während der Berliner Großkundgebung zu lesen waren, finden Sie unter dem Code 32031-13. Arbeiten Sie die in den Losungen kritisierten Missstände heraus und erläutern Sie diese anschließend.*

M9 Gibt es eine Zukunft für die Deutsche Demokratische Republik?

Bei einer Großkundgebung auf dem Berliner Alexanderplatz am 4. November 1989 rufen Schriftsteller und Künstler der DDR (u.a. Christa Wolf, Heiner Müller und Stefan Heym) zu einem eigenständigen Weg ihres Staates auf. Anschließend veröffentlichen sie am 26. November 1989 den Appell „Für unser Land“:

Unser Land steckt in einer tiefen Krise. Wie wir bisher gelebt haben, können und wollen wir nicht mehr leben. Die Führung einer Partei hatte sich die Herrschaft über das Volk und seine Vertretungen angemaßt, vom Stalinismus geprägte Strukturen hatten alle Lebensbereiche durchdrungen. Gewaltfrei, durch Massendemonstrationen hat das Volk den Prozess der revolutionären Erneuerung erzwungen, der sich in atemberaubender Geschwindigkeit vollzieht. Uns bleibt nur wenig Zeit, auf die verschiedenen Möglichkeiten Einfluss zu nehmen, die sich als Auswege aus der Krise anbieten.
Entweder können wir auf der Eigenständigkeit der DDR bestehen und versuchen, mit allen unseren Kräften und in Zusammenarbeit mit denjenigen Staaten und Interessengruppen, die dazu bereit sind, in unserem Land eine solidarische Gesellschaft zu entwickeln, in der Frieden und soziale Gerechtigkeit, Freiheit des Einzelnen, Freizügigkeit aller und die Bewahrung der Umwelt gewährleistet sind.
Oder wir müssen dulden, dass, veranlasst durch starke ökonomische Zwänge und durch unzumutbare Bedingungen, an die einflussreiche Kreise aus Wirtschaft und Politik in der Bundesrepublik ihre Hilfe für die DDR knüpfen, ein Ausverkauf unserer materiellen und moralischen Werte beginnt und über kurz oder lang die Deutsche Demokratische Republik durch die Bundesrepublik vereinnahmt wird.
Lasst uns den ersten Weg gehen. Noch haben wir die Chance, in gleichberechtigter Nachbarschaft zu allen Staaten Europas eine sozialistische Alternative zur Bundesrepublik zu entwickeln. Noch können wir uns besinnen auf die antifaschistischen und humanistischen Ideale, von denen wir einst ausgegangen sind. Alle Bürgerinnen und Bürger, die unsere Hoffnung und unsere Sorge teilen, rufen wir auf, sich diesem Appell durch ihre Unterschrift anzuschließen.

Blätter für deutsche und internationale Politik, Januar 1990, S. 124 f.

1. *Erläutern Sie die grundlegende Alternative der zukünftigen Politik, die die Verfasser sehen.*

2. *Erörtern Sie die Einstellung zum alten System der DDR, die sich darin spiegelt.*

Kompetenz:
Autobiografische Texte als gelebte Vergangenheit analysieren und als historische Quelle beurteilen

Autobiografien als historische Quellen

Prominente verfassen meist im fortgeschrittenen Alter *Autobiografien*[1], um der Öffentlichkeit Rechenschaft abzulegen. Viele dieser Lebensbeschreibungen setzen bereits in der frühen Kindheit ein. Sie versuchen, den Selbstfindungsprozess hin zur individuellen Persönlichkeit zu reflektieren. Berichte über die späteren sozialen Rollen schließen sich an, werden aber nicht so in den Mittelpunkt gerückt wie bei *Memoiren*[2] oder *Erinnerungen* von Politikern, Künstlern oder Sportlern. Diese spiegeln vor allem das eigene Wirken als Erwachsener und die Leistungen im Beruf. Daneben spielen Begegnungen mit anderen interessanten Zeitgenossen eine Rolle.

Autobiografien sind grundsätzlich subjektiv: Nur einer kommt mit seinen Erfahrungen und Meinungen zu Wort. Sie werden in der Regel mit großem zeitlichen Abstand zu den Ereignissen verfasst, zumindest teilweise ohne ausführliche Unterlagen aus dem Gedächtnis, sodass sich Fehler einschleichen und Lücken bleiben können. Oft überwiegen Thesen und Wertungen, die nicht immer begründet werden. Bislang unbekannte Informationen werden selten preisgegeben. Vor allem bei Politikern dienen Memoiren mehr zur Rechtfertigung getroffener Entscheidungen als zu deren selbstkritischen Reflexion. Sie sollen den Autor in einem günstigen Licht erscheinen lassen. Dies beeinflusst ihren Wert, sodass weitere Quellen heranzuziehen sind.

▲ **„Winter im Sommer – Frühling im Herbst.“**
Vorderseite des Buchumschlags.

Formale Kennzeichen

- Wer ist der *Verfasser*?
- Welche *Funktion*, welchen *Beruf* oder welche *Stellung* in der Gesellschaft hat er?
- *Wann*, *wo* und *aus welchem Anlass* wurde der Text verfasst und veröffentlicht?

Textinhalt

- Was ist *Gegenstand* des Textes? Was wird thematisiert?
- Welche *Aspekte* werden hervorgehoben, kaum behandelt oder weggelassen?
- Welche *Merkmale* kennzeichnen den Text (*Sprache, Stil, Wertungen*)?

Historischer Kontext

- Welchen *Zeitraum*, welche *Ereignisse* oder *Entwicklungen* und welche *Personen* behandelt der Text?

Intention und Wirkung

- An welche *Adressaten* wendet sich der Text?
- Welche *Wirkung* möchte der Verfasser erzielen?

Einordnung und Bewertung

- Wie lässt sich der Text *einordnen* und *bewerten*? Ist er glaubwürdig?
- Wie ist der *Quellenwert* des Textes zu beurteilen?
- Welche Bewertungen der Autobiografie geben *Literaturkritiker*?
- Gibt es alternative oder ergänzende Quellen, mit denen sich die *Aussagen* des Verfassers *überprüfen* lassen?

[1] **Autobiografie**: von griech. „autos“: selbst; „bios“: leben; „graphein“: schreiben
[2] **Memoiren**: von lat. „memoria“: Gedächtnis

Beispiel und Analyse

Joachim Gauck schreibt in seinen 2009 veröffentlichten Erinnerungen über den Herbst 1989:

Bis zum Herbst 1989 war ich ein Pastor gewesen, der im kirchlichen Dienst aufging, dabei seinen Jugendlichen, seinen Gesprächskreisen und seiner Gemeinde im Gottesdienst die Wahrheit nicht schuldig blieb – das war in Rostock bekannt –, aber ich gehörte keiner außerkirchlichen Opposition an. Im Herbst 1989 wuchs ich Schritt für Schritt in eine politische Rolle hinein. Der Sturm hatte mich mitgenommen; nie waren wir aktiver als in diesen Wochen. Binnen Kurzem nannte mich eine Rostocker Zeitung „Revolutionspastor“ [...].

Einschätzung seiner bisherigen politischen Haltung

Erklärung für sein wachsendes Engagement

Rasend schnell breitete sich aus, was in Sachsen auf die Formel gebracht worden war „Wir sind das Volk“. Ich hörte in diesem Satz mit, was deren Erfinder 1989 wahrscheinlich noch gar nicht im Kopf hatten. Mit der Ermächtigung der Vielen ging die Ermächtigung des Einzelnen einher. Wer einst nur als Staatsinsasse mit staatlich geregelter Eingangs- und Ausgangsordnung aus dem Biotop gelebt hatte, erkannte nun seine Rechte, erklärte sich für zuständig. Die Losung war ein ernster Appell an den, der sie aussprach: Wenn du das Volk bist, also der Souverän, dann trägst du auch Verantwortung. „Wir sind das Volk“ sollte in jedem Klassenzimmer hängen. Gibt es einen schöneren Satz aus dem langen Kampf für Menschen- und Bürgerrechte in diesem Land? Gehörte er nicht ins kollektive Gedächtnis der ganzen Nation?

Bewertung der Losung „Wir sind das Volk“

Anders als bisher in der DDR zählt das Individuum

Politische Rechte werden beansprucht, bringen aber auch Verantwortung für das gesellschaftliche Handeln mit sich.

Zuordnung der Losung „Wir sind das Volk“ zu den Menschen- und Bürgerrechten

Damals wehte mit dem Satz aus Sachsen eine doppelte Botschaft über das Land: Den Einen bestritt sie das Recht zu herrschen, weil sie ohne Recht herrschten, die Anderen forderte sie auf, den nun offenen Raum zu betreten, die Macht, die auf der Straße lag, zu übernehmen, an das Recht zu binden und als frei gewählte Volksvertretung auszuüben.

Signalwirkung der Losung

Auch Tausende von Parteimitgliedern der SED spürten die Kraft, die von der Losung ausging. Die neue Mündigkeit wirkte ansteckend. Viele einfache Parteimitglieder protestierten durch Austritt, sie wollten nicht länger Teil einer herrschenden Klasse sein, die als Gegner oder als Feind des Volkes agierte, andere waren ermutigt: Bald würden die reaktionären Bastionen der ideologischen Festung gestürmt, alte Kader gestürzt und sogar aus der Partei ausgeschlossen sein.

Reaktionen einiger SED-Mitglieder

Sicher wäre all dies auch ohne eine starke Losung geschehen, aber mit ihr ging es schneller und besser. Am Ende wurde aus unserer Protestbewegung eine Revolution. Das Oberste, was für alle Zeiten hatte oben sein wollen, wurde nach unten gekehrt. Ganz ohne Gewalt [...]. Revolution war bis dahin immer mit Gewalt verbunden gewesen. Viele sprechen daher lieber von einem Zusammenbruch, einem Kollaps, einer Implosion, einer Wende, zumindest von einer „friedlichen“, einer „samtenen“ oder einer „verhandelten“ Revolution im Osteuropa des Jahres 1989 [...]. All diese Einschränkungen ändern für mich nichts an der grundlegenden, eine Revolution kennzeichnenden Tatsache, dass eine staatliche Ordnung durch das Volk gestürzt und durch ein neues System ersetzt worden ist – auch wenn kein Blut floss und die Aufbegehrenden Transparente und Kerzen statt Waffen in den Händen hielten.

Von der Protestbewegung zur Revolution

Gewaltfreiheit als Merkmal

Alternative Begriffe für die Vorgänge in der DDR

Begründung für die Bezeichnung „Revolution“

Damals, im Herbst 1989, versuchten Partei und Staat noch, die Mobilisierung der Bevölkerung umzuleiten, die Menschen von der Straße weg- und in institutionalisierte Bahnen zurückzulenken. Dialogveranstaltungen sollten die Unzufriedenheit auffangen und die Meinungsführerschaft der Partei wiederherstellen. Der stellvertretende Rostocker Bürgermeister erschien sogar in unserem Fürbittgottesdienst am 19. Oktober, um für eine derartige Veranstaltung am folgenden Tag in der Ostseehalle zu werben.

Der „Dialogversuch“ der SED kommt zu spät und misslingt.

Hätte die SED ein Jahr zuvor, etwa auf dem Kirchentag 1988 [...], auf die privilegierte Rolle der Partei verzichtet und einen Parteienpluralismus akzeptiert, wir Bürgerbewegte wären auf das Dialogangebot eingegangen. Jetzt sahen wir in den Herrschenden keinen Dialogpartner mehr, sondern nutzten die öffentlichen Diskussionen in der Sport- und Kongresshalle, um sie zu delegitimieren.

Früheres Einlenken der SED hätte Gespräche mit der Opposition ermöglicht.

Parteienpluralismus als Forderung

„Delegitimierung“ der SED

Joachim Gauck, Winter im Sommer – Frühling im Herbst. Erinnerungen, München 2009, S. 212 - 214

Formale Kennzeichen Der Text ist ein Auszug aus den 2009 veröffentlichten Erinnerungen des seit März 2012 amtierenden Bundespräsidenten Joachim Gauck an den Herbst 1989 in der DDR.

Textinhalt Zum politischen Engagement motivierte Gauck die Losung „Wir sind das Volk", die er als Verdichtung des Kampfes für Menschen- und Bürgerrechte in der DDR und als Ermutigung begriff, sich mit anderen für den Sturz des SED-Regimes einzusetzen. Gauck deutet die Entwicklung im Herbst 1989 als Übergang vom Protest zur Revolution, deren Kennzeichen der Verzicht auf Gewalt gewesen sei. Das Volk habe friedlich die bisherige Staatsordnung durch eine neue ersetzt. Das SED-Angebot eines Dialogs mit dem Volk sei zu spät gekommen, um ihre Macht und die DDR zu retten. Diskussionen hätten das Ziel gehabt, die SED zu „delegitimieren". Gauck schreibt meist verständlich und authentisch, jedoch keineswegs anspruchslos, was seine teilweise langen Sätze und zahlreiche Fremdwörter belegen.

Historischer Kontext Gauck war evangelischer Pastor in Rostock. Er stand dem SED-Regime schon jahrelang kritisch gegenüber, trat aber bis zum Herbst 1989 nicht als Oppositioneller hervor. Während der Endphase der DDR schloss er sich der Bürgerrechtsbewegung an. Er wurde von März bis Oktober 1990 Abgeordneter der ersten frei gewählten „Volkskammer" der DDR.

Intention und Wirkung Gauck richtet sich mit seiner Autobiografie an einen breiten Leserkreis. Er zeigt, wie die Losung „Wir sind das Volk" jene Kraft entfaltete, die aus schnell anwachsenden Protestdemonstrationen eine Revolutionsbewegung zugunsten einer pluralistischen Demokratie mit Menschen- und Bürgerrechten machte.

Einordnung und Bewertung Gauck analysiert rational die Entwicklung in der DDR im Herbst 1989, indem er die Bedeutung der wesentlichen Faktoren beschreibt, ohne sich und seine Rolle in den Vordergrund zu stellen. Er will durch Beschreiben erklären. Er besteht auf der Verwendung des Wortes „Revolution" für die Vorgänge, die zur friedlichen Veränderung von Staat und Gesellschaft hin zur parlamentarischen Demokratie mit Parteienpluralismus geführt haben, wobei er seine Bewertungen kennzeichnet, erläutert und begründet.

1. *Erörtern Sie Joachim Gaucks verwendete Bezeichnung „Revolution" für die Vorgänge in der DDR. Berücksichtigen Sie dabei den Theorie-Baustein „Revolution" auf Seite 104-106.*
2. *Vielleicht hat Sie der Textauszug neugierig gemacht, mehr aus Gaucks Erinnerungen zu lesen. Dann könnten Sie die Qualität von Gaucks Darstellung als historisches Dokument beurteilen. Ziehen Sie zur Überprüfung andere Veröffentlichungen zu den beschriebenen Ereignissen heran.*

Rätsel

1. Ein wichtiger Beschluss der Reichsreform von 1495 (*7. Buchstabe*)
2. Er war Voraussetzung für die erste Medienrevolution der Neuzeit (*2. Buchstabe*)
3. Niedersächsischer Reformator (Vorname) (*3. Buchstabe*)
4. Von Luther kritisierte Praxis des Sündennachlasses (*7. und 11. Buchstabe*)
5. Familienunternehmen aus Augsburg (*6. Buchstabe*)
6. Nürnberger Maler, Grafiker und Zeichner (Nachname) (*3. Buchstabe*)
7. Ort des Reichstages von 1521 (*2. und 4. Buchstabe*)
8. Deutscher Historiker, der sich mit Modernisierungstheorien beschäftigte (Nachname) (*2. Buchstabe*)

Lösungswort:

Zur Auswertung des Rätsels siehe den Code 32031-14.

Recherche und Präsentation

Martin Luther

1. + *Recherchieren Sie im Internet und/oder in Fachbüchern über das Lösungswort des Rätsels. Verfassen Sie anschließend dazu einen kurzen Lexikonbeitrag.*

„Erklärung der Menschen- und Bürgerrechte"

2. + *Recherchieren Sie im Internet das Grundgesetz der Bundesrepublik Deutschland. Arbeiten Sie die Menschenrechte heraus und vergleichen Sie diese mit der Erklärung der französischen Nationalversammlung (siehe hierzu Seite 99 f., M3).*

„Wir sind das Volk" – „Wir sind ein Volk"

3. + *Verfassen Sie einen Zeitungsartikel über die Massendemonstrationen im Herbst 1989. Berücksichtigen Sie dabei auch die Forderungen der Bürger, die auf Plakaten und Transparenten zu lesen waren (siehe den Code zur Abbildung auf Seite 133).*

Geschichts- und Erinnerungskultur

▲ **„Versöhnte Einheit."**
Wandgemälde (8,44 m x 3,88 m) nach dem Entwurf von Gabriele Mucchi in der Dorfkirche Alt-Staaken (Berlin-Spandau), ausgeführt von Joachim Bayer, 2002.
Neben Jesus Christus sind von links nach rechts dargestellt: Nikolaus Kopernikus, Ulrich Zwingli, Johannes Calvin, Ignatius von Loyola, Thomas Morus, Katharina von Bora, Martin Luther, Thomas Müntzer, Johannes Bugenhagen, Philipp Melanchthon, Lucas Cranach und Erasmus von Rotterdam.

- *Arbeiten Sie heraus, welche Aussageabsicht der Künstler mit seiner Darstellung wohl verfolgte. Berücksichtigen Sie dabei auch den Bildtitel.*

2. Wechselwirkungen und Anpassungsprozesse in der Geschichte

- Wie vollzogen sich Flucht, Vertreibung und Umsiedlung im Zusammenhang des Zweiten Weltkrieges in Deutschland und Europa?
- Welche Hintergründe und Vorstellungen lagen dieser „radikalsten Bevölkerungsumsetzung der modernen Geschichte“ (Klaus-Dietmar Henke) zugrunde?
- Wie entwickelte sich die Erinnerung an jenen Millionen Menschen umfassenden „Bevölkerungstransfer“ bis in die heutige Zeit?
- Wie begegneten sich unterschiedliche Kulturkreise in der Geschichte und welche Transformationsprozesse hatte dies zur Folge?

2.1 Flucht, Vertreibung und Umsiedlung im Umfeld des Zweiten Weltkrieges

◂ **Deutsche Vertriebene in Berlin.**
Foto von Gerhard Gronefeld vom Juni 1945. Im Monat nach dem Ende des Zweiten Weltkrieges erreichen diese deutschen Vertriebenen den Berliner Bahnhof Lichterfelde-Süd.
- *Beschreiben Sie das Foto.*
- *Charakterisieren Sie die Situation der Menschen.*

Der Weg in den Krieg	**23.8.1939**	Deutschland und die UdSSR vereinbaren die territoriale Aufteilung Osteuropas.
	1.9.1939	Der Zweite Weltkrieg beginnt mit dem Überfall Deutschlands auf Polen.
Zwangsmigration im Zweiten Weltkrieg	**1940/41**	Ca. 1,2 Mio. Polen und Juden werden aus dem Wartheland und Westpreußen vertrieben.
	Oktober 1944	In Deutschland arbeiten fast acht Millionen ausländische Zwangsarbeitskräfte.
	16.10.1944	Die massenhafte Flucht der deutschen Bevölkerung aus Osteuropa beginnt.
	4.-11.2.1945	Auf der Konferenz von Jalta wird die Westverschiebung Polens anerkannt.
„Bevölkerungstransfers“ der Nachkriegszeit	**8.5.1945**	Die deutsche Wehrmacht kapituliert bedingungslos.
	Mai/Juni 1945	In den sogenannten „Beneš-Dekreten“ wird der Besitz von Deutschen in der Tschechoslowakei beschlagnahmt.
	Juni 1945	Beginn der sogenannten „wilden Vertreibungen“ der Deutschen und der millionenfachen Folgewanderungen in die Vertreibungsgebiete.
	17.7.-2.8.1945	Auf der Potsdamer Konferenz wird eine „ordnungsgemäße und humane“ Überführung der deutschen Bevölkerung aus Polen, der Tschechoslowakei und Ungarn beschlossen.
	Januar 1946	In Polen, der Tschechoslowakei und Südosteuropa beginnt die organisierte Ausweisung der Deutschen.
	1950	Volkszählungen ergeben, dass knapp 12,5 Millionen Flüchtlinge und Vertriebene in die Bundesrepublik Deutschland und in die DDR gelangt sind.
Integration der Flüchtlinge und Vertriebenen	**6.7.1950**	Im Görlitzer Abkommen erkennt die DDR die Oder-Neiße-Linie als polnisch-deutsche Grenze an.
	6.8.1950	Die „Charta der deutschen Heimatvertriebenen“ wird verkündet.
	1952	Das Lastenausgleichsgesetz regelt die Entschädigung für Flüchtlinge und Vertriebene.
	7.12.1970	Im Warschauer Vertrag erkennt die BRD die Westgrenze Polens als unverletzlich an.
	12.9.1990	Im Zwei-plus-Vier-Vertrag werden die Ostgrenzen des vereinigten Deutschlands endgültig festgeschrieben.

Das 20. Jahrhundert wird oft als „Jahrhundert der Flüchtlinge" oder als „Jahrhundert der Vertreibungen" betitelt. Vor allem der Zweite Weltkrieg führte in Europa zu einer beispiellos hohen Zahl von Zwangswanderungen, die vor allem aus der Expansion und schließlich der Niederlage des nationalsozialistischen „Dritten Reiches" resultierten. Deutschland hatte einen Krieg entfacht, der wahrscheinlich 40 Millionen Europäer das Leben kostete und große Teile des Kontinents zerstörte. Das NS-Regime wollte die Herrschaft über Europa auch erreichen, indem millionenfach Europäer dazu genötigt wurden, ihre Heimat unter Zwang zu verlassen. Das Scheitern der nationalsozialistischen Gewaltpolitik führte schließlich dazu, dass mit und nach Kriegsende Millionen Deutsche ihre Heimat in Ost-, Ostmittel- und Südosteuropa verlassen mussten.

Zwangsmigrationen sind Ergebnis einer Nötigung zur Abwanderung aus politischen, ethno-nationalen, rassistischen oder religiösen Gründen. Viele Menschen begaben sich auf die Flucht vor den vorrückenden Truppen oder militärischen Auseinandersetzungen, die ihr Leben bedrohten. Neben die Flucht trat die *Evakuierung*: Regierungen und lokale Behörden forderten im Krieg Teile der eigenen Bevölkerung auf, Städte und Dörfer zu verlassen, weil die Front näher rückte oder aufgrund von Luftangriffen Lebensgefahr bestand. In der Regel gingen sowohl die Evakuierungsbehörden als auch die betroffene Bevölkerung davon aus, dass eine Rückkehr nach dem Ende der Notsituation möglich sei. Zwangsmigration im und nach dem Krieg konnte aber auch gewaltsame Vertreibung oder Umsiedlung bedeuten, die sich oft auf ganze Bevölkerungsgruppen erstreckte. *Umsiedlung* kann definiert werden als staatliche Zwangsmaßnahme zur zielgerichteten Verlagerung von Siedlungsschwerpunkten größerer (Minderheiten-)Gruppen, *Vertreibung* verweist demgegenüber auf eine staatliche Zwangsmaßnahme der Initiierung und Durchsetzung räumlicher Bevölkerungsbewegungen, die keine Maßnahmen zur Wiederansiedlung umfassten. Nicht selten verbanden sich solche Formen mit einer *Deportation* zur *Zwangsarbeit*.

Die Zahl der Flüchtlinge, Vertriebenen und Deportierten kann allein für die militärische Expansionsphase Deutschlands zwischen 1939 und 1943 auf europaweit 30 Millionen Menschen geschätzt werden und damit auf nicht weniger als fünf Prozent der Bevölkerung des Kontinents. Spätestens seit Anfang 1943 schmolz das Territorium des „Großdeutschen Reiches" und seiner Verbündeten zusammen. Nimmt man auch die zwischen 1943 und 1945 zu beobachtenden Massenzwangswanderungen hinzu, so kann für den Zweiten Weltkrieg insgesamt von 50 bis 60 Millionen Flüchtlingen, Vertriebenen und Deportierten ausgegangen werden. Und nach Kriegsende nahm das Ausmaß der Zwangsmigrationen nicht ab. Schätzungen gehen davon aus, dass nun weitere 25 Millionen Menschen zu Bewegungen im Raum vornehmlich in Ostmittel-, Südost- und Osteuropa gezwungen wurden, darunter waren mehr als die Hälfte Deutsche. Die Folgen für Deutschland und Europa waren weitreichend.

Wichtige Namen
- Edvard Beneš
- Winston Churchill
- Heinrich Himmler
- Adolf Hitler
- Josef Stalin

Wichtige Begriffe
- Deportation
- Displaced Persons
- „Ethnische Säuberungen"
- Evakuierung
- Flucht
- Integration
- Kriegsgefangene
- Potsdamer Konferenz
- Umsiedlung
- Vertreibung
- Vertriebenenverbände
- „Volksdeutsche"
- Zwangsarbeit
- Zwangsmigration

In diesem Kapitel erwerben Sie die **Kompetenz**,
- die Hintergründe für die Zwangswanderungen im Umfeld des Zweiten Weltkrieges in Europa zu erläutern und dazu Stellung zu nehmen,
- die Bedingungen von Flucht, Vertreibung, Umsiedlung und Deportation für die Betroffenen zu analysieren,
- die Folgen der Zwangswanderungen für Gesellschaften, Ökonomie und politische Systeme zu interpretieren.

Zur Methoden-Kompetenz siehe Seite 183 bis 185 („Karte"). Zum Kompetenzerwerb im Hinblick auf Konzepte zur Erklärung von Bedingungen, Formen und Folgen von Migration lesen Sie Seite 146 bis 149 („Theorie-Baustein: Migration").

Das „Jahrhundert der Flüchtlinge"

Zwangsmigration und Nationalstaatsbildungen *Zwangsmigrationen*[1] gab es nicht erst mit dem Zweiten Weltkrieg. Schon immer reagierten Menschen durch *Flucht* auf bewaffnete Konflikte und auf Gewalt. Über Jahrhunderte war zudem die Vorstellung weit verbreitet, durch *Vertreibungen*, *Umsiedlungen* und *Deportationen* ließe sich Herrschaft stabilisieren oder könnten Gebiete gesichert werden, die während eines Krieges erobert worden waren.

Einen zentralen Hintergrund für die Geschichte der Zwangsmigrationen des 20. Jahrhunderts stellte die Geschichte von Nationalstaatsbildungen und nationalistischer Aus- und Abgrenzung dar. Nationen und Nationalstaaten sind vorgestellte und hergestellte Gemeinschaften. Bevölkerungen mussten in langen Prozessen davon überzeugt werden, einer als einheitlich verstandenen Nation anzugehören und viele Gemeinsamkeiten (Geschichte, Kultur, Sprache, Literatur usw.) mit anderen Menschen einer gleichen Nation zu haben. Nationale Integration bedeutete immer auch die Abgrenzung gegenüber (angeblichen) äußeren Gegnern des eigenen Nationalstaates, womit sich viele der sogenannten Einigungskriege[2] des 19. Jahrhunderts erklären lassen. Zugleich ging es um den Ausschluss von Gruppen innerhalb der eigenen Grenzen, die nicht als zugehörig verstanden wurden: Diese Minderheiten galten als Gefahr für innere Sicherheit, Gesellschaft und Kultur der Nation. Deshalb wurden sie häufig unterdrückt, indem beispielsweise deren Sprache oder die Pflege einer eigenen Kultur verboten wurde. Verbunden war damit oft der Versuch, Einwanderung ausländischer Staatsangehöriger zu verhindern, um die Bildung neuer Minderheiten zu blockieren.

„ethnische Säuberungen": gewaltsames Entfernen einer Bevölkerungsgruppe vom Territorium eines Staates

Zwangsmigration und Krieg Verschiedene Gründe lassen sich finden, warum der Kampf gegen Minderheiten in Kriegssituationen des 20. Jahrhunderts so weit ging, dass Staaten versuchten, sie vollständig vom eigenen Territorium zu entfernen (**„ethnische Säuberungen"**): Kriege förderten im 19. und 20. Jahrhundert extremen Nationalismus. Kriegsziele ließen sich dann erreichen, wenn in der Bevölkerung Fremdenfeindlichkeit und Hass auf Minderheiten wuchs. Massenausweisungen, Massenumsiedlungen und Vertreibungen waren allerdings nur möglich, wenn die Minderheiten außerhalb des eigenen Staatsgebietes aufgenommen werden konnten. Dazu war in der Regel ein scharfes Machtgefälle zwischen zwei Staaten nötig, in der ein unterlegener Staat gezwungen werden konnte, Minderheiten aufzunehmen. Eine solche Situation ergab sich zumeist erst nach kriegerischen Konflikten. Darüber hinaus waren Staaten meist erst in Kriegen – zumal den Weltkriegen des 20. Jahrhunderts – in der Lage, Massenausweisungen oder Massenvertreibungen durchzuführen. Denn nur im Krieg gab es genügend Personal (Soldaten) und Machtmittel (Geld, Zugriff auf Transportkapazitäten, Lager), um Minderheiten auszutreiben. Nur im Krieg oder unmittelbar danach waren Minderheiten derart dem Hass ausgesetzt, ausgegrenzt und machtlos, dass sie keinen Widerstand leisten konnten und sie niemand unterstützte.

[1] Zum Begriff „Zwangsmigration" siehe Seite 141.

[2] Gemeint sind unter anderem die deutschen „Einigungskriege" von 1864, 1866 und 1870/71, an deren Ende die Gründung des Deutschen Reiches stand.

◂ **Wohnungsnot bei griechischen Flüchtlingen.**
Foto aus Athen von 1924. Griechische Flüchtlinge aus der Türkei müssen in den Logen des Athener Opernhauses kampieren, da die Wohnungen in der Stadt nicht ausreichen.

„Ethnische Säuberungen" im 20. Jahrhundert Die lange Geschichte der „ethnischen Säuberungen" im 20. Jahrhundert begann mit den Balkankriegen[1] unmittelbar vor dem Ausbruch des Ersten Weltkrieges und fand ihren ersten Höhepunkt mit dem griechisch-türkischen „Bevölkerungsaustausch", der im Friedensvertrag von Lausanne 1923 festgeschrieben worden war. Er beendete den Griechisch-Türkischen Krieg (1920-1922) und legte fest, dass es keine Griechen auf türkischem Territorium – mit Ausnahme Istanbuls – mehr zu geben habe und keine Muslime in Griechenland. Ergebnis: Etwa 1,3 Millionen Griechen und ca. 430 000 Türken flohen oder wurden umgesiedelt (▸ M1).

Die Zwangsmigrationen im und nach dem Ersten Weltkrieg beschränkten sich nicht auf den griechisch-türkischen „Bevölkerungsaustausch" (▸ M2 und M3). Die ehemaligen Mittelmächte des Ersten Weltkrieges, also das Deutsche Reich, Österreich-Ungarn, das Osmanische Reich und Bulgarien als die Kriegsverlierer, waren in der unmittelbaren Nachkriegszeit gezwungen, insgesamt mindestens zwei Millionen Menschen aus den verlorengegangenen Territorien aufzunehmen. Es kann davon ausgegangen werden, dass aufgrund der politischen Veränderungen durch die Friedensverträge nach dem Ersten Weltkrieg etwa fünf Millionen Menschen unfreiwillig die Grenzen überschritten. Und auch nach dem Ende von Flucht, Vertreibung und Umsiedlung im Umfeld des Zweiten Weltkrieges endete die Geschichte extremer Nationalismen und durch sie herbeigeführter Zwangsmigrationen keineswegs: Im Zusammenhang der Auflösung der britischen Kolonie Indien 1947 und der Teilung in die Staaten Indien und Pakistan mündete beispielsweise die nationalistisch aufgeheizte, von zahllosen Gewalttaten gekennzeichnete Atmosphäre in eine riesige Welle von Flucht und Vertreibung. Sie betraf 14 bis 16 Millionen Menschen, wobei sich der Umfang der Fluchtbewegungen aus Indien nach Pakistan sowie aus Pakistan nach Indien mehr oder minder entsprach. Das „Jahrhundert der Flüchtlinge" endete in Europa schließlich mit Millionen von Flüchtlingen und Vertriebenen durch den Zerfall Jugoslawiens in den 1990er-Jahren und den Kriegen zwischen den Nachfolgestaaten.

[1] 1912 führten Serbien, Bulgarien, Griechenland und Montenegro einen Feldzug, um die von ihren Landsleuten besiedelten Gebiete von der osmanischen Herrschaft zu befreien. Als dies gelungen war, brach 1913 ein Krieg der Sieger um die Beute aus.

Lesetipps
- *Klaus J. Bade, Europa in Bewegung. Vom späten 18. Jahrhundert bis zur Gegenwart, München 2000*
- *Mathias Beer (Hrsg.), Europa auf dem Weg zum ethnisch reinen Nationalstaat? Europa in Geschichte und Gegenwart, Tübingen ²2007*
- *Philipp Ther, Die dunkle Seite der Nationalstaaten. „Ethnische Säuberungen" im modernen Europa, Göttingen 2011*

M1 „Ethnische Säuberungen" als Mittel internationaler Politik

Der Historiker Philipp Ther erläutert die Ausweitung „ethnischer Säuberungen"[1] im 20. Jahrhundert:

Als deren eigentlicher Auftakt [der „ethnischen Säuberungen"] werden die beiden Balkankriege von 1912 und 1913 betrachtet. Die Bevölkerungsverschiebungen während und infolge dieser Kriege waren primär ethnisch motiviert, staatlich geplant und organisiert. Außerdem strebten die beteiligten Nationalstaaten danach, ihre Herrschaft über umstrittene Gebiete durch eine ethnische Homogenisierung abzusichern und betrieben daher eine gezielte und flächendeckende Ansiedlungspolitik. Die Balkankriege stellten noch in anderer Hinsicht eine Zäsur dar, denn auf sie folgten erstmals internationale Abkommen zum „Austausch" von Minderheiten. Allerdings lässt sich das nicht mit einer besonderen Tradition der Gewalt und Intoleranz auf dem „Balkan" erklären. Entscheidend waren vielmehr ein internationaler Konsens und die Rolle der westlichen Großmächte. [...] Das Abkommen von Lausanne von 1923, das erstmals die flächendeckende ethnische Säuberung zweier Staaten, der Türkei und Griechenlands, mit sich brachte, markiert den Höhepunkt dieser Periode [1912 bis 1925]. Entgegen der Meinung der existierenden Literatur beschränkten sich ethnisch definierte Bevölkerungsverschiebungen nicht auf diesen Teil Europas. Auch im Elsass gab es eine Politik der „Épuration",[2] mit der Frankreich als demokratischer Nationalstaat einen Präzedenzfall im mittleren Europa schuf. Dies spricht erneut dafür, ethnische Säuberungen als eine „dunkle Seite" [Mark Mazower] nicht nur der osteuropäischen, sondern der gesamteuropäischen Geschichte zu betrachten.

Philipp Ther, Die dunkle Seite der Nationalstaaten. „Ethnische Säuberungen" im modernen Europa, Göttingen 2011, S. 18

1. *Charakterisieren Sie den Begriff der „ethnischen Säuberung" anhand der im Text angesprochenen Beispiele.*
2. *Interpretieren Sie, was Philipp Ther unter der „dunklen Seite" der europäischen Geschichte versteht.*

[1] Siehe hierzu Seite 143.

[2] **Épuration** (frz.: Säuberung): Unmittelbar nach dem Ersten Weltkrieg verfolgte Frankreich in Elsass und Lothringen gegenüber den etwa 200 000, seit 1871 aus dem „Reich" zugewanderten Menschen eine Politik der Selektion und Ausweisung.

M2 Das „Jahrhundert der Flüchtlinge" beginnt

Im Zusammenhang der Revolution von 1917 und dem darauf folgenden Bürgerkrieg fliehen aus Russland bis zu zwei Millionen Menschen. Unter dem Titel „Die neue Völkerwanderung" plädiert die in Berlin erscheinende linksliberale „Vossische Zeitung" am 6. Januar 1922 für eine Asylgewährung für russische Flüchtlinge:

Der große Krieg hat eine Bewegung unter den Völkern Europas und Asiens eingeleitet, die möglicherweise den Anfang eines großen geschichtlichen Prozesses nach Art der Völkerwanderung darstellt. Eine besondere Rolle spielt die russische Emigration, die in der neueren Geschichte ohne Beispiel ist. Es handelt sich bei dieser Emigration um ein ganz großes politisches, wirtschaftliches, soziales und kulturelles Problem, das nicht mit Schlagworten und nicht mit Augenblicksmaßnahmen zu lösen ist. Nach Angaben der beteiligten Hilfsorganisationen handelt es sich gegenwärtig in Deutschland um 250 000 bis 300 000 russische Emigranten. Die deutschen Behörden erklären, dass sie dauernd bemüht seien, Deutschland von den fremdstämmigen Elementen zu entlasten. Sie erklären aber, dass eine Massenabschiebung ebenso unmöglich sei wie eine freiwillige Abwanderung. [...] Für Europa ergibt sich die Notwendigkeit, die russische Emigration nicht als kurzfristiges Intermezzo anzusehen. [...] Man muss sich dabei über den elementaren Charakter der Wanderbewegung klar sein, der gegenüber mit bloßen Verboten und Polizeimaßnahmen wenig erreicht werden kann. Ebenso wenig angebracht ist eine parteipolitische Einstellung, sei es auf der Linken, sei es auf der Rechten.
Das deutsche Volk ist heute in Armut und Not gestürzt. Seine Fähigkeit, die Armut und Not anderer mitzuempfinden und zu lindern, ist durch eigene Sorgen gemindert. Aber gerade die Schicksalsgemeinschaft, die der Krieg für die Unterlegenen geschaffen hat, zwingt dazu, über die augenblickliche Belastung hinaus an kommende Möglichkeiten der Zusammenarbeit zu denken. Natürlich gehört der enge Raum, der uns zugemessen ist, in erster Linie den eigenen Landeskindern und den Heimkehrern. Man darf aber niemals vergessen, dass der Flüchtling, wenn er sich den Gesetzen des Landes fügt, bei allen Kulturvölkern ein Asylrecht genießt.

Zitiert nach: Karl Schlögel (Hrsg.), Russische Emigration in Deutschland 1918 bis 1941. Leben im europäischen Bürgerkrieg, Berlin 1995, S. 34

1. *Fassen Sie die Botschaft des Artikels zusammen.*
2. *Erklären Sie, was der Verfasser mit den „eigenen Sorgen" Deutschlands meint. Informieren Sie sich dazu über die Belastungen der Weimarer Republik auf Seite 365 ff.*
3. *Nehmen Sie Stellung zum letzten Satz des Textes.*

M3 Bevölkerungsverschiebungen zwischen 1917 und 1938

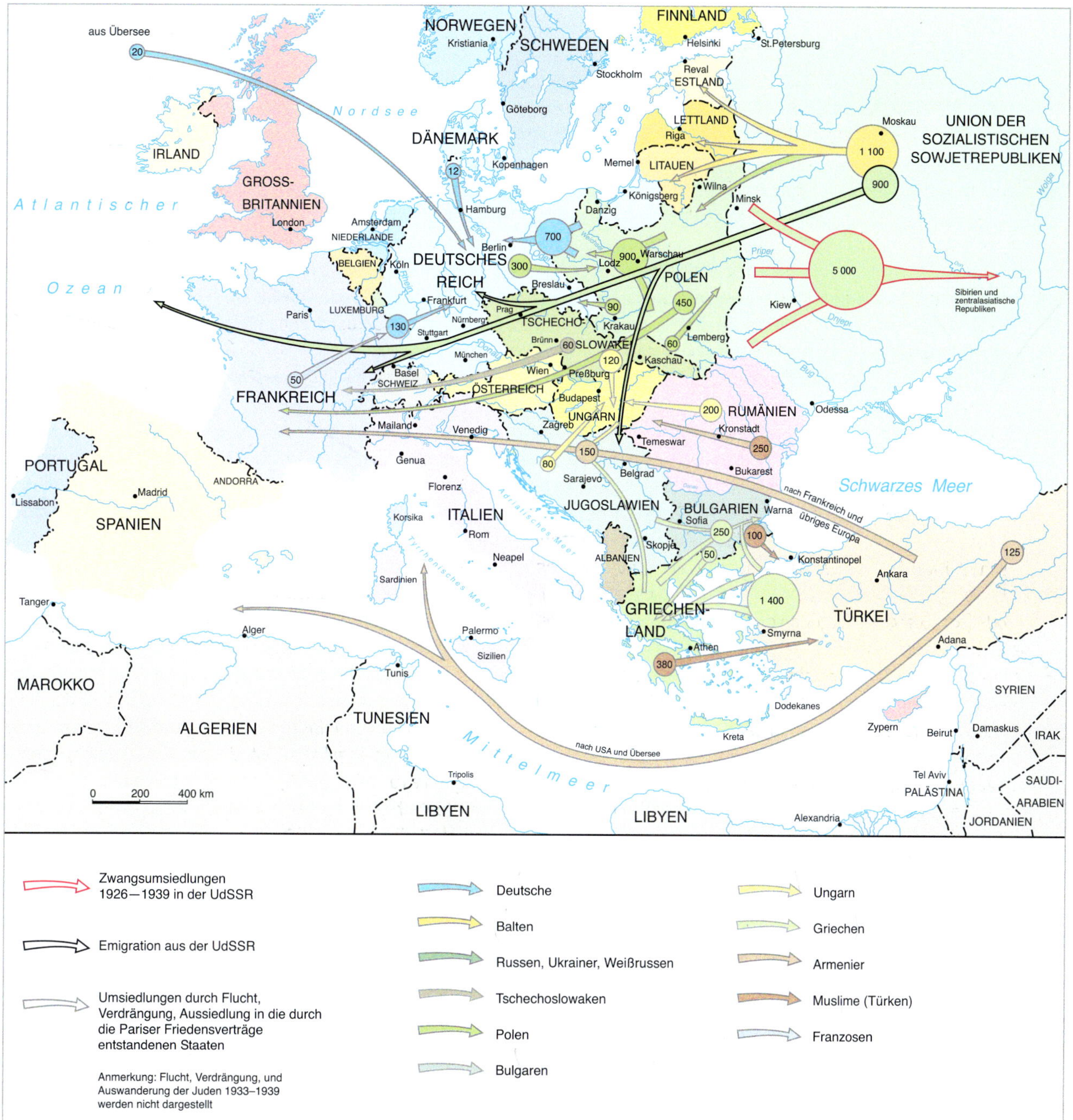

Karte nach: Haus der Heimat des Landes Baden-Württemberg (Hrsg.), Umsiedlung, Flucht und Vertreibung der Deutschen als internationales Problem. Zur Geschichte eines europäischen Irrwegs, Stuttgart [3]2009, S. 53

1. *Analysieren Sie, worüber die Karte informiert und welcher Darstellungsformen sie sich dazu bedient.*
2. *Setzen Sie M1, M2 und M3 miteinander in Beziehung, indem Sie die in den Texten angesprochenen*
+ *Bevölkerungsbewegungen in der Karte verorten und in Form einer Tabelle darstellen.*
3. *Überprüfen Sie, warum hier der Zeitausschnitt von 1917 bis 1938 gewählt wurde.*

Kompetenz:
Theorien über Bedingungen, Formen und Folgen von Migration benennen und erklären

Wanderungsbewegungen prägen die Menschheitsgeschichte

Migration (lat. migrare: wandern) ist in Deutschland seit vielen Jahrzehnten ein wichtiges Thema. Während des Zweiten Weltkrieges und in der unmittelbaren Nachkriegszeit gab es zehnmillionenfache Zwangswanderungen, die durch die nationalsozialistische Expansionspolitik ausgelöst worden waren. Von der Gründung der beiden deutschen Staaten 1949 bis zum Mauerbau im August 1961 strömten dann Hunderttausende von Einwohnern der DDR in die Bundesrepublik. In den folgenden Jahren bis 1973 warb die Bundesrepublik Millionen von „Gastarbeitern" vor allem aus der Türkei, Italien, Spanien und Griechenland an. Das Thema Migration blieb auch nach der Wiedervereinigung Deutschlands 1990 von großer Bedeutung. Die Grenzen innerhalb der Europäischen Union wurden immer durchlässiger, bis schließlich ein weitgehend freier Arbeitsmarkt etabliert wurde. Heute wird in Deutschland darüber diskutiert, ob es ausreichend Einwanderer gibt, um den Fachkräftebedarf decken zu können. Gleichzeitig wird die Meinung vertreten, die Einwanderung bringe zu viele soziale Probleme mit sich (▸ M1).

Angesichts der Aktualität des Themas gerät häufig in Vergessenheit, dass Wanderungsbewegungen die Geschichte der Menschheit schon immer geprägt haben. Dies gilt nicht nur für die umfangreiche europäische Massenauswanderung des 19. Jahrhunderts, die 50 bis 60 Millionen Europäer auf andere Kontinente führte, sondern auch bereits für das Altertum und das Mittelalter. Denn unter Migration ist nichts weiter als die Verlagerung des Lebensmittelpunktes von einem Ort zu einem anderen zu verstehen. Dabei ist nicht von entscheidender Bedeutung, dass eine große Entfernung überbrückt wird (auch die Flucht von Ost- nach West-Berlin zur Zeit der zwei deutschen Staaten war eine Migration). Wichtig ist vielmehr, dass eine politische, soziale, geografische oder kulturelle Grenze überschritten wird. So ist der Wechsel von einem Land in ein anderes ebenso als Migration zu verstehen wie die Abwanderung vom Land in die Stadt oder die saisonale (und damit zeitlich beschränkte) Arbeitsmigration aus einer Region in eine andere (▸ M2). Mit Migration geht immer auch eine Neuorientierung einher, da am neuen Ort eben manches anders ist. Früher wurden Migranten daher vor allem als Fremde betrachtet, die sich der neuen Umgebung anpassen mussten. Heute geht man davon aus, dass Integration ein Prozess ist, den sowohl die Migranten als auch die Angehörigen der Aufnahmegesellschaft durchlaufen. Die Migranten verändern die Gesellschaft, in die sie kommen, und werden gleichzeitig von dieser verändert (▸ M3).

▸ **Kriegsbild.**
Gemälde von Frans Masereel aus dem Jahre 1941.
Am 12. Juni 1940 verließen Tausende Paris, darunter auch der belgische Grafiker, Zeichner und Maler Frans Masereel. Zwei Tage später marschierten deutsche Truppen in die Hauptstadt Frankreichs ein.
Das hier gezeigte Gemälde gehört zu einer Folge von Ölbildern unter dem Titel „Souvenirs de juin 1940" (dt.: „Erinnerungen vom Juni 1940").
- *Charakterisieren Sie die Form von Migration, die im Gemälde dargestellt wird.*

M1 „Homo migrans"

Der Historiker Klaus J. Bade erläutert die historische und aktuelle Bedeutung von Migration:

Das Thema „Migration" hat in Europa negative Hochkonjunktur. Den Hintergrund bilden weltweite Migrationsprobleme und europäische Ängste vor wachsendem „Wanderungsdruck". Aktuelle Interessen führen auch zu Fragen an die Geschichte der Wanderungen in, aus und nach Europa; denn aktuelle Migrationsprozesse kann besser beurteilen, wer abgeschlossene – mithin historische – überblickt und die Entwicklungslinien kennt, an deren Ende die Probleme der Gegenwart stehen. [...]
Den „Homo migrans" gibt es, seit es den „Homo sapiens" gibt; denn Wanderungen gehören zur Conditio humana[1] wie Geburt, Fortpflanzung, Krankheit und Tod. Migrationen als Sozialprozesse sind, von Flucht- und Zwangswanderungen abgesehen, Antworten auf mehr oder minder komplexe ökonomische und ökologische, soziale und kulturelle Existenz- und Rahmenbedingungen. Die Geschichte der Wanderungen ist deshalb immer auch Teil der allgemeinen Geschichte und nur vor ihrem Hintergrund zu verstehen. [...]
Raumbezogen kann man, trotz vieler Überschneidungen, z.B. Aus-, Ein- und Binnenwanderungen unterscheiden. Orientierungshilfe bietet auch die Frage nach Anlässen, Motiven und Zwecken. Dabei kann man z.B. wirtschaftlich und beruflich-sozial motivierte Migrationen eingrenzen und innerhalb dieses Feldes wiederum Erwerbsmigrationen als Existenznotwendigkeit (subsistence migration) oder als Verbesserungschance (betterment migration) unterscheiden. Durch Verlust bzw. Zerstörung der wirtschaftlichen Existenzgrundlagen, mithin letztlich ebenfalls wirtschaftlich bedingt, sind aber z.B. auch jene Überlebenswanderungen, für die das späte 20. Jahrhundert den Sammelbegriff „Umweltflucht" geprägt hat. Von so motivierten Migrationen kann man wiederum religiös-weltanschaulich, politisch, ethno-nationalistisch oder rassistisch bedingte Flucht- bzw. Zwangswanderungen abgrenzen. Dazu zählen auch die Vertreibungen und Zwangsumsiedlungen des 20. Jahrhunderts, bei denen die Bewegung von Menschen über Grenzen häufig die Folge der Bewegung von Grenzen über Menschen war.

Klaus J. Bade, Europa in Bewegung. Migration vom späten 18. Jahrhundert bis zur Gegenwart, München 2002, S. 12 f.

[1] **Conditio humana**: notwendige Bedingung, unerlässliche Voraussetzung des Menschseins

1. *Geben Sie wieder, wie Klaus J. Bade den Begriff Migration erklärt.*
2. *Vergleichen Sie die Definition von Migration mit derjenigen von Jochen Oltmer (M2).*
3. *Arbeiten Sie die Bedingungen von Migration heraus.*
4. *Erörtern Sie anhand selbst gewählter Beispiele, ob sich die Aussagen Bades auch auf außereuropäische Gesellschaften und vormoderne Zeiten übertragen lassen.*

M2 Formen von Migration

Der Historiker Jochen Oltmer benennt wichtige Merkmale von Migration:

Migration ist die auf einen längerfristigen Aufenthalt angelegte räumliche Verlagerung des Lebensmittelpunktes von Individuen, Familien, Gruppen oder auch ganzen Bevölkerungen. [...] Unterscheiden lassen sich verschiedene Erscheinungsformen räumlicher Bevölkerungsbewegungen. Dazu zählen vor allem Arbeits- und Siedlungswanderungen, Bildungs-, Ausbildungs- und Kulturwanderungen, Heirats- und Wohlstandswanderungen sowie Zwangswanderungen. [...]
Räumliche Bewegungen zur Erschließung oder Ausnutzung von Chancen strebten nicht ausschließlich nach einer Stabilisierung oder Verbesserung der ökonomischen und sozialen Lage von Zuwanderern im Zielgebiet. Wanderungszweck konnte gleichermaßen die Verbesserung der Situation in der Herkunftsgesellschaft sein, wie bei den saisonalen Arbeitswanderungen oder bei den Rückwanderungen nach Jahren oder Jahrzehnten der Erwerbstätigkeit in der Fremde. Eine ausgesprochen hohe Bedeutung haben bis in die Gegenwart für einzelne Haushalte, für regionale Ökonomien oder selbst für ganze Volkswirtschaften die mehr oder minder regelmäßigen Geldüberweisungen durch Migranten an zurückbleibende Familienmitglieder (Rücküberweisungen).
Migration bildete in den genannten Kontexten ein Element der Lebensplanung und verband sich häufig mit (erwerbs-)biografischen Grundsatzentscheidungen wie Heirat, Wahl des Berufs oder Arbeitsplatzes; der überwiegende Teil der Arbeits-, Ausbildungs-, Siedlungs- und Heiratswanderer war also jung. Der Wanderungsentschluss resultierte in derartigen sozialen Konstellationen aus persönlichen Entscheidungen oder Arrangements in Familienwirtschaften. Individuelle und familienwirtschaftliche Handlungsalternativen gab es allerdings vor allem dann nicht, wenn aufgrund von wirtschaftlichen, sozialen oder umweltbedingten Krisen existenzielle Not drohte oder herrschte. [...]
Die Bedeutung der Informationsvermittlung mithilfe verwandtschaftlich-bekanntschaftlicher Netzwerke kann nicht

Formen	Merkmale, Teilphänomene und Beispiele
Arbeitswanderung	Migration zur Aufnahme unselbstständiger Erwerbstätigkeit in Gewerbe, Landwirtschaft, Industrie und im Dienstleistungsbereich
Bildungs- und Ausbildungswanderung	Migration zum Erwerb schulischer, akademischer oder beruflicher Qualifikationen (Schülerinnen und Schüler, Studierende, Lehrlinge/Auszubildende)
Dienstmädchen-/Hausarbeiterinnenwanderung	Migration im Feld der haushaltsnahen Dienstleistungen, häufig gekennzeichnet durch relativ enge Bindung an eine Arbeitgeberfamilie, ungeregelte Arbeitszeiten und prekäre Lohnverhältnisse
Entsendung	Grenzüberschreitende, temporäre Entsendung im Rahmen und im Auftrag von Organisationen/Unternehmen: „Expatriats"/„Expats"; Kaufleute und Händlerwanderungen zur Etablierung/Aufrechterhaltung von Handelsfilialen; Migration im Rahmen eines militärischen Apparates (Söldner, Soldaten, Seeleute), von Beamten oder von Missionaren
Gesellenwanderung	Wissens- und Technologietransfer durch Migration im Handwerk, Steuerungsinstrument in gewerblichen Arbeitsmärkten durch Zünfte
Heirats- und Liebeswanderung	Wechsel des geografischen und sozialen Raumes wegen einer Heirat oder einer Liebesbeziehung
Kulturwanderung	Wechsel in kulturell attraktive Städte und Stätten („Künstlerkolonien", Weltstädte/„Global Cities" als kulturelle Zentren)
Nomadismus/Migration als Struktur	Permanente oder wiederholte Bewegung zur Nutzung natürlicher, ökonomischer und sozialer Ressourcen durch Viehzüchter, Gewerbetreibende, Dienstleister oder brandrodende Bauern
Siedlungswanderung	Migration mit dem Ziel des Erwerbs von Bodenbesitz zur landwirtschaftlichen Bearbeitung
Sklaven- und Menschenhandel	Migration (Deportation) zur Realisierung von Zwangsarbeit, d. h. jeder Art von Arbeit oder Dienstleistung, die von einer Person unter Androhung irgendwelcher Strafen verlangt wird
Wanderarbeit	Arbeitswanderung im Umherziehen, ortlose Wanderarbeitskräfte finden sich vor allem im Baugewerbe (Eisenbahnbau, Kanalbau)
Wanderhandel	Handelstätigkeit im Umherziehen, meist Klein- und Kleinsthandel, z. B. Hausierer
Wohlstandswanderung	Migration finanziell weitgehend unabhängiger Personen aus vornehmlich klimatischen oder gesundheitlichen Erwägungen (Rentner- und Seniorenwanderung, „lifestyle migration")
Zwangswanderung	Migration, die sich alternativlos aus einer Nötigung zur Abwanderung aus politischen, ethno-nationalen, rassistischen oder religiösen Gründen ergibt (Flucht, Vertreibung, Deportation, Umsiedlung)

▲ **Migrationsformen.**
Nach: Jochen Oltmer, Globale Migration. Geschichte und Gegenwart, München 2012, S. 20 f.

■ *Vergleichen Sie die Migrationsform „Zwangswanderung" mit den anderen Migrationsformen.*

überschätzt werden. Verwandte oder Bekannte bildeten z. B. die erste Station oder das direkte Ziel der Reise von 94 Prozent aller Europäer, die um 1900 in Nordamerika eintrafen. Mindestens 100 Millionen private Auswandererbriefe sind 1820-1914 aus den USA nach Deutschland geschickt worden und kursierten in den Herkunftsgebieten im Verwandten- und Bekanntenkreis. Herkunftsräume und Zielgebiete waren mithin über transatlantische Migrationsnetzwerke, durch Verwandtschaft, Bekanntschaften und Herkunftsgemeinschaften zusammengehaltene Kommunikationssysteme miteinander verbunden. [...]

Staatliches Handeln bildete einen der wichtigsten Hintergründe für die Entwicklung von Zwangswanderungen als einer weiteren wesentlichen Migrationsform. Zwangsmigration war durch eine Nötigung zur Abwanderung verursacht, die keine realistische Handlungsalternative zuließ. Sie konnte Flucht vor Gewalt sein, die Leben und Freiheit direkt oder erwartbar bedrohte, zumeist aus politischen, ethno-nationalen, rassistischen oder religiös-konfessionellen Gründen. Zwangsmigration konnte aber auch gewaltsame Vertreibung, Deportation oder Umsiedlung bedeuten, die sich oft auf ganze Bevölkerungsgruppen erstreckte. Nicht selten verbanden sich solche Formen mit Zwangsarbeit. Zwangsmigration war meist Ergebnis von Krieg, Bürgerkrieg oder Maßnahmen autoritärer Regime – vor allem die Weltkriege bildeten elementare Katalysatoren in der Geschichte der Zwangswanderungen im 19. und 20. Jahrhundert.

Jochen Oltmer, Migration im 19. und 20. Jahrhundert, München 2010, S. 1 f. und 4-6

Hintergrund	• Chancenwahrnehmung (Arbeits- und Siedlungswanderungen, Bildungs- und Ausbildungswanderungen) • Zwang (Flucht, Vertreibung, Deportation, meist politisch und weltanschaulich bedingt oder Folge von Kriegen) • Krise (z.B. Abwanderung aufgrund menschlicher oder natürlicher Umweltzerstörung, akuter wirtschaftlicher und sozialer Notlagen) • Entsendung im Rahmen von Organisationen und Institutionen • Kultur (Kulturwanderungen, Wohlstandswanderungen)
Raum	• intraregional (Nahwanderungen) • interregional (mittlere Distanz) • grenzüberschreitend (muss keine großen Distanzen umfassen, der Grenzübertritt hat aber in der Regel erhebliche rechtliche Konsequenzen für das Individuum) • interkontinental (große Distanzen mit in der Regel relativ hohen Kosten)
Richtung	• unidirektional (Wanderung zu einem Ziel) • etappenweise (Zwischenaufenthalte werden eingelegt, v.a. um Geld für die Weiterreise zu verdienen) • zirkulär (mehr oder minder regelmäßiger Wechsel zwischen zwei Räumen) • Rückwanderung
Dauer des Aufenthalts	• saisonal • ein- und mehrjährig • Arbeitsleben • Lebenszeit und intergenerationell

▲ **Hintergründe und raum-zeitliche Dimensionen von Migration.**
Nach: Jochen Oltmer, a.a.O., S. 23

■ + *Entwickeln Sie mithilfe der Tabelle eine Typologisierung der Bevölkerungsverschiebungen im Umfeld des Zweiten Weltkrieges.*

1. *Fassen Sie die Formen von Migration nach Jochen Oltmer (M2) zusammen.*
2. *Analysieren Sie die Bedeutung von sozialen Netzwerken für Migration.*
3. *Erläutern Sie anhand eines selbst gewählten historischen Beispiels Gründe von freiwilliger und unfreiwilliger Migration.*
4. *Erörtern Sie ausgehend von M1 und M2, inwiefern in Bezug auf das 20. Jahrhundert vom „Jahrhundert der Vertreibungen" gesprochen werden kann.*

M3 Folgen der Migration

Der Historiker Dirk Hoerder schreibt über die Folgen der Migration:

Migranten geben am Ziel ihre alltägliche Lebensweise, ihre materielle Kultur nicht auf. Sie assimilieren sich nicht bedingungslos, sondern beginnen einen schrittweisen Prozess der Akkulturation, einer Annäherung an die neue Gesellschaft. Sie ändern Gewohnheiten und Praktiken, erlernen die neue Sprache oder zumindest die für sie relevanten Sprachregister in einem Prozess des Aushandelns von notwendigen oder geforderten Veränderungen. Sie sind bereit zu einer (teilweisen) Eingliederung (*accommodation, adjustment*), wobei die Empfängergesellschaft die Möglichkeiten zur Integration oder Inkorporation bieten muss. Ohne diese beidseitige Bereitschaft erfolgt eine Selbstsegregation oder Ausgrenzung. Die volle Teilhabe an der neuen Gesellschaft wird prozesshaft über – meist – drei Generationen erreicht. Die Rhetorik des „Kulturverlustes" belastet den Prozess, das Einbringen von Eigenheiten und Arbeitskraft, die die neue Gesellschaft ihrerseits verändern, erleichtert ihn. Je nach staatlich gesetztem Rahmen können Neuankömmlinge und Alteingesessene eine Gemeinschaft bilden oder in Nation und ethnische Enklaven zerfallen.

Dirk Hoerder, Geschichte der deutschen Migration. Vom Mittelalter bis heute, München 2010, S. 12 f.

1. *Analysieren Sie die Folgen von Migration nach Dirk Hoerder.*
2. + *Suchen Sie nach weiteren Folgen der Migration. Stellen Sie Ihre Ergebnisse in einem Schaubild dar. Erklären Sie dieses.*
3. *Überprüfen Sie, welche von Hoerders Aussagen auf die Entwicklung in Deutschland nach 1945 übertragbar sind.*
4. *Erörtern Sie, inwiefern Migration Auswirkungen auf das nationale Selbstverständnis einer Gesellschaft hat.*

Vertreibung, Deportation und Zwangsarbeit im Zweiten Weltkrieg

▸ **Sowjetische Zwangsarbeiter in einem süddeutschen Rüstungsbetrieb.**
Foto von 1943.
Zur Kennzeichnung der Zwangsarbeiter dienten nummerierte Armbinden.

- *Charakterisieren Sie ausgehend von dem Foto die Lebens- und Arbeitssituation von Zwangsarbeitern im nationalsozialistischen Deutschland. Berücksichtigen Sie dabei auch den Verfassertext auf Seite 152 sowie M2 auf Seite 154 f.*

Deutschland als Motor von Massenzwangswanderungen Deutschland war im Zweiten Weltkrieg Motor und Zentrum von massenhaften Zwangswanderungen in Europa. Das „Dritte Reich" war nur deshalb in der Lage, beinahe sechs Jahre lang Krieg zu führen, weil es ihn von vornherein als Raub- und Beutekrieg geplant hatte und durchzuführen begann. Die mit Deutschland verbündeten Staaten sowie die von 1938 an erworbenen bzw. eroberten Länder und Landesteile hatten hierbei die Aufgabe, mit ihrer landwirtschaftlichen und industriellen Produktion, mit ihren Rohstoffen und mit ihrer Bevölkerung der deutschen Kriegswirtschaft zu dienen (▸ M1). Im Laufe des Krieges stieg die Bedeutung der geraubten Güter und Menschen für die deutsche Kriegswirtschaft immens an: Im Oktober 1944 wurden fast acht Millionen ausländische Arbeitskräfte in Deutschland gezählt, darunter knapp sechs Millionen Zivilisten und rund zwei Millionen Kriegsgefangene. Sie stammten aus insgesamt 26 Ländern.

Internettipp
Ein digitales Archiv über die Zwangsarbeit von 1939 bis 1945 finden Sie unter dem Code 32031-15.

Ausländische Zwangsarbeiter im NS-Deutschland Die genannten rund acht Millionen stellten die punktuelle Höchstzahl der ausländischen Arbeitskräfte dar. Die Gesamtzahl der Ausländer, die während des Krieges in Deutschland tätig gewesen waren, lag ohne Zweifel höher. Sie verringerte sich aber beispielsweise durch erfolgreiche Flucht, Todesfälle oder das Zurückschicken in die Heimat bei schweren Erkrankungen bzw. Invalidität. Schätzungen sprechen von zehn Millionen, wahrscheinlich waren es sogar eher zwölf bis 14 Millionen Menschen, von denen 80 bis 90 Prozent als *Zwangsarbeiter* gelten können. Bei den Herkunftsländern der im Herbst 1944 registrierten knapp acht Millionen ausländischen Arbeitskräfte dominierte die UdSSR mit einem Anteil von mehr als einem Drittel (2,8 Millionen). 1,7 Millionen kamen aus Polen und 1,2 Millionen aus Frankreich, jeweils mehrere Hunderttausend zudem noch aus Italien, den Niederlanden, Belgien, der Tschechoslowakei und Jugoslawien.

Ein Blick auf ihren Anteil an der Gesamtbeschäftigung lässt die enorme wirtschaftliche Bedeutung der ausländischen Zwangsarbeitskräfte für die deutsche Wirtschaft erkennen: Insgesamt stellten die ausländischen Arbeitskräfte im August 1944 etwa ein Viertel der Beschäftigten. In einigen Wirtschaftsabteilungen bzw. Betrieben war ihre Bedeutung besonders hoch. Das galt etwa für die Landwirtschaft, die 1944 einen Anteil ausländischer Zwangsarbeitskräfte von 46 Prozent erreichte, oder für den Bergbau mit 34 Prozent. In manchen Industriebetrieben mit einem hohen Anteil unqualifizierter Arbeit kamen vier Fünftel aller Beschäftigten aus dem Ausland. Ein Drittel der ausländischen Arbeitskräfte waren Frauen – ein Großteil jünger als 20 Jahre –, insgesamt lag das Durchschnittsalter bei 20 bis 24 Jahren. Selbst Kinder wurden zur Arbeit nach Deutschland transportiert (▸ M2).

Verlauf des „Ausländer-Einsatzes" ■ Die Beschäftigung ausländischer Arbeitskräfte unter Zwang setzte im Deutschen Reich bereits kurz nach Kriegsbeginn 1939 ein. 300 000 polnische Kriegsgefangene bildeten die erste große Gruppe. Sie wurden vor allem in der deutschen Landwirtschaft beschäftigt. Aufgrund von Rekrutierungen unter der Zivilbevölkerung im besetzten Polen stieg die Zahl der polnischen Arbeiterinnen und Arbeiter im Reich innerhalb etwa eines halben Jahres nach Beginn des Krieges auf eine Million an. In diesem kurzen Zeitabschnitt fand ein Wandel in der „Rekrutierung" ausländischer Arbeitskräfte statt: Die zunächst favorisierte, aber aus Sicht der Besatzungsbehörden zu wenig erfolgreiche Anwerbung auf freiwilliger Basis wurde von regelrechten Beutezügen auf Arbeitskräfte abgelöst, die dann nach Deutschland deportiert wurden. Damit aber war der Arbeitskräftehunger der expandierenden deutschen Kriegswirtschaft, der zugleich immer mehr Beschäftigte als Soldaten entzogen wurden, nicht gestillt. Eine Million französische Kriegsgefangene kam im Frühjahr und Sommer 1940 hinzu. Anwerbeaktionen und Deportationen in den 1940 eroberten Ländern von Norwegen im Norden bis Frankreich im Süden liefen an.

Vor den nächsten Offensiven der deutschen Truppen in Richtung Südost- und Osteuropa lag im Frühjahr 1941 die Zahl der zum großen Teil zwangsrekrutierten Ausländer bereits bei drei Millionen. Immer noch dominierten Beschäftigungsverhältnisse in der Landwirtschaft. Die deutsche Arbeitskräftenachfrage war trotz dieser hohen Zahl an ausländischen Beschäftigten noch nicht gedeckt. Mit dem deutschen Überfall auf die UdSSR vom 22. Juni 1941 stieg der Bedarf angesichts der Mobilisierung der Truppenreserven und der Ausweitung der Rüstungsproduktion. Dennoch verbot die nationalsozialistische Führung zunächst ausdrücklich eine Beschäftigung von sowjetischen Kriegsgefangenen oder in den neu eroberten Gebieten rekrutierten Zivilarbeitskräften in der deutschen Kriegswirtschaft aus „rassischen" und ideologischen Gründen. Die nationalsozialistischen Machthaber gingen davon aus, dass der erwartete schnelle Sieg über die UdSSR in diesem „Weltanschauungs- und Vernichtungskrieg" zudem in kürzester Zeit zu einem Nachlassen der Nachfrage nach Arbeitskräften in der Kriegswirtschaft führen werde.

Rassistische Hierarchien ■ Nach der **Rassenideologie** des Nationalsozialismus bildeten „arische" Deutsche die Spitze der „rassischen" Hierarchie. Ihnen folgten die Menschen aus Nord- und Westeuropa, auf den untersten Stufen befanden sich Polen, sowjetische Arbeitskräfte, Juden sowie Sinti und Roma. Demnach galt die Bevölkerung der in der UdSSR eroberten Gebiete als minderwertig und gefährlich. Das lässt auch das Schicksal der sowjetischen Kriegsgefangenen deutlich werden: Von den 3,3 Millionen im Jahre

Lesetipps

- *Ulrich Herbert, Fremdarbeiter. Politik und Praxis des „Ausländer-Einsatzes" in der Kriegswirtschaft des Dritten Reiches, Bonn ³1999*
- *Mark Spoerer, Zwangsarbeit unter dem Hakenkreuz. Ausländische Zivilarbeiter, Kriegsgefangene und Häftlinge im Deutschen Reich und im besetzten Europa 1939-1945, Stuttgart/München 2001*

Rassenideologie: Der aus der Biologie stammende Begriff „Rasse" wurde im 19. Jh. auf Menschen angewandt und zur weltanschaulichen Frage. Rassistisches Denken geht davon aus, dass die eigene Rasse einer fremden überlegen ist („Sozialdarwinismus"). Rassismus fand immer dort Anhänger, wo andere Bevölkerungsgruppen unterdrückt und entrechtet wurden, um eigene Machtpositionen zu behaupten und zu erlangen.

▲ **Nationalsozialistisches Propagandaplakat.**
Plakat, Ende 1939.
- *Beschreiben Sie das Plakat.*
- *Ordnen Sie die Botschaft des Plakates in den Zusammenhang der rassistischen Zielsetzungen der deutschen Eroberer in Ost- und Ostmitteleuropa ein.*
- *Beurteilen Sie den Quellenwert der Darstellungen.*

1941 kriegsgefangenen sowjetischen Soldaten starb mehr als die Hälfte noch im gleichen Jahr. Sie wurden in den Lagern oder auf dem Weg dorthin umgebracht, verhungerten oder erfroren, weil die deutschen Behörden bewusst keine angemessene Versorgung zur Verfügung stellten. Von den 5,7 Millionen sowjetischen Kriegsgefangenen, die zwischen 1941 und 1945 in deutsche Hand gerieten, überlebten 3,5 Millionen – weit mehr als die Hälfte – die deutsche Kriegsgefangenenschaft nicht.

Weil der erhoffte Sieg gegen die UdSSR aber bei enormen deutschen Todesraten an den Fronten und trotz einer stetigen Steigerung der Rüstungsproduktion auf sich warten ließ, verschärfte sich die Arbeitskräftesituation im Reich immer weiter. Sowjetische Kriegsgefangene indes standen als Arbeitskräfte kaum mehr zur Verfügung. Nun wurde in den eroberten sowjetischen Gebieten die Rekrutierung von Zivilarbeitskräften durch zivile und militärische Dienststellen vorangetrieben. Zwischen dem Frühjahr 1942 und der Rückeroberung des von deutschen Truppen besetzten Territoriums der UdSSR, die mit dem Vorstoß der Roten Armee bis an die polnische Grenze im August 1944 erreicht war, wurden 2,5 Millionen zivile Zwangsarbeitskräfte von der deutschen „Arbeitseinsatz"-Verwaltung in das Reichsgebiet deportiert. Im Durchschnitt waren es also wöchentlich mehr als 20 000 Menschen.

Deutschland wurde mit einem ganzen Lagersystem für ausländische Zwangsarbeitskräfte überzogen. Schätzungen zufolge waren es insgesamt über 20 000 Zwangsarbeitslager. Ausländische Arbeitskräfte gab es überall, in der Stadt wie auf dem Land, in Handwerksbetrieben wie in Großkonzernen, auf kleinen Bauernhöfen wie in großen Gutsbetrieben. Entsprechend der rassistischen nationalsozialistischen Ideologie behandelten die deutschen Behörden die ausländischen Zwangsarbeitskräfte je nach Nationalität ganz unterschiedlich. Arbeiterinnen und Arbeiter aus verbündeten Ländern sowie aus den besetzten Gebieten im Westen waren in den Arbeits- und Lebensverhältnissen weitaus besser gestellt als jene aus dem Osten.

Umsiedlungen und Vertreibungen im Osten Das Interesse der deutschen Eroberer ging in den besetzten Gebieten, vor allem Ost- und Ostmitteleuropas, über die wirtschaftliche Ausbeutung noch deutlich hinaus. Denn die Besatzungspolitik zielte auf dauerhafte Herrschaftssicherung, auf die Etablierung einer streng nach rassistischen Kriterien ausgerichteten „deutschen Ordnung", die Bevölkerungsgruppen und Nationalitäten hierarchisierte. Um eine solche rassistische Weltordnung herzustellen, sollten ganze Bevölkerungen zugunsten eines vorgeblichen „Volkes ohne Raum" umgesiedelt, vertrieben und deportiert werden (**Lebensraumideologie**). Etwa neun Millionen Menschen waren davon betroffen. Zwischen 1939 und 1944 wurden als Nutznießer der Umsiedlungen eine Million Menschen deutscher Herkunft (sogenannte **„Volksdeutsche"**) aus ihren außerhalb der Reichsgrenzen gelegenen Siedlungsgebieten in Südost-, Ostmittel- und Osteuropa „heim ins Reich" gelockt oder genötigt. Sie sollten in den von Polen und der Tschechoslowakei eroberten Gebieten angesiedelt werden, die dem Reich unmittelbar angegliedert worden waren (▸ M3).

Lebensraumideologie: fester Bestandteil der NS-Außenpolitik zur Vergrößerung des deutschen „Lebensraumes im Osten" (Polen und Russland). Das Recht dazu wurde aus der Rassenideologie abgeleitet (siehe Seite 151).

„Volksdeutsche": Angehörige deutscher Minderheiten in Ost-, Ostmittel- und Südosteuropa, die nicht über eine deutsche Staatsangehörigkeit verfügten

◂ **„Willkommen in Großdeutschland."**
Foto vom 28. Februar 1941. „Volksdeutsche" Umsiedler aus Litauen treffen in Eydtkuhnen/ Tschernyschewskoje, einer ostpreußischen Grenzstation, ein.
- *Beschreiben Sie das Foto.*
- *Charakterisieren Sie die Funktion der Darstellung im Rahmen der Umsiedlungspolitik.*

Die Umsiedlung dieser „Volksdeutschen" begann 1939 mit 100 000 Menschen aus dem seit 1918 italienischen Südtirol, die vor allem im bis 1938 österreichischen, danach „großdeutschen" Tirol, Vorarlberg und Kärnten angesiedelt wurden. 1940/41 betraf sie 130 000 „Volksdeutsche" aus Estland und Lettland sowie 100 000 Bessarabien-Deutsche, die vor allem den dem Reich angegliederten Gebieten Polens („Reichsgau Danzig-Westpreußen", „Reichsgau Posen"/„Warthegau") zugewiesen wurden. Zuletzt ging es 1944 um 250 000 „Volksdeutsche" aus Wolhynien, Galizien und Siebenbürgen, die ins Reichsgebiet kamen.

Voraussetzung für die Ansiedlung dieser „Volksdeutschen" war immer die Vertreibung und Ermordung der ansässigen polnischen, tschechischen und jüdischen Bevölkerung, die 1939/40 eingeleitet worden war (▸ M4). 1940/41 etwa wurden ca. 1,2 Millionen Polen und Juden aus den ehemals polnischen, nunmehr dem Reich angegliederten „Reichsgauen" Wartheland und Danzig-Westpreußen vertrieben zugunsten der neu anzusiedelnden „Volksdeutschen". Das sollte aber nur der Anfang sein. Die Gesamtplanung für dieses Gebiet lag bereits vor. Denn von den mehr als zehn Millionen Menschen, die in diesem Gebiet lebten, galten nur 1,7 Millionen als „eindeutschungsfähig". 7,8 Millionen Polen und 700 000 Juden sollten vertrieben werden.

Lesetipp
Jerzy Kochanowski und Maike Sach (Hrsg.), Die „Volksdeutschen" in Polen, Frankreich, Ungarn und der Tschechoslowakei. Mythos und Realität, Osnabrück 2006

Der „Generalplan Ost" ■ Der 1942 aufgestellte „Generalplan Ost" zielte darauf, die für Polen schon zum Teil umgesetzte Politik zugunsten deutscher Siedler auf Osteuropa insgesamt bis zum Ural auszudehnen. Der „Generalplan Ost" ging dabei von der Umsiedlung und Vertreibung von 45 Millionen Menschen aus. Das deutsche „Volk ohne Raum" sollte sich auf diese Weise Platz verschaffen. Bleiben durften aus der eingesessenen Bevölkerung nach diesem Plan nur die, die als Arbeitssklaven für die deutschen Herren noch nützlich zu sein schienen (▸ M5).

Internettipp
Wissenswerte Informationen über den „Generalplan Ost" finden Sie unter dem Code 32031-16.

◂ **Heinrich Himmler (1900-1945).**
Himmler war als „Reichsführer SS" einer der Hauptverantwortlichen für den Massenmord an den europäischen Juden sowie als „Reichskommissar für die Festigung des Deutschtums" für die Vertreibung und Ermordung der in den besetzten Gebieten ansässigen Bevölkerung zuständig. Er beging nach seiner Festnahme bei Kriegsende Selbstmord.

M1 Mit schonungsloser Offenheit

Am 4. Oktober 1943 hält Heinrich Himmler in Pozna/Posen (Polen) eine Ansprache vor SS-Gruppenführern. Darin legt er dar:

Wie es den Russen geht, wie es den Tschechen geht, ist mir total gleichgültig. [...] Ob die anderen Völker im Wohlstand leben oder ob sie verrecken vor Hunger, das interessiert mich nur soweit, als wir sie als Sklaven für unsere Kultur brauchen, anders interessiert mich das nicht. Ob bei dem Bau eines Panzergrabens 10 000 russische Weiber an Entkräftung umfallen oder nicht, interessiert mich nur insoweit, als der Panzergraben für Deutschland fertig wird. Wir werden niemals roh und herzlos sein, wo es nicht sein muss; das ist klar. Wir Deutsche, die wir als einzige in der Welt eine anständige Einstellung zum Tier haben, werden ja auch zu diesen Menschentieren eine anständige Einstellung einnehmen [...].

Zitiert nach: www.1000dokumente.de/pdf/dok_0008_pos_de.pdf (Zugriff: 13. Februar 2014)

1. *Charakterisieren Sie die Haltung Himmlers bezüglich der Bevölkerung in den eroberten Gebieten.*
2. *Erläutern Sie die Botschaft der Rede vor dem Hintergrund der Funktionen Himmlers im NS-Staat. Siehe dazu auch die Informationen in der Bildlegende.*
3. *Nehmen Sie Stellung zu der Aussage Himmlers, dass man „niemals roh und herzlos sein" (Zeile 8 f.) werde.*

▴ **Regeln zum Umgang mit polnischen Zwangsarbeitern.**
„Schaubild der Woche" im Amstettner Anzeiger vom 18. April 1943.
▪ *Analysieren Sie Bild und Text.*

M2 Zur Zwangsarbeit nach Deutschland

In ihren Erinnerungen schildert Halina Dengler, 1926 in Polen geboren, ihre Erfahrungen als Zwangsarbeiterin:

Meine Gruppe befand sich in einem Zug, der in Richtung Inden [bei Aachen] fuhr. In dieser Stadt führte man uns auf den Hof des örtlichen Arbeitsamts. Dort warteten schon die Deutschen, bei denen wir arbeiten sollten. Wir wurden in der Reihenfolge der Anträge zugeteilt, die die örtlichen Bauern gestellt hatten. Die Nummer ihres Antrages entsprach der Nummer, die man uns vorher gegeben hatte. Die Deutsche, die gekommen war, um mich abzuholen, fuhr mit mir weiter nach Rahden [in Ostwestfalen]. Die Deutsche führte mich gleich in einen kleinen Raum neben der Küche, der ab sofort meine Wohnung sein sollte. Es war ein kleines Stübchen mit einem kleinen Fenster ohne Ofen. [...]
Am nächsten Tag wurde ich um 5 Uhr früh geweckt. Von diesem Tag an musste ich dreimal täglich sechs Kühe melken und eben so oft die Schweine füttern (etwa 60 Stück). Zu meinen Pflichten gehörte auch die tägliche Futterzubereitung für das Vieh, das heißt, ich musste in zwei riesigen Kesseln Kartoffeln dämpfen und das Futter mischen. Das alles trug ich in einem Eimer in den Schweinestall und den Kuh-

stall. Ich musste auch auf dem Feld arbeiten. Das war eine schwere Arbeit, zu schwer für mich. Mein Arbeitstag begann um 5 Uhr morgens und endete um 22 Uhr abends. Ich habe auch alle Hausarbeiten verrichtet wie das Aufräumen der Zimmer der Hausbewohner und der Hotelgäste, das Geschirrspülen nach den Mahlzeiten von manchmal mehr als fünfzig Personen. Ich wurde auch beim Wäschewaschen beschäftigt, Wäsche gab es bergeweise (wegen des Hotels). [...] Wir durften uns [...] ohne besonderen Passierschein nicht außerhalb des Arbeitsplatzes aufhalten und das Haus verlassen im Sommer nach 21 Uhr, im Winter nach 19 Uhr. Alle Polen, die zur Arbeit da waren, mussten auf der Brustseite das Erkennungszeichen „P" aufgenäht haben, es war also leicht, uns sogar aus der Ferne zu erkennen. Jeder von uns bekam fünf solcher Abzeichen. Ich musste sie auf dem Kleid, dem Pullover usw. aufgenäht tragen, sogar auf der Schürze. Die Deutschen waren brutal zu uns, auf Schritt und Tritt behandelten sie die polnischen Arbeiter von oben herab. Sie gaben uns zu verstehen, dass wir als Polen nichts sind, dass wir zufrieden sein sollten, dass wir überhaupt lebten und dass die Arbeit für die Deutschen im Reich eine Auszeichnung für uns sei.

Zitiert nach: Grzegorz Hryciuk, Małgorzata Ruchniewicz, Bożena Szaynok und Adrzej Żbikowski, Umsiedlungen, Vertreibungen und Fluchtbewegungen 1939-1959. Atlas zur Geschichte Ostmitteleuropas, Warschau 2012 (Bonn 2012), S. 78 f. (Quelle: Z literą „P". Polacy na robotach przymusowych w hitlerowskiej Rzeszy 1939-1945. Wspomnienia, Auswahl und Bearbeitung R. Dylinski, M. Flejsierewicz und S. Kubiak, Einleitung C. Łuczak, Poznan 1976, S. 132-134)

1. *Beschreiben Sie den Tagesablauf und die Tätigkeiten von Halina Dengler.*

2. *Arbeiten Sie die im Text dargestellte Behandlung der Zwangsarbeitskräfte in Deutschland heraus.*

3. **+** *Erörtern Sie, inwiefern in der Haltung zu den ausländischen Arbeitskräften die Rezeption der NS-Weltanschauung durch die deutsche Bevölkerung deutlich wird. Berücksichtigen Sie auch die Abbildung auf Seite 154.*

M3 Die Umsiedlung „volksdeutscher" Gruppen von 1939 bis 1944

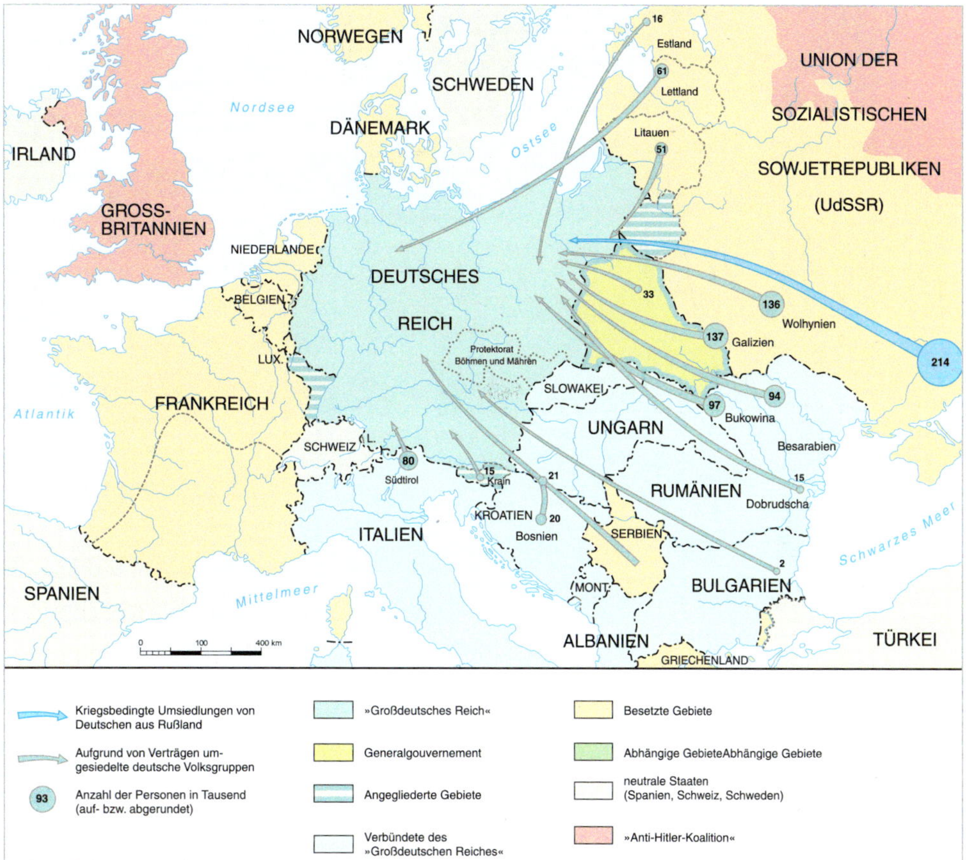

Karte nach: Haus der Heimat des Landes Baden-Württemberg (Hrsg.), Umsiedlung, Flucht und Vertreibung der Deutschen als internationales Problem. Zur Geschichte eines europäischen Irrwegs, Stuttgart [3]2009, S. 55

1. *Geben Sie die in der Karte aufgeführten quantitativen und territorialen Informationen in Form einer Tabelle wieder.*

2. *Erläutern Sie anhand der Karte die Politik der Nationalsozialisten gegenüber den „Volksdeutschen".*

3. **+** *Beurteilen Sie, inwiefern die Umsiedlung „volksdeutscher" Gruppen tatsächlich einer „Eindeutschung" eroberter Gebiete dienen konnte.*

▲ **Verhaftete Kinder.**
Foto vom November 1942.
Das Foto zeigt polnische Kinder, die in ein Lager in der Umgebung von Zamość deportiert werden sollen.

M4 Fremde in Zamość

Im Gebiet von Zamość im besetzten Polen ist der Aufbau eines Mustergaus „reichsdeutscher und volksdeutscher Wehrbauern" geplant. Die Räumung polnischer Dörfer beginnt im November 1942 und endet im August 1943. Aus 290 Dörfern werden rund 110 000 Polen vertrieben. In seinem Tagebuch gibt Zygmunt Klukowski Zeugnis über diese Vorgänge:

8. Dezember [1942]
[...] Es kommen Nachrichten aus den ausgesiedelten Dörfern. Die Deutschen treffen kaum jemanden in ihnen an. Interessant ist, dass die hierher gebrachten fremden Ankömmlinge – irgendwelche zigeunerhaften Typen von Volksdeutschen aus Bessarabien, die vor allem russisch sprechen – aus den ihnen zugewiesenen Höfen zurück nach Zamość flüchten. Vor allem fürchten sie die Rache der Ausgesiedelten, außerdem finden sie dort gähnende Leere vor. Die Ausgesiedelten kehren manchmal in ihre Dörfer zurück und bedrohen die neuen Einwohner. [...]

10. Juli, zehn Uhr abends [1943]
[...] Vor sechs Uhr in der Frühe fingen sie an, in der Stadt zu trommeln. Wir waren uns im Klaren, dass es etwas wichtiges sein muss, wenn sie um eine so frühe Stunde eine öffentliche Ankündigung machen. Es stellte sich heraus, dass alle Einwohner ohne Ausnahme, unabhängig von Geschlecht und Alter, sich unverzüglich abmarschbereit auf dem Marktplatz einfinden sollten. [...] Nach Zwierzyniec [im Generalgouvernement (im besetzten Polen)] wurden einige zehn Busse mit Leuten gebracht, die keine Arbeitskarten hatten, also Landwirte, Stadtbewohner, Ladenbesitzer, Arbeitslose zusammen mit ihren Familien. Wie viele aus der Stadt selbst abtransportiert wurden, ist schwer zu sagen. [...]
Schon ab dem frühen Morgen tauchten auf den Straßen der Stadt neue Menschen auf – Männer in Zivilkleidung mit Karabinern[1] auf der Schulter und Frauen mit Kindern, die deutsch sprachen. Sie schauten sich neugierig um und hielten nach den besten Häusern Ausschau. Im Laufe des Tages kamen immer mehr von ihnen. [...]

Neun Uhr abends
[...] Gegen fünf Uhr nachmittags breitete sich neue Panik in der Stadt aus; man begann damit, einige Leute aus ihren Wohnungen zu entfernen. [...] Nachmittags kamen viele Fuhrwerke in die Stadt, die mit verschiedenen Gegenständen beladen und an die Kühe angebunden waren. Das sind die neuen Ansiedler, die in unser Gebiet geschickt worden sind. [...]

[1] **Karabiner**: spezieller Gewehrtyp

9. August

[...] Die neuen Deutschen führen sich bei uns immer dreister auf, sie übernehmen polnische Läden, viele Bürger haben sie aus ihren Wohnungen vertrieben, aus den Wohnungen haben sie Hotels und Restaurants gemacht und wozu sie sie sonst brauchen konnten. [...]

14. Oktober

[...] Die angesiedelten Deutschen machen sich immer mehr breit. [...] Aber man kann überall sehen, dass sich die Deutschen nicht allzu sicher fühlen. Die Dorfführer haben Angst, zuhause zu übernachten. Alle Angesiedelten sprechen ständig davon, dass sie so schnell wie möglich „nach Hause" möchten.

Zitiert nach: Grzegorz Hryciuk, Małgorzata Ruchniewicz, Bożena Szaynok und Adrzej Żbikowski, a. a. O., S. 165 f. (Quelle: Zygmunt Klukowski, Zamojszczyzna, Bd. I: 1918-1943, Warschau 2007, S. 315-381)

1. *Erläutern Sie, wie die Deportation der ansässigen Bevölkerung und die Ansiedlung von „Volksdeutschen" im Gebiet von Zamość ablief.*
2. *Interpretieren Sie, wie es den „Volksdeutschen" erging, die in dieses Gebiet umgesiedelt wurden.*
3. *Überprüfen Sie auf der Grundlage einer zusätzlichen Internetrecherche, warum die „Aktion Zamość" Ende 1943 scheiterte. Stellen Sie Ihr Ergebnis in einem Kurzreferat vor.*

M5 „Volksdeutsche" Umsiedler

Die Historikerin Isabel Heinemann schildert das Schicksal der „Volksdeutschen", die nach Deutschland und in von Deutschland besetzte Gebieten umgesiedelt worden sind:

Der NS-Staat postulierte das vollständige Aufgehen der „Volksdeutschen" in der „Volksgemeinschaft"[1], doch von einer Integration der Gruppe bis 1945 kann nur sehr bedingt gesprochen werden. Einigen gelang als Siedler unter deutscher Besatzung oder als Angehörige deutscher Institutionen der Aufbau einer (befristeten) neuen Existenz, doch verharrte das Gros der „volksdeutschen" Umsiedler bis 1945 (und vielfach darüber hinaus) in Lagern. Anstatt den erhofften eigenen Hof in Danzig-Westpreußen oder im „Warthegau" zu bewirtschaften, arbeiteten viele „Volksdeutsche" als Landarbeiter auf fremden Höfen oder als Arbeiter in der (Rüstungs-)Industrie des „Altreiches". Auch wenn der NS-Staat vorgab, nach einmal erwiesener „rassischer Eignung" grundsätzlich nicht mehr zwischen den deutschen Reichsbürgern zu differenzieren, sah die Realität gerade für die „Volksdeutschen" anders aus: Am besten gelang die Integration noch den Zuwanderern aus Estland und Lettland, da sie die erste große Umsiedlergruppe bildeten, zugleich über ein vergleichsweise hohes Ausbildungsniveau verfügten und/oder großen Besitz zurückgelassen hatten, für den sie entsprechend entschädigt wurden. Die anderen Zuwanderer, insbesondere aus Ostpolen, der Sowjetunion und Rumänien hatten es im Reich und den besetzten Gebieten sehr viel schwerer: Sie kamen, als kaum noch Siedlerstellen vergeben werden konnten, waren oft arm und schlecht ausgebildet. Viele hatten darüber hinaus Probleme mit der deutschen Sprache und der nationalsozialistischen „Leitkultur". Das machte sie umgehend als Angehörige einer Minderheit kenntlich und führte dazu, dass die Einheimischen sie abschätzig als „Polen", „Russen" oder „Rumänen" betrachteten. Das Lamento über „rassisch untaugliche" und „undeutsch" auftretende „Volksdeutsche" durchzieht auch die Berichte der Umsiedlungsinstanzen der SS.

[1] **„Volksgemeinschaft"**: nach der völkischen Weltanschauung und Propaganda die soziale Einheit aller Deutschen unabhängig von Stand, Beruf und Konfession. Gemäß den rassistischen Vorstellungen des Nationalsozialismus zählten zur „Volksgemeinschaft" weder Juden, Roma und Sinti, noch Homosexuelle und „Asoziale".

Isabel Heinemann, „Volksdeutsche" Umsiedler in Deutschland und in von Deutschland besetzten Gebieten im Zweiten Weltkrieg, in: Klaus J. Bade, Pieter C. Emmer, Leo Lucassen und Jochen Oltmer (Hrsg.), Enzyklopädie Migration in Europa. Vom 17. Jahrhundert bis zur Gegenwart, Paderborn 2007, S. 1081-1087, hier S. 1085-1087

1. *Fassen Sie zusammen, wie es nach Isabel Heinemann um die Integration der „volksdeutschen" Umsiedler bestellt war.*
2. *Setzen Sie Heinemanns Ausführungen in Beziehung zu den in M4 geschilderten Erfahrungen der „Volksdeutschen".*
3. *Beurteilen Sie das Schicksal der „volksdeutschen" Umsiedler. Berücksichtigen Sie dabei auch, inwiefern die nationalsozialistische Vorstellung einer „Heim ins Reich"-Bewegung der Realität der Umsiedlung entsprach.*
4. *Die „Volksdeutschen" selbst verstanden sich nach dem Krieg zumeist als „Opfer" der nationalsozialistischen Politik. Doch wird man dem Schicksal der „volksdeutschen" Minderheiten in Ost- und Südosteuropa nicht gerecht, wenn man nicht auch ihre Begeisterung für das NS-Regime und ihre Kollaborationsbereitschaft berücksichtigt. Erörtern Sie die Frage, ob die „volksdeutschen" Umsiedler „Opfer" der nationalsozialistischen Politik waren.*

Flucht und Vertreibung der Deutschen von 1945 bis 1949

▸ **Geschichte In Clips:**
Zur Flucht, Vertreibung und Umsiedlung im Umfeld des Zweiten Weltkrieges siehe Code 32031-17

Millionen verlieren ihre Heimat Die letzten nationalsozialistischen Umsiedlungen „Heim ins Reich" von 250 000 „Volksdeutschen" aus Wolhynien, Galizien und Siebenbürgen 1944 hatten schon den Charakter einer Fluchtbewegung vor der Roten Armee. Sowjetische Truppen erreichten im August 1944 in Ostpreußen die Grenze des Deutschen Reiches und überschritten sie im Oktober des Jahres erstmals. In den Ostprovinzen des Reiches und in den deutschen Siedlungsgebieten jenseits dessen Grenzen in Ost-, Ostmittel- und Südosteuropa hatten vor Beginn des Zweiten Weltkrieges rund 18 Millionen Reichsdeutsche und „Volksdeutsche" gelebt. Etwa 14 Millionen von ihnen, der weitaus überwiegende Teil also, flüchtete in der Endphase des Krieges in Richtung Westen oder wurde nach Kriegsende ausgewiesen, vertrieben bzw. deportiert.

Für die beiden 1949 gegründeten deutschen Staaten lassen die Zahlen der Volkszählungen von 1950 die Bilanz dieser millionenfachen Fluchtbewegungen und Vertreibungen deutlich werden. Danach waren insgesamt ca. 12,5 Millionen Flüchtlinge und Vertriebene aus den nunmehr in polnischen und sowjetischen Besitz übergegangenen ehemaligen Ostgebieten des Deutschen Reiches und aus den Siedlungsgebieten der „Volksdeutschen" in die Bundesrepublik Deutschland und in die DDR gelangt. Weitere 500 000 lebten in Österreich und anderen Ländern. Rund 350 000 Deutsche, die vornehmlich aus den Ostgebieten des Reiches, aus Jugoslawien, Rumänien und Ungarn stammten, waren in die UdSSR deportiert worden. Hunderttausende hatten die Flucht, die Vertreibungen oder die Deportationen nicht überlebt.

Von den 12,5 Millionen Flüchtlingen und Vertriebenen in Bundesrepublik und DDR des Jahres 1950 kam mit fast sieben Millionen der größte Teil aus den ehemaligen Reichsgebieten östlich von Oder und Neiße. Als nächstgrößere Gruppe folgten knapp drei Millionen Flüchtlinge und Vertriebene aus der Tschechoslowakei, hinzu traten 1,4 Millionen aus dem Polen der Vorkriegsgrenzen, 300 000 aus der bis 1939 unter der Verwaltung des Völkerbundes[1] stehenden Freien Stadt Danzig, knapp 300 000 aus Jugoslawien, 200 000 aus Ungarn und 130 000 aus Rumänien.

Verlauf der Fluchtbewegung Die Großoffensive der Roten Armee im Januar 1945 zwischen Ostseeküste und Karpaten ließ die deutsche Ostfront in kurzer Zeit zusammenbrechen. Ende Januar schon war Ostpreußen abgeschnitten. Ende März/Anfang April hatten die sowjetischen Truppen bereits Oder und Neiße erreicht, die folgende nächste Großoffensive Mitte April führte innerhalb weniger Tage zur Einschließung und innerhalb zweier Wochen zur Eroberung Berlins. Diese sehr rasch voranschreitende sowjetische Offensive war begleitet von der panikartigen Flucht von rund der Hälfte der an die zwölf Millionen Menschen zählenden deutschen Bevölkerung in den Ostprovinzen des Reiches. Die Eisenbahnen und große, gut ausgebaute Straßen durften die Flüchtlinge, die häufig mit Pferdewagen oder zu Fuß mit Handkarren unterwegs waren, meist nicht nutzen: Überall hatte der Transport von deutschen Soldaten und der Nachschub für die Truppen Vorrang vor den Flüchtlingsbewegungen. Weil die russischen Truppen auch deshalb nicht selten schneller vorankamen als die schwerfälligen

[1] **Völkerbund**: nach dem Ersten Weltkrieg im Zusammenhang mit dem Versailler Vertrag 1920 von 32 Staaten gegründete internationale Organisation zur Wahrung des Friedens und zur Zusammenarbeit aller Völker mit Sitz in Genf

▲ **Abschied von Zuhause.**
Foto von Hanns Tschira aus dem schlesischen Lübchen.
Die Dorfbewohner begeben sich im Winter 1944/45 zu einem Sammelpunkt, weil die Rote Armee näher rückt.

Flüchtlingstrecks, wurden 1,5 Millionen Flüchtlinge aus einigen lange umkämpften Ostseehäfen über das Meer in Richtung Westen transportiert. Manche erreichten ihr Ziel nicht, z.B. die rund 9 000 zumeist ostpreußischen Flüchtlinge auf der „Wilhelm Gustloff", die am 30. Januar 1945 nach dem Torpedotreffer eines sowjetischen U-Boots in der Danziger Bucht sank.

Die Flucht im strengen Winter bedeutete für Unzählige unvorstellbares Leid und für Hunderttausende den Tod (▸ M1). Hintergründe waren sinnlose Durchhalteparolen und verspätet einsetzende Evakuierungsmaßnahmen der nationalsozialistischen Behörden, katastrophale Bedingungen angesichts der Kälte, unzureichende Ausrüstung und Versorgung, Bewegung zwischen den Fronten, Angriffe der Roten Armee auf die Flüchtlingstrecks, Plünderungen, Brandschatzungen, Massenvergewaltigungen und Mord. Mitleid hatte in Europa kaum jemand angesichts der Ereignisse des von Deutschland angezettelten Zweiten Weltkrieges, des Völkermordes an den europäischen Juden, des Terrorregimes in den besetzten Gebieten oder der Massenzwangsarbeit in der nationalsozialistischen Kriegswirtschaft.

Film- und Lesetipps
▪ *Die Gustloff; Deutschland 2008, Regie: Joseph Vilsmaier (zweiteiliger Fernsehfilm)*
▪ *Günter Grass, Im Krebsgang. Eine Novelle, Göttingen 2002*

Film- und Internettipps
▪ *Die Flucht; Deutschland 2007, Regie: Kai Wessel (zweiteiliger Fernsehfilm)*
▪ *Hintergrundinformationen zum Film finden Sie unter dem Code 32031-18.*

„Wilde Vertreibungen" ▪ Im April 1945 gab es in den nunmehr vollständig von sowjetischen, zum Teil auch von polnischen Truppen eroberten Ostgebieten des Reiches noch über vier Millionen Deutsche. In den folgenden drei Monaten kehrten über eine Million Flüchtlinge wieder in diese Gebiete zurück, häufig, weil die Trecks von der Roten Armee überholt worden waren, an ein Weiterkommen nicht zu denken war und die Rückkehr in die Ausgangsgemeinden Schutz und Überleben versprach. Mit der Absperrung von

Oder und Neiße durch sowjetische und polnische Truppen Ende Juni/Anfang Juli 1945 brach diese Rückwanderungsbewegung weitgehend ab.

Frühling und Frühsommer 1945 waren in den neuen polnischen Westgebieten und in der Tschechoslowakei durch zahllose Gewaltakte und die sogenannten „wilden Vertreibungen" von noch verbliebenen Deutschen gekennzeichnet (▸ M2). Als „wild" galten diese Maßnahmen deshalb, weil es noch keinen alliierten Beschluss über die territoriale Zugehörigkeit der deutschen Ostgebiete gab und über die Zukunft der deutschen Bevölkerung in Ost-, Ostmittel- und Südosteuropa. Von diesen Vertreibungen waren bis zu 800 000 Sudetendeutsche in der Tschechoslowakei und bis zu 300 000 Deutsche entlang der neuen polnischen Westgrenze an Oder und Neiße betroffen (▸ M3 und M4).

Potsdamer Konferenz Auf der Potsdamer Konferenz (17. Juli bis 2. August 1945) legten die Siegermächte Großbritannien, die UdSSR und die USA dann das Ziel einer „ordnungsgemäßen und humanen Überführung deutscher Bevölkerungsteile" fest (▸ M5). Aber „ordnungsgemäß und human" liefen die Vertreibungen auch in der Folge nicht ab. Die Austreibung aus den Dörfern und Städten, die Internierung in häufig völlig überfüllten Lagern, die Massentransporte unter katastrophalen Versorgungsbedingungen, brutaler Bewachung und ständigen Plünderungen führten zu ungezählten Opfern (▸ M6 und M7). Die Vertreibungen brachten 1946 weitere zwei Millionen und 1947 eine halbe Million Menschen aus den ehemaligen Reichsgebieten östlich von Oder und Neiße in die vier alliierten Besatzungszonen Restdeutschlands. Hinzu kamen 1946 rund 1,2 Millionen Menschen aus der Tschechoslowakei und 170 000 aus Ungarn.

Mit dem Ende der organisierten Vertreibungen 1949/50 verblieben nur wenige Deutsche in Ost-, Ostmittel- und Südosteuropa (▸ M8). In Polen sollen es Schätzungen zufolge zwischen 400 000 und einer Million gewesen sein, in der Tschechoslowakei hingegen so gut wie niemand. Aus Rumänien flüchteten vor Kriegsende nur einige Zehntausend Deutsche, nach Kriegsende gab es zwar Planungen, Deutsche zu vertreiben, sie wurden aber nicht umgesetzt. Allerdings sind Anfang 1945 rund 70 000 Angehörige der deutschen Minderheit in Rumänien als Arbeitskräfte in die UdSSR deportiert worden. Wesentlich umfänglicher als im Falle Rumäniens waren Evakuierungen, Fluchtbewegungen und Vertreibungen von Deutschen aus Jugoslawien, erreichten bei Weitem aber nicht das Ausmaß der Maßnahmen in Polen oder der Tschechoslowakei. Wahrscheinlich fast die Hälfte der in der Vorkriegszeit ca. 400 000 bis 500 000 Angehörigen der deutschen Minderheit in Jugoslawien blieb im Land. Ungarn bot wiederum einen anderen Fall. Fluchtbewegungen in Richtung Westen aus der deutschen Minderheit gab es fast nicht, auch „wilde Vertreibungen" fanden nicht statt. Seit Anfang 1946 aber wurde ein Großteil der Ungarndeutschen ausgewiesen und in das besetzte Deutschland transportiert. Von den vor Kriegsbeginn vielleicht 400 000 bis 500 000 Angehörigen der deutschen Minderheit lebten nach 1950 wohl noch mehr als 200 000 in Ungarn. Ein Großteil dieser Menschen, die zunächst noch weiter in Polen, Jugoslawien, Rumänien oder Ungarn blieben, kamen schließlich zwischen den 1950er- und 90er-Jahren mit dem von der Bundesrepublik Deutschland gewährten Status des „Aussiedlers" nach Westdeutschland.

Lesetipps

- *Mathias Beer, Flucht und Vertreibung der Deutschen. Voraussetzungen, Verlauf, Folgen, München 2011*
- *Wolfgang Benz (Hrsg.), Die Vertreibung der Deutschen aus dem Osten. Ursachen, Ereignisse, Folgen, Frankfurt am Main 1995*
- *R. M. Douglas, „Ordnungsgemäße Überführung". Die Vertreibung der Deutschen nach dem Zweiten Weltkrieg, München [2]2012*
- *K. Erik Franzen und Hans Lemberg, Die Vertriebenen. Hitlers letzte Opfer, Berlin/München 2001*

M1 Flucht nach Westen

Weil die sowjetische Armee immer weiter nach Ostpreußen vorrückt und der Vater zum Volkssturm eingezogen wird, flüchten die Abiturientin M.M., ihre Mutter und ihre Schwester aus der Stadt Lyck/Ełk in Richtung Westen. Am 10. Februar 1945 erreichen sie das Frische Haff:

Das Eis war brüchig; stellenweise mussten wir uns mühsam durch 25 cm hohes Wasser hindurchschleppen. Mit Stöcken tasteten wir ständig die Fläche vor uns ab. Zahllose Bombentrichter zwangen uns zu Umwegen. Häufig rutschte man aus und glaubte sich bereits verloren. Die Kleider, völlig durchnässt, ließen nur schwerfällige Bewegungen zu. Aber die Todesangst vertrieb die Frostschauer, die über den Körper jagten.

Ich sah Frauen Übermenschliches leisten. Als Treckführerinnen fanden sie instinktiv den sichersten Weg für ihre Wagen. Überall auf der Eisfläche lag verstreuter Hausrat herum; Verwundete krochen mit bittenden Gebärden zu uns heran, schleppten sich an Stöcken dahin, wurden auf kleinen Schlitten von Kameraden weitergeschoben.

Sechs Stunden dauerte unser Weg durch dieses Tal des Todes. Dann hatten wir, zu Tode ermattet, die Frische Nehrung erreicht. In einem winzigen Hühnerstall sanken wir in einen flüchtigen Schlaf. Unsere Mägen knurrten vor Hunger.

Am nächsten Tage liefen wir in Richtung auf Danzig weiter. Unterwegs sahen wir grauenvolle Szenen. Mütter warfen ihre Kinder im Wahnsinn ins Meer, Menschen hängten sich auf; andere stürzten sich auf verendete Pferde, schnitten sich Fleisch heraus, brieten die Stücke über offenem Feuer; Frauen wurden im Wagen entbunden. Jeder dachte nur an sich selbst – niemand konnte den Kranken und Schwachen helfen.

Flucht über das Haff nach dem Westen des Reiches, Original vom 9.11.1951, zitiert nach: Bundesministerium für Vertriebene (Hrsg.), Die Vertreibung der deutschen Bevölkerung aus den Gebieten östlich der Oder-Neiße, Bd. I/1, Bonn 1954, S. 80-82 (Dokument Nr. 20)

1. *Beschreiben Sie die Situation auf dem Frischen Haff im Frühjahr 1945.*
2. *Erklären Sie auf der Grundlage einer weitergehenden Recherche in Fachbüchern oder im Internet, warum viele Menschen den Fluchtweg über das Frische Haff wählten. Formulieren Sie Ihre Ergebnisse in Form eines Zeitungsartikels und versehen Sie diesen mit einer prägnanten Überschrift.*
3. *Interpretieren Sie die von der Autorin gewählte Metapher „Tal des Todes“ (Zeile 15).*

▲ **Flüchtlingstreck auf dem zugefrorenen Frischen Haff in Ostpreußen.**
Die Aufnahme entstand vermutlich im Februar 1945. Sie wurde als Standbild in einem Beitrag der „Deutschen Wochenschau“ vom 16. März 1945 verwendet.

M2 Befehl zur Vertreibung der Deutschen

In einem Befehl des Kommandos der 2. Armee der polnischen Streitkräfte[1] über die Fortsetzung der raschen Aussiedlung der Deutschen vom 24. Juni 1945 heißt es:

Mit den Deutschen verfahren wir, wie sie es mit uns getan haben. Viele haben schon vergessen, wie sie unsere Kinder, Frauen und Alten behandelt haben. Die Tschechen wussten so zu handeln, dass die Deutschen von selbst aus ihrem Gebiet flohen.

Man muss seine Aufgaben auf so harte und entschiedene Weise ausführen, dass sich das germanische Ungeziefer nicht in den Häusern versteckt, sondern von selbst vor uns fliehen wird und dann im eigenen Land Gott für die glückliche Rettung seines Kopfes danken wird. Wir vergessen nicht, dass Deutsche immer Deutsche bleiben werden. Bei der Ausführung unserer Aufgabe dürfen wir nicht bitten, sondern müssen befehlen.

Der Chef des Stabes der 7. Infanteriedivision hat berichtet, dass die Division im Laufe von zwei Tagen über 40 000 Deutsche ausgesiedelt hat – wofür ich dem Befehlshaber der Division meine Anerkennung ausspreche.

[1] Die polnische Armee war seit 1943 mit Unterstützung der Sowjetunion wieder aufgebaut worden.

Ich befehle allen Kommandierenden der Division, mit der Aussiedlung der Deutschen in ihren Regionen rücksichtslos und schnell fortzufahren.

Zitiert nach: Włodzimierz Borodziej und Hans Lemberg (Hrsg.), „Unsere Heimat ist uns ein fremdes Land geworden ...". Die Deutschen östlich von Oder und Neiße 1945-1990. Dokumente aus polnischen Archiven, Bd. 1, Marburg 2000, S. 160 f. (Dokument Nr. 35)

1. *Beschreiben Sie, wie im Dokument von den Deutschen gesprochen wird.*
2. *Ordnen Sie die Quelle in den historischen Kontext ein.*
3. *Erklären Sie, wie die Vertreibung gerechtfertigt wird.*
4. *Erörtern Sie die dargelegte Rechtfertigung.*

M3 Anschlag vom 14. Juli 1945

Sonderbefehl

für die deutsche Bevölkerung der Stadt Bad Salzbrunn einschliesslich Ortsteil Sandberg.

Laut Befehl der Polnischen Regierung wird befohlen:

1. Am 14. Juli 1945 ab 6 bis 9 Uhr wird eine Umsiedlung der deutschen Bevölkerung stattfinden.
2. Die deutsche Bevölkerung wird in das Gebiet westlich des Flusses Neisse umgesiedelt.
3. Jeder Deutsche darf höchstens 20 kg Reisegepäck mitnehmen.
4. Kein Transport (Wagen, Ochsen, Pferde, Kühe usw.) wird erlaubt.
5. Das ganze lebendige und tote Inventar in unbeschädigtem Zustande bleibt als Eigentum der Polnischen Regierung.
6. Die letzte Umsiedlungsfrist läuft am 14. Juli 10 Uhr ab.
7. Nichtausführung des Befehls wird mit schärfsten Strafen verfolgt, einschließlich Waffengebrauch.
8. Auch mit Waffengebrauch wird verhindert Sabotage u. Plünderung.
9. Sammelplatz an der Straße Bhf. Bad Salzbrunn-Adelsbacher Weg in einer Marschkolonne zu 4 Personen. Spitze der Kolonne 20 Meter vor der Ortschaft Adelsbach.
10. Diejenigen Deutschen, die im Besitz der Nichtevakuierungsbescheinigungen sind, dürfen die Wohnung mit ihren Angehörigen in der Zeit von 5 bis 14 Uhr nicht verlassen.
11. Alle Wohnungen in der Stadt müssen offen bleiben, die Wohnungs- und Hausschlüssel müssen nach außen gesteckt werden.

Bad Salzbrunn, 14 Juli 1945, 6 Uhr.

Abschnittskommandant
(-) Zinkowski
Oberstleutnant

1. *Geben Sie die Anweisungen für die deutsche Bevölkerung in Ihren eigenen Worten wieder.*
2. *Erklären Sie mithilfe von M4, warum die Wohnungs- und Haustürschlüssel nach außen stecken bleiben sollten (M3, Nr. 11).*

M4 Aus polnischer Perspektive

Ein Umsiedler aus den polnischen Ostgebieten schildert die Vertreibung der Deutschen aus Neustettin/Szczecinek im Mai 1945:

Auf dem Hof eines der Häuser war Bewegung, Geschäftigkeit, irgendwelche Schreie, fast Gejammer. Zum ersten Mal wurden wir Zeugen, wie Deutsche aus ihren Wohnungen vertrieben wurden. Das machten ein paar Zivilisten mit Karabinern und weiß-roten Armbinden. Wir errieten, dass das unsere Miliz war. Sollte eben dies die Rache sein für das, was sich die Deutschen uns, den Polen gegenüber, in den Kriegsjahren haben zu Schulden kommen lassen? Ob das Herumschubsen zweier alter Frauen und eines alten Mannes uns Befriedigung, Genugtuung bringen soll. ... Der Besitz dieser ausgesiedelten Menschen, in ein paar Bündel eingeschnürt, hatte Platz in einem Kinderwagen. [...]
Die von den Milizionären gestoßenen Deutschen gesellten sich zu einer Gruppe von ähnlichen Gestalten, die in einer nahegelegenen Grünanlage versammelt waren, und wir zogen mit Triumphgefühlen in unsere „Villa" ein. Im Laufen schafften wir es jenes magische Blatt zu schreiben „VON EINEM POLEN ÜBERNOMMEN" und, nachdem wir es am Gartentor befestigt hatten, stürmten wir zum Bahnhof, wo Mutter auf uns wartete. [...] Auf dem Bahnsteig in der Nähe gruppierte sich der Transport der Deutschen, man wartete auf die Bereitstellung der Waggons. Das war ein trübes Bild. Das waren alles ältere Menschen, oft Invaliden mit einer sichtbaren Behinderung, sicher durch denselben Krieg zu Schaden gekommen. Ohne Mühe erkannten wir unter ihnen „unsere" Deutschen. Mutter ließ sich nur gegen großen Widerstand überreden, in das Haus zu gehen; wie soll das denn gehen? Das ist doch nicht unseres! Erst sollen diese Leute alle ihre Sachen nehmen, dann erst tragen wir unseren armseligen Krempel hinein und legen uns mit ruhigem Gewissen zum Schlafen nieder. Wir konnten Mutter überzeugen, dass die Deutschen eingewilligt hatten, dass wir hier wohnen, und dass sie morgen kommen würden, ihre Sachen zu holen.

Zitiert nach: Grzegorz Hryciuk, Małgorzata Ruchniewicz, Bożena Szaynok und Adrzej Żbikowski, Umsiedlungen, Vertreibungen und Fluchtbewegungen 1939-1959. Atlas zur Geschichte Ostmitteleuropas, Warschau 2012 (Bonn 2012), S. 186 (Quelle: Bronislaw Kowacz, Miejsce przechodnie, „Karta", Nr. 21 (1997), S. 93 f.)

1. *Beschreiben Sie die in M4 dargestellte Vertreibung einer deutschen Familie.*
2. *Setzen Sie M2, M3 und M4 in Beziehung und erläutern Sie, wie die „wilden Vertreibungen" durchgeführt wurden.*
3. *Vergleichen Sie M2 und M4 miteinander, indem Sie die unterschiedlichen Sichtweisen darlegen.*
4. *Interpretieren Sie, warum der Umsiedler das Blatt mit der Aufschrift „Von einem Polen übernommen" für „magisch" (siehe Zeile 17 f.) hält.*

M5 „Ordnungsgemäße Überführung deutscher Bevölkerungsteile"

Vom 17. Juli bis zum 2. August 1945 findet im Potsdamer Schloss Cecilienhof ein Treffen der drei alliierten Siegermächte Sowjetunion, USA und Großbritannien statt, um das weitere Vorgehen nach dem Ende der Kampfhandlungen in Europa zu klären. Im Protokoll der Konferenz vom 2. August heißt es im Artikel XIII:

Die Konferenz erzielte folgendes Abkommen über die Ausweisung Deutscher aus Polen, der Tschechoslowakei und Ungarn:
Die drei Regierungen haben die Frage unter allen Gesichtspunkten beraten und erkennen an, dass die Überführung der deutschen Bevölkerung oder Bestandteile derselben, die in Polen, Tschechoslowakei und Ungarn zurückgeblieben sind, nach Deutschland durchgeführt werden muss. Sie stimmen darin überein, dass jede derartige Überführung, die stattfinden wird, in ordnungsgemäßer und humaner Weise erfolgen soll. Da der Zustrom einer großen Zahl Deutscher nach Deutschland die Lasten vergrößern würde, die bereits auf den Besatzungsbehörden ruhen, halten sie es für wünschenswert, dass der alliierte Kontrollrat in Deutschland zunächst das Problem unter besonderer Berücksichtigung der Frage einer gerechten Verteilung dieser Deutschen auf die einzelnen Besatzungszonen prüfen soll. Sie beauftragen demgemäß ihre jeweiligen Vertreter beim Kontrollrat, ihren Regierungen so bald wie möglich über den Umfang zu berichten, in dem derartige Personen schon aus Polen, der Tschechoslowakei und Ungarn nach Deutschland gekommen sind, und eine Schätzung über Zeitpunkt und Ausmaß vorzulegen, zu dem die weiteren Überführungen durchgeführt werden könnten, wobei die gegenwärtige Lage in Deutschland zu berücksichtigen ist. Die tschechoslowakische Regierung, die Polnische Provisorische Regierung und der Alliierte Kontrollrat in Ungarn werden gleichzeitig von obigem in Kenntnis gesetzt und ersucht werden, inzwischen weitere Ausweisungen der deutschen Bevölkerung einzustellen, bis die betroffenen Regierungen die Berichte ihrer Vertreter an den Kontrollausschuss geprüft haben.

Amtsblatt des Kontrollrats in Deutschland, Ergänzungsblatt Nr. 1, Berlin 1946, S. 19 f.

1. *Geben Sie die wesentlichen Bestimmungen des Artikels XIII wieder.*
2. *Ordnen Sie das Abkommen in den historischen Kontext ein, indem Sie herausstellen, welche Geschehnisse vorausgingen und welche Intentionen die Siegermächte mit den Beschlüssen in Artikel XIII verfolgten.*
3. *Beurteilen Sie, von welchen zukünftigen Problemen die Ausführungen ausgehen.*

M6 Fußmarsch zur Reichsgrenze

Elisabeth Scheithauer lebt mit ihren drei Kindern in Freiwaldau/Jeseník im Ostsudetenland. 1947 berichtet sie von ihrer Vertreibung aus der Tschechoslowakei:

Am 26. Juli 45 kamen plötzlich drei bewaffnete tschechische Soldaten und ein Polizist in meine Wohnung und ich musste dieselbe binnen einer halben Stunde verlassen. Ich durfte gar nichts mitnehmen. Wir wurden auf einen Sammelplatz getrieben und wussten nicht, was mit uns geschehen wird. In der großen Angst und Verwirrung über den plötzlichen Befehl hatte ich mir das verfügbare Bargeld (1200 RM) mitgenommen, wovon mir die Tschechen bei einer scharfen Kontrolle 1000 RM weggenommen haben. Unter starker Bewachung mussten wir auf dem Sammelplatz viele Stunden warten, gegen Abend wurden wir unter grässlichen Beschimpfungen und Peitschenschlägen aus dem Heimatort fortgeführt. Nach sechsstündigem Fußmarsch mussten wir im Freien übernachten und wurden dann eine Woche lang in einem primitiven Lager, einem Kalkwerk, festgehalten. Verpflegung gab es keine und wir mussten mit dem wenigen, was wir uns an Essen mitgenommen hatten, auskommen. Es wurde uns immer noch nicht gesagt, was mit uns geschehen soll, bis wir am 2.8.45 zum Bahnhof mussten und auf offene Kohlenwagen und Loren verladen wurden. Vor Abfahrt des Transportes bekamen wir pro Eisenbahnwagen 1 Brot. Während der Fahrt regnete es in Strömen und wir wurden bis auf die Haut nass abgesehen davon, dass wir dabei Todesangst ausstehen mussten. Die Kinder wurden krank und ich wusste mir vor Verzweiflung bald keinen Rat. Nach zwei Tagen wurden wir in Tetschen ausgeladen. Wir waren hungrig und erschöpft und mussten in diesem Zustand den Weg bis zur Reichsgrenze zu Fuß antreten. Wir wurden mit Peitschenhie-

ben und Schreckschüssen immer wieder angetrieben und viele sind am Wege liegen geblieben. [...]
Ich und mein Mann waren in der Heimat nicht politisch tätig und die menschenunwürdige Ausweisung, durch die wir zu Bettlern gemacht worden sind, ist ein himmelschreiendes Unrecht. Wir sehnen uns in unsere geliebte Heimat zurück und hoffen, dass uns das geraubte Menschenrecht wiedergegeben wird.

Elisabeth Scheithauer, Beglaubigungsvermerk Stadt Rathenow, 23.4.1947, ebenda, Bericht 276, zitiert nach: Alois Harasko, Die Vertreibung der Sudetendeutschen. Sechs Erlebnisberichte, in: Wolfgang Benz (Hrsg.), Die Vertreibung der Deutschen aus dem Osten. Ursachen, Ereignisse, Folgen, Frankfurt am Main 1995, S. 132-147, hier S. 138 f.

1. *Beschreiben Sie den Verlauf der Vertreibung von Elisabeth Scheithauer und ihrer Familie.*
2. *Informieren Sie sich über die sogenannten „Beneš-Dekrete" und erläutern Sie den Zusammenhang zu den geschilderten Geschehnissen.*
3. *Erörtern Sie die Problematik des „himmelschreiende[n] Unrecht[s]" (Zeile 33 f.), von dem die Autorin spricht.*

▲ **Gebrandmarkt und gedemütigt.**
Foto aus Prag vom 20. Juli 1945.
Sudetendeutsche warten in Prag auf ihren Abtransport.

M7 Ein britischer Leserbrief

In einem Leserbrief, der am 23. Oktober 1945 in der „Times" erscheint, schreibt der britische Mathematiker, Philosoph und Friedensforscher Bertrand Russell (1872-1970) zur Vertreibung der deutschen Bevölkerung:

In Osteuropa werden jetzt von unseren Verbündeten Massendeportationen beispiellosen Ausmaßes durchgeführt, und man hat ganz offensichtlich die Absicht, viele Millionen Deutsche auszulöschen, nicht durch Gas, sondern dadurch, dass man ihnen ihr Zuhause und ihre Nahrung nimmt und sie einem langen schmerzhaften Hungertod ausliefert. [...]
Sind Massendeportationen Verbrechen, wenn sie von unseren Feinden während des Krieges durchgeführt werden, und gerechtfertigte Maßnahmen sozialer Anpassung, wenn unsere Verbündeten sie im Frieden veranlassen? [...] Soll das Kriegsrecht künftig das Töten feindlicher Staatsbürger rechtfertigen, nachdem der Widerstand des Feindes am Ende ist? [...]
Im Potsdamer Protokoll wurde verfügt, dass die Ausweisungen von Deutschen in „geregelter und humaner Weise" durchgeführt werden sollten. Und es ist allerdings bekannt – sowohl durch öffentliche Berichte als auch durch zahlreiche Briefe, die britische Familien von Verwandten und Freunden in den Besatzungsarmeen erhielten – dass diese Bedingungen durch unsere russischen und polnischen Verbündeten nicht beachtet worden sind.

The Times, 23.10.1945, S. 5, zitiert nach: Bertrand Russell, Yours Faithfully, Bertrand Russell: A Lifelong Fight for Peace, Justice, and Truth in Letters to the Editor, Chicago 2002, S. 162 f. (übersetzt von Nikolaus Barbian)

1. *Geben Sie wieder, welche Geschehnisse Russell anprangert.*
2. *Ordnen Sie die Quelle in die Entwicklungen nach dem Potsdamer Abkommen ein.*
3. *Nehmen Sie Stellung zu dem im Text anklingenden Vergleich zwischen der NS-Judenverfolgung und der Vertreibung der Deutschen.*
4. *Erörtern Sie die von Russell aufgeworfenen Fragen (Zeile 7 bis 12).*

▶ **Ausweisung von deutschen Vertriebenen.**
Foto vom 16. Mai 1946.
Vom Bahnhof Modřany werden Deutsche aus Prag in Güterzügen in die von Amerikanern besetzte Zone im Westen abtransportiert.
- *Charakterisieren Sie die auf dem Bild gezeigte Situation.*

M8 „Ethnische Säuberungen"

Der Historiker Philipp Ther schreibt zu den Zielen, die die Siegermächte mit Blick auf die Nachkriegsordnung verfolgt haben:

Der Umfang, die Einseitigkeit und Totalität der ethnischen Säuberung der Deutschen aus Ostmitteleuropa war einmalig. Dies ist auf den deutschen Angriffskrieg und Besatzungsterror zurückzuführen, der unabhängig vom Holocaust[1] jegliche Maßstäbe sprengte. Man sollte das Motiv der Bestrafung für vergangene Untaten jedoch nicht überbewerten. Auch im Fall der Deutschen stand ein zukunftsgerichtetes Denken im Vordergrund oder wie Churchill[2] es im Dezember 1944 kurz und bündig ausdrückte, die Vermeidung „endloser Schwierigkeiten" mit nationalen Minderheiten. Ein vorsichtiges Umdenken setzte ein, als die Alliierten mit den Folgen ihrer Beschlüsse konfrontiert waren. Die akute Flüchtlingskrise in Deutschland im Sommer und Herbst 1945 und die Wahrnehmung des Elends in westlichen Medien führten zu einer Distanzierung von ethnischen Säuberungen. Wie bereits der Paragraf XIII des Potsdamer Abkommens[3] zeigt, sollten die Bevölkerungsverschiebungen fortan besser gesteuert werden. Doch die Westmächte rückten nicht von ihrem Grundsatzbeschluss für einen „Transfer" ab.

Philipp Ther, Die dunkle Seite der Nationalstaaten. „Ethnische Säuberungen" im modernen Europa, Göttingen 2011, S. 235

1. *Arbeiten Sie heraus, welche Beweggründe mit der Vertreibung der Deutschen aus Ostmitteleuropa verbunden waren.*
2. *Setzen Sie M5, M7 und M8 (Seite 163 ff.) miteinander in Beziehung.*
3. *An anderer Stelle spricht Ther in Bezug auf die Nachkriegsordnung von Kontinuitäten mit der nationalsozialistischen Neuordnung Zentral- und Südosteuropas in den Jahren 1938 bis 1944: Das vorrangige Ziel sei jeweils die Homogenisierung von Nationalstaaten gewesen. Interpretieren Sie diese Kontinuitätsthese.*

[1] **Holocaust**: Der Begriff wird heute für die systematische Vernichtung von etwa sechs Millionen europäischer Juden und anderer Opfergruppen während des „Dritten Reiches" verwendet.
[2] **Winston Churchill** (1874-1965): britischer Journalist, Offizier und Politiker, während des Zweiten Weltkrieges britischer Premierminister

[3] Siehe hierzu M5 auf Seite 163.

Vertreibungserfahrungen: Frauen und Kinder

Veränderungen der traditionellen Geschlechterverhältnisse? Erfahrungen von Flucht und Vertreibung machten mehrheitlich Frauen und Kinder, während die erwachsenen Männer zumeist wegen des Kriegsdienstes abwesend waren. Zeitzeugenberichte von Frauen, die Flucht und Vertreibung erlebt hatten, verweisen vor allem auf zwei zentrale Ebenen: Frauen als Akteurinnen und Frauen als Opfer. Aufgrund traditioneller Vorstellungen waren Frauen bis dahin nur selten in verantwortlichen gesellschaftlichen Positionen zu finden. Ihnen wurde in der Regel die Rolle als Begleiterin und Helferin des Mannes in seiner Funktion als „Familienvorstand" zugewiesen. Bereits während des Krieges aber hatte sich das Rollenverhältnis verändert. Frauen mussten immer häufiger Positionen von Männern übernehmen, in den Familien waren sie oft auf sich allein gestellt und ausschließlich für die Familie verantwortlich. Nur sehr selten thematisieren die Erlebnisberichte die Rolle von Frauen als Wählerinnen der NSDAP, als Mitträgerinnen des Aufstiegs der nationalsozialistischen Herrschaft, als Unterstützerinnen der deutschen Expansionspolitik im Krieg, als Täterinnen in Konzentrationslagern oder im Kontext der Unterdrückung der zahllosen Zwangsarbeitskräfte.

In Berichten über Flucht- und Vertreibungserfahrungen erscheinen Frauen häufig als aktiv Handelnde, die Initiative ergreifen, Flüchtlingstrecks führen und weitreichende Verantwortung für Familie und Dorfgemeinschaften übernehmen. Sie werden als Ernährerin der Familie beschrieben, die nun als diejenigen fungieren, die den Schutz und das Überleben der Familie zu garantieren haben. Nicht selten wird in den Erlebnisberichten direkt oder indirekt die in der traditionellen Geschlechterordnung betonte Autorität des Mannes infrage gestellt: Männer sind abwesend, Männer versagen als Beschützer von Ehefrauen und Kindern sowie als Ernährer und Versorger der Familien. Wahrgenommen werden sie einerseits als fliehende Soldaten, die den Flüchtlingstrecks keine Hilfe und keinen Schutz bieten, und andererseits – als Angehörige der Roten Armee – als Hauptbedrohung von Sicherheit, Unversehrtheit und Überleben (▸ M1).

Tatsächlich waren in der Situation von Flucht und Vertreibung überkommene Hierarchien und Machtstrukturen in den Geschlechterverhältnissen keineswegs außer Kraft gesetzt: Frauen wurden von Männern häufig als wehrlose Opfer wahrgenommen, und ihre Wehrlosigkeit nutzten Männer vor allem sexuell aus. Davon berichten die zahllosen Schilderungen von massenhaften und systematischen Vergewaltigungen durch Soldaten. Sie betrafen wahrscheinlich Hunderttausende von Frauen und bedeuteten überaus schwere Demütigungen, demonstrierten Frauen Schutzlosigkeit und grenzenlose Ohnmacht in extremer Weise. Traumatisierungen als häufige Folge beeinflussten bei vielen Frauen das zukünftige Leben grundlegend (▸ M2).

Kinder als Flüchtlinge und Vertriebene Zeitzeugen, die als Kinder Flucht und Vertreibung erlebt hatten, beschreiben ihre Kindheit in den Ostprovinzen des Reiches und in den Siedlungsgebieten in Ost-, Ostmittel- und Südosteuropa in aller Regel als unbeschwert, behütet und glücklich. Konflikte, Beschwernisse, Mangel oder Trennungserfahrungen werden demgegenüber kaum erwähnt. Dies lässt sich darauf zurückführen, dass die Erlebnisse von Flucht und Vertreibung als einschneidend und tief greifend erfahren wurden. Sie waren derart mit Angst, Entbehrungen, Leid und Gewalt verbunden, dass die Situation davor immer in einem sehr hellen Licht erschien und alles Positive darauf projiziert wurde.

Kinder erfuhren die Flucht anders als Erwachsene. Sie hatten zumeist keine Kenntnisse über die drohenden Gefahren des Krieges, nicht zuletzt deshalb, weil ihre Eltern sie schützen wollten, indem sie das Vorrücken der Fronten verschwiegen. Kinder wurden häufig vom Aufbruch der Flüchtlingstrecks überrumpelt, konnten sich die Ereignisse der Flucht kaum erklären und nicht in ihr kindliches Weltbild einfügen. Die Strapazen der wochen- und monatelangen Flucht in der extremen Kälte des Winters 1944/45, als im Osten zwischen Dezember und Februar Temperaturen von minus 20 Grad herrschten, Gewalterfahrungen und Todesangst mussten um so tief greifender wirken. Unerwartet und unvorbereitet Zeugen der Gewalt des Krieges, der Kämpfe, der Plünderungen der Häuser, Dörfer und Städte, der Verwüstungen, von Tod und Vergewaltigungen zu werden, bedeuteten einen krassen Einschnitt im Leben der Kinder. Flucht und Vertreibung brachte für viele von ihnen einen Abschied von der Kindheit mit sich (▸ M3). Häufig ist in den Erlebnisberichten von Zeitzeugen vom frühen Erwachsenwerden die Rede.

Lesetipps
- *Stefan Aust und Stephan Burgdorff (Hrsg.), Die Flucht. Über die Vertreibung der Deutschen aus dem Osten, München 2005*
- *Silke Satjukow (Hrsg.), Kinder von Flucht und Vertreibung, Erfurt [2]2010*

Findelkinder und „Wolfskinder" Viele Kinder mussten wesentlich mehr Eigenverantwortung und Aufgaben für andere übernehmen als vor der Flucht und der Vertreibung. Sie mussten mithelfen, schweres Gepäck zu tragen, kleinere Geschwister zu versorgen und wurden Teil des Überlebenskampfes der Familien. Ihre Ängste und Bedürfnisse blieben häufig unbeachtet, kaum jemand nahm noch Rücksicht auf sie und ihre besonderen Bedürfnisse. Vielen Erwachsenen galten sie nun als Konkurrenten um knappe Güter und Rettungsmöglichkeiten. Schätzungen gehen davon aus, dass Hunderttausende Kinder von ihren Müttern getrennt wurden und sich ein Wiedersehen erst nach Wochen, Monaten und zum Teil Jahren ergab. Dem 1945 eingerichteten Suchdienst des Deutschen Roten Kreuzes zufolge war unmittelbar nach dem Zweiten Weltkrieg jeder vierte Deutsche auf der Suche nach Eltern, Ehepartnern, Kindern und Menschen aus der engeren Verwandtschaft. Die Karteien des Suchdienstes umfassten allein 33 000 Findelkinder aus dem Kontext von Flucht und Vertreibung, über die keine Identitätsangaben vorlagen. Vor allem in Ostpreußen blieb eine große Zahl Kinder in der Situation der überstürzten Flucht allein zurück. Um der besseren Versorgungslage willen und um Sicherheit zu finden, schlugen sich rund 5 000 dieser Waisen allein oder in kleinen Gruppen nach Osten, insbesondere nach Litauen, durch. Litauische Familien nahmen diese sogenannten „Wolfskinder" auf, manche verdingten sich als Arbeitskräfte auf Bauernhöfen oder versuchten, durch Betteln zu überleben. Manche blieben auf Dauer in Litauen, viele kamen nach Jahren und Jahrzehnten in den Westen. Auch für sie gilt: Flucht und Vertreibung veränderten die betroffenen Familien grundlegend und prägten zum Teil den Alltag über lange Zeit.

▸ **Ankunft in Westdeutschland.**
Foto vom August 1948.
Diese Kinder sind soeben mit einem Transport aus den ehemaligen deutschen Gebieten in Polen gekommen.
- *Charakterisieren Sie die beabsichtigte Wirkung des Fotos.*

▲ **Flucht aus Danzig.**
Foto vom 30. März 1945.
Danzig/Gdańsk wurde am 30. März 1945 von der Roten Armee erobert.

▪ ➕ *Schreiben Sie aus der Sicht einer der auf dem Foto dargestellten Frauen einen Tagebucheintrag zum 30. März 1945.*

M1 Flucht aus Polen

Annemarie Müller wird 1904 in Warka in der Nähe von Warschau geboren. Sie erinnert sich an die Geschehnisse im Frühjahr 1945:

Am 16. Februar wurden alle Männer zum Volkssturm eingezogen, jetzt waren nur noch Frauen, Kinder und Mädchen auf den Dörfern. Am 17. wurde uns gesagt, Mütter und Kinder sollten sich bereit halten, um eventuell mit der Bahn abtransportiert zu werden. Um 2 Uhr nachts kam deutsche Polizei und sie sagte uns, wir sollten so schnell wie möglich fliehen, der Russe sei dicht hinter ihnen. Ich hatte meine drei Kinder schon vorher fertig angezogen, mit dem Kutscher in einer Stunde den Wagen fertig aufgeladen, und in der Morgendämmerung fuhren wir los.

Bis zum Abend waren wir 30 km gefahren, die Straßen waren voll mit Wagen, aus allen Nebenstraßen kamen mehr dazu. Am Vormittag des nächsten Tages wurde schon in den Treck hineingeschossen und wir fuhren durch Brände und rauchende Gehöfte. Da ging es mir zum ersten Mal auf: Es kann alles schiefgehen, unser Vertrauen ist missbraucht. Es war schon allgemeine Mutlosigkeit, es hieß, es geht ja doch nur in den Tod. Ich war aber noch nicht mutlos. [...]

Wir fuhren den ganzen Tag auf Seitenstraßen und etwas abseits der Straße auf einen Bauernhof zum Übernachten. Hier lag schon alles voll mit Flüchtlingswagen, und im Haus – eine Küche mit zwei Stuben – lagen die Menschen. Wir legten uns dazu in die Küche und schliefen. Kaum waren wir eingeschlafen, kamen Russen rein, sehr viele. Wir mussten sofort aufstehen und rausgehen. Ich kauerte mich mit den Kindern in eine Ecke auf dem Hof draußen. Die Russen untersuchten unsere Wagen mit Taschenlampen. Dann nahmen sie Bertl Mergentaler, die auch bei uns saß, weg in die Scheune; dann kamen sie zu mir, einer hockte sich neben mich und sprach auf mich ein, soviel verstand ich, dass ich mit ihm in die Scheune sollte. Ich weinte und zeigte ihm meine drei verängstigten Kinder. Darauf winkte er den anderen und sie gingen weg.

Ich hatte genug tote Frauen hinter den Häusern liegen gesehen und glaubte zu wissen, was mit mir geschieht. Um meine Kinder würde sich niemand mehr kümmern. Ich wollte sterben und suchte schnell mein Messer, das scharf war, und erzählte den Kindern, wir wollten sterben und in den Himmel. Sie nickten ernsthaft mit ihren verängstigten Gesichtern.

Aber wir kamen nicht mehr dazu. Der ganze Haufen Russen kam zurück und bedeutete mir, ich sollte mitkommen. Sie führten uns ins Haus zurück. Ein junger Offizier sprach etwas deutsch, sagte mir, ich solle keine Angst haben, einer Mutter mit Kindern täten sie nichts. An diesem Abend fühlte ich sehr, dass es eine schützende Hand über mich gibt.

Am nächsten Morgen fuhr ich [mit] Bertl zusammen auf einem Wagen. Schon am Abend vorher sahen wir überall im Straßengraben die dunklen Gestalten im Schnee, die Toten, Erschossenen. Jetzt am Tage sah ich sie mit wächsernen, erstarrten Gesichtern. Haare und Kleider waren bereift. Fast alle mit Genickschuss, die Männer mit dem Ausschuss durch die Nase. Bei den Frauen sah man selten den Einschuss, im Gesicht jedenfalls nicht. Die Frauen aber waren immer kaum bekleidet. Ich habe das eine Bild immer noch vor Augen: Drei junge Mädels, nur Schlüpfer hatten sie an und Hüte auf dem Kopf, saßen aufgebahrt am Straßenrand mit furchtbaren Gesichtsausdrücken. Auch auf der Straße lagen die Leichen.

Es war fürchterlich, über die schon zermanschten Haufen hinwegfahren zu müssen.

Annemarie Müller, Gescheiterte Flucht vor den Russen aus Polen, zitiert nach: www.dhm.de/lemo/forum/kollektives_gedaechtnis/149/ (Zugriff: 19. Februar 2014)

1. *Analysieren Sie den Text, indem Sie die Erlebnisse herausstellen, in denen Frauen als Handelnde, und solche, in denen sie als Opfer männlicher Gewalt dargestellt werden.*
2. *Entwickeln Sie eine Einschätzung zu der Frage, wie die betroffenen Frauen durch derartige Erfahrungen geprägt wurden.*

M2 Flucht aus dem Riesengebirge

Im Erlebnisbericht der Schriftstellerin L. K. aus Oberschreiberhau/Szklarska Poręba, Kreis Hirschberg in Niederschlesien, heißt es zum Einmarsch der Roten Armee in Niederschlesien im Frühjahr 1945:

Nachts um ein Uhr schrillen die Haustürklingeln: Sofortiger Evakuierungsbefehl! Alle Frauen und Kinder haben binnen weniger Stunden den Ort zu räumen. Einem Blitzschlag gleich trifft alle vernichtend diese Nachricht. [...] Fieberhaft werden die notwendigen Dinge verpackt, man darf ja nur so wenig mitnehmen, um die Fahrzeuge nicht zu belasten. Man nimmt natürlich in der Eile und Aufregung das Verkehrteste, man kann alles noch nicht fassen. [...]
Alle Stoßgebete waren vergeblich: 20 Minuten erklang mitten in der Nacht das tiefe Summen der Sirenen, gleich den Posaunen des Jüngsten Gerichts. Es kamen die ersten Fahrzeuge, Truppen folgten in unübersehbarem Ausmaß. [...]
Die Sowjets drangen in die Häuser ein, holten sich alles, was sie brauchten, alle Vorräte wurden geplündert, und immer und immer wieder erklang der Ruf nach Schnaps. Die Schaufenster waren binnen weniger Minuten Trümmerstätten, und die Waren, die nicht mitgenommen wurden, lagen zerstreut und zerfetzt auf der Straße umher. In ihrer großen Angst hatten die Besitzer der Häuser ihre Türen vernagelt, von innen regelrechte Barrikaden gebaut. Doch nichts nützte, kein Riegel, kein Balken, die durchziehenden Soldaten öffneten jede Tür, jedes Tor, und die oft markerschütternden Schreie der Frauen und Mädchen jeden Alters ließen einem das Blut in den Adern erstarren. Überall verbargen sich die armen Frauen, unter den Betten, hinter und in den Schränken, im Heu, auf dem Speicher. Aber alle Tarnungsversuche waren vergeblich, denn jede Frau wurde gefunden, misshandelt und dann vergewaltigt unter Bedrohung der Familienmitglieder, die einschließlich der kleinen und kleinsten Kinder im Raum Zeuge sein mussten.

▲ **Flüchtende Mutter mit ihren Kindern.**
Foto von 1945.
- *Charakterisieren Sie die Situation der gezeigten Familie. Gehen Sie dabei auch auf die Mimik und Gestik der Personen sowie die Rolle der Kinder ein.*

Bundesministerium für Vertriebene (Hrsg.), Die Vertreibung der deutschen Bevölkerung aus den Gebieten östlich der Oder-Neiße, Bd. I/1, Bonn 1954, S. 462-464 (Dokument Nr. 126)

1. *Recherchieren Sie zur Rolle sexueller Gewalt in bewaffneten Konflikten und charakterisieren Sie die hier geschilderten Geschehnisse vor diesem Hintergrund.*
2. *Nehmen Sie Stellung zu dieser „Methode der Kriegsführung“.*

M3 Auf dem Rückweg nach Beuthen

Während des Krieges ist Familie Bienert nach Steyr in Österreich evakuiert worden. Nach dem Kriegsende im Mai 1945 versucht Johannes Bienert, geboren 1928, mit seiner Mutter und seinen kleinen Geschwistern zurück in die Heimat, ins oberschlesische Beuthen/Bytom zu kommen:

Die Situation im Zug, der 8 oder 10 Waggons lang war und mit dem wir 6 Wochen unterwegs waren, hatte sich mittlerweile zum Schlimmsten entwickelt. Es herrschte Chaos, Krankheit (hauptsächlich Durchfall), Hunger, Sterbefälle ... [...]

▲ **Abschied.**
Foto von Benno Wundshammer am 30. März 1945.
Ein Junge nimmt vor der Flucht nach dem Westen Abschied von seinem in Trümmern liegenden Elternhaus in Lauban/Lubań (Niederschlesien).

- *Erklären Sie ausgehend von der gezeigten Szene, was der Abschied von der Heimat für Kinder bedeutete.*

Wenn einer krank wurde, hatten die Angehörigen gar keine Zeit mehr, sich darum zu kümmern. Jeder war auf sich allein gestellt. Die Kranken wurden einfach vergessen, das waren überwiegend die älteren Leute, die Mütter oder so. Sie mussten aber aus ihren eigenen Waggons raus, damit sie nicht noch mehr Menschen ansteckten. Dann lagen sie da mutterseelenallein. Ihre Angehörigen hatten die eigenen Kinder zu versorgen. Man merkte auch, dass sich niemand um die Leute, die da krank im Waggon mitten im Zug lagen, kümmerte. Die Kranken waren total apathisch. Von Tag zu Tag ging es nur ums nackte Überleben.

Ich war der einzige junge Mann in dem ganzen Konvoi. Deswegen hatte ich eine harte Aufgabe übernommen. Ich machte jeden, oder jeden zweiten, Tag die Tür des Waggons auf, in dem die Kranken waren. Da lagen dann welche, die waren schon 2 bis 3 Tage tot. Bei einigen krochen schon die Würmer aus den Kleidern wegen des Durchfalls.

Ich musste unterwegs die Leichen beerdigen. Ich packte die Toten an den Beinen und zog sie aus ca. 1 m Höhe aus dem Waggon. [...]

Meine kleine Schwester, Heidrun, gehörte auch zu den Toten, war auch mit dabei. [...]

Meine Mutter konnte sich nicht trennen von ihrer toten Tochter und es dauerte lange, bis ich sie überreden konnte. Der Zug hielt wieder in so einem polnischen Ort, die Lok war weg. Da sprach ich mit der Mutter, dass die Kleine wenigstens beerdigt werden sollte. Ich wollte Heidrun nicht die Böschung herunterschmeißen. Das konnte ich nicht. Wir gingen dann auf den Friedhof und klingelten beim katholischen Pfarrer. Meine Mutter konnte Polnisch und sprach mit ihm. Da fragte er: „Niemiec albo polak?" „Seid ihr Deutsche oder Polen?" Da antwortete die Mutter: „Deutsche!" Da sagte der Pfarrer: „Dann kann das Kind verrecken!" Und er knallte die Tür zu.

Das war ja die Zeit nach dem Krieg. Die Deutschen waren gerade erst raus, die hatten Frauen und Kinder in Polen vergewaltigt. Überall war verbrannte Erde, alles war kaputt gemacht. Das sollte ja alles zerstört werden, als die Deutschen sich zurückzogen. Da waren der Hass und die Wut noch so aufgestaut. Jetzt standen wir da mit dem Bündel. Wir hatten noch diese Mullwindeln, die waren wie so eine kleine Decke, in denen war das kleine Baby eingewickelt. Jetzt standen wir da, die Mutter mit dem toten Kind auf dem Arm. Ich sagte ihr, dass wir wieder zurück zum Zug müssten. Und dann, als wir den Friedhof verlassen wollten, mussten wir an einer Leichenhalle vorbei. Ich machte die Tür auf. In einem offenen Sarg lag ein alter, toter Mann. Ich nahm der Mutter das Kind weg und sagte, dass Heidrun dadurch wenigstens unter die Erde käme. Ich hob dem Toten die Beine hoch und schob das kleine Bündelchen da drunter. Anschließend musste ich erst einmal eine halbe Stunde lang meine Mutter wegzerren. Die wollte da gar nicht weg. Wir mussten aber wieder zurück zum Zug, zu den drei Geschwistern. Keiner wusste, wo wir mit dem toten Kind hingegangen waren. Wir hatten meinen Geschwistern Marianne, Susanne und Wolfgang nichts gesagt. Wir kamen gerade noch rechtzeitig am Zug an. Eine neue Lok war angespannt und es ging weiter.

Hannes Bienert, Auf dem Rückweg nach Beuthen, zitiert nach: www.hdg.de/lemo/forum/kollektives_gedaechtnis/661/index.html (Zugriff: 19. Februar 2014)

1. *Beschreiben Sie die Situation im Zug.*
2. *Ordnen Sie den Weg der Familie Bienert in den größeren Zusammenhang von Rückkehr und Verbleib von Deutschen in den ehemaligen Ostgebieten des Deutschen Reiches ein.*
3. *Interpretieren Sie, inwiefern auf dem Weg nach Beuthen Kindheit und Jugend des Johannes Bienert endeten.*

„Verschiebebahnhof" Europa: Kriegsfolgewanderungen

„Verschiebung" von Bevölkerungen als politisches Konzept Neben Fluchtbewegungen, Vertreibungen und Umsiedlungen von Deutschen traten in den letzten Kriegsmonaten oder nach Kriegsende 1945 in Ost-, Ostmittel- und Südosteuropa zahlreiche Zwangswanderungen anderer Gruppen. Darüber hinaus lassen sich millionenfache Migrationsbewegungen in die Gebiete beobachten, die im Kontext der Zwangswanderungen größere Teile ihrer Bevölkerung verloren hatten. Bereits in der Zwischenkriegszeit und insbesondere während des Zweiten Weltkrieges war in Europa intensiv über „ethnische Flurbereinigungen" nachgedacht worden. Diskutiert wurde, welche Minderheiten wohin „verschoben" werden konnten, um auf diese Weise homogene Bevölkerungen zu schaffen, Minderheitenkonflikten zu entgehen und Herrschaft insbesondere auch in neu eroberten Gebieten zu sichern und zu stabilisieren. Ins Visier der Planer gerieten dabei beispielsweise sowohl Rumänen, die in Ungarn, Jugoslawien und Bulgarien lebten, als auch Bulgaren, die in Rumänien, Jugoslawien oder Griechenland siedelten. Ungarn sollten aus der Tschechoslowakei entfernt werden, ebenso Italiener aus Jugoslawien oder Albaner aus Griechenland. Viele weitere Gruppen traten hinzu. Den politischen Eliten schien in der offenen Situation des Kriegsendes, die durch grundlegende Machtverschiebungen innerhalb und zwischen den Staaten gekennzeichnet war, die Gelegenheit gekommen zu sein, lange in den Blick genommene Veränderungen in der Bevölkerungszusammensetzung unter Zwang vorzunehmen.

Polnische Zwangsmigration Von den Umsiedlungen und Vertreibungen der Nachkriegszeit waren neben den Deutschen vor allem Polen betroffen. Der Zweite Weltkrieg hatte in Polen Millionen Opfer gekostet, große Teile des Landes völlig zerstört und sehr umfangreiche Zwangswanderungen ausgelöst. Die deutschen Besatzer ermordeten mit ca. drei Millionen Juden beinahe die gesamte jüdische Bevölkerung des Landes. Weitere drei Millionen Polen waren als Soldaten und Zivilisten Opfer der Kampfhandlungen geworden oder von deutschen Besatzern im Westen und sowjetischen Besatzern im Osten umgebracht worden. Wahrscheinlich 3,5 Millionen Polen wurden als Zwangsarbeitskräfte, Konzentrationslagerhäftlinge oder Kriegsgefangene von Deutschen interniert oder deportiert. Mit Kriegsende schließlich wurde das Territorium des polnischen Staates um rund 200 Kilometer nach Westen verschoben: Die Sowjetunion wollte die im Rahmen des „Hitler-Stalin-Paktes" von 1939 erworbenen und mit Beginn des Zweiten Weltkrieges eroberten polnischen Ostgebiete nicht wieder an Polen zurückgeben (▸ M1). Für die fast 180 000 Quadratkilometer, die im Osten verloren gingen, wurde Polen mit rund 100 000 Quadratkilometern ehemals deutschem Territorium im Westen entschädigt.

Der territorialen Verschiebung folgte eine Verschiebung von Bevölkerungen (▸ M2). Bereits 1939/40 waren viele Polen aus den nun sowjetischen ostpolnischen Gebieten ausgewiesen

▾ Zwangsumsiedlung im Wartheland.
Foto von Wilhelm Holtfreter, um 1940, Schwarzenau bei Gnesen.
Als Teil der „ethnischen Säuberungen" durch die Nationalsozialisten wird die polnische Bevölkerung mit Waffengewalt abtransportiert. Die hier gezeigten Polen sind mit ihrem Gepäck auf dem Weg zum Bahnhof.

▲ **„In den angegliederten Gebieten."**
Ausschnitt aus dem Ölgemälde (130 x 98 cm) des polnischen Künstlers Henryk Stażewski von 1950/51.
Das Gemälde zeigt einen Genossenschaftsbauern in den neuen polnischen Westgebieten.
▪ *Interpretieren Sie das Gemälde.*

und vertrieben worden. Rund zwei Millionen Polen aus den ehemals ostpolnischen Territorien mussten seit 1944 auf der Basis von Verträgen zwischen der UdSSR und Polen nach Westen ziehen. Sie wurden unter anderem in den Gebieten Polens angesiedelt, die bis 1945 deutsches Reichsgebiet gewesen waren und dessen deutsche Bevölkerung gerade geflohen war oder vertrieben wurde (▸ M3). Ukrainer, Weißrussen und Litauer mit bislang polnischer Staatsangehörigkeit mussten im Gegenzug Polen verlassen und wurden in die UdSSR transportiert. Das konfiszierte Land der geflüchteten und vertriebenen Deutschen wurde rasch wieder besiedelt. In den neuen polnischen Gebieten lag die Bevölkerungszahl im August 1947 bereits wieder bei über fünf Millionen, drei Millionen Menschen kamen aus Zentralpolen in die eroberten Landstriche, mindestens eine weitere Million Zwangswanderer aus den an die UdSSR abgetretenen polnischen Ostgebieten, eine Million Polen hatten hier schon vor 1945 gelebt (▸ M4).

Reibungslos und geordnet erfolgten die vielen Umsiedlungen keineswegs. Der Krieg hatte einen Großteil der Infrastruktur zerstört, die enormen Dimensionen der Umsiedlungen in relativ kurzer Zeit und die langen Wege erforderten Transportkapazitäten, die bei Weitem nicht im nötigen Umfang zur Verfügung standen. Die Versorgung mit Lebensmitteln und Gütern des täglichen Verbrauchs blieb bei Kriegsende und in der unmittelbaren Nachkriegszeit sehr prekär. Organisatorische Zuständigkeiten waren häufig unklar. Nicht selten mussten Menschen sich ohne Vorbereitungen auf den Weg machen, ihre Habe zurücklassen und wussten nicht, wohin sie unter welchen Umständen transportiert wurden. Häufig genug warteten Umsiedler Wochen und Monate in Lagern und Verladeeinrichtungen auf den Abtransport. Der Zwangscharakter der Abwanderungen war offensichtlich: Jenen, die sich nicht sogleich bereit erklärten, den Anweisungen der Aussiedlungsbehörden zu folgen, wurden hohe Steuerlasten auferlegt, Plünderungen, Inhaftierungen, polizeilicher Druck oder die Abgabe von Teilen des Eigentums kamen hinzu.

Lesetipps
- *Beata Halicka, Polens Wilder Westen. Erzwungene Migration und die kulturelle Aneignung des Oderraums 1945-1948, Paderborn 2013*
- *Thomas Urban, Der Verlust. Die Vertreibung der Deutschen und Polen im 20. Jahrhundert, Bonn 2005*

„Umsiedlungen" in der Tschechoslowakei Auch in der Tschechoslowakei waren nach Kriegsende umfangreiche Bevölkerungsbewegungen zu beobachten. Die Tschechoslowakei verlor 1945 mit der Karpotho-Ukraine ihren östlichsten Landesteil an die UdSSR, ein „Bevölkerungsaustausch" wurde zwischen beiden Staaten vereinbart, Slowaken in die Tschechoslowakei und Ukrainer in die Sowjetunion umgesiedelt. Darüber hinaus vereinbarte die Tschechoslowakei die Übersiedlung von Minderheiten und den Austausch von Bevölkerungsteilen auch mit Rumänien, Jugoslawien und Ungarn. Bis 1950 kamen auf diese Weise an die 270 000 Tschechen und Slowaken vor allem aus Rumänien, Ungarn, Jugoslawien und der UdSSR in den tschechoslowakischen Staat.

Als wesentlich umfänglicher erwiesen sich die Bewegungen innerhalb des Territoriums. Innerhalb sehr kurzer Zeit siedelten sich 1,8 Millionen Tschechen und Slowaken im Sudetenland an, dessen deutsche Bevölkerung gerade vertrieben worden war. Zunächst kamen Tschechen und Slowaken aus eigenem Antrieb in die Sudetengebiete. Bereits im Herbst 1945 aber organisierte der tschechoslowakische Staat die Ansiedlung, lenkte die Bewegungen und die Verteilung des riesigen Besitzes an landwirtschaftlichem Boden, an Häusern und an anderen beweglichen und unbeweglichen Gütern, die die vertriebenen Deutschen hatten hinterlassen müssen. Die mit den Umsiedlungen und mit der Nutzung dieser Güter verbundenen Hoffnungen erfüllten sich bei Weitem nicht immer. So gab es zwar manche Tschechen und Slowaken, die als Landarbeitskräfte oder landwirtschaftliche Kleinbesitzer über genügend Erfahrungen verfügten, um die ehemals sudetendeutschen Bauernhöfe übernehmen und erfolgreich bewirtschaften zu können. Viele der Zuwanderer aber kamen nicht aus der Landwirtschaft, ihnen fehlten folglich die nötigen Qualifikationen. Die Möglichkeiten, Einfluss auf ihre wirtschaftliche Zukunft zu nehmen, waren nicht selten gering, weil sie sich mit dem Landbesitz zufrieden geben mussten, der ihnen zugeteilt worden war. In vielen Fällen gaben die Neusiedler die Bauernstellen wieder auf und gingen als Industriearbeitskräfte oder Handwerker in die Städte. Dennoch erhöhte sich die Bevölkerung in den ehemals von Sudetendeutschen besiedelten Gebieten rasch wieder. Das lag nicht nur an der starken Zuwanderung, sondern auch daran, dass die Neuzuwanderer in der Regel jung waren, rasch heirateten und die Geburtenraten überdurchschnittlich hoch waren.

Ethnische Homogenisierung Die ausgesprochen umfangreichen Fluchtbewegungen, Vertreibungen und Umsiedlungen veränderten die Bevölkerungszusammensetzung im Osten Europas erheblich. Im Ergebnis näherte sich der Grad an ethnischer Homogenität der Bevölkerungen in vielen Staaten Ostmittel- und Südosteuropas den Vorstellungen der Planer an (▸ M5). Minderheiten hatten nunmehr ein bei Weitem geringeres Gewicht: Während im Polen der Zwischenkriegszeit rund ein Drittel der Bevölkerung zu den Minderheiten gezählt hatte, waren es nach dem Abschluss von Fluchtbewegungen, Vertreibungen und Umsiedlungen Anfang der 1950er-Jahren nur noch drei Prozent. Ähnliches galt für die Tschechoslowakei, wo ebenfalls ein Drittel der Vorkriegsbevölkerung aus Minderheiten bestanden hatte und nunmehr nur noch 15 Prozent dazu zählten, oder in Rumänien, wo sich der Minderheitenanteil von 28 auf zwölf Prozent verringerte.

M1 Der Hitler-Stalin-Pakt

Der deutsch-sowjetische Nichtangriffsvertrag vom 23. August 1939 gibt dem nationalsozialistischen Deutschland die benötigte Handlungsfreiheit, um am 1. September 1939 Polen zu überfallen. Er enthält neben regulären Nichtangriffs- und Neutralitätsklauseln auch ein geheimes Protokoll zur territorialen Aufteilung Osteuropas. Darin heißt es:

Aus Anlass der Unterzeichnung des Nichtangriffsvertrages zwischen dem Deutschen Reich und der Union der Sozialistischen Sowjetrepubliken haben die unterzeichneten Bevollmächtigten der beiden Teile in streng vertraulicher Aussprache die Frage der Abgrenzung der beiderseitigen Interessensphären in Osteuropa erörtert. Diese Aussprache hat zu folgendem Ergebnis geführt:

1. Für den Fall einer territorialpolitischen Umgestaltung in den zu den baltischen Staaten (Finnland, Estland, Lettland, Litauen) gehörenden Gebieten bildet die nördliche Grenze Litauens zugleich die Grenze der Interessensphäre Deutschlands und der UdSSR. Hierbei wird das Interesse Litauens am Wilnaer Gebiet beiderseits anerkannt.

2. Für den Fall einer territorialpolitischen Umgestaltung der zum polnischen Staate gehörenden Gebiete werden die Interessensphären Deutschlands und der UdSSR ungefähr durch die Linie der Flüsse Narew, Weichsel und San abgegrenzt. Die Frage, ob die beiderseitigen Interessen die Erhaltung eines unabhängigen polnischen Staates erwünscht erscheinen lassen und wie dieser Staat abzugrenzen wäre, kann endgültig erst im Laufe der weiteren politischen Entwicklung geklärt werden. In jedem Falle werden beide Regierungen diese Frage im Wege einer freundschaftlichen Verständigung lösen.

3. Hinsichtlich des Südostens Europas wird von sowjetischer Seite das Interesse an Bessarabien betont. Von deutscher Seite wird das völlige politische Desinteressement an diesen Gebieten erklärt.

Deutsches Auswärtiges Amt. Nichtangriffsvertrag zwischen Deutschland und der Union der Sozialistischen Sowjetrepubliken und Geheimes Zusatzprotokoll, 23. August 1939, in: Akten zur Deutschen Auswärtigen Politik, 1918-1945, Baden-Baden 1956, Serie D: 1937-1945, Bd. VII: Die letzten Wochen vor Kriegsausbruch, 9. August bis 3. September 1939, S. 206 f. (Dokument Nr. 229)

1. *Fassen Sie die Kernpunkte des geheimen Zusatzprotokolls zusammen.*
2. *Arbeiten Sie mithilfe einer zusätzlichen Recherche die deutsche und die sowjetische Interessensphäre in Osteuropa heraus.*
3. *Setzen Sie M1 und M2 miteinander in Beziehung und erläutern Sie, welche Auswirkungen die Vereinbarungen auf die polnische Bevölkerung hatten.*
4. *Beurteilen Sie, inwiefern von einer deutsch-sowjetischen „Beutepartnerschaft“ (Daniel Koerfer) gesprochen werden kann.*

M2 „Bevölkerungsverschiebungen“ in Polen von 1939 bis 1947

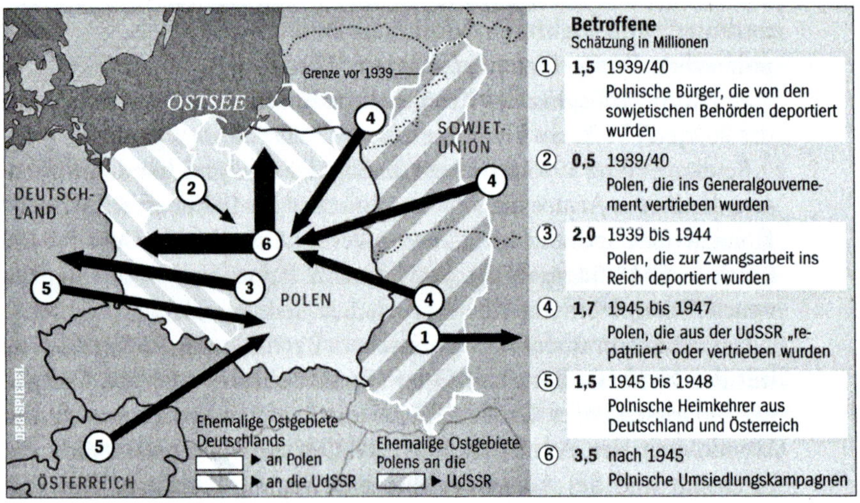

Karte nach: Stefan Aust und Stephan Burgdorff (Hrsg.), Die Flucht. Über die Vertreibung der Deutschen aus dem Osten, München 2005, S. 137

1. *Beschreiben Sie anhand der Karte die Zwangsmigrationen von und nach Polen zwischen 1939 und 1947.*
2. *Erklären Sie auf der Grundlage Ihrer Kenntnisse die Bevölkerungsbewegung von 1939 bis 1944 (Nr. 3).*

M3 Raub der Geschichte

Der Journalist Rainer Traub schreibt über die Folgen der „Westverschiebung" Polens:

Bereits Anfang 1945 strömten im Sog der erfolgreichen Großoffensive der Roten Armee die ersten polnischen Siedler in einer „wilden" Kolonisation spontan in die entvölkerten Oder-Neiße-Gebiete. Am 23. Mai 1945 übergab die Sowjetunion Polen die Verwaltung der neuen Westgebiete mit einem feierlichen Staatsakt.

Der Massentransfer der polnischen Bevölkerung in Verbindung mit der Neubesiedlung des Oder-Neiße-Gebietes war eine Aufgabe von unvorstellbarer Größe. [...]

Etwa 7,5 Millionen Deutsche, die aus den Oder-Neiße-Gebieten und Südostpreußen verjagt wurden, sollten schnellstmöglich ersetzt werden; Stalin[1] wollte vollendete Tatsachen schaffen, bevor seine Westalliierten Gelegenheit hatten, die territorialen Zugeständnisse zu revidieren.

Die Neusiedler unterteilten sich in drei heterogene Gruppen: Die „Repatrianten" beziehungsweise „Umsiedler" aus der Sowjetunion; die Remigranten aus West-, Mittel- und Südosteuropa; schließlich die Umsiedler aus Zentralpolen. [...]

Die „Sabuschanije", wie die Umsiedler von „jenseits des Bug" genannt wurden, durften zwar mehr von ihrem Hab und Gut mit nach Westen nehmen als etwa die aus Ostpreußen vertriebenen Deutschen. Aber da sie ihr Schicksal dem „großen Bruder" verdankten, galten sie offiziell als freiwillige Umsiedler und mussten bis zum Untergang des Sowjetimperiums öffentlich über ihr Schicksal schweigen: Sie waren nicht nur ihrer Heimat, sondern auch ihrer Geschichte beraubt worden.

Rainer Traub, Raub der Geschichte – Polen als Verlierer unter den Siegermächten, in: Stefan Aust und Stephan Burgdorff (Hrsg.), a.a.O., S. 133-142, hier S. 138 f.

1. *Setzen Sie M2 und M3 in Beziehung und erläutern Sie, was unter der „Westverschiebung" Polens zu verstehen ist.*
2. *Erklären Sie mithilfe von M2 die Gruppen unter den „Neusiedlern" (Zeile 15 bis 18).*
3. *Beurteilen Sie, inwiefern Polen als Kriegsverlierer bezeichnet werden kann.*

[1] **Josef W. Stalin** (1878-1953): aus Georgien stammender russischer Revolutionär; ab 1922 Generalsekretär der Kommunistischen Partei. Er errichtete in der Sowjetunion eine totalitäre Herrschaft, die bis zu seinem Tod dauerte.

M4 Von der Ukraine nach Niederschlesien

In einem Erinnerungsbericht eines Polen, der 1945 als Kind mit seiner Familie aus den ehemaligen polnischen Ostgebieten nach Niederschlesien „umgesiedelt" worden ist, heißt es:

Ich dachte, dass mit dem Ende des Krieges auch unser langjähriges Leid zu Ende sei, dass der Vater bald nach Hause zurückkehren werde und alles wieder so werde wie in der guten alten Zeit. Leider vergingen die Tage und keiner der Polen kehrte nach Hause zurück. [...] Die sowjetischen Behörden eröffneten den Polen: Der Krieg ist zu Ende, ihr Polen müsst nach Polen ausreisen, denn die Gebiete, auf denen ihr zurzeit lebt, gehören nicht mehr euch, sind nicht mehr polnisch. Deshalb hieß es, sich Dokumente zu beschaffen und gen Westen zu fahren. [...]

Die Reise dauerte sechs Wochen, von Oktober bis Dezember 1945. [...] Die Reise war eine wahre Hölle. Den Vorrang bei der Durchfahrt hatten die Transporte, die in östliche Richtung fuhren und die von der Front zurückkehrenden Soldaten und den requirierten deutschen Besitz transportierten. Wir mussten auf Nebengleisen warten, dem Hunger sowie den Überfällen ukrainischer Banden und sowjetischer marodierender Soldaten ausgesetzt. Es war eine Zeit des Chaos und der Gesetzlosigkeit. Was Recht war, bestimmte damals der Stärkere. An der Endstation in Lesna/Waldhöhe bei Lubari Sleski/Schlesisch Lauban kamen wir Ende November/Anfang Dezember an. [...]

Wir übernahmen einen kleinen Hof, den uns der Schultheiß angewiesen hatte und auf dem eine deutsche Familie mit drei Generationen wohnte [...]. [...] Einige Monate lang waren die Deutschen uns gegenüber misstrauisch; sie beobachteten uns aufmerksam und verfolgten jede unserer Bewegungen auf dem Hof. Als der Vater eines Tages aus dem Verschlag Heu für das Vieh holte, stieß er auf ein Versteck, in dem einige Koffer mit verschiedenen Habseligkeiten der Besitzer waren. Er bat den deutschen Bauern in die Scheune und sagte: Hier habe ich eure Sachen gefunden, bitte nehmt sie mit ins Haus und packt sie aus, denn hier verkommen sie. Falls ihr noch etwas versteckt habt, so könnt ihr es ruhig mit ins Haus nehmen. Es gehört euch und von unserer Seite wird euch niemand etwas wegnehmen. Dessen könnt ihr sicher sein. Genauso machten es die Deutschen. Seit diesem Vorfall fassten sie zu uns Vertrauen, das Eis des Misstrauens war gebrochen. Nicht alle Polen verhielten sich gegenüber den Deutschen korrekt. Es gab Fälle, wo Deutsche geschlagen, ausgeraubt und gequält wurden. Diese Polen glaubten, dass sie die Herren seien und dass ihnen alles erlaubt sei, die Deutschen hingegen ihre Untertanen seien. [...]

Mit den Deutschen lebten wir über ein Jahr in Eintracht und Freundschaft zusammen. Zusammen arbeiteten wir auf dem Feld bei der Heumahd und bei der Ernte. Zusammen begingen wir Feiertage und Familienfeste wie Namens- und Geburtstage. Immer besser verstanden die Deutschen, dass wir nicht freiwillig zu ihnen gekommen waren, sondern dass wir unsere heimatlichen Gefilde hatten verlassen müssen. [...]
Im Frühjahr 1947 kam eine Verordnung zur Aussiedlung der deutschen Bevölkerung. „Unsere" Deutschen wurden ebenfalls für die Ausreise registriert. Was durften sie mitnehmen? Nur so viel, wie sie selbst tragen konnten.

Archiwum Wschodnie, Centrum Karta w Warszawie, Sygnatur II/2155/p, str. 14-20 (Ostarchiv des Zentrums Karta in Warschau, Signatur II/2155/p, S. 14-20) (übersetzt von Claudia Kraft), zitiert nach: Claudia Kraft, Vertreibungen und Umsiedlungen in, aus und nach Polen. Kontexte aufzeigen, in: Geschichte lernen, H. 105, 2005, S. 31-37, hier S. 37

1. *Beschreiben Sie den Ablauf des Transportes und der Ansiedlung.*
2. *Ordnen Sie die Umsiedlung der Familie in den größeren Zusammenhang der „Westverschiebung" Polens ein.*
3. *Vergleichen Sie die hier geschilderte Beziehung zu den Deutschen und deren Aussiedlung mit anderen Ihnen bekannten Beispielen.*
4. *Interpretieren Sie die Stimmung in Polen bei Kriegsende.*

M5 Die „Entmischung" Mitteleuropas

Der Osteuropa-Historiker Karl Schlögel beschäftigt sich mit den brutalen Umwälzungen in Mitteleuropa:

Nirgends war Europa vielfältiger und dichter als an dieser Schnittstelle der alten Vielvölkerreiche, die nun von den Nachfolgestaaten, die selbst immer noch Vielvölkerstaaten waren, eingenommen wurden. Über Jahrhunderte hin hatten sich hier durch Siedlungsbewegungen Gemengelage[1] und Mischzonen gebildet, die bis ins 20. Jahrhundert hinein den Boden für eine an Bezügen und Spannungen reiche Kultur bereitet hatten. [...]
Wenn es irgendwann eine multikulturelle Welt gegeben hat, die nicht Kitsch und Folklore war, dann dort, wo griechisch-orthodoxe und armenische Christen, Katholiken und Protestanten, Altgläubige und Juden miteinander auskommen mussten. Vielsprachigkeit war kein Bildungsprivileg, sondern eine Lebensbedingung – für Marktfrauen und Universitätsprofessoren gleichermaßen. Jene „multiple Identität", von der man in postmodernen Zeiten so viel Aufhebens macht, hat es schon einmal gegeben, und zwar als ziemlich weit verbreiteten Typ.
[...] Das Leben folgte vielen Rhythmen, den Feiertagen der diversen Konfessionen, Volksgruppen und Stände. Man mochte sich vielleicht nicht, aber man wusste, dass es noch etwas anderes gab als die eigene kleine Welt. Das produzierte einen Relativismus, der ziemlich lange hielt. All dies ist der Grund, weshalb dieser Raum in besonderem Maße zum Experimentierfeld der Moderne wurde – und zum Schauplatz ihres Scheiterns.
Europa ist dort, wo es am dichtesten war, gesprengt worden. Man kann diesen Prozess als die „Entmischung" Europas bezeichnen, an dessen Ende ethnische Säuberung, Völkermord und ethnisch fast vollständig homogene Staaten stehen. Es handelt sich um den gewalttätigsten Entwurzelungsvorgang der modernen Geschichte.

Karl Schlögel, Bugwelle des Krieges – Die Völkerverschiebungen im 20. Jahrhundert, in: Stefan Aust und Stephan Burgdorff (Hrsg.), a.a.O., S. 179-196, hier S. 185 f.

1. *Beschreiben Sie die „multikulturelle Welt" Mitteleuropas.*
2. *Erläutern Sie auch anhand selbstgewählter Beispiele, was Schlögel unter der „Entmischung" Europas versteht.*
3. *Überprüfen Sie, ob im Falle Mitteleuropas von einem Schauplatz von Kulturkontakt und Kulturkonflikt gesprochen werden kann. Siehe hierzu auch den Theorie-Baustein auf Seite 248 ff.*
4. *Entwickeln Sie eine Einschätzung zu der Frage, inwieweit wir heute gegen den Wahn und die Rezepte von „Entmischung" und „Homogenisierung" geschützt sind.*

[1] **Gemengelage**: Zusammentreffen von sehr unterschiedlichen Gegebenheiten

Europa verlässt Deutschland: die Abwanderung der „Displaced Persons"

Begriff „Displaced Persons" Neben Flucht und Vertreibung der Deutschen und den nachfolgenden Wanderungen in die Vertreibungsgebiete gab es in der unmittelbaren Nachkriegszeit des Zweiten Weltkrieges zahlreiche weitere räumliche Bewegungen, die als Kriegsfolgen verstanden werden können. Dazu zählte die Migration der rund zehn bis zwölf Millionen „*Displaced Persons*" (DPs) auf dem Gebiet der vier alliierten Besatzungszonen in Deutschland. Den Begriff „Displaced Persons" hatten die US-amerikanischen Militärbehörden eingeführt. Sie meinten damit all jene nicht-deutschen Staatsangehörigen, die im Verlaufe des Krieges vom nationalsozialistischen Deutschland aus ihren Herkunftsländern vertrieben oder deportiert worden waren. Zumeist handelte es sich um ehemalige Zwangsarbeitskräfte. Zu den DPs zählten aber auch Kriegsgefangene und Konzentrationslagerhäftlinge. Die Displaced Persons kamen aus weiten Teilen Europas, entstammten rund 20 Nationalitäten mit über 35 verschiedenen Sprachen. Sie unterstanden der direkten Fürsorge der vier alliierten Besatzungsmächte und den von ihnen zugelassenen internationalen Hilfsorganisationen (▸ M1).

Rückführung der „Displaced Persons" Ursprünglich war es das Ziel der Militärregierungen und Hilfsorganisationen, die DPs so rasch wie möglich zu sammeln und in die jeweiligen Heimatländer zurückzubringen. Das gelang allein in den ersten vier Monaten nach der deutschen Kapitulation im Mai 1945 über fünf Millionen DPs, wobei der Anteil der ehemaligen Zwangsarbeitskräfte, Kriegsgefangenen und Konzentrationslagerhäftlinge aus Westeuropa überproportional hoch war. Schon bis Juli 1945 waren zum Beispiel 99 Prozent aller DPs, die aus Westeuropa stammten, aus Norddeutschland zurückgeführt („repatriiert") worden oder hatten sich selbstständig auf den Heimweg begeben. Für die DPs aus dem östlichen Europa erwies sich die Rückkehr, nicht zuletzt wegen der Kriegszerstörungen und der deswegen katastrophalen Transportsituation, als schwieriger (▸ M2). Nicht alle DPs waren freiwillig unterwegs: Entsprechend einer Vereinbarung zwischen den Westalliierten und der UdSSR wurden Displaced Persons sowjetischer Staatsbürgerschaft auch zwangsweise repatriiert, wiewohl die westalliierten Behörden wussten, dass sie, als angebliche „Kollaborateure", mit Lagerhaft und Repressionen, Offiziere vielfach auch mit der Todesstrafe zu rechnen hatten, weshalb nicht wenige anstelle der Deportation den Freitod wählten (▸ M3).

Seit Herbst 1945 verringerten sich die Abtransportziffern immer weiter. Ende 1945 gab es in den drei Westzonen Deutschlands noch etwa 1,7 Millionen DPs. Displaced Persons polnischer Herkunft bildeten in den Westzonen mit rund 800 000 Personen Ende 1945 die stärkste Gruppe unter den noch nicht Repatriierten. Aus dem Baltikum stammten etwa 180 000 DPs, und die sowjetische Staatsbürgerschaft besaßen zu diesem Zeitpunkt rund 55 000 DPs. Zu diesem Zeitpunkt lag die Zahl der Displaced Persons im Gebiet des späteren Landes Niedersachsen bei rund 280 000. Immerhin sechs Prozent der niedersächsischen Gesamtbevölkerung stellten die DPs – mit durchaus erheblichen regionalen Unterschieden: Im Emsland lebten 32 000 DPs bei einer deutschen Einwohnerschaft von 185 000. Noch wesentlich höhere Bevölkerungsanteile gab es zu diesem Zeitpunkt in den Landkreisen Fallingbostel mit 58 Prozent sowie Celle mit 48 Prozent als Spitzenreitern im niedersächsischen Raum.

Im gesamten Jahr 1946 lag die Zahl der Repatriierungen nur noch bei etwa 500 000. Hintergrund für die abnehmenden Transportziffern war die immer geringere Rückkehr-

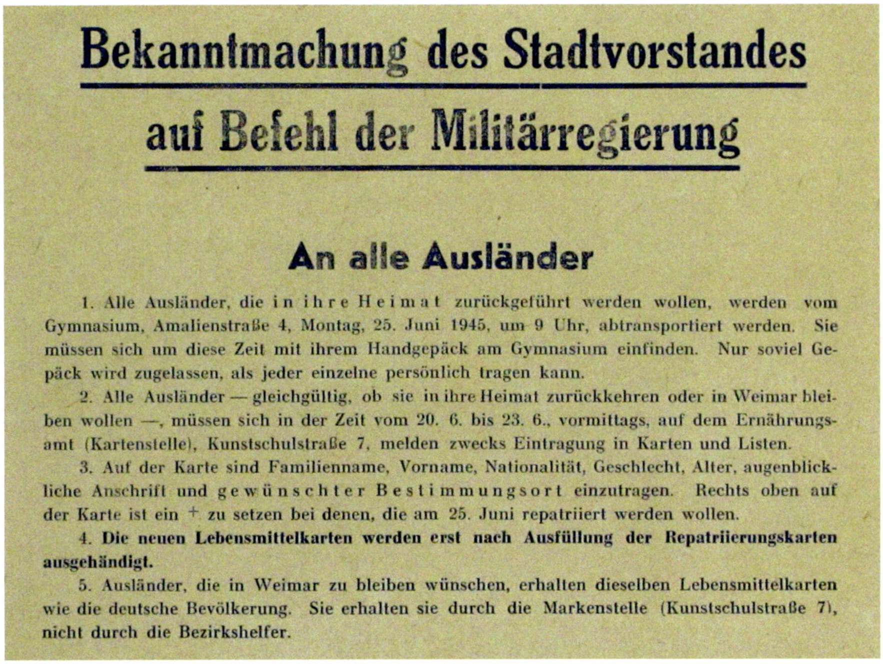

Bekanntmachung des Stadtvorstandes

auf Befehl der Militärregierung

An alle Ausländer

1. Alle Ausländer, die in ihre Heimat zurückgeführt werden wollen, werden vom Gymnasium, Amalienstraße 4, Montag, 25. Juni 1945, um 9 Uhr, abtransportiert werden. Sie müssen sich um diese Zeit mit ihrem Handgepäck am Gymnasium einfinden. Nur soviel Gepäck wird zugelassen, als jeder einzelne persönlich tragen kann.

2. Alle Ausländer — gleichgültig, ob sie in ihre Heimat zurückkehren oder in Weimar bleiben wollen —, müssen sich in der Zeit vom 20. 6. bis 23. 6., vormittags, auf dem Ernährungsamt (Kartenstelle), Kunstschulstraße 7, melden zwecks Eintragung in Karten und Listen.

3. Auf der Karte sind Familienname, Vorname, Nationalität, Geschlecht, Alter, augenblickliche Anschrift und gewünschter Bestimmungsort einzutragen. Rechts oben auf der Karte ist ein + zu setzen bei denen, die am 25. Juni repatriiert werden wollen.

4. **Die neuen Lebensmittelkarten werden erst nach Ausfüllung der Repatriierungskarten ausgehändigt.**

5. Ausländer, die in Weimar zu bleiben wünschen, erhalten dieselben Lebensmittelkarten wie die deutsche Bevölkerung. Sie erhalten sie durch die Markenstelle (Kunstschulstraße 7), nicht durch die Bezirkshelfer.

▸ **Bekanntmachung des Stadtvorstandes Weimar.**
Handzettel vom Juni 1945.
- *Geben Sie die Auflagen wieder, die den als „Ausländer" bezeichneten Menschen in der Stadt Weimar gemacht werden.*
- *Ordnen Sie den Aufruf der Stadtverwaltung Weimar in den Zusammenhang der Nachkriegsgeschehnisse ein.*

bereitschaft der DPs. Dazu trugen die Errichtung kommunistischer Systeme in den Ländern Ostmittel- und Südosteuropas ebenso bei wie die dortigen territorialen Veränderungen und die schwierige wirtschaftliche Situation. Zahlreiche DPs hatten im Krieg ihre gesamten Familien verloren, ihre Heimatorte waren zerstört, ihre Gesundheit ruiniert. Anknüpfungspunkte für den Aufbau einer neuen Existenz in den Herkunftsländern gab es für viele nicht mehr.

Jüdische „Displaced Persons" Eine besondere Gruppe bildeten im besetzten Deutschland die jüdischen DPs, denn viele unter ihnen hatten sich erst nach Kriegsende in die Obhut der Westalliierten in Mitteleuropa begeben. Vor diesem Hintergrund wuchs unter den DPs seit dem Sommer 1945 der Anteil der Juden deutlich an. Ein großer Teil der polnischen Juden, die nach Kriegsbeginn 1939 in die UdSSR ausgewichen waren, nutzten ihr Herkunftsland nur für die Durchwanderung in Richtung Westen. Insbesondere der Pogrom im südostpolnischen Kielce im Juli 1946 mit 42 Toten und rund 80 Verletzten trieb die Abwanderung von Juden aus Polen weiter an. In der US-Besatzungszone in Deutschland hatte die Zahl der jüdischen DPs im Januar 1946 bei 36 000 gelegen, erreichte im Oktober 1946 dann bereits 141 000. Der deutsche Südosten wurde vor allem deshalb zum bevorzugten Ziel der jüdischen Zuwanderer, weil die US-amerikanische Besatzungsmacht sie unter den DPs privilegierte, indem sie als besonders hilfsbedürftig eingestuft und für sie eigene Lager eingerichtet wurden. Neben die im Umfang dominierenden polnischen Juden traten rund 25 000 ungarische und ca. 20 000 rumänische Juden, die insbesondere 1946 und 1947 die DP-Lager im besetzten Deutschland erreichten.

Bis in das Jahr 1947 behinderten die ostmittel- und südosteuropäischen Staaten sowie die UdSSR die Abwanderung der Juden nicht, ließen sich vielmehr auf Verhandlungen mit jüdischen Organisationen ein, die die Abwanderung von Juden förderten, um das Projekt der Gründung eines jüdischen Staates voranzutreiben. Für einen Großteil der jüdischen DPs mündete der mehrmonatige oder mehrjährige Aufenthalt in den Lagern in Westdeutschland in die Abwanderung nach Palästina bzw. Israel, das schließlich mit rund 200 000 Menschen zwei Drittel von ihnen aufnahm. Die USA erreichten ca. 72 000 und Kanada etwa 16 000. Im November 1949 verzeichnete das Gebiet der ehemaligen US-Besatzungszone nur noch 15 000 jüdische DPs in neun Lagern, während es im Januar des Jahres noch fast 65 000 in 48 Lagern gewesen waren. Seit 1952 gab es nur noch das *Lager Föhrenwald* bei München, das jene Juden beherbergte, die Deutschland nicht verlassen wollten oder konnten, häufig weil sie alt und krank waren (▸ M4). Im Februar 1957, fast zwölf Jahre nach Kriegsende, wurde Föhrenwald als letztes Lager für jüdische DPs aufgelöst.

▲ **Holzschild am Eingang des Lagers Föhrenwald.**
Foto von 1951.

Internationale Flüchtlingshilfe ■ Nicht nur für die jüdischen Flüchtlinge, sondern für alle DPs, die nicht in ihre Herkunftsländer zurückkehren konnten oder wollten, bildete die Abwanderung aus dem besetzten Deutschland eine wesentliche Perspektive. Das *Resettlement-Programm* der im Juni 1947 gegründeten *International Refugee Organization (IRO)* (dt.: *Internationale Flüchtlingsorganisation*) erfasste bis 1951 insgesamt ca. 712 000 DPs. Ziele der von der IRO unterstützten DP-Migration waren vor allem die USA (für 273 000 DPs), Australien (136 000) und Kanada (83 000) sowie die westeuropäischen Staaten Frankreich und Großbritannien mit insgesamt 110 000 Menschen. Nur ein kleiner Teil der DPs blieb in Deutschland zurück. Die Gründe dafür waren vielfältig, manche waren bei den Auswanderungsprogrammen nicht berücksichtigt worden, weil sie als zu alt, zu krank oder zu wenig arbeitsfähig galten. Andere wiederum hatten Arbeit und Erwerb gefunden und sahen außerhalb Deutschlands keine besseren Chancen für sich. Als die Westalliierten 1950 die Verantwortung für die DPs an die Bundesregierung übergaben, dürften sich noch rund 150 000 von ihnen im Bundesgebiet aufgehalten haben, von denen etwa ein Drittel immer noch in Lagern lebte.

Vom DP zum „heimatlosen Ausländer" ■ Mit dem *„Gesetz über die Rechtsstellung heimatloser Ausländer im Bundesgebiet"* vom 25. April 1951 wurde in der Bundesrepublik ein spezieller, im Vergleich zum internationalen Flüchtlingsrecht großzügiger Rechtsstatus für die DPs geschaffen. Er glich sie zwar in weiten Bereichen der rechtlichen Position der Bundesbürger an, führte aber eben gerade nicht zu einer vollständigen Gleichstellung mit deutschen Flüchtlingen und Vertriebenen. Entschädigungsansprüche regelte das Gesetz nicht. Das führte angesichts einer restriktiven Wiedergutmachungspraxis deutscher Verwaltungen und Gerichte in der Folgezeit dazu, dass viele „heimatlose Ausländer" keine Entschädigung dafür erhielten, was sie während der nationalsozialistischen Diktatur erlitten hatten.

Das Verhältnis der deutschen Bevölkerung zu den DPs war in der unmittelbaren Nachkriegszeit in aller Regel von Abwehrhaltungen und Vorurteilen geprägt. Die diskriminierende nationalsozialistische Rede von den „Untermenschen" aus dem Osten tat dabei ebenso ihre Wirkung wie die verallgemeinerten und Schrecken verbreitenden Nachrichten über gewalttätige Ausschreitungen und Plünderungen befreiter Zwangsarbeitskräfte nach dem Ende der nationalsozialistischen Diktatur. DPs galten weithin als unter der Obhut der Alliierten stehende Privilegierte, die der deutschen Polizeihoheit entzogen waren. Nur selten ist in der deutschen Nachkriegsgesellschaft in den DPs mehr gesehen worden als ein Besatzungsproblem – ihr Schicksal als Opfer der nationalsozialistischen Herrschaft wurde weithin verdrängt und verschwiegen.

Internettipp
Zum Wortlaut des „Gesetzes über die Rechtsstellung heimatloser Ausländer im Bundesgebiet" von 1951 siehe den Code 32031-19.

Lesetipp
Wolfgang Jacobmeyer, Vom Zwangsarbeiter zum heimatlosen Ausländer. Die Displaced Persons in Westdeutschland 1945 - 1951, Göttingen 1985

▲ **Nach der Eroberung Berlins.**
Foto von Boris Puschkin, Mai 1945.
Ausländische Staatsangehörige begeben sich nach der sowjetischen Eroberung von Berlin zu den Sammelpunkten der Stadt.
▪ *Charakterisieren Sie die Situation der Menschen auf dem Foto.*

M1 Befreiung aus der Zwangsarbeit

Walentina P. Bogatschenko ist in den letzten Kriegsjahren als Zwangsarbeiterin in der Schraubenfabrik in Wiesbaden beschäftigt gewesen. Im Jahr 2001 erinnert sie sich an die Geschehnisse nahe der Stadt Wiesbaden im Frühjahr 1945:

Eines Morgens erklärte man uns, wir sollten uns parat machen und die Abzeichen annähen. Wir wurden losgeschickt – ich weiß nicht mehr wohin. Unsere Kolonne wurde von den [deutschen] Aufsehern bewacht. Wir gingen sehr lange. Dann verschwanden aber die Wachleute, und wir sahen einen amerikanischen Jeep. Wir waren sehr froh. Die Amerikaner gaben uns etwas zu essen und schickten uns weiter. Wir verstanden, dass der Krieg zu Ende war, und kehrten um. Unterwegs schlossen wir uns einigen Tschechen an. Mit denen zusammen kehrten wir auch zurück. In einem Aufnahmelager, wo Leute von verschiedenen Nationen anwesend waren, bekamen die Tschechen und wir zwei Zimmer. [...] Man gab uns gutes Essen, abends spielten wir Fußball, guckten Filme an. Dann kam aber die Zeit der Abreise.

Hedwig Brüchert, Zwangsarbeit in Wiesbaden. Der Einsatz von Zwangsarbeitskräften in der Wiesbadener Kriegswirtschaft 1939 bis 1945, Schriften des Stadtarchivs Wiesbaden, Bd. 8, Wiesbaden 2003, S. 264

1. *Erläutern Sie, inwiefern die geschilderten Erlebnisse beispielhaft für das Geschehen in Deutschland in den Jahren 1945/46 waren.*
2. *Nehmen Sie Stellung zu der Frage, ob es sich hier tatsächlich um eine „Befreiung" handelt.*

M2 Wege und Irrwege nach dem Ende des Zweiten Weltkrieges

Im Folgenden werden zwei Lebenswege jüdischer Überlebender aus Wilna skizziert:

Lily Mazur Margules wurde 1924 im polnischen Wilna geboren und nach dem deutschen Angriff auf die UdSSR 1941 im dortigen Ghetto interniert. Sie überlebte unter anderem das KZ Kaiserwald, die Zwangsarbeit in den Dünawerken (KZ Riga) und das KZ Stutthof. Im März 1945 befreite die Rote Armee sie schwer an Typhus erkrankt in Ostpreußen. Zur

Erholung kam sie in das Ostseebad Zoppot. An eine Rückkehr war nicht zu denken, weil Wilna in der Zwischenzeit Teil der UdSSR geworden war. Im polnischen Lodz traf sie im Herbst 1945 eine Cousine und blieb hier, um sich auf die Migration nach Palästina im Rahmen einer Jugendgruppe vorzubereiten. Ein Jahr später reiste die gesamte Gruppe über Prag und München nach Fürstenbach in Bayern, um hier eine landwirtschaftliche Ausbildung zu durchlaufen. Die nächste Station bildete im Herbst 1946 das DP-Lager Leipheim bei Ulm. Zum Jahreswechsel 1946/47 überquerte die Gruppe illegal die italienische Grenze, erreichte das DP-Lager Grugliacco in der Nähe Turins, wo sie ihren späteren Mann kennenlernte, den sie in Turin heiratete. Ein vor dem Zweiten Weltkrieg nach Buenos Aires ausgewanderter Onkel bezahlte eine Schiffspassage nach Argentinien und kümmerte sich um die Visen. 1956 zog das Ehepaar mit den beiden Söhnen nach New York.

Samuel Bak wurde 1933 in Wilna geboren und war nach der deutschen Besetzung in einem Arbeitslager in der Stadt interniert worden. Nach dessen Auflösung versteckten er und andere Familienangehörige sich 1944 in einem Kloster bei Wilna. Mithilfe überlebender Wilnaer Juden kamen seine Mutter und er nach Lodz, wo Samuel Bak nach vier Jahren erstmals wieder eine Schule besuchte. Hier erfuhr er auch vom Tod des Vaters, der im Ghetto Wilna ermordet worden war. Mithilfe einer zionistischen Organisation kamen Mutter und Sohn über Stettin in das Berliner Aufnahmelager Schlachtensee und von hier aus in das DP-Lager Landsberg in Bayern. Hier heiratete die Mutter einen litauischen Juden, der das KZ Dachau überlebt hatte. Die Familie zog von Landsberg aus 1948 nach Israel. Samuel Bak lebt heute in den USA in der Nähe von Boston.

Zusammengestellt nach: Anna Lipphardt, Vilne. Die Juden aus Vilnius nach dem Holocaust. Eine transnationale Beziehungsgeschichte, Paderborn 2010, S. 147-151

1. *Analysieren Sie die beiden Lebenswege, indem Sie sie mithilfe einer Karte räumlich erschließen.*
2. *Arbeiten Sie heraus, wo sich die Wege von Lily Mazur Margules und Samuel Bak überschneiden, und erläutern Sie, warum es hier zu diesen Überschneidungen kommt.*
3. *Erörtern Sie anhand der beiden Beispiele die Problematik der „Displaced Persons" in den Nachkriegsjahren.*

M3 Zwangsarbeit oder Zusammenarbeit?

1943 wird Wladimir Justschenko als fünfjähriges Kind mit seinen Eltern aus dem Gebiet von Tschernigow in der Ukraine nach Wiesbaden verschleppt. Dort lebt er im Reichsbahnlager „Rudolf". Im Jahr 2002 gibt er Zeugnis von der Rückkehr der Familie in ihre „Heimat":

Ein sowjetischer Major hielt eine pathetische Rede: „Die Heimat wartet auf Euch ...!" Damit war das schöne freie Leben [in der amerikanischen Besatzungszone] zu Ende. Das war eine sehr schöne Zeit gewesen: Gesang, gutes Essen, Freiheit. [...] Wir wurden also in die Heimat zurückgeschickt. Sobald wir die Grenze überschritten hatten zwischen Polen und der Ukraine, merkten wir sofort, dass die schönen Worte des Majors nichts mit der Realität zu tun hatten. Zuerst kehrten wir in das Dorf zurück, da die Großmutter es unbedingt wiedersehen wollte. Da sahen wir, dass es vollständig verwüstet war; überall wuchs Gras, sonst war nichts erhalten geblieben. [...]
1947 wurde mein Vater vor Gericht gestellt. Wer in Deutschland gewesen war, wurde als Feind betrachtet. Er wurde zu zehn Jahren Haft verurteilt, er wusste jedoch nicht wofür. Die Gerichtsverhandlung dauerte zwei Tage. Dann wurde der Vater nach Sibirien verschickt, nach Mariinsk. [...] Nach Stalins Tod gab es eine Amnestie, und mein Vater wurde freigelassen. Als man seinen Fall gerichtlich überprüfte, stellte sich heraus, dass er unschuldig war. Er wurde freigesprochen.

Hedwig Brüchert, a.a.O., S. 280f.

1. *Geben Sie Wladimir Justschenkos Erlebnisse nach seiner Rückkehr in eigenen Worten wieder.*
2. *Erklären Sie, warum „Displaced Persons" wie Justschenkos Vater in ihren Herkunftsländern häufig verfolgt wurden.*
3. *Beurteilen Sie, ob in Fällen wie dem der Familie Justschenko von einer „Heimkehr" gesprochen werden kann.*

M4 „Föhrenwald – Wartesaal der Unglücklichen“

In der Süddeutschen Zeitung vom 21. Mai 1953 berichtet der Journalist Joachim Steinmayr über das Lager Föhrenwald bei München. Im Vordergrund des Artikels steht ein etwa 50-jähriger jüdischer Schäftemacher[1], der das KZ überlebt hat. Nach der Befreiung geht er nach Haifa (Israel), kann dort jedoch wegen gesundheitlicher Probleme nicht bleiben. Seine weitere Reise führt ihn nach Frankreich. Dort stellt ihm die kanadische Botschaft in Paris eine Einwanderungsbewilligung in Aussicht. Auf diese darf er aber nicht in Frankreich warten, da seine befristete Aufenthaltsgenehmigung nicht verlängert wird. Man befürchtet, dass er dem französischen Staat zur Last fallen könnte. Auf Empfehlung eines französischen Beamten bricht er schließlich nach Deutschland auf:

Also kam der Schäftemacher nach Föhrenwald, dem letzten jüdischen Lager in Deutschland. Er bezog dort als „Illegaler“ mit seiner Frau ein kahles Zimmer. Ein Stuhl steht darin und ein halb durchgebrochenes Bett, das nachts durch Anbau der beiden Koffer verbreitert wird. Er bekommt Fürsorgeunterstützung (an die 100 Mark im Monat) und die deutschen Behörden meinen, den Vorschriften nach ganz zurecht, dass das Dasein des Schäftemachers auch in Deutschland nicht in Ordnung ist. [...]

Was den Insassen gesetzlich zusteht, wird von der deutschen Lagerverwaltung und den übergeordneten Behörden peinlich genau erfüllt. Und dennoch bleibt der Zustand in Föhrenwald unbefriedigend, vielleicht gerade deshalb, weil die Verantwortlichen zu sehr auf Korrektheit bedacht sind und darüber manchen Lösungsweg übersehen, den zwar nicht Paragrafen, wohl aber das menschliche Herz eingeben würde.

Wohin mit den Kranken und Leidenden?

Föhrenwald soll aufgelöst werden. Wohin also mit den Tbc-Leuten[2], von den Beauftragten der Auswanderungsländer bisher mit einem bedauernden Blick auf das Röntgenbild abgelehnt? Wohin mit den Siechen, die im Krankenhaus dahindämmern? Wohin mit den „besonderen Fällen“, die klagend ihr Schicksal erzählen? Wohin zum Beispiel mit Frau Zaschkewitz, einer Deutschen aus Breslau mit sieben Kindern, deren jüdischer Mann an einer schweren Neurose leidet und nie mehr wird arbeiten können? Frau Zaschkewitz ist deutsche Staatsbürgerin, trotzdem lebt sie im Lager. Man weist ihr keine Wohnung zu, ihre Kinder sind in einem Heim untergebracht. Sie hat nicht das Geld, sie auch nur zu besuchen. [...]

„Wenn man sich um jeden Einzelnen von uns nicht nur nach Versorgungsbestimmungen, sondern, jeden Fall einzeln abwägend, auch nach menschlichen Gesichtspunkten kümmern würde, wenn man nach ganz verschiedenen Wegen suchen würde, dem Einzelnen zu helfen, dem ein Auswanderungspapier, jenem eine Wohnung, diesem einen Platz im Altersheim verschaffen würde, dann könnte das Lager ganz von selbst verschwinden“, meint der Schäftemacher aus Haifa und fügt hinzu: Wenn ein paar hundert Menschen vorübergehend ein europäisches Standquartier für ihre Auswanderung suchen, weil ihre östliche Heimat verschlossen ist, sollen es ihnen nicht, auch wenn es gegen die Vorschriften ist, die Deutschen gewähren?

Solange die Leute von Föhrenwald geschlossen in ihrem Lager bleiben und als ein Kollektiv der deutschen Fürsorge zur Last fallen, so lange werden sie, wenn man ihnen etwa vorwirft, im Monat mit 90 000 Mark einen übermäßigen Stromverbrauch zu betreiben, antworten: „Und wie ist das mit dem Strom, der Tag und Nacht durch den Drahtverhau von Auschwitz gejagt worden ist?“ Eine solche Antwort muss einem Deutschen die Erwiderung verschlagen. Schon deshalb ist eine Diskussion über Föhrenwald samt seiner Illegalen so schwer.

Joachim Steinmayr, Föhrenwald – Wartesaal der Unglücklichen. Das letzte jüdische Lager in Deutschland. Ein „Illegaler“ erzählt sein Schicksal, in: Süddeutsche Zeitung, 21. Mai 1953

1. *Beschreiben Sie das Leben im Lager Föhrenwald.*
2. *Charakterisieren Sie die Eigenart des Lagers Föhrenwald.*
3. *Erläutern Sie die im Artikel thematisierten Probleme der im Lager lebenden „Displaced Persons“.*
4. *Nehmen Sie Stellung zum Umgang der deutschen Bevölkerung und Behörden mit den Lagerbewohnern.*
5. *In der Nachkriegszeit hatten viele jüdische „Displaced Persons“ Schwierigkeiten, ein Aufnahmeland zu finden. Erörtern Sie die Praxis der Siegermächte bezüglich der DPs.*

[1] Als „Schäfte“ bezeichnet man die Oberteile von Schuhen. Das Anfertigen von Schäften ist Bestandteil des Schuhmacherhandwerkes.

[2] „Tbc“ steht für die bakterielle Infektionskrankheit Tuberkulose.

Karten analysieren und interpretieren

Kompetenz:
Die räumliche Darstellung von Ereignissen und Entwicklungen beschreiben, analysieren und interpretieren

Karten geben eine Orientierung in Raum und Zeit. Sie informieren sowohl über topografische und geografische Gegebenheiten als auch beispielsweise über Ereignisse und Entwicklungen in bestimmten Gebieten oder sich verändernde Ländergrenzen und Lebensräume von Bevölkerungen.
Prinzipiell lassen sich zwei Arten von Karten unterscheiden. 1. *Historische Karten*: Sie wurden mit den Mitteln und den Erkenntnisinteressen der damaligen Zeit erstellt und zeigen, welche Vorstellungen Menschen bzw. Kartenzeichner und ihre Auftraggeber von der Welt hatten. 2. *Geschichtskarten*: Sie wurden von Historikern oder historisch arbeitenden Geografen angefertigt, um Aussagen über die Vergangenheit besser darstellen zu können.
Karten sind anschaulich und häufig leicht verständlich, bereiten aber auch spezifische Probleme. Bei historischen Karten erschließen sich Bilder, Zeichen und Symbole nicht immer unmittelbar. Darüber hinaus haben sich die Verfahren zur Abbildung geografischer Räume ständig weiterentwickelt, sodass alte Karten oft Verzerrungen enthalten. Zudem sind Karten keine objektiven Darstellungen, sondern bilden subjektive Deutungen der Welt ab. So spiegeln historische Karten immer auch das Wissen und Denken ihrer Entstehungszeit. Moderne Karten sind häufig bewusst angelegt worden, um bestimmte (z.B. politische oder kulturelle) Aussagen zu treffen.
Schließlich sind auch die Darstellungsmöglichkeiten von Karten limitiert. Sie können nur begrenzt zeitliche Entwicklungen und Abläufe zeigen. Schwierig ist es auch, komplexe gesellschaftliche und kulturelle Zusammenhänge abzubilden.
Eine kritische Auseinandersetzung mit Karten erfordert nicht nur grundlegende Kenntnisse über den historischen und thematischen Hintergrund, sondern auch das richtige „Lesen“ der Legende, der Zeichen und Symbole.

Formale Kennzeichen

- Um welchen *Kartentyp* handelt es sich?
- Wann und wo wurde die Karte *erstellt* oder *veröffentlicht*?
- Wer hat die Karte entworfen und/oder in *Auftrag* gegeben?

Karteninhalt

- Über welches *Thema* informiert die Karte?
- Welchen *Raum* und welche *Zeit* stellt die Karte dar?
- Zeigt die Karte einen *Zustand* oder eine *Entwicklung*?
- Welche *Darstellungsformen* nutzt die Karte (Symbol, Bild, Text, Farbgebung etc.)?
- Sind die *Informationen* ausreichend für das von der Karte dargestellte Thema?
- Finden sich *Widersprüche* in den Informationen?
- Entspricht die geografische/topografische Darstellung unseren heutigen Kenntnissen?

Historischer/aktueller Kontext

- In welchen historischen/politischen *Zusammenhang* lässt sich die Karte einordnen?
- Welche *Ursachen*, *Entwicklungen* oder *Folgen* lassen sich aus der Karte ablesen?

Bewertung und Intention

- An welchen *Adressatenkreis* wendet sich die Karte?
- Welchen *Zweck*, welche *Funktion* verfolgt sie?
- Auf welche wissenschaftlichen oder politischen Diskussionen geht sie ein?
- Ist eine bestimmte *Sichtweise*, eine politisch-ideologische Zielsetzung erkennbar?
- Welche Fragen kann die Karte beantworten und welche nicht?

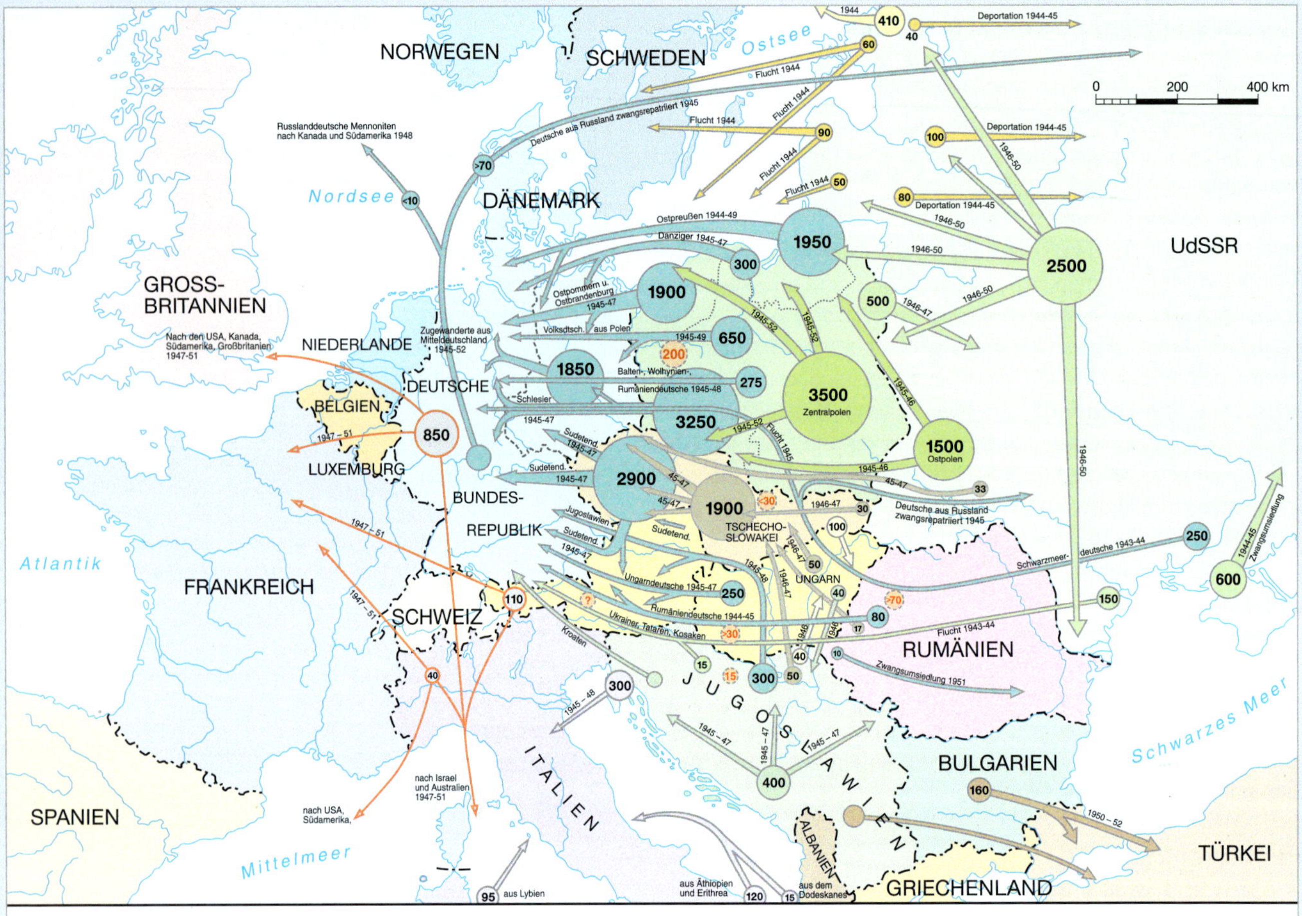

Evakuierung, Flucht, Vertreibung und Abwanderung von Deutschen aus den ostmittel-, südost- und osteuropäischen Ländern, aus den Reichsgebieten östlich der Oder und der sowjetischen Zone Deutschlands, Zwangsumsiedlung von Deutschen aus dem rumänischen Banat in die Bărăgan-Steppe

Finnische Vertriebene

Flucht von Balten vor der Roten Armee und Deportation von Balten nach der sowjetrussischen Besetzung des Baltikums

Flucht von Ukrainern, Tataren, Kosaken, Weißrussen vor der Roten Armee; Zwangsumsiedlung von Krimtataren, Kaukasiern, Kalmüken nach Einzug der Roten Armee; Umsiedlung von Ukrainern aus Polen nach der UdSSR, Ansiedlung von Russen in den baltischen Staaten, im nördlichen Ostpreußen und im ehemaligen Ostpolen

Italienische Flüchtlinge und Vertriebene aus den an Jugoslawien abgetretenen Gebieten und aus den ehemaligen italienischen Kolonien

Umgesiedelte Ungarn aus der Slowakei und Jugoslawien

Ansiedlung von Tschechen und Slowaken aus Böhmen, Mähren, Sudeten, Schlesien, der Slowakei und den Nachbarländern in den zuvor von Deutschen besiedelten Gebieten der Tschechoslowakei

Umgesiedelte Kroaten, Slowenen und Serben aus Ungarn; Ansiedlung von Bosniern, Montenegriniern und Serben in den ehemals deutsch-bewohnten Gebieten Jugoslawiens

Ansiedlung von Polen in den ostdeutschen Reichsgebieten

Neuansiedlung von DP's (Russen,Balten, Polen Serben, Juden etc.) in Westeuropa, Israel und Übersee durch die IRO

Vertreibung von Türken aus Bulgarien in dieTürkei

250 Zahl der Vertriebenen, Deportierten, Ansiedler in Tausend

150 Deportation von Deutschen in die Sowjetunion bis Kriegsende in Tausend

▲ **„Europäische Bevölkerungsbewegungen 1944 - 1952."**
Karte nach: Haus der Heimat des Landes Baden-Württemberg (Hrsg.), Umsiedlung, Flucht und Vertreibung der Deutschen als internationales Problem. Zur Geschichte eines europäischen Irrwegs, Stuttgart ³2009, S. 72

Formale Kennzeichen Es handelt sich um eine Geschichtskarte, die 2009 in einem Heft zum Thema „Umsiedlung, Flucht und Vertreibung der Deutschen als internationales Problem“ erschienen ist. Das Heft wurde vom Haus der Heimat des Landes Baden-Württemberg herausgegeben.

Karteninhalt Die Karte informiert über die räumlichen Bevölkerungsbewegungen in Europa zwischen 1944 und 1952. Durch die Darstellung der Bewegung von Menschen in einem Zeitraum von neun Jahren zeigt sie eine Entwicklung. Dabei bedient sie sich verschiedener Darstellungsformen: Die Farbflächen lassen die politischen Verhältnisse nach 1945 erkennen, zusätzlich markieren schwarze Linien (die aus Punkten und Strichen bestehen) die Staatsgrenzen. Einen Sonderfall bildet Deutschland, da die schwarze Linie hier die Grenzen von 1990 und eine grau gestrichelte Linie die innerdeutsche Grenze bis 1990 zeigt. Grau gepunktete Linien deuten die Grenzen des Deutschen Reiches von 1937 an. Farbige Kreise stellen durch verschiedene Größen und schwarze Zahlen die Zahl der Vertriebenen, Deportierten und Ansiedler in Tausend dar. Ausgehend von diesen zeigen entsprechend farbige Pfeile die Richtungen der Bevölkerungsbewegungen, die durch kurze Textangaben näher erläutert werden. Hinzu kommen dünne rote Kreise und Pfeile, die die Neuansiedlung von DPs durch die IRO angeben, sowie orangefarbene Kreise und Zahlen, die die Deportation von Deutschen in die Sowjetunion bis Kriegsende in Tausend zeigen. Die Darstellung ist in einigen Teilen nicht unmittelbar verständlich: Bei manchen Farbflächen wird nicht angegeben, welche Staaten dargestellt sind, eine Angabe zum Zeitpunkt der eingezeichneten Grenzen fehlt und Bundesrepublik und DDR sind nicht farblich voneinander abgehoben. Davon abgesehen bietet die Karte jedoch eine hohe Dichte an Informationen und stellt das genannte Thema umfassend dar.

Historischer Kontext Von 1939 bis 1945 wurden 50 bis 60 Millionen Flüchtlinge, Vertriebene und Deportierte zur Migration gezwungen. Nach Kriegsende kamen noch einmal etwa 25 Millionen Menschen hinzu. Die Karte erläutert einen gewichtigen Teil dieser Bevölkerungsbewegungen im Umfeld des Zweiten Weltkrieges. Es wird deutlich, dass fast kein Gebiet in Ostmittel-, Ost-, Südost- und Südeuropa im dargestellten Zeitraum von Flucht, Vertreibung und Umsiedlung verschont blieb.
Hintergrund dessen war der Gedanke des ethnisch gereinigten, von Minderheiten befreiten Nationalstaates. Die Umsetzung dessen führte zu gewaltigen Bevölkerungsverschiebungen, die keineswegs nur Deutsche betrafen, sondern darüber hinaus eine Vielzahl anderer Bevölkerungsgruppen in Europa.

Bewertung und Intention Die Geschichtskarte richtet sich an historisch interessierte Leser. Sie soll die europäische Dimension der Problematik von Flucht, Vertreibung und Umsiedlung im Umfeld des Zweiten Weltkrieges deutlich machen. Dadurch zeigt sich die Karte der internationalen Diskussion um die genannte Problematik verpflichtet. Fragen nach den Ursachen und Folgen der Bevölkerungsverschiebungen werden zwar nicht beantwortet, doch hätten weitere Informationen wohl auch zu einer Überfrachtung der Karte geführt. Die komplexen Entwicklungen der Bevölkerungsverschiebungen von 1944 bis 1952 werden umfassend und anschaulich abgebildet.

1. + *Arbeiten Sie die Gesamtzahlen für die farblich differenzierten Bevölkerungsbewegungen heraus und stellen Sie sie in Form einer Tabelle oder eines Diagramms dar.*
2. *Erörtern Sie, inwiefern es sich bei dem Thema „Flucht, Vertreibung und Umsiedlung im Umfeld des Zweiten Weltkrieges“ um ein internationales Problem handelt.*

Verteilungskonflikte: die Aufnahme von Flüchtlingen und Vertriebenen

Lesetipp
Andreas Kossert, Kalte Heimat. Die Geschichte der deutschen Vertriebenen nach 1945, München 2008

Städte	Kriegszerstörungen (in Prozent)
Düren	99
Paderborn	97
Bocholt	89
Hanau	88
Köln	70
Dortmund	66
Duisburg	65
Kassel	64
Braunschweig	52
Hannover	51

▲ **Wohnungsnot in Deutschland am Ende des Krieges (Schätzungen).**

Verteilung der Flüchtlinge und Vertriebenen in den Besatzungszonen In den vier Besatzungszonen in Deutschland gab es keine gleichmäßige Verteilung der Flüchtlinge und Vertriebenen. Insgesamt war der Osten Deutschlands, also die Sowjetische Besatzungszone (SBZ), von der Zuwanderung von Flüchtlingen und Vertriebenen stärker betroffen als der Westen. Innerhalb der drei westlichen Besatzungszonen waren wiederum die östlichen Gebiete stärker belastet als die westlichen. Ende 1947 lag der Anteil der Flüchtlinge und Vertriebenen an der Gesamtbevölkerung in der SBZ bei 24,3 Prozent. Die US-Zone blieb demgegenüber mit 17,7 Prozent ebenso zurück wie die britische Besatzungszone mit 14,5 Prozent. In der französischen Besatzungszone erreichte der Flüchtlingsanteil an der Gesamtbevölkerung wegen der Weigerung der französischen Besatzungsbehörden, Flüchtlinge und Vertriebene aufzunehmen, sogar nur rund ein Prozent (▸ M1).

Vielen Zeitgenossen schienen die Probleme der Massenzuwanderung in einem durch massive Zerstörungen gekennzeichneten Nachkriegsdeutschland kaum lösbar. Immerhin waren am Ende des Krieges mehr als vier Millionen Wohnungen ganz oder teilweise zerstört, das entsprach mehr als einem Fünftel des gesamten Vorkriegsbestandes und betraf vor allem die Städte. Auch wenn die Wohnungssituation auf dem Lande besser zu sein schien, gab es auch hier kaum freien Wohnraum. Der Bombenkrieg über den deutschen Städten hatte dazu geführt, dass, vor allem zwischen 1943 und 1945, an die zehn Millionen „Evakuierte" zeitweilig oder auf Dauer ihre Heimatstädte verlassen hatten, um freiwillig oder aufgrund der Evakuierungsmaßnahmen auf dem Land Schutz zu suchen. Schon vor Beginn der Zuwanderung von Flüchtlingen und Vertriebenen waren damit die Unterkunftsmöglichkeiten auf dem Lande stark beschränkt.

Niedersachsen als Aufnahmeland Das in der britischen Besatzungszone gelegene Niedersachsen war in den deutschen Westzonen neben Schleswig-Holstein und Bayern eines der Hauptaufnahmegebiete von Flüchtlingen und Vertriebenen („*Hauptflüchtlingsländer*").[1] Vornehmlich die Flüchtlingszuwanderung führte dazu, dass die niedersächsische Bevölkerung trotz der Kriegsverluste um ca. 50 Prozent anwuchs – von 4,5 Millionen im Jahr 1939 auf 6,8 Millionen im Jahr 1950. Innerhalb Niedersachsens ergaben sich in der Verteilung der Flüchtlinge und Vertriebenen klare Ungleichgewichte mit einem sehr deutlichen Ost-West-Gefälle: Die Regierungsbezirke und Kreise im Osten Niedersachsens nahmen wesentlich mehr Flüchtlinge und Vertriebene auf als die mittleren und westlichen. Einheimische stellten 1946 in den westlichsten Regierungsbezirken Aurich und Osnabrück drei Viertel, in den Bezirken Braunschweig, Hannover, Hildesheim, Oldenburg und Stade zwei Drittel, im Regierungsbezirk Lüneburg aber nur noch die Hälfte der Bevölkerung. Dabei gilt für Niedersachsen insgesamt, dass beinahe die Hälfte aller Flüchtlinge und Vertriebenen in Gemeinden mit weniger als 2000 Einwohnern unterkam.

Lesetipps
- *Klaus J. Bade, Hans-Bernd Meier und Bernhard Parisius (Hrsg.), Zeitzeugen im Interview. Flüchtlinge und Vertriebene im Raum Osnabrück nach 1945, Osnabrück 1997*
- *Bernhard Parisius, Viele Flüchtlinge suchten sich ihre neue Heimat selbst. Zur Aufnahme von Flüchtlingen und Vertriebenen im westlichen Niedersachsen, Aurich 2004*

[1] Siehe hierzu die Karte (M1) auf Seite 189.

▲ **Flüchtlinge auf dem Bahnhof von Hannover.**
Foto (Ausschnitt) von Wilhelm Hauschild aus dem Jahr 1946.
Frauen und Kinder waren nach Flucht und Vertreibung oftmals auf sich allein gestellt.

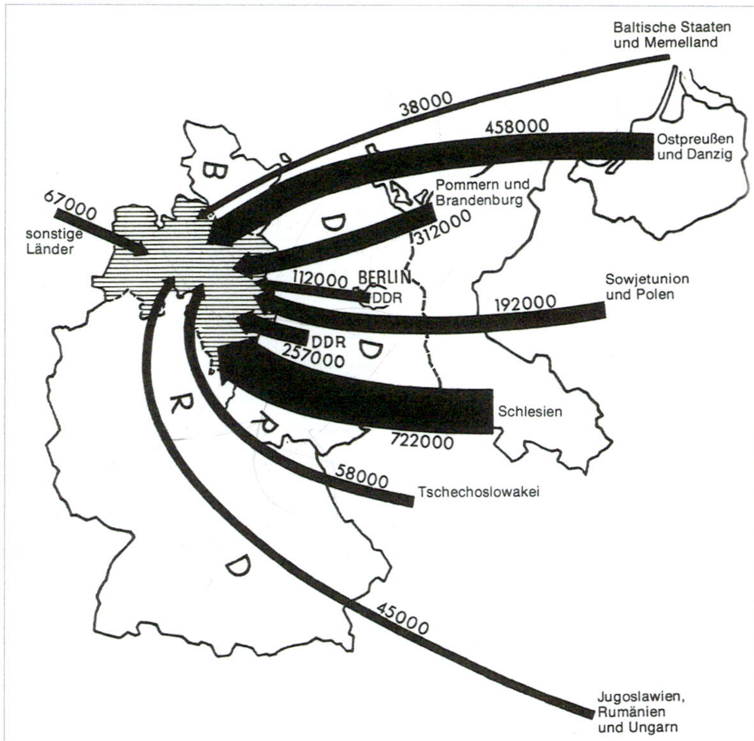

▲ **Herkunftsgebiete der Flüchtlinge und Vertriebenen (Volkszählung 1950).**
Karte nach: Walter Bradatsch und Hansgeorg Loebel, Neue Heimat in Niedersachsen, Alfeld 1979, S. 52

▪ ✚ *Analysieren Sie die Karte, indem Sie die dort aufgeführten quantitativen und territorialen Informationen in Form einer Tabelle darstellen.*

Schwierige Wohn- und Lebensbedingungen ▪ Spannungen und Konflikte zwischen Einheimischen und Flüchtlingen resultierten zunächst zumeist aus der Unterkunftsfrage. Gab es keine freiwillige Abgabe von Wohnraum, reagierten deutsche und westalliierte Dienststellen – im Laufe der Zeit immer öfter – mit Zwangseinweisungen. Häufig wurden Dienstboten- oder Abstellkammern, Ställe oder andere Funktionsräume mit spartanischer Ausstattung provisorisch und primitiv als Unterkunft ganzer Familien hergerichtet („*Notwohnungen*"). Auseinandersetzungen zwischen Einheimischen und Zuwanderern waren vorprogrammiert: Allein im Jahre 1946 beschwerten sich beispielsweise in der Provinz Brandenburg mehr als 45 000 Flüchtlinge und Vertriebene schriftlich bei der zuständigen Behörde über alltägliche Konflikte mit Einheimischen. Zumeist ging es um Probleme der Wohnungsversorgung. Bei einer repräsentativen Umfrage in den Ländern der US-amerikanischen Besatzungszone äußerten 1949 insgesamt 61 Prozent der befragten Einheimischen, Flüchtlinge und Vertriebene seien „Störenfriede" in ihrem unmittelbaren Umfeld, darunter 40 Prozent mit Hinweis auf wohnungsbedingte Schwierigkeiten. Verstärkt wurden diese Verteilungskonflikte durch vielfältige kulturelle Grenzziehungen und Auseinandersetzungen: Traditionen, Sitten, Gebräuche oder Handlungsmuster unterschieden sich, Katholiken trafen auf Protestanten, Stadt- auf Landbewohner oder Angehörige deutscher Minderheiten aus Ost-, Ostmittel- und Südosteuropa auf traditionsbewusste Einheimische. Verschärfend wirkten tief verankerte Vorurteile der Einheimischen gegen Menschen aus „dem Osten", die auf die Flüchtlinge und Vertriebenen projiziert wurden (▸ M2).

Vor allem mit dem Eintreffen der großen Vertriebenentransporte des Jahres 1946 erwies es sich als zunehmend schwieriger, Flüchtlinge und Vertriebene in privaten Haushalten unterzubringen. Seither wuchs die Zahl der Lagerbewohner. Überall entstanden neben den bereits bestehenden Erstaufnahme-, Durchgangs- und Quarantä-

▶ **Ankunft in Friedland.**
Foto von 1945/46.
Das Grenzdurchgangslager Friedland wurde von der britischen Besatzungsmacht in der gleichnamigen Gemeinde im Landkreis Göttingen errichtet. Am 20. September 1945 nahm es seinen Betrieb auf. Siehe den Code 32031-20.
Links im Bildhintergrund sind sogenannte „Nissenhütten" zu erkennen. Solche Wellblechhütten waren ursprünglich als billige und schnell zu errichtende Unterkünfte für Soldaten entwickelt worden. Nach dem Zweiten Weltkrieg dienten sie in der britischen und amerikanischen Besatzungszone als Behausung für Tausende von Flüchtlingen und Vertriebenen.

nelagern nun auch regelrechte *Wohnlager*, die der längerfristigen Unterbringung von Flüchtlingen und Vertriebenen dienten. Nicht selten handelte es sich um ehemalige Kriegsgefangenen- und Zwangsarbeiterlager, Kasernenanlagen, Fabrikgebäude, Bunker oder sogar ehemalige nationalsozialistische Konzentrationslager wie beispielsweise das Lager Dachau bei München (▶ M3).

Neben der Unterkunftsfrage war die Versorgung mit Lebensmitteln eine der großen Herausforderungen im Nachkriegsdeutschland. Im Konflikt um die Verteilung mit Lebensmitteln standen Flüchtlinge und Vertriebene gegenüber den Einheimischen in der Regel zurück (▶ M4). Wie sehr eine mangelhafte Versorgung die Gesundheit gefährdete, zeigt eine Untersuchung des Gesundheitsamtes in Göttingen: Im Juni 1947 waren hier 1800 zufällig vorbeigekommene Passanten gewogen worden. Nur 203 hatten ihr Normalgewicht. In 297 Fällen wurde ein Untergewicht von fünf bis zehn Prozent registriert, bei 274 Menschen ein Untergewicht von zehn bis 15 Prozent, im Falle von 375 Personen lag es bei 15 bis 25 Prozent. Bei 322 Passanten galt das Untergewicht als akut gesundheitsgefährdend. 412 Menschen waren bis auf die Knochen abgemagert. In erster Linie handelte es sich bei den Betroffenen um Flüchtlinge und Vertriebene.

Jahr	Durchschnittlicher Kalorienverbrauch in Deutschland (pro Tag/Person)
1939	2435
1948	1382

▲ **Kalorienverbrauch in Deutschland.**

Arbeit Mit der vorrangigen Unterbringung der Flüchtlinge und Vertriebenen in den stark landwirtschaftlich geprägten Gebieten verbanden sich erhebliche Probleme, Arbeit zu finden. Bis zur Währungsreform 1948 arbeiteten viele Flüchtlinge und Vertriebene unentgeltlich, häufig lediglich für Kost und Logis als Hilfskräfte in landwirtschaftlichen Betrieben. Im Oktober 1948 waren unter den Flüchtlingen und Vertriebenen in Niedersachsen 58 Prozent der Arbeiter und 40 Prozent der Angestellten berufsfremd beschäftigt. Es gab zwar eine Arbeitslosenunterstützung, die aber kaum ausreichte und in wertloser Reichsmark ausbezahlt wurde. Lohnarbeit im herkömmlichen Sinne blieb wegen der Wertlosigkeit der Währung beinahe ebenso bedeutungslos. Unterbeschäftigung, Gelegenheitsjobs, legale und illegale Tauschaktivitäten kennzeichneten den Arbeitsalltag. Die Produktivität war niedrig angesichts der schwierigen Ernährungslage, der mangelhaften Versorgung mit Betriebsmitteln und Rohstoffen und des katastrophalen Zustandes der gesamten Infrastruktur.

M1 Flüchtlinge und Vertriebene in Deutschland 1945 bis 1950

Karte nach: Haus der Heimat des Landes Baden-Württemberg (Hrsg.), Umsiedlung, Flucht und Vertreibung der Deutschen als internationales Problem. Zur Geschichte eines europäischen Irrwegs, Stuttgart [3]2009, S. 73

1. *Analysieren Sie die Karte mithilfe der Fragen auf Seite 183 (Methoden-Baustein „Karte").*
2. *Beurteilen Sie, ob man von einer gleichmäßigen Verteilung der Flüchtlinge und Vertriebenen im angegebenen Zeitraum sprechen kann.*

▲ **Fastnachtsumzug im badischen Lahr.**
Foto um 1950.
▪ *Interpretieren Sie das Foto.*

M2 Ankunft im Westen

Frau F., geboren 1931 in Schlesien, wird mit ihrer Mutter und ihren Geschwistern nach der Flucht im Jahr 1945 in der Nähe von Osnabrück bei einer Försterfamilie einquartiert:

Viele neugierige Einheimische, hiesige Leute sahen uns jetzt, mit Familien, mit kleinen Kindern, wir sahen ja nicht gerade empfangend aus, denn unsere Grundreinigung und Wäscherei, die musste ja erst noch beginnen jetzt von der langen Fahrt. In den Lagern sind wir wohl von Ungeziefern befreit worden, aber dass wir appetitlich aussahen, das konnte man also nicht gerade sagen. Und wenn da eine Mutter mit neun Kindern jetzt hier vor einem Försterehepaar mit einer kleinen, hübschen Tochter steht, die hübsch, niedlich, fein angezogen ist und da kommt nun eine Mutter mit neun Kindern, da kann sich ja jeder ein Bild machen, was die Familie eigentlich für einen Schreck gekriegt hat. Die haben also gedacht, da kommen irgendwelche Wilde an, weiß der Kuckuck woher, ob nun Polacken oder Russen oder sonst was. Also ich hatte das Gefühl – ich war da 14 Jahre und meine kleinen Geschwister – wir hatten das Gefühl und ich hatte das sogar sehr stark, dass Familie T. dachte, wir sind Ausländer. Dafür haben sie uns alle im ersten Moment gehalten. Meine kleinen Geschwister, die hielten meine Mutter an der Hand und das Erste, was sie sagten, „Mama, Hunger!" Da sagte die Frau T., „ach, Deutsch sprechen könnt Ihr auch!" Das ist mir also bis heute noch im Gedächtnis geblieben, dass die Familien von hier eigentlich über unser Schicksal bis dahin überhaupt keine Ahnung hatten, dass die über nichts unterrichtet waren, nicht vorbereitet waren, dass die gar nicht wussten, was auf sie zukommt.

Klaus J. Bade, Hans-Bernd Meier und Bernhard Parisius (Hrsg.), Zeitzeugen im Interview. Flüchtlinge und Vertriebene im Raum Osnabrück nach 1945, Osnabrück 1997, S. 125 f.

1. *Geben Sie in Ihren eigenen Worten wieder, welche Erfahrungen Frau F. und ihre Familie nach ihrer Ankunft in Niedersachsen machen.*
2. *Erklären Sie die Reaktion der Familie T. auf die Neuankömmlinge.*
3. *Entwickeln Sie eine Einschätzung zu der Frage, warum Frau F. die Szenen ihrer Ankunft im Osnabrücker Land bis heute im Gedächtnis geblieben sind.*
4. *Erörtern Sie, ob es sich bei der Aufnahme der Flüchtlinge und Vertriebenen im Nachkriegsdeutschland um einen „Kulturkontakt" im Sinne der Ausführungen auf Seite 248 ff. (Theorie-Baustein „Kulturkontakt und Kulturkonflikt") handelt.*

M3 Flüchtlinge und Vertriebene in Weetzen

Vom Leben der Flüchtlinge in Weetzen, einem Stadtteil von Ronnenberg in der Region Hannover, berichtet die Hannoversche Presse am 16. Dezember 1947:

„Warum seid Ihr gekommen? Wir haben Euch nicht gerufen!" Mit diesen hartherzigen Worten empfing sie ein Beauftragter der Gemeinde Weetzen. Und genauso wie der Empfang war dann auch die Unterbringung der Flüchtlinge. Ein dunkler Raum in einer Gastwirtschaft, dessen Größe wir auf 24 Quadratmeter schätzen, beherbergt nicht weniger als 25 Personen, Frauen, Männer und Kinder. Die Luft ist stickig. Es gibt weder Außenfenster noch eine andere Lüftungsmöglichkeit. Die Wände sind triefnass. Das auf den Fußboden geschüttete Stroh ist feucht, es liegt schon vier Wochen da, neues kann angeblich nicht beschafft werden. Auch die Decken und Kleidungsstücke sind feucht. An diesen Schlafraum schließt sich ein zweiter, größerer, in dem weitere 18 Personen wohnen, an, außerdem ist es der Aufenthalts- und Kochraum. An dem großen Herd kochen bei unserem Eintritt acht Parteien, Wäsche hängt zum Trocknen auf einer Leine. Kinder spielen. In einer Ecke liegt eine Frau mit einem kleinen Mädchen auf Stroh. Seit ihrer Ankunft vor vier Wochen ist sie noch nicht aufgestanden, vielleicht ist sie zu schwach dazu, vielleicht ist ihr aber auch alles gleichgültig geworden. Die anderen versorgen sie notdürftig mit Essen und Trinken.

In den beiden Räumen gibt es keine Glühbirnen. Eine geliehene wurde für eine Rübensaftküche zurückgefordert und nicht wiedergebracht. Holz für den Herd ist nur spärlich vorhanden. Um sich zu waschen, müssen diese 42 Menschen zwischen zwei und 64 Jahren in der Zeit von 7 bis 8:30 Uhr früh in die einen halben Kilometer entfernte Zuckerfabrik gehen, wo es Waschräume gibt.
Eines der Flüchtlingsschicksale möge für alle sprechen. Es handelt sich um eine Frau in mittleren Jahren. Sie wurde von den deutschen Truppen beim Rückzug aus der Ukraine mit nach Polen genommen, in Litzmannstadt [Łódź] 1945 verhaftet, von ihren beiden kleinen Töchtern getrennt, sechs Monate ins Gefängnis gesteckt und dann neun Monate in ein Arbeitslager. Nach einem Jahr Sklavenarbeit bei polnischen Bauern floh sie, brachte monatelang in Lagern zu, bis sie nach Weetzen in diese Flüchtlingsunterkunft eingewiesen wurde. Wie wohlbehütet ist dagegen das Leben der meisten Einheimischen verlaufen!
Als uns einige der Flüchtlinge bis auf die Straße begleiteten, trug man gerade zwei große Plattenkuchen vorbei. Die Flüchtlinge haben sich abgewandt. In wenigen Tagen ist Weihnachten.

Hannoversche Presse, 16.12.1947, S. 2, zitiert nach: Thomas Berger und Karl-Heinz Müller, Lebenssituationen 1945-1948, Hannover 1983, S. 137f.

1. *Beschreiben Sie die im Artikel dargestellte Situation der Flüchtlinge und Vertriebenen in Weetzen.*
2. *Charakterisieren Sie, was an dieser Situation typisch ist für die Lage der Vertriebenen nach 1945.*
3. *Arbeiten Sie heraus, welche Haltung der Autor des Artikels zum Flüchtlingsproblem einnimmt.*
4. *Der Osteuropa-Historiker Andreas Kossert beschreibt das Nachkriegsdeutschland in Bezug auf die Aufnahme der Flüchtlinge und Vertriebenen als „Kalte Heimat". Erörtern Sie, inwiefern diese Bezeichnung zutreffend ist. Beziehen dabei auch M2 und M3 mit ein.*
5. **+** *Nehmen Sie in Form eines Essays Stellung zu der Frage, was es bedeutet, die Heimat zu verlieren.*

M4 Die Notlage der Flüchtlinge

Auf einer Dienstbesprechung der Kreisflüchtlingsbetreuer des Kreises Stadthagen am 21. August 1946 wird festgehalten:

Die Flüchtlinge haben bisher eine bewunderungswürdige Geduld gehabt und haben sich die gutgemeinten „Vertröstungen der Kreisflüchtlingsbetreuer" angehört und haben gewartet. Die augenblickliche Not muss aber geradezu katastrophale Formen annehmen, wenn nicht noch vor Beginn des Winters wenigstens ausreichend Herde, Öfen, Betten, Strohsäcke, Decken, Schuhe und auch Kopftöpfe herangeschafft werden ...
Zusammenfassend sei also hiermit festgestellt:
1. Ein Großteil der Flüchtlinge kann unter den augenblicklichen Verhältnissen weder arbeiten noch leben.
2. Wenn keine baldige Hilfe kommt, dann werden Resignation, Abkehr vom politischen Wiederaufbau, Misstrauen gegenüber dem Wesen der Demokratie, Blüte des Schwarzen Marktes, Anwachsen von Vergehen und Verbrechen usw. unvermeidlich sein.
3. Der augenblickliche Zustand darf kein Dauerzustand sein. Vor Beginn des Winters muss wenigstens die größte Not gelindert sein.
Da allgemein bekannt ist, dass zum Teil noch beachtliche Mengen von Verbrauchsgütern gelagert werden, stelle ich hiermit, zugleich im Namen des Kreisflüchtlingsausschusses, die nachdrückliche Forderung, dass alles getan wird, um
1. eine Freigabe der Lagerbestände zu erreichen und
2. eine Erhöhung der Produktion bei den wichtigsten Verbrauchsgütern herbeizuführen.

Niedersächsisches Staatsarchiv Bückeburg, zitiert nach: Klaus Maiwald, Flüchtlinge und Vertriebene im Schaumburger Land, in: Praxis Geschichte, 1989, H. 3, S. 22

1. *Geben Sie die Forderungen des Kreisflüchtlingsausschusses wieder.*
2. *Erklären Sie die Hintergründe für die geschilderte Notlage.*
3. *Entwickeln Sie eine Einschätzung dazu, ob die aufgezeigten Befürchtungen für den Fall, dass keine Hilfe kommen sollte, realistisch sind.*

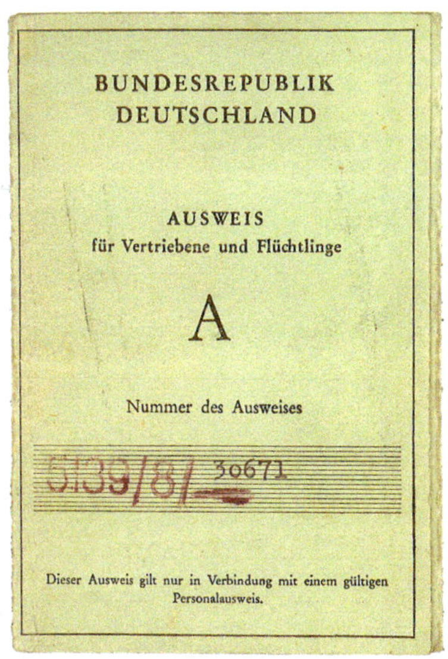

▸ Ausweis für Vertriebene und Flüchtlinge.
Die Ausweise „A" und „B" waren für Vertriebene und Flüchtlinge aus den ehemaligen deutschen Ostgebieten, den Ausweis „C" erhielten „Sowjetzonenflüchtlinge", also als Flüchtlinge anerkannte Abwanderer aus der SBZ bzw. DDR.

Rasche Integration der Flüchtlinge und Vertriebenen?

Statusverlust durch Flucht und Vertreibung Für die Flüchtlinge und Vertriebenen bedeutete die Zwangsmigration auch einen sozialen und wirtschaftlichen Statusverlust. Es dauerte Jahrzehnte, bis er ausgeglichen war und die Flüchtlinge und Vertriebenen im Blick auf die beruflichen Positionen, die finanzielle Ausstattung und die Wohnverhältnisse das Niveau der Einheimischen erreicht hatten. Auch in anderen Bereichen lassen sich viele Faktoren finden, die auf eine lange Dauer der Integration der Flüchtlinge und Vertriebenen hindeuten: So traten Heiratsverbindungen zwischen Flüchtlingen und Vertriebenen einerseits und Einheimischen andererseits viele Jahre relativ selten auf. Erst in der zweiten Generation, also bei den Kindern der Zwangsmigranten, änderte sich dies. Über mentale Belastungen und Traumatisierungen, die die Ereignisse von Flucht und Vertreibung mit sich gebracht hatten, wurde ebenfalls über Jahrzehnte nicht gesprochen.

Wohnungsbau für Flüchtlinge und Vertriebene 1950 hatte gerade einmal ein Viertel der 2,6 Millionen Haushaltungen von Flüchtlingen und Vertriebenen eine eigene abgeschlossene Wohnung. Zwei Drittel aller Flüchtlings- und Vertriebenenfamilien lebten zur Untermiete und ein Zehntel in „Notwohnungen" oder Lagern. Bis 1956 stieg jedoch der Anteil der Flüchtlinge und Vertriebenen mit abgeschlossenen Wohnungen im Vergleich zu 1950 auf das Dreifache an. Anfang der 1960er-Jahre galten die Wohnverhältnisse von einheimischer und zugewanderter Bevölkerung als weithin angeglichen. Hintergrund waren die umfangreichen staatlichen Wohnungsbauprogramme, zinsgünstige Kredite und Steuervorteile sowie insbesondere die Initiative der Flüchtlinge und Vertriebenen selbst. Ihnen gelang es durch Eigenleistungen, Nachbarschaftshilfe oder die Gründung von Siedlungsgenossenschaften, die Wohnungsnot zu überwinden. Nun war nicht nur in einem Großteil der Gemeinden die Siedlungsfläche durch „Ostlandviertel" mit charakteristischen Straßennamen (Königsberger Straße, Breslauer Straße, Danziger Straße etc.) erweitert worden, zum Teil kam es auch zu Gründungen separater Gemeinden bzw. Städte für Flüchtlinge und Vertriebene (z.B. Espelkamp in Nordrhein-Westfalen, Neugablonz und Neutraubling in Bayern).

Arbeitsmarktentwicklung und Sozialhilfe Im September 1948 stellten Flüchtlinge und Vertriebene noch 61 Prozent aller Sozialhilfeempfänger in Niedersachsen. Die Zahl der Erwerbslosen lag in Westdeutschland 1950 unter den Flüchtlingen und Vertriebenen dreifach höher als unter den Einheimischen. Die Weiterwanderungen der Flüchtlinge und Vertriebenen zu den Arbeitsplätzen vor allem nach der Gründung der Bundesrepublik Deutschland und nach dem Beginn der Hochkonjunkturphase Anfang der 1950er-Jahre korrigierten diese Entwicklung: Starke Abwanderungen erfolgten aus den ländlichen Regionen in die städtisch-industriellen Räume und aus den „Hauptflüchtlingsländern" Bayern, Schleswig-Holstein und Niedersachsen in die Bundesländer, die bis dahin eine geringe Flüchtlingszuwanderung erlebt hatten, wie Nordrhein-Westfalen, Baden-Württemberg und Rheinland-Pfalz.

Umsiedlungsprogramme Zwischen 1949 und Ende der 1950er-Jahre wurden in der Bundesrepublik Deutschland auf der Basis von fünf *Umsiedlungsprogrammen* rund eine Million Flüchtlinge und Vertriebene in andere Bundesländer umverteilt. Zeitgleich siedelten 1,7 Millionen Flüchtlinge und Vertriebene ohne staatliche Unterstützung in andere Bundesländer um. Dazu kamen weitere hunderttausendfache Bewegungen innerhalb der Bundesländer. Die Hochkonjunktur des „Wirtschaftswunders" seit Anfang der 1950er-Jahre erleichterte fundamental die wirtschaftliche und soziale Integration der Flüchtlinge und Vertriebenen. Gleichzeitig bildeten sie ein qualifiziertes Arbeitskräftepotenzial, das das „Wirtschaftswunder" in erheblichem Maße mittrug. Dabei prägte sich allerdings das für viele Einwanderergruppen typische „Unterschichtungsphänomen" aus: Flüchtlinge und Vertriebene übernahmen hauptsächlich statusniedrige berufliche Positionen und verfügten dementsprechend auch über geringere Einkünfte.

Aufstiegsmöglichkeiten gab es für viele von ihnen vor allem in den 1960er-Jahren mit der Zuwanderung von ausländischen Arbeitsmigranten, die ihrerseits dann die niedrigsten Arbeitsmarktpositionen einnahmen. Dennoch war auch Anfang der 1970er-Jahre der durch die Zwangsmigration eingetretene soziale und wirtschaftliche Statusverlust der Flüchtlinge und Vertriebenen weiterhin nicht vollständig kompensiert.

„Lastenausgleich" Staatliche Eingriffe trugen nicht nur über die Umsiedlungsprogramme erheblich zur Integration der Flüchtlinge und Vertriebenen bei (▶ M1). Bereits unmittelbar nach Kriegsende etablierte sich eine Sonderverwaltung. Sie sollte die möglichst rasche Integration gewährleisten, für Wohnraum, Versorgungsgüter und Arbeit sorgen. Im Angesicht der schweren Umverteilungskonflikte der unmittelbaren Nachkriegszeit galten vielen Einheimischen aber die Maßnahmen der Flüchtlingsbehörden und die gesetzlichen Sonderregelungen als Privilegierung der Flüchtlinge und Vertriebenen. Mithin hielten sie die ablehnende Haltung der Einheimischen aufrecht oder verstärkten sie gar. Das erklärt auch zum Teil lautstarke Kritik gegenüber Ad-hoc-Maßnahmen wie Sammelaktionen oder Aufrufe zur Hilfe sowie die gesetzliche Verankerung von Unterstützungsleistungen, wie insbesondere das im August 1949 in Westdeutschland verabschiedete *„Soforthilfegesetz"*. Dieses gewährte eine monatlich ausgezahlte Unterhaltshilfe und garantierte erstmals einen Rechtsanspruch auf finanzielle Unterstützung für Flüchtlinge und Vertriebene. Im Mai 1952 kam mit dem *„Lastenausgleichsgesetz"* die Entschädigung von Vermögensverlusten hinzu. In den Lastenausgleichsfonds flossen vor allem Vermögensabgaben der Bevölkerung. Die Auszahlungen begannen in der zweiten Hälfte der 1950er-Jahre, die 60er-Jahre bildeten den Höhepunkt. Bis 2001 beliefen sie sich auf insgesamt rund 145 Milliarden DM, eine staatliche Summe, die keine Vermögensumverteilung bewirkte, aber

▲ **Forderung nach „Lastenausgleich".**
Foto von 1951.
In Bonn demonstrieren Flüchtlinge und Vertriebene für gerechte Entschädigungen.
- *Beschreiben Sie das Foto.*
- *Arbeiten Sie die Argumente heraus, mit denen die Flüchtlinge und Vertriebenen ihre Forderungen untermauern.*
- *Erklären Sie, warum der „Lastenausgleich" für die Vertriebenen und Flüchtlinge eine so hohe Bedeutung hatte und zugleich von vielen Einheimischen abgelehnt wurde.*

Internettipp
Zum „Lastenausgleichsgesetz" von 1952 siehe den Code 32031-21.

▲ **SED-Wahlplakat.**
Plakat aus Köthen (Sachsen-Anhalt), um 1946.
- *Beschreiben Sie das Plakat.*
- *Charakterisieren Sie die politische Botschaft an die Flüchtlinge und Vertriebenen.*

die Integration der Flüchtlinge und Vertriebenen erleichterte. Sie verbesserte deren wirtschaftliche und soziale Situation und stellte für die Leistungsempfänger ein Symbol der Anerkennung ihrer besonderen Lage dar.

Sowjetische Besatzungszone/DDR Auch in der Sowjetischen Besatzungszone war eine Sonderverwaltung etabliert worden, auch in der DDR gab es anfänglich Hilfen und zinslose Kredite, allerdings keine Entschädigungsleistungen (▸ M2). Ende der 1940er-Jahre wurden die Sonderbehörden für Flüchtlinge und Vertriebene aufgelöst, Anfang der 1950er alle rechtlichen Sonderregelungen für Flüchtlinge und Vertriebene aufgehoben. Hintergrund war das Bemühen der DDR-Führung, die Integration der „Umsiedler", „ehemaligen Umsiedler" und „Neubürger", wie sie offiziell in der Sowjetischen Besatzungszone bzw. DDR hießen, zu beschleunigen und keine politischen Diskussionen über die neuen Ostgrenzen aufkommen zu lassen. Die Integration der Zwangsmigranten wurde bereits Ende der 1940er-Jahre offiziell für abgeschlossen erklärt. Dem Bestreben, eine homogene sozialistische Gesellschaft zu schaffen, fiel in den 1950er-Jahren schließlich auch der lange als unverdächtig geltende Begriff des „Neubürgers" zum Opfer, sodass kein begrifflicher Bezug auf die Millionen von Kriegsfolgewanderern mehr existierte.

Flucht, Vertreibung und Integration als vielgestaltige Prozesse Flucht und Vertreibung führten zu einem durch vielfältige Konflikte gekennzeichneten und langwährenden Integrationsprozess, bei dem die Frage der Staatsangehörigkeit keine Rolle spielte (▸ M3 und M4). Die Voraussetzungen erwiesen sich dabei sowohl aufseiten der Einheimischen als auch aufseiten der Zuwanderer als vielgestaltig. Die verallgemeinernde Rede von „den" Flüchtlingen und Vertriebenen muss dabei differenziert werden. Die unterschiedliche politische, wirtschaftliche, soziale und kulturelle Situation der Flüchtlinge und Vertriebenen in ihren Herkunftsgebieten führte ebenso zu einer ausgesprochen heterogenen Zusammensetzung der Zuwanderung wie die sehr verschiedenen generationellen und geschlechtsspezifischen Erfahrungen von Flucht und Vertreibung. Für die Integration war nicht nur die Frage von Belang, in welcher Besatzungszone, in welcher Region oder welchem Ort Flüchtlinge und Vertriebene ankamen, sondern auch, zu welchem Zeitpunkt sie flüchteten oder vertrieben wurden oder wie sie in den Herkunftsgebieten bzw. in den Zielgebieten administrativ kategorisiert wurden und welche Belastungen, Chancen oder Rechte sich daraus ergaben.

Lesetipps
- *Henning Burk u.a. (Hrsg.), Fremde Heimat: das Schicksal der Vertriebenen nach 1945, Berlin 2011*
- *Albrecht Lehmann, Im Fremden ungewollt zuhaus. Flüchtlinge und Vertriebene in Westdeutschland 1945-1990, München 1991*

M1 Mahnung an die Flüchtlinge und Vertriebenen

Der Minister für Flüchtlingsangelegenheiten des Landes Niedersachsen, Heinrich Albertz (SPD), in einer Rede vor dem Niedersächsischen Landtag am 4. August 1948:

Eine Landesregierung im deutschen Westen und ein Landesminister für Flüchtlingsangelegenheiten haben im Augenblick nur eine konkrete, allerdings eine sehr bittere und sehr nüchterne Aufgabe: den Millionen Vertriebenen im westdeutschen Raum zu ihren primitivsten Lebensrechten zu verhelfen! Die Forderung auf Rückgabe der deutschen Ostgebiete kostet mich oder irgendeinen verantwortlichen Politiker im deutschen Raum im Augenblick gar nichts. Es kostet mich aber etwas, in Hannover, in Lüneburg, in Stade, in Braunschweig oder sonstwo dafür einzutreten, dass endlich alle Deutschen in unserem Lande vor dem Gesetz gleich sind (Sehr richtig! bei der SPD) und dass diese durch den Gesetzgeber festgestellte Gleichberechtigung aus einer papiernen Fiktion zu einer Wirklichkeit des täglichen Lebens wird. Was ich in dieser Richtung, meine sehr verehrten Damen und Herren, seit der Übernahme meines Amtes in unserem Lande festgestellt habe, ist ebenso erschreckend wie erschütternd. Man hält zwar Flüchtlingsversammlungen ab mit großen Transparenten „Gebt uns unsere Heimat wieder!", aber unter diesen Plakaten verrecken die Menschen. Man wühlt in immer deutlicherer Form nationalistische Leidenschaften auf, aber das soziale Gewissen schweigt oder ist schon längst gestorben.

Darum haben meine Freunde und ich eine sehr deutliche und nüchterne Meinung vom Flüchtlingsproblem im westdeutschen Raum. Wir wollen mit allen nur denkbaren Mitteln die Vertriebenen an die echte soziale und politische Verantwortung heranführen. Der Vertriebene soll seine Heimat niemals vergessen, aber sein Verstand hat hier wach zu sein, und seine tägliche harte und schwere Arbeit hat sich ausschließlich auf den Kampf um seine Existenz im westdeutschen Raum und um die Wiederherstellung der zerstörten sozialen Gerechtigkeit zu richten.

Der Entwurf des Gesetzes über die Bildung eines Parlamentarischen Rates[1], der uns das Grundgesetz einer neuen deutschen Ordnung schenken soll, ist der gegebene Anlass, das mit allem Ernst, aber auch mit aller Schärfe auszusprechen. Obwohl niemand von uns jemals den berechtigten Anspruch auf die Grenzen Deutschlands nach dem Stande von 1937 aufgeben wird, haben wir hier zu leben und zu arbeiten und auch politisch zu handeln, als ob kein einziger der Ostvertriebenen seine Heimat in absehbarer Zeit wiedersehen würde. Gebe Gott, dass dieses Als-Ob eine Illusion bleibt. Solange wir aber der nüchternen Wirklichkeit der augenblicklichen politischen Lage gegenüberstehen, werden wir jedenfalls mit allen Mitteln zu verhindern wissen, dass uns ausgerechnet der entwurzelte ostdeutsche Mensch für einen neuen Nationalismus reif geschossen wird, und zwar lediglich, um die eigene soziale Bequemlichkeit zu schützen. Denn gerade der Vertriebene soll wesentlicher Träger der neuen Ordnung sein, die eine Ordnung der deutschen Armut ist und die die Erfahrungen der Besitzlosigkeit der Ostvertriebenen in sich schließen muss – oder wir gehen alle miteinander zugrunde.

Niedersächsischer Landtag, 1. WP., 42. Sitzung, 4. August 1948, Sp. 2210

[1] **Parlamentarischer Rat**: ein von den Ministerpräsidenten der westdeutschen Länder auf Anordnung der Westalliierten eingesetztes politisches Organ, dessen Hauptaufgabe es war, das Grundgesetz für die Bundesrepublik Deutschland auszuarbeiten

1. *Fassen Sie Albertz' Hauptanliegen zusammen.*
2. *Arbeiten Sie heraus, welche Perspektive Albertz den Flüchtlingen und Vertriebenen in Bezug auf ihre „alte Heimat" bietet.*
3. *Interpretieren Sie die im Text genannten Befürchtungen hinsichtlich eines „neuen Nationalismus" (Zeile 47 f.) unter den Flüchtlingen und Vertriebenen.*

M2 Zur Lage der „Umsiedler" in Deutschland

Der Vorsitzende der Sozialistischen Einheitspartei Deutschlands (SED), Wilhelm Pieck, führt in einer Rede auf der 8. Tagung des Deutschen Volksrates am 22. Juli 1949 in Ost-Berlin zur Situation der „Umsiedler" in Deutschland aus:

Es sind wohl 11 Mio. Menschen, die infolge der Grenzziehung, die von den Besatzungsmächten auf den Konferenzen von Jalta und Potsdam an der Oder und Neiße zwischen Polen und Deutschland vorgenommen wurde, ihre Heimat verloren haben. Mit ihrer Umsiedlung, die auch von den westlichen Besatzungsmächten beschlossen wurde, wurde dem übrigen Deutschland die Verpflichtung auferlegt, den Umsiedlern zu helfen, in dem verkleinerten Deutschland eine neue Heimat und wirtschaftliche Existenz zu finden. Diese Verpflichtung ist auch von der Bevölkerung in der sowjetischen Besatzungszone ehrlich erfüllt worden. Im Westen Deutschlands aber wurde den Umsiedlern nicht geholfen. Es wurde ihnen weder Land gegeben noch eine Existenz verschafft. Sie werden als Ortsfremde behandelt, und jede Gleichberechtigung wird ihnen versagt. Um nun der Empörung der Umsiedler über diese Behandlung zu steuern, sucht man sie mit der Behauptung zu betrügen, dass die Oder-Neiße-Grenze wieder aufgehoben wird und sie in ihre Heimat zurückkehren werden. Das ist ein schamloser Betrug ohnegleichen. Die Leute, die das den Umsiedlern einreden, wissen, dass an dieser Grenze nichts mehr geändert wird, es sei denn, dass der Versuch dazu durch einen neuen Krieg unternommen werden sollte. Aber werden die Umsiedler durch einen neuen Krieg etwas gewinnen? Nein! Sie werden durch einen Krieg in ein noch schlimmeres Elend gestürzt werden!

Stiftung Archiv der Parteien und Massenorganisationen der DDR im Bundesarchiv, DY 16/1747, zitiert nach: Manfred Wille (Hrsg.), Die Vertriebenen in der SBZ/DDR. Dokumente, Bd. 3: Parteien, Organisationen, Institutionen und die Umsiedler 1945-1953, Wiesbaden 1999, S. 367

1. + *Setzen Sie Piecks Rede in Beziehung zu Albertz' Ausführungen in M1.*

2. *Überprüfen Sie Piecks Aussagen in Bezug auf die westdeutsche Vertriebenenpolitik.*

M3 Integration der Flüchtlinge und Vertriebenen in Westdeutschland

(Bundes-)Land	Erwerbspersonen in Land- und Forstwirtschaft/Industrie und Handwerk/Handel und Verkehr in % 1946	Beschäftigungsindex (Verhältnis der Beschäftigungsquoten der vertriebenen und der nichtvertriebenen Bevölkerung) 1950	Arbeitslosigkeit unter den Vertriebenen in % 1950/54	Wohnungsindex (Verhältnis von vertriebenen und nichtvertriebenen Wohnparteien in Untermiete) 1950/56	Von 100 Vertriebenen wählten eine Interessenpartei bei Bundestagswahlen 1953/57/61	Konnubtialitätsindex (Verschwägerungsgrad zwischen Vertriebenen und Nichtvertriebenen) 1950/60
Schleswig-Holstein	28,54/33,6/16,4	91	13,1/5,7	2,3/2,1	41/30/14	69/87
Hamburg	3,6/40,0/33,2	121	2,2/3,3	1,7/1,3	24/14/7	77/90
Niedersachsen	34,5/33,4/14,7	88	7,9/4,4	2,5/2,0	42/30/24	70/85
Bremen	4,2/40,1/29,0	114	4,3/3,1	1,9/1,4	29/15/25	78/87
Nordrhein-Westfalen	15,3/50,5/17,3	105	2,1/1,2	2,2/1,4	21/18/6	77/85
Hessen	29,9/37,4/14,8	90	4,9/3,0	2,4/1,7	36/31/22	74/86
Rheinland-Pfalz	42,8/31,2/12,6	84	5,8/2,4	2,8/1,7	20/19/5	74/89
Saarland	–	–	–	–	–	–/97
Baden-Württemberg, darin:	–	88	3,4/1,8	2,8/1,7	34/28/15	58/81
• *Württemberg-Baden*	31,1/39,7/13,6	91	–	–	–	57/–
• *Württemberg-Hohenzollern*	44,8/33,2/8,7	–	–	–	–	61/–
• *(Süd-)Baden*	42,3/30,1/10,9	–	–	–	–	63/–
Bayern	37,2/33,6/13,5	81	7,6/3,9	2,7/2,0	40/35/21	66/85
Bundesgebiet	**29,2/38,6/15,4**	**90**	**6,5/3,1**	**2,5/1,8**	**34/26/15**	**67/83**

K. Erik Franzen und Hans Lemberg, Die Vertriebenen. Hitlers letzte Opfer, Berlin/München 2001, S. 323

Interpretieren Sie die vorliegende Statistik. Inwiefern kann von einem „Integrationserfolg" gesprochen werden?

M4 „Das Eingliederungswunder – Realität und Mythos"

Der Historiker Mathias Beer schreibt 2005 zu Realität und Mythos des angeblichen „Eingliederungswunders":

Vor dem Hintergrund der katastrophalen Bedingungen des Experiments und seines so schnell nicht zu erwartenden Gelingens meldeten sich früh Stimmen zu Wort, die analog zum Wirtschaftswunder von einem Integrationswunder sprachen. Das Bild vom Wunder entwickelte sich bald zu einem Topos[1]. Die Flüchtlinge und Vertriebenen „leben politisch, beruflich und materiell nicht anders als die Deutschen, die hier seit Generationen ansässig sind. Dass das gelingen konnte, ist das eigentliche Wunder unserer Nachkriegsgeschichte", bilanzierte 1979 der zuständige Staatssekretär im Bundesministerium des Inneren. Wie jeder Topos weist das Bild vom Integrationswunder zwei Seiten auf, eine reale und eine, die sich eine Gesellschaft im Laufe der Zeit von dieser Realität zurechtlegt.

Die sich vollziehende wirtschaftliche, soziale und politische Integration der Flüchtlinge und Vertriebenen gab die sozialpolitische Antwort auf die zunächst offene Flüchtlingsfrage. Aus Trümmern wurden in der Tat solide Fundamente. Nicht der befürchtete politische und wirtschaftliche Unruheherd war das Ergebnis, sondern ein im westlichen Bündnis verankertes demokratisches, wirtschaftlich prosperierendes Staatswesen, selbst das Resultat der letztendlich gelungenen Zusammenführung und Verflechtung von Alt- und Neubürgern. Die erheblichen sozialen Spannungen, die dem neuen Staat in die Wiege gelegt worden waren, konnten bald abgebaut werden. [...] Zweifellos, die Eingliederung von Millionen von Flüchtlingen und Vertriebenen war eine beispiellose Leistung, die nicht hoch genug eingeschätzt werden kann.

Darüber darf aber nicht vergessen werden, dass das Bild vom Integrationswunder den Eingliederungsprozess in unzulässiger Weise glorifiziert. Mit Wohnungen und Arbeitsplätzen waren die Flüchtlinge und Vertriebenen relativ rasch versorgt, und sie hatten auch gleichberechtigt an den Segnungen des Wirtschaftswunders teil. Aber aufgrund des vom Anfang der 1970er-Jahre verfügbaren empirischen Materials ist nachvollziehbar, dass auch zu diesem Zeitpunkt noch keine Chancengleichheit zwischen Alt- und Neubürgern bestand. Sieht man sich die individuell und alterspezifisch bestimmte psychologische Seite des Eingliederungsvorgangs an, so zeigt die Integration bis in die Gegenwart ihre Folgen [...]. Es ist auch bei der Eingliederung der Flüchtlinge und Vertriebenen von einem Prozess auszugehen, der drei und mehr Generationen in Anspruch nimmt und der von Beharren und Einfügen gekennzeichnet ist.

Zum Mythos des Integrationswunders gehört auch, dass sich der Eingliederungsprozess von fast einem Viertel der bundesdeutschen Bevölkerung quasi selbstläufig und weitgehend geräuschlos, auf wundersame Weise vollzogen habe. Das positive Ergebnis des Experiments stand weder von Anfang an fest, auch wenn es rückblickend so erscheinen mag, noch verlief es spannungsfrei. Im Gegenteil, es war ein Vorgang, der in einem von Auseinandersetzungen geprägten langen Zeitraum beiden Seiten große Anstrengungen und Anpassungsleistungen abverlangte. Das Zusammenwachsen vollzog sich unter den Bedingungen eines in hohem Maße als „Konfliktgemeinschaft" zu charakterisierenden Gegeneinander, das sich erst allmählich zu einem Nebeneinander entwickelte, um dann zum Zusammen- und schließlich zum Miteinanderleben von Alt- und Neubürgern zu führen.

Mathias Beer, Flüchtlinge und Vertriebene in den Westzonen und der Bundesrepublik Deutschland, in: Stiftung Haus der Geschichte der Bundesrepublik Deutschland (Hrsg.), Flucht, Vertreibung, Integration, Bielefeld 2005, S. 108 - 123, hier S. 122 f.

1. *Geben Sie in eigenen Worten wieder, was Beer unter Realität und Mythos des „Eingliederungswunders" versteht.*
2. *Setzen Sie Beers Ausführungen mit M1 und M3 in Beziehung.*
3. *Erläutern Sie, welche Maßnahmen und Entwicklungen das Zustandekommen des „Integrationserfolges" in Westdeutschland ermöglichten.*
4. *Erörtern Sie, inwiefern von einem „Eingliederungswunder" gesprochen werden kann.*

[1] **Topos**: feste Wendung, immer wieder gebrauchte Formulierung

Flucht und Vertreibung als Erinnerungsort

▲ **„Kreuz des deutschen Ostens" im niedersächsischen Bad Harzburg.**
Foto vom 22. Februar 2011. Das Kreuz wurde 1950 errichtet und 2000 durch eine neue Konstruktion ersetzt. Die Inschrift lautet heute: „Stätte des Gedenkens an Vertreibung und Heimatverlust. Stätte der Ablehnung jeder Gewaltherrschaft. Kreuz der Verständigung, der Versöhnung und des Friedens."

- *Nehmen Sie Stellung zum Namen des Kreuzes.*
- *Recherchieren Sie, ob es auch in Ihrer Umgebung ein Vertriebenendenkmal gibt, und beurteilen Sie, ob mit Blick auf „Flucht und Vertreibung" von einem Tabuthema gesprochen werden kann.*

An Flucht und Vertreibung öffentlich erinnern Gegenwärtig gibt es schätzungsweise 1500 Denkmäler, die in der Bundesrepublik an Flucht und Vertreibung von Deutschen am Ende des Zweiten Weltkrieges sowie in der unmittelbaren Nachkriegszeit erinnern. Allein diese hohe Zahl an Gedenkorten, die über die Jahrzehnte seit Anfang der 1950er-Jahre entstanden sind, weist auf die erhebliche Präsenz des Themas in der öffentlichen Wahrnehmung hin. Das Reden und Schreiben über Flucht und Vertreibung ist – anders als vielfach in den vergangenen Jahren zu lesen und zu hören war – keineswegs mit einem Tabu besetzt gewesen. Zahlreiche Gedenkveranstaltungen, Debatten im Bundestag, Sonderbriefmarken, wissenschaftliche Publikationenen, Romane, Ausstellungen, Filme, Fernsehdokumentationen und eben auch Denkmäler dokumentieren vielmehr die stete und intensive öffentliche Erinnerung an Flucht und Vertreibung sowie an die Geschichte der Deutschen in den „Vertreibungsgebieten" in der Bundesrepublik seit ihrer Gründung 1949.

Funktionen von Erinnerung Der Inhalt dessen, woran erinnert wurde, änderte sich allerdings erheblich. Öffentliche Erinnerung ist kein Selbstzweck, sondern erfüllt spezifische Funktionen und handfeste Interessen. Mit „Erinnerungen" werden politische Inhalte verbunden. „Erinnern" und „verschweigen" sind aktive Prozesse, die von unterschiedlichen Akteuren vorangetrieben und im Konflikt oder im Konsens ausgehandelt werden. Das „kollektive Gedächtnis" ist nicht einfach vorhanden und fest zementiert. Es ist vielmehr eine gesellschaftliche Konstruktion, die gefüllt ist mit ständig sich wandelnden Selbst- und Fremdbildern. Erinnerung ist immer auch eine Machtfrage, ein Ergebnis politischer Instrumentalisierungen, die dem Ziel folgen, politische Vorstellungen zu dokumentieren sowie innen- und außenpolitische Auseinandersetzungen für sich zu entscheiden.

Flucht und Vertreibung sowie der damit eng verbundene „deutsche Osten" als „Vertreibungsgebiet" wurden in der Bundesrepublik anfänglich vor allem deshalb auf der politische Bühne thematisiert, weil sich damit die Forderung nach einer Revision der deutschen Ostgrenzen und nach der Rückgabe der nach dem Zweiten Weltkrieg verlorenen Ostgebiete des Deutschen Reiches aufrechterhalten ließ. Außerdem lagen die „Vertreibungsgebiete" seit den späten 1940er-Jahren als Teil des „Ostblocks" jenseits des „Eisernen Vorhanges" und gehörten damit zum von der Sowjetunion angeführten Feind im „Kalten Krieg". Deshalb bildete die Erinnerung an Flucht und Vertreibung auch ein Element des die frühe Bundesrepublik prägenden, im Alltag stets präsenten Antikommunismus. Darüber hinaus verfolgte die Erinnerungspolitik das Ziel, die mit vielen politischen, wirtschaftlichen und sozialen Herausforderungen verbundene Integration der Flüchtlinge und Vertriebenen zu begleiten, indem immer wieder die Zugehörigkeit der zugewanderten Zwangsmigranten zur „deutschen Nation" und zur Bevölkerung der Bundesrepublik hervorgehoben wurde (▸ M1). Insbesondere in den 1950er-Jahren war zudem die stete bundesdeutsche Thematisierung von Flucht und Vertreibung mit der Hoffnung verbunden, finanzielle Unterstützung aus dem Ausland für die Integration von Flüchtlingen und Vertriebenen erhalten zu können. Auch später noch sollte der Hinweis auf diese materiellen Belastungen anderen Staaten deutlich machen, dass die Aufnahme von Asylsuchenden aus Europa und anderen Teilen der Welt die Bundesrepublik überfordere.

In den Reden bundesdeutscher Politiker und in den medialen Diskussionen der 1950er- und 60er-Jahre begannen Flucht und Vertreibung mit dem Vormarsch der Roten Armee über die Reichsgrenzen im Osten. Der Zweite Weltkrieg, die Bedingungen, Formen und Folgen der deutschen Eroberungszüge seit 1939 blieben demgegenüber meist unerwähnt. Und wenn Deutsche mit den Ereignissen des Zweiten Weltkrieges und mit deutschen Massenmorden konfrontiert wurden, dann sollte der Hinweis auf „Vertreibungsverbrechen" und auf von Deutschen erlittenes Unrecht relativierend wirken und ein moralisches Gegengewicht bieten.

Politische Instrumentalisierungen Im Kontext der politischen Instrumentalisierung der Flüchtlinge und Vertriebenen als Opfer und als Objekte für politische Forderungen blieb wenig Raum für deren persönliche Erinnerungen und Erfahrungen: Erst seit den 1980er-Jahren haben sich mancherlei Initiativen entwickelt, die die biografische Dimension ernst nahmen und damit das Handeln von Flüchtlingen und Vertriebenen als Individuen, die ihr Leben gestalteten, Flucht und Vertreibung individuell erinnerten, verarbeiteten, bewältigten und mitteilten. Bis dahin war die persönliche Erinnerung an Flucht und Vertreibung, aber auch an die eigene Geschichte in den Herkunftsgebieten und die individuelle Bindung an eine emotionale Heimat vornehmlich eine private Angelegenheit geblieben. Und kaum jemals in den Fokus der Erinnerungspolitik geriet auch die Aufnahme und Integration von Flüchtlingen und Vertriebenen, denen die Aufnahmebevölkerung anfangs nur selten solidarisch, tolerant und hilfsbereit begegnete, sodass Ausgrenzung für die Zuwanderer zum Alltag gehörte. Damit blieb die öffentliche Erinnerung an Flucht und Vertreibung aus politischen Gründen insgesamt ausgesprochen selektiv: Das, woran in der Öffentlichkeit als Flucht und Vertreibung erinnert wurde, hatte durch das Verschweigen der Bezüge zum Zweiten Weltkrieg keine Vorgeschichte und durch das Verschweigen der Probleme der Integration auch keine Folgen. Sie hatte nicht einmal Menschen zum Gegenstand, sondern nur Opfer (▸ M2).

Die Erinnerung an Flucht und Vertreibung in der DDR und in Ostmittel- und Südosteuropa nahm andere Züge an. In der Sowjetischen Besatzungszone und in der frühen DDR waren politische Diskussionen um die neuen Grenzziehungen im Osten und um die ehemaligen deutschen Ostgebiete politisch unerwünscht. Nicht zuletzt deshalb lag es im Bemühen der SED-Führung, keine öffentliche Erinnerung an Flucht und Vertreibung zuzulassen.[1] Auch in den Staaten Ostmittel- und Südosteuropas gab es über viele Jahrzehnte kein amtliches Interesse an einer Erinnerung an die Zwangsmigration und die vormalige Anwesenheit von Deutschen.

▲ **„Die Flucht der Deutschen."**
Titelbild einer Spezialausgabe des Magazins „Der Spiegel", Nr. 2 von 2002.

Recherchieren Sie verschiedene Formen von Erinnerung zum Thema „Flucht und Vertreibung der Deutschen". Gestalten Sie dazu ein Plakat.

▲ **„Zehn Jahre Vertreibung 1945-1955."**
Sonderbriefmarke der Deutschen Bundespost von 1955.

[1] Siehe hierzu ausführlich Seite 194.

▸ **„Zentrum gegen Vertreibung."**
Karikatur von Walter Hanel, September 2003.

- *Analysieren Sie die Karikatur. Informieren Sie sich dazu im Vorfeld über die Stiftung „Zentrum gegen Vertreibungen" des Bundes der Vertriebenen und über die Debatte die darüber geführt wurde. Internettipp: Code 32031-22.*

Lesetipps

- *Eva und Hans Henning Hahn, Die Vertreibung im deutschen Erinnern. Legenden, Mythos, Geschichte, Paderborn 2011*
- *Jan M. Piskorski, Vertreibung und deutsch-polnische Geschichte. Eine Streitschrift, Osnabrück 2005*

Internettipp

Das Bundeskabinett beschloss im August 2014 die Einführung eines jährlichen Gedenktages ab 2015. Mit dem am 20. Juni stattfindenden Gedenktag soll an die weltweiten Opfer von Flucht und Vertreibung sowie insbesondere an die deutschen Vertriebenen gedacht werden. Siehe hierzu den Code 32031-23.

Erinnerungspolitischer Wandel In der Bundesrepublik setzten erinnerungspolitische Veränderungen in den frühen 1970er-Jahren ein. Mit der bundesdeutschen „Neuen Ostpolitik" begann eine neue Phase: Weil sich die Bundesregierung um eine Verständigung mit den Staaten Ost-, Ostmittel- und Südosteuropas bemühte, sah sie keinen Raum mehr für das regierungsamtliche Herausstellen von „Vertreibungsverbrechen" und das Beharren auf einer Revision der deutschen Grenzen im Osten (▸ M3). Das Thema wurde aber nicht grundsätzlich in der öffentlichen Diskussion tabuisiert, vielmehr traten andere erinnerungspolitische Akteure deutlich stärker in den Vordergrund. Darunter sind insbesondere die staatlich weitreichend finanzierten und privilegierten Interessenverbände von Flüchtlingen und Vertriebenen mit dem „Bund der Vertriebenen" an der Spitze zu nennen. Zugleich begann mit der zunehmenden geschichtswissenschaftlichen Auseinandersetzung mit der nationalsozialistischen Diktatur, dem Zweiten Weltkrieg und der unmittelbaren Nachkriegszeit eine intensive Einordnung der Geschehnisse von Flucht und Vertreibung in die Gewaltgeschichte des 20. Jahrhunderts.

Mit dem Zusammenbruch der autoritären kommunistischen Systeme im Osten Europas und der Öffnung des „Eisernen Vorhanges" 1989/90 kam es schließlich zu einer verstärkten Europäisierung der Geschichte von Flucht, Vertreibung und Umsiedlung im Umfeld des Zweiten Weltkrieges. Die Zwangsmigrationen der Deutschen werden heute

- als Ereignis und Ergebnis des Zweiten Weltkrieges verstanden,
- aus der Geschichte der nationalsozialistischen Expansionspolitik heraus erklärt,
- als europäisches, schließlich auch globales Phänomen und Problem der Entwicklung nationalstaatlicher Homogenisierungsvorstellungen verortet und
- als ein zentrales Ereignis in die Geschichte der Zwangsmigrationen im Europa des 20. Jahrhunderts gefügt (▸ M4 und M5).

M1 „Charta der deutschen Heimatvertriebenen"

Am 5. August 1950 unterzeichnen die Sprecher der Vertriebenenverbände bzw. ostdeutschen Landsmannschaften die sogenannte „Charta der deutschen Heimatvertriebenen". Am folgenden Tag wird sie bei einer Massenkundgebung in Stuttgart-Bad Cannstatt verkündet. Darin heißt es:

1. Wir Heimatvertriebenen verzichten auf Rache und Vergeltung. Dieser Entschluss ist uns ernst und heilig im Gedenken an das unendliche Leid, welches im Besonderen das letzte Jahrzehnt über die Menschheit gebracht hat. **2.** Wir werden jedes Beginnen mit allen Kräften unterstützen, das auf die Schaffung eines geeinten Europa gerichtet ist, in dem die Völker ohne Furcht und Zwang leben können. **3.** Wir werden durch harte, unermüdliche Arbeit teilnehmen am Wiederaufbau Deutschlands und Europas. Wir haben unsere Heimat verloren. Heimatlose sind Fremdlinge auf dieser Erde. Gott hat die Menschen in ihre Heimat hineingestellt. Den Menschen mit Zwang von seiner Heimat trennen, bedeutet, ihn im Geiste töten. Wir haben dieses Schicksal erlitten und erlebt. Daher fühlen wir uns berufen zu verlangen, dass das *Recht auf die Heimat* als eines der von Gott geschenkten Grundrechte der Menschheit anerkannt und verwirklicht wird. [...]

Die Völker der Welt sollen ihre Mitverantwortung am Schicksal der Heimatvertriebenen als der vom Leid dieser Zeit am schwersten Betroffenen empfinden. Die Völker sollen handeln, wie es ihren christlichen Pflichten und ihrem Gewissen entspricht. Die Völker müssen erkennen, dass das Schicksal der deutschen Heimatvertriebenen, wie aller Flüchtlinge, ein Weltproblem ist, dessen Lösung höchste sittliche Verantwortung und Verpflichtung zu gewaltiger Leistung fordert. Wir rufen die Völker und Menschen auf, die guten Willens sind, Hand anzulegen ans Werk, damit aus Schuld, Unglück, Leid, Armut und Elend für uns alle der Weg in eine bessere Zukunft gefunden wird.

www.hdg.de/lemo/html/dokumente/JahreDesAufbausInOstUnd West_erklaerungCharta DerHeimatvertriebenen/index.html (Zugriff: 4. März 2014)

1. *Gliedern Sie die „Charta" nach Erklärungen und Forderungen und geben Sie deren zentrale Inhalte wieder.*

2. *Ordnen Sie die Quelle in den historischen Kontext ein, indem Sie insbesondere auf die Vorgeschichte von Flucht und Vertreibung eingehen.*

3. *Interpretieren Sie den Verzicht auf „Rache und Vergeltung" (Zeile 1 f.).*

▲ Verkündung der „Charta".
Foto von 1950.
Am 6. August 1950 wird die „Charta der deutschen Heimatvertriebenen" auf einer Kundgebung von rund 70 000 Heimatvertriebenen vor dem Neuen Schloss in Stuttgart verkündet.

M2 „Opfergeschichten"

Der Historiker Philipp Ther schreibt zu den Opfern „ethnischer Säuberungen":

Opfergeschichten haben in jüngster Zeit eine globale Konjunktur. Dies ist begrüßenswert, denn es vervollständigt die Kenntnisse über Gruppen, deren Schicksal der öffentlichen Aufmerksamkeit lange Zeit entgangen ist. Doch mit der Anerkennung vergangenen Leids verbinden sich politische Interessen. Außerdem impliziert der Begriff des Opfers eine Dichotomie[1] mit Tätern. Vor allem bei den deutschen Vertriebenen, aber auch in vielen anderen Fällen funktioniert diese Gegenüberstellung nicht. Man muss grundsätzlich zur Kenntnis nehmen, dass die Opfer ethnischer Säuberungen oft Partei in einem länger anhaltenden Konflikt genommen oder sogar selbst Gewalt angewandt hatten.

Diese Feststellung beinhaltet nicht, dass man keine Empathie empfinden sollte. Jede Reise auf dem Flüchtlingstreck, jedes erfrorene Kind und jeder erschossene Familienangehörige, die Aufnahme im Flüchtlingslager, der mühsame Beginn eines neuen Lebens fern der alten Heimat bedeutete großes Leid. Doch diese vielfältigen Traumata erschweren häufig den Blick auf Betroffene jenseits der eigenen Gruppe. [...] Außerdem liegt in der Konzentration auf die Opfer die Gefahr, dass

[1] **Dichotomie**: Zweiteilung

die Erklärung der Ursachen ethnischer Säuberungen [...] in den Hintergrund rückt.

Philipp Ther, Die dunkle Seite der Nationalstaaten. „Ethnische Säuberungen" im modernen Europa, Göttingen 2011, S. 17

1. *Geben Sie wieder, was es nach Ther bei der Beschäftigung mit „Opfergeschichten" zu bedenken gilt.*
2. + *Setzen Sie M1 und M2 (siehe Seite 201 f.) miteinander in Beziehung.*
3. *Nehmen Sie Stellung zu der in M1 zum Tragen kommenden Auffassung, dass die Flüchtlinge und Vertriebenen die vom Leid jener Zeit am schwersten Betroffenen seien (vgl. Zeile 18 bis 20).*

M3 Annäherung zwischen Polen und Deutschen

Polnische Bischöfe verweisen in einem Brief an ihre deutschen Amtsbrüder vom 18. November 1965 auf beiderseitige Opfer:

Die Belastung der beiderseitigen Verhältnisse ist immer noch groß und wird vermehrt durch das sogenannte „heiße Eisen" dieser Nachbarschaft. Die polnische Westgrenze an Oder und Neiße ist, wie wir wohl verstehen, für Deutschland eine äußerst bittere Frucht des letzten Massenvernichtungskrieges – zusammen mit dem Leid der Millionen von Flüchtlingen und vertriebenen Deutschen (auf interalliierten Befehl der Siegermächte – Potsdam 1945 – geschehen). [...] Für unser Vaterland, das aus dem Massenmorden nicht als Siegerstaat, sondern bis zum Äußersten geschwächt hervorging, ist es eine Existenzfrage (keine Frage „größeren Lebensraumes"!); es sei denn, dass man ein über 30-Millionen-Volk in den engen Korridor eines „Generalgouvernements" von 1939 bis 1945 hineinpressen wollte – ohne Westgebiete; aber auch ohne Ostgebiete, aus denen seit 1945 Millionen von polnischen Menschen in die „Potsdamer Westgebiete" hinüberströmen mussten. Wo sollten sie auch damals hin.
Und trotz alledem, trotz dieser fast hoffnungslos mit Vergangenheit belasteten Lage, gerade aus dieser Lage heraus, hochwürdige Brüder, rufen wir Ihnen zu: Versuchen wir zu vergessen! Keine Polemik, kein weiterer kalter Krieg, aber der Anfang eines Dialogs. [...]
In diesem allerchristlichsten und zugleich sehr menschlichen Geist strecken wir unsere Hände zu Ihnen hin [...], gewähren Vergebung und bitten um Vergebung.

Im Antwortschreiben der deutschen Bischöfe vom 5. Dezember 1965 heißt es:

Millionen von Polen mussten aus dem Osten in die ihnen zugewiesenen Gebiete übersiedeln. Wir wissen wohl, was darum für das heutige Polen diese Gebiete bedeuten. Aber auch Millionen Deutsche mussten ihre Heimat verlassen, in der ihre Väter und Vorfahren lebten. Diese waren nicht als Eroberer in das Land gezogen, sondern im Laufe der Jahrhunderte durch die einheimischen Fürsten gerufen worden. Deshalb müssen wir Ihnen in Liebe und Wahrhaftigkeit sagen: Wenn diese Deutschen von „Recht auf Heimat" sprechen, so liegt darin – von einigen Ausnahmen abgesehen – keine aggressive Absicht. Unsere Schlesier, Pommern und Ostpreußen wollen damit sagen, dass sie rechtens in ihrer alten Heimat gewohnt haben und dass sie dieser Heimat verbunden bleiben. Dabei ist ihnen bewusst, dass dort jetzt eine junge Generation heranwächst, die das Land, das ihren Vätern zugewiesen wurde, ebenfalls als ihre Heimat betrachtet.

Erster Text: Edith Heller, Macht, Kirche, Politik. Der Briefwechsel zwischen den polnischen und deutschen Bischöfen im Jahre 1965, Köln 1992, S. 211 f.; zweiter Text: Edith Heller, a.a.O., S. 217

1. *Fassen Sie die Botschaften der Briefe zusammen.*
2. *Erläutern Sie, welche Schritte der Annäherung zwischen Polen und Deutschen hier vollzogen werden.*
3. + *Setzen Sie die Quellen M1 und M3 auf Seite 201 und 202 in Beziehung.*
4. *Im Zwei-plus-Vier-Vertrag wurden die Ostgrenzen des vereinigten Deutschland im Jahr 1990 endgültig festgeschrieben. Beurteilen Sie, was dies für das von den Vertriebenen geforderte „Recht auf Heimat" einerseits und für die deutsch-polnischen Beziehungen andererseits bedeutete.*

M4 Vertreibungen als europäisches Thema

Der Historiker Bernd Faulenbach legt dar, warum Flucht und Vertreibung am Ende des Zweiten Weltkrieges und danach heute zu einem europäischen Thema geworden sind:

Zwangsmigrationen, Flucht, Vertreibungen, Deportationen und Ähnliches waren im 20. Jahrhundert ein verbreitetes Phänomen, das nach Schätzungen verschiedener Historiker 50 bis 70 Millionen Menschen betraf, von denen etwa 14 Millionen Deutsche waren. Auf jeden vertriebenen Deutschen entfallen mithin mindestens zwei weitere Vertriebene anderer Nationalität, die ein vergleichbares Schicksal erlitten

haben. In jedem Fall war für die betroffenen Menschen – ungeachtet ihrer Nationalität – Vertreibung mit Leid vielfältiger Art verbunden. Häufig bedeutete sie auch den Tod.
Vertreibungen fanden in Europa im Wesentlichen in drei Wellen statt, von den Balkankriegen bis zum griechisch-türkischen „Bevölkerungsaustausch" 1923/24 ging die erste Welle, die zweite setzte am Vorabend des Zweiten Weltkrieges ein und erstreckte sich bis Ende der 1940er-Jahre, die dritte hat in unserer Gegenwart in den 1990er-Jahren stattgefunden. Die zweite umfasste bei Weitem die meisten Menschen, Millionen kamen in dieser Zeit bei den Vertreibungen um.
Aufs Ganze gesehen spielten der Nationalismus und das Ziel, ethnisch „reine" Nationalstaaten zu schaffen, eine zentrale Rolle als Triebkräfte der Vertreibungen, doch waren auch machtpolitische und imperialistische Kalküle bedeutsam. Hierbei waren in der Regel Kriege und Kriegsfolgen die Voraussetzung von Vertreibungen, wenn sie nicht sogar den wesentlichen Inhalt des Krieges mit ausmachten. [...]
Der europäische Zusammenhang der Vertreibung der Deutschen ist damit offensichtlich. Keine Frage: Bei den Deutschen handelte es sich um die größte der vertriebenen Gruppen; bei ihrer Vertreibung kam eine beträchtliche Zahl von Menschen ums Leben, [Norman M.] Naimark geht von mehr als zwei Millionen aus. Und doch ist die Vertreibung der Deutschen nur ein Teil der europäischen Tragödie.

Bernd Faulenbach, Vertreibungen – ein europäisches Thema, in: Stiftung Haus der Geschichte der Bundesrepublik Deutschland (Hrsg.), Flucht, Vertreibung, Integration, Bielefeld 2005, S. 188 - 195, hier S. 189 f.

1. *Beschreiben Sie, was Flucht und Vertreibung nach Faulenbach zu einem europäischen Thema macht.*
2. *Ordnen Sie die NS-Politik in Osteuropa und die Flucht und Vertreibung der Deutschen in den skizzierten europäischen Zusammenhang ein.*

M5 „Erst die deutschen Hausaufgaben machen"

Die Historiker Eva und Hans Henning Hahn schreiben 2003 zu einer Europäisierung der Erinnerung an die Vertreibung der Deutschen aus Osteuropa:

Wichtigster Stein des Anstoßes [...] ist [...] die Verschleierung historischer und politischer Zusammenhänge durch das Schlagwort „ethnische Säuberungen". Es suggeriert, die Sehnsucht nach ethnischer Homogenität sei der Hauptgrund dafür gewesen, dass die Gegner Hitlerdeutschlands während des Zweiten Weltkrieges auf die Idee gekommen seien, deutsche Minderheiten aus Osteuropa auszusiedeln. Die Chimäre[1] des monoethnischen Staates sei die Ursache dafür gewesen, warum sie die furchtbaren Umsiedlungen sanktioniert hätten. [...]
Die Vertreibung, 1945 durchgeführt und in Potsdam sanktioniert, war die Frucht einer Ratlosigkeit angesichts des Krieges und seiner Vorgeschichte. Dies mit dem Schlagwort ethnische Säuberung zu europäisieren, ist keine adäquate historische Interpretation. Es verschleiert, verdeckt, vernebelt und führt letztlich dazu, den Nationalsozialismus und seine Praxis „ebenbürtig" zu machen.
Für die Vertriebenenverbände und ihre seit über 50 Jahren als ready-made angebotene Argumentationsfigur erweist sich die Vokabel „ethnische Säuberung" heute als höchst dienlich. Wäre es nicht an der Zeit, zunächst die deutschen Hausaufgaben zu erledigen, bevor man daran geht, das europäische Gedächtnis an die Vertreibungen zu gestalten? [...]
Der notwendigen und erkenntnisfördernden Polyphonie[2] historischer Erinnerungen, Perspektiven und Interpretationen werden Schlagworte übergestülpt. Davor kann nur gewarnt werden. Eine angestrebte gemeinsame gesamteuropäische Gedächtniskultur darf nicht nationale Erinnerungsprobleme europäisch verwässern und entsorgen. Eine neue europäische Erinnerungskultur darf nicht darin bestehen, sich auf eine gemeinsame Interpretation im Sinne des kleinsten gemeinsamen Nenners zu einigen.

Eva und Hans Henning Hahn, Erst die deutschen Hausaufgaben machen, in: Frankfurter Rundschau vom 25. Juli 2003

1. *Geben Sie wieder, welche Gefahren die Autoren in einer Europäisierung des Erinnerns an die Vertreibung der Deutschen aus Osteuropa sehen.*
2. *Erläutern Sie die Bedeutung „ethnischer Säuberungen" in der europäischen Geschichte.*
3. *Setzen Sie M1 (Seite 201) und M5 in Beziehung, indem Sie erläutern, in welcher Form die im Text angesprochene „Argumentationsfigur" der Vertriebenenverbände in der „Charta" auftaucht.*
4. *Erörtern Sie, ausgehend von M4 (Seite 202 f.) und M5, die Chancen und Gefahren eines europäischen Gedenkens.*

[1] **Chimäre**: Trugbild, Hirngespinst
[2] **Polyphonie**: Mehrstimmigkeit

2.2 Romanisierung in der Kaiserzeit

▲ **Ohne Worte.**
Karikatur aus der englischen Zeitschrift „PUNCH", 1912.
- *Erläutern Sie, welche Vorzüge der römischen Kultur hier hervorgehoben werden.*
- *Analysieren Sie, welche Aussage der Zeichner mit dieser Karikatur wohl vermitteln wollte. Beachten Sie dabei die Entstehungszeit der Karikatur.*

Beginn der Kaiserzeit	**27 v. Chr.**	Mit Augustus und dem „Prinzipat" beginnt die römische Kaiserzeit.
	um 30	Jesus von Nazareth predigt in Palästina. Von ihm nimmt das Christentum seinen Ausgang.
	70	In Jerusalem wird der jüdische Tempel durch die Römer zerstört.
Expansion und Grenzsicherung	**98 - 117**	Unter Kaiser Trajan erreicht das Römische Reich seine größte Ausdehnung.
	117 - 138	Unter dem auf der Iberischen Halbinsel geborenen Kaiser Hadrian erhalten die Grenzen des Reiches ein festes Verteidigungssystem.
Integration	**212**	Kaiser Caracalla gewährt allen freien Bewohnern des Reiches das römische Bürgerrecht.
Rom und die Christen	**ab 250**	Es kommt zu reichsweiten Christenverfolgungen. Diese enden erst unter Kaiser Galerius und Kaiser Konstantin I., als das Christentum zur erlaubten Religion (311/313) erklärt wird.
Übergang zur „Spätantike"	**284 - 305**	Die Kaiserzeit unter Diokletian markiert den Übergang zur Epoche der Spätantike.

Seit dem späten 19. Jahrhundert wird der Begriff *„Romanisierung“* verwendet, um den kulturellen, religiösen, politischen und wirtschaftlichen Einfluss Roms in einem großen Teil Europas und der Welt des Mittelmeeres zu beschreiben. Zeitlich bezieht sich der Begriff in der Regel auf die sogenannte *Kaiserzeit*, also etwa die Jahre von 27 v. Chr. bis 284 n. Chr. In dieser antiken Epoche erreichte die römische Herrschaft ihren Höhepunkt, sowohl hinsichtlich ihrer geografischen Ausdehnung als auch hinsichtlich ihres kulturellen Einflusses. Romanisierungsprozesse fanden daher nicht nur in West- und Mitteleuropa, sondern auch in Teilen Osteuropas, Kleinasiens, des Nahen Ostens und Nordafrikas statt. Die Grenzen der Romanisierung ergaben sich nicht allein aus den politischen Grenzen des Römischen Reiches. Wie stark der Einfluss Roms war, hing auch von den einheimischen Kulturen und deren Verhältnis zu Rom ab.

Der Begriff „Romanisierung“ ist in jüngster Zeit kritisiert worden, weil er dahingehend verstanden werden kann, dass den von Rom eroberten Völkern eine bestimmte Kultur aufgezwungen worden sei. Tatsächlich handelte es sich aber eher um die Vermischung zahlreicher Kulturen. Rom übernahm Praktiken, Erkenntnisse und Verfahren von den eroberten Völkern und in diesen wurde vieles aus Rom übernommen. Die Eroberungen veränderten also nicht nur die eingenommenen Gebiete, sondern auch Rom. Ferner waren in den eroberten Territorien gerade die Eliten häufig darauf bedacht, möglichst römisch zu leben.

Wird Romanisierung als ein wechselseitiger Prozess verstanden, bei dem sich viel „Römisches“ in Europa und der Welt des Mittelmeeres etablierte, dann kann man bis heute die Folgen der Romanisierung in Europa sehen. Dies gilt zum Beispiel für die romanischen Sprachen (Italienisch, Rumänisch, Französisch, Spanisch, Portugiesisch, Katalanisch und andere), aber auch für zahlreiche Städte, die auf Gründungen aus römischer Zeit zurückgehen. Dies gilt außerdem für unser Rechtsverständnis, das eine seiner Wurzeln in Rom hat, und schließlich für das *Christentum*, welches sich über Rom in Europa verbreitete. Das Christentum ist auch ein gutes Beispiel dafür, dass Romanisierungsprozesse manchmal zur Verbreitung einer kulturellen Praxis beitragen konnten, die ursprünglich gar nicht aus Rom stammte. Romanisierung sollte daher vor allem als kulturelle Annäherung der Völker Europas und der Mittelmeerwelt während der römischen Kaiserzeit verstanden werden.

In diesem Kapitel erwerben Sie die **Kompetenz**,

- Assimilations- und Integrationsprozesse (Provinzverwaltung, römische Armee, Infrastruktur) in der Kaiserzeit zu beschreiben und zu erklären,
- den Umgang des Imperiums mit Kulten und Religionen (u.a. Mithraskult, Judentum, Christentum) zu charakterisieren und zu beurteilen,
- die Idee und Praxis der pax Romana zu erläutern.

Zur Methoden-Kompetenz siehe Seite 224 bis 225 („Münze“).

Wichtige Namen
- Augustus (Octavian)
- Caracalla
- Diokletian
- Galerius
- Hadrian
- Jesus von Nazareth
- Konstantin I.
- Trajan

Wichtige Begriffe
- Bürgerrecht
- Christentum
- Infrastruktur
- Imperium Romanum
- Judentum
- Kaiserkult
- Kolonien
- Lokale Elite
- Monotheismus
- Mysterienkulte
- Pax Romana
- Polytheismus
- Prinzipat
- Provinzen
- Provinzverwaltung
- Romanisierung
- Römische Armee

▲ **Statue des Augustus im Panzer.**
Rund zwei Meter hohe Statue aus Marmor, ca. 20 v. Chr., gefunden in Primaporta bei Rom; farbiger Rekonstruktionsversuch.
- *Erklären Sie, was die Statue den Betrachtern aus der Ferne und in der Nähe vermitteln sollte.*

Die Kaiserzeit als Epoche Rom hatte seit seinen Ursprüngen im 5. Jahrhundert v. Chr. als republikanischer Stadtstaat zunächst die Apennin-Halbinsel und anschließend immer größere Teile des Mittelmeerraums und des westlichen Kontinentaleuropas erobert. Die militärische Expansion des Stadtstaates stellte seine politische Ordnung im Laufe der Jahrhunderte immer wieder vor große Probleme. Zunehmend entschieden Kriegszüge darüber, wer in Rom politische Macht erhielt. Ein erfolgreicher Heerführer genoss Ansehen und verfügte über ihm ergebene Truppen, sodass er sich im Zweifelsfall gegen seine Gegner durchsetzen konnte. Die letzten hundert Jahre der *römischen Republik* waren von blutigen Kämpfen zwischen verschiedenen Gruppierungen und ihnen verbundenen Heerführern gekennzeichnet. Als sich einer dieser Heerführer namens Octavian (63 v. Chr - 14 n. Chr.) durchsetzte, reformierte er die Republik (*res publica restituta*). Im Jahr 27 v. Chr. beschloss der römische **Senat**, dass Octavian – zunächst für zehn Jahre – die Machtbefugnisse in etwa der Hälfte der Provinzen übertragen wurden und er fortan *Augustus* (dt.: „der Erhabene") genannt werden sollte. Da Augustus die Macht in den noch nicht befriedeten Provinzen erhielt, bedeutete dies, dass er Oberbefehlshaber über den überwiegenden Teil des römischen Heeres war. Dies sicherte seine Macht gegenüber allen Konkurrenten.

Um seine herausgehobene Rolle im Staat zu benennen, nahm Augustus den Titel *„princeps"* (dt.: „Erster unter Gleichen") an. Nach dieser Bezeichnung erhielt die Herrschaftsform des Augustus auch ihren Namen: *Prinzipat*. Damit begann die *Kaiserzeit*. Durch das Kaisertum wurde der Erhalt der römischen Ordnung gesichert. Denn die meisten grundlegenden sozialen und politischen Strukturen änderten sich zunächst nicht. In den folgenden Jahrzehnten bauten Augustus und die nachfolgenden Kaiser ihre Stellung zunehmend aus, auch wenn das Kaisertum sich zu keinem Zeitpunkt in eine Erbmonarchie nach frühneuzeitlichen Vorstellungen verwandelte.

Das Ende der Kaiserzeit wird gewöhnlich als eine längere Übergangsphase beschrieben. In der Regel werden die Reformen des Kaisers *Diokletian* (236/45 - 312 n. Chr.) zwischen 284 und 305 als Beginn der Epoche der *Spätantike* betrachtet. Diese war durch grundlegende Veränderungen der römischen Herrschaft in Europa, der Mittelmeerwelt und Vorderasien gekennzeichnet. In der zweiten Hälfte des 3. Jahrhunderts entstanden erste Reiche innerhalb des Römischen Reiches, und einzelne Provinzen wurden von Rom aufgegeben.

Das Imperium Romanum Das Römische Reich erlebte unter Kaiser *Trajan* (53 - 117) seine größte Ausdehnung. Sie übertraf die aller bis dahin existierenden Reiche. Nie wieder sollten die Welt des Mittelmeers, große Teile Kleinasiens und Europas eine politische Einheit bilden. Die territoriale Entwicklung war nicht allein der Verdienst der Kaiser, denn ein Großteil des Reiches entstand bereits in Zeiten der Republik. Aber in der Kaiserzeit gelang es, die Expansion weiter voranzutreiben und die römische Herrschaft über mehrere Jahrhunderte zu festigen (▸ M1). Das Römische Reich verwandelte die eroberten Gebiete in *Provinzen*. Deren Grenzen ergaben sich dabei weniger aus naturräumlichen Bedingungen (z. B. Flüsse oder Berge) oder aus ethnischen Kriterien (z. B. Sprachgruppen), sondern aus militärischen und verwaltungstechnischen Überlegungen. Unter der Regierungszeit von Kaiser Diokletian (284 - 305) kam es zur Neugestaltung der Provinzordnung. Die Gesamtzahl der Provinzen im Reich wurde erheblich erhöht und auch das bis dahin privilegierte römische Italien in Provinzen eingeteilt,

Senat (lat. senatus: Rat erfahrener Politiker): oberster Rat des Römischen Reiches. In ihn wurde nur aufgenommen, wer Magistrat („Regierungsbeamter") gewesen war und über großes Vermögen verfügte. Unter Augustus umfasste der Senat 600 Mitglieder.

▲ Das Römische Reich zur Zeit seiner größten Ausdehnung, um 117.

■ *Analysieren Sie die Karte mithilfe der Leitfragen des Methoden-Bausteins auf* *Seite 183 f.*

womit es seine Sonderstellung (u.a. Steuervorteile) verlor. Der nun einsetzende Zerfallsprozess des *Imperium Romanum* war daher weniger der Überlegenheit eines anderen Großreiches geschuldet, als vielmehr der allmählichen Machtverschiebung zwischen verschiedenen Teilen des Reiches. 330 wurde mit Konstantinopel eine zweite gleichberechtigte Hauptstadt eingerichtet, und im Osten wie im Westen entstanden zahlreiche mit Rom konkurrierende Städte (Antiochia, Alexandria, Mediolanum-Mailand). Als die Westgoten im Jahr 410 Rom eroberten, triumphierten sie nicht über das Zentrum eines Weltreiches. Denn Rom hatte schon viele Machtbefugnisse an zahlreiche Städte und Provinzen des Reiches abgetreten.

Lesetipps

■ *Thomas Harrison (Hrsg.), Imperien der Antike, Darmstadt 2010*

■ *Eckhard Meyer-Zwiffelhoffer, Imperium Romanum. Geschichte der römischen Provinzen, München 2009*

Romanisierung und „Selbst-Romanisierung" ■ Die Ausdehnung der römischen Herrschaft basierte auf der Stärke der Streitkräfte. In unzähligen Kriegen wurden die Gegner Roms besiegt. Die Beherrschung der eroberten Gebiete stützte sich aber nicht allein auf Waffengewalt. Zwar hatte Rom auch in Friedenszeiten Dutzende von Truppeneinheiten im ganzen Reich stationiert, doch wurden sie häufig nicht im Kampf, sondern für den Bau von Straßen, Brücken, Aquädukten und ähnlichen Infrastrukturprojekten eingesetzt. Die Stabilität der römischen Herrschaft verdankte sich vor allem jenem Prozess, den die historische Forschung als *Romanisierung*, also als „Römisch-Werden" bezeichnet. Im Laufe der Jahrhunderte glichen sich die Lebensweisen in den römischen Provinzen immer stärker an (▸ M2). Die Städte erhielten ähnliche Bauten, Latein als Kommunikationsmedium gewann an Gewicht, römische Gesetze galten und römische Münzen kursierten. Vor allem die Elite übernahm römische Gepflogenheiten: Mahlzeiten, Kleidung, Baderituale, den Festkalender und viele andere alltägliche Verrichtungen.

▲ **Wandelhalle mit Medusenmedaillons im Severischen Forum in Leptis Magna (Libyen).**
Foto vom Dezember 2007.
In der antiken Stadt Leptis Magna lebten wohl bis zu 100 000 Einwohner. Der römische Kaiser Septimius Severus (146 - 211) stammte von hier. Er ließ seine Heimatstadt umfangreich ausbauen. Seit 1982 zählt Leptis Magna zum UNESCO-Weltkulturerbe.
- *Recherchieren Sie weitere Informationen über die Ruinenstätte aus Nordafrika. Erläutern Sie, inwiefern bei Leptis Magna von einer erfolgreichen Romanisierung gesprochen werden kann.*

Romanisierung wurde sowohl von oben erzwungen als auch von unten gewünscht. Dass römisches Recht galt und der Kaiser verehrt wurde, waren Anliegen Roms, die notfalls auch mit Gewalt vertreten wurden. Allerdings konnte den Menschen nicht vorgeschrieben werden, römische Mode und Sitten zu übernehmen. Vielmehr wurde die römische Kultur oft bereitwillig übernommen und kopiert. Romanisierung war daher häufig kein Zwang, sondern aktives Handeln, eben *„Selbst-Romanisierung"*. Dabei verband sich die Bewunderung für Rom mit der Hoffnung, durch Übernahme des römischen „way of life" die eigene Stellung, die Position der Familie, des Clans oder der eigenen Provinz verbessern zu können.

Am Ende wendete sich die Romanisierung gegen Rom selbst. Da die Provinzen mehr und mehr Rom glichen, verschwanden die Unterschiede und in mancherlei Hinsicht auch die Überlegenheit Roms. Romanisierung und Widerstand gegen Rom waren daher keine sich ausschließenden Gegensätze. Zwar gab es auch Völker, die sich gegen alle römischen Einflüsse wehrten. Häufig übernahmen aber auch die Gegner Roms Elemente römischer Kultur, zum einen weil dies in Jahrhunderten römischer Herrschaft unausweichlich war, zum anderen weil die römischen Techniken und Verfahren sich als nützlich erwiesen hatten. Der Niedergang Roms seit dem 4. Jahrhundert war also auch Ausdruck der erfolgreichen Romanisierung. Rom hatte die Völker, die es besiegt hatte, im Laufe seiner Herrschaft erheblich geprägt, sodass die nun neu entstehenden Reiche – wie z.B. das der Westgoten – auf die eine oder andere Weise die römische Tradition weitertrugen. Romanisierung war daher ein Prozess, dessen Folgen wir bis heute beobachten können: in den romanischen Sprachen, im Christentum römischer Prägung, in den auf Rom zurückgehenden Vorstellungen unseres Rechtssystems und in den bis heute existierenden römischen Stadtgründungen. Romanisierung ist daher

▲ **Rekonstruktion der Saalburg bei Bad Homburg v.d. Höhe (Hessen).**
Zeitgenössisches Foto.
Der ursprüngliche Bau stammt aus dem 2. Jahrhundert. Auf antiken Fundamenten wurde zwischen 1897 und 1907 das einstige Römerkastell rekonstruiert. Dieses bewachte und schützte damals wie viele andere Kastelle den rund 550 Kilometer langen Limes (Grenzwall), der das Römische Reich vom wenig erschlossenen Siedlungsgebiet kleinerer Völker trennte.
Die Homepage des Museums (siehe dazu den Code 32031-24) informiert u.a. über die Geschichte der Saalburg und den archäologischen Park.

nicht nur für Europa und die Mittelmeerwelt von Bedeutung. Denn ab 1492 trugen die europäischen Erben Roms ihre Sprachen, ihre Religion, ihr Recht und ihre Weltbilder nach Amerika.

Heer und Provinzverwaltung In der Kaiserzeit verfügte Rom über Truppen von insgesamt ca. 350 000 Mann. Diese waren in *Legionen* unterteilt, die vor allem in den Randprovinzen des Reiches standen. Schon in der frühen Kaiserzeit wurde ein *stehendes Heer* geschaffen. Es war Rom bzw. dem Kaiser verpflichtet, während zur Zeit der Römischen Republik die Truppen vor allem ihren jeweiligen Feldherren die Treue hielten. Da das Heer der Kaiserzeit nicht mehr demobilisiert wurde, kam es zur Einrichtung von festen Legionsstandorten und unter Kaiser *Hadrian* (76-138) zur Errichtung eines festen Verteidigungssystems an den Reichsgrenzen. Die Standorte der Legionen dienten als Zentrale einer oder mehrerer Legionen und glichen mit ihren Gebäuden aus Holz oder Stein kleinen „Lager"-Städten. Tatsächlich hielten sich aber häufig viele der jeweils 5 500 bis 6 000 Mann starken Legionen nicht am eigentlichen Standort auf. Ihnen waren zahlreiche Aufgaben zugeteilt, die heute die Polizei übernimmt. Sie bewachten Straßen, Brücken und selbst Bergwerke oder Steinbrüche. Darüber hinaus wurden sie in befriedeten Gebieten zunehmend zum Ausbau der Infrastruktur eingesetzt. Die Legionen romanisierten die Provinzen aber nicht allein durch Polizeitätigkeit und Bauvorhaben. Sie verschmolzen auch zunehmend mit der Provinzbevölkerung. In der Regel bestanden die Heereseinheiten etwa zur Hälfte aus *Hilfstruppen* (*auxilia*), die aus den verschiedensten Provinzen kamen. Diese Hilfstruppen wurden von Rom ausgehoben und unterstanden römischen Offizieren oder wurden zumindest von Römern überwacht. Sie trugen langfristig auch zur Romanisierung der Einheimischen bei. Denn in der Armee eigneten sich die Soldaten die römische Sprache und Lebensweise an. Nach Ende ihrer Dienstzeit erhielten sie das römische Bürgerrecht und ein Stück Land. Die Zugehörigkeit zu den Hilfstruppen in römischen Provinzen wurde von vielen Einheimischen als Möglichkeit gesehen, die eigene Position zu verbessern. Als Soldat und eventuell sogar Offizier Roms konnten sie Ansehen und Einfluss erwerben (▸ M3).

Im Vergleich zur Armee war die zivile Verwaltung Roms winzig. Sie bestand zu Beginn der Kaiserzeit bestenfalls aus wenigen Tausend und in der Spätantike aus etwa 35 000 Personen. An der Spitze einer Provinz stand ein römischer *Statthalter*, der dort die Herrschaft Roms repräsentierte. Da er über keine Verwaltung im heutigen Sinne verfügte, beschränkten sich seine Aufgaben auf die Erhaltung der öffentlichen Ordnung und die Verteidigung der Provinz. In der Finanzverwaltung waren *Prokuratoren* tätig. Diese kaiserlichen Beauftragten kontrollieren die Eintreibung der Steuern in den Provinzen, um eine Ausbeutung durch die Statthalter zu unterbinden.

Die Städte Städte bildeten neben der Armee eine wichtige Säule der römischen Herrschaft. Im Osten und an der Küste der Iberischen Halbinsel hatte Rom Gebiete erobert, in denen das politische Leben bereits in Städten und Siedlungen konzentriert war. Rom bemühte sich, an die bestehenden städtischen Ordnungen anzuknüpfen. Dazu gehörte vor allem, dass die Städte sich mithilfe eines *Stadtrates* selbst verwalteten, der sich aus den Angehörigen der lokalen Elite zusammensetzte. Dies beinhaltete auch, dass sich die Städte mit Eingaben oder gar Beschwerden an den Kaiser wenden durften.

Rom schuf in den Provinzen eine Hierarchie von Städten, die sich vor allem an deren Loyalität orientierte. Wer Rom treu diente, wurde ausgezeichnet. Städte, die gegen Rom gekämpft oder sich erhoben hatten, wurden bestraft oder gar zerstört.

In jenen Teilen des Reiches, in denen es keine Städte im römischen Sinne gab, kam es zu neuen Stadtgründungen. Insbesondere an den Grenzen des Reiches schufen die Römer *Kolonien* (*coloniae*), in denen sie römische Bürger ansiedelten, die die neu eroberte Region sichern sollten. Die Gründung von Kolonien diente von Beginn an der Versorgung von ausgemusterten Soldaten, den Veteranen. Diese ließen sich in einer neu gegründeten Stadt (einer Kolonie) nieder und erhielten dann häufig das römische Bürgerrecht, was gleichbedeutend mit einem gewissen sozialen Status war.

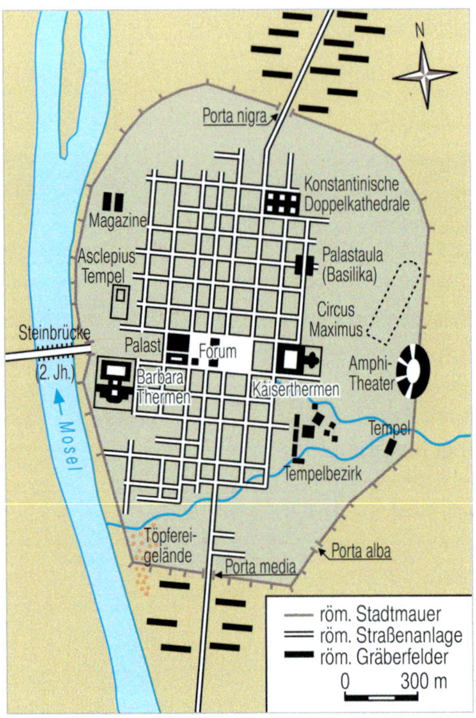

◂ **Stadtplan von Trier im 4. Jahrhundert.**
Rekonstruktionszeichnung.
Die in Rheinland-Pfalz liegende Stadt Trier wurde von den Römern um 16 v. Chr. unter dem Namen „Augusta Treverorum" (dt.: „Stadt des Augustus im Land der Treverer") gegründet. Von 293 bis 392 wurde sie eine der kaiserlichen Residenzen im Westen des Römischen Reiches.

- *Beschreiben Sie den Stadtgrundriss. Suchen Sie anschließend auf einem modernen Stadtplan die Steinbrücke und die Porta nigra in Trier.*
- *Erklären Sie anhand des Stadtplans die Bedeutung der Stadt für Handel und Kultur.*

Alte und neue Städte bildeten Zentren römischer Lebensart. Dies ließ sich schon an zahlreichen Gebäuden, häufig der gesamten Anlage einer Stadt beobachten. Es gab einen Hauptplatz (*forum*), an dem große Gebäude wie Markthallen und/oder Tempel standen. Es waren Brunnen und häufig auch Thermen vorhanden, deren Wasserzufuhr hölzerne oder steinerne Wasserleitungen sicherstellten. Gepflasterte und mit Säulenreihen/Kolonnaden (Säulengängen) geschmückte Straßen durchzogen teilweise die Städte.

In einer römischen Stadt leben hieß, auf römische Art und Weise zu leben. Dies galt nicht nur für eine kleine Elite, die sich einen exklusiven Lebensstil leisten konnte und die lokalen Schaltstellen der politischen Macht besetzte. Dies traf auch für einen großen Teil der einfachen Leute zu. Denn auch sie lebten innerhalb einer von römischer Architektur geprägten Stadt, besuchten Märkte und Feste auf den römisch gestalteten Plätzen oder Theateraufführungen und Kämpfe in römischen Amphitheatern. So wurde die Stadt für breite Bevölkerungsschichten zum Raum und zum Motor der Romanisierung (▸ M4).

Die Eliten Der Beginn der Kaiserzeit bedeutete keine grundlegende Veränderung der sozialen Strukturen des Reiches. Die Zusammensetzung der Eliten im Kaiserreich entsprach daher zunächst im Großen und Ganzen ihrer Zusammensetzung in republikanischer Zeit. Sie bestanden aus der *Reichsaristokratie* und den *lokalen Eliten*.

Die Reichsaristokratie umfasste einen Teil der Ritterschaft und der Senatoren. Der Senat hatte zwar seine herausragende Stellung an den Kaiser abgetreten. Dennoch stützte sich auch die kaiserliche Herrschaft auf die Zusammenarbeit mit dem Senat und den Rittern als Funktionselite, die die Stabilität der Kaiserzeit sicherte. Um vom Kaiser zum Ritter ernannt zu werden, musste man nicht nur wohlhabend sein, sondern dem Kaiser auch lange treu gedient haben.

Die lokalen Eliten setzten sich vor allem aus den Großgrundbesitzern in den Provinzen zusammen. Inhaber politischer und religiöser Ämter auf lokaler und provinzialer Ebene wurden als *Magistrate* bezeichnet, Mitglieder des Stadtrates als *Dekurionen*. Auch hier fanden sich vom Kaiser ernannte Ritter.

Es waren diese Eliten, die maßgeblich zur Romanisierung im Imperium Romanum beitrugen. Die dem römischen Lebensstil nacheifernden lokalen Eilten zeigten damit, dass sie ein Teil der herrschenden Ordnung waren, und drückten gleichzeitig gegenüber Rom ihre Loyalität und Verbundenheit aus. Dies führte im Laufe der Jahrhunderte dazu, dass die römischen Kaiser immer mehr Angehörige aus den Provinzen in die Reichsaristokratie beriefen. Ritter aus den eroberten Gebieten erhielten Aufgaben in Rom und wurden schließlich in den Senat aufgenommen. Dies stieß zwar anfangs auf Widerstand, wurde aber mit zunehmender Romanisierung der eroberten Gebiete ein übliches Verfahren. Selbst die römischen Kaiser stammten nicht zwangsläufig aus Rom: Hadrian (76-138) war in Italica auf der Iberischen Halbinsel geboren, *Septimius Severus* (146-211) in Leptis Magna in Nordafrika, *Caracalla* (188-217) im heutigen Lyon und *Verus Maximinus* (172/73-238) auf der östlichen Balkanhalbinsel. Letztgenannter Kaiser trug sogar den Beinamen „Thrax“, der auf seine thrakische Herkunft verwies. Auch wenn Rom bis Ende des 3. Jahrhunderts das unbestrittene Zentrum des Imperium Romanum blieb, so waren es doch nicht nur Römer oder Italiker, die im Reich herrschten. Vielmehr rekrutierte Rom die Eliten aus allen Teilen seines Herrschaftsgebietes, sofern sie römische Lebensart und Wertvorstellungen übernahmen. Da sie im kulturellen und politischen Sinn Römer wurden, konnten sie ins Zentrum der Macht vorstoßen (▸ M5).

▲ **Handel zwischen Germanen und Römern.**
Rekonstruktionszeichnung von Ute Thönissen, 2002.

- *Beschreiben Sie das Geschehen auf dem Bild. Was erfahren Sie daraus über den Handel?*

Handel und Wirtschaft Die relative politische Stabilität während der Kaiserzeit schuf gute Voraussetzungen für die Wirtschaftsentwicklung. Der überwiegende Teil der Bevölkerung war in der Landwirtschaft beschäftigt und von ihr hing das Wohlergehen des Reiches maßgeblich ab. Die Blüte der Städte basierte großenteils auf der Tatsache, dass das jeweilige Umland ausreichend Lebensmittel produzierte, um die Stadtbewohner zu ernähren. Die *pax Romana*[1] (dt.: römischer Frieden) half der Landwirtschaft dadurch, dass sie den Handel über weite Entfernungen begünstigte. So wurde aus Sizilien und Nordafrika Getreide auf die Italische Halbinsel exportiert, während von der Iberischen Halbinsel Olivenöl in viele Regionen des Reiches gelangte. Begünstigt wurde der Handel nicht nur durch die langen Friedenszeiten im Reich sowie die Eindämmung von Piraterie und Bandenwesen, sondern auch durch Straßenbau und Münzprägungen. Rom baute in fast allen Provinzen Straßen, die als Kommunikationsnetze innerhalb und zwischen den Provinzen dienten (▸ M6). Das römische Münzwesen stellte schließlich über Jahrhunderte sicher, dass Handel auf Geldbasis getrieben werden konnte. Das Römische Reich war jedoch kein einheitlicher Wirtschaftsraum. Dazu war die Bedeutung der Subsistenzwirtschaft (Selbstversorgung) und der rein lokalen Märkte zu groß. Allerdings ermöglichte es das Imperium Romanum, dass regionaler Handel und Fernhandel in einem Umfang betrieben werden konnten, wie dies vorher nicht möglich war. Dies führte dazu, dass der Handel sich romanisierte. Denn er beruhte auf römischen Münzen und häufig auch auf römischem Recht und römischer Sprache (▸ M7).

Die Sprache Die Sprache ist jener Bereich, in dem die Romanisierung bis heute am leichtesten zu sehen (und zu hören) ist. In großen Teilen des ehemaligen Imperium Romanum werden auch heute noch Sprachen gesprochen, deren Wurzel das von Rom aus verbreitete Latein ist. Hierzu gehören u.a. Spanisch, Französisch, Portugiesisch und Rumänisch. Die iberische Kolonialherrschaft in Amerika und später der französische Kolonialismus in Nordamerika, Afrika und Asien haben die romanischen Sprachen über die ganze Welt verbreitet.

Die römischen Kaiser hatten weder Interesse noch die Mittel, um Latein als Sprache für die 50 bis 60 Millionen Menschen im Römischen Reich durchzusetzen. Für die

[1] Siehe hierzu vor allem Seite 216, M1.

allermeisten Bewohner gab es keinen Schulunterricht, und überall wurden die alten, regionalen Sprachen gesprochen. Die Eliten in den Provinzen hatten dagegen ein großes Interesse, Latein zu erlernen, war es doch für die Kommunikation mit Rom unerlässlich und zugleich ein Ausweis der eigenen Nähe zur römischen Kultur. So gab es auf der einen Seite einen jahrhundertelangen Spracherwerb aufseiten der provinzialen Eliten. Auf der anderen Seite siedelten Latein sprechende Kolonisten in unzähligen Provinzen des Reiches und brachten die Sprache mit. Für beide Prozesse war die Armee ein wichtiger Katalysator, denn der Aufstieg in der Armee erforderte die Beherrschung der lateinischen Sprache. Gleichzeitig brachten die Armee und ausgemusterte Soldaten Latein in die Provinzen (▸ M8).

Trotz der enormen Verbreitung der lateinischen Sprache überlebten zahlreiche Sprachen das Römische Reich. Zum Teil waren dies Sprachen ohne Schriftsysteme, aber auch einige wenige Schriftsprachen überdauerten die römische Herrschaft (z.B. Hebräisch). In der Spätantike entwickelten sich dann angesichts der nachlassenden Bedeutung Roms in manchen Gegenden neue Schriften (z.B. Koptisch). Unter allen Sprachen stellte das Griechische eine Ausnahme dar, da es im Osten als zweite offizielle Sprache fungierte. Die spätere Teilung in ein West- und ein Oströmisches Reich führte zu einem weitgehenden Niedergang des Lateinischen im Osten. Mit Ausnahme des Rumänischen finden sich heute in Osteuropa keine romanischen Sprachen von Bedeutung.

Römisches Recht Roms Herrschaft beruhte auf schriftlichem Recht, also auf schriftlich fixierten Regeln mit allgemeinem Geltungsanspruch. Seit den Anfängen Roms hatte sich eine lange, viele Bereiche des Lebens umfassende Tradition römischen Rechts entwickelt, die im Laufe der Jahrhunderte ständig erweitert und verändert wurde.

Römische Herrschaft in einer Provinz drückte sich dadurch aus, dass Rom schriftliche Rechtsverordnungen für die entsprechende Provinz erließ (▸ M9). Sie regelten die Beziehung zwischen der Provinz und Rom, aber auch die Verhältnisse innerhalb einer Provinz. Vor allem im Osten waren sich verschiedene Städte nicht wohl gesonnen, sodass die römischen Verordnungen darauf abzielten, die Konflikte in den Provinzen zu reduzieren. Gleichzeitig dienten sie dazu, jene Städte und Gruppen zu belohnen, die Rom treu ergeben waren, während die Gegner Roms rechtlich bestraft wurden. Römische Rechtsverordnungen regelten aber auch die Rechte und Pflichten von Privatpersonen. Dies galt sowohl für politische (z.B. Bürgerrechte) als auch für private Fragen (z.B. Eigentumsrechte). Als Kaiser Caracalla 212 die reichsweite Vergabe des Bürgerrechts für alle freien Bewohner einführte, hob er auf rechtlicher Ebene die Trennung zwischen Römern, Italikern und den anderen Bewohnern des Imperium Romanum auf. Ein Bürger einer Provinz verfügte fortan über die gleichen Bürgerrechte wie ein Römer.

Ein zentraler Aspekt des Römischen Rechts war die Rechtsprechung. Diese unterstand in den Provinzen dem Statthalter, der dazu einen Rat (bzw. ein Gericht) einberief, welcher sich während der Gerichtstage versammelte. Aufgrund des großen Einflusses des vorsitzenden Statthalters entsprachen die Verfahren zwar nicht unserem heutigen Verständnis von Fairness und Gleichbehandlung der Parteien, aber sie fußten auf geschriebenem Recht und Provinzen konnten z.B. gegen Statthalter Klage erheben, die sie ausgebeutet hatten.

Die jahrhundertelange Praxis von schriftlicher Rechtsetzung und Rechtsverfahren beeinflusste das Rechtsverständnis in den Provinzen nachhaltig. Römisches Recht stabilisierte die Herrschaft und überdauerte sie. Bis heute ist ein großer Teil des europäischen Rechts von den ursprünglich in Rom entwickelten Rechtsvorstellungen geprägt.

▲ **Das Pantheon in Rom zur Kaiserzeit.**
Undatierte Rekonstruktionszeichnung von Peter Connolly.
Als Pantheon wird die Gesamtheit der Götter bezeichnet. In Rom wurde ihnen auch ein Tempel geweiht, der nach neuesten Forschungserkenntnissen zwischen 114 und 119 errichtet wurde. Es ist das größte vollständig erhaltene Bauwerk der römischen Antike.

Der Kaiserkult Die kultische Verehrung des Herrschers war eine gängige Praxis vieler Völker des Altertums. In Rom begann die göttliche Verehrung der Herrscher nach dem Tod von *Gaius Iulius Caesar* (100 v. Chr.-44 v. Chr.), als dieser zum Gott erklärt wurde. Lebende Kaiser wurden in Rom nicht als Götter verehrt, während dies in verschiedenen Provinzen durchaus üblich war. Dort huldigten die Bewohner den Kaisern wie auch ihren lokalen Gottheiten. Da die religiösen Vorstellungen der Zeit die Göttlichkeit von Menschen und die Verehrung einer Vielzahl von Gottheiten (*Polytheismus*) gestatteten, war es kein großes Problem, den Kaiserkult in die religiösen Praktiken der meisten unterworfenen Völker zu integrieren. Die Aufnahme des lebenden oder der verstorbenen Kaiser in das *Pantheon* der lokalen Gottheiten verband Rom mit den unterworfenen Völkern und drückte gleichzeitig Roms Überlegenheit aus (▸ M10).

Der Bau von Tempeln zu Ehren des lebenden oder verstorbenen Kaisers löste im Osten des Reiches häufig handfeste Machtkämpfe zwischen lokalen Eliten aus. Denn solche Tempel demonstrierten die Nähe und Loyalität zu Rom, das jeden Bau genehmigen musste. Die Vorrangstellung durch einen Tempel kam auch dadurch zum Ausdruck, dass sie Orte von Feiern und Festlichkeiten waren. Hier versammelten sich die politischen Machtträger und auch das einfache Volk, um dem Kaiser zu huldigen. Dies konnte einhergehen mit Opfern, Festen und Wettkämpfen, sodass eine Tempelanlage die gesellschaftliche und zum Teil auch wirtschaftliche Stellung einer Stadt unterstrich. Während der Feierlichkeiten repräsentierten Statthalter, Priester und andere Amtspersonen die römische Ordnung. Der Kaiserkult diente daher nicht nur dazu, einen Gott oder eine göttliche Person zu verehren. Er diente auch dazu, den Menschen die soziale und politische Ordnung zu demonstrieren sowie die Eliten und das einfache Volk an Rom zu binden.

Umgang des Imperiums mit Kulten und Religionen Im Laufe der Jahrhunderte vermischten sich römische Kultpraktiken mit lokalen Religionen. Nicht nur dem Kaiser, sondern auch den eigenen lokalen Göttern wurde immer stärker auf römische Art und Weise gehuldigt. Vielfach kam es zur Aufnahme fremder Götter anderer Völker in die religiöse Vorstellungswelt der Römer. Während der Kaiserzeit erfreute sich der aus dem Orient stammende *Kult des Mithras*, eines Gottes des Lichtes, insbesondere beim römischen Heer großer Beliebtheit.

Der grundsätzliche offene Umgang der Römer mit Religionen und Göttern wurde durch das *Judentum* (▸ M11) und das *Christentum* infrage gestellt. Da es sich bei ihnen um *monotheistische Religionen* handelt, verbieten sie anderen Göttern zu huldigen (erstes der Zehn Gebote). Aufgrund dessen lehnten sie es auch ab, die römischen Kaiser als Götter zu verehren. Nachdem *Jesus von Nazareth* um 30 in Palästina gepredigt hatte, versuchte Rom zunächst, die neue Religion in ihre Glaubensvorstellungen zu integrieren. Die Christen aber blieben bei ihrer Intoleranz gegenüber anderen religiösen Ansichten und machten einen Kompromiss unmöglich. So begann Rom in den zwanziger Jahren des 2. Jahrhunderts, das Christentum als Straftatbestand zu verfolgen.

Die seit 250 einsetzenden reichsweiten Christenverfolgungen fanden mit dem Toleranzedikt des Kaisers *Galerius* (um 250 - 311) ihr Ende (▸ M12). Im Jahre 311 hatte dieser das Christentum als Religion erlaubt. Damit tolerierte nun auch Rom eine Religion, die römische Vorstellungen nicht akzeptierte und den Kaiserkult explizit ablehnte. Auf der Gegenseite hatte das Christentum schon lange von seinen Vorstellungen Abstand genommen, das Ende der Welt – und das hieß: das Ende des Imperium Romanum – stünde unmittelbar bevor. Dies führte zu der Auffassung, dass die Verteidigung der bestehenden Ordnung einhergehen konnte mit einem gottgefälligen christlichen Leben. Ein solches Verhalten konnte sich auch auf das vermutlich in der zweiten Hälfte des 1. Jahrhunderts entstandene Matthäusevangelium (22, 21) berufen: „Gebt dem Kaiser, was des Kaisers ist, und Gott, was Gottes ist."

▲ **Mithras-Kultbild (Ausschnitt).**
Römisch, um 200.
Unter einem Rundbogen mit den zwölf Tierkreiszeichen ist der Gott Mithras mit römischer Tunika dargestellt, wie er einen Stier erdolcht. Blut galt als Quelle des Lebens. Der Mithras-Kult erreichte im Römischen Reich im 2. und 3. Jahrhundert seinen Höhepunkt. Im 4. Jahrhundert wurde er vom Christentum verdrängt.

- *Der Mithras-Kult zählt zu den Mysterienkulten (Mysterien: geheime religiöse Feiern). Recherchieren Sie, welche weiteren Mysterienkulte im Römischen Reich existierten. Erklären Sie vor diesem Hintergrund, inwiefern der Kontakt mit anderen Kulturen die religiösen Vorstellungen der Römer veränderte.*

Die spätere Integration des Christentums in Herrscherkult und Herrscherpraxis durch Kaiser *Konstantin I.* (270/288 - 337) war durchaus auch im Interesse Roms. Er bestätigte 313 im *Toleranzedikt von Mailand* nicht nur die Anerkennung des Christentums, sondern privilegierte und praktizierte es sogar. Zugleich hielt Konstantin an alten Kultpraktiken fest und wurde nach seinem Tod als Gott verehrt. Gleichwohl bedeutete die sogenannte *Konstantinische Wende*, dass das Christentum sich von nun an innerhalb des Römischen Reiches massiv verbreiten konnte.

Das Christentum kann als Teil der jahrhundertelangen Romanisierungsprozesse betrachtet werden, da es sich seit dem 4. Jahrhundert gerade dank der Strukturen des Imperium Romanum ausdehnen konnte. Gleichzeitig war es den alten römischen religiösen Vorstellungen so fremd, dass die Christianisierung auch zum Ende des Reiches, so wie es viele Jahrhunderte bestanden hatte, beitrug.

M1 Pax Romana

Der Althistoriker Werner Dahlheim erklärt die Langlebigkeit des Römischen Reiches:

Alle Segnungen, die die Kaiser in den Augen der Zeitgenossen gebracht haben, gipfelten in der Vorstellung des Friedens, der *pax Romana*. Seit Augustus ist pax eine Gottheit mit Anspruch auf kultische Verehrung: Der 13-9 v. Chr. gebaute Altar der pax Augusta stellte durch das Beiwort zugleich unmissverständlich die Beziehung zur Person und zur Herrschaft des Kaisers her. Die Formel vom Kaiser als Friedensbringer betonte zunächst die Wiederherstellung der Eintracht (*concordia*) der Bürger, die in der Tat die erste große Leistung des ersten Monarchen gewesen war. Gemeint war damit nicht nur das Ende der Bürgerkriege, sondern das gesamte Spektrum der inneren Befriedung: die Einigung mit dem Senat, die Befriedung des Militärs, die Sicherheit vor Umsturz, Enteignung und politischem Terror. Nicht damit gemeint war der Friede nach außen; im Gegenteil: Die Erfolge der römischen Waffen bildeten die andere Seite des inneren Friedens, den sie sicherten und weiter ausbauten. Im zweiten Jahrhundert war die römisch gewordene Welt überzeugt, mit dem gewonnenen Frieden den glücklichen Endpunkt aller Geschichte, das goldene Zeitalter erreicht zu haben. Die, welche außerhalb dieser Welt standen, Barbaren und Fremde, waren zum Gegenstand des Bedauerns geworden. Innerhalb dieser Welt bedeutete das Ende der Kriege der Völker die Gewissheit, allein die zivilisierte Welt zu verkörpern: Nur in ihr war die städtische Zivilisation vorherrschend, nur sie kannte die umfassende Sicherheit des Rechts, und nur innerhalb ihrer Grenzen war der freie Austausch von Gütern und Meinungen möglich.

Werner Dahlheim, Die griechisch-römische Antike, Bd. 2: Rom, Paderborn [3]1997, S. 237 f.

1. *Erläutern Sie, welche Vor- und Nachteile die Unterwerfung unter Rom mit sich bringen konnte.*
2. *Erörtern Sie, inwiefern die Vorstellung einer überlegenen Zivilisation heutigen Auffassungen widerspricht.*

M2 Die Iberische Halbinsel wird romanisiert

Der griechische Geograf und Geschichtsschreiber Strabon (um 63 v. Chr.-nach 23 n. Chr.) schildert die Romanisierung verschiedener Volksstämme im heutigen Spanien:

Der Segen des Landes hat bei den Turdetanern auch Zivilisation und Gemeinsinn zur Folge gehabt; auch bei den Keltikern dank ihrer Nachbarschaft [...], aber bei ihnen weniger (sie leben ja meist in Dörfern); die Turdetaner dagegen, besonders die am Baetis, sind ganz zu dem Lebensstil der Römer übergegangen und bewahren nicht einmal mehr eine Erinnerung an ihre eigene Sprache: Ferner sind die meisten Latiner geworden und haben römische Siedler bekommen, sodass nur noch wenig daran fehlt, dass sie sämtlich Römer sind; auch die neuerdings zusammengesiedelten Städte, Pax Augusta bei den Keltikern, Augusta Emerita bei den Turdulern und Caesaraugusta im Gebiet der Keltiberer, und einige andere Siedlungen illustrieren den Umschwung besagter Gemeinwesen; so werden denn auch alle Iberer, die zu dieser Kategorie gehören, *togati*[1] genannt (darunter sind auch die Keltiberer, die ehedem als die wildesten von allen galten).

Strabon, Geographika 3, 2, 15, nach: Strabon, Geographika. Mit Übersetzung und Kommentar, hrsg. von Stefan Radt, Bd. 1, Göttingen 2003, S. 381

1. *Recherchieren Sie die modernen Namen der genannten Städte bzw. Regionen. Informieren Sie sich, ob in diesen Gebieten bis heute römische Spuren vorhanden sind. Geben Sie Ihre Ergebnisse in einer kleinen Präsentation wieder.*
2. *Arbeiten Sie die Kriterien der Romanisierung nach Strabon heraus.*
3. *Nehmen Sie zu der Frage „Romanisierung – Fluch oder Segen?" Stellung. Beziehen Sie dabei auch die Sichtweise Strabons mit ein.*

M3 Wie trägt das Militär zur Romanisierung bei?

Der griechische Schriftsteller Plutarch (um 45-um 125 n. Chr.) beschreibt, wie der römische Feldherr Quintus Sertorius (123-72 v. Chr.) unterworfene Völker an Rom zu binden versucht:

Durch solche Taten erwarb sich Sertorius die Bewunderung und Liebe der Barbaren und ebenso dadurch, dass er durch Einführung römischer Bewaffnung, Formierung und Befehlserteilung ihre wilde und rohe Kampfweise beseitigte und ihre Streitmacht aus einer großen Räuberbande zu einem wirklichen Heer machte. Auch sparte er nicht mit Gold und Silber, womit er ihre Helme schmücken und ihre Schilde reich verzieren ließ, lehrte sie, buntgestickte Waffenröcke und Mäntel zu tragen, und indem er ihnen dabei half und ihre Wünsche förderte, schmeichelte er sich bei ihnen ein. Am meisten aber gewann er sie für sich durch sein Verfahren mit ihren Söhnen. Er ließ nämlich die vornehmsten Knaben

[1] **togati**: Personen, die die Toga tragen. Die Toga war ein typisches Kleidungsstück des römischen Bürgers.

aus den Stämmen in der großen Stadt Osca[1] zusammenziehen, bestellte für sie Lehrer in Griechisch und Latein und machte sie so tatsächlich zu Geiseln, während er vorgab, er lasse sie dazu erziehen, dass sie, Männer geworden, an der Regierung und Staatsverwaltung teilnehmen könnten. Die Väter freuten sich dann außerordentlich, wenn sie ihre Söhne in purpurverbrämten Kleidern wohlgeordnet zur Schule gehen sahen, wo Sertorius die Lehrer für sie besoldete, häufig Prüfungen abnahm, an diejenigen, die sich auszeichneten, Preise verteilte und ihnen die goldenen Umhängekapseln schenkte, die die Römer *bulla* nennen.

Plutarch, Sertorius 14, 1 ff., nach: Plutarch, Große Griechen und Römer, eingeleitet und übersetzt von Konrat Ziegler, Bd. 5: Die Bibliothek der Alten Welt, Griechische Reihe, Zürich/Stuttgart 1960, S. 196

1. *Beschreiben Sie, wie Sertorius laut Plutarch das Militär einsetzte, um die Loyalität der Unterworfenen zu erlangen.*
2. *Erläutern Sie, wer in der Darstellung Plutarchs durch die Unterwerfung der „Barbaren" Vorteile erzielt.*
3. *Überprüfen Sie, welche allgemeinen Elemente der Rechtfertigung von Herrschaft sich in dem Text von Plutarch finden.*

¹ **Osca**: die heutige, im Nordwesten Spaniens liegende Stadt Huesca

▲ **Pont del Diable (dt.: Teufelsbrücke) bei Tarragona (Spanien).** *Das Aquädukt wurde vermutlich im 1. Jahrhundert erbaut und versorgte noch bis ins Mittelalter die Stadt mit Wasser. Seit 2000 gehört es zum UNESCO-Weltkulturerbe.*

M4 Städte strahlen in Glanz und Anmut

Der griechische Schriftsteller und Redner Aelius Aristides (117 - um 181) hält Mitte des zweiten Jahrhunderts vor Kaiser Antoninus Pius (86 - 161) in Rom folgende Rede:

So sind denn die Städte frei von Besatzungen, kleine Reiter- und Infanterieabteilungen genügen als Aufsicht für ganze Völker, [...] viele Völker wissen überhaupt nicht, wo ihre Besatzungen stehen. [...] An Kriege, ja, dass es sie je gegeben hat, glaubt man nicht mehr, wie man sonst von Mythenerzählungen hört, hört die Menge von ihnen. Und wenn auch einmal Kämpfe an den Grenzen des Reiches stattfinden [...], dann gehen sie wie Mythen schnell vorüber und mit ihnen das Gerede über sie. [...] Reich besetzt sind die Küsten am Meere und das Binnenland mit Städten, teils neu gegründeten, teils solchen, die unter eurer Herrschaft und von euch gefördert worden sind. [...] Wie an einem Festtage hat der ganze Erdkreis sein altes Gewand, das Eisen, abgelegt, sich festlichem Schmucke und allem, was das Leben froh macht, nach Lust und Belieben zugewandt. Jeder andere Wettstreit ist den Städten fremd geworden: Nur darum eifert mit Macht jede einzelne, als die schönste und anmutigste dazustehen. Überall Gymnasien[1], Springbrunnen, Vorhallen, Tempel, Werkstätten, Schulen [...]. Städte stehen strahlend in Glanz und Anmut, die ganze Erde ist wie ein Paradiesgarten geschmückt: Brandrauch aus den Ebenen und Signale von Freund und Feind sind verschwunden, als hätte sie ein Wind davongetragen, jenseits von Land und Meer. An ihre Stelle traten anmutige Schauspiele aller Art und festliche Wettspiele ohne Zahl. So hören, wie ein heiliges, unauslöschliches Feuer, die festlichen Zusammenkünfte nicht auf, sie gehen von Stadt zu Stadt. [...] Ja, das vielgesprochene Wort, dass die Erde die Mutter von allen und gemeinsames Vaterland ist, ihr habt es aufs Schönste zur Wahrheit werden lassen. Denn heute können Hellenen[2] wie Barbaren, mit und ohne Habe, ziehen, wohin es jeden verlangt, ohne alle Schwierigkeiten, gerade als zögen sie von einer Heimatstadt zur anderen. [...] [Es] bedeutet Sicherheit genug, ein Römer zu sein oder, besser gesagt: einer von denen, die unter eurer Herrschaft stehen.

Aelius Aristides, Rede auf Rom, 67, 70, 94, 97, 99 f., nach: Walter Arend (Bearb.), Altertum. Geschichte in Quellen, München ³1978, S. 679 f.

1. *Fassen Sie zusammen, wie Aelius Aristides die römischen Städte beschreibt.*
2. *Erklären Sie, wie sich das (städtische) Leben unter römischer Herrschaft verändert hat.*
3. *Erörtern Sie, warum nur wenige Soldaten zur Sicherung der Herrschaft im Innern des Reiches benötigt wurden.*

¹ **Gymnasien**: Sportstätten
² **Hellenen**: Griechen

M5 Römischer Lebensstil bei den Briten

Der römische Senator und Schriftsteller Tacitus (um 55-um 120) ehrt seinen Schwiegervater Agricola nach dessen Tod mit einer Biografie. Darin beschreibt er das Vorgehen Agricolas als Statthalter in der Provinz Britannien:

Sobald aber der Sommer nahte, zog er das Heer zusammen, war allenthalben mit auf dem Marsch, lobte die Manneszucht und hielt die Truppe zusammen; den Platz für das Lager bestimmte er selbst, Gewässer und Wälder erkundete er als erster, den Feinden ließ er unterdessen keine Ruhe, unternahm vielmehr ganz plötzlich verheerende Streifzüge; sobald er jedoch genug Schrecken verbreitet hatte, schonte er sie wieder und zeigte ihnen die Lockungen des Friedens. Durch solche Maßnahmen ließen sich viele Stämme, die bis dahin unabhängig geblieben waren, bewegen, Geiseln zu stellen und von ihrer Erbitterung abzulassen. Er belegte ihr Gebiet mit Stützpunkten und Kastellen, und zwar mit derart planmäßiger Sorgfalt, dass kein anderer neu eroberter Teil Britanniens so ruhig in römischen Besitz überging.
Der folgende Winter wurde zur Ausführung sehr heilsamer Pläne verwendet. Denn um die verstreuten und primitiv lebenden Menschen, die infolgedessen zum Kriege leicht geneigt waren, durch Annehmlichkeiten an Ruhe und friedliches Verhalten zu gewöhnen, ermunterte er sie persönlich und unterstützte sie mit staatlichen Mitteln, Tempel, öffentliche Plätze und Häuser in der Stadt zu bauen, lobte die Eifrigen und tadelte die Säumigen; so trat Anerkennung und wetteiferndes Bemühen an die Stelle des Zwanges. Ferner ließ er die Söhne der Vornehmen in den freien Künsten[1] bilden [...]. So kam es, dass die Menschen, die eben noch die römische Sprache ablehnten, nun die römische Redekunst zu erlernen begehrten. Von da an fand auch unser Äußeres Beifall, und die Toga wurde häufig getragen; und allmählich gab man sich dem verweichlichenden Einfluss des Lasters hin: Säulenhallen, Bädern und erlesenen Gelagen. Und so etwas hieß bei den Ahnungslosen Lebenskultur, während es doch nur ein Bestandteil der Knechtschaft war.

Tacitus, Agricola, 21, nach: Tacitus, Das Leben des Iulius Agricola, herausgegeben und übersetzt von Rudolf Till, Berlin ⁵1988, S. 35

1. *Beschreiben Sie, wie sich das Leben in Britannien unter römischer Herrschaft änderte.*
2. *Arbeiten Sie Vor- und Nachteile heraus, die sich nach Tacitus für die Britannier aus der Übernahme des römischen Lebensstils ergeben.*
3. *Tacitus steht dem luxuriösen römischen Lebensstil seiner Zeit kritisch gegenüber. Weisen Sie diese Einstellung anhand der Quelle nach.*
4. *Nehmen Sie Stellung zu Tacitus' Einschätzung, die Übernahme des römischen Lebensstils sei „Bestandteil der Knechtschaft" (Zeile 30-32).*

[1] Zu den freien Künsten zählten Grammatik, Rhetorik, Dialektik, Arithmetik, Geometrie, Musik und Astronomie.

M6 Straßen verbinden

Der griechische Geschichtsschreiber Strabon (siehe auch M2, Seite 220, sowie M10, Seite 225) erläutert die Verkehrslage der Stadt Lugdunum (heute Lyon):

Lugdunum liegt durch das Zusammenströmen der Flüsse und durch seine Nähe zu allen Teilen wie eine Burg in der Mitte des Landes; daher hat auch Agrippa[1] die Straßen von dort aus gezogen: die durch das Kemmenon-Gebirge bis zu den Santonern und nach Aquitanien, die zum Rhein und drittens die zum Ozean bei den Bellovacern und den Ambianern; die vierte ist die ins Narbonitische und zu der Massaliotischen Küste. Man kann aber auch Lugdunum und das darüber hinaus liegende Land links liegen lassen, direkt am Poeninus eine Abzweigung nehmen, auf der man nach Überquerung der Rhone oder des Lemenna-Sees in die Ebenen der Helvetier kommt, und von dort über das Iura-Gebirge in das Land der Sequaner und der Lingonen hinübersteigen; bei ihnen teilt die Straße sich in zwei Durchgangsstraßen: eine zum Rhein und eine zum Ozean.

Strabon, Geographika 4, 6, 11, nach: Strabon, a.a.O., S. 547f.

1. *Erläutern Sie die Bedeutung, die das Straßennetz für Lyon besaß.*
2. *Suchen Sie das von Strabon beschriebene Straßennetz auf einer modernen Karte. Vergleichen Sie es mit den heutigen Autobahnrouten. Hat sich die Position Lyons verändert?*
3. *Die Länge des römischen Fernstraßennetzes betrug im 2. Jahrhundert rund 80 000 km. In der Kaiserzeit bestanden Verbindungen nicht nur mit den Provinzen, sondern auch über die Reichsgrenzen hinaus. Beurteilen Sie die Bedeutung des Straßennetzes für den Romanisierungsprozess.*

[1] **Marcus Vipsanius Agrippa** (63/64-12 v. Chr.): römischer Feldherr und Politiker, verheiratet mit der Tochter Augustus'

M7 Herstellung und Verbreitung von Terra sigillata-Keramik

Die Alltagskultur in den Provinzen wird in Schriftquellen nur selten ausführlich beschrieben. Die kulturelle Entwicklung des Römischen Reiches fernab des Zentrums muss daher vor allem aus archäologischen Quellen erschlossen werden. Dabei spielen Keramikfunde eine besondere Rolle. Mit diesen Funden können wir den antiken Menschen noch heute direkt auf den Esstisch schauen, denn obwohl die meisten Gefäße zerbrochen sind, bleiben die Scherben aus gebranntem Ton im Unterschied zu anderen Materialien in vielen Fällen selbst nach Jahrhunderten noch gut erhalten.
Die teils glattwandige, teils reliefverzierte Terra sigillata (= gestempelter Ton) war vom 1. bis 3. Jahrhundert die beliebteste Geschirrkeramik der Römer. Sehr charakteristisch ist die rot glänzende Oberfläche, die nur mit bestimmten Tonarten und einer gezielten Luftzufuhr während des Brennvorgangs erreicht werden konnte. Aufgrund dieser besonderen Anforderungen war die Terra sigillata trotz einer sehr gut organisierten Produktion keine billige Ware. Da der Hersteller seine Gefäße mit einem Namensstempel versah, lassen sich die Funde bestimmten Herstellungsorten zuordnen.

▲ Terra sigillata-Gefäße aus italienischen und südfranzösischen Herstellungsorten.
1. Jahrhundert, in der Rheinregion gefunden.

1. *Beschreiben Sie die Entwicklung bei den Herstellungsorten der Terra sigillata (Karte).*

2. **+** *Vergleichen Sie das Verbreitungsgebiet der Terra sigillata mit dem Gebiet des Römischen Reiches (siehe hierzu auch die Karte auf Seite 207).*

3. *Erklären Sie wichtige Erkenntnisse, die die Verbreitung der Terra sigillata den Archäologen und Historikern heute liefert.*

▶ Wichtige Herstellungsorte von Terra sigillata-Keramik.

M8 Latein versus Griechisch

Der Althistoriker Eckhard Meyer-Zwiffelhoffer erklärt die Bedeutung der lateinischen Sprache im Römischen Reich:

Rom hatte nie versucht, die lateinische Sprache und Schrift reichsweit durchzusetzen, aber sie war die Sprache der Herrschaft. In den Legionen und Auxiliarverbänden wurde lateinisch geschrieben und gesprochen, ebenso in der Verwaltung, soweit es deren interne Kommunikation betraf. Die Münzlegenden der Reichsprägung waren lateinisch und alle kaiserlichen Gesetze ebenfalls. Doch erkannte Rom das Griechische als zweite offizielle Sprache insofern an, als die Kommunikation des Kaisers und der römischen Amtsträger mit der Provinzialbevölkerung im Osten auf Griechisch erfolgte. Auch in den Gerichtsverhandlungen konnte auf Griechisch gesprochen werden; kaiserliche Edikte[1], Reskripte[2] und andere Dokumente wurden übersetzt. Denn die hohen römischen Amtsträger und auch die meisten Kaiser waren seit der Republik zweisprachig gewesen.
In der östlichen Reichshälfte setzte sich das Lateinische nie als zweite Sprache durch. Nur die provinzialen Aristokraten, die in den Reichsdienst eintreten wollten, und die Soldaten lernten Latein. In der Spätantike, als das Reich faktisch geteilt war,[3] verschärfte sich die sprachliche Trennung: In Rom und den westlichen Provinzen lernten nur noch wenige Aristokraten Griechisch und in der östlichen Hälfte immerhin all diejenigen Latein, die römisches Recht studierten und im Heer und der Ziviladministration Dienst taten. Aber schon die Bischöfe im Osten des Reichs konnten kein Latein mehr, sowenig wie die Bischöfe im Westen Griechisch [...]. Unter Justinian[4] schließlich zog dann das Griechische auch in die Reichsverwaltung ein, wie seine noch erhaltenen Gesetze („Novellen") zeigen.

Eckhard Meyer-Zwiffelhoffer, Imperium Romanum. Geschichte der römischen Provinzen, München 2009, S. 115 f.

1. *Arbeiten Sie vergleichend die Stellung der lateinischen und der griechischen Sprache heraus.*
2. *Analysieren Sie, inwiefern sich der Umgang mit der* ✚ *griechischen Sprache von dem in M3 (Seite 216 f.) beschriebenen Vorgehen unterscheidet.*

[1] **Edikt**: kaiserliche Verordnung
[2] **Reskript**: kaiserlicher Bescheid auf eine Eingabe von Untertanen oder römischen Amtsträgern hin
[3] Im Jahr 395 zerfiel das Römische Reich in eine Ost- und eine Westhälfte.
[4] **Justinian I.** (um 482 - 565): oströmischer Kaiser von 527 bis 565

M9 Ein Problemfall in der Provinzialverwaltung

Plinius der Jüngere (61/62 - um 113) kommt 111 als römischer Statthalter in die Provinz Bithynien und Pontus an der türkischen Schwarzmeerküste. Er schreibt häufig an Kaiser Trajan, um sich Rat zu holen. Sein Schriftwechsel mit dem Kaiser bietet einen Einblick in die Verwaltung einer Provinz und ist im zehnten Buch seiner „Epistulae" überliefert. Im Zusammenhang mit der Ernennung neuer Ratsherren (Dekurionen) wendet sich Plinius an Trajan:

Das Gesetz des Pompeius, das für die Bewohner von Bithynien und Pontus gilt,[1] fordert keine Geldzahlungen von denjenigen, die von den Zensoren[2] in den Stadtrat gewählt werden. Die Männer aber, die Deiner Huld zufolge in einigen Städten über die gesetzmäßige Zahl hinaus gewählt werden durften, haben teils 1000, teils 2000 Denare[3] gezahlt. Der Prokonsul Anicius Maximus hat daraufhin verfügt – was freilich nur für einige wenige Städte gilt –, dass auch die von den Zensoren gewählten Ratsherren jeweils verschiedene Summen zu zahlen hätten. Darum bleibt nichts anderes übrig, als dass Du selbst entscheidest, ob in sämtlichen Städten alle, die künftig zu Ratsherren gewählt werden, für ihren Eintritt eine bestimmte Summe zu entrichten haben. [...]

Trajan antwortet:

Ob alle, die in irgendeiner Stadt Bithyniens Ratsherren werden, ein Antrittsgeld zu entrichten haben oder nicht, das kann ich nicht grundsätzlich entscheiden. Man soll sich also meiner Meinung nach, was immer das sicherste ist, jeweils an das Gesetz der betreffenden Stadt halten. Was die Männer betrifft, die ehrenhalber Ratsherren werden, so meine ich eher, sie sollten so handeln, dass sie aufgrund einer Leistung[4] den übrigen vorgezogen werden.

C. Plinius Caecilius Secundus, Briefe, 10, 112 - 113, nach: ders., Sämtliche Briefe, übersetzt und herausgegeben von Heribert Philips und Marion Giebel, Stuttgart 1998, S. 799 ff.

1. *Geben Sie mit eignen Worten das rechtliche Problem wieder, das Plinius dem Kaiser vorlegt.*
2. *Erläutern Sie, inwiefern der Kaiser das „Prinzip der Subsidiarität", nach dem möglichst viel vor Ort geregelt wird, verfolgt.*

[1] Das Gesetz aus dem Jahre 63 v. Chr. regelte die grundlegenden Aspekte der römischen Herrschaft in der Provinz.
[2] Beamte, die neue Ratsherren einsetzen
[3] Im 1. Jahrhundert bekam ein gut verdienender Arbeitnehmer etwa 1 Denar am Tag.
[4] in der Regel eine wohltätige Geldspende

M10 Kaiserkult bei den Galliern

Der griechische Geschichtsschreiber Strabon (siehe auch M2, Seite 216, sowie M6, Seite 218) berichtet von einem Heiligtum im heutigen Lyon:

Lugdunum selber denn, gegründet am Fuß einer Spitze beim Zusammenfluss des Arar-Flusses und der Rhone, haben die Römer in Besitz. Es ist, abgesehen von Narbo, die volkreichste Stadt von allen, denn sie wird als Handelsplatz benutzt und die Statthalter der Römer prägen dort ihre Silber- und Goldmünzen; ferner liegt das von allen Galatern gemeinsam für Caesar Augustus gestiftete Heiligtum vor dieser Stadt an dem Zusammenfluss der Flüsse (es besteht aus einem stattlichen Altar mit einer Inschrift der Namen der Völker – sechzig an der Zahl –, Bildnissen eines jeden dieser Völker).

Strabon, Geographika 4, 3, 2, nach: Strabon, a. a. O., S. 499-501

1. *Fassen Sie mit eignen Worten die wichtigsten Aspekte des von Strabon beschriebenen Heiligtums zusammen.*
2. *Erklären Sie mögliche Gründe für die Nennung der Stämme im Altar.*
3. *Erörtern Sie die Verbindung von religiöser und politischer Macht anhand dieser Quelle.*

▲ **Vorder- und Rückseite einer römischen Münze.**
- *Beschreiben Sie Vorder- und Rückseite der Münze.*
- *Erläutern Sie, wer und was dargestellt sind. Entschlüsseln Sie die Beschriftung mithilfe der Tabelle auf Seite 225.*
- *Ordnen Sie die Münze zeitlich ein.*
- ✚ *Erörtern Sie die politische Aussage der Münze. Berücksichtigen Sie dabei auch M11 und die Abbildung auf Seite 222.*

M11 Umgang mit den Juden

Der Althistoriker Eckhard Meyer-Zwiffelhoffer beschreibt die Stellung der Juden im Römischen Reich:

Die Juden in Palästina und zum Teil auch in der Diaspora[1] waren die einzigen römischen Untertanen, die in ihrer Mehrheit die römische Herrschaft ablehnten. Zwar gestanden ihnen die Kaiser eine Lebensweise gemäß dem jüdischen Gesetz zu, doch stießen sie mit ihren Sitten und Privilegien – dass sie am Sabbath[2] nicht vor Gericht erscheinen oder keinen Militärdienst leisten mussten – bei ihrer nichtjüdischen Umgebung wie bei den römischen Statthaltern auf wenig Verständnis: Die Aufstände in Mesopotamien, der Kyrenaika und Ägypten (115-117) resultierten aus Konflikten mit den griechischen und ägyptischen Nachbarn. Das jüdische Kernland in Galiläa, Judäa und Samaria war seit der Herrschaft des römischen Vasallenkönigs Herodes und seiner Dynastie die unruhigste Region des gesamten Imperiums geworden. Kleinere Aufstände waren an der Tagesordnung, und das Bandenwesen war allenthalben anzutreffen. Verantwortlich dafür war eine explosive Mischung aus wirtschaftlicher Not vieler Kleinbauern und Pächter, massiven sozialen Spannungen zwischen der lokalen, zum Teil romfreundlichen jüdischen Aristokratie und der breiten Bevölkerung sowie religiösem Fanatismus und Sektenbildung.
Seit der Fremdherrschaft der von Rom eingesetzten Herodes-Dynastie, die entgegen dem Herkommen über das Hohepriesteramt in Jerusalem verfügte, war der Traum von einem eigenen jüdischen Staat wieder virulent geworden. Viele jüdische Sekten hegten Endzeiterwartungen oder hofften auf den Messias[3]. In den ersten Jahrzehnten nach der Zeitenwende traten zahlreiche Messiasfiguren auf und scharten Anhänger um sich; einer von ihnen war Jesus „Christus". Sie

[1] **Diaspora** (griech.: Zerstreuung): die jüdischen Gemeinden außerhalb Palästinas

[2] **Sabbath**: wöchentlicher jüdischer Feier- und Ruhetag zur Erinnerung an die Schöpfung der Welt und an Israels Befreiung aus der ägyptischen Sklaverei

[3] Der erwartete Messias sollte die Juden von der römischen Fremdherrschaft befreien und das jüdische Reich wiedererrichten.

▲ **Plünderung des jüdischen Tempels in Jerusalem.**
Ausschnitt aus einem Relief am Titusbogen auf dem Forum Romanum in Rom, nach 81.
Der Triumphbogen wurde vom Senat zu Ehren Kaiser Titus' (39 - 81) errichtet. Er eroberte mit seinem Heer im Jahre 70 die Stadt Jerusalem und zerstörte den jüdischen Tempel. Damit verloren die Juden ihr politisches und religiöses Zentrum. Das Relief zeigt römische Soldaten, wie sie ihre Beute aus dem jüdischen Tempel tragen. Dazu zählten u. a. der goldene Schaubrottisch mit den Silbertrompeten (rechts) sowie der goldene siebenarmige Leuchter (Menora; links von der Bildmitte).
■ *Erörtern Sie, warum die Soldaten mit den erbeuteten Kultgeräten auf dem Triumphbogen dargestellt wurden.*

suchten zumeist den Konflikt mit der etablierten Orthodoxie der Pharisäer, der jüdischen Aristokratie und den römischen Behörden – die Statthalter ließen Tausende von ihnen mitsamt ihren Anführern kreuzigen. Die gewaltsamen sozialen Spannungen unter den Juden und der religiöse Fanatismus der Zeloten („Eiferer")[4] und anderer Gruppen führte – entzündet durch die Ignoranz und Verachtung der römischen Präfekten und später der Prokuratoren von *Iudaea*[5] – zum Ausbruch der beiden großen jüdischen Aufstände, die tatsächlich die römische Herrschaft infrage stellten (66 - 70/73 und 132 - 135). Sie mussten mit einem großen Aufgebot an Legionen, Auxiliarverbänden und Hilfstruppen der Vasallenfürsten niedergekämpft werden.

Eckhard Meyer-Zwiffelhoffer, Imperium Romanum, a. a. O., S. 84 f.

[4] jüdische Widerstandsbewegung
[5] Von 6 bis 70 n. Chr. war Iudaea Teil der römischen Provinz Syria, dann bis 135 n. Chr. eine eigenständige Provinz, die nach dem zweiten Aufstand in „Syria Palaestina" umbenannt wurde.

1. *Fassen Sie zusammen, was die Stellung des Judentums nach Meyer-Zwiffelhoffer charakterisierte.*
2. *Erklären Sie, warum die Juden oft unterdrückt worden sind, obwohl die Römer in religiösen Fragen in der Regel tolerant waren.*
3. ✚ *Erläutern Sie Gemeinsamkeiten und Unterschiede der Konflikte mit Rom im Juden- und im Christentum. Ziehen Sie dazu auch das Internet oder Lexika sowie M12 heran. Stellen Sie Ihre Ergebnisse in einem Kurzreferat vor.*
4. *Beurteilen Sie, ob sich der jüdische Widerstand gegen Rom mit heutigen religiös begründeten Kriegen vergleichen lässt.*

M12 Toleranzedikt des Kaisers Galerius

Der aus Nordafrika stammende christliche Autor Laktanz (um 250 - nach 317) beschreibt in seiner Schrift „Über die Todesarten der Verfolger" die gewaltsamen Tode der Christenverfolger als Beweis für deren Fehlverhalten. Darin zitiert er einen aus dem Jahre 311 stammenden Erlass des Kaisers Galerius:

Unter den übrigen Verordnungen, die wir immer zu Nutz und Frommen des Staates erlassen, hatten wir seinerzeit den Willen bekundet, alles entsprechend den alten Gesetzen und der staatlichen Ordnung der Römer einzurichten und dafür zu sorgen, dass auch die Christen, die die Religion ihrer Väter verlassen hatten, wieder zur Vernunft zurückkehrten. Aus irgendeinem Grunde hatte diese Christen ein solcher Eigensinn erfasst und solche Torheit befallen, dass sie nicht mehr den Grundsätzen der Alten folgten, die vielleicht ihre eigenen Vorfahren zuerst eingeführt hatten, sondern sich nach eigenem Gutdünken und Belieben selbst Gesetze machten, an die sie sich hielten, und da und dort bunte Menschenmengen zu einer Gemeinde vereinigten. Nachdem dann von uns der Befehl ergangen war, dass sie zu den Grundsätzen der Alten zurückkehren sollten, wurden viele in Prozesse auf Leben und Tod verwickelt, viele auch von Haus und Herd vertrieben. Da aber die meisten bei ihrem Vorsatz beharrten und wir sahen, dass sie weder den Göttern den Kult und die Verehrung zollten, die ihnen gebührt, noch den Kult des Christengottes ausübten, so haben wir in Anbetracht unserer großen Milde und im Hinblick auf unsere ständige Gepflogenheit, allen Menschen Verzeihung zu gewähren, diese unsere bereitwilligst gewährte Nachsicht auch auf die Christen ausdehnen zu müssen geglaubt. Sie sollen also erneut Christen sein und ihre Versammlungsstätten wiederherstellen, jedoch unter der Bedingung, dass sie nicht der Ordnung zuwiderhandeln. In einem weiteren Schreiben werden wir den Provinzstatthaltern Weisung erteilen, wie sie sich zu verhalten haben. In Ansehung dieser unserer Gnade sollen die Christen daher zu ihrem Gott für unser Wohlergehen, das des Staates und ihr eigenes beten, auf dass der Staat in jeder Hinsicht unversehrt bleibe und sie sorglos in ihren Wohnsitzen leben können.

Laktanz, Über die Todesarten der Verfolger, 34, 1-5, nach: Hans Jürgen Hillen (Bearb.), Die Geschichte Roms. Römische und griechische Historiker berichten, Düsseldorf 2006, S. 384 f.

▲ **Kaiser Konstantin I. („der Große").**
Nachzeichnung eines Silbermedaillons, Durchmesser 2,5 cm, um 315. Zwei Jahre nach dem Toleranzedikt von Kaiser Galerius bestätigte Kaiser Konstantin I. die Anerkennung des Christentums als erlaubte Religion.

- *Interpretieren Sie die Aussage des Medaillons. Beachten Sie dabei die am Helmbusch vorne und am Schild angebrachten Symbole.*

1. *Beschreiben Sie den Umgang des Römischen Reiches mit den Christen vor dem Umdenken Kaiser Galerius'.*
2. *Arbeiten Sie heraus, was Kaiser Galerius gegenüber den Christen beschließt und wie er sein Verhalten begründet.*
3. *Nehmen Sie dazu Stellung, inwieweit den von Galerius genannten Gründen geglaubt werden kann.*
4. *Beurteilen Sie, ob der Erlass von Kaiser Galerius einen Neuanfang der römischen Religionspolitik bedeutet. Informieren Sie sich in diesem Zusammenhang über das Vorgehen Roms gegenüber den Christen vor allem ab der Mitte des 3. Jahrhunderts.*

Kompetenz:
Zahlungsmittel früherer und heutiger Zeit beschreiben sowie eventuell enthaltene Zeichen, Symbole oder politische Aussagen erläutern und interpretieren

Münzen als Quellen

Münzen bilden in der Geschichtswissenschaft eine wichtige Quellengruppe. Auf ihnen finden wir nicht nur Angaben über ihren Wert, sondern zum Teil auch Informationen über ihren Herstellungsort, über die Währung oder andere für den Gebrauch notwendige Hinweise. Zudem können sie politische Aussagen enthalten, so zum Beispiel wenn ein König oder ein staatliches Symbol auf ihnen abgebildet wird. Häufig werden bildliche Darstellungen durch Wörter oder Wortfolgen in abgekürzter Form ergänzt. Daher sind Münzen sowohl Bild- als auch Textquellen. Die wissenschaftliche Beschäftigung mit Münzen wird als Numismatik bezeichnet.

Münzen in der Antike

Alltagsgegenstände besaßen als Kommunikationsmedium in der Antike eine große Bedeutung. Bildliche Darstellungen an oder auf Gebäuden, Kleidung und Münzen eigneten sich hervorragend, um z.B. politische Botschaften zu vermitteln. Münzen sind auch aus diesem Grund für die antike Geschichte ungleich wichtiger als für die moderne Geschichte.
Römische Münzen wurden meistens in hoher Stückzahl hergestellt und zirkulierten im ganzen Reich, sodass viele Personen sie zu Gesicht bekamen. Der erste Römer, der sich selbst auf einer Münze darstellen ließ, war *Gaius Iulius Caesar*. Seinem Vorbild folgten die meisten Herrscher der Kaiserzeit. Sie ließen ihre Köpfe – oft mit Lorbeerkränzen oder seit dem 4. Jahrhundert mit Diademen – auf die Vorderseiten der Münzen prägen. Ihre Porträts waren zunächst annähernd realistisch, erst in der Spätantike wurden sie idealisiert. Die abgekürzten Inschriften gaben dann den jeweiligen Namen und die Ehrentitel an.
Auf die Rückseiten der Münzen wurden Bilder und Abkürzungen gesetzt, die in der Regel auf besondere politische Ereignisse oder Programme verwiesen. Sie zeigen beispielsweise besiegte Feinde, gestiftete Bauwerke oder Götter. Häufig sind auch Personifikationen von *Fortuna* (Glück), *Pietas* (Frömmigkeit, Pflichtgefühl), *Concordia* (Eintracht), *Felicitas* (Glück), *Iustitia* (Gerechtigkeit) oder *Liberalitas* (Großzügigkeit) auf den Münzen zu finden. Diese Figuren interpretieren das dargestellte Ereignis oder Programm und verweisen auf den auf der Vorderseite abgebildeten Herrscher. Darüber hinaus enthalten Münzen oft auch abgekürzte Hinweise auf Münzstätten und Prägeorte.

Formale und inhaltliche Kennzeichen

- Wann und wo ist die Münze entstanden?
- Wer hat die Münze in *Auftrag* gegeben?
- Wen oder was zeigt die Münze?
- Welche *Wörter, Abkürzungen, Zahlen* oder *Symbole* werden verwendet? Wofür stehen sie bzw. was bedeuten sie?
- Welche Aussagen ergeben sich durch das *Zusammenspiel von Vorder- und Rückseite*?

Historischer Kontext

- Aus welchem *Anlass* ist die Münze geprägt worden?
- Auf welche *Person*, auf welchen *Sachverhalt* oder welches *Ereignis* nimmt die Münze Bezug?

Intention und Wirkung

- Wie lassen sich *Aussage* und *Wirkung* der Münze bewerten?

AVG	Augustus	PP	Pater Patria = Vater des Vaterlandes
CAES	Caesar	PR	Populus Romanus = geprägt auf Beschluss durch ...
COS	Konsul	SC	Senatus consultum = geprägt auf Senatsbeschluss
IMP	Imperator	TR P	tribunicia potestas = Amtsgewalt des Volkstribunen
PM	Pontifex Maximus = oberster Priester, heute Papst	I, II, III	Zählung für die Amtsperioden

▲ **Abkürzungen bei Münzbeschriftungen (Auswahl).**

Beispiel und Analyse

Formale und inhaltliche Kennzeichen Auf der Vorderseite ist ein männlicher Kopf im Profil zu erkennen. Der angedeutete Umhang könnte eine Toga sein, also das Kleidungsstück des römischen Bürgers. Die Umschrift erklärt, wer auf der Münze abgebildet ist: Es handelt sich um den römischen Kaiser Hadrian (76-138; Kaiser von 117 bis 138).
Auf der Rückseite befindet sich eine allegorische (sinnbildliche) Darstellung der Gerechtigkeit. Sie wird als eine sitzende Frauenfigur gezeigt, die in ihrer ausgestreckten rechten Hand eine Opferschale (*patera*) für ein Trankopfer (*Libation*) und in der linken ein Zepter hält. Es umlaufen sie die Worte bzw. Abkürzungen „Iustitia", „Aug(usti)" und „P(ater) P(atriae)", was soviel wie „Augusteische (d.h.: kaiserliche) Gerechtigkeit Vater des Vaterlandes" heißt. Damit wird also das Prinzip der Gerechtigkeit mit Kaiser Hadrian verknüpft, der sich gleichzeitig als „Vater des Vaterlandes" darstellt. Auf der Rückseite ist außerdem die Abkürzung „S(enatus) C(onsultum)" zu lesen, was bedeutet, dass die Münze auf Beschluss des Senats geprägt wurde. Unter der Frauenfigur befindet sich zudem die Abkürzung „COS" (= Konsul) III". Sie gibt einen Hinweis auf die Prägezeit.

Historischer Kontext Die Münze ist anlässlich des dritten Konsulats Kaiser Hadrians geprägt worden, das er vom 1. Januar bis 30. April 119 innehatte. Die Münze erinnert zum einen an das von Hadrian ausgeübte Amt, zum anderen an die „gerechte" Politik des Kaisers.

Intention und Wirkung Die politische Aussage der Münze lautet, dass Hadrian Vater des Vaterlandes ist und die Gerechtigkeit im Römischen Reich sicherstellt. Außerdem wird durch die Münze deutlich, dass Hadrian die Unterstützung des Senats genießt. Denn schließlich wurde die Münze auf Veranlassung des Senats geprägt.

Suchen Sie in Münzkatalogen oder im Internet nach Abbildungen weiterer römischer Münzen der Kaiserzeit und analysieren Sie diese mithilfe der Leitfragen auf Seite 224.

▲ **Vorder- und Rückseite einer römischen Münze (Analysebeispiel).**

2.3 China und die imperialistischen Mächte

◂ **Der ehemalige deutsche Bahnhof in Tsingtau (heute Qingdao) im deutschen Pachtgebiet Kiautschou.**
Foto vom Sommer 1988.
In der chinesischen Hafenstadt Tsingtau haben sich bis heute Wohnhäuser, einige Kasernen und eine Brauerei aus der deutschen Kolonialzeit erhalten, die um die Jahrhundertwende entstanden sind.

Äußere und innere Krisen

- **1644 - 1911** Die Qing-Dynastie herrscht im Kaiserreich China.
- **1839 - 1842** Erster Opiumkrieg; Großbritannien setzt im Vertrag von Nanjing die Öffnung chinesischer Häfen für britische Händler durch. Damit beginnt eine Serie „ungleicher Verträge".
- **1851 - 1864** Der Taiping-Aufstand gegen die Qing-Dynastie kostet Millionen von Menschen das Leben.
- **1856 - 1860** Zweiter Opiumkrieg; Großbritannien sichert sich zusammen mit anderen europäischen Staaten und den USA Sonderrechte in China.
- **seit 1860** Im Rahmen der „Selbststärkungsbewegung" werden Modernisierungsmaßnahmen im Land ergriffen.
- **1879** Japan besetzt die Ryūkyū-Inseln und gliedert sie unter dem Namen Okinawa in den eigenen Staat ein.

„Wettlauf nach China"

- **1895** Der Vertrag von Shimonoseki besiegelt die Niederlage Chinas im Krieg gegen Japan. Ein „Wettlauf nach China" beginnt.
- **1897** Das Deutsche Reich besetzt die Bucht von Kiautschou im Osten Chinas.
- **1898** Die „Reform der hundert Tage" des Kaisers Guangxu scheitert am Widerstand der Reformgegner.
- **1899** Die USA fordern den freien Zugang zu den chinesischen Märkten („Open Door Policy").
- **1900** Im Boxeraufstand erhebt sich die Landbevölkerung gegen den Einfluss ausländischer Mächte. Er wird mithilfe internationaler Truppen niedergeschlagen.
- **1912** Nach Ende des Kaisertums wird die Republik ausgerufen.

Vom Zweiten Weltkrieg zur Ausrufung der Volksrepublik

- **1931** Mit der Besetzung der Mandschurei im Nordosten Chinas beginnt Japan die Eroberung chinesischer Gebiete.
- **1937** Bei der Einnahme von Nanjing richten japanische Truppen ein Blutbad unter der Zivilbevölkerung an.
- **1945** Nach dem Abwurf von Atombomben auf Hiroshima und Nagasaki erklärt Japan die Kapitulation und gibt auch seine Ansprüche auf dem asiatischem Festland auf. China gehört zu den Siegermächten des Zweiten Weltkrieges. Bis 1947 werden die noch existierenden „ungleichen Verträge" mit den USA und Großbritannien aufgelöst.
- **1949** Mit dem Sieg der Kommunisten und der Ausrufung der Volksrepublik China (1. Oktober) endet der jahrzehntelange chinesische Bürgerkrieg.

Bis weit ins 18. Jahrhundert hatte China keine intensiven Beziehungen zum überseeischen Ausland. Das Land war weder Opfer europäischer Eroberungen, noch hatte es selbst überseeische Eroberungen in Angriff genommen. Dies änderte sich im 19. Jahrhundert, da sich die Machtbalance zwischen China und den sich industrialisierenden Ländern in Europa, Amerika und Asien radikal veränderte. China durchlebte im 19. Jahrhundert zahlreiche innenpolitische Krisen und *Bürgerkriege*, die das Land erheblich schwächten. Gleichzeitig gewannen Großbritannien, Frankreich, Deutschland sowie die USA und Japan aufgrund der Industrialisierung enorme militärische Schlagkraft, die es möglich machte, in China zu intervenieren.

Die militärische Überlegenheit Großbritanniens zwang im ersten *Opiumkrieg* (1839-1842) China dazu, den Briten enorme Handelsvorteile zu gewähren. In späteren Kriegen nutzten Japan, Russland, die USA, Deutschland und Frankreich die militärische Schwäche Chinas, um Teile des Landes zu besetzen oder sich Vorteile im Handel zu verschaffen. Dies bedeutete, dass diese Länder ihre Produkte in China gut verkaufen konnten und es damit dem Land erschwerten, einen eigenständigen Industrialisierungsprozess in Gang zu setzen. Die politischen Kräfte in China entwickelten verschiedene Projekte, um den ausländischen Einfluss im Land zurückzudrängen. Eine Gruppe von Reformern wollte durch Übernahme ausländischer Praktiken die Industrialisierung im Land befördern und China dadurch stärken. Andere dagegen pochten auf die uralten chinesischen Traditionen und wollten daraus Stärke ziehen. Der Widerstand gegen die imperialistischen Mächte fand auf vielen Ebenen statt. Der größte militärische Aufstand ging als *Boxeraufstand* in die Geschichte ein (1900). Er wurde von den ausländischen Mächten brutal niedergeschlagen

Der Zusammenbruch des Kaisertums und die Einführung der Republik 1911/12 waren nicht zuletzt Folge der Unfähigkeit des politischen Systems Chinas, das Land zu reformieren und gegen äußere Feinde zu verteidigen. Das Ende des Kaisertums brachte aber zunächst nicht die erhoffte Stabilisierung des Landes. Im Gegenteil, China wurde von Aufständen und Bürgerkriegen erschüttert und schließlich teilweise von Japan besetzt. Nach jahrzehntelangen innenpolitischen Auseinandersetzungen, Bürgerkriegen und dem Krieg gegen Japan gelang es schließlich den Kommunisten unter der Führung *Mao Zedongs* im Jahre 1949, an die Macht zu kommen und dem Land eine stabile politische Ordnung zu geben.

Wichtige Namen
- Cixi
- Guangxu
- Mao Zedong
- Yuan Shikai
- Hong Xiuquan („Tianwang")

Wichtige Begriffe
- Boxeraufstand
- Bürgerkrieg
- Guomindang
- Missionierung
- „Open Door Policy"
- Opiumkriege
- Reform der hundert Tage
- Selbststärkungsbewegung
- Taiping-Aufstand
- „ungleiche Verträge"

In diesem Kapitel erwerben Sie die **Kompetenz**,
- das Selbstverständnis und das Weltbild der Chinesen und der Europäer zu charakterisieren,
- die Kontakte mit den imperialistischen Mächten und ihre Folgen (u.a. „ungleiche Verträge", Missionierung, „Open Door Policy") zu analysieren und zu erläutern,
- die Reaktionen auf den imperialistischen Einfluss (u.a. Selbststärkungsbewegung, Boxeraufstand, Reformansätze) zu interpretieren.

Zur Methoden-Kompetenz siehe Seite 256 bis 258 („Statistik"). Zum Kompetenzerwerb im Hinblick auf Theorien und Kontroversen zu Kulturkontakt und Kulturkonflikt lesen Sie Seite 248 bis 251 („Theorie-Baustein: Kulturkontakt und Kulturkonflikt") über historische Erklärungsmodelle zu Transformationsprozessen informiert Seite 252 bis 255 („Theorie-Baustein: Transformationsprozess").

▲ **Porträt des Kaisers Qianlong (1711-1799).**
Gemälde des italienischen Malers und Jesuiten Giuseppe Castiglione, Chinatinte auf Papier, um 1737.
Unter Kaiser Qianlong stand das chinesische Reich auf dem Höhepunkt seiner Macht und erreichte mit fast zwölf Millionen Quadratkilometern die größte Ausdehnung seiner Geschichte.
Zu Kaiser Qianlong siehe auch Seite 239 und M3 auf Seite 240.

Die Blütezeit der Qing-Dynastie Die chinesische Geschichte kennt im Gegensatz zur europäischen keine Epochen wie Altertum, Mittelalter und Neuzeit. Sie wird vielmehr in die Herrschaftszeiten der Geschlechter, aus denen die Kaiser stammten, unterteilt. Das chinesische Kaiserreich existierte mit wechselnden Dynastien von 221 v. Chr. bis 1911. Seit 1644 war die *Qing-Dynastie* an der Macht. Die ersten anderthalb Jahrhunderte ihrer Herrschaft stellen eine Blütezeit in der Geschichte Chinas dar (▸ M1).

Unter den Qing-Kaisern erreichte das Land seine größte territoriale Ausdehnung. Im Norden gehörte die Mongolei (einschließlich der heute unabhängigen Nordmongolei) zu China. Im Westen reichten die Grenzen fast bis an das Kaspische Meer und schlossen Tibet und das östliche Turkestan ein. An das Reich der Qing war ein Gürtel selbstständiger, aber abhängiger Staaten angelagert, der von den Ryūkyū-Inseln und Korea im Osten über Südostasien bis Nepal reichte.

Der territorialen Expansion nach außen entsprach ein enormes Bevölkerungswachstum im Innern. Seit Beginn der Qing-Herrschaft hatte sich die Bevölkerung verdreifacht. Um 1800 lebten knapp 300 Millionen Menschen in China. Dies entsprach rund 35 Prozent der Weltbevölkerung (▸ M2). Das große Bevölkerungswachstum war Ausdruck einer immer leistungsstärkeren Landwirtschaft. Neue Anbauflächen wurden in großem Umfang erschlossen, und man baute neue Produkte vornehmlich amerikanischen Ursprungs wie Süßkartoffeln, Mais, Erdnüsse, aber auch Tabak und Baumwolle an. In vielen Regionen waren erfolgreiche Ernten von der Kontrolle der Flüsse abhängig, sodass der Aufschwung der Landwirtschaft sich auch den staatlichen Wasserbauprojekten verdankte. Chinas territoriale, demografische und wirtschaftliche Größe war damit nicht zuletzt Ausdruck eines mächtigen Staates, der sich auf eine loyale Beamtenschaft und eine schlagkräftige Armee stützte. Beide waren auch deshalb notwendig, weil China kein homogener Nationalstaat war, sondern ein aus zahlreichen Ethnien, Sprachfamilien und Kulturgruppen zusammengesetztes *Vielvölkerreich*.

Der Niedergang im 19. Jahrhundert China war im 18. Jahrhundert den europäischen Mächten mindestens ebenbürtig. Nicht nur die Landwirtschaft war äußerst leistungsfähig, auch der Bergbau, das Handwerk und der Handel brauchten keinen Vergleich zu scheuen. Zentrale Bedeutung kam der Textilindustrie und der Porzellanmanufaktur zu. In beiden Bereichen arbeiteten Hunderttausende von Menschen, und die Produkte wurden inner- und außerhalb Chinas verkauft. Auch wenn bis zum Ende des 18. Jahrhunderts über 90 Prozent der Bevölkerung auf dem Land lebten, blühten auch Bildung und Gelehrsamkeit. Theater eröffneten, und Druckereien ermöglichten einer immer größeren Zahl von Menschen den Zugang zu chinesischer Literatur. Gegen Ende des 18. Jahrhunderts mehrten sich allerdings auch die Krisensymptome. Das Vielvölkerreich hatte zunehmend mit Aufständen zu kämpfen, deren Niederschlagung die Staatsfinanzen belastete. Gleichzeitig stellte das Bevölkerungswachstum die Landwirtschaft vor immer größere Aufgaben, da nur ein kleiner Teil des chinesischen Bodens für den

Lesetipps
- *Thoralf Klein, Geschichte Chinas von 1800 bis zur Gegenwart, Paderborn [2]2009*
- *Helwig Schmidt-Glintzer, Kleine Geschichte Chinas, Frankfurt am Main 2010*

◂ **„Das Reich der Mitte."**
Foto vom französischen Diplomaten und Fotografen Auguste François, um 1900. Bauern überqueren eine Hängebrücke, die die Provinz Yunnan im Südwesten Chinas mit Tibet verbindet. Brücken wie diese gab es im chinesischen Reich schon seit über 1000 Jahren.

Ackerbau geeignet war. Und schließlich machten sich zunehmend Korruption und Ineffizienz von der Staatsspitze bis zu den unteren Rängen der Bürokratie bemerkbar.

Die ab 1800 zunehmend offenkundig werdenden Probleme entwickelten sich für China zur existenzgefährdenden Krise, da gleichzeitig Europa im Zuge der Industrialisierung einen enormen Aufschwung erlebte. Die Ersetzung der Handarbeit durch Maschinenarbeit und die Erzeugung von Energie durch Dampfkraft veränderten Wirtschaft und Gesellschaft zunächst in Großbritannien und anschließend in zahlreichen Ländern Europas und in den USA. Die Maschinisierung der Produktion ging einher mit Revolutionen im Transportwesen, zunächst durch Ausdehnung des Kanalsystems für die Schifffahrt, später durch die Eisenbahn und die Dampfschifffahrt. Die Industrielle Revolution machte schließlich aus dem Riesen China einen ökonomischen Zwerg.[1]

Chinesische Handelspolitik Die chinesischen Herrscher schlossen ihr Reich nicht von der Welt ab, aber sie waren darauf bedacht, europäische Einflüsse unter Kontrolle zu halten. Der Handel mit Europa und den USA war nicht frei, sondern unterlag strikten Kontrollen. Lediglich im Hafen von Guangzhou (Kanton) durften Europäer und US-Amerikaner Geschäfte tätigen. Allerdings konnten sie nur mit einer begrenzten Zahl chinesischer Firmen Handel treiben, die von kaiserlichen Beamten dazu bestimmt wurden. Vor allem den Briten war dieses System ein Dorn im Auge und sie versuchten mehrmals, die chinesische Regierung von einer liberaleren Handelspolitik zu überzeugen. Dieses Vorhaben blieb allerdings erfolglos (▸ M3).

Die Chinesen hatten lange Zeit gar keinen Grund, ihre Grenzen zu öffnen, profitierten sie doch von dem bestehenden System in erheblichem Maße. Während Tee, Porzellan und Textilien aus China nach Europa, insbesondere Großbritannien, verkauft wurden, gab es kaum etwas, was die Chinesen aus Europa hätten einführen wollen.

[1] Siehe hierzu vergleichend die Statistik zur Weltindustrieproduktion, Seite 257 (Methoden-Baustein).

▲ **„Sie haben dieses Gift auf der Stelle zu kaufen."**
Karikatur aus der Pariser Satirezeitschrift „Le Charivari", 1840. Die französische Karikatur legt dem Engländer folgende Worte in den Mund: „Sie haben dieses Gift auf der Stelle zu kaufen, damit wir eine Menge Tee zum Verdauen unseres Roastbeefs bekommen."
- *Interpretieren Sie Zeichnung und Text.*

Die Handelsbilanz wies daher einen großen Überschuss aufseiten Chinas aus. Durch den Handel gelangte ein kontinuierlicher Fluss von Silbergeld in das ostasiatische Land, der wie ein dauerhaftes Konjunkturprogramm wirkte. Den Briten gefiel es dagegen nicht, dass die Chinesen ihre Märkte verschlossen und gleichzeitig in großem Umfang Waren nach Europa ausführten. Sie fanden mit Opium ein Produkt, das in China nicht hergestellt, aber in immer größerem Umfang nachgefragt wurde. So begannen britische und US-amerikanische Händler Ende des 18. Jahrhunderts, Opium aus dem britischen Indien und aus der Türkei nach China zu exportieren. Der chinesischen Regierung wurde schnell klar, dass dieses Rauschmittel nicht nur massive gesundheitliche Schäden bei den Konsumenten zur Folge hatte, sondern auch die Handelsbilanz zuungunsten Chinas veränderte. 1821 verbot sie den Opiumhandel, was allerdings keinerlei Konsequenzen hatte. Im Gegenteil, nachdem sich der Handel zwischen 1800 und 1833 verfünffacht hatte, verdoppelte er sich nochmals bis 1838. Der chinesischen Regierung missfiel diese Entwicklung, da in ihren Augen nun zu viel Silber das Land verließ. Dies brachte die chinesische Wirtschaft in ernsthafte Probleme. Sie beschloss daher, gegen das illegale Opiumgeschäft vorzugehen. 1839 schickte sie einen hochrangigen Beamten nach Guangzhou, der nach wochenlangen Auseinandersetzungen die Ausländer schließlich zwang, ihre Opiumvorräte zur Vernichtung herauszugeben.

Opiumkriege und „ungleiche Verträge" Das Vorgehen der chinesischen Regierung nahm Großbritannien zum Anlass, Krieg gegen das Reich der Mitte zu führen. Im Sommer 1839 wurde eine Flotte von 16 Kriegsschiffen entsandt, die ein Jahr später China erreichte. Das ostasiatische Land besaß keine Kriegsmarine im herkömmlichen Sinn, da bisher keine Gefahren von See gedroht hatten. Den Briten war es daher ein Leichtes, die traditionellen chinesischen Segelschiffe, Dschunken genannt, zu versenken. Um Häfen und Flussmündungen zu kontrollieren, reichte es in der Regel, ein einziges Schiff vor Ort zu lassen. So gelang es den Briten innerhalb von zwei Jahren, die wichtigsten Häfen und Flussmündungen zu beherrschen. Nach der Einnahme von Nanjing in Zentralchina konnten die Briten den Chinesen 1842 einen Vertrag diktieren, der alle ihre Forderungen enthielt. So musste China fünf von Großbritannien ausgesuchte Häfen für den Handel mit Großbritannien öffnen und den Briten erlauben, sich ihre chinesischen Geschäftspartner frei zu wählen. Die britischen Händler brauchten in den Hafenstädten nun nicht mehr in den von den chinesischen Behörden zugewiesenen Vierteln wohnen, sondern konnten sich ihren Wohnsitz innerhalb der fünf Städte frei aussuchen. Zu ihrem Schutz und ihrer Vertretung durften die Briten Konsulate in den Städten einrichten. Zölle und Abgaben auf importierte Waren mussten niedrig sein und verschafften so den britischen Händlern einen Wettbewerbsvorteil. Darüber hinaus trat China die Insel Hongkong an Großbritannien ab. Es dauerte schließlich über

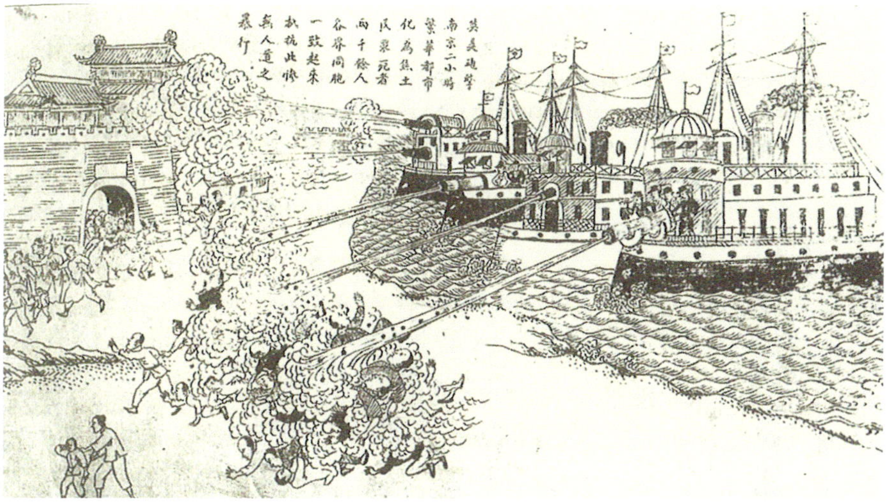

▲ **Briten greifen 1842 die chinesische Stadt Nanjing an.**
Chinesische Darstellung, um 1842.
- *Beschreiben Sie die dargestellte Szene.*
- *Analysieren Sie, warum die Briten den Chinesen im Kampf überlegen waren.*
- *Erklären Sie, ob die Zeichnung einen „Krieg" darstellt.*

150 Jahre, bis Hongkong 1997 zurück an China fiel. Angesichts dieser demütigenden Vereinbarungen erschienen die horrenden Beträge, die China an Großbritannien und britische Händler zahlen musste, fast zweitrangig.

Hatte der *erste Opiumkrieg* deutlich gemacht, dass Großbritannien in der Lage war, seine Interessen auch an der chinesischen Küste militärisch durchzusetzen, so zeigte der *zweite Opiumkrieg* (1856-1860), dass die Staaten Europas auch einen Landkrieg in China gewinnen konnten. Anlass war dieses Mal das Entern eines unter britischer Flagge segelnden chinesischen Schiffes durch chinesische Beamte, die illegalen Opiumschmuggel vermuteten. Als die gefangen genommenen Besatzungsmitglieder trotz des Verlangens Großbritanniens nicht freigelassen wurden, erklärten die Briten China den Krieg. Dieser Kriegserklärung schloss sich auch Frankreich an. Russland und die USA blieben offiziell neutral, nutzten aber diese Position ihrerseits zum Abschluss vorteilhafter Abkommen mit China. Nachdem 1858 ein Friedensvertrag unterzeichnet worden war, begann der Krieg von Neuem, als der chinesische Kaiser die Einrichtung diplomatischer Vertretungen seiner Kriegsgegner in der Hauptstadt Peking ablehnte. Daraufhin marschierte 1860 eine britisch-französische Armee nach Peking und verwüstete die kaiserlichen Paläste. Die 1858 und 1860 unterzeichneten Verträge ergänzten den Vertrag von 1842 und weitere in der Zwischenzeit geschlossene Vereinbarungen. Die Briten unterlagen nun nicht mehr der chinesischen Justiz, und sie genossen bei Besitz eines britischen Passes Reisefreiheit im Kaiserreich. Eine große Zahl von Städten am Meer und an Flüssen wurden für den britischen Handel geöffnet. Andere europäische Staaten, die USA und sogar einige Staaten in Lateinamerika schlossen ähnlich lautende Verträge mit China ab. Das ostasiatische Land musste seinen Untertanen darüber hinaus erlauben auszuwandern.

Die Opiumkriege und die *„ungleichen Verträge"* unterwarfen letztlich die chinesische Außen- und Handelspolitik europäischen und US-amerikanischen Forderungen. Die harschen Bedingungen der Verträge schienen darüber hinaus sicherzustellen, dass es China nicht gelingen würde, das internationale Machtverhältnis zu seinen Gunsten zu verschieben. Die Europäer und US-Amerikaner profitierten von der Öffnung Chinas, da sie nun ihre Waren hier verkaufen konnten, auch wenn die Märkte nicht so viel Profit abwarfen wie ursprünglich erhofft. Die chinesische Wirtschaft wurde aber wie beabsichtigt stärker mit Europa und den USA verbunden. Denn schließlich hatten sich die Sieger der Opiumkriege niedrige Zölle und sogar die Einfuhr der von China verbotenen Droge Opium garantieren lassen.

▲ **„Tianwang, der Taipingkaiser."**
Zeitgenössischer Holzstich. Der chinesische Revolutionär Hong Xiuquan (1814-1864) führte den Taiping-Aufstand an. Er sah sich als jüngerer Bruder Jesu Christi und verband christliche mit chinesischen religiösen Vorstellungen. 1851 nahm er den Titel „Himmlischer König" („Tianwang") an.

Innere Krisen und Aufstände Die „ungleichen Verträge" verstärkten die wirtschaftlichen und sozialen Probleme Chinas, die sich seit dem Ende des 18. Jahrhunderts abgezeichnet hatten. Die Spannungen entluden sich in Aufständen, die sich zum Teil zu Bürgerkriegen entwickelten. Schätzungsweise etwa 20 Millionen Chinesen starben beim *Taiping-Aufstand* (1851-1864). Er richtete sich gegen die Qing-Dynastie, die aufgrund ihrer Herkunft aus der Mandschurei im Nordosten Chinas als unchinesisch verurteilt wurde. Den Aufständischen gelang es, große Gebiete in Zentral- und Ostchina zu erobern. Der Versuch, 1853 Peking einzunehmen, scheiterte allerdings. Die Stadt Nanjing blieb jedoch bis 1864 in den Händen der Rebellen (▸ M4). Gleichzeitig mit dem Aufstand im Südosten wurde die Qing-Dynastie von der *Nian-Rebellion* im Norden des Landes bedroht (1861-1868), und zwischen 1855 und 1877 tobten im Südwesten, im Nordwesten sowie in Turkestan *Aufstände von Muslimen*, die insgesamt zehn Millionen Todesopfer forderten. Ende der 1860er-Jahre hatte China sich daher nicht nur aufgrund des Eindringens der Europäer und US-Amerikaner, sondern auch aufgrund dieser blutigen Bürgerkriege radikal geändert. Große Teile des Landes waren verwüstet, Millionen Menschen waren gestorben, die Landwirtschaft lag darnieder und die Staatsfinanzen waren am Ende. Hohe Zivilbeamte in den Provinzen (*Provinzgouverneure*), die zugleich als Generäle die siegreichen Qing-Truppen geführt hatten, besaßen nun ungeheure Macht und nahmen die politische Führungsrolle ein. Dadurch wurde die Zentralregierung in Peking stark geschwächt, zumal seit 1862 alle Kaiser als Minderjährige auf den Thron gelangten.

Japanisch-Chinesischer Krieg (1894/95) Im letzten Viertel des 19. Jahrhunderts nahm der ausländische Einfluss in China eine neue Qualität an. China verlor seine vorherrschende Stellung in Ostasien und musste fremden Mächten im eigenen Land immer umfassendere Rechte gewähren. Ein besonderer Schock war es für die chinesische Elite, dass das – im Vergleich zu China – kleine Japan sich im letzten Drittel des Jahrhunderts zu einer neuen regionalen Vormacht entwickelte. Japan hatte seit 1867 große Reformprojekte in Angriff genommen, um die Selbstständigkeit des Landes gegenüber den europäischen Mächten und den USA zu verteidigen. Diese Reformen verschoben auch die Machtbalance im Verhältnis zu China. 1879 besetzte Japan die bis dahin unabhängigen, aber eng mit China verbundenen Ryūkyū-Inseln und gliederte sie als Präfektur Okinawa in sein Staatsgebiet ein. Schon fünf Jahre zuvor hatte die Regierung in Tokio Kriegsschiffe nach Taiwan geschickt, um dort eine sogenannte „Strafexpedition" durchzuführen. China war nicht in der Lage, sich gegen diese Aggression zu verteidigen, und musste schließlich sogar Entschädigungszahlungen an Japan leisten.

▲ **China von der Mitte des 19. bis zum Anfang des 20. Jahrhunderts.**

Zum zentralen Streitpunkt wurde schließlich Korea. 1894 besetzte Japan die von China abhängige Halbinsel und erklärte den Krieg. Trotz jahrzehntelanger Modernisierungsbemühungen unterlag die chinesische Kriegsmarine den japanischen Streitkräften. Den Japanern gelang es, in wenigen Schlachten die chinesischen Verbände fast völlig zu vernichten, sodass Japan die Friedensbedingungen 1895 diktieren konnte. China musste im *Vertrag von Shimonoseki* unter anderem Taiwan als Kolonie an Japan abtreten, die Unabhängigkeit Koreas anerkennen, chinesische Häfen für den japanischen Außenhandel öffnen und sich zu Entschädigungszahlungen an Japan verpflichten, die ein Vielfaches der jährlichen Staatseinnahmen betrugen.

Imperialistische Herrschaft in China Die Niederlage gegen Japan löste einen „Wettlauf nach China" aus. Denn nun wollten sich auch andere Länder im chinesischen Machtbereich Einflusssphären sichern. Frankreich hatte sich nach zweijährigem Krieg schon 1885 die Herrschaft über das vormals von China dominierte Vietnam gesichert. 1897 nahm das Deutsche Reich die Ermordung zweier deutscher Missionare zum Anlass, die Kiautschou-Bucht (Provinz Shandong) im Osten Chinas zu besetzen. Da China nicht in der Lage war, das Gebiet zu verteidigen, willigte es in einen Vertrag ein, in dem das Deutsche Reich Kiautschou für 99 Jahre pachtete. Theoretisch blieb Kiautschou ein

◂ **„Ein Spuk am hellen, lichten Tage."**
Karikatur aus „Der Wahre Jacob" vom 11. September 1911.
- *Beschreiben Sie die Karikatur.*
- *Analysieren Sie, wie der Zeichner die Situation Chinas im Jahre 1911 deutet.*
- *Vergleichen Sie die in der Karikatur dargestellte Lage Chinas mit der heutigen Stellung des Landes.*

Teil Chinas, tatsächlich wurde es eine deutsche Kolonie, von der aus die wirtschaftliche Durchdringung Chinas von deutscher Seite vorangetrieben werden sollte. Den Deutschen folgten in kurzem Abstand andere Länder. 1898 pachtete Russland die Hafenstadt Lüshun (Port Arthur) im Nordosten des Landes, Großbritannien das in der Provinz Shandong gelegene Weihaiwei. Zudem erweiterten die Briten das Territorium von Hongkong durch einen weiteren Pachtvertrag. Frankreich übernahm hingegen das an der südchinesischen Küste gelegene Guangzhouwan. Die Pachtgebiete dienten den imperialistischen Mächten als Brückenköpfe, um ihren wirtschaftlichen und politischen Einfluss in China auszubauen. Um die eigene Position zu verbessern, ließen sich Japan, Frankreich, Großbritannien und das Deutsche Reich sogenannte „Interessensphären" zuteilen, die ohne ihr Einverständnis nicht an andere Länder vergeben werden konnten. Denn längst ging es den ausländischen Mächten nicht mehr allein darum, ihre Waren in China zu verkaufen. Ihnen lag vielmehr daran, die Wirtschaft in China zu kontrollieren. Europäische und japanische Firmen sicherten sich die Vorrechte für den von China bezahlten Bau von Eisenbahnlinien. Sie beuteten Bodenschätze aus und spielten eine immer größere Rolle im Finanzwesen des Landes. Alles schien darauf hinzudeuten, dass China von den imperialistischen Mächten in Kolonien geteilt werden würde. Gegen diese Entwicklung protestierten allerdings die USA. In Washington versprach man sich von einer für alle interessierten Mächte „offenen Tür" in China („*Open Door Policy*") einen größeren Nutzen für die heimischen Wirtschaftsinteressen und pochte deshalb darauf, dass China als – zumindest auf dem Papier – selbstständiger Staat erhalten blieb (▸ M5). So rettete letztlich die Konkurrenz unter den imperialistischen Ländern die staatliche Einheit eines auf seine Kernterritorien geschrumpften Chinas.

Reformversuche und Intrigen Seit etwa 1860 unternahm eine Reihe von Provinzgouverneuren im Rahmen der sogenannten *Selbststärkungsbewegung* Anstrengungen, insbesondere das Militär den modernen Anforderungen anzupassen. Es wurde eine Werft- und Rüstungsindustrie aufgebaut sowie Eisenbahn- und Telegrafenlinien errichtet. Einige wenige Spezialschulen sollten chinesische Experten in Völkerrecht, Fremdsprachen und moderner Technologie heranbilden. Gleichzeitig bestanden aber große Ängste, China zu sehr zu verändern. Die politische und soziale Ordnung sollte so weit wie möglich erhalten bleiben. Nach der Niederlage gegen Japan und den zahlreichen Gebietsabtretungen waren Reformen dringender geboten als je zuvor. Im Juni 1898 griff der junge Kaiser *Guangxu* (1871-1908) Ideen einer Gruppe radikaler Reformer auf und erließ in den folgenden drei Monaten 27 Gesetzesbestimmungen, um China zu modernisieren. Die sogenannte *Reform der hundert Tage* zielte vor allem auf eine Veränderung des Bildungswesens und des Beamtenapparates. Sie sollte den Staat effizienter machen und eine neue Mentalität der chinesischen Politik hervorbringen. Ein solches Projekt musste auf den erbitterten Widerstand all jener Kräfte stoßen, die von der existierenden Bürokratie profitierten. Und tatsächlich gelang es den Reformgegnern unter Führung der Kaiserinwitwe *Cixi* (1835-1908) die Reformen zu stoppen. Der junge Kaiser wurde zwar nicht abgesetzt, aber entmachtet. Führende Vertreter des Reformvorhabens wurden verhaftet und hingerichtet. Die Monarchie hatte sich als unfähig erwiesen, sich den Anforderungen der Zeit anzupassen (▸ M6).

Boxeraufstand und Ende des Kaiserreiches Unabhängig von den Reformbemühungen an der Spitze des Staates hatte sich Ende der 1890er-Jahre in der nordchinesischen Provinz Shandong eine Volksbewegung entwickelt, die in den Ausländern den Grund für ihre Misere sah. Der Fremdenhass entlud sich besonders gegenüber christlichen Missionaren, die aus Europa nach China kamen (▸ M7). Anhänger der **Boxerbewegung** töteten Missionare und stritten unter der Parole „Unterstützt die Qing, vernichtet die Fremden" für ein von ausländischen Einflüssen freies China (▸ M8). Als die Aufständischen in Peking das Gesandtschaftsviertel belagerten, schloss sich die Kaiserinwitwe Cixi der Erhebung an und erklärte den imperialistischen Mächten den Krieg. Dies stärkte die Boxerbewegung und führte zur Ermordung Hunderter von Europäern und Tausender chinesischer Christen. Sechs europäische Länder, Japan und die USA schickten daraufhin Truppen nach China. Ein Expeditionsheer marschierte nach Peking, befreite das belagerte Gesandtschaftsviertel und zerschlug mit großer Brutalität die Boxerbewegung (▸ M9). Im *Boxerprotokoll* von 1901 musste China die Mandschurei an Russland abtreten und sich zu der gigantischen Zahlung von 67 Millionen Pfund Sterling verpflichten. Darüber hinaus durften die ausländischen Mächte nun Maßnahmen ergreifen, um ihre Staatsangehörigen in Peking und anderswo militärisch zu schützen. China blieb zwar formal unabhängig, nach dem Boxeraufstand konnte die chinesische Regierung aber endgültig keine Politik der Abschottung mehr betreiben. Unter den chinesischen Eliten bestand nun Einigkeit darüber, dass internationale Gleichberechtigung für China nur zu erreichen war, wenn es sich stärker an ausländischen Modellen orientierte (v.a. Japan, aber auch die USA und Europa).

Um die Jahrhundertwende schien die Qing-Dynastie am Ende. Sie hatte sich als unfähig erwiesen, sich zu reformieren, und unfähig, einen Volksaufstand gegen die ausländischen Mächte erfolgreich anzuführen. So gewannen jene Bewegungen an Bedeutung, die die politische Ordnung ändern wollten. Der Qing-Hof selbst legte die Grundlagen zur Entstehung einer konstitutionellen Monarchie, radikale Revolutionäre hingegen plädierten für die Abschaffung der Monarchie und Einführung der Republik. Alle diese Bewegungen profitierten von den Kontakten nach Europa und den USA, da sie dort Anregungen für Veränderungen des politischen Systems bekamen. Gleichzeitig

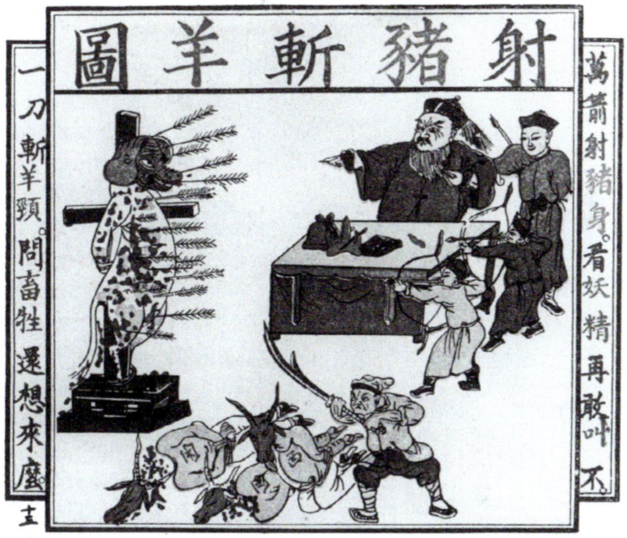

▲ **„Das Schwein erschießen und die Ziegen köpfen!"**
Chinesisches antichristliches Plakat, um 1900.
Das Schwein ganz links steht für Jesus Christus, die Ziegen am unteren Bildrand sollen Ausländer versinnbildlichen.

- *Charakterisieren Sie die dargestellten Personen.*
- *Arbeiten Sie heraus, an welchen Adressatenkreis sich die Darstellung richtet.*
- *Interpretieren Sie die „Botschaft" des Plakates.*

Boxerbewegung: benannt nach den Kampfübungen ihrer Anhänger oder deren Namen „In Rechtschaffenheit vereinigte Faustkämpfer" erschwerte die Präsenz der imperialistischen Mächte es der chinesischen Regierung, die Opposition zu unterdrücken, da die Revolutionäre in den ausländischen Konzessionsgebieten sicheren Unterschlupf finden konnten. Der Wechsel lag also schon seit Jahren in der Luft, als im Oktober 1911 die republikanische Revolution ausbrach. Innerhalb von Wochen schlossen sich zahlreiche Provinzen der Erhebung an und erklärten sich von Peking unabhängig. Auf einem Treffen der aufständischen Provinzen wählten sie den westlich geprägten Arzt und revolutionären Reformer *Sun Yatsen* (1866/70-1925) zum Provisorischen Präsidenten der *Republik China*. Im Februar 1912 dankte der letzte chinesische Kaiser ab. Das mehr als 2000 Jahre alte chinesische Kaiserreich existierte nicht mehr.

Bürgerkriege Die Ausrufung der Republik ist zwar ein markantes Datum der chinesischen Geschichte, sie führte aber nicht zu einem grundsätzlichen Kurswechsel. Im Gegenteil, der Zerfall des Landes in unterschiedliche Parteien und Provinzen ging unvermindert weiter. Daran änderte auch die Verabschiedung einer Verfassung (1912) und die Wahl eines Parlaments (1913) nichts. Der neue Präsident *Yuan Shikai* (1859-1916) erwies sich als autoritärer Machthaber, der seine Macht nicht mit anderen Verfassungsorganen teilen wollte. So ließ er bald nach der Wahl des Parlaments die mit Abstand größte Partei, die *Guomindang* (Nationalpartei), verbieten und löste das Parlament und alle Provinzversammlungen auf. Als Yuan sich 1915 selbst zum Kaiser proklamieren ließ, überspannte er den Bogen endgültig. Seine wichtigste Stütze, das Militär, erhob sich. Yuan trat zurück und starb kurz darauf. Das schnelle Scheitern der republikanischen Ordnung führte zu einem jahrzehntelangen *Bürgerkrieg*, in dem eine ganze Reihe von politischen Kräften in wechselnden Bündnissen gegeneinander kämpfte. In den 1920er-Jahren gewannen zwei zunächst eng kooperierende, bald jedoch heftig verfeindete Parteien die Oberhand. Auf der einen Seite die Guomindang, die sich zunächst eng mit der Sowjetunion verbündet hatte, dann aber in brutalen Säuberungsaktionen alle Kommunisten in den eigenen Reihen beseitigte. Auf der anderen Seite eine zunächst kleine kommunistische Partei, die dank der Neuorientierung der Guomindang großen Zulauf erhielt und sich unter der Leitung *Mao Zedongs* (1893-1976) seit Ende der 1920er-Jahre zunächst in ländlichen Gegenden Chinas eine Machtbasis erarbeitete (▸ M10). Erst 1949, nach einem fast 20-jährigen und nur für wenige Jahre unterbrochenen Bürgerkrieg, setzten sich die Kommunisten endgültig durch.[1]

Japanische Interventionen Der Zerfall Chinas drückte sich auch in der zunehmenden Einmischung Japans aus. Für die Geschichte Chinas gilt daher nicht, dass der Erste Weltkrieg das Ende des imperialistischen Zeitalters markierte. Im Gegenteil, zwar beendete der Krieg den deutschen Einfluss im Reich der Mitte, dafür aber spielte Japan im Laufe der nächsten Jahre eine immer größere Rolle. 1914 eroberte Japan den deutschen Stützpunkt Tsingtau in Nordostchina und erhielt auf der Pariser Friedenskonferenz 1919 trotz vehementer Proteste in China von der Regierung in Peking die deutschen Sonderrechte in Kiautschou übertragen sowie eine Verlängerung der Pachtverträge in der Mandschurei, die Japan nach dem siegreichen Krieg gegen Russland 1905 übernommen hatte. Japan hatte somit in drei Kriegen (1894/95 gegen China, 1904/05 gegen Russland, 1914-1918 im Ersten Weltkrieg an der Seite Großbritanniens

[1] Siehe hierzu Seite 237f.

gegen Deutschland) eine Vormachtstellung in Ostasien errungen. Die Hoffnung der chinesischen Regierung und der öffentlichen Meinung, die Vorstöße Japans in chinesische Gebiete würden von den Siegermächten nach dem Ersten Weltkrieg verurteilt, erfüllte sich nicht. Auch wenn China Deutschland 1917 den Krieg erklärt hatte, so wurde es doch weiterhin nicht als ein gleichberechtigter Verhandlungspartner angesehen.

China im Zweiten Weltkrieg Die Geschichte des Zweiten Weltkrieges in Ostasien ist eng mit der imperialistischen Expansion Japans auf das asiatische Festland verbunden. Nachdem Japan seit dem Ersten Weltkrieg zunehmend Einfluss auf die Politik und Wirtschaft Chinas gewonnen hatte, ging das Land in den 1930er-Jahren dazu über, chinesisches Staatsgebiet zu annektieren. 1931 besetzte Japan die Mandschurei und gründete dort einen „Marionettenstaat", an dessen Spitze es den letzten Kaiser Chinas stellte (zunächst als Präsident, ab 1934 als Kaiser). In den folgenden Jahren gelang es Japan, die Kontrolle über die Mongolei und Teile Nordchinas zu erhalten, auch wenn diese Gebiete formal weiterhin zu China gehörten. Als im Anschluss an einen Schusswechsel zwischen japanischen und chinesischen Soldaten in der Nähe von Peking 1937 offene Kriegshandlungen zwischen Japan und China ausbrachen, war dies zugleich der Beginn des Zweiten Weltkrieges in Asien. Japan gelang es, große Gebiete an den chinesischen Küsten zu erobern und dort „Marionettenregierungen" einzurichten. Auch Nanjing, das zwischenzeitlich Hauptstadt der Republik China geworden war, nahmen 1937 japanische Truppen ein. Sie richteten dort ein Blutbad unter der Zivilbevölkerung an, das nach vorsichtigen Schätzungen 150 000 Menschen das Leben kostete. Die chinesische Regierung war längst in schwerer zugängliche Gebiete geflohen (▸ M11).

Den Japanern gelang es allerdings zu keinem Zeitpunkt, ganz China zu erobern. Denn sie kämpften gleichzeitig gegen die verschiedenen Armeen der chinesischen Bürgerkriegsparteien. China wurde zudem von Russland und den formal neutralen USA mit Waffen und Material unterstützt. Russland war seit dem Krieg von 1904/05 ein Gegner Japans in Ostasien und gleichzeitig seit 1941 der stärkste Verbündete Großbritanniens im europäischen Krieg gegen das nationalsozialistische Deutschland. Der japanische Angriff auf die US-Marinebasis in Pearl Harbor (Hawaii) im Dezember 1941 gab dem Krieg in Ostasien eine entscheidende Wende. China wurde zum wichtigsten asiatischen Verbündeten der USA im Kampf gegen Japan. Als die Atombombenabwürfe auf Hiroshima und Nagasaki Japan 1945 zur Kapitulation zwangen, bedeutete dies auch die Aufgabe aller japanischen Ansprüche auf dem asiatischen Festland. Da China nun zu den Siegermächten des Zweiten Weltkrieges gehörte, wurden die noch bestehenden „ungleichen Verträge" mit den USA und Großbritannien bis 1947 aufgehoben.

Die Revolution von 1949 Innenpolitisch stand China am Ende des Zweiten Weltkrieges nicht besser da als am Ende des Ersten. Im Land brach der während der Kriegsjahre aufgeschobene blutige Bürgerkrieg wieder aus, und es stand zu befürchten, dass angesichts der inneren Konflikte die neuen Supermächte USA und Sowjetunion nun an die Stelle der alten imperialistischen Mächte treten würden. Anders als in den 1920er-Jahren gelang es aber in der zweiten Hälfte der 1940er-Jahre der *Kommunistischen Partei Chinas* relativ rasch, die Oberhand zu gewinnen. Innerhalb von nur vier Jahren besiegten sie ihren großen Gegner, die Guomindang, vollständig und zwangen ihn, sich auf die Insel Taiwan zurückzuziehen.

▲ **Ausrufung der Volksrepublik China.**
Foto vom 1. Oktober 1949. Mao Zedong spricht auf einer Rednertribüne auf dem Tiananmen-Platz (Platz des Himmlischen Friedens) in Peking vor etwa 300 000 Menschen. Er war von 1945 bis 1976 Vorsitzender der Kommunistischen Partei Chinas. Von 1949 bis 1954 stand er der zentralen Volksregierung vor, von 1954 bis 1959 übte er das Amt des Staatspräsidenten der Volksrepublik China aus.

Am 1. Oktober 1949 proklamierte Mao Zedong die *Volksrepublik China*. Die Regierung der Kommunisten beendete die Epoche der Bürgerkriege und baute einen stabilen und mächtigen Staat auf (▸ M12). Dieser Staat bediente sich von Beginn an brutaler und häufig terroristischer Methoden, um Widerstand oder auch nur Kritik zu unterdrücken. Gleichzeitig leitete er grundlegende Reformen ein, z.B. hinsichtlich der Gleichstellung der Frau und der Verteilung der landwirtschaftlich nutzbaren Flächen.

China behauptet sich Die Machtergreifung der Kommunisten führte zu einem selbstbewussteren Auftreten nach außen. Die Mandschurei war schon 1946 an China zurückgefallen, und 1950 besetzte China erneut Tibet, das sich nach der Ausrufung der Republik 1912 mit britischer Hilfe für unabhängig erklärt hatte. Die Äußere Mongolei blieb dagegen ein unabhängiger, eng mit der Sowjetunion verbundener Staat, während die Innere Mongolei 1947 eine autonome Region Chinas wurde. Auch Taiwan bewahrte unter der Führung der Guomindang seine Selbstständigkeit gegenüber dem kommunistischen China.

Der entscheidende Konflikt spielte sich in Korea ab, das bis zur japanischen Besetzung 1894 ein von China abhängiger Staat gewesen war. Hier hatten sich die Sowjetunion und die USA nach dem Zweiten Weltkrieg auf eine Zweiteilung geeinigt, wobei der Süden zur US-amerikanischen Einflusssphäre wurde. In den Augen der chinesischen Führung konnte dies nur als Fortsetzung der imperialistischen Politik Japans verstanden werden. Mit sowjetischer Einwilligung und Unterstützung überfiel Nordkorea 1950 Südkorea. Daraufhin schickten die Vereinten Nationen eine internationale Streitmacht unter amerikanischer Führung. Diese Armee vertrieb nicht nur die nordkoreanischen Streitkräfte, sondern rückte weit nach Nordkorea vor. Dies musste die chinesische Regierung alarmieren, war doch auch der Boxeraufstand gegen die Ausländer fünfzig Jahre zuvor von einer internationalen Streitmacht unterdrückt worden. China war daher an der Existenz eines anti-US-amerikanischen Nordkoreas interessiert und schickte seine Streitkräfte in den Krieg gegen die von den USA geführten Truppen.

Anders als in den Jahrzehnten zuvor erwiesen sich die chinesischen Streitkräfte ihren europäischen und US-amerikanischen Gegnern aber dieses Mal als gleichwertig. Keine der beiden Seiten war in der Lage, sich entscheidende Vorteile zu erkämpfen. Der Krieg endete schließlich 1953 durch einen Waffenstillstand. Er bestätigte im Großen und Ganzen die alten Grenzlinien zwischen Nord- und Südkorea. China hatte seine Feinde zwar nicht vom ostasiatischen Festland vertreiben können. Es war nun aber erstmals seit dem ersten Opiumkrieg von 1839 in der Lage, ausländische Armeen von seinen Grenzen fernzuhalten. So konnte China wieder beginnen, eine eigenständige Politik in und außerhalb des Landes zu verfolgen.

▲ **Kaiser Qianlong bei einem Siegesfest nach dem Feldzug gegen die Westmongolen (Ausschnitt).**
Chinesisches Rollenbild von Lang Shihning, 1760.

M1 Blütezeit der Qing-Dynastie

Die Historikerin Sabine Dabringhaus beschreibt die Situation Chinas im 18. Jahrhundert:

Die Periode etwa zwischen 1725 und 1777 wird als eine Zeit beispiellosen Wohlstands beschrieben. Bevölkerung und Wirtschaft prosperierten. Dank der technologischen Veränderungen und dem hohen Spezialisierungsgrad von Arbeitskraft und Ressourcennutzung, der Dörfer und Städte miteinander verband, hatte sich eine Marktwirtschaft entwickelt. Ihr beständiges Wachstum beruhte auf verschiedenen Formen zunehmender Produktivität, dem blühenden Binnen- und Außenhandel und einem hohen Konsumniveau. Nach dem Vorbild der von den Provinzbehörden eingerichteten öffentlichen Getreidespeicher der Städte begannen Anfang des 18. Jahrhunderts auch Lokalgemeinden, Getreidespeicher einzurichten, sodass es seit den 1730er-Jahren ein landesweites Getreidevorratssystem gab, auf das bei Ernteausfällen zurückgegriffen werden konnte. Die darin zur Verfügung gestellten Nahrungsmittel umfassten in den 1780/90er-Jahren fünf bis zehn Prozent der Gesamtproduktion. Obwohl China im 18. Jahrhundert immer wieder von schweren Dürre- und Flutkatastrophen heimgesucht wurde, war die Qing-Regierung in der Lage, betroffenen Kreisen Steuerbefreiung zu gewähren und die Bevölkerung mit den Getreidevorräten zu versorgen. Auch gelang es ihr, eine ernste monetäre[1] Krise zu verhindern, da sie sich durch den steigenden Warenexport auf dem Weltmarkt mit Silber versorgen konnte und den Kupferbedarf durch internen Abbau deckte. Die Steigerung der landwirtschaftlichen Produktion beruhte auf mehreren Faktoren, vor allem weltweiter Klimaerwärmung, neuen Agrartechnologien und territorialer Expansion. Auch die anfängliche niedrige Besteuerung konnte festgesetzt werden, da bis in die späte Qianlong-Zeit[2] interne Rebellion und externe Aggression den Staat kaum zu höheren Belastungen zwangen. Selbst als um 1800 Schwierigkeiten bei der Niederschlagung des Weißer-Lotus-Aufstandes[3] und wachsende Korruption in der Qing-Bürokratie eine Wende ankündigten, war die Bevölkerung Chinas besser ernährt, gekleidet und untergebracht und profitierte von einem vielseitigeren Wirtschaftsleben als die Menschen in anderen Gebieten Asiens oder in vielen Teilen Europas.

Sabine Dabringhaus, Geschichte Chinas. 1279-1949, München 2006, S. 45

1. *Geben Sie wieder, worin sich die chinesische Blütezeit im 18. Jahrhundert ausdrückt.*
2. *Erklären Sie, wie hoch der Lebensstandard der chinesischen Bevölkerung im Vergleich zu Bewohnern anderer Länder war. Was sagt der Text zu dieser Frage, was vermuten Sie?*
3. *Nehmen Sie zu der vermeintlichen kulturellen Überlegenheit der Europäer, Japaner und US-Amerikaner vor dem Hintergrund dieser Quelle Stellung.*

M2 Bevölkerungsentwicklung Chinas

Jahr	Weltbevölkerung (in Millionen)	Chinas Bevölkerung (in Millionen)	Anteil an der Weltbevölkerung (in Prozent)
1650	550	123	22,4
1750	725	260	35,9
1850	1175	412	35,1
1950	2556	552	21,6
1980	4458	987	22,1
1996	5772	1224	21,2

Nach: Thoralf Klein, Geschichte Chinas. Von 1800 bis zur Gegenwart, Paderborn [2]2009, S. 134

1. *Beschreiben Sie vergleichend die Bevölkerungsentwicklung Chinas und der Welt.*
2. *Erläutern Sie, warum die Zeit zwischen 1850 und 1950 zu einem deutlichen Niedergang der weltweiten Bedeutung der chinesischen Bevölkerung führte. Suchen Sie nach möglichen Gründen für die Veränderungen.*

[1] **monetär**: geldlich, das Geld betreffend
[2] **Qianlong** (1711-1799): regierte in der Qing-Zeit von 1736 bis 1796 als Kaiser; siehe auch Seite 228 und M3 auf der Seite 240
[3] **Weißer Lotus**: chinesische Geheimgesellschaft, deren Ursprünge bis ins 12. Jahrhundert reichen. Sie war vor allem im Norden Chinas verbreitet.

M3 „Diese Bitte [...] kann nicht in Erwägung gezogen werden"

Der englische König Georg III. (1738-1820) ersucht den chinesischen Kaiser im Jahre 1793 über eine Gesandtschaft um einen Handels- und Freundschaftsvertrag sowie die Einrichtung einer ständigen diplomatischen Vertretung. Kaiser Qianlong (1711-1799) antwortet ihm:

Was Euer dringendes Gesuch angeht, einen Eurer Untertanen abzuordnen, dass er an meinem Himmlischen Hof akkreditiert werde und die Kontrolle über den Handel Eures Landes mit China ausüben soll, so steht diese Bitte im Gegensatz zu den Gewohnheiten meiner Dynastie und kann nicht in Erwägung gezogen werden [...]. Wenn Ihr versichert, dass Eure Hochachtung für Unsere Himmlische Dynastie Euch mit dem Wunsch nach unserer Kultur erfüllt, muss doch darauf hingewiesen werden, dass unsere Gebräuche und Gesetzgebung sich so vollständig von den Euren unterscheiden, dass, selbst wenn Euer Gesandter in der Lage wäre, die Ansätze unserer Kultur aufzunehmen, unsere Gewohnheiten und Sitten unmöglich in Euern fremden Boden verpflanzt werden könnten. Daher würde durch die Bestellung eines Botschafters nichts gewonnen werden, wie geschickt er auch sein würde. Meine Herrschaft über die weite Welt hat das eine Ziel, vollkommen zu regieren und die Staatspflichten zu erfüllen: Fremde und kostspielige Gegenstände interessieren mich nicht. [...] Der hervorragende Ruf unserer Dynastie ist in jedes Land unter dem Himmel gelangt, und Herrscher aller Völker haben ihre Tributabgabe auf dem Land- und Seeweg überbracht. Wie Euer Gesandter mit eigenen Augen sehen kann, besitzen wir alles. Ich lege keinen Wert auf fremde Gegenstände, die fremdländisch oder geschickt erfunden sind, und ich habe keine Verwendung für die Produktion Eures Landes. [...] Es schickt sich, o König, meinen Willen zu achten und mir in Zukunft noch größere Verehrung und Loyalität zu erweisen, sodass Ihr durch ständige Unterwerfung unter unseren Thron Frieden und Wohlwollen für Euer Land sichert.

Günter Schönbrunn (Bearb.), Das bürgerliche Zeitalter 1815-1914. Geschichte in Quellen, München 1980, S. 531 f.

1. *Arbeiten Sie die Haltung des chinesischen Kaisers gegenüber dem englischen König und sein Selbstverständnis in Bezug auf die Außenwelt heraus.*
2. *Entwickeln Sie eine Antwort des englischen Königs in Form eines Briefes an den chinesischen Kaiser.*
3. *Nehmen Sie Stellung zu der These, dass China durch eine positivere Reaktion auf die britische Gesandtschaft und die Öffnung seiner Märkte für das Ausland die Chance auf eine gleichberechtigte Rolle in der Welt gehabt hätte.*

M4 Der Taiping-Aufstand

Der Historiker Helwig Schmidt-Glintzer äußert sich über den Taiping-Aufstand:

Unter den Hunderten Rebellionen jener Zeit aber nimmt der Taiping-Aufstand (1851-1864) in mehrerlei Hinsicht eine Sonderstellung ein, zumal er als einer der größten Bürgerkriege im 19. Jahrhundert überhaupt gelten muss. In ehemals dicht besiedelten Gebieten habe man, zeitgenössischen Berichten zufolge, nach den Aufständen tagelang durch verlassene Ortschaften und ein Meer von Leichen gehen können, ohne eine Menschenseele anzutreffen. Fünfzehn Jahre Mordbrennerei und Hungersnot kosteten schätzungsweise 20 Millionen Chinesen das Leben, und es gibt Hinweise darauf, dass auch diese Zahlen noch erheblich zu niedrig sind. Dieser Krieg veränderte China und schuf gänzlich neue Machtverhältnisse. Dazu gehört eine erweiterte Militarisierung Zentralchinas, wo der General Zeng Guofan (1811-1872), der seit 1853 eine Armee gegen die Taiping-Bewegung organisiert hatte, seine Machtstellung befestigte. Seit 1860 hatte er unbeschränkte Vollmachten erhalten, die es ihm ermöglichten, im Jahre 1861 drei Militärzonen einzurichten, von denen er die eine (Jiangsu) Li Hongzhang (1823-1901), die andere (Zhejiang) Zuo Zongtang (1812-1885) und jene von Anhui sich selbst unterstellte. Vor allem war der Taiping-Aufstand Ausdruck eines religiös-ideologischen und sozialen Prozesses, der auch wegen der Anknüpfung an alte Utopien zunächst so erfolgreich verlief. Ihr Anführer Hong Xiuquan (1813-1864), ein Angehöriger des chinesischen Hakka-Volkes, war eine höchst charismatische Gestalt, die sich als jüngerer Bruder Christi ausgab und eine von christlichen Missionsparolen nicht unwesentlich bestimmte Programmatik verfolgte.

Helwig Schmidt-Glintzer, Kleine Geschichte Chinas, Frankfurt am Main 2008, S. 130

1. *Informieren Sie sich im Internet oder in Lexika über den Anführer des Taiping-Aufstandes Hong Xiuquan. Überlegen Sie, warum er und seine Überzeugungen eine große Anziehungskraft auf Zehntausende ausübten. Erklären Sie mögliche Gründe.*
2. *Arbeiten Sie heraus, welche Machtverschiebungen innerhalb des chinesischen Staates der Aufstand nach Helwig Schmidt-Glintzer begünstigte.*
3. *Erörtern Sie, inwiefern der Aufstand auch eine Folge des langen Kulturkontaktes mit Europa ist.*

▶ **Open Door Policy.**
US-amerikanische Karikatur um 1900.
- *Erklären Sie, für welches Land jeweils die drei Männer im Vordergrund stehen. Begründen Sie Ihre Meinung.*
- *Analysieren Sie die Haltung des Karikaturisten zur „Open Door"-Politik der USA.*

M5 Die USA verkünden eine Politik der „offenen Tür"

Der amerikanische Außenminister John Hay (1838-1905) richtet am 6. November 1899 ein Rundschreiben an die Regierungen von Deutschland, Großbritannien, Frankreich, Russland und Japan:

Die Vereinigten Staaten haben das ernste Bestreben, allen Grund für Spannungen zu beseitigen, und wünschen zugleich, dem Handel aller Nationen die unbezweifelbaren Vorteile zu sichern, welche aus einer formellen Anerkennung der dort „Interessensphären" beanspruchenden Mächte entstehen würden. Sie wünschen, dass alle Nationen vollständige Gleichheit bei der Behandlung ihres Handels und ihrer Schifffahrt innerhalb solcher Sphären genießen sollen. Deshalb würde es die Regierung der Vereinigten Staaten begrüßen, wenn die Regierung Ihrer Majestät formelle Zusicherungen gäbe und dazu mithülfe, ähnliche Zusicherungen von den anderen interessierten Mächten (über die folgenden Punkte) zu erlangen. Erstens soll in keiner Weise in irgendwelchen Vertragshäfen und überkommenen Privilegien innerhalb Chinas interveniert werden. Zweitens soll der derzeitige chinesische Vertragszoll auf alle Güter innerhalb der genannten „Interessensphären" erhoben werden (außer in den „freien Häfen"), und zwar unabhängig davon, von welcher Nation diese Güter stammen. Die so erhobenen Zölle sollen von der chinesischen Regierung eingezogen werden. Drittens soll eine solche Macht keine höheren Hafengebühren für Schiffe fremder Nationalität in einem Hafen innerhalb einer solchen Sphäre erheben, und für keine Güter sollen von irgendeiner Nation höhere Eisenbahnfrachtraten verlangt werden, als sie für ähnliche Güter von den eigenen Bürgern über gleiche Transportentfernungen erhoben werden.

Günter Schönbrunn (Bearb.), a.a.O., S. 599

Erläutern Sie anhand der Quelle die amerikanische „Open Door Policy". Wer profitierte vor allem von dieser Politik?

M6 Reformen sind notwendig

Die Niederlage Chinas im Krieg gegen Japan 1895 beschleunigt die imperialistische Einflussnahme der Großmächte, die nun zur Kolonialisierung einiger chinesischer Randgebiete und der intensiven wirtschaftlichen Durchdringung des Landes übergehen. Angesichts des äußeren Drucks und daraus folgender schwerer innerer Krisen äußert sich der chinesische Schriftsteller und Reformer Liang Qichao (1873-1929) im Jahre 1896 in einer Denkschrift:

Diejenigen, die gegen Veränderungen eintreten, behaupten fortwährend: „Wir folgen den Vorfahren, folgen den Vorfahren." Wissen sie, dass von den prähistorischen, antiken, mittelalterlichen und modernen Zeiten bis zum gegenwärtigen Tage viele Hunderttausende und Myriaden[1] von Veränderungen geschehen sind? [...] Dennoch dachten der Prinz und das Volk, die oberen und unteren Klassen immer störrisch, dass „unsere heutigen Gesetze von unseren Vorfahren benutzt wurden, um das Reich zu regieren, und es wurde gut regiert". Sie beachteten diese [Gesetze] starrsinnig, folgten der Tradition kritiklos. [...]

[1] **Myriade**: im Griechischen eine Anzahl von 10 000; steht im Plural meist für eine unzählige, große Menge

Das Alter des Landes China kommt dem Indiens gleich, und die Fruchtbarkeit des Landes ist der Türkei überlegen, aber Chinas Anpassung an fehlerhafte Denkweisen und die Unfähigkeit sich aufzuraffen macht es auch zu einem Bruder dieser zwei Länder. [...] Immer wenn es eine Überschwemmung oder eine Trockenheit gibt, sich die Verkehrsverhältnisse verschlechtern, gibt es keine Möglichkeit, Nahrungsmittel zu transportieren [...]. Die Mitglieder von Geheimgesellschaften sind über das ganze Land verbreitet und warten auf ihre Chance. Die Industrie ist unterentwickelt, Debatten über den Handel finden nicht statt, die selbst erzeugten Güter sind täglich schwerer zu verkaufen. [...] Der Druck nimmt jeden Tag zu und unsere finanziellen Quellen sind fast ausgetrocknet. Die Schulen werden schlecht verwaltet und die Studenten [...] wissen nicht, wie man auch nur ein praktisches Ding erledigt. Die fähigsten Studenten arbeiten an kleinen Übungen, an blumenreichem Schreiben und an verschiedenen Kleinigkeiten. Erzähle ihnen über die Weite der Ozeane, so reißen sie ihre Augen auf und glauben es nicht. [...]
[In den europäischen Ländern] wird die Industrie gefördert und der Handel geschützt, weil die Europäer fürchten, dass die Quellen des Reichtums von anderen erobert werden könnten und ihr Land dadurch geschwächt und erschüttert würde. Generäle müssen über Kenntnisse verfügen, Soldaten müssen lesen und schreiben können und Tag und Nacht so üben, als ob ein Feind bereits im Anmarsch wäre; [...] ihre Schiffe und Waffen sind modern und sie wetteifern miteinander in Manövern, weil sie fühlen, dass sie bereits bei der leichtesten militärischen Schwäche geschlagen werden würden und sich vielleicht niemals wieder erheben könnten. Alle anderen verwaltungstechnischen Maßnahmen sind ähnlich. Sie konkurrieren miteinander und stimulieren sich gegenseitig jeden Tag. Deshalb entwickeln sie ihre Talente und die Weisheit ihres Volkes durch Nacheiferung, und der Wohlstand und die Stärke ihrer Länder reichen immer aus, dass sie gegeneinander Krieg führen können. [...] Aber dieses sogenannte unabhängige oder isolierte Land, China, hat niemals große Feinde gesehen. Stolz betrachtet es sich selbst als hoch und mächtig und behauptet, niemand käme ihm gleich.

Ssu-yu Teng und John K. Fairbank, China's Response to the West. A Documentary Survey 1839-1923, Cambridge/Mass. 1965, S. 154-157 (übersetzt von Boris Barth)

1. *Fassen Sie zusammen, warum Liang Qichao Reformen des chinesischen Staates für notwendig hält.*
2. *Erklären Sie die Ursachen, auf die Liang Qichao die Lage seines Landes zurückführt.*
3. *Analysieren Sie sein Bild von Europa.*
4. *Entwickeln Sie aus den Ausführungen von Liang Qichao*
\+ *ein konkretes Reformprogramm.*

M7 Missionierung in China

Der deutsche Geograf und Forscher Ferdinand von Richthofen (1833-1905) reist mehrere Jahre durch Asien und versucht, sich als Chinaexperte zu profilieren. Auch um als Wissenschaftler in einem besseren Licht zu erscheinen, verfasst er scharfe Kritiken an anderen in China lebenden Europäern. 1898 berichtet er über Missionare des Franziskaner-Ordens in der Provinz Shandong an der Ostküste Chinas:

Die Geografie von China war den Missionaren unbekannt, und selbst in ihrer eigenen Provinz kannten sie wenig mehr als die Namen und annähernde Lage der Missionsstationen. [...] Es setzte mich besonders in Verwunderung, dass die meisten die chinesische Sprache nicht beherrschten und sich um die Erlernung der Schriftzeichen nicht kümmerten. Überhaupt hatten sie, mit Ausnahme der Förmlichkeiten, von allem, was chinesisch ist, unvollkommene Vorstellungen und hielten es nicht für der Mühe wert, in dessen Geist einzudringen. [...] Hier [in Jinan], wie anderwärts, hörte ich die Klage, dass die meisten der neuen Christen sich nur taufen ließen, um den fremden Schutz zu erhalten.

Der seit 1895 als österreichischer Botschafter in China tätige Arthur von Rosthorn (1862-1945) schreibt über die christlichen Missionen:

Die religiöse Propaganda – China durch den Frieden von Nanking im Jahre 1842 aufgezwungen – war dem Volke und der Regierung schon lange ein Dorn im Auge. Nicht als ob die Chinesen in religiöser Hinsicht fanatisch oder auch nur intolerant wären; allein die christlichen Kirchen verboten den Ahnenkult, der die Grundlage der Familienordnung ist, und die Konvertiten[1] lösten sich naturgemäß aus der Familiengemeinschaft los, was zu allerlei Streitigkeiten und Störungen des sozialen Gleichgewichts führte. Dazu kam, dass die katholische Geistlichkeit ihre Proselyten[2] vielfach durch persönliche Intervention bei den Behörden begünstigte, was bisweilen Rechtsbeugungen zur Folge hatte und böses Blut machte. Dem abergläubischen Volke war leicht einzureden, dass die Missionen, welche in selbstloser Weise Spitäler und Orphelinate[3] unterhielten, diese Institute kommerziell ausbeuteten.

[1] **Konvertit**: Person, die zu einem anderen Glauben oder einer anderen Konfession übergetreten ist
[2] **Proselyt**: Neubekehrter
[3] **Orphelinat**: Waisenhaus

Der Historiker Thoralf Klein geht auf positive Folgen der christlichen Missionierung ein:

Der positive Aspekt, das Engangement der Mission für die Modernisierung Chinas, machte sich denn auch vor allem in den beiden Jahrzehnten nach 1900 bemerkbar. Begonnen hatte es jedoch weitaus früher. Schon in den 1860er-Jahren hatten einige Missionare der Selbststärkungsbewegung vor allem mit Übersetzungen wissenschaftlicher Werke zugearbeitet, andere gründeten Krankenhäuser, Schulen und Universitäten. Sie setzten sich auch für gesellschaftliche Reformen ein, etwa für die Abschaffung des Fußebindens bei Frauen oder die Bekämpfung des Opiumkonsums. Mit diesen Maßnahmen unterstützten sie den chinesischen Staat in seinen Modernisierungsbestrebungen und machten sich dort unentbehrlich, wo dessen Kapazitäten nicht ausreichten. Insgesamt gingen die Protestanten mit größerem Einsatz zu Werke als die Katholiken, wobei die führende Rolle wiederum den Amerikanern zufiel. Viele von diesen stützten sich auf die Idee des „Social Gospel", der zufolge die Christianisierung nicht mehr durch direkte Evangelisierung, sondern mittels sozialer Projekte erfolgen sollte. Diese Impulse wirkten sich auch auf die chinesischen Christen aus: In den Großstädten wurden sie infolge ihrer modernen Ausbildung Teil der neuen professionellen Mittelklasse; auf dem Land galt dies hingegen nur für diejenigen, die den Sprung in die Städte schafften. Infolgedessen galt das Christentum in China bis in die 1920er-Jahre als genuin moderne Religion.

Erster und zweiter Text: Sabine Dabringhaus, Der Boxer-Aufstand in China (1898-1900). Studienbrief der FernUniversität Hagen. Grundkurs Neuzeitliches Asien, Kurseinheit 7, 1992, S. 28 f.; dritter Text: Thoralf Klein, a. a. O., S. 280

1. *Beschreiben Sie, wie sich die Tätigkeit der Missionare in China hier darstellt (erster bis dritter Text).*
2. *Analysieren Sie, inwiefern der Bericht von Richthofen auch die Konkurrenz zwischen Kirche und Staat im 19. Jahrhundert spiegelt (erster Text).*
3. *Erläutern Sie, warum die Missionare in China als Bedrohung empfunden wurden (zweiter Text).*
4. *Erklären Sie, inwiefern das Christentum als etwas Fremdes in China verstanden werden konnte (dritter Text).*
5. *Erörtern Sie, welche Rolle die christliche Missionierung bzw. die Missionare in China nach Thoralf Klein einnahmen. Vergleichen Sie mit der Darstellung von Ferdinand von Richthofen (erster und dritter Text).*

▲ **St. Josephs Kathedrale in Peking.**
Foto von 2008.
Ein italienischer Jesuit ließ 1655 die St. Josephs Kirche errichten. Nach einem Brand wurde sie 1904 wieder aufgebaut.
Die ersten Jesuiten gelangten Ende des 16. Jahrhunderts nach China. Die katholischen Missionare ließ Kaiser Yongzheng (1678-1735) jedoch bereits in den 1720er-Jahren ausweisen, nachdem der Papst den chinesischen Namen für den christlichen Gott verboten hatte. Das Christentum galt nun als illegal. Erst die ab 1842 geschlossenen „ungleichen Verträge" legalisierten es wieder. Seit 1860 strömten katholische und protestantische Missionare nach China. Bis um 1900 drangen die christlichen Prediger immer weiter ins Landesinnere vor. Die Missionare traten oft mit einem aggressiven Sendungsbewusstsein auf, was zu Spannungen führte, die sich nicht selten in gewaltsamen Auseinandersetzungen entluden.

- *Recherchieren Sie in Lexika, Fachbüchern oder dem Internet weitere Texte und Bilder zum Thema „Missionierung in China bis zum Beginn des 20. Jahrhunderts" und interpretieren Sie diese.*

M8 Die Boxerbewegung

Das Vordringen der Fremden durch die deutsche Besetzung der Kiautschou-Bucht sowie Flut- und Dürrekatastrophen lösen Ende der 1890er-Jahre in Nordchina große Unruhen aus. Vor diesem Hintergrund formiert sich der sich schnell ausbreitende religiöse Geheimbund der Yihetuan (I-ho t'uan), deren Mitglieder sich selbst als „Milizen für Gerechtigkeit und Eintracht" bezeichnen, jedoch von den Europäern allgemein „Boxer" genannt werden. In einem ihrer Aufrufe aus dem Jahr 1900 heißt es:

Seit der Periode von Hsien-feng[1] haben die Katholiken mit Fremden konspiriert, haben China Schwierigkeiten bereitet, unser Nationaleinkommen vergeudet, unsere Klöster aufgebrochen, buddhistische Bilder zerstört und die Friedhöfe unseres Volkes beschlagnahmt. [...] Dies hat auch die Bäume und Pflanzen des Volkes betroffen, sodass sie durch Katastrophen von Heuschrecken und Trockenheit fast in jedem Jahr leiden müssen. Unsere Nation ist des Friedens und unser Volk der Sicherheit beraubt. [...] Weil einige Personen ihre fremde Religion und betrügerische Technik nutzen, das Volk zu täuschen, ist der Himmel oben zornig und sendet viele kluge Männer, um auf die Erde herabzusteigen und zu dem göttlichen Altar zu kommen, damit unsere Jugend in die I-ho-Gesellschaft initiiert wird. „I" bedeutet Freundlichkeit, und „ho" bedeutet Höflichkeit; Freundlichkeit und Höflichkeit werden Stadt und Land friedlich und harmonisch machen. Unser Volk soll die richtigen Prinzipien und Tugenden als Grundlage nehmen und soll sich der Landwirtschaft als seinem Beruf ergeben. Das Volk soll dem Buddhismus folgen und gehorchen.

Im Sommer 1900 verbreiten die Boxer Plakate mit folgendem Text:

Die Geister helfen den Fäusten, den Milizen für Gerechtigkeit und Eintracht, aus dem einfachen Grund, weil die Teufel in China Unruhe stiften. [...] Der Herrscher des Himmels ist wütend, der Herrscher der Unsterblichen ist ärgerlich, gemeinsam steigen sie die Berge herab, um die Lehre zu verkünden. Die Geister kommen aus den Höhlen heraus, die Unsterblichen steigen die Berge herab, sie verbinden sich mit den menschlichen Körpern, um den Faustkampf zu üben. Sie zerstören Eisenbahngleise, sie reißen Telegrafendrähte herunter und brennen wütend Dampfschiffe nieder. Die großen französischen Teufel sind in ihren Herzen von gewaltiger Angst ergriffen, die Engländer, Amerikaner, Deutschen und Russen sind alle in einer unangenehmen Lage. Die ausländischen Teufel werden alle vollkommen vernichtet. Die große Qing beruhigt das Land völlig.

Erster Text: Ssu-yu Teng und John K. Fairbank, a.a.O., S. 189 (übersetzt von Boris Barth); zweiter Text: Sabine Dabringhaus, Der Boxeraufstand in China (1900/1901). Die Militarisierung des kulturellen Konflikts, in: Eva Maria Auch und Stig Förster (Hrsg.), „Barbaren" und „Weiße Teufel". Kulturkonflikte und Imperialismus in Asien vom 18. bis zum 20. Jahrhundert, Paderborn 1997, S. 123-144, hier S. 123

1. *Arbeiten Sie aus den Quellen die Motive der Boxerbewegung heraus. Welche kulturellen und gesellschaftlichen Vorstellungen werden hier deutlich?*
2. *Vergleichen Sie in tabellarischer Form Beweggründe* + *und Ziele der Boxerbewegung mit jenen des Reformers Liang (M6). Bestimmen Sie jeweils das Verhältnis zur Regierung und überlegen Sie, welche Schlüsse sich auf Herkunft und Stellung der Boxerbewegung und des Reformers ziehen lassen.*
3. *Nehmen Sie zu der Art und Weise Stellung, mit der die Boxerbewegung ihre Ziele erreichen will.*

M9 „Pardon wird nicht gegeben"

Als die Übergriffe der Boxer gegen Ausländer mit der Ermordung des deutschen Gesandten Klemens Freiherr von Ketteler am 20. Juni 1900 und der darauf folgenden Belagerung des Gesandtschaftsviertels in Peking durch chinesische Regierungstruppen eskalieren, hält Kaiser Wilhelm II. (1859-1941) am 27. Juli 1900 in Bremerhaven eine Ansprache vor den deutschen Truppen, die zur Bekämpfung des „Boxeraufstandes" nach China entsandt werden. Obwohl die Reichsbehörden gegenüber der Presse auf eine teilweise Streichung der Rede bestehen, wird sie am folgenden Tag vollständig in der Nordwestdeutschen Zeitung publiziert und als „Hunnenrede" Wilhelms II. weltbekannt:

Zum ersten Mal, seit das Deutsche Reich wiedererstanden ist, tritt an Sie eine große überseeische Aufgabe heran. Dieselben sind früher in größerer Ausdehnung an uns herangetreten, als die meisten Meiner Landsleute erwartet haben. Sie sind die Folgen davon, dass das Deutsche Reich wiedererstanden ist und damit die Verpflichtung hat, für seine im Ausland lebenden Brüder einzustehen im Momente der Gefahr. [...]
Die Aufgabe, zu der Ich Euch hinaussende, ist eine große. Ihr sollt schweres Unrecht sühnen. Ein Volk, das, wie die Chinesen, es wagt, tausendjährige alte Völkerrechte umzuwerfen und der Heiligkeit der Gesandten und der Heiligkeit des Gastrechtes in abscheulicher Weise hohnspricht, das ist ein Vor-

[1] **Hsien-feng** (1831-1861): auch Xianfeng, Kaiser aus der Qing-Dynastie von 1850 bis 1861

fall, wie er in der Weltgeschichte noch nicht vorgekommen ist und dazu von einem Volke, welches stolz ist auf eine vieltausendjährige Kultur. Aber Ihr könnt daraus ersehen, wohin eine Kultur kommt, die nicht auf dem Christentum aufgebaut ist: Jede heidnische Kultur, mag sie noch so schön und herrlich sein, geht zugrunde, wenn große Aufgaben an sie herantreten. So sende ich Euch aus, dass Ihr bewähren sollt einmal Eure alte deutsche Tüchtigkeit, zum zweiten die Hingebung, die Tapferkeit und das freudige Ertragen jedweden Ungemachs und zum dritten Ehre und Ruhm unserer Waffen und Fahnen. Ihr sollt Beispiele abgeben von der Manneszucht und Disziplin, aber auch der Überwindung und Selbstbeherrschung. Ihr sollt fechten gegen eine gut bewaffnete Macht, aber Ihr sollt auch rächen, nicht nur den Tod des Gesandten, sondern auch vieler Deutscher und Europäer. Kommt ihr an den Feind, so wird er geschlagen, Pardon wird nicht gegeben; Gefangene nicht gemacht. Wer Euch in die Hände fällt, sei in Eurer Hand. Wie vor tausend Jahren die Hunnen unter König Etzel sich einen Namen gemacht, der sie noch jetzt in der Überlieferung gewaltig erscheinen lässt, so möge der Name Deutschland in China in einer solchen Weise bekannt werden, dass niemals wieder ein Chinese es wagt, einen Deutschen auch nur scheel anzusehen. [...] Gebt, wo es auch sei, Beweise Eures Mutes, und der Segen Gottes wird sich an Eure Fahnen heften und es Euch geben, dass das Christentum in jenem Lande seinen Eingang finde. Dafür steht Ihr Mir mit Eurem Fahneneid, und nun glückliche Reise. Adieu Kameraden.

Bernd Sösemann, Die sogenannte Hunnenrede Wilhelms II. Textkritische und interpretatorische Bemerkungen zur Ansprache des Kaisers vom 27. Juli 1900 in Bremerhaven, in: Historische Zeitschrift 222 (1976), S. 349 f.

1. *Geben Sie die wesentlichen Inhalte der Ansprache Kaiser Wilhelms II. wieder.*
2. *Analysieren Sie Stil und Wortwahl der Ansprache. Charakterisieren Sie die Sichtweise des Kaisers gegenüber China.*
3. *Erklären Sie, welche Bedeutung der Anspielung auf die Hunnen zukommt und was dies über das Selbstverständnis des Kaisers aussagt.*
4. *Erörtern Sie, warum die Reichsbehörden eine Veröffentlichung der vollständigen Rede zu verhindern suchten.*

M10 China unter der Guomindang

Der Historiker Thoralf Klein beschreibt die Schwierigkeiten der Guomindang (GMD)-Regierung, China zu stabilisieren:

In der Zeit zwischen 1927 und 1937 (der sogenannten Nanjing-Periode) verfolgte die GMD mit Chiang Kaishek[1] an der Spitze den Plan eines umfassenden Aufbaus. Trotz vieler Anstrengungen und Erfolge und obwohl es seine Herrschaft wenn nötig mit brutaler Gewalt verteidigte, verfügte das Regime über keine hinreichende Stabilität. Chiang Kaishek konnte sich weder auf die Loyalität der Partei noch auf diejenige des Militärs vollständig verlassen. Bis Mitte der 1930er-Jahre führten Meutereien und Rebellionen von Koalitionen aus innerparteilichen Gegnern Chiangs und regionalen Militärmachthabern immer wieder zu regelrechten Bürgerkriegen. Schon im Herbst 1927 kam es zur militärischen Auseinandersetzung zwischen der Regierung Chiangs in Nanjing und einer prokommunistisch eingestellten GMD-Gegenregierung in Wuhan, die eine schwere Niederlage hinnehmen musste und daraufhin zusammenbrach. Zwischen 1931 und 1936 befand sich mit der Provinz Guangdong sogar die ursprüngliche Machtbasis der GMD in offener Sezession von der Regierung in Nanjing. Während Chiang bis Mitte der 1930er-Jahre die Oberhand über seine Gegner in den eigenen Reihen gewann, gelang es ihm nicht, den Bürgerkrieg mit den Kommunisten und ihrer Roten Armee erfolgreich zu beenden. In vier Einkreisungsfeldzügen erwies sich die kommunistische Partisanenstrategie als erfolgreich. Erst die fünfte, von deutschen Militärberatern eingeleitete Kampagne von Herbst 1933 bis Frühjahr 1934 brachte die kommunistischen Streitkräfte vor allem durch die konsequente Abriegelung des Sowjetgebiets mittels eines Systems von Blockhäusern an den Rand der Niederlage.
Die Führung der KPCh[2] ordnete daher schließlich die Evakuierung der Sowjets an und ließ nur eine Nachhut zur Abwehr der GMD-Streitkräfte zurück. Rund 90 000 Menschen machten sich im Oktober 1934 auf den später so genannten Langen Marsch. Nach einem außerordentlich verlustreichen Exodus durch die Provinzen Südwestchinas erreichten ein Jahr später rund 8 000 bis 9 000 Überlebende die nordwestliche Provinz Shaanxi, wo die Partei 1936 ihr neues Hauptquartier in der kleinen Stadt Yan'an einrichtete.

Thoralf Klein, a. a. O., S. 51

1. *Fassen Sie zusammen, wodurch nach Thoralf Klein die Guomindang-Regierung geschwächt wird.*
2. *Erläutern Sie anhand des Textes, wie die Guomindang-Regierung mit ihren Gegnern umgeht.*
3. *Beurteilen Sie, was die innere Bedrohung der GMD-Herrschaft für den späteren Krieg gegen Japan (seit 1937) bedeutete.*

[1] **Chiang Kaishek** (1887-1975): chinesischer Politiker und Offizier, seit 1925 Parteiführer der Guomindang
[2] **KPCh**: Kommunistische Partei Chinas; 1921 gegründet, seit 1949 vorherrschende Partei der Volksrepublik China

▲ **Japanische Truppeneinheiten kurz nach der Einnahme des Bahnhofs von Shanghai.**
Foto vom November 1937.

M11 Japanische Besatzer

Die Historikerin Sabine Dabringhaus schildert den Krieg gegen Japan:

Japan hatte auf die Zurückhaltung der anderen Großmächte gehofft. Tatsächlich gelang es dem „Freien China" der Nationalregierung, die internationale Stimmung für sich zu gewinnen, doch blieb konkrete Hilfe aus. Zunächst war nur die Sowjetunion bereit, Chiang Kaishek materiell und mit begrenzten Kampfeinsätzen aus der Luft zu unterstützen. Bis 1941 stand China gegen Japan allein. Auf die Eroberung Shanghais folgte der Fall der ehemaligen nationalchinesischen Hauptstand Nanjing. Nach der Einnahme der von Kampftruppen und Regierungsbehörden geräumten Großstadt am 12. Dezember 1937 fielen dort in den folgenden sieben Wochen vermutlich über 200 000 Menschen einem unvorstellbar grausamen Dauermassaker an der Zivilbevölkerung und an Kriegsgefangenen zum Opfer. Die Untaten wurden von einer entfesselten japanischen Soldateska begangen und hätten ohne die stillschweigende Duldung des japanischen Oberkommandos ihr schreckliches Ausmaß nicht erreichen können.

Die Nationalregierung hatte sich zu dieser Zeit nach Chongqing in der Provinz Sichuan zurückgezogen und mobilisierte die schlagkräftigsten unter den ihr verbliebenen Verbänden zum Kampf um Wuhan. Weder die zentralchinesische Metropole noch Kanton, die wichtigste Großstadt im Süden, ließen sich halten. Beide fielen im September 1938 den Japanern in die Hände. Damit endete die Blitzkriegphase der japanischen Invasion. Der japanische Vormarsch hatte die Isolierung der industriellen Basis in den Küstenregionen vom chinesischen Hinterland erreicht. Die von Chiang Kaishek angeordnete Zerstörung der Deiche des Huanghe, die Tausende von Zivilisten tötete und zu einer katastrophalen Hungersnot in der Region führte, hemmte den Vormarsch der Japaner, ohne ihn stoppen zu können. Alle wichtigen Schlachten der ersten Kriegsjahre endeten mit Niederlagen der GMD-Truppen. Auch im weiteren Verlauf des Krieges vermochte die nationalchinesische Armee den Japanern kaum ernsthaften Widerstand entgegenzusetzen. Nur wenig erfolgreicher verliefen die Aktionen der Roten Armee. Ihre Achte Feldarmee errang im September 1938 den ersten chinesischen Sieg seit Kriegsbeginn und stellte sich in der dreimonatigen „Schlacht der Hundert Regimenter" den Japanern entgegen. Vor allem in Nordchina waren hinter den japanischen Linien die berühmten kommunistischen Guerilla-Kämpfer aktiv. Ihnen gelang es nicht, die Japaner nennenswert zurückzudrängen, doch banden sie viele japanische Kräfte und trugen dazu bei, dass sich die japanische Kontrolle auf die Großstädte und die strategisch wichtigen Eisenbahnlinien beschränkte. In ihren Besatzungsgebieten entlang der Küste herrschten die Japaner mithilfe von Marionettenverwaltungen.

Sabine Dabringhaus, Geschichte Chinas, a. a. O., S. 99 f.

1. *Charakterisieren Sie das Verhalten der japanischen Truppen in China.*
2. *Erklären Sie, welche der Bürgerkriegsparteien die japanische Besatzung besser überstand und warum.*
3. *Erörtern Sie die Entwicklung Chinas und Japans im imperialistischen Zeitalter. Nennen Sie für die unterschiedliche Entwicklung Gründe. Sie können dazu zusätzlich auch die Darstellung im Buch heranziehen.*

M12 Staatsgründung 1949

Anlässlich der Gründung der Volksrepublik China sagt Mao Zedong am 1. Oktober 1949:

Trotz Bildung einer Regierung ist unsere revolutionäre Arbeit nicht beendet. Die imperialistischen Reaktionäre im In- und Ausland werden ihre Niederlage nicht einfach stillschweigend hinnehmen. Sie werden noch versuchen, einen letzten Widerstand zu leisten. Wenn die Ruhe und Ordnung einmal hergestellt sein wird, werden sie zur Sabotage Zuflucht nehmen und auf verschiedene Arten den Versuch machen, wieder an die Macht zu kommen. Wir dürfen daher unsere Wachsamkeit nicht vermindern. China muss mit allen Ländern und Völkern, die den Frieden und die Freiheit lieben, ganz besonders aber mit der Sowjetunion und den osteuropäischen Staaten die Einheit herstellen. Chinas dringlichste Aufgabe besteht im wirtschaftlichen Aufbau.

Der Historiker Helwig Schmidt-Glintzer schreibt über die Gründung der Volksrepublik China unter Mao Zedong:

Trotz der häufigen Verwendung des Föderalismus-Begriffs *lianbang* durch Mao Zedong in den 30er- und 40er-Jahren des 20. Jahrhunderts – noch im Jahre 1945 sprach Mao Zedong von der föderalen Struktur eines zukünftigen China – gab es doch niemals einen ernsthaften Zweifel daran, dass für China der Einheitsstaat das Ziel sein müsse. Nach der langen Dauer eines Einheitsstaates auf chinesischem Boden hatten am Ausgang der Qing-Zeit zentralistische bzw. integrationistische Vorstellungen überwogen. Hinzu trat im späten 19. Jahrhundert die Forderung eines Großteils der Elite, die Nation müsse gestärkt werden. Die Restrukturierung des Staates im Zuge der Niederwerfung sozialer Unruhen zusammen mit dem Auftreten der imperialistischen Mächte ließ es daher nicht zu einer Ausdifferenzierung lokaler und regionaler Interessen einerseits und einer Beschränkung der zentralen Staatsmacht andererseits kommen. Denn obwohl sich nach dem Ende des Kaiserreiches zunächst kein neues nationales Machtzentrum herausbildete und man daher von einer Zeit der Zersplitterung sprechen muss, begünstigte dies nicht die Bildung und das Anwachsen einer bürgerlichen Schicht, die zum Träger einer bürgerlichen Revolution hätte werden können. Die ideologischen Kämpfe und die wirtschaftliche und administrative Entwicklung förderte eher eine Fragmentierung innerhalb der Elite.

Erster Text: Keesings Archiv der Gegenwart, XVIII./XIX. Jg. (1948/49), S. 2074; zweiter Text: Helwig Schmidt-Glintzer, a. a. O., S. 186 f.

1. *Beschreiben Sie die innen- und außenpolitischen Ziele der kommunistischen Regierung.*
2. *Erklären Sie, was Mao Zedong mit „imperialistischen Reaktionäre[n] im In- und Ausland" (Zeile 2 f.) gemeint haben könnte.*
3. *Analysieren Sie, warum es nach Schmidt-Glintzer keinen Zweifel daran geben konnte, dass Mao Zedong und die Kommunistische Partei Chinas eine zentralistische Staatsform bevorzugen würden.*
4. *Laut dem Historiker Helwig Schmidt-Glintzer ging 1949 das „Jahrhundert der chinesischen Revolution" zu Ende. Erläutern Sie diese Aussage.*

Kompetenz:
Theoretische Vorstellungen und Kontroversen über Kulturkontakt und Kulturkonflikt erläutern und beurteilen

Kulturkontakt

Einige Theorien zum Kulturkontakt gehen davon aus, dass jeder Mensch einer bestimmten Kultur angehört und als Vertreter seiner Kultur gesehen werden kann. Demnach lässt sich die gesamte Menschheitsgeschichte als eine ununterbrochene Abfolge von Kulturkontakten betrachten. Diesen Überlegungen folgend wird z.B. die Geschichte des Römischen Reiches als eine Verbreitung der römischen Kultur, also als „Romanisierung"[1], beschrieben. Auch die im späten Mittelalter einsetzende europäische Expansion ist vielfach als ein langer Prozess der Europäisierung der Welt dargestellt worden. Vom 15. bis zum 19. Jahrhundert wurde Amerika erobert und europäisiert. Im 19. und im 20. Jahrhundert war es der moderne europäische Kolonialismus, welcher die Kulturen in Afrika und Asien herausforderte und beeinflusste (▸ M1).

Gegen eine solche Vorstellung des Kulturkontakts ist von einigen Wissenschaftlern eingewandt worden, dass Kultur sich nicht einfach übertragen lasse. Vielmehr bedeute Kulturkontakt immer Vermischung. So habe das Römische Reich auch Rom erheblich verändert (man denke nur an das Christentum), und die außereuropäischen Kulturen seien viel weniger von Europa geprägt geworden, als es die These der „Europäisierung der Welt" unterstelle. Dagegen sei die europäische Geschichte erheblich von der außereuropäischen Welt beeinflusst worden, wie zum Beispiel durch die amerikanischen Edelmetalle oder all die Nahrungsmittel aus der „Neuen Welt". Sinnvoll sei es daher, von einer ununterbrochenen Geschichte des kulturellen Austauschs und der kulturellen Vermischung zu sprechen. Dies bedeute aber auch, dass es reine Kulturen nicht gebe. Kulturen seien immer das Ergebnis von Kulturkontakten und befänden sich immer im Wandel.[2]

Kulturkonflikt

Nach dem Zusammenbruch der Sowjetunion 1991 und dem Ende des Kalten Krieges stellte der amerikanische Politikwissenschaftler *Samuel Phillips Huntington* die These auf, dass die Konflikte in der Welt in der Zukunft zwischen verschiedenen Großkulturen verlaufen würden. Die in seinem Modell wichtigsten Kulturen sind der Westen, der Islam und China. Um einen Dritten Weltkrieg zu vermeiden, müsste der Westen seine Kultur verteidigen und dürfe nicht darauf hoffen, dass die anderen Kulturen sich ihm annähern würden (▸ M2). Huntington widersprach damit der Vorstellung, die engere Verflechtung der Welt würde die Unterschiede zwischen den Kulturen abschwächen. Huntingtons Auffassung ist vielfach scharf kritisiert worden. Insbesondere ist dem Politikwissenschaftler vorgeworfen worden, dass die von ihm beschriebenen Kulturen gar nicht als Einheiten existierten, da sowohl der Westen als auch der Islam und China aus vielfältigen Gesellschaften bestünden, die nicht auf einen kulturellen Nenner reduziert werden könnten. Huntington vertrete eine Vorstellung vom Westen, die einen großen Teil der westlichen Bevölkerung ausschließe (▸ M3).

[1] Lesen Sie über den Prozess der Romanisierung das Kapitel „Romanisierung in der Kaiserzeit"; Seite 204 ff.
[2] Vgl. dazu den Theorie-Baustein „Transformationsprozesse" auf Seite 252 bis 255.

M1 Kulturbegegnung

Der Schweizer Historiker Urs Bitterli unterscheidet verschiedene Formen der Kulturbegegnung in der Geschichte der europäischen Expansion nach Amerika, Afrika und Asien:

Unter Kulturberührung verstehen wir das in seiner Dauer begrenzte erstmalige oder mit großen Unterbrüchen erfolgende Zusammentreffen einer kleinen Gruppe von Reisenden mit Vertretern einer geschlossenen archaischen Bevölkerungsgruppe, wie es besonders den Charakter der frühen Entdeckungsfahrten bestimmt. [...]
Solche Zusammentreffen hatten für beide Teile sowohl den Reiz wie die Bedrohlichkeit des Neuen und Überraschenden. [...]
Zum Kulturkontakt kam es in solchen Fällen, wenn die rückwärtigen Verbindungen zum Mutterland sich sichern und ausbauen ließen und sich andererseits aus der ersten Berührung ein dauerhaftes Verhältnis wechselseitiger Beziehungen zur Eingeborenenbevölkerung ergab, ohne dass Landnahme und Kolonisation von europäischer Seite beabsichtigt gewesen wären. [...]
Kulturberührung und Kulturkontakt blieben bis zum Ende des achtzehnten Jahrhunderts die häufigsten Formen der kulturellen Begegnung zwischen Zivilisierten und Eingeborenen in Übersee. Wenn diese Begegnung einen besonders aggressiven Charakter gewann und die Europäer sich entschlossen, ihre militärisch-technische Überlegenheit mehr oder weniger rücksichtslos so lange einzusetzen, bis die Eingeborenen entweder ausgerottet, in unwegsames Hinterland zurückgetrieben oder aber derart unterjocht waren, dass sie ihr kulturelles Eigenleben einem weite Daseinsbereiche erfassenden Abhängigkeitsverhältnis aufzuopfern hatten, wird man von einem Kulturzusammenstoß sprechen müssen. [...]
Im Unterschied zu den bereits beschriebenen Formen der kulturellen Begegnung setzen Akkulturation[1] und vor allem Kulturverflechtung ein länger dauerndes Zusammenleben und Zusammenwirken von Bevölkerungsgruppen verschiedener Kultur im selben geografischen Raum voraus. Während in der Beziehung, die wir als Kulturkontakt bezeichnet haben, Aspekte des Handels oder der Mission in der Regel im Vordergrund stehen und die Permanenz des gegenseitigen Verhältnisses nicht so sehr durch Ansiedlung und Fortpflanzung der einen Partnergruppe, als vielmehr durch die laufende Ablösung ihrer Vertreter durch Neuankömmlinge gesichert wird, vollzieht sich besonders die Kulturverflechtung vor dem Hintergrund einer intensiven gesellschaftlichen Durchdringung. Diese Durchdringung tritt dann an die Stelle des historisch häufiger zu beobachtenden Kulturzusammenstoßes, wenn sich zwischen zwei oder mehreren Kulturen die zwingende Notwendigkeit zur existenzsichernden Zusammenarbeit und das Bewusstsein einer verpflichtenden Aufeinanderangewiesenheit ergibt.

Urs Bitterli, Die „Wilden" und die „Zivilisierten". Grundzüge einer Geistes- und Kulturgeschichte der europäisch-überseeischen Begegnung, München [2]1991, S. 81, 95, 130 und 161

[1] **Akkulturation**: kultureller Anpassungsprozess

1. *Beschreiben Sie die von Urs Bitterli genannten Formen der Kulturbegegnung. Notieren Sie dazu die jeweiligen Charakteristika in einem Schaubild.*
2. *Arbeiten Sie Stärken und Schwächen der von Bitterli entwickelten Kategorien heraus.*
3. *Überprüfen Sie anhand eines selbst gewählten historischen Beispiels, ob sich die von Bitterli genannten Formen der Kulturbegegnung anwenden lassen.*

M2 „Kampf der Kulturen"

In seinem 1996 erschienenen Buch „The Clash of Civilizations and the Remaking of World Order" äußert sich der amerikanische Politikwissenschaftler Samuel Phillips Huntington über die Entwicklung der Kulturen:

Das zentrale Thema dieses Buches lautet: Kultur und die Identität von Kulturen [...] prägen heute, in der Welt nach dem Kalten Krieg, die Muster von Kohärenz[1], Desintegration und Konflikt. Die fünf Teile dieses Buches entwickeln diese Hauptaussage weiter.
Teil Eins. Zum ersten Mal in der Geschichte ist globale Politik sowohl multipolar als auch multikulturell; Verwestlichung ist etwas anderes als Modernisierung; und wirtschaftliche und soziale Modernisierung erzeugt weder eine universale Kultur irgendeiner Art noch die Verwestlichung nichtwestlicher Gesellschaften.
Teil Zwei. Das Machtgleichgewicht zwischen den Kulturkreisen verschiebt sich: Der Westen verliert an relativem Einfluss; asiatische Kulturen verstärken ihre wirtschaftliche, militärische und politische Macht; der Islam erlebt eine Bevölkerungsexplosion mit destabilisierenden Folgen für muslimische Länder und ihre Nachbarn; und nichtwestliche Kulturen bekräftigen selbstbewusst den Wert ihrer eigenen Grundsätze.
Teil Drei. Eine auf kulturellen Werten basierende Weltordnung ist im Entstehen begriffen: Gesellschaften, die durch kulturelle Affinitäten[2] verbunden sind, kooperieren miteinan-

[1] **Kohärenz**: Zusammenhang
[2] **Affinität**: hier Ähnlichkeit

der. Bemühungen, eine Gesellschaft von einem Kulturkreis in einen anderen zu verschieben, sind erfolglos; und Länder gruppieren sich um die Führungs- und Kernstaaten ihrer Kultur.
Teil Vier. Seine universalistischen Ansprüche bringen den Westen zunehmend in Konflikt mit anderen Kulturkreisen, am gravierendsten mit dem Islam und China. Auf lokaler Ebene bewirken Bruchlinienkriege (im Wesentlichen zwischen Muslimen und Nichtmuslimen) den „Schulterschluss verwandter Länder", die Gefahr einer breiteren Eskalation und damit Bemühungen von Kernstaaten um Eindämmung und Unterbindung dieser Kriege.
Teil Fünf. Das Überleben des Westens hängt davon ab, dass die Amerikaner ihre westliche Identität bekräftigen und die Westler sich damit abfinden, dass ihre Kultur einzigartig, aber nicht universal ist, und sich einigen, um diese Kultur zu erneuern und vor der Herausforderung durch nichtwestliche Gesellschaften zu schützen. Ein weltweiter Kampf der Kulturen kann nur vermieden werden, wenn die Mächtigen dieser Welt eine globale Politik akzeptieren und aufrechterhalten, die unterschiedliche kulturelle Wertvorstellungen berücksichtigt. [...]
Weltpolitik wird heute nach Maßgabe von Kulturen und Kulturkreisen umgestaltet. In dieser Welt werden die hartnäckigsten, wichtigsten und gefährlichsten Konflikte nicht zwischen sozialen Klassen, Reichen und Armen oder anderen ökonomisch definierten Gruppen stattfinden, sondern zwischen Völkern, die unterschiedlichen kulturellen Einheiten angehören. [...] Menschen, die durch Ideologien getrennt, aber durch eine Kultur geeint waren, finden zusammen [...]. Gesellschaften, die durch Ideologie oder historische Umstände geeint, aber kulturell vielfältig waren, fallen [...] auseinander [...]. Länder mit kulturellen Affinitäten kooperieren miteinander auf wirtschaftlichem und politischem Gebiet. Internationale Organisationen, die auf Staaten mit kultureller Gemeinsamkeit basieren, wie etwa die Europäische Union, sind viel erfolgreicher als solche, die kulturelle Grenzen zu überschreiten suchen. Fünfundvierzig Jahre lang war der Eiserne Vorhang die zentrale Trennungslinie in Europa. Diese Linie hat sich um mehrere hundert Kilometer nach Osten verschoben. Heute ist es die Linie, die die Völker des westlichen Christentums auf der einen Seite von muslimischen und orthodoxen Völkern auf der anderen trennt.

Samuel P. Huntington, Kampf der Kulturen. Die Neugestaltung der Weltpolitik im 21. Jahrhundert, München [7]2002, S. 19 f. und 24 f.

▲ **Samuel Phillips Huntington (1927 - 2008).**
Foto vermutlich aus den 1990er-Jahren.

1. *Geben Sie mit eigenen Worten die Thesen von Samuel P. Huntington wieder.*

2. *Suchen und analysieren Sie historische Beispiele, die sowohl die Argumentation von Huntington stützen als auch sie infrage stellen könnten.*

3. *Erörtern Sie, inwiefern Huntingtons Vorstellung abgeschlossener Kulturkreise Ihrer eigenen Erfahrung und den historischen Darstellungen in diesem Lehrbuch entspricht.*

M3 Doch kein Kampf?

Der deutsche Politikwissenschaftler Ulrich Menzel kritisiert Huntingtons Vorstellung vom „Kampf der Kulturen":

[Muss] das auch zwangsläufig heißen, dass die schiere Existenz unterschiedlicher Kulturen die einzig relevante oder zumindest die dominante Konfliktursache des 21. Jahrhunderts sein wird? [...] Und selbst wenn es Kulturkonflikte gibt, was spricht dagegen, sie auf kooperative Weise lösen zu können? Ganz so wie die zweifellos immer vorhandenen unterschiedlichen wirtschaftlichen Interessen nicht zwangsläufig immer zu militärischen Konflikten geführt haben, sondern durchaus konsensual gelöst werden können und vielfach auch gelöst wurden. [...]

Der gravierendste Einwand resultiert allerdings aus der Inkonsequenz, die in Huntingtons eigener Argumentation angelegt ist, und aus den normativen[1] Schlussfolgerungen, die daraus gezogen werden. Auf der einen Seite wird die Einzigartigkeit der westlichen Kultur betont, die es zu bewahren und neu zu stärken gilt. Andererseits wird einem Kulturrelativismus[2] und damit Einmischungsverbot gegenüber der übrigen Welt das Wort geredet. Dies übersieht aber zweierlei: Erstens ist die westliche Kultur keineswegs statisch, besteht nicht nur aus Elementen wie dem vormodernen Christentum, katholischer oder puritanischer Orthodoxie, Gegenreformation und Inquisition, sondern besteht auch aus Opposition und Gegenbewegungen wie Reformation, Humanismus, Aufklärung, Rationalismus, Säkularisierung und der Propagierung universalistischer Werte. Insofern ist der Westen zumindest beides, religiös und säkular[3] [...], wobei letzteres sicher die stärkere Komponente bildet. [...] Alle Menschen sind in der westlichen Vorstellung nicht nur gleich, sie haben auch gleiche Rechte, und zwar nicht nur gleiche soziale und ökonomische, sondern auch gleiche Freiheitsrechte. Und das heißt zweitens, dass die Bekräftigung und Verfolgung westlicher Werte eben gerade die Einmischung weltweit, die universale Deklaration der Menschenrechte, die Charta der Vereinten Nationen, den Idealismus, die Vorstellung der one world, der global governance, das „Projekt Weltethos" [...] als paradigmatischen Gegenentwurf zu Huntington, die Ausweitung der westlichen Wertegemeinschaft verlangt.

Geradezu grotesk wird die Argumentation Huntingtons, wenn er zwar das heutige Griechenland aus dem Westen ausgrenzen will, gleichzeitig aber das klassische, d.h. in erster Linie das griechische Erbe zu den Wurzeln der christlichen Kultur zählt, jedoch die orientalischen Wurzeln des Christentums unterschlägt bzw. geflissentlich übersieht oder auch übersieht, dass die westliche Kultur sehr viel germanisches und keltisches und damit heidnisches, also keinesfalls aufklärerisches oder christliches Kulturgut inkorporiert hat.

Ulrich Menzel, Globalisierung versus Fragmentierung, Frankfurt am Main 1998, S. 87-90

1. *Fassen Sie die wesentlichen Aspekte der Argumentation von Ulrich Menzel zusammen.*
2. *Vergleichen Sie die Vorstellungen von Kultur bei Menzel und Huntington (M2). Erläutern Sie die Unterschiede.*
3. *Entwickeln Sie eigene Definitionen von „Kulturkontakt" und „Kulturkonflikt".*

[1] **normativ**: maßgebend, als Leitsatz dienend

[2] **Kulturrelativismus**: Diese Richtung betrachtet die Kulturen als ganzheitliche Systeme. Sie sind nicht miteinander zu vergleichen, sondern können nur in ihrem jeweiligen kulturellen Kontext betrachtet werden.

[3] **säkular**: weltlich

Kompetenz:
Wandlungsprozesse charakterisieren und Theorien über deren Ursachen, Erscheinungsformen und Dauer beschreiben, analysieren und beurteilen

Wechselspiel von Wandel und Kontinuität

Geschichte handelt von Wandel und Kontinuität. Die Beschäftigung mit der Vergangenheit steht daher immer vor der Frage, wie das gleichzeitige Sich-Verändern und Gleichbleiben beschrieben und erklärt werden kann. Dies ist auch der Hintergrund vieler historischer Debatten, wenn z.B. danach gefragt wird, ob der Nationalsozialismus ein Bruch in der deutschen Geschichte war oder in der Kontinuität langfristiger Entwicklungen stand. Häufig laufen solche Diskussionen darauf hinaus, die Frage nach Wandel und Kontinuität weniger allgemein zu stellen, sondern vielmehr einzelne Bereiche der Geschichte zu betrachten. Eine radikale Veränderung des politischen Systems muss keine Veränderung der sozialen Schichtung bedeuten. Der Ausgang eines Krieges mag die internationalen Machtverhältnisse beeinflussen; aber hat er zwingenderweise auch Konsequenzen für die Geschlechtergeschichte?
Für die wissenschaftliche Auseinandersetzung mit Wandel und Kontinuität ist vor allem der französische Historiker *Fernand Braudel* (1902-1985) von großer Bedeutung. In seinem 1949 erschienenen und 1966 grundlegend überarbeiteten Werk über „Das Mittelmeer und die mediterrane Welt in der Epoche Philipps II." unterschied er zwischen drei verschiedenen Zeitebenen: „Strukturen" mit einer „langen Dauer" (longue durée) von mehreren Jahrhunderten, „Konjunkturen" mit einer mittleren Dauer von einigen Jahrzehnten und kurzfristigen „Ereignissen" (▶ M1). Seit Braudel ist somit klar, dass historische Zeit relativ ist und von den Themen, die uns beschäftigen, abhängt.
Fernand Braudel zählte zu einer Gruppe französischer Historiker, die der „Schule der Annales" („Ecole des Annales") angehören. Sie ist eine bedeutende, über mehrere Generationen wirkende Historikerschule, die Methoden aus der Soziologie und der Geografie für die Geschichtswissenschaft nutzbar macht und auch Disziplinen wie Psychologie, Linguistik und Wirtschaftswissenschaften mit einbezieht. Die „Ecole des Annales" beschäftigt sich u.a. auch mit der Erforschung der Kultur- und Mentalitätsgeschichte. Ihr Name leitet sich von der seit 1929 erscheinenden geschichtswissenschaftlichen Zeitschrift „Annales" ab.
Zahlreiche Schlüsselbegriffe der Geschichte bezeichnen Veränderungen unterschiedlichster Natur. Dazu gehören u.a. Begriffe wie Revolution, Reform und Krise, aber auch Industrialisierung, Urbanisierung und Europäisierung sowie Expansion, Kolonisation oder Romanisierung. „Transformation" (lat. transformare: „umgestalten", „verwandeln") bezieht sich ähnlich wie der Begriff „Revolution" nicht auf eine konkrete historische Entwicklung. Er ist vielmehr ein Oberbegriff, der tief greifende Veränderungen (Trans-Formierungen) bezeichnet. Sprechen wir von Transformationsprozessen, so meinen wir also nicht eine langsame Veränderung eines bestimmten Aspekts einer Gesellschaft, sondern wir beziehen uns auf einen Wandel, durch den grundlegende Strukturen einer Gesellschaft innerhalb eines überschaubaren Zeitraums verändert werden. Einer der wichtigsten Begriffe, um solche Veränderungen der letzten Jahrhunderte zu beschreiben, ist „Modernisierung" (▶ M2). Denn Modernisierung bezieht sich nicht auf einen Teilaspekt des Wandels (in der Politik oder Wirtschaft), sondern auf alle Bereiche menschlichen Lebens (einschließlich der Wertvorstellungen und Weltanschauungen). Gegen die Modernisierungstheorien ist in den letzten Jahren eingewandt worden, sie seien zu stark auf Europa ausgerichtet und berücksichtigten nicht die Rolle Lateinamerikas, Afrikas und Asiens. Daher gewann der Begriff „Globalisierung" an Bedeutung, da man hofft, mit ihm die weltweiten Verflechtungen der Veränderungen der letzten Jahrzehnte und Jahrhunderte besser beschreiben zu können (▶ M3).

M1 „Geschichte in mehrere Etagen [...] zerlegen"

Der Historiker Fernand Braudel entwickelt in der Mitte des 20. Jahrhunderts die Vorstellung verschiedener Zeitebenen. Im Vorwort zu seinem Werk „Das Mittelmeer und die mediterrane Welt in der Epoche Philipps II." schreibt er:

Dieses Buch zerfällt in drei Teile, von denen jeder den Versuch einer Gesamterklärung unternimmt.

Der erste führt eine gleichsam unbewegte Geschichte vor, die des Menschen in seinen Beziehungen zum umgebenden Milieu; eine träge dahinfließende Geschichte, die nur langsame Wandlungen kennt, in der die Dinge beharrlich wiederkehren und die Kreisläufe immer wieder neu beginnen. Diese fast außer der Zeit liegende, dem Unbelebten benachbarte Geschichte wollte ich weder vernachlässigen noch sie, wie es traditionell in so vielen Büchern geschieht, als nutzlose geografische Einführung an die Schwelle der eigentlichen Darstellung verbannen: jene Geschichte mit ihren mineralischen Landschaften, Äckern und Blumen, die man rasch vorzeigt und von der dann nie mehr die Rede ist, als ob die Blumen nicht in jedem Frühling wiederkämen, als ob die Herden in ihren Wanderungen innehielten, als ob die Schiffe nicht auf einem realen Meer segeln müssten, das sich mit den Jahreszeiten verändert.

Oberhalb dieser unbewegten Geschichte lässt sich eine Geschichte langsamer Rhythmen ausmachen; man möchte fast sagen – wäre dem Ausdruck sein voller Sinn nicht verloren gegangen – eine soziale Geschichte, die der Gruppen und Gruppierungen. Wie diese Grundsee das mediterrane Leben als Ganzes aufwühlt, das ist die Frage, die ich mir im zweiten Teil meines Buches gestellt habe. Dort werden nacheinander die Ökonomien, die Staaten, die Gesellschaften und die Zivilisationen untersucht; und damit mein Verständnis der Geschichte deutlicher wird, versuchte ich schließlich zu zeigen, wie all diese aus der Tiefe wirkenden Kräfte im komplexen Bereich des Krieges am Werk sind. Denn der Krieg ist, wie wir wissen, keine reine Domäne individueller Verantwortlichkeiten.

Der dritte Teil endlich ist der der traditionellen Geschichte; wenn man so will, der Geschichte nicht im Maßstab des Menschen, sondern des Individuums; der Ereignisgeschichte [...]. Eine ruhelos wogende Oberfläche, vom Strom der Gezeiten heftig erregte Wellen. Eine Geschichte kurzer, rascher und nervöser Schwankungen. Überempfindlich, wie sie ist, versetzt der geringste Schritt all ihre Messinstrumente in Alarm. So ist sie von allen die leidenschaftlichste, menschlich reichste, doch die gefährlichste auch. Misstrauen wir dieser Geschichte, deren Glut noch nicht abgekühlt ist, der Geschichte, wie sie die Zeitgenossen im Rhythmus ihres Lebens – das kurz war wie das unsere – empfunden, beschrieben, erlebt haben. Sie hat die Ausmaße ihres Zorns, ihrer Träume und ihrer Illusionen. Im 16. Jahrhundert folgt der eigentlichen Renaissance die Renaissance der Armen, Bescheidenen, die begierig sind zu schreiben, von sich zu erzählen, zu den anderen zu sprechen. Diese kostbaren Berge von Papier geben ein ziemlich verzerrtes Bild, verdecken die verlorene Zeit, stehen außerhalb der Wahrheit. Der Historiker, der die Papiere Philipps II.[1] liest, gleichsam an seinem Platz und an seiner Stelle, fühlt sich in eine bizarre, dimensionslose Welt versetzt. Eine Welt heftiger Leidenschaften, gewiss; blind wie jede lebendige Welt, wie die unsere, unbekümmert um die geschichtlichen Tiefen, um jene lebhaften Gewässer, auf denen unser Boot dahinzieht wie das trunkenste aller Schiffe. Eine gefährliche Welt, deren Zauber wir jedoch gebannt haben werden, sobald wir die großen, lautlosen Strömungen in der Tiefe erkennen, deren Richtung sich nur feststellen lässt, wenn man große Zeiträume umfasst. Die dröhnenden Ereignisse sind oft nur Augenblicke, nur Erscheinungen jener großen Schicksale und erklären sich nur aus diesen.

So sind wir dahin gelangt, die Geschichte in mehrere Etagen zu zerlegen oder, wenn man will, in der Zeit der Geschichte eine geografische, eine soziale und eine individuelle Zeit zu unterscheiden.

▲ Fernand Braudel.
Foto vom 1. Oktober 1984.

Fernand Braudel, Das Mittelmeer und die mediterrane Welt in der Epoche Philipps II., Bd. 1, Frankfurt am Main ²2001, S. 20 f.

1. *Fassen Sie die Thesen von Fernand Braudel zu den verschiedenen historischen Zeitebenen mit eigenen Worten zusammen.*

2. *Erläutern Sie die Aussagen Braudels anhand eines selbst gewählten historischen Beispiels.*

3. *Erörtern Sie, inwiefern der Klimawandel in Braudels Vorstellungen von Geschichte zu integrieren ist.*

[1] **Philipp II.** (1527-1598): seit 1556 König von Spanien, seit 1580 auch König von Portugal

M2 Modernisierungstheorie

Der Historiker Hans-Ulrich Wehler (siehe auch Seite 107 f.) erläutert den Begriff „Modernisierung", indem er die Vorstellungen anderer Wissenschaftler darlegt, und begründet den Vorteil einer „historischen Modernisierungstheorie":

Modernisierung sei ein revolutionärer, unausweichlicher, irreversibler, globaler, komplexer, systemischer, langwieriger, aber in Phasen unterteilbarer, tendenziell homogenisierender und – last not least – progressiver Prozess.

In diesem Modernisierungsprozess setzten sich angeblich vor allem sechs Subprozesse durch:

1. Wirtschaftliches Wachstum als eine kumulative Dauerbewegung industrieller Expansion; sie soll hier nicht weiter verfolgt werden.
2. „Strukturelle Differenzierung", wie sie Herbert Spencer oder vor ihm Adam Smith als Basisaxiom[1] entwickelt hat. Aus dem alteuropäischen „ganzen Haus" gliedert sich eine zunehmend arbeitsteilige Wirtschaft, aus Herrschaft als individueller Verfügungsgewalt über einen Personenverband die überindividuelle Staatsorganisation eines Territoriums, aus dem öffentlichen Leben die bürgerliche Privat- und Intimsphäre aus. Auf einer Integrationsebene müssen dann, ganz à la Spencer, die Differenzierungen wieder vermittelt werden, etwa im Konsens über allgemein akzeptierte Werte.
3. Wertewandel, z.B. im Sinne von Parsons als Übergang von partikularistischen, diffusen, unspezifischen zu universalistischen, funktional spezifizierten Wertemustern, die in Sozialisationsprozessen verinnerlicht und handlungsleitend werden.
4. Mobilisierung. Sie wird verstanden als Erzeugung von räumlicher und sozialer Mobilität, aber auch als Erhöhung der Erwartungen (kulturelle Mobilisierung, Revolution of Rising Expectations) und als Verfügbarmachung von Ressourcen und Mitteln.
5. Partizipation. Je komplizierter die Differenzierung, umso mehr – so der Gedankengang – seien Vermittlungsmechanismen erforderlich, die Teilnahme unabweisbar machen. Und je erfolgreicher die Mobilisierung von Ressourcen sei, umso wichtiger würden Entscheidungsgremien, in denen zur Legitimierung von Präferenzentscheidungen Mitwirkung notwendig werde.
6. Institutionalisierung von Konflikten. Um die Tradition ungeregelter Konflikte überwinden zu können, die noch im 19. Jahrhundert (z.B. im Konflikt zwischen Kapital und Arbeit) tendenziell an die Grenze des Bürgerkrieges führen konnten, sei eine Vermeidungsstrategie erforderlich, die Konflikte dadurch einhegt, dass sie organisations- und verfahrensabhängig gemacht werden. Der gezähmte Konflikt kann fortab zum konfliktimitierenden Ritual werden, bei dem Drohgebärde und Imponiergehabe die potenziell systemsprengende Wirkung ersetzen (Tarifkonflikt).

Den Hauptgewinn des Modernisierungsprozesses sehen viele Theoretiker [...] in der anwachsenden Herrschaft des Menschen über seine natürliche und soziale Umwelt, anders gesagt: in der anhaltenden Ausweitung der Steuerungs- und Leistungskapazitäten. [...]

[...] Die historische Modernisierungstheorie trägt dazu bei:

a) die Voraussetzungen für den epochalen Einschnitt im ausgehenden 18. Jahrhundert weiter zu klären,
b) die Zäsur, den Durchbruch der „Moderne" genauer zu bestimmen,
c) die Folgewirkungen im Okzident und dann für die Welt, die Epoche der Modernisierung präziser als bisher zu analysieren. In diesem Sinn beansprucht sie tendenziell, die moderne Epoche allmählich auf eine adäquate historische Theorie zu bringen. Sie begreift mithin, um es zu wiederholen, Modernisierung als einen auf ganz spezifischen Ausgangskonstellationen beruhenden „bestimmten Typ des sozialen Wandels, der im 18. Jahrhundert eingesetzt hat ..., der seinen Ursprung hat in der englischen Industriellen Revolution ... und in der politischen Französischen (und Amerikanischen) Revolution; er besteht im wirtschaftlichen und politischen Vorangang einiger Pioniergesellschaften und den darauf folgenden Wandlungsprozessen der Nachzügler"; diese stehen vor dem Problem, „ihre historisch überkommene Struktur und ihre typischen Spannungen (einschließlich des Impulses zur Modernisierung) mit den Einwirkungen der von außen kommenden Ideen und Techniken in einen Zusammenhang zu bringen" [Reinhard Bendix].

[...] Für die Analyse dieses okzidentalen Modernisierungsprozesses bietet die historische Modernisierungstheorie mit der Summe aller ihrer Überlegungen und Begriffe, Theoreme[2] und Ergebnisse das zurzeit wahrscheinlich differenzierteste Instrumentarium an.

Hans-Ulrich Wehler, Modernisierungstheorie und Geschichte, Göttingen 1975, S. 16 f. und 59

1. *Geben Sie wieder, was Hans-Ulrich Wehler unter „Modernisierung" und unter „Modernisierungstheorie" versteht.*
2. *Erklären Sie, warum der Begriff „Modernisierung" mehr umfasst als z.B. der Begriff „Industrialisierung".*
3. ✚ *Überprüfen Sie, ob sich Braudels Vorstellungen von Zeit (M1) in dem von Wehler beschriebenen Begriff der „Modernisierung" finden.*

[1] **Axiom**: Grundsatz, der keines Beweises bedarf

[2] **Theorem**: Lehrsatz

M3 Globalisierung

Die Historiker Jürgen Osterhammel und Niels P. Petersson erläutern den Begriff „Globalisierung“:

„Globalisierung“ scheint sich schon von der Wortform her für einen Platz unter den Makroprozessen der modernen Welt zu qualifizieren. Man muss den Begriff nicht gleich auf die oberste Ebene, also direkt neben (oder gar über) „Modernisierung“, stellen und in der zunehmenden Verdichtung ferner Zusammenhänge das Hauptmerkmal der Weltentwicklung sehen. Es genügt zu fragen, ob „Globalisierung“ möglicherweise so aussagekräftig und so wichtig sein könnte wie etwa „Industrialisierung“. Das wäre schon eine ganze Menge und würde das Deutungsrepertoire der Geschichtswissenschaft deutlich bereichern. Es wäre umso willkommener, als sich keine der oben genannten „Ierungen“ auf Zusammenhänge zwischen Völkern, Staaten und Zivilisationen bezieht. Sie alle machen sich im nationalen und regionalen Rahmen bemerkbar und werden auch auf diese Weise wissenschaftlich untersucht. Sollte „Globalisierung“ sich einen Rang unter den großen Entwicklungsbegriffen verdienen, dann wäre damit endlich eine breite Lücke gefüllt. Es gäbe dann eine Stelle, an der alles Inter-Kontinentale, Inter-Nationale, Inter-Kulturelle (usw.) untergebracht werden könnte, das gegenwärtig zwischen den etablierten „Diskursen“ der Historiker heimatlos herumvagabundiert.

Dass aber überhaupt eine solche Lücke existiert, liefert uns den Ausgangspunkt für die folgenden Überlegungen. Wir schlagen nicht vor, die bisherige Geschichtsschreibung in Bausch und Bogen zu verwerfen, und hüten uns vor dem albernen Anspruch, die Geschichte der Neuzeit als eine der Globalisierung neu schreiben zu wollen. Wir werden vielmehr versuchen, aus der *Perspektive* von Globalisierung einen neuen Blick auf die Vergangenheit zu werfen. Man kann es auch anders sagen: Dass viele Aspekte unseres Daseins heute nur noch im Zusammenhang weltweiter Verflechtungen verstanden werden können, ist ein Gemeinplatz. Haben solche Verflechtungen aber nicht auch in der Vergangenheit eine größere Rolle gespielt, als es im gängigen Geschichtsbild zum Ausdruck kommt? Welcher Art waren diese Verflechtungen, wie funktionierten sie, und summierten sie sich wirklich zu einem Prozess eigenen Charakters, der es rechtfertigt, den neu geschaffenen Begriff der „Globalisierung“ dafür zu verwenden? Schließlich: Wenn sich die letzte Frage bejahen lässt – kann man dann eine Zeitenwende gegen Ende des 20. Jahrhunderts identifizieren, an der Globalisierungstendenzen so dramatisch und dominant wurden, dass man es wagen kann, von einer tiefen Zäsur, also dem Beginn einer neuen Epoche zu sprechen, eines „globalen Zeitalters“ (Martin Albrow), einer „Zweiten Moderne“ (Ulrich Beck, Anthony Giddens) oder welches Etikett man auch immer wählen mag?

Jürgen Osterhammel und Niels P. Petersson, Geschichte der Globalisierung. Dimensionen. Prozesse. Epochen, München 2003, S. 9 f.

1. *Charakterisieren Sie den Begriff „Globalisierung“ nach Jürgen Osterhammel und Niels P. Petersson.*
2. *Erläutern Sie, was Osterhammel und Petersson mit der „oberste[n] Ebene“ (siehe Zeile 4) meinen und wie sich in ihrer Darstellung „Globalisierung“ dazu verhält.*
3. *Nehmen Sie dazu Stellung, ob die „Globalisierung“ heute etwas grundlegend Neues ist.*

Kompetenz:
Statistische Daten beschreiben und Zusammenhänge analysieren sowie Thesen mit ihrer Hilfe überprüfen

Geschichte in Zahlen

Statistiken stellen eine systematische Sammlung von Informationen in Form von Zahlen dar. Aus ihren Daten lassen sich für einen bestimmten Zeitraum Zustände, Verhältnisse, Zusammenhänge und Entwicklungen ablesen. Statistisches Material begegnet uns in Tabellen oder Diagrammen, die beispielsweise Informationen über die Wahlergebnisse, die Arbeitslosenquote oder die Entwicklung der Geburten eines Landes beinhalten. Statistiken können absolute (genaue, gerundete) Zahlen oder relative Werte wie Prozentangaben enthalten. Einige Statistiken verwenden auch Indexwerte. Hierbei werden Zahlen eines Ausgangsjahres gleich 100 gesetzt und die Daten früherer oder späterer Jahre im Verhältnis zu diesem Bezugspunkt betrachtet.
Die Qualität einer Statistik hängt von der Erhebung der Daten und deren mathematischer Umsetzung ab. Für viele historische Aussagen ist es schwierig, gute Statistiken zu erzeugen, da die Daten fehlen. Denn der Aufschwung der Statistik begann erst zwischen dem 16. und 18. Jahrhundert mit der Entstehung der modernen Staaten, deren Regierungen an möglichst vielen und genauen quantitativen Angaben über ihr Land interessiert waren. Die mathematische Umsetzung der erhobenen Daten lässt sich häufig nicht kontrollieren, da man gewöhnlich lediglich das Ergebnis lesen kann. Daher erfordert die Lektüre von Statistiken einen kritischen Blick.

Formale Kennzeichen

- Um welche *Art* von Statistik handelt es sich? Passt die *Darstellungsweise* zum Thema (Tabelle, Kreis-, Kurven-, Säulendiagramm etc.)?
- Wer hat die Statistik wann und wo *erstellt*, *veröffentlicht* oder in *Auftrag* gegeben?

Inhalt

- Worüber informiert die Statistik (*Thema/Inhalt*, *Zeit*, *Raum*, *Messgrößen*)?
- Welche *Zahlenwerte* (absolute Werte, Prozentangaben, Indizes) werden verwendet?
- Woher stammt das statistische Material? Sind Rückschlüsse auf die *Zuverlässigkeit* möglich?
- Welche *Zustände* oder *Entwicklungen* lassen sich ablesen?
- Welche *Fachbegriffe* kommen vor und müssen geklärt werden? Welches *Hintergrundwissen* ist zur Einordnung nützlich?

Historischer Kontext

- Auf welchen *Zeitraum*, welches *Ereignis* oder welchen *Sachverhalt* bezieht sich die Statistik?

Intention und Wirkung

- Welche *Aussage* (*Absicht*) lässt sich der Statistik entnehmen?
- Kann die *Zielgruppe* bestimmt werden?
- Müssen die Angaben durch *andere Informationen* ergänzt werden?
- Stimmen die *Aussagen* der Statistik mit anderen Quellen überein?

Beispiel und Analyse

	1750	1800	1830	1860	1880	1900
Großbritannien	1,9	4,3	9,5	19,9	22,9	18,5
Habsburger Reich	2,9	3,2	3,2	4,2	4,4	4,7
Frankreich	4,0	4,2	5,2	7,9	7,8	6,8
Deutsche Staaten/Deutschland	2,9	3,5	3,5	4,9	8,5	13,2
Italienische Staaten/Italien	2,4	2,5	2,3	2,5	2,5	2,5
Russland	5,0	5,6	5,6	7,0	7,6	8,8
USA	0,1	0,8	2,4	7,2	14,7	23,6
Japan	3,8	3,5	2,8	2,6	2,4	2,4
China	32,8	33,3	29,8	19,7	12,5	6,2
Indien/Pakistan	24,5	19,7	17,6	8,6	2,8	1,7
Andere	19,7	19,4	18,1	15,5	13,9	11,6

▲ **Relative Anteile an der Weltindustrieproduktion (in Prozent).**
Nach: Paul Kennedy, Aufstieg und Fall der großen Mächte, Frankfurt am Main 1991, S. 237

Formale Kennzeichen Die Statistik stammt aus einem fachwissenschaftlichen Buch aus dem Jahr 1991. Der Auftraggeber ist nicht festzustellen, vermutlich ist die Statistik im Zusammenhang mit der Publikation entstanden. Die Darstellung des statistischen Materials in Tabellenform ist dem Thema angemessen.

Inhalt Die Statistik stellt die relativen Anteile ausgewählter Länder an der weltweiten Industrieproduktion in Prozent dar. Sie trifft keine Aussage über den Umfang der Weltindustrieproduktion. Auf welchen Daten die Statistik beruht, geht nicht hervor. Rückschlüsse auf die Zuverlässigkeit des statistischen Materials sind daher nicht möglich.
Die Statistik umfasst den Zeitraum von 1750 bis 1900. Es werden mehr Daten für die zweite Hälfte des 19. Jahrhunderts dargestellt als für die zweite Hälfte des 18. oder die erste Hälfte des 19. Jahrhunderts. Die Daten zeigen eine klare Entwicklung. Einige Länder gewinnen an Anteilen an der Weltindustrieproduktion (z. B. Großbritannien, USA), andere Länder verlieren (z. B. China, Indien/Pakistan). Die Statistik zeigt auch, in welchen Zeiten diese Verschiebungen besonders stark waren, nämlich 1830 und 1860 für Großbritannien und 1860 und 1900 für die USA. Darüber hinaus zeigt sie einen etwas geringeren Bedeutungsgewinn für Deutsche Staaten/Deutschland und andere europäische Länder, einschließlich Russland. Massive Bedeutungsverluste erlitten dagegen die großen kontinentalasiatischen Länder China und Indien/Pakistan, im geringeren Umfang auch Japan und die übrige Welt.

Historischer Kontext Die Statistik beleuchtet die Entwicklung der Weltindustrieproduktion vor dem Hintergrund der Industrialisierung. In England begann sie in der zweiten Hälfte des 18. Jahrhunderts, in anderen westeuropäischen Ländern, in den USA und Asien setzte sie später ein.
Aus der Statistik lassen sich allerdings keine Rückschlüsse auf den Umfang von Industrialisierungs- und De-Industrialisierungsprozessen schließen, sondern lediglich auf Verschiebungen zwischen verschiedenen Ländern von 1750 bis 1900.

Intention und Wirkung Die Statistik hat offenkundig das Interesse, Aussagen über die besondere Entwicklung der relativen Anteile Großbritanniens, der USA, Indiens/Pakistans und Chinas zu treffen. Die Informationen über andere Länder sind weniger prägnant oder unkenntlich. So werden einige relativ große Länder wie Mexiko in der Rubrik „Andere“ zusammengefasst. Die Darstellungsweise verzerrt die Daten aber nicht. Kritisch kann lediglich angemerkt werden, dass die Datenbasis unklar ist und nicht geklärt ist, was denn genau unter „Industrieproduktion“ verstanden wird.

1. *Vergleichen Sie die Entwicklung der Industrieproduktion von Europa, den USA und Asien.*
2. *Erörtern Sie, inwiefern die Veränderung relativer Anteile Ausdruck von Entwicklungen in absoluten Zahlen ist.*
3. *Setzen Sie die Daten der Tabelle in Verbindung mit der Geschichte Chinas im 19. Jahrhundert (siehe hierzu Seite 228ff.). Überprüfen Sie, inwiefern historische Fakten die in der Statistik gezeigte Entwicklung stützen.*

Jahr	Gesamtwert in Hongkong-Tael*	Tee	Seide	Ölsaat	Bohnen	Felle/ Leder	Baumwolle	Wolle	Kohle	andere Artikel
1868	6182000	53,8	39,7	–	1,0	–	0,9	–	–	4,6
1880	7788400	45,9	38,0	0,1	0,2	0,5	0,2	0,4	–	14,7
1890	8714400	30,6	33,9	0,6	0,4	1,4	3,4	1,6	–	18,1
1900	15899700	16,0	30,4	2,5	1,9	4,3	6,2	1,9	–	36,8
1905	22788800	11,2	30,1	3,4	3,0	6,6	5,3	3,7	–	36,7
1913	40330600	8,4	25,3	7,8	5,8	6,0	4,1	2,4	1,6	38,6

Jahr	Gesamtwert in Hongkong-Tael*	Opium	Baumwollwaren	Baumwollgarn	Getreide	Zucker	Tabak	Kohle	Petroleum	Erze, Metalle	Maschinen, Fahrzeuge	andere Artikel
1868	6328200	33,1	29,0	2,5	0,8	0,8	–	2,1	–	4,8	–	26,9
1880	7929300	39,3	24,9	4,6	0,1	0,4	–	1,2	–	5,5	–	24,0
1890	12709300	19,5	20,2	15,3	9,6	0,9	–	1,6	3,2	5,7	0,3	23,7
1900	21107000	14,8	21,5	14,3	7,0	3,0	0,5	3,1	6,6	4,7	0,7	23,8
1905	44710100	7,7	25,6	15,0	2,9	5,1	1,4	1,6	4,5	10,4	3,0	22,8
1913	57016300	7,4	19,3	12,7	5,2	6,4	2,9	1,7	4,5	5,3	2,2	32,4

* zu 0,75 Hongkong-Dollar (um 1880-1913)

▲ **Chinesische Exporte (oben) und Importe (unten) im Zeitalter des Imperialismus (Warenanteile in Prozent).**
Nach: Der Große Ploetz. Die Enzyklopädie der Weltgeschichte, Freiburg im Breisgau [35]2008, S. 1212 f.
■ *Analysieren Sie die Statistiken mithilfe der Leitfragen auf Seite 256.*

Rätsel

1. Rund acht Millionen arbeiteten von ihnen im Oktober 1944 für die deutsche Wirtschaft *(1. und 2. Buchstabe)*
2. Wohnlager für Flüchtlinge und Vertriebene in Niedersachsen *(7. Buchstabe)*
3. Staatliche Zwangsmaßnahme zur zielgerichteten Verlagerung von Siedlungsschwerpunkten größerer (Minderheiten-)Gruppen *(9. Buchstabe)*
4. Politikwissenschaftler, der Konflikte zwischen Kulturen als größte Gefahr für den Frieden sieht (Nachname) *(7. Buchstabe)*
5. Eines der drei Hauptaufnahmegebiete von Flüchtlingen und Vertriebenen in den deutschen Westzonen *(7. Buchstabe)*
6. Veränderungen grundlegender Strukturen einer Gesellschaft innerhalb eines überschaubaren Zeitraums *(9. und 12. Buchstabe)*
7. Gesetz von 1952 zur Entschädigung von Vermögensverlusten Vertriebener *(10. Buchstabe)*
8. Historiker, der sich mit Wandel und Kontinuität in der Geschichte auseinandersetzte (Nachname) *(2. und 3. Buchstabe)*
9. 1950 von den Vertriebenenverbänden verkündet *(5. Buchstabe)*
10. Gewaltsames Entfernen einer Minderheit vom Territorium eines Staates *(5. Buchstabe)*
11. Angehörige deutscher Minderheiten in Ost-, Ostmittel- und Südosteuropa, die nicht über eine deutsche Staatsangehörigkeit verfügten *(2. Buchstabe)*
12. Dieses Lager in Deutschland beherbergte bis 1957 jüdische „Displaced Persons" *(6. Buchstabe)*

Lösungswort:

Zur Auswertung des Rätsels siehe Code 32031-25.

Recherche und Präsentation

Flucht im Zweiten Weltkrieg

1. ⊞ *Recherchieren Sie im Internet und/oder in Fachbüchern über die Bedingungen der Flucht von Marion Gräfin Dönhoff aus Ostpreußen. Fassen Sie Ihre Ergebnisse in Form eines Plakates zusammen. Vergleichen Sie anschließend das Flüchtlingsschicksal mit anderen Beispielen in diesem Buch (siehe Seite 161, 168 und 169).*

Romanisierung

2. ⊞ *Versetzen Sie sich in die Rolle eines in der Kaiserzeit lebenden Stadtbewohners. Schreiben Sie an einen fernen Verwandten auf dem Land einen Brief, in dem Sie ihm das Leben in der Stadt schildern (Wohnen, Kultur, Handel/Wirtschaft, Religion etc.). Gehen Sie dabei auf Vor- und Nachteile ein. Zur Vorbereitung können Sie die Darstellung auf Seite 210 f. und M4 auf Seite 217 heranziehen.*

Boxerbewegung in China

3. ⊞ *Recherchieren Sie über die Boxerbewegung in China um 1900. Verfassen Sie anschließend auf der Grundlage Ihrer Ergebnisse einen Zeitungsartikel mit der Überschrift „Reaktionen auf den imperialistischen Einfluss: der Boxeraufstand". Berücksichtigen Sie dabei auch die beiden Materialien auf Seite 224 f.*

Geschichts- und Erinnerungskultur

▸ **Ausstellung „Zweite Heimat".**
Foto (Ausschnitt) vom 14. März 2004 aus dem „Haus der Geschichte" in Wittenberg (Sachsen-Anhalt).

- ⊞ *Bereiten Sie eine Präsentation anhand eines selbst gewählten Beispiels von Flucht und Vertreibung vor, in der Sie die Hintergründe der Zwangswanderung beleuchten. Dazu können Sie das Schulbuch und/oder das Internet nutzen.*

3. Wurzeln unserer Identität

- Welche Entwicklungen führten zur Herausbildung des deutschen und polnischen Nationalstaates? Welche Konfliktfelder bestanden zwischen beiden Nationen im 19. und 20. Jahrhundert?
- Welche Ursachen und Folgen hatte die Spaltung der Nation in Gegner und Befürworter der Weimarer Republik?
- Wie ist der Umgang mit der nationalsozialistischen Vergangenheit in der deutschen Nachkriegszeit und nach der Wiedervereinigung Deutschlands zu beurteilen?

RBEIT MACH

3.1 Nationalstaatsbildung im Vergleich

◀ **Das Hambacher Fest am 27. Mai 1832.**
Ölgemälde (102,5 x 145,5 cm), vermutlich 1948 entstanden, von Hans Mocznay nach einer Federlithografie aus dem Jahre 1832.

Zeit der Umbrüche	1772 - 1795	Polen wird geteilt.
	1789 - 1815	Französische Revolution und Napoleonische Kriege.
Restauration und Vormärz	1814/15	Nach dem Sieg gegen Napoleon wird Europa auf dem Wiener Kongress neu geordnet.
	1830/31	Der polnische Aufstand im russischen Teilungsgebiet wird niedergeschlagen.
	27. 5. 1832	Das Hambacher Fest mit 30 000 national gesinnten Teilnehmern findet statt.
Krisenhafte Entwicklungen in Mitteleuropa	1848/49	Aufstände und Revolutionen in Mitteleuropa.
	1863/64	Ein großer Aufstand im russischen Polen scheitert.
	1859	Beginn der italienischen Einigungsbewegung.
Der Weg zur deutschen Reichseinigung	1864	Erster Einigungskrieg: Deutscher Bund gegen Dänemark.
	1866	Zweiter Einigungskrieg: Preußen und Italien gegen Österreich und die meisten deutschen Mittelstaaten.
	1870/71	Dritter Einigungskrieg: Deutsche Staaten gegen Frankreich.
	1871	Gründung des Deutschen Kaiserreiches.
Die Zeit der Weltkriege	1914 - 1918	Erster Weltkrieg.
	28. 6. 1919	Der Versailler Friedensvertrag wird unterzeichnet.
	1918 - 1938	Die europäischen Demokratien geraten in der Zwischenkriegszeit in eine Krise.
	1939 - 1945	Zweiter Weltkrieg.
	nach 1945	Polnische Westverschiebung.
Der Weg zur europäischen Einigung	1949	Gründung von Bundesrepublik (23.5.) und DDR (7.10.), Gründung der NATO (4.4.).
	18. 4. 1951	Gründung der „Europäischen Gemeinschaft für Kohle und Stahl" (Montanunion).
	25. 3. 1957	Römische Verträge, Gründung der EWG.
	1973 - 1975	Konferenz über Sicherheit und Zusammenarbeit in Europa (KSZE).
	1989/90	Fall der Berliner Mauer; friedliche Revolutionen in Osteuropa.
	3. 10. 1990	Wiedervereinigung Deutschlands.
	1. 5. 2004	Polen tritt der Europäischen Union bei.

In der Geschichtswissenschaft sind in den letzten 30 Jahren intensiv die Themen *Nationsbildung* und *Nationalismus* erforscht worden. Seit dem Beginn des 19. Jahrhundert formierten sich in zahlreichen europäischen Regionen Nationalbewegungen, die einen eigenen *Nationalstaat* anstrebten. Derartige Staaten entstanden teilweise schon seit der Mitte des 19. Jahrhunderts (Italien und das Deutsche Reich), teilweise aber auch erst nach dem Ende des Ersten Weltkrieges (zum Beispiel Polen, die Tschechoslowakei oder weitere Staaten in Ost- und in Ostmitteleuropa). Die Bildung dieser Nationalstaaten war sehr häufig von Kriegen und Gewalt begleitet. Auch war keineswegs immer eindeutig klar, wie die Grenzziehungen verlaufen sollten, weil in vielen europäischen Regionen sprachlich gemischte Bevölkerungen existierten, die keineswegs einfach einer einheitlichen „Nation" zugeordnet werden konnten. Die Zeit zwischen den Weltkriegen war außerdem durch eine tiefe Krise in vielen europäischen Gesellschaften gekennzeichnet: 1918/19 hatte sich scheinbar die Demokratie fast überall durchgesetzt, kurz vor dem Beginn des Zweiten Weltkrieges waren Demokratien in Europa selten geworden.

Einen Höhepunkt erreichte der gewalttätige Nationalismus im Zweiten Weltkrieg, wo er sich in Deutschland unter dem nationalsozialistischen Regime mit einem mörderischen Rassismus vermischte. Der Völkermord an den Juden und eine extrem brutale Besatzungspolitik in Polen und in anderen Regionen Ost- und Mitteleuropas waren die Folge. Nach dem Ende des Zweiten Weltkrieges nahmen die Siegermächte umfangreiche Umsiedlungen und Vertreibungen von ganzen Völkern vor. Nach 1945 ging der Nationalismus in Europa aber langsam zurück, auch wenn er niemals völlig verschwand. Statt abgeschotteter Nationalstaaten entstanden zunächst im Westen langsam überstaatliche Organisationen wie die Montanunion, die Europäische Wirtschaftsgemeinschaft und die Europäische Union.

In diesem Kapitel erwerben Sie die **Kompetenz**,
- die Herausbildung des deutschen Nationalstaates im 19. Jahrhundert zu erläutern,
- die Entwicklung des nationalen Gedankens und des Nationalstaates in Polen zu erörtern,
- die Etappen auf dem Weg zum deutschen und polnischen Nationalstaat zu vergleichen,
- den Nationalstaat als ein Konfliktfeld zu beschreiben und zu analysieren,
- das deutsch-polnische Verhältnis vom 19. bis zum 21. Jahrhundert zu charakterisieren.

Zur Methoden-Kompetenz siehe Seite 280 bis 282 („Historische Urteilsbildung") und Seite 311 bis 313 („Fotografie"). Zum Kompetenzerwerb im Hinblick auf „Nation – Begriff und Mythos" siehe den entsprechenden Theorie-Baustein auf Seite 314 bis 319. Über die Deutungen des deutschen Selbstverständnisses im 19. und 20. Jahrhundert informiert der Theorie-Baustein auf Seite 352 bis 357.

Wichtige Namen
- Konrad Adenauer
- Otto von Bismarck
- Willy Brandt
- Roman Dmowski
- Giuseppe Garibaldi
- Heinrich Himmler
- Paul von Hindenburg
- Adolf Hitler
- Helmut Kohl
- Klemens Wenzel Fürst von Metternich
- Napoleon III.
- Józef Piłsudski
- Josef Stalin
- Wilhelm I.
- Wilhelm II.

Wichtige Begriffe
- Deutscher Bund
- Frankfurter Nationalversammlung
- Hambacher Fest
- Imperialismus
- Nation
- Nationalbewegung
- Nationalismus
- Reichsnationalismus
- Risorgimento
- Schlacht bei Tannenberg
- Versailler Vertrag
- Vormärz

Nationen und Nationalstaatsbildung

▲ **Kaiserproklamation im Spiegelsaal des Versailler Schlosses.**
Ölgemälde (270 x 270 cm mit Rahmen) von Anton von Werner, 1885 (Ausschnitt).
Das Bild entstand im Auftrag des Kaisers zum 70. Geburtstag Bismarcks. Im linken Teil des Gemäldes stehen Kaiser Wilhelm I. und der Großherzog von Baden (den Arm zur Ausrufung des Kaisers erhoben), der Kronprinz, die deutschen Fürsten und die Vertreter der Hansestädte. Vor den Stufen sind Bismarck in weißer Uniform, der die Proklamation des Kaisers verliest, und Generalstabschef Helmuth von Moltke zu sehen. Bismarck trug tatsächlich eine blaue Uniform.

Nationsbildung Fast alle Historiker gehen davon aus, dass „*Nationen*" nichts Naturgegebenes sind, sondern dass sie in einer langen Geschichte entstanden sind (▸ M1 bis M3). Für die *Nationsbildung* in Europa wird häufig die folgende Chronologie angewendet. Allerdings muss dabei beachtet werden, dass in einigen Fällen diese Phasen nicht völlig klar abgrenzbar waren, sondern sich auch überlappen konnten.

- *Phase 1:* Meistens gegen Ende des 18. oder zu Beginn des 19. Jahrhunderts begannen einige wenige Intellektuelle neuartige Gemeinsamkeiten zu entdecken oder zu konstruieren. In Deutschland sammelten beispielsweise die *Brüder Grimm* deutsche Volksmärchen, um sie vor dem Vergessen zu bewahren. Diese Periode wird häufig als die „romantische" Phase der Nationsbildung bezeichnet, weil sie vorwiegend kulturell, literarisch oder volkskundlich geprägt war. Politische Folgen traten nur in Ausnahmen auf.
- *Phase 2:* In dieser Phase bildeten sich Gruppen von Vorkämpfern und oft militanten Wortführern, die die „nationale Idee" proklamierten. Diese Periode verlief in Deutschland ungefähr von 1813/15 bis 1848/49, in Polen etwa von 1830/32 bis 1863 und in Italien vom Beginn des 19. Jahrhunderts bis ca. 1860/61. Hier spielte das geschichtliche Argument oft eine zentrale Rolle, weil historische Bezüge in die Vergangenheit hergestellt wurden und behauptet wurde, die Nation müsse „wiedergeboren" oder „erweckt" werden. Oft war aber unklar, was genau diese „Nation" ausmachte oder welche territorialen Grenzen sie umfassen sollte.
- *Phase 3:* In der dritten Phase wurde *Nationalismus* zu einem Massenphänomen, das alle Schichten der Gesellschaft umfasste. In Deutschland verlief diese Periode etwa von 1848/49 bis 1866/71, in Polen etwa von 1863 bis in die 1890er-Jahre. Auch die Unterschichten wie Arbeiter oder Bauern sahen sich nun zunehmend als Bestandteil einer „Nation". Der Übergang von Phase 2 zu 3 war in Europa häufig gewalttätig und von

Kriegen oder Bürgerkriegen begleitet, weil die jeweiligen Staatsgrenzen keineswegs mit denjenigen Territorien übereinstimmten, die von den jeweiligen Wortführern der Nationalisten beansprucht wurden.

- *Phase 4*: Diese Periode verlief ungefähr zwischen dem Ausbruch des Ersten und dem Ende des Zweiten Weltkrieges. Sie war gekennzeichnet durch einen extremen, sehr oft rassistischen Nationalismus, der im Falle des Deutschen Reiches bis hin zum Völkermord und zu Vernichtungskriegen ging.
- *Phase 5*: Unter Historikern ist umstritten, ob man noch eine fünfte Phase annehmen kann, die nach dem Ende des Zweiten Weltkrieges begann. Diese Periode ist dadurch gekennzeichnet, dass Nationalismus zwar nicht verschwindet, sich aber auf einem langsamen Rückzug befindet. Gründe hierfür waren die Entstehung von übernationalen Institutionen wie beispielsweise der *Europäischen Union*. Freiwillig traten Nationalstaaten Rechte an Organisationen ab, die oberhalb der jeweiligen Nationalstaaten standen. Auf diese Weise sollten internationale Konflikte vermindert werden.

Nationale Identitäten Identitäten sind vielschichtige Gebilde, kein Mensch richtet sich alleine an einem Bezugssystem aus. Den einen Weg zur Nationsbildung hat es nicht gegeben, viele unterschiedliche Faktoren kamen zusammen, bis eine große Gruppe von Menschen davon überzeugt war, einer Gemeinschaft anzugehören. In der historischen Forschung werden viele unterschiedliche Dinge genannt, die bei der Entstehung von Nationen wichtig waren, und von denen im Folgenden einige aufgezählt werden. Diese können sich im Einzelfall ergänzen, aber auch ausschließen, in manchen Fällen waren sie zentral, in anderen spielten sie keine Rolle.

- *Sprache*: Sehr häufig sprechen die Mitglieder einer Nation eine gemeinsame Muttersprache. Dies unterscheidet den Nationalstaat vom *Imperium*, in dem meistens viele unterschiedliche Völker mit unterschiedlichen Sprachen zusammenleben. Allerdings gibt es hier Ausnahmen: Die Schweizer verstehen sich zwar als Nation, in der Schweiz werden aber vier unterschiedliche Muttersprachen gesprochen (Deutsch, Französisch, Italienisch und Rätoromanisch).
- *Kultur*: Oft beziehen sich Nationen auf eine wirkliche oder vermeintliche gemeinsame Kultur. In der Praxis ist aber oft nur schwer zu definieren, was diese Kultur ausmacht oder wie sie definiert werden kann.
- *Herkunft (Ethnie)*: Vor allem in der dritten und vierten Phase der Nationsbildung spielt häufig „Ethnie“ eine wichtige Rolle. Nationalisten behaupten, dass alle „Deutschen“ eine gemeinsame Abstammung hätten, die sie von anderen Völkern grundsätzlich unterscheidet. Diese Auffassung geht oft Hand in Hand mit der Entstehung eines gewaltbereiten Rassismus.
- *Bürgerschaft*: Sobald ein Nationalstaat entstanden ist, muss definiert werden, wer dazugehört und vor allem wer kein Bürger ist. In Frankreich kann beispielsweise theoretisch jeder Ausländer Franzose werden, wenn er die französische Sprache spricht und sich zur französischen Kultur bekennt. Im Deutschen Reich wurde 1913 festgelegt, dass – mit Ausnahmen – nur diejenige Person ein Deutscher ist, die einen deutschen Vater hat. Dieses „Blutrecht“ wurde erst in den 1990er-Jahren reformiert.
- *Gemeinsame Geschichte*: Geschichte spielt für die Nationsbildung eine extrem wichtige Rolle. Häufig wird eine Art von Gründungsmythos konstruiert, manchmal können dies aber auch mehrere Ereignisse sein. In der deutschen Nationalbewegung wurde beispielsweise der Germanenfürst *Arminius* bzw. *Hermann der Cherusker*, der im Jahre 9 n. Chr. die Römer im Teutoburger Wald geschlagen hatte, zu einer Art „Gründungsvater“ ernannt.

▲ **„Yes Scotland“-Kampagne.** *Foto vom September 2014, George Square in Glasgow. 2014 stimmten die Schotten in einem Referendum über ihre Unabhängigkeit von Großbritannien ab. Dieses Referendum scheiterte überraschend eindeutig.*

■ ✚ *Informieren Sie sich im Internet über das Referendum. Entwickeln Sie anschließend in Partnerarbeit Argumente für und gegen eine Abspaltung von Großbritannien. Berücksichtigen Sie bei Ihrer Argumentation auch einige der Punkte, die im Abschnitt „Nationale Identitäten“ aufgeführt sind.*

- *Religion*: Religion kann eine Bedeutung für die Nationsbildung haben. In Deutschland war Religion weniger wichtig, weil hier stets Protestanten und Katholiken – oft konfliktreich – miteinander gelebt hatten, Religion hatte hier eher einen spaltenden Charakter. Im polnischen Fall ist Religion wichtiger als im deutschen, weil sehr viele polnische Nationalisten der Meinung waren, dass nur Katholiken wirkliche Polen sein können.
- *Territorium*: Die Entstehung von Vorstellungen einer „Nation" ist zwar unabhängig von einem bestimmten Territorium, aber unweigerlich wird irgendwann die Frage aufgeworfen, wie die Grenzen des bestehenden oder angestrebten Staates gezogen werden sollen. Fast immer traten hier Konflikte auf, auch weil stets Gebiete bestanden, die „gemischt" besiedelt waren, das heißt in denen Menschen mit unterschiedlichen Muttersprachen, Religionen oder Abstammungen lebten.
- *Gemeinsame Normen und Werte*: Nationen beziehen sich häufig auf gemeinsame Werte. Beispielsweise spielten und spielen bei vielen Franzosen die sogenannten Werte der *Französischen Revolution* (Freiheit, Gleichheit, Brüderlichkeit) eine sehr wichtige Rolle für die nationale Identifikation.

Nationale Symbole Symbole spielten bei der Nationsbildung eine zentrale Rolle. Den Grund hierfür kann man leicht verstehen, wenn man die Begriffe „Zeichen" und „Symbol" vergleicht. Ein Zeichen muss eindeutig sein, ein Symbol sollte dies gerade nicht sein. Bei einem Verkehrszeichen wie dem Stoppschild weiß jeder Verkehrsteilnehmer, dass er hier anhalten muss, es gibt also keinen Interpretationsspielraum. Bei einem Symbol ist das Gegenteil der Fall: Hier muss – wenn das Symbol „funktionieren" soll – gerade besonders viel Interpretationsspielraum vorhanden sein. Wenn beispielsweise ein großer Demonstrationszug hinter der „nationalen" (deutschen) Fahne herzieht, können wir davon ausgehen, dass die einzelnen Teilnehmer sehr unterschiedliche Assoziationen und Gefühle mit dieser Fahne verbinden. Der eine denkt vielleicht mit Stolz und Patriotismus an seine Heimat, respektiert aber auch andere Nationalitäten, ein anderer „Nationalist" ist der Meinung, dass die „deutsche" Nation allen anderen überlegen sei. Ein weiterer geht nur deshalb mit, weil er seinem Nachbarn einen Gefallen tun möchte, ein vierter hat gerade nichts Besseres zu tun und ein fünfter verehrt die Fahne, weil sie für ihn Rechtsstaatlichkeit garantiert. Gerade weil das Symbol offen und mehrdeutig ist, kann es sehr unterschiedliche Vorstellungen vereinen bzw. können verschiedene Meinungen auf das Symbol projiziert werden.

Recherchieren Sie im Internet nach nationalen Symbolen verschiedener Länder wie zum Beispiel Frankreich, Polen oder Russland. Vergleichen Sie die ausgewählten Beispiele in Form einer Tabelle hinsichtlich Entstehungszeit, Künstler, Auftraggeber und Aussageabsicht miteinander.

M1 Sind Nationen naturgegeben?

Der britische Historiker Eric Hobsbawm (1917-2012) schreibt im Jahre 1991 zum Thema „Nation“:

Wie die meisten ernsthaften Forscher betrachte ich die „Nation“ nicht als eine ursprüngliche oder unveränderliche soziale Einheit. Sie gehört ausschließlich einer bestimmten historisch jungen Epoche an. Sie ist eine gesellschaftliche Einheit nur insofern, als sie sich auf eine bestimmte Form des modernen Territorialstaates bezieht, auf den „Nationalstaat“, und es ist sinnlos, von Nation und Nationalität zu sprechen, wenn diese Beziehung nicht mitgemeint ist. Dass Nationen als eine natürliche, gottgegebene Art der Klassifizierung von Menschen gelten – als ein [...] politisches Geschick –, ist ein Mythos. [...] Kurz, aus Gründen der Analyse kommt der Nationalismus vor der Nation. Nicht die Nationen sind es, die Staaten und Nationalismen hervorbringen, sondern umgekehrt. [...] [Nationen sind] Doppelphänomene, im Wesentlichen zwar von oben konstruiert, doch nicht richtig zu verstehen, wenn sie nicht auch von unten analysiert werden, das heißt vor dem Hintergrund der Annahmen, Hoffnungen, Bedürfnisse, Sehnsüchte und Interessen der kleinen Leute, die nicht unbedingt national und noch weniger nationalistisch sind.

Dieser Blick auf die Nation von unten – das heißt nicht aus dem Blickwinkel der Regierungen und der Wortführer und Aktivisten nationalistischer (oder nicht-nationalistischer) Bewegungen, sondern aus der Sicht normaler Menschen [...] ist überaus schwer zu rekonstruieren. [...] Vieles liegt noch im Ungewissen, aber über drei Dinge gibt es keinen Zweifel. Erstens bieten offizielle Ideologien keine Anhaltspunkte für das, was in den Köpfen selbst ihrer loyalsten Bürger oder Anhänger vorgeht. Zweitens haben wir insbesondere keinen Grund zu der Annahme, dass für die meisten Menschen die Identifikation mit der Nation – sofern sie existiert – alle anderen Identifikationen, die ein gesellschaftliches Wissen ausmachen, ausschließt oder ihnen immer oder überhaupt überlegen ist. [...] Drittens kann eine nationale Identifikation samt allen ihren Weiterungen sich im Lauf der Zeit, ja selbst innerhalb sehr kurzer Perioden verändern und verlagern.

Eric Hobsbawm, Nationen und Nationalismus, Frankfurt am Main 1991, S. 20ff. (übersetzt von Udo Rennert)

1. *Fassen Sie mit eigenen Worten die zentralen Thesen des Textes stichwortartig zusammen.*

2. *Erläutern Sie, warum Hobsbawm „Nationen“ nicht als „ursprüngliche“ soziale Einheit sieht.*

3. *Erörtern Sie, welche Sicht „normale Menschen“ auf eine Nation haben könnten.*

▲ **„Statue of Liberty.“**
Foto nach 2000.
Die Freiheitsstatue steht an der Hafeneinfahrt von New York. Sie wurde 1886 fertiggestellt und war ein Geschenk Frankreichs an die USA.

- *Informieren Sie sich im Internet und/oder in Fachbüchern über die beiden nationalen Symbole für die USA und für das Deutsche Kaiserreich (siehe dazu die Abbildung auf Seite 264). Setzen Sie anschließend die beiden Beispiele in Beziehung zueinander und erläutern Sie die Botschaften, die hier transportiert werden. Gehen Sie dabei auf die Frage ein, welche Vorstellungen, Bedürfnisse oder Wünsche geweckt bzw. befriedigt werden.*

M2 Die Nation als „vorgestellte“ Gemeinschaft

Der amerikanische Politikwissenschaftler Benedict Anderson (1936-2015) vermerkt in seinem 1983 erschienenen Buch „Imagined Communities“ (dt. Titel: „Die Erfindung der Nation“):

Nationalismustheoretiker sind oft von drei Paradoxa irritiert: 1. Der objektiven Neuheit von Nationen aus dem Blickwinkel des Historikers steht das subjektive Alter in den Augen der Nationalisten gegenüber. 2. Der formalen Universalität von Nationalität als sozio-kulturellem Begriff – in der modernen

Welt kann, sollte und wird jeder eine Nationalität „haben“, so wie man ein Geschlecht „hat“ – steht die marginale Besonderheit ihrer jeweiligen Ausprägungen gegenüber, wie zum Beispiel die definierte Einzigartigkeit der Nationalität „Griechisch“. 3. Der „politischen“ Macht des Nationalismus steht seine philosophische Armut oder gar Widersprüchlichkeit gegenüber. Mit anderen Worten: Anders als andere Ismen hat der Nationalismus nie große Denker hervorgebracht – keinen Hobbes, keinen Marx und keinen Weber. [...]
[Die Nation] ist eine vorgestellte politische Gemeinschaft – vorgestellt als begrenzt und souverän. Vorgestellt ist sie deswegen, weil die Mitglieder selbst der kleinsten Nation die meisten anderen niemals kennen, ihnen begegnen oder auch nur von ihnen hören werden, aber im Kopf eines jeden die Vorstellung ihrer Gemeinschaft existiert. [...] Die Nation wird als begrenzt vorgestellt, weil selbst die größte von ihnen mit vielleicht einer Milliarde Menschen in genau bestimmten, wenn auch variablen Grenzen lebt, jenseits derer andere Nationen liegen. Keine Nation setzt sich mit der Menschheit gleich. Selbst die glühendsten Nationalisten träumen nicht von dem Tag, da alle Mitglieder der menschlichen Rasse ihrer Nation angehören werden – anders als es in vergangenen Zeiten den Christen möglich war, von einem ganz und gar „christlichen“ Planeten zu träumen.
Schließlich wird die Nation als Gemeinschaft vorgestellt, weil sie, unabhängig von realer Ungleichheit und Ausbeutung, als „kameradschaftlicher“ Verbund von Gleichen verstanden wird. Es war diese Brüderlichkeit, die es in den letzten zwei Jahrhunderten möglich gemacht hat, dass Millionen von Menschen für so begrenzte Vorstellungen weniger getötet haben als vielmehr bereitwillig gestorben sind. Dieses Sterben konfrontiert uns mit dem zentralen Problem, vor das uns der Nationalismus stellt: Wie kommt es, dass die kümmerlichen Einbildungen der jüngeren Geschichte (von kaum mehr als zwei Jahrhunderten) so ungeheure Blutopfer gefordert haben? Ich bin der Überzeugung, dass die Antwort in den kulturellen Wurzeln des Nationalismus liegt.

Benedict Anderson, Die Erfindung der Nation, Frankfurt am Main 1996, S. 14-17 (übersetzt von Benedikt Burkard)

1. *Geben Sie die zentralen Thesen von Anderson wieder.*
2. *Arbeiten Sie heraus, was Anderson unter einer „vorgestellten“ Gemeinschaft versteht.*

M3 Loyalitäten und Nationalismus

Der deutsche Historiker Hans-Ulrich Wehler[1] (1931-2014) äußert sich zur Entstehung des Nationalismus wie folgt:

Immer schon hat es Loyalitätsbindungen gegeben, welche Menschen an größere Herrschafts- und Solidarverbände gebunden haben. Ihr Bezugspunkt konnte der Familienclan oder die Klientel sein, ein Stamm oder eine Fürstendynastie, eine antike Polis oder später eine okzidentale Stadt, eine Religion oder eine Region. Ein solches Loyalitäts- und Zugehörigkeitsgefühl kann als sozialpsychische, geradezu als anthropologische Konstante gelten. Es hebt das Selbstwertbewusstsein und stärkt das Identitätsgefühl, wenn mit dem Solidarverband, dem man angehört, außer Schutz und Hilfe auch Ansehen und Geltung verbunden sind.
Solche älteren Loyalitätsbeziehungen haben a limine[2] nicht mit dem Nationalismus zu tun. Allerdings können sie später im Rahmen dieses neuen Weltbildes zur Konstruktion einer nationalen Vergangenheit genutzt werden. Sie erodieren auch selten vollständig, sondern halten sich über lange Zeitspannen hinweg als konfessionelle, großfamiliale, regionale Bindungen, die neben dem nationalen Identitätsbewusstsein weiterbestehen oder mit ihm fusionieren. [...] Da der Nationalismus eine neuartige Loyalitätsverpflichtung darstellt, taucht unabweisbar die Frage nach dem spezifischen historischen Kontext und den Antriebskräften seiner Genese auf: Wann, wo, wie und vor allem warum entstand der Nationalismus? Da der Nationalismus sich anfangs seine Nation schafft, indem er bereits bestehende Herrschaftsverbände umbaut, ist das die erste Frage. Daran schließt sich die zweite nach der Natur des „Rohmaterials“ an, aus dem das nationale Weltbild geformt wurde.

Hans-Ulrich Wehler, Nationalismus. Geschichte, Formen, Folgen, München 2001, S. 16 f.

1. *Charakterisieren Sie den Unterschied zwischen traditionellen Loyalitätsbindungen und dem neuen Nationalismus.*
2. + *Vergleichen Sie M1 bis M3 miteinander und arbeiten Sie die jeweiligen Gemeinsamkeiten und Unterschiede heraus.*

[1] Informationen über Hans-Ulrich Wehler finden Sie auf Seite 356.
[2] **a limine**: kurzerhand, von vornherein

Die deutsche und die polnische Nationalbewegung

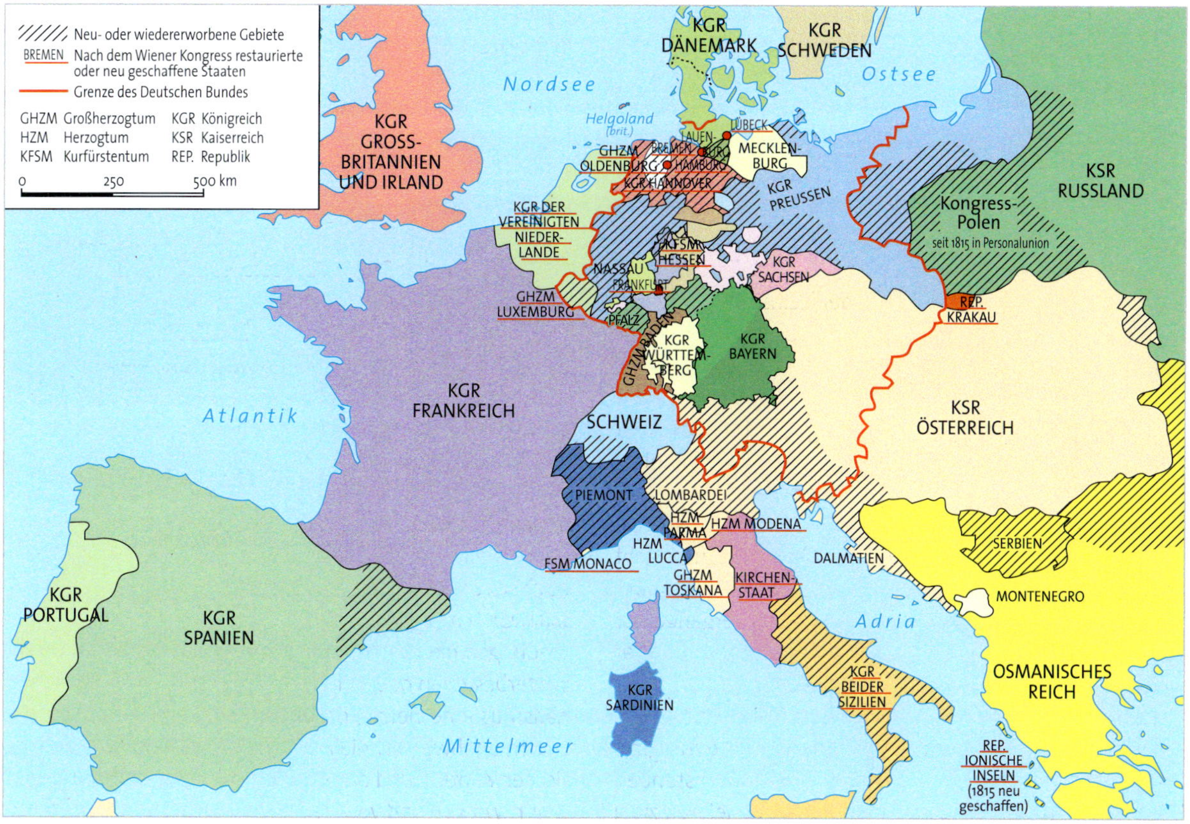

▲ Europa nach dem Wiener Kongress.

■ *Analysieren Sie anhand der Karte, in welchem Maße die europäischen Grenzen durch die Beschlüsse des Wiener Kongresses verändert wurden.*

Die Anfänge der deutschen Nationalbewegung ■ Nach dem Ausbruch der Französischen Revolution von 1789 und dem Aufstieg Napoleons I. zum französischen Kaiser folgten lange Kriege, die ganz Europa in Mitleidenschaft zogen. 1803 und 1806/07 wurden große Teile der „deutschen" Gebiete entweder von französischen Truppen besetzt, oder als Satellitenstaaten im **Rheinbund** zusammengefasst. Zahlreiche kleine Fürsten wurden abgesetzt, und ihre Territorien wurden größeren Staaten angeschlossen. In Bayern und in Preußen fanden umfangreiche *Reformen* statt, mit denen die Staatsbürokratie und die gesellschaftlichen Strukturen gründlich modernisiert wurden. Zu diesem Zeitpunkt existierten kaum Vorstellungen von einer gemeinsamen „deutschen" Nation. Nachdem 1812/13 Napoleons Feldzug gegen Russland gescheitert war, begannen in Mitteleuropa die *Befreiungskriege*, die von 1813 bis 1815 verliefen.

Hierbei standen sich zwei Prinzipien gegenüber. Auf der einen Seite wollten die jeweiligen Monarchen oder Fürsten ihre Unabhängigkeit und ihre ehemalige Machtstellung zurückerhalten. Auf der anderen Seite formierten sich die Anfänge der deutschen Nationalbewegung, die nicht für die traditionellen Herrscher kämpfen, sondern ein neues und einiges Deutschland ohne die vielen kleinen und großen Machthaber aufbauen wollte. Während der Befreiungskriege blieb die Frage, wer sich durchsetzen würde, noch in der Schwebe, doch auf dem **Wiener Kongress** wurde sie 1815 eindeutig entschieden.

Abgesehen von vielen kleinen Herrschern, die bereits während der vorangegangenen Kriege quasi enteignet worden waren, setzten sich die meisten deutschen Fürsten

Rheinbund: Zusammenschluss der kleineren deutschen Staaten im Jahre 1806, der aber fast vollständig von den Franzosen abhängig war. Nach der Völkerschlacht bei Leipzig löste sich der Rheinbund 1813 auf.

Wiener Kongress: 1814/15 versammelten sich die europäischen Mächte in Wien, um eine neue Friedensordnung zu beschließen, die mehrere Jahrzehnte funktionieren sollte.

Internettipp
Für weitere Informationen zum Wiener Kongress siehe den Code 32031-26.

durch, und die noch kleine nationale Bewegung ging leer aus. Die Idee, dass irgendwann ein neues und parlamentarisches Deutschland mit einer Verfassung geschaffen werden könnte, verbreitete sich jedoch langsam vor allem unter Studenten und Intellektuellen weiter und konnte nicht mehr aus der Welt geschafft werden (▶ M1). Die Idee der Demokratie, wie sie heute gebräuchlich ist, stellte zu dieser Zeit aber selbst in diesen Kreisen eine Ausnahme dar, weil der Begriff negativ benutzt und oft gleichgesetzt wurde mit der Herrschaft des „Pöbels".

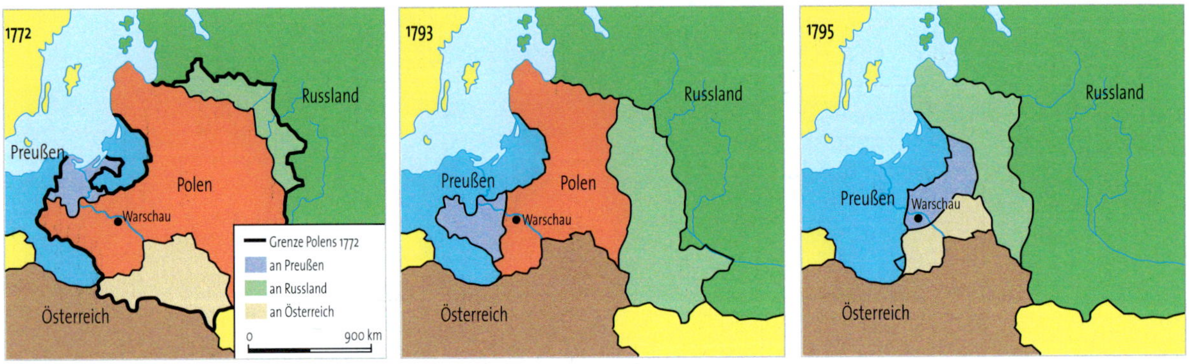

▲ **Die Teilungen Polens.**
▪ *Vergleichen Sie die territorialen Entwicklungen Polens in der zweiten Hälfte des 18. Jahrhunderts miteinander.*

Die polnischen Teilungen Am Ende des 18. Jahrhunderts wurde das bis dahin unabhängige Königreich Polen-Litauen in drei Schritten (1772, 1793 und 1795) zwischen Preußen, Österreich und Russland aufgeteilt. Bis dahin bestand in Polen – ähnlich wie in England – eine *Adelsrepublik*, das heißt, die mächtigen Familien wählten in regelmäßigen Abständen ein Parlament. Diese Institution war allerdings nur sehr begrenzt handlungsfähig, weil das Prinzip der Einstimmigkeit herrschte: Gesetze konnten nur beschlossen werden, wenn keine Gegenstimme vorhanden war. Diese eigenartige Struktur begünstigte die Entstehung von Korruption, weil immer wieder Abgeordnete bereit waren, ihre Stimme an den Meistbietenden – auch aus dem Ausland – zu verkaufen. Zwischen 1734 und 1763, der Regierungszeit von König *August III.*, konnte beispielsweise kein einziges Gesetz verabschiedet werden. Die sogenannte **jagiellonische Staatsidee** basierte auf einer dezentralen Struktur, und die einzelnen Regionen verfügten über erhebliche Freiheiten. Diese Adelsrepublik wurde seit der Mitte des 18. Jahrhunderts in zwei Kriegen gegen Schweden, einen mehrjährigen Krieg, in dem es um die Thronfolge ging, und in regionalen Aufständen geschwächt. Als Folge hiervon geriet Polen-Litauen in russische Abhängigkeit, und auch die anderen europäischen Staaten mischten sich zunehmend in die inneren Angelegenheiten ein. Da seit dem Ende der 1760er-Jahre einflussreiche Adlige und Politiker damit begannen, die unhaltbare Struktur des polnischen Staates zu reformieren, griffen die drei Nachbarstaaten Russland, Preußen und Österreich ein und erzwangen die Abtretung großer Grenzgebiete. Die *erste polnische Teilung* wurde umgesetzt, und Polen verlor fast ein Drittel seiner Bevölkerung.

jagiellonische Staatsidee: benannt nach dem mittelalterlichen bzw. frühneuzeitlichen Königsgeschlecht der Jagiellonen

Seit Ende der 1780er-Jahre fanden in Polen wiederum Reformen statt, und 1791 wurde eine der modernsten Verfassungen Europas verabschiedet. Diese Veränderungen riefen russischen Widerstand hervor, weil ein starkes, reformfähiges Polen unerwünscht war. 1792/93 intervenierten russische Truppen militärisch. Auch die preußische Regierung sah nun wieder die Möglichkeit, Gewinne zu machen, und die *zweite Teilung* wurde durchgesetzt. Da diese Maßnahme diesmal auf starken Widerstand in der polnischen Bevölkerung stieß, entschlossen sich die drei Teilungsmächte, Polen ganz von der Landkarte zu tilgen, und sie besetzten 1795 in der *dritten Teilung* auch den Rest des Landes (▸ M2 und M3).

Während der napoleonischen Kriege wurde kurzzeitig zwischen 1807 und 1815 ein kleines *Herzogtum Warschau* geschaffen, das allerdings vollständig von Napoleon abhängig war. Nach der französischen Niederlage wurden die Territorien erneut zum Objekt der Großmächte. Auf dem Wiener Kongress wurden die Teilungen mit etwas anderen Grenzziehungen wiederhergestellt. Allerdings bestanden gewisse Freiheiten bis zum polnischen Aufstand von 1830/31[1]: Es gab im russischen Teil ein gewähltes Adelsparlament, das regionale Befugnisse ausübte; ferner bestand eine Verfassung, eine kleine polnische Armee und ein eigenständiges Schul- und Gerichtswesen.

Restauration nach dem Wiener Kongress Die Fürsten, Könige und der Adel in den deutschen Staaten waren sich nach dem Wiener Kongress darüber im Klaren, dass die Verbreitung nicht nur von liberalen und sogar demokratischen, sondern auch von nationalen Vorstellungen ihre Herrschaft gefährden würde. Sie reagierten auf mehreren Ebenen: Erstens schlossen 1815 Österreich, Preußen und Russland die *Heilige Allianz*, der später viele weitere europäische Staaten beitraten. Auf der Basis des Christentums sollte der Frieden in Europa gesichert werden. Unter maßgeblicher Führung des österreichischen Staatskanzlers **Fürst von Metternich** wurden diese Verträge besonders gegen die Liberalen und gegen die jeweiligen Nationalbewegungen eingesetzt. 1818 wurden weitere Maßnahmen zur Unterdrückung dieser politischen Strömungen beschlossen. Zudem einigten sich im August 1819 in den *Karlsbader Beschlüssen* die zahlreichen deutschen Regierungen – wiederum unter der Führung von Metternich –, diese potenziell gefährlichen Bewegungen massiv zu verfolgen. In den folgenden Jahren wurden zahlreiche politische Gruppierungen verboten, eine scharfe Zensur der Presse und der meisten weiteren Druckwerke eingeführt, und häufig wurden Oppositionelle verhaftet oder ins Exil getrieben. Auch wurden die Universitäten, die als Brutstätten liberaler und nationaler Ideen galten, scharf überwacht. Gegen einige Professoren, die als zu liberal oder national galten, wurden Berufsverbote ausgesprochen. Lediglich im wirtschaftlichen Bereich gab es einige Initiativen, Handelsschranken abzubauen und die deutschen Länder näher aneinanderzubringen. 1834 wurde der **Deutsche Zollverein** gegründet, in dem die beigetretenen Staaten auf gegenseitige Zölle verzichteten. Hierdurch entstand ein kleiner Raum des Freihandels, der sich günstig auf die bald einsetzende *Industrialisierung* auswirkte.

Klemens Wenzel Lothar Fürst von Metternich (1773-1859): auf dem Wiener Kongress österreichischer Außenminister und in den folgenden Jahren wichtigster europäischer Politiker

Deutscher Zollverein: Binnenmarkt, dem die meisten deutschen Staaten ohne Österreich angehörten

Unter dem Aspekt von Freiheit und Parlamentarismus wurde und wird diese Zeit der *Restauration* eindeutig negativ beurteilt. Einerseits wurde der Freiheitsdrang der Liberalen und Demokraten unterdrückt, und jede freie Meinungsäußerung wurde ausgeschlossen. Andererseits geben heute aber auch einige Historiker zu bedenken, dass nach den verheerenden napoleonischen Kriegen, in denen Millionen Menschen gestorben sind, 1815 die Periode eines über 30-jährigen Friedens in Mitteleuropa begann, die 1830 nur kurz von einer neuen revolutionären Welle unterbrochen wurde. Man kann davon ausgehen, dass die Masse der Bauern, die zu diesem Zeitpunkt die eindeutige Mehrheit der Bevölkerung in allen deutschen Staaten bildete, und auch viele Bürger in den Städten diese zwar unfreie, aber immerhin friedliche Periode mit Erleichterung begrüßt haben.

[1] Zum polnischen Aufstand, auch „Novemberaufstand" genannt, siehe Seite 272.

▲ **„Göttinger Sieben."**
Denkmal in Hannover von Floriano Bodini.
Im Mittelpunkt des Bronzedenkmals steht ein sechs Meter hohes, halb geöffnetes Portal. Vor dem Tor stehen drei Personen, rechts davon ein Student, hinter dem Portal (hier verdeckt) stehen vier weitere Figuren sowie (auf dem Pferd) König Ernst August.

- *Informieren Sie sich im Internet über die „Göttinger Sieben" und ihren Protest gegen das Vorgehen von König Ernst August I. von Hannover. Entwickeln Sie auf der Grundlage Ihrer Rechercheergebnisse ein Protestschreiben.*
- *Jutta Limbach, damalige Präsidentin des Bundesverfassungsgerichts, bezeichnete anlässlich der Einweihung des Denkmals im März 1998 die Protestaktion der „Göttinger Sieben" als „erstes Leuchtzeichen eines rechtsstaatlichen Verfassungsdenkens". Erörtern Sie diese Aussage.*

Vormärz Als *Vormärz* wird meist diejenige Periode bezeichnet, in der sich zwischen 1830 und 1848 die deutsche Nationalbewegung langsam formierte und zu einer einflussreichen politischen Kraft wurde. Der Begriff kommt dadurch zustande, dass im März 1848 in Berlin eine *Revolution* ausbrach, und alle vorrevolutionären Vorgänge in Deutschland unter diesem Namen zusammengefasst werden. Die Periode wurde im Juli 1830 mit einem erneuten Revolutionsversuch in Paris eingeleitet, der allerdings nur indirekt auf Deutschland einwirkte. Die Unruhen in Paris hatten aber erhebliche direkte Effekte in anderen europäischen Ländern wie Belgien, den Niederlanden, Portugal oder Italien. Deutlich spürbar waren die Wirkungen auch in Polen: Im November 1830 begannen Offiziere und Studenten gemeinsam einen großen Aufstand, weil das Gerücht aufkam, russische Truppen sollten gegen die Revolution in Frankreich und in Belgien eingesetzt werden, und Polen solle währenddessen unter eine Militärverwaltung gestellt werden. Dieser Aufstand blieb auf das russische Teilungsgebiet beschränkt und wurde, nachdem sich die Bewegung erheblich radikalisiert hatte, bis zum September 1831 brutal niedergeschlagen. Die Erhebung stieß in der deutschen liberalen Bewegung auf große Sympathie, und zahlreiche Hilfsvereine entstanden, die Geld sammelten oder Polen auf der Flucht unterstützten.

Auch wenn große revolutionäre Unruhen in den deutschen Territorien ausblieben, wuchs die Protestbewegung gegen die unbeliebte Herrschaft unübersehbar an. Vor allem Studenten, aber auch andere meist junge Männer, zu denen einige wenige Frauen stießen, veranstalteten gemeinsame große öffentliche Feiern und Feste, die nur schwer verboten und überwacht werden konnten, und auf denen Forderungen nach weitgehenden Reformen an die Regierungen gestellt wurden. Die herrschenden Eliten versuchten zwar, diese Bewegung zu behindern, wagten aber die offene Konfrontation meistens nicht, weil sie befürchteten, bei Anwendung von zu viel Gewalt das Gegenteil ihrer Ziele zu erreichen.

Das Hambacher Fest Die wichtigste dieser Veranstaltungen war das *Hambacher Fest*, das vom 27. Mai bis zum 1. Juni 1832 in der Pfalz stattfand. Dieses Treffen stellte später für die deutsche Nationalbewegung einen zentralen Bezugspunkt dar. Unter schwarz-rot-goldenen Fahnen, die symbolisch für die Freiheit und für die nationale Einheit standen, versammelten sich zwischen 20 000 und 30 000 meist junge Menschen auf der Schlossruine von Hambach.[1] Zahlreiche Reden wurden gehalten und gemeinsam wurden Lieder gesungen. Die Teilnehmer diskutierten lebhaft darüber, mit welchen Mitteln ein einiges und liberales Deutschland erreicht werden könnte. Zentral war ferner die Forderung nach einem Verfassungsstaat. Nur eine Minderheit plädierte dafür, sofort Gewalt einzusetzen und mit einer revolutionären Erhebung zu beginnen. Die meisten Teilnehmer sahen ein, dass die Mehrheit der Bevölkerung hierbei passiv bleiben würde und dass die militärischen Mittel der Fürsten zu überwältigend waren. Dennoch verbreitete sich der nationale Gedanke weiter. Eine polnische Delegation, die an den Feiern und Diskussionen teilnahm, wurde begeistert begrüßt, und beide Seiten sicherten sich Unterstützung bei der Schaffung ihrer jeweiligen nationalen Staaten zu. Demonstrativ wurde neben der schwarz-rot-goldenen auch die weiß-rote polnische Fahne gehisst (▸ M4). Bei den Liberalen in Westeuropa löste die polnische Freiheitsbewegung Begeisterung aus, weil die „junge" Idee der Nation gegen das „alte" Konzept der imperialen Herrschaft zu stehen schien.

[1] Zum Hambacher Fest siehe auch die Abbildung auf Seite 262.

Die Revolution von 1848/49 und die „nationale" Frage Als im Februar 1848 in Paris erneut eine Revolution ausbrach, zog diese sofort Wirkungen in anderen europäischen Hauptstädten nach sich. Im März 1848 begannen in Berlin schwere Barrikadenkämpfe zwischen Aufständischen, die meist aus der Handwerkerschaft und aus dem Bürgertum stammten, und regulären Truppen. Nach dem Ende der sogenannten *Märzkämpfe* musste der preußische König **Friedrich Wilhelm IV.** zugestehen, dass eine neue Ordnung entstehen würde. Er wurde gezwungen, vor den bei den Konflikten gefallenen Menschen, die als „Märzgefallene" im Schlosshof aufgebahrt worden waren, seine Mütze zu ziehen und zwei Tage später mit schwarz-rot-goldener Schärpe durch Berlin zu reiten. Er behielt allerdings zunächst die Kontrolle über die Armee, was sich im Nachhinein als ein schwerer Fehler der Revolutionäre herausstellte. Auch in Wien revoltierte das Volk, und Fürst Metternich, der von den Aufständischen als das verhasste Symbol der alten restaurativen Ordnung angesehen wurde, musste fliehen. In freien Wahlen wurde in den deutschen Staaten ein Parlament gewählt, das in Frankfurt am Main in der *Paulskirche* zusammentrat und das die Aufgabe hatte, eine Verfassung zu erarbeiten. Diese Versammlung wurde von den Liberalen dominiert, die danach strebten, die Revolution in friedliche Bahnen zu lenken und sich mit den regierenden Fürsten zu arrangieren bzw. diese in eine Verfassung einzubinden. Außerhalb des Parlaments bestand aber eine sehr viel radikalere demokratische Bewegung, die die Revolution vorantreiben und die Fürsten absetzen wollte. Innerhalb dieser Gruppe machte bald das abschätzige Wort „Professorenparlament" die Runde (▸ M5).

Nachdem die Revolution zunächst Erfolge erzielt hatte, stand sofort die „nationale" Frage im Raum. Mehrere Konzepte wurden diskutiert, die sich gegenseitig ausschlossen. Die *„kleindeutsche Lösung"* strebte einen neuen Staat an, der ohne Österreich nur die norddeutschen und einige süddeutsche Territorien unter der Führung Preußens vereinigen sollte, wobei die Frage Bayerns offen war. Die *„großdeutsche Lösung"* umfasste alle Territorien, die innerhalb des **Deutschen Bundes** lagen. Allerdings bestand hier das Problem, dass dann auch zahlreiche nichtdeutsche Völker, wie beispielsweise Tschechen, innerhalb dieses neuen Staates gelebt hätten. Ferner warf die großdeutsche Lösung die Frage auf, was mit denjenigen Territorien geschehen solle, die außerhalb des bisherigen Deutschen Bundes lagen, aber beispielsweise zu Preußen oder zu Österreich gehörten. Eine dritte mögliche Lösung, die allerdings nur wenig diskutiert wurde, hätte deshalb in einer Art von imperialer *Föderation* bestehen können, bei der unklar gewesen wäre, ob Preußen oder Österreich die Vormacht in Mitteleuropa gehabt hätten.

Alle diese Kontroversen führten zu keinen konkreten oder politisch umsetzbaren Ergebnissen, weil sich bereits Ende 1848 die Kräfte der Gegenrevolution neu gruppierten. Entscheidend war, dass sowohl in Österreich als auch in Preußen die Armeen in der Hand der jeweiligen Regierungen geblieben waren und nun zunehmend gegen die revolutionären Bewegungen eingesetzt wurden. Bereits im Oktober schlugen Truppen nach Kämpfen, die fast vier Wochen dauerten, in Wien einen erneuten Aufstand nieder, und Anfang des nächsten Jahres griffen sie militärisch in Italien ein. Am 3. April 1849 lehnte König Friedrich Wilhelm IV. die Kaiserkrone ab, die ihm von der Nationalversammlung angeboten worden war. Stattdessen wurde die Versammlung in der Paulskirche von der Armee einfach aufgelöst. Seit Anfang Mai gingen preußische Truppen systematisch gegen die revolutionäre Bewegung in Sachsen, Württemberg und vor allem in Baden vor, wo sich die Hochburg der süddeutschen Demokraten befand. Am 23. Juli kapitulierte schließlich Rastatt, die letzte Bastion der Freiheitskämpfer, und damit war die Revolution offiziell beendet (▸ M6).

▲ Straßenkämpfe in Berlin.
Die Lithografie (32,6 x 37,8 cm) aus der von Gustav Kühn in Neuruppin 1848 verlegten Bilderzeitung zum Thema „Das merkwürdige Jahr 1848" zeigt kämpfende Bürger und Soldaten in Berlin am 18./19. März.

Friedrich Wilhelm IV. (1795-1861): preußischer König seit 1840, trat 1858 aus gesundheitlichen Gründen von seiner Regentschaft zurück

Deutscher Bund: Er bestand von 1815 bis 1866 und war ein lockerer Staatenbund, dem die meisten deutschsprachigen Territorien angehörten. Seine Grenzen waren allerdings nicht identisch mit den Staatsgrenzen, beispielsweise gehörten die östlichen Teile Preußens und viele der nichtdeutschsprachigen Teile Österreichs nicht zum Bund. Einige Gebiete, die – wie Schleswig und Holstein – von ausländischen Herrschern regiert wurden, gehörten hingegen dazu. Ziel des Bundes war es, die innere und äußere Sicherheit der Mitgliedstaaten zu gewährleisten.

Internettipp
Informationen zu den Ursachen, dem Verlauf und den Folgen der Revolution von 1848/49 finden Sie unter dem Code 32031-27.

1848 und das polnische Problem In den polnischen Teilungsgebieten schwelten seit 1846 erneut Unruhen, die vor allem vom polnischen Landadel ausgingen. Im Zusammenhang mit dem Beginn der 1848er-Revolution wurde in der mehrheitlich polnischsprachigen Provinz *Posen* die Unabhängigkeit gefordert, und es wurden auch Truppen aufgestellt. Bereits im Mai 1848 unterdrückte die preußische Armee aber diese Aufstandsbewegung.

Diese Vorgänge stellten für die deutschen Liberalen eine große Herausforderung dar, weil sie sich zwischen den Prinzipien der Freiheit und der nationalen Selbstbestimmung entscheiden mussten. Hatten beim Hambacher Fest noch beide nationalen Bewegungen Seite an Seite agiert, änderte sich die deutsche Haltung nun schnell. Dafür war auch verantwortlich, dass die in der Provinz Posen lebende deutschsprachige Minderheit die Etablierung eines neuen polnischen Staates ablehnte, auch wenn dieser innerhalb des Deutschen Bundes geblieben wäre. Immerhin war die Versammlung in der Paulskirche zunächst bereit, die Schaffung eines polnischen Staates – ausgehend von der Provinz Posen – dort zuzulassen, wo eindeutig Polen in der Mehrheit waren. In der sogenannten *„Polendebatte"* im Juli 1848 wurde aber deutlich, dass sehr viele deutsche Liberale ein unabhängiges Polen nun vehement ablehnten, wenn dadurch preußische Gebiete verloren würden. Nur wenige Demokraten, die meist auf der Seite der Linken standen, unterstützten die polnischen Wünsche.

In den folgenden Jahren setzte sich bei denjenigen Polen, die auf preußischem Territorium lebten, langsam die Überzeugung durch, dass militärischer Widerstand oder weitere Aufstände sinnlos sein würde. Sie erkannten, dass sie deshalb besser innerhalb der bestehenden Institutionen mitarbeiten sollten, um auf diese Weise die eigenen Interessen wahrzunehmen.

Eine gescheiterte Revolution in Deutschland? Vordergründig ist die Revolution von 1848/49 in Deutschland gescheitert, weil sie militärisch niedergeschlagen wurde. Einige Revolutionäre wurden hingerichtet oder eingekerkert, viele flohen ins Ausland oder wanderten in die USA aus, wo sie schnell und erfolgreich wieder politisch aktiv wurden und beim Aufbau eines demokratischen Staates halfen. Wenn man allerdings die folgenden zwei Jahrzehnte betrachtet, kann man nicht einfach von einer Rückkehr zu den Verhältnissen von vor 1848 sprechen. Der preußische Staat setzte beispielsweise vorsichtig und behutsam einige Reformen um, die auf den Forderungen der liberalen Bewegung basierten. Das preußische Abgeordnetenhaus, das Ende 1848 eingeführt worden war, hatte nur wenige Befugnisse: Vor allem musste es dem preußischen Staatsbudget zustimmen und es hatte das Recht, Gesetze vorzuschlagen. Es wurde nach dem Drei-Klassen Wahlrecht gewählt, das sich am Besitz orientierte und damit die Konservativen und das reiche liberale Bürgertum stark begünstigte. Aber immerhin blieb in Preußen ein Parlament bestehen. 1849/50 verkündete der König von Preußen eine Verfassung, die allerdings die Rechte der Krone kaum einschränkte. Ferner bildeten sich in den 1850er-Jahren politische Parteien, die durchaus in offener Opposition zu den jeweiligen Regierungen stehen konnten. Auch die Konservativen formierten sich neu und schufen sich einen umfangreichen und effektiven Parteiapparat. Weitere Umgestaltungen betrafen die Wirtschaft. Durch eine Reihe von Maßnahmen wurden Firmengründungen erleichtert, und trotz einer kurzen Wirtschaftskrise in den 1850er-Jahren ging die Industrialisierung in vielen Teilen Preußens schnell voran. Mit staatlicher Unterstützung wurde der Eisenbahnbau vorangetrieben, und im Ruhrgebiet entstand aus bescheidenen Anfängen innerhalb von wenigen Jahrzehnten eine der größten Industrieregionen Europas. Schließlich stand seit den frühen 1860er-Jahren auch wieder die nationale Frage ganz oben auf der politischen Tagesordnung. Diese wurde auch dadurch aktueller als zuvor, weil in Italien die kriegerische Einigung des Staates begonnen hatte.[1]

Der polnische Aufstand von 1863 1863 brach im russischen Teilungsgebiet erneut ein großer polnischer Aufstand aus. Träger des „nationalen" Gedankens waren vor allem Adlige und einige Intellektuelle, die Mehrheit der Bauern verhielt sich wie schon zuvor weitgehend passiv, und die Aufstandsbewegungen blieben räumlich auf die russischen Territorien begrenzt. Die Ursachen beruhten vor allem darauf, dass die zaristische Regierung zwar in den 1850er-Jahren einige Lockerungen zugelassen und innenpolitische Zugeständnisse gemacht hatte, diese aber in Teilen der polnischsprachigen Bevölkerung als unzureichend angesehen worden waren. Proteste, bei denen sich der Wunsch nach weitergehenden Freiheitsrechten ausdrückte, waren zudem scharf unterdrückt worden. Russische Truppen hatten eine friedliche Demonstration in Warschau zusammengeschossen, wobei mehr als 100 Menschen starben. Allerdings wurde der Aufstand von 1863 nur schlecht vorbereitet und die Rebellen verfügten über viel zu wenige Waffen. Auch gelang es ihnen nicht, die Hauptstadt Warschau zu besetzen, sodass ihnen ein logistisches Zentrum fehlte. Immerhin konnten die Rebellen sich aber etwa 15 Monate halten, und erst im Frühjahr 1864 brach der Aufstand zusammen, auch wenn einzelne Einheiten noch fortfuhren, einen Partisanenkrieg zu kämpfen.

Die russischen Reaktionen waren erneut sehr hart. Über 400 Aufständische wurden hingerichtet und über 20 000 nach Sibirien deportiert. Auch wurde das zuvor relativ gut ausgebaute Schulsystem ausgedünnt. Der Gebrauch der polnischen Sprache in der Schule wurde grundsätzlich verboten und in einigen Regionen stieg die Zahl der Analphabeten auf bis zu 70 Prozent an. Viele tausend polnische Intellektuelle, ehemalige Soldaten und Politiker flohen nach Westeuropa oder in die USA, wo sie einflussreiche Netzwerke formierten. Dieser und die vorangegangenen Aufstände stellten später für die polnische Nationalbewegung einen wichtigen Bezugsrahmen dar. Beispielsweise komponierte der berühmte Pianist, Komponist und Politiker Ignacy Jan Paderewski 1909 eine Symphonie (h-moll, op. 24), die den Beinamen „Polonia" erhielt und die dem Nationalaufstand von 1863 gewidmet war. In diesem Werk wurde musikalisch mehrfach das sogenannte „Lied der Legionen" zitiert, das später unter dem Titel „Noch ist Polen nicht verloren" zur polnischen Nationalhymne[2] wurde.

1. + *Versetzen Sie sich mit einem Mitschüler in die Rolle eines Bauern, der vor 1815 über 16 Jahre Krieg erlebt hat, und eines liberalen Demokraten. Führen Sie ein Streitgespräch über die Frage „Was ist besser: Freiheit oder Frieden?".*
2. + *Schreiben Sie einen Redebeitrag aus der Sicht eines Abgeordneten der Frankfurter Nationalversammlung, der entweder für oder gegen die Wiederherstellung eines selbstständigen Polen ist. Lesen Sie zur „Polendebatte" nochmals die Darstellung auf Seite 274 und informieren Sie sich auch im Internet über das Thema.*
3. + *Recherchieren Sie zu den historischen Ereignissen des 18. März, des 3. Oktober und des 9. November im Internet. Erörtern Sie anschließend die Frage, welcher dieser Tage der geeignetste nationale Gedenktag wäre.*

[1] Zur italienischen Einigungsbewegung siehe Seite 283 f.
[2] Vergleichen Sie hierzu M2 auf Seite 276 f.

M1 „Des Deutschen Vaterland“

1813 verfasst der deutsche Schriftsteller und Historiker Ernst Moritz Arndt während der Befreiungskriege gegen die napoleonische Herrschaft das folgende Lied, das 1814 zum ersten Mal aufgeführt wird, zunächst aber recht erfolglos bleibt. In den 1820er- und 30er-Jahren wird es in der liberalen Nationalbewegung populär und häufig gesungen.

Was ist des Deutschen Vaterland?
Ist's Preußenland, ist's Schwabenland?
Ist's, wo am Rhein die Rebe blüht?
Ist's, wo am Belt die Möwe zieht?
O nein! nein! nein!
Sein Vaterland muss größer sein.

Was ist des Deutschen Vaterland?
Ist's Bayerland, ist's Steierland?
Ist's, wo des Marsen Rind sich streckt?
Ist's, wo der Märker Eisen reckt?
O nein! nein! nein!
Sein Vaterland muss größer sein.

Was ist des Deutschen Vaterland?
Ist's Pommerland, Westfalenland?
Ist's, wo der Sand der Dünen weht?
Ist's, wo die Donau brausend geht?
O nein! nein! nein!
Sein Vaterland muss größer sein.

Was ist des Deutschen Vaterland?
So nenne mir das große Land!
Ist's Land der Schweizer? ist's Tirol?
Das Land und Volk gefiel mir wohl;
Doch nein! nein! nein!
Sein Vaterland muss größer sein.

Was ist des Deutschen Vaterland?
So nenne mir das große Land!
Gewiss es ist das Österreich,
An Ehren und an Siegen reich?
O nein! nein! nein!
Sein Vaterland muss größer sein.

Was ist des Deutschen Vaterland?
So nenne mir das große Land!
So weit die deutsche Zunge klingt
Und Gott im Himmel Lieder singt,
Das soll es sein!
Das, wackrer Deutscher, nenne dein!

Das ist des Deutschen Vaterland,
Wo Eide schwört der Druck der Hand,
Wo Treue hell vom Auge blitzt,
Und Liebe warm im Herzen sitzt –
Das soll es sein!
Das, wackrer Deutscher, nenne dein!

Das ist des Deutschen Vaterland,
Wo Zorn vertilgt den welschen Tand,
Wo jeder Franzmann heißet Feind,
Wo jeder Deutsche heißet Freund –
Das soll es sein!
Das ganze Deutschland soll es sein!

Das ganze Deutschland soll es sein!
O Gott vom Himmel sieh darein
Und gib uns rechten deutschen Mut,
Dass wir es lieben treu und gut.
Das soll es sein!
Das ganze Deutschland soll es sein!

Nach: http://gutenberg.spiegel.de/buch/gedichte-2227/58 (Zugriff: 4. Februar 2016)

1. *Zeichnen Sie anhand einer Landkarte diejenigen Territorien ein, die der Autor unter dem „ganzen“ Deutschland versteht. Vergleichen Sie anschließend Ihr Ergebnis mit der Karte Europas nach dem Wiener Kongress. Siehe dazu Seite 269.*
2. *Bei der Nationsbildung spielen Wertvorstellungen eine zentrale Rolle. Charakterisieren Sie die Eigenschaften, die ein guter Deutscher nach Arndts Auffassung haben sollte.*
3. *Arbeiten Sie aus dem Lied die beiden Elemente heraus, die laut Arndt alle deutschen Territorien miteinander verbindet.*

M2 Die polnische Nationalhymne

Die heutige Nationalhymne Polens geht auf ein Lied zurück, das der polnische Politiker und Schriftsteller Józef Wybicki 1797 im italienischen Exil komponiert hat. Das Lied wird später in der Nationalbewegung sehr populär und bei Aufständen gerne gesungen.

Noch ist Polen nicht verloren,
so lange wir leben.
Was uns fremde Übermacht nahm,
werden wir uns mit dem Säbel zurückholen.

Marsch, marsch, Dąbrowski,
Von der italienischen Erde nach Polen.
Unter deiner Führung
vereinen wir uns mit der Nation

Wir werden Weichsel und Warthe durchschreiten,
wir werden Polen sein.
Bonaparte[1] gab uns ein Beispiel
wie wir zu siegen haben.

Marsch, marsch Dąbrowski ...

Wie Czarniecki[2] bis nach Posen
nach der schwedischen Besetzung,
Zur Rettung des Vaterlands
kehren wir übers Meer zurück.

Marsch, marsch, Dąbrowski ...

Da spricht schon ein Vater zu seiner Basia[3]
weinend:
„Hör nur, es heißt, dass die Unseren
Die Kesselpauken schlagen."

Marsch, marsch, Dąbrowski ...

Nach: Nationalhymnen. Texte und Melodien, Stuttgart 1982, S. 132

1. + *Informieren Sie sich im Internet über den mehrfach im Lied genannten „Dąbrowski". Verfassen Sie anschließend ein kurzes Porträt über ihn. Arbeiten Sie darin auch seine Bedeutung in der polnischen Geschichte heraus.*
2. + *Recherchieren Sie im Internet über die deutsche Nationalhymne. Vergleichen Sie diese anschließend mit der polnischen Hymne unter folgenden Gesichtspunkten: Verfasser, Entstehungszeit und -ort. Berücksichtigen Sie ebenso den historischen Kontext: Welche Personen oder welche Ereignisse behandeln die Texte?*
3. *Erörtern Sie die Funktion, die Nationalhymnen für eine nationale Bewegung haben. Diskutieren Sie, ob diese Funktion von der polnischen Hymne erfüllt wird.*

M3 „Auferstehung des polnischen Volkes"

Der aus dem Landadel stammende Adam Mickiewicz gilt als einer der wichtigsten polnischen Nationaldichter. Im Jahre 1832 schreibt er:

Schließlich kamen im götzendienerischen Europa drei Könige zur Regierung; der Name des ersten war Friedrich der Zweite von Preußen, der Name des zweiten Katharina die Zweite von Russland, der Name des dritten Maria Theresia von Österreich. Und es war die satanische Dreifaltigkeit wider die göttliche, und sie war gleichsam ein Spott und Hohn auf alles, was heilig ist.
Friedrich, dessen Name Freund des Friedens bedeutet, sann auf Kriege und Raubzüge sein ganzes Leben lang [...].
Katharina wiederum heißt auf Griechisch die Reine, sie war aber die unzüchtigste unter allen Frauen und wie eine schamlose Venus, die sich eine reine Jungfrau nennt. [...]
Maria Theresia wiederum trug den Namen der demütigsten und unbefleckten Mutter des Erlösers, um die Demut und die Heiligkeit zu verspotten. Denn sie war eine hochmütige Teufelin und führte Krieg, um fremde Länder zu unterwerfen. [...]
Die Namen dieser drei Könige, Friedrich, Katharina und Maria Theresia, waren drei Gotteslästerungen und ihre Leben drei Verbrechen und ihr Andenken drei Verfluchungen [...].
Das polnische Volk allein aber neigte sich vor dem neuen Götzen nicht und hatte in seiner Sprache kein Wort, ihn polnisch zu benennen, ebenso wenig für seine Verehrer, die nach dem Französischen Egoisten heißen. Das polnische Volk ehrte Gott, weil es wusste, dass, wer Gott ehrt, allem, was gut ist, die Ehre gibt.
Von Anfang bis zu Ende also war das polnische Volk dem Gott seiner Vorfahren treu. Seine Könige und Ritter griffen nie irgendein gläubiges Volk an, sondern verteidigten die Christenheit vor den Heiden und den Barbaren, die die Sklaverei mit sich führten. [...]
Das polnische Volk ist nicht gestorben; sein Leib liegt im Grab und seine Seele hat die Erde, das öffentliche Leben verlassen, um hinabzusteigen zum Abgrund, das ist zum häuslichen Leben der Völker, die Knechtschaft leiden daheim und in der Ferne, um ihre Leiden zu sehen. Und am dritten Tage wird die Seele in den Leib zurückkehren, und das Volk wird auferstehen, und es wird alle Völker Europas aus der Knechtschaft befreien [...]. Und wie mit dem auferstandenen Christus die blutigen Opfer von der ganzen Erde verschwanden, so werden mit der Auferstehung des polnischen Volkes aufhören innerhalb der Christenheit die Kriege.

Nach: Enno Meyer (Hrsg.), Deutschland und Polen 1772-1914. Quellen- und Arbeitshefte zur Geschichte und Gemeinschaftskunde, Stuttgart 1966, S. 38 f.

1. *Fassen Sie stichpunktartig zusammen, wie Friedrich II. von Preußen, Katharina II. von Russland und Maria Theresia von Österreich in der Quelle charakterisiert werden.*
2. *Arbeiten Sie heraus, auf welche historische Ereignisse in dem Text anspielt werden.*
3. *Analysieren Sie die Bedeutung, die die in der Quelle verwendeten religiösen Begriffe haben.*

[1] **Bonaparte**: Gemeint ist Napoleon Bonaparte.
[2] **Stefan Czarniecki** (1599-1665): polnischer Feldherr, der durch seine Siege im schwedisch-polnischen Krieg (1655-1660) zum nationalen Helden wurde
[3] **Basia**: polnische Bezeichnung für den Vornamen Barbara

M4 „Es leben unsere deutschen Brüder!!"

In Paris besteht ein polnisches Nationalkomitee, das im Mai 1832 eine Adresse an die Teilnehmer des Hambacher Festes versendet. Wichtigster Vertreter ist Joachim Lelewel, der bei dem Aufstand von 1830/31 Mitglied in der polnischen Revolutionsregierung gewesen ist und nach der polnische Niederlage ins Exil flieht. In der Adresse heißt es:

Ja, groß, erhaben und edel ist das Ziel, zu dessen Erringung Ihr bei diesem der Hoffnung gewidmeten Feste die Mittel besprechen wollt. Nur in der politischen Einheit Eures Vaterlandes durch eine Verbindung der einzelnen Brüderstämme können die gemeinsamen Interessen – das Gesamtwohl Eurer Nation gefördert – die innere Willkür und die äußere Gewalt abgeschafft – gesetzliche Freiheit und deutsche Nationalwürde erstrebt werden. Aber das Fortbestehen des Errungenen kann nur die Einführung der Volkssouveränität verbürgen, welche der politischen Reform zur Grundlage dienen muss. Alle noch von Despoten beherrschten europäischen Völker werden ihr inbrünstiges Gebet mit dem Eurigen verbinden, dass der Ewige, der Gott der Gerechten, Euch bei Eurem Vorhaben beistehen und dessen Erringung gewähren, Eure Hoffnungen und ihre Wünsche mit einem günstigen Erfolge krönen möge; denn durch die bürgerliche Emanzipation eines so großen Volkes wird der Grundstein zur Befreiung aller anderen Völker vom Sklavenjoche gelegt.
Und wenn Ihr nach Erringung der beabsichtigten Reform, dem Ewigen für seinen Beistand dabei Dank zollend, das Errungene auf den Gräbern Eurer Väter [...] opfern werdet – dann gedenket auch unserer Gesetzgeber, welche schon vor 40 Jahren das von ihren Vorfahren ererbte große Prinzip der Volkssouveränität als das erste Bedürfnis für Ruhe und Sicherheit der Völker, als die erste Bedingung des Fortbestehens der Volksfreiheit in ihrem ganzen Umfange mit der Oberaufsicht über die Werkzeuge der vollstreckenden Gewalt in der von ihnen unserem Vaterlande *gegebenen* Verfassung vom Jahre 1791 verkündeten, – welche aber Märtyrer der Volkssache wurden und die weitere Entwicklung des Werkes nicht erlebten, weil der auswärtige Einfluss, die untereinander verbündeten Despoten, es gleich zu untergraben versuchten und das große Prinzip im Keime erdrückten, da dasselbe außer bei uns nirgends Verteidiger gefunden hat.
Die Erringung dieses Prinzips und unser Vorhaben, die Wohltaten der bürgerlichen Emanzipation allen Volksklassen zuzugestehen, ist und soll unser größtes Bemühen sein, und beide sind die größten Bedingungen unserer Unabhängigkeit, nach welcher wir streben.
Es leben unsere deutschen Brüder!!

Nach: Enno Meyer (Hrsg.), ebd., S. 35 f.

1. *Geben Sie die wesentlichen Aussagen wieder.*
2. *Charakterisieren Sie die sprachlichen Mittel, mit denen sich das Nationalkomitee an die Teilnehmer des Hambacher Festes wendet.*
3. + *In M4 wird auf die polnische Verfassung von 1791 hingewiesen. Informieren Sie sich über diese. Ordnen Sie ihre Bedeutung auf nationaler und europäischer Ebene ein.*
4. + *Analysieren Sie die Gemeinsamkeiten und Unterschiede in M3 und M4. Gehen Sie dabei auch auf die Frage ein, welche Formen von Nationalismus sich in den beiden Texten widerspiegeln.*

M5 Liberalismus und Nationalismus

Der deutsche Historiker Wolfgang J. Mommsen (1930-2004) äußert sich im Jahre 1998:

Die liberale Bewegung und ebenso ihr linker Flügel, die radikale Demokratie, waren von Anbeginn eng mit der nationalen Idee verbunden. In der Zeit des Vormärz war die Idee der Kulturnation, die ihre natürliche Vollendung in einem eigenständigen, obschon gegebenenfalls föderativ gegliederten Nationalstaat finden müsse, zur herrschenden Ideologie der „Bewegungspartei" geworden. Die nationale Idee einte die Intelligenz und die bürgerlichen Eliten in einem gemeinsamen Credo; die bürgerlichen Kulturwerte, insbesondere die jeweilige Nationalliteratur, dienten der Legitimierung der nationalen Ideologie gegenüber den traditionellen Gewalten. Darüber hinaus erwies sich die Idee des Nationalstaats als eine ungemein zugkräftige Integrationswaffe, um die breiten Schichten der Bevölkerung schrittweise für die politischen Ziele der bürgerlichen Eliten zu gewinnen. [...]
Allerdings sollte die partielle Befriedigung der nationalpolitischen Ziele von den verfassungspolitischen Machtfragen ablenken und zugleich von den noch ungleich explosiveren sozialen Problemen. Es war eine der wichtigsten Auswirkungen der Revolution, dass die nationale Idee nahezu überall in Europa nunmehr einen festen Rückhalt nicht allein bei den Intellektuellen und den Schichten von „Besitz und Bildung" gewonnen hatte, sondern auch bei den breiten Schichten der Bevölkerung, und dies, obschon die nationalrevolutionären Bewegungen als solche fast überall vollständig scheiterten.
In dieser Hinsicht war die Bilanz der Revolution von 1848/49 nichts weniger als positiv. Die polnische Nationalbewegung war vollständig zerschlagen worden; Polen war nach 1849 der repressiven Herrschaft der Teilungsmächte weit stärker ausgeliefert als zuvor; die Institutionen, die im Vormärz eine gesamtpolnische Identität garantierten, waren ausgelöscht worden. [...]

Zu Teilen lässt sich das Scheitern der Neuordnung Europas aufgrund des Selbstbestimmungsrechts der Nationen darauf zurückführen, dass die europäischen nationalen Bewegungen schon von Anbeginn in bittere Konflikte miteinander verstrickt wurden, statt, wie dies weitsichtigere Männer der Linken [...] gefordert hatten, gegenüber den überkommenen dynastischen Ordnungen Solidarität zu üben. Ganz im Gegenteil, überall, und namentlich in der Paulskirche, traten sogleich nationalistische Tendenzen und zuweilen gar imperialistische Begehrlichkeiten hervor, die die Achtung vor dem Eigenrecht der anderen Nationen völlig vermissen ließen. Dies erleichterte es den überkommenen Gewalten, die einzelnen Nationalitäten und Nationen gegeneinander auszuspielen. Europa verpasste eine – genauer: die erste – große Gelegenheit, sich unter freiheitlichen Gesichtspunkten eine neue Ordnung zu geben.

Wolfgang J. Mommsen, 1848. Die ungewollte Revolution. Die revolutionären Bewegungen in Europa 1830-1849, Frankfurt am Main 1998, S. 311 ff.

1. *Fassen Sie mit eigenen Worten die Argumente zusammen, mit denen der Zusammenhang zwischen Liberalismus und Nationalismus in dem Text dargestellt wird.*

2. ✚ *Informieren Sie sich im Internet und/oder in Fachbüchern über den Begriff „Kulturnation" (siehe Zeile 4). Schreiben Sie anschließend einen kurzen Lexikonbeitrag zum Begriff.*

3. *Erörtern Sie, wie Mommsen die Perspektiven der Revolution darstellt und welche Chance seiner Meinung nach 1848/49 verspielt worden ist.*

M6 1848/49: eine gescheiterte Revolution?

Der deutsche Historiker Thomas Nipperdey (1927-1992) schreibt über die Revolution:

Es war die Spaltung der bürgerlichen Bewegung in liberal-konstitutionelle und radikale Demokraten, die zu ihrem Scheitern geführt oder doch wesentlich beigetragen hat. Denn das schwächte die Revolution gegenüber den alten Mächten nachhaltig. [...] War es der Radikalismus der Radikalen, und vielleicht ihr utopischer Illusionismus, der die möglichen Chancen der Revolution vereitelt hat [...] Oder war es die Vorsicht, der obrigkeitliche konservative Traditionalismus der Liberalen, ihre Klassenangst vor Demokratie und sozialer Veränderung, vor der „roten Revolution", die sie zum Kampf gegen die Linke, zur Kooperation mit den alten Gewalten oder zur Resignation getrieben hat? [...] [Die Liberalen] hatten andere Ziele als die Linken und eine andere Strategie; sie trieben eine Politik der Mitte, gegen die Linke gewiss, aber gegen die alten Mächte, den Status quo wie die Gegenrevolution ebenso. Sie waren keine dezidierten Revolutionäre gewesen, sondern Revolutionäre wider Willen; sie machten vor den Thronen Halt; sie wollten die Revolution beenden und in Legalität überführen; die permanente Revolution als Basis ihrer Legitimität und ihrer Macht war ihnen ein Gräuel. [...] Die Liberalen wollten Dämme gegen das Chaos bauen, die Revolution begrenzen, gerade weil sie die Ziele, die sie mit der Revolution gemeinsam verfolgten, durchsetzen wollten. Man kann von den Liberalen, von den bürgerlichen Honoratioren, von den Anwälten einer Gesellschaft mittlerer Existenzen, von Eigentümern nicht erwarten, dass sie die sozialen und egalitären demokratischen Normen unserer Gesellschaft des 20. Jahrhunderts verfochten. [...]
Wie die Freiheit hatte auch die Einheit ihre großen Probleme. Sie stieß mit den europäischen Mächten und dem neuen Nationalismus der Völker zusammen – Grenzen, Minderheiten, neue Großmachtposition [...]. Und die Einheitsforderung stieß auf den alten wie den neuen Föderalismus und Partikularismus der deutschen politischen Welt, das Gegeneinander von Einzelstaat und werdendem Gesamtstaat. Sie stieß zudem auf das Problem des deutschen Dualismus: nationale Einheit gab es nicht ohne Österreich, nicht ohne Preußen, aber solange die als Staaten bestanden, stellte sich das Problem der Führung. Und es stellte sich das Problem, wie der deutschen Nationalstaat und der Anspruch der Nation auf Einschluss der Deutschen Österreichs und die Existenz dieses übernationalen Staates zu vereinbaren wären. [...] Deutsche Einheit, deutsche Grenzen, deutsche Freiheit und ein Stück sozialer Gerechtigkeit, das waren schon vier Probleme, die gleichzeitig anstanden [...] Es ist die Vielzahl der Probleme und ihrer Unlösbarkeiten gewesen, die zum Scheitern der Revolution geführt hat. Man wollte einen Staat gründen und eine Verfassung durchsetzen, beides zugleich, und das angesichts gravierender sozialer Spannungen. Auch in Frankreich, wo die Probleme einfacher waren, und auch in Italien ist die Revolution gescheitert; diese Tatsachen muss jedes Urteil über die deutsche Revolution mitreflektieren.

Thomas Nipperdey, Deutsche Geschichte 1800-1866. Bürgerwelt und starker Staat, München 1998, S. 663 f. und 668 f.

1. *Fassen Sie die zentralen Argumente zusammen, mit denen Nipperdey seine Auffassung über das Scheitern der Revolution begründet.*

2. ✚ *Vergleichen Sie die Texte von Mommsen (M5) und von Nipperdey, und arbeiten Sie Gemeinsamkeiten und Unterschiede ihrer Argumentation heraus.*

3. *1848/49: eine gescheiterte Revolution? Nehmen Sie dazu Stellung.*

Kompetenz:
Historische Sachverhalte sowie Aussagen über Phänomene der Vergangenheit beurteilen und erörtern

Was ist ein historisches Urteil?

Ein historisches Urteil drückt eine begründete Position zu einem vergangenen Geschehen aus. Dabei ist zwischen einem Sach- und einem Werturteil zu unterscheiden. Beiden Urteilen liegt eine Sachanalyse zugrunde. Ein *Sachurteil* berücksichtigt Perspektiven, Formen, Ursachen und Wirkungen geschichtlicher Ereignisse. Dabei kann vergangenes Geschehen (z.B. das Hambacher Fest) ebenso Gegenstand eines Sachurteils sein wie das Handeln verantwortlicher Personen (z.B. die Debatten in der Frankfurter Paulskirche 1848/49).
Historische Urteile berücksichtigen mehrere Ursachen (Multikausalität) eines Geschehens: wirtschaftliche, soziale, rechtliche, außen- und innenpolitische und andere Zusammenhänge. Sie beziehen auch verschiedene Sichtweisen ein (Multiperspektivität), also unterschiedliche Interessen und Motive verschiedener Handelnder sowie Betroffener.
Sachlich begründete Analysekriterien helfen, nachprüfbare historische Sachurteile zu treffen. Politische und wirtschaftliche Entscheidungen können zum Beispiel vor dem Hintergrund der zeitgenössischen Entscheidungsspielräume auf ihr Zustandekommen und ihre Wirksamkeit (Effizienz) befragt werden: Erfolgte die Entscheidung schnell? War sie politisch und gesellschaftlich durchsetzbar? Wurde das angestrebte Ziel erreicht? Zu hinterfragen ist auch die Rechtmäßigkeit (Legitimität) bestimmter Handlungen: War die Entscheidung rechtlich möglich? War sie nach damals gültigen Wertvorstellungen legitim? Gab es damals konkurrierende Wertvorstellungen?
Wenn wir Ereignisse oder Handlungen nicht nur nach zeitgenössischen, sondern auch nach heutigen Wertmaßstäben beurteilen, fällen wir *historische Werturteile*. Dabei haben wir darauf hinzuweisen, dass unser Urteil mitbestimmt ist von unserem aktuellen Verständnis von Gerechtigkeit, Freiheit und Gleichheit der Geschlechter oder anderen in unserem Grundgesetz festgehaltenen Grundrechten. Nur dann, wenn zwischen heutigen und früheren Wertmaßstäben deutlich unterschieden wird, können historische Urteile angemessen und einleuchtend sein.
Je nach Gewichtung der Argumente und dem Standpunkt des Urteilenden können die Aussagen im Ergebnis unterschiedlich ausfallen.

Operatoren*

Sachurteil
- beurteilen

Beispiel: Beurteilen Sie, in wiefern die Rede als „Schlüsseldokument" für die „Endlösung der Judenfrage" und den Holocaust angesehen werden kann (vgl. Seite 339).
- erörtern

Beispiel: Erörtern Sie die Bedeutung des Einflusses der Solidarność-Bewegung auf die politische Wende von 1989 (vgl. Seite 351).

Werturteil
- Stellung nehmen

Beispiel: 1848/49: eine gescheiterte Revolution? Nehmen Sie dazu Stellung (vgl. Seite 279).
- erörtern

Beispiel: Erörtern Sie, warum Geschichte als Argument für nationale Bewegungen eine derartig wichtige Rolle spielte und immer noch spielt (vgl. Seite 318).

** Siehe dazu auch den Anforderungsbereich III bei den Hinweisen zur Bearbeitung der Aufgaben ganz vorne im Buch.*

▶ **Historische Urteilsbildung.**
Grafik von Jana Bretschneider.

▪ *Begründen Sie ausgehend von der Grafik, warum es sich bei der Beurteilung von Jürgen Heyde (M „Novemberaufstand") um ein Sach- und nicht um ein Werturteil handelt.*

Gegenstand
(Ereignis, Herrschaftssystem, Handlung, Prozess bzw. Entwicklung, Kommentar etc. in der Geschichte)

Analyse
(auch unter Anwendung geschichtswissenschaftlicher Theorien)

multiperspektivisch
- politische Akteure (z. B. Magistrate, Feldherren)
- wirtschaftlich Handelnde (z. B. Ritter oder „publicani")
- betroffene (politische, ethnische, religiöse, soziale) Gruppen

multikausal
- kurz-, mittel-, langfristige Ursachen und Folgen
- Anlässe

historische Richtigkeit

Sachurteil (Urteilskriterien)

Effizienz
- (politische) Durchsetzbarkeit
- politische und wirtschaftliche Nützlichkeit
- Schnelligkeit
- (Ziel-)Genauigkeit der Maßnahme
- Vermeidung unerwünschter Nebenfolgen

Legitimität
- historisch geltendes Recht
- Akzeptanz in historischer Gesellschaft
- historische Wertmaßstäbe (z. B. Gerechtigkeitsvorstellungen)

Werturteil (Urteilskriterien)
heute geltende Grundwerte: Sicherheit, Freiheit, Gerechtigkeit, Gleichheit der Geschlechter, Solidarität, Rechtsstaatlichkeit, Demokratie (politische Teilhabe, Transparenz politischer Entscheidungen) etc.

Beispiel und Analyse

M „Novemberaufstand"

Der deutsche Historiker Jürgen Heyde bewertet die polnische Nationalbewegung anhand des Aufstandes von 1830/31:

Auch in Polen selbst war die gesellschaftliche Basis für den Aufstand zunächst sehr gering. Er hatte als Generationenkonflikt innerhalb der Streitkräfte begonnen, bis die liberalen Kräfte zielstrebig auf eine „Nationalisierung" der Bewegung hinarbeiteten. In den ersten Tagen des Aufstandes hatten sich Vertreter der Aristokratie, des Bürgertums und auch hohe Offiziere mehrheitlich gegen die Erhebung ausgesprochen und zu Mäßigung geraten. Doch angesichts der kompromisslosen Haltung der russischen Regierung in St. Petersburg schlossen sie sich den Aufständischen an. Zentren der Aufstandsbewegung waren die großen Städte, besonders die Universitätsstädte Warschau und Wilna. [...]
In der Emigration versuchte die aristokratische Partei [...] ergebnislos, auf diplomatischem Wege Bündnisse gegen Russland zu organisieren. Innerhalb Frankreichs gelang es [...] hingegen, einen Lehrstuhl für Slawische Sprache und Literatur am Collège de France einzurichten, auf den 1840 Adam Mickiewicz[1] berufen wurde. Diese Professur entwickelte einen nicht zu unterschätzenden Einfluss auf die junge französische Intelligenz. Mickiewiczs Schaffen wurde in der polnischen Exilöffentlichkeit, aber auch im geteilten Polen breit rezipiert. Seine romantischen Vorstellungen von Polen als dem „Christus der Völker" fanden hier regen Anklang.
In Paris entstanden die Werke, welche für lange Zeit das Bild der polnischen Nationalbewegung prägen sollten – in der Emigration ebenso wie in den polnischen Ländern.

Jürgen Heyde, Geschichte Polens, München ³2011, S. 61 und 63 f.

▪ *In der vorliegenden Quelle werden mehrere Sachurteile genannt. Benennen Sie einige und beurteilen Sie diese. Beziehen Sie dabei Ihre bisherigen Kenntnisse der polnischen Nationalbewegung mit ein.*

[1] Zu Adam Mickiewicz siehe auch M3 auf Seite 277.

Beurteilung (Sachurteil)

Jürgen Heyde geht davon aus, dass die gesellschaftliche Basis für den Aufstand zunächst sehr gering gewesen sei. Erst als die Liberalen begonnen hätten, zielstrebig auf eine „Nationalisierung" hinzuarbeiten, wären breitere Schichten der Bevölkerung bereit gewesen, sich dem Aufstand anzuschließen (vgl. Zeile 3 ff.). Dieses Sachurteil stimmt mit denjenigen Quellen und Texten überein, die bisher erarbeitet worden sind (vgl. hierzu die Seiten 272 und 278 f.). Allerdings lässt der Quellenauszug weitgehend offen, was genau unter „Nationalisierung" zu verstehen ist. Hier besteht Raum für Interpretation, weil die Begriffe Nationalismus, Nationalisierung und Nationsvorstellungen sehr unterschiedliche Bedeutungen haben können.
Heyde gibt ferner an, dass die großen Universitätsstädte Zentren des Aufstandes gewesen seien (vgl. Zeile 10 ff.). Dieses Sachurteil, das gut begründbar ist, lässt ferner darauf schließen, dass die ländliche Bevölkerung weniger als die städtische an dem Aufstand beteiligt war, also nicht so sehr von dem polnischen Nationalismus erfasst wurde. Trägerschicht der Freiheitsbewegung waren also vor allem die von Heyde angegebenen sozialen und politischen Gruppen und nicht so sehr die polnischen Bauern.
Heyde hebt als weiteres Sachurteil hervor, dass die Emigration für die Schaffung eines bestimmten nationalen polnischen Bewusstseins sehr wichtig gewesen sei (vgl. Zeile 15 ff.). Diese Auffassung ist plausibel und nachvollziehbar. Allerdings ist eine Formulierung wie „nicht zu unterschätzender Einfluss" (vgl. Zeile 19) wenig präzise. Unklar ist, wie genau dieser Einfluss einzuschätzen ist. Handelt es sich um einige wenige französische Intellektuelle oder hat fast jedes Mitglied der jungen französischen Intelligenz die Schriften von Mickiewicz gelesen? Hier wären weitere Informationen notwendig und hilfreich. Diese könnte man erhalten, wenn beispielsweise die Auflagenhöhe seiner Werke angegeben würde. Ferner könnte analysiert werden, ob in zeitgenössischen Zeitschriften oder Zeitungen Diskussionen über seine Thesen stattgefunden haben, ob seine Bücher positiv oder negativ rezensiert worden sind und in welche Sprachen sie übersetzt wurden. Ein weiterer möglicher Indikator, an dem sein Einfluss gemessen werden könnte, wäre die Zahl der Studenten, die bei ihm Slawistik studiert haben.
Ein weiteres Sachurteil stellt fest, dass in Paris Werke entstanden, die für lange Zeit das Bild der polnischen Nationalbewegung prägen sollten (vgl. Zeile 24 ff.). Auch diese Annahme ist überzeugend und stimmt überein mit denjenigen Quellen und Texten, die bekannt sind. Es wird im vorliegenden Text ferner am Beispiel des leidenden Christus angegeben (vgl. Zeile 23), wie dieses Bild ausgesehen hat. Polen als unschuldiges Opfer ist ein Motiv, das im 19. Jahrhundert von Intellektuellen gerne benutzt worden ist, und das auch in dem weitgehend katholischen Polen Verbreitung gefunden hat. Unklar ist allerdings, wie genau es den polnischen Patrioten gelungen ist, die französische Regierung zu überzeugen, eine derartige Professur in Paris einzurichten. Zur Beantwortung dieser Frage müssten weitere Quellen herangezogen werden.

Der Weg zur Reichsgründung

Die italienische Einigungsbewegung: das Risorgimento Zeitlich ging die Einigung Italiens derjenigen von Deutschland voraus, und die deutschen Liberalen haben die Vorgänge in Italien sehr genau beobachtet. Häufig wurden die Ereignisse in Italien kommentiert und Überlegungen angestellt, ob und wie die italienischen Erfahrungen für Deutschland nutzbar gemacht werden könnten bzw. ob sich Vorbilder ergaben. Vor 1860 bestanden in Italien sehr ausgeprägte regionale Identitäten. Lokale Dialekte herrschten vor, und die hochitalienische Sprache wurde nur von einer kleinen Schicht gesprochen. Die *italienische Einigungsbewegung* entstand aus zwei unterschiedlichen Quellen. Erstens wurde sie getragen von einer relativ kleinen, aber einflussreichen Gruppe von liberalen Bürgern, die meistens aus den großen Städten in Norditalien stammten. Diese wollten einen modernen italienischen Staat mit einer Verfassung und einem Parlament schaffen, lehnten aber fast immer demokratische Ideen ab. Sie wollten das Wahlrecht an ein bestimmtes Einkommen bzw. an Besitz koppeln. Ferner beabsichtigten sie, den Einfluss der katholischen Kirche zu beschränken und nach dem Vorbild Frankreichs einen säkularen Nationalstaat zu schaffen, in dem Staat und Kirche strikt getrennt sein sollten. Zweitens bestand in Süditalien, wo die Ländereien fast ausschließlich Großgrundbesitzern gehörten, eine Bewegung von kleinen Bauern und armen Landarbeitern, die vor allem Agrarreformen und die Aufteilung der großen Güter forderten. Beide Bewegungen hatten zunächst nur miteinander gemeinsam, dass sie mit den herrschenden Bedingungen unzufrieden waren. 1859 siegten Truppen des Staates *Sardinien-Piemont*, die von Frankreich unterstützt wurden, in einem Krieg gegen Österreich, das in der Folge die Lombardei abtreten musste. Als Dank hierfür erhielt Frankreich Nizza und Savoyen.

Zum Führer der Bewegung im Süden wurde der Republikaner *Giuseppe Garibaldi*, der in den kommenden Jahrzehnten zum Symbol des italienischen Freiheitskampfes wurde. Im Mai 1860 kehrte er aus dem Exil in den USA zurück und landete mit einer Gruppe von etwa 1 000 bewaffneten Anhängern in Sizilien. Diese Invasion löste große *Volksaufstände* aus, und innerhalb weniger Monate brach die bisherige staatliche Ordnung in Süditalien zusammen (▸ M1). Garibaldi nahm schnell Neapel ein, proklamierte aber keine demokratische Revolution, sondern unterstellte sich im Oktober 1861 *Viktor Emanuel II.*, dem König von Sardinien-Piemont (Königshaus Savoyen). Im März 1861 war in Turin die neue italienische *Monarchie* ausgerufen worden. 1866 beteiligte sich Italien am Krieg zwischen Deutschland und Österreich[1] und 1870 besetzten italienische Truppen während des Deutsch-Französischen Krieges den Kirchenstaat, sodass Rom zur neuen italienischen Hauptstadt wurde. Auch wenn bei Volksabstimmungen eine überwältigende Mehrheit für die nationale Einheit stimmte, stellte – anders als in Deutschland – die nationale Bewegung in Norditalien keine Massenbewegung dar, sondern die Liberalen waren sich darüber bewusst, dass sie nicht die Mehrheit der Bevölkerung repräsentierten. Das Wahlrecht wurde sehr stark eingeschränkt, nur 1,9 Prozent der Bevölkerung durfte über die Zusammensetzung des Parlaments abstimmen. Die erheblichen sozialen Probleme waren den Führern der italienischen Parteien bewusst. So bemerkte der konservative Politiker *Massimo d'Azeglio* zutreffend in einer berühmten Rede vor dem Parlament: „Wir haben Italien geschaffen, jetzt müssen wir Italiener schaffen."[2]

[1] Zum zweiten Einigungskrieg siehe Seite 285 f.
[2] Nach: Eric Hobsbawm, Nationen und Nationalismus, Bonn 2005, S. 58.

Imperialismus: Als „Zeitalter des Imperialismus" wird die Zeit zwischen dem späten 19. Jahrhundert und dem Ausbruch des Ersten Weltkrieges bezeichnet. In dieser Periode teilten die europäischen Mächte Afrika und Teile Asiens unter sich auf.

Albrecht Graf von Roon (1803-1879): preußischer Generalfeldmarschall, Kriegsminister (1859-1871)

Landwehr: Bestandteil des preußischen Heeres. Sie umfasste alle Männer bis zum 40. Lebensjahr, die nicht dem stehenden Heer angehörten.

Wilhelm I. (1797-1888): preußischer König (1861-1888) und Deutscher Kaiser ab 1871

Otto von Bismarck (1815-1898): von 1862 bis 1890 preußischer Ministerpräsident; 1871-1890 Reichskanzler und Außenminister

Lesetipp
Eberhard Kolb, Otto von Bismarck, München ²2014

Aufstände von Bauern im Süden, die weiterhin auf Landreformen hofften, wurden gewaltsam niedergeschlagen. Auch war das Land tief gespalten, weil der Papst, nachdem der Kirchenstaat militärisch besetzt worden war, den italienischen Staat scharf ablehnte und allen Katholiken die Mitarbeit am öffentlichen Leben verbot. Erst ab den 1890er-Jahren entstand mit dem italienischen **Imperialismus** in Afrika und im Mittelmeerraum eine integrative Ideologie, die sich nationalistisch interpretieren ließ.

Der preußische Verfassungskonflikt und die preußischen Liberalen Der *preußische Verfassungskonflikt* stellte eine mehrjährige und schwere Auseinandersetzung zwischen der preußischen Regierung und den Liberalen dar. Er entzündete sich an einer eigentlich harmlosen Frage: 1860/61 wollte **Albrecht von Roon**, der neue preußische Kriegsminister, eine umfangreiche *Armeereform* durchführen. Hierbei sollte die preußische **Landwehr** aufgelöst werden. Diese Maßnahme war rüstungspolitisch sinnvoll, denn der militärische Wert dieser Truppen war gering. Allerdings hatte die Landwehr für die Liberalen einen sehr hohen symbolischen Wert, weil sie aus den Befreiungskriegen hervorgegangen war und auch die Revolution von 1848/49 überdauert hatte. 1862 brach der offene Konflikt aus, weil das preußische Abgeordnetenhaus das Budget der Regierung mit großer Mehrheit ablehnte. Zeitweise spielte König **Wilhelm I.** sogar mit dem Gedanken zurückzutreten. Allerdings erklärte sich **Otto von Bismarck** bereit, die Position des preußischen Ministerpräsidenten zu übernehmen (▸ M2). Bismarck galt zu diesem Zeitpunkt zwar als sehr fähig, aber auch als extrem reaktionär, und er war, weil selbst viele preußische Konservative ihm misstrauten, als Botschafter nach Russland abgeschoben worden. Bismarck war nun bereit, eine riskante Strategie zu verfolgen. Er wollte einfach gegen die Verfassung und gegen das Abgeordnetenhaus regieren, weil er sich sicher war, dass die Liberalen nicht noch einmal einen Revolutionsversuch unternehmen würden. Der Verfassungskonflikt, der vier Jahre dauerte, lief nach folgendem Muster ab: Das Abgeordnetenhaus lehnte das Budget der Regierung ab und wurde daraufhin von Bismarck aufgelöst. Bei den Neuwahlen gewannen die Liberalen dann aber hinzu, sodass sie ihre Mehrheit im Parlament sogar ausbauten. In dieser verfahrenen Situation suchte Bismarck nach außenpolitischen Erfolgen, mit denen er zumindest einen Teil der Liberalen auf seine Seite ziehen konnte. Die meisten Historiker sind sich darüber einig, dass der Weg zur deutschen Einheit keineswegs zielstrebig beschritten, sondern von Bismarck mit einem hohen Grad von Improvisation angegangen wurde, ja wahrscheinlich die Einheit anfangs überhaupt nicht geplant war, weil der innenpolitische Kampf in Preußen alles überschattete.

Die Frage von Schleswig-Holstein und der erste Einigungskrieg Die Herzogtümer Schleswig, Holstein und Lauenburg lagen innerhalb der Grenzen des Deutschen Bundes, wurden aber in *Personalunion* vom dänischen König verwaltet. In Holstein und im Süden Schleswigs war die Mehrheit deutschsprachig, während im Norden mehrheitlich Dänisch gesprochen wurde. 1863 machte der neue dänische König einen schweren Fehler, der Bismarck den Vorwand lieferte, auf den er gewartet hatte: Dänemark erhielt eine neue Verfassung, die auch für die beiden Provinzen gelten sollte, und Schleswig sollte über einen gemeinsamen Reichsrat enger als zuvor an Dänemark gebunden werden. Für den Alltag der Bevölkerung in den Herzogtümern hätte sich damit kaum etwas geändert, aber die Zugehörigkeit der Provinzen zum Deutschen Bund war in internationalen Verträgen garantiert worden. Für Bismarck war es sehr einfach, die sogenannte *Bundesexekution* zu erhalten. Diese besagte, dass bei einem offenen Verfassungsbruch eines der Mitglieder die anderen auch militärisch gegen dieses vorgehen konnten. Die kleine dänische Armee leistete zwar heftigen Widerstand, hatte aber gegen die beiden Großmächte Österreich und Preußen letztlich keine Chance. Nach dem Sieg wurden die Provinzen unter die vorläufige Verwaltung der beiden deutschen Großmächte gestellt: Preußen erhielt Lauenburg und Schleswig, Holstein ging an Österreich. Nach dem zweiten Einigungskrieg annektierte Preußen auch Holstein und bildete 1867 die neue preußische Provinz Schleswig-Holstein.

Der Weg zur Reichseinigung.
Erläutern Sie anhand der Karte die Etappen auf dem Weg zur Reichseinigung von 1866 bis 1871.

Der zweite Einigungskrieg Den beiden deutschen Großmächten war ein leichter Erfolg in den Schoß gefallen, aber der preußische Verfassungskonflikt war nicht gelöst worden. Nach wie vor verweigerten die Liberalen Bismarck jede Unterstützung und lehnten das Budget ab. Bismarck benötigte also weitere außenpolitische Erfolge. Bereits nach dem Sieg über Dänemark war er deshalb daran interessiert, möglichst viele Konfliktherde mit Österreich offen zu lassen, um diese im Falle eines Falles eskalieren zu können. Für Preußen war aber riskant, dass die meisten der kleineren deutschen Staaten eindeutig auf der Seite Österreichs standen, weil sie die wachsende preußische Macht fürchteten. Deshalb schlossen Preußen und Italien im April 1866 ein geheimes Angriffsbündnis, das sich gegen Österreich richtete.

Unmittelbarer Anlass für den Kriegsausbruch waren Meinungsverschiedenheiten über die Verwaltung von Schleswig und Holstein, die von Bismarck gezielt zugespitzt wurden. Der Krieg, der nur sieben Wochen dauerte, wurde am 3. Juli 1866 in der *Schlacht von Königgrätz* (in Österreich: Sadowa) entschieden. Die Preußen gewannen diese Schlacht, weil die Heeresreformen bereits griffen, die Truppen besser ausgebildet waren, die Armee über eine fortschrittlichere Waffentechnik als die Österreicher verfügte und sie die Vorteile der neuen Technologie der Eisenbahn bei ihrem schnellen Aufmarsch maximal für sich nutzte.

Nachdem der Friede geschlossen worden war, annektierte Italien weite Gebiete im Norden. Die Preußen hingegen behandelten Österreich sehr milde – weder mussten Territorien abgetreten werden noch wurde eine finanzielle Kriegsentschädigung verlangt. Diese zurückhaltende preußische Politik galt allerdings nicht für diejenigen deutschen Mittelstaaten, die auf der Seite Österreichs am Krieg teilgenommen hatten. Der *König von Hannover* wurde – zum Entsetzen der preußischen Konservativen – verjagt, und sein gesamtes Vermögen wurde konfisziert. Mit diesem Geld wurde der sogenannte *„Reptilienfonds"* gebildet, mit dem Bismarck in den kommenden Jahren systematisch die Presse bestach. Die Stadt Frankfurt am Main, die eine Hochburg des Liberalismus war, wurde annektiert und musste sofort eine sehr hohe Kriegsentschädigung zahlen.

Die Position der preußischen Liberalen aber brach zusammen. Der Sieg von Königgrätz versetzte die meisten von ihnen in eine derartige nationale Begeisterung, dass sie zu Bismarck überliefen. In der sogenannten **Indemnitätsvorlage**, die am 3. September 1866 direkt nach dem Sieg verabschiedet wurde, gestand das Abgeordnetenhaus mit einer Mehrheit von 230 zu 75 Stimmen bei vier Enthaltungen zu, dass rückwirkend alle Staatsausgaben korrekt gewesen wären. In der Folge spalteten sich die Liberalen in die linke *Fortschrittspartei* und in die *Nationalliberalen*, die von diesem Tag an Bismarck unterstützten und die Flagge des Nationalismus hochhielten (▸ M3).

Indemnität: nachträgliche Billigung einer Regierungsmaßnahme

Nach dem Sieg über Österreich wurde der Deutsche Bund aufgelöst und durch den **Norddeutschen Bund** ersetzt, der eindeutig von Preußen dominiert wurde (▸ M4). Damit rückte die kleindeutsche Lösung, die bereits während der Revolution von 1848/49 diskutiert worden war, in den Bereich des Möglichen. Allerdings schien die internationale Lage in Europa hierfür nicht günstig zu sein. Russland hatte an einer weiteren Stärkung Preußens kein Interesse. Großbritannien war zwar an Zentraleuropa kaum interessiert, fürchtete aber die Entstehung einer neuen Großmacht, die eine *Hegemonie* über Europa ausüben würde. Vor allem Frankreich, wo *Napoleon III.* faktisch eine Diktatur etabliert hatte, versuchte weitere Schritte in Richtung auf eine nationale Einigung zu verhindern. Allerdings stand der französische Kaiser im eigenen Land unter erheblichem Druck, weil er seit mehreren Jahren keinerlei außenpolitische Erfolge mehr vorweisen konnte.

Norddeutscher Bund: Der 1866 gegründete Bund bestand aus Preußen, 17 Kleinstaaten nördlich der Mainlinie und vier Freien Städten. Er ging 1871 im Deutschen Kaiserreich auf.

Filmtipp
Deutschland auf dem Weg zum Nationalstaat 1815-1871, Deutschland 2010 (Dokumentarfilm)

Der dritte Einigungskrieg Bismarck war bewusst, dass in den süddeutschen Staaten Württemberg und Bayern ein Krieg gegen Frankreich und eine Einigung des Reiches unter preußischer Führung nicht populär waren. In Frankreich bestand aber ein extremer Nationalismus in fast allen Parteien, den Bismarck zu nutzen wusste. Unmittelbarer Anlass für den Konflikt wurde die spanische Thronfolge: Bei einem Militärputsch wurde 1868 die spanische Königin gestürzt und ein geeigneter Nachfolger war in Spanien nicht vorhanden. Deshalb wurde ein katholischer Prinz der **Hohenzollern** als möglicher Kandidat ins Gespräch gebracht. Zwar hätte er als neuer spanischer König nur über wenig Macht verfügt, aber aus Gründen des Prestiges war ein Deutscher auf dem spanischen Thron für Frankreich nicht hinnehmbar. Nach einem Gespräch zwischen dem preußischen König und dem französischen Botschafter in dem Kurort Bad Ems ließ Wilhelm I. einen Bericht über die Unterredung an Bismarck schicken. Bismarck kürzte und veränderte diesen Text, der als *Emser Depesche* bekannt wurde, sinnentstellend, ohne dass seine Eingriffe erkennbar waren, und gab ihn an die Presse weiter (▸ M5). Nach Bismarcks Version schien der preußische König nun grundsätzlich alle weiteren Verhandlungen abgelehnt zu haben, und diese Äußerung musste in Frankreich als weitere offene Provokation aufgefasst werden. Auf den Pariser Straßen wurde

Hohenzollern: das – eigentlich protestantische – Fürstengeschlecht, aus dem die preußischen Könige stammten

▲ ▶ **Die Siegessäule in Berlin.**
Fotos nach 2000.
Nach den drei Einigungskriegen wurde in Berlin eine monumentale Siegessäule errichtet, in die erbeutete dänische, österreichische und französische Kanonen aus den drei Einigungskriegen eingebaut wurden. Die linke Abbildung zeigt vergoldete Kanonenrohre, die mit Lorbeer bekränzt sind.
- *Charakterisieren Sie die Geschichts- und Erinnerungskultur, die durch dieses zentrale Denkmal deutlich wird.*
- *Arbeiten Sie heraus, welcher Bezug zu einem deutschen Nationalismus durch die Siegessäule hergestellt wird.*

lautstark ein Krieg gefordert, und in der französischen Nationalversammlung herrschte ebenfalls einmütig die Ansicht, dass dieser preußische Schritt nicht hinnehmbar war. Am 19. Juli erklärte Frankreich Preußen den Krieg.

Allerdings entwickelte sich der Feldzug ganz anders, als von der französischen Regierung und von Napoleon III. geplant worden war. Die süddeutschen Staaten sahen sich nun offen von Frankreich bedroht und schlossen sich den Preußen an. Auch die anderen europäischen Großmächte sahen in Frankreich den Aggressor und blieben gegenüber Preußen neutral. Schon nach kurzer Zeit rückten preußische Truppen in Frankreich vor und drängten die viel schlechter ausgebildete französische Armee zurück: Oft verfügten französische Offiziere zwar über sehr gute Landkarten Deutschlands, aber über keine des eigenen Gebietes. Bei *Sedan* wurde ein großer Teil der französischen Armee eingeschlossen und musste am 2. September kapitulieren; Kaiser Napoleon III. geriet in Gefangenschaft.

Auch wenn der deutsch-preußische Sieg eindeutig war, weitete sich der Krieg seit dem Herbst 1870 zu einem französischen Volkskrieg aus, nachdem der Kaiser aus dem Spiel war. Am 4. September 1870 wurde die *Dritte Republik* ausgerufen und eine neue Regierung gebildet. Schlecht ausgebildete, aber begeisterte junge Männer meldeten sich freiwillig, um gegen die Eindringlinge zu kämpfen, und selbst wenn die Deutschen fast jedes größere Gefecht für sich entschieden, konnten sie den radikalen französischen Nationalismus mit militärischen Methoden nicht unter Kontrolle bekommen. Auch aufseiten der Deutschen wurde der Friedensschluss Anfang 1871 deshalb mit Erleichterung begrüßt. Im Januar 1871 wurde nach komplizierten Verhandlungen der deutschen Fürsten untereinander im Spiegelsaal von Versailles das neue *Deutsche Kaiserreich* gegründet. Anders als im Falle Österreichs waren die deutschen Bedingungen diesmal hart, gingen aber Teilen der deutschen Nationalbewegung nicht weit genug. Die Provinzen Elsass und Lothringen (wo die Mehrheit der Bevölkerung französisch sprach) wurden annektiert, Frankreich musste eine enorm hohe Kriegsentschädigung von fünf Milliarden Goldfranc zahlen, und große Teile von Nordfrankreich blieben bis zur vollständigen Begleichung dieser Summe von deutschen Truppen besetzt.

Die Verfassung des Deutschen Reiches Bei der deutschen *Verfassung*, die 1871 in Kraft trat, fielen Verfassungstext und Verfassungsrealität schon bald weit auseinander (▸ M6). Dem Text nach war der Souverän nicht das Volk oder der Kaiser, sondern die im *Bundesrat* zusammengeschlossenen deutschen Fürsten, unter denen der Kaiser als König von Preußen lediglich *primus inter pares* (dt.: *„Erster unter Gleichen"*) war. Anders wäre die Zustimmung einiger süddeutscher Staaten – besonders Bayerns – für die Reichseinigung nicht zu erlangen gewesen. Ab 1890 spielte sich der neue Kaiser **Wilhelm II.** aber derart in den Vordergrund, dass die anderen deutschen Fürsten hinter ihn zurücktraten und in der Öffentlichkeit kaum noch wahrgenommen wurden. In der Theorie gab es ferner keine Reichsregierung: Nur Bismarck bekleidete das Amt des *Reichskanzlers* und war ausschließlich dem Kaiser gegenüber verantwortlich. In der Praxis ließ sich diese Konstruktion aber nicht durchhalten, und 1878 wurde in dem sogenannten *Stellvertretergesetz* bestimmt, dass der Reichskanzler für bestimmte Ressorts Stellvertreter bestimmen durfte. Diese agierten faktisch als Minister und bildeten eine Regierung, auch wenn sie selbst nur den Titel von Staatssekretären hatten und ihre Bürokratien lediglich als „Ämter" bezeichnet wurden. Aus diesem Grund heißt bis heute das deutsche Außenministerium offiziell „Auswärtiges Amt". Bei den Wahlen zum *Reichstag* wurde ferner das allgemeine und gleiche *Männerwahlrecht* eingeführt, und damit ein Wahlrecht installiert, das eines der demokratischsten in Europa darstellte. Bismarck war sich sicher, dass die meisten Bauern konservativ wählen würden, doch verlief die demografische Entwicklung anders, als er vorausgesehen hatte: Durch die rapide *Industrialisierung* und *Verstädterung* entstand schon bald eine wachsende *Arbeiterklasse*, die sich mehrheitlich in der Sozialdemokratie organisierte. Dem Text der Verfassung nach hatte der Reichstag – abgesehen vom Budgetrecht – kaum Kompetenzen. Aber schon seit der Mitte der 1890er-Jahre stellte sich heraus, dass ein Reichskanzler oder ein Staatssekretär, der das Vertrauen des Reichstages verloren hatte, sich kaum halten konnte. Auch waren in der Verfassung keine politischen *Parteien* vorgesehen. Schon in den 1870er-Jahren waren diese aber nicht mehr aus dem politischen Leben wegzudenken, und ihre Bedeutung stieg bis 1914 kontinuierlich weiter an.

Wilhelm II. (1859-1941): preußischer König und Deutscher Kaiser von 1888 bis 1918

1. *Vergleichen Sie die Einigungsbewegungen in Italien und in Deutschland.*
2. *Stellen Sie die Etappen der deutschen ~~und der italienischen~~ Einigung in ~~zwei~~ ~~Schaubildern~~*
   ✚ *zusammen. Wählen Sie dafür die Grundform einer Treppe oder eines Verlaufsdiagramms. Begründen Sie Ihre Entscheidung.*
3. *Der deutsche Historiker Heinrich August Winkler schreibt: „Die Nationsbildung begann nicht mit der Gründung des deutschen Nationalstaates, und sie hörte mit ihr nicht auf. Sie trat vielmehr in ein neues Stadium." (nach: Heinrich August Winkler, Der lange Weg nach Westen, Bd. 1: Deutsche Geschichte vom Ende des Alten Reiches bis zum Untergang der Weimarer Republik, München 2000, S. 215). Erörtern Sie Winklers These.*

M1 Italien seit 1860

Nach: Dtv-Atlas Weltgeschichte, Bd. 2: Von der Französischen Revolution bis zur Gegenwart, München [25]1991, S. 350

Analysieren Sie die Karte unter folgenden Gesichtspunkten:
a) Um welchen Kartentyp handelt es sich? Wann wurde die Karte veröffentlicht? Wer hat sie in Auftrag gegeben?
b) Über welches Thema informiert die Karte? Welchen Raum und welche Zeit zeigt sie? Welche Darstellungsformen nutzt die Karte?
c) In welchen historischen/politischen Zusammenhang lässt sich die Karte einordnen? Welche Ursachen, Entwicklungen oder Folgen lassen sich aus der Karte ablesen?
d) An welchen Adressatenkreis wendet sich die Karte? Welchen Zweck, welche Funktion verfolgt sie?

M2 „Eisen und Blut“

Am 23. September 1862 hat das Abgeordnetenhaus mit 308 gegen elf Stimmen den Etat der Militärverwaltung gestrichen. Sieben Tage später, kurz nach seinem Amtsantritt, hält Otto von Bismarck, der neue preußische Ministerpräsident, eine programmatische Rede vor der Budgetkommission des preußischen Abgeordnetenhauses, in der er unter anderem sagt:

Nicht auf Preußens Liberalismus sieht Deutschland, sondern auf seine Macht; Bayern, Württemberg, Baden mögen dem Liberalismus indulgieren[1], darum wird ihnen doch keiner Preußens Rolle anweisen; Preußen muss seine Kraft zusammenfassen und zusammenhalten auf den günstigen Augenblick, der schon einige Male verpasst ist; Preußens Grenzen nach den Wiener Verträgen sind zu einem gesunden Staatsleben nicht günstig; nicht durch Reden und Majoritätsbeschlüsse werden die großen Fragen der Zeit entschieden – das ist der große Fehler von 1848 und 1849 gewesen – sondern durch Eisen und Blut.

Otto von Bismarck, Die gesammelten Werke, Bd. 10, Berlin 1928, S. 138 f.

[1] **indulgieren**: Nachsicht üben

Erklären Sie das Politik- und Verfassungsverständnis Bismarcks anhand dieser Rede.

M3 „Selbstkritik“

Während des zweiten Einigungskrieges lebt der liberale Historiker und Publizist Hermann Baumgarten in Karlsruhe. Dort veröffentlicht er noch im Herbst 1866 seine Selbstkritik am deutschen Liberalismus:

Der Frühling dieses Jahres [1866] brachte endlich die lange drohende Katastrophe zum Ausbruch. [...]
Preußen hatte nur zwei Wege vor sich: entweder zusammen mit Österreich die deutschen Dinge zu leiten oder sich trotz Österreich der deutschen Macht allein zu bemächtigen. [...] Graf Bismarck hatte den Mut, das große Spiel zu wagen, und er bewies die Kraft und die Klugheit, welche dem Staatsmann erlaubt zu wagen. Fast alles war gegen ihn. Die Konservativen hielten ihre Opposition stiller, um desto mehr unter der Hand zu tun, die Liberalen erhoben ein Friedensgeschrei, das über die Gesinnung des Volkes keinen Zweifel ließ. [...] Ich bin weit davon entfernt, meine liberalen Parteigenossen deshalb tadeln zu wollen, dass sie nicht gleich von vornherein entschieden Partei nahmen für die Bismarck'sche Politik. Es gehörte dazu vielleicht eine Unbefangenheit des Urteils und eine Kenntnis der Sachlage, die man nicht von der Masse einer Partei verlangen darf.
Dass sie aber noch im Mai, ja noch im Juni mit wenigen Ausnahmen daran festhielten, gegen Bismarck Chorus zu machen mit allem, was in Deutschland reaktionär und antinational war, [...] als es längst auf der Hand lag, dass der Sieg Preußens der Sieg einer liberalen und einer nationalen Politik werden müsse, der Sieg Österreichs die Vernichtung aller liberalen und nationalen Hoffnungen, das, ich gestehe es, war das Traurigste, was ein aufrichtig liberaler Mann erleben konnte. Es sprach über die bisher in Deutschland übliche Art von Liberalismus ein Todesurteil, von dem es keine Appellation[1] mehr gab. Es bewies, dass die Partei, an welche sich bisher die Hoffnungen der Nation geknüpft hatten, weder die politische Einsicht noch die Kraft besaß, durch die allein ein großes Volk zu seinem Heil geführt werden kann. [....]
Wer sehen wollte, musste jetzt sehen, [...] dass Preußen, indem es diese Entscheidung herbeiführe, durch die unwiderstehliche Macht der Verhältnisse gezwungen werde, die Kraft der Nation für sich aufzurufen gegen die eng verbundene Phalanx[2] aller auf der Zerrissenheit und Unfreiheit der Nation ruhenden Interessen. Wenn aber die preußische Politik diese Wendung nahm trotz der heftigen Opposition des Liberalismus und der darin gelegenen Nötigung, sich so viel als möglich in Preußen auf die konservative Richtung zu stützen, so war es doch eine Sache der einfachsten politischen Berechnung zu erkennen, dass diese Politik frank und frei auf den Boden eines liberalen Programms sich stellen werde, sobald nur die Liberalen aufhörten, ihr das unmöglich zu machen.
Ich bin der festen Überzeugung, dass eine befriedigende Lösung unserer politischen Aufgaben nur dann gelingen wird, wenn der Liberalismus aufhört, vorwiegend Opposition zu sein, wenn er dazu gelangt, gewisse unendlich wichtige Anliegen der Nation, für die nur er ein volles und aufrichtiges Verständnis hat, in eigener gouvernementaler Tätigkeit[3] zu befriedigen, wenn wir einen wohltätigen erfrischenden Wechsel liberaler und konservativer Regierungen bekommen. *Der Liberalismus muss regierungsfähig werden.* Wer darin eine Verkümmerung der liberalen Größe findet, dass er, statt als Opposition ein Unbegrenztes zu fordern, als Regierung ein Geringes tun soll, dem kann ich freilich nicht helfen. Aber einen Abfall vom Liberalismus wird doch wohl niemand die Forderung zu nennen wagen, dass der Liberalismus endlich eine seine Gedanken selbst realisierende Macht werde.

Hermann Baumgarten, Der deutsche Liberalismus. Eine Selbstkritik, herausgegeben von Adolf Birke, Frankfurt am Main 1974, S. 132-149 (stark gekürzt)

1. *Fassen Sie Baumgartens Vorwurf an die „liberalen Parteigenossen“ mit eigenen Worten zusammen.*
2. *Arbeiten Sie heraus, welche Hoffnungen Baumgarten mit dem Sieg Preußens über Österreich verbindet und wie er die Zukunft seiner liberalen Partei sieht.*
3. *Überprüfen Sie, inwiefern Baumgartens Hoffnungen zur Zeit der Entstehung des Textes gerechtfertigt waren. Durchsuchen Sie die preußisch-deutsche Geschichte bis 1866 auf entsprechende Hinweise.*
4. *Verfassen Sie die Entgegnung eines liberalen Bismarck-Gegners.*

[1] **Appellation**: im jur. Sinne: Anfechten eines Urteils, Berufung
[2] **Phalanx**: bildungssprachlich für eine geschlossene, widerständige Front (ursprünglich eine besondere Schlachtaufstellung im antiken Griechenland)

[3] **gouvernementale Tätigkeit**: Regierungsarbeit

M4 „Groß-Preußen mit Vasallenstaaten"

August Bebel hält am 10. April 1867 seine erste Rede vor dem sich konstituierenden Norddeutschen Reichstag. Er ist zu diesem Zeitpunkt Vertreter der „Sächsischen Volkspartei". Bebel wird später einer der profiliertesten Politiker der deutschen Sozialdemokratie werden. Seine Ausführungen beziehen sich auf die Verabschiedung der Verfassung des Norddeutschen Bundes:

[M]eine Herren, ich behaupte, dass mit der Gründung dieses Norddeutschen Bundes ein spezifisch preußisches Interesse (*Widerspruch rechts*), dass die Stärkung der Hohenzollernschen Hausmacht damit bezweckt worden ist. (*Lebhafter Widerspruch rechts.*) [...]
In dem gegenwärtigen Norddeutschen Bundesrat wird Preußen mit 17 Stimmen [...] nach Belieben Verfassungsänderungen durchführen, eine jede Verfassungsänderung gegen seinen Willen aber verhüten können. Dies würde indessen bei dem Zutritt Süddeutschlands zum Norddeutschen Bunde nicht der Fall sein, dann wären die 17 Stimmen Preußens ungenügend an sich, eine derartige Zweidrittelmehrheit zu erzielen. [...] Das sind meines Erachtens die Gründe, welche die preußische Regierung von ihrem spezifisch preußischen Standpunkte aus nicht nur heute, sondern auch späterhin stets veranlassen werden, gegen den Eintritt Süddeutschlands aufzutreten, gegen denselben zu stimmen. Man wird sich eben einfach damit begnügen, [...] dass man lediglich die Militärgewalt in die Hände bekommt, im Falle eines Krieges, und im Übrigen wird man sich damit begnügen, durch Zollverträge usw. wenigstens einigermaßen die Kluft, die hervorgebracht ist, zu überbrücken, wohlverstanden, zu überbrücken, aber auszufüllen, dazu wird man sich nicht herbeilassen. Meine Herren, eine solche Politik zu unterstützen, dazu habe ich keine Lust, ich muss entschieden dagegen protestieren, dass man eine solche Politik eine deutsche nennt, ich muss entschieden protestieren gegen einen Bund, der nicht die Einheit, sondern die Zerreißung Deutschlands proklamiert, einen Bund, der dazu bestimmt ist, Deutschland zu einer großen Kaserne zu machen (*lebhafter Widerspruch*), um den letzten Rest von Freiheit und Volksrecht zu vernichten.

August Bebel, Sein Leben in Dokumenten, Reden und Schriften, herausgegeben von Helmut Hirsch, Köln 1968, S. 153 ff.

1. *Erläutern Sie Bebels Bewertung des Norddeutschen Bundes.*
2. *Entwerfen Sie die Entgegnung eines nationalliberalen Politikers.*

M5 Die Emser Depesche

Geheimrat Heinrich Abeken telegrafiert am 13. Juli 1870 an Bundeskanzler Otto von Bismarck, nachdem einen Tag zuvor der spanischen Regierung mitgeteilt worden ist, dass die Kandidatur eines Hohenzollern-Prinzen zurückgezogen wird:

Ems, den 13. Juli 1870.

Seine Majestät der König schreibt mir:
„Graf Benedetti[1] fing mich auf der Promenade ab, um auf zuletzt sehr zudringliche Art von mir zu verlangen, ich sollte ihn autorisieren, sofort zu telegrafieren, dass ich für alle Zukunft mich verpflichte, niemals wieder meine Zustimmung zu geben, wenn die Hohenzollern auf ihre Kandidatur zurückkämen. Ich wies ihn, zuletzt etwas ernst, zurück, da man *à tout jamais* dergleichen Engagement nicht nehmen dürfe, noch könne. – Natürlich sagte ich ihm, dass ich noch nichts erhalten hätte, und da er über Paris und Madrid früher benachrichtigt sei als ich, er wohl einsähe, dass mein Gouvernement wiederum außer Spiel sei."
Seine Majestät hat seitdem ein Schreiben des Fürsten bekommen. Da seine Majestät dem Grafen Benedetti gesagt, dass er Nachricht vom Fürsten[2] erwarte, hat Allerhöchstderselbe mit Rücksicht auf die obige Zumutung, auf des Grafen Eulenburg[3] und meinen Vortrag beschlossen, den Grafen Benedetti nicht mehr zu empfangen, sondern ihn nur durch einen Adjutanten sagen zu lassen: dass Seine Majestät jetzt vom Fürsten die Bestätigung der Nachricht erhalten, die Benedetti aus Paris schon gehabt, und dem Botschafter nichts weiter zu sagen habe.
Seine Majestät stellt Eurer Exzellenz anheim, ob nicht die neue Forderung Benedettis und ihre Zurückweisung sogleich sowohl unseren Gesandten als in der Presse mitgeteilt werden sollte?

Bismarck gibt folgende Mitteilung an die Presse weiter:

Berlin, den 13. Juli 1870.
[zur Station: 11.15 nachm.]

Nachdem die Nachrichten von der Entsagung des Erbprinzen von Hohenzollern der Kaiserlich Französischen Regierung von der Königlich Spanischen amtlich mitgeteilt worden sind, hat der französische Botschafter in Ems an Seine Majestät den

[1] **Vincent Graf von Benedetti**: französischer Botschafter in Berlin
[2] Gemeint ist hier Karl Anton Fürst von Hohenzollern-Sigmaringen, dessen Sohn Leopold der spanische Thron angeboten worden war. Nach der Erbregelung des Hauses Hohenzollern hatte nicht der Sohn, sondern sein Vater das letzte Wort über die Entscheidung, ob Leopold die Kandidatur annehmen sollte.
[3] **Graf Friedrich zu Eulenburg**: preußischer Innenminister

König noch die Forderung gestellt, ihn zu autorisieren, dass er nach Paris telegrafiere, dass Seine Majestät der König sich für alle Zukunft verpflichte, niemals wieder seine Zustimmung zu geben, wenn die Hohenzollern auf ihre Kandidatur wieder zurückkommen sollten. Seine Majestät der König hat es darauf abgelehnt, den französischen Botschafter nochmals zu empfangen, und demselben durch den Adjutanten vom Dienst sagen lassen, dass Seine Majestät dem Botschafter nichts weiter mitzuteilen habe.

Nach: www.documentarchiv.de/nzjh/ndbd/emser-depesche.html#fn01 (Zugriff: 10. Februar 2016)

1. *Arbeiten Sie heraus, auf welche Weise die Depesche (= Telegramm) verschärft wurde. Legen Sie dar, warum aus einer relativ harmlosen Mitteilung eine internationale Provokation wurde.*

2. *Erörtern Sie, wer am Deutsch-Französischen Krieg schuld war. Berücksichtigen Sie, dass die Kriegserklärung von Frankreich ausging und dass ein Krieg gegen Preußen in der französischen Öffentlichkeit populär war.*

M6 Die Verfassungsrealität von 1871

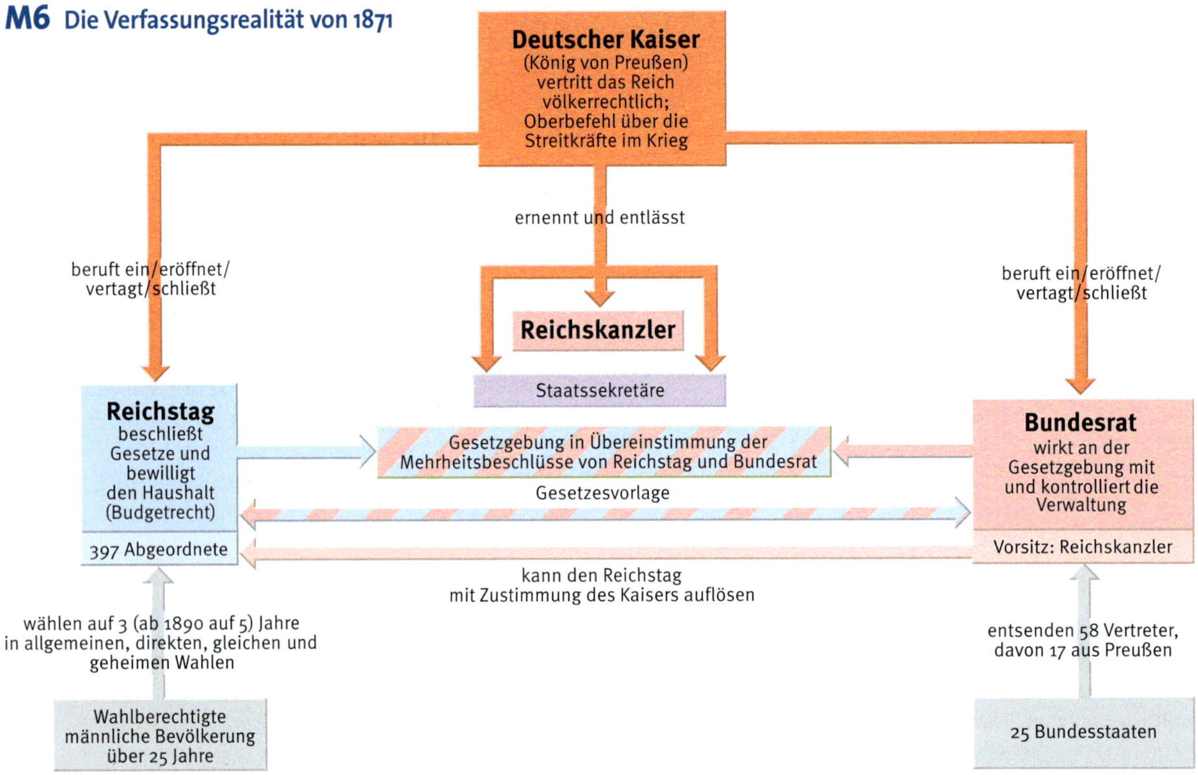

1. *Beschreiben Sie den Aufbau des Schaubildes und stellen Sie die Kompetenzen der jeweiligen Verfassungsorgane dar.*

2. **+** *Die Verfassungstheorie und die Verfassungsrealität fallen sehr weit auseinander. Analysieren Sie die entsprechenden Unterschiede. Berücksichtigen Sie dazu auch den Abschnitt „Die Verfassung des Deutschen Reiches" auf Seite 288.*

3. *Überprüfen Sie, wer die Regierung in der Theorie und in der Realität verkörpert.*

„Nation" und „Minderheiten"

Wer gehört zu den Staatsbürgern? Wenn sich ein Volk in einer Nation zusammenfindet, muss definiert werden, wer zu diesem Volk gehört und wer nicht. Dies gilt besonders in demokratischen Staaten, weil geklärt werden muss, wer wahlberechtigter *Staatsbürger* ist. Die europäischen Nationalstaaten haben dieses Problem sehr unterschiedlich gelöst. In Frankreich galt beispielsweise theoretisch das Prinzip, dass jeder Mensch, der Französisch sprach und sich zur französischen Nation und zur französischen Kultur bekannte, auch die Staatsbürgerschaft beantragen konnte. Diese Regelung galt allerdings nur sehr eingeschränkt für Afrikaner oder Vietnamesen, die aus den französischen Kolonien kamen. Im Deutschen Reich war diese Frage zunächst nicht zentral geregelt. In Preußen galt das männliche Abstammungsprinzip: Jeder Mensch, der einen preußischen Vater hatte, war automatisch auch preußischer Staatsbürger. Diese Regelung wurde 1913 in einem Staatsbürgerschaftsgesetz für das gesamte Deutsche Reich übernommen.

Was ist eine Minderheit? Im Deutschen Reich spielte Religion eine wichtige Rolle für die Definition von *Minderheiten*. In Preußen stellten die Katholiken eine Minorität dar, die in den 1870er-Jahren während des sogenannten *Kulturkampfes* offensiv bekämpft wurde. Hintergrund für den Kulturkampf waren die Auseinandersetzungen zwischen den Liberalen und dem Vatikan. Obwohl der Papst auch von vielen Katholiken kritisiert worden war, warfen die Liberalen den preußischen Katholiken pauschal „**Ultramontanismus**" vor und unterstellten ihnen eine antinationale Gesinnung. Viele Priester und Bischöfe wurden verhaftet, katholische Vereine überwacht und Gottesdienste behindert. Allerdings war diese Politik wenig erfolgreich und hat eher dazu geführt, dass Katholiken sich zusammenschlossen und zur Wehr setzten.

In den Jahren nach 1880 begann ein langsamer Prozess der Normalisierung, und nach 1900 waren auch in Preußen Katholiken in der Regel integriert. Sie verfügten mit der Zentrumspartei und einem sehr gut organisierten Vereinswesen auch über eine starke institutionelle Verankerung. Auch die Juden stellten eher eine religiöse, als eine nationale Minderheit dar. Rechtlich waren sie 1871 nach der Reichsgründung völlig gleichgestellt. Allerdings entstand seit den späten 1870er-Jahren langsam ein neuer *Antisemitismus*, der nicht mehr religiös, sondern rassistisch argumentierte. Der *Zionismus*, also die Idee, dass die Juden irgendwo auf der Welt einen eigenen Staat erhalten sollten, hatte im Deutschen Reich aber dennoch nur sehr wenige Anhänger. Die meisten Juden passten sich – auch wenn sie ihre Religion beibehielten – überall wo es möglich war der deutschen Kultur an. Sehr viele Juden betrachteten sich selbst als einen deutschen Volksstamm wie etwa die Bayern, die Württemberger oder die Preußen.

Ultramontanismus (von lat. „ultra montes": „jenseits der Berge"): also jenseits der Alpen dem Papsttum und nicht dem preußischen Staat gegenüber loyal

Konfessionen	Anzahl
Protestanten	35 231 104
Katholiken	20 327 913
Juden	586 833
Andere	221 328

▲ **Konfessionen im Deutschen Reich.**
Stand: 1. Dezember 1900.
Kaiserliches Statistisches Amt, (Hrsg.) Statistisches Jahrbuch für das Deutsche Reich, Berlin 1906, S. 4

„Nationale" Minderheiten im Deutschen Kaiserreich Vor allem in den Randgebieten des Kaiserreiches wohnten sprachliche Minderheiten. Die zahlenmäßig größte Minorität waren erstens die Polen. In den beiden Provinzen Elsass und vor allem in Lothringen, die 1871 annektiert worden waren, lebten zweitens französischsprachige Menschen, die sich kulturell meist nach Frankreich orientierten. Sie wurden bis zum Ersten Weltkrieg teils offen, teils versteckt diskriminiert, und der deutsche Staat hat ihnen kaum ein Angebot zur Integration gemacht. Anders als die anderen Minderheiten durften sie aber in bestimmten Situationen (im Verkehr mit der Verwaltung oder vor Gericht) wenigstens Französisch sprechen. Drittens bestand in Schleswig, das 1866

Muttersprache	Gesamt	in Prozent
Deutsch	51883131	92
Holländisch	80361	0,14
Dänisch	141061	0,25
Französisch	211679	0,38
Italienisch	65591	0,12
Polnisch	3086489	5,48
Masurisch[1]	142049	0,26
Kassubisch[2]	100213	0,18
Sorbisch[3]	93032	0,17
Mährisch[4]	64382	0,11
Litauisch	106305	0,19
Andere	139597	0,25

▲ **Bevölkerung nach Muttersprachen.**
Stand: 1. Dezember 1900. Differenzen zu 100 Prozent sind rundungsbedingt.
Kaiserlich Statistisches Amt, a.a.O., S. 5

[1] **Masuren**: slawische Volksgruppe im südlichen Ostpreußen
[2] **Kassuben**: slawische Volksgruppe in Pommern und Westpreußen
[3] **Sorben** (auch Wenden genannt): slawische Volksgruppe an der Elbe, Niederlausitz (Sachsen)
[4] **Mähren**: aus dem heutigen Tschechien stammende Sprachgruppe

annektiert worden war, eine dänische Minderheit, die aber weitgehend unauffällig war. Fast alle Dänen gehörten der protestantischen Religion an und waren bereit, sich – trotz des hohen Assimilationsdrucks seitens der preußischen Behörden – den politischen Verhältnissen anzupassen. Viertens gab und gibt es bis heute südlich von Berlin im Spreewald die Sorben, eine kleine Gruppe von Menschen, die eine slawische Sprache sprechen und die ebenfalls bereit waren, sich integrieren zu lassen. Hinzu kamen fünftens im Osten Deutschlands sehr kleine Gruppen von Litauern und weitere slawisch sprechende Völker, die aber keine politische Bedeutung hatten. Keine echte Minderheit bildeten Wanderarbeiter vor allem aus dem russischen Teil Polens, die lediglich zur Ernte nach Deutschland kamen und am Ende des Herbstes wieder zurückkehrten. Ähnlich kamen seit den 1890er-Jahren viele Italiener als Saisonarbeiter, die aber meistens nicht im Deutschen Reich blieben, sondern nur für einige Monate oder Jahre Geld verdienen wollten.

Der neue Reichsnationalismus ▬ Nachdem das Deutsche Kaiserreich gegründet worden war, veränderte sich langsam der vorwiegend bürgerliche Nationalismus, der sich nun weit stärker als zuvor auf den Gedanken des „Reiches“ bezog. Auch der Kaiser bot sich als integrative Figur an. Als problematisch erwies es sich aber, dass dieser entstehende *Reichsnationalismus* zunehmend rassistische und völkische Vorstellungen in seine Ideenwelt integrierte. Seit den frühen 1890er-Jahren wurden Imperialismus und *Kolonialismus* weit über das Bürgertum hinaus immer populärer. Um die Jahrhundertwende kam der Flottengedanke hinzu, als die Marine damit begann, eine große Schlachtflotte gegen England zu bauen. Die radikalste Gruppierung war der *Alldeutsche Verband*, der 1890/94 gegründet worden war und der einen aggressiven Imperialismus predigte. Zwar war er zahlenmäßig klein, aber ihm gehörten viele Mitglieder der intellektuellen Eliten, also etwa Professoren, Lehrer oder Journalisten an (▸ M1).

Germanisierungspolitik im Osten ▬ Bereits nach dem polnischen Aufstand von 1863[1] wurde in Preußen schrittweise eine gezielte *Germanisierungspolitik* betrieben, das heißt, die Polen sollten möglichst von ihrem Land vertrieben werden, sofern sie nicht bereit waren, ihre Identität aufzugeben. Stattdessen sollten Deutsche dort angesiedelt werden (▸ M2). Reichskanzler Otto von Bismarck verschärfte diese Politik noch in den 1880er-Jahren. 1886 gründete die preußische Regierung eine Ansiedlungskommission, die mit zunächst 100 Millionen Reichsmark polnischen Grundbesitz kaufen und Siedler aus dem Reich anwerben sollte. Eine weitere einflussreiche private Organisation, die Geld sammelte, um Boden zu „germanisieren“ und pro-deutsche Propaganda zu organisieren, war der *Ostmarkenverein*. Auch wurde schon seit den 1870er-Jahren die polnische Sprache fast völlig aus dem öffentlichen Leben verdrängt. Selbst in den Grundschulen durfte Polnisch nur im Fach Religion benutzt werden, in allen anderen Fächern und Schultypen war der Gebrauch dieser Sprache strikt untersagt.

Allerdings war diese Politik der Germanisierung nicht besonders erfolgreich. Erstens provozierte sie polnische Gegenreaktionen und stärkte den ohnehin vorhandenen

[1] Vgl. Sie dazu Seite 275.

polnischen Nationalismus. Zweitens war es zwar möglich, durch bürokratischen Druck Polen zur Abwanderung zu zwingen oder an der Neuansiedlung zu hindern, aber Deutsche waren kaum daran interessiert, in die teilweise wenig entwickelten agrarischen Gebiete im Osten zu ziehen, in denen sie zudem selbst oft eine Minderheit dargestellt hätten. Selbst nationalistische Fanatiker, die von einem „reinrassigen“ deutschen Osten träumten, wohnten lieber in Berlin oder in Hamburg als auf einem abgelegenen Bauernhof in der Nähe von Posen, wo es keine Theater oder andere Freizeiteinrichtungen gab und der nächste Bahnhof viele Kilometer entfernt war. Bis 1914 wurden – trotz der massiven Propaganda – nur 22 000 deutsche Bauernfamilien angesiedelt. Drittens war das Deutsche Kaiserreich zwar ein autoritärer Staat, aber dennoch – ganz anders als später das nationalsozialistische Deutschland – ein Rechtsstaat. Findigen Polen gelang es immer wieder, Gesetzeslücken für sich auszunutzen oder juristische Übertretungen deutscher Beamter in der Presse anzuprangern.

▲ Ein listiger Pole stellt sich gegen die Germanisierungspolitik.
Foto vom April 2010.
Mehrere Jahre lang machte der polnische Bauer Michał Drzymała die Germanisierungspolitik der preußischen Behörden mit einem Zirkuswagen regelrecht lächerlich. Das Foto zeigt eine moderne Nachbildung seines berühmten Wagens.
- *Recherchieren Sie im Internet über die Geschichte des Bauern und seines Zirkuswagens. Fassen Sie Ihre Ergebnisse anschließend in einem kurzen Bericht zusammen.*

Die Entwicklung des nationalen Gedankens in Polen Zwar fanden nach 1863 keine polnischen Aufstände mehr statt, aber die aggressive preußische Politik stieß auf breiten und häufig erfolgreichen passiven polnischen Widerstand, und sie förderte geradezu die Verbreitung von nationalistischen Ideen. In der Stadt Posen und in vielen anderen Orten formierte sich eine friedliche Oppositionsbewegung. Diese proklamierte die „organische Arbeit“, die auf Bildung setzte und anstrebte, besondere polnische Traditionen am Leben zu erhalten und zu stärken. Da keine polnischsprachigen Schulen und Universitäten existierten, fanden Unterricht und Lehre in privaten Wohnungen statt. Überall im deutschen Teilungsgebiet entstand ferner ein sehr lebendiges und aktives Vereinsleben, in dem die nationale Kultur auf vielfältige Weise gepflegt wurde. Hinzu kam eine breite Publizistik, das heißt, Zeitungen und Zeitschriften sowie Bücher und Romane wurden geschrieben, die auf vielfältige Weise den nationalen Gedanken hochhielten und die polnische Vergangenheit feierten. Mehrfach gab es Schulstreiks, bei denen polnische Jugendliche gegen die scharfen Sprachvorgaben protestierten. Zu besonderen Jahrestagen oder Jubiläen wurden große kulturelle Veranstaltungen abgehalten (▶ M3). Eine wichtige Stütze des nationalen Gedankens war die polnische katholische Kirche. Diese oppositionellen Polen konnten auch darauf verweisen, dass im österreichischen Teilungsgebiet viel mehr Freiheiten bestanden. Dort war Polnisch sogar als untergeordnete zweite Sprache in der Armee gestattet, und in mehrheitlich polnischsprachigen Gebieten bestand ein gewisser Grad an kommunaler Selbstverwaltung.

1903 schlossen sich im Deutschen Reich mehrere bis dahin konkurrierende polnische Parteien zur *Polnischen Nationaldemokratischen Partei* (kurz *Polenpartei*) zusammen. Während des gesamten Kaiserreiches erzielten die polnischen Minderheitsparteien konstant zwischen etwa drei und vier Prozent der Stimmen. Bei den Reichstagswahlen von 1907 erreichte die Polenpartei fünf und 1912 vier Mandate. Sie war auch im preußischen Landtag und in zahlreichen Stadträten vertreten. Mehrfach versuchte die Partei, loyal mitzuarbeiten und konstruktive Vorschläge zu machen, die

▲ **Verwitterte Spuren.**
Foto, um 2010.
Die Inschrift auf einer Hauswand in Bochum weist auf die 1917 gegründete „Bank Robotników" (Polnische Arbeiterbank) hin.

das gemeinsame Zusammenleben verbessert hätten. Doch wurde sie durch die konstant repressive preußische Politik geradezu in die Opposition gedrängt. In den verschiedenen Parlamenten arbeitete sie meistens mit der katholischen Zentrumspartei zusammen, weil sich hier über die gemeinsame Religion viele Berührungspunkte ergaben. Von Vorteil erwies sich auch, dass die gewählten Abgeordneten Immunität genossen. Sie konnten deshalb im Berliner Parlament immer wieder die Öffentlichkeit auf Missstände aufmerksam machen und Übergriffe preußischer Beamter anprangern (▸ M4).

Die „Ruhrpolen" Das Ruhrgebiet stellte bereits ab den 1860er-Jahren eine der dynamischsten Industrieregionen Europas dar. Bis 1914 wuchs die Industrie vor allem in den Bereichen Kohle und Stahl rapide, sodass dringend Arbeitskräfte, vor allem gesunde junge Männer, benötigt wurden. Die Arbeit im Bergbau oder am Hochofen war hart und gefährlich, zugleich aber – von Krisenzeiten abgesehen – auch gut bezahlt. Da in Oberschlesien bereits ein Bergbaurevier bestand, in dem viele Polen arbeiteten, konnten die Besitzer von Zechen und Stahlwerken hier immer wieder gut ausgebildete Bergleute abwerben. Aber auch ungelernte Arbeiter waren gefragt, die häufig aus den wenig entwickelten und landwirtschaftlichen Gebieten des Ostens in das Ruhrgebiet kamen (▸ M5). Viele blieben nur für einige Zeit, um schnell Geld zu verdienen, und kehrten dann in ihre Heimat zurück. Einige blieben aber für immer und manche holten ihre Familien nach, sodass bis zur Jahrhundertwende ein stabiles polnischsprachiges Milieu entstand. Ab den 1890er-Jahren stieg auch die Zahl von polnischsprachigen Frauen stark an, sie blieb aber stets unter der Zahl der Männer. Bei Ausbruch des Ersten Weltkrieges lebten etwa 400 000 *„Ruhrpolen"* im Industrierevier. Manche Städte wie Gelsenkirchen, Recklinghausen, Herne, Bottrop und Bochum waren sehr stark von Polen geprägt, in manchen Stadtteilen betrug der polnischsprachige Anteil zwischen 70 und 80 Prozent. Diese Gruppe hatte ihre eigenen Geschäfte, ihre eigenen (fast immer katholischen) Kirchen und vor allem ein sehr reges und gut organisiertes Vereinsleben. Im Jahre 1912 wurden 1038 polnische Vereine im Ruhrgebiet gezählt, die nahezu jede Freizeitaktivität erfassten. Es gab Gesangs- und Taubenzüchtervereine, Frauengruppen, religiöse Gruppierungen, Turn- und Fußballvereine und Wählervereinigungen, die die polnische politische Partei unterstützten.

1. *Entwickeln Sie Alternativen, mit denen Polen auf die Germanisierungspolitik reagieren konnten.*
2. ➕ *Zahlreiche Museen und Ausstellungen im Ruhrgebiet haben sich in den vergangenen Jahren mit den „Ruhrpolen" beschäftigt. Informieren Sie sich im Internet über einige dieser Initiativen. Verfassen Sie auf der Basis dieses Materials einen kurzen Zeitungsartikel zum polnischen Vereinswesen vor 1914.*

M1 Radikalisierung des Reichsnationalismus

Der deutsche Historiker Wolfgang Kruse befasst sich mit dem Reichsnationalismus in der Wilhelminischen Zeit (nach 1890):

In der wilhelminischen Phase des Kaiserreichs kamen zwei neue Faktoren hinzu, die den Reichsnationalismus weiter radikalisierten: Im Zeichen des Hochimperialismus ging die Reichspolitik von Konsolidierung und eher zauderndem Kolonialerwerb nun zu einer aggressiven „Weltpolitik“ über. Und sie wurde dabei von neuen, bürgerlich geprägten Agitationsverbänden angetrieben, die die monarchische Regierung von rechts propagandistisch unter Druck zu setzen versuchten und dabei einen radikalen Nationalismus entwickelten. [...] Einen besonders radikalen, pangermanisch-völkischen Nationalismus vertrat [...] der Alldeutsche Verband, dessen Vorsitzender Heinrich Class 1912 unter dem Titel „Wenn ich der Kaiser wäre“ eine programmatische Schrift veröffentlichte, die mit ihren Forderungen nicht nur nach einer expansionistischen Außenpolitik, sondern auch nach der Schaffung einer homogenen, national, politisch und rassisch einheitlichen Volksgemeinschaft eindeutig einen präfaschistischen Charakter aufwies. [...]
Als typisch imperialistische Legitimationsideologie gewann schließlich auch der Sozialdarwinismus spezifisch nationalistische Aufprägungen. Nationale Stärke und Kampfbereitschaft sollten die Nation in der als notwendig begriffenen Auseinandersetzung mit anderen Nationen auszeichnen. Der pensionierte Planungsleiter im Preußischen Generalstab Friedrich v. Bernhardi etwa propagierte in seinem Bucherfolg „Deutschland und der nächste Krieg“ nicht nur eine aggressive Politik des Kaiserreiches, sondern er bestimmte Krieg zugleich als eine „biologische Notwendigkeit“ für die Nation. „Ohne den Krieg aber würden nur allzu leicht minderwertige und verdorbene Rassen durch Masse und Kapitalmacht die gesunden, kernkräftigen Elemente überwuchern, und ein allgemeiner Rückgang müsste die Folge sein. In der Auslese besteht die Schöpferkraft des Krieges.“

Nach: www.bpb.de/geschichte/deutsche-geschichte/kaiserreich/138915/nation-und-nationalismus (Zugriff: 17. Februar 2016)

1. *Fassen Sie die Kernaussagen des Textes zusammen.*
2. *Analysieren Sie den Zusammenhang zwischen Nationalismus, Krieg und Rassismus.*
3. *Informieren Sie sich im Internet und/oder in einem Lexikon über den Begriff „Sozialdarwinismus“ (Zeile 20). Erörtern Sie anschließend die Bedeutung dieses Begriffes im Zusammenhang mit der Minderheitenpolitik Preußens.*

▲ „Aus Preußisch-Polen. Die beginnende Enteignung.“
Zeichnung von Hans Gabriel Jentzsch, in: Der wahre Jacob, Nr. 687 vom 16. November 1912.
Text unter dem Bild: „Die Auswanderer: Weshalb werden wir von Haus und Hof gejagt, Panje Landrat, und wohin sollen wir ziehen? Kein Mensch wird uns aufnehmen! Der Landrat: Geht nur ins Kohlengebiet – da ist Platz für euch alle. Hier wird jetzt germanisiert!“
- *Charakterisieren Sie die einzelnen Personengruppen und deren Beziehungen zueinander.*
- *Arbeiten Sie heraus, welche Meinung der Künstler bezüglich der preußischen Germanisierungspolitik einnimmt. Berücksichtigen Sie dabei auch die Zeitschrift, in der der Farbdruck erschienen ist. Informieren Sie sich dazu im Vorfeld über „Der wahre Jacob“ im Internet.*

M2 Preußische Polenpolitik

Der in Wien lehrende Historiker Philipp Ther äußert sich 2004 über die preußische Verwaltung in den polnischen Gebieten:

Die erste Periode des preußisch-deutschen Empires dauerte von 1815, als die Teilung Polens bestätigt wurde, bis Anfang der Sechzigerjahre. In dieser ersten Phase war die imperiale Herrschaft Preußens [...] über die polnischen Teilungsgebiete

informell und indirekt. Der [...] polnische Adel behielt auf lokaler und regionaler Ebene viele seiner Vorrechte [...].
Die zweite Phase beginnt mit dem Januaraufstand in Polen von 1863.[1] Preußen griff nun zu einer Politik der strikten Unterdrückung und Assimilation. Im Zuge der allgemeinen Bürokratisierung erreichte der Staat auch entlegene Gebiete, die imperiale Herrschaft wurde also zunehmend direkt und formell. Die Einstellungen gegenüber Polen standen zunehmend unter rassistischen Vorzeichen und nahmen einen kolonialen Charakter an. [...] Nahezu zeitgleich mit dem Erwerb der überseeischen Gebiete[2] verschärfte das Deutsche Reich noch einmal die Gangart gegenüber den Polen, 1886 wurde das Reichsansiedlungsgesetz erlassen, das die Germanisierung der polnischen Gebiete durch deutsche Siedler anstrebte. Administrativ und juristisch war das polnische Teilungsgebiet zwar nie eine Kolonie, aber die Einstellungen der Deutschen gegenüber den Polen entwickelten sich, bei allen Unterschieden, doch in dieser Richtung. [...]
Die Ansiedlungspolitik im polnischen Teilungsgebiet zielte langfristig darauf ab, aus dem Reich auch dort einen Nationalstaat zu machen. Weil aber die Politik der Assimilation und Unterdrückung auf Widerstand traf, griff die Regierung zu immer schärferen Maßnahmen.

Philipp Ther, Deutsche Geschichte als imperiale Geschichte. Polen, slawophone Minderheiten und das Kaiserreich als kontinentales Empire, in: Sebastian Conrad und Jürgen Osterhammel (Hrsg.), Das Kaiserreich transnational. Deutschland in der Welt 1871-1914, Göttingen 2004, S. 109-148, hier S. 146 f.

1. *Erklären Sie anhand von selbstgewählten historischen Beispielen, was unter informeller und formeller Herrschaft (Zeile 3 ff. und 9 ff.) zu verstehen ist. Dazu können Sie auch Informationen aus dem Internet heranziehen.*
2. *Charakterisieren Sie die Ziele der Politik in den polnischsprachigen Teilen Preußens.*
3. *Beurteilen Sie, ob im Falle der polnischsprachigen Gebiete von der Bildung einer Kolonie gesprochen werden kann. Informieren Sie sich vorab über die Begriffe „Kolonialismus" und „Kolonie" im Internet und/oder in Fachbüchern.*

M3 „Wo liegt Polen?"

Der deutsche Historiker Peter Oliver Loew beschreibt die Wandlungen im polnischen Nationalbewusstsein an der Wende vom 19. zum 20. Jahrhundert:

Angesichts der Abwesenheit Polens auf den Karten wurde die mentale Kartierung der Nation immer wichtiger. Während im historischen Staatsgebiet nicht-polnische Nationalbewegungen ihr Haupt erhoben, während sich Litauer und Letten, Ukrainer und schließlich auch die Weißrussen als junge Nationen formierten, entdeckten die Polen ihrerseits die polnischsprachigen Bevölkerungen außerhalb des historischen Staatsgebiets: Gehörten Masuren, Kaschuben und Oberschlesier nicht auch in einen dereinst wiederentstehenden polnischen Staat? Die Vorstellung eines zwischen Oder und Dnjepr, Ostsee und Schwarzem Meer gelegenen historischen Großreichs wurde somit langsam ersetzt durch eine vage Vorstellung polnischer Grenzen, in denen ethnische, sprachliche, kulturelle, geografische und historische Argumente zusammenfielen. Damit war jedoch alles andere als klar, welche Gebiete ein wiedergeborenes Polen umfassen würde. Auf die Frage „Wo liegt Polen?" gab es deshalb die unterschiedlichsten Antworten, doch keine war präzise. Während Stanislaw Wyspiański 1901 in seinem Schauspiel *Die Hochzeit* die Auskunft erteilte, dass Polen dort liege, wo das Herz sei [...], verstieg sich der Geograf Wacław Nałkowski kurz vor dem Ersten Weltkrieg in düstere Gedanken: Das Gebiet Polens mit seinem Übergangscharakter wecke bei den Polen keine Energie, kein aktives Zukunftsstreben, sondern allzu oft Trauer, Resignation und schläfriges Sich-Verlieren in die Vergangenheit.

Peter Oliver Loew, Paderewski oder Wo liegt Polen. Nation und Erinnerungskultur zwischen dem 19. und 20. Jahrhundert, in: Peter Oliver Loew und Christian Prunitsch (Hrsg.), Polen. Jubiläen und Debatten. Beiträge zur Erinnerungskultur, Wiesbaden 2012, S. 71-96, hier S. 74

1. *Arbeiten Sie heraus, was unter dem Begriff einer „mentale[n] Kartierung" (Zeile 2) zu verstehen ist.*
2. *In dem Text werden zwei Möglichkeiten genannt, mit dem Problem des Nationalismus ohne Staatsgebiet umzugehen. Erörtern Sie, ob weitere Alternativen bestanden haben könnten. Ziehen Sie dabei diejenigen Argumente heran, die auch in der deutschen Nationalbewegung benutzt wurden, bevor das Deutsche Reich gegründet war. Siehe hierzu nochmals Seite 269 ff.*

[1] Siehe hierzu Seite 275.
[2] Gemeint sind die deutschen Kolonien in Afrika, die 1884/85 erworben wurden.

M4 Eine polnische Gefahr?

Ludwik Jażdżewski, Abgeordneter der polnischen Partei, kritisiert 1901 die Politik der preußischen Regierung gegen die polnische Bevölkerung:

Meine Herren, wenn man einer Bevölkerung, welche dem preußischen Staate aufgrund von internationalen Staatsverträgen[1] einverleibt worden ist mit der Zusage, mit dem feierlich abgegebenen königlichen Versprechen, dass ihre Nationalität geschützt und gepflegt werden soll im preußischen Staat, dass ihre Sprache im amtlichen und im Privatleben eine Schonung und einen sicheren Schutz erhalten soll, – wenn man dieser Bevölkerung, die schon unglücklich genug gewesen ist, dass sie ihre staatliche Unabhängigkeit verloren hat, alle diese Versprechen und Zusagen vorenthält und ins Gegenteil verkehrt, so kann man sich nicht wundern, dass diese unsere Bevölkerung, die eine tausendjährige Geschichte und Kultur hinter sich hat, über die geradezu feindlichen Maßnahmen der Regierung unzufrieden, ja geradezu empört ist, und bei ihrem lebhaften Naturell dieser Unzufriedenheit und tiefem Missbehagen einen entsprechend lebhaften Ausdruck gibt.

Ich will ihnen nur kursorisch eine kurze, lange nicht erschöpfende Zusammenstellung dessen vorlegen, was alles dieser unserer Bevölkerung in den letzten Zeiten widerfahren ist, um sie aufzureizen und zu schädigen. [...] Familiennamen werden vielfach durch Behörden verfälscht; jede fachmännische Versammlung wird polizeilich überwacht; jede Versammlung unter freiem Himmel wird untersagt; Aufzüge mit Musik werden verboten; polnische Theateraufführungen werden meistens verboten oder verhindert. Was tut nicht alles die Ansiedlungskommission[2], um die Bevölkerung zu kränken? [...] Und worauf zielt sie hin? Auf das Verdrängen der polnischen Besitzer und Arbeiter von der väterlichen Scholle mit dem Vorbehalt, dass eine Parzelle aus Staatsfonds von den angekauften Gütern an einen Polen, der doch auch ein gleichberechtigter Staatsbürger sein soll wie jeder andere, nie und nimmer verkauft werden darf. Die verschiedenen Ankäufe und Verkäufe dieser Kommission regen tagtäglich die Bevölkerung auf, und nachdem das geschieht, klagt man darüber, dass die Bevölkerung sich beunruhigt fühlt, und dass eine gewisse Agitation im Lande sich zeigt, die solchen Maßnahmen entgegenarbeitet. [...]

▲ **„Studt bringt den polnischen Kindern das deutsche Vaterunser bei.“**
Zeichnung von Otto Emil Lau, in: Der wahre Jacob, Nr. 532 vom 11. Dezember 1906.
Auf der Flasche steht geschrieben: „Deutsch. Religionsunterricht“.

- *Informieren Sie sich im Internet über Conrad von Studt und seine Funktion zur Entstehungszeit der Karikatur.*
- *Charakterisieren Sie, wie der Zeichner das deutsch-polnische Verhältnis darstellt.*
- *Ordnen Sie diese Karikatur in den Kontext der preußischen Germanisierungspolitik ein.*

Meine Herren, vor Gericht darf kein Pole seine Sache in eigener Sprache vertreten: Vor den Verwaltungsbehörden findet er kein Gehör in seiner Muttersprache. Kurz und gut, auf jedem Gebiet wird der Pole zurückgedrängt, auf jedem Schritt und Tritt wird er gekränkt; und nachdem das tagtäglich geschieht, klagt man über Agitation, über Unruhe und über eine polnische Gefahr und spricht von der Bedrängung des Deutschtums! Meine Herren, nun die Schule! Ist denn bei uns die Volksschule ein Bildungsinstitut, eine Bildungsanstalt im erhabenen Sinne des Wortes? Nein, sie ist geradezu eine Verbildungsanstalt, sie ist nichts weiter wie ein Abrichtungsinstitut. Den Vorwurf muss ich der Schulverwaltung in der

[1] Jażdżewski spielt auf die polnischen Teilungen und den Wiener Kongress von 1815 an; siehe hierzu Seite 269 f.

[2] Die Ansiedlungskommission wurde von Bismarck 1886 mit Stimmen der Konservativen und der Nationalliberalen gegründet. Sie sollte Land von verschuldeten polnischen Bewohnern aufkaufen und günstig an deutsche Zuwanderer abgeben.

schärfsten Weise entgegenhalten, dass sie nicht dafür Sorge trägt, was ihre Pflicht und Schuldigkeit ist, dass der Bevölkerung ihre Muttersprache, die Sprache der Familie und der Kirche, in der Schule nicht gehörig beigebracht wird, dass das polnische Kind in der Volksschule meistens nicht einmal leidlich polnisch lesen und schreiben lernen kann.
Meine Herren, das sind alles Zustände, die die polnische Bevölkerung tagtäglich vor Augen hat, und mit welchen sie tagtäglich in Berührung kommt; und da spricht nun das angezogene Ministerialorgan von einer durch Agitation gezeitigten polnischen Gefahr! Diese polnische Gefahr haben Sie sich, meine Herren am Ministertische, selbst heraufbeschworen und großgezogen. Sie ist ihr eigenstes Werk.

Nach: Willibald Gutsche (Hrsg.), Herrschaftsmethoden des deutschen Imperialismus 1897/98 bis 1917. Dokumente zur Innen- und Außenpolitik, Berlin (Ost) 1977, S. 74-76

1. *Fassen Sie die Maßnahmen der preußischen Regierung gegen die polnische Bevölkerung zusammen.*
2. *Erläutern Sie die Folgen dieser Politik für die polnische Bevölkerung damals und für die späteren deutsch-polnischen Beziehungen.*

M5 „Wie eine Pflanze in fremder Erde"

Eine polnische Lokalchronik aus Bottrop berichtet 1911 über die Zuwanderung polnischsprachiger Arbeitskräfte in den 1870er-Jahren:

Der erste [...] Agent kam nicht lange nach dem Krieg nach Oberschlesien. Er erreichte jedoch nicht viel, da er Deutscher und der polnischen Sprache nicht mächtig war. So brachte er nur 25 Bergleute, hauptsächlich aus dem Kreise Rybnik, mit sich. Das war im Januar 1871. [...]
Selbstverständlich reichten diese neu zugezogenen Kräfte bei Weitem nicht zur Deckung des Bedarfs aus; deshalb fuhr ein neuer Agent los. Diesmal war es ein Pole namens Karl Sliwka, der als Steiger auf [der Zeche] Prosper I arbeitete. Mit ihm kamen 400 polnische Bergleute nach Bottrop, die in dem gleichen Gebäude untergebracht wurden. Diese Reise fand im Mai 1871 statt. Im Jahr darauf brach auf der Zeche ein Streik aus und ungefähr 300 polnische Bergleute kehrten daraufhin in die Heimat zurück. Die Bergwerksbesitzer wurden dadurch veranlasst, Karl Sliwka ein zweites Mal zur Werbung von Arbeitern auszusenden. Und auch diesmal fand Sliwka ein fruchtbares Arbeitsfeld im Kreise Rybnik, denn er brachte ca. 500 polnische Arbeiter mit. Mit dem Sturze der Konjunktur [Ende des Jahres 1873] kehrten viele polnische Arbeiter wegen des zu geringen Verdienstes in die Heimat zurück, sodass auf den hiesigen Gruben bald danach wieder Mangel an Arbeitern bestand. Es schien deshalb den Bergwerksbesitzern das Beste, noch einmal einen Agenten nach Oberschlesien zu senden, und zwar diesmal Leopold Kowalik. Aber die Bergleute scharten sich nicht mehr in so großen Gruppen um ihn wie früher, er konnte nur 200 Bergleute nach Bottrop bringen, woraus ersichtlich ist, dass sie nicht mehr das anfängliche Vertrauen zum westfälischen Glück in sich trugen.
Die Ankunft dieser polnischen Arbeiter fiel in das Jahr 1875. In dem gleichen Jahr begannen diejenigen polnischen Arbeiter, die schon länger in Bottrop wohnten und sich etwas erworben hatten, ihre Familien aus der Heimat in die Fremde zu holen. Nicht alle konnten sogleich von dieser Möglichkeit Gebrauch machen, aber langsam und vereinzelt zogen Familien zu, sodass sich in Bottrop im Jahre 1876 ca. 20 polnische Familien befanden. Und so kann man jetzt sagen, dass mit diesem Jahr, in dem die polnischen Familien im Herzen Deutschlands zu leben begannen, das hiesige Polentum seine Existenz wie eine Pflanze in fremder Erde begann.

Nach: Christoph Kleßmann, Polnische Bergarbeiter im Ruhrgebiet 1870-1945, Göttingen 1978, S. 38

1. *Fassen Sie die Informationen über Herkunft, Qualifikation und Motivation polnischsprachiger Arbeitskräfte zusammen.*
2. *Erklären Sie die Hintergründe für die hohe Fluktuation der polnischsprachigen Arbeitskräfte.*

▲ Rückseite der Fahne des polnischen Knappenvereins Dortmund-Eving aus dem Jahre 1898.
Der Text auf der Fahne bedeutet: „Hl. Barbara, betet für uns." Für Katholiken ist die Heilige Barbara die Schutzpatronin der Bergleute.

Der Erste Weltkrieg und seine Folgen

Die Frage der Kriegsschuld Am 28. Juni 1919 wurde der *Versailler Vertrag* unterzeichnet, der die Friedensregelungen für Deutschland traf und der den *Ersten Weltkrieg* beendete. Nach *Artikel 231* war alleine das Deutsche Reich für den Ausbruch dieses Krieges verantwortlich. Diese Annahme stieß in der *Weimarer Republik*[1] bei fast allen Parteien auf vehementen Widerstand. Auch unter Historikern entstanden schon bald komplizierte Forschungsdebatten, die sich mit der Frage der Kriegsschuld befassten. Nach dem Ende des *Zweiten Weltkrieges* setzte sich international vorübergehend die These durch, dass alle eigentlich gegen ihren Willen in den Krieg hineingeschlittert seien. Diese Auffassung wurde in den 1960er-Jahren von dem Hamburger Historiker *Fritz Fischer* infrage gestellt, der die Meinung vertrat, die Reichsregierung habe den Krieg lange geplant und bewusst herbeigeführt, da ihre Weltpolitik in eine Sackgasse geraten sei. Das Deutsche Reich habe 1914 nach der „Weltmacht" gegriffen. Diese These löste eine weitere mehrjährige Debatte aus.

Heute besteht unter Historikern weitgehende Einigkeit darüber, dass die Thesen von Fritz Fischer zu zugespitzt waren. Nachdem der österreichische Thronfolger *Franz Ferdinand* am 28. Mai 1914 in Sarajewo von einem serbischen Terroristen ermordet worden war, verfolgte die deutsche Regierung eine sehr riskante Strategie, weil sie in der sogenannten *Julikrise* die Konflikte auf dem Balkan, die sich nach dem Mord abzeichneten, bewusst verschärfte. Einen Weltkrieg wollte sie wohl nicht beginnen, sie trug aber die „initiierende Verantwortung" – so der Historiker *Klaus Hildebrand* – dafür, dass sich die Krise erheblich zuspitzte. In einem Buch, das 2012 unter dem Titel „Die Schlafwandler. Wie Europa in den Ersten Weltkrieg zog" erschien, zeigte der in Cambridge lehrende australische Historiker *Christopher Clark*, dass in allen beteiligten Staaten Kriegsparteien bestanden, die bewusst auf einen großen Konflikt hinarbeiteten. Clark argumentierte auch, dass in den entscheidenden Momenten zahlreiche Politiker in mehreren Ländern einfach überfordert waren: Sie mussten schnell weitreichende Entscheidungen treffen, ohne genug Zeit zu haben, ausreichende Informationen einzuholen und die Konsequenzen ihres Handelns sorgfältig zu durchdenken. Hinzu kam, dass die zahlreichen Krisen zuvor die jeweiligen Friedensparteien deutlich geschwächt hatten und internationale Kompromisse immer schwieriger geworden waren. Im Juli 1914 konnten sich vor allem im Deutschen Reich und in Österreich-Ungarn gemäßigte Politiker in den Regierungen gegenüber den Militärs, die massiv auf einen sofortigen Krieg drängten, nicht mehr durchsetzen (▸ M1 und M2).

Internettipp
Ausführliche Informationen zum Ersten Weltkrieg von den Kriegsursachen bis hin zu den Friedensschlüssen finden Sie unter dem Code 32031-28.

Der deutsche Nationalismus im Ersten Weltkrieg Im Moment des Kriegsausbruches gab es kaum offene Opposition.[2] Vor allem deutsche Intellektuelle äußerten sich offen kriegshetzerisch (▸ M3). Die Sozialdemokratie demonstrierte zwar Ende Juli 1914 für den Frieden, stellte sich dann aber fast geschlossen hinter die Regierung, die den *„Burgfrieden"* verkündete. Innenpolitische Konflikte sollten bis zum Ende des Krieges zurücktreten oder ganz aufhören. Vor allem die Gefahr, dass das verhasste autoritäre zaristische Russland den Krieg gewinnen könne und dass dann alle Vorteile verloren gehen würden, die die *Arbeiterbewegung* im Deutschen Reich mühsam erkämpft hatte, war für das Verhalten der Arbeiterschaft verantwortlich. Einige Historiker betonen neuer-

[1] Zur Weimarer Republik siehe ausführlich das Kapitel auf Seite 358 bis 385.
[2] Zum sogenannten „Augusterlebnis" im Deutschen Reich siehe den Methoden-Baustein „Fotografie" auf Seite 313.

▲ **„Die Befreiung Polens vom russischen Joch."**
Farbdruck, in: Der wahre Jacob, Nr. 761, 1915.

- *Erklären Sie, wen die beiden Frauengestalten und der Bär (im Bildhintergrund) versinnbildlichen sollen.*
- *Ordnen Sie den Farbdruck in den historischen Kontext ein.*
- *Analysieren Sie, welche Wirkung der Zeichner beim zeitgenössischen Betrachter erzielen wollte. Durch welche Bild- und Gestaltungsmerkmale wird diese Wirkung erzeugt?*

dings auch, dass vor 1914 Teile der Arbeiterschaft durchaus von nationalistischen Ideen erfasst worden seien. Zum Erstaunen der preußischen Behörden blieb es in den polnischsprachigen Gebieten des Reiches ruhig, und junge wehrpflichtige Polen ließen sich selbstverständlich und ohne Widerstand zur Armee einziehen.

In der zweiten Kriegshälfte zerfiel die deutsche Gesellschaft zunehmend in zwei Lager, die sich unversöhnlich gegenüberstanden. Einerseits wuchs vor allem in der Arbeiterschaft seit dem Hungerwinter von 1916/17 die Kriegsmüdigkeit: Die britische Flotte blockierte seit 1914 alle Zufuhren über das Meer, und bei den Mittelmächten wurden Nahrungsmittel knapp. Seit 1916 tobten an der *Westfront* große Materialschlachten, in denen die Verluste sehr hoch waren. Zwar waren viele einfache Soldaten und Arbeiter immer noch bereit, ihr Land zu verteidigen, aber sie hofften zugleich auf einen bald kommenden Frieden, der in ihrer Sicht durchaus ein *Kompromissfrieden* ohne Annexionen (territoriale Gewinne) sein konnte. Dem stand eine andere gesellschaftliche Gruppe gegenüber, die vor allem aus dem Bürgertum stammte. Hier wurde ein bedingungsloser *Siegfrieden* proklamiert und die Hoffnung auf große territoriale Gewinne ausgedrückt. 1917 gründete dieses bürgerliche Lager die *Deutsche Vaterlandspartei*, in der sich zahlreiche rechte und rechtsradikale Gruppierungen zusammenfanden und die auch von Teilen der protestantischen Kirchen offen unterstützt wurde. Diese Partei trat in der Öffentlichkeit mit der Forderung nach einem Siegfrieden um fast jeden Preis und nach großen Annexionen in Ost und West auf. Alle, die für eine Verständigung oder für einen Kompromissfrieden eintraten, wurden pauschal als Verräter bezeichnet.

Der Kriegsverlauf im Osten 1914-1918 Bei Ausbruch des Krieges griff die russische Armee mit starken Kräften im Norden Ostpreußen und im Süden Galizien in Österreich-Ungarn an. Während die Offensive gegen das Deutsche Reich schnell scheiterte und die Deutschen bei *Tannenberg* einen großen Sieg errangen,[1] gelang es den Russen, bis zum Winter 1914/15 fast ganz Galizien zu erobern. Im Frühjahr 1915 wendete sich das Blatt, und in einer mehrtätigen Schlacht bei Tarnów und Gorlice durchbrachen deutsche und österreichisch-ungarische Truppen die russischen Stellungen. Im Sommer eroberten sie Galizien zurück und besetzten das gesamte russisch-polnische Territorium. Damit entstand die Frage, was eigentlich mit diesen Gebieten geschehen solle.

Bei den Deutschen bestanden zunächst keine klaren Konzepte, während die Österreicher die Vorstellung entwickelten, die eroberten Gebiete mit dem polnischsprachigen Galizien unter ihrer Führung zu vereinen und insgesamt in ihr Imperium zu integrieren. Da die Führung der deutschen Armee verzweifelt nach neuen Soldaten suchte, verfiel sie auf die Idee, verstärkt polnische Freiwillige anzuwerben. Am 5. November 1916 proklamierten der deutsche und der österreichisch-ungarische Kaiser deshalb die Schaffung eines *Königreiches Polen*. Allerdings wurden den Polen fast keine konkreten Rechte zugestanden: Weder wurde eine polnische Regierung oder eine eigenständige Verwaltung aufgebaut, noch war klar, welche Territorien der neue „Staat" erhalten sollte.

[1] Zur Schlacht bei Tannenberg siehe den Theorie-Baustein auf Seite 314 bis 319.

Zu Beginn des Krieges rechneten selbst große Optimisten nicht damit, dass am Ende ein vereinigtes und unabhängiges Polen entstehen könnte. Als möglich wurde aber – je nach Kriegsverlauf – ein vereinigtes Polen mit begrenzter Autonomie innerhalb des Zarenreiches oder Österreich-Ungarns angesehen. Nur sehr wenige Polen wünschten sich wegen der preußischen Germanisierungspolitik eine Vereinigung unter preußischer Führung. Je länger der Krieg dauerte, desto klarer wurde für polnische Aktivisten, dass ein wirklich unabhängiger polnischer Staat nur bei einem Sieg der **Entente** möglich sein würde (▸ M4). Diese Hoffnung erhielt weitere Nahrung, als im Januar 1918 der amerikanische Präsident *Woodrow Wilson* ein 14-Punkte-Programm verkündete (▸ M5).

Zunächst schien sich das Blatt aber zugunsten der **Mittelmächte** zu wenden: Im Herbst 1917 brach in Russland die Revolution aus und die russische Armee zerfiel schnell. Im *Friedensvertrag von Brest-Litowsk*, der am 3. März 1918 unterzeichnet wurde, schied das sowjetische Russland aus dem Krieg aus und musste sehr harte Bedingungen der Deutschen und ihrer Verbündeten hinnehmen. Allerdings erwies sich im Sommer, dass diese Entlastung im Osten nicht ausreichte, weil inzwischen die USA ihre gesamte ökonomische und militärische Macht in die Waagschale geworfen hatten und ein deutscher Sieg im Westen damit unmöglich geworden war.

Entente: Kriegsbündnis, dem Frankreich, Großbritannien, Russland, Italien und zahlreiche weitere Staaten angehörten

Mittelmächte: Kriegsbündnis aus dem Deutschen Reich, Österreich-Ungarn, dem Osmanischen Reich und Bulgarien

◂ **Europa nach 1919.**
Jugoslawien (Süd-Slawien) hieß bis 1929 „Königreich der Serben, Kroaten und Slowenen".
- *Beschreiben Sie mithilfe der Karte die territorialen Veränderungen, die sich in Europa nach dem Ende des Ersten Weltkrieges ergaben.*

Das Ende des Krieges und die deutsche Kapitulation Nachdem die letzte große deutsche Offensive im Westen im Sommer 1918 fehlgeschlagen war, hatte sich in der Arbeiterschaft die Überzeugung verbreitet, dass der Krieg verloren war. Mit großer Schnelligkeit brach die öffentliche Ordnung in der Heimat zusammen, und an der Westfront desertierten während der Rückzüge Tausende von Soldaten. Das „vaterländische" Lager hingegen proklamierte weiterhin Durchhalteparolen und machte vergeblich Werbung für eine letzte Massenmobilisierung, die – auch aus heutiger Sicht – aussichtslos gewe-

Erich Ludendorff (1865-1937): seit Herbst 1914 gemeinsam mit Paul von Hindenburg Oberbefehlshaber im Osten, seit Herbst 1916 Generalquartiermeister im Großen Generalstab (3. Oberste Heeresleitung), damit faktisch Oberbefehlshaber der gesamten deutschen Armee; 1924-1928 Abgeordneter im Reichstag

sen wäre. Anfang September 1918 musste der deutsche Oberbefehlshaber, General **Erich Ludendorff**, eingestehen, dass der Krieg verloren war. Die Militärs versuchten nun – um ihr eigenes Scheitern zu vertuschen –, die Schuld den Politikern in Berlin zuzuschieben, die sie angeblich nicht genug unterstützt hatten.

Die deutsche Revolution brach Anfang November 1918 in den Küstenstädten aus, weil die Flotte einen letzten Angriff plante, der selbstmörderisch gewesen wäre. Nach wie vor hätten die meisten Matrosen ihre Schiffe und Häfen wahrscheinlich gegen einen englischen Angriff verteidigt, sie waren aber nicht bereit, in dem Moment, als der Krieg schon fast vorbei war, für die „Ehre" zu sterben. Die Seeoffiziere fanden kein Mittel gegen die Meutereien, die sich wie ein Lauffeuer verbreiteten. Sehr schnell erfasste die revolutionäre Bewegung in den großen Städten auch die Arbeiter, die – von wenigen Ausnahmen abgesehen – keineswegs eine kommunistische Revolution, sondern ein Ende des Krieges und die Einführung eines parlamentarischen Regierungssystems anstrebten. Im Moment des Zusammenbruchs war niemand wirklich bereit, die Monarchie zu verteidigen. Kaiser Wilhelm II. war schon kurz vorher von Berlin in das Hauptquartier in Belgien gefahren und floh von dort ins holländische Exil.

Allerdings erwies es sich in der Folge als problematisch, dass – anders als im Zweiten Weltkrieg – viele Zivilisten an der „Heimatfront" die Niederlage nicht wirklich erlebt hatten. Zwar war die militärische Lage hoffnungslos, aber scheinbar hätte weiterer Widerstand geleistet werden können. Im Moment der Kapitulation waren große Teile Osteuropas noch von deutschen Truppen besetzt, und im Westen hatte die Front das Reichsgebiet noch nicht erreicht. Erst die Revolution schien weiteren Widerstand unmöglich zu machen. Für viele Nationalisten, vor allem aus dem bürgerlichen Lager, blieb die Frage bestehen, ob man nicht wenigstens noch einige Monate hätte weiter kämpfen sollen, um dann vielleicht doch noch bessere Friedensbedingungen zu erhalten. In diesen Kreisen fiel die *„Dolchstoßlegende"* auf fruchtbaren Boden. Sie besagte, dass im schwierigsten Moment des Krieges gewissenlose Vaterlandsverräter der kämpfenden Front mit der Revolution, die lange vorbereitet worden sei, in den Rücken gefallen seien.

Erinnerungen an den Ersten Weltkrieg in der Weimarer Republik Das Deutsche Reich blieb deshalb nach 1918 weiterhin eine politisch tief gespaltene Nation. Die meisten der ehemaligen Soldaten hatten genug vom Krieg, auch wenn dieser mit einer Niederlage geendet hatte. Sichtbar wird dieses Faktum, wenn man sich die Mitgliederzahlen in den Veteranenverbänden anschaut. Der größte Verband war das mehrheitlich sozialdemokratische *„Reichsbanner Schwarz-Rot-Gold"*, der in der Weimarer Republik zunächst Krieg und Gewalt ablehnte und sich an die Seite der Demokratie stellte. In der Öffentlichkeit wurde aber sehr viel mehr der kleinere Veteranenverband *„Stahlhelm. Bund der Frontsoldaten"* wahrgenommen, der offen militaristisch argumentierte, den Krieg verherrlichte, eine Revanche predigte und die Niederlage auf die „Dolchstoßlegende" zurückführte. Da ehemalige Eliten des Kaiserreiches wie hohe Offiziere, monarchistische Adlige oder rechte Nationalisten ihr eigenes Versagen vertuschen wollten, stellte die „Dolchstoßlegende" eine bequeme Rechtfertigung dar. Von ihr existierten anfangs mehrere Versionen: Einigkeit bestand nur darin, dass die Revolution für die Niederlage verantwortlich war. Meinungsverschiedenheiten bestanden aber darüber, wer diese ausgelöst hatte: Kommunisten, Juden und Sozialdemokraten schienen vielversprechende Kandidaten zu sein, aber auch über die Rolle von Katholiken, **Freimaurern** und Minderheiten wurde diskutiert. Maßgebliche Mitglieder der ehemaligen wilhelminischen Eliten pflegten auch ausgeprägte antipolnische Stereo-

Freimaurer: internationale Bewegung, die bereits Anfang des 18. Jahrhunderts gegründet worden war. Ihre Ideale bestehen aus Freiheit, Gleichheit, Brüderlichkeit, Toleranz und Humanität. Sie praktizierten aber auch geheime Rituale, wurden deshalb häufig angefeindet und ihr Internationalismus stieß auf die Gegnerschaft von überzeugten Nationalisten.

◂ **Gedenken an den Ersten Weltkrieg in der zweiten Hälfte des 20. Jahrhunderts.** *Foto vom 22. September 1984, Beinhaus von Douaumont. Der französische Staatspräsident François Mitterrand und Bundeskanzler Helmut Kohl begehen den 68. Jahrestag der Schlacht von Verdun. Anders als in Deutschland ist die Schlacht in der französischen Erinnerungskultur zentral. Hier fand 1916 eine der größten und längsten Materialschlachten des Ersten Weltkrieges statt, an der die gesamte französische Armee teilnahm. Der deutsche Versuch eines Durchbruchs durch die französische Front scheiterte nach mehreren Monaten. Im Beinhaus von Douaumont sind die Knochen von etwa 130 000 deutschen und französischen Soldaten bestattet, die nicht mehr identifiziert werden konnten.*

- *Versetzen Sie sich in die Rolle eines deutschen Journalisten, der für eine Tageszeitung über die Gedenkfeier am 22. September 1984 berichtet. Recherchieren Sie im Vorfeld im Internet weitere Informationen über die Feierlichkeiten. Gehen Sie in Ihrem Artikel auch darauf ein, was die symbolische Geste zwischen Mitterrand und Kohl (Foto) über das deutsch-französische Verhältnis aussagt.*

type. *General Hans von Seeckt*, der Oberbefehlshaber der Reichswehr, äußerte sich am 11. September 1922 eindeutig: „Polens Existenz ist unerträglich, unvereinbar mit den Lebensbedingungen Deutschlands. Es muss verschwinden und wird verschwinden durch eigene innere Schwäche und durch Russland, mit unserer Hülfe“.[1]

Im Sommer 1924 veranstaltete die Regierung eine große Feier in Berlin, mit der auf würdige Weise an den Beginn des Krieges erinnert und der Gefallenen gedacht werden sollte. Symbolisch sollte eine Brücke zwischen dem untergegangenen Kaiserreich und der neuen demokratischen Republik geschlagen werden. Nicht Heroismus, sondern Trauer sollte die Menschen miteinander versöhnen. Beispielsweise wurden zwei Fahnen auf Halbmast gehisst: Unter der kaiserlichen schwarz-weiß-roten hatten die Soldaten gekämpft und die schwarz-rot-goldene Fahne stand für den neuen freien Staat. Der Versuch einer symbolischen Versöhnung mit der wilhelminischen Vergangenheit schlug allerdings fehl, weil sowohl kommunistische als auch rechte Gruppierungen die Veranstaltung störten. Danach gab es keine Anläufe mehr, die beiden verfeindeten Lager zusammenzubringen, weil die demokratischen Regierungen zu der Meinung gekommen waren, diese Versuche seien sinnlos.

Die Erinnerungskultur an den Ersten Weltkrieg wurde in den folgenden Jahren deshalb vor allem von privaten Verbänden und Vereinen gepflegt, und sie erhielt dadurch häufig eine offen revanchistische und antisemitische Ausrichtung. Gefeiert wurden die Jahrestage wirklicher oder vermeintlicher deutscher Siege. Die nationalsozialistische Bewegung, die 1930 ihre ersten großen Wahlerfolge erzielte, wandte sich gezielt an die jüngere Generation, die die Schrecken der Front nicht mehr erlebt hatte, aber empfänglich war für heroische Darstellungen.

[1] Nach: Heinrich August Winkler, Weimar 1918-1933. Die Geschichte der ersten deutschen Demokratie, München [2]1994, S. 169

Erinnerungen an den Ersten Weltkrieg in Polen Ganz anders als in der Weimarer Republik sah die Erinnerung an den Ersten Weltkrieg in Polen aus (▸ M6). Polnische Soldaten hatten für alle Teilungsmächte gekämpft und waren auch für sie gefallen. Genaue Zahlen sind nicht verfügbar, aber es wird geschätzt, dass mehr als eine Million polnischer Soldaten in der russischen Armee kämpften und über zwei Millionen bei den Mittelmächten. Wahrscheinlich sind mehrere Hunderttausend Polen gefallen und die Zahl der Verletzten dürfte sehr viel höher gelegen haben. Wie viele Zivilisten ums Leben kamen, ist nicht bekannt, aber auch hier handelt es sich um eine hohe Zahl, weil schwere Kämpfe auf polnischem Territorium ausgetragen worden und zugleich in der zweiten Kriegshälfte die Nahrungsverhältnisse sehr schlecht gewesen waren. Hunger war bei den Mittelmächten an der Tagesordnung, und das besetzte ehemals russische Polen wurde zeitweise regelrecht ausgeplündert.

Die Erfahrungen der Soldaten bestanden darin, dass sie für die Teilungsmächte aufeinander geschossen hatten. Dennoch gelang es mit großer Mühe, eine nationale Erzählung, ein Narrativ, zu entwerfen, die den Erfahrungen der Menschen nicht völlig widersprach. Demnach hätten alle Polen nur gezwungenermaßen und widerwillig ihren Dienst als Soldaten verrichtet. Erst als 1918 der Krieg vorbei gewesen sei, hätten sie die Möglichkeit gehabt, ihre wahre Identität zu zeigen und als wirkliche Polen in den *Grenzkriegen* mit Begeisterung dem nationalen Gedanken zu folgen.[1] Damit ergab sich im Vergleich zu Deutschland eine ganz andere Chronologie: Entscheidend für den nationalen Gedanken in Polen war nicht die Periode von 1914 bis 1918, sondern diejenige der Grenzkriege von 1918 bis 1921.

Um diese Interpretation auch symbolisch für den neuen Staat nutzbar zu machen, wurde ein nicht mehr identifizierbarer Soldat, der während der Kämpfe um Lemberg im Grenzkrieg gegen die kurzlebige Westukrainische Republik gefallen war, exhumiert und in Warschau unter dem „**Grabmal des unbekannten Soldaten**" erneut bestattet. Dieser Kult des „unbekannten Soldaten", der ursprünglich in Frankreich und mit leichten Veränderungen in Großbritannien entwickelt worden war, wirkte auf viele Polen national integrierend. Allerdings war daran problematisch, dass gerade in Lemberg sehr viele Ukrainer lebten, die 1919 ebenfalls für einen eigenen Staat gekämpft hatten. Der polnische „unbekannte Soldat" war mit einiger Sicherheit von einem Ukrainer getötet worden. Für diese Menschen stellte der Kult des „unbekannten Soldaten" gerade kein integratives Moment dar – das Gegenteil war der Fall. Auch die Mitglieder der deutschen Minderheit in Polen konnten sich nicht mit diesem nationalen Symbol identifizieren.

Grabmal des unbekannten Soldaten: besonderes Soldatendenkmal, durch das an die nicht namentlich identifizierbaren Gefallenen und an die jeweiligen Kriege erinnert werden soll

Auch haben neuere historische Forschungen gezeigt, dass ein weiterer Aspekt dieser Darstellung auf einem Mythos basiert. Wenn die polnischen Soldaten in der deutschen Armee im Ersten Weltkrieg wirklich so unwillig ihren Dienst getan hätten, hätten sie zumindest an der *Ostfront* viele Möglichkeiten nutzen können, um zu desertieren. Die neueste Forschung hat aber eindeutig nachgewiesen, dass beispielsweise Polen in der deutschen Armee oder Tschechen in der österreichischen nicht öfter übergelaufen sind, als andere Deutsche. Man kann aber davon ausgehen, dass vor allem in der zweiten Kriegshälfte die Moral in der gesamten deutschen Armee schlecht war: Hier ergab sich dann doch auch für die polnischen Veteranen ein Anknüpfungspunkt für ihre Kriegserinnerungen.

1. *Vergleichen Sie die deutsche und die polnische Erinnerungskultur an den Ersten Weltkrieg. Ziehen Sie dazu die Darstellung auf Seite 304 bis 306 heran.*
2. *Erörtern Sie die politischen Konsequenzen, die sich aus den unterschiedlichen Erinnerungen ergeben.*

[1] Diese Grenzkriege werden dargestellt auf Seite 322.

M1 Vorstellungen über die Zukunft Deutschlands

Der Historiker Michael Salewski erklärt 2003:

Das französische Kriegsziel war ganz einfach: [...] – die Zerstörung des Deutschen Reiches. Falls das nicht gelingen sollte [...], sollte es wenigstens verkleinert werden: selbstverständlich Rückgabe von Elsass und Lothringen, Abtretung des Saargebietes, die Rheingrenze für Frankreich, Russland, dem Verbündeten, wollte man territoriale Freiheit im Osten gestatten [...].
Es liegt auf der Hand, dass Englands Kriegsziele viel moderater erschienen [...]. Aber von Pappe waren sie keineswegs. Natürlich mussten Belgien voll wiederhergestellt, Elsass und Lothringen an Frankreich zurückgegeben werden. [...] Viel wichtiger erschienen England andere Forderungen: Deutschland sollte fortan keine Flotte mehr besitzen, keine Kolonien, es sollte die Meistbegünstigung[1] für alle gewähren – ohne Gegenseitigkeit –, die Nordseeinseln waren abzurüsten, der Kaiser-Wilhelm-Kanal[2] zu internationalisieren. [...] Aber schon 1914 war England sich darüber im Klaren, dass die Schwächung Deutschlands über ein gewisses Maß hinaus nicht opportun sein würde – hier schlug das Denken in den Kategorien der „balance of power" durch, und das permanente Misstrauen Englands Russland gegenüber. [...]
Die Diskussion [im Deutschen Reich] vollzog sich auf drei übereinanderliegenden Ebenen. Auf der untersten ging es um die „Gleichberechtigung" des Reiches, also um den schon lange vor dem Krieg geforderten „Platz an der Sonne". Auf der zweiten um die „Hegemonie in Europa", auf der dritten um den „Griff nach der Weltmacht".

Michael Salewski, Der Erste Weltkrieg, Paderborn 2003, S. 144 f.

M2 Unterschiedliche Begehrlichkeiten

Wolfgang J. Mommsen äußert sich in einem 2003 erstmals veröffentlichten Beitrag über die „Kriegsziele":

Keine der europäischen Mächte verfocht vor Kriegsbeginn konkrete territoriale Annexionsziele, welche ihre Entscheidung, zu den Waffen zu greifen, maßgeblich beeinflusst haben. Doch schon bald nach Kriegsbeginn setzte in allen Ländern eine zunächst überwiegend intern geführte Debatte über die Kriegsziele ein. Großbritannien forderte mit einigem Nachdruck die Wiederherstellung der Selbstständigkeit der kleineren europäischen Nationen, die durch den Angriff der Mittelmächte widerrechtlich zerstört worden sei, insbesondere die Wiederherstellung Belgiens. Auch in Frankreich [...] stand die Rückgewinnung des Elsass und Lothringens im Vordergrund. Erst im weiteren Verlauf des Weltkrieges wurde dann die Forderung der Annexion des Saarbeckens und der Rheingrenze laut [...].
Im Deutschen Reich kam es hingegen bereits unmittelbar nach Kriegsausbruch zu einer massiven Kampagne für weitreichende Annexionen in Ost und West. [...]
Der deutschen Reichsleitung kam diese [...] Agitation [...] höchst ungelegen. [...] Dennoch wurden, ungeachtet des öffentlichen Bekenntnisses zu einem Verteidigungskrieg, unverändert umfangreiche Planungen für territoriale Erwerbungen in Ost und West, insbesondere für die dauernde Kontrolle Belgiens, fortgeführt. Diese nahmen in der Folge immer uferlosere Formen an. [...] Im Übrigen verhandelten die alliierten Mächte auf der Interalliierten Wirtschaftskonferenz in Paris vom 14.-17. Juni 1917 über eine Nachkriegsordnung, durch welche die deutsche Stellung im Welthandel auf Dauer niedergehalten werden sollte. [...]
Seit 1917 verhärteten sich in allen Lagern, insbesondere aber im Deutschen Reich, die Forderungen der Kriegsziele immer stärker [...]. [...] Bedeutsamer war, dass mehr und mehr rassistische, insbesondere antisemitische, Gesichtspunkte in die Kriegszieldebatte eingebracht wurden. Auch die Idee ethnischer Säuberungen [...] tauchte nun vielfach in den Denkschriften auf, auch wenn sie einstweilen keinen Eingang in die offiziellen Planungen fand.

Wolfgang J. Mommsen, Artikel „Kriegsziele", in: Enzyklopädie Erster Weltkrieg, herausgegeben von Gerhard Hirschfeld u.a., Paderborn, aktualisierte und erweiterte Studienausgabe 2014, S. 666 ff.

1. *Fassen Sie alle Informationen aus M1 und M2 über die Kriegsziele der europäischen Mächte zusammen.*
2. *Salewski und Mommsen deuten die Kriegszieldiskussionen unterschiedlich. Arbeiten Sie die Urteile heraus und stellen Sie diese einander tabellarisch gegenüber.*
3. *Die publizistisch und vehement geführten Kriegszieldebatten weckten Hoffnungen und Befürchtungen und erzeugten Zwänge. Entwickeln Sie Vorstellungen von der Reaktion der Bevölkerung, der Soldaten, der Regierung sowie des jeweiligen Gegners.*
4. *Formulieren Sie eine Stellungnahme zu den beiden Texten, in der Sie begründen, wessen Argumentation Sie eher nachvollziehen können.*

[1] **Meistbegünstigung**: liegt vor, wenn Handelsvorteile allen Vertragspartnern gewährt werden. Wem die Meistbegünstigung verweigert wird, der ist benachteiligt.
[2] **Kaiser-Wilhelm-Kanal**: der heutige Nord-Ostsee-Kanal

M3 „An die Kulturwelt!“

Kurz nach Kriegsausbruch veröffentlichen 93 deutsche Intellektuelle, darunter viele Professoren, einen Aufruf, der im In- und Ausland für erhebliches Aufsehen sorgt. Bis dahin hat die Propaganda in Großbritannien und Frankreich das Problem, dass zwar das Deutschland des Militarismus verachtet, das der Kultur in Literatur oder Musik aber oft hoch geschätzt wird. In dem Aufruf von 1914 heißt es:

An die Kulturwelt!
Wir als Vertreter deutscher Wissenschaft und Kunst erheben vor der gesamten Kulturwelt Protest gegen die Lügen und Verleumdungen, mit denen unsere Feinde Deutschlands reine Sache in dem ihm aufgezwungenen schweren Daseinskampf zu beschmutzen trachten. Der eherne Mund der Ereignisse hat die Ausstreuung erdichteter deutscher Niederlagen widerlegt. Umso eifriger arbeitet man jetzt mit Entstellungen und Verdächtigungen. [...]
Es ist nicht wahr, dass Deutschland diesen Krieg verschuldet hat. Weder das Volk hat ihn gewollt, noch die Regierung noch der Kaiser. Von deutscher Seite ist das Äußerste geschehen, ihn abzuwenden. [...] Erst als eine schon lange an den Grenzen lauernde Übermacht von drei Seiten über unser Volk herfiel, hat es sich erhoben wie ein Mann.
Es ist nicht wahr, dass wir freventlich die Neutralität Belgiens verletzt haben. Nachweislich waren Frankreich und England zu ihrer Verletzung entschlossen. Nachweislich war Belgien damit einverstanden Selbstvernichtung wäre es gewesen, ihnen nicht zuvorzukommen. [...]
Es ist nicht wahr, dass unsere Kriegführung die Gesetze des Völkerrechtes missachtet. Sie kennt keine zuchtlose Grausamkeit. Im Osten aber tränkt das Blut der von russischen Horden hingeschlachteten Frauen und Kinder die Erde, und im Westen zerreißen Dumdumgeschosse unseren Kriegern die Brust. Sich als Verteidiger europäischer Zivilisation zu gebärden, haben die am wenigsten das Recht, die sich mit Russen und Serben verbünden und der Welt das schmachvolle Schauspiel bieten, Mongolen und Neger auf die weiße Rasse zu hetzen.
Es ist nicht wahr, dass der Kampf gegen unseren sogenannten Militarismus kein Kampf gegen unsere Kultur ist, wie unsere Feinde heuchlerisch vorgeben. Ohne den deutschen Militarismus wäre die deutsche Kultur längst vom Erdboden getilgt. Zu ihrem Schutze ist er aus ihr hervorgegangen in einem Lande, das jahrhundertelang von Raubzügen heimgesucht wurde wie kein zweites. Deutsches Heer und deutsches Volk sind eins. Dieses Bewusstsein verbrüdert heute 70 Millionen Deutsche ohne Unterschied der Bildung, des Standes und der Partei. [...]
Glaubt uns! Glaubt dass wir diesen Kampf zu Ende kämpfen werden als ein Kulturvolk, dem das Vermächtnis eines Goethe, eines Beethoven, eines Kant ebenso heilig ist wie sein Herd und seine Scholle.

Nach: Jürgen von Ungern-Sternberg und Wolfgang von Ungern-Sternberg, Der Aufruf „An die Kulturwelt!“. Das Manifest der 93 und die Anfänge der Kriegspropaganda im Ersten Weltkrieg, zweite, erweiterte Auflage mit einem Beitrag von Trude Maurer, Frankfurt am Main 2013, S. 209-212

1. *Charakterisieren Sie die rhetorischen Mittel, die in diesem Aufruf verwendet werden.*
2. *Arbeiten Sie heraus, wer wahrscheinlich die Zielgruppe bzw. der Adressat dieses Aufrufes war, und was diese „Kulturwelt“ eigentlich war.*
3. *Erörtern Sie, warum in Frankreich und England dieser Aufruf offene Empörung hervorrief und warum er der jeweiligen Propaganda der Entente direkt Material lieferte.*

M4 Krieg als Chance für die polnische Nationalbewegung?

Der polnische Historiker Piotr Szlanta schreibt über die Perspektive der Polen im Ersten Weltkrieg:

Die polnischen Eliten waren sich stets der Tatsache bewusst, dass die einzige Chance, ihre Unabhängigkeit wiederherzustellen, ein allgemeiner europäischer Krieg war. In der Mitte des 19. Jahrhunderts bat der große polnische Dichter Adam Mickiewicz, der auch politisch sehr aktiv war, in einem seiner Gedichte: „Um einen allgemeinen Krieg im Namen der Völkerfreiheit flehen wir Dich an, Unser Herr.“ [...] Der Kriegsausbruch veränderte den Stellenwert der polnischen Frage in den internationalen Beziehungen radikal und unabwendbar. Endlich, so erschien es vielen Polen, befanden sich die Teilungsmächte im Kampf gegeneinander. Ihre Solidarität war zerbrochen. [...] Seit Beginn des Krieges versuchten die Kriegsparteien, die Sympathie der Polen zu gewinnen, da die Ostfront hauptsächlich durch polnische Gebiete verlief. Sie mussten, zumal es sich abzeichnete, dass der Krieg lange dauern würde, die politischen Aspirationen[1] der Polen zumindest teilweise anerkennen.
So wurde zum Beispiel am 14. August 1914 der Aufruf des russischen Oberbefehlshabers Großfürst Nikolai bekannt gemacht. Er kündigte die Wiederbelebung „des Selbstständigen und Freien in Religion und Sprache“ Polens an. [...] Zudem versprach er die Vereinigung aller polnischen Gebiete unter dem Zepter der Romanovs. Allerdings äußerte er sich

[1] **Aspirationen**: Bestrebungen

nicht zu den genauen Grenzen dieses Gebietes. Die Bedeutung dieser Erklärung war groß, denn sie beendete das Totschweigen der polnischen Frage und bedeutete gleichzeitig einen Schritt in Richtung ihrer Internationalisierung. Nun sahen sich auch die beiden anderen Teilungsmächte zumindest zu einer pro-polnischen Geste gezwungen. [...] Die Polen allerdings nahmen den Deutschen ihre Zusicherung „wir bringen euch Freiheit und Unabhängigkeit" nicht ab. Diese Worte aus dem Munde der Deutschen, die in ihrem Teil Polens eine skrupellose Politik der Germanisierung betrieben, mussten einfach unglaubhaft und ironisch klingen.

Piotr Szlanta, Der Erste Weltkrieg von 1914 bis 1915 als identitätsstiftender Faktor für die moderne polnische Nation, in: Gerhard P. Groß (Hrsg.), Die vergessene Front. Der Osten 1914/15, Paderborn 2006, S. 153-164, hier S. 153 und 155f.

1. *Geben Sie die Kernaussagen des Textes in eigenen Worten wieder.*

2. *Analysieren Sie, welche Handlungsmöglichkeiten der Ausbruch des Ersten Weltkrieges polnischen Nationalisten eröffnete.*

M5 Die US-amerikanischen Kriegsziele

Am 8. Januar 1918 entwirft der amerikanische Präsident Woodrow Wilson[1] in einer programmatischen Rede vor dem US-Kongress die Grundzüge einer Friedensordnung, die als das 14-Punkte-Programm bekannt wird:

1. Offene Friedensverträge, die offen zustande gekommen sind, und danach sollen keine geheimen internationalen Vereinbarungen irgendwelcher Art mehr getroffen werden, sondern die Diplomatie soll immer offen und vor aller Welt arbeiten. [...]

6. Räumung des ganzen russischen Gebiets und eine solche Regelung aller Russland betreffenden Fragen, die ihm die beste und freieste Zusammenarbeit der anderen Nationen der Welt für die Erlangung einer unbeeinträchtigten und unbehinderten Gelegenheit zur unabhängigen Bestimmung seiner eigenen politischen Entwicklung und nationalen Politik sicherstellt und es eines aufrichtigen Willkommens im Bunde der freien Nationen unter von ihm selbst gewählten Staatseinrichtungen versichert, und darüber hinaus die Gewährung von Beistand jeder Art, dessen es bedürfe und selbst wünschen sollte. [...]

10. Den Völkern Österreich-Ungarns, deren Platz unter den Völkern wir sichergestellt und zugesichert zu sehen wünschen, sollte die freieste Gelegenheit zu autonomer Entwicklung gewährt werden.

11. Rumänien, Serbien und Montenegro sollten geräumt werden; besetzte Gebiete sollten wiederhergestellt werden; Serbien sollte freier und sicherer Zugang zum Meere gewährt werden; und die Beziehungen der verschiedenen Balkanstaaten zueinander sollten durch freundschaftliche Verständigung gemäß den geschichtlich feststehenden Grundlinien von Zugehörigkeit und Nationalität bestimmt werden. Auch sollten internationale Bürgschaften für die politische und wirtschaftliche Unabhängigkeit sowie für die territoriale Unverletzlichkeit der verschiedenen Balkanstaaten übernommen werden. [...]

13. Es sollte ein unabhängiger polnischer Staat errichtet werden, der die von unbestritten polnischen Bevölkerungen bewohnten Gebiete einschließen sollte, dem ein freier und sicherer Zugang zum Meere zugesichert werden sollte und dessen politische und wirtschaftliche Unabhängigkeit und territoriale Unverletzlichkeit durch internationales Abkommen garantiert werden sollten.

14. Es muss zum Zwecke wechselseitiger Garantieleistung für politische Unabhängigkeit und territoriale Unverletzlichkeit der großen wie der kleinen Staaten unter Abschluss spezifischer Vereinbarungen eine allgemeine Gesellschaft von Nationen gebildet werden.

Der Waffenstillstand 1918-1919. Das Dokumenten-Material der Waffenstillstands-Verhandlungen von Compiègne, Spa, Trier und Brüssel, hrsg. im Auftrage der Deutschen Waffenstillstands-Kommission, Bd. 1, Berlin 1928, S. 3-6

1. *Geben Sie mit eigenen Worten Wilsons Programm wieder.*

2. *An anderer Stelle hat Wilson das „Selbstbestimmungsrecht der Völker" proklamiert. Analysieren Sie, ob Bruchstellen zwischen den 14 Punkten und dem Selbstbestimmungsrecht bestanden.*

3. *In Punkt 11 werden „geschichtliche Richtlinien" erwähnt. Erörtern Sie möglichen Konfliktstoff, der sich aus dieser Formulierung ergeben haben könnte.*

4. *Erörtern Sie, warum dieses Programm, das eine friedliche neue Weltordnung anstrebte, bei vielen Völkern einen aggressiven Nationalismus schürte.*

[1] **Woodrow Wilson** (1856-1924): Jurist, Historiker und Politiker; 1913-1921 Präsident der USA (Demokrat). Wilson verfolgte soziale Reformen, war im Ersten Weltkrieg um die Neutralität der USA bemüht, führte sie aber dennoch 1917 in den Krieg. Ab 1918 engagierte er sich für die Errichtung des Völkerbundes. 1920 erhielt Wilson den Friedensnobelpreis für das Jahr 1919.

M6 Piłsudski blickt zurück

Am 10. August 1924, dem zehnten Jahrestag der Gründung der Polnischen Legionen, hält Józef Piłsudski (siehe Abbildung), der zu dieser Zeit kein offizielles Amt bekleidet, in Lublin folgende Rede:

Polen und die überwältigende Mehrheit des polnischen Volkes wollte keinen Krieg und war sich darüber klar, dass nicht um Polen gekämpft wurde. Da sie nicht darauf vorbereitet waren, im Kriegsfalle eine selbstständige Rolle zu spielen, taten die Polen bei Ausbruch der Weltkatastrophe das, was sie bereits ein gutes halbes Jahrhundert im täglichen Leben getan hatten: Sie fügten sich den Befehlen der Teilungsmächte und stärkten dadurch eine jede von ihnen. Ein kleines Häuflein Menschen, Legionäre genannt, entschloss sich, anders zu handeln. Es wollte während des Krieges Polen eine Vertretung in Gestalt des polnischen Soldaten und polnischer Truppenführer geben. Angesichts der begreiflichen Abneigung und des Widerstandes aufseiten der Teilungsmächte und infolge des allgemeinen Misstrauens hinsichtlich der Durchführbarkeit einer solchen Absicht gelang der Versuch nur teilweise. Dieser Zustand musste zu starken Reibereien führen, in denen wir, die Legionäre, unablässig für unsere Ziele weiterkämpften und dadurch am schärfsten die Verteidigung der nationalen Ehre und des nationalen Stolzes zum Ausdruck brachten, während die Kriegsmaschinerie aller drei Erobererstaaten uns systematisch in den Schmutz zu treiben suchte. Gerade darum trugen wir, wenn wir auch im Kampf unterlagen, die große Genugtuung davon, dass wir als die ersten in Polen als polnisches Militär leben konnten, dass wir, während die Polen allgemein erniedrigt wurden, unsere Ehre hochhielten und häufig sogar die nationale Ehre und Würde zur Geltung brachten. [...]

Wir wollen versuchen, uns in aller Ruhe klarzumachen. Die Sünden, die bei Kriegsausbruch von vielen Polen begangen wurden, die Dummheit, die sie einst an den Tag legten, verschönern vielleicht nicht die Geschichte unseres Vaterlandes – aber das geschah vor so langer Zeit, und wir selber haben so viele Wandlungen durchgemacht, dass es wahrhaftig nicht lohnt, sich über diese Dinge viel vorzumachen.

Nach: Józef Piłsudski, Erinnerungen und Dokumente, Bd. 4, Essen 1936, S. 172 f. und 175 (übersetzt von Jean Paul d'Ardeschah)

1. *Gliedern Sie die Rede in sinnvolle Abschnitte und versehen sie diese mit einer passenden Überschrift.*

2. *Charakterisieren Sie die Art, mit der Piłsudski versucht, seinen Hörern eine bestimmte Form der Erinnerung zu präsentieren.*

3. *Nehmen Sie aus heutiger Perspektive Stellung zur Rede.*

▲ **Józef Piłsudski.**
Foto vom 15. August 2015.
Zwei polnische Soldaten flankieren das Denkmal für Piłsudski in Warschau anlässlich der Feierlichkeiten zum Tag der Polnischen Armee (offizieller Nationalfeiertag in Polen).
Der Offizier Jósef Piłsudski (1867-1935) hatte auf österreichischer Seite eine etwa 7000 Mann starke polnische Legion von Freiwilligen kommandiert, die bereits im August 1914 aufgestellt und gegen die Russen eingesetzt worden war. Er hoffte auf diese Weise, später als Gegenleistung nationale Zugeständnisse zu erhalten und gleichzeitig eine kampferfahrene Truppe als Kern einer späteren polnischen Armee aufzubauen. Im Juli 1917 weigerte er sich aber – wie die meisten seiner Soldaten – einen Eid auf die beiden Kaiser der Mittelmächte zu leisten oder an der Westfront für die Deutschen zu kämpfen. Daraufhin wurde Piłsudski für den Rest des Krieges zu Festungshaft in Magdeburg verurteilt. Mit dieser Inhaftierung begann sein Aufstieg zum polnischen Nationalhelden.
Weitere Informationen finden Sie auf Seite 322 ff.

- *Charakterisieren Sie die Symbolsprache, mit der dieses Denkmal Józef Piłsudski darstellt.*

Historische Momentaufnahmen

Kompetenz:
Fotografien als historische Momentaufnahmen interpretieren

Fotografien prägen unser Bild von der jüngeren Geschichte mehr als jedes andere Medium. Sie halten politische und gesellschaftliche Ereignisse für die Nachwelt fest und geben uns eine Fülle von Informationen über den Lebensalltag. In der ersten Hälfte des 20. Jahrhunderts wurde Fotografieren für breite Bevölkerungskreise erschwinglich. Fotos wurden dadurch für den Historiker zu einer immer wichtigeren Quelle.

Fotografien haben eine sehr starke suggestive Kraft, weil sie scheinbar die Welt so wiedergeben, „wie sie ist", sie vermitteln den Eindruck von Authentizität. Mit dem Druck auf den Auslöser wird aber kein „objektives" Bild der Wirklichkeit hergestellt. Fotos sind Momentaufnahmen und zeigen immer nur einen ausgewählten und bearbeiteten Ausschnitt aus der Realität. Bereits durch die Wahl des Motivs, des Bildausschnitts und der Perspektive stellt der Fotograf ein subjektives, „komponiertes" Bild der Wirklichkeit her. Retuschen, Montagen und andere Manipulationen, etwa das Wegschneiden oder Vergrößern bestimmter Bildteile, machen die Fotografie zu einer schwer zu beurteilenden Quelle.

Bereits während des Amerikanischen Bürgerkrieges (1861-1865) wurden in amerikanischen Zeitungen Fotos von den Schlachtfeldern abgedruckt, die häufig als schockierend empfunden wurden. Erst später wurde aber bekannt, dass der Fotograf die Leichen „arrangiert" hatte, das heißt nach dem Ende der Schlacht neu und anders hingelegt hatte, sodass eine Wirkung entstand, die sonst nicht vorhanden gewesen wäre.

Fotos müssen deshalb als Quelle besonders vorsichtig bewertet werden. Sie müssen unter bestimmten Fragestellungen interpretiert und in einen historischen Gesamtzusammenhang eingeordnet werden.

Formale Kennzeichen

- *Wer* hat das Foto gemacht, in *Auftrag* gegeben und *veröffentlicht*?
- *Wann*, *wo* und aus welchem *Anlass* ist das Foto gemacht bzw. veröffentlicht worden?

Bildinhalt

- *Wer* oder *was* ist auf dem Foto *abgebildet*? Was wird thematisiert?
- Welche *Darstellungsmittel* werden verwendet (Schwarzweiß- oder Farbbild, Kameraperspektive, Aufbau, Schnappschuss oder gestellte Szene, Profi- oder Amateuraufnahme)?
- Sind Hinweise auf *Bildbearbeitung* oder *nachträgliche Veränderungen* erkennbar (Retusche, Montage, Beschnitte bzw. Ausschnittvergrößerungen)?

Historischer Kontext

- Auf welches *Ereignis* oder welche *Person* bezieht sich das Foto?
- Wie lässt sich das Foto in den *historischen Kontext* einordnen?

Intention und Wirkung

- *Für wen* und *in welcher Absicht* wurde das Foto gemacht bzw. veröffentlicht?
- Welche *Botschaft*, welche *Deutung* vermittelt das Foto beabsichtigt oder unbeabsichtigt?
- Welche *Wirkung* soll beim Betrachter erzielt werden?

Bewertung und Fazit

- Wie lässt sich das Foto insgesamt *einordnen* und *bewerten*?
- Welche *Auffassung* vertreten Sie zu dem Bild?

Ort und Zeitpunkt
Berlin (Unter den Linden) am 31. Juli 1914

Bildaufbau
Die Bildmitte zeigt einen Offizier mit einem Stück Papier in der Hand. Um ihn herum ist ein kleiner Kreis freigelassen, weitere Soldaten oder Offiziere stehen bereit, um die herumstehenden Menschen eventuell zurückzuhalten. Dies scheint aber nicht notwendig zu sein, die Zuschauer verhalten sich sehr diszipliniert.
Der Ausschnitt zeigt eine Menschenmenge, die weit größer ist, als das Bild zeigen kann. Erkennbar an den Hüten sind Männer eindeutig in der Mehrheit, links oben ist eine Frau zu sehen, die in einer Kutsche sitzt.

▲ **Bekanntgabe des Zustandes der drohenden Kriegsgefahr in Berlin (Unter den Linden) durch einen Offizier.**
Foto vom 31. Juli 1914, erschienen in: Berliner Illustrirte Zeitung, Nr. 32, 1914.

Perspektive und Wirkung
Die Aufnahme von schräg oben vermittelt dem Betrachter eine Perspektive, die die Menschen auf dem Foto nicht hatten. Der Betrachter erhält dadurch den Eindruck, eine „objektive" Übersicht über den Moment zu haben.

Ort und Zeitpunkt
Pariser Platz in Berlin am 1. August 1914

Perspektive und Wirkung
Die Kamera ist fast exakt auf Augenhöhe mit den Männern. Durch diese offenbar bewusst gewählte Perspektive wird nicht klar, wie viele Personen hier jubeln. Es können etwa dreißig aber auch sehr viel mehr gewesen sein.
Die kurze Distanz rückt die Männer ins Zentrum, sie scheinen auf den Betrachter zuzumarschieren. Es entsteht der Eindruck einer hohen Dynamik.

Bildaufbau
Im Vordergrund des Fotos sind mehrere jubelnde junge Männer erkennbar. Der Bildhintergrund zeigt einen Straßenzug mit großen Gebäuden und Bäumen.

▲ **Kriegsbegeisterte Jugend auf dem Pariser Platz in Berlin.**
Foto vom 1. August 1914.

Formale Kennzeichen Das erste Foto wurde in Berlin (Unter den Linden) am 31. Juli 1914 aufgenommen und in der Wochenzeitung „Berliner Illustrirte Zeitung" veröffentlicht. Das zweite Foto entstand am 1. August 1914 auf dem Pariser Platz in Berlin. Die Fotografen sind nicht bekannt.

Bildinhalt Im Zentrum des ersten Schwarz-Weiß-Fotos steht ein Offizier, der eine Erklärung zur drohenden Kriegsgefahr verliest. Um ihn herum befindet sich mit geringem Abstand zu ihm eine große Menschenmenge, die aufmerksam zuhört. Der Fotograf schoss seine Aufnahme aus der Vogelperspektive.
Das zweite Schwarz-Weiß-Foto zeigt junge Männer, die jubelnd ihre Hüte schwenken. Dabei schreiten sie zielstrebig fast frontal auf den Fotografen zu. Im Hintergrund ist ein bekanntes Gebäude in Berlin am Pariser Platz zu erkennen, das heißt, der zeitgenössische Betrachter konnte genau erkennen, wo die Szene spielt.

Historischer Kontext: das „Augusterlebnis" in Deutschland Beide Fotografien entstanden im Kontext der Kriegserklärungen des Deutschen Reiches im August 1914. Noch bis zu den 1980er-Jahren haben einige Historiker geglaubt, dass überall im Deutschen Reich auf den Kriegsausbruch mit Begeisterung reagiert worden sei. Neuere Forschungen haben hier aber ein sehr viel differenzierteres Bild gezeichnet. Viele der Fotografien, die jubelnde Menschen zeigen, sind nachweislich oder sehr wahrscheinlich gestellt, weil die damalige Kameratechnik „Schnappschüsse" kaum oder gar nicht erlaubte. Auch wenn vor allem in den Großstädten junge Menschen, häufig männliche Studenten, tatsächlich den Ausbruch des Krieges begeistert begrüßten, stellten sie nicht die Mehrheit der deutschen Bevölkerung dar. Stattdessen herrschte in vielen Gegenden Verwirrung und Konfusion, oft auch kollektive Hysterie vor. Der amerikanische Historiker Jeffrey Verhey betont ferner, dass in Berlin auch „karnevaleske" Verhaltensweisen auftraten. Betrunkene Jugendliche zogen nachts durch die Stadt zum Schloss oder zur österreichischen Botschaft und brüllten Parolen wie „Nieder mit Serbien!" oder „Hoch lebe Österreich!". Die Polizei ließ sie meistens gewähren, weil hier ja eine „nationale" Gesinnung ausgedrückt wurde – plötzlich waren Dinge erlaubt, die – außer im Karneval – ansonsten verboten gewesen wären.

Intention und Wirkung Das zweite Foto soll die Kriegsbegeisterung in Berlin zeigen. Junge Männer, die noch Zivilkleidung tragen, bejubeln offensichtlich die Kriegserklärungen. Dem zeitgenössischen Betrachter wird suggeriert, dass sie sich wahrscheinlich sehr schnell freiwillig zur Armee melden werden, wenn sie es nicht bereits getan haben. Das Bild vermittelt Entschlossenheit und Siegessicherheit.
Das erste Foto hat eine etwas andere Wirkung. Offenbar bestand unter den Menschen ein erhebliches Bedürfnis zu erfahren, was eigentlich vor sich ging. Selbst wenn der Offizier eine sehr laute Stimme gehabt hat und die Menschen leise waren, ist es fast ausgeschlossen, dass jemand in den hintersten Reihen noch verstanden hat, was genau verlesen wurde. Dennoch scheinen alle ruhig und aufmerksam zuzuhören, um Informationen zu erhalten.

Bewertung und Fazit Beim zweiten Foto kann man fast sicher davon ausgehen, dass es gestellt ist, weil die damalige Kameratechnik derartige „Schnappschüsse" kaum möglich machte. Solche Fotografien sind im August 1914 in Deutschland zu Hunderten, möglicherweise zu Tausenden verteilt und abgedruckt worden. Sie dienten vor allem der Kriegspropaganda und sollten Stärke, Siegesgewissheit, Einigkeit und Entschlossenheit demonstrieren.
Das erste Foto dürfte der Realität in einer deutschen Stadt deutlich näher gekommen sein, als das zweite.

Kompetenz:
Entstehung, Erscheinungsformen und Funktion von Nationen und ihren Mythen erläutern und beurteilen

Hinweis: Zum Begriff „Nation" siehe auch das Kapitel auf den Seiten 264 bis 268.

Die Schlacht bei Tannenberg

Im Jahre 1410 fand bei Tannenberg (polnisch Grunwald) eine große Schlacht zwischen einem Heer der Ordensritter und einer litauisch-polnischen Armee statt, die letztere gewann. Danach war die Schlacht fast 500 Jahre lang quasi vergessen worden, auch deshalb, weil sie fast keine politischen Konsequenzen gehabt hatte. Noch zu Beginn des 19. Jahrhunderts spielten in Preußen die Schlacht und die Erinnerung an die Ordensritter nahezu keine Rolle. Die am Ufer der Nogat gelegene Marienburg, der ehemalige Sitz der Ordensritter, diente nicht als Erinnerungsort, sondern als Getreidespeicher. Erst in der zweiten Hälfte des 19. Jahrhunderts änderte sich diese Sicht auf die Vergangenheit grundlegend.
Mehrere Historiker betonen, dass häufig mit scharf polarisierenden Paaren von Begriffen gearbeitet wurde. Auf der einen Seite standen die Deutschen, auf der anderen die Polen. Die Gegensätze waren etwa das (kultur)geografische Abendland und der kulturlose Osten, die zivilisatorische Bildung und die Barbarei, die sittliche Ritterlichkeit und der Frevel oder die mentale Disziplin und die Anarchie. Der ansonsten hoch angesehene deutsche Historiker *Heinrich von Treitschke* popularisierte auf diese Weise das Bild der Schlacht bei Tannenberg. Eine große Rolle in der deutschen Literatur spielte auch die christliche Missionstätigkeit der Ordensritter im Osten. Dabei wurde aber häufig übersehen, dass das mittelalterliche Polen bereits seit dem 10./11. Jahrhundert christianisiert war, die Ritter also keineswegs gegen einen heidnischen Osten gekämpft hatten.
Sehr viel mehr noch als in Deutschland befassten sich polnische Schriftsteller mit der Schlacht bei Grunwald. Der Roman „Die Kreuzritter", 1900 verfasst von *Henryk Sienkiewicz*, der 1905 den Nobelpreis für Literatur erhielt, wurde zu einem Bestseller. Hier wurden sehr ähnliche Stereotype verwendet, nur in umgekehrter Weise: Dem edlen Polen standen hier die hochmütigen Ordensritter gegenüber. Auch in den folgenden Jahren wurde diese Polarisierung bei anderen Autoren konsequent beibehalten. Der polnische König ist bescheiden, friedliebend, fromm und gerecht, die Kreuzritter sind eingebildet, menschenverachtend, hochmütig, machtgierig und brutal.

Tannenberg im Spiegel von Denkmälern und Gedenkfeiern

1901 wurde auf dem ehemaligen Schlachtfeld von Tannenberg ein zweieinhalb Meter hoher Granitblock aufgestellt. Die Aufschrift lautete: „Im Kampf für deutsches Wesen, deutsches Recht starb hier der Hochmeister Ulrich von Jungingen am 15. Juli 1410 den Heldentod." 1902 fand in der restaurierten Marienburg ein Fest des Johanniterordens statt, bei der Kaiser Wilhelm II. eine scharfe antipolnische Rede hielt.
Die polnische Seite reagierte sofort. Nach einer Pressekampagne erinnerten Feiern in zahlreichen Orten an den polnischen Sieg gegen die Ritter. Den Höhepunkt erreichten die polnischen Feiern im Jahr 1910, als das 500-jährige Jubiläum der Schlacht als ein polnischer Nationalfeiertag begangen wurde. In zahlreichen Kirchen fanden Dankgottesdienste statt, und in Krakau wurden zentrale dreitägige Feiern abgehalten, zu denen etwa 150 000 Menschen anreisten. Reden, Paraden, Theateraufführungen, Ausstellungen und Volksfeste fanden statt, und auf dem zentralen Matejko-Platz wurde ein 24 Meter hohes Denkmal enthüllt, das der berühmte polnische Pianist *Ignacy Jan Paderewski* gespendet hatte. Es zeigte König *Wladyslaw II.* auf einem Pferd, zu seinen Füßen lag der erschlagene deutsche Großmeister, und die Inschrift lautete: „Den Urvätern zum Ruhm, den Brüdern zur Ermutigung".
Nachdem 1914 zu Beginn des Ersten Weltkrieges bei den Masurischen Seen eine russische Armee in Ostpreußen vernichtend geschlagen worden war, wurde diese Schlacht nach dem Vorschlag Paul von Hindenburgs erneut nach dem kleinen Ort Tannenberg benannt. Nach

dem Ende des Ersten Weltkrieges wurde an dieser Stelle zwischen 1924 und 1927 ein gigantisches deutsches Denkmal errichtet, das die Funktion eines nationalen Ehrenmales erhalten sollte (▸ M1 bis M6).

▲ Das Tannenberg-Denkmal aus der Luftperspektive.
Foto von 1931.
Das Foto wurde von einem Zeppelin aus aufgenommen. Das Oktogon (Achteck) symbolisiert einerseits eine Burg, nimmt also Bezug auf die mittelalterliche Schlacht. Andererseits stellt es auch eine Anspielung auf die „Dolchstoßlegende" (siehe Seite 364) dar, weil die Front bzw. das Mauerwerk nach außen hin unzerbrochen steht, so wie auch angeblich die Front 1918 bis zuletzt gehalten habe.

▼ Trauerfeier für Paul von Hindenburg.
Foto vom 7. August 1934.
Nach Hindenburgs Tod verfügte Adolf Hitler, dass das Denkmal zu einem Mausoleum für den toten Helden von Tannenberg werden sollte. Das Tannenberg-Nationaldenkmal wurde in ein Reichsehrenmal umgetauft. Der Versuch, es zu einem Kriegerdenkmal für die ganze Nation zu machen, scheiterte indes. In den 1930er-Jahren war es höchstens eine Touristenattraktion, aber nie ein zentraler Gedenkort. 1945 zerstörten es die Russen auf ihrem Weg nach Berlin.
- *Erörtern Sie, ob das Foto Ausdruck einer Mythisierung von Tannenberg beziehungsweise der Person Paul von Hindenburgs ist.*

M1 Funktion nationaler Mythen

Der deutsche Politikwissenschaftler Herfried Münkler schreibt:

Nationalmythen beschwören Gestalten der Vergangenheit, um Zukunft zu garantieren. Sie erheben den Anspruch, die Geschichte der Nation nicht nur zu deuten, sondern ihren Fortgang auch zu strukturieren. Dazu müssen sie freilich zwei große Herausforderungen bewältigen: Sie müssen die Komplexität des Geschehens reduzieren und dieses ethischen und ästhetischen Vorstellungen anpassen, und sie müssen den Schrecken der Kontingenz[1] wegerzählen, also die Furcht besänftigen, die nationale Geschichte sei womöglich nur eine bedeutungslose Episode der Weltgeschichte. Indem sie diesen beiden Anforderungen genügen, stiften Nationalmythen Vertrauen und Zuversicht, dass die Nation die groß und bedrohlich vor ihr stehende Zukunft meistern werde. Barbarossa, der schlafende Kaiser, wird wiederkehren und das Reich in all seiner Macht und Herrlichkeit neu errichten; Siegfried, der stolze Held, wird alle anderen überstrahlen, und der forschende Gelehrte Faust wird die Welt verändern und beherrschen. So werden Nationalmythen zu Interpunktionen und Ligaturen[2] im Fluss der Zeit.

Herfried Münkler, Die Deutschen und ihre Mythen, Berlin ³2009, S. 33

1. *Fassen Sie mit eigenen Worten zusammen, was Münkler unter nationalen Mythen und ihren Funktionen versteht.*
2. *Informieren Sie sich im Internet, inwieweit Barbarossa, Siegfried und Faust in Deutschland nationale Mythen dargestellt haben und eventuell auch noch darstellen.*
3. ➕ *Recherchieren Sie im Internet und/oder in Fachbüchern nach weiteren nationalen Mythen in Europa und in den USA. Stellen Sie diese anschließend in einem Kurzreferat vor.*
4. *Analysieren Sie, welche Voraussetzungen bestehen müssen, damit Persönlichkeiten oder Orte der Vergangenheit zu nationalen Mythen werden können.*
5. ➕ *Entwickeln Sie ausgehend von Ihren Ergebnissen der vorherigen Arbeitsfragen eine eigene Definition von nationalen Mythen, ihren Funktionen und ihren Erscheinungsformen.*

[1] **Kontingenz**: die prinzipielle Offenheit einer Situation
[2] **Ligaturen**: Verbindungen
[3] **Johann Gustav Droysen** (1808-1884): deutscher Historiker, 1848/49 Mitglied der Nationalversammlung in Frankfurt am Main
[4] **Dieter Langewiesche** (geb. 1943): deutscher Historiker
[5] **Distinktion**: Unterscheidung, Abheben

M2 Geschichte, Mythologisierung und Nationsbildung

Der polnische Historiker Piotr Przybyła bemerkt:

Die Geschichtswissenschaft hatte im 19. Jahrhundert zwei übergreifende Ziele verfolgt: Die Etablierung ihrer selbst als wissenschaftliche Disziplin und die imaginative Fundierung der Nation und des Nationalstaates. „Wir Historiker haben vor allem unserm Volk und unserm Staat den Dienst zu leisten, dass sie durch unsere Arbeit das Bild ihrer selbst gewinnen und darin die lebendigen Momente ihrer Politik", formulierte Johann Gustav Droysen[3] das letztere Anliegen. Anders als die Staatsnation (Frankreich, Großbritannien), deren primäre Konstituenten und Ordnungsprinzipien strukturellen Charakters sind (z.B. die Verfassung oder ein bestimmtes und anerkanntes Territorium), greift die Kulturnation stärker auf imaginative (mitunter imaginäre) Größen zurück – die „gesellschaftliche Konstruktion der Nation geschieht in ihren Selbstbildern", heißt es in einem pointierten Satz von Dieter Langewiesche[4]. Das Selbstbild entsteht im Spannungsfeld von Gleichheit und Distinktion[5]: „Die Mitglieder der Nation und des Nationalstaates werden [...] durch historische Merkmale ausgezeichnet, die ihnen nach außen Distinktion, nach innen Identität vermitteln und der neuen Ordnung als Ganzes Legitimation durch Geschichte verleihen." (Andreas Suter) [...]
Das Medienspektrum, auf das die Nation zurückgreifen kann, ist denkbar breit. Der tschechische Nationalismusforscher Miroslav Hroch nennt in diesem Kontext u.a. Symbole, Denkmäler, Feste, Räume und unterstreicht dabei [...] die Rolle der Emotion.

Piotr Przybyła, 1410, „gedächtnisfrisch". Deutsche und polnische Tannenberg-/Grunwald-Imaginationen zwischen Geschichte und Gedächtnis (1789-1914), in: Izabela Surynt und Marek Zybura (Hrsg.), Narrative des Nationalen. Deutsche und polnische Nationsdiskurse im 19. und 20. Jahrhundert, Osnabrück 2010, S. 159-180, hier S. 160 f.

1. *Geben Sie mit eigenen Worten den Unterschied von Staatsnationen und Kulturnation wieder.*
2. *Ergänzen Sie weitere Medien bzw. Erinnerungsformen, auf die die Nation zurückgreifen kann (vgl. Zeile 22 bis 26). Ordnen Sie diesen jeweils ein konkretes Beispiel zum Thema „Der Erste Weltkrieg im europäischen Gedächtnis" zu. Sie können dazu das Internet nutzen. Berücksichtigen Sie dabei auch das aktuelle Gedenken (Stichwort: 100 Jahre Erster Weltkrieg).*
3. ➕ *Vergleichen Sie diesen Text mit M1. Berücksichtigen Sie dabei, welchen Zusammenhang die beiden Autoren zwischen Geschichte und nationaler Mythenbildung herstellen.*

M3 Was haben Arminius, Luther und die „Stunde Null“ gemein?

Die Historikerin Heidi Hein-Kircher definiert 2009 anlässlich des zweitausendjährigen Jubiläums der Varusschlacht in einem Aufsatz politische Mythen und ihre Funktion:

Unter einem Mythos ist eine sinnstiftende Erzählung zu verstehen, die Unbekanntes oder schwer zu Erklärendes vereinfacht mit Bekanntem erklären will. Er entflechtet schwer oder gar nicht erklärbare Vorgänge und stellt sie auf einfache Weise dar, wobei mythisches Denken auf einem Raster apriorischer Prämissen[1] beruht. [...] Eine Gesellschaft besitzt daher zahlreiche, häufig miteinander vernetzte und voneinander abhängige politische Mythen; zumeist bilden politische Mythen ein sich ergänzendes und aufeinander aufbauendes Mosaik, so ist der Arminiusmythos nicht ohne den im 19. Jahrhundert entstandenen Germanenmythos zu verstehen. [...]

So gibt es Gründungs- und Ursprungsmythen, Mythen [...] der Beglaubigung und Verklärung, wobei aber der politische Gründungsmythos letztlich eine alle anderen umfassende Kategorie ist, da jeder Mythos in seinem Kern über den Sinn und das Entstehen einer Gemeinschaft berichtet. Er behandelt eben nicht irgendeine Person oder irgendein Ereignis, sondern *die* Person, die nach der Interpretation des Mythos einen grundlegenden Beitrag zur Entstehung der Gemeinschaft oder des Gemeinwesens geleistet hat, *das* Schlüsselereignis, das zu deren bzw. dessen Gründung führte, oder *den* Raum, der wesentlich für die Definition des eigenen Territoriums ist. So thematisiert der Varusschlachtmythos den „Wendepunkt der Geschichte Europas“ [...], sodass er heute als Ausgangspunkt für das Werden Europas gesehen wird, während er im 19. Jahrhundert für die Identitätsbildung der deutschen Nation von fundamentaler Bedeutung war. In einem engen Zusammenhang steht eine andere Perspektive, nämlich der Blick auf die „Botschaft“ politischer Mythen. Sie behandeln einen Erfolg, Niederlage/Verlust und/oder Opfer, wobei Letztere auch im Sinne der historischen „Leistungsschau“ interpretiert werden. So resultiert die „Stunde Null“ aus der vernichtenden Niederlage Nazi-Deutschlands im Zweiten Weltkrieg. [...]

Politische Mythen behandeln nur das, was für die jeweilige Gesellschaft konstitutiv[2] und von Bedeutung ist. Diese im Mythos erzählten Bilder repräsentieren die Werte, Ziele und Wünsche einer sozialen Gruppe. Sie beglaubigen ihre grundlegenden Werte, Ideen und Verhaltensweisen, weil sie die historischen Vorgänge aus ihrer Sicht und in ihrem Sinne interpretieren, sodass diese durch die Erzählung einer geschichtlich wirksamen Einheit zusammengebunden wird. Daher geben politische Mythen nationalen und nicht-nationalen (Massen-)Gesellschaften bzw. Gruppen Sinn, beispielsweise ist etwa der Mythos von „Luther auf der Wartburg“ prägend für protestantische Identität geworden. [...]

Eine solche Identitätsbildung ist jedoch nur möglich, wenn zugleich eine Abgrenzung nach außen, zu anderen Gruppen hin, stattfindet. Auch dies wird durch Mythen geleistet, weil

▲ **Zur Enthüllungsfeier des Hermannsdenkmals am 16. August 1875.**
Holzschnitt aus der Zeitschrift „Kladderadatsch“ vom 15. August 1875. Arminius und Martin Luther vor dem Petersdom „gegen Rom“. Arminius: „Ich habe gesiegt!“ Luther: „Ich werde siegen!“
- *Erläutern Sie die Aussage des Holzschnitts. Warum werden hier Arminius und Luther „gegen Rom“ dargestellt? Recherchieren Sie dazu zum nationalen Luthermythos und zum „Kulturkampf“.*

[1] **apriorische Prämisse**: vorherige Annahme
[2] **konstitutiv**: bestimmend

sie kennzeichnen, wer zur Gruppe gehört und wer nicht. Dies geschieht, indem Mythen immer den Gegensatz zwischen „gut", also „eigen/selbst", und „böse", also „die anderen", schaffen. [...] Insofern ist ein Mythos auch ein Mittel zur Selbstdarstellung nach innen und außen, etwa indem die Varusschlacht eindeutig auf die Stärke der „Germanen" und damit der dem Mythos folgenden Gruppe, der deutschen Nation, hinweist. Mit dieser Funktion geht die integrative Rolle politischer Mythen einher. [...]
Darüber hinaus können, wie es der Germanenmythos zeigt, politische Mythen zu Elementen von Ideologien werden und auch als deren Essenz, Umschreibung oder Erklärung dienen. Auf diese Weise wird das gegenwärtige politische Handeln, werden territoriale Machtansprüche, Krieg und damit auch die herrschende Gruppe gerechtfertigt. Denn durch einen politischen Mythos werden diejenigen, die ihn „erfunden" haben und ihn fördern, vom Glanz der im Mythos dargestellten Leistung bestrahlt.

Heidi Hein-Kircher, Zur Definition, Vermittlung und Funktion von politischen Mythen, in: Landesverband Lippe (Hrsg.), 2000 Jahre Varusschlacht – Mythos, Stuttgart 2009, S. 149-154, hier S. 149 und 151-154

1. *Definieren Sie den Begriff „politischer Mythos". Erläutern Sie dessen Funktion am Beispiel des Varusschlacht- bzw. Arminiusmythos.*
2. *Analysieren Sie anhand des Textes und auf der Grundlage ergänzender Recherchen, was Arminius, Luther und die „Stunde Null" gemeinsam haben. Ziehen Sie auch die Abbildung auf Seite 317 hinzu.*

M4 Der Tannenberg-Mythos

Der deutsche Historiker Hans-Jürgen Bömelburg stellt fest:

Eine erste Konjunktur erlebte der Tannenberg-Mythos seit der deutschen Reichsgründung 1870 durch Persönlichkeiten mit öffentlicher Ausstrahlung wie den Berliner Historiker Heinrich von Treitschke oder den Schriftsteller Ernst Wichert [...]. Treitschke oder Wichert schrieben dem Deutschen Orden eine deutsche Zivilisierungsmission zu und sahen in ihm einen Vorposten gegen die „slawische Flut", eine Vorstellung, die nach 1870 auch den deutschen Zeitgeist mit seinen Germanisierungszielen in den sogenannten „Ostmarken" traf. Heinrich von Plauen, der Deutschmeister[1], der nach der Niederlage von Tannenberg den polnisch-litauischen Armeen Widerstand leistete, war eine programmatische Figur, die das Heldentum der Ordensritter verkörperte.

[1] **Deutschmeister**: Oberhaupt der preußischen Kreuzritter

Auf der polnischen Seite entstanden parallel Bilder und Texte, die zum Aufbau einer Identität der Nation ohne Staat auf den Sieg in der Schlacht bei Grunwald zurückgriffen und damit das nationale Selbstbewusstsein kräftigen wollten. Den Anfang machte das monumentale Grunwald-Bild des Krakauer Malers Jan Matejko (1878), das dank seines komplexen Figurenpanoramas den Zeitgenossen half, die Ereignisse neu zu entdecken und zu ordnen [...]. Ordensritterromane [...] popularisierten eine heroische Sicht auf die nationale Geschichte und kräftigten die damals, um 1900, deutlich unterlegenen polnischen Eliten in ihrem Selbstbewusstsein. [...]
Der Erste Weltkrieg und die Zwischenkriegszeit sind von staatlicher Aneignung und Überformung der deutschen wie der polnischen Erinnerung gekennzeichnet. Die deutsche Benennung der ostpreußischen Kämpfe 1914 nach „Tannenberg" war rein willkürlich – es hätte auch Hunderte anderer Orte gegeben, nach denen man die Schlacht hätte benennen können. Für „Tannenberg" sprach nachdrücklich der Revanche-Gedanke [...].

Hans-Jürgen Bömelburg, Vergessen neben Erinnern. Die brüchige Erinnerung an die Schlacht bei Tannenberg/Grunwald in der deutschen und polnischen Öffentlichkeit, in: Peter Oliver Loew und Christian Prunitsch (Hrsg.), Polen. Jubiläen und Debatten. Beiträge zur Erinnerungskultur, Wiesbaden 2012, S. 37-55, hier S. 38 f.

1. *Erklären Sie den Begriff „Zivilisierungsmission" (siehe Zeile 6).*
2. *Analysieren Sie, wie sich anhand eines eigentlich wenig bedeutsamen historischen Ereignisses sehr unterschiedliche, konkurrierende „nationale" Erinnerungskulturen bilden.*
3. *Erörtern Sie, warum Geschichte als Argument für nationale Bewegungen eine derartig wichtige Rolle spielte und immer noch spielt.*

M5 Die Schlacht bei Grunwald aus polnischer Perspektive

Der Pole Jan Matejko malt das rund vier Meter breite und fast zehn Meter lange Ölgemälde in den 1870er-Jahren. Das Monumentalgemälde verbindet verschiedene Szenen miteinander: Links von der Bildmitte ist der Tod von Ulrich von Jungingen, dem Hochmeister des Deutschen Ordens, zu erkennen. In der rechten Bildhälfte wird der polnische König auf einem Hügel dargestellt. Im Zentrum des Bildes befindet sich der litauische Großfürst Vytautas der Große, der sein Schwert in die Höhe streckt.

1. *Beschreiben Sie die mögliche Wirkung des Gemäldes auf den Betrachter. Beziehen Sie dabei auch die Größe des Bildes mit ein.*
2. *Charakterisieren Sie einzelne Personengruppen und deren Beziehungen zueinander. Berücksichtigen Sie dabei auch die Mimik, Gestik und Haltung ausgewählter Personen.*
3. *Entwickeln Sie ausgehend von dem Bild Hypothesen über den Charakter von nationalen Mythen.*

M6 Einweihung des Tannenberg-Denkmals

An seinem 80. Geburtstag, dem 18. September 1927, weiht Reichspräsident Paul von Hindenburg das Denkmal ein, das als „nationaler Sammlungspunkt“ dienen soll. In seiner Rede sagt er unter anderem:

Die Anklage, dass Deutschland schuld sei an diesem Kriege, weisen wir, weist das deutsche Volk in allen seinen Schichten einmütig zurück! Nicht Neid, Hass oder Eroberungslust gaben uns die Waffen in die Hand. Der Krieg war uns vielmehr das äußerste, mit dem schwersten Opfer verbundene Mittel der Selbstbehauptung einer Welt von Feinden gegenüber. Reinen Herzens sind wir zur Verteidigung des Vaterlandes ausgezogen und mit reinen Händen hat das deutsche Heer das Schwert geführt. Deutschland ist jederzeit bereit, dies vor unparteiischen Richtern nachzuweisen. In den zahllosen Gräbern, welche Zeichen deutschen Heldentums sind, ruhen ohne Unterschied Männer aller Parteifärbungen. Sie waren damals einig in der Liebe und in der Treue zum gemeinsamen Vaterlande. Darum möge an diesem Erinnerungsmale stets innerer Hader zerschellen; es sei eine Stätte, an der sich alle die Hand reichen, welche die Liebe zum Vaterlande beseelt und denen die deutsche Ehre über alles geht.

Hindenburg gegen die Kriegsschuldlüge. Einweihung des Tannenberg-Denkmals, in: Coburger Zeitung Nr. 219 vom 20. September 1927

Erläutern Sie, welche Rolle die Propaganda und die Mythenbildung bei der Weltkriegserinnerung in der Zwischenkriegszeit spielten.

Demokratie und Diktatur in der Zwischenkriegszeit

Hinweis: In diesem Kapitel wird schwerpunktmäßig Polen behandelt, die Entwicklungen im Deutschen Reich finden Sie im Kapitel zur Weimarer Republik; siehe dazu Seite 358 bis 385.

Paramilitärische Verbände: Truppen, die nicht einer regulären Armeeführung unterstehen, sondern sich auf eigene Initiativen hin zusammengefunden haben und/oder privat aufgestellt und finanziert werden

Vormarsch antidemokratischer Kräfte Als 1919 die Pariser Friedenskonferenzen begannen, hatte sich fast überall in Europa die demokratische Staatsform durchgesetzt, sieht man von Russland ab, wo der Bürgerkrieg tobte. Nur 20 Jahre später waren parlamentarische Systeme in Europa selten geworden: In Ost- und Ostmitteleuropa wurde nur noch die Tschechoslowakei demokratisch regiert und im Spanischen Bürgerkrieg griff 1936 der Faschismus auch nach Westeuropa über. Selbst in Frankreich bestand zu Beginn der 1930er-Jahre kurzzeitig eine Bedrohung durch rechtsradikale Bewegungen, doch reagierte die Republik kämpferisch. 1936 schlossen sich alle linken und linksliberalen Parteien in Frankreich in einer Volksfrontregierung zusammen, die von den Kommunisten toleriert wurde. Rechtsradikale und **paramilitärische Verbände**, die sogenannten Ligen, wurden verboten. Die neue Regierung ging trotz schlechter ökonomischer Lage umfangreiche Reformen an und baute den Sozialstaat aus.

Die Gründe, warum in den 1920er- und 30er-Jahren so viele autoritäre Systeme in Europa entstanden, sind vielfältig und können nicht auf eine einzige Ursache zurückgeführt werden. Die Verhältnisse waren in jedem Land etwas anders gelagert. Einige Gemeinsamkeiten lassen sich aber bestimmen. Die Kriegs- und auch die Nachkriegszeit, in der häufig paramilitärische Gewalt angewendet worden war, hatten zu einer erheblichen Verrohung innerhalb der jeweiligen Gesellschaften geführt. Hinzu kam häufig eine ökonomische Nachkriegskrise, und 1929 zogen die *Weltwirtschaftskrise* und die folgende *Große Depression* in fast allen europäischen Ländern katastrophale ökonomische Folgen nach sich.[1] Daneben wurden viele Staaten dadurch destabilisiert, dass

▸ Die Krise der europäischen Demokratie.

Charakterisieren Sie die politischen Entwicklungen in Europa zwischen 1918 und 1938. Beziehen Sie in Ihren Ausführungen die Datentabelle und die Karte mit ein.

[1] Siehe zur Weltwirtschaftskrise Seite 369 f.

1918-1921	Bürgerkrieg in **Russland**, Sieg der Bolschewiki, Gründung der Sowjetunion am 30. Dezember 1922.
1920	Admiral Miklós Horthy etabliert eine rechtsgerichtete Diktatur in **Ungarn**, Liberalisierungstendenzen in den 1920er-Jahren.
1922	Machtübertragung auf Benito Mussolini nach dem mythisch verklärten „Marsch auf Rom", Abschaffung der Demokratie in **Italien**, ein faschistischer Staat entsteht.
1925	In **Albanien** wird ein autoritäres und nationalistisches Regime unter dem „warlord" und Präsidenten (seit 1928 König Zog) Achmed Zogu errichtet.
1926	Militärputsch in **Litauen** durch Präsident Antanas Smetona, in den 1930er-Jahren Entwicklung in Richtung Diktatur.
	Entmachtung des Parlaments in **Polen** zugunsten einer faktischen Diktatur von Marschall Józef Piłsudski, der aus dem Hintergrund agiert.
	Putsch in **Portugal**, 1932/33 wird die Militärdiktatur durch António de Oliveira Salazar abgelöst, er orientiert sich am faschistischen Ständestaat; bereits 1917/18 bestand eine Diktatur.
1929	Staatsstreich in **Jugoslawien** (bis dahin SHS Königreich), Einführung einer serbischen „Königsdiktatur" durch König Alexander.
1933	„Machtergreifung" des Nationalsozialismus im **Deutschen Reich** (Januar), die parlamentarische Demokratie wurde seit 1930 systematisch unterminiert und existierte seit dem Sommer 1932 nicht mehr.
	Staatsstreich durch Engelbert Dollfuß in **Österreich**, Einführung des austrofaschistischen Systems (März).
1934	Staatsstreich durch Karlis Ulmanis in **Lettland**, Einführung einer autoritären Diktatur.
	Staatsstreich und autoritäre Diktatur durch Konstantin Päts in **Estland**.
1934/35	Autoritäre Diktatur von Oberst Georgiev und Zar Boris III. in **Bulgarien**, auch wenn zeitweise noch eingeschränkt freie Wahlen zum Parlament stattfinden.
1936	Der Putsch einer Militärclique gegen die Republik eskaliert zum Bürgerkrieg in **Spanien**, 1939 Sieg der Francisten, bereits zwischen 1923 und 1930/31 bestand eine gemäßigte Militärdiktatur.
	Nach einem monarchischen Zwischenspiel wird in einem militärischen Staatsstreich in **Griechenland** eine Diktatur unter General Ioannis Metaxas etabliert, König Georg II. bleibt im Amt.
1938	Autoritäre Diktatur von König Carol II. in **Rumänien**.

▲ **Diktaturen in Europa.**
Nach: Boris Barth, Europa nach dem Großen Krieg. Die Krise der Demokratie in der Zwischenkriegszeit, Frankfurt am Main 2016, S. 15

- *Bilden Sie Arbeitsgruppen, die jeweils ein einzelnes Land auf die Frage hin untersuchen, warum die Demokratie dort scheiterte. Bedenken Sie dabei, dass es für einige Länder (zum Beispiel Italien, Deutschland oder Spanien) sehr viel Material gibt, während es schwierig sein dürfte, etwas zu Lettland oder Albanien zu finden.*

sie nach „ethnischer" Einheit strebten und Minderheiten teils verdeckt, teils offen diskriminierten.

Obwohl außerhalb Russlands nach 1919/20 in keinem Land die Kommunisten eine Chance hatten, an die Macht zu kommen, bestand dennoch weit über das Bürgertum hinaus in ganz Europa weiterhin eine oft übersteigerte Furcht vor eine Revolution oder einem gewaltsamen Umsturz. Diese Furcht machte viele Menschen empfänglicher als zuvor für autoritäre Alternativen. Zudem schien der Liberalismus an seinem Ende angekommen zu sein: Nach dem Ersten Weltkrieg, der überall zu einer Stärkung der Staatsorgane durch eine Flut von administrativen Regelungen geführt hatte, schien der friedliche und individualistische Bürger dem 19. und nicht dem 20. Jahrhundert anzugehören.

Die polnischen Grenzkriege Als die Mittelmächte im November 1918 zusammenbrachen und das Deutsche Reich in aussichtsloser militärischer Lage kapitulierte, schien für polnische Nationalisten ein Traum wahr zu werden. In Frankreich war bereits unter kriegsgefangenen polnischsprachigen Soldaten und Freiwilligen aus Westeuropa und Amerika eine zunächst kleine, aber sehr gut ausgebildete und ausgerüstete Truppe aufgestellt worden. Sie bezeichnete sich nach ihrem Befehlshaber als die „Haller-Armee". Diese Truppe wurde nach Polen transportiert, sodass dem noch ungefestigten Staat eine schlagkräftige Einheit zur Verfügung stand. Józef Piłsudski[1] wurde aus deutscher Haft entlassen, reiste sofort nach Polen und stellte auf eigene Faust ebenfalls eine Armee von Freiwilligen auf. Allerdings war völlig unklar, wie und wo die Grenzen des neuen Staates gezogen werden sollten. Zwischen 1918 und 1921 führte Polen deshalb mehrere Kriege, die meistens siegreich verliefen. In diesen militärischen Auseinandersetzungen wurden zahlreiche Territorien erobert, die mehrheitlich nicht von polnischsprechenden Menschen bewohnt wurden.

Der polnischen Seite kam zugute, dass sie zudem von den Franzosen mit modernen Waffen ausgerüstet wurde. Ein kleiner Grenzkrieg zwischen verschiedenen paramilitärischen Formationen von Freiwilligen an der neuen Grenze zu Posen 1919 hatte militärisch keinerlei Bedeutung, verstärkte aber auf deutscher und polnischer Seite den gegenseitigen Hass. Die Westukrainische Republik, die nur einige Monate bestand, wurde Anfang 1919 einfach annektiert. Bei diesem Einmarsch fanden bei Lemberg, der Hauptstadt der Westukraine, mehrwöchige schwere Gefechte statt, die später in der polnischen Erinnerungskultur eine wichtige Rolle spielen sollten. Hinzu kamen drei nationalpolnische Aufstände im bis dahin noch deutschen Oberschlesien und ein Krieg gegen Litauen, bei dem die Stadt Vilnius, die von den Litauern eigentlich als ihre neue Hauptstadt vorgesehen war, erobert wurde. Auch ein großer und wechselvoller Krieg gegen die entstehende Sowjetunion konnte 1921 erfolgreich beendet werden. Parallel zu diesen Kriegen fanden in Paris die Verhandlungen um einen Friedensvertrag statt. Die polnische Delegation versuchte hier, aggressiv ihre Ziele durchzusetzen. Im Versailler Vertrag, der am 28. Juni 1919 unterzeichnet wurde, gewann Polen erhebliche Territorien hinzu (▸ M1 und M2).

Zwei unterschiedliche Staatskonzepte Zwar waren 1920/21 die neuen polnischen Grenzen gesichert, aber es war unklar, welche Art von Staat errichtet werden sollte. Ein Problem bestand darin, dass innerhalb der neuen Territorien keineswegs nur Polen lebten, sondern sehr viele Minderheiten existierten. Piłsudski, der in diesen Jahren mehrere Ämter bekleidete und vor allem Oberbefehlshaber der polnischen Armee war, strebte deshalb eine Föderation an. Diese orientierte sich an dem ehemaligen frühneuzeitlichen Konzept, das heißt die sehr unterschiedlichen Landesteile sollten weitgehende regionale Rechte erhalten. Sein politischer Gegenspieler *Roman Dmowski*, der unumstrittene Führer der Nationaldemokraten, verfolgte ein ganz anderes Konzept. Er plädierte für eine Annäherung an Russland und wollte ein straff organisiertes zentralistisches Polen. Allerdings war Dmowski auch ein glühender Nationalist, der sich einen kleinen polnischen Staat, der sich auf die rein polnischsprachigen Gebiete beschränkt hätte, nicht vorstellen konnte. Stattdessen wollte er so viele Territorien wie möglich – vor allem auf Kosten des Deutschen Reiches – annektieren. Problematisch war, dass sich nach dem Ende der Nachkriegskämpfe kein Konzept durchsetzte, sondern sich beide miteinander vermischten (▸ M3). Polen in der Zwischenkriegszeit wurde zu

[1] Zu Piłsudski siehe auch Seite 310.

einem Nationalstaat, in dem sehr viele Nationalitäten lebten, denen aber nur sehr wenige eigenständige Rechte zugestanden wurden. Von den drei Westmächten Großbritannien, USA und Frankreich gezwungen, musste die polnische Regierung zwar einen Vertrag über den Schutz von Minderheiten unterzeichnen, der aber in der Praxis häufig nicht eingehalten wurde.

Die Schwierigkeiten der Staatsgründung in Polen Im Moment der Staatsgründung stand das neue Polen vor immensen weiteren Problemen. Die erheblichen Kriegszerstörungen erforderten ein finanzielles Engagement, das der Staat alleine nicht aufbringen konnte. Nur großzügige französische Hilfe ermöglichte den Aufbau staatlicher Strukturen. Dennoch kollabierte die Währung wie in Deutschland in einer **Hyperinflation**, und die Mittelschichten verarmten. Derartige Inflationen gab es in mehreren Staaten: Beispielsweise stiegen die Preise im Vergleich zur Vorkriegszeit in Österreich um das 14 000-Fache, in Ungarn um das 23 000-Fache, in Polen um das 2,5-Millionen-Fache und in Deutschland um eine Billion. Erst Anfang 1924 konnte in Polen eine neue und stabile Währung eingeführt werden. Doch erzwang diese Währungsreform einen harten Sparkurs, durch den die Arbeitslosigkeit drastisch anstieg. Sie blieb mehrere Jahre lang auf einem hohen Niveau.

Hyperinflation: eine völlig außer Kontrolle geratene Geldentwertung durch Ansteigen aller Preise

In den ehemaligen drei Teilungsgebieten und in einigen der neu eroberten Territorien existierten völlig unterschiedliche gesetzliche Regelungen und ökonomische Voraussetzungen. Die Probleme begannen damit, dass drei bzw. vier ganz unterschiedliche Verwaltungs-, Verkehrs- und Rechtssysteme bestanden. Maße, Gewichte, Währungen, die Spurbreiten der Eisenbahnen und viele weitere Regeln des Alltags mussten vereinheitlicht werden. Das russische Teilungsgebiet war vor 1914 vollständig in den zaristischen Wirtschaftsraum integriert gewesen, aber nach dem Ende der Grenzkriege war der Handel fast vollständig zusammengebrochen – er betrug weniger als ein Prozent des polnischen Gesamthandels. Ferner mangelte es an Rohstoffen, der Lebensstandard war niedrig, sodass auch kaufkräftige Konsumenten fehlten, und große Teile der kleinbäuerlichen Landwirtschaft waren nicht weltmarktfähig.

Auch die Etablierung eines funktionierenden demokratischen Systems erwies sich als schwierig. Parteien und Parlament konnten in Polen, wie auch in anderen neuen Staaten im Baltikum oder im SHS-Staat (das spätere Jugoslawien), kaum auf bestehenden Traditionen aufbauen. Anders als etwa im Deutschen Reich oder in Österreich existierten keine entsprechenden Organisationen von Vorgängern und keine Strukturen, an die hätte angeknüpft werden können. 1926 bestanden 26 polnische Parteien und 33, die die Minderheiten vertraten. Viele dieser Parteien stützen sich nur auf einige regionale Wählergruppen. Oft traten sie auch nicht mit besonderen programmatischen Aussagen auf, sondern glichen Personenverbänden, die sich um prominente Politiker sammelten. Diese starke Zersplitterung schwächte häufig die Regierungen, die ständig versuchen mussten, sowohl zwischen Konfliktgruppen zu vermitteln als auch an der Regierung zu bleiben. Diese Instabilität erschwerte die Lösung von Problemen erheblich.

Der Aufbau eines demokratischen Staates verlief nach dem Ende der Grenzkriege 1921 deshalb nur schleppend. Viele polnische Verwaltungsbeamte haben – gemessen an den massiven Schwierigkeiten – ausgezeichnete Arbeit geleistet und waren pragmatisch mit den Problemen umgegangen. Zwischen 1921 und 1926 wurden zahlreiche Reformen angegangen: Schon im November 1918 wurde der gesetzliche Achtstundentag eingeführt, drei Monate später wurde in den ehemals russischen Gebieten die Schulpflicht verordnet, wo schätzungsweise bis zu einem Drittel der Erwachsenen

Analphabeten waren. 1921 folgte eine Bodenreform, durch die viele zuvor landlose Bauern einen kleinen Hof erhielten. Allerdings waren die politischen und wirtschaftlichen Krisen nicht schnell zu lösen. Beispielsweise führte das Deutsche Reich 1925 hohe Zölle ein, die den Export der polnischen Landwirtschaft schädigten. Während der gesamten 1920er- und 30er-Jahre kam deshalb der wichtige polnische Agrarsektor nicht wirklich aus der Dauerkrise hinaus.

Der Putsch von 1926 Marschall Józef Piłsudski war als unumstrittener Sieger aus den polnischen Grenzkriegen hervorgegangen und hatte sich danach ins private Leben zurückgezogen. Er war aber in vielen politischen Lagern populär, weil er als eine Person galt, die Probleme schnell und tatkräftig löste. Vor allem in Teilen der Armee genoss er einen untadeligen Ruf. Auch wenn er keinen offiziellen Posten bekleidete, knüpfte er seit 1923 Kontakte, die ihm im Falle eines Umsturzes nützlich sein konnten.

▲ **Straßenkämpfe in Warschau.**
Foto vom Mai 1926.
Das Foto zeigt Kämpfe in den Straßen Warschaus während des Militärputsches durch Józef Piłsudski.

Angesichts der enormen Probleme entschloss sich Piłsudski im Mai 1926 zu putschen. Seine Machtübernahme verlief allerdings nicht friedlich: Bei dreitägigen schweren Kämpfen in Warschau gegen loyale Truppen kamen fast 400 Menschen ums Leben, nahezu 1 000 wurden verletzt (▶ M4). Piłsudski verzichtete in der Folge auf das Amt des Präsidenten und agierte lieber aus dem Hintergrund. Meistens war er „nur" Verteidigungsminister, aber jeder Pole wusste, dass die Armee treu hinter ihm stand. Deshalb kam sein „Rat" in gesellschaftlichen und politischen Fragen faktisch einem Befehl gleich. Zwar hielt er sich weitgehend aus der Tagespolitik heraus, im Hintergrund traf er aber weitreichende Entscheidungen. Theoretisch wurde in den folgenden Jahren zwar die Verfassung geachtet, in der Praxis wurden die Wahlen zum Parlament aber stets manipuliert. Anfang der 1930er-Jahre trat der autoritäre Regierungsstil immer stärker hervor, und der wachsende Widerstand der ukrainischen und weißrussischen Minderheiten gegen die gezielte Politik der *Polonisierung* wurde mit polizeilichen und militärischen Mitteln gebrochen. Vor allem Ukrainer wurden scharf unterdrückt – gelegentlich wurden sogar ukrainische Dörfer niedergebrannt, wenn Bauern sich gegen die polnische Herrschaft aufgelehnt hatten.

Identitäten nach 1918/19 Im Versailler Vertrag und in den weiteren Friedensverträgen von Paris waren in zahlreichen Regionen, die sprachlich gemischt waren, *Volksabstimmungen* vorgesehen worden, in denen über die zukünftige Zugehörigkeit verschiedener Regionen entschieden werden sollte. Wenig überraschend versuchten schon im Vorfeld Nationalisten aller Art diese Abstimmungen zu beeinflussen: Im sprachlich gemischten Oberschlesien fanden drei polnische Aufstandsversuche statt, die von rechtsradikalen deutschen Freiwilligenverbänden niedergeschlagen wurden, weil die deutsche Regierung die reguläre Armee nicht einsetzen durfte. Auch an der neuen

Grenze zwischen Österreich und dem SHS-Staat (dem späteren Jugoslawien) lieferten sich Verbände von Freiwilligen Gefechte. Nationale Demonstrationen sollten zudem die Vertreter der Entente beeindrucken, die die Abstimmungen organisierten bzw. beobachteten.

Im hier verfolgten Zusammenhang ist aber ein anderer Umstand wichtig, der erst seit wenigen Jahren intensiv von Historikern erforscht wird. Die Abstimmungen schufen einen Zwang zur Eindeutigkeit, das heißt, eine Person musste sich für einen bestimmten Staat entscheiden. Viele Menschen wollten genau diese Entscheidung aber gar nicht treffen. Dies zeigen einige Beispiele: Im Abstimmungsgebiet in Ostpreußen lebten viele polnische Muttersprachler, die sich selbst als „Staropruski" (dt: „alte Preußen") bezeichneten. Diese waren allerdings konservative und lutherische Protestanten, und sie wollten auf keinen Fall in einem katholischen polnischen Staat leben. Deshalb stimmten sie mit einer Mehrheit von 99 Prozent für den Verbleib bei Deutschland. Religion war für diese Menschen viel wichtiger als die Sprache oder als die Nationalität.

Gesamtbevölkerung	37,107 Mio.	= 100 Prozent
Polen	20,644 Mio.	= 64,66 Prozent
Ukrainer	5,114 Mio.	= 15,99 Prozent
Juden	3,114 Mio.	= 9,75 Prozent
Weißrussen	1,954 Mio.	= 6,01 Prozent
Deutsche	0,78 Mio.	= 2,44 Prozent

▲ **Minderheiten in Polen.**
Nach der polnischen Volkszählung von 1931.
Bitte berücksichtigen Sie bei dieser Tabelle, dass diese offiziellen Zahlen nur ungefähre Anhaltspunkte bieten, eben weil die Bewohner nur eine einzige Angabe machen durften.

Bei den Gemeindewahlen in Oberschlesien 1919 hatten etwa 60 Prozent der Wähler für „polnische" Kandidaten gestimmt. Die polnische Seite war deshalb sicher, dass sie auch die Volksabstimmung für sich entscheiden würde, bei der es um die staatliche Zugehörigkeit der Provinz ging. Diese Rechnung ging allerdings 1921 nicht auf, hier stimmten etwa 60 Prozent (707393 Stimmen) für Deutschland, 40 Prozent (479365 Stimmen) für Polen. In der Folge wurde die Provinz geteilt: Die Entente teilte die östlichen Regionen, in denen die meisten Industriestädte lagen, Polen zu, während der Rest bei Deutschland blieb. Da die Abstimmung geheim war, kennen wir die genauen Gründe für das Abstimmungsverhalten nicht, aber offensichtlich war für viele polnischsprachige Personen – möglicherweise aus wirtschaftlichen Gründen – das Deutsche Reich attraktiver als der neue, aber noch ganz ungefestigte polnische Nationalstaat. Offensichtlich hatten bei der Gemeindewahl zwei Jahre zuvor regionale Gründe den Ausschlag für die Stimmabgabe gegeben, die nationale Frage hatte hierbei keine Rolle gespielt. Etwas wurde das Ergebnis auch zugunsten Deutschlands verzerrt, weil alle, die in Oberschlesien geboren waren, aber nicht mehr dort lebten, ebenfalls wahlberechtigt waren, aber dies hatte insgesamt nur eine untergeordnete Rolle gespielt.

Bei einer großen Volkszählung sollte 1931 in Polen die Nationalität aller Bewohner erfasst werden. Polesien (eine Region in Ostpolen) wurde von Polen, Litauern, Ukrainern, Weißrussen und Juden bewohnt. Allerdings weigerten sich hier bis zu 60 Prozent der Menschen, sich in eine sprachliche, nationale oder gar „ethnische" Schublade stecken zu lassen, und sie gaben ihre Nationalität mit dem Wort „hiesige" an. Diese Beispiele zeigen, dass Identitäten komplex konstruiert sind und sich keineswegs auf das rein „nationale" reduzieren lassen. Häufig verlief der Riss durch ganze Familien: Beispielsweise gab der Vater „polnisch" an, die Mutter „ukrainisch", während die (erwachsenen) Kinder sich anderen Nationalitäten zuordneten (▸ M5).

Die polnische Außenpolitik in den 1920er- und 30er-Jahren ▀ Wenig überraschend orientierte sich die polnische Außenpolitik in der Zwischenkriegszeit nach Frankreich, das der wichtigste und zuverlässigste Verbündete war. Nach dem Ende der Grenzkriege war das neue Land zu einer aktiven Außenpolitik aber kaum in der Lage, weil die innere Konsolidierung Vorrang hatte. Zugleich war aber auch die außenpolitische Bedrohung in dieser Zeit nicht so hoch, weil Polen über ein gut ausgerüstetes und kriegserfahrenes Heer verfügte. Die deutsche Armee war demgegenüber im Versailler Vertrag erheblich verkleinert worden und zu einer militärischen Auseinandersetzung nicht in der Lage. 1921 war zwar der Bürgerkrieg in Russland mit dem Sieg der Sowjets beendet worden, aber das Land war sehr stark zerstört worden und benötigte ebenfalls dringend Frieden.

In den 1930er-Jahren begingen die polnischen Regierungen – aus heutiger Sicht – aber mehrere Fehler. Zunächst glaubten viele einflussreiche Nationalisten, dass Polen nun stark genug sei, um die Rolle einer dritten Großmacht zwischen der Sowjetunion und dem Deutschen Reich zu spielen, und dass eine Verständigung dieser beider Staaten untereinander aus ideologischen Gründen nicht möglich sei. Dies war eine gefährliche Fehleinschätzung, wie sich spätestens 1939 herausstellen sollte. Zweitens schloss Polen 1934 einen Nichtangriffspakt mit dem nationalsozialistischen Deutschland ab, nachdem einige Militärs und Politiker Anfang 1933 – nach Hitlers Machtübernahme – sogar noch mit der Idee eines Präventivkrieges gespielt hatten. Die deutsche Seite gewann mit diesem Abkommen Zeit, um die – zunächst noch geheime – Aufrüstung voranzutreiben. Die polnische Regierung hingegen glaubte, auf diese Weise ihre Westgrenze gegen deutsche Ansprüche endgültig zu sichern, und ferner bot sich als ein Nebenaspekt die Möglichkeit, den ungeliebten Minderheitenschutz loszuwerden.

1. + *Arbeiten Sie in Form einer Mindmap die Schwierigkeiten heraus, vor denen der polnische Staat in den 1920er-Jahren stand.*
2. + *Erstellen Sie eine ähnliche Mindmap für die ersten Jahre der Weimarer Republik (siehe dazu das Kapitel ab Seite 358). Vergleichen Sie Ihre jeweiligen Ergebnisse und arbeiten Sie Gemeinsamkeiten und Unterschiede zwischen Polen und dem Deutschen Reich heraus.*
3. *Nehmen Sie Stellung zu der These, dass die polnische Demokratie in den 1920er-Jahren keine Chance hatte.*

M1 Aus einer Denkschrift von 1918

Roman Dmowski, Führer der polnischen Nationaldemokratischen Partei, versucht, während der Friedenskonferenz in Paris und Versailles als Leiter der polnischen Delegation Forderungen gegenüber den Alliierten durchzusetzen:

Das polnische Problem ist vor allem ein territoriales Problem. Gelegen zwischen Deutschland, der größten Nation des Kontinents, die immer die Eroberung und Verschlingung Polens angestrebt hat, und Russland, wo anscheinend die zersetzenden Kräfte die Oberhand gewinnen und das wahrscheinlich nicht imstande sein wird, Polen wirksame Hilfe gegen einen deutschen Angriff zu leisten, muss Polen für sich selbst ein starker, vollkommen unabhängiger Staat sein [...]. Es muss eine große schöpferische Demokratie in Osteuropa werden, eine Schanze gegen den deutschen Drang nach Osten, und gleichzeitig muss es sich gegen zersetzende Einflüsse wehren.

Damit Polen diesen Schwierigkeiten gewachsen sein kann [...], sind folgende Bedingungen unerlässlich:

1. Es muss ein umfangreiches Gebiet und eine zahlreiche Bevölkerung umfassen;
2. seine Bevölkerung muss hinreichend einheitlich sein, um ihm innere Geschlossenheit zu sichern;
3. seine Grenzen müssen geografischen Bedingungen entsprechen, damit seine Unabhängigkeit von den Nachbarn gesichert wird [...].

Seit Kriegsbeginn suchten die Mittelmächte nach einer solchen Lösung der polnischen Frage, die ihre Interessen am besten sichern würde, und es unterliegt keinem Zweifel, dass sie bis zum endgültigen Friedensschluss alle möglichen Mittel anwenden werden, um einer territorialen Lösung der polnischen Fragen vorzubeugen, die Polen die wirkliche Unabhängigkeit sichern und ihm seine historische Rolle zurückgeben würde, die Rolle eines Schutzwalles gegen das Vordringen der Deutschen nach Osten. Ein solches Problem würde Deutschland mit Erfolg hindern, sich in die russischen Fragen einzumischen. Sein Bestehen würde die Lage der Deutschen an der Ostsee ändern, die sie völlig in Besitz zu nehmen sich bemühen. Es würde ein organisatorischer Mittelpunkt für die kleineren Nationen werden, insbesondere für die Tschechoslowakei und Rumänien, deren Kräfte, verbunden mit den Kräften Polens, in diesem Teil Europas ein mächtiges Bollwerk für die Sache der Freiheit und der Demokratie bilden würden [...].

Die Denkschrift fordert die Abtretung von Posen, Westpreußen, eines Teiles von Ostpreußen, von Oberschlesien und eines Teiles von Mittelschlesien. Über Danzig heißt es:

Die amtlichen Ziffern über Danzig stellen diese Stadt als eine rein deutsche hin. Indessen zeigen private Forschungen, die von polnischer Seite betrieben worden sind, dass fast die Hälfte der Bevölkerung polnisch ist, wenn auch oberflächlich germanisiert [...].

Nach: Enno Meyer (Hrsg.), Deutschland und Polen 1914-1970 (Quellen- und Arbeitshefte zur Geschichte und Gemeinschaftskunde), Stuttgart 1971, S. 10 f.

1. *Geben Sie mit eigenen Worten die Forderungen wieder.*
2. *Ordnen Sie Dmowskis Position in Ihre bisherigen Kenntnisse zum Thema Nationalismus ein.*

M2 Das Ergebnis des Versailler Friedens für Polen

Der polnische Historiker Wlodzimierz Borodziej schreibt 2010:

Nach langwierigen Verhandlungen, in denen die Unterstützung der polnischen Ansprüche nach und nach schmolz, einigte man sich schließlich auf die Übertragung Posens und großer Teile Westpreußens an Polen, auf die Bildung einer Freien Stadt Danzig (die zum polnischen Zollgebiet gehören und einige andere Bindungen mit der Republik eingehen würde) unter Aufsicht des Völkerbundes, schließlich auf die Plebiszite, in Teilen von Ostpreußen und in Oberschlesien. Polen erhielt in Versailles etwas mehr als die Hälfte der ursprünglich geforderten Westgebiete (fast 43 000 km^2). Insofern ging Dmowski in seine eigene Falle [...]. Er hatte die Hoffnungen auf Wunder geweckt und „nur“ bedeutende Gewinne eingefahren. Polen wurde im Westen wesentlich mehr zugestanden, als Ende 1918 allgemein für vorstellbar gehalten wurde, und das angekündigte Plebiszit in Oberschlesien ließ einen noch größeren Gewinn erwarten. Deutschland war geschwächt und gedemütigt, Ostpreußen räumlich vom Reich abgetrennt, Danzig aus dem Reichsverband ausgegliedert. Ein deutscher Grenzrevisionismus war absehbar. Daher konnten Deutschland und Polen im neuen Europa nur Feinde sein, die künftige Zugehörigkeit Oberschlesiens würde lediglich das Kräfteverhältnis zwischen diesen beiden Gegnern austarieren.

Wlodzimierz Borodziej, Geschichte Polens im 20. Jahrhundert, München 2010, S. 109 f.

1. *Erläutern Sie, warum viele Polen den Versailler Vertrag als unzureichend ansahen, obwohl das Land erhebliche territoriale Gewinne gemacht hatte.*
2. *Borodziej vertritt die Meinung, dass Deutschland und Polen nur Feinde sein konnten (siehe Zeile 18 bis 25). Erörtern Sie, ob es vielleicht doch Möglichkeiten der Versöhnung hätte geben können.*

M3 Piłsudski versus Dmowski

Der polnische Journalist Adam Krzeminski über die beiden wichtigsten polnischen Politikern der 1920er- und frühen 1930er-Jahre:

Piłsudski hatte seine Hausmacht im russischen und im österreichischen Teilgebiet. Im preußischen dagegen bildete sich unter dem Eindruck des „Kulturkampfes" und der nationalen Solidarität der Prototyp des katholischen Polen heraus, eines pragmatisch denkenden Menschen, dem romantische Anwandlungen und Klassenutopien fremd waren und der stärker der Christ- und Nationaldemokratie zuneigte als der Sozialdemokratie. Hier hatte auch Roman Dmowski größeren Einfluss.
Roman Dmowski (1864-1939) war von ganz anderem Zuschnitt und Temperament als Piłsudski. Auch ihn hatte das russische Teilgebiet geprägt, aber nicht der Osten, sondern Zentralpolen, und nicht ein Landadelssitz, sondern eine arme Steinmetzfamilie in Warschau. Er war ein präzise denkender Mensch, eher „Positivist" als „Romantiker". Schon in den Neunzigerjahren wurde er zum Spielmacher der nationaldemokratischen Partei, die aus einer sich seit rund zehn Jahren auf alle drei Teilgebiete ausweitenden bürgerlich-nationalen Bewegung hervorgegangen war. [...]
Diese Bewegung wurde vor allem von der neuen polnischen Mittelschicht getragen, und ihr Wortführer hielt – ganz unter dem Eindruck Darwins – den Kampf der Nationen ums Dasein für ein Gesetz der sozialen Evolution. Sicherlich war er auch von Hause aus nicht frei von Vorurteilen gegen die Juden, doch Dmowskis Antisemitismus entsprang ähnlichen Quellen wie seine antirussische oder antideutsche Einstellung, nämlich der Überzeugung, dass die Polen endlich beginnen müssten, sich ökonomisch und zivilisatorisch gegen die Dominanz tatkräftigerer Nationen durchzusetzen.

Adam Krzeminski, Polen im 20. Jahrhundert. Ein historischer Essay, München [2]1998, S. 38 f.

1. *Recherchieren Sie weitere Informationen über die beiden Politiker und schreiben Sie anschließend einen kurzen Beitrag für eine Zeitung zum Thema „Piłsudski und Dmowski – zwei prägende Gestalten der polnischen Politik nach dem Ersten Weltkrieg".*
2. *Vergleichen Sie aufgrund von M3, Seite 322 f. und Ihren Rechercheergebnissen aus der ersten Aufgabe die politischen Konzepte der beiden Personen miteinander.*

M4 Piłsudski als Diktator?

Der deutsche Historiker Gerhard Besier beschäftigt sich mit dem Scheitern der Demokratie in Polen:

Nach der Etablierung des neuen Staates hatte sich Piłsudski zunächst von den Regierungeschäften zurückgezogen. Doch der Staatsnotstand zwischen 1923 und 1926 – in der Zeit der rein parlamentarischen Regierungsform – ließ ihn zu der Überzeugung kommen, das Land brauche wieder eine starke Hand. Im Parlamentarismus, meinte er, würden Korruption und Misswirtschaft eher gefördert („Dirnen-Sejm"). Seine Sorge galt vor allem der Armee. Die Heeresführung erkannte die parlamentarische Aufsicht über die Armee als legitim an, aber Piłsudski wollte die Armee unabhängig vom Parlament halten. Auf seiner Seite standen die ehemaligen Legionsoffiziere und die Sozialistische Partei Polens (PPS). [...] Am 12. Mai 1926 besetzte Piłsudski an der Spitze von fünfzehn Regimentern Praga[1] und eroberte bis zum 14. Mai gegen den erbitterten Widerstand regierungstreuer Verbände Warschau. [...] Er ging nun an den Umbau von einer parlamentarischen zu einer autoritären Regierung. Die von ihm veranlassten Maßnahmen schlossen auch die Ermordung von Generälen und die Überwachung der von ihm eingesetzten Regierung ein. Dies alles meinte er im Namen der „moralischen Gesundung" der polnischen Nation tun zu müssen. Gleichwohl verzichtete er auf die Errichtung einer totalitären Diktatur und legte Wert auf die äußere Fortführung des parlamentarischen Staatslebens. [...]
Im Frühjahr 1935 [...] hatte Piłsudski noch eine neue Verfassung unterzeichnet, die das Parlament endgültig marginalisierte. Die gesamte Exekutive lag fortan in den Händen des Präsidenten, der sich nur noch gegenüber „Gott und der Geschichte" verantwortlich wusste. Aus Protest boykottierte die Opposition im selben Jahr die Wahlen, an denen sich lediglich 46 Prozent der Bevölkerung beteiligten. Auch die Wahlen von 1938, die ebenfalls von der Opposition boykottiert wurden, waren eine Farce. Außerhalb des Parlaments blieben die gegnerischen politischen Kräfte aktiv, der Widerstand gegen eine Uniformierung der polnischen Gesellschaft hatte von seiner Lebendigkeit nichts verloren.

Gerhard Besier, Das Europa der Diktaturen. Eine neue Geschichte des 20. Jahrhunderts, München 2006, S. 154 und 159

1. *Entwerfen Sie ein Schaubild oder einen Zeitstrahl, der Piłsudskis Weg zur Macht abbildet.*
2. *Interpretieren Sie Piłsudskis Terminus von der „moralischen Gesundung" (Zeile 20).*

[1] **Praga**: Vorort Warschaus

M5 Sprachverteilung nach dem Ersten Weltkrieg

Anhand dieser Karte lassen sich viele Schwierigkeiten, die schon die Zeitgenossen mit der Zuordnung zu Völkern und Nationen hatten, gut zeigen. Objektiv analysieren lassen sich Faktoren wie Sprache oder Religion, nicht aber Ethnie, also Abstammung. Die Karte gibt zwar einige Orientierung, kann aber nicht zeigen, dass Identitäten häufig nicht eindeutig festgelegt sind. Mehrsprachigkeit, die in Zentral- und Osteuropa häufig vorkam, kann auf diese Weise nicht abgebildet werden. Auch ist keineswegs eindeutig, dass jemand, der beispielsweise Polnisch oder Rumänisch als Muttersprache spricht, automatisch auch „polnisch" oder „rumänisch" denkt oder fühlt.

1. *Arbeiten Sie anhand der Karte die Schwierigkeiten heraus, die die Staatsmänner auf den Pariser Friedenskonferenzen hatten.*
2. *Erörtern Sie die Frage, ob in Paris eine „gerechtere" Lösung des Nationalitätenproblems möglich gewesen wäre.*

Der Zweite Weltkrieg und seine Folgen

▲ **Die Erweiterung des Deutschen Reiches zwischen 1933 und 1939.**

■ *Beschreiben Sie die territoriale Entwicklung des Deutschen Reiches vor dem Zweiten Weltkrieg.*

Adolf Hitler (1889-1945): seit 1921 Vorsitzender der NSDAP; 1933 Ernennung zum Reichskanzler; vgl. auch Seite 369.

Der Hitler-Stalin Pakt und der Überfall auf Polen ■ Bis 1938 war Polen in den Planungen **Adolf Hitlers** untergeordnet. Zunächst hatte die Zerschlagung der Tschechoslowakei Vorrang. 1938 willigten die Westmächte nach massivem deutschen Druck im *Münchener Abkommen* ein, die deutschsprachigen Randgebiete, das Sudetenland, an das Deutsche Reich abzutreten. Die Regierung in Prag gab nach, um einen Krieg zu vermeiden. Im März 1939 marschierten schließlich deutsche Truppen völkerrechtswidrig in Prag ein. Hitler hatte bis dahin auch mit dem Gedanken gespielt, dass Polen einige Territorien an das Deutsche Reich abtreten und dann ein gemeinsames Bündnis gegen die Sowjetunion abschließen sollte. Auf einen derartigen Vorschlag wäre aber keine polnische Regierung eingegangen. Seit Anfang 1939 wurde deshalb ein Überfall auf Polen systematisch vorbereitet. Zwar sahen auch die Westmächte den Krieg kommen und begannen aufzurüsten; ihre Bemühungen, die Kontakte zur Sowjetunion zu verbessern, verliefen aber nur halbherzig.

Hitler hingegen erkannte die Chancen, die sich – trotz aller ideologischen Unterschiede – aus einem Bündnis mit der Sowjetunion ergeben würden. Er schickte nach schnellen Vorverhandlungen Außenminister *Joachim von Ribbentrop* nach Moskau, wo ebenfalls nach ganz kurzen Verhandlungen in der Nacht vom 23. auf den 24. August 1939 ein deutsch-sowjetischer Nichtangriffspakt unterschrieben wurde, der später auch als *„Hitler-Stalin Pakt"* bezeichnet wurde (▸ M1). In einem geheimen Zusatzprotokoll wurde eine umfassende Neuverteilung Osteuropas zwischen den beiden Großmächten vereinbart. Ferner sicherte die Sowjetunion dem Deutschen Reich Rohstoff- und Nahrungsmittellieferungen zu, sodass eine britische Seeblockade wie im Ersten Weltkrieg wirkungslos werden würde. Erst durch diesen Vertrag wurde der Angriff auf

▶ **Das ermordete Polen.**
Karikatur von David Low, die am 20. September 1939 im „Evening Standard“ erschien.
Hitler sagt zu Stalin: „The scum of the earth, I believe?“ (dt.: „Der Abschaum der Erde, wie ich vermute?“) Und Stalin fragt: „The bloody assassin of the workers, I presume?“ (dt.: „Der blutige Schlächter der Arbeiter, darf ich annehmen?“).
- *Beschreiben Sie die dargestellte Szene.*
- *Charakterisieren Sie, wie die britische Presse den Hitler-Stalin-Pakt kommentiert.*

Polen möglich. Die nationalsozialistische Führung glaubte allerdings, dass Großbritannien und Frankreich in diesem Krieg neutral bleiben würden.

Am 1. September 1939 griff die deutsche Armee nach einem dürftigen Vorwand, den niemand glaubte, Polen an. Der Krieg war bereits nach wenigen Tagen entschieden: Die polnische Armee leistete zwar tapfer Widerstand, wurde aber von der deutschen Übermacht, die technisch viel besser ausgerüstet war, förmlich überrannt. Am 17. September überschritt auch die sowjetische Rote Armee die polnische Grenze, und am 6. Oktober kapitulierten die letzten polnischen Truppen.

Das polykratische nationalsozialistische Herrschaftssystem Die Eskalation der nationalsozialistischen Expansion und die mörderische Radikalität der Besatzungspolitik in den eroberten Territorien des Ostens sind nur verständlich, wenn man das NS-Herrschaftssystem analysiert. Fast alle Historiker bezeichnen dieses heute als *Polykratie* (dt.: Vielherrschaft). In der Propaganda war die Diktatur als Führerstaat wie eine Pyramide gegliedert, das heißt, der Führer gab von oben Befehle, die von den entsprechenden unteren Organen strikt umgesetzt wurden. Dieser Mythos wurde vom NS-Herrschaftssystem bewusst in der Propaganda eingesetzt. Er wurde aber auch in der Nachkriegszeit konstruiert, weil Kriegsverbrecher sich mit dem Hinweis auf einen „Befehlsnotstand“ aus der Verantwortung stahlen.

Die Realität des Nationalsozialismus sah aber völlig anders aus. Hitler sicherte seine Machtstellung dadurch, dass er sehr weitgehende, aber unklar definierte Kompetenzen an einzelne Personen delegierte, zugleich aber eine politische Koordination der verschiedenen Dienststellen untereinander erschwerte. Zugleich versuchten zahlreiche kleine und große „Führer“, Macht und Posten an sich zu ziehen, um Konkurrenten zu übertrumpfen. Hitler traf zwar die großen strategischen Entscheidungen, hielt sich aber in der Regel aus diesen kleinen und großen Querelen heraus, oft förderte er sie sogar.

Dieses chaotische Nebeneinander ständig wachsender Bürokratien mit unklaren Zuständigkeiten war auch im besetzten Polen deutlich zu beobachten. Theoretisch wurde das **Generalgouvernement** von dem Juristen *Hans Frank* verwaltet, der ein früher Weggenosse Hitlers war. Franks Machtbereich wurde aber durch **Heinrich Himmler** und die **Schutzstaffel** (SS) systematisch unterwandert. Himmler ließ beispielsweise zahlreiche Konzentrations- und Vernichtungslager im Generalgouvernement errichten, die seiner SS und nicht Frank unterstanden. In seiner Eigenschaft als „Reichskommissar für die Festigung des deutschen Volkstums“ steuerte Himmler auch direkt die Rassen-

Generalgouvernement: Bezeichnung für die besetzten polnischen Gebiete, die nicht unmittelbar dem Reich angegliedert worden waren

Heinrich Himmler (1900-1945): „Reichsführer SS“; ab 1936 zudem Chef der Deutschen Polizei; einer der Hauptverantwortlichen für den Holocaust und die zahlreichen Verbrechen der Waffen-SS; 1945 Selbstmord

Schutzstaffel (SS): 1925 gegründete Parteiformation zum persönlichen Schutz Hitlers, ab 1934 „selbstständige Organisation“ der NSDAP mit polizeilicher Machtbefugnis

Lesetipp
Wolfgang Benz, Die 101 wichtigsten Fragen. Das Dritte Reich, München ³2013

politik.[1] Als Generalbevollmächtigter für den Arbeitseinsatz agierte *Fritz Sauckel*, dessen Behörden für die Deportation von Zwangsarbeitern in das Deutsche Reich zuständig waren. Ab 1942 regierte auch *Albert Speer*, der neue Rüstungsminister, in das Generalgouvernement hinein, indem er das Territorium in die laufenden wirtschaftlichen Produktionsprogramme eingliederte. Alle diese „Führer" versuchten sich anfangs gegenseitig an Radikalität zu übertreffen, um sich bei Hitler beliebt zu machen.

Die vierte Teilung Polens Erneut wurde Polen in drei Territorien geteilt. Der östliche Teil fiel an Russland, der westliche an Deutschland, und das neu geschaffene Generalgouvernement sollte die neue „Heimat" des polnischen Volkes werden. Von Anfang an wurden deshalb im großen Stil Polen und Juden dorthin abgeschoben. Sie sollten dort als frei verfügbare Arbeitsreserve zur Verfügung stehen. Faktisch handelte es sich um eine moderne Form von Sklavenarbeit, weil die Polen keinerlei Rechte hatten und vor allem in der zweiten Hälfte des Krieges mit extremer Grausamkeit behandelt wurden. Regelmäßig wurden hunderttausende in das Deutsche Reich als Zwangsarbeiter verschleppt. Das Gebiet wurde ferner systematisch ent-industrialisiert. Fabriken, Maschinen, Eisenbahngleise und sogar Telefonkabel wurden abmontiert. Insgesamt wurde ein extrem brutales rassistisches System eingeführt (▸ M2). Allerdings traten von Anfang an erhebliche Meinungsverschiedenheiten auf, weil verschiedene Dienststellen unterschiedliche Ziele verfolgten. Die rassistisch motivierten Vertreibungen aus den annektierten Gebieten hatten die Folge, dass plötzlich keine ausgebildeten Arbeitskräfte mehr zur Verfügung standen. Auch konnten deutsche Fabriken häufig mit den beschlagnahmten Maschinen gar nichts anfangen, und im Frühjahr 1940 wurden die Plünderungen – mit Ausnahmen – eingestellt. Allerdings musste das Generalgouvernement und die anderen von Polen bewohnten Gebiete extrem hohe Mengen an landwirtschaftlichen Produkten abliefern, sodass den dortigen Polen kaum genug zu essen blieb. Nach dieser ersten Phase der Ausplünderung wurden im Generalgouvernement einige Industriekomplexe aufgebaut, die für die Rüstungsindustrie tätig waren und die sich fest in deutscher Hand befanden. Sehr häufig wurden hier KZ-Häftlinge eingesetzt.

Filmtipp
Unbeugsam; USA 2008, Regie: Edward Zwick
Der Film erzählt die Geschichte der jüdischen Partisanengruppen um die Brüder Tuvia, Zus und Asael Bielski während des Zweiten Weltkrieges. Die Handlung spielt im östlichen Teil Polens (heute Weißrussland).

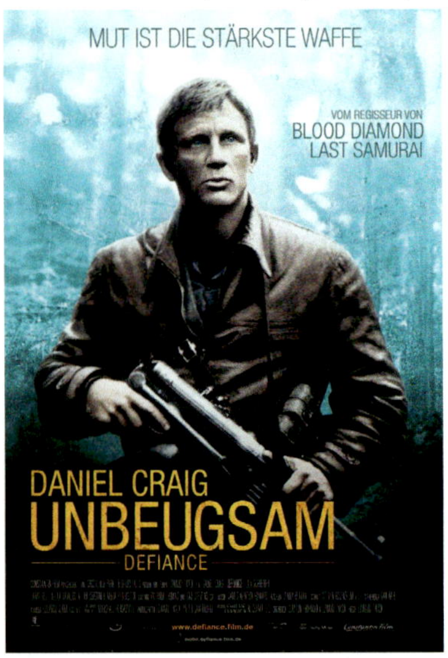

Die Besatzungspolitik in Polen Von Anfang an war die nationalsozialistische Besatzungspolitik in Polen sehr hart (▸ M3 und M4). Wahrscheinlich wären nach Kriegsende 1939 viele Polen bereit gewesen, sich in irgendeiner Form mit der Besatzungsmacht zu arrangieren, wie dies viele Generationen zuvor bereits gelernt hatten. Dies erwies sich aber als kaum möglich: Beispielsweise wurden in Krakau alle Professoren der international angesehenen Universität zu einem Treffen gebeten, dann verhaftet und in Konzentrationslager eingewiesen. Gezielt wurden polnische Intellektuelle ermordet, um die Führungsschicht zu schwächen. Fast alle Schulen wurden geschlossen, da Bildung für Polen als überflüssig angesehen wurde. Ein polnisches Schulwesen bestand fast nur noch im Untergrund.

Das Regime verfolgte eine in jeder Hinsicht verbrecherische Politik, die bewusst mit allen Regeln des Kriegsrechts brach. Mit der Gewinnung von „Lebensraum im Osten" sollte ein Rassenstaat errichtet werden.[2] Im Winter 1942/43 begann die SS in mehreren Regionen in der Nähe von Lublin (in der Region von Zamość) eine weitere

[1] Dies geschah über den „Lebensborn"; siehe hierzu Seite 333.
[2] Zur Lebensraumideologie siehe Seite 152.

äußerst gewalttätige Umsiedlungsaktion: Alle Polen wurden ausgesiedelt oder in Konzentrationslager deportiert, ihren gesamten Besitz mussten sie zurücklassen. Danach sollten in den leeren Dörfern Deutsche angesiedelt werden. Diese Aktion schlug aber fehl und musste schließlich abgebrochen werden (▸ M5).[1] Vielen Bauern gelang die Flucht, und ihre einzige Möglichkeit zu überleben bestand darin, sich **Partisanen** in den Wäldern anzuschließen. Aus der relativ friedlichen Gegend, die landwirtschaftliche Produkte aller Art geliefert hatte, entwickelte sich ein großer Unruheherd, in dem ständig Truppen stationiert werden mussten. Vom November 1942 bis zum Januar 1943 sank die Produktion zwischen 60 und 90 Prozent.

Die SS suchte in großem Stil nach „nordischem Blut". „Arisch" aussehende Kinder wurden ihren polnischen Eltern fortgenommen und in speziellen Einrichtungen des *„Lebensborn"*, faktisch Waisenhäusern der SS, erzogen. Die Eltern wurden häufig in Konzentrationslagern ermordet. Da die Akten dieser Organisation vor dem Kriegsende vernichtet worden sind, wissen wir nur wenig über die Details. Man kann aber davon ausgehen, dass nach 1945 einige zehntausend Menschen in Deutschland lebten, die davon überzeugt waren, Deutsche zu sein, deren Eltern im Krieg ums Leben gekommen waren.

Anfangs war die innerdeutsche Opposition gegen diese harte Besatzungspolitik gering, nur einige Offiziere der Wehrmacht drückten ihr Unverständnis darüber aus, dass Einheiten der SS auch Frauen und Kinder ermordeten. Als sich aber im Winter 1942/43 mit der deutschen Niederlage in Stalingrad eine Wende des Krieges deutlich abzeichnete, häuften sich auch innerhalb der nationalsozialistischen Führung und besonders bei den örtlichen Behörden im Generalgouvernement die Forderungen, die Politik gegenüber den Polen zu ändern. Erst im allerletzten Moment wurden 1944 einige halbherzige Versuche gemacht, Polen für die deutsche Seite zu gewinnen, doch kam dieser Anlauf viel zu spät (▸ M6). Die Rote Armee wurde durchweg als Befreier begrüßt.

Der Völkermord an den europäischen Juden Die meisten Historiker vertreten heute die Meinung, dass der **Völkermord (Genozid)** an den europäischen Juden nicht schon vor dem Krieg geplant war, sondern dass er sich aus zahlreichen einzelnen Aktionen langsam zum **Holocaust (Shoah)** entwickelte. Hitler wirkte aber immer wieder als treibende Kraft im Hintergrund. Schon direkt nach dem Überfall auf die Sowjetunion am 22. Juni 1941 begannen Einsatzgruppen des Sicherheitsdienstes der SS systematisch damit, in den eroberten Gebieten mehrere hunderttausend Juden und andere unerwünschte Volksgruppen wie Sinti und Roma oder kommunistische Funktionäre in großem Stil mit Maschinengewehren zu erschießen (▸ M7). Wahrscheinlich im Herbst 1941 fiel dann in der engeren NS-Führung der Entschluss, alle europäischen Juden zu ermorden, wobei die genauen Abläufe dieser Entscheidung aber bis heute immer noch nicht völlig geklärt sind.

Nachdem im Herbst und im Winter 1941 mit verschiedenen Tötungsarten experimentiert worden war, setzte sich die Technologie der Vergasung als „erfolgreichste" Methode durch. Mit wenigen Ausnahmen wurden die meisten Vernichtungslager auf dem Gebiet des ehemaligen Polen errichtet. Das größte von ihnen war der Lager- und Vernichtungskomplex in **Auschwitz**, der ein Multifunktionslager darstellte, weil hier auch große Rüstungsbetriebe angesiedelt wurden, die KZ-Häftlinge als Arbeitssklaven

[1] Über die „Aktion Zamość" informiert auch M4 auf Seite 156 im Buch.

Partisanen: bewaffnete Widerstandskämpfer im Hinterland

Völkermord (Genozid): Auslöschung willkürlich definierter Gruppen von Menschen unter zumeist extrem brutalen Begleitumständen; der englische Begriff für Völkermord, *genocide*, geht auf den poln.-jüd. Juristen Raffael Lemkin zurück, der ihn im Jahr 1944 prägte. Beispiele für Genozide in der Geschichte sind der Holocaust sowie der Völkermord an den Armeniern während des Ersten Weltkrieges.

Holocaust (Shoah) (griech. holócaustos: „völlig verbrannt" bzw. „Brandopfer"): wurde zunächst als Lehnwort ins Englische übernommen, gilt heute weltweit als Synonym für die systematische Ermordung von mindestens sechs Millionen europäischer Juden und anderer Opfergruppen. In der jüdischen Tradition wird für diesen Genozid der Begriff „Shoah" (hebr. „Großes Unheil, Katastrophe") verwendet, der sich jedoch ausschließlich auf die Judenvernichtung bezieht. In der NS-Terminologie wurde häufig auch der Begriff „Endlösung" verwendet.

Auschwitz: Das Lager Auschwitz wurde nahe der polnischen Stadt Oświęcim 1939 für die politischen Häftlinge aus Polen eingerichtet. Ab September 1941 begann der Ausbau zum größten Vernichtungslager im deutschen Machtbereich. Dort wurden ab Mai 1942 vornehmlich jüdische Häftlinge systematisch ermordet. Außerdem entstanden mehrere große Industriebetriebe (z. B. IG Farben in Monowitz), für die die Häftlinge Zwangsarbeit leisten mussten. Bis zur Befreiung von Auschwitz am 27. Januar 1945 starben dort etwa eine Million Menschen.

Ghetto: primär in Polen und den besetzten Gebieten der Sowjetunion eingerichtete abgesperrte Wohnbezirke, in denen die jüdische Bevölkerung unter unmenschlichen Bedingungen zusammengepfercht und häufig sich selbst überlassen wurde. Die Konzentrierung der Juden wurde gleichzeitig für die Ausbeutung ihrer Arbeitskraft genutzt. Katastrophale hygienische Verhältnisse, Unterversorgung und Epidemien führten zum Tod vieler zehntausend Menschen. Nach Auflösung der Ghettos wurde die jüdische Bevölkerung fast ausnahmslos in Vernichtungslager deportiert.

Filmtipp
Der Pianist; Frankreich/Großbritannien/Deutschland/Polen 2002, Regie: Roman Polański

Der Film basiert auf der wahren Geschichte des polnischen Pianisten und Komponisten Władysław Szpilman während seiner Zeit im Warschauer Ghetto.

Internettipp
Für ein didaktisch aufbereitetes Dossier zu Filmmaterial vom Warschauer Ghetto siehe den Code 32031-29.

nutzten. Andere Lager wie *Treblinka, Sobibor* oder *Belzec* waren reine Vernichtungslager, die ausschließlich die Aufgabe hatten, in Gaskammern so schnell wie möglich Juden umzubringen.

Der Aufstand im Warschauer Ghetto 1943 Ende 1940 wurden große Wohnbezirke vom restlichen Warschau durch eine Mauer abgetrennt, die 18 Kilometer lang und 3,5 Meter hoch war. Über 100 000 Polen wurden umgesiedelt und ihre Wohnungen an Juden gegeben. Allerdings war dieses **Ghetto** schon bald hoffnungslos überfüllt, weil auch Juden aus anderen Teilen des Landes hierhin deportiert wurden. Die Ernährung war völlig unzureichend, sodass durch Krankheiten und Unterernährung die Sterberate stark anstieg. Seit dem Juli 1942 wurden Juden von hier in großem Stil in die Vernichtungslager transportiert.

Trotz der Geheimhaltung sprach sich schnell herum, dass sie in den Lagern im Osten systematisch ermordet wurden. Verzweifelt organisierten Gruppen von meist jungen Menschen im *Warschauer Ghetto* eine Widerstandsbewegung, die aber kaum über Waffen verfügte. Dennoch wurden Bunker gebaut, mit primitivsten Mitteln Sprengstoff hergestellt und Kämpfer ausgebildet. Als die SS am 19. April 1943 in das Ghetto vorrückte, um die letzten Juden abzutransportieren, stieß sie unerwartet auf heftigen militärischen Widerstand. Obwohl die Deutschen auch schwere Waffen und Flammenwerfer einsetzten, konnte der letzte Widerstand erst am 16. Mai gebrochen werden. SS-Brigadeführer (General) *Jürgen Stroop* meldete in einem Bericht: „Es gibt keinen jüdischen Wohnbezirk in Warschau mehr."

Für die jüdische und später für die israelische Identität hatte dieser Aufstand eine sehr wichtige Bedeutung. Auch wenn die Erhebung chancenlos war, hatten sich hier die Juden nicht einfach abtransportieren lassen, sondern waren ihren Mördern mit dem Mute der Verzweiflung entgegengetreten.

▲ **Überlebende des Warschauer Ghettoaufstandes werden von der SS abgeführt.**
Foto (Ausschnitt) aus einem Bericht des SS-Gruppenführers und Generalmajors der Polizei, Jürgen Stroop, vom 16. Mai 1943. Der Originaluntertitel lautet: „Mit Gewalt aus Bunkern herausgeholt."
Der Aufstand endete, nachdem die SS die Häuser im Ghetto in Brand gesetzt hatte. Von den 56 000 gefangengenommenen Juden erschoss die SS sofort 7 000. Die Überlebenden deportierte sie in Arbeits- und Vernichtungslager

Der polnische Aufstand vom Sommer 1944 Ein weiterer großer Aufstand, der für die Identität Polens nach 1945 wichtig wurde, war der *Warschauer Aufstand* von 1944. Im Sommer waren die Westalliierten in Frankreich gelandet. Kurz danach durchbrach die Rote Armee in einer großen Offensive die deutsche Front, vernichtete einen großen Teil des deutschen Heeres und stieß bis zur Weichsel vor. Erst kurz vor Warschau kam der Vormarsch zum Stillstand. Im Untergrund war in den Jahren zuvor die polnische Heimatarmee aufgestellt worden, die alleine für einen Aufstand zu schlecht bewaffnet war. Als die Rote Armee vor Warschau stand, glaubte die Führung der *Heimatarmee*, die in Warschau immerhin über etwa 45 000 Soldaten verfügte, dass der Zeitpunkt für einen Aufstand günstig sei. Sie wollte Fakten schaffen, um dann später bei Friedensgesprächen mit am Verhandlungstisch zu sitzen.

▲ **Denkmal der Helden des Warschauer Aufstandes.**
Foto von 2013, Krasinski-Platz in Warschau.
Das Denkmal wurde 1989 eingeweiht.
- *Beschreiben Sie die Form und Gestaltung des Denkmals.*
- *Erläutern Sie die Symbolsprache, die dieses Denkmal seinen Betrachtern vermitteln möchte.*

Der Aufstand begann am 1. August 1944 und der letzte Widerstand wurde erst am 3. Oktober gebrochen. Zwar gelang es der Aufstandsbewegung zunächst, einen Teil von Warschau einzunehmen, doch blieb die erhoffte sowjetische Unterstützung aus. Die meisten Historiker nehmen an, dass Josef W. Stalin den Deutschen die Gelegenheit geben wollte, den Aufstand niederzuschlagen, damit er später nicht mit der lästigen polnischen Unabhängigkeitsbewegung zu tun haben musste. Die nationalsozialistische Führung nutzte diese Gelegenheit. Hitler ordnete die völlige Zerstörung Warschaus an: Die Stadt solle nur noch ein geografischer Punkt auf der Landkarte sein. Dieser Befehl wurde konsequent durchgeführt: Deutsche Pioniere zogen mit Flammenwerfern durch ganze Stadtviertel und sprengten die niedergebrannten Ruinen, während am anderen Ufer der Weichsel die Rote Armee untätig zusah. Auch gingen Heer und SS einmal mehr rücksichtslos gegen die polnische Zivilbevölkerung vor und zettelten mehrfach große Massaker an. Obwohl der Aufstand fehlschlug, spielt er bis heute in der polnischen Erinnerungskultur eine wichtige Rolle, weil hier zumindest versucht worden war, das Land aus eigener Kraft zu befreien.

1. *Charakterisieren Sie das Verhältnis zwischen NS-Deutschland und Polen.*
2. *Arbeiten Sie Formen von Widerstand in den besetzten polnischen Gebieten gegen das NS-Regime heraus. Welche Bedeutung hatten die Widerstandsbewegungen für das polnische Selbstverständnis?*

M1 Der Nichtangriffspakt mit der UdSSR

Im August 1939 wird der Öffentlichkeit ein Abkommen präsentiert, das der sowjetische Außenminister Wjatscheslaw M. Molotow mit dem deutschen Außenminister Joachim von Ribbentrop ausgehandelt hat:

Art. 1 Die beiden vertragschließenden Teile verpflichten sich, sich jeden Gewaltakts, jeder aggressiven Handlung und jedes Angriffs gegeneinander, und zwar sowohl einzeln als auch gemeinsam mit anderen Mächten, zu enthalten.
Art. 2 Falls einer der vertragschließenden Teile Gegenstand kriegerischer Handlungen seitens einer dritten Macht werden sollte, wird der andere vertragschließende Teil in keiner Form diese dritte Macht unterstützen. [...]
Art. 4 Keiner der beiden vertragschließenden Teile wird sich an irgendeiner Mächtegruppierung beteiligen, die sich mittelbar oder unmittelbar gegen den anderen Teil richtet.
Geheimes Zusatzprotokoll[1]: Für den Fall einer territorial-politischen Umgestaltung der zum polnischen Staate gehörenden Gebiete werden die Interessensphären Deutschlands und der UdSSR ungefähr durch die Linie der Flüsse Narew, Weichsel und San abgegrenzt.
Die Frage, ob die beiderseitigen Interessen die Erhaltung eines unabhängigen polnischen Staates erwünscht erscheinen lassen und wie dieser Staat abzugrenzen wäre, kann endgültig erst im Laufe der weiteren politischen Entwicklung geklärt werden. In jedem Falle werden beide Regierungen diese Frage im Wege einer freundschaftlichen Verständigung lösen.

OSTEUROPA. Zeitschrift für Gegenwartsfragen des Ostens, 39. Jg. (1989), S. 417-419

1. *Erläutern Sie, was der Nichtangriffspakt über die außenpolitischen Planungen beider Länder aussagt.*
2. *Beurteilen Sie die Bedeutung des geheimen Zusatzprotokolls.*

M2 „Restlose Beseitigung des Polentums"

In der Denkschrift „Die Frage der Behandlung der ehemaligen polnischen Gebiete nach rassenpolitischen Gesichtspunkten" des Rassenpolitischen Amtes der NSDAP vom 25. November 1939 heißt es:

Das Problem Polen und der Behandlung der Bevölkerung des ehemaligen polnischen Staatsgebietes ist sowohl ein rassenpolitisches als auch ein völkisch-politisches Problem. [...] Das Ziel der deutschen Politik in den neuen Reichsgebieten muss die Schaffung einer rassisch und damit geistig-seelisch wie völkisch-politisch einheitlichen deutschen Bevölkerung sein. Hieraus ergibt sich, dass alle nicht eindeutschbaren Elemente rücksichtslos beseitigt werden müssen.
Dieses Ziel umfasst drei einander verbundene Aufgaben:
Erstens die vollständige und endgültige Eindeutschung der hierzu geeigneten Schichten,
zweitens die Abschiebung aller nicht eindeutschbaren fremdvölkischen Kreise und
drittens die Neubesiedlung durch Deutsche. [...]
Ein erheblicher Teil der rassisch wertvollen, aber aus völkischen Gründen nicht eindeutschbaren Schichten des polnischen Volkes wird dagegen in das polnische Restgebiet abgeschoben werden müssen. Hier aber muss versucht werden, rassisch wertvolle Kinder von der Umsiedlung auszunehmen und sie im Altreich in geeigneten Erziehungsanstalten etwa nach Art des früheren Potsdamer Militärwaisenhauses oder in deutscher Familienpflege zu erziehen. [...] Alle rassisch wertvollen Kinder, deren Eltern im Krieg oder später umgekommen sind, werden ohne Weiteres in deutsche Waisenhäuser übernommen. Aus diesem Grund ist ein Verbot der Adoption solcher Kinder durch Polen zu erlassen. Jede Unterbringung von erbgesunden Kindern in kirchlich geleiteten Anstalten hat zu unterbleiben. Kinder in solchen Anstalten werden in deutsche Erziehungsanstalten überführt, soweit es sich um Kinder bis zu etwa 10 Jahren handelt. [...]
Wie bereits entwickelt, muss das Fernziel die restlose Beseitigung des Polentums sein. Was von den Polen nicht eingedeutscht werden kann, muss in das polnische Restgebiet abgeschoben werden. Von den etwa 6,6 Millionen reinen Polen der neuen Reichsgebiete – die Wasserpolen[2] und Kaschuben sind hier abgerechnet – erscheinen ebenfalls 1-1,5 Millionen eindeutschungsfähig.

Nach: Werner Röhr (Hrsg.), Die faschistische Okkupationspolitik in Polen (1939-1945), Berlin 1989, S. 143 f.

1. *Beschreiben Sie mit eigenen Worten das Programm des Rassenpolitischen Amtes.*
2. *Analysieren Sie das Menschenbild, das sich in dieser Quelle zeigt.*

[1] Das Zusatzprotokoll wurde im Westen 1948 bekannt. Die Sowjetunion bestritt bis 1989 die Existenz dieser Abmachung.

[2] Als Wasserpolen wurden diejenigen Polen in Oberschlesien bezeichnet, die zwar Polnisch als Muttersprache sprachen, sich aber schon im Kaiserreich als Deutsche definiert hatten.

M3 Ziele der Besatzungspolitik

Heinrich Himmler formuliert in seiner Denkschrift „Einige Gedanken über die Behandlung der Fremdvölkischen im Osten" vom 15. Mai 1940:

[...] [D]enn nur dadurch, dass wir diesen ganzen Völkerbrei des Generalgouvernements von 15 Millionen und die 8 Millionen der Ostprovinzen auflösen, wird es uns möglich sein, die rassische Siebung durchzuführen, die das Fundament in unseren Erwägungen sein muss, die rassisch Wertvollen aus diesem Brei herauszufischen, nach Deutschland zu tun, um sie dort zu assimilieren. [...]
Eine grundsätzliche Frage bei der Lösung aller dieser Probleme ist die Schulfrage und damit die Frage der Sichtung und Siebung der Jugend. Für die nichtdeutsche Bevölkerung des Ostens darf es keine höhere Schule geben als die vierklassige Volksschule. Das Ziel dieser Volksschule hat lediglich zu sein: Einfaches Rechnen bis höchstens 500, Schreiben des Namens, eine Lehre, dass es ein göttliches Gebot ist, den Deutschen gehorsam zu sein und ehrlich, fleißig und brav zu sein. Lesen halte ich nicht für erforderlich. [...]
Die Bevölkerung des Generalgouvernements setzt sich dann zwangsläufig nach einer konsequenten Durchführung dieser Maßnahmen im Laufe der nächsten 10 Jahre aus einer verbleibenden minderwertigen Bevölkerung, die noch durch abgeschobene Bevölkerung der Ostprovinzen sowie all der Teile des deutschen Reiches, die dieselbe rassische und menschliche Art haben [...], zusammen.
Diese Bevölkerung wird als führerloses Arbeitsvolk zur Verfügung stehen und Deutschland jährlich Wanderarbeiter und Arbeiter für besondere Arbeitsvorkommen (Straßen, Steinbrüche, Bauten) stellen; sie wird selbst dabei mehr zu essen und zu leben haben als unter der polnischen Herrschaft und bei eigener Kulturlosigkeit unter der strengen, konsequenten und gerechten Leitung des deutschen Volkes berufen sein, an dessen ewigen Kulturtaten und Bauwerken mitzuarbeiten und diese, was die Menge der groben Arbeit anlangt, vielleicht erst ermöglichen.

Nach: Reinhard Kühnl, Der deutsche Faschismus in Quellen und Dokumenten, Köln [3]1978, S. 328 ff.

1. *Fassen Sie Himmlers Ziele stichpunktartig zusammen.*
2. *Ordnen Sie diese Denkschrift in den Zusammenhang der nationalsozialistischen Expansion ein. Hinweis: Hitler hat der Denkschrift zugestimmt.*
3. *Vergleichen Sie M3 mit M2.*
4. *Überprüfen Sie die These, dass bereits innerhalb kurzer Zeit eine weitere Radikalisierung der Besatzungspolitik stattgefunden hat.*

M4 Diskriminierung und Vertreibung

Der britische Wirtschaftshistoriker Adam Tooze schreibt über die deutsche Besatzungspolitik in Polen:

[Die] Diskriminierung der Polen, die nun gezwungen waren, für das „Dritte Reich" zu arbeiten, war beispiellos. „Erfunden" wurden diese Erniedrigungen hauptsächlich von den Beamten, die im Namen von Heinrich Himmler, dem Reichsführer SS und Chef der Deutschen Polizei, handelten. Denn was Polen betraf, verfolgte die SS ihre ganz eigenen ehrgeizigen Pläne. Kurz nach Kriegsausbruch war Himmler zum „Reichskommissar für die Festigung des deutschen Volkstums" (RKF) ernannt worden. In dieser Funktion war er auch für die „Germanisierung" der eroberten Gebiete im Osten zuständig, was hieß, dass er alle Juden und so viele Polen wie möglich aus den vom „Dritten Reich" annektierten polnischen Gebieten „entfernen" und gleichzeitig eine gewaltige Völkerumsiedlung in Gang setzen sollte. „Volksdeutsche" aus dem von Stalin annektierten Baltikum und aus Südtirol sollten in die Gebiete umgesiedelt werden, die von Polen und Juden „gesäubert" worden waren. [Die] Forderung, gewaltige Massen an ausländischen Arbeitskräften ins Reich zu schaffen, war also gewissermaßen eine gute Ergänzung dieses Projektes, da sie Himmler ja die perfekte Rechtfertigung für die Entwurzelung und Aussiedlung von Hunderttausenden Polen aus den vom Reich annektierten Gebieten bot. Ein grundlegendes Problem war jedoch, dass sich die „Hereinnahme" von „slawischen Untermenschen" in die „volksdeutsche" Arbeitskraft ganz und gar nicht mit Himmlers Vorstellungen von einem „rassisch überlegenen" Staat deckte. Es ist ein deutlicher Hinweis auf die Stimmung, die Anfang 1940 in Berlin herrschte, dass sich Himmler deshalb zu dem Kompromiss gezwungen sah, den Massendeportationsprozess von Juden und Polen in das Generalgouvernement zu drosseln.

Adam Tooze, Ökonomie der Zerstörung. Die Geschichte der Wirtschaft im Nationalsozialismus, München 2007, S. 421 (übersetzt von Yvonne Badal)

1. *Geben Sie mit eigenen Worten die rassischen Vorstellungen der NS-Führung wieder. Ziehen Sie dazu auch die Informationen aus M3 heran.*
2. *Erörtern Sie den Widerspruch zwischen den ökonomischen Erfordernissen der deutschen Kriegswirtschaft und dem offenen Rassismus des Regimes.*

M5 Drei Stadien der Radikalisierung

Der litauische Historiker Vejas G. Liulevicius schlägt den Bogen von den Erfahrungen des Ersten Weltkrieges zu den Vorstellungen des Nationalsozialismus:

Beginnend mit dem Jahr 1914 kann man drei [...] Stadien eines Radikalisierungsprozesses unterscheiden. Zuerst eröffnete die Praxis der Besatzung im Osten während des Ersten Weltkrieges neue Erwartungshorizonte und Handlungsmöglichkeiten. Länder und Menschen erschienen den Militärs als Objekte moderner Bevölkerungspolitik. Neue Kontrollmöglichkeiten wurden denkbar, die sich aus der kolonialen Herrschaftspraxis der besetzten Gebiete ergaben. Das zweite Stadium wurde durch die Niederlage der Mittelmächte 1918 eingeleitet, die bewirkte, dass deutsche Wahrnehmungen von Osteuropa radikalisiert wurden. Als Reaktion auf die verwirrenden ethnischen Gemengelagen reagierte und argumentierte man jetzt in eher rassistischen Kategorien. Das Versagen der Ostpolitik des Ersten Weltkrieges wurde jetzt den „Völkerschaften", mit denen man arbeiten musste, zugeschrieben: Ganze Völker galten fortan als „schmutzig", „ungesund" und „gefährlich". Es wurde zunehmend statt von „Land und Leuten" in monolithischen Kategorien von „Raum und Volk" gesprochen. Hitler und das nationalsozialistische Regime konnten auf diesen Wahrnehmungen gezielt aufbauen. Das Nazi-Regime bildet das dritte Stadium des Radikalisierungsprozesses: Ein virulenter, fanatischer Antisemitismus und ein radikaler biologischer Rassismus gingen mit der mörderischen Entschlossenheit einher, Osteuropa umzugestalten. Vermeintliche „Lektüre" oder Schlussfolgerungen aus den früheren Erlebnissen des Ersten Weltkrieges wurden zusammen mit rassistischen Imperativen vereint, in der Absicht, nicht nur einen Krieg zu gewinnen, sondern einen „Endsieg" herbeizuführen.

Nach: Vejas Gabriel Liulevicius, Von „Ober Ost" nach „Ostland"?, in: Gerhard P. Groß, Die vergessene Front. Der Osten 1914/15, Darmstadt 2006, S. 295-310, hier S. 295 f.

Erörtern Sie ausgehend von der Quelle die Gründe, die zur Radikalisierung der deutschen Politik führten.

M6 Meinungsverschiedenheiten um die Besatzungspolitik

In einer Rede vor den politischen Leitern der NSDAP im Distrikt Krakau fordert Hans Frank, Generalgouverneur des besetzten Polen, am 14. Januar 1944 eine Änderung der Politik gegenüber der polnischen Bevölkerung:

Wenn wir den Krieg einmal gewonnen haben, dann kann meinetwegen aus den Polen und aus den Ukrainern und dem, was sich hier herumtreibt, Hackfleisch gemacht werden, es kann gemacht werden, was will. Aber in diesem Augenblick kommt es nur darauf an, ob es gelingt, fast 15 Millionen eines gegen uns sich organisierenden feindlichen Volkstums in Ruhe, Ordnung, Arbeit und Disziplin zu halten. Wenn es nicht gelingt, dann kann ich vielleicht triumphierend sagen: Ich habe zwei Millionen Polaken umgebracht. Ob dann aber die Züge an die Ostfront fahren, ob die Monopolbetriebe arbeiten, [...] ob die Ernährung und Landwirtschaft gesichert wird, von der wir allein 450 000 t Getreide ans Reich geliefert haben, das steht auf einem anderen Blatt. Politik ist mehr als Gewalt. Die Gewalt ist eine lächerliche ABC-Angelegenheit. Die Staatskunst beginnt jenseits der Gewalt. Wenn ich drei Polizeibataillone dieses Raumes dringendst zur Füllung von Lücken an der Front abgeben muss [...], so bedeutet das, dass ich wiederum den Koeffizient dieses Raumes um drei Polizeibataillone reduziere. Das kann ich nur, wenn ich sozusagen einigermaßen auf die Bevölkerung rechnen kann. Wenn ich heute den 150 000 Polen, die die Ostbahn betreiben, nichts mehr zu essen gebe, wenn ich sie nicht mehr kleide, ihnen keine Sicherheit des Lebens gewähre – die 5 000 Deutschen, die ich bei der Ostbahn habe, bringen keinen Zug vorwärts. Von den Fabriken will ich ganz absehen. Wissen sie, dass wir für 1,5 Milliarden Zloty jährlich zusätzlich dem deutschen Reich wertvollste Rüstung und Munition fabrizieren?

Nach: Werner Röhr (Hrsg.), a. a. O., S. 292

1. *Arbeiten Sie die Kernaussagen aus Franks Rede heraus.*
2. *Charakterisieren Sie die sprachlichen Mittel des Textes.*
3. *Überprüfen Sie die These, dass Franks Aufforderung, die Polenpolitik zu ändern, zu spät kam.*

M7 „Posener Rede“

Am 4. Oktober 1943 hält Heinrich Himmler bei der SS-Gruppenführertagung im polnischen Posen eine Rede:

Ich will hier vor Ihnen in aller Offenheit auch ein ganz schweres Kapitel erwähnen. Unter uns soll es einmal ganz offen ausgesprochen sein, und trotzdem werden wir in der Öffentlichkeit nie darüber reden. [...] Ich meine jetzt die Judenevakuierung, die Ausrottung des jüdischen Volkes. Es gehört zu den Dingen, die man leicht ausspricht. – „Das jüdische Volk wird ausgerottet“, sagt ein jeder Parteigenosse, „ganz klar, steht in unserem Programm, Ausschaltung der Juden, Ausrottung, machen wir.“ Und dann kommen sie alle an, die braven 80 Millionen Deutschen, und jeder hat seinen anständigen Juden. Es ist ja klar, die anderen sind Schweine, aber dieser eine ist ein prima Jude. Von allen, die so reden, hat keiner zugesehen, keiner hat es durchgestanden. Von Euch werden die meisten wissen, was es heißt, wenn 100 Leichen beisammen liegen, wenn 500 daliegen oder wenn 1000 daliegen. Dies durchgehalten zu haben, und dabei – abgesehen von Ausnahmen menschlicher Schwächen – anständig geblieben zu sein, das hat uns hart gemacht. Dies ist ein niemals geschriebenes und niemals zu schreibendes Ruhmesblatt unserer Geschichte, denn wir wissen, wie schwer wir uns täten, wenn wir heute noch in jeder Stadt – bei den Bombenangriffen, bei den Lasten und bei den Entbehrungen des Krieges – noch die Juden als Geheimsaboteure, Agitatoren und Hetzer hätten. [...] Die Reichtümer, die sie hatten, haben wir ihnen abgenommen. Ich habe einen strikten Befehl gegeben, den SS-Obergruppenführer Pohl durchgeführt hat, dass diese Reichtümer selbstverständlich restlos an das Reich abgeführt wurden. Wir haben uns nichts davon genommen. Einzelne, die sich verfehlt haben, werden gemäß einem von mir zu Anfang gegebenen Befehl bestraft, der androhte: Wer sich auch nur eine Mark davon nimmt, der ist des Todes. [...] Wir hatten das moralische Recht, wir hatten die Pflicht gegenüber unserem Volk, dieses Volk, das uns umbringen wollte, umzubringen. Wir haben aber nicht das Recht, uns auch nur mit einem Pelz, mit einer Uhr, mit einer Mark oder mit einer Zigarette oder mit sonst etwas zu bereichern. Wir wollen nicht am Schluss, weil wir einen Bazillus ausrotteten, an dem Bazillus krank werden und sterben. Ich werde niemals zusehen, dass hier auch nur eine kleine Fäulnisstelle entsteht [...]. Insgesamt aber können wir sagen, dass wir diese schwerste Aufgabe in Liebe zu unserem Volk erfüllt haben. Und wir haben keinen Schaden in unserem Innern, in unserer Seele, in unserem Charakter daran genommen. [...] Im Großen und Ganzen war unsere Haltung gut. Manches ist auch in unseren Reihen noch zu bessern. Dieses auszusprechen, ist mit der Sinn dieses Appells der Kommandeure und der Gruppenführer. Ich möchte dieses Kapitel überschreiben mit der Überschrift „Wir selbst“.

Zitiert nach: www.nationalsozialismus.de/dokumente/texte/heinrich-himmler-posener-rede-vom-04-10-1943-volltext.html [15. Mai 2012]

1. *Analysieren Sie Himmlers Menschenbild und seine moralischen Vorstellungen, die aus der Rede deutlich werden. Von welchem Bild des SS-Mannes geht er aus?*

2. *Erläutern Sie, was die Rede über die Öffentlichkeit der Verbrechen aussagt.*

3. *Beurteilen Sie, inwiefern die Rede als „Schlüsseldokument“ für die „Endlösung der Judenfrage“ und den Holocaust angesehen werden kann.*

▲ „Aussortierung.“
Foto (Ausschnitt) vom Mai oder Juni 1944, Konzentrationslager Auschwitz-Birkenau.
Die sogenannte „Judenrampe“, ein Gleis, das vom Bahnhof außerhalb direkt in das Lager führte, kam nach knapp einjähriger Bauzeit erst ab Mai 1944 zum Einsatz. Zu diesem Zeitpunkt erreichte die Massenvernichtung in Birkenau ihren Höhepunkt: Innerhalb von drei Monaten wurden etwa 450 000 Juden aus Ungarn nach Auschwitz deportiert. Auf der Rampe wurden die „noch einsatzfähigen“ Männer und Frauen zunächst ins Lager aufgenommen und später zur Zwangsarbeit vornehmlich auf Reichsgebiet überstellt. Ein Teil, vor allem Zwillingskinder, fiel den KZ-Ärzten um Dr. Josef Mengele für „medizinische“ Experimente zum Opfer. Die große Mehrzahl der Ankommenden, vor allem Alte, Kranke, schwangere Frauen und Mütter mit Kindern, wurde jedoch als „arbeitsunfähig“ eingestuft und – unter dem Vorwand, sich duschen und desinfizieren zu müssen – unverzüglich in die Gaskammern geschickt.

Deutsche und polnische Geschichte nach 1945

Die polnische Westverschiebung Vom 17. Juli bis zum 2. August 1945 trafen sich die Staatsoberhäupter der USA, Großbritanniens und der Sowjetunion in Potsdam, um eine Nachkriegsordnung festzulegen. Auf dieser Konferenz einigten sich die Alliierten darauf, Polen als Staat innerhalb des Interessengebietes der Sowjetunion wiederherzustellen. Da Stalin territoriale Gewinne anstrebte, wurde vorgesehen, das polnische Staatsgebiet nach Westen zu verschieben. Die neuen Grenzen wurden zunächst provisorisch festgelegt, weil angenommen wurde, dass später noch ein separater Friedensvertrag unterzeichnet werden würde. Die ehemaligen östlichen polnischen Territorien gingen an die Sowjetunion. Das nördliche Ostpreußen fiel unter sowjetische Verwaltung, das südliche Ostpreußen unter polnische und die ehemals deutschen Gebiete östlich der Oder und der Neiße wurden polnischer Verwaltung übergeben (▸ M1).

▲ Ausdehnung des sowjetischen Herrschaftsbereiches in Europa.

- *Geben Sie mithilfe der Karteninformationen wieder, welche Staaten ab 1945 zum sowjetischen Machtbereich gehörten.*
- *Erläutern Sie den in der Karte verwendeten Begriff „Volksdemokratie". Dazu können Sie auch das Internet und/oder ein Lexikon heranziehen.*
- *➕ Erklären Sie die polnische Westverschiebung anhand der Karte und den Informationen aus dem Verfassertext (Seite 340).*
- *Die Grenze zwischen Ost und West wurde häufig als „Eiserner Vorhang" bezeichnet (siehe dazu auch die Markierung in der Karte). Informieren Sie sich im Internet über diesen Begriff. Beurteilen Sie, ob und inwieweit er die Realität korrekt wiedergibt.*

Zwangsmigration von Deutschen und Polen Die Vertreibungen und Umsiedlungen von Millionen Menschen verliefen in mehreren Phasen. In der ersten Periode 1944/45 flohen die Menschen vor der heranrückenden Roten Armee. Die Verluste unter der Zivilbevölkerung waren in einigen Gebieten hoch, weil die nationalsozialistische Führung bis zuletzt Durchhalteparolen ausgegeben und ein viel zu günstiges Bild der Lage gezeichnet hatte. Viele deutsche Zivilisten machten sich erst auf den Weg, als die Fluchtwege bereits versperrt waren. In der zweiten Phase direkt nach dem Ende des Krieges fanden zahlreiche „wilde" Vertreibungen statt, die oft gewalttätig waren, weil Rache für die nationalsozialistischen Verbrechen geübt wurde. In Potsdam legten die Alliierten fest, dass diese Vertreibungen in geordnete Bahnen gelenkt werden sollten. Zwischen 1945 und 1947/48 wurden dann die meisten Deutschen, die in Ost- und in Ostmitteleuropa lebten, in die vier Besatzungszonen vertrieben. Die größte Gruppe unter ihnen waren die Deutschen aus Polen und die Sudentendeutschen, die in den Grenzregionen der Tschechoslowakei gelebt hatten. In dieser dritten Phase waren die Verluste relativ gering.

Insgesamt mussten über zwölf Millionen Deutsche, davon etwa 3,2 Millionen aus den nun polnischen Territorien, ihre Heimat verlassen und kamen in ein Land, das größtenteils zerstört war und in dem sie keineswegs willkommen waren. Aber auch Millionen von Polen wurden – teilweise mit Gewalt – aus den Ostgebieten nach Westen deportiert oder vertrieben. In der polnischen Öffentlichkeit wurde dieser Aspekt der Zwangsumsiedlungen vom kommunistischen Regime verdrängt. In den Diskussionen, die in der Bundesrepublik um die Vertreibungen stattfanden, wurde ebenfalls kaum darüber geredet, dass sehr viele Polen ähnliche Erfahrungen wie die Deutschen hatten machen müssen.

Anfangs bestanden bei den deutschen Vertriebenen, von denen sich in der Bundesrepublik viele in politisch aktiven Vereinen organisierten, die Hoffnung, dass irgendwann eine Rückkehr in die alte Heimat möglich sein würde. Schon in den 1950er-Jahren wurde aber immer klarer, dass die neue Oder-Neiße-Grenze als polnische Westgrenze endgültig sein würde. Diese Gewissheit war für viele Deutsche schwer zu ertragen und wurde nur langsam akzeptiert.

Hinweis: Zur polnischen Zwangsmigration im Umfeld des Zweiten Weltkrieges siehe Seite 171 f.

Die Westintegration der Bundesrepublik Deutschland Als die Bundesrepublik im Jahre 1949 gegründet wurde, war klar, dass das neue Land in irgendeiner Weise in internationale Organisationen eingebunden werden musste. Bundeskanzler **Konrad Adenauer** strebte in erster Linie eine Aussöhnung mit Frankreich an. Schon während des Krieges war innerhalb der westlichen Widerstandsbewegungen und in den Regierungen darüber diskutiert worden, wie man die Deutschen in ein neues Europa einfügen könnte. Auch war vielen Politikern bewusst, dass ganz neue Wege beschritten werden mussten, um eine Wiederholung der katastrophalen Ereignisse der Weltkriege zu vermeiden.

Konrad Adenauer (1876-1967): 1917-1933 katholischer Oberbürgermeister von Köln, 1948 Vorsitzender des Parlamentarischen Rates, 1950-1966 Mitbegründer und Bundesvorsitzender der CDU, 1949-1963 Bundeskanzler, 1951-1955 zugleich Bundesaußenminister

1951 wurde auf Initiative des französischen Außenministers *Robert Schuman* die *Europäische Gemeinschaft für Kohle und Stahl* (kurz *Montanunion*, Mitglieder: Frankreich, Italien, die Bundesrepublik, Belgien, Niederlande und Luxemburg) gegründet. Eine Idee bestand darin, die Zölle für diese Produkte untereinander abzubauen. Zugleich wurde jede geheime deutsche Wiederaufrüstung unmöglich, weil die Franzosen Einblick in die deutsche Schwerindustrie erhielten. Ein Versuch, 1952 mit der *Europäischen Verteidigungsgemeinschaft* (*EVG*) eine gemeinsame europäische Armee aufzustellen, scheiterte 1954 am Veto des französischen Parlaments – die Idee war zu ehrgeizig und verfrüht gewesen. Deshalb wurde zunächst die wirtschaftliche Integration vorangetrieben. Diese Bemühungen gipfelten in der Gründung der *Europäischen Wirtschaftsgemeinschaft* (*EWG*): 1957 wurden feierlich die *Römischen Verträge* unterzeichnet. In ihnen legten die sechs Länder der Montanunion eine enge wirtschaftliche Kooperation fest, bauten weitere Zollschranken ab und einigten sich über liberale Handelsregeln.

Die EWG erwies sich als sehr erfolgreich und legte den Grundstein zu einer vertieften Zusammenarbeit auch mit anderen europäischen Staaten. Zugleich wurde schon seit den 1960er-Jahren darüber diskutiert, ob die ökonomische Kooperation durch eine verstärkte politische Zusammenarbeit ergänzt werden sollte. Ein erster Schritt in diese Richtung war das *Europäische Parlament*, das zum ersten Mal 1979 gewählt wurde. Anfangs hatte dieses Gremium nur wenige Befugnisse, doch wurden dessen Rechte in den folgenden Jahrzehnten langsam erweitert. Nach dem *Schengener Abkommen* von 1985 wurden schrittweise die Pass- und Zollkontrollen an den innereuropäischen Grenzen abgeschafft. Der *Fall der Berliner Mauer* und die *Wiedervereinigung Deutschlands* erzwangen dann eine weitere Reform. Im Vertrag von Maastricht wurde 1992 die *Europäische Union* (*EU*) gegründet. Die Idee, neben der Wirtschaftspolitik auch eine gemeinsame Außen- und Sicherheitspolitik zu betreiben, kam in den folgenden Jahren aber nur sehr langsam voran.

1957	**Gründungsmitglieder:** Frankreich, Bundesrepublik Deutschland, Italien, Belgien, Niederlande, Luxemburg
1973	Großbritannien, Dänemark, Irland
1981	Griechenland
1986	Spanien, Portugal
1995	Finnland, Schweden, Österreich
2004	Estland, Lettland, Litauen, Polen, Tschechien, Slowenien, Slowakei, Ungarn, Malta, Zypern
2007	Rumänien, Bulgarien
2013	Kroatien

▲ **Beitrittsdaten zur EWG, EG und EU.**

NATO (North Atlantic Treaty Organization): 1949 gegründetes Militärbündnis. Die Mitglieder sicherten sich gegenseitigen Beistand bei einem Angriff zu. Der NATO gehören 28 Staaten an (seit 2009). Zu den Gründungsmitgliedern zählen die USA und Kanada sowie Belgien, Dänemark, Frankreich (1966 wieder ausgetreten), Großbritannien, Island, Italien, Luxemburg, Niederlande, Norwegen und Portugal.

„Vertrag über Freundschaft, Zusammenarbeit und gegenseitigen Beistand“ (meistens kurz als Warschauer Vertrag oder als Warschauer Pakt bezeichnet): Militärbündnis, gegründet am 14. Mai 1955. Ihm gehörten die UdSSR, Albanien (bis 1968), Bulgarien, die Tschechoslowakei, die DDR (bis 1990), Polen, Rumänien und Ungarn an. Der Vertrag wurde am 1. April 1991 aufgelöst.

Kalter Krieg: Bezeichnung für den politischen, wirtschaftlichen und militärischen Konkurrenzkampf zwischen den Supermächten USA und UdSSR und ihren Bündnissen (NATO und Warschauer Pakt). Frühe Höhepunkte waren die Blockade West-Berlins von 1948 und der Korea-Krieg (1950-1953). Die amerikanische „Politik der Stärke und des Dialogs“ und die Reformen Gorbatschows in der Sowjetunion (Glasnost und Perestroika) beendeten 1989/90 den Kalten Krieg.

Die NATO und der Warschauer Pakt im Kalten Krieg Da sich 1948 die Lage in Europa zuspitzte und die sowjetische Bedrohung wuchs, wurde im April 1949 die **NATO** gegründet, die sich unter der Führung der USA zu einem effektiven Militärbündnis entwickelte. Entscheidend waren die Bestimmungen in Artikel 5: Ein Angriff auf ein Mitgliedsland stellte einen Angriff auf alle dar und erforderte automatisch die sofortige militärische Reaktion aller Mitglieder. Schon bald nach der Gründung der Bundesrepublik waren die USA daran interessiert gewesen, eine kleine, aber erfahrene deutsche Armee aufzubauen, die schon gegen die Sowjets gekämpft hatte. Zugleich hätte diese den Vorteil geboten, dass die Amerikaner ihre eigene militärische Präsenz in Europa hätten reduzieren können. Zu diesem Zeitpunkt stieß diese Vorstellung aber auf den vehementen Widerstand Großbritanniens, Frankreichs und anderer Staaten, sodass die NATO zunächst ohne die Bundesrepublik zustande kam. Am 23. Oktober 1954 wurde mit den *Pariser Verträgen* das Besatzungsstatut in Westdeutschland beendet und damit die Voraussetzung für die Aufstellung einer eigenen westdeutschen Armee geschaffen.

Als Reaktion auf die bundesdeutsche Wiederbewaffnung beschlossen diejenigen Staaten, die unter sowjetischem Einfluss standen, ebenfalls ein Militärbündnis ins Leben zu rufen. Im Mai 1955 wurde der **„Vertrag über Freundschaft, Zusammenarbeit und gegenseitigen Beistand“** in Warschau unterzeichnet. Mit diesem Abkommen sicherte sich die Sowjetunion nicht nur erneut die militärische Vorherrschaft in Osteuropa, sondern band die Streitkräfte der „befreundeten“ Staaten – darunter auch die der 1949 gegründeten DDR – ein, weil diese unter das sowjetische Oberkommando gestellt wurden. Im **Kalten Krieg** (die Phase zwischen 1948/49 und 1989/91) hielten sich die beiden Supermächte USA und UdSSR mit Atomwaffen gegenseitig in Schach. Diese Periode war in Europa friedlich, weil beiden Seiten klar war, dass ein Angriff auch die schnelle eigene Vernichtung nach sich ziehen würde. Außerhalb Europas waren aber militärische Konflikte an der Tagesordnung. Häufig handelte es sich um *Stellvertreterkriege*, bei denen nicht die Supermächte selbst gegeneinander kämpften. Sie unterstützten aber in Asien und in Afrika Regierungen oder Bürgerkriegsparteien, die in ihrem jeweiligen Lager standen, mit Geld, Waffen und Hilfsgütern. Diese Konflikte, die häufig langwierig und blutig waren, haben Millionen von Menschenleben gefordert.

Die Aktivitäten der katholischen Kirchen Von 1962 bis 1965 fand in Rom das *Zweite Vatikanische Konzil* statt, auf dem die maßgeblichen Würdenträger der katholischen Kirche über weitgehende Reformen berieten. Am Rande dieses Konzils kamen deutsche und polnische Geistliche ins Gespräch. Bei diesen Diskussionen wurde die deutsch-polnische Geschichte kontrovers debattiert, und beide Seiten tauschten am Ende des Konzils öffentliche Botschaften aus. Hierbei wurden sowohl das nationalsozialistische Terrorregime als auch die Vertreibungen von Millionen von Deutschen behandelt. Die polnische Seite kam den deutschen Bischöfen sehr entgegen und bot ihnen einen offenen Dialog an (▸ M2).

Die kommunistische polnische Regierung hingegen distanzierte sich scharf von den Aktivitäten ihrer Bischöfe. Diese hätten nicht im nationalen Interesse gehandelt, und die politische Aussage ihrer Erklärung sei schädlich für Polen. Die Thesen der Bischöfe würden dem westdeutschen Revisionismus direkt in die Hand arbeiten, sie hätten einen antisowjetischen Klang und richteten sich auch gegen die DDR, zu der ein ausgezeichnetes Verhältnis bestehe. Außerdem würden die deutschen Kriegsverbrechen heruntergespielt. Der polnischen Regierung war es sichtlich unangenehm, dass auch die Vertreibungen von Polen durch die Sowjetunion aus den ehemaligen polnischen Ostgebieten thematisiert wurden.

Der Warschauer Vertrag und die Ostverträge in den 1970er-Jahren Nach dem Wahlsieg der sozialliberalen Koalition in der Bundesrepublik nahm die neue Koalitionsregierung von SPD und FDP unter Bundeskanzler **Willy Brandt** seit 1969 eine neue Ostpolitik in Angriff. Dahinter stand die Einsicht, dass eine Rückgewinnung der ehemals deutschen Ostgebiete unmöglich war und dass eine Aussöhnung mit Polen und der Tschechoslowakei sowie eine Annäherung an die DDR sinnvoll sein würde. Die neue *Entspannungspolitik* sollte auch die Gefahr eines Krieges in Europa vermindern. Unter dem Schlagwort „Wandel durch Annäherung" hoffte die deutsche Regierung auch, langfristig zur Überwindung der Teilung Europas in zwei Machtblöcke beizutragen. Resultat dieser neuen Politik waren die *Ostverträge*.

Nach sehr schwierigen Verhandlungen schloss die Bundesregierung am 12. August 1970 zunächst in Moskau einen Vertrag mit der Sowjetunion ab. Im *Warschauer Vertrag* mit Polen vom 7. Dezember des gleichen Jahres erkannte die Bundesrepublik die polnische Westgrenze an (▸ M3). Es folgten der *Grundlagenvertrag* und einige kleine Abkommen, in denen sich die Bundesrepublik und die DDR als gleichberechtigte Staaten anerkannten. Allerdings betonte die bundesdeutsche Regierung, dass das deutsche Volk nach wie vor das Recht habe, seine Einheit in freier Selbstbestimmung zu verwirklichen. Formell waren die diplomatischen Beziehungen eingeschränkt, weil keine Botschafter ausgetauscht wurden. Stattdessen wurden „Ständige Vertretungen" eröffnet, die aber faktisch die Aufgabe von Botschaften übernahmen. In einem *Transitabkommen* wurden Reisen von und nach West-Berlin erleichtert. Ergänzt wurde das Vertragswerk 1973 durch ein Abkommen mit der Tschechoslowakei.

In der Bundesrepublik stießen diese Verträge auf heftigen Widerstand vor allem bei den Vertriebenenverbänden. Aus heutiger Perspektive ist die Bewertung aber eindeutig positiv. Der „Eiserne Vorhang" wurde durchlässiger als zuvor, bundesdeutsche Bürger konnten nun Verwandte in der DDR besuchen und im Zuge der allgemeinen Entspannungspolitik sank vorübergehend die Gefahr eines Krieges in Europa.

Willy Brandt (1913 - 1992): 1966 - 1969 Außenminister und Vizekanzler in der großen Koalition zwischen CDU/CSU und SPD, 1969 - 1974 Bundeskanzler der sozialliberalen Koalition. Erhielt 1971 den Friedensnobelpreis.

Die Solidarność-Bewegung und die Opposition im „Ostblock" Von 1973 bis 1975 tagte in Helsinki die *Konferenz über Sicherheit und Zusammenarbeit in Europa* (*KSZE*), an der die Staaten der NATO, des Warschauer Paktes und 13 neutrale Ländern teilnahmen. Auch hier bestand das Ziel darin, die Spannungen zwischen den Blöcken abzubauen. Zunächst schien die Konferenz ein Erfolg für den „Ostblock" zu werden, weil die DDR gleichberechtigt neben der Bundesrepublik teilnahm. In der *Schlussakte* verpflichteten sich die teilnehmenden Staaten, die Grenzen zu achten, Streitigkeiten friedlich zu lösen, sich nicht in die inneren Angelegenheiten anderer einzumischen sowie die Menschenrechte zu achten. Zu dieser Zeit wurde im „Ostblock" nicht erkannt, dass die letzten beiden Punkte gefährlich für die kommunistischen Machthaber werden würden, weil sich Aktivisten hierauf berufen konnten. Seit dem Ende der 1970er-Jahre organisierte sich in mehreren Ländern des Warschauer Paktes eine neue Oppositionsbewegung, die sich auf die Schlussakte der KSZE bezog.

▲ **„Helsinki und die Folgen."** *Karikatur aus dem „Deutschen Allgemeinen Sonntagsblatt", 19. Oktober 1975.*

▪ *Erläutern Sie, wie der Zeichner die Folgen der KSZE-Konferenz in Helsinki deutet.*

▲ **Der Papst besucht Polen.**
Foto vom Juni 1987.
Das Foto zeigt tausende Menschen während einer Messe von Papst Johannes Paul II. im Danziger Stadtteil Zaspa. Neben der weiß-roten polnischen Flagge halten die Gläubigen auch Transparente mit der Aufschrift „Solidarność" in die Höhe. Der Papst, selbst gebürtiger Pole, unterstützte die Solidarność-Bewegung.

In der Tschechoslowakei schlossen sich 1977 zahlreiche Intellektuelle in der *„Charta 77"-Bewegung* zusammen, die mit Berufung auf das Abkommen von Helsinki die Einhaltung von Menschenrechten forderte. Diese Gruppe, deren prominentestes Mitglied **Václav Havel** war, wurde fast sofort verfolgt und mit Berufsverboten belegt, ihre Aktivitäten wurden aber im Westen sehr genau wahrgenommen. Auch die Bürgerrechtsbewegung in der DDR erhielt Auftrieb durch die Beschlüsse von Helsinki und verlangte Freiheiten und ein Ende der Zensur.

Etwas später entstand eine ähnliche Bewegung in Polen, die anfangs nicht so sehr von Intellektuellen, sondern von Arbeitern organisiert wurde. Ausgehend von den Werften in Gdánsk (Danzig) bildete sich die *Solidarność*, eine Gewerkschaftsbewegung, zu deren Führer und Sprecher **Lech Wałęsa** wurde. Anfangs protestierten die Werftarbeiter gegen die unzumutbaren Arbeitsbedingungen und gegen die schlechte Bezahlung, doch tauchten schnell auch politische Forderungen nach einer Reform des Kommunismus auf. Da die polnische Regierung diese Arbeiterorganisation nicht unter ihre Kontrolle bekam, sah sie sich gezwungen, diese Gewerkschaft zu legalisieren. Damit erreichte sie jedoch ihre Ziele auch nicht: Innerhalb einiger Monate traten fast zehn Millionen Polen der Gewerkschaft bei. Die Entstehung der Solidarność stellte auch die Führung der *Sozialistischen Einheitspartei Deutschlands* (*SED*) vor große Probleme. Trotz erheblicher Bemühungen konnte sie nicht verhindern, dass Nachrichten darüber die DDR erreichten. Deshalb reagierte sie mit einer massiven Kampagne der Verunglimpfung, die auf traditionelle antipolnische Stereotype zurückgriff (▸ M4).

Die Vorgänge in Polen erzeugten Befürchtungen in der Sowjetunion, die massiven Druck ausübte, die Bewegung zu verbieten. Auch wurde mit dem Einmarsch sowjetischer Truppen gedroht, doch ist bis heute umstritten, ob diese Alternative ernst gemeint war. In der Nacht vom 12. zum 13. Dezember 1981 übernahm die polnische Armee die Macht, verhängte das Kriegsrecht und verhaftete über 3 000 Personen, weitere Verhaftungen erfolgten in den nächsten Tagen. General *Wojciech Jaruzelski* übernahm die Regierung an der Spitze eines „Militärrates der Nationalen Rettung". Erst am 22. Juli 1983 fühlte sich die neue Regierung so sicher, dass sie das Kriegsrecht wieder aufhob. Die Opposition war damit aber nicht mundtot gemacht worden – die Bewegung blieb im Untergrund und im Ausland aktiv. Als der „Ostblock" zusammenbrach, gewann die Solidarność 1989 die ersten teilweise freien Wahlen mit einer überzeugenden Mehrheit (▸ M5).

Václav Havel (1936 - 2011): tschechischer Schriftsteller und Bürgerrechtler, von 1993 bis 2003 Präsident der Tschechischen Republik

Lech Wałęsa (geb. 1943): polnischer Arbeiterführer und Bürgerrechtler, erhielt 1983 den Friedensnobelpreis, 1990 bis 1995 Staatspräsident Polens

Nationalismus in Deutschland nach dem Zweiten Weltkrieg Nach dem Zweiten Weltkrieg verschwand der Nationalismus nicht einfach aus den Köpfen der Menschen. Dennoch entstanden mehrere neue Tendenzen. Erstens trug die erfolgreiche Entwicklung der neuartigen europäischen Institutionen dazu bei, dass allzu engstirniges nationalistisches Denken abnahm. Zweitens hatten die Erfahrungen des Zweiten Weltkrieges gezeigt, welche grauenhaften Formen hypernationalistische Ideen nach sich ziehen konnten. Deshalb fand schon in den 1950er-Jahren in der Bundesrepublik extremer Nationalismus keine Massenbasis mehr. Drittens hatte die Verbindung dieses Nationalismus mit dem ebenso extremem Antisemitismus und Rassismus direkt zu den Vernichtungslagern des Nationalsozialismus geführt: Rassistische Positionen konnten danach kaum noch in der deutschen Öffentlichkeit gerechtfertigt werden, auch wenn sie niemals völlig verschwanden.

In der Bundesrepublik der 1960er- und 70er-Jahre bestand dennoch eine erhebliche Unsicherheit, auf welche Weise man mit der Idee der „Nation" umgehen solle. Patriotismus, das heißt der Stolz auf das eigene Land oder die Heimat, ist keineswegs grundsätzlich negativ. In den 1970er- und 80er-Jahren haben einige Intellektuelle deshalb vorgeschlagen, den Begriff des *Verfassungspatriotismus* einzuführen. Dieser Terminus besagte, dass der Stolz auf gemeinsame politische Werte wie Freiheit, Demokratie und Verfassung gefördert werden sollte. Zugleich hatte dieses Konzept den Vorteil, dass sich auch Einwanderer mit dem parlamentarischen Staat identifizieren konnten. Allerdings hat sich die Vorstellung, über die Verfassung ein neues Verständnis der Nation zu finden, bisher nur teilweise durchgesetzt.

Nach der Wiedervereinigung Deutschlands 1990 entstanden zwei sich widersprechende Entwicklungen. Einerseits befand sich der Nationalismus weiterhin auf dem Rückzug. Allen demokratischen Politikern in der Bundesrepublik war klar, dass der neue Staat unbedingt eng in europäische Strukturen eingebunden bleiben musste, weil in der Öffentlichkeit vieler Nachbarstaaten Befürchtungen vor der Macht des neuen, nun viel größeren Deutschland bestanden. Der Regierung von **Helmut Kohl** war vor allem das gute Verhältnis zu Frankreich wichtig.[1] Zugleich fanden sich aber auch skeptische Stimmen, die vor der zunehmenden Macht einer Bürokratie der EU in Brüssel gewarnt haben. In der Tat ist es manchmal für viele Deutsche schwierig, sich mit den unpersönlichen EU-Institutionen zu identifizieren. Entscheidungen erscheinen als wenig transparent oder nachvollziehbar, während die nationalen Parlamente scheinbar immer weniger zu sagen haben. Diese Kritik ist keine deutsche Besonderheit, sondern findet sich in allen europäischen Staaten in unterschiedlicher Intensität.

Helmut Kohl (1930-2017): 1969-1976 Ministerpräsident von Rheinland-Pfalz, 1973-1998 Bundesvorsitzender der CDU, 1982-1998 Bundeskanzler

Die deutsch-polnische Schulbuchkommission Viele weitere kleine Initiativen, die meistens privat organisiert wurden, zielten bereits seit dem Ende des Zweiten Weltkrieges darauf ab, das deutsch-polnische Verhältnis zu verbessern. Der Historiker und Politiker *Georg Eckert* hatte beispielsweise internationale Konferenzen mit den deutschen ehemaligen Kriegsgegnern organisiert, auf denen systematisch Schulbücher analysiert wurden, um Vorurteile und Feindbilder abzubauen. Nach seinem Tod wurde mithilfe des Landes Niedersachsen 1975 in Braunschweig das *Georg-Eckert-Institut* gegründet, das weiterhin Schulbücher bewerten sollte. Ferner veranstaltete das Institut Konferenzen, auf denen Wissenschaftler und Historiker zusammenkamen, um den jeweiligen Forschungsstand zu diskutieren. Von Anfang an hatte hier die gemeinsame deutsche und polnische Geschichte ein erhebliches Gewicht. Regelmäßig wurden

[1] Zum deutsch-französischen Verhältnis siehe auch die Abbildung auf Seite 305.

Empfehlungen abgegeben, ob die Darstellungen in den Schulbüchern noch dem historischen Kenntnisstand entsprachen oder ob bestimmte Passagen, Abbildungen, Karikaturen oder Quellen geändert werden sollten.

Diese Empfehlungen waren nicht bindend, das heißt, die jeweiligen Kultusministerien oder Schulbuchverlage mussten sie nicht umsetzen. Auch gab es häufig gravierende Meinungsverschiedenheiten zwischen polnischen und deutschen Historikern über bestimmte Themen, zum Beispiel über die Revolution von 1848, den Aufstand von 1863, über die preußische Germanisierungspolitik, die nationalsozialistische Besatzung und vor allem über die Vertreibungen nach 1945. Diese unterschiedlichen Interpretationen waren aber nicht entscheidend. Viel wichtiger war, dass man die Auffassungen der anderen Seite kennenlernte, ein Verständnis füreinander entwickelte und nach Kompromissen suchte. Aus heutiger Sicht hat die Tätigkeit dieses Institutes viel dazu beigetragen, die jeweiligen Schulbücher im anderen Land zu verbessern, Vorurteile abzubauen und die Perspektiven der „Anderen" kennenzulernen. 1985 erhielt das Institut deshalb den UNESCO-Preis für Friedenserziehung.

▲ **Schüler begrüßen den polnischen Ministerpräsidenten Donald Tusk im Landkreis Osnabrück.**
Foto vom September 2008. Anlässlich des Besuches des polnischen Ministerpräsidenten halten zwei Schüler vor dem Gymnasium Bersenbrück Tafeln in Form der Länder Deutschland und Polen sowie die Flagge der europäischen Union in ihren Händen.

Deutschland und Polen heute Betrachtet man das deutsch-polnische Verhältnis heute, so bestehen sicherlich nach wie vor viele große und kleine Probleme und Meinungsverschiedenheiten. Gemessen an der Geschichte der letzten 200 Jahre war das Verhältnis aber noch nie so gut wie in der Zeit nach 1989/90. Die Integration Polens in die Europäische Union und in die NATO hat gute Fortschritte gemacht. 2015 fand das 50-jährige Jubiläum des polnischen Hirtenbriefes statt, und 2016 jährt sich der deutsch-polnische Nachbarschaftsvertrag zum 25. Mal. Zahlreiche große und kleine Initiativen sorgen dafür, dass diese Verträge mit Leben gefüllt werden. Das Bundesland Niedersachsen pflegt eine enge Zusammenarbeit mit Polen in verschiedenen Bereichen wie Kultur, Justiz, Wirtschaft, Wissenschaft und Umwelt. Im Jahre 2013 wurde das 20-jährige Bestehen der Partnerschaft zu Großpolen und Niederschlesien gefeiert. Abgesehen von einer kleinen Zahl nationalistischer Fanatiker denkt derzeit niemand mehr daran, die bestehenden Grenzen ändern zu wollen.

1. *Charakterisieren Sie das deutsch-polnische Verhältnis nach 1945. Berücksichtigen Sie dabei auch aktuelle Entwicklungen.*
2. ✚ *Informieren Sie sich im Internet über kleine oder große Initiativen in Deutschland und Polen, die darauf abzielen, das Verhältnis der beiden Länder zu verbessern. Vergleichen Sie diese in Form einer Tabelle hinsichtlich Aufgaben, Zielen und Einflussbereich miteinander.*
3. ✚ *Die europäische Eingliederung der Bundesrepublik ist nach 1949 gut gelungen. Erstellen Sie eine Tabelle, die die Integration Polens in diese westlichen Institutionen nach 1990 darstellt. Analysieren Sie auf dieser Grundlage, ob die polnische Integration bereits ähnlich erfolgreich ist.*
4. ✚ *Recherchieren Sie im Internet nach aktuellen Problemen im deutsch-polnischen Verhältnis und entwickeln Sie mögliche Kompromisslösungen.*

TROUBLE WITH SOME OF THE PIECES.

▲ **„Trouble with some of the pieces."**
Karikatur, 7. Februar 1945.
- *Beschreiben Sie die dargestellte Szene.*
- *Ordnen Sie die Karikatur in den historischen Kontext ein.*
- *Analysieren Sie, welche Aussageabsicht der Zeichner mit seiner Karikatur verfolgte.*

M1 Ein gelungener Kompromiss?

Der deutsche Historiker Karl Drechsler befasst sich mit den Folgen des Zweiten Weltkrieges und mit der Potsdamer Konferenz von 1945:

Das jahrhundertelang von Europa geprägte internationale Staatensystem bestand nicht mehr. Deutschland, über Jahrzehnte hinweg eine der Hegemonialmächte des alten Kontinents, hatte bedingungslos kapituliert und zunächst aufgehört, als selbstständiger Staat zu existieren. Großbritannien und Frankreich, die Zentren riesiger Kolonialreiche, in denen, wie es hieß, die Sonne nie unterging, waren extrem geschwächt und erreichten ihre frühere Macht nie wieder. In Asien, Afrika und im mittleren Osten begannen sich antikoloniale Bewegungen zu formieren, die nach Unabhängigkeit, nationaler Selbstbestimmung und souveräner Wirtschaft strebten. [...] Die Sowjetunion wurde neben den USA zur zweiten Weltmacht, allerdings primär aufgrund militärischer, nicht wirtschaftlicher Stärke. Sie beanspruchte für sich, einzige Alternative zum Kapitalismus und Zentrum einer weltweiten revolutionären Bewegung zu sein, der die Zukunft gehöre. [...]
Die Vereinbarungen der Potsdamer Konferenz waren ein Kompromiss, der den internationalen Macht- und Kräfteverhältnissen am Ende des Zweiten Weltkrieges entsprach. Sie bedeuteten einen Sieg der Vernunft im Interesse der Menschheit, für deren größten Teil nach den gerade zu Ende gegangenen Opfern und Leiden ein neuer Krieg undenkbar und unvorstellbar war. Das insgesamt positive Ergebnis des Treffens wurde ermöglicht, weil die Großen Drei mit der festen Absicht nach Potsdam gekommen waren, trotz aller sich abzeichnenden neuen Konflikte mit dem Aufbau einer friedlichen Nachkriegsordnung zu beginnen. In Washington herrschte noch die Ansicht vor, dass ein solches internationales System die günstigsten Rahmenbedingungen für die Wahrung der amerikanischen Interessen bot [...].

Karl Drechsler, Die USA des Jahres 1945 und die Potsdamer Konferenz, in: Heiner Timmermann (Hrsg.), Potsdam 1945. Konzept, Taktik, Irrtum?, Berlin 1997, S. 29-43, hier S. 31 und 40

1. *Geben Sie auf Grundlage des Textes die Entwicklungen nach dem Zweiten Weltkrieg stichpunktartig wieder.*
2. ➕ *Recherchieren Sie im Internet zu den Beschlüssen der Potsdamer Konferenz und arbeiten Sie die wesentlichen Bestimmungen heraus. Versehen Sie diese mit passenden Überschriften / Oberbegriffen.*
3. *Nehmen Sie Stellung zu der These, dass es sich bei den Vereinbarungen von Potsdam um einen weitgehend gelungenen Kompromiss gehandelt hat (siehe Zeile 22 bis 26). Beziehen Sie dazu auch Ihre Ergebnisse aus der zweiten Aufgabe mit ein.*

◂ „Wir vergeben und bitten um Vergebung."
Foto vom 4. November 2015, Breslau (Polen).
Das Denkmal des Kardinals Bolesław Kominek, Verfasser des Hirtenbriefes, wurde in Breslau im Dezember 2005 neben der Kirche Maria am Sande eingeweiht. Die 4,35 Meter hohe Figur des Geistlichen wiegt zwei Tonnen. Sie hält in den Händen eine Taube, die symbolisch für den Frieden und für das Versöhnungsschreiben der polnischen Bischöfe an ihre deutschen Amtsbrüder steht.
Am 29. Januar 2016 besuchte der deutsche Bundeswirtschaftsminister Sigmar Gabriel das Denkmal und legte dort gemeinsam mit dem Stadtpräsidenten von Breslau, Rafał Dutkiewicz, Blumen nieder.

M2 Eine Geste der Versöhnung

In der „Botschaft der polnischen Bischöfe an ihre deutschen Brüder in Christi Hirtenamt" vom 18. November 1965 heißt es:

Hochwürdige Konzilsbrüder!
Es sei uns gestattet, Ehrwürdige Brüder, ehe das [Zweite Vatikanische] Konzil sich verabschiedet, Ihnen, unseren nächsten westlichen Nachbarn, die freudige Botschaft mitzuteilen, dass im nächsten Jahre im Jahre des Herrn 1966 die Kirche Christi in Polen und mit ihr zusammen das gesamte polnische Volk das Millennium seiner Taufe und damit auch die Tausendjahrfeier seines nationalen und staatlichen Bestehens begehen wird. […]
Nach alledem, was in der Vergangenheit geschehen ist – leider erst in der allerneuesten Vergangenheit –, ist es nicht zu verwundern, dass das ganze polnische Volk unter dem schweren Druck eines elementaren Sicherheitsbedürfnisses steht und seinen nächsten Nachbarn im Westen immer noch mit Misstrauen betrachtet. Diese geistige Haltung ist sozusagen unser Generationsproblem, das, Gott gebe es, bei gutem Willen schwinden wird und schwinden muss. […]
Die Belastung der beiderseitigen Verhältnisse ist immer noch groß und wird vermehrt durch das sogenannte „heiße Eisen" dieser Nachbarschaft; die polnische Westgrenze an Oder und Neiße ist, wie wir wohl verstehen, für Deutschland eine äußerst bittere Frucht des letzten Massenvernichtungskrieges zusammen mit dem Leid der Millionen von Flüchtlingen und vertriebenen Deutschen (auf interalliierten Befehl der Siegermächte – Potsdam 1945! – geschehen). […] Für unser Vaterland, das aus dem Massenmorden nicht als Siegerstaat, sondern bis zum Äußersten geschwächt hervorging, ist es eine Existenzfrage […]; es sei denn, dass man ein über 30-Millionen-Volk in den engen Korridor eines „Generalgouvernements" von 1939 bis 1945 hineinpressen wollte – ohne Westgebiete; aber auch ohne Ostgebiete, aus denen seit 1945 Millionen von polnischen Menschen in die „Potsdamer Westgebiete" hinüberströmen mussten. […]
In diesem allerchristlichsten und zugleich sehr menschlichen Geist strecken wir unsere Hände zu Ihnen hin in den Bänken des zu Ende gehenden Konzils, gewähren Vergebung und bitten um Vergebung. Und wenn Sie, deutsche Bischöfe und Konzilsväter, unsere ausgestreckten Hände brüderlich erfassen, dann erst können wir wohl mit ruhigem Gewissen in Polen auf ganz christliche Art unser Millennium feiern. Wir laden Sie dazu herzlich nach Polen ein.

Nach: Oskar Golombek (Hrsg.), Die katholische Kirche und die Völker-Vertreibung, Köln ²1968, S. 153 ff.

1. *Diese Erklärung stieß auf sehr scharfen Widerstand bei der polnischen Regierung. Erörtern Sie, warum dieses Angebot der Versöhnung für die kommunistische Führung nicht akzeptabel war.*

2. ➕ *Entwerfen Sie aus Sicht der deutschen Bischöfe eine Antwort auf diese Erklärung. Vergleichen Sie anschließend Ihr Ergebnis mit dem tatsächlichen Antwortschreiben der Bischöfe vom 5. Dezember 1965 (siehe dazu den Code 32031-30).*

M3 Ein Bundeskanzler kniet nieder

Bei seinem Besuch am 7. Dezember 1970 in Warschau legt Bundeskanzler Willy Brandt am Denkmal des Warschauer Ghettoaufstandes einen Kranz nieder und kniet – für die Betrachter und Journalisten völlig überraschend – fast eine Minute lang vor dem Denkmal. Diese für einen hochrangigen Politiker sehr ungewöhnliche Geste erregt weltweit erhebliches Aufsehen und trägt dazu bei, dass Willy Brandt 1971 den Friedensnobelpreis erhält.

1. *Analysieren Sie, warum Brandts Kniefall als sensationell empfunden worden ist.*
2. *Vergleichen Sie die beiden Perspektiven der Fotos und stellen Sie dar, ob und inwieweit sich die Wirkung auf den Betrachter unterscheidet.*
3. *Brandts Geste löste in der Bundesrepublik heftige Reaktionen aus. Eine Zeitung fragte auf der Titelseite: „Durfte Brandt knien?" Nehmen Sie dazu Stellung.*

M4 Die DDR und die polnische Bürgerrechtsbewegung

Der polnische Historiker Dariusz Wojtaszyn befasst sich mit den Reaktionen des DDR-Regimes auf die Entstehung der Solidarność:

In der DDR verfolgte man die politischen Ereignisse im Polen der Jahre 1980-1981 mit Unruhe und Argwohn. Die politische Krise beim Nachbarn gefährdete – wie man annahm – die Stabilität und Festigkeit des sozialistischen Lagers und somit der DDR. Die Staatsmacht der DDR fürchtete den „Virus der Solidarność" im eigenen Lande. Deswegen betrieb die SED-Führung eine Isolierungspolitik gegenüber Polen; auch die DDR-Bürger wurden von den Informationen aus und über Polen abgeschnitten. Die Regierung schloss die Grenze nach Polen und verwehrte ihren Bürgern streng die Einreise in das Nachbarland. [...]
In einem Artikel vom 4. November 1980 [...] wurden Lech Wałęsa, der Anführer der polnischen unabhängigen Gewerkschaft, und sein „Berater" Jacek Kuroń dargestellt. Sie wurden als primitive, unsympathische und inkompetente Personen beschrieben. An einer anderen Stelle hatte man über die Verbindungen Wałęsas zur italienischen faschistischen Jugendorganisation MSI und über seine Sympathien für westdeutsche Organisationen berichtet, die angeblich die Solidarność finanziell unterstützten, sowie für Alexander Solschenizyn, der zu den größten Kritikern der kommunistischen Ideologie gehörte. Die Verleumdung der polnischen Opposition auf diese Art gehörte von diesem Moment an zu den wichtigen Mitteln, mit denen die DDR-Zeitungen die Lage in der Volksrepublik Polen darstellten. Diese Schilderungen sollten den Lesern eindeutig zeigen, mit welchen Personen sie hier zu tun hätten, also mit inkompetenten, primitiven, gewalttätigen Personen, die bereit gewesen wären, mit Gewalt und Unrecht gegen die polnische Partei und Regierung zu kämpfen. Gleichzeitig verfolgten sie das Ziel, die Abneigung gegen die Polen selbst in der ostdeutschen Gesellschaft zu erregen, was insofern leicht fiel, als dass die alten antipolnischen Stereotype immer noch die deutschen Vorstellungen über die östlichen Nachbarn besetzten. [...]
[Der DDR-Berichterstattung zufolge] „streiken die Polen, weil sie nicht arbeiten wollen" oder „die Polen streiken, weil sie faul sind", was auf eine direkte Verwandtschaft mit der Stereotypie der „polnischen Wirtschaft" hinweist. Die Journalisten der ostdeutschen Zeitungen versuchten damit die ganze polnische Gesellschaft mit der polnischen „konterrevolutionären" Opposition gleichzusetzen.

Dariusz Wojtaszyn, Der öffentliche Polen-Diskurs in der DDR während der Solidarność-Ära, in: Izabela Surynt und Marek Zybura (Hrsg.), Narrative des Nationalen. Deutsche und polnische Nationaldiskurse im 19. und 20. Jahrhundert, Osnabrück 2010, S. 339-359, hier S. 339, 344 f. und 351

1. *Arbeiten Sie heraus, mit welchen Stereotypen die Führung der DDR versucht, ihrem Volk die Unruhen in Polen zu erklären.*
2. *Analysieren Sie, warum nach der Meinung von Wojtaszyn die „alten antipolnischen Stereotype" in der ostdeutschen Gesellschaft immer noch vorhanden waren.*

M5 „Der Fall der Mauer begann in Danzig"

Im Interview mit der „taz" am 5. Februar 2009 spricht Henryk Wujec, einer der bedeutendsten Solidarność-Aktivisten, über die Ereignisse in Polen 1989:

taz: *Sie haben für Solidarność 1989 am Runden Tisch in Warschau mit den Kommunisten verhandelt. Haben Sie erwartet, dass sie zwanzig Jahre später in einer Demokratie leben würden?*
Henryk Wujec: Wir hatten nicht die geringste Ahnung. Schließlich lebten wir seit 1945 im kommunistischen Block. Wir wussten, dass alle Versuche, sich von diesen Fesseln zu befreien, mit dem Einmarsch der sowjetischen Armee enden würden. So wie 1956 in Ungarn oder 1968 in der Tschechoslowakei. Unsere Hauptforderung war nur die Wiederzulassung der unabhängigen Gewerkschaft Solidarność.
taz: *Wie wirkten Glasnost und Perestroika?*
Henryk Wujec: Uns war klar, es war viel möglich. Sehr viel. Aber dass in Polen innerhalb von ein paar Monaten eine demokratische Regierung entstehen könnte und sich später sogar die sowjetische Armee freiwillig aus Polen zurückziehen könnte, das hatten wir in unseren kühnsten Träumen nicht erwartet.
taz: *Am Gebäude der ehemaligen polnischen Botschaft in Berlin hängt ein Banner mit der Aufschrift „Es begann in Gdańsk". Warum ist das so wichtig?*
Henryk Wujec: Weil eben wirklich alles in Danzig begann, das freie Polen, der Fall der Mauer, die samtene Revolution, das Ende des Kommunismus. Es begann mit den Streiks auf der Lenin-Werft, wo die Arbeiter die erste unabhängige Gewerkschaft im ehemaligen Ostblock erkämpften. Die Solidarność machte dann allen anderen vor, dass es möglich ist, das scheinbar Unmögliche zu erreichen. Der Fall der Mauer begann in Danzig. Daran sollten sich die Deutschen erinnern.

taz: *Denken Sie, dass die Montagsdemonstrationen in Leipzig, Berlin und anderen Städten die Solidarność-Streiks zum Vorbild hatten?*

Henryk Wujec: Die Polen waren schon frei. Sie hatten sich selbst befreit. Das gab allen anderen Mut, auch den Deutschen. Sie würden es allein schaffen. Der Ruf „Wir sind ein Volk!" zeigt das doch. Hilfe von außen war nicht notwendig, keine amerikanischen Panzer und keine waffenstarrenden Armeen.

Nach: Manfred Mack, „Es begann in Gdańsk" – Rückblick und Bilanz, in: Deutschland & Europa, Heft 58/2009: 20 Jahre Maueröffnung in Europa, S. 46 f.

1. *Nehmen Sie Stellung zur Aussage von Henryk Wujec: „Der Fall der Mauer begann in Danzig" (Zeile 28 f.).*

2. *Erörtern Sie die Bedeutung des Einflusses der Solidarność-Bewegung auf die politische Wende von 1989.*

▸ **Solidarność.**
Plakat von Tomasz Sarnecki anlässlich der Wahlen in Polen am 4. Juni 1989.

- *Beschreiben Sie, was auf dem Wahlplakat dargestellt ist.*
- *Recherchieren Sie im Internet zu dem Wahlplakat und erklären Sie anschließend auf der Grundlage Ihrer Ergebnisse, welche Person gezeigt wird und wofür das Papier in ihrer rechten Hand steht.*
- *Das Plakat gilt als eine Ikone der friedlichen Revolution in Polen. Erklären Sie, warum.*

Kompetenz:
Sich mit Erscheinungsformen nationalen Denkens und Selbstverständnisses im 19. und 20. Jahrhundert auseinandersetzen sowie deren Deutungen analysieren

Hinweis: Zum deutschen Selbstverständnis im 19. Jahrhundert siehe auch die Kapitel ab Seite 269, 283 und 293. Daneben informiert das Kapitel ab Seite 386 ausführlich über das deutsche Selbstverständnis nach 1945.

Das deutsche Selbstverständnis im Wandel der Zeit

Das deutsche „Selbstverständnis" hat in den letzten 200 Jahren erhebliche Wandlungen erlebt. Bis zur Mitte des 19. Jahrhunderts waren die Vorstellungen einer „Nation" eng mit dem Liberalismus verbunden. Während des Kaiserreiches wurden nationale Vorstellungen zunehmend aggressiver als zuvor, hingen eng mit dem Imperialismus zusammen und entwickelten sich langsam in Richtung auf einen Reichsnationalismus (▸ M1). Im Nationalsozialismus verbanden sich dann hypernationalistische Vorstellungen mit einem mörderischen Rassismus. Nach 1945 war deshalb klar, dass diese Art von Nationalismus eine Sackgasse dargestellt hatte und neue Wege beschritten werden mussten. Allzu deutlich war auch geworden, dass Nationalismus zu kriegerischen Auseinandersetzungen führen konnte, und ein erneuter Krieg in Europa mit Atomwaffen ausgetragen worden wäre. Kein Staat kommt ganz ohne ein „wir"-Gefühl aus. In welche Richtung konnten aber Nationsvorstellungen mit einem neuartigen demokratischen Selbstverständnis entwickelt werden?

Bundesrepublik Deutschland und DDR

Die beiden deutschen Staaten, die nach 1949 entstanden, sind sehr unterschiedlich mit dieser Frage umgegangen. Die Führung der DDR betonte zunächst vor allem den Internationalismus der Arbeiterbewegung und die Tradition des Widerstandes gegen den deutschen Faschismus. Allerdings blieben die Erfolge dieser Propaganda begrenzt. Sie konnte zwar bei Aufmärschen oder bei Parteiveranstaltungen in gewisser Weise mobilisierend wirken, war aber für die breite Masse der Bevölkerung zu abstrakt und knüpfte auch zu wenig an Alltagserfahrungen an. Zudem versuchte sich die DDR in den 1950er-Jahren von Westdeutschland abzusetzen, indem der Westen als militaristisches und (halb)faschistisches System dargestellt wurde (▸ M2 und M3). Anfangs stieß diese Propaganda auf einige Erfolge, weil in der Bundesrepublik tatsächlich zahlreiche ehemalige aktive Anhänger des NS-Regimes wieder öffentliche Funktionen ausübten. Langfristig war sie aber nur mäßig erfolgreich, weil in der DDR der westliche Rundfunk und später westliche Fernsehprogramme empfangen werden konnten, die ein völlig anderes Bild des Landes entwarfen.

◂ **„Deutschland – August 1914."**
Ölgemälde (192 x 147 cm) von Friedrich August von Kaulbach, 1914.
- *Beschreiben Sie die dargestellte Frauenfigur und ihre Attribute.*
- *Charakterisieren Sie die Stimmung, die das Gemälde transportiert.*
- *Arbeiten Sie heraus, welches deutsche Selbstverständnis in dem Ölgemälde deutlich wird. Berücksichtigen Sie dabei auch den historischen Kontext.*
- ➕ *Vergleichen Sie diese Germania-Darstellung mit derjenigen auf Seite 512 (M1).*
- ➕ *Entwickeln Sie eine moderne Germania-Darstellung, in der sich Assoziationen zur deutschen Geschichte widerspiegeln.*

In der Bundesrepublik Deutschland hingegen setzte die CDU/CSU unter Konrad Adenauer ganz auf die europäische Karte, vor allem durch die Versöhnung mit Frankreich, während sich zunächst – wenn auch schwach ausgeprägte – Nationsvorstellungen in den 1950er-Jahren eher bei den Sozialdemokraten fanden. Diese verschwanden aber fast vollständig in den 1960er- und 70er-Jahren. Fast niemand glaubte noch ernsthaft an eine Wiedervereinigung der beiden deutschen Staaten, und die ganz überwiegende Mehrheit der bundesdeutschen Bevölkerung hatte sich mit der Spaltung Deutschlands abgefunden oder sich damit arrangiert (▸ M4). Trotz einzelner Wirtschaftskrisen entstand zudem im Westen einer der ökonomisch erfolgreichsten Staaten der Welt, und der stetig wachsende Wohlstand in einer Massenkonsumgesellschaft bot gute Perspektiven.

Nach 1990

Nach der Wiedervereinigung flammten vereinzelt wieder nationalistische Vorstellungen auf, die aber keine Mehrheit in der deutschen Bevölkerung fanden (▸ M5). Stattdessen gab es zahlreiche Diskussionen und Debatten unter Intellektuellen und Politikern zu der Frage, welche Art von Identität in der neuen Bundesrepublik existieren würde bzw. wünschbar sei. Hier wurde eine große Zahl von ganz unterschiedlichen Ideen entwickelt. So ist beispielsweise vorgeschlagen worden, von einer *deutschen Leitkultur* zu sprechen, der sich dann Zuwanderer anzupassen hätten. Allerdings hat sich herausgestellt, dass diese Leitkultur nur sehr schwer zu definieren ist. Andere Autoren wiederum haben Vorstellungen von einer *multikulturellen Gesellschaft* entworfen, allerdings haben Gegner dieser Idee auch davor gewarnt, da „parallele" Gesellschaften entstehen könnten. Häufig ist auch versucht worden, eine neuartige spezielle Identität zu schaffen, die auf Europa und auf die Europäische Union bezogen ist. Die Idee eines *Verfassungspatriotismus* hat ebenfalls einige Anhänger gefunden: Dahinter steht die Vorstellung, einen bestimmten Stolz auf die sehr erfolgreiche bundesdeutsche Demokratie zu entwickeln (▸ M6).

▸ **„Tag der Deutschen Einheit."**
Plakat von 2014.
Die offiziellen Feiern zum „Tag der Deutschen Einheit" werden als Bürgerfeste organisiert. Sie wechseln jährlich den Ort und werden von einer Landeshauptstadt ausgerichtet.
- *Charakterisieren Sie das deutsche Selbstverständnis, welches das Plakat transportiert.*

M1 Das Niederwald-Denkmal

Das Niederwald-Denkmal bei Rüdesheim wird nach insgesamt sechsjähriger Bauzeit 1883 in Anwesenheit von Kaiser Wilhelm I. eingeweiht. Auf einem Bergvorsprung 230 Meter über dem Rhein gelegen, ist das 38 Meter hohe Denkmal weithin sichtbar. Bei der nachstehenden Abbildung handelt es sich um ein Schulwandbild von 1890.

1. *Beschreiben Sie in wenigen Worten den Aufbau des Denkmals.*
2. *Erklären Sie, wen die Frauengestalt auf dem Denkmalsockel darstellt und warum gerade diese Figur gewählt wurde.*
3. *Recherchieren Sie im Internet nach weiteren allegorischen Figuren und Symbolen des Denkmals. Analysieren Sie deren Bedeutung.*
4. *Ordnen Sie das Denkmal in den historischen Kontext ein.*
5. *Erläutern Sie, welches deutsche Selbstverständnis sich in dem Denkmal widerspiegelt.*

M2 Der 4. Jahrestag der DDR

Walter Ulbricht, Generalsekretär der SED, hält am 7. Oktober 1953 eine Rede zum vierjährigen Bestehen der DDR:

Wir begehen den vierten Jahrestag der Gründung der Deutschen Demokratischen Republik. Zum ersten Mal in der deutschen Geschichte ist in einem großen Teil Deutschlands der Militarismus mit der Wurzel ausgerottet und die Arbeiter-und-Bauern-Macht errichtet worden.

Durch die Vernichtung der Kriegsmaschine des faschistischen deutschen Imperialismus und die Befreiung Deutschlands von der faschistischen Knechtschaft durch die heroische Sowjetarmee war es nach 1945 möglich, in einem großen Teil Deutschlands die Wurzeln des Imperialismus zu beseitigen. [...] Unter Führung der Arbeiterklasse schlossen sich alle demokratischen Kräfte zusammen, um die Folgen des Hitlerkrieges zu beseitigen. [...]

In Westdeutschland hingegen wurden mithilfe der amerikanischen, englischen und französischen Besatzungsmächte die Grundlagen des deutschen Imperialismus geschützt und wurde die Macht der Konzernherren, Bankherren und Großagrarier wieder errichtet. Auf Initiative der USA-Regierung und der westdeutschen Monopolherren wurde Deutschland gespalten, um den westlichen Teil Deutschlands in die militärische Hauptbasis der USA in Europa zu verwandeln. Das Ergebnis der westdeutschen Wahlen vom 6. September[1] brachte zum Ausdruck, dass es den amerikanischen und den westdeutschen Imperialisten gelungen ist, in Westdeutschland die aggressivsten Revanchepolitiker an die Macht zu bringen, die gewillt sind, im Dienst des USA-Finanzkapitals als Stoßtrupp gegen die Sowjetunion und gegen die volksdemokratischen Staaten in Europa zu kämpfen.

Walter Ulbricht, Zur Geschichte der deutschen Arbeiterbewegung, in: Ders., Reden und Aufsätze, Bd. 4, Berlin 1958, S. 650 f.

1. *Analysieren Sie, welche Art von gemeinsamer Identität Ulbricht hier mit seiner Rede schaffen will.*

2. *Charakterisieren Sie Ulbrichts Sprache. Untersuchen Sie dazu ausgewählte zentrale „Schlagworte".*

[1] Die Wahlen vom 6. September waren von der CSU/CSU gewonnen worden, die daraufhin mit Konrad Adenauer wiederum den Bundeskanzler stellte.

▸ **Heinrich August Winkler.**
Foto von 2012.
Der 1938 in Königsberg geborene Historiker lehrte von 1991 bis 2007 an der Berliner Humboldt-Universität. Er setzte sich u.a. mit der Frage des deutschen „Sonderwegs" auseinander. Die seit den 1960er- und 70er-Jahren dominierende These besagt, dass Deutschland einen „Sonderweg" in die Moderne beschritten habe, der sich auffällig von dem anderer west- und mitteleuropäischen Staaten unterscheide. Die Ausgangsfrage lautet dabei, warum Länder wie Großbritannien und Frankreich die ökonomische und politische Krise um 1930 überstanden, während das Deutsche Reich die Demokratie aufgab und durch eine totalitäre Diktatur ersetzte.
Winkler hält an der These vom deutschen „Sonderweg" auch nach 1945 fest. Er beschreibt die späte Entwicklung Deutschlands zu Nationalstaat und Demokratie als „langen Weg nach Westen", der erst mit der Wiedervereinigung 1990 zum Abschluss gekommen sei. Unter Historikern ist die „Sonderwegsthese" heute allerdings umstritten. Kritiker heben hervor, dass es den „einen" Weg zur Demokratie auch im Westen niemals gegeben habe, sondern dass sehr viele unterschiedliche Entwicklungsstränge seit dem 19. Jahrhundert zur Entstehung parlamentarischer Staaten geführt hätten.

M3 Sonderwege?

Der Historiker Heinrich August Winkler befasst sich mit der „Identität" der DDR:

Die DDR hatte sich in den frühen Siebzigerjahren vom Bekenntnis zur einen deutschen Nation gelöst und die Theorie von den *zwei* deutschen Nationen, der neuen sozialistischen und der alten kapitalistischen, verkündet. Die Deutsche Demokratische Republik war unter den Mitgliedsländern des Warschauer Paktes der Ideologiestaat schlechthin: ein Staat ohne nationale Identität und darum mehr als alle anderen auf den „proletarischen Internationalismus" als Ersatzidentität angewiesen. *Beide* deutsche Staaten beschritten also Sonderwege: die DDR einen „internationalistischen", die Bundesrepublik einen „postnationalen". Der erste Sonderweg war eine bloße Parteidoktrin; der zweite entwickelte sich zu einem Lebensgefühl.

Die DDR betrachtete sich als Erbin des antifaschistischen Widerstands; sie bescheinigte sich eine Geburt aus dem Geist dieses Widerstands und machte so den Antifaschismus zu ihrem Ursprungsmythos. In den Achtzigerjahren wurde der Antifaschismus durch die Pflege älterer nationaler Traditionen, darunter, soweit sie als fortschrittlich galt, der preußischen ergänzt: ein stillschweigendes Eingeständnis, dass die Doktrin der sozialistischen deutschen Nation in der Bevölkerung keine Wurzeln geschlagen hatte.

Heinrich August Winkler, Der lange Weg nach Westen, Bd. 2, München [6]2005, S. 652

1. *Vergleichen Sie ausgehend von M3 die Identitäten in der DDR und in der Bundesrepublik. Ziehen Sie dazu weiteres Material heran (Schulbuch, Fachbücher, Internet).*
2. *Analysieren Sie die Gründe, warum es der DDR schwer fiel, sich in eine deutsche nationale Tradition einzufügen.*

◄ **Hans-Ulrich Wehler.**
Foto von 2008. Wehler (1931-2014) lehrte von 1971 bis 1996 als Professor für Allgemeine Geschichte mit besonderer Berücksichtigung der Geschichte des 19. und 20. Jahrhunderts an der Universität Bielefeld. Er gilt als einer der einflussreichsten deutschen Historiker in der zweiten Hälfte des 20. Jahrhunderts. Zu seinen bekanntesten Publikationen zählt seine fünfbändige „Deutsche Gesellschaftsgeschichte", die sich mit der Zeit von 1700 bis 1990 beschäftigt.

M4 Über das Verhältnis der Bundesrepublik zum Nationalismus vor 1989

Der Historiker Hans-Ulrich Wehler schreibt im Jahre 2001:

Unter den vom Schicksal begünstigten Westdeutschen verblasste das Leitbild der gesamtdeutschen Nation mehr und mehr. Der Nationalismus verlor jede massenwirksame Anziehungskraft. Die weltpolitische Konstellation, welche die Teilung des Landes sanktionierte, wirkte fest betoniert. Noch ehe vierzig Jahre nach der „deutschen Katastrophe" von 1945 vorbei waren, zählte die klare Mehrheit zu den in der Bundesrepublik Geborenen, denen – wie die Meinungsumfragen ergaben – eine Wiedervereinigung illusionär erschien. Dafür aber tauchten die Konturen einer postnationalen Gesellschaft auf, deren belastbares Legitimationsfundament die Funktionstüchtigkeit des Verfassungs-, des Rechts- und des Sozialstaates im Verein mit den Leistungen der Wachstumsmaschine geschaffen hatte. Keinem Mitgliedsland fiel daher der Souveränitätsverzicht zugunsten der „Europäischen Gemeinschaft" und „Union" so leicht wie der Bundesrepublik.

Hans-Ulrich Wehler, Nationalismus. Geschichte, Formen, Folgen, München 2001, S. 88 f.

1. *Fassen Sie Wehlers Aussagen mit eigenen Worten zusammen.*
2. *Analysieren Sie, was Wehler unter einem „Legitimationsfundament" versteht.*

M5 Ein deutscher Papst

Der Politikwissenschaftler Herfried Münkler über die Wahl eines Deutschen zum Papst:

Am 20. April 2005, dem Tag nach der Wahl Joseph Kardinal Ratzingers zum Papst, machte die *Bild*-Zeitung mit der die gesamte erste Seite des Blatts beherrschenden Überschrift „Wir sind Papst" auf. Aus der überraschenden Wahl des Kurienkardinals Ratzinger wurde so ein Triumph, wie er sonst nur in sportlichen Wettkämpfen errungen und gefeiert wird. Der Erfinder der Überschrift, der Chef des *Bild*-Politikressorts Georg Streiter, hat später erzählt, dass er sich durch Schlagzeilen wie „Wir sind Weltmeister" habe inspirieren lassen.
Während die Nachrichtensendungen des Fernsehens am Abend zuvor neben Bildern vom Petersplatz eine eher zurückhaltend reagierende Bevölkerung in Deutschland gezeigt hatten, bei der weder helle Freude noch stürmische Begeisterung vorherrschte, verwandelte die *Bild*-Überschrift die Papstwahl in einen nationalen Triumph. Ein Ereignis, das im Prinzip nur die deutschen Katholiken beziehungsweise diejenigen unter ihnen betraf, die sich mit ihrer Kirche identifizierten, wurde ins nationale Wir-Bewusstsein eingeprägt, als ob damit eine grundlegende Weichenstellung deutscher Geschichte verbunden wäre. Dass man das auch ganz anders sehen konnte, zeigte an demselben Tag die Titelseite der taz, die ganz schwarz war und nur in der Mitte die Worte „Oh, mein Gott!" sowie, klein oben links, die Erläuterung „Joseph

Ratzinger neuer Papst" enthielt. Zwar war Ratzinger vor und während des Konklaves als möglicher Kandidat genannt worden, doch hatte man allgemein seine Wahl wegen seines fortgeschrittenen Alters und seiner Nationalität für unwahrscheinlich gehalten – immerhin war seit über fünf Jahrhunderten kein Deutscher mehr zum Papst gewählt worden. [...] Die Wahl Joseph Ratzingers war also eine handfeste Überraschung und für manchen gleichbedeutend mit der endgültigen Rehabilitierung Deutschlands. Von alldem schwang etwas in dem triumphalen „Wir sind Papst" mit.

Herfried Münkler, Die Deutschen und ihre Mythen, Berlin ^{3}2009, S. 484 f.

Analysieren Sie ausgehend von dieser Quelle, inwieweit sich der Nationalismus in Deutschland seit den 1990er-Jahren verändert hat.

M6 Verfassungspatriotismus

Der Politikwissenschaftler Volker Kronenberg äußert sich 2009:

Jenseits des Gefühligen geht es um die Beantwortung der Frage, wer als Bürger welchen Beitrag freiwillig, solidarisch, patriotisch für seine res publica[1] leistet. Die Frage verweist auf die Neujustierung des Staat-Bürger-Verhältnisses und damit auf eine Stimulierung der bürgerlichen Selbsthilfebereitschaft und ihrer Fähigkeiten im Dienste einer solidarischen Verantwortungs- und Zivilgesellschaft [...].
Deutschland im Jahre 2009: Verwobene Prozesse in Politik und Kultur haben zu einem neuen Nachdenken über Patriotismus geführt, zu einem moderateren Ton ein einem sachlicheren Tenor in der öffentlichen Debatte, und fokussieren vielleicht als Folge dessen die Erfahrung von „1989" wie Norbert Frei[2] jüngst meinte: „auch deshalb, weil das Wir seitdem in sein Recht gesetzt wurde, mithin eine reale Möglichkeit geworden ist". Dieses „Wir", das die Deutschen in Ost und West ebenso umfasst wie Eingewanderte, die dauerhaft in Deutschland leben wollen, ist „aufgefordert eine Ordnung und Gesellschaft zu gestalten, auf die sie mit Recht stolz sein können. Ein darauf gründender Patriotismus stünde nicht in Gefahr, nationalistisch zu werden, sondern würde die zivilen Kräfte im Land stärken."

Volker Kronenberg, Verfassungspatriotismus im vereinten Deutschland, in: Aus Politik und Zeitgeschichte, Nr. 28, 2009

1. *Informieren Sie sich über den Begriff der „Zivilgesellschaft" im Internet und/oder in Fachbüchern. Erklären Sie diesen anschließend mit eigenen Worten.*
2. *Analysieren Sie den Gegensatz zwischen Patriotismus und Nationalismus.*

[1] **res publica**: hier: Republik
[2] **Norbert Frei**: deutscher Historiker

◂ „Wir sind Papst!"
Foto vom September 2011.
Die Titelseite der Bild-Zeitung vom 20. April 2005 hängt als Banner anlässlich des Papstbesuches an der Fassade des Axel Springer Verlages in Berlin.

3.2 Die Weimarer Republik und ihre Bürger

◂ **Arbeitslose im Hof des Arbeitsamtes in Hannover.**
Foto von Walter Ballhause, 1930.

Entstehung der Republik	**9.11.1918**	Die Revolution stürzt die Monarchie; Deutschland wird Republik.
	11.11.1918	Der Erste Weltkrieg endet mit Kapitulation und Waffenstillstand.
	5.-12.1.1919	Der „Spartakus-Aufstand“ in Berlin wird niedergeschlagen.
	19.1.1919	Frauen und Männer wählen die Verfassunggebende Nationalversammlung.
	7.5.1919	Der deutschen Delegation wird der Versailler Vertrag vorgelegt. Er regelt die Nachkriegsordnung in Europa. Artikel 231 legt die Alleinschuld Deutschlands und seiner Verbündeten fest.
	11.8.1919	Die Reichsverfassung tritt in Kraft: Deutschland ist parlamentarische Demokratie.
	Ende 1919	Die Generäle Erich Ludendorff und Paul von Hindenburg bekräftigen die „Dolchstoßlegende“.
	13.-17.3.1920	Der Kapp-Putsch schlägt fehl.
Krisenjahre	**1921/22**	Attentate auf die „Erfüllungspolitiker“ häufen sich.
	8./9.11.1923	Der rechtsradikale Hitler-Putsch in München scheitert.
	November 1923	Die Regierung beendet die Hyperinflation mit einer Währungsreform.
Gefährdete Stabilität	**26.4.1925**	Nach dem Tod Friedrich Eberts (28.2.) wird Hindenburg neuer Reichspräsident.
	1927	Die Arbeitslosenversicherung tritt in Kraft.
	24./29.10.1929	Der Zusammenbruch der New Yorker Börse löst eine Weltwirtschaftskrise aus.
Verfall der Demokratie	**1930**	Die Große Koalition aus SPD, Zentrum und bürgerlich-liberalen Parteien zerbricht als letzte Regierung mit einer Mehrheit im Parlament. Ab 29. März regiert Heinrich Brüning als Kanzler des ersten Präsidialkabinetts dauerhaft mit Notverordnungen.
	14.9.1930	In den Reichstagswahlen erhalten die radikalen Parteien einen deutlichen Stimmenzuwachs.
	1932	Mit 6,128 Millionen erreicht die Zahl der Arbeitslosen ihren Höchststand.
	31.7.1932	Bei den Reichstagswahlen wird die NSDAP stärkste Partei.
	6.11.1932	Bei den Reichstagswahlen muss die NSDAP Verluste hinnehmen, bleibt aber stärkste Partei.
	28.1.1933	Kurt von Schleicher tritt als Reichskanzler zurück, nachdem Reichspräsident Hindenburg ihm das Vertrauen entzogen hat.
	30.1.1933	Reichspräsident Hindenburg ernennt Adolf Hitler zum Reichskanzler.

In politischen Debatten wurden und werden immer wieder Erfahrungen aus der Weimarer Republik herangezogen, um eigene Standpunkte argumentativ zu untermauern. So wurden in der 2008 einsetzenden Finanz- und Wirtschaftskrise gern Vergleiche mit der *Weltwirtschaftskrise* von 1929 gezogen. Die Krise habe damals die radikalen Parteien gestärkt und *Adolf Hitler* den Weg zur Macht geebnet, lautete die Warnung.

Demokratiefeindliche Aktionen und Radikalisierung gefährdeten freilich die Weimarer Republik von Anfang an. Der verlorene Krieg und die Revolution von 1918/19 waren für alle Deutschen ein Schock. Die junge Republik wurde erschüttert von Streiks, politischen Morden und bewaffneten Aufständen. Im Krisenjahr 1923 vernichtete die *Hyperinflation* das Geldvermögen jedes Bürgers und versuchte Hitler in einem gescheiterten Putsch, die Regierungsgewalt zuerst in München und dann in Berlin zu übernehmen.

Die Republik überstand die schweren Krisen nicht nur, sie schien in den Jahren 1924 bis 1929, den *„Goldenen Zwanzigern"*, sogar unumkehrbar aufzublühen. Die Arbeitslosigkeit sank, Produktion und Konsumniveau stiegen an. Die radikalen Parteien, die Nationalisten auf der Rechten und die Kommunisten auf der Linken, verloren Mitglieder und Wähler. Bildende Kunst, Theater und Film fanden international Beachtung und Wertschätzung.

Die Wirtschaftskrise ab 1929 verschärfte jedoch die strukturellen Schwächen der Weimarer Republik. Weltanschauungs- und Interessenparteien fanden sich immer weniger zu konstruktiver Regierungsarbeit bereit. Die republikfeindlichen Parteien gewannen bei jeder Wahl hinzu. Bürger aller Schichten verloren jedes Vertrauen in die Demokratie und setzten ihre Hoffnung auf eine nationale oder kommunistische Diktatur.

Doch die Geschichte der Weimarer Republik liefert nicht nur Argumente für Reden und Diskussionen. Das Scheitern der ersten deutschen Demokratie war eine historische Erfahrung, aus der schon die Gründerväter der Bundesrepublik wegweisende Lehren zogen. Bis heute ist die politische Kultur Deutschlands vom Willen durchdrungen, die Fehler von Weimar nicht zu wiederholen. Bis in die Gegenwart wurden antidemokratische Kräfte mit allen politischen und rechtlichen Mitteln in die Schranken gewiesen.

In diesem Kapitel erwerben Sie die **Kompetenz**,
- die Gründungsphase der Weimarer Republik zu beschreiben und zu analysieren,
- die gesellschaftlichen Gruppen und ihre Einstellung zur Republik (u.a. Kommunisten, Sozialdemokraten, Freikorps, alte Eliten) zu charakterisieren,
- zu den Repräsentanten der Republik als Identifikationsfiguren (u.a. Friedrich Ebert, Paul von Hindenburg) Stellung zu nehmen.

Zur Methoden-Kompetenz siehe Seite 373 bis 375 („Politisches Plakat").

Wichtige Namen
- Heinrich Brüning
- Friedrich Ebert
- Paul von Hindenburg
- Adolf Hitler
- Karl Liebknecht
- Erich Ludendorff
- Rosa Luxemburg
- Hermann Müller
- Franz von Papen
- Walther Rathenau
- Philipp Scheidemann
- Kurt von Schleicher
- Gustav Stresemann

Wichtige Begriffe
- Arbeiter- und Soldatenräte
- Deutsche Demokratische Partei (DDP)
- Deutsche Volkspartei (DVP)
- Deutschnationale Volkspartei (DNVP)
- „Dolchstoßlegende"
- Freikorps
- „Goldene Zwanziger"
- Hitler-Putsch
- Hyperinflation
- Kapp-Putsch
- Kommunistische Partei Deutschlands (KPD)
- Massenarbeitslosigkeit
- Nationalsozialistische Deutsche Arbeiterpartei (NSDAP)
- Notverordnungen
- „Novemberrevolution"
- Parlamentarismus
- „Rat der Volksbeauftragten"
- Sozialdemokratische Partei Deutschlands (SPD)
- Spartakus-Aufstand
- Unabhängige Sozialdemokratische Partei Deutschlands (USPD)
- Versailler Vertrag
- Wahlrecht
- Währungsreform
- „Weimarer Koalition"
- Weimarer Verfassung
- Weltwirtschaftskrise
- Zentrum

Lesetipps
- *Dieter Gessner, Die Weimarer Republik, Darmstadt [3]2009*
- *Eberhard Kolb, Die Weimarer Republik, München [7]2009*

Kriegsende und Revolution Im Herbst 1918 konnten das Deutsche Reich und seine Verbündeten den Krieg gegen die militärisch überlegenen *Alliierten* nicht mehr fortsetzen.

Im September 1918 gestand die *Oberste Heeresleitung* (OHL) der Reichsregierung die Niederlage ein. Die Chefs der OHL, die Generäle und Oberbefehlshaber der deutschen Truppen an der Ostfront *Erich Ludendorff* und *Paul von Hindenburg*, waren entschiedene Gegner jeglicher demokratischer Reformen. Jetzt forderten sie die Bildung einer vom Parlament getragenen Regierung. Diese sollte die Waffenstillstandsverhandlungen führen und damit auch die Verantwortung für den Zusammenbruch übernehmen, um so die militärische Führung vom Makel der Niederlage freizuhalten. Anfang Oktober 1918 bildete Reichskanzler Prinz *Max von Baden* eine neue Regierung aus Vertretern der *Sozialdemokratischen Partei Deutschlands* (SPD), des *Zentrums* und der liberalen *Fortschrittspartei*.

Als Ende Oktober 1918 Matrosen den Befehl der Marineleitung verweigerten, für eine inzwischen militärisch sinnlose Schlacht gegen die Briten auszulaufen, wurden sie in Kiel verhaftet. Ein Aufstand brach aus, der zur Keimzelle der sich rasch ausbreitenden Revolution („*Novemberrevolution*“) wurde. Spontan und ohne festes Konzept gebildete *Arbeiter- und Soldatenräte* übernahmen in vielen Städten die politische Gewalt. Sie forderten ein Ende des Krieges, die Abdankung des Kaisers und eine Demokratisierung von Wirtschaft, Gesellschaft und Militär.

Anfang November stürzten die ersten Monarchien, in allen deutschen Staaten traten die Fürsten zurück. Um einen Bürgerkrieg zu verhindern, verkündete Reichskanzler Max von Baden eigenmächtig die Abdankung Kaiser *Wilhelms II.* Zugleich bot er ohne verfassungsrechtliche Legitimation *Friedrich Ebert*, dem Vorsitzenden der SPD, sein Amt an. Als Vorsitzender der größten Fraktion im Reichstag sollte er eine neue Regierung bilden.

▸ **Geschichte In Clips:** Zur Ausrufung der Republik siehe Code 32031-31

Räterepublik: Herrschaftsform, die eine direkte Demokratie mithilfe von Räten verwirklichen will. Die Räte werden auf verschiedenen Ebenen gewählt bis hin zum Zentralrat. Sie sind an die Weisungen der Wähler gebunden und vereinen gesetzgebende, ausführende und rechtsprechende Gewalt auf sich.

Unruhen und Kompromisse Während Ebert die Entscheidung über die künftige Staatsform einer rasch zu wählenden Nationalversammlung überlassen wollte, rief sein Parteifreund *Philipp Scheidemann* in Berlin die „Deutsche Republik“ aus. Damit kam dieser *Karl Liebknecht*, dem Führer des aus radikalen Sozialisten bestehenden *Spartakusbundes*, zuvor, der zwei Stunden später die „Sozialistische Republik Deutschland“ verkündete. Aus dem Spartakusbund ging am 1. Januar 1919 die *Kommunistische Partei Deutschlands* (KPD) hervor. Aus Angst vor einer sozialistischen **Räterepublik**, in der die Macht nach russischem Vorbild auf Arbeiter- und Soldatenräte übergehen sollte, einigten sich SPD und *Unabhängige Sozialdemokratische Partei Deutschlands* (USPD) am 10. November auf eine Übergangsregierung, den *„Rat der Volksbeauftragten“*. Dieser sah sich nun nach Ende des Krieges mit großen politischen Problemen und einem drohenden wirtschaftlichen Zusammenbruch konfrontiert.

Um einen Bürgerkrieg zu verhindern und die geordnete Rückführung der deutschen Truppen zu gewährleisten, entschloss sich Ebert zu einer Zusammenarbeit mit dem Reichswehrgeneral *Wilhelm Groener*, der den Rückzug der deutschen Truppen leitete. Im Namen der Obersten Heeresleitung bekundete Groener seine Loyalität gegenüber der Regierung und versprach militärische Unterstützung bei Unruhen (*Ebert-Groener-Pakt*). Als Gegenleistung erwartete er den gemeinsamen „Kampf gegen den Radikalismus und Bolschewismus“.

Daneben beschloss der „Rat der Volksbeauftragten“ bei Unruhen den Einsatz von privat gegründeten Selbstschutzverbänden, sogenannten *Freikorps*. Sie bestanden aus ehemaligen Berufssoldaten, Abenteurern, Studenten oder Schülern, meist Männer, die nach dem Krieg kein Zuhause und keine Arbeit hatten und nicht in ein ziviles Leben zurückgefunden hatten. Die meisten waren extrem antirepublikanisch und antikommunistisch eingestellt.

Vom 5. bis 12. Januar 1919 stand Berlin im Zeichen des *Spartakus-Aufstandes*. Tausende Anhänger des Spartakusbundes um Karl Liebknecht und *Rosa Luxemburg* lieferten sich Straßenschlachten mit Regierungstruppen und Freikorps. Die Aufständischen wollten die Wahlen verhindern und den Arbeiter- und Soldatenräten zur Regierungsgewalt verhelfen (▸ M1). Der Aufstand wurde blutig niedergeschlagen, Rosa Luxemburg und Karl Liebknecht nach ihrer Verhaftung von Offizieren ermordet. Das brutale Vorgehen der Truppen und Freikorps löste auch in anderen Städten Streiks und bewaffnete Aufstände aus. Erst im Mai 1919 gelang es der Regierung, die letzten Unruhen zu beenden.

▲ **Ausrufung der Republik und der Bildung des „Rates der Volksbeauftragten".**
Fotomontage als Bildpostkarte von 1918.
Am 9. November 1918 rief Philipp Scheidemann (SPD) von einem Fenster des Reichstages die Republik aus. Die Szene wird eingerahmt von den Mitgliedern des neu gebildeten „Rates der Volksbeauftragten"; links (von o. nach u.): Hugo Haase (USPD), Otto Landsberg (SPD), Wilhelm Dittmann (USPD); rechts: Friedrich Ebert (SPD), Philipp Scheidemann und Emil Barth (USPD).

Nationalversammlung und neue Verfassung Am 19. Januar 1919 fand die Wahl zur Verfassunggebenden Nationalversammlung statt. Es ergab sich die Zusammenarbeit der drei größten Fraktionen, die schon während des Krieges im Reichstag kooperiert hatten: SPD, Zentrum und *Deutsche Demokratische Partei* (DDP). Sie bildeten die sogenannte *„Weimarer Koalition"*, die mit 76,1 Prozent der Stimmen die deutliche Mehrheit des Volkes hinter sich vereinigte (331 von insgesamt 423 Mandaten). Die Opposition war gespalten: Links stand die radikal-sozialistische USPD und rechts die national-bürgerlich ausgerichtete *Deutsche Volkspartei* (DVP) sowie die völkische, konservativ-monarchistische *Deutschnationale Volkspartei* (DNVP). Die KPD hatte die Wahlen zur Nationalversammlung boykottiert und sich gar nicht erst aufstellen lassen.

Um sich den politischen Unruhen in Berlin zu entziehen, trat die Nationalversammlung am 6. Februar 1919 in Weimar zusammen (▸ M2). Sie sollte bis zur ersten Reichstagswahl im Juni 1920 eine vorläufige Regierung bilden und dem Deutschen Reich eine *Verfassung* geben. Ebert wurde am 11. Februar zum ersten Reichspräsidenten gewählt. Noch am selben Tag beauftragte er Scheidemann, eine Regierung zu bilden. Nach über fünfmonatiger Beratung nahm die Weimarer Nationalversammlung die neue Verfassung an. Das Deutsche Reich wurde zur *parlamentarischen Republik* erklärt (▸ M3).

Am 11. August 1919 trat die neue Verfassung in Kraft. Erstmals in Deutschland musste das monarchistische Prinzip dem Grundsatz der Volkssouveränität weichen.

Dem Reichstag oblag nun neben dem Recht auf Gesetzgebung auch die Kontrolle der Regierung, d.h. Kanzler und Minister benötigten für ihre Amtsführung sein Vertrauen. Jeder von ihnen konnte durch ein Misstrauensvotum zum Rücktritt gezwungen werden. Mit besonderen Vollmachten war der Reichspräsident ausgestattet. Er allein ernannte und entließ den Kanzler und konnte den Reichstag auflösen. Außerdem war er Oberbefehlshaber der Reichswehr. Bei Stö-

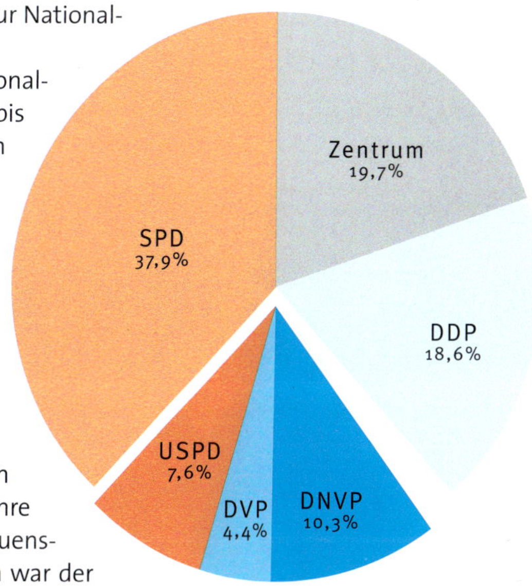

▲ **Ergebnis der Wahlen zur Nationalversammlung 1919.**

rung der öffentlichen Sicherheit und Ordnung im Reich konnte der Reichspräsident mit dem *Artikel 48* die zu ihrer Wiederherstellung nötigen Maßnahmen treffen und notfalls die Reichswehr einsetzen. Im Laufe der Jahre wurde dieser Artikel jedoch verstärkt unter Umgehung des Parlaments herangezogen, um wirtschaftliche und soziale Probleme zu lösen.[1]

Demokratische Errungenschaften Zu den demokratischen Errungenschaften der Weimarer Republik gehört die verfassungsrechtliche Gleichstellung der Geschlechter. In der Revolution erfüllte der „Rat der Volksbeauftragten" bei den Wahlen zur Nationalversammlung 1918 eine sozialdemokratische Forderung: das aktive und passive *Wahlrecht* für Frauen. Mit einer Wahlbeteiligung von fast 90 Prozent machten die Frauen von ihrem Stimmrecht regen Gebrauch, 41 von 310 Kandidatinnen zogen 1919 in die Weimarer Nationalversammlung ein. Ein solcher Anteil wurde erst wieder 1983 im zehnten Bundestag erreicht.

Männer und damit also erstmals Frauen über 20 Jahren erhielten nach der neuen Verfassung das Recht, alle vier Jahre die Abgeordneten des Reichstages und alle sieben Jahre den Reichspräsidenten zu wählen. Um jede einzelne Stimme zur Geltung zu bringen, galt das Verhältniswahlrecht: Jede Partei erhielt für 60 000 gültige Stimmen ein Mandat. Eine Sperrklausel, die den kleinen Parteien – auch „Splitterparteien" genannt – den Zutritt zum Reichstag hätte verwehren können, gab es nicht. Dies galt als besonders gerecht und demokratisch. Dabei wurde übersehen, dass die durch das Verhältniswahlrecht bewirkte Parteienvielfalt die Konsensfindung und damit die Bildung von regierungsfähigen Mehrheiten erschwerte. Hinzu kam, dass die Parteien kaum zu Kompromissen bereit waren und damit die Regierung schwächten.

Als Gegengewicht zum Reichstag führte die Weimarer Verfassung Elemente der direkten Demokratie ein: Volksbegehren und Volksentscheid. Die Staatsbürger sollten sich durch Plebiszite direkt an der staatlichen Willensbildung beteiligen. In der Praxis wurden die Volksabstimmungen jedoch von den Gegnern der Republik zur Manipulation der Massen einzusetzen versucht. Solche Bestrebungen scheiterten jedoch bis 1933 an den fehlenden Mehrheiten.

▲ **Zum ersten Mal dürfen die Frauen in Deutschland zur Wahl gehen.**
Foto vom 19. Januar 1919.

Der zweite Hauptteil der Weimarer Verfassung enthielt einen Katalog an Grundrechten und Grundpflichten (Art. 109-165): Rechtsgleichheit, Freizügigkeit, Recht der freien Meinungsäußerung, Freiheit der Person, Glaubens- und Gewissensfreiheit sowie soziale Grundrechte, darunter der Schutz und die Förderung von Ehe und Familie, das Recht auf Arbeit, den Schutz der Jugend, die Förderung des Mittelstandes und vieles mehr. Die wichtige Aufgabe der Kontrolle der Staatsmacht erfüllte dieser Katalog jedoch nicht in vollem Umfang, da viele Grundrechte in Krisenzeiten durch Notverordnungen gemäß Artikel 48 außer Kraft gesetzt werden konnten.

[1] Vgl. dazu Seite 370 ff.

Dass die Lebenswirklichkeit von den Vorgaben der Grundrechte abwich, verdeutlicht die Situation der Frauen in der Weimarer Republik. Nach der Reichsverfassung hatten Frauen und Männer nun „grundsätzlich dieselben staatsbürgerlichen Rechte und Pflichten“ (Art. 109). Aber weder auf dem Arbeitsmarkt, wo Frauen für die gleiche Arbeit weniger Lohn erhielten, noch im Familienrecht galt der Gleichberechtigungsgrundsatz. Für Tätigkeiten, die über die Hausarbeit hinausgingen, brauchten Frauen die Erlaubnis des Ehemannes. So bestimmte es das Bürgerliche Gesetzbuch noch bis 1977. Das Frauenwahlrecht und die steigende Zahl weiblicher Mitglieder in Parteien und Gewerkschaften änderten nichts daran, dass führende Positionen der Politik weiterhin nur von Männern besetzt blieben.

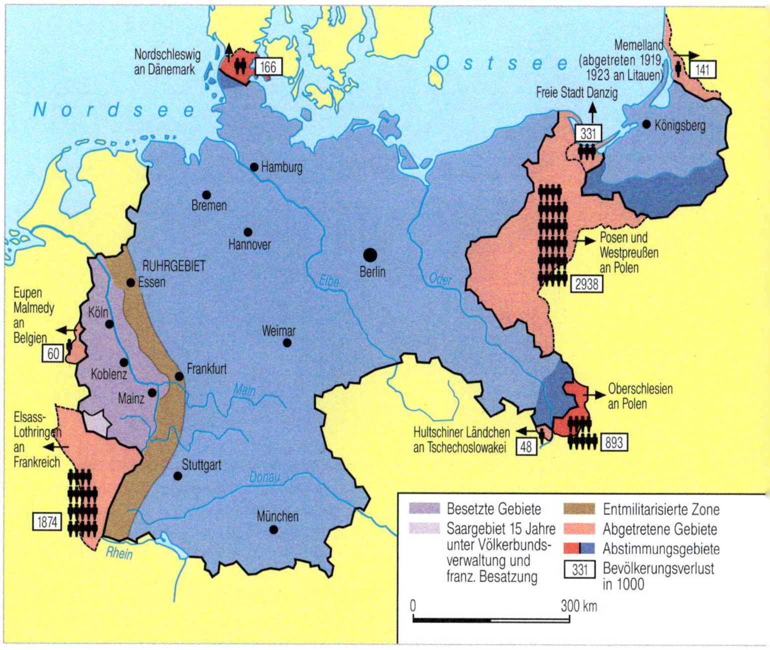

▲ Deutsche Gebiets- und Bevölkerungsverluste nach dem Friedensvertrag von Versailles.

- *Arbeiten Sie die Ergebnisse des Vertrags heraus und diskutieren Sie, welche Festlegungen für die deutsche Bevölkerung besonders schwer zu akzeptieren waren.*

Belastete Friedensordnung: der Versailler Vertrag

Während in Deutschland noch Reichswehr und Freikorps die revolutionären Unruhen niederschlugen, wurde am 18. Januar 1919 in Versailles bei Paris die Friedenskonferenz ohne Beteiligung der Besiegten eröffnet. Auf ihr sollte die Nachkriegsordnung in Europa festgelegt werden. Am 7. Mai 1919 wurde der deutschen Delegation der fertige Vertrag mit 440 Artikeln vorgelegt: Deutschland verlor im Westen, Osten und Norden des Reiches 13 Prozent des Staatsgebietes sowie rund zehn Prozent der Bevölkerung. Es musste alle seine Kolonien aufgeben und weitgehende militärische Beschränkungen akzeptieren. Ferner sollten für die Kriegsschäden der anderen Mächte Ausgleichszahlungen (Reparationen) in noch festzulegender Höhe erbracht werden.

Von Anfang an belastete der von den Siegermächten nach Kriegsende geschlossene Friedensvertrag die Republik schwer. Seine Bestimmungen lösten in der deutschen Öffentlichkeit, in der man auf einen milden **„Wilson-Frieden“** gehofft hatte, Empörung und Proteststürme aus. Vor allem der Artikel 231 des Vertrages, der sogenannte Kriegsschuldartikel, wurde in Deutschland als moralische Ächtung des ganzen Volkes empfunden. Reichskanzler Scheidemann bezeichnete den Vertrag als unannehmbar. Als die deutschen Einsprüche erfolglos blieben, trat die Regierung Scheidemann zurück. Um das Ultimatum der Alliierten zu erfüllen, wurde die neue Regierung von der Nationalversammlung beauftragt, den Vertrag zu unterschreiben. Den Politikern, die sich unter dem Druck der Verhältnisse dazu bereit erklärt hatten, gestanden anfänglich alle Parteien ehrenhafte Motive zu. Doch schon bald wurde der Versailler Vertrag von der äußersten Rechten bis hin zur Sozialdemokratie wegen des Kriegsschuldartikels und der umfangreichen Reparationen als ein „Diktat“- und „Schandfriede“ abgelehnt. Republikfeindliche Kräfte nutzten die Vorbehalte der Bevölkerung aus, um mit Kampfparolen wie „Heerlos! Wehrlos! Ehrlos!“ gegen die Republik zu hetzen und die „Erfüllungspolitiker“ zu beschimpfen. „Versailles“ wurde zur Diffamierungsparole schlechthin, die Republik für die Belastungen des Friedensvertrages verantwortlich gemacht.

„Wilson-Frieden“: Der US-amerikanische Präsident Woodrow Wilson hatte am 8. Januar 1918 einen „14-Punkte-Plan“ vorgelegt, in dem er seine Vorstellungen von den Grundlagen einer zukünftigen Friedensordnung in Europa formulierte. Diese sollte auf dem Selbstbestimmungsrecht der Völker und dem Autonomie- und Nationalitätenprinzip basieren.

▲ **Wahlplakat der DNVP von 1924.**
- *Erläutern Sie den Plakattext.*
- *Interpretieren Sie die Zielsetzung des Plakats und beurteilen Sie die Wirkung von Text und Bild.*

„Dolchstoßlegende" Neben dem vom Reichstag widerwillig angenommenen *Versailler Vertrag* radikalisierte die *„Dolchstoßlegende"* die Bevölkerung der Nachkriegszeit (▸ M4). Schon im November 1918 verbreiteten rechtsradikale Zeitungen die angebliche Bemerkung eines britischen Generals, die deutsche Armee sei „von hinten erdolcht" worden. Streiks und politische Unruhen in der Heimat hätten sie zur Kapitulation gezwungen. Die beiden Generäle Erich Ludendorff und Paul von Hindenburg machten sich diese Version zu eigen und verbreiteten Ende 1919 eine Verschwörungstheorie, mit der sie die eigene Schuld an der militärischen Niederlage von sich ablenken und vor allem auf die Sozialdemokratie abwälzen wollten. Sie besagte, das deutsche Heer sei im Weltkrieg „im Felde unbesiegt" geblieben und habe erst durch oppositionelle „vaterlandslose" Zivilisten aus der Heimat einen „Dolchstoß von hinten" erhalten.

Ein Großteil der Bevölkerung glaubte dieser Verfälschung der Tatsachen, zumal die Öffentlichkeit an einer vorurteilsfreien Auseinandersetzung mit dem Geschehen im Ersten Weltkrieg kaum interessiert war. Zudem unterschätzten vor allem die Sozialdemokraten, welche Gefahren davon ausgingen. Die „Dolchstoßlegende" vergiftete das politische Klima und diente deutschnationalen, völkischen und anderen rechtsextremen Gruppen und Parteien zur Propaganda gegen die „Novemberrevolution", die Auflagen des Versailler Vertrages, die Linksparteien, die ersten Regierungskoalitionen der Weimarer Republik, die Verfassung und den *Parlamentarismus*.

Republikaner ohne Mehrheit? Von Anfang an waren im Reichstag nicht nur staatstragende, demokratisch gesinnte Politiker vertreten. Nur drei der zahlreichen Parteien bekannten sich ausdrücklich zur parlamentarisch-demokratischen Republik und hatten maßgeblich an der Weimarer Verfassung mitgearbeitet: die SPD, die DDP und das Zentrum – die Parteien der „Weimarer Koalition".

Die SPD ging bei den Wahlen zur Nationalversammlung 1919 und bei den Reichstagswahlen bis 1930 jeweils als stärkste Kraft hervor, erreichte jedoch nie die absolute Mehrheit. Bis zum Ende der Republik war sie auf Reichsebene mit wenigen Ausnahmen in der Opposition.

Die linksliberale DDP vertrat vor allem das Bildungsbürgertum, Kaufleute, Beamte und Angestellte. Neben der SPD war sie die Partei, die sich am entschiedensten zur Weimarer Republik bekannte. Mit **Walther Rathenau** stellte die DDP 1922 den Außenminister. Schon ab 1920 verlor sie jedoch in großem Maß Stimmen und sank zur Splitterpartei ab. Das Zentrum war die Partei des politischen Katholizismus. Ihr kam eine bedeutende Stellung zu, da sie sich für alle sozialen Schichten einsetzte und sie mit fast allen Parteien koalitionsfähig war. Von 1919 bis 1932 war sie in nahezu jeder Reichs-

Walther Rathenau (1867-1922): Industrieller und Schriftsteller; 1919 Mitbegründer der DDP; 1922 von Rechtsradikalen ermordet regierung vertreten. 1920 entstand mit der *Bayerischen Volkspartei* (BVP) die bayerische Variante des Zentrums.

Bereits bei den ersten Reichstagswahlen am 6. Juni 1920 verlor die Weimarer Koalition jedoch ihre Mehrheit und erreichte sie danach auf Reichsebene nicht mehr.

▲ **„Sie tragen die Buchstaben der Firma – aber wer trägt den Geist?!"**

Karikatur von Thomas Theodor Heine aus dem „Simplicissimus" vom 21. März 1927.

- *Beschreiben und benennen Sie die gezeigten gesellschaftlichen Gruppen. Halten Sie die Auswahl für repräsentativ?*
- *Nehmen Sie Stellung zu der Frage, ob eine Republik nur funktionieren kann, wenn die Bürger ihren „Geist" tragen.*

Gegner der Republik Die links- und rechtsradikalen Gruppierungen und Parteien bekämpften den Parlamentarismus von Anfang an mit allen Mitteln – wenn auch mit unterschiedlichen Zielvorstellungen. Mit ihrer Kompromisslosigkeit stellten sie die Arbeit des Parlaments infrage und gefährdeten die politische Stabilität der Republik.

Die kommunistische KPD und die linkssozialistische USPD lehnten die Republik ab, weil ihnen die Revolution von 1918/19 nicht weit genug gegangen war. Sie betrachteten alle Gegner des Rätesystems, besonders die SPD, als „Handlanger des Kapitalismus", da deren Zusammenarbeit mit den alten Eliten die notwendige revolutionäre Umgestaltung Deutschlands verhindert habe. Die USPD schloss sich zwar 1922 wieder der SPD an. Da ihre radikalen Mitglieder jedoch der KPD beitraten, entwickelte sich diese zu einer ernst zu nehmenden Kraft.

Die rechtskonservative DNVP war ein Sammelbecken völkisch-nationalistischer, konservativer Kreise. Ihr gehörten vor allem die alten Eliten aus Adel, Militär, Großgrundbesitz und Großbürgertum an. Nach 1928 rückte die Partei stark nach rechts und kooperierte mit der NSDAP, an die sie seit 1930 viele Wähler verlor. Als verbindendes Element für die unterschiedlichen Interessen ihrer Wählerschaft diente der DNVP bereits früh der Antisemitismus. Zu den Sympathisanten der radikalen Rechten zählten die Anhänger des Kaiserreiches, vor allem Offiziere, Professoren, Richter, Unternehmer und Landwirte. Die einen fürchteten um Einfluss und Vorteile, die sie zuvor in den führenden Kreisen des Kaiserreiches hatten geltend machen können. Die anderen sahen in der Demokratie nur eine verachtenswerte Herrschaft der Masse.

Angriffe von links und rechts Zu den „Kampfmitteln" der Links- und Rechtsradikalen gehörten Verleumdungen führender Politiker, Streiks und Straßenkämpfe, aber auch politische Morde (▸ M5). Nach der Unterzeichnung des Versailler Friedensvertrages und dem Beginn der Reparationszahlungen häuften sich Attentate radikaler Rechter auf die „Erfüllungspolitiker" und „Novemberverbrecher". Illegale Nachfolgeorganisationen der seit 1920 verbotenen Freikorps agierten als Kampfbünde unter Tarnnamen weiter. Am berüchtigtsten war die *Organisation Consul* (OC). Am 26. August 1921 ermordeten Angehörige der OC *Matthias Erzberger*, den ehemaligen Reichsfinanzminister und Unterzeichner des Waffenstillstandsabkommens von 1918. Als am 24. Juni 1922 Außenminister Walther Rathenau Opfer eines Anschlages wurde, sollte mit einem „Gesetz zum Schutz der Republik" den Terrorgruppen Einhalt geboten werden. Die erhoffte Wirkung blieb jedoch aus, da die Justizbehörden Mordanschläge von links und rechts nicht gleichermaßen verfolgten.

Neue Staatsform – alte Eliten Dass selbst Gesetze den rechten Terror nicht stoppen konnten, hing mit der Rolle der Justiz zusammen. Nahezu alle Richter aus dem Kaiserreich blieben in ihren Ämtern. Viele Urteile zeigten ihre Abneigung gegen die Republik. Attentäter von rechts konnten vor Gericht mit milden Strafen für ihre „nationale Tat" rechnen, während Terroranschläge von links mit der vollen Härte des Gesetzes geahndet wurden.

Wie in der Justiz konnten sich auch in der Reichswehr die alten Eliten an der Macht halten. Sie blieb ein „Staat im Staate" (▸ M6). Bei Putschversuchen von links ging sie mit aller Konsequenz vor, wie etwa beim Spartakus-Aufstand. Bei Angriffen von rechts hielt sie sich weitgehend zurück. Dies zeigte sich bei dem Putsch einer Gruppe um die führenden Vertreter der rechtsextremen antirepublikanischen Bewegung, General Erich Ludendorff und *Wolfgang Kapp*. Sie unternahmen mit der Unterstützung von Freikorps vom 13. bis 16. März 1920 einen Umsturzversuch (*Kapp-Putsch*). Die meisten Reichswehrkommandeure standen zwar dem Putsch ablehnend gegenüber, setzten aber die Reichswehr nicht zum Schutze des Staates ein. Angeblich wollten sie verhindern, dass Reichswehreinheiten aufeinander schießen müssten.

In der überwiegend monarchistisch-konservativ geprägten Beamtenschaft fand die Republik keine Stütze. Auch bei den Führungskräften der Wirtschaft sowie an den Universitäten herrschten antidemokratische und antirepublikanische Ressentiments vor. 1934 schrieb die SPD rückblickend: „Dass sie den alten Staatsapparat fast unverändert übernahm, war der schwere historische Fehler, den die deutsche Arbeiterbewegung beging."

Haltung des Bürgertums Nicht nur die alten Eliten, auch große Teile des Besitz- und Bildungsbürgertums wollten die Weimarer Republik nicht akzeptieren. Viele Bürger trauerten dem pompös-militaristischen Auftreten der kaiserlichen Führungsschichten nach. Die Unruhen und blutigen Kämpfe der Anfangsjahre verstärkten ihre Abneigung gegen eine Republik, bei der sie den Glanz und die innere Sicherheit des Kaiserreiches vermissten. Durch die politischen und wirtschaftlichen Krisen sowie den raschen sozialen Wandel in den 1920er-Jahren fürchtete das Bürgertum um seinen gesellschaftlichen Status. Antimoderne und antiliberale Einstellungen waren weit verbreitet und häufig mit antisemitischen Vorurteilen verbunden.

Neben DDP, DNVP und dem Zentrum gehörte auch die DVP zu den sogenannten „bürgerlichen" Parteien, die in Abgrenzung zu den Arbeiterparteien das gemäßigte rechtskonservative Lager vertraten. Die DVP war in den Anfangsjahren noch monarchistisch und republikfeindlich geprägt. **Gustav Stresemann** brachte sie auf einen demokratischen und republikanischen Kurs, stieß dabei aber stets auf Widerstand in seiner Partei. Nach Stresemanns Tod tendierte die DVP immer stärker nach rechts, blieb jedoch im Vergleich zur DNVP und der ab 1924 kandidierenden rechtsradikalen *Nationalsozialistischen Deutschen Arbeiterpartei* (NSDAP)[1] gemäßigt und sank 1932 zur Bedeutungslosigkeit herab.

Gustav Stresemann (1878-1929): Politiker der Nationalliberalen Partei (Kaiserzeit) und der DVP; 1923-1929 Außenminister; 1923 Reichskanzler

Bürger und Parteien Im Parteienspektrum der Weimarer Republik spiegelte sich die politische Polarisierung der Bevölkerung wider. Ein Großteil der Deutschen, die sich in den ersten Jahren und der relativ stabilen Phase von 1924 bis 1929 zur parlamentarischen Demokratie bekannten, waren sogenannte „Vernunftrepublikaner" – Bürger, die

[1] Vgl. dazu Seite 368 und Seite 371 f.

eigentlich loyal zur Monarchie gestanden hatten, nach der erfolgreichen Revolution aber bereit waren, die junge Demokratie zu unterstützen. In den Krisenjahren der Republik ab 1929 wandelte sich die latente Republikfeindschaft in offene Ablehnung. Viele wandten sich den radikalen rechten und linken Parteien zu.[1]

Der Weimarer Republik fehlte eine stabile demokratische Tradition. Durch autoritäre, antidemokratische und militaristische Traditionen und Mentalitäten blieb vielen der Umgang mit der parlamentarischen Demokratie fremd. Auch wenn die Wahlbeteiligung mit durchschnittlich 80 Prozent hoch lag, war die Skepsis der Bevölkerung gegenüber den Parteien groß. Schuld daran waren ihre enge programmatische Ausrichtung und ihre Bindung an Interessengruppen. Im Kaiserreich hatte es keinen Zwang zur Koalitionsbildung gegeben, da die Regierung vom Parlament unabhängig war. Die Parteien hatten nicht gelernt, Kompromisse zu schließen, und vertraten nur die Interessen ihrer Wähler. Zudem existierten bei einem großen Teil der Bevölkerung noch obrigkeitliche Vorstellungen von einer über den Parteien stehenden Politik des Allgemeinwohls.

Zwei Präsidenten – zwei Welten Maßgeblich geprägt wurde die Weimarer Republik durch die beiden Reichspräsidenten Friedrich Ebert und Paul von Hindenburg. Ihre völlig gegensätzlichen Persönlichkeiten und politischen Überzeugungen stehen für die inneren Widersprüche der ersten deutschen Demokratie. Der eine galt als Symbol der neuen parlamentarischen Ordnung, der andere als Repräsentant der untergegangenen Monarchie (▸ M7 und M8).

Ebert, aus einfachen Verhältnissen stammend, hatte sich zum Parteivorsitzenden der SPD hochgearbeitet. Nach Kriegsende stellte er sich an die Spitze der Revolution, um sie in parlamentarische Bahnen zu lenken. Als Repräsentant der Sozialdemokratie, die im Kaiserreich unterdrückt worden war, trat Ebert für die Mitbestimmung aller Gruppen ein. Eine sozialistische Räterepublik und damit die Herrschaft einer Klasse, wie es von revolutionären linken Kräften gefordert wurde, widersprach seiner demokratischen Grundüberzeugung. Dafür fand er viel Anerkennung. Er musste jedoch Entscheidungen treffen, die ihm viele Gegner einbrachten und ihn zunehmend auch von seiner Partei und der Arbeiterschaft entfremdeten. Wegen seines Bündnisses mit den alten Eliten galt Ebert für die Kommunisten als „Verräter der Arbeiterklasse". Auch die politische Rechte diffamierte Ebert als „Verräter". Sie bezichtigte ihn, während des Ersten Weltkrieges Streiks von Arbeitern organisiert und dadurch die Niederlage des Deutschen Reiches verschuldet zu haben („Dolchstoßlegende"[2]). Verhasst war er vor allem, weil er die Unterzeichnung des Versailler Vertrages verantworten musste.

Geschätzt wurde der erste Reichspräsident weithin für seine unparteiische, untadelige Amtsführung und seine aufrichtige Persönlichkeit. Manche Historiker betonen, dass es Eberts Verdienst gewesen sei, eine Brücke zwischen verschiedenen gesellschaftlichen Lagern und Parteien geschlagen und auf diese Weise die Basis der Weimarer Demokratie verbreitert zu haben.

Wie kaum ein anderer Politiker wurde Ebert zur Zielscheibe politischer und persönlicher infamer Angriffe, insbesondere rechtskonservativer Kreise. Indem sie das Staatsoberhaupt in den Schmutz zogen, konnten sie zugleich die verhasste Republik schädigen. Um sich gegen solche Verleumdungen („Landesverrat") gerichtlich zur Wehr zu setzen, verschob Ebert eine dringend notwendige Operation. Er starb überraschend am 28. Februar 1925.

▲ **Friedrich Ebert (1871-1925).**
Foto um 1920.
Der Sohn eines Schneidermeisters aus Heidelberg arbeitete als Sattler, Redakteur und Gastwirt. Er engagierte sich früh in Partei und Gewerkschaft, war ab 1913 SPD-Vorsitzender, übernahm nach Ausrufung der Republik 1918 die Regierungsgeschäfte und wurde 1919 erster Reichspräsident der Weimarer Republik.

[1] Vgl. dazu Seite 371f.
[2] Zur „Dolchstoßlegende" vgl. Seite 364 und M4 auf Seite 378f.

▲ **Paul von Hindenburg (1847-1934).**
Foto von 1930.
Als Sohn eines adligen Offiziers und Gutsbesitzers durchlief Hindenburg ab 1866 eine militärische Karriere. Er wurde 1914 zum Oberbefehlshaber der Truppen an der Ostfront berufen und stieg im Ersten Weltkrieg zum Generalfeldmarschall auf. Von 1925 bis 1934 war er Reichspräsident, als welcher er am 30. Januar 1933 Adolf Hitler zum Reichskanzler ernannte.

Sein Nachfolger wurde der hochbetagte Generalfeldmarschall Paul von Hindenburg, Abkömmling eines alten ostpreußischen Adelsgeschlechts. Hindenburg hatte 1914 in der Nähe von Tannenberg in Ostpreußen mit seinem Heer gegen russische Truppen gesiegt, was ihn zum gefeierten Nationalhelden werden ließ. Die Niederlage des Ersten Weltkrieges konnte Einfluss und Ansehen des „Siegers von Tannenberg"[1] nichts anhaben – auch weil Hindenburg es verstand, der „Dolchstoßlegende" besonderes Gewicht zu verleihen. Dabei hätte Hindenburg sogar den soldatisch „ehrenvollen Untergang" Deutschlands einer Kapitulation vorgezogen, ohne die Konsequenzen für die Bevölkerung zu bedenken.

Weil nach Eberts Tod bei der Neuwahl des Reichspräsidenten im ersten Wahlgang kein Bewerber die erforderlichen Stimmen für sich gewinnen konnte, einigten sich die Rechtsparteien für den zweiten Wahlgang auf den nach wie vor populären Paul von Hindenburg. Vor seiner Kandidatur versicherte sich der Feldmarschall noch der Zustimmung des ehemaligen Kaisers im holländischen Exil, dem er sich nach wie vor verpflichtet fühlte. Mit Hindenburg erreichten die rechten Parteien viele Wähler, die sich Glanz und nationale Größe des Kaiserreiches zurückwünschten. Am 26. April 1925 ging Hindenburg als Sieger aus der Wahl hervor.

Hindenburg erwies sich als neuer Reichspräsident zunächst loyal gegenüber der Weimarer Reichsverfassung. Im Zentrum seines politischen Denkens stand jedoch die Wiederherstellung der alten „Größe" Deutschlands. Er umgab sich mit Beratern, die wie er selbst aus monarchistischen, militärischen Kreisen stammten und eine autoritäre, vom Parlament unabhängige politische Ordnung wollten. Unter Hindenburgs Präsidentschaft erlebte die Republik einen schleichenden Verfassungswandel, der 1930 in der Berufung der „*Präsidialkabinette*" und einer Aushöhlung des Parlamentarismus mündete.[2]

▸ **Geschichte In Clips:**
Zum Hitler-Putsch siehe Code 32031-32

Der Hitler-Putsch in München Besonders München wurde zu einem Sammelbecken der rechten Kräfte. Ehemalige Freikorps-Führer und rechtsradikale Prominenz, wie Ludendorff und weitere Akteure des gescheiterten Kapp-Putsches, fanden dort ein neues Betätigungsfeld. Unter dem Einfluss rechtskonservativer und republikfeindlicher Kräfte betrieb die bayerische Regierung eine gegen Berlin gerichtete Politik. So wurde die noch unbedeutende NSDAP unter ihrem Vorsitzenden *Adolf Hitler* geduldet, obwohl sie in Preußen, Sachsen, Thüringen und Hamburg, 1923 dann auch in Hessen und Braunschweig verboten wurde.

1919 war Adolf Hitler der kurz zuvor in München gegründeten *Deutschen Arbeiterpartei* (DAP) beigetreten, die sich 1920 in NSDAP umbenannte. Mit gehässigen Reden gegen die Republik und maßloser Hetze gegen die Juden machte er die Partei bald zum Tagesgespräch in München. Im Herbst 1923 wollte Hitler nach dem Vorbild des italienischen Faschisten *Benito Mussolini* einen „Marsch auf Berlin" durchführen. Am 8. November 1923 erklärte er auf einer republikfeindlichen Veranstaltung im Münchener Bürgerbräukeller den Ausbruch der „nationalen Revolution" und die Absetzung der Reichsregierung. Am folgenden Tag unternahm er mit General Ludendorff einen Demonstrationszug zur Feldherrnhalle, um die Bevölkerung für seine Umsturzpläne zu

[1] Die Schlacht fand nicht direkt bei Tannenberg statt. Dennoch setzte Hindenburg später die Bezeichnung „Schlacht bei Tannenberg" durch, um eine Verbindung zur verlorenen Schlacht von Tannenberg/Grunwald des Deutschen Ordens von 1410 herzustellen, die nun durch seinen Sieg gerächt worden sei. Siehe hierzu auch den Theorie-Baustein auf Seite 314 ff.

[2] Dazu ausführlich auf Seite 370 ff.

gewinnen (*Hitler-Putsch*). Doch die Landespolizei stoppte den Zug mit Waffengewalt. Viele Putschisten wurden getötet, die Anführer verhaftet. Obwohl Hitler als österreichischer Staatsbürger hätte ausgewiesen werden können, erhielt er fünf Jahre Festungshaft in Landsberg am Lech, wurde jedoch bereits nach neun Monaten wieder entlassen. Ludendorff wurde freigesprochen. In den milden Strafen zeigte sich die Sympathie, die die Putschisten in den führenden Justiz- und Regierungskreisen genossen.

Putsch und Prozess hatten die Popularität Hitlers und seiner Partei vergrößert. Nach seiner Haftzeit änderte er nicht sein Ziel, sondern nur die Taktik: 1925 gründete er die NSDAP unter seiner uneingeschränkten Führerschaft neu und versuchte nun, durch die Schaffung einer Massenbasis die Regierung auf legalem Wege zu übernehmen.

▲ Adolf Hitler (1889-1945, Selbstmord).
Foto, unterzeichnet in der Festung Landsberg, 28. April 1924, mit dem Motto „Erst recht!". Hitler stammte aus dem österreichischen Braunau (Inn), kam 1913 nach München, wo er sich erfolglos als Künstler durchschlug. 1914 freiwillige Teilnahme am Ersten Weltkrieg in bayerischem Regiment, Verwundung und Auszeichnung, 1919 Propagandist der DAP, seit 1920 NSDAP; 1921 Vorsitzender der Partei, 1923 Hitler-Putsch und Festungshaft, 1925 Neugründung der NSDAP und Aufstieg zur Massenpartei, 1933 Ernennung zum Reichskanzler, ab 1934 „Führer und Reichskanzler".

▶ Geschichte In Clips:
Zum New Yorker Börsencrash und der Wirtschaftskrise im Deutschen Reich siehe die Codes 32031-33 und 32031-34

Weitere Hypotheken Neben den Angriffen von links und rechts hatte die Weimarer Republik seit ihrer Gründung mit vielen weiteren Problemen zu kämpfen. Die Kriegskosten hatten zu einer hohen Verschuldung des Reiches und einer Inflation geführt. Die Versorgung der Kriegsinvaliden, Witwen und Waisen und die Reparationen belasteten die Staatsfinanzen. Die Industrie war infolge des Krieges geschwächt. Das Deutsche Reich hatte wichtige Wirtschaftszentren und Rohstoffquellen verloren. Steigende Inflation und Arbeitslosigkeit ließen die Unzufriedenheit mit der Republik in der Bevölkerung wachsen.

Im November 1923 erreichten Staatsverschuldung und Inflation eine neue Rekordhöhe, Löhne und Gehälter wurden wegen des rapiden Wertverfalls des Geldes wöchentlich, bald sogar täglich ausbezahlt. Die Regierung führte eine *Währungsreform* durch. Bereits Anfang 1924 war die Inflation weitgehend überwunden. Jedoch hatten weite Teile des Mittelstandes, kleine Unternehmer, Handwerker, Händler, Beamte, Angestellte und Rentner, ihre Ersparnisse verloren. Sie fühlten sich von der Republik betrogen und waren deswegen anfällig für radikale Parolen, die ihnen Rettung vor dem Absinken ins Proletariat versprachen.

Von der „Great Depression" zur Weltwirtschaftskrise Nach Überwindung der *Hyperinflation* und des Hitler-Putsches 1923 empfanden die meisten die Jahre bis 1929 als politisch und wirtschaftlich relativ stabil. Besonders wegen der beeindruckenden Entwicklungen im kulturell-gesellschaftlichen Bereich bezeichnet man diese Phase als die sogenannten *„Goldenen Zwanziger"*. Trotzdem gelang es nicht, die Republik zu festigen. Da die Löhne und Sozialleistungen wesentlich stärker gestiegen waren als der Produktivitätsfortschritt, konnten die Unternehmen nicht ausreichend investieren, Arbeitsproduktivität und Exportleistungen erreichten nicht einmal das Vorkriegsniveau. Entlassungen und Arbeitslosenzahlen, die zwischen 1924 und 1929 im Jahresdurchschnitt nicht unter die Einmillionengrenze sanken, waren die Folge. Streiks und Aussperrungen häuften sich.

Aufgrund eines hektischen Spekulationsfiebers in den USA brach am 24. Oktober 1929 und noch einmal am 29. Oktober die New Yorker Börse zusammen; das gesamte amerikanische Wirtschaftssystem kollabierte. Die Krise in den USA wirkte sich wegen der internationalen Wirtschaftsverflechtungen zwangsläufig auch auf andere Länder aus. Deutschland traf die weltweite Depression besonders heftig. Produktionsrückgänge, Firmenzusammenbrüche, Bankenschließungen und massive Arbeitslosigkeit waren die Folge. Im Februar 1932 meldeten sich 6,1 Millionen Menschen arbeitslos. Die tatsächliche Zahl lag noch höher; in Deutschland hatte nahezu jede zweite Familie

▲ **Arbeitssuchende.**
Foto aus Berlin, 1930.

unter der Krise zu leiden. Die Unterstützung für Arbeitslose bewegte sich bereits am Rande des Existenzminimums. Trotzdem wurde sie ab Juni 1932 noch einmal gekürzt. Eine allgemeine Katastrophenstimmung machte sich breit.

Der Parlamentarismus auf dem Prüfstand Nachdem eine bürgerliche Koalition bereits nach einem Jahr wieder auseinandergebrochen war, fanden am 20. Mai 1928 Neuwahlen statt. Dem Fraktionsvorsitzenden der SPD, *Hermann Müller*, gelang es, mit DVP, DDP, BVP und Zentrum eine „Große Koalition" zu bilden. Die programmatischen Gegensätze zwischen den regierenden Parteien führten jedoch von Anfang an zu Spannungen. Allein der integrativen Persönlichkeit Gustav Stresemanns war es zu verdanken, dass die Große Koalition nicht schon nach kurzer Zeit auseinanderbrach.

Nach Stresemanns Tod 1929 glaubten die Parteien, eine „Politik schädlicher Kompromisse" nicht länger vor den eigenen Anhängern vertreten zu können. Als die SPD-Reichstagsfraktion einen Vorschlag zur Sanierung der Arbeitslosenversicherung ablehnte, trat am 30. März 1930 Reichskanzler Müller zurück. Bereits zu diesem Zeitpunkt, so der Historiker Hans-Ulrich Wehler, war mit dem Zerfall der Großen Koalition „die parlamentarische Republik gescheitert".

Regieren ohne Mehrheit Für Reichspräsident Paul von Hindenburg, seinen antidemokratischen Beraterstab und die Reichsführung ergab sich mit dem Scheitern der Großen Koalition die Gelegenheit, schon länger erwogene außerparlamentarische Lösungen zur Bewältigung der ständigen Krisen umzusetzen. Unterstützung fand dieser Plan in den rechten Kreisen des Bürgertums und bei den großen Interessenverbänden der Industrie und der Agrarwirtschaft. Das Parlament sollte entmachtet und die SPD, die mit Abstand stärkste Fraktion im Reichstag, aus den politischen Entscheidungsprozessen herausgehalten werden. Hindenburg wollte mit dieser Regierungsbildung neuen Stils die alten Eliten, also die Repräsentanten der konservativ-bürgerlichen Parteien, der Reichswehr sowie adlige Gutsherren und Industrielle, wieder an die Macht bringen.

Kurt von Schleicher (1882-1934): 1932 Reichswehrminister; 1932/33 Reichskanzler

Eine der treibenden Kräfte war General **Kurt von Schleicher**, Chef des Ministeramtes im Reichswehrministerium. Er schlug Hindenburg vor, eine nach rechts orientierte bürgerliche Regierung zu ernennen, die nur dem Reichspräsidenten verantwortlich sein sollte („Präsidialkabinett"). Der Präsident sollte dabei die Handlungsfähigkeit der Regierung durch Einsatz der Verfassungsartikel 48 (Notverordnungsrecht) und 25 (Reichstagsauflösung) sicherstellen.

Heinrich Brüning (1885-1970): 1930-1932 Reichskanzler; 1934 Emigration in die USA

Hindenburg stimmte zu und ernannte am 29. März 1930 den konservativ-nationalen Fraktionsvorsitzenden des Zentrums, **Heinrich Brüning**, zum Reichskanzler. Dieser nahm mit einer rigiden Sparpolitik die anhaltend hohe Arbeitslosigkeit und das Elend großer Bevölkerungsteile in Kauf, um den Alliierten die Unerfüllbarkeit ihrer Reparationsforderungen vor Augen zu führen. Gehaltskürzungen im öffentlichen Dienst, Leistungsabbau im sozialen Bereich und Steuererhöhungen führten allerdings dazu, dass die Kaufkraft der Bevölkerung sank und die Einnahmen des Staates weiter zurückgingen.

Als sich der Reichstag im Juli 1930 weigerte, einem Bündel einschneidender sozialpolitischer Maßnahmen der Regierung zuzustimmen, löste ihn der Reichspräsident auf und setzte für den 14. September Neuwahlen fest. In der Zwischenzeit regierte Brüning mit *Notverordnungen* weiter.

Die radikalen Parteien führten einen Wahlkampf, wie man ihn bisher in Deutschland noch nicht erlebt hatte. NSDAP und KPD schürten die Angst der Menschen vor einem sozialen Abstieg und versprachen „Arbeit und Brot“. Die NSDAP verbreitete ihre nationalistisch-antisemitischen Parolen lautstark mit organisierten Massenaufmärschen mit Uniformen, Marschmusik, Fahnen und Plakaten, Flugblättern und geschulten Rednern. Ihre Stimmenzahl wuchs von 800 000 (1928) auf nun 6,4 Millionen, ein in der Geschichte des deutschen Parlamentarismus beispielloser Aufschwung, der die NSDAP hinter der SPD zur zweitstärksten Fraktion im Reichstag machte. Der Verfall der bürgerlichen Mitte setzte sich rapide fort. In den Augen der Öffentlichkeit hatten Demokratie und Parlamentarismus versagt.

▲ **„Notverordnung.“**
Karikatur von Erich Schilling aus dem „Simplicissimus“ vom 16. Februar 1931.
Sie trägt folgende Unterschrift: „Nach den Erfahrungen der letzten Wochen ist verfügt worden, dass jeder Demonstrationszug seinen eigenen Leichenwagen mitzuführen hat.“

- *Beschreiben Sie, auf welches Problem die Karikatur anspielt.*
- *Erläutern Sie die Gefahren für ein demokratisches Staatswesen, wenn das Gewaltmonopol nicht mehr ausschließlich beim Staat liegt.*

Der Aufstieg der NSDAP Als sich die NSDAP 1920 ihr Parteiprogramm gegeben hatte, war sie eine unter zahllosen radikalen Splitterparteien. Bis Januar 1933 wuchs die Zahl ihrer Mitglieder auf 849 000 an, die NSDAP wurde zur Massenpartei. Was machte die Partei für so viele Menschen attraktiv?

Der Schock der Kriegsniederlage, der als nationale Demütigung empfundene Versailler Vertrag, die Revolution mit ihren blutigen Auseinandersetzungen, schließlich die negativen psychologischen Folgen von Inflation und *Massenarbeitslosigkeit* ließen die antiliberalen, antimarxistischen und antisemitischen Parolen Adolf Hitlers auf fruchtbaren Boden fallen. Die Zeitgenossen wollten in ihm den starken Mann sehen, einen Führer und „Erlöser“, der die Nation vor dem drohenden Untergang retten und sie wieder zu politischer Größe führen würde. Tatkraft und Durchsetzungsvermögen der NSDAP zogen Mitglieder und Wähler an, in protestantischen Regionen mehr als in katholischen, in Kleinstädten bzw. ländlichen Regionen eher als in Großstädten. Emotionale Appelle an „Ehre, Größe, Heroismus, Opferbereitschaft, Hingabe“, nicht wirtschaftliche Versprechungen führten der „Bewegung“ ihre Wähler und Sympathisanten zu. Viele von ihnen wollten mit ihrem Wahlverhalten nur die Unzufriedenheit mit den gegenwärtigen Verhältnissen ausdrücken. Dies erklärt auch die starken Schwankungen der NSDAP in der Gunst der Wähler.

Nach Ausbruch der *Weltwirtschaftskrise* ging das Vertrauen in die politischen Institutionen auch bei jenen Bürgern verloren, die die Republik bislang akzeptiert hatten. Die Furcht vor dem sozialen Abstieg, vor dem die etablierten Parteien nicht zu schützen schienen, einte Menschen ganz unterschiedlicher Herkunft.

Der Weg in die Diktatur Nach den „Erbitterungswahlen“ von 1930 war im Reichstag eine parlamentarische Mehrheitsbildung nahezu unmöglich geworden (▶ M9). Der Verfall des Parlamentarismus setzte sich rapide fort. Während der Reichstag 1930 immerhin noch 94 Sitzungen abhielt, sank die Zahl bis 1932 auf lediglich 13. Waren es 1930 noch 98 Gesetze, die der Reichstag verabschiedete, so blieben 1932 gerade fünf. Im Gegenzug dazu steigerte sich die Anzahl der Notverordnungen von fünf (1930) auf 66 (1932). Der Reichstag musste tatenlos zusehen, wie die politische Macht in die Hände

	1928	1930	1932/1	1932/2	1933
Autoritäres Lager (NSDAP, DVP, DNVP)	26	30	45	42	55
Demokratisches Lager (SPD, DDP, Zentrum, BVP)	49	43	38	36	33
Linkes Lager (KPD)	11	13	14	17	12
Splitterparteien	14	14	3	5	–

▲ **Politische Grundorientierung im deutschen Parteienspektrum 1928-1933 (in Prozent).**
Nach: Hans-Ulrich Wehler, Deutsche Gesellschaftsgeschichte, Bd. 4, München 2003, S. 359

der Regierung und der Bürokratie überging. Trotz fehlender Mehrheit im Parlament konnte Reichskanzler Brüning nach der Wahl seine Notverordnungspraxis fortsetzen. Denn die SPD tolerierte seinen Kurs, aus Gründen der Staatsräson und aus Furcht vor einer weiteren Radikalisierung bei Neuwahlen, die zu einem Kabinett unter Beteiligung der Nationalsozialisten führen konnten.

Nachdem Brüning immer mehr das Vertrauen von Reichspräsident Hindenburg verloren hatte, der die Regierung nicht länger mithilfe der Notverordnungen stützen wollte, trat er zurück. Sein Nachfolger wurde Franz von Papen.

Franz von Papen (1879-1969): 1932 Reichskanzler; im Nürnberger Prozess gegen die Hauptkriegsverbrecher 1946 freigesprochen

Brüning hatte sich als Chef des ersten Präsidialregimes bemüht, mit dem Reichstag zusammenzuarbeiten, auch wenn er sich nicht an parlamentarische Entscheidungen gebunden fühlte. Seine Nachfolger dagegen suchten, gestützt auf eine breite antiparlamentarische, republikfeindliche Allianz, die offene Auseinandersetzung mit dem Reichstag (▸ M10). Franz von Papen bildete ein neues Kabinett, in dem von elf Ministern sieben adlig waren („Kabinett der Barone“). Der Reichstag wurde am 4. Juni aufgelöst und Neuwahlen für den 31. Juli ausgeschrieben. Hitler verweigerte auch dieser Regierung die Zusammenarbeit und attackierte sie schonungslos.

Die Neuwahlen am 31. Juli 1932 brachten der NSDAP einen sensationellen Erfolg. Sie verdoppelte ihre Mandatszahl und wurde stärkste Fraktion. Nach diesem Wahlerfolg forderte Hitler für sich das Amt des Reichskanzlers. Hindenburg lehnte ab. Gleich in der ersten Sitzung des neu gewählten Reichstages am 30. August sprach eine deutliche Mehrheit dem Reichskanzler das Misstrauen aus (512 gegen 42). Dennoch blieb Papen im Amt und löste den Reichstag erneut auf. Am 6. November fanden abermals Neuwahlen statt. Die NSDAP verlor überraschend zwei Millionen Wähler. Hitler sah, dass ihm nicht mehr viel Zeit blieb, sein Ziel zu erreichen, zumal vieles auf eine Verbesserung der Wirtschaftslage hindeutete. Papen beabsichtigte, zur Überwindung der parlamentarischen Blockade den Staatsnotstand auszurufen. Mit Zustimmung des Reichspräsidenten sollten dabei einige Bestimmungen der Verfassung außer Kraft gesetzt werden. Hindenburg verweigerte diesen Plänen die Zustimmung und entließ Papen am 3. Dezember.

Dessen Nachfolger, General Kurt von Schleicher, scheiterte mit seinem Versuch, für seine Wirtschafts- und Beschäftigungspolitik einen Teil der NSDAP, die Gewerkschaften und die SPD zu gewinnen. Reichspräsident Hindenburg wurde nun von seinen engsten Beratern, führenden Unternehmern aus Wirtschaft und Industrie sowie vor allem durch Papen bedrängt, Hitler zum Reichskanzler zu ernennen. Papen winkte der Vizekanzlerposten. Zusammen mit den anderen konservativen Ministern glaubte er, die Nationalsozialisten ausreichend unter Kontrolle zu haben. Am 28. Januar 1933 trat Schleicher zurück. Zwei Tage später ernannte Hindenburg Hitler zum Reichskanzler (▸ M11).

Politische Plakate analysieren

Kompetenz:
Die Gestaltungsmittel, den Inhalt und die Wirkung eines Plakats erläutern und beurteilen sowie die politische Botschaft interpretieren

Plakate sind öffentliche Aushänge oder Anschläge, die informieren, werben oder zu Aktionen aufrufen. Um möglichst viele Menschen anzusprechen, werden sie überwiegend an stark frequentierten Standorten platziert. Ihr Ziel ist es, durch „plakative", also auffällige gestalterische Mittel und Schlagworte (Slogans) auf den ersten Blick zu wirken und durch eine meist suggestive, an das Unterbewusstsein gerichtete Botschaft in Erinnerung zu bleiben.
Politische Plakate gibt es – ob als Bekanntmachung der Regierung, als Protest gegen soziale Missstände oder zur Verteufelung des Kriegsgegners – in Deutschland seit Anfang des 19. Jahrhunderts. Ihre Bedeutung als Massenmedium erreichten sie jedoch erst in der Weimarer Republik. Da es nun zwar Pressefreiheit, aber noch kein Fernsehen oder Radio gab, nutzten die Parteien Plakate als schlagkräftige Agitations- und Propagandamittel im Kampf um Wählerstimmen.
In dem Maße, wie sich die politischen Auseinandersetzungen in der Anfangs- und Endphase der Republik zuspitzten, wurden auch die Texte und Bilder der Parteien radikaler. Die politischen Gegner wurden diffamiert, Feindbilder aufgebaut und Bedrohungsszenarien beschworen. Obwohl durch die unterschiedlichen künstlerischen Stilrichtungen der Epoche beeinflusst, bedienten sich die Parteien für ihre Plakate häufig derselben Motive und Gestaltungsmittel: überdimensionale Figuren, etwa der politische Gegner als „Untermensch" oder der unbeugsame Arbeiter als Ideal des „Kämpfers", Symbole wie der stolze Adler, die giftige Schlange, die Fahne oder Fackel in der Hand des Arbeiters.
Wahlplakate geben keine Auskunft über das Wählerverhalten. Sie spiegeln jedoch in Wort und Bild die politischen Auseinandersetzungen und Ziele der Parteien sowie den Alltag, die Probleme und Grundhaltungen der Zeit.

Formale Kennzeichen

- Um welche *Art* von Plakat handelt es sich?
- Wer hat das Plakat geschaffen oder in *Auftrag* gegeben?
- Wann und wo ist es entstanden bzw. veröffentlicht worden?

Plakatinhalt

- Wen oder was zeigt das Plakat auf welche Weise?
- Was wird thematisiert?
- Wie ist das Plakat aufgebaut? Welche *Gestaltungsmittel* werden verwendet (Verhältnis von Text und Bild, Perspektive, Haltung der Figuren, Schriftgröße und -art, Farben, Symbole, Übertreibungen, Verwendung bestimmter Stilmittel)?
- Was bedeuten die Gestaltungsmittel?

Historischer Kontext

- Auf welches *Ereignis*, welchen *Sachverhalt* oder welche *Person* bezieht sich das Plakat?
- Was ist der *Anlass* für die Veröffentlichung?

Intention und Wirkung

- An wen wendet sich das Plakat?
- Ist es gegen jemanden gerichtet? Werden *Feindbilder* dargestellt?
- Welche *Aussageabsicht* verfolgt der Künstler bzw. Auftraggeber?
- Welche *Wirkung* soll das Plakat beim zeitgenössischen Betrachter erzielen?

Beispiel und Analyse

<u>SA-Mann mit Schirmmütze und Hakenkreuz:</u> *personifizierter „Feind der Demokratie" von rechts*

<u>Farbgebung:</u> *Rot als Farbe der Sozialdemokratie, Schwarz-Rot-Gold als Nationalfarben Deutschlands während der Weimarer Republik; Symbol der republiktreuen Kräfte*

<u>Totenkopf mit Reichswehrhelm:</u> *Allegorie auf Gefahr des Militarismus und die Toten des Ersten Weltkrieges*

<u>Schriftzug/Wahlslogan:</u> *Verweis auf politische Gegner („Feinde der Demokratie!") und eigenes demokratisches Selbstverständnis*

<u>Kommunist mit rotem Stern auf der Kappe:</u> *personifizierter „Feind der Demokratie" von links, symbolisiert Gefahr des Bolschewismus*

<u>Dolch:</u> *Symbol für Gewalt und Hinterhältigkeit, Verweis auf „Dolchstoßlegende"*

<u>Schriftzug/Wahlaufruf:</u> *nennt Wahlziel (politische Gegner durch Wahl ausschalten; Erhalt von Republik und Demokratie), Verweis auf Auftraggeber und Listenplatz*

▲ **Wahlplakat der SPD von 1930.**

Formale Kennzeichen Das Wahlplakat wurde 1930 von der SPD in Auftrag gegeben.

Plakatinhalt Das Plakat zeigt die „Feinde der Demokratie" in dreifacher Personifizierung: Den Hauptteil füllt ein schwarz gezeichneter, nur an wenigen weißen Konturen erkennbarer Mann aus; Schirmmütze und Hakenkreuz identifizieren ihn als Mitglied der SA. In seiner linken Faust hält er einen Dolch, der die Gewaltbereitschaft des politischen Gegners verdeutlichen und auf die „Dolchstoßlegende" (vgl. dazu Seite 364) anspielen soll. Die rechte Hand des Mannes ist nach dem Betrachter ausgestreckt, den er aus dem Dunkel heraus anzugreifen und anzubrüllen scheint. Die schemenhaft umrissene Figur links hinten trägt eine Kappe mit rotem Stern, was sie als Kommunist zu erkennen gibt. Rechts ragt ein Totenkopf mit Reichswehrhelm und Bajonett hervor, wohl eine Allegorie auf die Gefahr des nationalistischen Militarismus oder die Toten des Ersten Weltkrieges.
Die Schriftzüge bestehen aus Großbuchstaben und nennen das Motto: Die „Feinde der Demokratie" sollen beseitigt („Hinweg damit!") und die Republik gerettet werden. Die dominierenden Farben Schwarz-Rot-Gold stehen als Nationalfarben der ersten deutschen Republik für die demokratischen Kräfte; Rot ist zudem die Farbe der Sozialdemokratie.

Historischer Kontext Anlass für die Veröffentlichung des Wahlplakats war die Reichstagswahl vom 14. September 1930. Es wendet sich gegen die politischen Gegner der SPD von rechts und links, die die Republik seit ihrer Gründung bekämpften. Vor allem die Parteien der extremen Rechten, DNVP und NSDAP, nutzten die „Dolchstoßlegende" zur hasserfüllten Agitation gegen die politischen Vertreter der Weimarer Republik. 1930 hatte sich die parteipolitische Landschaft geändert: Während die liberalen Parteien DDP und DVP immer mehr Anhänger verloren, gewannen NSDAP und KPD von der politischen und sozialen Lage frustrierte Wähler hinzu. Mit dem Rücktritt der letzten sozialdemokratisch geführten Regierung im März 1930 entfiel die Hauptstütze der Weimarer Demokratie. Die SPD kämpfte daher für einen deutlichen Wahlsieg und die Zurückdrängung der extremen Flügelparteien.

Intention und Wirkung Die SPD will den Wählern die von den links- und rechtsextremen Parteien ausgehende Gefahr für Demokratie und Republik veranschaulichen, indem sie ein Bedrohungsszenario aus Gewalt, Terror, Angst und Tod entwirft. Dazu bedient sie sich der Feindbilder und Stereotypen, die die politischen Gegner benutzen. Durch die Umkehrung der Vorwürfe sollen sie als Lügner und Geschichtsklitterer (vgl. das Plakat Seite 364) entlarvt werden. Zugleich wirbt das „Rettungsversprechen" für die eigene Partei: Die SPD will die „Feinde der Demokratie" nicht durch Gewalt, sondern mit demokratischen Mitteln beseitigen.

Bewertung und Fazit Das Plakat war 1930 überall in Deutschland verbreitet. Die Bedrohung wird durch ideenreiche Gestaltung, starke Farben und markanten Zeichenstil, schlagkräftige Slogans, bekannte Symbole und Stereotypen eindrucksvoll und verständlich in Szene gesetzt. Seine beabsichtigte Wirkung hat das Plakat jedoch verfehlt: Bei der Reichstagswahl von 1930 verlor die SPD fast drei Prozent der Stimmen, blieb aber stärkste Partei. Die KPD gewann 2,5 Prozent Stimmenanteil, die NSDAP stieg mit 18,2 Prozent sogar zur zweitstärksten Partei auf.

Vergleichen Sie politische Plakate aus der Weimarer Republik und der frühen Bundesrepublik (siehe z.B. Seite 364, 376, 382 und 391) mit heutigen Plakaten. Überprüfen Sie, inwieweit sich jeweils das politische Selbstverständnis der Zeit widerspiegelt.

◂ Plakat des Spartakusbundes von 1919.

- *Beschreiben Sie die Bildelemente und die Wirkung des Plakats.*
- *Analysieren Sie die Aussage des Plakats und beantworten Sie die Frage „Was will Spartakus?".*

M1 Bürgerliche oder sozialistische Demokratie?

In der „Roten Fahne", dem Zentralorgan des Spartakusbundes, schreibt Rosa Luxemburg am 20. November 1918:

Das heutige Idyll, wo Wölfe und Schafe, Tiger und Lämmer wie in der Arche Noah friedlich nebeneinander grasen, dauert auf die Minute so lange, bis es mit dem Sozialismus ernst zu werden beginnt. Sobald die famose Nationalversammlung wirklich beschließt, den Sozialismus voll und ganz zu verwirklichen, die Kapitalsherrschaft mit Stumpf und Stiel auszurotten, beginnt auch der Kampf. [...] All das ist unvermeidlich. All das muss durchgefochten, abgewehrt, niedergekämpft werden – ob mit oder ohne Nationalversammlung. Der „Bürgerkrieg", den man aus der Revolution mit ängstlicher Sorge zu verbannen sucht, lässt sich nicht verbannen. [...]

Die Nationalversammlung ist ein überlebtes Erbstück bürgerlicher Revolutionen, eine Hülle ohne Inhalt, ein Requisit aus den Zeiten kleinbürgerlicher Illusionen vom „einigen Volk", von der „Freiheit, Gleichheit und Brüderlichkeit" des bürgerlichen Staates. [...]

Nicht darum handelt es sich heute, ob Demokratie oder Diktatur. Die von der Geschichte auf die Tagesordnung gestellte Frage lautet: bürgerliche Demokratie oder sozialistische Demokratie. Denn Diktatur des Proletariats, das ist Demokratie im sozialistischen Sinne. Diktatur des Proletariats, das sind nicht Bomben, Putsche, Krawalle, „Anarchie", wie die Agenten des kapitalistischen Profits zielbewusst fälschen, sondern das ist der Gebrauch aller politischen Machtmittel zur Verwirklichung des Sozialismus, zur Expropriation[1] der Kapitalistenklasse – im Sinne und durch den Willen der revolutionären Mehrheit des Proletariats, also im Geiste sozialistischer Demokratie.

Ohne den bewussten Willen und die bewusste Tat der Mehrheit des Proletariats kein Sozialismus. Um dieses Bewusstsein zu schärfen, diesen Willen zu stählen, diese Tat zu organisieren, ist ein Klassenorgan nötig: das Reichsparlament der Proletarier in Stadt und Land.

Die Rote Fahne vom 20. November 1918

1. *Geben Sie die Argumente wieder, mit denen Rosa Luxemburg die Wahl zur Nationalversammlung verwirft. Diskutieren Sie, welche Aussagen situationsbedingt, welche programmatisch sind.*
2. *Suchen und erläutern Sie Widersprüche in der Argumentation von Rosa Luxemburg.*
3. *Beurteilen Sie Rosa Luxemburgs Verständnis der Begriffe „Demokratie" und „Diktatur".*

[1] **Expropriation:** Enteignung

M2 „Das deutsche Volk ist frei“

Zur Eröffnung der Nationalversammlung am 6. Februar 1919 hält der Vorsitzende des „Rates der Volksbeauftragten“ und kurz darauf zum Reichspräsidenten gewählte Friedrich Ebert eine Rede:

[...] Mit den alten Königen und Fürsten von Gottes Gnaden ist es für immer vorbei. (*Bravo! links. – Widerspruch rechts.*)
Wir verwehren niemandem eine sentimentale Erinnerungsfeier. Aber so gewiss diese Nationalversammlung eine große republikanische Mehrheit hat, so gewiss sind die alten gottgegebenen Abhängigkeiten für immer beseitigt. (*Lebhafter Beifall links.*)
Das deutsche Volk ist frei, bleibt frei und regiert in aller Zukunft sich selbst. (*Bravo! links.*)
Diese Freiheit ist der einzige Trost, der dem deutschen Volke geblieben ist, der einzige Halt, an dem es aus dem Blutsumpf des Krieges und der Niederlage sich wieder herausarbeiten kann. Wir haben den Krieg verloren. Diese Tatsache ist keine Folge der Revolution. (*Sehr wahr! links. – Lebhafter Widerspruch rechts.*)
Meine Damen und Herren, es war die Kaiserliche Regierung des Prinzen Max von Baden, die den Waffenstillstand einleitete, der uns wehrlos machte. (*Zurufe.*)
Nach dem Zusammenbruch unserer Verbündeten und angesichts der militärischen und wirtschaftlichen Lage konnte sie nicht anders handeln. (*Sehr richtig! links.*)
Die Revolution lehnt die Verantwortung ab für das Elend, in das die verfehlte Politik der alten Gewalten und der leichtfertige Übermut der Militaristen das deutsche Volk gestürzt haben. (*Sehr wahr! links.*) Sie ist auch nicht verantwortlich für unsere schwere Lebensmittelnot. (*Widerspruch rechts.*) [...]
Meine Damen und Herren, die provisorische Regierung hat eine sehr üble Erbschaft angetreten. Wir waren im eigentlichsten Wortsinne die Konkursverwalter des alten Regimes (*sehr wahr! bei den Sozialdemokraten*):
Alle Scheuern[1], alle Läger waren leer, alle Vorräte gingen zur Neige, der Kredit war erschüttert, die Moral tief gesunken. Wir haben, gestützt und gefördert vom Zentralrat der Arbeiter- und Soldatenräte [...] unsere beste Kraft eingesetzt, die Gefahren und das Elend der Übergangszeit zu bekämpfen. [...]
Sorgenvoll blickt uns die Zukunft an. Wir vertrauen aber trotz alledem auf die unverwüstliche Schaffenskraft der deutschen Nation. Die alten Grundlagen der deutschen Machtstellung sind für immer zerbrochen. Die preußische Hegemonie, das hohenzollernsche Heer, die Politik der schimmernden Wehr sind bei uns für alle Zukunft unmöglich geworden. Wie der 9. November 1918 angeknüpft hat an den 18. März 1848 (*Zurufe bei den Unabhängigen Sozialdemokraten*), so müssen wir hier in Weimar die Wandlung vollziehen vom Imperialismus zum Idealismus, von der Weltmacht zur geistigen Größe. Es charakterisiert durchaus die nur auf äußeren Glanz gestellte Zeit der Wilhelminischen Ära das Lassallesche Wort[2], dass die klassischen deutschen Denker und Dichter nur im Kranichzug über sie hinweggeflogen seien. Jetzt muss der Geist von Weimar, der Geist der großen Philosophen und Dichter[3], wieder unser Leben erfüllen. (*Zurufe bei den Unabhängigen Sozialdemokraten. – Bravo! bei der Deutschen Demokratischen Partei.*) [...]
So wollen wir an die Arbeit gehen, unser großes Ziel fest vor Augen, das Recht des deutschen Volkes zu wahren, in Deutschland eine starke Demokratie zu verankern (*lebhafter Beifall links*) und sie mit wahrem sozialen Geist und sozialistischer Tat zu erfüllen. (*Erneuter Beifall links.*)

Zitiert nach: Walter Mühlhausen (Hrsg.), Friedrich Ebert. Sein Leben, sein Werk, seine Zeit, Heidelberg 1999, S. 221 f. und 224-226

1 **Scheuer**: Scheune

1. *Arbeiten Sie heraus, gegen welche Vorwürfe sich Ebert wehrt. Von wem stammen diese?*

2. *Erörtern Sie die Ziele, die nach Ebert die Nationalversammlung verfolgt. Inwiefern knüpft sie an den 18. März 1848 an?*

M3 Die Revolution – eine verpasste Chance?

Der Historiker Heinrich August Winkler beschäftigt sich mit der Bedeutung der Revolution von 1918/19:

Manche Historiker meinen, dass die erste deutsche Demokratie vielleicht nicht untergegangen und dann auch Hitler nicht an die Macht gekommen wäre, hätte es damals einen gründlichen Bruch mit der obrigkeitsstaatlichen Vergangenheit gegeben. Tatsächlich war der Handlungsspielraum der regierenden Mehrheitssozialdemokraten [...] in den entscheidenden Wochen zwischen dem Sturz der Monarchie am 9. November 1918 und der Wahl der Verfassunggebenden Deutschen Nationalversammlung am 19. Januar 1919 größer, als die Akteure mit Friedrich Ebert, dem Vorsitzenden des Rates der Volksbeauftragten, an der Spitze selbst meinten. Sie

2 Zitiert wird hier Ferdinand Lassalle (1825-1864), der erste Präsident des Allgemeinen Deutschen Arbeitervereins (ADAV), aus dem später die SPD hervorging.

3 Gemeint sind Christoph Martin Wieland, Johann Wolfgang von Goethe, Friedrich Schiller und Johann Gottfried Herder, die in Weimar wirkten („Weimarer Klassik“).

hätten weniger bewahren müssen und mehr verändern können. Es wäre, mit anderen Worten, möglich gewesen, in der revolutionären Übergangszeit erste Schritte zu tun auf dem Weg zu einer Demokratisierung der Verwaltung, der Schaffung eines republikloyalen Militärwesens, der öffentlichen Kontrolle der Macht [...].
Deutschland kannte zwar bis zum Oktober 1918 kein parlamentarisches Regierungssystem, aber seit rund einem halben Jahrhundert das allgemeine, gleiche und direkte Reichstagswahlrecht für Männer, das Bismarck 1866 im Norddeutschen Bund und 1871 im Deutschen Reich eingeführt hatte. Das Kaiserreich lässt sich daher nicht einfach als „Obrigkeitsstaat" beschreiben. Deutschland war um 1918 bereits zu demokratisch, um sich eine revolutionäre Erziehungsdiktatur [...] aufzwingen zu lassen.
Deutschland war auch zu industrialisiert für einen völligen Umsturz der gesellschaftlichen Verhältnisse. [...] Beide Faktoren, der Grad der Demokratisierung und der Grad der Industrialisierung, wirkten objektiv revolutionshemmend.

Heinrich August Winkler, Weimar: Ein deutsches Menetekel, in: Ders. (Hrsg.), Weimar. Ein Lesebuch zur deutschen Geschichte 1918-1933, München 1997, S. 15 ff.

1. *Die Revolution von 1918/19 wird oft als „steckengebliebene" oder „gebremste" Revolution bezeichnet. Erläutern Sie mithilfe der Darstellung auf Seite 360 ff., ob diese Aussagen zutreffend sind.*

2. *Beurteilen Sie die Kritik Winklers am Handeln Eberts. Diskutieren Sie über Möglichkeiten und Grenzen des „Rates der Volksbeauftragten", das politische Geschehen in der revolutionären Phase zu beeinflussen. Berücksichtigen Sie dazu die Aussagen Friedrich Eberts in M2.*

M4 „Dolchstoßlegende"

Reichskanzler Gustav Bauer (SPD), der Nachfolger Philipp Scheidemanns, fordert am 23. Juni 1919, wenige Stunden vor Ablauf des alliierten Ultimatums, die Nationalversammlung auf, den Friedensvertrag unterzeichnen zu lassen:

Die Entente [...] will uns das Schuldbekenntnis auf die Zungen zwingen [...]; es soll uns nichts, gar nichts erspart bleiben. Zur Verknechtung wollen uns die Feinde auch noch die Verachtung aufbürden!
[...] Hier wird ein besiegtes Volk an Leib und Seele vergewaltigt wie kein Volk je zuvor. [...] Unterschreiben wir! Das ist der Vorschlag, den ich Ihnen, im Namen des gesamten Kabinetts, machen muss. Bedingungslos unterzeichnen! Ich will nichts beschönigen.

▲ **„Wir lassen uns den Sieg nicht wieder entwinden."**
Zeichnung von Willy Knabe für das zentrale Monatsblatt der NSDAP und des Schulungsamtes der Deutschen Arbeitsfront, „Der Schulungsbrief", Januar 1942, S. 13.

- *Erörtern Sie, warum die Dolchstoßlegende ein dankbares Motiv für die nationalsozialistische Kriegspropaganda war.*

Die Gründe, die uns zu diesem Vorschlag zwingen, sind dieselben wie gestern. Nur trennt uns jetzt eine Frist von knappen vier Stunden von der Wiederaufnahme der Feindseligkeiten. Einen neuen Krieg könnten wir nicht verantworten, selbst wenn wir Waffen hätten. Wir sind wehrlos. Wehrlos ist aber nicht ehrlos! Gewiss, die Gegner wollen uns an die Ehre; daran ist kein Zweifel. Aber dass dieser Versuch der Ehrabschneidung einmal auf die Urheber selbst zurückfallen wird, dass es nicht unsere Ehre ist, die bei dieser Welttragödie zugrunde geht, das ist mein Glaube bis zum letzten Atemzug.

Ein Untersuchungsausschuss der Nationalversammlung soll nach dem Krieg die Ursachen der deutschen Niederlage ergründen. Generalfeldmarschall Hindenburg erklärt am 18. November 1919:

Trotz der ungeheuren Ansprüche an Truppen und Führung, trotz der zahlenmäßigen Überlegenheit des Feindes konnten

wir den ungleichen Kampf zu einem günstigen Ende führen, wenn die geschlossene und einheitliche Zusammenwirkung von Heer und Heimat eingetreten wäre. [...]
Doch was geschah nun? Während sich beim Feinde trotz seiner Überlegenheit an lebendem und totem Material alle Parteien, alle Schichten der Bevölkerung in dem Willen zum Siege immer fester zusammenschlossen, und zwar umso mehr, je schwieriger ihre Lage wurde, machten sich bei uns, wo dieser Zusammenschluss bei unserer Unterlegenheit viel notwendiger war, Parteiinteressen breit, und diese Umstände führten sehr bald zu einer Spaltung und Lockerung des Siegeswillens. Die Geschichte wird über das, was ich hier nicht weiter ausführen darf, das endgültige Urteil sprechen. Damals hofften wir noch, dass der Wille zum Siege alles andere beherrschen würde. Als wir unser Amt übernahmen, stellten wir bei der Reichsleitung eine Reihe von Anträgen, die den Zweck hatten, alle nationalen Kräfte zur schnellen und günstigen Kriegsentscheidung zusammenzufassen [...].
Was aber schließlich, zum Teil wieder durch Einwirkung der Parteien, aus unseren Anträgen geworden ist, ist bekannt. Ich wollte kraftvolle und freudige Mitarbeit und bekam Versagen und Schwäche. Die Sorge, ob die Heimat fest genug bliebe, bis der Krieg gewonnen sei, hat uns von diesem Augenblicke an nie mehr verlassen. Wir erhoben noch oft unsere warnende Stimme bei der Reichsregierung. In dieser Zeit setzte die heimliche planmäßige Zersetzung von Flotte und Heer als Fortsetzung ähnlicher Erscheinungen im Frieden ein. Die Wirkungen dieser Bestrebungen waren der Obersten Heeresleitung während des letzten Kriegsjahres nicht verborgen geblieben. Die braven Truppen, die sich von der revolutionären Zermürbung freihielten, hatten unter dem pflichtwidrigen Verhalten der revolutionären Kameraden schwer zu leiden; sie mussten die ganze Last des Kampfes tragen. Die Absichten der Führung konnten nicht mehr zur Ausführung gebracht werden. Unsere wiederholten Anträge auf strenge Zucht und strenge Gesetzgebung wurden nicht erfüllt. So mussten unsere Operationen misslingen, es musste der Zusammenbruch kommen; die Revolution bildete nur den Schlussstein. Ein englischer General sagte mit Recht: „Die deutsche Armee ist von hinten erdolcht worden." Den guten Kern des Heeres trifft keine Schuld. Seine Leistung ist ebenso bewunderungswürdig wie die des Offizierkorps. Wo die Schuld liegt, ist klar erwiesen.

Erster Text: Wolfgang Elben, Die Weimarer Republik, Frankfurt am Main [6]1975, S. 40 f.; zweiter Text: Herbert Michaelis und Ernst Schraepler (Hrsg.), Ursachen und Folgen. Vom deutschen Zusammenbruch 1918 und 1945 bis zur staatlichen Neuordnung Deutschlands in der Gegenwart. Eine Urkunden- und Dokumentensammlung zur Zeitgeschichte, Bd. 4, Berlin o. J., S. 7 f.

1. *Erläutern Sie, warum Bauer die Annahme des Vertrages empfahl, obwohl er einige Bestimmungen als unannehmbar bezeichnete.*
2. *Arbeiten Sie heraus, worin nach Ansicht Hindenburgs die Gründe für die Niederlage Deutschlands lagen. Wem lastet er die Schuld an?*
3. *Nehmen Sie Stellung zu seinen Vorwürfen.*
4. *Beurteilen Sie das Bild, das Hindenburg von Heer und Kriegsende zeichnet. Stellen Sie es der Darstellung von Ebert in M2 gegenüber.*

M5 Die Sühne der politischen Morde

	Pol. Morde von Linksstehenden	Pol. Morde von Rechtsstehenden	Gesamtzahl
Gesamtzahl der Morde	22	354	376
– davon ungesühnt	4	326	330
– teilweise gesühnt	1	27	28
– gesühnt	17	1	18
Zahl der Verurteilten	38	24	62
Geständige Täter freigesprochen	–	23	23

Emil Julius Gumbel, Vier Jahre politischer Mord, Berlin 1922, S. 81

1. *Fassen Sie die Informationen zusammen.*
2. *Erläutern Sie, welche Einstellung zur Republik in M5 und in der Karikatur auf Seite 380 deutlich wird.*

M6 Die Reichswehr – ein „Staat im Staate"?

Am 26. Mai 1925 kommentiert der SPD-Abgeordnete Daniel Stücklen im Reichstag die Entwicklung der Reichswehr:

Wir haben heute ein Heer der Republik, das, wie ich feststellen will, diesem Staate dient, dessen Leitung erklärt, wir stehen auf dem Boden der Verfassung [...].
Es sind aber [...] recht deutliche Anzeichen dafür vorhanden, dass die Entwicklung der Reichswehr dahin geht, eine Art Staat im Staate zu werden. Das war das, was früher bei den Verhandlungen über die Reichswehr im Hauptausschuss und im Plenum dieses Hauses immer wieder betont wurde, eine gewisse Abgeschlossenheit, ein Korpsgeist, der zur Abge-

schlossenheit führen musste und letzten Endes bewirkte, dass die alte Armee wirklich ein Staat im Staate war, mit einem eigenen Ehrbegriff, ihrem eigenen Strafkodex, mit einem Wort eine Menge Einrichtungen, die von den Einrichtungen der zivilen Bevölkerung losgelöst waren. [...] Die Gefahr ist umso größer, als früher der Soldat nur zwei Jahre diente und nach zwei Jahren in die Massen des Volkes zurücktrat, aus denen er gekommen war. Heute dient der Reichswehrsoldat zwölf Jahre. Zwölf Jahre verlebt er in einer ganz anderen Umwelt. Er ist ganz anderen Einflüssen und Eindrücken preisgegeben; das führt letzten Endes dazu, dass eine gewisse Entfremdung nicht vermieden werden kann.

Wolfgang Michalka und Gottfried Niedhart (Hrsg.), Die ungeliebte Republik. Dokumente zur Innen- und Außenpolitik Weimars 1918-1933, München 1992, S. 220

1. *Erläutern Sie den Ausdruck „Staat im Staate".*
2. *Erörtern Sie, welche Gefahren dies birgt.*
3. *Überprüfen Sie mithilfe von Lexika, Fachliteratur oder dem Internet, wie bei der Gründung der Bundeswehr den von Stücklen angesprochenen Problemen begegnet wurde.*

◂ **Hochverrat vor dem Reichsgericht.**
Karikatur von Gerhard Holler aus der Beilage zum Berliner Tageblatt „Ulk", 1927.
Die Bildunterschrift zu den linksgerichteten Angeklagten lautet: „Ich werde die Republik vor Ihnen zu schützen wissen!" Zu den rechten Uniformierten: „Ich werde Sie vor der Republik zu schützen wissen!"

M7 Ebert – Symbol der Republik

Walter Mühlhausen, Geschäftsführer der Bundesstiftung Reichspräsident-Friedrich-Ebert-Gedenkstätte in Heidelberg, schreibt in einem Ausstellungsband zu Friedrich Ebert:

Als Staatsoberhaupt war Ebert das Symbol der ersten deutschen Republik. Friedrich Ebert musste bei den Reisen bemüht sein, einen eigenen Repräsentationsstil zu entwickeln, der sich von seinem Vorgänger unterschied. Es war schwierig, in einer Gesellschaft, die bislang die pompösen und waffenklirrenden Auftritte Kaiser Wilhelms II. kennengelernt und bejubelt hatte, nun einen betont sachlichen, jeden Persönlichkeitskult vermeidenden Repräsentationsstil einzuführen, einen Stil ohne Pomp und Gloria.
Eine Schweizer Zeitung schrieb 1922, fernab von den Konflikten der innerdeutschen politischen Szene, über das Auftreten des Reichspräsidenten: „Man wartet auf das Oberhaupt der neuen deutschen Demokratie. Punkt zehn kommt Ebert in den Saal, lautlos beinahe. Kein Herold kündigt an. Keine riesigen Leibgarden zerbrechen sich die Pranken beim Präsentieren des Gewehres. Der Präsident der deutschen Republik hat auch sein Gefolge. Aber das ist gerade so schmucklos, so unauffällig wie er selbst. Bei Gott, die Demokratie liegt auch im Anzug. Aber Ebert hat Würde. Der ganze Saal erhebt sich und er dankt mit leichter Verbeugung. Muss nicht leicht sein, so eine demokratische Präsidentenverbeugung. Just nicht zu tief. Und just nicht zu wenig. Ebert hat's heraus. Nicht nur sein Amt hat Würde – er selbst besitzt sie." [...]
In den Kommentaren der Zeitungen spiegelt sich die ganze Bandbreite der politischen Einstellungen wider. Die Republikgegner zogen mit Häme über den Reichspräsidenten her; die Presseorgane aus dem demokratischen Lager würdigten seinen Stil. [...] Unzweifelhaft gelang es Ebert in einem nicht messbaren Umfang, durch sein persönliches Auftreten zumindest einige der Unentschlossenen und Gegner der Republik für die neue Staatsform zu gewinnen, wie zeitgenössische Zeugnisse belegen.
Müßig bleibt die Frage, ob diese Integrationsleistung größer gewesen wäre, wenn er noch mehr öffentlich in Erscheinung getreten wäre: „Aber auch wenn Friedrich Ebert häufiger gereist wäre und offensiver republikanische Akzente gesetzt

◄ **„Einst und jetzt!"**
Karte, vertrieben von der „Deutschen Tageszeitung", 1919.
Das Bild in der Mitte – eingerahmt von Kaiser Wilhelm II. (oben) und Feldmarschall Hindenburg (unten) – zeigt Reichspräsident Friedrich Ebert (rechts) und Reichswehrminister Gustav Noske (links) in Badehosen. Vor ihnen taucht ein Begleiter mit Dreizack aus dem Wasser auf.
Das Badehosen-Bild wurde im August 1919 kurz nach der Vereidigung des Reichspräsidenten erstmals in der „Berliner Illustrirten Zeitung" veröffentlicht. Die Leser reagierten schockiert. Die antirepublikanischen Kräfte missbrauchten das Bild in zahllosen Varianten für ihre Propaganda. Nach einem von Ebert angestrengten Prozess mussten die Bilder vernichtet werden.

hätte, er hätte kein wesentlich größeres Maß an Zustimmung erreichen können, er hätte die ihm entgegengebrachte Häme ertragen müssen. Denn die Gegner des Reichspräsidenten Ebert schlugen auf ihn ein, weil sie über den Mann das Amt und vor allem die Republik beschädigen wollten. Die Integrität des Amtsverständnisses und der Amtsführung von Friedrich Ebert konnte nicht zu einer Integration aller Abseitsstehenden führen. Die Phalanx[1] aus Standesdünkel gegenüber dem Emporkömmling aus dem Arbeitermilieu, die Mauer aus politischer Überheblichkeit gegenüber dem Vertreter der sozialdemokratischen Arbeiterpartei, dem Systemfeind des Kaiserreichs, dem Systemschöpfer der Weimarer Republik, blieb unüberwindbar für Friedrich Ebert."

Walter Mühlhausen (Hrsg.), Friedrich Ebert. Sein Leben, sein Werk, seine Zeit, Heidelberg 1999, S. 259 f.

[1] **Phalanx**: lange, geschlossene (Schlacht-)Reihe

1. *Beschreiben Sie den von Mühlhausen skizzierten Repräsentationsstil Eberts. Inwiefern sollte er den Charakter der neuen Regierungsform widerspiegeln?*
2. *Erläutern Sie, welche Wirkung Ebert zugeschrieben wird.*
3. *Beurteilen Sie das Verhalten der Republikgegner ihm gegenüber und die dafür genannten Gründe.*

M8 Hindenburg – Symbol der Nation

Der Historiker Wolfram Pyta hat eine Biografie zu Hindenburg verfasst. Darin charakterisiert er Hindenburg wie folgt:

Hindenburg war peinlich darauf bedacht, bei allen wichtigen politischen Entscheidungen, an denen er maßgeblich beteiligt war, die Hoheit über deren nachträgliche Deutung zu gewinnen. Kein Schatten sollte sein Ansehen verdunkeln, weil sein ungebrochener Nimbus[1] als siegreicher Feldherr und untadeliger Repräsentant deutscher Kollektiveigenschaften das Erbe bildete, das er aus der Weltkriegszeit mitnahm und möglichst über Generationen hinweg erhalten wissen wollte. Im August 1914 hatte man einen pensionierten General dadurch beglückt, dass man ihm das Kommando einer Armee anvertraute. Ohne große Erwartungen hatte er die Reise zum ostpreußischen Kriegsschauplatz angetreten.[2] Dass er binnen weniger Wochen zum allseits bewunderten Kriegshelden und danach zum nationalen Symbol aufsteigen sollte, hätte Hindenburg sich nicht träumen lassen. Im November 1918 blickte er auf eine geradezu atemberaubende Karriere zurück, mit der er sich ein kulturelles Kapital erworben hatte, das resistent war gegen das Auf und Ab politischer Konjunkturen. Dass ihn das deutsche Volk symbolisch adoptiert hatte, fiel für ihn stärker ins Gewicht als die Kriegsnie-

[1] **Nimbus**: Glanz, Ansehen, „Heiligenschein"
[2] Am 22. August 1914 wurde Hindenburg Oberbefehlshaber der 8. Armee, die südlich von Allenstein in Ostpreußen die größere russische Armee besiegte (Schlacht von Tannenberg).

▲ **Wahlplakat der Deutschnationalen für die Reichspräsidentenwahl am 26. April 1925.**

derlage oder das Ende der Monarchie. Beides war zwar bedauerlich, doch es bereitete ihm keine schlaflosen Nächte und brachte ihn nicht aus dem Tritt. Denn der Fixpunkt seines politischen Denkens war die Vorstellung einer innerlich geeinten Nation, die überhaupt erst die Voraussetzung bildete für einen allmählichen machtpolitischen Aufstieg des Reiches, an dessen Ende sich vielleicht sogar einmal die Aussicht auf eine Wiederherstellung der Monarchie eröffnen konnte. Für Hindenburg war es daher nicht nur ein nachvollziehbares persönliches Interesse, nach Kriegsende einen großen Teil seiner Energie auf die Pflege seines Ansehens zu verwenden. [...] Als ruhender Pol, der in der stürmischen Phase des Übergangs allein Halt und Orientierung gewährte, [...] erfüllte Hindenburg eine wichtige integrative Funktion. Daraus leitete er allerdings den Anspruch ab, dass kein Staubkorn auf sein Ansehen fallen dürfe; denn ein Denkmal, zu dem alle auf der Suche nach Orientierung aufblicken, beschmutzt man nicht. Er war zutiefst entrüstet, wenn sich jemand erdreistete, ihm nicht die nationalpolitisch gebotene Schonung zukommen zu lassen: „Das zurzeit einzige Idol des Volkes, unverdientermaßen meine Wenigkeit, [so Hindenburg an einen Vertrauten] läuft Gefahr, vom Piedestal[3] gerissen zu werden, weil es plötzlich der Kritik ausgesetzt wird."

Der Historiker Heinrich August Winkler analysiert die Gründe für die Wahl Hindenburgs zum Reichspräsidenten im Jahr 1925:

Hindenburgs Wahl war kein Plebiszit für die Wiederherstellung der Monarchie, aber sie war ein Volksentscheid gegen die parlamentarische Demokratie, so wie man sie seit 1919 kennengelernt hatte. Enttäuschung über den grauen republikanischen Alltag ging einher mit einer nostalgischen Verklärung der Vergangenheit. Die liberale „Frankfurter Zeitung" sah die Hauptursache des Wahlausgangs darin, dass die Unpolitischen dem Feldmarschall zur Übermacht verholfen hätten. „Wir wissen doch alle, was diese große Schar bisheriger Nichtwähler diesmal an die Urne geführt hat. Es ist der romantische Strahlenglanz, den die Fieberfantasien verelendeter und in ihrem nationalen Selbstbewusstsein schwer getroffener Volksschichten um das Haupt des Feldherrn gewoben haben, ohne dass sie sich der Tatsache bewusst werden, dass sie persönliches wie nationales Elend einzig jenem alten System kaiserlicher Staats- und Kriegsführung zu danken haben, als dessen Repräsentanten sie jenen Feldherrn verehren. Die romantische Sehnsucht nach vergangenem Glanz und vergangener Größe, das hat diese unpolitischen Schichten an die Urne und Hindenburg zum Siege geführt." [...]
Einige überzeugte Republikaner begannen sich bald mit dem Gedanken zu trösten, dass Hindenburgs Wahl Teile der Rechten mit der Republik aussöhnen könne. Der Schriftsteller Harry Graf Kessler [...] meinte [...] nachdem Hindenburg vom sozialdemokratischen Reichstagspräsidenten Paul Löbe vor der schwarz-rot-goldenen Standarte des Reichspräsidenten auf die Reichsverfassung vereidigt worden war –, nun werde die Republik „mit Hindenburg hoffähig, einschließlich Schwarz-Rot-Gold, das jetzt überall mit Hindenburg zusammen als seine persönliche Standartenfarbe erscheinen wird. Etwas von der Verehrung für ihn wird unvermeidlich darauf abfärben."
Ganz unbegründet waren solche Hoffnungen nicht. Dass Hindenburg die republikanische Verfassung zu respektieren versprach, machte es manchen der bisherigen Verächter der Republik schwer, in unversöhnlicher Feindschaft zum neuen Staat zu verharren.

Erster Text: Wolfram Pyta, Hindenburg. Herrschaft zwischen Hohenzollern und Hitler, München 2007, S. 411 f.; zweiter Text: Heinrich August Winkler, Der lange Weg nach Westen. Deutsche Geschichte 1806-1933, Bonn 2002, S. 372 und 460 f.

[3] **Piedestal**: Sockel von Statuen, Säulen oder Gebäuden

1. *Geben Sie wieder, worauf sich nach Pyta Hindenburgs Ansehen stützte.*
2. *Erläutern Sie, welche Rolle dabei die „Dolchstoßlegende“ spielte (siehe M4).*
3. *Hindenburg wurde auch als „Ersatzkaiser“ bezeichnet. Erörtern Sie, warum.*
4. *Laut Pyta „erfüllte Hindenburg eine wichtige integrative Funktion“ (Zeile 33 f.). Vergleichen Sie mit Winklers Analyse der Wahl Hindenburgs zum Reichspräsidenten. Nehmen Sie dazu Stellung.*

M9 „Nicht unser Staat“

Der sozialdemokratische Reichstagspräsident Paul Löbe berichtet in seinen Lebenserinnerungen von der parlamentarischen Arbeit nach den Reichstagswahlen von 1930:

Einige Jahre konnte der Reichstag wieder ordnungsgemäß arbeiten. Als aber 1930 das deutsche Volk 107 Nationalsozialisten neben 77 Kommunisten [...] entsandte und 40 deutschnationale Hugenbergianer[1] ihre schützende Hand über die Nazis hielten, brach der Sturm aufs Neue los. Äußerste Rechte und äußerste Linke warfen sich die Bälle zu, unterstützten gegenseitig ihre Obstruktionsanträge[2], begleiteten die jeweiligen Schimpfkonzerte ihrer Antipoden mit tosendem Beifall und versuchten durch unsinnige und demagogische Anträge, die Arbeit des Parlaments und der Regierung lahmzulegen. [...]

Bei einer Reichshaushaltsberatung stellten die Kommunisten eine Reihe von Anträgen, unsympathische Steuern und Abgaben aufzuheben oder herabzusetzen, sodass bei Annahme dieser Anträge die Reichseinnahmen von zehn Milliarden auf sechs vermindert worden wären. Bei dem Ausgabenetat kamen dann so viel populäre Anträge auf Rentenerhöhungen, Wohnhausbauten, Erweiterung des Kreises der Versorgungsberechtigten, dass die Ausgaben des Etats von zehn auf 14 Milliarden steigen mussten. Als ich den kommunistischen Wortführer fragte, woher die Mittel für eine solche Wirtschaft kommen, wie das Defizit von acht Milliarden gedeckt werden sollte, erwiderte er kaltschnäuzig, darüber könne sich ja die Regierung den Kopf zerbrechen, „es ist ja nicht unser Staat, sondern der eure“. Genauso unehrlich war die Taktik der nationalsozialistischen Fraktion. Sie beantragte, dass niemand im Reich mehr als tausend Mark Monatseinkommen beziehen sollte, dachte aber gar nicht daran, selbst diesen Grundsatz zu befolgen, sondern wollte mit solch demagogischen Anträgen nur die anderen Parteien in Verlegenheit bringen [...].

[1] **Alfred Hugenberg** (1865-1951): Medienunternehmer, von 1928 bis 1933 Vorsitzender der DNVP

[2] **Obstruktion**: Verschleppung, Verhinderung

▲ **„Der Reichstag wird eingesargt.“**
Collage von John Heartfield zum 30. August 1932.
- *Erläutern Sie, wofür bei John Heartfield der Reichstag steht.*
- *Analysieren Sie, warum der Künstler die SPD ins Blickfeld rückt.*
- *Erörtern Sie, inwiefern die Abbildung Heartfields Haltung gegenüber der politischen Entwicklung ausdrückt.*

Günter Schönbrunn (Bearb.), Weltkriege und Revolutionen, München [5]1995, S. 249

1. *Erläutern Sie, wie Radikale von links und rechts die parlamentarische Arbeit beeinflussten.*
2. *Erörtern Sie, welche Wirkung dies auf die Öffentlichkeit haben musste.*

M10 Verfassungspläne

Noch als Reichskanzler stellt der ehemalige Zentrumspolitiker Franz von Papen am 12. Oktober 1932 bayerischen Industriellen folgende Pläne vor:

Wir wollen eine machtvolle und überparteiliche Staatsgewalt schaffen, die nicht als Spielball von den politischen und gesellschaftlichen Kräften hin- und hergetrieben wird, sondern über ihnen unerschütterlich steht [...]. Die Reform der

Verfassung muss dafür sorgen, dass eine solche machtvolle und autoritäre Regierung in die richtige Verbindung mit dem Volke gebracht wird. An den großen Grundgesetzen [...] soll man nicht rütteln, aber die Formen des politischen Lebens gilt es zu erneuern. Die Reichsregierung muss unabhängiger von den Parteien gestellt werden. Ihr Bestand darf nicht Zufallsmehrheiten ausgesetzt sein. Das Verhältnis zwischen Regierung und Volksvertretung muss so geregelt werden, dass die Regierung und nicht das Parlament die Staatsgewalt handhabt.

Als Gegengewicht gegen einseitige, von Parteiinteressen herbeigeführte Beschlüsse des Reichstags bedarf Deutschland einer besonderen Ersten Kammer mit fest abgegrenzten Rechten und starker Beteiligung an der Gesetzgebung. Heute ist das einzige Korrektiv gegen das überspitzte parlamentarische System und gegen das Versagen des Reichstags die Verordnungsgewalt des Reichspräsidenten aufgrund des Artikels 48 der Reichsverfassung. Sobald aber wieder stetige und normale Verhältnisse herrschen, wird auch kein Anlass mehr sein, den Artikel 48 in der bisherigen Weise anzuwenden. [...]

Nichts kann das Vertrauen in den Aufstieg der Nation mehr hindern als die Unstabilität der politischen Verhältnisse, als Regierungen, die nur Treibholz sind auf den Wellen der Partei und abhängig von jeder Strömung. Diese Art der Staatsführung der Parteiarithmetik ist im Urteil des Volkes erledigt.

Heinz Hürten (Hrsg.), Weimarer Republik und Drittes Reich 1918-1945 (Deutsche Geschichte in Quellen und Darstellung, Bd. 9), Stuttgart 1995, S. 132 ff.

1. *Fassen Sie zusammen, wie Papen seine Pläne begründet.*

2. *Erläutern Sie, welche von ihm geplanten Verfassungsänderungen nicht mit dem Grundgesetz vereinbar wären.*

3. *Manche Historiker sind der Ansicht, dass die Praxis der Präsidialkabinette die letzte Chance für die Demokratie gewesen sei, andere sehen darin den „Todesstoß" für die Weimarer Republik. Beurteilen Sie diese Auffassungen mithilfe der Darstellung auf Seite 370 ff.*

4. *Nehmen Sie Stellung zu der Frage, inwieweit die Regierung die weitere Entwicklung hätte absehen können. Bewerten Sie Papens Pläne im Hinblick auf die Vorgänge nach 1933.*

M11 Woran scheiterte Weimar?

Der Historiker Eberhard Kolb untersucht, welche Faktoren zum „Scheitern" Weimars beigetragen haben:

Wie wurde Hitler möglich? War die „Machtergreifung" der Nationalsozialisten unter den gegebenen Bedingungen unvermeidlich? Diese Frage, um die alle Erörterungen über das Scheitern Weimars kreisen, wird von der bisherigen Forschung auf recht unterschiedliche Weise beantwortet. Allerdings sind die in der wissenschaftlichen Diskussion zunächst dominierenden monokausalen Erklärungsversuche, in denen der Aufstieg des Nationalsozialismus und die Machtübertragung an Hitler auf eine einzige oder eine allein ausschlaggebende Ursache zurückgeführt wurden, inzwischen ad acta gelegt worden, denn alle derartigen einlinigen Deutungen haben sich als untauglich erwiesen. Die Historiker sind sich heute zumindest darin einig, dass das Scheitern der Republik und die nationalsozialistische „Machtergreifung" nur plausibel erklärt werden können durch die Aufhellung eines sehr komplexen Ursachengeflechts. Dabei sind vor allem folgende Determinanten zu berücksichtigen: institutionelle Rahmenbedingungen, etwa die verfassungsmäßigen Rechte und Möglichkeiten des Reichspräsidenten, zumal beim Fehlen klarer parlamentarischer Mehrheiten; die ökonomische Entwicklung mit ihren Auswirkungen auf die politischen und gesellschaftlichen Machtverhältnisse; Besonderheiten der politischen Kultur in Deutschland (mitverantwortlich z. B. für die Republikferne der Eliten, die überwiegend der pluralistisch-parteienstaatlichen Demokratie ablehnend gegenüberstanden); Veränderungen im sozialen Gefüge, beispielsweise Umschichtungen im „Mittelstand" mit Konsequenzen u. a. für politische Orientierung und Wahlverhalten mittelständischer Kreise; ideologische Faktoren (autoritäre Traditionen in Deutschland; extremer Nationalismus, verstärkt durch Kriegsniederlage, Dolchstoßlegende und Kriegsunschuldspropaganda; „Führererwartung" und Hoffnung auf den „starken Mann", wodurch einem charismatischen Führertum wie dem Hitlers der Boden bereitet wurde); massenpsychologische Momente, z. B. Erfolgschancen einer massensuggestiven Propaganda infolge kollektiver Entwurzelung und politischer Labilität breiter Bevölkerungssegmente; schließlich die Rolle einzelner Persönlichkeiten an verantwortlicher Stelle, in erster Linie zu nennen sind hier Hindenburg, Schleicher, Papen.

Die Antwort, die auf die Frage nach dem Scheitern der Weimarer Demokratie und der Ermöglichung Hitlers gegeben wird, hängt in ihrer Nuancierung wesentlich davon ab, wie die verschiedenen Komponenten gewichtet und dann zu einem konsistenten Gesamtbild zusammengefügt werden, denn Gewichtung und Verknüpfung sind nicht durch das Quellenmaterial in einer schlechthin zwingenden Weise vorgegeben, sie bilden die eigentliche Interpretationsleistung des Historikers.

Eberhard Kolb, Die Weimarer Republik, München [7]2009, S. 215 f.

1. *Geben Sie die Ursachen für das Scheitern der Weimarer Republik wieder.*
2. *Erarbeiten Sie ein Schaubild, in dem Sie Ursachen, Zusammenhänge und Wirkungen der Faktoren berücksichtigen.*
3. *„Das Scheitern der Weimarer Republik war vermeidbar." Nehmen Sie Stellung zu dieser These.*

▸ **„Stützen der Gesellschaft."**
Ölgemälde (200 x 108 cm) von George Grosz, 1926. Das Gemälde wurde von dem Kunsthistoriker Hans Hess als eine „große Allegorie des deutschen Staates in der Weimarer Republik" bezeichnet.
- *Beschreiben Sie die abgebildeten Figuren und ordnen Sie sie aufgrund ihrer Attribute bestimmten Gesellschaftsschichten zu.*
- *Analysieren Sie die Aussageabsicht des Künstlers. Gehen Sie dazu auch erläuternd auf den Bildtitel und die oben zitierte Aussage von Hans Hess ein.*

3.3 Deutsches Selbstverständnis nach 1945

◂ Installation „Die Tore der Deutschen" von Horst Hoheisel.
Foto vom 27. Januar 1997.
In der Nacht vom 26. auf den 27. Januar 1997, dem Tag der Befreiung des KZ Auschwitz und Tag des Gedenkens an die Opfer des Nationalsozialismus projizierte Hoheisel Fotos des geschlossenen und geöffneten Auschwitz-Tores mit der Inschrift „Arbeit macht frei" auf das Brandenburger Tor in Berlin.

- *Das Brandenburger Tor gilt als Symbol nationaler Identität. Mit seinem „Denkbild" wollte Hoheisel zum Nachdenken über die symbolische und erinnerungskulturelle Funktion des Tores anregen. Erläutern und beurteilen Sie Aussage und beabsichtigte Wirkung der Installation.*

Deutschland nach 1945	**5.6.1945**	Die Siegermächte des Zweiten Weltkrieges übernehmen die Regierungsgewalt in Deutschland, das in vier Besatzungszonen geteilt ist.
	1945/1946	Im Nürnberger Prozess werden die Hauptkriegsverbrecher verurteilt.
	1945-1950	Die Alliierten führen eine Entnazifizierung durch (in der SBZ nur bis 1948).
	1949	Mit der Unterzeichnung des Grundgesetzes am 23. Mai wird die Bundesrepublik gegründet; am 7. Oktober folgt die Gründung der DDR. Die Westdeutsche Regierung erkennt sie nicht als Staat an (Alleinvertretungsanspruch).
	seit 1950	In der DDR ist der 8. Mai als „Tag der Befreiung" bis 1966 gesetzlicher Feiertag; in ganz Deutschland wird das Datum bis heute mit besonderen Gedenkveranstaltungen begangen.
	10.9.1952	Im Luxemburger Abkommen verpflichtet sich die Bundesrepublik zu „Wiedergutmachungszahlungen" an Israel und den verfolgten Juden.
	17.6.1953	Der Volksaufstand in der DDR gegen das SED-Regime wird von sowjetischen Militärs niedergeschlagen. In Westdeutschland wird der 17. Juni zum Nationalfeiertag.
	6.11.1958	In Ludwigsburg wird die Zentralstelle zur Aufklärung von NS-Gewaltverbrechen eingerichtet.
	1961	Die SED lässt in Berlin eine Mauer errichten.
	1963-1965	In Frankfurt am Main finden die Auschwitz-Prozesse statt.
	26.6.1969	Der Bundestag hebt die Verjährungsfrist für Völkermord auf.
	21.12.1972	Im Rahmen der sozial-liberalen Ostpolitik von Bundeskanzler Willy Brandt erkennt die Bundesrepublik die DDR als gleichberechtigten Staat an (Grundlagenvertrag).
	18.9.1973	Beide deutsche Staaten werden Mitglieder der Vereinten Nationen (UN).
Deutschlands Wiedervereinigung	**9.11.1989**	Die Mauer fällt; die innerdeutschen Grenzen sind offen.
	3.10.1990	Die Wiedervereinigung wird vollzogen: „Tag der deutschen Einheit".
Aufarbeitung nach 1990	**1992-1999**	Führende DDR-Funktionäre werden wegen ihrer Verantwortung für die Tötungen an der innerdeutschen Grenze angeklagt und verurteilt.
	1996	Der 27. Januar wird zum Tag des Gedenkens an die Opfer des Nationalsozialismus erklärt; 2005 erhebt ihn die UNO zum Internationalen Holocaustgedenktag.
	2.8.2000	Die Stiftung „Erinnerung, Verantwortung und Zukunft" zur Entschädigung von NS-Zwangsarbeitern wird gegründet.
	10.5.2005	In Berlin wird das Denkmal für die ermordeten Juden in Europa eingeweiht.

Das deutsche Selbstverständnis nach 1945 hatte sich zunächst an den Ereignissen der jüngsten Vergangenheit abzuarbeiten. Durch die Teilung der Welt in ideologische Blöcke, deren Grenze mitten durch Deutschland verlief, entwickelten sich in der DDR und in der Bundesrepublik jeweils völlig unterschiedliche politische Systeme und damit auch unterschiedliche „Aufarbeitungskulturen". Einig waren sich beide Staaten in der historischen Bewertung des NS-Staates als furchtbares Unrechtssystem. Unterschiedlich fielen jedoch die Antworten auf die beiden Fragen aus, wie es zu diesem Zivilisationsbruch kommen konnte, der in der Ermordung von sechs Millionen Menschen gipfelte, und welche Lehren ein Staat daraus ziehen muss. Die Art und Weise, wie beide Staaten die Vergangenheit „bewältigten", ist ein Spiegel der beiden politischen Systeme und diente jeweils zu deren Legitimation.

In den beiden deutschen Staaten entfalteten sich auch sehr unterschiedliche historische Anknüpfungspunkte und Wertesysteme. Diese trugen neben den Leistungen in Wirtschaft, Sport und Kultur zum jeweiligen Selbstverständnis bei und wirken bis heute nach. Die Wiedervereinigung 1990 stellte daher nicht nur eine gewaltige wirtschaftliche Herausforderung dar, sondern auch eine gesellschaftliche. Mit dem Wandel zur „Berliner Republik" vollzieht sich ein Wandel der „nationalen Identität", der auch die veränderte ökonomische, weltpolitische und militärische Rolle der Bundesrepublik reflektiert.

Wichtige Namen
- Konrad Adenauer
- Willy Brandt
- Erich Honecker

Wichtige Begriffe
- Alleinvertretungsanspruch
- Antifaschismus-Ideologie
- Aufarbeitung
- Entnazifizierung
- Gedenkkultur
- Geschichtskultur
- Grundlagenvertrag
- Hallstein-Doktrin
- Kulturpolitik
- Luxemburger Abkommen
- Selbstverständnis
- Sportpolitik
- Vergangenheitsbewältigung

In diesem Kapitel erwerben Sie die **Kompetenz**,
- die Auseinandersetzung mit der NS-Vergangenheit in beiden deutschen Staaten zu charakterisieren und zu analysieren,
- das Selbstverständnis der Bundesrepublik und der DDR in der bipolaren Welt zu erläutern,
- zum Selbstverständnis und zur kulturellen Identität des wiedervereinigten Deutschland im europäischen Kontext Stellung zu nehmen.

Zur Methoden-Kompetenz siehe Seite 401 bis 403 („Karikatur") und Seite 416 bis 418 („Denkmal").

▲ **„Er hat mir's doch befohlen!"**
Karikatur von 1946.
■ *Erörtern Sie die Aussage der Karikatur.*

Lesetipps
■ *Edgar Wolfrum, Die geglückte Demokratie. Geschichte der Bundesrepublik von ihren Anfängen bis zur Gegenwart, München 2007*
■ *Hermann Vinke, Die DDR. Eine Dokumentation mit zahlreichen Biografien und Abbildungen, Ravensburg 2008*

Schuld und Sprachlosigkeit Nach dem Ende des „Dritten Reiches" hätten sich Millionen Deutsche die bittere Frage stellen können, welchen Anteil sie selbst an der jüngsten Vergangenheit hatten. In den ersten Nachkriegsjahren schien sich in der deutschen Bevölkerung jedoch eine Verweigerungshaltung durchzusetzen. Nur eine Minderheit war dazu bereit, über die persönliche oder kollektive Mitverantwortung nachzudenken (▸ M1). Für Scham und Trauer über das schuldhafte Verhalten und die Massenverbrechen fehlte es vielfach an Einsicht, aber auch an Kraft. Nach Krieg, Flucht und Vertreibung waren die Menschen bemüht, das eigene Schicksal und den Alltag zu bewältigen. Zudem war der zeitliche Abstand für eine selbstkritische Betrachtung oder Infragestellung zu gering (▸ M2 und M3). Viele Menschen täuschten Unkenntnis vor. Sie hätten nichts von den Verbrechen in den Konzentrationslagern gewusst. Die meisten sahen sich selbst als Opfer der nationalsozialistischen Ideologie und der bis zuletzt funktionierenden Propaganda. Andererseits gab es aber auch einige Intellektuelle und Politiker, die ein Eingeständnis der Schuld und eine „Wiedergutmachung" forderten. Im August und Oktober 1945 bekannten sich die beiden großen Kirchen in offenen Briefen zu ihrer Verantwortung.

Zwei Staaten – zwei Haltungen Mit der doppelten Staatsgründung im Jahr 1949 zeigten sich bereits grundsätzliche Unterschiede in der Auseinandersetzung der Bundesrepublik und der *Deutschen Demokratischen Republik* (DDR) mit der NS-Zeit.

Die Bundesrepublik Deutschland verstand sich als Gegenmodell zum nationalsozialistischen Regime. Die freiheitlich-demokratischen und rechtsstaatlichen Prinzipien des Grundgesetzes untermauerten dies. Andererseits sah sich der westdeutsche Teilstaat aber auch als Rechtsnachfolger des Deutschen Reiches, dessen Erblast er nun tragen musste.

Gegenüber dem Ausland beanspruchte Bundeskanzler *Konrad Adenauer* (CDU) einen *Alleinvertretungsanspruch* der demokratischen Bundesrepublik für ganz Deutschland. Die DDR erkannte er nicht als eigenständigen Staat an. Sein Staatssekretär im Auswärtigen Amt, *Walter Hallstein*, entwickelte daraus folgende Doktrin (*Hallstein-Doktrin*): Erkannte ein Land die DDR als selbstständigen Staat an, drohte die Bundesrepublik, die diplomatischen Beziehungen zu ihm abzubrechen. Davon war nur die Sowjetunion ausgenommen, die ja zu den vier Siegermächten zählte. Doch die DDR ließ sich auf Dauer nicht vollständig isolieren. Im Zug der *Entspannungspolitik* der 1960er-Jahre wurde die Hallstein-Doktrin schließlich aufgegeben.

Von Anfang an grenzte sich die DDR gegenüber der Bundesrepublik ab und begriff sich als der „bessere" der beiden deutschen Staaten. Die herrschende Staatspartei – die *Sozialistische Einheitspartei Deutschlands* (SED) – verstand die DDR als „antifaschistisches Bollwerk", als Friedensstaat und als sozialistischen Staat, der damit in besonderem Maße als Wohlfahrtsstaat den Menschen diente. In der kommunistischen Weltanschauung galt der „Faschismus" als letzte Stufe einer kranken kapitalistischen Gesellschaft. Das SED-Regime übernahm dieses Geschichtsbild. Der Sozialismus würde demnach den Kapitalismus und somit auch den Faschismus überwinden. Damit konnte auch die im Zuge der Bodenreform durchgeführte Enteignung von rund 7000 Großgrundbesitzern gerechtfertigt werden, indem diese zu Wegbereitern des Faschismus deklariert wurden. Mit dem Abschluss der „antifaschistisch-demokratischen Umwälzung" und der Gründung der DDR sah man die strukturellen und ideologischen Wurzeln des Nationalsozialismus „ein für alle Mal ausgerissen" (▸ M4). Die DDR lehnte daher jede Verantwortung für die NS-Verbrechen ab. Sie überließ es der Bundesrepublik, die deutsche Vergangenheit aufzuarbeiten.

Außenpolitisch rang die DDR jahrzehntelang um internationale Anerkennung. Erst 1955 wurde sie von der Sowjetunion für souverän erklärt und Anfang 1956 als „gleichberechtigtes" Mitglied in den *Warschauer Pakt* aufgenommen. Mit ihrer zweiten Verfassung von 1968, in der die führende Rolle der Partei festgeschrieben wurde, schloss die DDR den Aufbau der sozialistischen „Volksdemokratie" auch rechtlich ab. Aber erst der *Grundlagenvertrag* von 1972, mit dem sich Bundesrepublik und DDR als gleichberechtigte Staaten anerkannten, sowie die Aufnahme beider deutscher Staaten in die Vereinten Nationen (18. September 1973) brachte der DDR breitere internationale Anerkennung.

▲ **Propaganda für den Volksentscheid in Sachsen zum „Gesetz über die Übergabe von Betrieben von Kriegs- und Naziverbrechern in das Eigentum des Volkes".**
Foto aus Leipzig, 1946.
1946 wurden die Bürger in Sachsen zu einem Volksentscheid über die Enteignung wichtiger Industrie- und Gewerbebetriebe aufgerufen. Zwei Drittel der Bevölkerung stimmten zu. Dies genügte der SED, um die Enteignung auch in allen übrigen Gebieten Ostdeutschlands durchzuführen.

Amnestie und Integration In den westlichen Besatzungszonen hatten trotz aller Entnazifizierungsbemühungen der Alliierten große Teile der führenden Elite des NS-Staates neben den vielen Mitläufern im großen Vergessen untertauchen, ihre Karrieren in der Bundesrepublik fortsetzen und erneut in Schlüsselpositionen aufsteigen können. In der bundesdeutschen Öffentlichkeit regte sich zunächst kaum Kritik. Mehr noch: 1949 und 1954 verabschiedete der Deutsche Bundestag – ihm gehörten in der zweiten Legislaturperiode 129 ehemalige NSDAP-Mitglieder an – einstimmig „Straffreiheitsgesetze", die viele verurteilte NS-Täter begnadigten. Seit 1951 durften aus politischen Gründen entlassene Beamte und Berufssoldaten in den öffentlichen Dienst zurückkehren. Beim Aufbau des Wiesbadener Bundeskriminalamtes seit 1945 waren NS-Beamte maßgeblich beteiligt. Damit wurden nahezu alle, die von alliierten Militärgerichten verurteilt worden waren, wieder frei.

Die westdeutsche „Vergangenheitspolitik" entsprach der in der Gesellschaft der 1950er-Jahre weit verbreiteten „Schlussstrich"-Mentalität. Die „Gnadenwelle" sollte der Stabilisierung der jungen Bundesrepublik dienen. Integration und Aufbau schienen wichtiger als Gerechtigkeit. Auf diese Weise konnten sich auch die Millionen „Mitläufer" des NS-Systems entlastet fühlen. Es gab jedoch auch Politiker, die gegen diesen Hang zur Schuldabwehr auftraten.

Die Sowjets führten die *Entnazifizierung* sehr viel konsequenter als die Westalliierten durch. Aber auch in der SBZ wurden bereits frühzeitig ehemalige NS-Parteigenossen von einer Bestrafung ausgenommen, um ihnen eine Brücke in den neuen sozialistischen Staat zu bauen. Wer sich aktiv am Aufbau des Sozialismus beteiligte, dem winkte eine rasche politische und soziale Integration. Das am 9. November 1949 verabschiedete „Gleichberechtigungsgesetz" der Volkskammer rehabilitierte alle, die allein wegen der Mitgliedschaft in der NSDAP bestraft worden waren. 1952 wurden schließlich auch geringfügig Belastete integriert. Der Bereich der Justiz und der Exekutive blieb ihnen jedoch verschlossen. Die NS-Opferverbände liefen gegen diese Politik Sturm. Weil sich vor allem die Vereinigung der Verfolgten des Naziregimes nicht mit der Politik der Staatsführung abfinden wollte, musste sie 1953 ihre Auflösung bekannt geben.

▲ **Bundeskanzler Konrad Adenauer (rechts) und der israelische Ministerpräsident David Ben Gurion in New York.**
Foto vom 14. März 1960.
Es war das erste deutsch-israelische Treffen führender Politiker nach 1945.

Leistungen der Bundesrepublik für NS-Opfer (in Mrd. Euro)	
Bundesentschädigungsgesetz (BEG)*	44,54
Weitere gesetzliche Regelungen	1,94
Härtefallregelungen	2,78
Leistungen an den Staat Israel	1,76
Globalverträge mit Staaten u.a. (z.B. Claims Conference**)	1,46
Rückerstattung geraubten Vermögens	2,02
Sonderfonds der Bundesländer außerhalb des BEG	1,53
Sonstige Leistungen	4,63
Stiftung „Erinnerung, Verantwortung und Zukunft"	12,56
Gesamt:	63,22

* Das Gesetz von 1956 entschädigte alle Verfolgten, die bis zum 31. Dezember 1952 in der Bundesrepublik oder in West-Berlin wohnten bzw. vor ihrer Auswanderung dort gelebt hatten.
** Jewish Claims Conference: 1951 gegründeter Zusammenschluss von Verbänden, die jüdische Opfer des Nationalsozialismus in Entschädigungsfragen vertreten

Süddeutsche Zeitung vom 15. Juli 2008, S. 6

- *Erläutern Sie, wen das Bundesentschädigungsgesetz ausschloss.*
- *Nehmen Sie Stellung zu der Frage, ob es gerechtfertigt ist, dass die Bundesrepublik heute noch Entschädigungsleistungen aufbringt.*

Entschädigung für NS-Opfer 1950 entstand in Deutschland der Zentralrat der Juden. Er setzte sich für die Rechte der Juden ein und forderte Wiedergutmachung für das erlittene Unrecht. Bundeskanzler Konrad Adenauer ging, nicht zuletzt auf Druck der Amerikaner, auf die jüdischen Forderungen ein. Ende September 1951 bot er im Bundestag dem 1948 in Palästina gegründeten Staat Israel Wiedergutmachungsverhandlungen an. Am 10. September 1952 wurde in Luxemburg mit Israel und jüdischen Organisationen ein Wiedergutmachungsabkommen geschlossen (*Luxemburger Abkommen*). Es stellte unter anderem drei Milliarden DM (1,53 Mrd. Euro) für die Eingliederung von etwa einer halben Million Holocaust-Überlebender in Aussicht. Im Bundestag konnte Adenauer die Ratifizierung des Vertrages nur mithilfe der Opposition durchsetzen, da er in den eigenen Reihen keine Mehrheit für das Abkommen fand.

Auch anderen NS-Opfern stellte die Bundesrepublik Entschädigungen in Aussicht. Über zwei Millionen Anträge zur Wiedergutmachung wurden anerkannt. Allerdings waren die Leistungen für den Einzelnen eher bescheiden: Für einen Monat KZ-Haft gab es einen einmaligen Betrag von 150 DM, für nachgewiesene Gesundheitsschäden waren Renten vorgesehen. Andere Opfergruppen gingen lange Zeit leer aus, etwa die Zwangsarbeiter aus Osteuropa, die erst ab dem Jahr 2000 durch die Stiftung „Erinnerung, Verantwortung und Zukunft" entschädigt wurden.

Vergleichbare Wiedergutmachungen leistete die DDR nicht. Entsprechende Forderungen Israels wies die SED-Führung rigoros zurück, zumal sie den jungen Staat Israel als Teil des kapitalistischen Weltsystems begriff.

Antitotalitärer Basiskonsens in der Bundesrepublik Die Bundesregierung bekämpfte sowohl rechts- als auch linksextreme Parteien. Politik und Bürger in der Bundesrepublik fühlten sich jedoch vor allem von „links" bedroht, vom Kommunismus der DDR und der Sowjetunion. Der Kalte Krieg verschaffte dem Antikommunismus immer neue Nahrung. Eine Neigung zur Schwarz-Weiß-Malerei in der bundesdeutschen Gesellschaft – hier die heile Welt des Westens, dort die böse kommunistische Welt des Ostens – war weit verbreitet. In der Bundesrepublik etablierte sich ein „antitotalitärer" Basiskonsens, in den frühere nationalsozialistische, antibolschewistische Kräfte integriert werden konnten (▸ M5). In der immer wieder verwendeten Formel von der „Verteidigung der Freiheit gegen den Bolschewismus" trafen sich Konservative, Liberale und Sozialdemokraten ungeachtet ihrer sonstigen parteipolitischen Gegensätze. So wurde der Antikommunismus zur tragfähigen Integrationsideologie für die noch ungefestigte Demokratie in Westdeutschland.

In der frühen Nachkriegszeit galt in Westdeutschland die Formel „Rechtsradikalismus = Linksradikalismus". Auf diese Weise konnte nicht nur die DDR-Diktatur mit der NS-Diktatur gleichgesetzt, sondern auch manche kritische Frage zur eigenen Geschichte abgewehrt werden (▸ M6). So blieben in der westdeutschen Öffentlichkeit lange Zeit die Verbrechen der Wehrmacht in Polen oder in der Sowjetunion ebenso unbeachtet wie das Schicksal der Millionen ausgebeuteten osteuropäischen Zwangs- oder Fremdarbeiter.

▲ Wahlplakat der CDU zur Bundestagswahl 1953.

Verordneter Antifaschismus in der DDR Die DDR beanspruchte für sich den absoluten Bruch zum „Dritten Reich" und zu allen anderen vorangegangenen „Klassen-Herrschaften". Daher musste sie eine vollkommen neue Traditionslinie erfinden. Auf der Suche nach Legitimität machte die Parteiführung den kommunistischen Widerstand gegen den Nationalsozialismus, in dessen Nachfolge sie den SED-Staat stellte, zum „Gründungsmythos". Der *Antifaschismus* wurde zur Staatsideologie. Aus ehemals kommunistischen Verfolgten und Widerstandskämpfern wurden moralisch unangreifbare politische Führer. Die von diesen verordnete antifaschistische Geschichtsdeutung besagte, dass „der Aufbau des Sozialismus die einzig richtige Konsequenz aus dem Faschismus" sei, denn nur mit der Abschaffung des Kapitalismus sei auch die Grundlage für den Faschismus für immer beseitigt. Somit konnten sich alle, die sich mit dem Sozialismus identifizieren, auch als „Sieger der Geschichte" verstehen. Gerade junge Menschen und Intellektuelle befürworteten den Staat, weil sie so deutlich Abstand zur NS-Vergangenheit wahren konnten (▸ M7). Auch außenpolitisch versuchte sich die DDR mit ihrer antifaschistischen Staatsdoktrin zu legitimieren (▸ M8).

Nicht zuletzt nutzte die DDR den Verweis auf die nationalsozialistische Vergangenheit aus, um den Konkurrenten im Westen, dessen Elite und Beamtenschaft eine kaum gebrochene personelle Kontinuität zum „Dritten Reich" aufwiesen, als „braunes System" darzustellen. Die aufwändigste und folgenreichste Kampagne hierzu startete im Mai 1957 in Ost-Berlin. Während der internationalen Pressekonferenz „Gestern Hitlers Blutrichter – Heute Bonner Justizelite" wurde die NS-Vergangenheit von 118 bundesdeutschen Richtern und Staatsanwälten enthüllt. Im Lauf der folgenden drei Jahre identifizierte die DDR etwa alle sechs Monate weitere 200 Juristen des „Dritten Reiches". Das erregte auch im Ausland Aufmerksamkeit, sodass die bundesdeutsche Politik unter Handlungsdruck geriet. Letztlich beschloss die Ende 1958 tagende Konferenz der

▲ **Plakat der Nationalen Front von 1960.**
Im Vordergrund: die Skulpturengruppe an der 1958 eingeweihten Mahn- und Gedenkstätte des ehemaligen Konzentrationslagers Buchenwald. Das Denkmal fand erst die Zustimmung der Partei, als der Künstler Fritz Cremer Figuren mit Parteibanner und Waffen hinzufügte.
- *Analysieren Sie Aussage und Wirkung des Plakats.*

Lesetipp
Jürgen Danyel (Hrsg.), Die geteilte Vergangenheit. Zum Umgang mit Nationalsozialismus und Widerstand in beiden deutschen Staaten, Berlin 2004

DVD-Tipp
Deutsch-deutsche Geschichte. Umgang mit der NS-Vergangenheit; Grünwald 2008, Produktion: FWU Institut für Film und Bild, in Zusammenarbeit mit der Bundesstiftung zur Aufarbeitung der SED-Diktatur

Justizminister, die Zentrale Stelle der Landesjustizverwaltungen zur Aufklärung nationalsozialistischer Verbrechen zu gründen. Sie trug zwar nicht die Hypothek der NS-belasteten Juristen ab, ließ jedoch die systematische Ermittlung gegen Nazi-Täter, die Anfang der 1950er-Jahre nahezu zum Erliegen gekommen war, wieder Fahrt aufnehmen. Eine vergleichbare Institution gab es in der DDR nicht.

Umgang mit Widerstand und Opfern Die Antifaschismus-Ideologie verlieh den kommunistischen Widerstandskämpfern Heldenstatus, darunter vor allem dem ehemaligen KPD-Vorsitzenden *Ernst Thälmann*, den die Nationalsozialisten 1944 im KZ Buchenwald ermordet hatten. Andere Widerstandsgruppen, etwa aus den Kirchen, dem Bürgertum oder dem Militär, fanden in der DDR ebenso wenig Beachtung wie die vielen Millionen Menschen, die der NS-Rassenideologie zum Opfer fielen (▸ M9). Nicht Antisemitismus und Rassismus, sondern der Kampf gegen „die Arbeiterklasse" und gegen die Sowjetunion sei das wesentliche Element des „Hitler-Faschismus" gewesen, lautete die immer wieder propagierte Doktrin der SED-Führung. Eine eingehende Auseinandersetzung mit dem Holocaust, wie sie in der Bundesrepublik in den 1970er-Jahren einsetzte, gab es in der DDR nicht. Die Juden, die Sinti und Roma und andere Verfolgte erfuhren daher auch keine besondere Anerkennung als Opfer.

Erst Ende der 1980er-Jahre rückte die politische Führung der DDR den Holocaust stärker in den Fokus. Den Feierlichkeiten zum Gedenken an den 50. Jahrestag der „Reichspogromnacht" 1988 kam daher eine nie dagewesene Bedeutung zu. So stieg die DDR, resümiert der Historiker *Peter Bender*, erst kurz vor ihrem Ende herunter „vom hohen Ross des ‚Siegers der Geschichte' und wurde, was die Bundesrepublik war: ein Nachfolgestaat des Nazi-Reiches".

In der späteren Bundesrepublik galt die Haltung zum Widerstand gegen das NS-Regime, vor allem die Erinnerung an das Hitler-Attentat vom 20. Juli 1944, als entscheidendes Kriterium dafür, wie die deutsche Bevölkerung ihre Vergangenheit „bewältigte". Die Verschwörer des 20. Juli bezeugten stellvertretend für die vielen anderen mutigen Frauen und Männer des deutschen Widerstandes, dass es auch in der NS-Zeit ein anderes, besseres Deutschland gegeben hatte. Dies sah jedoch in den ersten Nachkriegsjahren anders aus: Bei vielen Menschen stieß das Thema „20. Juli" auf Ablehnung, denn es erinnerte an eigene Versäumnisse und die persönliche Schuld. Manche verurteilten die Männer des 20. Juli sogar als Verräter. Im offiziellen Gedenken hatte der 20. Juli jedoch bereits seit 1946 seinen Platz. Nach außen diente er dazu, die Kollektivschuldthese zu widerlegen, nach innen sollte er eine neue Identität in einer freiheitlichen Tradition stiften. Je größer der zeitliche Abstand, desto positiver wurde das Datum bewertet. Zum 60. Jahrestag 2004 erfuhren die Protagonisten des gescheiterten Attentats eine intensive Würdigung durch Politik, Medien und Öffentlichkeit.

Geschichts- und Gedenkkultur Die große Bedeutung der geschichtskulturellen Beglaubigung im Staats- und Gesellschaftssystem der DDR zeigt sich auch in der „gründungsmythischen Dreieinigkeit" der DDR-Gedenk- und Feiertage: So wurde am 15. Januar der Ermordung von Karl Liebknecht und Rosa Luxemburg gedacht[1], 1950 der

[1] Vgl. im Kapitel „Die Weimarer Republik und ihre Bürger" Seite 361.

8. Mai als arbeitsfreier Feiertag („Tag der Befreiung des deutschen Volkes vom Hitlerfaschismus", ab 1967 nicht mehr arbeitsfrei) und der 7. Oktober, der Gründungstag der DDR („Tag der Republik"), als Staatsfeiertag eingeführt. Der 8. Mai galt auch als „Tag des Dankes an die Sowjetunion" und der 7. Oktober als „Tag des Stolzes auf die eigene Leistung". Damit fügten sich die Feiertage zu einer Erzählung, in der auf den Kampf und die Opfer, die Erlösung und der Dank an die Befreier sowie schließlich die stolze Feier des Bestehenden folgte.

Völlig anders ging die Bundesrepublik mit ihrer symbolischen Repräsentation und geschichtskulturellen Selbstdeutung um. Hier herrschte nach 1945 in dieser Hinsicht eine große Verunsicherung. In erster Linie wollte sich die Bundesrepublik sowohl gegen das „Dritte Reich" als auch gegen die DDR abgrenzen. In der westdeutschen Bevölkerung wurde der 8. Mai lange eher als „Tag des Zusammenbruchs" als ein Tag der Befreiung angesehen. Er fand erst nach Jahren Eingang in die offizielle *Gedenkkultur*. Auch ein Gründungsdatum, an dem die Bundesrepublik sich hätte feiern können, gab es nicht. Die Bundesrepublik verstand sich als „Provisorium", welches – wie das Grundgesetz – nur so lange Bestand haben sollte, bis sich alle Deutschen in freier Selbstbestimmung eine Verfassung geben und einen Staat bilden würden.

Einen wichtigen Schub für die westdeutsche Identitätsbildung brachte der ostdeutsche Volksaufstand vom 17. Juni 1953. Kurz darauf erklärte der Bundestag den 17. Juni als „Tag der deutschen Einheit" zum ersten und einzigen Staatsfeiertag der alten Bundesrepublik. Der Aufstand habe ein für alle Mal die Behauptung widerlegt, „dass das deutsche Volk nicht die innere Kraft aufbringe, sich gegen Diktatur und Willkür zur Wehr zu setzen". Der 17. Juni wurde damit zum Bestandteil der Nach-Geschichte des Nationalsozialismus und der *Aufarbeitung*. Noch weiter geht der Historiker *Edgar Wolfrum* in seiner Bewertung: „Pointiert ausgedrückt war das Datum der eigentliche Gründungsakt der Bundesrepublik – und durfte es zugleich offiziell gar nicht sein."

▲ Ehrenmal im Innenhof der Gedenkstätte Deutscher Widerstand in Berlin.
Foto (Ausschnitt) von 2011.
Die von dem Bildhauer Richard Scheibe geschaffene Bronzefigur wurde am 20. Juli 1953 eingeweiht.

Lebensstandard als Legitimation: das „Wirtschaftswunder" Nicht nur die gegensätzlichen politischen Kurse, die beide deutsche Staaten einschlugen, auch der Wohlstand der Bevölkerung entwickelte sich unterschiedlich.

In Westdeutschland förderten die Alliierten den raschen wirtschaftlichen Wiederaufbau. Zunächst musste die durch den Krieg verursachte Inflation beseitigt werden. Am 20. Juni 1948 wurde in den Westzonen eine *Währungsreform* durchgeführt und die Deutsche Mark als neues Zahlungsmittel eingesetzt. Was sich anschließend ereignete, grub sich als Gründungsmythos der Bundesrepublik tief ins Bewusstsein der Menschen ein (▸ M10): Über Nacht füllten sich die Geschäfte mit Waren, die bislang nur mit Mühe auf dem Schwarzmarkt erhältlich gewesen waren. Die Händler hatten ihre Güter bis zur Einführung einer stabilen Währung zurückgehalten.

▲ Feier für den einmillionsten „Käfer" im Wolfsburger Volkswagenwerk.
Foto vom 5. August 1955.
Der VW-Käfer wurde zum Symbol des deutschen Wirtschaftsaufstiegs. Er wurde insgesamt 21,5 Millionen Mal gebaut.

▲ **Käuferschlange in Ost-Berlin.**
Foto aus den 1970er-Jahren.
Weil es an so vielem fehlte, bekamen die DDR-Bürger selten das, was sie kaufen wollten, sondern sie kauften das, was es gerade gab. Schlangestehen gehörte zum Alltag.

Die Währungsreform und die 1948 von dem späteren Wirtschaftsminister *Ludwig Erhard* mit Unterstützung der Amerikaner durchgesetzte Einführung der *Sozialen Marktwirtschaft* schufen die Grundlagen für einen beispiellosen Wirtschaftsaufschwung, der für die Zeitgenossen einem „Wirtschaftswunder“ gleichkam. Die internationale Nachfrage nach deutschen Produkten wuchs, die Industrieproduktion, die Kaufkraft der Bevölkerung und die Einkommen stiegen an, bereits Ende der 1950er-Jahre herrschte Vollbeschäftigung. Ein spezifisches Lebensgefühl bildete sich aus: das Streben nach bürgerlicher Normalität, Erfolg und materiellem Wohlstand. Auf die „Fresswelle“ der frühen 1950er-Jahre folgte eine „Kaufwelle“, eine „Reisewelle“, die viele Deutsche in ihr Traumland Italien führte, und schließlich die „Motorisierungswelle“. Trotz bleibender sozialer Ungleichheit prägte kaum etwas anderes das *Selbstverständnis* der Westdeutschen so sehr wie der wirtschaftliche Erfolg in den ersten beiden Jahrzehnten nach der Gründung der Bundesrepublik.

„Von der Wiege bis zur Bahre“ Die sowjetische Besatzungsmacht verzichtete nicht auf Reparationen und Demontage. Hunderte Industrieanlagen wurden in Ostdeutschland abgebaut. Die Einführung der sozialen *Planwirtschaft*, die Verstaatlichung der Industrie, die Kollektivierung der Landwirtschaft und Enteignung vieler kleiner Handels- und Handwerksbetriebe sowie die zentral von der Regierung geplante Güterproduktion – all diese von Moskau verordneten Maßnahmen lähmten die Wirtschaft. Das starre System führte zu ständigen Engpässen in der Industrie und der Versorgung der Bevölkerung mit Gütern des täglichen Lebens. Trotz hoher Arbeitsleistungen blieb der Lebensstandard deutlich niedriger als in der Bundesrepublik. Gerade junge, gut ausgebildete DDR-Bürger zog es in den kapitalistischen Westen. Erst die Abriegelung durch den Bau von Mauer und Selbstschussanlagen 1961 setzte der Massenflucht ein Ende. Die Grenze war jedoch nicht ganz undurchlässig. Von 1961 bis 1988 flohen über 40 000 Personen – teilweise unter spektakulären Umständen – in den Westen.

In den folgenden Jahren verbesserte sich der Lebensstandard. Trotz aller Propaganda blieb die Bundesrepublik aber der einzige von den Bürgern akzeptierte Maßstab. Mit sozialen Vergünstigungen versuchte die SED-Führung, die Bevölkerung positiv zu stimmen und ihre Herrschaft zu sichern. Letztlich akzeptierten die meisten Bürger den „Sozialstaat DDR“, der sie „von der Wiege bis zur Bahre“ begleitete. Die staatliche Subventionierung von Konsum und Sozialleistungen bei geringer Arbeitsproduktivität der staatlichen Betriebe und dem im Vergleich zum Export wesentlich höheren Import von Waren führte die DDR jedoch in den Bankrott, den die Parteiführung bis zum Schluss zu verheimlichen suchte.

Amerikanisierung im Westen – Zensur im Osten Die von der Bundesregierung verfolgte Westorientierung fand ihre Entsprechung in der persönlichen Lebenswelt der Bürger. Amerikanische Kultur und Lebensart hielten in der Bundesrepublik Einzug, besonders geprägt durch Coca-Cola, Kaugummi und Burger, Jeans, Rock'n'Roll, Hollywood-Filme und Massenmotorisierung. Gleichzeitig machte die von den USA ausgehende Massenkultur die Werte der amerikanischen Demokratie populär: Liberalismus, Pluralismus und Rechtsstaatlichkeit stellten obrigkeitliches Denken und patriarchalische Strukturen infrage. Überall in Westeuropa ging dies mit dem Protest und einem veränderten Lebensgefühl vieler Jugendlicher einher, die nach Freiräumen von Arbeitsethos und Bürgerlichkeit verlangten. Viele der älteren Generation sahen diese Entwicklung als Anzeichen des kulturellen Verfalls, andere wiederum begriffen die Amerikanisierung als historisch längst überfälligen Prozess der kulturellen Demokratisierung und Emanzipation.

Durch diese Entwicklung vollzog sich die deutsche Teilung auch im kulturellen Bereich. Die DDR bot ihren Bürgern keine vergleichbaren Konsummöglichkeiten. Die für den „Westen" stehenden Wertvorstellungen wie Individualismus und Freiheitsdrang standen den Idealen des „real existierenden Sozialismus" entgegen und wurden unterdrückt. Da die westliche Kultur vom „Klassenfeind" propagiert und gelebt wurde, musste sie in der DDR umso negativer bewertet und streng sanktioniert werden. Die Partei versuchte, alle westlichen Einflüsse zu verhindern, Beat-Musik und Jeans wurden viele Jahre verboten.

Demgegenüber erhob die DDR den Anspruch, eine „Kulturgesellschaft" zu sein. Die Staatsführung war stolz, ihren Bürgern kostenlosen Zugang zu Bibliotheken, Theatern und Museen zu bieten. Viele zeitgenössische Autoren wurden von Ost- und Westdeutschen gelesen. Zahlreiche Schriftsteller übten in ihren Werken Kritik an der deutschen Vergangenheit und Gegenwart, die sich oft gegen beide deutsche Staaten richtete. Obwohl Zensur und Publikationsverbot drohten – beides stritt die DDR-Führung offiziell ab –, entstand seit den späten 1960er-Jahren ein Milieu regimekritischer Schriftsteller. Manche von ihnen verließen die DDR, wie etwa *Sarah Kirsch*, *Jurek Becker* oder *Monika Maron*. Der ostdeutsche Schriftsteller und Liedermacher *Wolf Biermann* wurde wegen kritischer Veröffentlichungen 1976 ausgebürgert (▸ M11). Bis in die 1980er-Jahre blieben Künstler und Autoren der Willkür des SED-Regimes ausgesetzt, das entweder über Kritik hinwegsah oder mit harten Maßnahmen reagierte.

Wettstreit der Systeme im Sport Die materiellen Anreize, welche die DDR ihren Bürgern bieten konnte, waren gemessen an westlichen Standards gering. Sie musste daher auf andere Felder ausweichen, auf denen sie die Loyalität der Bevölkerung gewinnen und zugleich der kapitalistischen Konkurrenz erfolgreich Paroli bieten konnte. Sportliche Glanzleistungen sollten die Bürger mit nationalem Stolz erfüllen und dem Land die zunächst verwehrte internationale Anerkennung bringen.

Im Kalten Krieg wurden internationale Sportveranstaltungen zu Arenen im Wettstreit der Systeme (▸ M12). In diesem Sinne sah die DDR ihre Spitzensportler als „Diplomaten im Trainingsanzug". Kein anderes Land der Welt gab anteilsmäßig so viel Geld für die Förderung des Sports aus. Bereits in den Kindergärten und Grundschulen

▲ **Deutsches Turn- und Sportfest in Leipzig.**
Foto vom 15. August 1959. „Jedermann an jedem Ort – einmal in der Woche Sport", so die Losung von DDR-Staatschef Walter Ulbricht. In diesem Sinne betätigte er sich wie hier auf dem III. Turn- und Sportfest in Leipzig als begeisterter Vorturner.

wurden begabte Kinder gefördert. Zudem wurde systematisch gedopt. Die internationalen Erfolge der ostdeutschen Spitzensportler trugen zur Identifikation der Bürger mit ihrem Land bei.

Bedeutend für das Selbstverständnis der westdeutschen Nachkriegsgesellschaft war der Sieg bei der Fußballweltmeisterschaft 1954 in Bern. Durch das „Wunder von Bern" konnten die Deutschen wieder stolz auf ihre Nation sein. Als die DDR bei den Olympischen Spielen von 1968 erstmals mit eigener – und nicht mehr in einer gesamtdeutschen – Mannschaft antrat und von da an im Medaillenspiegel jeweils vor der Bundesrepublik lag, sah sich diese genötigt, die staatliche Sportförderung ihrerseits zu forcieren. Auch im Westen war Doping nicht unbekannt. Im Jahr vor den Olympischen Spielen 1972 in München erklärte Bundesinnenminister *Hans-Dietrich Genscher* in einer Beratung: „Von ihnen als Sportmediziner will ich nur eines: Medaillen für München."

Skandal und Wandel in der Bundesrepublik In den 1960er-Jahren spitzte sich in der Bundesrepublik die Auseinandersetzung um die Vergangenheit zu. Die jüngere Generation kritisierte die Selbstverständlichkeit, mit der ehemalige Mitläufer nach 1945 die Entwicklung der Bundesrepublik bestimmten, und forderte dazu auf, das Schweigen zu brechen. Die meist sehr persönlich geführte Auseinandersetzung der Jugend mit der Vergangenheit ihrer Eltern, Lehrer und Professoren führte oftmals zu einer pauschalen Verurteilung der älteren Generation und ging mit einem inflationären Gebrauch des Faschismus-Vorwurfs einher.

Im Mai 1968 erklärte der Bundestag „Beihilfe zum Mord aus niederen Beweggründen" rückwirkend seit 1960 als straffrei. Da im bundesdeutschen Rechtsverständnis als Haupttäter immer Hitler, Himmler, Heydrich u.a. galten, wurde die Masse der Schreibtisch-Täter stets nur wegen Beihilfe zum Mord angeklagt. Aufgrund der Novelle mussten viele Prozesse und Ermittlungsverfahren gegen NS-Täter eingestellt werden. Was in der offiziellen Sprachregelung als „Panne des Gesetzgebers" galt, nannte die kritische Öffentlichkeit „kalte Amnestie".

Der von 1963 bis 1965 dauernde *Frankfurter Auschwitz-Prozess* hatte das Ausmaß des NS-Völkermordes, aber auch die Schwierigkeit gezeigt, den Verantwortlichen ihre individuellen Mordtaten nachzuweisen. Mord und Beihilfe zum Mord verjährten bis dahin nach 20 Jahren – so wäre in absehbarer Zeit eine Strafverfolgung von NS-Tötungsverbrechen nicht mehr möglich gewesen. Schließlich handelte der Gesetzgeber: Der Deutsche Bundestag verschob zunächst die Verjährungsfrist, nach weiteren intensiven Debatten im Jahr 1979 entschied er, die Verjährung von Völkermord und Mord ganz aufzuheben. So konnten in den 1960er-Jahren noch zahlreiche Prozesse gegen NS-Täter durchgeführt werden.

Auf politischer Ebene belebte sich vor allem im Zuge der Neuen Ostpolitik unter Bundeskanzler *Willy Brandt* der Diskurs über die NS-Vergangenheit von Neuem. Die Bundesrepublik bemühte sich erfolgreich um eine Verbesserung der deutsch-deutschen Beziehungen und der Verhältnisse zu den Staaten, die die DDR anerkannt hatten. Dazu gehörten auch Bemühungen um eine Aussöhnung mit den Opfern im Osten, die der berühmte Kniefall Brandts vor dem Mahnmal für die Opfer des Warschauer Ghettos symbolisch ausdrücken sollte.[1]

Stillstand und Ritualisierung in der DDR Eine solche auf den Nationalsozialismus zentrierte Auseinandersetzung der jungen Generation mit der älteren blieb in der DDR aus. Der ritualisierte antifaschistische Bezug auf den Nationalsozialismus wandelte sich nur in Nuancen. Öffentliche Kontroversen waren ohnehin nicht möglich. Neben der diktatorischen Verfasstheit des Staates war das einerseits durch die „antifaschistische Herkunft" der Herrschenden bedingt. „Wir fühlten eine starke Hemmung, gegen Menschen Widerstand zu leisten, die in der Nazi-Zeit im KZ gesessen hatten", kommentierte die Schriftstellerin *Christa Wolf* rückblickend. Andererseits war in der DDR die Auseinandersetzung mit dem „Hitler-Faschismus" ein Dauerthema in Politik, Bildung und Medien. Seit Gründung des Landes war die Bevölkerung durch dutzende Romane, Fernseh- und Kinoproduktionen, die zum Teil auch zum zentral vorgegebenen Schulstoff gehörten, „antifaschistisch" beeinflusst (z.B. *Bruno Apitz* „Nackt unter Wölfen").

Nach 1990: Die Aufarbeitung geht weiter Seit der Deutschen Einheit 1990 hat sich Deutschland einer „doppelten Vergangenheit" zu stellen. Die Fehler, die bei der ersten „Diktaturbewältigung" gemacht wurden – vor allem bei der strafrechtlichen Verfolgung der NS-Verbrechen – sollten sich bei der zweiten nicht wiederholen. Das vereinte Deutschland wandte sich, anders als nach 1945, unverzüglich der Aufarbeitung der Vergangenheit zu. Die Verbrechen der DDR-Diktatur wurden öffentlich gemacht, den Opfern wurde materiell und symbolisch Genugtuung verschafft, die Täter wurden bestraft. Für die Geschichtswissenschaft gilt das Thema DDR inzwischen als „überforscht". Geschichtskulturell aber hat das Thema, vor allem in den Facetten „Repression und Mangel", weiter Konjunktur.

▲ **Begegnung mit Zeitzeugen.**
Foto vom 16. April 2005. Ein früherer Häftling erläutert Schülern in der Gedenkstätte des ehemaligen KZ Sachsenhausen bei Berlin Fotos und Dokumente.

Seit 1990 gibt es auch eine gesamtdeutsche Erinnerung an den Nationalsozialismus. Befürchtungen, das Thema könnte zu den Akten gelegt werden, erwiesen sich als falsch. Das Bekenntnis zur Verantwortung für die deutschen Gewalttaten steht unverändert. In Wissenschaft, Medien und Kunst ist das Interesse an der NS-Zeit größer denn je. Das Bild jener Epoche wird immer differenzierter. Unternehmensgeschichten etwa klären den Beitrag der deutschen Wirtschaft an der Judenverfolgung sowie an der Ausbeutung von Zwangsarbeitern während des Krieges. Mit der im Jahr 2000

[1] Siehe dazu auch Seite 349, M3.

gegründeten Stiftung „Erinnerung, Verantwortung und Zukunft“ wurden die vielen Millionen ehemaliger Zwangsarbeiter entschädigt und endlich als Opfer anerkannt.

Darüber hinaus widmet sich die Geschichtswissenschaft verstärkt dem Thema „Aufarbeitung der Aufarbeitung“ und damit der Frage, wie in Deutschland, aber auch in anderen europäischen Staaten, mit der NS-Vergangenheit von 1945 bis heute umgegangen worden ist.

Lesetipp
Heike Tuchscheerer, 20 Jahre vereinigtes Deutschland: eine „neue“ oder „erweiterte Bundesrepublik“?, Baden-Baden 2010

Alles neu in der „Berliner Republik“? Im politischen Sprachgebrauch ist seit der deutschen Einheit von der „Berliner Republik“ die Rede (▸ M13). Diese Bezeichnung bezieht sich nicht nur auf die neue, modernisierte Hauptstadt, sondern vielmehr auf ein verändertes deutsches Selbstverständnis im europäischen und internationalen Kontext.

Hat sich die deutsche Politik nach 1990 verändert? Dafür sprechen einige Indizien: Die Bundesrepublik drängt auf einen Sitz im Weltsicherheitsrat der UNO. Sie beteiligt sich an internationalen militärischen Kriegseinsätzen im Rahmen der NATO und der UNO. Sie spricht sich vehement gegen den Kriegseinsatz im Irak und gegen Libyen aus. Sie richtet „Gipfelkonferenzen“ zur Klärung internationaler Konflikte aus. Und auch bei der Bewältigung der Euro- und Schuldenkrise seit dem Jahr 2008 spielt die Bundesrepublik eine dominierende Rolle.

▲ **Volksfest am Brandenburger Tor zum Tag der deutschen Einheit in Berlin.**
Foto vom 3. Oktober 2011.

Der Wandel von der Bonner zur in „neuer alter Größe“ gewachsenen Berliner Republik hat im In- und Ausland auch Unbehagen ausgelöst. Um das Ansehen Deutschlands in der Welt und das Vertrauen des Auslands zu bewahren, knüpft die Berliner Republik an die antirituellen Traditionen der Bundesrepublik an. Dies betrifft auch die alljährliche Ausrichtung der Feier zum „Tag der deutschen Einheit“ am 3. Oktober. Bremens Oberbürgermeister *Klaus Wedemeyer* empfahl 1994 auf der zentralen Einheitsfeier: „Rücksichtnahme und Aufrichtigkeit, Behutsamkeit und Realitätssinn nach innen und nach außen sollten uns auch leiten, wenn wir über die deutsche Nation und die kollektive Identität der Deutschen diskutieren.“

Innenpolitisch hat sich die Situation von einem „behaglichen“ Dreiparteiensystem (CDU, SPD, FDP) zu einem „bunten“ Sechsparteiensystem (CDU, SPD, Grüne, Linke, FDP, Piraten) entwickelt, das vielfältigere politische Konstellationen ermöglicht. Von allen Parteien wird heute eine größere ideologische Beweglichkeit und Kompromissfähigkeit eingefordert. Nicht zuletzt sorgen die vielfältigen internationalen Anforderungen – Globalisierung, Terrorismus, Ökologie, Demografie – dafür, dass sich die deutsche Politik stets neu definieren muss.

Ob sich die Orientierung der deutschen Politik am „Zivilisationsbruch Nationalsozialismus“ mit wachsendem zeitlichen Abstand halten wird, oder ob dieser historische Bezugspunkt allmählich verblasst, wird sich zeigen. Die politische Auseinandersetzung mit den NS-Verbrechen sollte jedoch nicht beendet werden, weil bis heute Rassismus, Antisemitismus, Ausländerfeindlichkeit und andere rechtsextremistische Auswüchse vielfach auf nationalsozialistischen Vorstellungen gründen. Außerdem hat sich nach 1945 mehrfach gezeigt, dass sich Zivilisationsbrüche in allen Teilen der Welt wiederholen können (z.B. die Massenmorde in Kambodscha oder die Kriegsverbrechen in Jugoslawien und Ruanda).

Ein Land – eine Identität? Seit der „Wiedervereinigung" nähert sich die politische Kultur in den beiden Teilen Deutschlands allmählich einander an. Obwohl Löhne und Gehälter inzwischen weitgehend angeglichen wurden, fühlte sich ein Teil der Ostdeutschen jedoch durch die radikale politische und wirtschaftliche Umstellung ungerecht behandelt. Orientierungslosigkeit, Rechtsradikalismus und eine nostalgische Verklärung des Sozialismus machten sich breit. Insgesamt sind die Menschen in den neuen Bundesländern mit Demokratie, pluralistischer Gesellschaft und Marktwirtschaft weniger zufrieden als die im Westen. Die überwiegende Mehrheit der Bevölkerung steht aber positiv zum wiedervereinigten Deutschland.

Die Unterschiede in der Lebenserfahrung und im Lebensgefühl zwischen den Deutschen in Ost und West waren doch größer, als man das in den aufregenden Monaten der friedlichen Revolution erwartet hatte. Dies betrifft auch das kollektive Gedächtnis und traditionelle Werthaltungen. So spielt etwa im Osten die Erinnerung an den Holocaust immer noch eine geringere Rolle als im Westen, während der Antifaschismus noch immer einen großen Platz einnimmt.

▲ **„Daran müssen wir noch arbeiten."**
Karikatur von Rainer Schwalme, 1992.
- *Erklären Sie die Haltung des Zeichners zur deutschen Einheit. Diskutieren Sie, ob die Aussage der Karikatur auch heute noch Gültigkeit hat.*

Trotz aller wirtschaftlichen und sozialen Probleme: Der Stolz auf die friedliche Revolution in der DDR und die daraufhin erfolgte Deutsche Einheit hat wesentlich zu einem gemeinsamen Selbstverständnis und zur „inneren Einheit" Deutschlands beigetragen.

Eine neue Geschichtskultur Mit dem Ende der DDR verschwand auch ihre *Geschichtskultur*. Die Symbole des vereinigten Deutschland, die Flagge und Hymne, waren jene der Bundesrepublik. Namen der ostdeutschen Straßen, Plätze und Institutionen, die Denkmäler und symbolträchtigen Gebäude verschwanden, während sich Benennungen, die sich an der Geschichtskultur der alten Bundesländer orientieren, allmählich auch im Beitrittsgebiet verbreiten.

In der Bundesrepublik war die politische Kultur seit Ende der 1970er-Jahre pluraler geworden. Es gab immer mehr bürgergesellschaftliche Initiativen. Das beeinflusste auch die westdeutsche Geschichtskultur. Die (Um-)Benennung von Straßen, Plätzen, Institutionen und Kasernen, die Errichtung, Entfernung oder Umwidmung von Gedenkorten verstand man nun nicht mehr als alleinige Angelegenheit des Staates, sondern als Resultat eines Selbstverständigungsprozesses der Gesellschaft. Auch das 2005 fertiggestellte Denkmal für die ermordeten Juden Europas sowie das 2007 vom Bundestag beschlossene *Freiheits- und Einheitsdenkmal*[1] im Zentrum Berlins hatten bürgergesellschaftliche Ursprünge (▸ M14). Heute gibt es in Deutschland eine Vielzahl von Gedenkstätten, die vom Bund, den Ländern, Kommunen oder von bürgergesellschaftlichen Akteuren errichtet wurden und betrieben werden.

Lesetipp
Dana Giesecke und Harald Welzer, Das Menschenmögliche. Zur Renovierung der deutschen Erinnerungskultur, Hamburg 2012

[1] Vgl. dazu den Methoden-Baustein „Denkmäler" auf Seite 416 bis 418.

Andererseits versteht es der Staat zunehmend als seine Aufgabe, die Vergangenheit mit einem offiziellen Gedenkwesen zielgerichtet lebendig zu halten. Dagegen erheben sich auch kritische Stimmen, die diese staatlich „verordnete“ Gedenkkultur eher als Hindernis für eine wirkliche Auseinandersetzung und ein lebendiges Geschichtsbewusstsein begreifen.

Gleichzeitig wird die Gedenk- und Erinnerungskultur an Nationalsozialismus und Holocaust immer internationaler, was sich heute vor allem an Museen wie dem *United States Holocaust Memorial Museum* in Washington, D.C., oder dem *Jüdischen Museum* in Berlin zeigt. Auch die Entwicklung des 27. Januar von einem nationalen Gedenktag der Deutschen zum „Internationalen Tag des Gedenkens an die Opfer des Holocaust“ verweist auf die Tatsache, dass der Holocaust heute Teil einer *transnationalen Erinnerungskultur* geworden ist.

Etwa seit Beginn des neuen Jahrhunderts haben die Themen Nationalsozialismus und Zweiter Weltkrieg auch in Kino- und TV-Produktionen Konjunktur. Eine neue Generation von Autoren und Regisseuren entwickelt hier eine eigene Sichtweise auf die Vergangenheit, welche in der Geschichtswissenschaft, aber auch in den Medien immer wieder kontrovers diskutiert wird.

▲▶ **„Stolpersteine“.**
Seit 1997 verlegt der Kölner Künstler Gunter Demnig „Stolpersteine“. Das sind kleine Betonwürfel mit Messingplatten, auf denen die Namen von NS-Opfern (Juden, Sinti und Roma, politisch und religiös Verfolgte, Homosexuelle, Opfer der „Euthanasie“) stehen. Sie werden vor den früheren Wohnhäusern der Opfer in den Gehweg eingelassen. Bis 2012 wurden etwa 35 000 Steine an rund 750 Orten in zehn europäischen Ländern verlegt. Siehe hierzu auch den Code 32031-35.

Karikaturen analysieren

Kompetenz:
Den Inhalt, die Aussage und die Wirkung einer Karikatur analysieren und im historischen Kontext beurteilen

Karikaturen (von ital. caricare für „überladen", „übertreiben") sind gezeichnete historische Quellen: Sie nehmen zu aktuellen politischen oder gesellschaftlichen Ereignissen, Entwicklungen, Zuständen oder Personen kritisch Stellung. Mit den Mitteln der Parodie, der Ironie, der Komik und des Witzes heben sie zentrale Aspekte bewusst hervor, vereinfachen sie oder stellen sie verzerrt dar. Die Öffentlichkeit soll auf politische oder soziale Missstände und Fehlentwicklungen aufmerksam gemacht, zum Nachdenken und Diskutieren angeregt werden. Worüber die Zeitgenossen lachten oder sich ärgerten, was ihnen gefiel oder was sie ablehnten, erfassen wir nicht auf Anhieb. Um die Aussage einer Karikatur zu entschlüsseln, bedarf es daher der genauen Interpretation und Analyse. In der Regel legen kurze Texte den gezeichneten Figuren Worte in den Mund oder bieten als plakative Unterschriften Hilfen für Deutung und Reflexion. Neben dem Text sind auch Daten wichtige Erschließungshilfen. Generell setzen die Zeichner nicht nur die Kenntnis des dargestellten Sachverhalts voraus, sondern auch die für Karikaturen typische Symbol- und Bildersprache:

- Symbole und Metaphern (Krone und Zepter für Monarchie, Waage für Gerechtigkeit)
- Personifikation und Allegorie („Uncle Sam" für die USA, „Germania" oder der „Deutsche Michel" mit Zipfelmütze für die Deutschen, Engel oder Taube als Friedensbringer)
- Tiervergleiche (der „russische Bär", der „gallische Hahn")
- visualisierte Redensarten („alle sitzen in einem Boot", „den Gürtel enger schnallen")
- historische Bildzitate („Der Lotse geht von Bord", „Die Freiheit führt das Volk")

Formale Kennzeichen

- Wer hat die Karikatur geschaffen oder in *Auftrag* gegeben?
- Wann und wo ist sie entstanden bzw. veröffentlicht worden?

Bildinhalt

- Wen oder was zeigt die Karikatur?
- Was wird thematisiert?
- Welche *Darstellungsmittel* werden verwendet und was bedeuten sie?

Historischer Kontext

- Auf welches *Ereignis*, welchen *Sachverhalt* oder welche *Person* bezieht sich die Karikatur?
- Auf welche *politische Diskussion* spielt sie an?
- Wozu nimmt der Karikaturist konkret Stellung?

Intention und Wirkung

- An welche *Adressaten* wendet sich die Karikatur?
- Welchen *Standpunkt* nimmt der Karikaturist ein?
- Welche *Aussageabsicht* verfolgt er?
- Inwiefern unterstützt ein eventueller Text die Wirkung der Zeichnung?
- Welche *Wirkung* wollte der Karikaturist beim zeitgenössischen Betrachter erzielen?

Bewertung und Fazit

- Wie lässt sich die Aussage der Karikatur insgesamt einordnen und bewerten?
- Wurde das Thema aus heutiger Sicht sinnvoll und überzeugend gestaltet?
- Welche Auffassung vertreten Sie zu der Karikatur?

„Deutscher Michel“
Personifikation des typischen Deutschen

Schwarzer Horizont
Metapher für ungewisse (politische) Zukunft

Gesichtszüge
klare Identifikation Adenauers

Katholische Krankenschwesterntracht
Hervorhebung/Ironisierung typischer Eigenschaften (Katholik, Adenauers autoritärer Führungsstil)

Kanonenrohr
Hinweis auf NATO-Beitritt und Wiederbewaffnung

VW-Käfer, Kühlschrank, TV-Gerät und Geldsack
Symbole für den wirtschaftlichen Aufstieg

▲ **Zufrieden – „Nicht wahr, Michelchen – keine Experimente!“**
Karikatur von H. E. Köhler in der Frankfurter Allgemeinen Zeitung, 1957.

Formale Kennzeichen Die Zeichnung stammt von Hanns Erich Köhler (1905-1983), einem der bekanntesten Karikaturisten der frühen Bundesrepublik. Er veröffentlichte sie 1957 in der Frankfurter Allgemeinen Zeitung, der führenden überregionalen, politisch eher konservativ ausgerichteten deutschen Tageszeitung.

Bildinhalt Die Karikatur zeigt den an seinen charakteristischen Gesichtszügen erkennbaren ersten deutschen Bundeskanzler und CDU-Vorsitzenden Konrad Adenauer. In Anspielung auf seine Prägung als rheinischer Katholik und seinen autoritären Führungsstil ist er als Krankenschwester in Ordenstracht gekleidet. Lächelnd schiebt er eine Kreuzung aus Kinderwagen und Volkswagen, an dem vorn ein Kanonenrohr angedeutet ist. Im Kinderwagen liegen ein Geldsack und der als zufrieden schlafendes Baby dargestellte „Deutsche Michel" mit typischer Zipfelmütze, die Personifikation des deutschen Durchschnittsbürgers. Er hält einen Kühlschrank und einen Fernseher in den Armen. Thema der Karikatur ist die gesellschaftspolitische Situation Mitte der 1950er-Jahre (1957), die von Adenauers langjähriger Kanzlerschaft (1949-1963) und dem „Wirtschaftswunder" geprägt war, das VW-Käfer, Fernseher, Kühlschrank und D-Mark symbolisieren.

Historischer Kontext Mit dem Slogan „Keine Experimente" errangen die CDU/CSU und ihr Spitzenkandidat Adenauer in der Bundestagswahl 1957 mit 50,2 Prozent der Mandate ihren bislang größten Sieg. Es war das erste und einzige Mal, dass eine Partei die absolute Mehrheit erhielt und die alleinige Regierungsfraktion stellen konnte.
Grundlagen für Adenauers Popularität waren der steigende Lebensstandard und die sinkende Arbeitslosigkeit. 1955 hatte die Bundesrepublik zudem mit dem Ende der Besatzungsherrschaft, dem NATO-Beitritt und der folgenden Wiederbewaffnung ihre Souveränität wiedererlangt. Adenauer konnte in seiner dritten Legislaturperiode nun vier Jahre lang ohne Koalitionspartner regieren und seine umstrittenen Ziele auch in der Außenpolitik verwirklichen. Dazu gehörte u.a. der Aufbau der Bundeswehr im NATO-Bündnis, worauf das angedeutete Kanonenrohr und die als schwarzer Horizont ausgemalte ungewisse oder gar dunkle Zukunft anspielen.
Mit seiner Karikatur nimmt Köhler Stellung zur politischen Einstellung der Bevölkerung, die sich in der Bundestagswahl spiegelt. Die meisten Deutschen hielten sich nach dem Krieg politisch zurück, konzentrierten sich auf den wirtschaftlichen Wiederaufbau und ihren privaten Lebensstandard. In Adenauer sahen sie den Garanten für Wohlstand und Stabilität. Für das „Experiment" eines politischen Wechsels gab es keinen Bedarf.

Intention und Wirkung Der Karikaturist will dem Wähler einen Spiegel vorhalten und ihn daran erinnern, seine politische Verantwortung ernst zu nehmen. Adenauer hat sich in den acht Jahren im Kanzleramt ein so hohes Ansehen verschafft, dass ihm der Bundesbürger – mit den Errungenschaften des „Wirtschaftswunders" materiell zufriedengestellt – im Schlaf vertraut und freie Hand lässt, ohne zu wissen, wohin der Weg führt. Der Karikaturist wendet sich nicht gegen Adenauers Politik, sondern das Desinteresse, mit dem sich die Deutschen ihre gerade erst zurückgewonnene politische Mündigkeit aus Bequemlichkeit abnehmen lassen.

Bewertung und Fazit Zeichenstil und Bildkomposition sind einfach, die Personen leicht zu erkennen und auf wenige charakteristische Elemente reduziert. Die Karikatur ist eine gelungene Allegorie, da sie die komplexen Zusammenhänge des gesellschaftspolitischen Klimas der Adenauerzeit mit Text und Symbolik treffend, einfach und damit wirkungsvoll zusammenfasst.

1. *Erläutern Sie, welches politische Selbstverständnis in der Karikatur deutlich wird.*
2. *Nehmen Sie Stellung zur Aktualität der Karikatur. Ist sie auf andere Zeiten übertragbar?*

M1 „Es ist zum Übelwerden"

Der Schriftsteller und Nobelpreisträger Hermann Hesse (1877-1962) lebt seit 1919 in der Schweiz im Tessin. Während der Zeit des Nationalsozialismus ist sein Haus eine Anlaufstelle für etliche Emigranten aus Deutschland auf ihrem Weg ins Exil. Hesse schreibt einen „Offenen Brief" an die Schriftstellerin Luise Rinser, der am 26. April 1946 unter dem Titel „Ein Brief nach Deutschland" in der National-Zeitung (Basel) veröffentlicht wird. Darin heißt es:

Merkwürdig ist das mit den Briefen aus Ihrem Lande! Viele Monate bedeutete für mich ein Brief aus Deutschland ein überaus seltenes und beinahe immer ein freudiges Ereignis. [...]

Dann wurden die Briefe häufiger und länger und unter diesen Briefen waren schon viele, die mir keine Freude machten und die zu beantworten mir bald die Lust verging [...].

Ein Gefangener in Frankreich, kein Kind mehr, sondern ein Industrieller und Familienvater, mit Doktortitel und guter Bildung, stellte mir die Frage, was denn nach meiner Meinung ein gut gesinnter anständiger Deutscher in den Hitlerjahren hätte tun sollen? Nichts habe er verhindern, nichts gegen Hitler tun können, denn das wäre Wahnsinn gewesen, es hätte ihn Brot und Freiheit gekostet, und am Ende noch das Leben. [...]

Da sind nun zum Beispiel alle jene alten Bekannten, die mir früher jahrelang geschrieben, damit aber in dem Augenblick aufgehört haben, als sie merkten, dass man sich durch Briefwechsel mit mir, dem Wohlüberwachten, recht Unangenehmes zuziehen könne. Jetzt teilten sie mir mit, dass sie noch leben, dass sie stets warm an mich gedacht und mich um mein Glück, im Paradies der Schweiz zu leben, beneidet hätten, und dass sie, wie ich mir ja denken könne, niemals mit diesen verfluchten Nazis sympathisiert hätten. Es sind aber viele dieser Bekenner jahrelang Mitglieder der Partei gewesen. Jetzt erzählen sie ausführlich, dass sie in all diesen Jahren stets mit einem Fuß im Konzentrationslager gewesen seien, und ich muss ihnen antworten, dass ich nur jene Hitlergegner ganz ernst nehmen könne, die mit beiden Füßen in jenen Lagern waren, nicht mit dem einen im Lager, mit dem anderen in der Partei [...].

Dann gibt es treuherzige alte Wandervögel, die schreiben mir, sie seien damals, so etwa um 1934, nach schwerem inneren Ringen in die Partei eingetreten, einzig, um dort ein heilsames Gegengewicht gegen die allzu wilden und brutalen Elemente zu bilden und so weiter.

Andere wieder haben mehr private Komplexe und finden, während sie im tiefen Elend leben und von wichtigeren Sorgen umgeben sind, Papier und Tinte und Zeit und Temperament im Überfluss, um mir in sehr langen Briefen ihre tiefe Verachtung für Thomas Mann[1] auszusprechen und ihr Bedauern oder ihre Entrüstung darüber, dass ich mit einem solchen Mann befreundet sei.

Und wieder eine Gruppe bilden jene, die offen und eindeutig all die Jahre mit an Hitlers Triumphwagen gezogen haben, einige Kollegen und Freunde aus früheren Zeiten her. Sie schreiben mir jetzt rührende und freundliche Briefe, erzählen mir eingehend von ihrem Alltag, ihren Bombenschäden und häuslichen Sorgen, ihren Kindern und Enkeln, als wäre nichts gewesen, als wäre nichts zwischen uns, als hätten sie nicht mitgeholfen, die Angehörigen und Freunde meiner Frau, die Jüdin ist, umzubringen und mein Lebenswerk zu diskreditieren und schließlich zu vernichten. Nicht einer von ihnen schreibt, er bereue, er sehe die Dinge jetzt anders, er sei verblendet gewesen. Und auch nicht einer schreibt, er sei Nazi gewesen und werde es bleiben, er bereue nichts, er stehe zu seiner Sache. Wo wäre je ein Nazi zu seiner Sache gestanden, wenn diese Sache schief ging? Ach, es ist zum Übelwerden.

Zitiert nach: Christoph Kleßmann, Die doppelte Staatsgründung. Deutsche Geschichte 1945-1955, Bonn 1991, S. 443 f.

1. *Beschreiben Sie, wie sich die Deutschen in ihren Briefen an Hermann Hesse darstellen.*
2. *Erläutern Sie, welche Gründe es für die Einstellung der Deutschen und ihren Umgang mit dem Nationalsozialismus geben könnte.*
3. ➕ *Erörtern Sie die Haltung Hesses, die hier zum Ausdruck kommt. Nehmen Sie selbst Stellung zu den Briefschreibern und verfassen Sie Antworten.*

M2 Mentalitätsbrüche

Der Historiker Hans-Ulrich Wehler spricht von einem vierfachen Mentalitätsbruch, der die Ausgangslage der neu gegründeten Bundesrepublik begünstigt habe:

1. Jedes Liebäugeln mit der Diktatur traf nach 1945 in Westdeutschland auf unüberwindbaren Widerstand. Die Erfahrungen mit dem Führerabsolutismus hatten alle Illusionen, die dieses politische System unlängst noch umhüllt hatten, aufgelöst. [...]

[1] **Thomas Mann** (1875-1955): deutscher Schriftsteller und Nobelpreisträger, der 1933 in die Schweiz und 1938 in die USA emigrierte. Als Gegner der Nationalsozialisten wandte er sich regelmäßig in einer eigenen Radiosendung, gesendet von der BBC, an die deutsche Bevölkerung.

2. Mit dem Untergang des „Dritten Reiches“ wurde außerdem die Fata Morgana eines deutschen „Sonderwegs“ in die Moderne endgültig aufgegeben. Zwar hatte Deutschland seit jeher zum Okzident: zum westlichen Kulturkreis und europäischen Staatensystem, gehört – insofern ist die Formel vom „langen Weg nach Westen“ irreführend. Doch war es seit der zweiten Hälfte des 19. Jahrhunderts mit fatalen Folgen von dessen Modernisierungspfad abgewichen. Das niederschmetternde Resultat des nationalsozialistischen „Sonderwegs“ blieb umso wirkungsvoller, als die Blockkonfrontation zwischen sowjetischer Diktatur und westlicher Demokratie die vermeintliche Option für einen neuen „Dritten Weg“, den einige irrlichternde Schwarmgeister noch immer für begehbar hielten, denkbar unattraktiv machte.

3. Nachdem der Vulkan des deutschen Radikalnationalismus erstickt worden war, erloschen auch die Leidenschaften, die ihn von einer Eruption zur anderen getrieben hatten. Damit verlor der politische Verband der Deutschen einen seiner Tragpfeiler, insbesondere aber eine Antriebskraft, die ihn seit hundert Jahren bewegt hatte. Die große Frage lautet seither, welcher Loyalitätspol an die Stelle der Nation treten kann, da auch moderne westliche Staaten weiterhin einer integrierenden Programmatik bedürfen. [...]

4. Auch der Bann des charismatischen „Führers“ war 1945 endgültig gebrochen worden, nachdem der Selbstmörder ein bis dahin unvorstellbares Chaos heraufgeführt hatte. Trotzdem: Da der Hitler-Mythos sozialpsychisch viel tiefer verankert war, als mancher Kritiker der Führerherrschaft später wahrhaben wollte, ist seine Ausstrahlungskraft nicht über Nacht erloschen. Die ersten Meinungsumfragen ergaben, dass Hitlers Leistungen in den sechs Friedensjahren noch rundum auf Anerkennung trafen. Im Sommer 1952 etwa hielt ihn ein Drittel der Befragten für einen „großen Staatsmann“, ein weiteres Viertel besaß eine „gute Meinung“ von ihm. Auch 1955 glaubte immerhin fast die Hälfte (48 Prozent), dass Hitler ohne den Krieg als einer „der großen deutschen Staatsmänner“ dagestanden hätte. Selbst 1967, als die westdeutsche Wirtschaft und die Bonner Republik schon jahrelang florierten, hielten noch immer 32 Prozent an diesem positiven Urteil fest. Heutzutage mag man das mit einem ungläubigen Kopfschütteln registrieren, aber die zuverlässig ermittelten empirischen Befunde beweisen noch einmal die außergewöhnliche Faszination, die Hitlers charismatische Herrschaft auf seine Deutschen ausgeübt hatte.

Hans-Ulrich Wehler, Deutsche Gesellschaftsgeschichte, Bd. 4: Vom Beginn des Ersten Weltkriegs bis zur Gründung der beiden deutschen Staaten 1914-1949, München 2003, S. 981 f.

▲ **Titelblatt der satirischen Nachkriegszeitschrift „Ulenspiegel“ von Oktober 1946.**
Die LDP (Liberal-Demokratische Partei Deutschlands) war eine 1945 in der Sowjetischen Besatzungszone gegründete liberale Partei, die in der DDR zur einflusslosen Blockpartei wurde.
- *Analysieren Sie die Aussage des Bildes.*

1. ➕ *Vergleichen Sie die Aussagen Wehlers mit dem Bericht in M1. Erarbeiten Sie auf dieser Grundlage ein Schaubild zum Selbstverständnis der Deutschen nach dem Krieg.*

2. *Erörtern Sie, welche integrierende Idee heute im wiedervereinigten Deutschland als Antriebskraft wirken könnte.*

M3 Einstellungen im Wandel der Zeit

„Wann im 20. Jahrhundert ist es nach Ihrem Gefühl Deutschland am besten gegangen, in welchen Jahren?“

Zeitraum	Jahr der Umfrage			
	1959	1963	1970	1980
vor dem Ersten Weltkrieg	28	16	5	4
1918 bis 1933	5	5	2	2
1933 bis 1939	21	10	5	3
während des Krieges (1940-1945)	1	1	–	–
nach 1945	39	62	–	–
heute, jetzt	–	–	81	80
keine Angabe	6	6	7	11

Nach: Allensbacher Jahrbuch der Demoskopie 1984-1992, München 1993, S. 386

„Wann im 20. Jahrhundert ist es nach Ihrem Gefühl Deutschland am besten gegangen ...?“ Diese Frage wurde von einem Meinungsforschungsinstitut in seinen Umfragen regelmäßig in der Bundesrepublik Deutschland gestellt. Die Tabelle zeigt, wie die Befragten geantwortet haben. Beschreiben Sie anhand der Daten die Einstellung der Westdeutschen zu ihrer Vergangenheit und Gegenwart bis um 1980. Erläutern Sie, welche Tendenzen erkennbar sind und wie sich diese erklären lassen. Ziehen Sie Ihre Ergebnisse aus M1 und M2 hinzu.

M4 Zur „antifaschistischen Umwälzung“ in der DDR

Im Geschichtsschulbuch, das an allen 10. Klassen der Polytechnischen Oberschulen der DDR eingesetzt worden ist, heißt es in der Ausgabe von 1984:

Die Entstehung und Entwicklung der Deutschen Demokratischen Republik war das Resultat der siegreichen antifaschistisch-demokratischen Umwälzung. In diesem revolutionären Prozess kämpften Arbeiter, werktätige Bauern und andere demokratische Kräfte unter Führung der SED für eine antiimperialistisch[1]-demokratische Staatsmacht und für die Durchsetzung des gesellschaftlichen Fortschritts. Die Machtgrundlagen der Monopolbourgeoisie und der Großgrundbesitzer wurden in der antifaschistisch-demokratischen Umwälzung beseitigt, die Wurzeln des Faschismus wurden ausgerottet.

Geschichte Klasse 10, Volk und Wissen, Volkseigener Verlag Berlin 1984, S. 87

[1] **Imperialismus**: Nach Auffassung des Marxismus-Leninismus ist der Imperialismus die fortgeschrittene Stufe des Kapitalismus, da die Industrieländer, um sich Rohstoffe und Absatzmärkte zu sichern, zur Unterwerfung und Ausbeutung anderer Staaten übergehen.

1. *Geben Sie wieder, wie im Schulbuch die „antifaschistisch-demokratische Umwälzung“ in der DDR beschrieben wird. Entspricht die Darstellung den historischen Tatsachen?*
2. *Erläutern Sie mithilfe der Darstellung auf Seite 388 den Faschismus-Begriff, wie ihn die DDR verstand.*
3. *Erörtern Sie, welche Konsequenzen sich aus dieser Geschichtsdarstellung für den Umgang mit der jüngsten Vergangenheit in Politik und Gesellschaft der DDR – auch gegenüber Westdeutschland – ergaben.*

M5 Antikommunismus als Deckmantel?

Der Politikwissenschaftler Dietrich Thränhardt analysiert die Integration ehemaliger Nationalsozialisten in der Bundesrepublik folgendermaßen:

Als Übergangsideologie für die Bundesrepublik, die in die westliche Gesellschaft hineinwuchs, war der Antikommunismus hervorragend geeignet. In ihm konnte man sich mit den ehemaligen Kriegsgegnern, mit der Demokratie, den „westlichen Werten“, dem Christentum, dem „Abendland“ identifizieren, die als positives Gegenbild fungierten. Auch wenn man während des „Dritten Reiches“ unterschiedlichen politischen Lagern angehört hatte, war auf dieser ideologischen Grundlage eine Versöhnung möglich. Die große Menge der ehemaligen Nationalsozialisten und die noch größere Zahl der ehemaligen Antidemokraten konnte auf diese Weise allmählich eine neue positive Identifikation gewinnen, die aber häufig sehr partiell blieb. Nach dem Urteil der Frankfurter Allgemeinen Zeitung war es 1954 bei Bewerbungen eher eine Empfehlung, „PG“ [Parteigenosse, also Mitglied der NSDAP] gewesen zu sein.
Zur Stabilisierung nach innen trug diese neue Dichotomisierung[1] [...] zweifellos bei. Die politische Eingliederung breiter Schichten mit bisher nichtdemokratischer Orientierung gelang in bemerkenswertem Umfang. Die Eingliederung einer so großen Anzahl ehemaliger Nichtdemokraten, vorwiegend in bürgerlichen Kreisen und gesellschaftlich angesehenen

[1] **Dichotomisierung**: Zerlegung einer Gesamtheit in zwei Teilgesamtheiten, die mithilfe eines Merkmals unterschieden werden (z. B. in der Statistik nach Geschlecht: männlich und weiblich)

Berufsgruppen (Ärzte, Lehrer, Verwaltungsbeamte, Richter), barg andererseits die Gefahr des Eindringens von undemokratischen Einflüssen. [...]
Als die neuen Bundesministerien aufgebaut wurden, waren die Überprüfungen durch die Alliierten aufgegeben worden. Sozialdemokraten wurden wegen der harten innenpolitischen Frontstellung kaum eingestellt. Andererseits erhielten aber alle ehemaligen Beamten des „Dritten Reiches", mit Ausnahme der schwer belasteten, einen Rechtsanspruch auf Beschäftigung (Ausführungsgesetz zu Art. 131 GG). Alle Behörden hatten 20 % der Stellen für diesen Zweck zu reservieren. Da die meisten früheren Spitzenbeamten von den Alliierten entlassen und sogar vorübergehend verhaftet worden waren, standen sie 1949/50 zur Verfügung. Innerhalb der Gruppe der Beamten hatten alte Verbindungen Bestand gehabt: Ein ehemaliger Beamter „zog" den anderen nach. Im Ergebnis kam es zur Wiederherstellung der alten Bürokratie, einschließlich ihrer NSDAP-Mitglieder. Im Auswärtigen Amt waren 1951 66 % der leitenden Beamten ehemalige NSDAP-Mitglieder. Kritik daran wies Adenauer mit dem Appell zurück, „jetzt mit der Naziriecherei Schluss zu machen". Für das Bundesjustizministerium ergab eine amerikanische Untersuchung noch höhere Werte. In anderen Ministerien, für die keine Unterlagen vorliegen, dürfte die Entwicklung ähnlich gewesen sein.
Immer wieder wurden diese Besetzungen mit dem Mangel an „Fachleuten" erklärt. Die Besetzung der Bundesministerien war dabei der spektakulärste und auch greifbarste Fall. Denn es bestand ein Unterschied zwischen einer allgemeinen beruflichen Wiedereingliederung ehemaliger Nationalsozialisten und der Besetzung zentraler Entscheidungspositionen. Insbesondere die Justiz, in der sich der Korpsgeist ihrer Angehörigen bemerkbar machte, wurde weithin restituiert. Erst seit Ende der sechziger Jahre, als breite öffentliche Kritik einsetzte, wurde den schwer belasteten „Blutrichtern" die Möglichkeit gegeben, sich unter Wahrung ihrer Versorgungsansprüche pensionieren zu lassen. Bestraft wurde keiner.

Dietrich Thränhardt, Geschichte der Bundesrepublik Deutschland, Frankfurt am Main 1996, S. 112 ff.

1. *Fassen Sie die Aussagen Thränhardts mit eigenen Worten zusammen.*
2. *Erläutern Sie, inwiefern der Antikommunismus als „Integrationsideologie" wirkte.*
3. *Erörtern Sie, ob es in unserer heutigen Gesellschaft auch „Integrationsideologien" gibt.*

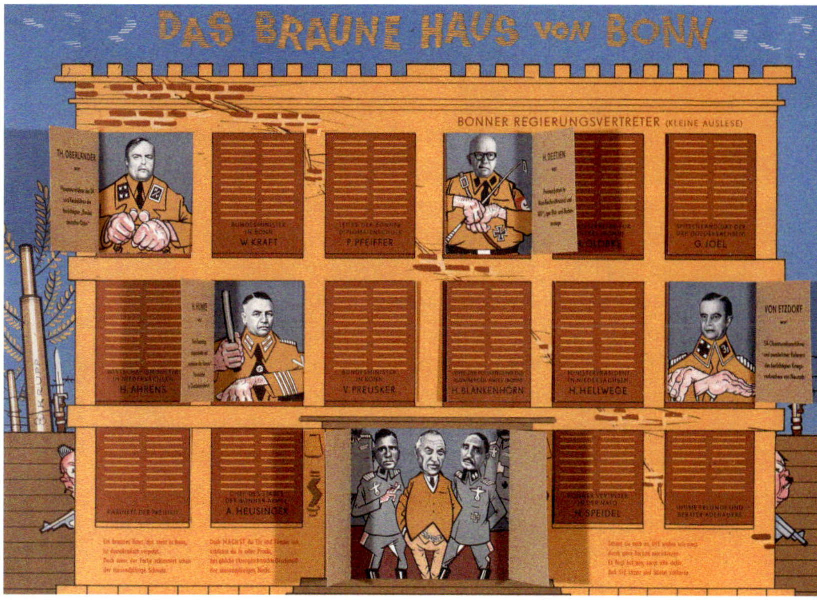

▲ **Das Braune Haus von Bonn.**
Schautafel, herausgegeben von der SED-Abteilung Agitation, Presse, Rundfunk, Berlin-Ost, 1956.
Als „Braunes Haus" wurde die NS-Parteizentrale in München von 1930 bis 1945 bezeichnet. „Das Braune Haus von Bonn" zeigt führende Politiker der Bundesrepublik, die im NS-Regime aktiv waren. Dazu gehört etwa Minister Theodor Oberländer (oben links).
- *Erläutern Sie, warum die SED-Führung an der Aufdeckung der „braunen" Vergangenheit westdeutscher Politiker interessiert war.*

M6 Die zweite Schuld

Der Journalist, Publizist und Schriftsteller Ralph Giordano überlebt den Holocaust als Sohn einer Jüdin in einem Kellerversteck in Hamburg. In seinem 1987 erschienenen Buch „Die zweite Schuld oder Von der Last Deutscher zu sein" setzt er sich mit der „Vergangenheitsbewältigung" in der Bundesrepublik Deutschland auseinander:

Jede zweite Schuld setzt eine erste voraus – hier: die Schuld der Deutschen unter Hitler. Die zweite Schuld: die Verdrängung und Verleugnung der ersten nach 1945. Sie hat die politische Kultur der Bundesrepublik Deutschland bis auf den heutigen Tag wesentlich mitgeprägt, eine Hypothek, an der noch lange zu tragen sein wird. Denn es handelt sich nicht um einen bloß rhetorischen Prozess, nicht um einen Ablauf im stillen Kämmerlein. Die zweite Schuld hat sich vielmehr tief eingefressen in den Gesellschaftskörper der zweiten deutschen Demokratie. Kern ist das, was in diesem Buch der „große Frieden mit den Tätern" genannt wird – ihre kalte Amnestierung durch Bundesgesetze und durch die nahezu restlose soziale, politische und wirtschaftliche Eingliederung während der ersten zehn Jahre der neuen Staatsgeschichte. Das zweite Codewort, gleichsam der rote Faden von der ersten bis zur letzten Seite, ist der „Verlust der humanen Orientierung", ein tief aus der Geschichte des Deutschen Reiches bis hinein in unsere Gegenwart wirkendes Defizit. Beide Codewörter – der große Frieden mit den Tätern und der Verlust der humanen Orientierung – korrespondieren miteinander und bilden meine Betrachtungsgrundlage.

Hauptschauplatz ist die Bundesrepublik Deutschland, obwohl sich bestimmte Abläufe der zweiten Schuld auch auf die Deutsche Demokratische Republik übertragen ließen. [...] Hauptthema ist die historische Fehlentscheidung einer Mehrheit der heute älteren und alten Generationen, sich mit der nationalsozialistischen Vergangenheit und der eigenen Rolle in ihr nicht ehrlich auseinanderzusetzen, belastende Erinnerungen abzuwerfen und sich mit einem kompromittierenden Abschnitt selbsterlebter und mitgestalteter Nationalgeschichte herauszustehlen. Dies in Mittäterschaft einer Vielzahl bundesdeutscher Politiker aller Parteien, die um der Wählerstimmen willen dem nationalen Kollektiv der Hitleranhänger bei Verdrängung und Verleugnung weit entgegengekommen sind und damit ihren Anteil zur zweiten Schuld beigetragen haben.

Ralph Giordano, Die zweite Schuld oder Von der Last Deutscher zu sein, Hamburg/Zürich 1987, S. 11 f.

1. *Geben Sie wieder, was Giordano unter dem Begriff der „zweiten Schuld" versteht.*

2. *Erläutern Sie die Folgen der „zweiten Schuld" für das Selbstverständnis der Bundesrepublik.*

3. *Der niederländische Historiker Friso Wielenga bewertet die Aufarbeitung der Bundesrepublik im Jahr 1993 folgendermaßen: „Überblickt man den Umgang mit der NS-Vergangenheit im demokratischen Teil Deutschlands seit 1945, ist die These gerechtfertigt, dass diese Vergangenheit nicht ‚verdrängt' wurde, sondern dass sie sich – eher umgekehrt – allmählich in die westdeutsche Identität ‚eingebrannt' hat. Dabei ist nicht bestritten, dass auch vieles versäumt wurde. [...] Aber kein Staat der Welt hat die Konfrontation mit seiner belastenden Geschichte so intensiv angegangen wie der westliche Teil Deutschlands in dem vergangenen halben Jahrhundert."[1] Nehmen Sie begründet Stellung zu den gegensätzlichen Positionen Wielengas und Giordanos. Achten Sie auf den Zeitpunkt der Veröffentlichungen.*

[1] Friso Wielenga, Schatten deutscher Geschichte. Der Umgang mit dem Nationalsozialismus und der DDR-Vergangenheit in der Bundesrepublik, Vierow bei Greifswald 1993, S. 107

M7 Schuldgefühle und Loyalität

Christa Wolf gehört zu den bekanntesten Schriftstellerinnen der DDR. Im Juni 1987 schreibt sie:

Als wir fünfzehn, sechzehn waren, mußten wir uns unter dem niederschmetternden Eindruck der ganzen Wahrheit über den deutschen Faschismus von denen abstoßen, die in diesen zwölf Jahren nach unserer Meinung durch Dabeisein, Mitmachen, Schweigen schuldig geworden waren. Wir mußten diejenigen entdecken, die Opfer geworden waren, diejenigen, die Widerstand geleistet hatten. [...] Das heißt, als wir sechzehn waren, konnten wir uns mit niemandem identifizieren. Dies ist eine wesentliche Aussage für meine Generation. Es ist ein nachwirkendes Defizit für junge Menschen, wenn sie sich mit niemandem identifizieren können. Uns wurde dann ein verlockendes Angebot gemacht: Ihr könnt, hieß es, eure mögliche, noch nicht verwirklichte Teilhabe an dieser nationalen Schuld loswerden oder abtragen, indem ihr aktiv am Aufbau der neuen Gesellschaft teilnehmt, die das genaue Gegenteil, die einzig radikale Alternative zum verbrecherischen System des Nationalsozialismus darstellt. An die Stelle des monströsen Wahnsystems, mit dem man unser Denken vergiftet hatte, trat ein Denkmodell mit dem Anspruch, die Widersprüche der Realität nicht zu verleugnen und zu verzerren, sondern adäquat widerzuspiegeln. Dies waren aktivierende, auch verändernde Angebote. Die Auseinandersetzung [...] hat uns tief aufgewühlt. Dazu kam, speziell bei mir, aber nicht nur bei mir, die enge Beziehung zu Kommunisten, Antifaschisten durch meine Arbeit damals im Schriftstellerverband [...]. Beeindruckendere Leute als sie konnte es für mich damals nicht geben [...]. Natürlich übernahmen sie eine Vorbildrolle, es bildete sich ein Lehrer-Schüler-Verhältnis heraus, sie waren die absolut und in jeder Hinsicht Vorbildlichen, wir diejenigen, die in jeder Hinsicht zu hören und zu lernen hatten. [...] Für mich ist ein Beweis dafür, daß dieser Zustand weitgehend aus der deutschen Geschichte erwächst, daß Angehörige der gleichen Generation in den anderen sozialistischen Ländern früher kritisch, kühner, weniger brav und zähmbar waren als bei uns. Es lastete nicht die Schuld aus der Zeit des Nationalsozialismus auf ihnen und die Hemmung, sich offen kritisch gegenüber denen zu äußern, die ihre Lehrer und Vorbilder gewesen waren.

Zitiert nach: Matthias Judt (Hrsg.), DDR-Geschichte in Dokumenten, Bonn 1998, S. 59 f.

1. *„Uns wurde dann ein verlockendes Angebot gemacht" (Zeile 11 f.). Erläutern Sie, was Christa Wolf damit meint.*

2. *Erörtern Sie, welche Auswirkungen dies auf ihre Generation und deren Selbstverständnis hatte.*

M8 Antifaschismus als Herrschaftstechnik?

Der Historiker Christoph Classen beschreibt, wie der Antifaschismus in der DDR eingesetzt worden ist:

Dass „der Faschismus" und sein vermeintliches Gegenteil, „der Antifaschismus", oft in viel stärkerem Maße gegenwartsbezogene als historische Kategorien waren, zeigt schließlich der Fall eines Juden und Widerstandskämpfers, dem man – mangels Bereitschaft, Parteimitglied zu werden – den Status des Verfolgten des Naziregimes noch in den siebziger Jahren verweigerte. Als er diese Ungerechtigkeit monierte, erklärte man ihm mit entwaffnender Offenheit: „Es kommt nicht darauf an, was du damals gemacht hast, sondern was du heute machst." Deutlicher lässt sich der Sieg des Gegenwartshorizontes über die Vergangenheit schwerlich zum Ausdruck bringen. [...]

Es läge also nahe, auch das Faschismus-Paradigma in der DDR, das ja mit dem antifaschistischen Selbstverständnis untrennbar verbunden war, analog als vorwiegend taktisch motiviert zu beschreiben. Ohne Zweifel verschmolzen in dieser Kategorie zeitweise nahezu alle gesellschaftlichen Widerstände zu einem „kompakten" Feindbild, das eine Art Sündenbockfunktion für die anhaltenden Schwierigkeiten bei der Umsetzung des revolutionär-utopischen Projekts eines sozialistischen Deutschlands bekam. Ob westliche Bündnis- und Sicherheitspolitik, innerparteiliche Opposition, landesweiter Protest gegen die Zumutungen revolutionär-bürokratischer Umgestaltungspolitik wie im Jahr 1953 oder die bis zum Mauerbau anhaltende Fluchtbewegung: Stets sah man „Faschisten" oder wenigstens ihre Verbündeten am Werk, stets schien die Apokalypse eines neuen, nun atomar geführten Weltkriegs nicht fern. Zugleich ließ sich gegen einen solchen Gegner angesichts der monströsen Verbrechen des Nationalsozialismus buchstäblich jedes Mittel rechtfertigen. Und doch verfehlt jede Interpretation, die [...] den Antifaschismus allein oder in erster Linie als Herrschaftstechnik deutet, einen wesentlichen Aspekt des Phänomens. [...] Der manichäische[1] Charakter solcher Feindbilder stieß offenkundig keineswegs durchgängig auf Ablehnung. Nur so ist zu erklären – was zumeist gleichzeitig unterstellt wird –, dass der DDR-Antifaschismus als Herrschaftslegitimation vergleichsweise erfolgreich gewesen sei. Wenn es sich lediglich um durchschaubare propagandistische Manöver der politischen Elite gehandelt hätte, wie ist es dann möglich gewesen, eine breite und relativ dauerhafte gesellschaftliche Resonanz dafür zu finden?

▲ Tribüne zur geplanten Parade zum 25. Jahrestag des Mauerbaus in Ost-Berlin.
Foto vom 12. August 1986.

Christoph Classen, Feindbild Faschismus. Zum Doppelcharakter einer Gegnerkategorie in der frühen DDR, in: Silke Satjukow und Rainer Gries (Hrsg.), Unsere Feinde. Konstruktion des Anderen im Sozialismus, Leipzig 2004, S. 127-148, hier S. 129 f.

1. *Analysieren Sie Funktion und Zielsetzung des von Classen beschriebenen „Antifaschismus-Paradigmas".*
2. *Nehmen Sie Stellung zu Classens abschließender Frage. Ziehen Sie die Aussagen von Christa Wolf in M7 hinzu.*
3. *Der Politikwissenschaftler Peter Reichel fasst die DDR-Politik wie folgt zusammen: „So blieb die DDR fast bis zuletzt gefangen zwischen antifaschistischer Vergangenheitsverklärung, kommunistischer Zukunftsgewissheit und Schuldabwehr."[2] Erörtern Sie die Aussage auf der Grundlage von M8 und M9 sowie der Darstellung auf Seite 388 bis 397.*

[1] **Manichäismus**: Religion der Spätantike und des frühen Mittelalters, die für die angestrebte Erlösung Askese und Reinheit verlangt; hier wohl eher: Schwarz-Weiß-Malerei.

[2] Peter Reichel, Vergangenheitsbewältigung in Deutschland. Die Auseinandersetzung mit der NS-Diktatur in Politik und Justiz, München [2]2007, S. 15

M9 Antifaschismus und Antitotalitarismus

Der Historiker Martin Sabrow vergleicht, wie nach 1945 „Vergangenheitspolitik“ betrieben worden ist:

Der ostdeutsche Legitimationsantifaschismus wies schließlich tabuisierende Züge auf, indem er wesentliche Aspekte des Nationalsozialismus aus dem kollektiven Gedächtnis wie aus der wissenschaftlichen Forschung verbannte, darunter so zentrale Fragen wie die Massenattraktivität des Hitler-Regimes und die Teilhabe der Bevölkerung an Verfolgung und Vernichtung. Nie brachte die DDR-Geschichtswissenschaft eine Hitler-Biografie hervor, und bis zum Schluss hielt sie an einem dogmatisierten Denken fest, das Hitler als bloßen Handlanger der Monopole verstand, die KPD als führende Kraft des Widerstandes und das deutsche Volk als verführtes Opfer der Fremdherrschaft einer kleinen Clique. Die erste Überblicksdarstellung der DDR-Geschichtswissenschaft zur NS-Zeit widmete der Shoah kein Kapitel und keinen Unterabschnitt, sondern konzentrierte sich in den vier von 260 der „faschistische[n] Barbarei in den okkupierten Gebieten“ gewidmeten Seiten auf die deutschen Gräueltaten in den besetzten Teilen der Sowjetunion. Juden wurden als Opfergruppe in diesem Zusammenhang nur ein einziges Mal, und zwar als Teil der sowjetischen Bevölkerung erwähnt [...].
Eine vergleichbare politische Instrumentalität und Tabuisierungskraft besaß auf der anderen Seite der Grenze der bundesdeutsche Antitotalitarismus. Sie zeigte sich im Umgang etwa mit dem kommunistischen Widerstand, der in der Bundesrepublik aus der symbolischen wie der materiellen Integration ausgeschlossen blieb. Sie zeigte sich ebenso in der Wiedergutmachungspolitik gegenüber den Opfern der nationalsozialistischen Gewaltherrschaft: Der zur westlichen Hemisphäre zählende Staat Israel erhielt Entschädigungsleistungen, osteuropäische Staaten erhielten sie bis 1989 nicht. [...] Seine tabuisierende Kraft bewies der bundesdeutsche Antitotalitarismus, indem er das Bild des christlichen und konservativen Widerstands ebenso von unwillkommenen Zügen zu reinigen erlaubte, wie es der Antifaschismus in Bezug auf den kommunistischen Widerstand vermochte. Die antidemokratischen und teils sogar antisemitischen Grundüberzeugungen vieler Männer des 20. Juli 1944, die in den Anfangsjahren der NS-Herrschaft oft überzeugte Hitler-Anhänger gewesen waren, blieben ebenso im Verborgenen wie die erst jüngst näher beleuchtete Frage der Verstrickung des militärischen Widerstandsflügels in den nationalsozialistischen Genozid. Diese [...] Haltung belastete die frühe Bundesrepublik mit einer unheilvollen und bis zum Anschein der Komplizenschaft reichenden Symbiose von Amnesie und Amnestie, die aus heutiger Sicht als ein empörender „Triumph des ‚Beschweigens‘“ vor uns steht, sie erlaubte aber zugleich analog zur staatlich verfolgten und gesellschaftlich verlangten Wiedereingliederungspolitik die unzweideutige Verurteilung des NS-Systems, ohne seine ehemaligen Träger und Anhänger auszugrenzen.

Martin Sabrow, Die NS-Vergangenheit in der geteilten deutschen Geschichtskultur, in: Christoph Kleßmann und Peter Lautzas (Hrsg.), Teilung und Integration. Die doppelte deutsche Nachkriegsgeschichte als wissenschaftliches und didaktisches Problem, Bonn 2005, S. 132-151, hier S. 142-144

1. *Geben Sie Gemeinsamkeiten und Unterschiede in der „Vergangenheitsbewältigung“ beider deutscher Staaten wieder.*
2. *Erörtern Sie anhand des ostdeutschen Antifaschismus und des bundesdeutschen Antitotalitarismus den Begriff „Vergangenheitspolitik“. Wie wirkt sich diese Politik jeweils aus?*

M10 Mythos und Identität

Der Politikwissenschaftler Herfried Münkler beschreibt, welche Funktion „moderne“ Mythen in der Bundesrepublik und der DDR übernommen haben:

Politische Mythen haben in allen europäischen Nationen eine wichtige Rolle gespielt, Deutschland allerdings war ein regelrechtes Dorado der politischen Mythografie. Das hängt mit der politischen Deutungshoheit des Bildungsbürgertums und mit der verspäteten Staatsbildung zusammen: Bis 1871 waren Mythen und Symbole die einzige Repräsentation der Nation. Das hatte zur Folge, dass die nationalen Erwartungen und Anstrengungen auf das Feld des Symbolischen verwiesen waren. [...]
Dafür erfolgte nach dem Zweiten Weltkrieg ein mythenpolitischer Schnitt, wie er radikaler nicht hätte sein können. Fast alle politischen Mythen waren desavouiert: An eine Wiederkehr Barbarossas nach langem Schlaf war nicht mehr zu denken, und die Nibelungen hatten auf ihrem Zug nach Osten allesamt den Tod gefunden. Von der germanischen Identität, auf die man zeitweilig so stolz gewesen war, wollte man nichts mehr wissen, und auch der Preußenmythos war anrüchig geworden.
Im Umgang mit den Trümmern der alten deutschen Mythen gingen DDR und Bundesrepublik unterschiedliche Wege: Während die DDR ein neues Mythensystem errichtete, in dessen Zentrum geschichtliche Ereignisse standen, die sich als Vorgeschichte des Arbeiter-und-Bauern-Staates aufbereiten ließen – vom Bauernkrieg über die antinapoleonischen Befreiungskriege bis zum antifaschistischen Widerstand –,

▲ **Monumentalgemälde „Frühbürgerliche Revolution in Deutschland" von Werner Tübke im Panorama Museum im thüringischen Bad Frankenhausen.**
Foto vom 23. Juni 2009.
Am 14. September 1989 war die Gedenkstätte zum Deutschen Bauernkrieg 1525 als letztes DDR-Prestigeobjekt eröffnet worden. Als „Erbin aller humanistischer und progressiver Traditionen Deutschlands" sah sich die DDR gewissermaßen als Finale eines langen und opferreichen Kampfes. Als eines der frühesten und wichtigsten traditionsstiftenden Ereignisse wurden die Bauernkriege von 1524/25 angesehen, welche mit der Reformation zum Ereigniskomplex „frühbürgerliche Revolution in Deutschland" zusammengefasst wurden.

blieben in der Bundesrepublik die mythenpolitischen Trümmerberge zunächst weitgehend unbearbeitet. [...]
Aber ganz hat auch die Bundesrepublik auf Sinnstiftung durch mythische Erzählungen nicht verzichten können. Die Konsummythen [...] dienten nicht nur als Kaufanreize und Marketinginstrumente einer sich in ihrem neuen Wohlstand einrichtenden Gesellschaft, sondern avancierten auch zu Gegenerzählungen zur Mythik der DDR: Sie bestritten deren Anspruch, der bessere deutsche Staat zu sein, und hielten ihr die notorischen Versorgungsdefizite der Bevölkerung und die Einschränkung der Reisefreiheit als Manko der politischen Ordnung vor. Damit konterkarierten die bundesrepublikanischen Konsummythen den antifaschistischen Gründungsmythos, in dem die DDR den Widerstand gegen Hitler und die Zerschlagung des Nazi-Regimes für sich monopolisiert hatte.

Herfried Münkler, Die Deutschen und ihre Mythen, Berlin [2]2009, S. 17 und 19 f.

1. *Fassen Sie zusammen, was Münkler unter dem „mythenpolitische[n] Schnitt" (Zeile 10 f.) versteht.*

2. *Erklären Sie auf der Grundlage von Münklers Ausführungen den Begriff „politischer Mythos".*

M11 „Unsere DDR ist ein sauberer Staat"

Im Dezember 1965 spricht Erich Honecker vor dem Zentralkomitee der SED über die Kulturpolitik:

Unsere DDR ist ein sauberer Staat. In ihr gibt es unverrückbare Maßstäbe der Ethik und Moral, für Anstand und gute Sitte. Unsere Partei tritt entschieden gegen die von den Imperialisten betriebene Propaganda der Unmoral auf, die das Ziel verfolgt, dem Sozialismus Schaden zuzufügen. Dabei befinden wir uns in voller Übereinstimmung mit der Bevölkerung der DDR und der überwiegenden Mehrheit der Menschen in Westdeutschland.
Wir stimmen jenen zu, die feststellen, dass die Ursachen für diese Erscheinungen der Unmoral und einer dem Sozialismus fremden Lebensweise auch in einigen Filmen, Fernsehsendungen, Theaterstücken, literarischen Arbeiten und in Zeitschriften bei uns zu sehen sind. Es häuften sich in letzter Zeit auch in Sendungen des Fernsehfunks, in Filmen und Zeitschriften antihumanistische Darstellungen. Brutalitäten werden geschildert, das menschliche Handeln auf sexuelle

▲ **Der Liedermacher Wolf Biermann bei seinem Auftritt in der Kölner Sporthalle am 13. November 1976.**
Mit der Begründung, er habe die DDR kritisiert, wurde Biermann nach seinem Köln-Konzert am 16. November 1976 ausgebürgert. Zu diesem Zeitpunkt hatte er in der DDR bereits elf Jahre Berufsverbot. Seine Ausbürgerung löste eine Protestwelle aus: Zwölf bekannte Schriftsteller unterschrieben eine Petition, 400 weitere DDR-Bürger solidarisierten sich mit ihnen. Die SED-Führung reagierte mit Festnahmen, Parteiausschlüssen und Berufsverboten. Reihenweise verließen daraufhin prominente Künstler und Schriftsteller die DDR.

Triebhaftigkeit reduziert. Den Erscheinungen der amerikanischen Unmoral und Dekadenz[1] wird nicht offen entgegengetreten. Das gilt besonders für den Bereich der heiteren Muse und der Unterhaltung, für einzelne literarische Arbeiten. [...] Biermann wird systematisch vom Gegner zum Bannerträger einer sogenannten literarischen Opposition der DDR, zur Stimme der „rebellischen Jugend" gemacht. Davon zeugen Sendungen westdeutscher Rundfunkstationen, Berichte in der westdeutschen Presse und Rezensionen zu seinem in West-Berlin erschienenen Gedichtband. Biermann wird dort als ein „äußerst freimütiger und kühner Kritiker des mitteldeutschen Regimes" gefeiert. Biermanns sogenannte Gedichte kennzeichnen sein spießbürgerliches, anarchistisches Verhalten, seine Überheblichkeit, seinen Skeptizismus und Zynismus. Biermann verrät heute mit seinen Liedern und Gedichten sozialistische Grundpositionen. Dabei genießt er wohlwollende Unterstützung und Förderung einiger Schriftsteller, Künstler und anderer Intellektueller. Es ist an der Zeit, der Verbreitung fremder und schädlicher Thesen und unkünstlerischer Machwerke [...] entgegenzutreten.

Zitiert nach: Rolf Steininger, Deutsche Geschichte. Darstellungen und Dokumente in vier Bänden, Bd. 3: 1955-1969, Frankfurt am Main 2002, S. 269 f.

1. *Charakterisieren Sie das Bild, das Erich Honecker von der Kultur in der DDR zeichnet. Erläutern Sie, was er von der Kulturpolitik der SED erwartet.*
2. *Erörtern Sie die Begriffe, die Honecker in seiner Kritik verwendet, und finden Sie jeweils Gegenbegriffe.*

M12 Kalter Krieg im Sport

Die Historikerin Uta Andrea Balbier zur Bedeutung des Sports in der Systemkonkurrenz:

Die internationale Sportwelt eröffnete den kalten Kriegern auf beiden Seiten des Eisernen Vorhangs mehrere Möglichkeiten: In der offensichtlichen Wettbewerbssituation um Millimeter und Hundertstelsekunden versuchten beide Blöcke, die Überlegenheit ihres Gesellschaftssystems unter Beweis zu stellen, wie es SED-Generalsekretär Walter Ulbricht der DDR-Sportbewegung bereits zu Beginn der 1950er-Jahre einschärfte. In den 1960er-Jahren wurden im westlichen Lager vergleichbare Stimmen laut, und auch hier schnellte die Sportförderung in die Höhe. Gleichzeitig bot die – ihrem Selbstverständnis nach – unpolitische internationale Sportwelt diplomatisch kaum anerkannten Staaten wie der DDR Manövrierraum: Diese versuchte sich in den Sportstadien der Welt mit eigener Flagge und Hymne in Szene zu setzen, da die Bundesregierung umgekehrt bestrebt war, jede auch nur symbolische Anerkennung des Pankower Regimes zu verhindern. In einer Welt, in der Leistung, nicht ideologische Überzeugung zählte, mauserten sich die DDR-Sportfunktionäre lange vor der diplomatischen Anerkennung ihres Staates zu ernst zu nehmenden Verhandlungspartnern. Innerhalb des Internationalen Olympischen Komitees [...] erreichte sie die Akzeptanz ihrer Existenz Jahre bevor der Grundlagenvertrag 1974 das Verhältnis zwischen der DDR und der Bundesrepublik normalisierte. Die Geschichte des Aufstiegs der DDR im internationalen Sport ist jedoch eng mit der Politisierung der olympischen Bewegung im Kalten Krieg verknüpft. In dem Versuch, politisch neutral zu sein, schuf die olympische Bewegung Tatsachen, die politische Dynamiken auf beiden

[1] **Dekadenz**: kultureller Verfall

▸ Kopf-an-Kopf-Rennen der beiden deutschen Mannschaften beim Staffelwettbewerb der Frauen.
Foto von den Olympischen Sommerspielen in München 1972.
Hier siegte die bundesdeutsche Auswahl knapp vor dem DDR-Team. Im Medaillenspiegel lag die DDR am Ende jedoch deutlich vorn. Die Spiele von 1972 waren die ersten, bei denen die Sportler aus der DDR hinter ihrer Landesfahne in das Stadion einziehen durften. Dies war auf bundesdeutschem Boden zuvor verboten. Als das Internationale Olympische Komitee (IOC) beschloss, die Spiele 1972 nach München zu vergeben, entschied das Bundeskabinett schließlich, das Hissen der „Spalterflagge" zuzulassen.

Seiten des Eisernen Vorhangs freisetzten. Die gesamtdeutsche Olympiamannschaft war von Beginn an – in Ost wie in West – ein Spielball deutschlandpolitischer Interessen.

Uta Andrea Balbier, Kalter Krieg im Stadion, in: Der Kalte Krieg, Darmstadt 2010, S. 91 f.

1. *Fassen Sie zusammen, inwiefern die beiden Blöcke internationale Sportveranstaltungen in Arenen des Kalten Krieges verwandelten.*

2. *Erläutern Sie, weshalb die SED-Führung den Sport systematisch förderte. Gab es weitere mögliche Motive?*

3. *Beurteilen Sie das Verhältnis von Sport und Politik. Nennen Sie Beispiele, in denen der Sport politischen Zwecken diente.*

M13 Was ist die „Berliner Republik"?

Der Journalist Ludwig Watzal 2001 zu Befürchtungen und Bedenken gegenüber der „Berliner Republik":

Als der Publizist Johannes Gross Anfang der neunziger Jahre den Begriff der Berliner Republik in die öffentliche Debatte einführte, schlugen die Wellen hoch. Seither geistert er durch die politischen Feuilletons. Gewichtige Bedenken wurden vorgetragen: Das Ende der Bonner Republik ließ Befürchtungen aufkeimen, Deutschland könnte an Traditionen anknüpfen, die es ins Verderben geführt hatten. Neuer deutscher Größenwahn, das Abstreifen seiner NS-Vergangenheit im Sinne eines historischen Schlussstriches oder das Ende der Westbindung wurden befürchtet. Die Befürworter einer Berliner Republik behaupteten, dass sich durch den Umzug an der innen- wie außenpolitischen Ausrichtung Deutschlands nichts Wesentliches ändern werde. Dass die Herausforderungen an das Land von Berlin aus besser bewältigt werden würden, ist bis heute bloße Behauptung. Der unbestreitbare Vorteil Berlins liegt aber darin, dass es nicht nur politische Hauptstadt, sondern auch gleichzeitig kulturelle Metropole ist.

Der Politologe Kurt Sontheimer beurteilt die „Berliner Republik" im selben Jahr wie folgt:

Von einer Berliner Republik als erneuerter Republik ließe sich reden, wenn durch die Einbeziehung der DDR-Bevölkerung ein politischer Prozess in Gang gekommen wäre, der zu bedeutsamen Änderungen der politischen und wirtschaftlich-sozialen Ordnung der alten Bundesrepublik geführt hätte. Doch dies war nicht der Fall. Nur die Bundesrepublik kam zum Zuge, die andere Seite war geschlagen und hilflos. So konnte die nun von Berlin aus zu regierende Bundesrepublik im Wesentlichen keine andere Republik sein als ihre Vorgängerin mit Regierungssitz in Bonn. Beim Übergang von Bonn nach Berlin hat sich an der Verfassungsordnung und dem politischen System der Bundesrepublik nichts Wesentliches verändert. Die friedliche Revolution der DDR-Bürger kam in der westlichen Bundesrepublik an ihr Ziel und ihr Ende. Auf diese Bundesrepublik hat sie sich nicht verändernd ausgewirkt. Es war ein frommer Wunsch vieler Ostdeutscher zu meinen, auch die Bundesrepublik müsse sich im Vereinigungsprozess ändern. Sie tat es nicht. [...]
Es sind diese großen und schwierigen Aufgaben des Zusammenwachsens und der gegenseitigen Anerkennung und Toleranz, die der jetzt von Berlin aus regierten Bundesrepublik

▲ **Der Reichstag in Berlin.**
Von seiner Fertigstellung 1894 bis 1933 diente der Bau als Parlamentsgebäude. Nach der Wiedervereinigung beschloss der Deutsche Bundestag, den Reichstagsbau als Sitz des gesamtdeutschen Parlaments zu nutzen. Von 1995 bis 1999 wurde das Gebäude saniert; dabei entstand die gläserne Kuppel, die eine Durchsicht auf den darunterliegenden Plenarsaal ermöglicht. Sie ist für Besucher zugänglich und zu einem Wahrzeichen der Republik geworden.

- *Die „Berliner Republik" versteht sich als bürgernah, transparent, weltoffen, modern und geschichtsbewusst – dies soll auch durch die repräsentativen Regierungsbauten deutlich werden. Beurteilen Sie, ob und inwiefern die Architektur des Reichstages dieses Selbstverständnis wiedergibt.*

von der Geschichte zugewiesen worden sind. Ihre Bewältigung, die auch misslingen oder nur unbefriedigend gelingen kann, unterscheidet die heutige Bundesrepublik von ihrer Bonner Variante. Dazu kommen die außerordentlichen Wandlungsprozesse im wirtschaftlichen und sozialen Bereich, die mit dem Allerweltsbegriff der Globalisierung umschrieben werden und die dem Staat einiges von seiner früheren Gestaltungsmacht entziehen. Kurz: Die Berliner Republik von heute unterscheidet sich hinsichtlich ihrer Probleme und Aufgaben, auch in ihrer Stellung im Rahmen der internationalen Ordnung, doch ganz wesentlich von den Problemen, mit denen es Bonn und seine Politiker vor Jahrzehnten zu tun hatten.

Die Historikerin Vera Caroline Simon äußert sich zum Stil der Einheitsfeiern im vereinigten Deutschland:

In Anbetracht der im In- und Ausland gezeichneten Renationalisierungsszenarien war es nicht verwunderlich, dass die symbolische Ausgestaltung des neuen Nationalfeiertags so unprovokativ, ja so zurückhaltend wie möglich ausfiel. [...] Die nichtmilitärische Ausgestaltung entsprach jedoch nicht allein der außenpolitischen Signalfunktion einer sich der internationalen Vorbehalte bewussten Bundesrepublik. Sie etablierte sich auch in dezidierter Abgrenzung zu den militärischen Zeremonien der DDR, die bereits zu Zeiten der Zweistaatlichkeit als Unterschied zwischen der säbelrasselnden, totalitären DDR und der demokratischen Bundesrepublik angeführt wurde. Bereits der Nationalfeiertag der alten Bundesrepublik, der 17. Juni, sollte [...] ein „geläutertes Nationalbewusstsein" präsentieren.

Erster Text: Ludwig Watzal, Editorial, in: Aus Politik und Zeitgeschichte, Heft 1-2/2001, S. 2; zweiter Text: Kurt Sontheimer, Berlin schafft keine neue Republik – und sie bewegt sich doch, in: Aus Politik und Zeitgeschichte, Heft 1-2/2001, S. 3-5; dritter Text: Vera Caroline Simon, Gefeierte Nation. Erinnerungskultur und Nationalfeiertag in Deutschland und Frankreich seit 1990, Frankfurt am Main u.a. 2010, S. 84

1. *Fassen Sie zusammen, was unter „Berliner Republik" verstanden wird.*

2. *Erläutern Sie, welche Erwartungen und Befürchtungen mit ihr verknüpft worden sind.*

3. *„Während sich in Bonn der Verzicht aufs Nationale ausdrückte, wird in Berlin in großem Stil die Nation re-inszeniert. Die Nation will nicht nur imaginiert, sie will auch repräsentiert sein: durch Ideen, Mythen, Erzählungen, Symbole und nicht zuletzt durch die Architektur ihrer neuen Hauptstadt."[1] Nehmen Sie dazu Stellung.*

4. *Stellen Sie die Berliner Republik jeweils der Bonner und der Weimarer Republik gegenüber. Erörtern Sie Gemeinsamkeiten und Unterschiede.*

M14 „Eine Verpflichtung für Gegenwart und Zukunft"

Am 25. Juni 1999 beschließt der Bundestag die Errichtung eines Denkmals für die ermordeten Juden Europas nach einem Entwurf des amerikanischen Architekten Peter Eisenman. Kurz vor der Eröffnung des Holocaust-Mahnmals in Berlin am 10. Mai 2005 nimmt Bundestagspräsident und zugleich Kuratoriumsmitglied der Denkmal-Stiftung Wolfgang Thierse in einem Interview mit der „Jüdischen Allgemeinen" (J.A.) dazu Stellung:

THIERSE: [...] Mit dieser Entscheidung [für die Errichtung des Denkmals] bekennt sich der Bundestag dazu, sich nicht nur der freundlichen, der großen Seiten unserer Geschichte zu erinnern, sondern auch der entsetzlichen. Im Sinne einer Verpflichtung für Gegenwart und Zukunft. Das ist ein Bekenntnis zur raison d'etre[2] dieser Republik, die entstanden ist aus den materiellen, geistigen und moralischen Trümmern des nationalsozialistischen Deutschland. Mit der Verpflichtung, immer für Demokratie, Humanität und Toleranz einzustehen, Rassismus, Antisemitismus und Diktatur niemals wieder zuzulassen.
J.A.: Kann ein solches Signal von einer Architektur ausgehen?
THIERSE: Kunstwerke zwingen nicht alle, ja zu sagen. Kunstwerke, das Holocaust-Denkmal ist auch eines, sind eine Einladung. Ich bin überzeugt davon, dass diese Einladung vielfach angenommen werden wird. Sie werden beim Gang durch das Stelenfeld sinnlich und körperlich erfahren können, was das heißt: einsam sein, bedroht sein, bedrängt sein. Wenn die Besucher so emotional berührt in den „Ort der Information" gehen, dort anhand von Einzelschicksalen erfahren, woran erinnert wird – an die millionenfache Vernichtung von Menschen –, dann kann das Denkmal gut gehen und funktionieren. [...]
J.A.: Viele Juden sagen, sie brauchen ein solches Denkmal nicht.
THIERSE: Das ist richtig.
J.A.: Wer braucht dann das Denkmal?
THIERSE: Es ist doch ganz klar: Das ist kein Denkmal für die überlebenden Juden. Es ist ein Denkmal für uns Deutsche, für unser kollektives Gedächtnis. Damit wir uns daran erinnern, was einmal möglich war. Eine solche verpflichtende Erinnerung geschieht dadurch, dass wir der Opfer gedenken. Verdrängen wir damit die Täter? Nein! Ein Kilometer entfernt steht die „Topographie des Terrors"[3], die zeigt, wie dieser Herrschafts- und Unterdrückungsapparat funktionierte. [...]
J.A.: Zieht das Denkmal nicht allein durch seine Existenz einen Schlussstrich unter die Geschichte?
THIERSE: Warum? Wenn es so wäre, wäre es ein Argument gegen jedes Denkmal, das ja immer der „versteinerte" Ausdruck eines Diskussionsprozesses ist, der zu einem Ende gekommen ist. Aber Peter Eisenmans Werk hat eben etwas Anstößiges, Anregendes, Irritierendes. Und das Mahnmal steht ja auch in einem Kontext mit dem „Jüdischen Museum" und der „Topographie des Terrors". Das ist ein Angebot zur historischen Aufklärung im Selbstversuch.

Jüdische Allgemeine Nr. 18/2005, 6. Mai 2005

Analysieren Sie die Rolle der NS-Zeit im politischen Selbstverständnis der Bundesrepublik, wie sie Thierse hier zum Ausdruck bringt.

[1] Aleida Assmann, Geschichte im Gedächtnis. Von der individuellen Erfahrung zur öffentlichen Inszenierung, München 2007, S. 111
[2] **Raison d'etre**: dt. Daseinsberechtigung

[3] Projekt zur Dokumentation des NS-Terrors auf dem Gelände zwischen Prinz-Albrecht-Straße (heute Niederkirchnerstraße), Wilhelmstraße und Anhalter Straße im Berliner Stadtbezirk Kreuzberg, wo sich zwischen 1933 und 1945 das Hauptquartier der Gestapo, der Sitz der SS-Führung und das Reichssicherheitshauptamt befanden. Die Dokumentationsstätte in der Niederkirchnerstraße 8 zählt zu den staatlichen Museen in Berlin.

Kompetenz:
Die Entstehung, Gestaltung und Wirkung eines Denkmals analysieren und seine Bedeutung für die Geschichts- und Erinnerungskultur erörtern

Denkmäler analysieren

Denkmäler sind eine besondere Form von Bauwerken. Sie haben das Ziel, an ein Ereignis, Zeiträume oder Personen zu erinnern, die dem Auftraggeber oder Künstler wichtig sind. Kaum eine andere Quellengattung ist so gut geeignet für historisch-entdeckendes Lernen wie Denkmäler. Sie ermöglichen nicht nur die Beschäftigung mit der Vergangenheit. Darüber hinaus sind sie ein sichtbarer Bestandteil des kulturellen und kollektiven Gedächtnisses eines Landes. Sie führen vor Augen, dass historische Erinnerung der ständigen Veränderung unterworfen ist, und sie drücken das Geschichtsbewusstsein ihrer Entstehungszeit aus. Jeden Betrachter zwingt ein Denkmal zu einer ganz persönlichen Einschätzung. Je besser er die Entstehungsgeschichte kennt und die einzelnen Teile deuten kann, desto mehr geht die Bewertung eines Denkmals über rein subjektive Eindrücke hinaus.
Die Anlässe für die Errichtung eines Denkmals haben sich im Laufe der Jahrhunderte ebenso verändert wie die Art der Gestaltung. Je nachdem welches Kriterium zugrunde gelegt wird, lassen sich Kategorien von Denkmälern unterscheiden. Eine rein äußerliche Einteilung ist die in Denkmäler mit naturalistisch gestalteten Figuren, Baudenkmäler, Industriedenkmäler, Naturdenkmäler und abstrakt gestaltete Denkmäler. Eine andere Unterscheidungsmöglichkeit bietet die Intention eines Denkmals. Mahnmale und Erinnerungsstätten richten zum Beispiel an die Nachwelt den Auftrag, aus der Vergangenheit für die Zukunft zu lernen.

Formale Kennzeichen

- Wann wurde das Denkmal errichtet?
- An welchem *Ort* wurde das Denkmal errichtet?
- Welche Bedeutung haben die *Umgebung* und die *Perspektive des Betrachters* für die Wirkung des Denkmals?

Entstehungsgeschichte

- Welche *Initiativgruppen* haben die Errichtung des Denkmals angeregt?
- Welche *Beweggründe* und *Ziele* hatten die Initiatoren?
- Vor welchem *historischen Hintergrund* wurde das Denkmal errichtet?
- Welche *alternativen Entwürfe* wurden konzipiert?

Inhalt und Gestaltung

- An welche *Persönlichkeit*, an welches *Ereignis*, an welchen *Sachverhalt* soll das Denkmal erinnern?
- Wie sind die dargestellten *Symbole*, *Formeln* und *Allegorien* zu deuten?

Intention und Wirkung

- An welche *Adressaten* richtete sich das Denkmal?
- Welche *Selbstaussagen von Betrachtern* liegen vor?
- Welche *Absicht* verfolgt das Denkmal?
- In welchem *Zusammenhang* stehen *Ort*, *Umgebung* und *Thematik* des Denkmals?

Bewertung und Fazit

- Wie lassen sich *Form* und *Gestaltung* des Denkmals einordnen und bewerten?
- Ist die *beabsichtigte Wirkung* des Denkmals durch die *Gestaltung* umgesetzt?
- Welche *Wirkung* hat das Denkmal auf *heutige Betrachter*?

Rekonstruktion des Stadtschlosses

Das Stadtschloss war Hauptresidenz der brandenburgischen Kurfürsten, später der preußischen Könige und Deutschen Kaiser. Es wurde 1950 im Auftrag der SED abgerissen. An seiner Stelle entstand der „Palast der Republik", Sitz der DDR-Volkskammer. 2007 beschloss der Bundestag den Wiederaufbau des Stadtschlosses als Kulturzentrum („Humboldt-Forum"), der immer wieder verschoben wurde.

Goldene „Schale"

Das Objekt ist entlang der Mittelachse beweglich gelagert und setzt sich in Bewegung, wenn es betreten wird. Es soll das „Gewicht" des Volkes in der Demokratie erfahrbar machen.

Denkmalsockel

Der 80 Meter lange und 40 Meter breite Sockel diente als Fundament für das zwischen 1889 und 1897 erbaute 21 Meter hohe Reiterstandbild von Kaiser Wilhelm I. Das Nationaldenkmal wurde 1950 bis auf den Sockel abgerissen.

Unterseite des Denkmals

Großformatige, gerasterte Bilder von Demonstranten der Herbstrevolution 1989 sollen ihre Bedeutung als Basis der Freiheit und Einheit würdigen.

▲◄ Modell des Freiheits- und Einheitsdenkmals in Berlin.
Bilder des Siegerentwurfs „Bürger in Bewegung" von Johannes Milla (Stuttgart) und Sasha Waltz (Berlin).

Schlossfreiheit

Ehemaliger Straßenzug gegenüber dem früheren Berliner Schloss. Der geschichtsträchtige Ort zeugt von großen Ereignissen der deutschen Geschichte: Märzrevolution 1848, Reichseinheit 1871, zwei Weltkriege, DDR-Diktatur und Deutsche Einheit, die 1990 wenige Meter entfernt mit dem Einigungsvertrag besiegelt wurde.

„Beweggründe"

Goldene Linien aus Zitaten zu den Beweggründen der Bürgerrechtler und Demonstranten leiten den Besucher über die gesamte Denkmaloberseite.

Schriftzug „Wir sind das Volk. Wir sind ein Volk"

Schlüsselsätze der Herbstrevolution und Wiedervereinigung als Aufruf an Besucher, für Freiheit und Demokratie einzustehen. Die Buchstaben dienen als Sitzmöglichkeit und verweisen auf die Bestimmung des Denkmals als Treffpunkt, Bühne und Ort der Besinnung.

Beispiel und Analyse

Formale Kennzeichen Das vom Bundestag 2007 beschlossene Freiheits- und Einheitsdenkmal – eine 55 Meter lange, bewegliche und begehbare goldene Schale mit dem Titel „Bürger in Bewegung“ – soll auf dem großen leeren Sockel des ehemaligen Reiterstandbildes Kaiser Wilhelms I. auf dem Berliner Schlossplatz entstehen. Baubeginn ist voraussichtlich 2013.

Entstehungsgeschichte Schon 1998 hatte sich anlässlich des bevorstehenden 10. Jahrestages der friedlichen Revolution eine Bürgerinitiative zur Errichtung eines Freiheits- und Einheitsdenkmals gebildet. Sie schlug den Sockel des früheren Nationaldenkmals für Kaiser Wilhelm I. – ein Symbol für die Reichsgründung „von oben“ – als das geeignete historische Fundament für ein Denkmal der „von unten“ erkämpften Freiheit und Einheit vor.
Ein erster Antrag fand im Bundestag keine Mehrheit. Erst 2007 entschieden sich die Abgeordneten für die Realisierung des Projektes. Nachdem sich die Jury bei einem ersten offenen Gestaltungswettbewerb auf keinen der über 500 eingereichten Vorschläge einigen konnte, ging 2011 aus einem zweiten Wettbewerb der Entwurf „Bürger in Bewegung“ des Designers Johannes Milla und der Choreografin Sasha Waltz als Sieger hervor.

Inhalt und Gestaltung Das Einheits- und Freiheitsdenkmal ist den mutigen DDR-Bürgern gewidmet, die im Herbst 1989 die Mauer und damit auch die SED-Diktatur zum Einsturz brachten. Es besteht aus einer nach oben und zur Seite offenen gewölbten Form, die an eine Schale erinnert. Form und Funktion spiegeln das Motto „Bürgerbewegung“ wider: Die Schale kann betreten und in Auf- und Abwärtsbewegung versetzt werden, sobald sich mindestens fünfzig Personen auf einer Seite versammeln. Entlang der oberen Längsseite bilden große goldene Buchstabenblöcke die Schlüsselsätze der Revolution von 1989: „Wir sind das Volk. Wir sind ein Volk“. Der Schriftzug kann als Sitzfläche genutzt werden. In den Asphalt der Denkmalsoberseite sind zudem goldene, geschwungene Linien aus Zitaten eingelassen. Sie nennen die Beweggründe der Bürgerrechtler und Demonstranten. Die Unterseite der Schale ist mit großformatigen, durch Rasterung verfremdeten Fotos von Demonstranten verkleidet. Die Akteure der Herbstrevolution werden damit symbolisch zur Basis, auf der sich die Besucher bewegen. Die Gestaltung des Bereiches unterhalb des Denkmals ist noch unklar.

Intention und Wirkung Das Denkmal soll die Botschaft „Wir sind das Volk!“ spielerisch erfahrbar machen: Durch gemeinsame Aktion können die Bürger etwas in Bewegung setzen. Zugleich soll es ein heiterer Ort der Begegnung sein, den die Bürger aktiv nutzen und mitgestalten. Der spielerische „Schaukel-Effekt“ lädt zum Betreten und Mitmachen ein. Insofern wird es seinem Anspruch gerecht und lässt die Bürger zu Akteuren und Teilen des Denkmals werden. Insgesamt wirkt es wie eine mobile und monumentale Aussichtsplattform.

Bewertung und Fazit Der Entwurf rief von Anfang an auch Kritik hervor: Die riesige Schale wirke pathetisch und sei lediglich ein Riesenspielzeug für Erwachsene. Entgegen dem Motto „Wir sind das Volk!“ sei zudem die Entscheidung dafür ohne Bürgerbeteiligung gefallen. Es gibt auch Zweifel, ob das Denkmal überhaupt sinnvoll ist. Immer wieder wird das Brandenburger Tor als bereits bestehende Erinnerungsstätte der Wiedervereinigung diskutiert. Wie die Öffentlichkeit das Denkmal annimmt, wird sich zeigen.

1. *Beurteilen Sie die Konzeption des Denkmals. Nehmen Sie Stellung zu den Kritikpunkten.*
2. *Das Freiheits- und Einheitsdenkmal soll für die „Idee eines positiven Denkmals“ stehen (Edgar Wolfrum). Erörtern Sie, ob damit eine Verschiebung der historischen Erinnerung bzw. ein Wandel der Gedenk- und Erinnerungskultur verbunden ist. Vergleichen Sie es mit dem Holocaust-Mahnmal in Berlin (siehe auch M14 auf Seite 415).*

Internettipp
Informationen zum Freiheits- und Einheitsdenkmal finden Sie unter 32031-36.

Rätsel

1. Deutscher Historiker, der das Werk „Der lange Weg nach Westen“ verfasste (Nachname) (*3. Buchstabe*)

2. Massenkundgebung für die Einheit und Freiheit Deutschlands im Jahre 1832 (*2. und 13. Buchstabe*)

3. Dieses Ereignis fand am 18. Januar 1871 in Versailles statt (*3., 9. und 18. Buchstabe*)

4. Dort tagte die deutsche Nationalversammlung 1848/49 in Frankfurt (*2., 4. und 11. Buchstabe*)

5. Polnische Gewerkschaft, die 1980 entstand und großen Einfluss auf die politische Wende von 1989 hatte (*4. und 5. Buchstabe*)

6. Polnischer Nationalheld, Militär und Politiker (Vorname) (*4. Buchstabe*)

7. Polenfeindliche Politik, die in den 1880er-Jahren noch verschärft wurde (*6., 19. und 20. Buchstabe*)

8. Kanzler des Deutschen Reiches ab 1871 (Vorname) (*2. Buchstabe*)

9. Bezeichnung für die Zeit vor der deutschen Revolution von 1848 (*5. Buchstabe*)

10. Dort fand 1943 ein bewaffneter jüdischer Aufstand statt (*14. Buchstabe*)

11. Bezeichnung der Kriege, die Polen zwischen 1918 und 1921 führte (*3. und 4. Buchstabe*)

Lösungswort:

Zur Auswertung des Rätsels siehe Code 32031-37.

Recherche und Präsentation

Nationalstaatsbildung

1. ➕ *Erläutern Sie anhand eines selbstgestalteten Schaubildes das Lösungswort des Rätsels.*

Weimarer Republik

2. ➕ *Setzen Sie das politische System der Weimarer Republik mit der Demokratie in der Bundesrepublik nach 1949 in Beziehung. Recherchieren Sie dazu im Internet das Grundgesetz der Bundesrepublik Deutschland und stellen Sie Ihre Ergebnisse in Form einer Tabelle dar.*

Deutsches Selbstverständnis nach 1945

3. ➕ *Charakterisieren Sie die Entwicklung des Verständnisses von Politik und Gesellschaft in der Bundesrepublik und der DDR zwischen 1949 und 1989. Tragen Sie Ihre Ergebnisse in einem Kurzreferat vor.*

Geschichts- und Erinnerungskultur

▸ **Das Kyffhäuserdenkmal bei Bad Frankenhausen in Thüringen.** Foto von 2012.

▪ ➕ *Die Architektur des Kyffhäuserdenkmals bietet dem Betrachter eine „stufenweise Abfolge der Geschichte“. Erläutern Sie diese Aussage in einem kurzen Aufsatz. Recherchieren Sie dazu im Vorfeld im Internet über das Denkmal.*

4. Geschichts- und Erinnerungskultur

- Was macht Geschichtsformate wie Spielfilme, Dokumentarfilme und Geschichtsportale im Internet aus?
- Welche Funktionen erfüllen sie?
- Wie ist mit diesen Formaten von Geschichte sinnvoll umzugehen?

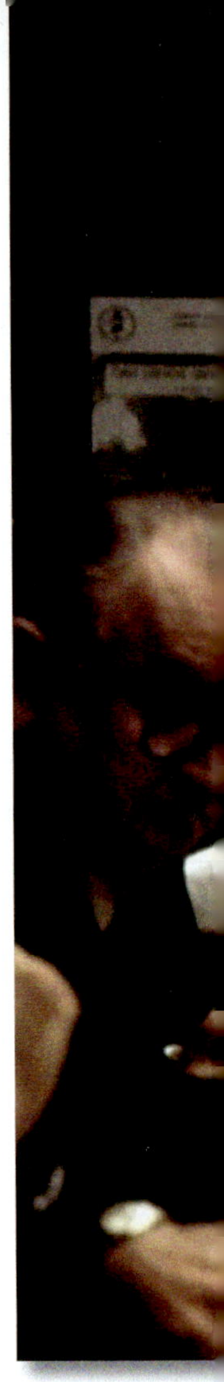

Das Ende
Diese Site
Teilen
und lerne
Teile Das Hinterhaus Online mit deinen Freunden.
Teilen
Pin it

LeMO
Lebendiges Museum Online
ZEITSTRAHL
THEMEN
ZEITZEUGEN
BESTAND
LERNEN
PROJEKT
1. Weltkrieg 1914
Weimarer Republik 1918
NS-Regime 1933
2. Weltkrieg 1939
Nachkriegsjahre 1945
Geteiltes Deutschland 1949
Deutsche Einheit 1989
Kaiserreich >

4.1 Geschichte im Film und in den Neuen Medien

◂ **Luther digital.**
Foto vom Oktober 2015, Schloss Moritzburg in Zeitz (Sachsen-Anhalt).
Seit 2015 gibt es an 60 Orten in Sachsen-Anhalt Plaketten zum Projekt „Luther war hier". Über einen QR-Code können Interessierte Informationen zu Martin Luther für den jeweiligen Ort abrufen.

Film	**Anfang des 20. Jh.**	Filme werden zu Massenmedien. Erste Geschichtsspielfilme entstehen (u.a. „Birth of a Nation", USA 1915).
	1927	Der erste mehrstündige Tonfilm feiert in New York City Premiere.
	1930er-Jahre	Der Farbfilm setzt sich von den USA aus durch. Geschichtsspielfilme sind fester Bestandteil des Kinoprogramms (z.B. „Vom Winde verweht", USA 1939).
	1946	Die erste Geschichtsdokumentation erscheint in Deutschland („Die Todesmühlen", USA 1946) als Reeducation-Maßnahme der Siegermächte.
	seit den späten 1980er- und 1990er-Jahren	Das Thema „Nationalsozialismus und Zweiter Weltkrieg" hat in Kino- und TV-Produktionen Konjunktur (z.B. „Schindlers Liste", USA 1993; „Das Leben ist schön", ITA 1997; „Der Untergang", D / ITA / RUS / AUT 2004; „Sophie Scholl – Die letzten Tage", D 2005; „Spielzeugland", D 2007; „Unsere Mütter, unsere Väter", D 2013).
	1990er-Jahre	„Neue" Geschichtsdokumentationen entstehen nach US-amerikanischem Vorbild (Reenactments, Popularisierung, Emotionalisierung durch Zeitzeugen).
	2000er-Jahre	Filmformate verschmelzen zunehmend. CGI (= computer generated images) werden immer häufiger in Geschichtsspielfilmen und -dokumentationen eingesetzt (z.B. „300", USA 2006).
Internet	**1960er-Jahre**	Frühformen des Internets werden zu militärischen Zwecken entwickelt.
	1970er-Jahre	Erste E-Mails werden versendet.
	1980er-Jahre	Das World Wide Web entsteht.
	1991	Die erste Internetseite der Welt wird öffentlich („info.cern.ch").
	1998	Die Suchmaschine Google wird gegründet. LeMO, das Online-Portal zur deutschen Geschichte, geht in seiner ersten Version online.
	2001	Die Online-Enzyklopädie Wikipedia entsteht.
	2005	Das Videoportal „YouTube" wird ins Leben gerufen.
	seit den 2000er-Jahren	Die Anzahl von Online-Geschichtsangeboten steigt. Fachliteratur und Quellen werden in Fachportalen, virtuellen Ausstellungen und Online-Archiven zugänglich gemacht.

Neuheiten werden nicht nur begeistert angenommen, sondern auch kritisch bis ängstlich beurteilt. Das liegt daran, dass mit ihnen noch keine Erfahrungen vorliegen und Konsequenzen wenig absehbar sind. Zudem bringt jede Veränderung nicht nur Verbesserungen mit sich, sondern ist meist mit einem Preis versehen. Zwar erscheint uns heute beispielsweise der Einwand gegen die Eisenbahn im 19. Jahrhundert als unverständlich: Die enorme Reisegeschwindigkeit (30 km/h!) sei schädlich für die Psyche und gesundheitsgefährdend. Unbestreitbar aber ist, dass diese technische Entwicklung gravierende ökologische und soziale Veränderungen nach sich zog. Ähnlich zwiespältig waren und sind die Hoffnungen und Befürchtungen bezüglich der Medienentwicklung: Buchdruck, Fotografie, Rundfunk, Film und digitale Medien.

Auf der einen Seite stehen die Vernichtung ökologischer Räume, Veränderungen der Sozialstrukturen, massenpsychologische Propaganda sowie das Auseinanderdriften der modernen Wissensgesellschaft. Auf der anderen Seite entstehen vielfältige Reisemöglichkeiten und durch die unbegrenzte Zugänglichkeit zu und einfachere Mitgestaltung von Informationsangeboten erhoffen wir uns eine Demokratisierung der historisch-politischen Medienöffentlichkeit.

Die öffentliche Angebotsvielfalt ist in allen Bereichen explodiert. So auch für Geschichte. Geschichte als gegenwartsbezogene Vergangenheitsdeutung kam und kommt eine besondere Bedeutung zu: Gegenwartserklärung, Zukunftsorientierung, ein „Lernen aus der Geschichte" und Identitätsbildung.

Dem steht Geschichte als bloße Unterhaltung, aber auch ihre Instrumentalisierung zur politischen Indoktrination entgegen. Außerhalb von Schule werden Medien zudem hauptsächlich als Unterhaltungsangebot (Musik/Video, Social Media) genutzt.

Film und andere Medien sind nicht mehr „neu". Durch die Digitalisierung haben sie aber eine weitere Verbreitung erfahren. Produktion, Übertragung und Rezeption werden heute nicht mehr von Sendern u.ä. Institutionen bestimmt. Ob dies tatsächlich zu einer Demokratisierung von Medienlandschaft und Geschichtskultur führt, es sich wirklich um eine „digitale Revolution" handelt, oder ob sich vielmehr eine „digitale Meinungselite" herausbildet und die meisten in einer unkritisch-rezeptiven Haltung verharren, wird erst die Zukunft zeigen.

Wichtige Begriffe
- Authentifizierungsstrategien
- Authentizität
- Digital Literacy (Digitalkompetenz)
- Digital Native
- Fachportal
- Filmdokument
- Filmsprache
- Geschichtsbewusstsein
- Geschichtsdokumentation
- Geschichtskultur
- Geschichtsspielfilm
- (Neue) Medien
- Originalfilm
- Suchmaschine
- Triftigkeit
- Wikipedia

In diesem Kapitel erwerben Sie die **Kompetenz**,
- Formate von Geschichte (Spiel- und Dokumentarfilme, Geschichtsportale im Internet) zu charakterisieren,
- Inhalte und Intentionen von Geschichtsspielfilmen, -dokumentationen und -portalen zu analysieren und zu dekonstruieren,
- Authentifizierungsstrategien und filmsprachliche Mittel in Filmen zu beschreiben und zu untersuchen,
- Stellung zu Filmen in Form einer Filmkritik zu nehmen,
- sich mit Gestaltungselementen von Geschichtsdokumentationen kritisch auseinanderzusetzen,
- Chancen und Grenzen von Geschichtsportalen im Internet zu erörtern.

Zur Methoden-Kompetenz siehe Seite 458 bis 461 („Geschichtsspielfilm"), Seite 462 bis 465 („Geschichtsdokumentation") und Seite 491 bis 494 („Internetseite"). Zum Kompetenzerwerb im Hinblick auf „Geschichtsbewusstsein und Geschichtskultur" lesen Sie den entsprechenden Theorie-Baustein auf Seite 424 bis 429. Über Formen und Funktionen von und Umgang mit historischer Erinnerung informiert der Theorie-Baustein auf Seite 430 bis 435.

Kompetenz:
Theoretische Vorstellungen über Bedingungen, Formen und Folgen von Geschichtsbewusstsein und Geschichtskultur benennen und erörtern

Was ist Geschichte?

Diese Frage mag auf den ersten Blick verwundern. Es scheint offensichtlich, dass „Geschichte" ein anderes Wort für „Vergangenheit" ist. Zwar bezeichnet „Geschichte" z.B. auch das Schul- und Studienfach, aber im allgemeinen Sprachgebrauch wird der Begriff weitgehend synonym mit „Vergangenheit" verwendet. Geschichtswissenschaft und -didaktik gebrauchen den Begriff allerdings differenzierter, was weitreichende Konsequenzen für den Umgang mit „Geschichte" hat.
Wissenschaftlich betrachtet bezeichnet „Vergangenheit" sämtliches früheres Geschehen. Dies ist jedoch nie vollständig rekonstruierbar. Zum einen wäre es vom Umfang her schon nicht leistbar, wollte man jedes Ereignis aus all den damaligen Perspektiven in jedem Detail recherchieren und „getreu" wieder abbilden. Denn selbst wenn sämtliche zeitgenössischen Wahrnehmungen festgehalten worden und alle schriftlichen, mündlichen und visuellen Äußerungen jedes Zeitgenossen überliefert wären, könnte man sie schon aus Zeitgründen nicht insgesamt erforschen. Zum anderen liegen eben nicht für alle Perspektiven bzw. von allen Beteiligten, zu allen Details, zu jedem Ereignis überhaupt Quellen vor oder sind noch erhalten. Vieles wird nicht aufbewahrt (archiviert), wenn es zur Zeit des Ereignisses als nicht erinnerungs- und bewahrwürdig erscheint. Andere Quellen sind im Lauf der Zeit verloren gegangen oder vernichtet worden.
Während wir also zu manchen Aspekten, wie den Ereignissen seit der Frühen Neuzeit, ein fast unüberschaubares Quellenangebot haben, sind viele andere Bereiche nur über wenige noch erhaltene Quellen erschließbar, was vor allem für die Antike und das Mittelalter gilt. Manches ist zudem nur indirekt über die Zeugnisse anderer noch rekonstruierbar, vieles bleibt letztlich aber verschwunden.

Wie entsteht Geschichte?

„Geschichte" entsteht erst in der Auseinandersetzung mit „Vergangenheit". Die Geschichtswissenschaft hat hierfür ein Verfahren entwickelt, dass eine möglichst verlässliche und nachprüfbare Rekonstruktion und Deutung ermöglichen soll: die *historische Methode*. Der Erkenntnisprozess bezieht sich auf unterschiedliche (Zeit-)Ebenen: Angefangen von der Entwicklung einer historischen Frage, über die Recherche nach und Auswertung von Fachliteratur und Quellen bis hin zur deutenden, meist auf die eigene Gegenwart bezogene Geschichtsdarstellung, die sich der wissenschaftlichen Kritik stellen muss (▸ M1).
„Geschichte" wird von der Gegenwart rückblickend aus dem gemacht, was aus der Vergangenheit noch verfügbar ist, den Quellen. Diese sind Ausdruck zeitgenössischer Wahrnehmungen und Deutungen der damaligen Menschen (*Multiperspektivität*). Geschichte ist daher kein Spiegel vergangener Realität, sondern vielmehr ein – wenn auch wissenschaftsorientiertes – Interpretationsergebnis. Aus diesem Grund erhebt die Geschichtswissenschaft keinen absoluten Wahrheitsanspruch (▸ M2). Das lässt sich auch daran erkennen, dass Historiker auf Grundlage derselben Quellen häufiger zu unterschiedlichen Erkenntnissen gelangen. Sei es, dass sie die zeitgenössischen Perspektiven, Auswirkungen oder Gründe bestimmter Ereignisse nur unterschiedlich gewichten (*Pluralität*) oder dass sie sogar zu gegensätzlichen Erklärungsmodellen gelangen (*Kontroversität*).
Kontroversen werden dann öffentlich diskutiert, wenn anlässlich von Jubiläen und Jahrestagen oder ausgelöst von aktuellen Entwicklungen vergangene Ereignisse in den Fokus des allgemeinen Interesses rücken, jüngst z.B. die Diskussion um die Frage der deutschen Schuld am „Ausbruch" des Ersten Weltkrieges oder aktuell auch in der Beurteilung der Person Martin Luthers.[1]

[1] Siehe hierzu Seite 466 f.

Es handelt sich bei Geschichte zwar um Deutungen und Interpretationen, beliebig sind die Ergebnisse dennoch nicht. Zumindest nicht, wenn sie Gültigkeit beanspruchen wollen. Nicht jeder kann sich seine ganz eigene „Geschichte" machen. Die Ergebnisse werden diskutiert und geprüft und erst wenn sich herausstellt, dass die Deutung im Einklang mit den zur Verfügung stehenden Quellen ist, die Argumentation schlüssig ist und die historische Methode korrekt angewendet wurde, akzeptiert die Wissenschaftsgemeinschaft solche Ergebnisse als konsensfähig, als **triftig**.
In der Freizeit lässt sich der wissenschaftliche Anspruch nicht immer eigentätig umsetzen. Daher greifen viele vor allem in ihrer freizeitlichen Beschäftigung mit Vergangenheit auf bereits fertige Geschichtsangebote zurück, die – je nach Wissenschaftlichkeit – zu mehr oder weniger triftigen Geschichtsbildern, also Vorstellungen über die Vergangenheit, führen können. Eine Schwierigkeit besteht darin, aus der Fülle der Angebote diejenigen herauszufiltern, die tatsächlich auf Quellen und dem aktuellen Forschungsstand beruhen, und sie von denjenigen zu unterscheiden, die Wissenschaftlichkeit bloß behaupten und dabei „Geschichte" bewusst oder unabsichtlich falsch oder mit politischen Absichten darstellen.[1]

triftig → Triftigkeit: Der historische Erkenntnisprozess beruht auf der Rekonstruktion von Ereignissen und Personen (Sachanalyse). Durch einen Quellenvergleich wird versucht herauszufinden, wie vergangene Ereignisse von den Zeitgenossen (vermutlich) wahrgenommen wurden, warum sie wie gehandelt bzw. nicht gehandelt haben. Diese Beurteilung berücksichtigt die zeitgenössischen Wert- und Weltvorstellungen (Sachurteil). Auf dieser Grundlage und einer entsprechenden Deutung und Gewichtung werden kausale Zusammenhänge gebildet. Die Vergangenheit wird dann nach heutigen Maßstäben beurteilt, Gegenwartsbezüge werden hergestellt und Perspektiven für die Zukunft entwickelt (Werturteil). Erfolgt dies nach den Gesetzen der Logik und der wissenschaftlichen Methode, spricht man von Triftigkeit.

Wieso Geschichtsbewusstsein?

In der Diskussion über Vergangenheit und Geschichte sollten drei Bezeichnungen unterschieden werden, die häufig synonym verwendet werden, aber wichtige Unterscheidungen beinhalten: *Geschichtswissen*, *Geschichtsbild* und *Geschichtsbewusstsein*. Unter Geschichtswissen ist die Kenntnis der Daten und Fakten der Vergangenheit und der verschiedenen aktuellen Deutungszuweisungen zu verstehen, über die ein Mensch verfügt. Häufig erscheint gerade das Fach Geschichte als langweilig, weil es als bloße Faktenpaukerei missverstanden wird. Ein Grundwissensgerüst ist sicher unersetzlich, weil ohne die Kenntnis der wesentlichen Fakten eine Orientierung und Beurteilung von Geschichtsangeboten auf ihre fachliche Korrektheit hin nicht möglich ist. Geschichtsunterricht erschöpft sich aber nicht in der Aneignung von Faktenwissen. Vielmehr hat er das Ziel, eigene und fremde *Geschichtsbilder* zu reflektieren und zu hinterfragen. „Geschichtsbild" meint hier die Vorstellungen von Menschen über eine Zeit. Sehr häufig sind diese eher klischeehaft und wissenschaftlich nicht haltbar, so z. B. das gängige Klischee des dekadenten alten Roms oder des finsteren Mittelalters. Um eigene und fremde Geschichtsbilder als potenziell falsch anzuerkennen bedarf es nicht nur der Faktenkenntnis. Gerade die genannten klischeehaften Vorstellungen lassen sich durchaus auf Quellen zurückführen, zumindest so lange man diese nicht kritisch untersucht. Es bedarf aber vielmehr der Entwicklung eines *Geschichtsbewusstseins*, um reflektiert und konstruktiv mit derartigen eigenen und fremden Vorstellungen umzugehen.

◀ **Abbau des Lenin-Denkmals.**
Foto von 1991, Berlin.
Arbeiter montieren das 18 Meter hohe Denkmal von Wladimir Iljitsch Lenin, russischer Revolutionär und Gründer der Sowjetunion, im Ost-Berliner Bezirk Friedrichshain ab.

[1] Lesen Sie dazu auch den Theorie-Baustein auf Seite 430 bis 435.

Über „Geschichte" kann man sich auf unterschiedlichen Ebenen bewusst werden: Zunächst einmal kann sich ein Mensch darüber klar werden, dass es so etwas wie Vergangenheit / Geschichte gibt, dass die menschliche Entwicklung, unsere Erkenntnisse, Haltungen und Werte Veränderungen unterworfen waren, sind und sein werden. Er weiß, dass Geschichte unterschiedliche, gegenwartsbezogene und zukunftsgerichtete Bedürfnisse befriedigen und unterschiedliche Funktionen haben kann.[1] Auf einer abstrakteren Ebene begreift der Mensch aber auch, dass Geschichte nicht mit Vergangenheit gleichzusetzen ist. Ihm ist also der *Konstruktionscharakter von Geschichte* bewusst. Auf der höchsten Stufe nutzt er diese Erkenntnis, um entweder selbst triftig Geschichte aus den Quellen zu deuten oder um sich mit Geschichtsangeboten anderer kritisch auseinanderzusetzen. Letzten Endes ist dies der Beitrag, den das Fach Geschichte leistet: zu einem kritischen Bewusstsein und einer verantwortungsvollen Teilhabe und Mitgestaltung unserer demokratischen Gesellschaft zu befähigen.

▸ Ein heikler Besuch.
Foto vom 5. Mai 1985, Bitburg (Rheinland-Pfalz). US-General Matthew Ridgeway, US-Präsident Ronald Reagan, Bundeskanzler Helmut Kohl und der ehemalige Luftwaffeninspekteur der Bundeswehr, Johannes Steinhoff, besuchten im Mai 1985 den Militärfriedhof in Bitburg. Reagan legte auf dem Friedhof einen Kranz am Ehrenmal für gefallene Soldaten des Zweiten Weltkrieges nieder.

- *Recherchieren Sie im Internet den Hintergrund zu den abgebildeten Ereignissen auf den Fotos (diese und vorherige Seite).*
- ✚ *Lesen Sie M4 auf Seite 429 aufmerksam durch. Ordnen Sie anschließend die beiden Ereignisse den Bereichen Geschichts- bzw. Erinnerungskultur zu.*
- *Erläutern Sie die Unterschiede der beiden Konzepte an diesen Beispielen und ergänzen Sie sie um Ihnen bekannte weitere Ereignisse.*

Geschichtsbewusstsein und Geschichtskultur

Ganz allgemein gesprochen meint ein reflektiertes *Geschichtsbewusstsein* die Erkenntnis, dass aus gegenwartsbezogenen Interessen und Fragestellungen durch die Hinwendung zur Vergangenheit Geschichte so konstruiert wird, dass sie sinnstiftend für Gegenwart und Zukunft wird.

Damit wird aber auch deutlich, dass dieses Geschichtsbewusstsein einen Prozess und das Ergebnis einer individuellen Geistesleistung darstellt. Wenn Geschichtsdidaktiker wie beispielsweise *Karl-Ernst Jeismann* oder *Jörn Rüsen* dann vom „Geschichtsbewusstsein in der Gesellschaft" sprechen, bleibt zu fragen, wie sich so ein „kollektives Geschichtsbewusstsein" herausbildet.

Der Geschichtsdidaktiker *Bernd Schönemann* erklärt Geschichtsbewusstsein als zwei Seiten einer Medaille. Er geht davon aus, dass sich ein Geschichtsbewusstsein nur individuell entwickeln lässt (innere Seite), es aber durch Kommunikation im öffentlichen Raum auch eine äußere Seite erhält. Diese „öffentlichen Geschichtsäußerungen" werden als *Geschichtskultur* bezeichnet (▸ M3).

Parallel hierzu steht das Konzept des kulturellen, des kommunikativen und des kollektiven Gedächtnisses, das *Jan* und *Aleida Assmann* auf der Grundlage der Forschungen des französischen Philosophen und Soziologen *Maurice Halbwachs* entwickelt haben (▸ M4).

[1] Darüber informiert auch der Theorie-Baustein auf Seite 430 bis 435.

M1 Historische Erkenntnis

Die Geschichtsdidaktikerin Saskia Handro hat ein Modell entwickelt, das den Prozess der historischen Erkenntnis abbildet:

<table>
<tr><td colspan="5">Verstehen (Hermeneutik) als gegenwartsgebundener Deutungsakt</td><td>Strategien historischen Denkens ⟷</td><td colspan="3">Erklärung (Analytik) als Anwendung fachspezifischer Theorien, Konzepte und Begriffe</td></tr>
<tr><td rowspan="4">Epistemische Funktion rezeptiven und produktiven Sprachhandelns</td><td colspan="5">Historische Methode</td><td colspan="3"></td></tr>
<tr><td colspan="3">Heuristik
Erkenntnisinitiation und Recherche</td><td>Quellenkritik
Erkenntnisproduktion und methodische Reflexion</td><td>Interpretation
Erkenntnisstrukturierung und Sinnbildung</td><td colspan="3">Darstellung
Erkenntnispräsentation und -reflexion</td></tr>
<tr><td>Historische Fragen formulieren</td><td>Vorwissen darstellen, Hypothesen formulieren</td><td>Darstellungen und Quellen recherchieren</td><td>Formale und inhaltliche Struktur analysieren
• Gattungsmerkmale, situativer Kontext
• benennen, beschreiben und beurteilen von Quellenaussagen (Perspektivität, Intention, Analyse sprachlicher Mittel)</td><td>Quellen- und Darstellungsaussagen in Bezug auf historische Frage u.a.
• beurteilen, vergleichen
• kausale, temporale Zusammenhänge, Motive erklären,
• Theorien, Fachbegriffe anwenden, Triftigkeiten benennen</td><td>Historisches Erzählen: adressaten-, gattungs- und situationsgerecht (als u.a. Vortrag, Zeitungsartikel)</td><td>Historische Sach- und Werturteile erklären und begründen: in Bezug auf Triftigkeit, Theorien, Werte, Normen</td><td>Historische Deutungen und Werturteile diskutieren, argumentieren, erörtern</td></tr>
<tr><td colspan="5">Narrativieren als historischer Sinnbildungs- und Erkenntnisprozess</td><td colspan="3">Historische Narrationen im Diskursprozess</td></tr>
</table>

Nach: Saskia Handro, Sprachbilder im Geschichtsunterricht, in: Christian Kuchler (Hrsg.), Sprachbildung im Geschichtsunterricht (Arbeitstitel), Münster (ohne Seitenangabe, Druck in Vorbereitung, erscheint voraussichtlich 2017)

1. *Markieren Sie Ihnen unbekannte Begriffe und schlagen Sie ihre Bedeutung in einem Wörterbuch oder Online-Lexikon nach.*
2. *Erklären Sie ausgehend vom Schaubild, wieso es sich beim historischen Denken um einen Prozess handelt.*
3. *Erläutern Sie, welche Schritte des Schaubildes im Geschichtsunterricht vollzogen werden. Nennen Sie Beispiele aus Ihrem Schulbuch, mit denen diese Schritte vollzogen werden.*
4. *Diskutieren Sie, wieso es wichtig ist, „historisch zu denken“, anstatt nur Faktenwissen zu lernen.*

M2 Objektivität und Geschichte

Der Geschichtsdidaktiker Karl-Ernst Jeismann hat mit seinem Konzept vom Geschichtsbewusstsein maßgeblich die Geschichtsdidaktik beeinflusst. In einem Vortrag erklärt er, was unter „Objektivität von Geschichte“ zu verstehen ist:

Wenn wir von Geschichte reden, handelt es sich nicht um die reale, vergangene Geschichte, sondern immer nur um eine spätere Rekonstruktion von Vergangenheiten aus häufig unvollständigen und dunklen Zeugnissen, um ein vieldeutiges, mehrdimensionales Puzzle, immer wieder umgebaut und neugestaltet je nach Zuwachs oder Verlust von Erkenntnis, aber auch je nach unterschiedlicher Perspektive und Erfahrung. Um die ganze Wahrheit der Geschichte können wir nicht streiten, nur um die Richtigkeit oder die Triftigkeit bestimmter Rekonstruktionen. In Urteil und Wertung beziehen wir Geschichte auf uns selbst; nur so, nicht in der bloßen Reihung von Fakten, entsteht in Öffentlichkeit und Wissenschaft Interesse an der Geschichte. Von anderen Erfahrungen und Positionen her gesehen, sieht die gleiche Geschichte anders aus, ohne dass sie verfälscht sein muss. Schaut man so hinter die Geschichten, kann man lernen, dass keine für sich das absolute Recht auf Alleingültigkeit beanspruchen und andere Wertungen verdammen oder als schlechthin falsch bezeichnen darf. Daraus wiederum ist zu folgern, dass unterschiedliche oder kontroverse Geschichtsrekonstruktionen miteinander in Verbindung gesetzt, aneinander gemessen werden können und müssen. Das ergibt kein einheitliches Geschichtsbild, ist aber ein Weg zu einer Verständigung über verschiedene, jeweils in ihrer Weise begrenzt richtige Vorstellungen von der Geschichte. Dies ist die Art, wie „Objektivität" denkbar wird, als „Konsensobjektivität" des Abwägens verschiedener Perspektiven und Urteile. Wir verlangen sachliche und methodische Solidität – Richtigkeit –, maßen uns aber nicht den Besitz alleingültiger Maßstäbe und Urteile an. Das führt zu einem unabschließbaren Diskurs um Geschichte im Austausch der Argumente: das – und nicht das Wahrheitsmonopol – ist der von der Wissenschaft der Öffentlichkeit anzubietende Umgang mit Geschichte. Er ist schwer. Gelingt aber eine solche Verständigung, wird nicht nur unser Geschichtsbild reicher und vielfältiger, sondern auch das Verständnis des anderen in der Gegenwart vertieft. Geschichte muss dann nicht Barriere zwischen Parteien oder Völkern sein, das legitime Identifikationsbedürfnis ist nicht auf die Konstruktion von Feindbildern angewiesen, und die oft so vordergründigen Argumentationen mit Geschichte zu gegenwärtigen Zwecken werden leichter durchschaubar. Das ist es, was Geschichtswissenschaft als Besinnung auf die Art und Weise, wie uns die Vergangenheit überhaupt zur Verfügung steht, der Öffentlichkeit bieten kann: Geschichtsbewusstsein statt Geschichtsbegehren, Nachdenklichkeit statt selbstgerechter Bestätigung. Das ist zugleich ein Beitrag zu vernünftigem Miteinander in modernen Gesellschaften und zwischen den Völkern und Staaten.

Karl-Ernst Jeismann, Geschichte und Öffentlichkeit. Historie zwischen Vergewisserung und Verführung, herausgegeben vom Landschaftsverband Osnabrücker Land e.V., Bad Iburg 1999, S. 33 f.

1. *Klären Sie unbekannte Begriffe im Text.*
2. *Fassen Sie die wichtigsten Aussagen zusammen.*
3. *Erklären Sie, was Jeismann unter „Konsensobjektivität" (Zeile 26) versteht.*
4. *Markieren Sie Wortzusammensetzungen, die sich auf „Geschichte" beziehen. Erstellen Sie eine Tabelle oder Liste, in der Sie diese Begriffe erklären.*
5. *Jeismann verwendet den Begriff „Geschichte" auch dann, wenn er „Vergangenheit" meint. Erläutern Sie den Unterschied zwischen diesen Begriffen. Beurteilen Sie anschließend, ob es nicht anstatt „Geschichtsrekonstruktionen" besser „Vergangenheitsrekonstruktionen" heißen müsste.*

M3 Geschichtsbewusstsein und Geschichtskultur: zwei Seiten einer Medaille?

Der Geschichtsdidaktiker Bernd Schönemann beschreibt das Verhältnis von innerer (individueller) und äußerer (kollektiver) Seite des Geschichtsbewusstseins wie folgt:

Die Kategorien Geschichtsbewusstsein und Geschichtskultur lassen sich widerspruchsfrei unter dem „Dach" der Zentralkategorie „Geschichtsbewusstsein in der Gesellschaft" ansiedeln, wenn man akzeptiert, dass Gesellschaften ihre Vergangenheit auf zweierlei Weise (bimodal) konstruieren, nämlich individuell und kollektiv. Geschichtsbewusstsein und Geschichtskultur werden dann als zwei Seiten einer Medaille begreifbar: auf der einen Seite Geschichtsbewusstsein als *individuelles* Konstrukt, das sich von außen nach innen, in Internalisierungs- und Sozialisationsprozessen aufbaut; auf der anderen Seite Geschichtskultur als *kollektives* Konstrukt, das auf dem entgegengesetzten Weg der Externalisierung entsteht und objektive[1] Gestalt annimmt.
Wer nach Geschichtskultur fragt, der richtet seinen Blick also vornehmlich auf die Außenseite des gesellschaftlichen Geschichtsbewusstseins, wie es uns beispielsweise in Denkmälern, in historischen Festen und Jubiläen oder in Museen entgegentritt. Denkmäler sind „da", auch wenn der Einzelne achtlos an ihnen vorbeigeht oder sie für ganz andere Zwecke, etwa als Treff- oder Aussichtspunkt, nutzt. Feste und Jubiläen werden nicht gefeiert, weil wir uns, jeder für sich, dafür entschlössen, sondern weil der Kalender und der auf ihn fixierte Erinnerungsbetrieb dies so wollen; unsere Museumslandschaft wird immer vielfältiger, obwohl die Mehrheit der Bevölkerung ihr immer noch fremd gegenübersteht. Gewiss: Denkmäler können geschleift, Feiertage abgeschafft, Museen geschlossen werden. Aber *solange* sie existieren, existieren sie unabhängig von unserem subjektiven Wollen und unserer persönlichen Wahrnehmung; sie weisen einen höheren Grad an Dauerhaftigkeit auf und sind beständiger als die historischen Vorstellungswelten Einzelner.

Bernd Schönemann, Geschichtsdidaktik, Geschichtskultur, Geschichtswissenschaft, in: Hilke Günther-Arndt (Hrsg.), Geschichts-Didaktik. Praxishandbuch für die Sekundarstufe I und II, Berlin 2003, S. 11-22, hier S. 17

1. *Fassen Sie zusammen, wie individuelles und kollektives Geschichtsbewusstsein entsteht.*
2. *Geben Sie Beispiele für die „äußere Seite" des Geschichtsbewusstseins aus dem Text wieder und ergänzen Sie weitere Beispiele, die Sie aus eigener Anschauung kennen.*
3. *Diskutieren Sie, wer auf welche Weise ganz konkret das kollektive Geschichtsbewusstsein prägt. Argumentieren Sie mithilfe von selbstgewählten Beispielen.*

M4 Geschichts- und Erinnerungskultur

Der Historiker Christoph Cornelißen erörtert in einem Online-Aufsatz ausgehend von den Konzepten von Jan und Aleida Assmann die Gemeinsamkeiten und Unterschiede von Geschichts- und Erinnerungskultur:

Obwohl der Begriff „Erinnerungskultur“ erst seit den 1990er-Jahren Einzug in die Wissenschaftssprache gefunden hat, ist er inzwischen ein Leitbegriff der modernen Kulturgeschichtsforschung. Während er in einem engen Begriffsverständnis als lockerer Sammelbegriff „für die Gesamtheit des nicht spezifisch wissenschaftlichen Gebrauchs der Geschichte in der Öffentlichkeit – mit den verschiedensten Mitteln und für die verschiedensten Zwecke“ definiert wird, erscheint es aufgrund der Forschungsentwicklung der vergangenen zwei Jahrzehnte insgesamt sinnvoller, „Erinnerungskultur“ als einen formalen Oberbegriff für alle denkbaren Formen der bewussten Erinnerung an historische Ereignisse, Persönlichkeiten und Prozesse zu verstehen, seien sie ästhetischer, politischer oder kognitiver Natur. Der Begriff umschließt mithin neben Formen des ahistorischen oder sogar antihistorischen kollektiven Gedächtnisses alle anderen Repräsentationsmodi von Geschichte, darunter den geschichtswissenschaftlichen Diskurs sowie die nur „privaten“ Erinnerungen, jedenfalls soweit sie in der Öffentlichkeit Spuren hinterlassen haben. Als Träger dieser Kultur treten Individuen, soziale Gruppen oder sogar Nationen in Erscheinung, teilweise in Übereinstimmung miteinander, teilweise aber auch in einem konfliktreichen Gegeneinander.

Versteht man den Begriff in diesem weiten Sinn, so ist er synonym mit dem Konzept der Geschichtskultur, aber er hebt stärker als dieses auf das Moment des funktionalen Gebrauchs der Vergangenheit für gegenwärtige Zwecke, für die Formierung einer historisch begründeten Identität ab. Sehr deutlich wird dies in den untergeordneten Begriffen der Erinnerungs-, Vergangenheits- oder Geschichtspolitik. Weiterhin signalisiert der Terminus Erinnerungskultur, dass alle Formen der Aneignung erinnerter Vergangenheit als gleichberechtigt betrachtet werden. Folglich werden Textsorten aller Art, Bilder und Fotos, Denkmäler, Bauten, Feste, sowie symbolische und mythische Ausdrucksformen, aber auch gedankliche Ordnungen insoweit als Gegenstand der Erinnerungskulturgeschichte begriffen, als sie einen Beitrag zur Formierung kulturell begründeter Selbstbilder leisten. [...]

[Die Diskussion der letzten Jahre konzentriert sich] vor allem auf zwei weitere Schlüsselbegriffe. Hierbei handelt es sich zum einen um das „kommunikative“ sowie zum anderen um das „kulturelle“ Gedächtnis. Der erstgenannte Terminus bezieht sich auf die Erinnerung an tatsächliche beziehungsweise mündlich tradierte Erfahrungen, die Einzelne oder Gruppen von Menschen gemacht haben. Im Fall des kommunikativen Gedächtnisses ist die Rede von einem gesellschaftlichen „Kurzzeitgedächtnis“, dem in der Regel maximal drei aufeinanderfolgende Generationen zuzurechnen sind, die zusammen eine „Erfahrungs-, Erinnerungs- und Erzählgemeinschaft“ bilden können. Während diese im unaufhörlichen Rhythmus der Generationenabfolgen meist leise und unmerklich vergeht, wird das „kulturelle Gedächtnis“ als ein epochenübergreifendes Konstrukt verstanden. Im Allgemeinen wird damit der in jeder Gesellschaft und jeder Epoche eigentümliche Bestand an Wiedergebrauchs-Texten, -Bildern und -Riten bezeichnet, „in deren ‚Pflege‘ sie ihr Selbstbild stabilisiert und vermittelt“. Es ist „ein kollektiv geteiltes Wissen vorzugsweise (aber nicht ausschließlich) über die Vergangenheit, auf das eine Gruppe ihr Bewusstsein von Eigenheit und Eigenart stützt“.

Nach: https://docupedia.de/zg/Erinnerungskulturen_Version_2.0_Christoph_Corneli%C3%9Fen (Zugriff: 28. April 2017; die Einzelnachweise wurden im Text entfernt)

1. *Definieren Sie ausgehend vom Text folgende Begriffe: Erinnerungskultur, kommunikatives und kulturelles Gedächtnis.*
2. *Erklären Sie „kollektives Gedächtnis“.*
3. *Diskutieren Sie, inwiefern es bedeutsam ist, zwischen Geschichts- und Erinnerungskultur zu unterscheiden.*

[1] M3, Zeile 13: gemeint ist hier „materielle“

Kompetenz:
Formen und Funktionen von und Umgang mit historischer Erinnerung analysieren und beurteilen

Geschichte ist überall?

„Vergangenheit" und „Geschichte" sind in unserer Gesellschaft unübersehbar. Alte Burgen, Schlösser, Kirchen und Rathäuser, Denkmäler und andere bauliche und gegenständliche Zeugnisse der Vergangenheit sind in unserem Alltag präsent. Schon in der Kindheit werden wir mit „Geschichte" konfrontiert: Durch Spielzeug, wie Lego-Ritter, durch Zeichentrickserien, historische Kinderbücher, Comics und Filme. Auch wenn diese Angebote nur selten wissenschaftlichen Ansprüchen genügen – das ist nicht ihr Ziel oder ihre Aufgabe – schaffen sie doch erste Berührungspunkte mit der Geschichtskultur. Dies wurde seitens der Geschichtswissenschaft und -didaktik nicht immer nur als Chance begriffen, sondern auch kritisiert (▸ M1).

Im Schulfach Geschichte wird solchen Angeboten die wissenschaftsorientierte Beschäftigung mit Vergangenheit an die Seite gestellt. Zudem wird auch der Umgang mit geschichtskulturellen Angeboten thematisiert, nicht zuletzt weil diese wichtige Mittel sind, sich außerhalb von und nach der Schulzeit weiter mit Geschichte zu befassen.

▲ Rattenfänger-Freilichtspiele in Hameln.
Foto von 2005.
Der Rattenfänger, hier gespielt von Jürgen Rinne, lockt mit seinen Flötenklängen die „Ratten" an. Von Mitte Mai bis Mitte September führen jeden Sonntag rund 80 bis 100 Laienschauspieler die Rattenfängersage in der Innenstadt von Hameln auf.

Merkmale historischer Narrationen

„Geschichte" entsteht nicht durch die bloße Aneinanderreihung von Fakten und Ereignissen. Chroniken und andere chronologische Auflistungen sind daher keine „Geschichte" im eigentlichen Sinn. Erst die sinnvolle Verknüpfung zeitdifferenter Ereignisse machen aus derartigen Fakten und Zahlen „Geschichte" (*Sinnstiftung*). Als solche sind sie erzählend, narrativ. Geschichtserzählungen bzw. historische Narrationen unterscheiden sich von anderen Erzählformen durch bestimmte Merkmale. So lässt sich „Geschichte" nur im Rückblick konstruieren (*Retrospektivität*). Häufig stellt sich erst im Nachhinein heraus, dass ein Ereignis eine besondere Bedeutung hat oder in welchem Zusammenhang Ereignisse stehen. „Wir" blicken aus unserer Gegenwart in die Vergangenheit, kennen bereits den weiteren Verlauf und können daher solche Verknüpfungen herstellen. Dies ist auch ein grundlegender Unterschied zwischen Quellen, die zeitnah von den Zeitgenossen verfasst werden, und der nachträglichen Rekonstruktion und Deutung durch Historiker: Während der Zeitgenosse die Auswirkungen der Ereignisse nicht sicher vorhersagen, allenfalls vermuten oder befürchten kann, blickt der Historiker in Kenntnis möglicher Fortentwicklungen und Konsequenzen auf diese Zeit zurück.

Ein weiteres Merkmal historischer Narrationen ist die Intention des Verfassers. Hier sind unterschiedliche Sinnstiftungs- oder auch Erzählabsichten zu unterscheiden. In der Geschichtswissenschaft werden sie als traditionales, exemplarisches, genetisches oder kritisches Erzählen bezeichnet (▸ M2).

Historische Erzählungen „funktionieren" je nach Gattung ganz unterschiedlich (*Medialität*). So erzählt ein Geschichtsroman anders als eine Festrede oder eine Geschichtsdokumentation und dennoch wollen sie auf ihre je unterschiedliche Weise gesellschaftliche Geschichtsbedürfnisse befriedigen.

Formen von Geschichtskultur

Es ist vor allem die Aufgabe von Gedenkfeiern, Archiven und Museen, das „kulturelle Gedächtnis" aufzubauen, zu bewahren und der Öffentlichkeit zugänglich zu machen. Damit prägen sie das individuelle Geschichtsbewusstsein Einzelner und repräsentieren gleichzeitig Aspekte der kollektiven Geschichts- und Erinnerungskultur. Dass auch sie eine Auswahl der zu archivierenden und auszustellenden Quellen treffen müssen, ist nicht unproblematisch (▸ M3).
Geschichtskulturelle Angebote bedienen ganz unterschiedliche Bedürfnisse. Vor allem, wenn sie sich an ein größeres Publikum richten oder im Unterhaltungssektor gegen andere Freizeitangebote behaupten wollen, tritt die Triftigkeit[1] der Darstellung häufig hinter unterhaltenden und dramatisierenden Elementen zurück. Fakten werden kreativ mit Fiktionen vermischt. Dies betrifft nicht nur Angebote wie Geschichtsspielfilme[2], -romane, -comics oder Brett- und Computerspiele historischen Inhalts. Auch andere Gattungen, die sich in ihrem Selbstverständnis wie auch in der öffentlichen Wahrnehmung als wissenschaftsorientiert verstehen, greifen zunehmend auf unterhaltende Elemente zurück. Das betrifft nicht nur Geschichtsdokumentationen[3], sondern auch Ausstellungen oder Reenactments wie Mittelaltermärkte, Ritterturniere oder Living History.[4]

Kritische Auseinandersetzung mit Geschichtsdarstellungen

Der Geschichtsdidaktiker Hans-Jürgen Pandel hat Bereiche definiert, die auf ihre Triftigkeit oder Authentizität untersucht werden können (▸ M4). Es bleibt dennoch schwierig, die „Korrektheit" der Darstellung zu überprüfen. Da den meisten Menschen nicht zuzumuten ist, sich in ihrer Freizeit den oft nur schwer verständlichen Forschungsstand zu erarbeiten, müssen andere Wege aufgezeigt werden. Das Internet bietet hierzu zahlreiche Hilfestellungen, wenngleich die Nutzung nicht unproblematisch oder einfach ist. Rezensionen zu Ausstellungen, Reaktionen auf Gedenkfeiern und Jubiläen oder populär-wissenschaftliche Fachbücher bzw. Geschichtsmagazine können dabei hilfreich sein. Wichtig ist zudem, die jeweiligen Angebote auf ihre Sinnstiftungsintention zu untersuchen. Dies gibt Hinweise darauf, ob es sich eher um geschlossene oder offene Darstellungen handelt. Das meint Darstellungen, die mit einem nicht zu hinterfragenden Wahrheitsanspruch auftreten, bzw. solche, die deutlich machen, dass sie das Ergebnis von Interpretationen sind, die kritisch überprüft und diskutiert werden sollen. Traditional intendierte Angebote entziehen sich z. B. in der Regel der Kritik und Überprüfung, weil es ihre Aufgabe ist, Traditionen zu begründen oder zu pflegen, und nicht, sie infrage zu stellen.
Grundsätzlich folgt eine kritische Auseinandersetzung mit Geschichtsdarstellungen dem aus dem Geschichtsunterricht bekannten kritischen Verfahren, das bei der Quellenanalyse angewendet wird: Wer erzählt wann wem wie was warum? Allein schon das Nachdenken darüber, was ein Film, eine Ausstellung oder ein Internetangebot mit der Darstellung bezwecken könnte, kann helfen, sich in kritische Distanz zum Dargestellten zu setzen. Im Idealfall wird hierdurch Neugier geweckt, die dazu führt, dass sich ein Betrachter näher mit der Thematik befasst.

▲ **Sehusafest.**
Foto von 2014, Seesen.
Das Foto zeigt zwei Darsteller auf dem Sehusafest im niedersächsischen Seesen. Mit rund 1000 Akteuren gilt es als größtes Historienfest Norddeutschlands. Das Sehusafest wird seit 1975 am ersten Wochenende im September aufgeführt und zeigt Szenen aus der Stadtgeschichte von Seesen.

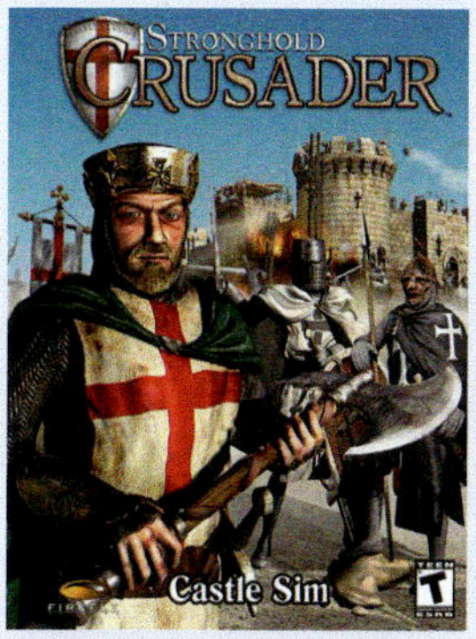

▲ **Cover des Computerspiels „Stronghold Crusader".**
In dem 2002 veröffentlichten Strategiespiel kann der Spieler in die Rolle eines christlichen oder muslimischen Fürsten zur Zeit der Kreuzzüge schlüpfen.

[1] Über den Begriff „Triftigkeit" informiert Seite 425.
[2] Vgl. hierzu den Methoden-Baustein „Geschichtsspielfilm" auf Seite 458 bis 461.
[3] Siehe dazu den Methoden-Baustein „Geschichtsdokumentation" auf Seite 462 bis 465.
[4] Siehe die Abbildungen auf Seite 430 und 431.

M1 Geschichte und Öffentlichkeit

Der Geschichtsdidaktiker Karl-Ernst Jeismann hält 1998 einen Vortrag, in dem er sich mit dem Verhältnis von Geschichte und Öffentlichkeit auseinandersetzt:

Überall ist Geschichte wieder präsent. Wie sich ein ausgetrockneter Schwamm vollsaugt, so füllt Historisches heute unsere Umwelt. Geschichte hat Marktwert bekommen. Wo es Anlässe gibt, bilden sich große und kleine Geschichtsbetriebe. Dies Phänomen einer neuen Geschichtsbegierde brachte eine Unzahl neuer Museen, die das Abgelöste in Erinnerung zu halten versuchen. [...] Ein museales Netz repräsentiert in der Öffentlichkeit Vergangenheit in vielfältiger Form. Geschichte wird zum Freizeitvergnügen. [...]

Und nun gar die Medien: Die Serien zum Zweiten Weltkrieg, zum Nationalsozialismus, aber auch zur frühen Bundesrepublik erfreuen sich großer Zuschauerzahl und intensiver Besprechungen in den Zeitungen; die Computerspiele mit historischen Themen schießen ins Kraut.

Schließlich die Denkmäler: Sie sind heute wieder ein ernstgenommenes Medium historischer Anreicherung der Umwelt. Und nun erst die Erinnerungsfeiern: Jeder Ort, der etwas auf sich hält, präsentiert seine Geschichte öffentlichkeitswirksam. [...]

Für jedermann ist die Vergangenheit ein Gegenstand der Neugierde auf dem Spektrum von Schaulust, Sentimentalität, Wissbegier, Nachdenklichkeit. Es wirkt die Faszination des zeitlich Fremden, in dessen Gewand man einmal schlüpfen möchte. [...]

Es demonstriert aber die Lust an der Geschichte, das spielerische Umgehen mit ihr und eine Annäherung durch Nachahmung. Ernsthafter, ohne die Nebenabsicht, sich selbst durch das Medium der Geschichte in Szene zu setzen, sind Begegnungen mit echten Überresten – an dieser Stelle liegt das Beispiel Kalkriese nahe, wo u.a. eine originale römische Steinschleuder in Aktion zu sehen war. [...]

Historische Neugier sucht das zeitlich Ferne, das Andere, oft das Kuriose. Viel nachhaltiger treibt die Frage nach der eigenen Geschichte die Menschen zur Suche nach Überresten, Zeugnissen oder Erzählungen, die sie selbst betreffen. Mit dem Stichwort der Identitätsbildung oder Identitätswahrung durch öffentliche Darstellung von Geschichte kommen wir aus dem bunten Vordergrund vielfältiger Begegnungen mit Geschichte in ein schwieriges Feld. [...] Subjektive Identität, Ich-Identität, die uns Gewissheit darüber gibt, wer wir sind, wo wir herkommen und hingehören nach Ort und Zeit, wie wir urteilen und handeln, ist immer verbunden mit sozialen, kollektiven Identitäten, d.h. mit dem Willen und der Fähigkeit von Gruppen, sich selbst als etwas Besonderes, eigentümliches zu erkennen, damit auch abzugrenzen von anderen und allen Mitgliedern einen im Kern gemeinsamen, anerkannten Kanon von Vorstellungen, Gewissheiten und Lebensformen zu vermitteln. [...] Wie der Einzelne sich selbst in seiner persönlichen oder Familiengeschichte wiederfindet, so finden sich Völker und Gesellschaften in der Geschichte allgemein. [...]

Deshalb ist Vergewisserung der eigenen Geschichte immer mehr als Neugier oder Spiel; sie ist eine Existenzbeglaubigung von Gemeinschaften. Sie muss gezeigt und bezeugt, öffentlich sichtbar werden durch Erinnerungs- und Bestätigungsrituale: Symbole, Erzählungen, Lieder, Feiern. [...]

Bei solchen Feiern oder demonstrativen Gemeinsamkeiten geschieht nun immer auch die Auslöschung anderer Erinnerungen im gleichen Kontext. Die Fragwürdigkeiten und Gräuel der Französischen Revolution [...] werden bei dieser kollektiven Vereinnahmung der Geschichte durch eine fröhlich feiernde Öffentlichkeit ebenso verdrängt wie die Vernichtung, Umsiedlung oder Dekulturation der Indianerstämme infolge der Entstehung der USA.

Hier stoßen wir auf eine Problematik des Umgangs der Öffentlichkeit mit ihrer Geschichte. Sie ist in hohem Maße selektiv, verkürzt, manchmal bis zur Verfälschung. Erinnerung wird zur Schauseite, zum Mythos, darf nicht kritisiert werden. [...]

Historische Fundamente der Identität werden lebenslang gegründet – kurzfristiger greifen Legitimationsstrategien auf die Öffentlichkeit zu. Hier wird Geschichte benutzt, um gegenwärtige Ansprüche oder Entscheidungen zu rechtfertigen. [...] Ihr wichtigstes Medium sind politische Reden, Broschüren, Weiß-, Rot- oder Schwarzbücher. Es gibt Untersuchungen dieses Phänomens, die zeigen, dass Geschichte in dieser Funktion in der Öffentlichkeit immer wieder eingesetzt wird, sei es als gezielte politische Strategie der Meinungsbeeinflussung, sei es als Erklärung bestimmten Verhaltens im Großen wie im Kleinen. Ansprüche auf Land und Herrschaft werden so gerechtfertigt [...]. [...]

Das wichtigste Instrument des Argumentierens mit Geschichte ist das historische Exempel. Der ungeheure Vorrat an Geschichte dient als Beispielsammlung zum überzeugenden Beweis für die Richtigkeit dieses oder jenes Handelns oder Urteilens. Historie als das Archiv von Erfahrungen, aus denen zu lernen ist: Das leuchtet unmittelbar ein. [...]

Ebenso eindrucksvoll, dabei aber stärker auf historisches Wissen spekulierend ist die Konstruktion von Analogien und Kontinuitäten, so [...] wenn im Dienste der gewollten europäischen Einigung die europäische Gemeinsamkeit durch die Jahrhunderte aufgedeckt oder beschworen wird und als eine aufsteigende Linie erscheint, die notwendig zum Zusammenschluss führen müsse. [...]

Es ist eine Strategie der Überredung der Öffentlichkeit zu bestimmten Denkweisen und Handlungen, aber auch eine Verführung für den so Argumentierenden selbst. Dieser Gebrauch von Geschichte ist immer problematisch, operiert nur mit Halb- oder Teilwahrheiten, verkennt, dass Geschichte nicht das immer Gleiche, sondern das sich immer Wandelnde ist – und trotzdem bleibt dieser Umgang mit ihr offenbar eine unvermeidliche Art, historische Erfahrung auf die Gegenwart zu beziehen.

Karl-Ernst Jeismann, Geschichte und Öffentlichkeit. Historie zwischen Vergewisserung und Verführung, herausgegeben vom Landschaftsverband Osnabrücker Land e.V., Bad Iburg 1999, S. 1-36

1. **+** *Überlegen Sie vor der Quellenlektüre, welche „Formen" von Geschichte Sie aus dem öffentlichen Raum kennen. Erstellen Sie eine Tabelle, in der Sie diese Geschichtsangebote auflisten. Legen Sie eine Spalte mit dem Oberbegriff „Funktion" an.*

2. *Fassen Sie die wesentlichen Argumente Jeismanns bezüglich des Verhältnisses von Geschichte und Öffentlichkeit in eigenen Worten zusammen.*

3. *Geben Sie die von Jeismann genannten Formen von Geschichte wieder. Vergleichen Sie sie anschließend mit den von Ihnen vor der Lektüre aufgeführten Beispielen.*

4. *Ergänzen Sie Ihre Tabelle um die von Jeismann genannten Aspekte und Beispiele. Beurteilen Sie ihre jeweilige Funktion.*

M2 Erzähltypen nach Rüsen

Auf dem Wiki der Pädagogischen Hochschule Karlsruhe fasst ein Autorenteam die Erzähl- und Sinnbildungstypen nach Jörn Rüsen zusammen:

1. Traditionelles Erzählen/traditionale Sinnbildung

[...] Geschichten, die dem traditionellen Erzählen angehören, erinnern an „verpflichtende Ursprünge" [...] und „an ihre ständige Durchsetzung, Wiederkehr und Resistenz im Wandel der Zeit" (Kontinuität der Ursprünge). Nach Rüsen ist der Ursprungsmythos eine besonders „‚reine' Form dieses Typs". Andere Beispiele wären Stiftungsgeschichten, Herrschaft legitimierende Genealogien, Rückblicke in Jubiläen(-reden). Die traditionale Sinnbildung übersieht dabei den Wandel der Verhältnisse über die Zeit. „Alles" bleibt demnach „beim Alten. Dinge die einmal erreicht wurden gelten als weiterhin gültig, Verlorenes als unwiederbringlich." [...]

2. Exemplarisches Erzählen

Die exemplarische Sinnbildung gilt als komplexer als die traditionale Sinnbildung, da sie Veränderungen im Wandel der Zeit anerkennt. Diese Veränderungen werden als Wandel zwischen verschiedenen Fällen derselben Art verstanden. Das heißt Einzelfälle sind nur Beispiele für eine allgemeingültige Regel. Diese Regel gilt überzeitlich. Aus der Betrachtung von einzelnen oder mehreren Fällen, die auf eine Regel abzielen, kann man somit für die Zukunft lernen. [...] Exemplarisches Erzählen erinnert somit an Sachverhalte der Vergangenheit, die Regeln gegenwärtiger Lebensverhältnisse konkretisieren. Kontinuität wird hierbei als Geltung dieser Regeln vorgestellt. Exemplarische Erzählungen sind durch die klassische Devise „historia magistra vitae"[1] charakterisiert, d.h. als Vorbildergeschichten Regelwissen und eine „Moral" vermitteln. Im Grunde genommen bleibt auch hier alles beim Alten. Beispiele für exemplarisches Erzählen sind Geschichten, die von Herrschertaten erzählen und Regeln des klugen Herrschens [...]. Das traditionale und das exemplarische Erzählen entsprechen dem Anforderungsbereich der Reproduktion.

3. Kritisches Erzählen

Kritische Erzählungen stellen Abweichungen dar, die gegenwärtige Lebensverhältnisse infrage stellen, d.h. bestehende Orientierungen und Vorstellungen werden aufgrund gegenteiliger Erfahrungen im Umgang mit vergangenem Material außer Kraft gesetzt. Hier spricht man eher von einer „Anti-Kontinuität", die sich als Veränderung vorgegebener Kontinuitätsvorstellungen in Form von Abgrenzung, Abweisung oder strikter Negation von Standpunkten zu verstehen gibt. Es kommt zum Bruch von Kontinuität. [...] Es sollen alternative Möglichkeiten aufgezeigt werden und eingefahrene historische Klischees widerlegt werden, indem empirisch auf widersprechende Erfahrungen verwiesen wird. Damit leugnet die kritische Sinnbildung, dass es eine allgemeingültige Regel, wie beim exemplarischen Erzählen gibt. [...] Das kritische Erzählen entspricht in der Schule dem Anforderungsbereich der Reorganisation, dieser beinhaltet das selbstständige Erklären und Anwenden von Gelerntem und dessen Transfer.

4. Genetisches Erzählen

Die genetische Sinnbildung stellt die zeitliche Veränderung der historischen Deutungsarbeit in den Mittelpunkt. Genetisches Erzählen „erinnert an qualitative Veränderungen in der Vergangenheit, die andere und fremde Lebensverhältnisse in eigene münden lassen". [...] Es wird versucht den Zusammenhang zwischen Vergangenheit, Gegenwart und Zukunft herzustellen, damit eine „gerichtete Veränderung" angenommen werden kann. Kontinuität tritt hier als Entwicklung ins Bild mit dem Ziel, die Richtungen dieser Veränderungen zu erkennen. In diesem Zusammenhang bedeutet historische

[1] **historia magistra vitae**, dt. Übersetzung: Geschichte (ist) Lehrmeisterin des Lebens

Orientierung zu erkennen, in welche „Richtung“ sich die Verhältnisse geändert haben, und diese Entwicklung in der Zukunft ermitteln zu können. Als kategoriale Beispiele sind bei der genetischen Sinnbildung die Entwicklung oder der Fortschritt zu nennen [...].
Nach Rüsen treten seine Sinnbildungstypen nie in Reinform auf, sondern immer in charakteristischen Kombinationen bzw. Mischformen, wobei eine dominant sei.

Nach: http://geoges.ph-karlsruhe.de/mhwiki/index.php5/Narration_Grundlagen (Zugriff: 28. April 2017; die Einzelnachweise wurden im Text entfernt)

1. *Fassen Sie die Hauptmerkmale der vier Erzähltypen in eigenen Worten zusammen.*
2. *Arbeiten Sie heraus, welche Erzähltypen bzw. Sinnbildungsmuster Ihr Geschichtsschulbuch oder ein anderes geschichtskulturelles Angebot bietet. Begründen Sie.*
3. *Welches Sinnbildungsmuster von „Geschichte“ erscheint Ihnen am Wichtigsten? Erörtern Sie Ihnen bekannte Beispiele in Partnerarbeit.*

M3 Sammeln und bewahren – nur was und was nicht?

Museen und Archive stellen aus, bewahren und sammeln nach Schwerpunkten. Die Stiftung Haus der Geschichte der Bundesrepublik Deutschland informiert im Internet über sein Sammlungskonzept:

1986 beginnt die Stiftung Haus der Geschichte mit dem Aufbau einer Sammlung. Aufgenommen werden Objekte, die sich eignen, um Zeitgeschichte materiell zu dokumentieren und auszustellen: Gebrauchsgegenstände, Dokumente, Filme und andere Medien, Zeitschriften, Maschinen, Möbel, Textilien und vieles mehr. Heute umfasst unsere Sammlung knapp 900 000 Objekte. Neben materiellen Objekten sammelt die Stiftung zunehmend auch digitale Objekte.
Mindestens drei Kriterien sind ausschlaggebend dafür, ob ein Gegenstand, Dokument oder Medium Teil unserer Sammlung wird: Ist das Objekt typisch für seine Zeit (z. B. eine FDJ-Bluse) oder absolut einmalig (wie etwa der „Schabowski-Zettel“)? Ist es drittens mit einer besonderen Geschichte verbunden? Immer gilt, dass vor allem diejenigen Objekte spannend sind, die für sich selbst oder im Zusammenhang mit anderen eine Geschichte erzählen. Der Seesack etwa, den Elvis Presley 1958 zu Beginn seines Wehrdienstes in die Bundesrepublik mitbringt, zeugt von der Bedeutung der amerikanischen Unterhaltungsindustrie in Deutschland und vom Kalten Krieg. Und für Elvis-Fans hat er darüber hinaus eine besondere emotionale Bedeutung!
Die Sammlungstätigkeit ist eine wichtige Grundlage unserer musealen Arbeit in Bonn, Leipzig und Berlin. Wir tragen dazu bei, ein „kulturelles Gedächtnis“ unserer Gesellschaft aufzubauen. Unsere Aufgabe ist, das zeitgeschichtliche Geschehen aufmerksam zu verfolgen, die Einbeziehung jüngerer geschichtlicher Ereignisse in die Ausstellung zu prüfen und infrage kommende Objekte zu sammeln.
Für uns heißt das: Ob Flüchtlingskrise, „Brexit“ oder deutscher WM-Titel, wir bewerten, welche aktuellen Entwicklungen zeitgeschichtlich relevant werden können und übernehmen Objekte für unsere Sammlung, die eine damit verbundene Geschichte erzählen.

Nach: www.hdg.de/haus-der-geschichte/sammlung/ (Zugriff: 28. April 2017)

1. *Beschreiben Sie die wichtigsten Aspekte der Sammlungstätigkeit des Hauses der Geschichte.*
2. *Erläutern Sie die drei Kriterien, nach denen das Haus der Geschichte seine Objekte auswählt.*
3. *Erörtern Sie, welche Überlieferungslücken durch die Schwerpunktbildung entstehen könnten.*
4. *Diskutieren Sie in der Klasse Möglichkeiten und Grenzen von Museen, das kulturelle Gedächtnis aufzubauen.*
5. (+) *Verschaffen Sie sich über die Suchmaske des Internetauftrittes vom Haus der Geschichte einen Überblick über die gesammelten Materialien. Wählen Sie eigene Objekte zu verschiedenen Kategorien aus und schlagen Sie sie dem Haus der Geschichte zur Aufbewahrung/zukünftigen Ausstellung vor. Begründen Sie Ihre Vorschläge nach den im obigen Text angegebenen Auswahlkriterien.*

M4 Wahrheit der Fiktion

Am Beispiel von Jugendbüchern zum „Dritten Reich“ differenziert der Geschichtsdidaktiker Hans-Jürgen Pandel fünf Typen, nach denen der „Wahrheitsgehalt“ bzw. der Authentizitätsgrad von Geschichtserzählungen untersucht werden kann:

a) Faktenauthentizität
Ein Jugendbuch ist fakten- und ereignisauthentisch, wenn die geschilderten Personen wirklich gelebt und die erzählten Ereignisse tatsächlich vorgefallen sind. [...] Eine solche Faktenauthentizität, bei der die Existenz aller Personen und die Tatsächlichkeit jedes Ereignisses dokumentarisch gesichert ist, würde es nicht erlauben, ein fiktives Buch zu schreiben, das zugleich anschaulich und spannend ist. Zu dürftig wäre die schriftstellerische Gestaltungsmöglichkeit, wenn der Autor nur solche Figuren aufnehmen könnte und Ereignisse

berichten dürfte, für die ihm Quellenbelege vorliege. Zu lückenhaft sind zudem Alltagsszenen, menschliche Gefühlslagen, Fantasien und Gedanken in den Quellen repräsentiert; zu unergiebig sind die vorliegenden Quellen, um Anschaulichkeit zu erzeugen. Die fiktive Darstellung muss mit der Faktenauthentizität großzügiger umgehen können, wenn sie ihre Arbeit ernst nimmt. Allerdings sind ihr dabei auch enge Grenzen gesetzt.

Sie darf die historische Situation, in der die Geschichte spielt, nicht abändern, die Periodisierungen dürfen nicht verschoben werden und die Ereignisabläufe der historischen Großchronologie muss unverändert erhalten bleiben, die Mentalitäts- und Interessenlagen sozialer Gruppen müssen dem Forschungsstand entsprechen.

b) Typenauthentizität

Ein Jugendbuch ist typenauthentisch, wenn es die dargestellten Personen zwar nicht als individuelle Personen, aber doch als Typus gegeben hat. Auch Ereignisse müssen sich nicht ereignet haben, aber das geschilderte Ereignis muss einen typischen, damals wiederholt vorgekommenen Ereignistyp schildern. [...]

c) Erlebnisauthentizität

Ein Jugendbuch ist erlebnisauthentisch, wenn die dargestellten inneren Erfahrungen subjektiv authentisch sind. Sie sind dann authentisch, wenn der Erzähler die geschilderten Erfahrungen, Gefühle und Gedanken in der erzählten Situation tatsächlich gehabt hat. [...]

Erlebnisauthentizität ist kaum mit den üblichen historischen quellenbezogenen Mitteln nachzuweisen. Eine solche Erlebnisauthentizität verlangt daher Informationen über die Biografie eines Autors oder der Autorin, die ihre inneren Erlebnisse wiedergibt. Die Fakten- und Typenauthentizität darf in solchen Erzählungen großzügiger gehandhabt werden. Ihr muss man sogar einen größeren Spielraum einräumen, da seine Gefühle, Assoziationen und Fantasien die Logik von Raum und Zeit und die Gesetze der Rationalität durchbrechen. [...]

d) Quellenauthentizität

Die Forderung nach Authentizität kann sich auch auf ein Buch als Ganzes richten. Es handelt sich dann um Bücher, deren Texte oder Bilder zu derjenigen Zeit entstanden sind, über die dieses Buch berichtet. Die bekanntesten Prosabeispiele für diesen Typ der Authentizität sind die Tagebücher der Anne Frank [...]. Es sind die Bücher, die insgesamt eine Quelle sind, weil sie während der Zeit, über die sie Auskunft geben, entstanden sind. Ein Buch ist quellenauthentisch, wenn der gesamte Buchtext ein quellenauthentischer Text ist. Den Beweis ihrer Quellenauthentizität treten diese Bücher meist dadurch an, dass sie Faksimiles[1] der Originalseiten mitdrucken. [...]

e) Repräsentationsauthentizität

Die Authentizität des erzählten Zusammenhangs kann durch die Auswahl der Ereignisse erreicht, aber verfehlt werden, die in die Geschichte eingehen. Die in einem Jugendbuch dargestellten Ereignisse und Schicksale müssen sich in die Hintergrundnarrativität der bekannten Geschichte des Dritten Reiches einordnen lassen, ohne zu ihr in Widerspruch zu treten. Die geschilderten Ereignisse und Situationen müssen in dem Sinne exemplarisch sein, dass sie Schicksale repräsentieren, die häufig vorgekommen sind. Der geschilderte Ereigniszusammenhang, der zwar individuelle und unverwechselbare Personen zeigt, muss dennoch von allgemeiner Gültigkeit sein. Er soll für viele Schicksale stehen und darf nicht so einmalig sein, dass er nur auf ein einziges Leben zutrifft. Viele Zeitzeugen müssen sagen können: So etwas Ähnliches habe ich auch erlebt, und so etwas ist oft vorgekommen. Erst wenn die geschilderten Ereignisse exemplarisch für den Ereigniskomplex Holocaust sind, erhalten sie Plausibilität und die dargestellte Geschichte Gültigkeit.

Die Vielfalt der Authentizitätsformen macht deutlich, dass es die einfache antagonistische[2] Gegenüberstellung von Fiktion und Wahrheit nicht gibt. Wenn historische Jugendbücher geschichtliche Themen aufgreifen, müssen sie auf einer der genannten Authentizitätsebenen Wahrheitsansprüche einlösen, sonst bringen sie sich um die Chance, einen Bezug zur historischen Wirklichkeit herzustellen. Kein historisches Jugendbuch wird allen Authentizitätsansprüchen gleichzeitig nachkommen wollen [...].

Hans-Jürgen Pandel, Die Wahrheit der Fiktion. Der Holocaust im Comic und Jugendbuch, in: Bernd Jaspert (Hrsg.), Wahrheit und Geschichte. Vom Umgang mit deutscher Vergangenheit, Hofgeismar 1993, S. 72-108, hier S. 92-104

1. *Geben Sie die Merkmale der verschiedenen Authentizitätsbereiche stichpunktartig wieder.*

2. *Diskutieren Sie an einem selbstgewählten Beispiel, welche Probleme für Geschichtsproduzenten auftreten, wenn sie für ihre Darstellung eine größtmögliche Authentizität erreichen wollen.*

3. *„Typenauthentizität" heißt auch, dass die handelnden Figuren ihrer Zeit gemäß typisch denken, handeln und sprechen. Erörtern Sie, welche Probleme ein Romanautor oder ein Filmemacher haben kann, wenn er eine Geschichtsdarstellung der Antike oder des Mittelalters vorhat. Entwickeln Sie Lösungsvorschläge und diskutieren Sie sie in der Klasse.*

[1] **Faksimile**: originalgetreue Nachbildung einer Vorlage
[2] **antagonistisch**: gegensätzlich

teil-fiktional: Meint auf die Darstellung von „Geschichte" bezogen, dass die Handlung, Figuren usw. zwar erfunden sein können, die Erzählung sich aber auf vergangene Realität stützt.

▲ **„Radegunde – Die geraubte Prinzessin."**
Foto von 2003, Westgreußen (Thüringen).
Das Foto zeigt Dreharbeiten zu einer Geschichtsdokumentation vom MDR, die das Leben der thüringischen Prinzessin und fränkischen Königin Radegunde (um 522-587) behandelt.
- *Analysieren Sie anhand des Fotos (siehe auch die Vergrößerung auf Seite 420), wodurch diese Produktion „dokumentarisch" erscheint. Welche anderen Gestaltungselemente erwarten Sie in einer solchen Dokumentation?*

Geschichtsdokumentation: Rekonstruiert auf Grundlage des geschichtswissenschaftlichen Forschungsstandes Vergangenheit und rückt sie deutend in den Horizont der Gegenwart. Ihr Ziel ist Information, Aufklärung und Bildung. Sie arbeitet u.a. mit Zeitzeugenberichten, Originalfilmen, Filmdokumenten, Experteninterviews und nachgespielten Szenen, die vom Kommentar verknüpft und gedeutet werden. Zur Geschichtsdoku siehe auch Seite 444 f. und 462 f.

Geschichte im Film

Geschichte und Film Die Bandbreite an Filmformaten, in denen Vergangenheit thematisiert wird, ist groß. Grundsätzlich sind zwei Grundformen zu unterscheiden: das dokumentarische und das **teil-fiktionale** Erzählen. Die Unterschiede lassen sich beispielhaft an den audio-visuellen Großformen **Geschichtsdokumentation** und **Geschichtsspielfilm** verdeutlichen, wobei es hier Überschneidungen und Vermischungen gibt, wie z.B. das **Doku-Drama** (▸ M1).

Will man die wechselseitige Beziehung von Film und Geschichte näher beleuchten, sind einige Fragen zu klären: Wie gelangt „Geschichte" in den Film? Was macht filmische Geschichtserzählungen aus? Welche Funktionen erfüllen sie und wie geht man sinnvoll mit ihnen um?

Ausgangspunkt der Rekonstruktion von Vergangenheit sind die noch erhaltenen Quellen. Gerade für audio-visuelle Erzählungen sind Filmquellen besonders wichtig. Mit ihnen lassen sich nicht nur Ereignisse, das Aussehen von Personen und andere Dinge rekonstruieren, sondern sie bieten gleichzeitig anschauliches Filmmaterial. Natürlich bestehen „Geschichtsfilme" nicht nur aus solch zeitgenössischem Filmmaterial, aber sowohl in Geschichtsdokumentationen als auch für Geschichtsspielfilme spielen sie eine wichtige Rolle. Aber was ist das eigentlich, eine „Filmquelle"?

Originalfilme Bei der Beschäftigung mit filmischen Geschichtserzählungen stolpert man unweigerlich über *Originalfilme*, meist als kurze Ausschnitte. Ausgangspunkt sind Ereignisse, deren Verlauf zeitgleich gefilmt wird. Dies kann auf zwei unterschiedlichen Wegen geschehen: Zum einen können die Aufnahmen durch offiziell beauftragte Berichterstatter und Filmteams hergestellt werden. Zum anderen werden Ereignisse auch von Privatleuten mitgefilmt. Gerade heute im Zeitalter der Smartphones ist die Fülle an solchen Aufzeichnungen enorm gestiegen.

Ein wesentlicher Unterschied zwischen ihnen besteht darin, dass die „offiziellen" Aufnahmen bereits im Hinblick auf ihre spätere Verwendung in Nachrichten oder für Dokumentationen nach inszenatorischen Gesichtspunkten aufgenommen und in der Regel weiter überarbeitet werden. Das heißt, dass die Kameraperspektive, die Einstellungsgröße sowie der Aufnahmestandpunkt bewusst ausgesucht und dass die Einzelaufnahmen später geschnitten, montiert und nachvertont werden. Privataufnahmen sind dagegen meist weniger inszeniert, auch weil man sich ohne Presseausweis den Standpunkt nicht aussuchen kann.

Weder Privataufnahmen noch offizielle Aufzeichnungen können Ereignisse vollständig abbilden. Beide sind den Beschränkungen der Kamera unterworfen, können das Geschehen immer nur ausschnitthaft und perspektivisch festhalten. Sie können dennoch eine wichtige Quelle für die näheren Umstände des Ereignisses sein und auch unbeabsichtigt andere Details des täglichen Lebens wie Gebäude, Fahrzeuge, Mode und Frisuren zeigen. Der Historiker nennt dies *realienkundlicher Quellenwert*.

Vom Originalfilm zum Filmdokument Originalfilme werden im weiteren Verlauf zeitnah in Nachrichten oder Reportagen verwendet und vor allem für längere Beiträge weiter bearbeitet. Die Aufnahmen werden mit anderen zusammengeschnitten, die Tonspur wird durch Musik oder einen Kommentar/Sprecher ergänzt oder ersetzt. Filmarchive oder Archive der Sendeanstalten bewahren sie dann nach der Ausstrahlung auf bzw. speichern sie heutzutage in digitaler Form.

▸ „Das Leben der Anderen."
Foto von 2006.
Filmszene mit dem Schauspieler Ulrich Mühe in der Rolle des Stasi-Hauptmannes Gerd Wiesler aus dem deutschen Spielfilm „Das Leben der Anderen".
Das Drama von Florian Henckel von Donnersmarck wurde national und international ein großer Erfolg. 2007 erhielt es einen Oscar für den besten fremdsprachigen Film.

- *Vergleichen Sie das Standbild mit der Bildquelle zu „Thirteen Days" auf Seite 421/438 hinsichtlich Gemeinsamkeiten und Unterschieden.*
- *Informieren Sie sich im Internet über die Figur Gerd Wiesler, z.B. durch Rezensionen zum Spielfilm. Zeichnen Sie die kontroverse Beurteilung nach und diskutieren Sie in der Klasse, wieso der Film dennoch ein Erfolg war.*

Originalfilme belegen, beweisen und veranschaulichen als Kurzbeiträge in Nachrichtensendungen die Aussagen des Sprechers. In zeitlichem Abstand werden sie dann in längeren Formaten erneut verwendet. In einer Reportage oder Dokumentation werden sie in größere narrative Sinnzusammenhänge gerückt. Auch hier können sie als filmischer „Beweis" für ein Geschehen, als Veranschaulichung oder Bebilderung des Kommentars eingesetzt werden. Neben dem wertenden Kommentar kommt es zudem zum Einsatz von Zeitzeugenberichten, Experteninterviews und abgefilmten Dokumenten. Da diese Materialien zu einer geschlossenen Erzählung kompiliert, d.h. durch Montage und Schnitt zusammengefügt werden, bezeichnet man diese Formate auch als *Kompilationsfilme*. Bei solchen Gesamtfilmen aus der Vergangenheit handelt es sich um *Filmdokumente*.

Filmdokumente sind zeitgenössische Deutungen eines Geschehens. Sie können Auskunft darüber geben, wie die Menschen in der betreffenden Zeit die Ereignisse verstanden und bewertet haben (▸ M2).
Oder es ist der Versuch, eine bestimmte Sicht durchzusetzen, zum Beispiel mit propagandistischen Filmen wie den Wochenschauen des „Dritten Reiches".

▸ „Mätressen – Die geheime Macht der Frauen."
Foto von 2005, Barockgarten Großsedlitz in Heidenau, südöstlich von Dresden (Sachsen).
Auf dem Foto ist die Schauspielerin Suzan Anbeh als Madam de Montespan, der Geliebten König Ludwigs XIV. von Frankreich, bei Dreharbeiten zum ARD-Dreiteiler „Mätressen" zu sehen. Das Doku-Drama beschäftigt sich mit der Macht und dem Einfluss der Geliebten von Herrschenden in verschiedenen Epochen.

- *Recherchieren Sie im Internet zum Inhalt und zur Machart des Doku-Dramas. Arbeiten Sie anschließend heraus, wodurch sich die Produktion von Geschichtsdokumentationen und Geschichtsspielfilmen unterscheidet bzw. welche Gemeinsamkeiten feststellbar sind.*

Geschichtsspielfilm: Filmische Erzählung, die sich auf historische Epochen, Gegebenheiten und Personen bezieht. Die Ausgestaltung erscheint historisch realistisch, macht aber auch Zugeständnisse an die Seherwartungen des Publikums. Die Handlung vermischt Fakten mit Fiktionen. Um besonders authentisch zu wirken, wird z.B. das Einblenden von Quellen oder Zeitzeugen eingesetzt. Weiterführende Informationen zum Geschichtsspielfilm finden Sie ab Seite 438f.

Doku-Drama: Mischform dokumentarischen und fiktionalen Erzählens. Anders als beim Geschichtsspielfilm sind Verweise auf Quellen oder Zeitzeugen weniger im Sinne einer Dramatisierung gemeint, sondern sie stellen vielmehr den Beweis für den ernst gemeinten Anspruch dar, Geschichte auf der Grundlage geschichtswissenschaftlicher Erkenntnisse „korrekt" zu zeigen. Das Doku-Drama verspricht, auch fiktionale Elemente plausibel und triftig umzusetzen, also beispielsweise unbelegte Dialoge so zu inszenieren, dass sie geschichtswissenschaftlich plausibel sind.

▲ **„Thirteen Days."**
Foto von 2000, Regie: Roger Donaldson.
In dem Filmstandbild sind von links nach rechts zu sehen: US-Vizepräsident Lyndon B. Johnson (Walter Adrian), US-Präsident John F. Kennedy (Bruce Greenwood), Justizminister Robert F. Kennedy (Steven Culp), Chefberater Ted Sorensen (Tim Kelleher) und Sicherheitsberater McGeorge Bundy (Frank Wood). Im Hintergrund befinden sich Luftaufnahmen und Karten von Kuba.

- *Beschreiben Sie anhand des Standbildes, mit welchen Mitteln hier Authentizität geschaffen wird. Eine Vergrößerung des Standbildes finden Sie auf Seite 420/421.*
- *Charakterisieren Sie die Atmosphäre. Mit welchen Mitteln wird sie erzeugt und wie wird der Betrachter in die Szene einbezogen?*
- *Beurteilen Sie, inwieweit die Darstellung dem Ereignis angemessen ist.*

Vom Originalfilm zum Geschichtsspielfilm und zur Geschichtsdokumentation Ereignisse und Personen, die einer späteren Gegenwart als bedeutsam gelten, werden auch in der filmischen Geschichtskultur thematisiert. Dokumentarische Erzählungen verwenden dabei erneut Originalaufnahmen. Meistens stehen sie aber nicht mehr in ihrer ursprünglichen Fassung den Produzenten zur Verfügung, sondern nur noch als bereits überarbeitetes Material in den Filmdokumenten. Das ist nicht unproblematisch, weil sich dadurch Inhalt und Aussage des Materials ändern können und sie so keine ursprüngliche Quelle für das zu behandelnde Ereignis mehr sind.

Auch für die Produktion von Geschichtsspielfilmen sind Originalaufnahmen und Fotografien von Bedeutung. Regisseure informieren sich mittels solcher Quellen über das genaue Aussehen der Menschen, über Kleidung, Gebäude usw. Manchmal wird auch versucht, ein Ereignis filmisch genau so darzustellen, wie es in den Filmquellen belegt ist.

Dieses Material verwenden Geschichtsspielfilme auch direkt. Wenn in einem solchen Film z.B. ein Fernseher eingeschaltet ist, wird dort dann eine zeitgenössische Sendung gezeigt, z.B. eine Nachrichtensendung, ein Spielfilm oder eine Show als historisches Filmdokument aus der dargestellten Zeit. Mitunter werden sie auch direkt in den Spielfilm montiert. Das kann trivial sein, wenn in dem Actionfilm *„Rambo"* (USA 2008) im Vorspann Filmdokumente der Kriegsberichterstattung aus Burma gezeigt werden. In solchen Fällen dienen Filmdokumente lediglich dazu, Realismus vorzutäuschen. In anderen Sendungen kommt ihnen eine größere Bedeutung zu. So werden im US-amerikanischen Geschichtsspielfilm *„Thirteen Days"* aus dem Jahre 2000, der detailliert die Kuba-Krise 1962 nachzeichnet, wiederholt zeitgenössische Reaktionen wie Zeitungsmeldungen und Nachrichtenbeiträge „im Original" eingebunden. Hier kommt den Ausschnitten dramaturgische Relevanz zu, weil sie die angespannte Stimmung der Zeit angesichts eines drohenden nuklearen Krieges authentisch wiedergeben. Zudem sprechen die Darsteller teilweise die Gespräche im Weißen Haus, die durch Protokolle belegt sind, wörtlich nach. Um dies dem Betrachter deutlich zu machen, wechselt die Filmspur zu Schwarz-Weiß. Dadurch sollen sie die Korrektheit der Geschichtsdarstellung insgesamt belegen.

In Geschichtsdokumentationen werden Originalaufnahmen und Filmdokumente weiter überarbeitet und in andere Kontexte gerückt und so mit gegenwartsbezogenen Deutungen der Produktionszeit versehen. Diese Deutungen müssen nicht deckungsgleich mit den zeitgenössischen Wahrnehmungen sein, sondern können sich von ihnen unterscheiden. Aber auch hier bleibt der Produzent von der Quellenlage abhängig. Das führt dann zu Problemen, wenn fast ausschließlich nur einseitiges oder propagandistisches Filmmaterial erhalten ist (▸ M3).

Geschichtsspielfilme – ein eigenes Filmgenre? „Geschichte" im Spielfilm als historisches Erzählen ist kein eigenes Filmgenre, weil diese Filme nicht wirklich historisch Erzählen. Allenfalls „Western", „Mantel und Degen-" und „Piraten-Filme" wären Genres, für die sich ansatzweise eigene Erzählkonventionen herausgebildet haben und die sich vom Namen her auf historische Epochen beziehen. Dennoch sind nicht alle Filme, deren Handlung in diesen Zeiträumen spielt, zwangsläufig Western oder Piratenfilme, wenn sie die „Geschichte" nach anderen Genrekonventionen erzählen. Zudem können auch Filme, die in der Gegenwart oder Zukunft angesiedelt sind, wie ein „Western" erzählen. Unabhängig davon haben diese Filme wenig mit einer historischen Realität zu tun. Gerade der „Wilde Westen" diente schon immer in der populären Geschichtskultur als Projektionsfläche für jeweils gegenwärtige Wünsche und Sehnsüchte und bot bzw. bietet den Ausbruch aus einer vermeintlich reglementierten Gegenwart (*Eskapismus*). Augenfällig wird dies im Science-Fiction-Film „*Westworld*" (USA 1973) und der aktuellen gleichnamigen Serie (USA, seit 2016).

Nach welchen Konventionen und Regeln erzählen Geschichtsspielfilme? Das ist sehr unterschiedlich. In der Regel richten sie sich nach den Konventionen anderer Filmgenres, nicht selten in bunter Vermischung. Sie orientieren sich z.B. an den Erzählformen des Abenteuer-, Action-, Liebes- oder Kriegsfilms. Das hat zur Folge, dass Elemente, die nicht historisch verbürgt sind, die für die Erzählung des Genres aber bestimmend sind, fiktional hinzugefügt werden, um nicht die Erwartungshaltung des Publikums zu enttäuschen. Es finden sich häufig historisch unmögliche, melodramatische Liebesgeschichten, wie beispielsweise eine Liebe über Standesgrenzen hinweg, oder Muster der ebenso unwahrscheinlichen dramatischen Aufstiegsgeschichte: Vom Tellerwäscher zum Millionär, wie beispielsweise Balian in „*Königreich der Himmel*" (USA 2005), der als einfacher Sohn eines Schmiedes eine Karriere am Königshof machen kann.

Internettipp
Filmanalysen berücksichtigen immer auch die technische Umsetzung von Szenen, die filmsprachliche Umsetzung durch die Kameraaufnahmen. So haben z.B. Einstellungsgröße (also wie groß bzw. nah etwas gezeigt wird) und die Kameraperspektive (Vogel-/ Froschperspektive, also die Aufnahme aus der Ober- bzw. Untersicht) Auswirkungen darauf, wie die Szene wirkt. Für einen detaillierten Überblick dieser Filmmittel siehe das von der Universität Kiel erstellte Online-Lexikon unter dem Code 32031-38.

Aktuelle Probleme im „historischen Gewand" „Geschichte" kann, wurde und wird auch dazu benutzt, um zeitgenössische Probleme zu thematisieren. So beschäftigt sich das mehrfach verfilmte Drama „*Hexenjagd*" des US-amerikanischen Schriftstellers *Arthur Miller* von 1953 zwar vordergründig mit den Hexenprozessen der Frühen Neuzeit, gemeint ist jedoch eine Kritik an der zeitgenössischen Kommunistenverfolgung in den USA. Hier wird „Geschichte" als abschreckendes Mahnmal gegenüber zeitgenössischen gesellschaftlichen Entwicklungen und Vorgängen instrumentalisiert. Das Drama und seine Verfilmungen sind wenig geeignet, Informationen über die Zeit der Hexenverfolgungen zu vermitteln, sondern bieten heute vielmehr eine Quelle zum künstlerischen Protest gegen den Antikommunismus in den USA der 1950er-Jahre.

Auch hauptsächlich unterhaltende Geschichtsspielfilme können eine politisch unterschwellige Botschaft vermitteln. Gerade in der Darstellung legendenhaft verklärter „Geschichte" lässt sich das gut analysieren, so z.B., wenn Robin Hood immer wieder im „finsteren Mittelalter" für unsere heutigen Werte einsteht. Noch deutlich politischer geraten Geschichtsspielfilme dann, wenn kriegerische Ereignisse thematisiert werden (z.B. „*300*", USA 2006[1]).

[1] Zum Spielfilm „300" siehe den Methoden-Baustein auf Seite 458 bis 461.

Geschichtsspielfilme und Authentizität Wie und wofür man filmische Geschichtserzählungen nutzen kann, bemisst sich am Grad ihrer Triftigkeit.[1] Ob man sie also zur Veranschaulichung der Vergangenheit, zum Aufbau von Wissen oder zur Auseinandersetzung mit der enthaltenen Deutung nutzen kann, hängt von ihrem Triftigkeitsgrad ab. Dabei ist je nach Gattung und Genre ein gewisses Maß an künstlerischer Freiheit und der Anreicherung mit fiktionalen Elementen zumutbar. Das kann so weit gehen, dass in eher fantastischen Geschichten teilweise triftige Geschichtsdarstellungen geboten werden. So spielt Magnetos Jugend in den mehrfachen X-Men-Verfilmungen deutlich erkennbar im „Dritten Reich". Er ist ein Auschwitz-Überlebender, an dem als Kind medizinische Experimente durchgeführt wurden. Er kann schließlich als Erwachsener Rache üben, indem er seine Peiniger in Argentinien aufspürt. Die Darstellung ist offensichtlich fiktional und nicht „authentisch" im Sinne der Pandel'schen Kategorien[2], greift aber plausibel wichtige Aspekte der „Vergangenheit" auf.

Der besondere Reiz von Geschichtsspielfilmen liegt darin, dass sie trotz erkennbarer Fiktionalität vergangene Realitäten widerspiegeln oder dies zumindest behaupten. Es ist für viele ungleich spannender, sich mit einer Geschichte auseinanderzusetzen, wenn diese tatsächlich so – oder wenigstens so ähnlich – wirklichen Menschen widerfahren ist. Filmproduzenten bemühen sich daher sehr stark, diesen Eindruck von Authentizität zu erwecken (▸ M4). Sie nutzen hierfür *Authentifizierungsstrategien*, die Wahrheitsanspruch und Realismus suggerieren. Häufig klaffen Realitätsbehauptung und Wahrheitsgehalt allerdings weit auseinander (siehe dazu die Tabelle auf Seite 441).

Es ist letztlich entscheidend, wie stark eine filmische Darstellung mit Authentifizierungsstrategien arbeitet, wie sehr der Produzent behauptet, dass es sich um eine geschichtswissenschaftlich fundierte Darstellung handelt. Je stärker dieser Anspruch filmisch behauptet wird, desto mehr muss der Betrachter davon ausgehen können, dass es tatsächlich so gewesen sei. Und je überzeugender eine Darstellung ist, desto eher werden auch die gleichzeitig vermittelten Deutungen und Wertungen als objektiv und „wahr" angenommen, was durchaus problematisch sein kann (▸ M5).

Grenzen der Authentizität Es bleibt immer zu berücksichtigen, dass der filmischen Rekonstruktion von Vergangenheit Grenzen gesetzt sind. Eine triftige Rekonstruktion müsste die Mentalität, das Denken und Fühlen der Menschen von damals plausibel abbilden. Hierzu fehlen aber häufig die Quellen, um dies wissenschaftlich fundiert zu rekonstruieren. Zudem dachten und fühlten die damaligen Menschen anders als wir es heute tun. Solche Denkweisen und Mentalitäten in Spielfilmen so plausibel vorzuführen, dass wir die Menschen von damals tatsächlich verstehen könnten, wird umso schwieriger, je weiter die Geschichte zurück liegt. Das Denken der mittelalterlichen oder antiken Menschen ist und bleibt uns heute fremd, auch wenn sie in Geschichtsspielfilmen für uns nachvollziehbar agieren. Das liegt daran, dass in diesen Fällen die Hauptfiguren weniger zeittypisch denken und handeln, sondern vielmehr unsere heutigen Werte repräsentieren. So sind die Frauenfiguren in der Regel vollemanzipiert, die Männer folgen humanistischen und aufklärerischen Idealen und sind Verfechter von heutigen Menschenrechten oder der modernen Demokratie. Umso rückständiger erscheint uns daher die sie umgebende Gesellschaft. Und umso fortschrittlicher erscheint uns die eigene Gegenwart.

[1] Siehe hierzu die Begriffsdefinition auf Seite 425.
[2] Vgl. M4 auf Seite 434 f.

Strategie	Funktion/Effekt	Probleme
detaillierte (Re-)Konstruktion des Settings (Landschaft, Gebäude, Kleidung etc., zunehmend durch 3-D-Computergrafik (CGI: computer generated images))	schafft die Illusion einer fotorealistischen Darstellung von Vergangenheit und somit Glaubwürdigkeit; als Grundlage dienen Foto- und Filmquellen	häufig Abweichungen von den Quellen, z.B. um den Seherwartungen des Publikums zu entsprechen, daher Orientierung an aktuellen Schönheitsidealen und Moden; Kosteneinsparung durch Wiederverwendung von Requisiten aus anderen Filmen
„Auftreten" verbürgter historischer Personen	siehe oben	siehe oben
Casting / Maske	visuelle Angleichung des Darstellers mit der historischen Figur (Grundlage: bildliche und audio-visuelle Quellen)	siehe oben
Dreh am Originalschauplatz	siehe oben	häufig zerstört oder überbaut; heutige Nutzung abweichend von der früheren
Integration von Text-, Bild- und Filmquellen, Original-Tönen	erlaubt den Vergleich von filmischer Rekonstruktion/Inszenierung und vergangener „Realität", belegt die Korrektheit der Handlung und zeigt Wissenschaftsorientierung, schafft ein zeitgenössisches „Ambiente", knüpft an „Vor-Wissen" an und erhält dadurch Glaubwürdigkeit/Authentizität	Quellen werden entkontextualisiert, das heißt aus dem Zusammenhang gerissen, teilweise verändert, unkritisch als Spiegelung vergangener Realität benutzt, zudem im Spielfilm häufig nur eingesetzt, um ein Zeitambiente zu schaffen
konkrete Angaben zu Ort, Zeit und Personen	führt die Darstellung auf reale Ereignisse und Personen zurück; erlaubt (theoretisch) ein „Überprüfen"; suggeriert Faktenauthentizität	sind in der Regel „korrekt", verschleiern aber, dass der Film notwendig zeitlich verdichtet und personal reduziert erzählt
wissenschaftlicher Beirat/ Experten	in (teil-)fiktionalen Angeboten im Abspann erwähnt, v.a. aber in der crossmedialen Begleitung herausgestellt; in dokumentarischen Angeboten sind sie integraler Bestandteil der Erzählung, „bürgen" für die Wissenschaftlichkeit des Angebotes	problematisches Verhältnis von Regisseur und Experte, Sachrichtigkeit wird inszenatorischen und dramaturgischen Überlegungen nachgeordnet, auch missachtet
crossmediale Verwertung/ Begleitung	v.a. Bücher zur Sendung, Specials auf der DVD-Ausgabe, aber auch viele Beiträge auf den begleitenden Internetseiten betonen Wissenschaftlichkeit und integrieren hier Experten/Angaben zum Forschungsstand	sind meistens eine bloß unkritische Reproduktion des Inhalts der Sendung; zur Funktion der Experten siehe oben
Zeitzeugen	können als Rahmung von Geschichtsspielfilmen (v.a. Doku-Drama) dienen, belegen die Korrektheit der Darstellung, genießen große Glaubwürdigkeit, die sogenannte Autorität des Dabeigewesenen	die notwendige kritische Auseinandersetzung mit der geschichtswissenschaftlich fragwürdigen „Quelle Zeitzeuge" findet nicht statt; Erinnerung wird mit Realität gleichgesetzt, Perspektivität des Zeugen nicht beachtet – außer bei Tätererzählungen zum „Dritten Reich"
Sepia-Tönung oder Schwarz/ Weiß der Bildspur	dient der „Historisierung" des Films als solchem; Angleichung an die kanonisierten Film-/Bildquellen	z.B. in „Schindlers Liste" (USA 1993) und teilweise auch in „Thirteen Days" (USA 2000), verschleiert den Unterschied von deutender Erzählung und Quelle; Studien zeigen, dass derartige Filmbilder stärker für tatsächliche vergangene Realität genommen werden
Zitate	verbürgen die Wissenschaftlichkeit/Korrektheit der Darstellung bis in die Dialoge hinein	verschleiern, dass die übrigen Teile der Dialoge frei erfunden sind, zudem beruhen manche „Zitate" nur auf dem Hörensagen, sind also nicht verbürgt, wie beispielsweise die „lakonischen Sprüche" der Spartaner in „300" (USA 2006; vgl. Seite 458 f.) oder der angebliche Ausspruch Luthers „Hier stehe ich, ich kann nicht anders, Gott helfe mir" in „Luther" (D 2003, vgl. Seite 468 f.)
verwenden zeitgenössischer Sprache (alte Regiolekte/ Dialekte, altertümelnde Sprache oder „Alt-Maya")	siehe oben	ein eher fragwürdiges Konzept, weil sich die „alten Sprachen" als gesprochene Sprache nicht mehr rekonstruieren lassen, zudem werden sie meistens falsch umgesetzt (z.B. „Passion Christi", USA 2004; „Apocalypto", USA 2006; „Die Himmelsleiter", D 2017)

▲ **Authentifizierungsstrategien in Filmen.**
Tabelle erstellt von Oliver Näpel

▲ **„Die Abenteuer des Robin Hood."**
Filmplakat von 1938, Regie: Michael Curtiz und William Keighley, USA.

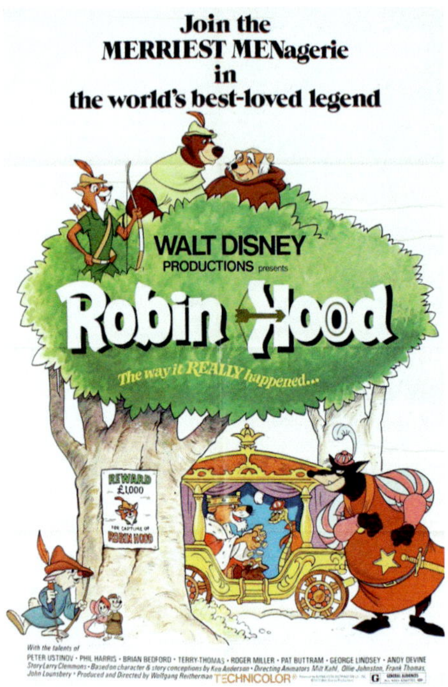

▲ **„Robin Hood."**
Filmplakat von 1973, Regie: Wolfgang Reitherman, USA.

Umgang mit Authentizitätsversprechen ■ In Geschichtsspielfilmen wird weniger Vergangenheit rekonstruiert, als vielmehr diese sinnbildend-deutend zu Geschichte gemacht. In der Regel möchten die Produzenten so ihr eigenes Geschichtsbild verbreiten. Es ist daher von Bedeutung zu überprüfen, ob ihre Deutung und ihre Wertungen triftig sind. Es bleibt eine große Herausforderung, gerade für Laien, zwischen behaupteter und tatsächlicher Triftigkeit zu unterscheiden und das Angebot entsprechend kritisch zu reflektieren. Die Authentizitätsbereiche nach Pandel[1] können ein Ausgangspunkt der Untersuchung sein, in welcher Hinsicht ein Film Authentizität behauptet: die korrekte Nachbildung im Setting (Schauplatz /Ort der Handlung), der Chronologie sowie der konkreten Umstände von Ereignissen; das Auftreten historisch verbürgter Personen; die zeitgemäß denkenden und handelnden, sonst aber fiktionalen Charaktere (Typen); die korrekte Berücksichtigung von Quellen.

Häufig sind es Fehler im Bereich der Fakten und der Rekonstruktion von Äußerlichkeiten, die in Filmkritiken bemängelt werden. Für historisches, kritisches Denken ist es noch wichtiger, sich mit den zugrunde liegenden Geschichtsbildern und Sinnbildungsangeboten auseinanderzusetzen. Untersuchungen, welcher Art die Sinnbildung ist (traditional, exemplarisch, genetisch, kritisch)[2], ermöglichen Einblicke in die Darstellungsabsicht des Produzenten.

Beides muss der kritische Betrachter überprüfen. Es wäre übertrieben zu verlangen, dass dies durch eigenes Quellenstudium oder die Lektüre der Fachliteratur geschehen soll. Erste Anhaltspunkte können z.B. Online-Kommentare und Kritiken überregionaler Zeitungen, Fachportale im Internet sowie Ausstellungskataloge und Fachbücher aus öffentlichen Bibliotheken liefern. Begleitmaterialien zu den Filmen sind in der Regel keine große Hilfe, weil sie unkritisch nur die Korrektheit der Darstellung behaupten und die Inhalte des Angebotes wiedergeben.

Es ist zudem wichtig, sich selbst zu beobachten: Wie hat der Film auf mich gewirkt? Welche Emotionen hat er in mir geweckt? Welche Botschaft habe ich dem Film entnommen? Wie hat er meine Sympathien gelenkt? Im Idealfall kennt sich der Betrachter durch eine vorherige, wissenschaftsorientierte Beschäftigung mit dem Gegenstand bereits aus, also z.B. einem im Geschichtsunterricht behandelten Thema. Auf einer solchen Grundlage kann er Fakt von Fiktion unterscheiden und die Triftigkeit der Deutung einschätzen. Er weiß, ob es unterschiedliche, vielleicht sogar kontroverse Beurteilungen gibt, und kann so erkennen, für welche Seite sich der Produzent entschieden hat bzw. ob er eine ganz eigene Deutung anbietet.

[1] Siehe hierzu nochmals M4 auf Seite 434 f.
[2] Vgl. mit M2 (Erzähltypen nach Rüsen) auf Seite 433 f.

Wozu Geschichtsspielfilme? Wenn all dies berücksichtigt wird, stellt sich die Frage, ob es sich überhaupt lohnt, Geschichtsspielfilme anzusehen. Letztlich schauen wir sie ja gerade, weil wir erfahren (und miterleben) möchten, „wie es früher mal war". Unbestreitbar ist, dass Geschichtsspielfilme, einen hohen Unterhaltungswert besitzen. Sie erzählen spannende Geschichten, die Identifikation mit den Protagonisten ist einfach. Man fiebert und zittert mit, hofft auf ein glückliches Ende.

Der Betrachter kann sich natürlich von Geschichtsfilmen auch „nur" unterhalten lassen. „Geschichte" kann, darf und soll auch Spaß machen. Bedingung ist aber, dass das Gesehene nicht mit „Vergangenheit" gleichzusetzen ist, also die eigenen Geschichtsbilder nicht aus Spielfilmen zu ziehen sind. Angesichts der nachhaltigen Wirkung, die spannende Filmbilder in der Regel erzielen, können allerdings unterschwellig Vorstellungen über Vergangenheit geprägt werden, die wenig mit vergangener Realität gemein haben. Die Frage wäre, ob man sich von Filmen und Serien wirklich innerlich lösen kann, die ein eher klischeehaftes Epochenbild zeichnen, wie *„Herr der Ringe"* (USA 2001-2003), die vielen Robin-Hood-Verfilmungen oder erfolgreiche Serien wie *„Rome"* (USA 2005-2007) oder *„Game of Thrones"* (USA, seit 2011).

▲ **„Robin Hood – König der Diebe."**
Filmplakat von 1991, Regie: Kevin Reynolds, USA.

▲ **„Robin Hood."**
Filmplakat von 2010, Regie: Ridley Scott, USA/UK.

- *Charakterisieren Sie vergleichend, wie Robin Hood auf den vier Filmplakaten (Seite 442 und 443) dargestellt wird. Berücksichtigen Sie dabei Kleidung, Attribute, Mimik und Gestik. Gehen Sie außerdem auf die Bildkomposition (Figuren, Hintergrund etc.) und die Farbgestaltung ein.*
- *Arbeiten Sie heraus, welches Bild von Robin Hood die Filmplakate jeweils vermitteln wollen.*

Geschichtsdokumentationen – die verlässlichere Geschichtsdarstellung? Geschichtsdokumentationen sind stärker als Geschichtsspielfilme der aktuellen Forschung verpflichtet. Im Idealfall bilden sie den Wissensstand ihrer Entstehungszeit ab, im schlechtesten Fall weichen sie davon ab und erzählen ihre „eigene" Geschichte.

Die folgende Tabelle führt die wichtigsten Bausteine, also typische Gestaltungselemente, von Dokumentationen auf und zeigt, welche Aspekte es im Einzelnen jeweils zu untersuchen gilt:

Bausteine von Dokumentationen	Analyseaspekte
Zeitzeugen	• Aufnahmeort/-zeitpunkt • Zeitspanne zwischen Ereignis und Bericht, Nähe des Zeugen zum Ereignis • Rolle des Zeitzeugen im Berichtszeitraum • Exemplarität der Erfahrung/Erlebnisse • Erinnerung als trügerische Quelle • Art der Befragung (Transparenz) • Deutung durch Kürzung/Kontextualisierung
Experten	• Renommee (= Ruf, Ansehen)/Expertise (= wissenschaftliche Qualifikation) • Einflussmöglichkeiten auf die Darstellung • Belege/ Begründungen/ Wertungen • Pluralität/ Kontroversität
Kommentar (/ Moderator)	• Casting • On-/Off-Screen (= der Moderator wird im Bild gezeigt bzw. es ist nur seine Stimme zu hören)
Quellen: abgefilmte Dokumente, O-Töne, Originalfilme (Originalaufnahmen/Filmdokumente)	• Grad der Veränderung (Transparenz) • Erläuterung/Kontextualisierung/Beleg
nachgestellte Szenen	• Authentizitätsgrade (nach Pandel; siehe hierzu auch M4 auf Seite 434 f.)
Bilderteppich[1]	• historisiert/unverändert/Perspektive • Quellen als Bilderteppich?
Musik	• Emotionalisierung/Manipulation
Begleitmaterial	• Bildungsverständnis/didaktische Zielsetzung (Inhaltswiedergabe/-bestätigung oder kritische Auseinandersetzung)
Gesamterzählung (Dramaturgie, Plot, Botschaft)	• Korrektheit der Darstellung (Authentizitätsbereiche) • Triftigkeit der Deutung

Tabelle erstellt von Oliver Näpel

Vor allem die Bereiche Experteninterviews und der Einsatz von Zeitzeugenberichten müssen kritisch gesehen werden, weil beide für die Authentizität, die Korrektheit der Darstellung ganz besonders bürgen.

[1] **Bilderteppich**: häufig aktuelle Aufnahmen von Schauplätzen, manchmal durch Tönung „historisiert"; manchmal auch Filmdokumente (ohne Tonspur), die den vom Kommentar geschilderten Sachverhalt beispielhaft zeigen sollen, z. B. werden für Unterredungen zwischen Adolf Hitler und Heinrich Himmler immer dieselben Aufnahmen von einem Treffen auf dem Obersalzberg verwendet, weil es für die vom Kommentar beschriebenen Zusammenkünfte keine Filmquellen gibt

Experteninterviews – die Stimme der Wissenschaft? Expertenaussagen sind fester Bestandteil von Geschichtsdokumentationen. Auf der einen Seite kann so der geschichtswissenschaftliche Forschungsstand einer breiteren Öffentlichkeit bekannt gemacht werden. Auf der anderen Seite ist es schwierig, komplexe Sachverhalte fernsehgerecht von Experten so erzählen zu lassen, dass die Ausführungen richtig und angemessen, jedoch auch immer noch der Zielgruppe verständlich und nicht langweilig sind. Die Zusammenarbeit von Experten, Produzenten und Regisseuren gestaltet sich daher nicht immer nur harmonisch, auch weil hier verschiedene Interessen aufeinandertreffen. Dass dann manchmal historische Korrektheit hinter den dramaturgischen Interessen des Regisseurs zurücktritt, führt immer wieder auch zum Konflikt zwischen beteiligten Experten und Produzenten. Dies betrifft nicht nur die oft notwendige Verkürzung ihrer Aussagen in der Sendung, sondern auch die nachgespielten Szenen. Nicht zuletzt wegen der häufig großen Freiheit in der Umsetzung und wegen ihrer primär dramatisierenden Funktion, wie auch dem geringen historischen Gehalt vieler Reenactments, wurden und werden sie seitens der Geschichtswissenschaft als unseriös abgelehnt. Mittlerweile hat sich dieses Stilelement trotz aller Einwände durchgesetzt und ist aus modernen Geschichtsdokumentationen nicht mehr wegzudenken (▸ M6).

Zeitzeugen – eine verlässliche Quelle? Zeitzeugen kommt in Geschichtsdokumentationen eine zunehmend große Bedeutung zu. Sie ermöglichen eine besondere Nähe, erzählen sie doch häufig aus eigener Erfahrung und bieten viele Emotionen. Als unmittelbar am historischen Geschehen Beteiligte haben sie eine besonders hohe Glaubwürdigkeit. Sie waren schließlich dabei.

In den letzten Jahren lässt sich der Trend beobachten, Zeitzeugen- und Experteninterviews visuell zu normieren, gleichförmig zu machen. Die Produzenten setzen die Interviewten vor einen einfarbigen Hintergrund, der seitlich angestrahlt wird. Das Gesicht wird stark ausgeleuchtet in Nahaufnahmen gezeigt. Diese Normierung soll es den Machern erleichtern, die Äußerungen in unterschiedlichen Kontexten immer wieder neu zu nutzen. Nicht nur die Inszenierung durch die Aufnahme selbst, sondern auch ihre Einbindung in die jeweilige Sendung wird filmsprachlich arrangiert.

Gerade weil Zeitzeugen als besonders authentisch erscheinen und sie mit der Autorität eines Zeugen auftreten, ist ihr Einsatz nicht unproblematisch. Sie erzählen in aller Regel nicht zeitnah, sondern in zeitlichem Abstand zum Geschehen. Das wirft Fragen nach der Verlässlichkeit ihrer Erinnerung auf (▸ M7). Zudem sind sie meist nur in kürzesten Ausschnitten zu sehen und zu hören. Der Zuschauer weiß so oft nicht, ob die Zeitzeugen z. B. frei erinnern oder ob sie bewusst zu diesem Bereich der Geschichte befragt wurden (Beeinflussung durch den Interviewer). Da der Gesprächszusammenhang fehlt, besteht die Gefahr, dass sie vom Kommentar oder durch Montage in Zusammenhänge gerückt werden, die ihrer ursprünglichen Aussageabsicht nicht entsprechen.

M1 Filmformate im Überblick

Filmformate	Beispiele mit Triftigkeitsanspruch[1]	Beispiele ohne (oder mit geringem) Triftigkeitsanspruch
Geschichtsdokumentation verwandte Formate: Rückblicke, Geschichtsquiz, Geschichtsshow, Living History und kontrafaktische[2] Dokumentationen (Mockumentarys[3])	• 60 x Deutschland (ARD 2009) • History Quiz (ZDF 2009) • Ultimative Ost-Show (Sat 1 2003) • Die Bräuteschule 1958 (ARD 2007) • Martin Luther: Petra Gerster auf den Spuren des Reformators (ZDF 2016); Luther und die Frauen (ARD 2017) • ...	• satirische Jahresrückblicke • Mockumentarys: Der dritte Weltkrieg (ZDF 1998); Kubrick, Nixon und der Mann im Mond (Frankreich 2002) • ...
Doku-Drama	• Thirteen Days (USA 2000) • Der Untergang (D/I/RUS/AUT 2004) • ...	–
Geschichtsspielfilm (Kino, TV, TV-Mehrteiler/-serie, Zeichentrick- bzw. Computeranimationsfilm, Spielfilmszenen in Computerspielen und Musikvideos) mögliche „Subgenres" von Geschichtsspielfilmen: Western, Kostüm-/Historienfilm, Monumental-/„Sandalen"-Film, Piratenfilme, Mantel-und-Degen-Filme, Fantasy-Filme/-serien und kontrafaktische Geschichtsspielfilme/-serien	• Kinofilm: Ben Hur – Sklave Roms (USA 2016); Nebel im August (D 2016) • Fernsehfilm/TV-Mehrteiler: Die Glasbläserin (D 2016); Unsere Mütter, unsere Väter (D 2013) • Zeichentrickserie: Es war einmal ... der Mensch (F 1978); Es war einmal ... Amerika (F 1991) • Computerspiel: Assassin's Creed Unity (F 2014) • Musikvideo: We didn't start the fire (Billy Joel, 1989); Wir sind wir (Paul van Dyk und Peter Heppner, 2004) • ...	• Kinofilm: Shakespeare in Love (USA 1998); Jäger des verlorenen Schatzes (USA 1981) • Fernsehserie: The Man in the High Castle (Fernsehserie, USA seit 2015); SS-GB (GB 2017) • Zeichentrickserie: Little Amadeus (D 2006); Der kleine Ritter Trenk (D 2011) • kontrafaktischer Geschichtsspielfilm: Inglourious Basterds (USA/D 2009) • ...

Tabelle erstellt von Oliver Näpel

1. *Nennen Sie Ihnen bekannte filmische Geschichtserzählungen und ordnen Sie sie den drei Filmformaten der Tabelle zu.*

2. *Verschaffen Sie sich im Internet (z. B. durch Online-Programmzeitschriften und Filmdatenbanken) einen Überblick über aktuelle Geschichtsfilme in Kino und TV. Ordnen Sie die Angebote den in der Tabelle genannten Gattungen und Genres zu. Ergänzen Sie die Tabelle um Angebote zu Genres, die hier noch nicht mit einem Beispiel versehen sind (z. B. Western, Fantasyfilme).*

3. *Diskutieren Sie mit einem Partner, welche Art der filmischen Geschichtsdarstellung Ihnen am besten gefällt und in welcher Hinsicht diese am besten genutzt werden kann.*

[1] Siehe hierzu die Begriffsdefinition „Triftigkeit" auf Seite 425.
[2] **kontrafaktisch**: der Wirklichkeit nicht entsprechend
[3] **Mockumentary**: Dokumentationen, welche die typischen Gestaltungsmittel verwenden und so den Anschein von Authentizität und „Wahrheit" haben, tatsächlich aber eine frei erfundene bzw. bewusst falsche Geschichte erzählen

▲ **Die DDR als Unterhaltungsthema.**
Szene aus der MDR-Show „Ein Kessel DDR", die 2003 ausgestrahlt wurde.

- *Recherchieren Sie im Internet zum Umgang mit der DDR-Vergangenheit. Konzentrieren Sie sich dabei auf die (N)Ostalgie-Welle zu Beginn der 2000er-Jahre, z.B. durch Rezensionen und Ausschnitte auf Videoportalen. Fassen Sie Ihre Ergebnisse stichpunktartig zusammen.*
- *Der Entertainer und Moderator Harald Schmidt warf in seiner früheren Unterhaltungssendung „Die Harald Schmidt Show" vor dem Hintergrund der vielen DDR-Shows Anfang der 2000er die Frage auf, warum die Fernsehsender nicht auch eine „Nazi-Show" machen würden. Den satirischen Kommentar von Harald Schmidt aus seiner Sendung finden Sie unter dem Code 32031-39. Beurteilen Sie den Vergleich, den Schmidt zieht.*

M2 Gibt es „die" richtige Erinnerung an die DDR?

Die Auseinandersetzung mit der DDR-Vergangenheit hat im filmischen Bereich längst nicht den Raum eingenommen, den die „andere deutsche Diktatur", das „Dritte Reich", bislang hat. Im filmischen Bereich schwankt das Angebot zwischen (n)ostalgischer Verklärung in Shows und Spielfilm (z.B. „Good Bye, Lenin!" (D 2003), viele „Ost-Shows" zu Beginn der 2000er-Jahre) und der Darstellung des Unrechtsregimes, vor allem konzentriert auf die Stasi (z.B. „Das Leben der anderen" (D 2006)).
In der ARD-Fernsehsendung „Kontraste" wurden die Schattenseiten der DDR schon unmittelbar nach dem Fall der Mauer differenziert aufgegriffen. Eine der Sendungen ist insofern ungewöhnlich, als dass sich in ihr eine Täterin, die Inoffizielle Mitarbeiterin Monika Haeger, ausführlich zu ihrer Mittäterschaft äußert. Den knapp 15-minütigen Beitrag „Die Wahrheit muss raus" vom 16. Oktober 1990 können Sie unter dem Code 32031-40 abrufen.

1. *Sehen Sie sich die Dokumentation an und fassen Sie anschließend die wesentlichen Aussagen zusammen.*
2. *Beschreiben Sie die Inszenierung der Zeitzeugenaussage Monika Haegers (z.B. bezüglich der Kameraeinstellungen, des Interviewortes, der Gesprächsführung).*
3. *Geben Sie Haegers Argumente für ihre Stasi-Tätigkeit wieder.*
4. *Analysieren Sie Haegers Auftreten. Welchen Eindruck gewinnen Sie?*
5. *Arbeiten Sie heraus, welche Beurteilung die Dokumentation bezüglich Haegers Stasi-Tätigkeit vermittelt.*
6. *Erörtern Sie, inwieweit die Sendung „Kontraste" zu einem besseren Verständnis des DDR-Unrechtsregimes, aber auch zu einer Diskussion um den „richtigen" Umgang mit dieser Geschichte beitragen kann.*

M3 Originalfilme und Filmdokumente – Spiegel der Vergangenheit?

In einem Brief an das ZDF kritisiert der Zeitzeuge Werner Terpitz (geb. 1928) den Einsatz von Originalmaterial und Filmdokumenten in der fünfteiligen Sendereihe „Hitlers Kinder" aus dem Jahre 2000:

Hilflos muss der Zeitzeuge zuschauen, mit welch einer Beharrlichkeit hier dem Publikum ein schiefes Geschichtsbild vorgeführt wird, wie mit selektiven Mitteln der Nachweis versucht wird, dass die jugendlichen Soldaten, geformt durch die nationalsozialistische Erziehung, nahezu ohne Ausnahme bis zum katastrophalen Ende des Krieges fanatische Kämpfer für Hitler gewesen seien. Was man der Serie, die doch so viele Zeitzeugen vorführt, vorwerfen muss, ist der Verzicht auf Differenzierungen, das Ausblenden aller Grautöne. Es scheint, als habe das überwältigende, einst zu Propagandazwecken produzierte Filmmaterial am Ende noch seine Wirkung auf Guido Knopp[1] und sein Team, die nachgeborenen Redakteure, gehabt.

Sie stellen die „Hitlerjugend" als erfolgreiche ideologische Erzieherin der Jugend vor, so als hätten Eltern und Lehrer ab 1933 keine Rolle mehr gespielt. [...] Es mag ja sein, dass in den Anfangsjahren, als alles noch freiwillig war, der Hitlerjugend vorwiegend „Hitlergläubige" angehörten. Die in der Sendung auftretenden Zeitzeugen, die dies für sich glaubhaft belegen, haben die Redakteure fast nur aus diesen Jahrgängen, nicht aus denen der späteren Kindersoldaten gewählt, vor allem aus der linientreuen Führungsebene. Die Voraussetzungen änderten sich aber, nachdem der HJ-Dienst zur Pflicht geworden war. Jetzt kamen die Kinder naziferner, gar nazikritischer Eltern hinzu, ebenso unsportliche Typen und andere, die keine Lust hatten, ständig zu raufen, auch solche, die körperlich oder geistig unterlegen waren oder die sonst dem propagierten Ideal nicht entsprachen. Gruppendruck schuf keine überzeugten Hitlerjungen. [...] Über den zweimal wöchentlich stattfindenden „Dienst" [...] wurde ständig gemault. Bald trugen die meisten längst auch bei der HJ das abgeschabte Zivil der letzten Kriegszeit, denn Kinderuniformen waren nicht kriegswichtig – außer eben für Propagandafilme. Weil viele schwänzten, gab es regelmäßig Erfassungsappelle [...]. All die großspurigen Ertüchtigungsmaßnahmen sportlicher und wehrtechnischer Art, die in den alten Filmen zu sehen sind, hat der normale „Hitlerjunge" im Krieg ebenso wenig erlebt, wie filmreife Großaufmärsche mit oder ohne Hitler. Nur eine kleine Minderheit meldete sich freiwillig zur Waffen-SS. So wenig zeigte bei der Jugend der im 3. Reich eingeübte Hitlerfanatismus seine Wirkung. Zu alledem sagt die Sendung nichts.

Ideologisch konform ging es fraglos in Napola-Schulen[2], Adolf-Hitler-Schulen, HJ-Kampfgruppen usw. zu. Die betrafen insgesamt eine relativ kleine Zahl ideologisch besonders geschulter und sicher auch überzeugter Jugendlicher, deren Eltern dies meist unterstützten. Die hierzu gezeigten NS-Propagandastreifen dürften tatsächlich einigermaßen mit der Wirklichkeit übereinstimmen. Anders war es mit den Flakhelfern, zu denen geschlossene Jahrgänge normaler Schulen einberufen wurden. Auch die werden in den Nazi-Filmen – es durfte ja nicht anders sein – als systemkonform und damit als ideologisiert gezeigt. Hier hätten die nachgeborenen Fernsehredakteure relativieren können, z. B. anhand der von Hans-Dietrich Nicolaisen publizierten, gründlichen Flakhelfer-Dokumentationen [...]. Der Historiker Nicolaisen wurde als ehemals Betroffener in der arte-Fassung nur mit einer Belanglosigkeit eingeblendet, in der ZDF-Sendung dann ganz weggelassen. Der Fachmann passte offenbar nicht ins Konzept. Andererseits kam eine Dame, die bei Kriegsende noch sehr jung war und behauptete, schon als Kind alle Einzelheiten über den Holocaust gewusst zu haben, immer wieder zu Wort. Hier wäre doch die Frage der Interviewer am Platz gewesen, wer ihr denn dieses Wissen in einer Zeit mitgeteilt habe, in der die Weitergabe solcher Fakten mit Konzentrationslager oder Tod bedroht war. [...]

Die Fernsehmacher aber stopfen alles ohne jede Differenzierung in denselben nationalsozialistischen Topf, was ja auch einleuchtend erscheint: Denn Fernsehen will Bilder zeigen. Die aber liegen nur als Nazi-Propagandastreifen vor. Was nicht ins System passte, kam nicht in die Wochenschau. Und was nicht in die Wochenschau kam, kommt folgerichtig auch bei den Produzenten dieses fünfteiligen Streifens nicht vor, weil ohne Bilder kein Fernsehen möglich erscheint. [...]

Wer aber einen Dokumentarfilm drehen und ernst genommen werden will, der sollte zunächst gewissenhaft feststellen, was die damaligen Akteure wirklich dachten, von welchen Motiven sie getrieben wurden. Wer einer ganzen Generation ein Klischeebild überstülpt, kann vielleicht eine spannende Sendung machen, nicht aber die Wahrheit finden.

Nach: www.mitteleuropa.de/terpitz01.htm (Zugriff: 18. Mai 2017)

1 **Guido Knopp** (geb. 1948): Historiker und Moderator. Seine für das ZDF produzierten Sendungen vor allem zu zeitgenössischen Geschichtsthemen zogen zwar Millionen Zuschauer an, stießen aber in der Fachwelt häufig auf Kritik.

2 **Napola-Schulen**: Napola ist die Abkürzung für Nationalpolitische Erziehungsanstalten. Das waren Eliteinternate mit dem Auftrag, die Schüler im Sinne des Nationalsozialismus zu erziehen.

1. *Fassen Sie knapp die wesentlichen Kritikpunkte an der Sendereihe zusammen.*

2. *Erstellen Sie eine Tabelle, in der Sie die von Terpitz genannten Bausteine, also typische Gestaltungselemente bzw. filmsprachliche Mittel von Dokumentationen, auflisten. Ergänzen Sie in der zweiten Spalte, welche Aussagen die Dokumentation mit ihrer Hilfe macht.*

3. *Die Filmquellenlage zum „Dritten Reich" ist problematisch. Diskutieren Sie in der Klasse, welche Möglichkeiten ein Produzent hat, Lücken im Filmquellenmaterial zu schließen.*

M4 Authentizität

Eva Pirker und Mark Rüdiger beschäftigen sich in der Einleitung ihres Sammelbandes zur populären Geschichtskultur mit Aspekten der Authentizität in filmischen Erzählungen:

Authentizität ist ein Schlüsselbegriff im Umgang mit Geschichte. Das Authentizitätsversprechen, also die Wiedergabe einer in der Vergangenheit tatsächlich so geschehenen Wirklichkeit, ist Charakteristikum vieler geschichtlicher Darstellungen. Authentizität scheint geradezu konstitutiv für Geschichtspräsentationen zu sein; unser Geschichtsbewusstsein, so Hans-Jürgen Pandel, stelle ständig Authentizitätsansprüche, denn „es will wissen, ob etwas tatsächlich der Fall gewesen ist oder nicht". Der Authentizitätsanspruch scheint also eng mit jeglicher Beschäftigung mit Geschichte verwoben zu sein. [...]
[Es] sind zwei dominante Modi innerhalb der Zuschreibungsfelder für das Authentische identifizierbar: derjenige des authentischen Zeugnisses und derjenige des authentischen Erlebens. Zum Zeugnis gehören die Objektgruppen der Quellen, der Zeitzeugen [*und der Originalfilme bzw. Filmdokumente; Ergänzung durch den Verfasser*], kurz die Suggestion eines Originalen, eines Relikts aus der Vergangenheit, das durch seine historische Echtheit selbst zu wirken scheint. Zum Erlebensmodus gehören Repliken, Kopien, das Nachspielen und Reenactment, das Evozieren[1] eines „authentischen" Gefühls, Zeitstimmung oder -atmosphäre durch Annäherung an das Original oder Erzeugung einer plausiblen bzw. typischen Vergangenheit mit Mitteln der Gegenwart. [...] Während im Zeugnismodus das Objekt als Repräsentant von Vergangenem im Mittelpunkt steht, ist im Erlebensmodus das Subjekt und dessen Gefühls- und Lebenswelt zentral. [...]
[A]uch in populären Geschichtsdarstellungen in Film und Fernsehen gehört die Suggestion von Authentizität zu den Vermarktungsstrategien, die auf die Betonung des „Geschichtsträchtigen" der jeweiligen Produkte abzielen. Nicht zufällig scheint hier bereits die Wahl von Genres wie dem „Dokudrama" oder der „Historischen Dokusoap" das Eindringen in authentische vergangene Realitäten zu versprechen. [...] Dabei erzeugen und versprechen die verschiedenen Formen und Elemente unterschiedliche Authentizitätseffekte: Die traditionell historische Dokumentation verwendet vor allem vermeintliche „Originalaufnahmen" und Fragmente aus Zeitzeugenaussagen, um eine Objektauthentizität zu erzeugen. Dagegen setzen Dokudramen auf detailgenaue Kulissen und glaubwürdige oder plausible Geschichten, um die Zuschauer Geschichte erleben zu lassen, also auf die Subjektauthentizität: „Die Dialoge hätten sich so abspielen können", ist der Grundtenor der Authentizitätsversprechen der Produzenten. Allerdings ist innerhalb dieser formal klar getrennten Genres eine zunehmende Vermischung [...] zu beobachten. Ein Beispiel hierfür ist die verstärkte Verwendung von Reenactment-Szenen in historischen Dokumentationen, deutlich sichtbar in der sehr erfolgreichen [...] Dokumentationsreihe *Die Deutschen*.
Die verschiedenen Formen nutzen somit unterschiedliche Authentifizierungsstrategien, um das Authentizitätsversprechen bei Produzenten und Rezipienten einzulösen und ihre Darstellung als „historisch" zu kennzeichnen. [...] Ein wichtiger Aspekt [...] ist die Verknüpfung mit „Vor-Wissen" und „Vor-Bildern", welche die Rezipienten aus der populären Geschichtskultur kennen. Hierzu gehören beispielsweise die Bildikonen des kollektiven Gedächtnisses oder nationale Meistererzählungen. Werden bekannte Bilder und Narrative reproduziert, so erfüllen sie eine Erwartungshaltung der Zuschauer nach Anknüpfungspunkten, und das Gesehen wird folglich als „authentisch" rezipiert. Die Produkte der populären Geschichtskultur und die Geschichtsbilder, die sie präsentieren, aktualisieren kollektive Gedächtnisse und prägen die Authentizitätserwartungen der Rezipienten ebenso wie die der Produzenten.

Eva Ulrike Pirker und Mark Rüdiger, Authentizitätsfiktionen in populären Geschichtskulturen. Annäherungen, in: Dies. u.a. (Hrsg.), Echte Geschichte. Authentizitätsfiktionen in populären Geschichtskulturen, Bielefeld 2010, S. 11-30, hier S. 12-21

1. *Formulieren Sie Zwischenüberschriften und geben Sie den Inhalt der Passagen in eigenen Worten wieder.*
2. *Erklären Sie den Unterschied zwischen Subjekt- und Objektauthentizität.*
3. *Nehmen Sie Stellung, inwiefern die Erwartungshaltung der Rezipienten wichtig für die „Authentizität" eines Angebotes ist. Beziehen Sie auch Ihren eigenen Umgang mit filmischen Geschichtsangeboten ein.*

[1] **evozieren**: hervorrufen

▲ **Gefangennahme.**
Standbild aus dem Film „Apocalypto" von 2006.
Der Jäger „Pranke des Januars", gespielt von dem US-Amerikaner Rudy Youngblood, wird von städtischen Kriegern in seinem Dorf überfallen und gefangengenommen.

M5 Geschichtsdeutungen erkennen und hinterfragen

Mit seinem Film „Apocalypto" (USA 2006) thematisiert der Regisseur Mel Gibson den Niedergang der altamerikanischen Hochkultur der Maya. Die Handlung spielt unmittelbar vor ihrer „Entdeckung" durch die Europäer. Im Mittelpunkt stehen zwei Gruppen: auf der einen Seite friedliche, in Harmonie zusammenlebende Waldbewohner, auf der anderen Seite städtische Krieger, die ihre Siedlung überfallen und sie gefangen nehmen, um sie in der Stadt den Göttern zu opfern. Wald- und Stadtleben werden hier als Gegensatzpaar konstruiert. Die Haupthandlung besteht aus dem Überfall, der Verschleppung und erfolgreichen Flucht eines der Gefangenen. Die Jagd auf ihn wird von der Anlandung der europäischen Eroberer unterbrochen. In einer Nebenhandlung versteckt sich die hochschwangere Ehefrau des verschleppten Kriegers während des Überfalls in einem Brunnen, der sich wegen andauernder Regenfälle langsam mit Wasser füllt, sodass sie zu ertrinken droht. Sie bekommt zum Ende des Films dort ihr Baby und wird letztlich vom erfolgreich geflohenen Ehemann gerettet.
Der Film wurde sehr aufwändig produziert, war aber mit einem Einspielergebnis von ca. 120 Millionen US-Dollar nur mäßig erfolgreich. Die Kritiken fielen sehr unterschiedlich aus. Gibson bemüht zahlreiche Authentifizierungsstrategien (siehe hierzu die Tabelle auf Seite 441), um so den Realismus und die Triftigkeit seiner „Geschichte" zu untermauern. So lässt er die Darsteller die Originalsprache der Maya sprechen, was nach Meinung einiger Kritiker völlig misslungen ist.
Eine Gesamtsicht des Films ist nicht notwendig, weil der Trailer sehr anschaulich die Machart, die Handlungsstränge, die filmische Charakterisierung und Inszenierung der beiden Gruppen wie auch die Deutung bzw. „Botschaft" Gibsons erkennen lässt. Unter dem Code 32031-41 können Sie den englischsprachigen Trailer abrufen. Die Schlussszene des Films finden Sie unter dem Code 32031-42.

▲ **Kolumbus betritt amerikanischen Boden.**
Nachträglich kolorierter Kupferstich (16,4 x 19,3 cm) aus dem 4. Band der „Sammlung von Reisen in das westliche Indien (America)“ von 1594, herausgegeben vom Frankfurter Verleger, Kunsthändler und Kupferstecher Theodor de Bry.

1. *Beschreiben Sie, welchen Eindruck der Trailer auf Sie macht.*
2. *Betrachten Sie den Trailer erneut und machen Sie sich Notizen zur Darstellung der beiden Gruppen. Wie und wodurch werden sie charakterisiert? Erstellen Sie eine Tabelle, in der Sie den Gruppen filmsprachliche Mittel (z.B. Kameraführung, Perspektive, Einstellungsgrößen, Musik) und ihre Wirkung zuordnen.*
3. *Analysieren Sie, welche Authentifizierungsstrategien verwendet werden. Listen Sie sie auf und beschreiben Sie die intendierte Funktion und Wirkung.*
4. *Schauen Sie sich die Schlussszene des Films und den Kupferstich von de Bry auf dieser Seite an und beschreiben Sie beide Quellen.*
5. *Vergleichen Sie den Kupferstich mit dem Filmausschnitt und arbeiten Sie Gemeinsamkeiten und Unterschiede heraus.*
6. *Analysieren Sie Kupferstich und Filmausschnitt: Welche Botschaften werden jeweils vermittelt?*
7. *Erläutern Sie die Botschaft des Films. Berücksichtigen Sie dabei die Charakterisierung der beiden Gruppen (Wald-/Stadtbewohner), wie ihre jeweilige Kultur filmisch dargestellt wird und das folgende Historikerzitat, das in der englischsprachigen Fassung zu Beginn des Films eingeblendet wird: „A great civilization is not conquered from without until it has destroyed itself from within.“ Das Zitat stammt von dem US-Amerikaner William Durant (1885-1981), der sich mit seinem Urteil eigentlich auf das – ebenfalls legendäre – „dekadente Rom“ der Antike bezieht. (Eine Hilfestellung zur Beantwortung der Frage finden Sie auf der nächsten Seite.)*

Folgende Informationen können Ihnen bei der Beantwortung von Frage 7 helfen: Die Eroberung der Neuen Welt durch europäische Mächte hatte katastrophale Auswirkungen auf die indigene Bevölkerung. Ihre Kulturen wurden fast vollständig zerstört. Berücksichtigen Sie, dass wir heute wissen, dass die Eroberung Alt-Amerikas den „Untergang“ der dortigen Hochkulturen zur Folge hatte. Das Vorgehen der Eroberer war – aus heutiger Sicht – außerordentlich brutal und skrupellos. Ihre Darstellung der Ereignisse ist in der Regel durchsetzt von propagandistischen Legitimationen (Rechtfertigungen), die v. a. die Wildheit und „Barbarei“ der ausgebeuteten und vernichteten Völker betonen.

8. ✚ *Nehmen Sie Stellung zum Film und seiner Deutung in Form einer Filmkritik. (Eine Hilfestellung bietet der blaue Kasten.) Berücksichtigen Sie Authentifizierungsstrategien, filmsprachliche Mittel und seine „Botschaft“ (siehe dazu auch Ihre Arbeitsergebnisse aus den Fragen 2, 3 und 7).*

9. *Vergleichen Sie Ihre Ergebnisse mit anderen Kritiken zu Gibsons Film. Recherchieren Sie dazu Filmkritiken im Internet.*

Eine Filmkritik erstellen

Aspekte, die in einer Kritik besprochen und beurteilt werden:

- *Genrezuordnung*
- grobe *Inhaltszusammenfassung*
- *Beurteilung des Plots / der Handlung* (z.B. überzeugend, unwahrscheinlich, spannend ...)
- *Dramaturgie* (Erzählstruktur / -verlauf; z.B. klischeehaft, vorhersehbar, überraschend, verwirrend ...)
- *filmische Machart / auffällige filmsprachliche Mittel*
- *Filmästhetik*
- *Stärken und Schwächen* (auch im Vergleich mit geschichtswissenschaftlichen Erkenntnissen und anderen filmischen Darstellungen)
- Abschluss durch eine *Sehempfehlung*

▲ **Dreharbeiten zum Film „Apocalypto“.**
Foto von 2006.

▲ **Gerd Althoff.**
Foto vom Oktober 2011.

M6 Experteninterview

Der Mittelalterhistoriker Gerd Althoff von der Universität Münster ist als Experte an mehreren TV-Produktionen beteiligt. In einem Interview aus dem Jahre 2017 erzählt er von seinen Erfahrungen:

Näpel: Sie waren als Experte schon häufiger bei der Produktion von Geschichtsdokumentationen beteiligt. Welche Vorteile sehen sie in einer solchen Zusammenarbeit?

Althoff: Die Vorteile sind eindeutig, dass man natürlich ein großes Publikum erreicht. Bei der Sendung „Die Deutschen“[1] an der ich ja mitgewirkt habe, war dann plötzlich eine Zuschauerzahl von vier bis fünf Millionen da zur Prime-Time abends um zwanzig Uhr, und das ist natürlich schon eine Sache [...], von der man eigentlich nicht mal träumen kann. Das hat auch die Fernsehleute bewogen, die Sendungen so zu gestalten, dass sie, ich will nicht sagen reißerisch, aber dass sie im Grunde genommen ein breites Publikum ansprachen. [...] [Das geschah dann durch] zum Teil auch relativ rüde Reenactments, also der Darstellung von Geschehen, was es so gar nicht gegeben hat. Da kommt dann auch gleich die Gefahr, dass es eine Spannung gibt zwischen dem, der eine Ware verkaufen will an ein großes Publikum, und dem, der seriöse Aussagen machen kann, will und deswegen häufig nur sagen kann: „Darüber wissen wir nichts. Das wissen wir nicht so genau. Das verstehe ich auch nicht. Ich kann mich nicht in das Gemüt eines mittelalterlichen Herrschers oder auch Geistlichen oder in welches Gemüt auch immer hineindenken, weil die Leute uns fremd sind.“

Und diese Spannung ist im Grunde genommen auch das Problem, das man dabei immer hat. Das führt dazu, dass beide Seiten, also die wissenschaftliche Seite, die dort als Experte auftritt, und die Seite, die diese Sendung verantwortet und ja auch ein Konzept hat. Dass die sich zum Teil ungerne in die Karten schauen lassen. Daraus folgt für mich eine Regel, die ich aber erst gelernt habe bei der Arbeit, dass man bis ins Drehbuch hinein mitarbeiten dürfen muss. Sonst wird man zum Expertendarsteller, der Dinge vertritt, die dann im Gesamt des Films [...] benutzt werden. Zum Teil dann in eigenartiger Weise, zur Bemäntelung oder zur bloßen Andeutung von Expertise und Wissenschaftlichkeit, die es in Wirklichkeit gar nicht gegeben hat. Und da sind zum Teil die Dinge sehr krass. [...]

Ich habe in zwei Sendungen der „Deutschen“ mitgemacht, sowohl bei Otto dem Großen als auch bei Heinrich IV., und habe zwei völlig unterschiedliche Erfahrungen gemacht. Die eine Erfahrung, die positive, war, dass ich mitgearbeitet habe am Drehbuch und auch Ideen von mir darin enthalten sind in der endgültigen Fassung. Diese Folge ist im Grunde genommen in Zusammenarbeit entstanden und dadurch ist das eigentlich eine erfreuliche Sache gewesen, sowie ich es eigentlich auch mit anderen Sendern dann mehrfach praktiziert habe. In dem anderen Fall war es so, dass der Regisseur und auch der Drehbuchautor sehr genaue Vorstellungen hatten, was sie wollten, und dass sie mich von vorneherein eigentlich nur zur Füllung von einigen Versatzstücken haben wollten und mir auch das Drehbuch nur ganz grob mal erklärt haben. Ich bin da auf eine Stelle gestoßen, zu der ich gesagt habe, die ist so weit weg von dem, was die Quellen hergeben, dass ich da nicht mitmache, wenn es diese Szene gibt.

Näpel: Um welche Szene handelte es sich da genau?

Althoff: Es ging um die Versöhnung zwischen Otto dem Großen und seinem Sohn Liudolf und die ist gut bezeugt. Das ist sozusagen ein übliches Unterwerfungsverfahren mit Verzeihen des Vaters, richtig nach dem Gleichnis vom verlorenen Sohn in der Bibel gestaltet. Das sollte umgedeutet werden dahingehend, dass Vater und Sohn sich zwar versöhnen, aber dass die Helfer dieses Sohnes alle geköpft werden und die Köpfe an Stangen aufgestellt werden und dann Vater und Sohn an diesen Stangen vorbeigingen und der Sohn seinem engsten Freund, dem geköpften Freund, die Augen zudrückte.

[1] Mehrteilige Geschichtsdokumentation des ZDF in zwei Staffeln (2008 / 2010), auf der Internetseite des Senders weiterhin abrufbar.

Das war völlig abwegig. [...] Diese Stelle ist dann zwar gestrichen worden, aber ich habe seitdem nicht mehr in das Drehbuch schauen dürfen und dadurch ist letztendlich eine Sendung entstanden, die einen Experten hatte, der etwas kommentierte, was er gar nicht kannte und was überhaupt nicht mit seinen Vorstellungen übereinstimmte. Ich bin dann häufiger angesprochen worden, also was da los gewesen wäre, ob ich vergessen hätte, was ich mal geschrieben hätte und so weiter und das war richtig ein Beispiel für eine missglückte Zusammenarbeit.

Näpel: Ist das eine typische oder eher eine außergewöhnliche Erfahrung für Sie?

Althoff: Nein, die Erfahrung macht man eigentlich bei jedem Projekt [...]: Dass die einen sagen, wir müssen etwas anschaulich darstellen und es muss eine klare Botschaft da sein, sodass man das wirklich in der Form dann zu einem Film mit Schauspielern und so weiter machen könnte. Die Geschichte hat aber nicht so viele klare Botschaften überliefert. Man weiß eben nicht, was die geredet haben, man weiß auch nicht, was sie in einer bestimmten Situation genau gefühlt haben. Aber das muss nach der Philosophie der Filmemacher in dem Film klar rauskommen. Deswegen hat man häufig gestritten, ob man überhaupt wörtliche Rede simulieren kann, selbst wenn sie stilisiert und nachformuliert ist.
Das ist in einigen Fällen möglich, ich habe dann irgendwann gesagt, ja gut, die Auseinandersetzung zwischen Heinrich IV. und Gregor VII., da gibt es seitens des Papstes siebenundzwanzig Leitsätze, die sind formuliert und betreffen die Ansprüche des Papsttums. Die kann auch der Gregor [im Film] sagen in einem Streitgespräch. Das ist zwar auch nicht bezeugt, dass es dieses Streitgespräch gegeben hat, aber man hat einen Text, der zumindest die richtigen Sätze, die der Papst unterstrichen hat und die seine Geltungsansprüche betreffen, und die er sicher auch gesagt hätte in einer solchen Situation. Und in anderen Bereichen sind dann eben einfach entweder rührselige oder brutale Statements gekommen, von denen man nicht mal weiß, ob sie auch nur in etwa die Position der Akteure wiedergeben, und da sagt natürlich dann der Wissenschaftler schnell: „Stopp, das geht nicht mehr."

Näpel: Im Spielfilm ist die Notwendigkeit, Dialoge z.B. zu „erfinden", noch größer. Wie stehen Sie dazu?

Althoff: Es ist ja bekannt, dass Literatur und Kunst mehr „darf" als Wissenschaft. [...] Eine literarische Darstellung, eine fiktionale Darstellung kann sich ja hineinversetzen in eine Person und dann im Grunde genommen diese Person, tja, entweder nach den eigenen Kriterien handeln lassen oder nach den Kriterien, die man sich angelesen hat, also da ist Fantasie befreit und geradezu sozusagen nötig, um im Grunde genommen ein Bild zu zeichnen, was alle interessiert. Das ist aber für Historiker nicht möglich, denn Historiker können nicht die Lücken der Überlieferung mit ihrer ungebremsten Fantasie füllen. Wenn sie das täten, wären sie eben auch Literaten. Die Grenze ist meines Erachtens zu beachten, weil sie sinnvoll ist. Und da beißen sich permanent natürlich diejenigen, die sich auch als Künstler fühlen, indem sie Fernsehfilme machen und diejenigen, die sagen, es gibt das Vetorecht der Quellen: Wenn die Quellen nichts oder etwas anderes aussagen, kann man die Dinge nicht so zeigen oder sollte man sie nicht so zeigen.
Hier ein Beispiel aus einer jüngeren Sendung: Da ritt der König neben einer Kutsche her, in der seine Tochter oder Gemahlin saß, und hatte die Krone auf dem Kopf. Das ist zwar wunderschön als Markierung des Königs, aber es ist natürlich vollkommen grotesk anzunehmen, dass ein König beim Reiten die Krone auf dem Kopf hatte. Dies ist nur ein Beispiel dafür, wie schnell man im Grunde genommen beim Anschaulichmachen, handwerkliche Fehler macht, die grotesk sind.

Das Interview führte Oliver Näpel mit Gerd Althoff im Januar 2017. Es wurde sprachlich geglättet und stark gekürzt.

1. *Geben Sie die positiven und negativen Erfahrungen Althoffs wieder.*
2. *Arbeiten Sie heraus, in welcher Hinsicht Althoff mit der Folge zu Otto dem Großen unzufrieden ist.*
3. *Erläutern Sie, welchen Unterschied Althoff zwischen Geschichtsdarstellungen in Dokumentationen und in Spielfilmen macht. Wie begründet er das?*
4. *Beziehen Sie Althoffs Ausführungen auf die geschichtswissenschaftliche Methode (siehe dazu nochmals M1 auf Seite 427). Welche Grenzen sind dem historischen Erkenntnisprozess nach Althoff gesetzt? Welche Möglichkeiten gibt es, diese „Mängel" auszugleichen?*
5. *Die Folge „Otto und das Reich" wird Althoffs Anspruch nach Wissenschaftlichkeit nicht gerecht. Schauen Sie sich die rund 43-minütige Dokumentation auf der Internetseite des ZDF in Auszügen an. Können Sie Althoffs Kritik nachvollziehen?*
6. *Wenn man sich mit einem Thema noch nicht gut auskennt, ist es schwer zu erkennen, ob die Experten tatsächlich den Forschungsstand korrekt repräsentieren können. Diskutieren Sie mit einem Partner Möglichkeiten, die Verlässlichkeit von Dokumentationen zu überprüfen.*

M7 Zeitzeugen

Zeitzeugen sind in Dokumentationen unverzichtbarer Bestandteil. Sie sind zwar häufig nur in kurzen Ausschnitten zu sehen und hören, aber sie hinterlassen dennoch starke Eindrücke. Als Teil von „Oral History" (siehe dazu Material b) haben sie zudem auch Eingang in die Schule gefunden. Es gibt hierfür sogar „Zeitzeugenbörsen", die sie an Schulen vermitteln. Die Geschichtswissenschaft beschäftigt sich in der Regel kritischer mit dieser „Quelle" als es im Geschichtsunterricht und der Populärkultur geschieht.
Hinweis: Die folgenden Materialien (a bis c) können entweder arbeitsteilig, in Auswahl oder auch insgesamt bearbeitet werden. Bevor Sie sich mit ihnen auseinandersetzen, notieren Sie sich stichpunktartig Ihre spontanen Gedanken zu Vor- und möglichen Nachteilen der „Quelle Zeitzeuge".

a) Der Historiker Sönke Neitzel skizziert als Vorsitzender des Wissenschaftlichen Beirates des Online-Zeitzeugenarchivs „Gedächtnis der Nation" einige Probleme von Zeitzeugeninterviews als geschichtswissenschaftliche Quelle:

Jean Piaget wächst mit der lebhaften Erinnerung auf, dass er im Alter von zwei Jahren beinahe entführt worden wäre. Immer wieder sieht er einen Mann, der ihn bedroht, sein Kindermädchen, das ihn tapfer verteidigt, und ihr Gesicht, das in dem sich ergebenden Handgemenge zerkratzt wird. Erst als er 15 Jahre alt ist, stellt sich heraus, dass das Kindermädchen sich die ganze Geschichte nur ausgedacht hatte. Obwohl Piaget jahrelang fest davon überzeugt war, das Ereignis genau zu erinnern, war es doch nur eine Fiktion.
Die Geschichte des berühmten Schweizer Psychologen zeigt, wie problematisch Zeitzeugenerinnerungen als Quelle zu behandeln sind. Sie bieten keinen objektiven Blick in die Vergangenheit, sondern zeigen eine vielfach gefilterte und von zahlreichen Einflüssen verzerrte Sicht auf die Geschichte.
Das menschliche Gedächtnis funktioniert nämlich nicht wie ein sorgsam geordnetes Bilderalbum, in dem Erinnerungen unverändert und unverrückbar „eingeklebt" sind. Vielmehr werden unsere Wahrnehmungen auf sehr komplexe Weise vom Gehirn gefiltert, in Einzelteile zerlegt und dann – wenn wir uns erinnern – wieder zusammengesetzt. Unsere Erinnerung gleicht also mehr einem Haufen von einzelnen Fotografien, die – einem Puzzlespiel gleich – immer wieder neu zusammengesetzt werden müssen. Und diese Rekonstruktion entspricht nur in den seltensten Fällen ihrem ursprünglichen Input.
Dabei beeinflussen eine Vielzahl von Faktoren den Prozess der Wahrnehmung, Speicherung und Abrufung. So werden eigene Erinnerungen auch mit späteren Geschehnissen oder Erzählungen Dritter vermischt und je häufiger sie abgerufen werden, desto mehr können sie sich im Lauf der Zeit verändern. Nicht umsonst wird dasselbe Ereignis von mehreren Personen meist ganz unterschiedlich memoriert.
Die moderne Erinnerungsforschung interessiert sich vor allem für die Art und Weise, wie Zeitzeugen ihre Erlebnisse rekonstruieren, was Jahrzehnte danach berichtet und was weggelassen, was sachlich geschildert und was emotional ausgeführt wird. So versucht man einer übergreifenden Grammatik der Erinnerung nachzuspüren, die die deutsche Erinnerungskultur prägt und etwas darüber aussagt, wie sich unsere Gesellschaft mit ihrer Vergangenheit beschäftigt.
Trotz aller Fehlerhaftigkeit des menschlichen Gedächtnisses bleiben Zeitzeugen allerdings wichtige Quellen für die Rekonstruktion historischer Ereignisse. Eine angemessene Quellenkritik vorausgesetzt helfen uns Zeitzeugenerinnerungen vor allem in jenen Bereichen etwas über die Vergangenheit zu erfahren, in denen es nur wenige schriftliche Überlieferungen gibt. Man denke nur an die Geschichte des Widerstandes im Dritten Reich oder des Holocaust. Und sie ergänzen andere Quellen geradezu ideal, indem wir durch sie soziale Netzwerke besser verstehen und beispielsweise das Innenleben von Institutionen besser erfassen können.
Die moderne Geschichtswissenschaft hat ein differenziertes Bewusstsein dafür geschaffen, wie mit Zeitzeugenberichten quellenkritisch operiert werden sollte. Bei der Rekonstruktion von Ereignis und Erinnerung sind sie – je nach Fragestellung – nach wie vor von unschätzbarem Wert.

Nach: www.gedaechtnis-der-nation.de/bilden/wissenschaft
(Zugriff: 18. Mai 2017)

b) Der Geschichtsdidaktiker Michael Sauer schätzt Zeitzeugenbefragungen wie folgt ein:

„Oral History" nennt man die Methode, durch Befragung von Zeitzeugen etwas über Geschichte zu erfahren. Sie wurde zuerst und zumeist in den USA praktiziert und ist von dort zu uns gekommen. Für den Geschichtsunterricht bietet sie eine ganze Reihe von Vorzügen, aber auch Gefahren. Die Vorteile:

- Wer Zeitzeugen interviewt, erfährt eine unmittelbare Begegnung mit gelebter, gleichsam authentischer Historie. Geschichte „aus erster Hand" kann Schülerinnen und Schüler in ganz anderer Weise fesseln als die distanzierte und gleichsam klinisch reine Darbietung von Geschichte im Schulbuch. Freilich kommt dabei nur die jüngere Vergangenheit infrage.
- Zeitzeugen rücken Aspekte von Geschichte ins Bewusstsein, die bei der Behandlung der „großen Geschichte" oft zu kurz kommen. Sie erzählen meist eine „Geschichte von unten", berichten wie sie als „kleine Leute" in historischen

Verhältnissen gelebt und geschichtliche Ereignisse erfahren haben. Mit anderen Worten: Zeitzeugen können vor allem zu alltags- und mentalitätsgeschichtlichen Einsichten verhelfen. Schülerinnen und Schüler können ihre Eltern und Großeltern, Freunde und Nachbarn als solche „Experten des Alltags" entdecken. [...]

Gerade die Faszination von Zeitzeugen kann aber auch gefährlich sein. Was ein Zeitzeuge erzählt, wird leicht für bare Münze genommen – er war ja schließlich dabei. Die Art und Weise, wie heutzutage Zeitzeugen in historischen Fernsehsendungen (vor allem von Guido Knopp) präsentiert werden, leistet dem kräftig Vorschub [...]. Sie werden in Szene gesetzt als jene, die wissen, wie es wirklich war. Zeitzeugen werden sozusagen als die besseren Historiker präsentiert – diese treten im Fernsehen meist gar nicht erst in Erscheinung.

Aus diesem Grund ist für Schülerinnen und Schüler die Einsicht elementar, dass Zeitzeugenaussagen subjektive Zeugnisse der Vergangenheit sind: Wie alle Arten von Quellen müssen sie kritisch im Hinblick auf Perspektive, Werturteile usw. befragt werden. Ein Weiteres kommt hinzu: Die wiedergegebene Erinnerung kann durch Vieles beeinflusst sein – durch Vergessen oder Verdrängen, durch nachträgliche Rechtfertigung, Stilisierung und Harmonisierung, durch das Einfließen späterer Erfahrungen und Kenntnisse. Wenn sie sich damit intensiv genug befassen, sind Zeitzeugenaussagen wiederum besonders gut dafür geeignet, Schülerinnen und Schülern die Probleme von Überlieferung und Perspektivität vor Augen zu führen.

Michael Sauer, Geschichte unterrichten. Eine Einführung in die Didaktik und Methodik, Seelze-Velber 2001, S. 196 f.

c) Der Beitrag „Die letzten Zeugen – wenn Oma und Opa von Hitler erzählen" (SWR 2001)[1] beschäftigt sich mit den Hintergründen des Zeitzeugeneinsatzes in Geschichtsdokumentationen. Die Produzenten zeigen zum einen die Produktionsbedingungen (Interview im Jahrhundertbus, Zeitzeugenbörsen), verweisen zum anderen auch auf einige Probleme. Es werden auch Experteninterviews verwendet, die sich zur Funktion und möglichen Problemen von Zeitzeugen als Quelle äußern:

Ich finde erstens, dass diese Menschen ungeheuer unter Stress stehen, wenn sie so etwas machen. Dass dann ihre Texte sozusagen absolut gesetzt werden. Sie haben das gesagt. Sie können es nicht mehr widerrufen. Sie haben sich exponiert[2]. Das kann eigentlich nicht gutgehen und die Gefahr ist, dass sie dann nur dazu dienen, in irgendeiner Fernsehsendung als Beleg oder als emotionale Beigabe aufzutreten, bewegende Bilder zu liefern, bewegende Statements.

(Margarete Dörr, Historikerin)

Dieser Zeitzeuge hat zwischen dem Ereignis, über das er befragt wird, und dem Zeitpunkt, wo er befragt wird, ja 50, 60 Jahre lang gelebt; hat gelesen, hat Filme gesehen, hat gesehen, wie der Gegenstand, um den es ihm geht, wie der behandelt wird in der Öffentlichkeit. Er ist also konfrontiert mit der öffentlichen Meinung schon über das, was er erlebt hat.

(Michael Buddrus, Historiker, Berater von Guido Knopp, Text 1)

Da kommen ganz gewiss andere Geschichten raus als würde er zu Hause sitzen und seiner Enkelin etwas erzählen, weil die Situation, in der man erzählt, sehr stark dafür bestimmend ist, was für eine Geschichte konstruiert wird, weil alle Menschen Dinge erzählen, von denen sie erwarten, dass das Gegenüber die hören will.

(Harald Welzer, Erinnerungsforscher)

Während vom Historiker vorausgesetzt wird, dass er jede Quelle, die er entdeckt, jedes Foto, jedes Aktenstück, jedes Schriftstück ganz genau analysiert, eine intensive Quellenkritik betreibt und auf dem letzten Stand der Forschung seine Dokumente beurteilt, ist es bei Zeitzeugen vielfach nicht der Fall. Sie werden als das genommen, was sie sind. Sie werden als Autoritäten hingestellt. Die Sätze, die sie sagen, stehen scheinbar fest. Sie werden einerseits als illustratives Moment benutzt, um das zu illustrieren, was der Filmautor gerne möchte, und sie werden hingesetzt als scheinbar unverrückbare Quelle, die nicht befragt wird, wo kein Dialog stattfindet.

(Michael Buddrus, Historiker, Berater von Guido Knopp, Text 2)

Transkription von Oliver Näpel aus der Dokumentation „Die letzten Zeugen – wenn Oma und Opa von Hitler erzählen"

1. *Fassen Sie mit eigenen Worten die Vor- und Nachteile des Zeitzeugeneinsatzes in Geschichtsdokumentationen zusammen (Materialien a bis c).*

2. *Die Wissenschaftler äußern sich in der SWR-Dokumentation ausschließlich negativ über den Zeitzeugeneinsatz (Material c). Vergleichen Sie ihre Einstellungen mit einer der Äußerungen in den anderen Materialien (a oder b). Welche Unterschiede, welche Gemeinsamkeiten können Sie feststellen? Erstellen Sie eine schriftliche Gegenüberstellung der Positionen.*

3. *Beurteilen Sie den Quellenwert von Zeitzeugen.*

[1] Hinweis: Die Dokumentation ist nicht über Videokanäle abrufbar, kann aber über den Mitschnittservice des SWR bezogen werden.

[2] **exponiert**: gefährdet, einem Angriff ausgesetzt

4. *Entwickeln Sie konkrete Ideen, wie Zeitzeugen in Dokumentationen eingebunden werden sollten, damit der Betrachter den Quellenwert des Zeitzeugen kritisch prüfen und den Erkenntniswert seiner Aussagen besser einschätzen kann.*

5. *Vergleichen Sie Ihre Ideen mit dem Einsatz von Zeitzeugen in verschiedenen Geschichtsdokumentationen. Nehmen Sie Stellung dazu.*

Vertiefung: Täteraussagen werden in Dokumentationen auch kritisch gebrochen und hinterfragt (dekonstruiert). In der sechsteiligen Sendereihe „Holokaust" (ZDF 2000) erzählt Wilhelmine Trsek, die Sekretärin des SS-Offiziers Odilo Globocnik[1], ihn hätte die Vernichtung der Juden mit Sicherheit schwer getroffen. Der Off-Kommentar bezeichnet dies als „Lebenslüge einer Sekretärin" (dritter Teil: Ghetto). In einer anderen Folge wird die bekannte „Lüge", hätte man die Verbrechen nicht begangen, wäre man selbst zum Opfer geworden, weniger deutlich entlarvt. Die Konzentrationslageraufseherin Herta Bothe erzählt, sie habe so handeln müssen, sonst wäre sie ins Konzentrationslager eingeliefert worden (sechster Teil: Befreiung). Dies ist ein Entschuldigungsmythos, der jeglicher geschichtswissenschaftlicher Grundlage entbehrt. Niemand war gezwungen worden, in den Konzentrationslagern zu „arbeiten". An Freiwilligen hat es nicht gemangelt. Ein deutlicher Hinweis hierzu fehlt in der Dokumentation. Ihre Aussagen werden mit Originalaufnahmen zusammengeschnitten, die sie bei der von den Alliierten erzwungenen „Entsorgung" der Leichen nach der Befreiung der Lager zeigen. Vielleicht erhofften sich die Produzenten durch die Kontrastierung ihrer Aussagen mit dem Zeigen der Resultate ihrer Taten (Leichenberge) einen Bruch dieser Selbstinszenierung und -wahrnehmung, der den Betrachter dazu herausfordert, ihre Aussagen als Entschuldigungsmythos zu entlarven. Es sind aber auch andere, geschichtswissenschaftlich unhaltbare Schlussfolgerungen möglich. Dennoch kann es ein filmisches Mittel sein, Zeitzeugenerzählungen mit „filmischen Fakten" zu kontrastieren.

1. *Erstellen Sie ein fiktives Zeitzeugeninterview zu einem historischen Thema ihrer Wahl, in dem bewusst Falschaussagen gemacht werden. Entwickeln Sie Filmstrategien, solche Lügen in einer Dokumentation aufzudecken.*
2. *Setzen Sie dies in einer Kurzdokumentation oder in einem Simulationsspiel in der Klasse um.*
3. *Diskutieren Sie in der Klasse, welche Vor- und welche Nachteile solche Dekonstruktionen von Zeitzeugenberichten haben können.*

[1] Globocnik war direkt an Judendeportationen verantwortlich beteiligt.

Kompetenz:
Die Entstehung, die Dramaturgie und die Wirkung eines Geschichtsspielfilms analysieren und seine Bedeutung für die Wahrnehmung geschichtlicher Phänomene erörtern

Umgang mit Geschichtsspielfilmen

Geschichtsspielfilme erscheinen vielen als angenehme Alternative zu eher trockenen, geschichtswissenschaftlichen Darstellungen, weil sie vermeintlich einen anschaulichen Blick „in die Vergangenheit" bieten, spannend sind. Um herauszufinden, inwiefern die „Geschichte" authentisch und triftig, und nicht etwa politisch manipulierend ist, sollten Filme einer grundlegenden Analyse unterzogen werden.
Den meisten Betrachtern dürfte die grundsätzliche Funktion der unterschiedlichen Bereiche (Kamera, Schnitt, Montage, Ton / Musik, Beleuchtung usw.) bekannt sein bzw. sie lässt sich intuitiv durch ihre Wirkung erschließen. Gleichwohl vermittelt ein Film auch auf unterschwelliger Ebene Botschaften, lenkt die Anti- bzw. Sympathien auf kaum merkliche Weise. Um sich in Distanz zur Machart und möglicherweise eigener Lenkung durch den Regisseur zu setzen, muss genau hingeschaut werden.

Internettipp
Zur Funktionsweise der einzelnen Filmelemente finden sich im Internet viele Hilfestellungen, so z. B. die von Sigrid Jones zusammengestellte Übersicht „Filmsprache – Grammatik des Films, Grundbegriffe der Filmanalyse"; siehe hierzu den Code 32031-43.

Formale Kennzeichen
- Wer war in welcher Form an der *Produktion* beteiligt?
- Beruht der Film auf *Vorlagen*?
- *Wann* und *wo* wurde der Film gezeigt?
- An *wen* richtet sich der Film?
- Welcher *Gattung* gehört die Erzählung an? An welche *Genres* orientiert sie sich erzählerisch?

Inhalt
- Was ist das *Thema* des Films?
- Wie lässt sich die *Handlung* (grob) zusammenfassen?
- In welcher Beziehung stehen die handelnden *Figuren*?
- Was ist die *Botschaft* des Films?

Historischer Kontext
- *Dargestellte Zeit*: Welche Personen, Ereignisse etc. werden gezeigt? Welche sind historisch verbürgt, welche erfunden? Gibt es Abweichungen vom Forschungsstand?
- *Produktionszeit des Films*: In welchem gesellschaftlichen oder politischen Kontext ist der Film entstanden?

Intention und Wirkung
- Welche *filmsprachlichen Mittel* kommen mit welcher Intention zum Einsatz?
- Welche weiteren Hinweise gibt es zur *Aussageabsicht*? (z. B. Interviews der Autoren, Regisseure, Kritiken)
- Wie *wirkt* der Film *auf mich und andere*?

Einordnung und Bewertung
- Welche *Sinnbildungsangebote* macht der Film?
- In welcher Hinsicht ist *Authentizität / Triftigkeit* gegeben?
- *Wofür* kann ich den Film *nutzen*?

▲ **„300."**
Filmplakat der US-amerikanischen Comicverfilmung „300" aus dem Jahre 2006.

- *Beschreiben Sie die Bildwirkung – welche Art von Film erwarten Sie?*
- *Recherchieren Sie per Online-Bildersuche nach Abbildungen zur Rüstung eines spartanischen Hopliten. Vergleichen Sie Plakat und Abbildung und erörtern Sie, wieso sich die Filmemacher für diese Art der Darstellung entschieden haben könnten.*
- *Der Ausspruch auf dem Plakat geht auf antike Quellen zurück. Diskutieren Sie, inwiefern dies ein möglicher Beleg für die Wissenschaftlichkeit der Darstellung sein kann.*

Vorbemerkung Im Internet sind auf Video- und Filmkanälen Trailer, Einzelszenen sowie Einzelbilder der Comic-Vorlage leicht auffindbar. Sie sollten begleitend oder vorbereitend angesehen werden, um der nachstehenden Filmanalyse besser folgen zu können.

Inhalt Der Film zeigt die näheren Umstände und Durchführung der Schlacht an den Thermopylen 480 v. Chr., einem Gebirgsengpass im heutigen Griechenland, den die persischen Landstreitkräfte auf ihrem Feldzug gegen einige „griechische“ Poleis durchqueren mussten. Laut Film versuchten 300 Spartaner eine Million gegnerische Krieger aufzuhalten, scheiterten nach dreitägigem Kampf durch Verrat und wurden getötet. Dieser Opfergang habe die Griechen schließlich geeint, sodass ein Jahr später das persische Heer tatsächlich bezwungen werden konnte. Als Thema lässt sich die Glorifizierung des Kampfes bis zum Tod für die Freiheit der westlichen Welt feststellen.
Die Handlung verläuft auf mehreren Ebenen: Im Zentrum steht der spartanische König Leonidas, der die Perser aufhalten will. Die notwendige Erlaubnis für einen Feldzug erhält er von der Gerusia (spartanischer Ältestenrat) nicht. Sie werden im Film entsprechend negativ (pervers, korrupt) dargestellt. Ohne ihre Zustimmung besetzt Leonidas mit einer kleinen Streitmacht dennoch den Gebirgsengpass bei den Thermopylen, wo sie letztlich aufgerieben werden.
Dem Opfergang der spartanischen Kämpfer wird die Aufopferung der Königin Gorgo nebengestellt und parallel erzählt. Um die spartanische Ratsversammlung dazu zu bewegen, weitere Krieger zur Unterstützung zu entsenden, lässt sie sich von einem einflussreichen Ratsmitglied (Theron) zum Geschlechtsverkehr mit ihm erpressen. Dieser wird als sadistisch, brutal und pervers inszeniert. In der Ratssitzung selber unterstützt Theron ihr Anliegen jedoch nicht, sondern beeinflusst den Rat gegenteilig. Gorgo tötet ihn daraufhin, hierbei wird seine Korruption offen gelegt.
Der Film endet mit der Erzählung des einzig zurückgekehrten Spartaners (Delios) unmittelbar vor der entscheidenden Schlacht ein Jahr später. Der Ausgang ist bekannt, „die Griechen“ konnten die Invasion „der Perser“ stoppen und so ihre „Freiheit“ verteidigen.
Die Figurenkonstellation stellt Leonidas und Gorgo in den Mittelpunkt. Sie sind durch Innigkeit, Respekt und Liebe verbunden und repräsentieren moderne Werte wie Freiheit, Demokratie und Emanzipation. Ihnen stellen sich Kontrahenten entgegen: Die spartanische Gerusia (Ältestenrat) und der persische Großkönig Xerxes als Gegenpole zu Leonidas sowie die zögerliche Ratsversammlung und der Verräter Theron im Fall Gorgos.

Historischer Kontext *Dargestellte Zeit* – Das Ereignis und seine Umstände werden bei Herodot (um 485 - um 425 v. Chr.) geschildert, der jedoch bereits in zeitlichem Abstand darüber berichtet. Erst von späteren griechischen „Geschichtsschreibern“ erfahren wir weitere Details, z. B. sind bei Diodor (Lebensdaten unbekannt) und Plutarch (um 45 - um 125 n. Chr.) einige der „lakonischen“ Sprüche überliefert, wie sie im Film wörtlich übernommen sind. Von spartanischer oder persischer Seite sind hierzu keine Quellen überliefert. In der Forschung wird diskutiert, inwieweit die bei Herodot genannten Daten und „Fakten“ realistisch sind. Einig sind sich die Wissenschaftler darin, dass die Zahlen bei Herodot übertrieben sind und die negative Darstellung der Perser propagandistische Intentionen hat, die positive Darstellung der Spartaner dagegen den zeitgenössisch bereits schwelenden Konflikt zwischen Athen und Sparta abmildern soll. Bei Herodot wird deutlich, dass die Schlacht ein militärischer Fehlschlag war. Die Schlacht an den Thermopylen war somit kein „Wendepunkt“ in der Geschichte, da sie nicht den griechischen Widerstand und die Einigkeit von Sparta und Athen begründete.
Produktionszeit – Der Film wurde 2005 / 2006 produziert und hat keine erkennbaren konkreten politischen Bezüge zu seiner Entstehungszeit. Einige Kritiker sehen eine Parallele zur US-amerikanischen Außenpolitik und der begleitenden anti-islamischen Propaganda, aber ein direkter Bezug hierzu lässt sich nicht herstellen.

Produktionsland:	USA
Erscheinungsjahr:	2006
Länge:	116 Minuten
Altersfreigabe:	16 Jahre (D), 17 Jahre (USA)
Zielgruppe (primär):	männliche Jugendliche
Regie:	Zack Synder
Vorlage:	Comic „300“ von Frank Miller
Gattung:	(teil-)fiktionaler Geschichtsspielfilm
Genres:	Vermischung von Elementen mehrerer Genres, (Kriegs-, Action-, Abenteuer-, Fantasy- und Liebesfilm)
Produktionskosten:	65 Mio. US-Dollar
Einspielergebnis:	rund 456 Mio. US-Dollar (weltweit)
Zuschauer:	1,5 Mio. (D)

▲ **Formale Kennzeichen zum Spielfilm „300“.**

▸ **Standbild aus dem Film „300".**

- *Beschreiben Sie die Darstellung der persischen Armee. Welche Wirkung hat sie auf Sie?*
- *Kriegspropaganda stellt häufig den eigenen, individuell unterscheidbaren Soldaten eine anonyme überwältigende Feindmacht gegenüber. Diskutieren Sie mögliche Intentionen solcher Propaganda und inwieweit dies auf den Film zutrifft.*

Internettipp
Ein Szenenprotokoll zu einer Rede König Leonidas' an seine Soldaten finden Sie unter dem Code 32031-44.

Intention und Wirkung Die Wirkungsabsicht des Films lässt sich erst aus der Gesamtschau, der Analyse herausragender Szenen sowie den Äußerungen der Produzenten, des Regisseurs und der Drehbuchautoren erschließen.
Im Trailer werden Grundzüge der filmischen Inszenierung erkennbar: Farbgebung, Beleuchtung und die kontrastive Inszenierung von Körperlichkeit und Sexualität. Die Darstellung der Spartaner folgt gängigen Heldenklischees, während umgekehrt die persischen Kämpfer durchgängig propagandistisch-negativ verzeichnet werden. Letzteres ist in den historischen Quellen bereits angelegt.
Entgegen den Ausführungen von Zack Snyder (Regisseur) und Frank Miller (Verfasser des Comics), vermittelt der Film erkennbar eine politische Aussage, die vor allem in den filmtypischen Reden vor den Schlachten (König Leonidas, spartanischer Soldat Delios) sichtbar wird. Der Film konstruiert in diesen Szenen den Opfergang der Spartaner als Grundlage für die erfolgreiche Verteidigung unserer Demokratie.
Der Film arbeitet weniger erkennbar als der Comic mit Authentifizierungsstrategien bzw. bricht auch mit ihnen, indem zum Beispiel Fantasy-Wesen in der persischen Armee mitkämpfen. Konkrete Verweise auf historische Quellen fehlen, auch wenn die überlieferten „lakonischen" Sprüche der Spartaner wörtlich zitiert werden.
Die Hauptfiguren sind zwar verbürgt, letztlich wissen wir aber so gut wie nichts über sie. Gorgo wird im Film als moderne, emanzipierte Frau inszeniert und auch Leonidas und Delios äußern sich in ihren Reden modern und aufgeklärt.
Das Kampfgeschehen wird Action- und Comic-gemäß inszeniert. Das Setting dagegen wird augenscheinlich realistisch rekonstruiert, wie auch Kleidung, Frisuren, Bewaffnung sehr detailreich und scheinbar stimmig dargestellt werden. Dies entspricht aber eher den Seherwartungen, als dass es sich um eine triftige Rekonstruktion handelt. Nicht nur die Rüstung der Spartaner wurde aus „ästhetischen" Gründen stark verändert, auch andere Bereiche sehen

nur plausibel aus. Das liegt auch daran, dass wir zu vielen Details der Zeit keine oder nur bedingt aussagekräftige Quellen zur Verfügung haben. Ebenso unrealistisch sind die Zahlenangaben, die schon in den Quellen übertrieben sind. Man geht von einer griechischen Streitmacht von ca. 7000 Soldaten aus, während auf der persischen Seite bis zu 100000 Soldaten kämpften, nicht 300 gegen eine Million.
Die Rezeption fiel unterschiedlich aus: Von begeisterten Zuschauern, die den Film als unhistorischen Action-Spaß verstanden, über Belustigungen aufgrund der erkennbaren Überspitzung der Handlung, bis hin zu kritischen Stimmen, welche die iranische Geschichte verunglimpft sahen oder daran erinnerten, dass dieses „Beispiel" des Opfergangs für den Staat auch schon im „Dritten Reich" eingesetzt wurde.

Einordnung und Bewertung ■ In einem Interview äußerte der Comic-Autor Frank Miller, dass er mit „300" der „verweichlichten" und genusssüchtigen westlichen Welt ein Ideal entgegensetzen wollte. Damit wäre es ein exemplarisches Sinnbildungsangebot, ebenso wie die offenkundige Botschaft: Verteidigung der Freiheit bis zum Tod als Garant für unsere heutige freie Welt. Nach Miller und Snyder wurde damals unsere (heutige) Freiheit verteidigt und gerettet. Das ist nicht nur rein hypothetisch und letztlich nicht belegbar, sondern auch sehr unwahrscheinlich. So legt der Film nahe, dass wir in unmittelbarer Tradition zur griechischen „Demokratie" stehen und diese bis in die heutige Zeit Bestand hat (traditionale Sinnbildung), was geschichtswissenschaftlich nicht haltbar ist. Es handelt sich vielmehr um eine anachronistische Rückprojektion unserer heutigen Werte auf die damalige Zeit, die in vielfacher Hinsicht ganz anders dachte und lebte.
Der Film gibt sich bedingt „authentisch", wobei die Darstellung allenfalls in einigen wenigen Aspekten triftig oder besser: quellengemäß ist. Die Pandel'schen Authentizitätsbereiche[1] Fakten-/Ereignisauthentizität werden nur höchst oberflächlich erfüllt, die Typenauthentizität allenfalls in der Reproduktion der ungesicherten Sparta-Klischees. Die Rolle Gorgos ist frei erfunden und entbehrt jeglicher geschichtswissenschaftlicher Grundlage, wie auch die Darstellung von Xerxes und seiner Armee zwar in den Quellen vorgezeichnet ist, aber schon dort als Kriegspropaganda angesehen werden muss.
Späteren DVD-Fassungen wurde das Special „The 300 – Fact or Fiction" zugefügt. Dem Titel nach würde man einen akribischen Vergleich zwischen Darstellung und Forschungsstand erwarten. Die sich hier äußernden Experten deuten die Darstellung jedoch als symbolischen Ausdruck tiefer liegender Wahrheiten. So sei die unhistorisch knappe Ausrüstung der Spartaner angemessen, um deren Kampfgeschick zeigen zu können, die monströse Verzeichnung des Verräters sei Spiegelbild seiner negativen Rezeption in den antiken Quellen, und dass ein monströses Rhinozeros als Kampftier aufseiten der Perser eingesetzt würde, bringe die griechische Perspektive auf die für sie exotischen und fremden Perser zum Ausdruck. Letzten Endes stimme auch die angebotene Deutung, da sie auf Herodot zurückginge und eine lange Rezeptionstradition vorweisen könne. In geschichtswissenschaftlicher Hinsicht sind diese Legitimierungen fragwürdig.
Bei aller Absurdität der überzogenen Darstellung und Verfremdung von „Vergangenheit"/ „Geschichte" bleibt der Film interessant. Zum einen lässt sich an den Reaktionen die fortdauernde Aktualität des (pluralen/kontroversen) Sinnstiftens durch „Geschichte" erkennen. Zum anderen legen die Reaktionen einen teilweise erbitterten Streit um Tradition und Vergangenheitsdeutung offen. Darüber hinaus bietet der Film die Möglichkeit, sich einfach nur unterhalten zu lassen, sofern man die Botschaft nicht ernst nimmt und sich in kritische Distanz zum Inhalt setzt.

[1] Zu den Authentizitätsbereichen nach Hans-Jürgen Pandel siehe M4 auf Seite 434 f.

Kompetenz:
Die Funktionen und Wirkungsweisen der unterschiedlichen Bausteine von Geschichtsdokumentationen analysieren und Geschichtsdokumentationen als subjektives Deutungsangebot von Vergangenheit in seinem Stellenwert für die Geschichtskultur erörtern

Umgang mit Geschichtsdokumentationen

Geschichtsdokumentationen genießen den Ruf, auf spannende Weise Geschichte zu vermitteln. Sie zeigen Experten, Zeitzeugen und Quellen, erscheinen seriös und wissenschaftlich. Da sie fernsehtauglich Geschichte erzählen, werden sie als Abwechslung zu eher als langweilig empfundenen, geschichtswissenschaftlichen Darstellungen gesehen. Für viele bieten sie die zugänglichste Möglichkeit, sich mit Geschichte auseinanderzusetzen. Nicht zuletzt durch die Mediatheken der Sender und auf Videokanälen sind sie ständig abrufbar.
Wie Geschichtsspielfilme und andere populär-wissenschaftliche Darstellungen, müssen auch Geschichtsdokumentationen teilweise fiktional arbeiten. Als Filmerzählung muss alles ins Bild gesetzt werden. Vor allem wenn es keine audiovisuellen oder bildlichen Quellen gibt, lassen Regisseure historische Ereignisse und Situationen „nachspielen". Und wie im Spielfilm müssen hierbei Quellenlücken fantasievoll geschlossen werden. Dialoge und andere Details sind in der Regel nicht überliefert, sodass hier kreative Ausschmückungen notwendig sind.

Formale Kennzeichen

- Wer war in welcher Form an der *Produktion* beteiligt?
- *Wann* und *wo* wurde die Dokumentation gezeigt?
- Wurde / wird die Geschichtsdokumentation *crossmedial* angeboten / aufbereitet?
- An *wen* richtet sie sich?

Inhalt und Form

- Was ist das *Thema* / die *Fragestellung* der Geschichtsdokumentation?
- Wie lassen sich die *Hauptaussagen* (grob) zusammenfassen?
- Welche *Bausteine / filmsprachlichen Mittel* werden verwendet?
- Welcher *dramaturgischen Konzeption* folgt die Darstellung?

Historischer Kontext

- *Dargestellte Zeit*: Welche Personen, Ereignisse etc. werden gezeigt? Gibt es Abweichungen vom geschichtswissenschaftlichen Forschungsstand?
- *Produktionszeit der Dokumentation*: In welchem gesellschaftlichen oder politischen Kontext ist die Geschichtsdokumentation entstanden?

Intention und Wirkung

- Wie *wirkt* die Geschichtsdokumentation *auf mich und andere*?
- Welche *Eindrücke* sollen in der Dokumentation durch den Einsatz welcher Bausteine / filmsprachlichen Mittel entstehen?
- Welche weiteren Hinweise gibt es zur *Aussageabsicht*?

Einordnung und Bewertung

- Welche *Sinnbildungsangebote* macht die Dokumentation?
- Wie *„wissenschaftlich"* ist die Darstellung?
- In welcher Hinsicht handelt es sich um eine *typische / untypische Darstellung* dieser „Geschichte"?
- Wie wird die Dokumentation aufgenommen, *rezipiert*?
- *Wozu* kann ich die Geschichtsdokumentation *nutzen*?

Beispiel und Analyse

Vorbemerkung Geschichtsdokumentationen zur Antike stehen vor besonderen Herausforderungen: Die Quellenlage ist häufig lückenhaft und einseitig perspektivisch, Zeitzeugen existieren nicht mehr, antike Stätten sind Ruinen oder nicht mehr auffindbar. Und schon in den Quellen werden damalige Ereignisse mythisch verklärt, legendenhaft überhöht. Eine besondere Faszination übt dabei die legendäre Schlacht an den Thermopylen 480 v. Chr. aus, bei der 300 Spartiaten mit einigen Tausend verbündeten Soldaten versuchten, ein persisches Heer aufzuhalten.
Die Darstellung der Schlacht und ihre politische Instrumentalisierung hat eine lange Tradition. Ihren Reiz hat diese „Geschichte" bis heute nicht verloren. Sie wird immer wieder in Geschichtsmagazinen und -dokumentationen, zuletzt auch im Spielfilm „300"[1] erzählt. Zeitnah zum Geschichtsspielfilm entstand die Dokumentation „Last Stand of the 300", mit der sich nachstehend beschäftigt werden soll.

Formale Kennzeichen Die 91-minütige Geschichtsdokumentation wurde 2007 von den US-amerikanischen Filmproduzenten Limulus Productions und Mechanism Digital hergestellt und wird seitdem weltweit vom US-amerikanischen Sender History Channel vertrieben. Sie liegt auch in einer deutschen Ausgabe vor („300 – Die Schlacht der Spartaner") und wird vielfach auf Videoportalen gestreamt.
Eine crossmediale Vermarktung lässt sich nicht mehr feststellen. Unter den Rubriken „Sparta" und „Leonidas" der Homepage des History Channels finden sich aber Videoclips, die Teile der Dokumentation erneut verwenden.
Eine konkrete wissenschaftliche Begleitung wird nicht angegeben, aber es werden Experteninterviewausschnitte verwendet. Verkaufszahlen oder Einschaltquoten lassen sich nicht ermitteln, im deutschen Fernsehen wurde die Doku nicht gezeigt.
Sie richtet sich an alle Geschichtsinteressierten, aufgrund ihrer Aufmachung und Veröffentlichungszeit erscheint sie als eine Art inoffizielle „Begleitdokumentation" zum Kinofilm.

Inhalt und Form Die überragende symbolische Bedeutung der Schlacht an den Thermopylen als Wiege und Garant der westlichen Zivilisation sowie die heroische Tapferkeit, für die Freiheit das Leben zu opfern, sind Themen der Geschichtsdokumentation.
Kommentar und Expertenaussagen tragen die gesamte Narration, die häufig mit dramatisierender und stimmungsvoller Musik unterlegt ist. Zur Illustration werden computergenerierte Rekonstruktionen von Landschaft, Bewaffnung, Schiffen und Gebäuden eingebunden. Zudem arbeitet die Dokumentation mit Spielszenen, die ästhetisch deutlich an den Film „300" angelehnt sind.
Auf Quellen wird nur punktuell und insgesamt unspezifisch verwiesen: „Es ist überliefert ...", „Aus Quellen wissen wir ...". Der griechische „Geschichtsschreiber" Herodot wird mehrmals genannt, nicht aber direkt zitiert. Andere Schriftquellen werden nicht erwähnt, archäologische Überreste nicht gezeigt und auch spätere bildliche Darstellungen werden nicht verwendet.
Die Dramaturgie fängt aufmerksamkeitssteigernd mit dem Höhepunkt der Geschichte an. Im Vorspann wird zunächst die Ausweglosigkeit der Lage dargestellt und der tragische Ausgang erzählt und mit Spielszenen bebildert. Kurze, eingeschobene Expertenstatements betonen die Bedeutung der Schlacht und bemühen hierbei historische Vergleiche. Nach dem Vorspann werden knapp die Rahmenbedingungen skizziert und durch eine Grafik das Ausgreifen des persischen Reiches als bedrohliche Überschwemmung der westlichen Welt inszeniert. Diese Einleitung endet mit der direkten Konfrontation der 300 Spartiaten mit der persischen Übermacht unmittelbar vor dem Kampfgeschehen. Im weiteren Verlauf werden die Hintergründe des Ereignisses sowie Daten und biografische Informationen der beteiligten Akteure in Rück-

Internettipps

- *Die „Botschaft", intendierte Wirkung und Erzählweise von Geschichtsdokumentationen lassen sich nicht oder nur sehr schwer an einzelnen Standbildern ermitteln. Ein besserer Eindruck wird gewonnen, wenn man sich die ersten zehn Minuten der Dokumentation „Last Stand of the 300" anschaut. Sie ist zum Beispiel auf YouTube abrufbar (Schlagworte für das Suchfeld: 300 die Dokumentation).*
- *Zu den Videoclips des History Channels siehe den Code 32031-45.*

[1] Vgl. Sie dazu den Methoden-Baustein „Geschichtsspielfilm" auf Seite 458 bis 461.

blenden erläutert. Immer wieder wird auf den dramatischen Höhepunkt der Schlacht hingewiesen, um die Spannung hoch zu halten. Am Ende wird die Botschaft noch einmal vom Kommentar und von Experten zusammengefasst und auf die Spitze getrieben.

Historischer Kontext ■ *Dargestellte Zeit* – Die Quellenlage zu Sparta insgesamt, zu den Perserkriegen und zur Schlacht an den Thermopylen ist problematisch. Als zeitnaheste und ausführlichste Quelle zu Letzterem gelten Herodots „Historien". Die Perserkriege sind weder aus spartanischer noch aus persischer Sicht ausführlich überliefert. So verwundert es nicht, dass in geschichtswissenschaftlicher Sicht vieles im Unklaren bleibt und es teils widersprüchliche Deutungen zentraler Aspekte gibt, so z.B. zum Aufbau des spartanischen Staates, zu seinem Erziehungswesen, aber auch zu Leonidas Motiven, den Engpass trotz aussichtsloser Lage zu halten.
Nach Herodot wurden seine Motive auf drei Arten gedeutet: religiös (Erfüllung des Orakels), individuell (Ruhm) und militärisch (Zeitgewinn für die „griechische" Armee; Deckung des Rückzugs der Hilfstruppen). Diesen Deutungen schließen sich die meisten Historiker an, wenn auch in unterschiedlicher Gewichtung. In der häufig propagandistisch motivierten Rezeption wird Leonidas ein politisches Motiv angedichtet: heldenhaftes Beispiel zur „Einigung" Griechenlands und Verteidigung von Freiheit und Demokratie. Letzteres kann nicht aus den Quellen abgeleitet werden und ist anachronistisch, weil es die damaligen Konzepte von Freiheit und Demokratie mit unseren heutigen gleichsetzt.
Die von Herodot genannten Daten und „Fakten" zur Größe der Armeen sowie seine Darstellungen der Perser werden insgesamt als wenig realistisch, sondern vielmehr als propagandistisch verzerrt angesehen.
Die Dokumentation orientiert sich offenkundig an den Überlieferungen, wobei nur Herodot explizit genannt wird, gibt aber realistischere Zahlen bzgl. der Heerstärken an. Wieso in der englischsprachigen Fassung 300 000 persische Soldaten angegeben werden, in der deutschen aber 100 000, lässt sich nicht erschließen. Die Stilisierung der Schlacht als Wendepunkt der westlichen Zivilisation bleibt in beiden Fassungen erhalten. Insgesamt folgt die Darstellung weitgehend unkritisch den Quellenaussagen und der „traditionellen" Rezeption der Schlacht.
Produktionszeit – Es gibt keinen erkennbaren gesellschaftlichen oder politischen Auslöser für die Dokumentation, auch wenn sie eine klare politische Botschaft vermittelt. In ihrer Aufmachung, der Dramaturgie, den zentralen Aussagen und v.a. der filmischen „Ästhetik" erinnert sie stark an den Kinofilm. Vermutlich wollten die Produzenten die geschichtskulturell erzeugte Aufmerksamkeit nutzen, um das Thema ebenfalls kommerziell erfolgreich zu vermarkten.

Intention und Wirkung ■ Die Dokumentation erweckt durch den konsequenten Einsatz gattungstypischer Bausteine den Anschein hoher Glaubwürdigkeit: Experteninterviews, detaillierte, computergenerierte Rekonstruktionen von Landschaft, Umgebung, Bewaffnung und Rüstung sowie die detaillierten Angaben zu den Hintergründen, die realistischere Darstellung von Xerxes, der Verzicht auf erfundene Handlungsstränge.

Einordnung und Bewertung ■ Die Geschichtsdokumentation schreibt in ihrer Deutung den mythenhaft verklärten „Freiheitskampf" als Bedingung, Geburtsstunde und Rettung „unserer westlichen Zivilisation / Demokratie / Freiheit" ungebrochen fort. Damit erzählt sie unkritisch die wenigen Quellen nach und verwebt sie zudem mit argumentativ völlig unbegründeten und nicht haltbaren Wertungen einiger „Experten". Das Beispiel des Opfergangs wird als exemplarisch, die Gesamtgeschichte der Perserkriege als traditional und auch genetisch konstruiert.
Eine Wissenschaftlichkeit der Sendung ist nicht gegeben. Weder werden Quellen korrekt benannt noch kritisch analysiert. Sie gelten hier als unverstellter Blick in die Vergangenheit.

Unterschiedliche Perspektiven werden nur ansatzweise genannt. Kontroversen, z.B. in der antiken Beurteilung der Motive des Leonidas, werden als unwichtig dargestellt und durch die unmittelbar sich anschließende Deutung des Kommentars aufgelöst.
In der Regel bewegen sich die Aussagen der Experten auf der werturteilenden Ebene. Belege oder Argumente werden kaum gegeben. Die Aussagen stehen gleichrangig zu den „faktischen" Ausführungen des Off-Kommentars, sollen als „Wahrheit" verstanden werden. Die unterschiedlichen und kontroversen Deutungen der Geschichtswissenschaft fehlen ebenso, wie eine Problematisierung der Quellenlage und die Transparenz der immer kritisch zu reflektierenden Begrenztheit der eigenen Deutung. Die nachgespielten Szenen und die rekonstruierten Waffen und Landschaft können dagegen eine gewisse Triftigkeit aufweisen.
Die eingeblendeten „Experten" sind, mit Ausnahme des Historikers Paul Cartledge, keine Fachleute bzgl. der Thematik bzw. überhaupt keine Fachleute mit akademischer Bildung, einige sind Verfasser populär-wissenschaftliche Bücher oder historischer Romane.
Ereignis- oder Faktenauthentizität ist stärker gegeben als im Spielfilm. Da die Spielszenen keine Dialoge erhalten, umgeht die Dokumentation das Problem einer Typenauthentizität.
Die Dokumentation endet mit der abstrusen, pathetisch durch einen der „Experten" vorgetragenen Deutung, dass diese Schlacht das Schicksal der freien Welt entschieden und unsere heutige Zivilisation überhaupt erst ermöglicht habe.
Der offenkundig reißerische Ton der Dokumentation wie auch die Fülle an sachlichen Fehlern und unhaltbaren Schlussfolgerungen wurde und wird auch in den Kommentaren auf den Videokanälen immer wieder kritisch genannt. Zur Wissensaneignung kann die Dokumentation sicher nicht genutzt werden, allenfalls zur Veranschaulichung damaliger Waffentechnik und Kriegsführung durch die 3D-Rekonstruktionen.

Exkurs: Reformation in Film und Fernsehen

▲ **„Katharina Luther."**
Foto von 2016, Reinhardsbrunn (Thüringen).
Das Foto zeigt die Schauspieler Karoline Schuch als Katharina von Bora und Devid Striesow als Martin Luther bei den Dreharbeiten zum Fernsehfilm „Katharina Luther". Er wurde im Februar 2017 in der ARD ausgestrahlt und von rund sieben Millionen Zuschauern gesehen.
- *Recherchieren Sie Rezensionen zum Fernsehfilm und beurteilen Sie, inwiefern er das „öffentliche Bild" von der Reformation bereichert.*

Mediale Aufbereitung der Reformation

Will man sich gründlich mit Geschichte im Film auseinandersetzen, reicht es nicht aus, sich nur eine Dokumentation oder nur einen Spielfilm zum Thema anzusehen. Im Gegenteil wird erst durch den Vergleich derselben Geschichte in unterschiedlichen Erzählformen deutlich, wie verschieden die Darstellungen im Hinblick auf Triftigkeit und Botschaft sind, obwohl sie häufig identische oder ähnliche Materialien verwenden.

Der Medienbetrieb funktioniert nach dem Prinzip der Aktualität. In der Regel ist daher eine deutliche Zunahme an Darstellungen eines Geschichtsthemas festzustellen, wenn hierum aktuelle Diskussionen in der Öffentlichkeit geführt werden, es neue – öffentlichkeitswirksame – Erkenntnisse hierzu gibt oder wenn Jubiläen bevorstehen. 2017 jährt sich der Beginn der Reformation zum 500. Mal. Solche Anlässe bieten den Produzenten die Chance, ihre Angebote kommerziell erfolgreich zu platzieren. Auf der einen Seite bedienen sie damit die Bedürfnisse des Publikums, auf der anderen Seite wird dieses Bedürfnis medial erzeugt.

Bevor man die vielfältigen Angebote der Geschichtskultur aufgreift, sollte man sich zunächst auf seriösem Weg grundsätzlich mit der Thematik beschäftigt haben, z.B. durch das Schulbuch.[1] Auf dieser Grundlage, und der weiteren, vertieften Beschäftigung mit der Reformation, lassen sich die Angebote gut nutzen und kritisieren.
Kaum ein historischer Umbruch wird an so wenigen Figuren festgemacht, wie die Konfessionalisierung. Da fernsehwirksames, wie überhaupt populär-wissenschaftliches Geschichtserzählen eine Vereinfachung erfordert, ist der Fokus auf wenige herausragende Handlungsträger in diesem Fall von Vorteil für die Produktionen. Die Geschichtskultur fokussiert dabei bislang auf Martin Luther, Katharina von Bora und Kurfürst Friedrich den Weisen als Revolutionäre und Freiheitskämpfer auf der einen, und Papst Leo X. und den Ablassprediger Johann Tetzel als Stellvertreter der konservativen, dekadenten und korrupten katholischen Kirche auf der anderen Seite. Dabei ist die Entwicklung der Reformation vielschichtig, zeichnen viele Akteure verantwortlich, sind aber auch zeitgenössische Strukturen Voraussetzung für ihre „Erfolgsgeschichte". Es ist spannend zu untersuchen, wie die durchaus komplexe und unterschiedlich gedeutete „Geschichte" für die Öffentlichkeit medial aufbereitet wird. Eine differenzierte Auseinandersetzung mit den verschiedenen Darstellungsformen auf der Grundlage bereits erworbener Kenntnisse ermöglicht Einblicke in Gemeinsamkeiten und Unterschiede geschichtswissenschaftlichen Darstellens und populär-kulturellen Erzählens. Zudem verweisen die Darstellungen häufig auch aufeinander, wenn z.B. in Dokumentationen Spielfilmmaterial oder Szenen aus anderen Dokumentationen verwendet werden (▸ M1 bis M4).

[1] Zu Martin Luther und der Reformation siehe die Kapitel in diesem Band ab Seite 56.

Darstellung Martin Luthers Trotz der Aktualität der Reformation als historischer Prozess steht Martin Luther klar im Vordergrund, nicht zuletzt weil die Veröffentlichung seiner 95 Thesen als Ausgangspunkt der Reformation gilt. Seine unterschiedlichen Lebensstationen sind zudem gut geeignet, eine spannende Geschichte zu erzählen, kämpft hier doch scheinbar ein kleiner Mönch gegen die mächtigste Institution seiner Zeit. Da Medien aber nicht immer das Gleiche senden können, sondern stets Neues präsentieren wollen, geraten auch andere Personen in den Fokus. So wird Katharina Luther mittlerweile mit Spielfilmen und Dokumentationen gewürdigt. Sie wird hier als Vorreiterin der Emanzipation konstruiert, um ihre Bedeutung in der Vergangenheit und für die Gegenwart und Zukunft herauszustellen.

Der Lebensweg Luthers ist gut belegt, wenngleich viele Details hauptsächlich auf seinen eigenen Äußerungen und Briefwechseln beruhen. Das chronologische Nachzeichnen einer Biografie hat für fernsehwirksame Darstellungen Vorteile: Es weist auf eine logische Entwicklung hin, bietet Ordnung im historischen Durcheinander, zeigt Höhe- und Tiefpunkte und bietet ein tragisches oder glückliches Ende. Zudem sind personalisierende Erzählungen anschlussfähig an Sehgewohnheiten der Zuschauer und bieten Identifikationsmöglichkeiten sowie emotionale Anteilnahme. Wenn eine Lebensgeschichte erzählt wird, können wir mitfiebern, mitzittern, mitleiden, uns mitfreuen. In der populären Geschichtskultur werden zumeist folgende Aspekte thematisiert:

- Luthers Eintritt ins Kloster (Gewitterereignis),
- die Romreise als Beginn der Lösung von der katholischen Kirche,
- Zuspitzung des Konfliktes durch den Thesenanschlag und öffentliche Verbrennung der Bannandrohungsbulle,
- die religiöse und weltliche Ächtung (Kirchenbann, Reichsacht) sowie
- seine Ehe mit Katharina von Bora.

Luther war durch seine Zeit geprägt, und wenn man seine Schriften liest, erscheint er uns heute in Ausdrucksweise, Gebaren, vor allem auch in seiner Mentalität fremd. Besonders seine von heutigen Werten abweichenden Haltungen werden erst aus seiner Zeit und der Mentalität eines frühneuzeitlich-gläubigen Menschen nachvollziehbar (Sachurteil). Im Vergleich zum „heldenhaften Freiheitskämpfer“ Luther, der uns so vertraut erscheint, weil er scheinbar unsere heutigen Werte und Vorstellungen repräsentiert, bleibt der „andere“ Luther fremd und unverständlich. Aus heutiger Sicht sind es vor allem folgende Aspekte, die wir als Widersprüchlichkeiten seiner Person wahrnehmen, besser: konstruieren:

- Luthers Haltung im Bauernkrieg,
- Luthers Anti-Islamismus und Antisemitismus sowie
- die Derbheit seiner Sprache im privaten Bereich und in seiner antiklerikalen Propaganda.

Es bleibt zu untersuchen, wie diese Aspekte in den populär-wissenschaftlichen Produktionen dargestellt werden, welches „Luther-Bild“ sie zeichnen (▸ M5).

M1 Reformation im Film

Die Reformation, das Leben Martin Luthers und die Luther-Rezeption sollten Ihnen bekannt sein. Sehen Sie sich dazu eventuell noch einmal die Kapitel ab Seite 56 in diesem Schulbuch an. Einen umfassenden Überblick über die Reformationsgeschichte bietet auch die Internetseite der Bundeszentrale für politische Bildung. Siehe hierzu den Code 32031-46.
Für eine Auseinandersetzung mit der Reformation im Film sind die drei nachstehenden Beispiele heranzuziehen. Die Analyse kann auch in Gruppenarbeit erfolgen. Ebenso ist es möglich, eine Auswahl zu treffen.

- *„Luther" (Spielfilm, USA / D / GB 2003); erhältlich auf DVD*
- *„Luther und die Nation. Der Förderer der Deutschen Sprache" (Dokumentation aus der Reihe „Die Deutschen", ZDF 2008); abrufbar in der ZDFmediathek (bis November 2018)*
- *„Martin Luther – Petra Gerster auf den Spuren des Reformators" (Dokumentation, ZDF 2016); abrufbar in der ZDF-mediathek (bis Oktober 2026)*

1. *Betrachten Sie die Anfangsszenen der Filme (eines Films) und beschreiben Sie, wie sie auf Sie wirken.*
2. *Untersuchen Sie die Dramaturgie der Filme (eines Films).*
   + *Wie fangen sie an? Wie geht es weiter? Zeichnen Sie eine Spannungskurve.*
3. *Analysieren Sie die Authentifizierungsstrategien (siehe hierzu die Tabelle auf Seite 441). Wie seriös erscheinen sie Ihnen?*
4. *Vergleichen Sie die Machart der Filme miteinander. Welcher Film erscheint Ihnen am seriösesten? Begründen Sie Ihre Meinung.*
5. *Welchen Film würden Sie empfehlen? Geben Sie eine begründete Beurteilung der Filme.*

Vertiefung: Den Spielfilm „Luther" von Eric Till haben in Deutschland rund drei Millionen Kinozuschauer gesehen. Trotz des großen Erfolges gibt es auch Kritik am Film wegen seiner historischen Ungenauigkeiten. Nachstehend eine kleine Auswahl von Rezensionen:

Tills „Luther" hetzt von Ereignis zu Ereignis, und man wird den Eindruck nicht los, dass von manchen Szenen nur noch das Skelett übrig ist. Die Bauernkriege werden quasi von der vorbeifliegenden Kamera gestreift. Alfred Molina als Tetzel schaut mal kurz vorbei, verkauft fix ein paar Ablassbriefe und ward dann nie wieder gesehen. Das gesamte Reformationspersonal wird über die Leinwand gejagt, und bei manchen reicht der Auftritt eben nur für ein knappes Grüß Gott. Auch die 95 Thesen haben keine tragende Rolle abgekriegt: Sie werden an die Kirchentür zu Wittenberg genagelt, und das war's.
Das führt zum zweiten Problem, das ein Film über Luther hat, und das hat Eric Till auf seine ganz eigene Art gelöst: Die Lehre Luthers nach Till ist vor allem deswegen so attraktiv, weil sie um alles verschlankt ist, was keinen Spaß macht. Hätten die Thesen mehr Raum bekommen, dann hätte Joseph Fiennes komplett unattraktive Dinge sagen müssen wie: Das ganze Leben ist Buße.

Süddeutsche Zeitung; www.sueddeutsche.de/kultur/luther-der-film-ein-himmelhund-auf-dem-weg-in-die-moderne-1.429829 (Zugriff: 28. April 2017)

Der Zwei-Stunden-Film „Luther" ist die historisch akkurate Biografie des ewig zweifelnden und schwermütigen Reformators. Üppig inszeniert, brav chronologisch abgearbeitet und ohne unbequeme Querverweise zur Gegenwart. Nach etwas schwerfälligem Anfang läuft sich das Drama warm und bietet eine relativ spannende Geschichtslektion, in der man sogar einmal lachen darf: Wer auch immer auf die Idee kam, ausgerechnet Uwe Ochsenknecht als Papst zu besetzen, verdient einen Comedy-Ehrenpreis.

Cinema; www.cinema.de/film/luther,1294802.html (Zugriff: 28. April 2017)

Zweifellos ist es ein schwieriges Unterfangen, einer Person wie Martin Luther in einem Spielfilm gerecht zu werden – zumal es in solchen Fällen nie nur um die Bedeutung der Person, sondern auch um die historischen gesellschaftlichen und politischen Umstände ihres Wirkens geht – bzw. gehen müsste. Aber gerade in diesem Punkt ist Eric Tills Versuch, den Reformator filmisch „zu fassen", gnadenlos gescheitert. Man kann sich lange darüber aufregen, dass Joseph Fiennes nun so gar keine Ähnlichkeit mit dem kleinen, dicken Mann hat, der – übrigens nicht allein und nicht als einziger Reformator – einige Unruhe in das 16. Jahrhundert gebracht und die Allmacht der römisch-katholischen Kirche – ebenfalls nicht allein – gebrochen hat. Viel schwerwiegender sind die historischen Unkorrektheiten und nicht haltbaren Aussagen, die den Film kennzeichnen, und eine Darstellung der Person Luthers, die dem, was man über den Reformator weiß, kaum gerecht werden kann. […]
Summa summarum muss man „Luther" Geschichtsklitterung vorwerfen. Fast erscheint es, als ob man dem Reformator ein Denkmal ohne Tadel setzen wollte, rein und unschuldig, anstatt sich der historischen Figur und der Geschichte seiner Zeit anzunähern.

Filmstarts; www.filmstarts.de/kritiken/42733/kritik.html (Zugriff: 28. April 2017)

Der Film „Luther" aus dem Jahr 2003 ist [...] ein wirklich spannender Historien-Streifen, der immerhin all jenen einen fundierten Überblick bietet, die sich bisher wenig mit Luther beschäftigt haben. Mehr kann ein knapp zweistündiger Film kaum leisten.

Heimkino; www.swr.de/swr2/kultur-info/heimkino-luther/-/id=9597116/did=18863804/nid=9597116/k9uhll/index.html (Zugriff: 28. April 2017)

1. *Fassen Sie stichpunktartig die wesentlichen Kritikpunkte der Rezensionen zusammen.*
2. *Vergleichen Sie die Filmrezensionen miteinander.*
3. *Nehmen Sie Stellung zu den Rezensionen. Stimmen Sie den Argumentationen zu? Begründen Sie Ihre Meinung.*
4. \+ *Verfassen Sie selbst eine Filmkritik zum Spielfilm „Luther". Siehe hierzu auch die Hinweise „Eine Filmkritik erstellen" auf Seite 452.*
5. *Unterscheiden Sie in den Darstellungen Elemente der Sachanalyse, des Sachurteils und des Werturteils. Erstellen Sie eine Tabelle und beurteilen Sie, auf welcher Ebene die Szene erzählt wird. Diskutieren Sie, ob der „historische Erkenntnisprozess" (vgl. M1 auf Seite 427) als Basis einer historischen Darstellung den Ausschnitten zugrunde liegt.*

M2 David gegen Goliath

Filme folgen gerne der Dramaturgie von Konflikten. Hierzu werden filmsprachlich die Kontrahenten deutlich wertend dargestellt. In der Reformation spitzt sich dieser Konflikt auf Luther und den Papst bzw. den Klerus zu.

Analyse folgender Filmszenen
- *„Luther" (Spielfilm): 18:15 bis 20:53 und 27:20 bis 36:40 (Min. : Sek.)*
- *„Luther und die Nation. Der Förderer der Deutschen Sprache" (Dokumentation): 0:00 bis 15:37 (Min. : Sek.)*
- *„Martin Luther – Petra Gerster auf den Spuren des Reformators" (Dokumentation): 11:20 bis 17:04 (Min. : Sek.)*

1. *Beschreiben Sie, wie der Papst bzw. der Klerus und Luther jeweils auf Sie wirken.*
2. *Analysieren Sie die filmsprachlichen Mittel, mit denen diese Charakterisierung vollzogen wird. Achten Sie besonders auf die Aussagen der Film- und der Tonspur. Welches Element ist ausdrucksstärker bei der Bewertung? Sie können dazu Arbeitsgruppen bilden. Die eine Gruppe beachtet nur das Bild, die andere nur den Ton. Tauschen Sie anschließend Ihre Ergebnisse aus und sehen Sie sich dann die jeweilige Filmszene mit Bild und Ton an.*
3. *Erörtern Sie die Authentifizierungsstrategien (siehe Seite 441), die in der jeweiligen Filmszene verwendet werden.*
4. *Vergleichen Sie die filmischen Darstellungen mit Ihren Kenntnissen und beurteilen Sie die Triftigkeit der Charakterzeichnungen.*

M3 Der Wormser Reichstag von 1521

Filme verdichten historische Ereignisse in personaler Hinsicht, also bezogen auf die Anzahl der handelnden Figuren, und in zeitlicher Hinsicht, d. h., dass länger andauernde Ereignisse auf wenige Tage reduziert werden. Die Frage ist, ob hierdurch ein falsches Bild gezeichnet wird und ob die Darstellung der Komplexität der Ereignisse so noch gerecht werden kann. Der Wormser Reichstag dauerte mehrere Monate und die Entwicklung des Konfliktes war ein langjähriger Prozess. Um dramaturgische Abweichungen von der tatsächlichen Historie beurteilen zu können, benötigt man entsprechendes Hintergrundwissen.
Ein wichtiges Resultat des Reichstages war das Wormser Edikt. Es war seit dem Hochmittelalter Rechtstradition, dass dem Kirchenbann die Reichsacht folgte (vgl. hierzu Seite 59). Kaiser Karl V. hatte aufgrund der politischen Situation, seiner „Abhängigkeit" von den deutschen Fürsten und seiner Zugeständnisse im Zuge seiner Kaiserwahl Luther eine Anhörung gewähren müssen. Die beiden einzigen Ausgänge dieser Anhörung konnten nur Widerruf Luthers oder Verhängung der Reichsacht sein. Eine tatsächliche Diskussion mit offenem Ausgang, wie Luther scheinbar erwartet hatte, konnte nach gültigem Recht nicht stattfinden. Der Ausgang ist bekannt: Luther widerrief nicht, sodass Karl V. folgerichtig die Reichsacht aussprach. Aber ganz so eindeutig, wie es in manchen Publikationen dargestellt wird, ist es dann doch nicht.

Analyse folgender Filmszenen
- *„Luther" (Spielfilm): 1:05:00 bis 1:20:20 (Std. : Min. : Sek.)*
- *„Luther und die Nation. Der Förderer der Deutschen Sprache" (Dokumentation): 0:00 bis 15:37 (Min. : Sek.)*
- *„Martin Luther – Petra Gerster auf den Spuren des Reformators" (Dokumentation): 0:00 bis 2:25 und 17:04 bis 20:50 (Min. : Sek.)*

Bevor Sie die Fragen auf Seite 470 beantworten, verschaffen Sie sich mithilfe der Zeittafel (Seite 470) einen Überblick über die historischen Ereignisse von 1517 bis 1521.

Jahr	Ereignis
1517	Veröffentlichung der 95 Thesen
1518	Ketzerprozess gegen Martin Luther; Vernehmung Luthers durch Kardinal Thomas Cajetan in Augsburg; Ablehnung der Auslieferung Luthers von Kurfürst Friedrich III. von Sachsen
1519	Öffentliche Disputation in Leipzig zwischen Luther und dem Theologen Johannes Eck; Wahl Karls V. zum Deutschen Kaiser am 28. Juni (Zugeständnisse an die deutschen Fürsten, u.a., dass vor der Verhängung der Reichsacht eine Anhörung auf „deutschem" Gebiet stattzufinden habe)
1520	Bannandrohungsbulle „Exsurge Domine", öffentliche Verbrennung durch Luther
1521	Bannbulle „Decet Romanum pontificem", Exkommunikation Martin Luthers; Reichstag zu Worms (27. Januar bis 25. Mai): Verhandlungen zwischen Kaiser Karl V. und Vertretern der Reichsstände (der „Fall Luther" ist nur ein Punkt unter vielen) *März*: Vorladung Luthers *17./18. März*: Verhör Luthers vor dem Reichstag, Weigerung des Widerrufs; weitere Verhandlungen, um Luther Möglichkeiten zum Einlenken zu geben *26. April*: Abreise Luthers (21-tägiges freies Geleit nach Wittenberg) *4. Mai*: „Entführung" Luthers und Verbringung auf die Wartburg *23. Mai*: Abreise Kurfürst Friedrichs III. von Sachsen *25. Mai*: Verlesung des Wormser Edikts (datiert auf den 8. Mai); Verhängung der Reichsacht; Umsetzung bleibt den Landesfürsten „überlassen", zudem in Sachsen nicht gültig, da Friedrich III. bei der Verlesung nicht anwesend war und es ihm im Folgenden vom Kaiser nicht zugestellt wurde

▲ **Zeittafel.**

1. *Schauen Sie sich Luthers Auftreten auf dem Reichstag zu Worms im Spielfilm und in den beiden Dokumentationen an. Fassen Sie die Szenen kurz zusammen.*

2. *Analysieren Sie, welches „Lutherbild" hier gezeichnet wird. Berücksichtigen Sie den dargestellten und den tatsächlichen Ereignisverlauf.*

3. *Was sagt Luther in den einzelnen Filmszenen? Diskutieren Sie Vor- bzw. Nachteile der Abweichung von der Überlieferung seiner Worte auf dem Reichstag.*

4. *Beurteilen Sie die unterschiedlichen Darstellungen unter geschichtswissenschaftlicher Perspektive.*

5. *Welche der Szenen gefällt Ihnen am besten? Begründen Sie und diskutieren Sie Ihre Auswahl in der Klasse.*

M4 Das Wormser Edikt und seine Folgen

a) In der ZDF-Dokumentation „Martin Luther – Petra Gerster auf den Spuren des Reformators" soll nicht nur die Geschichte Luthers dargestellt werden. Sie setzt sich darüber hinaus zum Ziel, gängige und verbreitete Klischees und Legenden, die sich um die Person Luthers ranken, zu entlarven. Dies betrifft nicht nur den berühmten Thesenanschlag, sondern auch gängige Legenden wie den Wurf des Tintenfasses, um den Teufel zu vertreiben. Trotz des aufklärerischen Ansatzes, muss auch diese Dokumentation mit Vereinfachungen arbeiten. So äußert sich Petra Gerster vor der Wartburg bezüglich der Gründe für Martin Luthers „Entführung" wie folgt:

Es war schon bald klar, Luthers Entführung war ein abgekartetes Spiel, eingefädelt von seinem Landesherrn, Friedrich dem Weisen, dem Kurfürsten von Sachsen. Weil der Kaiser die Reichsacht über ihn verhängte, war Luther vogelfrei. Das heißt jeder Mann konnte ihn straflos töten. Hier auf der schwer zugänglichen und bestens bewachten Wartburg konnte der Reformator einige Zeit untertauchen.

Transkription von Oliver Näpel aus der Dokumentation „Martin Luther – Petra Gerster auf den Spuren des Reformators" (2:00 bis 2:25, Min. : Sek.)

b) In einem Online-Lexikon wird der Begriff „Acht" folgendermaßen definiert:

Bei schweren, ehrlosen Delikten (wie Raub, Mord, Brandstiftung, Vergewaltigung), konnte nach germanischem und mittelalterlichem Recht auf Ausstoßung aus der Gemeinschaft (Ächtung, Acht) erkannt werden. Auch bei Ladungsungehorsam konnte ein Beklagter geächtet werden. Erschien der Geächtete trotz dreimaliger Ladung nicht binnen Jahr und Tag vor Gericht, verfiel er der endgültigen Oberacht [...], einem verschärften Grad der bereits bestehenden Acht [...]. Die Ächtung machte den Missetäter ehr- und rechtlos [...], zum Feind des Königs und des Volkes [...] und gab ihn der Fehde der Allgemeinheit preis. Sein Vermögen wurde eingezogen, Haus und Brunnen wüst gelegt, galten sie doch als unrein wie der Geächtete selbst. Er [...] durfte von jedermann niedergemacht oder als Gefangener vor Gericht gebracht werden. Wer einen Geächteten [...] aufnahm oder sonst wie unterstützte, verfiel selbst der Acht. [...] Ab 1220 folgte auf [den] Kirchenbann die weltliche Acht, von 1281 an zog auch umgekehrt weltliche Acht den kirchlichen Bann nach sich. [...] Die im ganzen Reichsgebiet gültige Acht wird als „Reichsacht" (lat. *proscriptio regis, bannum imperiale*) bezeichnet.

Nach: http://u01151612502.user.hosting-agency.de/malexwiki/index.php/Acht (Zugriff: 28. April 2017)

c) Das Wormser Edikt von 1521 finden Sie in Auszügen auf der Seite 62 f. (M3) in diesem Schulbuch. Weitere Auszüge aus dem Edikt können Sie unter dem Code 32031-47 abrufen.

1. *Beschreiben Sie, was Petra Gerster unter „vogelfrei“ versteht und welchen Eindruck ihre Wortwahl zur Situation Luthers erweckt (Text a).*
2. *Fassen Sie die Begriffsdefinition zu „Acht/Reichsacht“ in eigenen Worten zusammen (Text b).*
3. *Geben Sie wieder, welcher „Umgang“ mit Luther und seinen Anhängern/Helfern im Wormser Edikt festgelegt wird (Text c).*
4. *Vergleichen Sie die drei Materialien (Text a bis c) miteinander. Zeigen Sie Übereinstimmungen und Widersprüche auf.*
5. *Beurteilen Sie Petra Gersters verkürzte Darstellung der Situation Luthers (Text a).*
6. *Diskutieren Sie, ob es sich um eine zulässige Vereinfachung handelt (Text a).*
7. *Vergleichen Sie die Darstellung (Text a) mit dem Ausschnitt aus der ZDF-Dokumentation „Luther und die Nation. Der Förderer der Deutschen Sprache“ (13:56 bis 15:55, Min. : Sek.). Welche Darstellung überzeugt Sie mehr? Begründen Sie.*

M5 Dunkle Flecken?

Als Begründer der Reformation, der den damals mächtigsten Institutionen Kirche und Kaiser die Stirn geboten hat, gilt Martin Luther vielen Menschen als Vorbild und Held. Es liegt in der Natur von „Helden“, unfehlbar zu sein. Es verwundert daher nicht, dass die aus heutiger Sicht Widersprüchlichkeit des Menschen Luther Kontroversen aufwirft. Es sind dabei besonders zwei Aspekte zu nennen: Luthers Haltung gegenüber Muslimen und Juden sowie seine Parteinahme für die Obrigkeit im Bauernkrieg. Hierzu gibt es eine Reihe von Darstellungen, die den Anspruch haben, auch über diese unverständlichen, gar „dunklen“ Seiten Luthers aufzuklären.

Analyse folgender Filmszenen zu den Bauernaufständen

- *„Luther und die Nation. Der Förderer der Deutschen Sprache“ (Dokumentation): 21:25 bis 28:19 (Min. : Sek.)*
- *„Martin Luther – Petra Gerster auf den Spuren des Reformators“ (Dokumentation): 25:48 bis 29:35 (Min. : Sek.)*

1. *Die beiden Dokumentationen verwenden dieselben Spielszenen, unterscheiden sich aber im Kommentar. Betrachten Sie die Ausschnitte zunächst ohne Ton. Beschreiben Sie anschließend Ihre Eindrücke.*
2. *Betrachten Sie die Ausschnitte erneut, diesmal mit Ton. Analysieren Sie sie. Wie steht Luther in diesen Szenen jeweils zur Niederschlagung der Bauernaufstände?*

Vertiefung: Luthers aggressive und intolerante Haltung gegenüber anderen Gruppen ist für uns heute besonders schwierig. Der sich in seinen späteren Schriften äußernde Antisemitismus ließ sich leicht von den Nationalsozialisten instrumentalisieren. Lange Zeit tat sich daher auch die theologische und die geschichtswissenschaftliche Forschung schwer, mit diesem Aspekt Luthers differenziert umzugehen, wollte man ihn doch nicht als „Ur-Nazi“ diffamieren. Entsprechende Verweise auf diese „Verwendung“ im „Dritten Reich“ sind daher unbedingt als nachträgliche Konstruktion zu erkennen, als spätere Rezeption, die nicht zwangsläufig die zeitgenössischen Intentionen und Ansichten Luthers widerspiegeln. Mittlerweile kristallisiert sich ein differenzierteres Bild, auch in den populär-kulturellen Darstellungen heraus. Dennoch scheiden sich gerade an diesem Aspekt bis heute die Geister.

\+ *Stellen Sie sich vor, Sie seien ein Profiler. Martin Luther wird posthum vorgeworfen, den nationalsozialistischen Antisemitismus begründet und vorbereitet zu haben. Ihre Aufgabe ist es, eine zeitangemessene Einschätzung und Erklärung der Haltung von Martin Luther zu erstellen. Wägen Sie sowohl kritische als auch verständnisvolle Perspektiven ab. Sie sollen Ihre Beurteilung mit einer begründeten Empfehlung abschließen, wie diese Aspekte in aktuellen Luther-Erinnerungen berücksichtigt werden sollten. Stellen Sie abschließend der Klasse Ihr „Luther-Profil“ vor, z. B. als PowerPoint-Präsentation oder auf einer Stellwand.*
Folgende Materialien können Ihnen hierbei helfen:

- *Filmszene aus der ZDF-Dokumentation „Martin Luther – Petra Gerster auf den Spuren des Reformators“: 29:35 bis 32:02 (Min. : Sek.)*
- *Mehrere Artikel zum Thema „Martin Luther und die Juden“ auf der Interseite „Luther 2017 – 500 Jahre Reformation“ unter dem Code 32031-48*
- *Artikel „Trägt Martin Luther eine Mitschuld am Völkermord?“ von Uwe Sauerwein auf „Welt Online“ vom 28. Oktober 2016 unter dem Code 32031-49*

Geschichte in den Neuen Medien

▸ **Luther und Social Media.**
Karikatur „10 Jahre iPhone" von Martin Erl aus dem Jahre 2017.

- *Übersetzen Sie die jugendsprachlichen Ausdrücke in eine fachwissenschaftlichere Darstellung der Ereignisse.*
- *Diskutieren Sie, welche damals „neuen Medien" maßgeblich für die Verbreitung der Reformation waren und ob heutige „neue Medien" eine ähnliche Wirkung haben können. Finden Sie dazu Beispiele aus der jüngeren Geschichte oder Gegenwart.*

Was ist „neu" an den „Neuen Medien"? Muss man jungen Menschen „*Neue Medien*" heute noch erklären? Seit der flächendeckenden Versorgung mit dem Internet und der Entwicklung mobiler, leistungsstarker Kleincomputer wie Tablets und Smartphones ist die alltägliche Nutzung für die meisten eine Selbstverständlichkeit. Für die jüngere Generation, den sogenannten *Digital Natives*, stellen sie daher keine neuen, sondern alltägliche Medien dar.

Dennoch hält sich die Bezeichnung „Neuen Medien" hartnäckig, auch wenn sich langsam die Bezeichnung „*digitale Medien*" durchsetzt. Ihnen werden umwälzende Veränderungen unserer Gesellschaft bis hin zu einer „digitalen Revolution" unterstellt (▸ M1). Aber was ist oder war denn eigentlich so „neu"? Persönliche Kommunikation über geografische Entfernungen hinweg gibt es schon länger: Brief, Telegrafie, Telefon und Fax. Auch audio-visuelle Medien wie Videos, Dokumentationen und Spielfilme sind nicht mehr „neu". Die eigene Meinung ließ sich früher schon in der Öffentlichkeit äußern, so als Leserbriefe in Zeitungen oder als ganz persönlicher Ausdruck individueller Weltdeutung, wie z.B. die öffentlichen Debatten in der Speaker's Corner in London. Hyperlinks zu anderen Informationen finden sich als Querverweise in gedruckten Lexika. Selbst in der Unterhaltung werden sie schon länger genutzt, beispielsweise wenn der Leser den Verlauf von Micky-Maus-Geschichten frei wählen kann. Sind es also nur die ständige und unmittelbare Verfügbarkeit und die vereinfachten Interaktionsmöglichkeiten, die sie zu „Neuen Medien" machen? Und was heißt in diesem Zusammenhang überhaupt „*Medium*"?

Medium – eine Begriffsdefinition Der Medienbegriff ist äußerst vielfältig. Je nach Forschungsdisziplin wird er verschieden definiert und auch in der Alltagssprache wird er unterschiedlich und ungenau verwendet. Um sich über die Möglichkeiten und Grenzen der neuen, besser: digitalen Medien für das historische Denken und Lernen klar zu werden, kann eine reduzierte Begriffsdefinition genügen: Als Medien lassen sich ganz vereinfacht gesprochen alle Hilfsmittel von Kommunikation bezeichnen. Dabei sind drei Bereiche zu unterscheiden: 1. die zugrunde liegenden, gemeinsamen *Zeichensysteme*, 2. die technischen (physikalischen) Mittel der Übertragung (*Trägermedien*) und 3. die Gestalt / Form der zu übermittelnden Inhalte (*Gattungen*).

Zeichensysteme als Grundlage der Verständigung Grundlage jeder Kommunikation ist die Verwendung gemeinsamer, dem Sender und Empfänger bekannter Zeichensysteme, die ein Verstehen überhaupt erst ermöglichen. Das einfachste, wenn auch nicht von Verstehenshemmnissen freie Beispiel ist die Verwendung einer gemeinsamen Sprache. Selbst innerhalb der für einen Kulturkreis oder ein Land geltenden allgemeinen Sprachkonventionen finden sich dabei zahlreiche Varianten: Jugendsprache, Dialekte, Wissenschaftssprache, Bildungssprache, Hochsprache und Alltagssprache. Schon hier lassen sich erste Verstehensschwierigkeiten feststellen, wenn z. B. ein Verfassertext in einem Schulbuch geschichtswissenschaftliche Begriffe verwendet, die alltagssprachlich andere Bedeutungen haben.

Das verwendete Zeichensystem muss daher in seiner symbolischen, übertragenen und konkreten Bedeutung beiden bekannt sein. Nicht zuletzt deshalb ist das Entschlüsseln von Quellen, vor allem zeitlich oder kulturell „fremden", immer auch mit einer „Übersetzung" in aktuell gültige Zeichensysteme notwendig und oft sehr schwierig.

Trägermedien Um einen Kommunikationsprozess zwischen Sender und Empfänger in Gang zu setzen, bedarf es technischer Übertragungswege, der sogenannten Trägermedien: Gesprochenes wird als modulierter Schall durch die Luft übertragen. Schriftlich, zeichnerisch, fotografisch und filmisch Festgehaltenes wird auf Stein, Papyrus, Pergament oder Papier gesammelt und oft zusammengetragen in Medien wie Zeitungen, Zeitschriften und Büchern, aber auch auf Foto- und Filmabzügen transportiert. Elektronisch aufgenommene oder digitalisierte Aussagen werden auf mobilen und immobilen Datenträgern gespeichert: USB-Sticks, DVDs oder Server. Für das Abrufen sind dann die entsprechende Software (z. B. Browser) sowie Ausgabegeräte wie PC / Monitor und Beamer notwendig.

Botschaft und Gattung Den intendierten Inhalten (Botschaften) muss dann auch eine spezifische, dem Empfänger verständliche, mediale Form (Gattung) gegeben werden wie zum Beispiel: Gespräche mit verbalen wie non-verbalen Ausdrucksmitteln (Körpersprache, Intonation, Gestik, Mimik), politische Reden, Historiengemälde, Herrscherporträts, Kriegsfotografie, „Filme" sowie digitale, meist multimediale und medienverbindende Angebote wie Fachportale oder virtuelle Ausstellungen.

Ob diese Botschaft vom Empfänger auch im Sinne der Aussageabsicht verstanden wird, ist von vielen Faktoren abhängig, die hier nicht erörtert werden müssen. Es ist aber bei der Rezeption und der Produktion von Inhalten wichtig zu berücksichtigen, dass ein Adressat nicht einfach passiv Inhalte aufnimmt, sondern diese in aktiven Prozessen filtert, selektiert, deutet und gegebenenfalls in seine vorhandenen Wissens- und Vorstellungsstrukturen integriert oder sie ablehnt.

Medium	Minuten am Tag
Internet	187
Fernsehen	144
Hörfunk	137
CD/MC/LP/MP3	51
Bücher	22
Tageszeitung	9
DVD	9
Zeitschriften	1

▲ **Tägliche Nutzungsdauer verschiedener Medien durch 14- bis 29-Jährige (Studie von 2015).**
Nach: www.br-online.de/jugend/izi/deutsch/Grundddaten_Jugend_Medien.pdf (Zugriff: 12. Mai 2017; siehe dort Seite 6; Die Ergebnisse von 2015 beruhen auf der ARD/ZDF-Langzeitstudie Massenkommunikation. Befragt wurden 4300 Personen ab 14 Jahre.)

■ *Führen Sie in Ihrer Klasse ein Umfrage durch: a) zur täglichen Nutzungsdauer verschiedener Medien und b) zu den Internetangeboten, die Sie am liebsten nutzen. Vergleichen Sie anschließend Ihre Ergebnisse mit den beiden Tabellen.*

Internet-angebot	Mädchen (in Prozent)	Jungen (in Prozent)
YouTube	58	69
WhatsApp	51	32
Facebook	26	26
Instagram	32	13
Google	15	10
Snapchat	16	5
Spotify	3	6
Netflix	4	6
Amazon	3	5
Wikipedia	4	5
Twitter	2	2

▲ **Internetangebote, die 12- bis 19-Jährige am liebsten nutzen (Studie von 2016).**
Nach: www.br-online.de/jugend/izi/deutsch/Grundddaten_Jugend_Medien.pdf (siehe dort Seite 39; Die Ergebnisse basieren auf der JIM-Studie 2016 des Medienpädagogischen Forschungsverbundes Südwest. Befragt wurden 1188 Personen, die max. drei Nennungen machen durften.)

Digitalisierung und ihre Auswirkungen – eine Revolution? In den Medienwissenschaften wird diskutiert, ob es sich bei den digitalen Medien um echte „neue" Medien handelt, oder ob sich nicht nur bestehende Kommunikations-, Partizipations- und Zugangschancen erhöht haben. Manche sehen in ihnen den Motor zur Transformation unserer Gesellschaft hin zu einer Wissensgesellschaft, wobei durchaus auch mögliche Probleme, die durch digitale Medien entstehen können, berücksichtigt werden (▸ M2). Durch die tägliche Nutzung dieser Medien erhofften sich Forscher eine drastische Kompetenzzunahme jüngerer Menschen. Diese Hoffnung hat sich nicht erfüllt (▸ M3). Das mag auch daran liegen, dass die hauptsächliche Nutzung im Freizeitbereich erfolgt. Hier dominieren Kommunikation und Unterhaltung.

Mediennutzung in der Welt Jugendlicher Die Mediennutzung kann in eine technische und eine inhaltliche Dimension unterschieden werden. In technischer Hinsicht dominiert bei Jugendlichen die Handy-Nutzung, wobei inhaltlich unterschieden werden muss, wofür sie es nutzen. Als Allroundgerät dient es primär der Kommunikation, aber auch der raschen Informationsrecherche im Internet, dem Betrachten und Teilen von Videos und Musik. Im schulischen Kontext kann es genutzt werden, um anspruchsvolle Projekte wie das Erstellen einer kleinen Dokumentation zu unterstützen. Für eine nachhaltigere Auseinandersetzung mit Inhalten und ihrer Aufbereitung, zum Beispiel als Präsentation für die Klasse, als Erstellung eines eigenen Angebotes und als Recherche nach Informationen und Quellen, dürften Laptops und PCs immer noch besser geeignet sein. In dieser Hinsicht werden digitale Medien von Jugendlichen zumindest außerhalb von Schule jedoch kaum genutzt.

Geschichte und Medialität In der jeweiligen Gegenwart sind unmittelbare Primärerfahrungen möglich, auch wenn die meisten gesellschaftlich wichtigen Ereignisse von uns in der Regel nur als Sekundärerfahrungen, also durch die Medienberichterstattung, wahrgenommen werden. Die Vergangenheit dagegen ist vorbei. Wir können vergangene Ereignisse nicht mehr unmittelbar beobachten, geschweige denn an ihnen teilnehmen. Eine unmittelbare Erfahrung vergangenen Geschehens ist somit nicht mehr möglich. Vergangenheit und Geschichte werden daher zwangsläufig ausschließlich medial vermittelt.

In geschichtsdidaktischer Hinsicht wird zwischen zwei Mediengruppen unterschieden: Zum einen die Hinterlassenschaften aus der Vergangenheit, mithin die *Quellen*. Zum anderen die retrospektiven Deutungen und Sinnstiftungen dieser Hinterlassenschaften, also die *Geschichtsdarstellungen*, die zwangsläufig medial verbreitet und rezipiert werden. Da diese zunehmend online zur Verfügung stehen, sind die Möglichkeiten historischen, lebenslangen Lernens auch außerhalb von Schule so groß wie nie.

Geschichtslernen und Medienkompetenzen Für einen angemessenen Umgang mit digitalen Medien ist – nicht nur, aber auch – für das Fach Geschichte eine allgemeine Medienkompetenz notwendig. Der Pädagoge *Rolf Schulmeister* übernimmt den englischsprachigen Begriff *„Digital literacy"* (*„Digitalkompetenz"*), den er wie folgt definiert: „Digital literacy deckt eine Problematik ab, die von der Informationskompetenz über die Kommunikationskompetenz bis zur Medienkompetenz reicht. Der Begriff impliziert keineswegs, dass damit die Kompetenzen, die es immer schon im Kontext der analogen Medien gegeben hat, obsolet[1] geworden seien. Im Gegenteil: Lesekompetenz und genaues Zuhören, kritischer Umgang mit Informationen und Werbung aus Zeitungen, Radio und Fernsehen zählen selbstverständlich weiterhin zu dem, was man im angelsächsischen Wissenschaftsbetrieb als Literacy bezeichnet. Während es bei der Informationskompetenz darauf ankommt, den „Bedarf an Information zu erkennen, gezielt nach ihnen zu suchen, sie kritisch auszuwählen und effektiv weiter zu nutzen", definiert sich die Medienkompetenz weniger durch die Handhabung von Hard- und Software und im Zugang zu Ressourcen, sondern vor allem durch die Fähigkeit, Inhalte und Kommunikationsprozesse in den Medien zu verstehen und kreativ an ihnen mitzuwirken."[2]

Die hier beschriebenen Kompetenzen müssen für historisches Lernen und Denken fachspezifisch differenziert werden (▸ M4). Besonders der Aspekt der eigenen (Mit-)Gestaltung von Inhalten hatte zu der Hoffnung auf eine Demokratisierung der Wissensgesellschaft geführt. Studien zeigen aber, dass der weit überwiegende Teil der Nutzer eher passiv-rezeptiv online ist. Nur eine kleine Minderheit erstellt tatsächlich eigene Inhalte, sodass hier die Befürchtung des Entstehens einer digitalen Meinungsbildungselite die anfängliche Hoffnung verdrängt hat.

Herausforderungen der Internetnutzung Für historisches Lernen bieten die Möglichkeiten der digitalen Medien eine Reihe von Chancen, werfen aber auch einige Probleme auf: Hypertext-basierte Angebote befördern den Hang zum „Zappen". Geschichtsdarstellungen (und Quellen) folgen primär einer linearen Struktur, weil zeitdifferente Ereignisse einer linearen Chronologie folgen, die dann in kausale Zusammenhänge gerückt werden. Aus einer Fülle an Informationshäppchen entsteht so in der Regel keine sinnhafte Narration, die aller Geschichte zugrunde liegt. Abgesehen davon kann durch sprunghaftes Verfolgen solcher Informationsketten oder das Anklicken beigefügter anderer Medien, sobald die eigene Aufmerksamkeitsspanne erschöpft ist, das ursprüngliche Ziel der Auseinandersetzung verloren gehen: *Lost in Cyberspace*.

Eine ähnliche Nutzung ist auch für Videokanäle anzunehmen. Hier werden „Filme" manchmal nur in Ausschnitten zur Verfügung gestellt. Zudem ist die Versuchung groß, einen Film nicht ganz anzuschauen, sondern immer wieder auf andere Angebote, die in der Randspalte angezeigt werden, auszuweichen, sobald das Interesse erlahmt. Diese werden dann womöglich erneut nur ausschnitthaft und oberflächlich wahrgenommen, bis der nächste Clip zum Aufruf lockt.

Der Umfang von Text ist nicht nur in den *Social Media* eingeschränkt. Auf Webseiten wird versucht, das Scrollen durch längere Textabschnitte möglichst zu verhindern, damit die Betrachter nicht abgeschreckt werden und schnell wieder im Cyberspace nach anderen, kürzeren Angeboten suchen. Überhaupt scheint das Nutzungsverhalten

[1] **obsolet**: überflüssig

[2] Zitiert nach: Rolf Schulmeister, Vom Mythos der Digital Natives und der Next Generation, in: Berufsbildung in Wissenschaft und Praxis, herausgegeben vom Bundesinstitut für Berufsbildung, Heft 3/2012, S. 46 f.

der meisten User im scharfen Gegensatz zu den notwendigen Verfahren einer gründlichen Auseinandersetzung mit den Inhalten zu stehen: Die mittlere Verweildauer auf Internetseiten liegt im Sekunden-, selten im Minutenbereich, Informationen werden allenfalls überflogen, Passendes wird unkritisch per copy and paste aus Kontexten entnommen und ohne Verweis zu eigenen, neuen Texten verwoben.

Die bereitwillige Auseinandersetzung mit längeren Texten war schon immer für viele Menschen eher eine lästige Pflichtübung. Angesichts der Beschleunigung und rasanten Zunahme an Informationsangeboten in der digitalen Welt bei gleichzeitiger sprachlicher Verkürzung befürchten Experten, dass die Sprachkompetenzen und Aufmerksamkeitsspannen und die Bereitschaft, sich länger mit Texten auseinanderzusetzen, weiter abnehmen. Erste Untersuchungen scheinen dies zu belegen.

Unterschiedliche Informationsbedürfnisse In der Praxis dominieren zwei Informationsbedürfnisse: Erstens das *situative Suchen*. Das heißt, der Nutzer benötigt nur kurze und prägnante Informationen auf der reinen Sachebene, beispielsweise wer eine historische Person war, wann und wo ein Ereignis stattgefunden hat, wer beteiligt war. Hierfür reicht es meistens aus, Online-Lexika aufzurufen, auch weil gedruckte Lexika entweder nicht zur Verfügung stehen oder zu diesen Bereichen keine Einträge verzeichnen. Zwar besteht immer die Gefahr, dass im Internet falsche Informationen angeboten werden, wie eine Studie aber zeigt, trifft dies auch auf gedruckte Werke zu.

Davon zu unterscheiden ist zweitens die *vertiefte Auseinandersetzung* mit historischen Gegenständen und Themen. Hierfür reichen rein lexikalische Informationen nicht aus. Sie können zwar eine erste Orientierung über grundlegende Daten und Fakten liefern, aber eine Auflistung von Fakten macht noch keine „Geschichte". Für eine Beschäftigung mit Angeboten, die dem Suchenden helfen sollen, eine Deutung der Vergangenheit vorzunehmen, hat sich als Verfahren die wissenschaftliche Methode[1] bewährt: Es geht zunächst darum, eine geeignete, interessante und relevante Frage zu finden. Hierzu werden Informationsmaterialien und gegebenenfalls auch schon Quellen recherchiert und grob gesichtet/ausgewertet. Dieser Prozess hat wiederum Auswirkungen auf die Konkretisierung oder Modifizierung der Frage, sofern es sich nicht um eine Frage handelt, die nur nach einem „Was ist wann wie passiert" fragt.

Informationsrecherche: Suchmaschinen *Wikipedia* ist häufig die erste Informationsquelle für die meisten Nutzer. Das liegt zum einen daran, dass *Suchmaschinen* Wikipedia-Artikel häufig sehr weit oben in der *Trefferliste* positionieren, vor allem, wenn relativ unspezifisch gesucht wird. Suchmaschinen hierarchisieren die Treffer nach einer eigenen Logik. Die zugrunde liegenden Kriterien werden hierbei nicht offengelegt. Faktoren sind die Häufigkeit, mit der auf die Seite verlinkt wird, und wie oft die Suchworte auf der Seite erscheinen. Ein weiterer besteht in der Auswertung der Häufigkeit des Aufrufs dieser Seiten durch alle Nutzer, also die Beliebtheit des Angebotes. Nicht zuletzt werten Suchmaschinen aber auch das individuelle Nutzungsverhalten aus und berücksichtigen dies in ihrer Anordnung der Treffer. Damit sollte deutlich sein, wieso Wikipedia häufig so weit oben platziert wird. Letzten Endes verfestigt sich diese Spitzenposition auch dadurch, dass die meisten Nutzer in der Regel nur die obersten Treffer aufrufen. Wer es schafft, einige Wochen Wikipedia nicht aufzurufen, obwohl die Artikel

[1] Siehe hierzu nochmals das Schaubild (M1) auf Seite 427 sowie die Definition des Begriffes „Triftigkeit" zum historischen Erkenntnisprozess auf Seite 425.

oben positioniert sind, wird feststellen, dass sich die Anordnung der Treffer mittelfristig verändert. Eine Gewähr für die Güte des Angebotes ist eine hohe Platzierung demnach jedenfalls nicht.

Suchmaschine	Marktanteil (in Prozent)
Google	94,52
Bing	4,16
Yahoo	0,98
T-Online	0,12
Ask.com	0,12
AOL Suche	0,08
Yandex	0,06

▲ Marktanteile führender Suchmaschinen in Deutschland (Stand: Februar 2016).
Nach: https://de.statista.com/statistik/daten/studie/167841/umfrage/marktanteile-ausgewaehlter-suchmaschinen-in-deutschland/ (Zugriff: 11. Mai 2017)

Recherchestrategien Es ist daher wichtig, über das eigene Nutzungsverhalten nachzudenken. Werden also Treffer jenseits einschlägiger Seiten gesucht, empfiehlt es sich, die Trefferliste auch nach nachgeordneten Treffern zu sichten. Zudem kann es hilfreich sein, die Suchbegriffe zu präzisieren und nicht nur inhalts- und themenbezogene Schlagwörter zu verwenden, sondern diese auch mit wissenschaftlichen Begriffen zu kombinieren. Ein Beispiel: Wird nach Informationen zu „Reformation, Luther" gesucht, zeigt die Suchmaschine einschlägige Seiten wie Wikipedia, Kinderzeitmaschine oder Planet Wissen an. Dies sind durchaus hilfreiche Seiten, die in der Regel aber den komplexen Forschungsstand nur allgemein und oberflächlich berücksichtigen, weil sie sich an die allgemeine Öffentlichkeit richten. Kombiniert man die beiden Wörter mit Wissenschaftsbegriffen wie „Literatur, Kontroverse", werden Seiten mit höherem wissenschaftlichen Anspruch in der Trefferliste weiter oben platziert. So werden nun auch zum Beispiel Verweise auf Artikel überregionaler Zeitungen (FAZ, Zeit) oder auf nationale Hörfunkprogramme (Deutschlandfunk) auf der ersten Seite angezeigt.

Eine weitere Strategie kann darin bestehen, gezielt nach Seiten zu suchen, die wissenschaftliche Literatur verwenden. Hierfür muss natürlich zunächst recherchiert werden, welche aktuellen Publikationen es gibt und wie diese wissenschaftlich beurteilt werden. Hierbei kann, je nach Qualität des Artikels, Wikipedia eine Starthilfe sein. Der Beitrag zur Reformation verweist auf eine Reihe von aktuellen geschichtswissenschaftlichen Veröffentlichungen, z.B. Luise Schorn-Schütte, Die Reformation. Vorgeschichte, Verlauf, Wirkung, C.H.Beck Verlag, München 2016. Wird mithilfe einer Suchmaschine der Titel als Phrase gesucht, listet die Trefferanzeige nun allerdings eine Reihe wenig hilfreicher Seiten auf: Die Verlagsseite mit der Buchankündigung, Online-Kaufhäuser, bei denen das Buch bestellt werden kann, oder reine Literaturlisten, in denen das Buch gelistet wird. Diese Treffer lassen sich aber leicht und schnell durch Überfliegen der Kurzbeschreibung herausfiltern. Zudem tauchen nun auch Seiten auf, die entweder Auszüge aus dem Buch einsehbar machen oder auf wissenschaftliche und populär-wissenschaftliche Fachportale verweisen.

Literaturbewertung Um sich über Qualität und Aktualität, aber auch über grobe Inhalte solcher Werke einen Einblick zu verschaffen, kann gezielt nach Rezensionen gesucht werden. Dies ist einfach möglich, indem Autorenname, Titel und Jahresangabe der Publikation sowie der Begriff Rezension in eine Suchmaske eingegeben werden. Die anschließende Auswertung der Trefferliste sollte dann nach populär-wissenschaftlichen Besprechungen, meist im Feuilleton überregionaler Zeitungen, und Rezensionen auf Fachportalen unterscheiden. Erstere sind eher allgemeinverständlich gehalten und besprechen nur selten fachwissenschaftliche Titel, letztere berücksichtigen stärker den aktuellen Forschungsstand. Auch dies ist ein wichtiges Mittel, sich wissenschaftsorientiert mit einer Thematik auseinanderzusetzen.

Internettipp
Besprechungen von neuen Sachbüchern finden Sie auf der Internetseite von H-Soz-Kult, einer Informations- und Kommunikationsplattform für Historikerinnen und Historiker. Geben Sie dazu im Suchfeld den Begriff „Rezension" ein. Siehe hierzu den Code 32031-50.

Lesestrategien Mit etwas Glück werden seriöse Angebote gefunden, die sich häufig dadurch auszeichnen, dass sie komplexe Themen ausführlich behandeln. Oder man stößt bei *Google Books* auf Fachliteratur, die sich weitgehend vollständig online lesen lässt. Darüber hinaus können im Internet auch oft Fachaufsätze, Dissertationen, Sammelbände oder Monografien als pdf-Datei heruntergeladen werden.

Fachtexte werden in der Regel nicht vollständig gelesen, nicht nur, weil sie häufig hunderte von Seiten umfassen. Sofern bereits ein ausgeprägtes Orientierungs- und Kontextwissen vorhanden ist, werden in der Regel gezielt Passagen gesucht, die sich mit der eigenen Fragestellung näher beschäftigen. Es schadet dabei nicht, die einleitenden Passagen eines Aufsatzes, das Einleitungskapitel von Monografien, Ausstellungskatalogen und virtuellen Ausstellungen zu lesen. Hier wird nicht nur der Kontext der Publikation beschrieben. Man erfährt auch, worum es sich im Werk handelt, welche Fragen aufgeworfen und welche Bereiche ausführlicher dargestellt werden. Außerdem sind die Verfasser häufig bemüht, die besondere gesellschaftliche und individuelle Relevanz des Werkes zu verdeutlichen.

Ein Blick in das Inhaltsverzeichnis und das Register helfen, die Stellen zu finden, in denen es primär um das Thema der eigenen Fragestellung geht. Mit der Tastenkombination Strg-f lassen sich zudem Schlagworte in Textdateien und auf Webseiten finden. Es ist zwar in der Regel notwendig, auch den unmittelbaren Kontext zur Kenntnis zu nehmen. Gleichwohl filtert es die zu lesenden Passagen und schränkt den Leseaufwand deutlich ein. Erst wenn die Passagen unverständlich bleiben, muss ein Aufsatz oder eine Monografie in größeren Sinneinheiten gelesen werden.

Das skizzierte Verfahren zeigt, dass die Recherche nach und Sichtung von seriösen Informationsangeboten Zeit und Mühe kostet. Ebenso wird deutlich, dass es notwendig ist, sich auch längere Texte zu erarbeiten, um sich vertieft mit einem Gegenstand auseinanderzusetzen. Die Länge von Tweets oder Kurzbeschreibungen reicht einfach nicht aus, um komplexe Sachverhalte historisch weitgehend korrekt zu erfassen.

Die Online-Enzyklopädie Wikipedia Die frühere Ablehnung von Wikipedia von Fachwissenschaftlern und Lehrern resultiert wohl auch aus der Erfahrung, dass hier Falsches, Unvollständiges, Ungeprüftes und in die Irre Führendes zu finden war. Das hat sich mittlerweile deutlich gebessert. Viele Artikel sind sehr umfangreich, dicht belegt, fußen auf geschichtswissenschaftlicher Literatur und sind um eine ausgewogene Darstellung bemüht. Vor allem gesellschaftlich relevante und sensible Themen, z.B. Nationalsozialismus, werden zudem gründlich geprüft.

Ein Problem bleibt, dass die Prüfungskriterien nicht geschichtswissenschaftlich orientiert sind, sondern sich hauptsächlich nach anderen Kriterien richten, die nicht immer transparent sind. Da sowohl Schreiber als auch die Prüfer (Moderatoren) in der Regel keine ausgebildeten Fachwissenschaftler sind, entsprechen einige Beiträge auch nicht geschichtswissenschaftlichen Kriterien, wie exakten Belegen, Berücksichtigung des aktuellen, auch kontroversen Forschungsstandes. Zudem setzt sich hier auch manchmal durch, was Schreiber und Moderatoren als allgemein anerkannt ansehen, und komplexe Darstellungen werden als zu schwierig abgelehnt. Geschichtswissenschaftliche Erkenntnisse folgen aber nicht immer den allgemein anerkannten Vorstellungen. Wissenschaftliche Erkenntnis ist kein demokratischer Prozess. Zudem setzt sich in manchen Beiträgen dann auch derjenige durch, der am hartnäckigsten seine Meinung vertritt und andere immer wieder löscht oder „korrigiert".

Dennoch ist eine deutliche qualitative Verbesserung der meisten Beiträge festzustellen. Das drückt sich auch darin aus, dass Beiträge zu komplexen Sachverhalten

▸ Jimmy Wales auf der Computermesse CeBit.
Foto vom März 2014, Hannover.
Der US-amerikanische Internet-Unternehmer Jimmy Wales zählt zu den Hauptgründern von Wikipedia. Die Online-Enzyklopädie wurde 2001 ins Leben gerufen und umfasste 2015 mehr als 37 Millionen Artikel von ehrenamtlichen Autoren in rund 300 Sprachen. Die meisten Einträge sind in Englisch verfasst, gefolgt von Schwedisch und Deutsch.
Etwa 21 Jahre würde ein normaler Mensch brauchen, um alle bisherigen englischsprachigen Beiträge auf Wikipedia zu lesen.
Seit 2011 finden jährlich in Deutschland Wiki-Conventions („WikiCon") statt, auf denen die Teilnehmer über die Qualität der deutschsprachigen Artikel in der Online-Enzyklopädie diskutieren.

zunehmend umfangreich sind. Das Problem besteht nun allerdings darin, dass gerade solche Artikel für den allgemein Interessierten häufig nicht mehr verständlich und handhabbar sind, dass die eigentliche Intention, einen knappen Überblick zu bieten, damit nicht mehr bedient wird.

Weitere Online-Angebote Wikipedia ist auch deshalb von besonderer Bedeutung, weil es mittlerweile nahezu konkurrenzlos ist. Andere Fachlexika sind im Zeitalter des Internets zunehmend in ökonomische Probleme geraten. So wird das Universallexikon *Brockhaus* nicht mehr in gedruckter Form aufgelegt, seine Online-Präsentation konnte sich nicht gegen Wikipedia behaupten und ist seit einiger Zeit nur noch kostenpflichtig nutzbar. Ein Geschichtslexikon, das universalgeschichtlich alle Sektoren (Wirtschaft-, Politik-, Alltags-, Geschlechtergeschichte etc.), Epochen und Kulturen abdeckt, gibt es zudem weder in gedruckter noch in digitaler Form.

Es gibt zwar auch Speziallexika, zum Teil auch online, so z. B. für die Antike *„Der neue Pauly"* oder für das Mittelalter das *„Lexikon des Mittelalters"*, wie auch Quellensammlungen, z. B. *„Monumenta Germania Historiae"* zunehmend digital zur Verfügung gestellt werden. Für die Belange des interessierten Laien oder für den Schulgebrauch sind sie jedoch viel zu speziell und schwierig in Sprache und Handhabung. Sie richten sich an ausgebildete Fachwissenschaftler und bedienen primär deren Forschungsbedürfnisse.

Andere Angebote für die interessierte Allgemeinheit, wie *wissen.de* oder *planet-wissen.de*, bieten jedoch keine brauchbaren Überblicksdarstellungen zur Orientierung, weil hier in der Regel die Verweise auf Quellen und Literatur völlig fehlen.

Besser geeignet sind hier die multimedialen, fachportal-ähnlichen Angebote im Bereich Geschichte der *Bundeszentrale für politische Bildung* (▸ M5) oder das *Lebendige Museum Online* (▸ M6), je nach Thema und in variierender Qualität auch die Angebote der öffentlich-rechtlichen Sendeanstalten und der überregionalen Zeitungen. Aber auch Online-Ausstellungen und virtuelle Museen können spannend und hilfreich sein (▸ M7).

Die Internetrecherche und -nutzung nach dem Vorbild der historischen Methode ist daher nicht einfach, aber auch nicht unmöglich.[1]

[1] Sieh hierzu den Methoden-Baustein „Geschichtsportale im Internet" auf Seite 491 bis 494.

Internettipps

- *360-Grad-Rekonstruktionen des antiken Rom finden Sie auf der französischen Internetseite „Plan de Rome".*
- *Einen virtuellen Rundgang durch das ehemalige Konzentrationslager Auschwitz bietet der Internetauftritt des Museums Auschwitz-Birkenau.*
- *Ein anschauliches Beispiel eines Filmprojektes von Geschichtsstudenten, die eine knapp 17-minütige Dokumentation mit dem Titel „Das Geheimnis der verrotteten Hand von Münster (Westfalen)" im Jahre 2013 erstellt haben, lässt sich auf dem Wissenschaftsportal der Gerda Henkel Stiftung abrufen.*

Zu den drei Internettipps siehe den Code 32031-51.

Weitere Nutzungsmöglichkeiten des Internets Neben der hauptsächlichen Funktion als Informations- und Materialpool sollen abschließend noch einige weitere Möglichkeiten der Internetnutzung skizziert werden.

Zur Veranschaulichung früherer Technik und Lebensumstände lassen sich auch im Netz zahlreiche *Rekonstruktionsmaterialien* finden. Angefangen von einfachen Zeichnungen und Illustrationen bis hin zu aufwändigen 3D-Rekonstruktionen ganzer Gebäude oder der Möglichkeit, historische Orte virtuell zu begehen. Der Mehrwert solcher Rekonstruktionen lässt sich nicht pauschal beurteilen, weil er vom Erkenntnisinteresse des Nutzers abhängt.

Vor allem *Zeitzeugenberichte* werden zunehmend digital gespeichert und online zur Verfügung stellt. Das ist – bei allen Problemen der Quelle Zeitzeuge – auch deshalb wichtig, weil ihre Berichte bald unwiderruflich verloren gehen (▸ M8).

Wie weiter oben ausgeführt, bestand eine Hoffnung darin, dass sich durch Digitalisierung und das Web2.0 mehr Möglichkeiten der eigenen *Erstellung von Geschichte* ergeben. Abgesehen vom Kommentieren von Filmen oder Videos auf den entsprechenden Kanälen, von der Teilnahme an Diskussionen zu Film- und Museumsrezensionen, Blogs zu Geschichts-Computerspielen oder dem Mitschreiben bei Wikipedia, ist es heute technisch einfach, eigene Narrationen digital zu erstellen und im Internet zu veröffentlichen, sofern Urheberrechte beachtet werden. Auch Schulseiten bieten häufig die Möglichkeit, unter der Rubrik „Geschichte" entsprechende Schülerprojekte zu präsentieren.

Die Teilnahme an *Learning Communities* und *Online-Kursen*, das Einrichten, Nutzen und Pflegen von *Learnwebs*, die Erstellung von *elektronischen Portfolios* sowie das Führen von *Weblogs* oder die Erstellung einer eigenen *historischen Stadtrallye* per QR-Codierung sind interessante Projekte, die aber in der Regel den Rahmen des im Geschichtsunterricht Machbaren überschreiten.

▲ **Entwicklungsgeschichte der Kommunikation.**
Zeichnung von Ferdinand Wedler.

- *Beschreiben Sie, wie der Illustrator Ferdinand Wedler die Entwicklungsgeschichte der Kommunikation darstellt.*
- *Arbeiten Sie heraus, was die einzelnen Strichzeichnungen symbolisieren sollen.*
- *Diskutieren Sie, wie die Geschichte der Kommunikation auch anders dargestellt werden könnte. Entwickeln Sie dazu eigene Lösungswege.*

M1 Eine digitale Revolution?

Der Geschichtslehrer Daniel Bernsen und der Mediendidaktiker Ulf Kerber schreiben in ihrer Einleitung zum Historischen Lernen im digitalen Zeitalter:

Die zunehmende Digitalisierung aller Lebensbereiche verändert unter anderem die Art und Weise, wie wir kommunizieren, wie wir arbeiten und wie wir unsere sozialen und kulturellen Identitäten entwickeln.
So verändern sich auch unsere Zugänge zu Wissen und Informationen und damit die Bedingungen, unter denen „Lernen" stattfindet. Diese „digitale Revolution" wirkt daher auch in den Bereich der Bildung hinein. Die Möglichkeiten der Vermittlung und Aneignung von Wissen vervielfältigen sich Jahr um Jahr. Die Kommunikation und Anwendung von Wissen sind einem ständigen Wandel unterworfen. Es wandeln sich jedoch auch die Möglichkeiten der negativen Einflussnahme durch Manipulation, politische Propaganda und staatliche Überwachung. Neue Formen von Kriminalität und Gefahren sind entstanden – ebenso wie neue Krankheiten und Suchtpotenziale.

Daniel Bernsen und Ulf Kerber, Einleitung, in: Dies. (Hrsg.), Praxishandbuch Historisches Lernen und Medienbildung im digitalen Zeitalter, Opladen 2017, S. 13 - 21, hier S. 13

1. *Lesen Sie zunächst M1 aufmerksam durch. Bernsen und Kerber sprechen davon, dass alle Lebensbereiche zunehmend digitalisiert werden (vgl. Zeile 1). Identifizieren und benennen Sie Lebensbereiche, die heute durch die Digitalisierung maßgeblich beeinflusst werden.*
2. *Nennen Sie Beispiele, an denen Sie die Veränderungen deutlich machen können.*
3. *Erstellen Sie eine Tabelle mit den Möglichkeiten, die digitale Medien bieten. Recherchieren Sie oder fragen Sie Ihre Eltern und Großeltern, ob und wie diese Möglichkeiten im „analogen Zeitalter" bestanden haben.*
4. *Beurteilen Sie, inwiefern die Bezeichnung „digitale Revolution" (Zeile 7) angemessen ist.*
5. *Erörtern Sie gemeinsam mit Ihren Mitschülern anhand konkreter Beispiele, welche Gefahren die zunehmende Digitalisierung birgt.*
6. *Überlegen Sie, welche Chancen die Neuen Medien für die Auseinandersetzung mit Geschichte und Vergangenheit bieten. Stellen Sie dar, in welcher Hinsicht Sie diese Potenziale selber ausschöpfen, und diskutieren Sie darüber in der Klasse.*

M2 Wissensgesellschaft und Grenzen

Die Psychologin Gabi Reinmann-Rothmeier skizziert in einem Aufsatz mögliche gesellschaftliche Veränderungen und Probleme, die durch die seit den frühen 2000er-Jahren sich abzeichnende zunehmende Digitalisierung der Gesellschaft auftreten:

Die gesellschaftliche Situation heute: von der Informations- zur Wissensgesellschaft
Die heutige gesellschaftliche Situation ist gekennzeichnet durch eine enorme Dynamik der Wissensentstehung und -durchdringung öffentlichen und privaten Lebens – ein Grund dafür, warum immer häufiger von der Wissensgesellschaft die Rede ist. Die Wissensgesellschaft ist eine Gesellschaft, in der Wissen immer zentraler wird insbesondere für die Sicherung der wirtschaftlichen Entwicklung, aber auch für das soziale Handeln und die gesellschaftliche Position des Einzelnen. Die Wissensgesellschaft ist angesichts des Fortschritts auf dem Sektor der Informations- und Kommunikationstechnologien (kurz: digitale Medien) natürlich auch eine technik-basierte Gesellschaft, in der vor allem Multimedia und Netzwerke eine immer wichtiger werdende Rolle spielen. Im Gegensatz zur Informationsgesellschaft aber rückt die Wissensgesellschaft den Menschen, seine Kompetenzen, Ein-

▲ **„Wir denken nicht! Wir google'n!."**
Foto vom September 2012, Weimar (Thüringen).
- *Nehmen Sie zu der Aussage des Graffitis auf einer Hauswand in Weimar Stellung.*

stellungen und Werte in den Vordergrund. Die Entwicklung zur Wissensgesellschaft ist demnach vor allem eine Gestaltungsaufgabe. [...]

Auswirkungen der Wissensgesellschaft
Die Wissensgesellschaft hat schon jetzt enorme Auswirkungen vor allem auf die Arbeitswelt, etwa auf die Strukturen von Organisationen und vor allem auch auf Anforderungen an individuelle Qualifikationen und Arbeitstätigkeiten. Aber selbst der private Bereich bleibt davon nicht ausgenommen: Behörden- und Bankangelegenheiten oder die Inanspruchnahme von Dienstleistungen – etwa im Telekommunikationsbereich – erfordern bereits Kenntnisse und Fertigkeiten im Umgang mit digitalen Medien in einer Form, die durchaus überfordern kann. Und auch Phänomene wie Informationsflut und Wissensexplosion gepaart mit einer nie dagewesenen Zugänglichkeit von Information via Computernetzwerken, sind für den Einzelnen nicht immer ein Segen.

Probleme am Beispiel Internet
Am besten lassen sich die möglichen Probleme für den Einzelnen am Beispiel Internet demonstrieren. Die allgegenwärtige Behauptung etwa, dass dank des Internets jedem zu jeder Zeit alles Wissen dieser Welt zugänglich sei, ist übertrieben und irreführend – aus mehreren Gründen:

- Zunächst einmal beinhalten weltumspannende Computernetze keineswegs alles Wissen dieser Welt. Computernetze sind ein Kommunikations- und Distributionsmedium[1] für alle erdenklichen Inhalte, die von wissenschaftlich seriösen Erkenntnissen über interessante, aber subjektive Erfahrungen einzelner Personen oder Gruppen bis hin zu unsäglichem Nonsens und Falschmeldungen reichen.
- Damit ist bereits ein zweites Argument angesprochen, das gegen die These der allgemein zugänglichen Wissensbasis spricht: In Computernetzen steckt im Prinzip kein Wissen, sondern man findet dort allenfalls Informationen, die von einem bereits wissenden Menschen immer erst gesucht, gefunden, selektiert und bewertet werden müssen, damit aus den Informationen überhaupt erst Wissen werden kann. Dieser Vorgang der Generierung von Wissen aus vorhandenen Informationen ist hoch komplex und setzt vom Einzelnen Wissen, Können und Erfahrungen voraus, die nicht jeder unmittelbar mitbringt, der sich in das Internet einklickt. Damit verkleinert sich bereits der Kreis derjenigen, die in den Genuss der weltweiten Informationspools kommen.

[1] **Distributionsmedium**: Medium zur Massenkommunikation

Gabi Reinmann-Rothmeier, Bildung mit digitalen Medien. Möglichkeiten und Grenzen für Lehren und Lernen, in: Wolfgang Schindler, Roland Bader und Bernhard Eckmann (Hrsg.), Bildung in virtuellen Welten. Praxis und Theorie außerschulischer Bildung mit Internet und Computer, Frankfurt am Main 2001, S. 275-303, hier S. 276-279

1. *Fassen Sie in eigenen Worten den Wandel von der Informations- zur Wissensgesellschaft zusammen.*
2. *Nennen Sie die Auswirkungen der Digitalisierung auf die Wissensgesellschaft und die Probleme des Internets.*
3. *Erläutern Sie, inwiefern die von Reinmann-Rothmeier skizzierten Probleme des Internets auch heute noch zutreffen und welche Maßnahmen nötig wären, diese Probleme zu lösen.*
4. *Überprüfen Sie anhand konkreter Beispiele, inwieweit Reinmann-Rothmeiers Ausführungen für die digitale Geschichtskultur relevant sein können.*

M3 „Vom Mythos der Digital Natives"

Der Pädagoge Rolf Schulmeister erörtert die Erwartungen an eine neue Generation, die von klein auf mit den digitalen Medien aufwächst, und diskutiert sie im Hinblick auf Studienergebnisse bezüglich tatsächlicher Internetnutzung und Medienkompetenzen:

Der Mythos einer medien-omnipotenten „Net Generation"
Es kursieren viele Namen für die nach 1980 Geborenen. [... Am] bekanntesten ist die Wortschöpfung [...] Digital Natives [...]. Seither kursiert die Behauptung, die nach 1980 Geborenen seien Digital Natives, weil sie mit den neuen Medien aufgewachsen seien und sich durch besondere Eigenschaften auszeichnen: visuelle Orientierung, Multitasking, aktives Lernen, tolerant gegenüber Minderheiten, teamorientiert,

▸ Smartphones als Religionsersatz?

Karikatur des griechischstämmigen Zeichners Kostas Koufogiorgos vom April 2017. Die im April 2017 veröffentlichte Jugendstudie „Generation What" kam zu dem Schluss, dass junge Europäer keine Religion brauchen. 85 Prozent der befragten jungen Menschen zwischen 18 und 34 Jahren aus zehn europäischen Staaten gaben an, dass sie ohne Glauben an Gott glücklich sein können.

- *Beurteilen Sie die Aussage, die der Karikaturist mit seiner Zeichnung über junge Europäer macht. Stimmen Sie dieser zu?*

induktive[1] Lernende, rasches Wechseln der Aufmerksamkeit und kurze Antwortzeiten. [... Sie] sollen native speaker der digitalen Sprache sein und sogar über ein anderes Hirn verfügen, ausgelöst durch die „Singularität" (digitaler Urknall) der neuen Medien, und zwischen altem verbrauchten (legacy) und neuem digitalen (future) Wissen unterscheiden. [...]

Verhalten sich nach 1980 Geborene so, wie es den Digital Natives unterstellt wird? Es scheint – oberflächlich betrachtet – einiges für die These zu sprechen: So berichtet die Kaiser Family Foundation (2010) über einen enormen Anstieg der Mediennutzung bei Kindern zwischen acht und 18 Jahren: Die Jugendlichen in den USA verbringen 7,38 Stunden täglich mit Medien und noch mehr (10,45), wenn man den Anteil zeitgleich aktiver Medien zählt. Auch die ARD/ZDF-Online-Studien oder die Studien des Medienpädagogischen Forschungsverbundes Südwest (mpfs) registrieren seit zehn Jahren einen Anstieg der Nutzung digitaler Medien, die mit dem Fernsehkonsum gleichziehen. Die Millionen Menschen, die sich in facebook tummeln, scheinen eine ähnliche Aussage zu unterstützen. Es ist deshalb notwendig, hinter die Oberfläche der großen Zahlen zu schauen:

Erstens verzeichnen Studien, die Mediennutzung gemeinsam mit anderen Freizeitaktivitäten erheben, einen hohen Rang für nichtmediale Aktivitäten wie Unternehmungen mit Freunden und Eltern und draußen spielen. In der Tat sind es nicht die Medien, sondern die Peers[2] und die Familie, die für die Jugendlichen wichtig sind. Die Freizeitaktivitäten umfassen weit mehr als Fernsehen, Gaming und Internet: Sport, Musizieren, Tiere, Verein, Kirche.

Zweitens rangiert bei der Mediennutzung das Fernsehen oft vor den anderen Medien. So beträgt Fernsehen in der Kaiser Family Studie 4,29 Stunden, die Computernutzung 1,29 Stunden pro Tag und im Ensemble der Medienaktivitäten macht mp3 dem Computer den Rang streitig (2,39 Stunden).

Drittens ist es notwendig, die Computer- und Internet-Nutzung nach Funktionen zu differenzieren. Unterscheidet man die Aktivitäten nach Funktionen, so ergibt sich eine klare Dominanz für alles, was Kommunikation ermöglicht: E-Mail, Instant Messaging und die Mitteilungen in den Social Communities: „Nahezu die Hälfte der täglichen Verweildauer im Netz entfällt auf Kommunikation [...]. Bei den Teenagern nimmt der Austausch über die diversen Kanäle 58 Prozent der Nutzungszeit ein". Kommunikation ist für Heranwachsende ganz wichtig, die SMS ersetzt heute das Festnetztelefon. [...]

Wer erwartet hatte, dass das Web 2.0 einen qualitativen Sprung in der Nutzerpartizipation bedeuten würde, sah sich zunächst durch die steigenden Nutzerzahlen für Wikipedia und Weblogs bestätigt. Aber bereits im Jahr 2010 ermittelt die ARD/ZDF-Onlinestudie, dass die passive Web-2.0-Nutzung zwar noch steigt, die Zuwachsrate aber schon sinkt und die aktive Nutzung von Web 2.0 bereits um 50 Prozent geschrumpft ist. Wikis und Weblogs werden überwiegend rezeptiv genutzt, nur von wenigen produktiv. Das Interesse an Fotocommunitys, Bookmarking, Weblogs und Twitter sinkt: „Es festigt sich das Bild einer Zwei-Klassen-Gesellschaft der

[1] **induktiv**: vom Besonderen auf das Allgemeine schließend
[2] **Peers**: Personen mit gemeinsamen Interessen, gleichem Alter oder (sozialem) Status

Mitmachanwendungen." [...] Von allen Medien erweist sich das Handy als Sieger. Auch dies bestätigt, dass die Kommunikation mit den Peers der wichtige Sozialisationsfaktor der Jugend ist. Twitter spielt dabei keine Rolle (5 Prozent). [...]
Betrachtet man diese Erkenntnisse unter dem Blickwinkel der Sozialisation, dann wird deutlich, dass die Jugendlichen aus dem Medienensemble das selektieren, was ihren jugendlichen Bedürfnissen entspricht. Die Kommunikation mit den Peers dominiert ihr Leben, die Unterhaltung ihre Freizeit. Inhalte spielen eine geringere Rolle.

Medienkompetenzen der Jugendlichen: Sind sie „digitale" Lernende?

Mit Medienomnipotenz, die den Digital Natives unterstellt wird, hat all das nichts zu tun. Analysen der digital literacy[3] haben gezeigt, dass bei den Studierenden keine Fähigkeiten entstanden sind, wie Schule und Hochschule sie erwarten müssen. Solche Fähigkeiten entstehen nicht einfach beiläufig durch Surfen. Es erfolgt kein Transfer von der Freizeitbeschäftigung mit Medien auf das Lernen, wie auch andere Studien belegen.
Verstehen im Sinne der digital literacy meint, Information und Kommunikation in Medien kulturell zu interpretieren und kritisch zu bewerten mit dem Ziel der Teilhabe an gesellschaftlichen Prozessen und den medial vermittelten sozialen und politischen Handlungen in verschiedenen Kontexten. Da in den digitalen Medien in besonderer Weise Informationsmanipulation, Datenmissbrauch, virales Marketing[4] und Profiling auf Basis individueller Datenspuren, aber auch aufregende emotionale Erlebnisse und soziale Gewalt vorkommen, sind neben der Leidenschaft für das Neue auch aktives Engagement und evaluative[5] Vernunft gefordert. Bei der aktiven Partizipation und der kreativen Inhaltsgenerierung stellen wir jedoch die größten Defizite fest.
Nicht übersehen werden dürfen auch die psychischen Aspekte: Viele Nutzer/-innen verlieren sich in der Fülle der Informationen und Angebote, der Permanenz der Kommunikationsprozesse und der Attraktion vieler Kontakte. Angesichts der Verführbarkeit vieler Nutzer/-innen gehört zur Medienkompetenz nicht nur [...], das Medium beherrschen zu können, sondern auch, sich nicht vom Medium beherrschen zu lassen und über Selbstkontrolle zu verfügen.

Die Mediennutzung in Lernkontexten

Was sich in Studien zur digital literacy gezeigt hat, trifft generell auf den Umgang mit Medien in Schule, Hochschule und Weiterbildung zu. Studien zur Mediennutzung von Studierenden bestätigen, dass nur eine Minderheit über eine ausgeprägte Medienkompetenz verfügt und Interesse an mehr Medieneinsatz hat. [...] Gefragt wurde nach der Nutzung des Internets. Es stellte sich heraus, dass die Studierenden täglich kommunizieren, eher wöchentlich recherchieren, während sie eher monatlich oder seltener einkaufen. Diese Rangfolge verrät eine recht pragmatische Nutzung von Internet-Diensten. [...]
Die Annahme, alle könnten, wenn sie nur wollten, alle wollten, wenn sie nur wüssten, scheint nicht zu stimmen. Die von manchen E-Learning-Enthusiasten gehegte Erwartung, dass alle mitmachen werden, kann nur enttäuscht werden. Die Gruppe proaktiver Nutzer/-innen wird einen minimalen Anteil nicht übersteigen, weil die zur Partizipation erforderliche Selbstorganisation nicht jedem jederzeit möglich ist. Studien auf Basis der Selbstbestimmungstheorie der Motivation ermitteln immer nur wenige Lernende, die in dem jeweiligen Kontext über eine selbstbestimmte Lernmotivation verfügen. Es ist daher nicht zu erwarten, dass alle Menschen, die eine Innovation rezeptiv nutzen, sie auch aktiv nutzen werden. Aktiv produzierende Internet-Nutzer/-innen werden stets eine Minderheit bleiben.

Rolf Schulmeister, Vom Mythos der Digital Natives und der Next Generation, in: Berufsbildung in Wissenschaft und Praxis, herausgegeben vom Bundesinstitut für Berufsbildung, Heft 3/2012, S. 46 f. (Einzelnachweise wurden entfernt)

1. *Fassen Sie die wesentlichen Ergebnisse der Studien, die Schulmeister vorstellt, zusammen.*
2. *Geben Sie die Schlussfolgerungen wieder, die Schulmeister daraus zieht.*
3. *Schulmeister diskutiert über die Nutzung digitaler Medien Ihrer Generation. Vergleichen Sie seine Beobachtungen mit Ihrem eigenen Nutzungsverhalten und dem Ihrer Peergroup.*
4. *Diskutieren Sie, welche Möglichkeiten die Digitalisierung für das Lernen im Allgemeinen und das historische Lernen im Besonderen bietet. Entwickeln Sie Ideen, wie dieses Potenzial im Geschichtsunterricht stärker ausgeschöpft werden könnte.*

[3] Über den Begriff „digital literacy" informiert der Verfassertext auf Seite 475.
[4] **virales Marketing**: eine spezielle Marketingform, die soziale Netzwerke und Medien (z.B. Videos) verwendet, um auf Marken und Produkte aufmerksam zu machen
[5] **evaluativ**: wertend, bewertend

M4 Umgang mit digitalen Medien aus geschichtsdidaktischer Sicht

Daniel Bernsen und Ulf Kerber (siehe auch M1) schreiben im Jahre 2017:

Medien sind für Geschichtswissenschaft und -didaktik Objektivationen[1] von Vergangenheit (Quellen) und Geschichte (Darstellungen). Fiktionen sind hierunter zu subsumieren, da Quellen wie Darstellungen zu einem unterschiedlichen Grad fiktional sein können. Diesen Grad der Authentizität und Faktualität zu bestimmen oder sie als reine Fiktion festzulegen, ist Teil der Quellenanalyse bzw. der Medienanalyse [...]. Diese generelle geschichtswissenschaftliche und geschichtsdidaktische Vorgehensweise umfasst auch ihre Historizität und Medialität, die feststellt, unter welchen medialen Bedingungen oder durch welche Organisationen und Institutionen die Medienproduktion beeinflusst wurde. [...] Die Analyse von geschichtsdidaktisch relevanten Medien muss daher auch Organisationen und Institutionen einbeziehen, da diese als Akteure bei der Produktion und Rezeption von Medien von großer Bedeutung sind, und greift dadurch Ansätze der publizistischen und pädagogischen Medienkritik auf und überführt diese in die Lebenswelt der Lernenden. Die Fähigkeiten und Fertigkeiten, die historisch Lernenden bei der medienkritischen Auseinandersetzung mit historisch-medialen Inhalten erlernen können, reichen weit über den Geschichtsunterricht hinaus. Die Auseinandersetzung mit geschichtskulturellen Medien, wie z.B. Geschichtsdokumentationen oder die Inszenierungsstrategien in historischen Museen, kann Blaupausen für die medienpädagogische Analyse und die Kritik an anderen medialen Formen (z.B. politischen Reportagen und Nachrichten) darstellen. [...] [Es geht aber] nicht nur darum, medienkritisch urteilen zu können, sondern auch darum, eigene mediale, geschichtskulturelle Produkte erstellen zu können. Moderne Medien und die Technologien des Web 2.0, die sich heute u.a. in sogenannten Sozialen Medien (z.B. Twitter oder Blogs) manifestieren, tragen dazu bei, dass es heute einfacher als früher ist, eigene Produkte zu veröffentlichen und ein eigenes Publikum zu erreichen. Die produktive Nutzung moderner Kommunikationsmedien leistet einen Beitrag zum „emanzipatorischen Mediengebrauch" [...]. Da eine nicht manipulierte Medienproduktion unmöglich ist, sind Medien und ihre Inhalte immer zu dekonstruieren. Nur so kann der Nutzer die Konstitution, den Kontext und die Bedingung der Produktion medialer Inhalte oder des Mediums selbst erkennen.

Im emanzipatorischen Sinne einer kommunikativ-kritischen Geschichtsdidaktik kann der kritisch-analytische Umgang mit geschichtsdidaktisch relevanten Medien einen Beitrag zur kommunikativen Überwindung der asymmetrischen, gesellschaftlichen Kommunikationsverhältnisse leisten und bildet dadurch einen elementaren Bestandteil eines neuen geschichtsdidaktischen Medienbegriffs. Er verbindet dieses geschichtsdidaktische Ziel mit den medienpädagogischen Zielen, z.B. [...] der Befähigung zur gesellschaftlichen Partizipation.

Daniel Bernsen und Ulf Kerber, Medientheoretische Überlegungen für die Geschichtsdidaktik, in: Dies. (Hrsg.), a.a.O., S. 22-36, hier S. 34-36

1. *Erklären Sie, was Bernsen und Kerber unter „Medien" verstehen.*
2. *Arbeiten Sie heraus, welchen „Umgang" mit Medien die Autoren aus geschichtsdidaktischer Sicht fordern.*
3. *Erörtern Sie, was die Autoren mit „der Überwindung der asymmetrischen, gesellschaftlichen Kommunikationsverhältnisse" (Zeile 45 f.) meinen.*
4. *Diskutieren Sie, wie diese Überwindung mithilfe digitaler Medien bezogen auf Geschichtskultur konkret aussehen könnte.*

[1] **Objektivation**: Vergegenständlichung

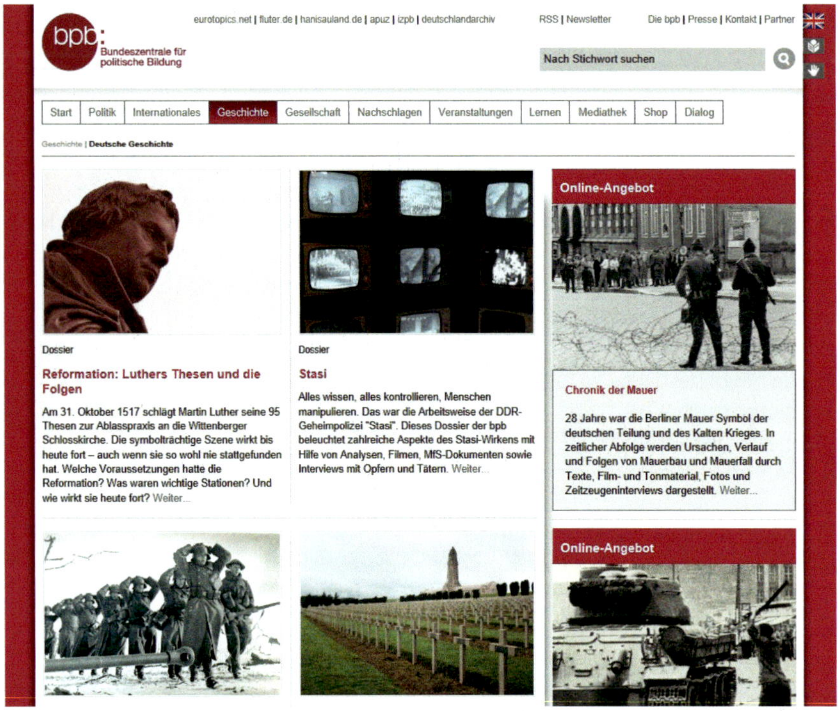

◂ **Bundeszentrale für politische Bildung.**
Nach: www.bpb.de/geschichte/deutsche-geschichte (Zugriff: 12. Mai 2017)
Auf dem Screenshot ist ein Ausschnitt des Menüpunktes „Geschichte/Deutsche Geschichte" zu sehen.

Internettipp
Eine große Sammlung von Fachportalen und weiteren Online-Ressourcen befindet sich auf der Internetseite der Universitätsbibliothek Freiburg. Siehe hierzu den Code 32031-52.

M5 Fachportale für die Öffentlichkeit

Fachportale richteten sich lange Zeit an ausgewiesene Experten. Und auch heute noch sind viele Angebote für den geschichtswissenschaftlichen Bereich vorgesehen. Daneben haben sich aber auch Angebote etabliert, die sich an eine breitere Öffentlichkeit wenden und einen hohen fachlichen Standard anstreben. Sie stellen Sachinformationen durch überblickartige Einführungen und spezielle Fachaufsätze zur Verfügung, ebenso wie eine Fülle weiterer Materialien, wie digitalisierte Quellen oder audio-visuelle Darstellungen. Darüber hinaus bemühen sie sich, die Bedeutung der Themen für die Gegenwart und Zukunft herauszustellen und das Angebot an die lebensweltlichen Bedürfnisse der Zielgruppe anzupassen bzw. anschlussfähig zu machen.
Fachportale sollten ein Nachvollziehen der historischen Methode[1] ermöglichen. Hierfür ist es wichtig, zwischen Sachinformation und Deutung zu unterscheiden, sowie Multiperspektivität und Kontroversität zu berücksichtigen. Darüber hinaus sollten sie einen Zugang zu Quellen so ermöglichen, dass sie als Teil der eigenen Geschichtsdeutung kritisch genutzt werden können.
Das Geschichtsportal der Bundeszentrale für politische Bildung (bpb) bietet zur jüngeren deutschen Geschichte das wohl umfangreichste Angebot dieser Art. Über den Code 32031-53 gelangen Sie auf die Seiten der bpb.

[1] Siehe hierzu M1 auf Seite 427 im Theorie-Baustein.

1. *Verschaffen Sie sich auf der Internetseite der bpb im Menüpunkt „Geschichte" einen Überblick darüber, welche Themen zur Verfügung stehen. Geben Sie den geografischen und zeitlichen Schwerpunkt des Angebotes wieder.*
2. *Wählen Sie einen Schwerpunkt nach Interesse aus, z.B. Reformation. Beschreiben Sie anschließend Aufbau und Inhalt der Themeneinstiegsseite. Nennen Sie die Bereiche, die Ihnen bekannt sind. Falls Sie Lücken erkennen können, zählen Sie auf, welche Aspekte fehlen.*
3. *Suchen Sie sich einen Unterpunkt der Themeneinstiegsseite aus und setzen Sie sich vertieft mit diesem auseinander, indem Sie die weiteren Informationen des Angebotes sichten und auswerten.*
4. *Beurteilen Sie das Angebot unter Berücksichtigung der oben im Verfassertext angeführten Anforderungen an Fachportale.*
5. *Erörtern Sie, inwieweit das Angebot den Anforderungen an modernes, digitales Lernen gerecht wird. Zeigen Sie Schwachpunkte auf und entwickeln Sie Ideen zur Verbesserung.*
6. + *Vergleichen Sie das Angebot der bpb mit dem Lebendigen Museum Online (siehe M6). Wählen Sie dafür ein identisches Geschichtsthema aus. Diskutieren Sie, welches Angebot Ihrer Ansicht nach das „bessere" ist. Hinweis: Zu beachten ist, dass das Lebendige Museum Online erst mit dem Vormärz 1815 seine Darstellung beginnt.*

▲ **Lebendiges Museum Online.**
Nach: www.dhm.de/lemo (Zugriff: 12. Mai 2017)
Der Screenshot zeigt die Startseite von LeMO mit einem Zeitstrahl.

M6 Museen im digitalen Zeitalter

Das Lebendige Museum Online (LeMO) ist ein Kooperationsprojekt der Stiftung Deutsches Historisches Museum, der Stiftung Haus der Geschichte der Bundesrepublik Deutschland und des Bundesarchivs. Es bietet einen multimedialen Überblick über die jüngere deutsche Geschichte. Das Deutsche Historische Museum erarbeitet die Inhalte vor 1945, das Haus der Geschichte ist für die Darstellung nach dem Ende des Zweiten Weltkrieges bis zur Gegenwart verantwortlich. Das Bundesarchiv liefert Dokumente, Bilder und Medien.
Als Online-Museum mit Bildungsanspruch stellt LeMO zusammenfassende Fachinformationen zur Verfügung, rückt die Quellen (Exponate) aber stärker in den Vordergrund. Es soll einen Museumsbesuch nicht ersetzen, es aber Interessierten einfach machen, sich mit deutscher Geschichte „von zuhause aus" auseinanderzusetzen. Als anspruchsvolles Bildungsangebot sollte es den Anforderungen entsprechen, wie sie auch an Fachportale gestellt werden (siehe M5), auch wenn es anschaulich und lebendig Geschichte darstellen möchte. Hierfür sind technische Aspekte wichtig: Interaktivität, Multimedialität, Hypertext und ein dynamisches Layout.

Zum Online-Auftritt von LeMO siehe den Code 32031-54.

1. *Verschaffen Sie sich durch die Zeitleiste auf der Startseite von LeMO einen Überblick darüber, welche Themen behandelt werden. Geben Sie den geografischen und zeitlichen Schwerpunkt des Angebotes wieder.*
2. *Wählen Sie einen Themenschwerpunkt aus, der Sie interessiert. Beschreiben Sie anschließend Aufbau und Inhalt der Themeneinstiegsseite. Nennen Sie die Bereiche, die Sie schon kennen. Falls Sie Lücken erkennen können, zählen Sie auf, welche Aspekte fehlen.*
3. *Beurteilen Sie das Angebot von LeMO unter Berücksichtigung der oben angeführten Anforderungen an Fachportale bzw. Online-Bildungsangebote (siehe dazu die Einführungen zu M5 und M6).*
4. *Erörtern Sie, inwieweit das LeMO-Angebot den Anforderungen an modernes, digitales historisches Lernen gerecht wird. Zeigen Sie Schwachpunkte auf und entwickeln Sie Ideen zur Verbesserung.*
5. ✚ *Angesichts der rasanten technologischen Entwicklung wird auch LeMO in seiner jetzigen Form schon in absehbarer Zukunft veraltet sein. Entwerfen Sie ein Konzept für zukünftige virtuelle Museen und stellen Sie es in der Klasse vor.*

◂ Das Hinterhaus Online.
Nach: www.annefrank.org/de/Subsites/Home (Zugriff: 12. Mai 2017)
Der Screenshot zeigt eine deutschsprachige Unterwebseite der Homepage des Anne-Frank-Museums in Amsterdam. Im Fokus steht das interaktive und multimediale Webprojekt „Das Hinterhaus Online", das für den Internetnutzer das Versteck von Anne Frank „begehbar" macht.

M7 Ein virtueller Rundgang: das Anne Frank Haus

Städte, Landschaften und Gebäude verändern sich im Lauf der Zeit. Städte wachsen, Landschaften werden erschlossen und Gebäude werden zerstört oder heute anders genutzt als zu ihrer Entstehungszeit. Vor allem archäologischen Funden, in jüngerer Zeit auch Fotografien, ist es zu verdanken, dass wir heute in diesem Bereich über gute Kenntnisse verfügen. Im Zuge der Digitalisierung können zudem die früheren Zustände simuliert und Gebäude per Computer virtuell begangen werden.
Das Angebot hierzu ist vielfältig und sehr unterschiedlich: Die Rekonstruktion des antiken Rom, die auch das Alltagsleben simulieren soll, ist noch in der Projektphase (Code 32031-55). PC-Geschichtsspiele wie die „Assassin's Creed"-Reihe (Frankreich, seit 2007), die in verschiedenen Epochen spielt, sind hier schon deutlich weiter entwickelt, wenngleich mit geringerem wissenschaftlichen Anspruch. Die Gedenkstätte Auschwitz lässt sich zwar virtuell begehen, allerdings handelt es sich hier um wenig mehr als eine Panorama-Standbild-Präsentation der Außenansichten in ihrem heutigen Zustand (Code 32031-56).
Ein umfassenderes Angebot bietet dagegen das virtuell begehbare Hinterhaus, in dem sich Anne Frank und ihre Familie in Amsterdam vor der nationalsozialistischen Verfolgung versteckten (Code 32031-57). Das „echte" Museum wird stark nachgefragt, mehr als eine Million Menschen besuchen es jährlich.

1. *Informieren Sie sich mithilfe des knapp dreiminütigen Videoclips und der Materialien auf der Startseite von „Das Hinterhaus Online" über die Hintergründe des Anne Frank Hauses. Fassen Sie die wichtigsten Aspekte in eigenen Worten zusammen.*
2. *Begeben Sie sich auf einen virtuellen Rundgang durch das Hinterhaus. Klicken Sie dazu auf der Startseite die Überschrift „Geh direkt hinein" an. Beschreiben Sie Ihre Eindrücke.*
3. *Analysieren Sie das Internetangebot. Berücksichtigen Sie dabei technische (z.B. Navigation), ästhetische (z.B. Aussehen, Wirkung), strukturelle (z.B. Umfang der Informationen, Zusammenhang der Erzählung) und geschichtliche (z.B. Multiperspektivität, Quellenorientierung) Aspekte.*
4. ✚ *Schreiben Sie auf der Grundlage Ihrer Ergebnisse aus der dritten Arbeitsfrage einen kurzen Kommentar für das Gästebuch des Anne Frank Hauses. Siehe hierzu auch den Code 32031-58.*
5. *Erörtern Sie Vor- und mögliche Nachteile des virtuellen Museums im Vergleich zum realen.*
6. *„Das Internetangebot ‚Das Hinterhaus Online' macht den Besuch des Anne Frank Museums überflüssig". Nehmen Sie Stellung zu dieser Aussage.*

▲ **Zeitzeugenportal.**
Nach: www.zeitzeugen-portal.de/personen (Zugriff: 11. Juli 2017)
Auf dem Screenshot ist ein Ausschnitt des Menüpunktes „Personen" zu sehen.

M8 Zeitzeugenportal

Zeitzeugen kommt in zeitgeschichtlichen Geschichtsdarstellungen eine wichtige Rolle zu. Während die Geschichtswissenschaft diese Quellengattung eher kritisch betrachtet, wird sie vor allem in Geschichtsdokumentationen weniger kritisch eingesetzt (siehe hierzu den Verfassertext auf Seite 445). Zeitzeugenportale haben sich die Aufgabe gestellt, ihre Berichte aufzuzeichnen und der Öffentlichkeit zur Verfügung zu stellen, um so einen anschaulichen und lebendigen Eindruck der Vergangenheit zu ermöglichen. Dabei lässt sich auch hier zunehmend ein kritischer Umgang mit ihnen feststellen.
Zeitzeugenberichte erhalten dann eine besondere Relevanz, wenn sie nicht einfach Anekdoten „von früher" erzählen, sondern wenn es um wichtige historische Zustände und Ereignisse geht. Vor allem auch dann, wenn diese Ereignisse noch in der Gegenwart von besonderer Bedeutung sind, wie z.B. die DDR. Die Internetseite „www.zeitzeugen-portal.de" (Code 32031-59) ermöglicht einen exemplarischen Einblick in Chancen und Grenzen der eigenen Auseinandersetzung mit Vergangenheit. Das Portal beinhaltet eine umfangreiche Sammlung von Videoclips, die Zeitzeugeninterviews zur deutschen Geschichte zeigen. Das Internetportal gehört seit Anfang 2017 zur Stiftung Haus der Geschichte der Bundesrepublik Deutschland und richtet sich an Geschichtsinteressierte, Schüler und Lehrer sowie Studenten und Wissenschaftler. Die Videolips erschließen sich über die drei Kategorien „Zeiträume", „Themen" und „Personen".

Das „Zeitzeugenportal" bietet unter anderem eine Reihe von Videos zum Thema „Stasi-Haft" an. Siehe dazu den Code 32031-60.

1. *Verschaffen Sie sich mittels der Kurzbeschreibungen zu den Videos und einer selektiven Sichtung einen Überblick über die dort abgebildeten Berichte und fassen Sie Ihre Ergebnisse zusammen.*
2. *Beurteilen Sie, in welcher Hinsicht das Angebot dem Thema gerecht wird. Berücksichtigen Sie dazu auch das Interview mit der ehemaligen inoffiziellen Stasi-Mitarbeiterin Monika Haeger aus der Kontraste-Sendung „Die Wahrheit muss raus" (siehe dazu M2 auf Seite 447).*
3. *Diskutieren Sie Chancen und Grenzen von Zeitzeugenportalen für die Öffentlichkeit vor diesem Hintergrund.*

▲ **Interview mit Mario Röllig.**
Nach: www.zeitzeugen-portal.de/videos/CjzTuFq4Gco (Zugriff: 11. Juli 2017)
Der Screenshot zeigt einen Ausschnitt aus dem Videoclip „Kein Ende wie in ‚Das Leben der Anderen'".

Vertiefung: Setzen Sie sich mit dem rund achtminütigen Interview auseinander, in dem Mario Röllig (geb. 1967) sein zufälliges Zusammentreffen mit einem ehemaligen Stasi-Mitarbeiter nach der Wende schildert. Siehe dazu den Videoclip „Kein Ende wie in ‚Das Leben der Anderen'" auf dem „Zeitzeugenportal" (Code 32031-61).

1. *Fassen Sie die wesentlichen Aussagen von Mario Röllig zusammen.*
2. *Charakterisieren Sie die Inszenierung der Zeitzeugenaussage Rölligs (z. B. Kameraeinstellung, Gestaltung des Interview-Ortes).*
3. *Beurteilen Sie, welchen Quellenwert sein Bericht hat. Berücksichtigen Sie hierbei auch, dass die Berichte auf Portalen in längeren Auszügen zur Verfügung stehen als dies beispielsweise in Dokumentationen geschieht.*

Im Internet recherchieren

Kompetenz:
Internetseiten kritisch prüfen und nach Informationen und Standpunkten zu historischen Themen auswerten

Eine Online-Informationssuche beginnt meistens mit Suchmaschinen. Je unspezifischer die Suche, desto höher ist die Wahrscheinlichkeit, dass Artikel von Wikipedia weit oben in der Trefferliste ausgegeben werden. Diese Artikel müssen aber nicht den Suchkriterien am besten entsprechen.[1]

Anders als bei dem situativen Fragebedürfnis[2] ist für eine vertiefte Recherche der Rückgriff auf unterschiedliche Informationsangebote, eine Auseinandersetzung mit dem geschichtswissenschaftlichen Forschungsstand und möglichst auch zentralen Quellen notwendig. So lässt sich ein Sachbereich auf der Ebene der Sachanalye, des Sach- bzw. Werturteils erschließen. Für die Präsentation der Ergebnisse sollte eine triftige und quellenbezogene, mediale Narration erstellt werden, die – wenn man Urheberrechte beachtet – auch online kommunikativ geteilt werden kann. Darüber hinaus können bestehende Angebote um eigene Narrationen ergänzt und verbessert werden, z. B. wenn man an einem Wikipedia-Artikel mitschreibt. All dies wird durch das Internet gleichzeitig erleichtert und erschwert. Zum einen steht eine Fülle an Angeboten rasch und einfach zur Verfügung: Online-Lexika, Fachportale, virtuelle Ausstellungen und Museen sowie Archive und Dokumentensammlungen. Auf der anderen Seite ist es eine große Herausforderung, die für das Suchbedürfnis und die zeitlichen Möglichkeiten des Nutzers „passenden" Angebote zu filtern und kritisch auszuwerten.

Eine pauschale Checkliste, deren Erfüllung gewährleistet, dass es sich um ein wissenschaftsorientiertes, triftiges Angebot handelt, gibt es nicht. Hilfreich hierfür sind aber Fragen, die flexibel und auf das jeweilige Angebot zugeschnitten gestellt und beantwortet werden müssen. Im Grunde sind es ganz ähnliche Aspekte, die auch bei Quellen und Darstellungen untersucht werden sollten.

Formale Kennzeichen

- Um *welche* Internetseite handelt es sich?
- *Wer* ist für sie verantwortlich (Autor, Institution)?
- Welche *Intention* / welchen *Zweck* verfolgt sie (kommerziell oder wissenschaftlich-informierend)?
- *An wen* richtet sich die Internetseite (Kinder und Jugendliche, Fachpublikum)?
- Gibt es *Informationen über die Autoren* der Beiträge?
- Ist die Internetseite *übersichtlich und benutzerfreundlich* gestaltet?
- Wann wurde sie zuletzt *aktualisiert*?
- Gibt es *Verlinkungen* in dem Beitrag (interne oder externe Links)?
- Werden *Multimedia-Angebote* unterbreitet (z. B. Fotos, Video- / Audiodateien)?

Inhalt

- Welchen *Zeitraum*, welches *Ereignis* oder welche *Person* behandelt der Internetbeitrag?
- Ist die *Sprache* angemessen?
- Sind die Aussagen *sachlich korrekt*? Werden sie belegt? Wenn ja, womit (Quellenangaben, Sekundärliteratur)?
- Wird zwischen *Fakten und Deutungen* unterschieden?

Einordnung und Bewertung

- Wie *wirkt* das Angebot *auf mich*?
- Wie *hilfreich und zielführend* war das Angebot im Hinblick auf meine Fragestellung?
- Welche *Sinnbildungsangebote* werden gemacht?
- Wie wird der Internetbeitrag aufgenommen, *rezipiert*?
- *Wozu* kann ich den Beitrag nutzen?

[1] Zur Trefferhierarchisierung siehe den Verfassertext „Informationsrecherche: Suchmaschinen" auf Seite 476 f.

[2] Siehe hierzu nochmals den Verfassertext „Unterschiedliche Informationsbedürfnisse" auf Seite 476.

Beispiel und Analyse

Vorbemerkung ■ Ausgangspunkt der Recherche ist ein allgemeines Interesse an der Reformation. Im Fokus steht die Auseinandersetzung mit der Online-Enzyklopädie Wikipedia, die beispielhaft anhand des Artikels „Reformation" (Einstiegsseite) erfolgt.

▲ **Logo der Online-Enzyklopädie Wikipedia.**
Foto (Ausschnitt) vom Mai 2014 auf der Internetkonferenz „re:publica" in Berlin.

Internettipp
Den Artikel „Reformation" auf Wikipedia können Sie unter dem Code 32031-62 abrufen.

Formale Kennzeichen ■ *Wikipedia allgemein* – Wikipedia ist ein non-profit, spendenfinanziertes Open-Source Angebot. Initiiert wurde es 2001 von einigen Internetunternehmern. Werbeeinblendungen oder andere kommerzielle Features finden sich daher nicht. Erklärtes Ziel ist die kostenlose Sammlung und Bereitstellung von „Wissen" von allen für alle.
Die Artikel entstehen durch kollaboratives Schreiben. Das heißt, jeder kann Artikel erstellen und bestehende mitgestalten. Das hat zur Folge, dass sich hier auch Informationen zu Bereichen finden, die in klassischen Lexika häufig nicht aufgegriffen werden, was vor allem den Freizeitbereich, Hobbys, aktuelle Ereignisse etc. betrifft.
Die Artikel werden von Moderatoren geprüft, wobei die Kriterien eher allgemein ausgerichtet sind, also Lesbarkeit, Länge der Texte, Filterung von politischem Extremismus, Beleidigungen etc. Autoren wie Prüfer müssen keine fachliche Qualifikation haben. Dennoch lassen sich Tendenzen feststellen, dass die Aufsätze wenigstens minimalen, wissenschaftlichen Anforderungen genügen sollten. Dies soll durch den Rückgriff auf Fachliteratur, häufig aus dem populär-wissenschaftlichen Bereich, und entsprechende Belege gewährleistet werden.
Die Artikel sind von unterschiedlicher Länge, Komplexität, Belegdichte und auch sprachlicher Güte. Längeren Aufsätzen ist ein knapper Einführungstext vorangestellt, der einen ersten Überblick ermöglichen soll. Verlinkungen innerhalb der Wikipedia sind als Hyperlinks im Text eingeflochten, Links zu externen Angeboten finden sich im Anmerkungsapparat.
Das Layout ist übersichtlich, längeren Aufsätzen wird ein Hypertextinhaltsverzeichnis beigefügt. Häufig sind Karten, Rekonstruktionszeichnungen, Fotos und Bildquellen integriert.

Inhalt ■ *Wikipedia-Artikel „Reformation"* – Bei der Einstiegsseite handelt es sich um einen längeren Beitrag, der sich mit den Ursachen, dem Verlauf und den Folgen der Reformation in Deutschland und in ausgewählten europäischen Ländern beschäftigt. Auch auf die Reaktion der katholischen Kirche wird eingegangen.
Die Darstellung erscheint ausgewogen, jedoch – trotz der Länge des Beitrags – recht knapp. Die Verlinkungen führen teilweise zu anderen, längeren Beiträgen, aber auch zu Worterklärungen und Definitionen.
Der Einführungstext ermöglicht eine kurze ereignisgeschichtliche Orientierung, die Karte eine geografisch-thematische. Das Inhaltsverzeichnis gibt einen Überblick über die näher ausgeführten Aspekte.
Die zugrunde liegende Literatur berücksichtigt einschlägige und aktuelle Fachliteratur. Der Artikel verzichtet jedoch auf Einzelbelege, sodass die Darstellung nicht am Forschungsstand überprüft werden kann. Quellen werden gezeigt, aber nur illustrativ verwendet. Das Angebot erscheint ausgewogen, sprachlich angemessen und bemüht sich um eine knappe Zusammenfassung der wichtigsten Ereignisse und auch der zeitgenössischen Umstände. Damit bewegt es sich auf der Ebene von Sachanalyse und Sachurteil.
Luther kommt – ganz in der Tradition der deutschen Geschichtsschreibung – eine herausragende Bedeutung zu, aber auch andere wichtige Faktoren und Beteiligte werden genannt und ausführlich dargestellt, teilweise in verlinkten Artikeln. Die Darstellung Luthers ist triftig, seine heroische Verklärung nach dem Reichstag zu Worms wird hier nicht fortgeschrieben, im Gegenteil sogar ansatzweise kritisch reflektiert. Die kritische Auseinandersetzung wird in einem Artikel zu Luther selbst deutlicher herausgestellt. Im Hauptartikel Reformation finden sich schon Hinweise auf die Diskrepanz zwischen Luthers Selbstdarstellung und geschichtswissenschaftlichen Erkenntnissen. (Vgl. zum Beispiel das Unterkapitel „2.2.1 Reformatorischer

Durchbruch":„Der Zeitpunkt des reformatorischen Durchbruchs ist in der Forschung umstritten. Im Anschluss an eine Tischrede Luthers wurde die reformatorische Entdeckung oft als plötzliche Erkenntnis (‚Turmerlebnis') dargestellt. In der heutigen Forschung geht man eher von einem graduellen Erkenntnisprozess von 1514 bis 1518 aus.")
Eine tiefere Auseinandersetzung ist hier nicht nötig, weil die Einstiegsseite nur als Ausgangspunkt genutzt werden soll und die bisherige Untersuchung bereits Stärken und Schwächen aufgezeigt hat. Wollte man sich inhaltlich genauer mit diesem Artikel auseinandersetzen, müsste die verwendete Literatur kritisch geprüft werden, unter anderem durch die Online-Recherche nach Rezensionen und den Vergleich mit anderen Literaturlisten. Auch wäre ein inhaltlicher Vergleich, zum Beispiel mit dem Dossier der Bundeszentrale für politische Bildung zur Reformation nötig.

Internettipp
Das Dossier „Reformation: Luthers Thesen und die Folgen. Deutsche Geschichte im Zeichen der konfessionellen Polarisierung 1517-1648" der Bundeszentrale für politische Bildung finden Sie unter dem Code 32031-63. Zu dem Fachportal siehe auch M5 auf Seite 486.

Einordnung und Bewertung ■ Die größte Schwäche der Seite ist, dass Einzelbelege fehlen, kontroverse Forschungsmeinungen nicht abgebildet werden und die Werturteilsebene allenfalls versteckt berücksichtigt wird. Die Umstände und Voraussetzungen für den „Erfolg" der Reformation werden zwar beschrieben. Dass aber das Emanzipationsbestreben der deutschen Fürsten maßgeblich war, die erst den Schutz Luthers und die Durchsetzung der Konfessionalisierung ermöglichten, tritt nicht so klar hervor. Auch ist es als Angebot zu umfangreich, als dass es für den allgemein Interessierten einfach zu handhaben wäre, zumal wenn man den übermäßig eingebundenen Links folgen würde. Als Einstieg für Interessierte, die sich weder mit der Epoche selbst noch mit der Reformation im Besonderen schon auskennen, ist der Text sehr voraussetzungsreich. Das liegt auch daran, dass die Komplexität der Entwicklung abgebildet wird, aber auch an der Verwendung vieler Fachbegriffe. Es muss also ein Fokus gefunden werden.

Vertiefung ■ *Darstellung Johann Tetzels bei Wikipedia* – Ein wiederholt genanntes Motiv für die reformatorischen Bewegungen ist die Kritik am Ablasshandel, der im Artikel „Reformation" selbst nur knapp skizziert wird. Der Hyperlink zum „Ablassbrief" führt zu einem Artikel, der nur wenige Aspekte aufgreift. Zwei Dinge fallen dabei auf: Zum einen die besondere Bedeutung, die dem Dominikaner Johann Tetzel zugeschrieben wird, und ein „Zitat" Tetzels, das seine aggressive Werbestrategie belegen soll: „Wenn das Geld im Kasten klingt, die Seele aus dem Feuer springt."
Markante Äußerungen historisch bedeutsamer Persönlichkeiten sind häufig eine Erfindung der Nachwelt, um die Person zu erhöhen oder die Ereignisse zu dramatisieren. Die Vermutung liegt nahe, dass auch dieser Satz eine spätere Erfindung ist, um die Skrupellosigkeit des „Kirchenvertreters" Tetzels zu „beweisen", weil er dadurch die Ängste der Menschen ausnutzt.
Als zweites fällt auf, dass als Beleg des „Tetzel-Zitates" unter „Einzelnachweise" ein sehr alter fachwissenschaftlicher Titel genannt wird: „Karl Eduard Vehse: Die Weltgeschichte aus dem Standpunkte der Cultur und der nationalen Characteristik, Band 2, Walther, 1842, S. 56".
Derart alte Fachliteratur – es handelt sich um die Verschriftlichung einer Vortragsreihe –, rechtfertigt sich nur dann, wenn es seitdem keine neuen Erkenntnisse und Untersuchungen gegeben hat bzw. die Fachwissenschaft solche Werke nach wie vor für Standardwerke ansieht. Ein Experte hätte dieses Werk daher nicht zitiert, sondern die Quelle konkret benannt, aus der dieses Zitat entnommen ist. Wieso der Verfasser des Artikels diesen Literaturhinweis macht, erscheint rätselhaft, auch weil solch alte Bücher meist nicht mehr zugänglich sind.
Der Hyperlink zum Wikipedia-Artikel „Johann Tetzel" führt zu keinen neuen Erkenntnissen. Tetzel wird dort als ein besonders skrupelloser Geldeintreiber dargestellt. Auch hier stehen zwar ähnliche „Zitate" (vgl. Kapitel „2. Der Ablasshandel"), doch werden diese nicht belegt. Allerdings befindet sich im Kapitel „3. Tetzelkasten" wieder ein Querverweis auf die veraltete Publikation Vehses.

Internettipp
Zu den Artikeln „Ablassbrief" und „Johann Tetzel" auf Wikipedia siehe den Code 32031-64. Einen Hinweis auf die „Diskussionsseite" zum Tetzel-Artikel finden Sie ebenso dort.

Internettipps
- *Die Tageszeitung „Märkische Allgemeine" berichtet über eine im Herbst 2017 in Jüterbog stattfindende Sonderausstellung, die sich um ein differenzierteres Bild zu Johann Tetzel bemüht.*
- *Ein Interview mit Hartmut Kühne, dem Organisator der Tagung „Tetzel – Ablass – Fegefeuer" vom April 2017 in Jüterbog, stellt der Internetauftritt „Luther 2017. 500 Jahre Reformation" zur Verfügung.*
- *Auf Welt-Online lässt sich außerdem ein Artikel über Johann Tetzel – wenn auch etwas reißerisch – finden.*

Zu den drei Internettipps siehe den Code 32031-65.

Auf der „Diskussionsseite" zum Tetzel-Artikel, lassen sich durchaus kritische Stimmen finden, die allerdings auf den Artikel kaum Einfluss hatten. Ein User gibt als Fundstelle des „Zitates" ein jüngeres Werk eines Historikers an, das allerdings online nicht zur Verfügung steht und daher hier nicht berücksichtigt wurde.
Als besonderer Ausdruck der Skrupellosigkeit Tetzels wird unter anderem im Wikipedia-Artikel auf den sogenannten Tetzelkasten verwiesen: Tetzel habe auf die Kisten, die zur Aufbewahrung der Einnahmen gedacht waren, vom Teufel gefolterte Menschen malen lassen (vgl. Kapitel „3. Tetzelkasten").
Eine Bildersuche (Schlagworte: Tetzelkasten, Bilder) führt zahlreiche archäologische Funde zutage. Auf keiner Kiste lässt sich jedoch eine solche Malerei erkennen. Recherchiert man – ebenfalls per Bildersuche – nach antiklerikaler Reformationspropaganda, wird ebenfalls eine Fülle an Abbildungen entdeckt, die solche Kisten zeigen. Auch auf ihnen finden sich derartige Darstellungen nicht. Es ist eine begründete Vermutung, dass sich die Propagandisten derartiges nicht hätten entgehen lassen, um die Kirche und den Ablasshandel anzuprangern.
Um ein differenziertes Bild über Johann Tetzel zu erlangen, ist es daher notwendig, zielgerichtete Recherchen durchzuführen. Eine erste Hilfe bieten die Internettipps in der Randspalte (siehe links). Sie liefern multiperspektivische Informationen, um sich ein eigenes Bild zu Tetzel und seiner Rolle während der Reformation und danach zu machen. Das mag Anlass geben, auch in Wikipedia das verzerrte Bild zu überdenken und den Artikel zu verbessern.
Ob auch Fachportale hinzugezogen werden oder die Online-Bestände von Museen und Archiven durchsucht werden müssen, hängt vom Ziel der Suche und dem Interesse des Suchenden ab. Fachportale und Museen bieten zu speziellen Fragen häufig nur wenige Informationen oder sind, wenn sie sich an Wissenschaftler richten, zu voraussetzungsreich, als dass ein interessierter Laie das Angebot sinnvoll nutzen könnte. Das aber ist abhängig vom Thema und vom eigenen Vorwissen.

Rätsel

1. Es ist Voraussetzung dafür, um reflektiert und konstruktiv mit eigenen und fremden Geschichtsbildern umzugehen (*1. und 2. Buchstabe*)

2. Filmsprachliches Mittel und Oberbegriff für z. B. „close-up“ und „Halbtotale“ (*4. Buchstabe*)

3. Filmische Erzählung, die sich auf historische Epochen, Ereignisse und Personen bezieht sowie Fakten mit Fiktionen vermischt (*4. und 5. Buchstabe*)

4. Regisseur des Films „Luther“ von 2003 (Nachname) (*2. Buchstabe*)

5. Filmische Darstellung, die u. a. mit Zeitzeugenberichten, Originalfilmen, Experteninterviews und nachgespielten Szenen arbeitet (*7. bis 10. Buchstabe*)

6. Name eines großen Online-Nachschlagewerkes (*3. Buchstabe*)

7. Sie werden oft als „Quelle“ in Geschichtsdokumentationen eingesetzt (*7. Buchstabe*)

8. Fähigkeit, die Informations-, Kommunikations- und Medienkompetenzen gleichermaßen erfordert (*7. und 13. Buchstabe*)

9. Sie werden von Filmproduzenten eingesetzt, um in einer filmischen Darstellung Wahrheitsanspruch und Realismus zu suggerieren (*2. und 14. Buchstabe*)

Lösungswort:

Zur Auswertung des Rätsels siehe Code 32031-66.

Recherche und Präsentation

Geschichte im Film und in den Neuen Medien

1. + *Erklären Sie in Form eines kurzen Online-Lexikoneintrages das Lösungswort des Rätsels.*

2. + *a) Wählen Sie einen Geschichtsspielfilm aus und verfassen Sie dazu eine Filmkritik. Zur Vorbereitung können Sie sich dazu den Informationskasten „Eine Filmkritik erstellen“ auf Seite 452 nochmals ansehen.*
oder
b) Suchen Sie sich ein Fachportal aus dem Internet aus, das sich historischen Themen widmet. Analysieren Sie Aufbau und Inhalt des Portals. Was ist besonders gut gelungen? Was ist noch verbesserungswürdig? Auf welche Art und Weise könnten Schwachstellen behoben werden? Tragen Sie Ihre Ergebnisse in einer Tabelle zusammen.

Geschichts- und Erinnerungskultur

▸ Good Bye, Lenin!
Filmplakat von 2003.
- *Informieren Sie sich über den Inhalt des Films und seine Kritiken. Diskutieren Sie in der Klasse, ob er als Beitrag zur „Ostalgie“ gelten kann oder sich davon distanziert.*

Ziel

Klausuren

In Klausuren sollen Sie zeigen, dass Sie fachspezifisches Material anhand von Aufgaben angemessen bearbeiten können. Dabei sollen Sie ihr Wissen mit neuen Sachverhalten problembewusst verknüpfen und begründet Stellung nehmen.

Anforderung

Reproduktion

Im Anforderungsbereich I beschreiben Sie geordnet und gerafft historische Zustände oder Entwicklungen.

Reorganisation und Transfer

Im Anforderungsbereich II bearbeiten Sie Materialien problem- und methodenbewusst zu einem aus dem Unterricht bekannten Thema.

Reflexion und Problemlösung

Der Anforderungsbereich III verlangt gründliches Nachdenken und eine Lösung. Sie müssen auf Grundlage Ihrer Materialienanalyse ein Problem untersuchen und bewerten. Ihre Stellungnahme kann eine abwägende Diskussion gegensätzlicher Standpunkte erfordern. Abschließend müssen Sie dazu selbst Position beziehen.

Vorgehen

Aufgaben erfassen

☑ Lesen Sie die Aufgaben sorgfältig durch; unterstreichen Sie den Operator. Versuchen Sie, den Auftrag genau zu erfassen. Machen Sie sich ihn bei Bedarf in eigenen Worten klar. Finden Sie Schlüsselbegriffe und klären Sie kurz ihre Bedeutung.

Operatoren beachten

☑ Erledigen Sie die Aufgaben streng anhand der Operatoren. Sie zeigen Ihnen, zu welchen Anforderungsbereichen Sie jeweils arbeiten sollen.

Kernaussagen ermitteln

☑ Lesen Sie den Text zunächst als Ganzes, um Thema und Hauptaussagen im Zusammenhang zu begreifen. Im zweiten Durchgang ermitteln Sie aufgabenbezogen die wesentlichen Aussagen. Unterstreichen Sie dabei Wörter statt Sätze; so fällt es Ihnen leichter, eigene Formulierungen zu finden und sich von der Vorlage zu lösen.

Aussagen strukturieren

☑ Stellen Sie zunächst den Autor und die Quelle (Entstehungszeit, historischer Kontext, Adressaten) vor, wiederholen Sie aber nicht die wissenschaftliche Fundstelle des Textes.

Text gliedern

☑ Gliedern Sie Ihren Text folgerichtig. Setzen Sie Schwerpunkte in Inhalt und Umfang Ihres Textes. Achten Sie bei Ihrem Zeit- und Arbeitsaufwand auf die Gewichtung der Aufgaben.

☑ Geben Sie die Hauptgedanken eigenständig in indirekter Rede im Konjunktiv wieder.

Aussagen belegen

☑ Direkte Zitate empfehlen sich, wenn der Operator intensive Textarbeit verlangt und sie einen Kernaspekt in auffälligen Worten ausdrücken. Eine Erläuterung in eigenen Worten muss folgen.

☑ Halten Sie die Reihenfolge der Aufgaben ein. Vermeiden Sie Überschneidungen.

Stil

☑ Schreiben Sie kurze, verständliche Hauptsätze oder Satzgefüge. Drücken Sie sich sachlich aus und benutzen Sie Fachbegriffe.

Letzte Kontrolle

☑ Planen Sie Zeit für die Durchsicht ein. Lesen Sie Ihre Klausur zunächst nur unter inhaltlichen Gesichtspunkten; erst in einem zweiten Durchgang achten Sie auf Rechtschreibung, Grammatik und Satzbau. Achten Sie auf die Zeitenfolge (Präsens mit Perfekt; Präteritum mit Plusquamperfekt). Nutzen Sie zulässige Wörterbücher.

Tipps

- Die Frageoperatoren der Anforderungsbereiche I bis III finden Sie vorne im Buch erklärt (Hinweise zur Bearbeitung der Aufgaben).
- Über die Methodenarbeit informiert eine Übersicht ganz hinten im Schulbuch.

Einleitung

Der Verfasser/die Verfasserin (kurze Vorstellung) beschäftigt sich (Zeit/Kontext) mit .../ untersucht/setzt sich mit der Frage auseinander/behandelt das Problem .../thematisiert ...
Beispiel: Der Historiker Klaus J. Bade setzt sich 2002 mit der historischen und aktuellen Bedeutung von Migration auseinander (*vgl. M1, Seite 147*).

Einordnung in den historischen Kontext

Der Autor/die Autorin (Name) hat den Brief/Aufsatz/etc. verfasst/die Rede gehalten, als .... Die Quelle lässt sich vor dem Hintergrund von ... einordnen
Beispiel: Die Bürgerbewegung „Demokratie Jetzt" startet am 12. September 1989 einen Aufruf, der sich an alle Initiativgruppen und reformfreudigen Kräfte in der DDR richtet und auf aktuelle Probleme im Staat eingeht. Der Aufruf lässt sich vor dem Hintergrund der sich wirtschaftlich und politisch zuspitzenden Krise der DDR im Jahre 1989 einordnen (*vgl. M7, Seite 131f*).

Textwiedergabe „Kernthese"

Er/sie behauptet/ist der Meinung, dass ...
Beispiel: Der amerikanische Politikwissenschaftler Samuel Phillips Huntington behauptet, dass die Konflikte in der Welt in der Zukunft zwischen verschiedenen Großkulturen verlaufen werden (*vgl. M2, Seite 249*).

Textwiedergabe „Argumentation"

Der Verfasser/die Verfasserin begründet dies, indem er/sie .../belegt dies mit .../erklärt dies mit/hebt hervor/betont/kritisiert
Beispiel: Der Politikwissenschaftler Samuel Phillips Huntington betont, dass ein „weltweiter Kampf der Kulturen" nur zu vermeiden sei, wenn der Westen seine Kultur verteidigt und dieser nicht darauf hoffe, dass die anderen Kulturen sich ihm annähern werden (*vgl. M2, Seite 249*).

Zusammenfassung

Der Autor/die Autorin fasst seine/ihre Haltung/Sichtweise zusammen, indem er/sie .../ sagt abschließend .../kommt zu dem Schluss, dass ...
Beispiel: Eberhard Kolb, Professor für Geschichte, kommt zu dem Schluss, dass jeder Historiker durch die Gewichtung der verschiedenen Faktoren darüber entscheidet, wie er das Scheitern der Weimarer Republik interpretiert (*vgl. M11, Seite 384*).

Vergleich

Ebenso wie (ein anderer Autor/eine andere Autorin)/anders als (die Meinung/Argumentation/Position von) ...
Beispiel: Die Historiker František Graus und Peter Schuster nehmen unterschiedliche Standpunkte in Bezug auf die Krise des Spätmittelalters ein. Während Graus ... betont, hebt Schuster ... hervor (*vgl. M2, Seite 21f. und M3, Seite 22*).

Absicht

Er/sie will darauf hinweisen/erreichen/verdeutlichen/appelliert/zielt auf ...
Beispiel: Der britische Mathematiker, Philosoph und Friedensforscher Bertrand Russell will mit seinem in der „Times" am 23. Oktober 1945 erschienenden Leserbrief auf die Geschehnisse im Kontext der Vertreibung der deutschen Bevölkerung aufmerksam machen (*vgl. M7, Seite 164*).

Stellungnahme

Die Argumentation überzeugt (nicht)/ist widersprüchlich/schlüssig/(nicht) einleuchtend/ zutreffend, weil ... Ich stimme dem Autor/der Autorin zu/teile (nicht) die Haltung des Verfassers/der Verfasserin/schließe mich (nicht) der Argumentation an, weil ...
Beispiel: Die Argumentation des Politikwissenschaftler Samuel Phillips Huntington über einen weltweiten „Kampf der Kulturen" überzeugt/überzeugt nicht aus folgenden Gründen: ... (*vgl. M2, Seite 249f.*).

Aufgabenstellung

In einer Abiturklausur werden die Aufgaben zusätzlich zum **Pflicht-** und **Kernmodul** eines Semesters ein Thema eines weiteren Semesters (**Semesterübergriff**) ansprechen, und Sie werden in Form einer offenen Frage Kenntnisse über ein **Wahlmodul** einbringen müssen. Im Abitur erhalten Sie unterschiedliche Aufgaben für gA- und eA-Kurse (grundlegendes und erhöhtes Anforderungsniveau).

Pflicht- und Kernmodul

1. *Fassen Sie nach einer quellenkritischen Einführung Martin Luthers Aussagen zu den Missständen in der Kirche zusammen (M1).*
2. *Ordnen Sie Luthers Reformschrift in den historischen Kontext ein (M1).*
3. *Überprüfen Sie anhand der Definition des Historikers Rudolf Vierhaus (M2), inwieweit von einer Krise der Kirche im ausgehenden Mittelalter gesprochen werden kann. Beziehen Sie dabei die Ergebnisse der ersten beiden Aufgaben mit ein.*

Pflicht-, Wahl- und Kernmodul

4. *Vergleichen Sie anhand der Definition des Historikers Rudolf Vierhaus (M2) die Krisenzeit des Spätmittelalters mit einer Ihnen bekannten Krise aus der Neuzeit.*

Semesterübergriff

5. *Nehmen Sie zu M3 in einem Leserbrief Stellung, in dem Sie eine Position zu einem Ihrer Meinung nach sinnvollen Erinnern bzw. Gedenken an Martin Luther und die Reformation im Jahr 2017 beziehen. Gehen Sie in diesem Zusammenhang auch auf unterschiedliche Luther-Bilder in der Geschichte ein.*

Alternativ (Wahl- und Kernmodul)

6. *Wende – Umbruch – Revolution? Nehmen Sie ausgehend von den Aussagen des Historikers Andreas Rödder (M4) Stellung zum Ende der DDR.*

Materialien

M1 Die Kirche in der Krise

Martin Luther verfasst 1520 seine Schrift „An den christlichen Adel deutscher Nation von des christlichen Standes Besserung". Darin heißt es u.a.:

Der allerdurchlauchtigsten, großmächtigsten Kaiserlichen Majestät und dem christlichen Adel deutscher Nation
D. Martinus Luther.

[....] Die Romanisten[1] haben mit großer Behendigkeit drei Mauern um sich gezogen, womit sie sich bisher beschützt haben, sodass niemand sie hat reformieren können, wodurch die ganze Christenheit greulich gefallen ist.
Zum ersten: wenn man mit weltlicher Gewalt auf sie (ein) gedrungen ist, haben sie festgesetzt und gesagt, weltliche Gewalt habe kein Recht über sie, sondern umgekehrt: die geistliche sei über die weltliche. *Zum zweiten:* hat man sie mit der heiligen Schrift tadeln wollen, setzen sie dagegen, es gebühre niemand die Schrift auszulegen als dem Papst. *Zum dritten:* drohet man ihnen mit einem Konzil, so erdichten sie, es könne niemand ein Konzil berufen als der Papst. So haben sie uns die drei Ruten heimlich gestohlen, dass sie ungestraft sein können und sich in die sichere Befestigung dieser drei Mauern gesetzt, alle Büberei und Bosheit zu treiben, die wir denn jetzt sehen. [...]
Man hat's erfunden, dass Papst, Bischöfe, Priester und Klostervolk der geistliche Stand genannt wird, Fürsten, Herrn, Handwerks- und Ackerleute der weltliche Stand. Das ist eine sehr feine Erdichtung und Trug. Doch soll niemand deswegen schüchtern werden, und das aus dem Grund: alle Christen sind wahrhaftig geistlichen Standes und ist unter ihnen kein Unterschied außer allein des Amts halber, wie Paulus I. Kor. 12, 12 ff. sagt, dass wir allesamt ein Leib sind, [obwohl] doch ein jegliches Glied sein eigenes Werk hat, womit es den andern dienet. Das alles macht, dass wir eine Taufe, ein Evangelium, einen Glauben haben und [auf] gleiche [Weise] Christen sind, denn die Taufe, Evangelium und Glauben, die machen allein geistlich und Christenvolk. [...] Demnach werden wir allesamt durch die Taufe zu Priestern geweiht [...].

Zit. nach: http://gutenberg.spiegel.de/buch/martin-luther-sonstige-texte-270/1 (Zugriff: 12. Januar 2015)

[1] **Romanisten**: römische Kurie

M2 Was sind Krisen?

Der Historiker Rudolf Vierhaus (1922-2011) definiert in einem Lexikonartikel von 2002 den Begriff „Krisen" so:

Krisen sind Prozesse, deren Anfänge, Höhepunkte, Ende prinzipiell datierbar sind. Niedergangs-, Auflösungs-, Verfallsprozesse sind keine Krisen, wohl aber können ihnen sich steigernde Krisen vorangegangen sein. Krisen sind prinzipiell offene Prozesse; ihre Geschwindigkeit, ihr Ausgang sind nicht zwangsläufig, ihr Ablauf und ihr Wendepunkt selten so deutlich erkennbar wie in einem Krankheitsprozess. [...]
Von Krisen kann gesprochen werden, wenn zuvor bestehende stabile und funktionierende Zustände sich aufzulösen beginnen, erodieren[1], dysfunktional[2] werden und die eingetretenen Störungen nicht mit hergebrachten Mitteln überwunden werden können, sondern eine renovatio, eine Reform, eine Revolution erforderlich wird und erfolgt; geschieht dies nicht, handelt es sich nicht (mehr) nur um eine Krise. Kennzeichen von Krisen ist, dass es in ihrem Prozess Alternativen gibt, Phasen und Konstellationen, in denen sich entscheidet, ob sie überwunden werden können.
Krisen sind keine Naturprozesse, wohl aber können z.B. Erdbeben, Flutkatastrophen, Dürreperioden Krisen auslösen: Hungerkrisen, aber auch Krisen des Vertrauens in die Fähigkeit von Regierung und Verwaltung, mit ihnen fertig zu werden. Naturprozesse können Bedingungen der Möglichkeit von Krisen sein, diese sind von Menschen erfahrene, erlittene, gemachte und genutzte Krisen. Allerdings genügt subjektiv oder auch kollektiv geäußertes Krisenbewusstsein nicht als hinreichender Beweis, sondern kann allenfalls als Indiz für tatsächliche Krisen gelten. Indes kann Krisenbewusstsein Verlauf und Ausmaß einer Krise wesentlich beeinflussen. Krisen müssen, um als solche bezeichnet werden zu können, objektiven Charakter haben, also nicht nur herbeigeredet sein, indem vorübergehenden und vereinzelten krisenhaft erscheinenden Symptomen von Veränderung aus Sorge übertriebene Bedeutung zugeschrieben wird. [...]
Es geschieht nicht selten, dass der Krisencharakter gerade langfristiger Veränderungsprozesse, in die viele Menschen und Lebensbereiche involviert waren, nachträglich von der historischen Forschung unterschiedlich interpretiert, infrage gestellt oder überhaupt bestritten wird.

Stefan Jordan (Hrsg.), Lexikon Geschichtswissenschaft. Hundert Grundbegriffe, Stuttgart 2002, S. 193-195

[1] **erodieren**: hier: zerstören
[2] **dysfunktional**: einer Funktion, Wirkung o.Ä. abträglich, schädlich

M3 „Luther aus seiner Zeit heraus verstehen“

Der Redakteur Andreas Montag von der „Mitteldeutschen Zeitung“ führt mit dem Historiker Heinz Schilling am 7. August 2014 ein Interview anlässlich dessen Biografie „Martin Luther: Rebell in einer Zeit des Umbruchs“:

Herr Professor Schilling, jede Zeit, jede Herrschaft hat sich ihr Luther-Bild gebaut. In der DDR reihte man ihn gar bei den Revolutionären ein. Jetzt lernen wir Luther neu kennen. Was hat Sie dahin geführt?

Schilling: Das fünfhundertjährige Reformationsgedächtnis 2017 ist eine Herausforderung an die Geschichtswissenschaft, eine Bestandsaufnahme unserer Kenntnisse zu den damals handelnden Personen, ihren Absichten und Taten sowie deren langfristigen Ergebnissen vorzulegen. Das bezieht sich auch auf Leben und Charakter des Reformators, zumal eine Biografie die Chance bietet, Personen und Strukturgeschichte miteinander zu verbinden, das Allgemeine in der Person zu veranschaulichen.

Dabei fühle ich mich verpflichtet, den Ereignissen und Personen möglichst nahe zu kommen. Wobei klar ist, dass auch der Historiker das aus seiner Zeit heraus tut. Bei Luther kommt hinzu, dass eine fünfhundertjährige Rezeptionsgeschichte gleichsam archäologisch zu erforschen ist.

Und wie muss man sich diese archäologische Arbeit vorstellen?

Schilling: Es wird dabei deutlich, dass jener Luther, den man seit Jahrzehnten vor Augen hatte, ein anderer ist als der, zu dem man dann vordringen wird. Man muss Schichten abtragen: Die aus der DDR, die von 1917, aus dem Ersten Weltkrieg. Und jene von 1933, als die Nazis nach Luther griffen.

Dann kann man beginnen, Luther aus seiner Zeit heraus zu verstehen. So findet man einen ganz anderen Mann als jenen, den man aus dem Konfirmandenunterricht kennt oder den die gängigen Luther-Bilder zeigen.

Mit welchem Ansatz sind Sie also an die Arbeit gegangen?

Schilling: Um Luther, seine Motive und seinen Handlungshorizont den heutigen Menschen überhaupt verständlich zu machen, war herauszuarbeiten, dass der Reformator in einer Zeit und mit einem Wertekanon agierte, die in den Grundprinzipien nicht mehr die unsrigen sind. Das heißt, es musste der „fremde“ Luther herausgearbeitet werden, um dann auf dieser Grundlage zeigen zu können, was von diesem Mann für uns heute noch relevant ist. Nicht umgekehrt also, indem wir den Blick darauf richten, welche Themen man denn bei Luther noch finden kann. Auf diese Weise bricht man immer nur die Steine heraus, die einem gerade passen.

Eine ordentliche Geschichtsbetrachtung ist zudem immer auch auf die Zukunft gerichtet – stärker als auf die Gegenwart. Sonst kann man gar nicht erkennen, welche Perspektiven es etwa für die Evangelische Kirche noch gibt.

Frühere Luther-Bilder haben tiefe Prägungen hinterlassen, zum Teil sind sie aus heutiger Sicht auch mit Scham besetzt.

Schilling: Lassen Sie mich hier auf Ihre Eingangsfrage zurückkommen. Ich glaube nicht, dass es immer nur ein Luther-Bild der jeweils Herrschenden gab. Es war da immer auch eine Schicht von Intellektuellen, von denen sich diese Herrscher beraten ließen – mit negativen wie positiven Auswirkungen. Das gilt für das wilhelminische Deutschland wie für die kommunistische DDR. Und das gilt in gewisser Weise auch heute noch.

1983 sah man in der DDR die Gelegenheit gekommen, mit der Luther-Ehrung international einen Punkt zu machen, was zum Teil auch gelungen ist. Doch zugleich hat die neue, intensive Beschäftigung mit Luther das Geschichtsbild der DDR und wohl auch ein wenig das der Herrschenden korrigiert.

Und wie sah es früher aus?

Schilling: Im ausgehenden 19. Jahrhundert ist es ähnlich gewesen, als Wissenschaftler das Luther-Bild der Zeit geprägt und in ihrer national-konservativen Weise die preußische Regierung unterstützt haben. Das heißt für 2017, Historiker, aber auch Journalisten sind hier in einer besonderen Verantwortung, Unterstützung zu geben, gegebenenfalls auch Widerspruch zu leisten, wenn es nach ihrer Ansicht in die falsche Richtung geht. Freilich sind es heute, in der pluralistischen Gesellschaft, nicht nur Wissenschaftler oder Intellektuelle, die das Luther-Bild prägen. Es wirken viele Kräfte, darunter auch die Interessen des Tourismus.

Hier stellt sich die Frage nach dem rechten Maß. Und wer bestimmt es?

Schilling: (lacht) Ich verweise auf die berühmten Luther-Socken. [...] „Hier stehe ich. Ich kann nicht anders“, steht darauf. [...] Es ist dies ein Phänomen der Zeit, das man nicht verbieten kann. Wir leben ja in keiner gelenkten Demokratie. Entscheidend ist: Dies kann nicht das Einzige sein. Die Verantwortlichen für das Reformationsjubiläum im Jahr 2017 können sich natürlich freuen, wenn Menschen, denen Luther sonst nicht sonderlich nahe ist, auf die Märkte vor die Kirchen kommen. Aber man darf auf dieser Welle nicht schwimmen, sondern muss deutlich machen, dass es für diese Popularisierung einen Kern dessen gibt, was Luther, was die Reformation bedeuten, und zwar über die Lutheraner und die Christen hinaus für die heutige Zivilgesellschaft. [....].

Nach: www.mz-web.de/kultur/interview-mit-historiker-heinz-schilling--luther-aus-seiner-zeit-heraus-verstehen-,20642198,28056962.html (Zugriff: 12. Januar 2015)

M4 „Revolution" in Deutschland?

Der Historiker Andreas Rödder schreibt über das Ende der DDR:

Wie nun sind diese Entwicklungen in der DDR im Herbst 1989 und überhaupt in Deutschland 1989/90 zu bezeichnen? Unterschiedliche Begriffe sind im Umlauf – Wende, Umbruch, Zusammenbruch, Implosion, Revolution, zudem mit Zusatzbegriffen –, die nicht nur unterschiedlich taugliche analytische[1] Instrumente oder konzeptualisierte[2] Sachurteile darstellen, sondern oftmals zugleich politisch-moralische Werturteile enthalten.

„Wende" ist ein offener Begriff für den Gesamtvorgang, doch wurde er von Egon Krenz mit eindeutig systemimmanenter[3] Absicht geprägt; zudem ist er in Westdeutschland durch den Regierungswechsel von 1982 belegt und daher, wie auch der Begriff „Umbruch", als Kennzeichnung des Gesamtvorgangs zu schwach. Das Etikett „Zusammenbruch" benennt einen wichtigen Aspekt: ein handlungsunfähiges, marodes System, das unter dem Anstoß der Bürgerbewegung kollabierte – doch blendet es, und mehr noch der Begriff „Implosion", ebendiesen Anstoß und somit den Anteil der Bürgerbewegung aus, denn ganz von allein brach das Regime nicht zusammen. Umgekehrt schreibt der Begriff „Revolution", zumal in der Komposition als „friedliche" oder gar, mit Großbuchstaben, als „Friedliche Revolution" oder als „Bürgerrevolution", der Opposition bzw. der Bürgerbewegung die entscheidende Bedeutung als verursachende Kraft für das Ende des SED-Staates als einer „Selbstbefreiung" des Volkes zu. Diese Begrifflichkeit blendet die Schwäche des Regimes und die Dimension des Zerfalls der sowjetischen Herrschaft aus und ist zudem sehr normativ[4] aufgeladen, was die analytische Verwendung erschwert.

Dies kann aber nicht bedeuten, den Revolutionsbegriff vollständig auszuschließen. Seine analytische Tauglichkeit hängt nicht von einer missverständlichen öffentlichen Verwendung, sondern von seiner Definition und von seiner Bezeichnungskraft ab [...]. „Revolution" ist ein suggestiver[5] Begriff, dem allerdings eine eindeutige, allgemein akzeptierte Definition fehlt. Für eine handhabbare Begriffsbestimmung bietet sich ein Verständnis von Revolution als fundamentaler Veränderung der bestehenden politischen und sozialen Ordnung an, als Umwälzung, die zu einem Wechsel von Verfassung, politischem System und gesellschaftlichen Strukturen führt. Der Einsatz von Gewalt muss demgegenüber nicht zwingend Bestandteil einer Revolution sein; auch sind die Ursachen für die Kennzeichnung eines Vorgangs als Revolution nicht wesentlich. Entscheidendes Kriterium ist vielmehr der Grad des politisch-gesellschaftlichen Wandels.

In diesem Sinne bedeutete das Ende der SED-Herrschaft in der Tat eine grundlegende Umwälzung des politischen Systems und der Gesellschaft der DDR. Es war keine Revolution in jenem verkürzten und normativ aufgeladenen Sinne der „Friedlichen Revolution", in dem der Bürgerbewegung die alleinige oder vorrangige Bedeutung für den Sturz der Diktatur zugeschrieben wird. Der Gesamtvorgang aber war – auch mit Blick auf die internationale Dimension – nichts anderes als ein grundstürzender Wandel der bestehenden Ordnung und somit eine Revolution, in Deutschland auch mehr als die Ereignisse von 1848 und 1918, die vorbehaltlos als „Revolution" bezeichnet werden. Und in Verbindung mit dem weiteren Fortgang, in dem der Untergang des SED-Regimes und der gesamten DDR schließlich in die Wiedervereinigung Deutschlands mündete, war es: eine deutsche Revolution.

Andreas Rödder, Deutschland einig Vaterland. Die Geschichte der Wiedervereinigung, München 2009, S. 116 f.

[1] **analytisch**: erklärend
[2] **konzeptualisiert**: in einem Begriff zusammengefasst
[3] **systemimmanent**: hier auf den Rücktritt Honeckers und die angebliche Reformbereitschaft der SED unter Krenz bezogen
[4] **normativ**: bewertend

[5] **suggestiv**: das Gefühl ansprechend

Erwartungshorizont

Zu Aufgabe 1

- Die Quelle ist ein Auszug aus Martin Luthers Reformschrift „An den christlichen Adel deutscher Nation von des christlichen Standes Besserung", die er im Juni 1520 verfasst. Darin wendet sich der Theologe an Kaiser Karl V. und den deutschen Adel mit der Intension, diesen aufzufordern, Reformen umzusetzen. Es handelt sich daher um eine öffentlich in den Druck gegangene und in der Volkssprache abgefasste Schrift.
- In der Adelschrift legt Luther seine theologischen und kirchenreformatorischen Vorstellungen dar. Er kritisiert verschiedene Missstände in der Kirche. Dabei bedient er sich des Bildes der drei Mauern, die die römische Kurie als Schutz gegen alle Reformversuche um sich gezogen habe. Luther hebt hervor, dass Rom die geistliche Gewalt über die weltliche stelle. Zudem behaupten die „Romanisten", dass nur der Papst die Heilige Schrift auslegen und ein Konzil einberufen dürfe.
- Luther formuliert in seiner Schrift auch die Lehre vom allgemeinen Priestertum der Gläubigen. Demnach seien alle Christen durch die Taufe geistlichen Standes bzw. zu Priestern geweiht.

Zu Aufgabe 2

- Martin Luther sucht im Herbst 1517 noch die theologische Diskussion mit Kollegen über die Ablasspraxis (Stichwort: 95 Thesen), drei Jahre später richtet sich die Kritik gegen das Papsttum, das Priestertum und die Teile der katholischen Glaubenslehre, die nicht aus der Bibel abzuleiten sind. Luther ist überzeugt, dass der wahre Glaube nur auf dem Evangelium gründen könne.
- Luthers Adelschrift zählt zu den drei großen Reformschriften des Jahres 1520. Er verfasst sie im Juni. Im gleichen Monat erlässt der Papst eine Bannandrohungsbulle gegen ihn, welche Luther im Dezember verbrennt. Im Januar 1521 folgt der Kirchenbann.
- Luther übt in seiner Schrift scharfe Kritik am herkömmlichen Kirchenverständnis und der kirchlichen Praxis (Zeile 1-15). Er fordert die Adligen zu Reformen auf. Seine Vorschläge, die vor allem kirchliche Belange, aber auch das politische und soziale Leben betreffen, sind nicht in dem Quellenauszug enthalten. Allerdings kann Luthers Kritik an Rom (Zeile 1-15) im Kontext zeitgenössischer Kirchenkritik und Reformdiskussion betrachtet werden (siehe hierzu das Kapitel „Die Kirche in der Krise", Seite 50 f.). Auch auf die seit Mitte des 15. Jahrhunderts vorgebrachten Beschwerden aus dem deutschen Raum gegen Papst und römische Kurie (Stichwort: „Gravamina der deutschen Nation", siehe dazu den dritten Arbeitsauftrag auf Seite 55, M4) lässt sich Bezug nehmen.
- Der Theologe richtet sich mit seinen Reformvorschlägen direkt an die weltlichen Obrigkeiten – an den deutschen Adel und Karl V., der erst 1519 zum römisch-deutschen König gewählt wurde. Dies hat auch seinen Grund. Luther erkennt die Überordnung des geistlichen Standes über den weltlichen Stand nicht mehr an. Für ihn sind alle Getauften Priester (Zeile 20-33). Mit seiner Lehre vom allgemeinen Priestertum erhöht Luther den Status des Laien und verhilft dem weltlichen Stand, sich aus seiner Unmündigkeit zu befreien.

Zu Aufgabe 3

- Hier wenden Sie die Kriterien von Vierhaus, die seiner Definition des Begriffes „Krise" zugrunde liegen (Erosion und Dysfunktionalität, Reformbedarf, Datierbarkeit, Zuspitzung und Wendepunkt, offene Prozesse und Alternativen), auf die Situation der Kirche im ausgehenden Mittelalter an, indem Sie die Kriterien des Historikers an konkreten Inhalten festmachen.

Die nachstehenden Gesichtspunkte bieten dazu eine Hilfe:

- Das von 1378 bis 1417 andauernde Große Abendländische Schisma schwächt das Ansehen des Papsttums. Hinzu tritt die zunehmende Kritik an der reich gewordenen Institution Kirche und ihrer Glaubenslehre. Bezug nehmend auf M1 könnten hier die von Luther genannten Missstände aufgeführt werden (Zeile 1-15). Daneben sollte auch Luthers Kritik an der Ablasspraxis (siehe Seite 56) ebenso wie die Kirchenkritik von Wyclif und Hus (vgl. Seite 50) Erwähnung finden. Zudem könnten für den deutschen Raum die Beschwerden der „Gravamina der deutschen Nation" herangezogen werden (*Erosion und Dysfunktionalität*). Aufgrund der mannigfaltigen Probleme in der Kirche bestand also ein entsprechender *Reformbedarf*.
- Die Krise der Kirche ist nur ungefähr *datierbar*. So kann die Kirchenspaltung im 14. Jahrhundert (Großes Abendländisches Schisma) als Krisenbeginn gesehen werden. Wenn allerdings nur der deutsche Raum betrachtet wird, kann hier als Anfang der Krise auch die zunehmende Kritik an der Institution Kirche angeführt werden. Hier sind insbesondere die seit Mitte des 15. Jahrhunderts auf den Reichstagen in Deutschland regelmäßig hervorgebrachten Beschwerden („Gravamina") gegen den Papst und die römische Kurie zu nennen.
- Es gibt mehrere Phasen der *Zuspitzung*, die als *Wendepunkte* gesehen werden können, wie zum Beispiel das Große Abendländische Schisma, die Reformkonzile (Konstanz und Basel), die Kritik an der Ablasspraxis/Luthers 95 Thesen oder Luthers Reformschriften von 1520. In den Reformkonzilen von Konstanz (1414-1418) und Basel (1431-1449) zeigt sich eine *Existenz von Alternativen*, die die Krise der Kirche zu einem *offenen Prozess* macht. Letztlich erweist sich die Kirche aber als unfähig, den Reformforderungen Rechnung zu tragen. Eine erhoffte Reform der Kirche „an Haupt und Gliedern" misslingt.

Zu Aufgabe 4

- Sie wenden wie in Aufgabe 3 die Krisen-Kriterien von Vierhaus an. Allerdings steht hier das Spätmittelalter als Krisenzeit im Mittelpunkt. So ließen sich u.a. folgende Aspekte betrachten: religiöse Krisen (Kirche/Papsttum), soziale Krisen (Pest/Judenverfolgungen), wirtschaftliche Krisen (Klimawandel, Agrarkrise) und politische Krisen (Probleme in den Städten/Partizipationsbewegungen, Probleme im Reich/Reichsreform).
- Anschließend vergleichen Sie Ihre Ergebnisse mit einer Krise aus der Neuzeit, z.B. mit der Krise des Ancien Régime. Es könnten z.B. folgende Gesichtspunkte genannt werden:
- Die hohe Staatsverschuldung Frankreichs u.a. durch Hofhaltung, teure Kriege und eine große Armee macht Reformen notwendig (*Dysfunktionalität und Reformbedarf*). Die Auslöser der Krisen des Spätmittelalters sind dagegen vielfältiger Natur. Krisenerscheinungen lassen sich nicht nur auf wirtschaftlicher und politischer Ebene ausmachen, sondern sind auch im religiösen und sozialen Bereich anzutreffen.
- Ebenso *dysfunktional* erscheint die Blockade von Reformen durch die Gerichtshöfe und den französischen Adel, der auf seinen Privilegien beharrt. Hier könnte beispielsweise ein Bezug zur spätmittelalterlichen Kirche und deren Unfähigkeit, angemessen auf Reformforderungen einzugehen, hergestellt werden.
- Die Krise des Ancien Régime ist in ihren Anfängen deutlicher als die Krisen des Spätmittelalters *datierbar*. Ihren Anfang nimmt die Krise bereits in die 70er-Jahre des 18. Jahrhunderts.
- Wie im Spätmittelalter erfolgt auch im Ancien Régime eine *Zuspitzung* der Krise. Die Einberufung der Generalstände führt letztlich zum Ballhausschwur und in einem weiteren Schritt zum Sturm auf die Bastille. Diese *Wendepunkte* treten deutlich hervor wie – bleibt man bei der religiösen Krise – die Kritik an der Ablasspraxis/Luthers 95 Thesen oder Luthers Reformschriften von 1520.

- Die Wendepunkte führen in Frankreich zur Umgestaltung des Staates durch eine Revolution. Die Krisen des Spätmittelalters sind hingegen nicht durch eine Revolution überwunden worden. So ist beispielsweise die Reformation eher als ein „Umbruch" zu sehen. Von einer Revolution kann auch bei den städtischen Konflikten im Spätmittelalter nicht die Rede sein. Diese sind vielmehr als „Revolten" zu bezeichnen.
- Die verschiedenen staatstheoretischen Ideen und Ansätze im Zuge der Französischen Revolution zeigen (klarer als im Spätmittelalter) die *Offenheit des Prozesses*.

Zu Aufgabe 5

- Bevor die Frage beantwortet wird, sollte sich der Aufbau eines Leserbriefes klargemacht werden. So stellt dieser eine kurze schriftliche Meinungsäußerung zu einem Beitrag dar. Er sollte folgende Elemente enthalten: Anrede, Bezugnahme, Argumente/Beispiele und Schlussteil. Im Leserbrief kann eine zustimmende oder ablehnende Haltung zu einem Sachverhalt eingenommen, etwas richtig gestellt oder ergänzt werden. Im Schlussteil sollte dann eine Stellungnahme erfolgen, die die eigene Position zugespitzt (pointiert) und zusammengefasst verdeutlicht, die Anregungen z.B. für eine Veränderung macht und dabei die Leser zur Mithilfe auffordert (appellatives Urteil).
- Im Leserbrief, der in Aufgabe 5 verlangt wird, soll Position zu einem sinnvollen Erinnern bzw. Gedenken an Martin Luther und die Reformation im Jahr 2017 bezogen werden. Das Zeitungsinterview mit Heinz Schilling bietet verschiedene Anknüpfungspunkte, zu denen Sie sich äußern können. Für den Brief sollten Sie sich auf einen Aspekt des Interviews beschränken. So hebt der Historiker z.B. hervor, dass man sich vergegenwärtigen sollte, was Luther und die Reformation für die heutige Zivilbevölkerung bedeuten (Zeile 82-86). Über das Interview hinaus, könnte im Leserbrief auch auf die Kommerzialisierung von Luther und der Reformation (Luther-Socke, Zeile 74-78; Luther-Playmobilfigur, siehe dazu Seite 65) eingegangen und diese kommentiert werden.
- An die Ausführungen zum heutigen Erinnern bzw. Gedenken lässt sich ein Vergleich anknüpfen. So soll im Leserbrief auch auf unterschiedliche Luther-Bilder eingegangen werden (vgl. dazu Seite 64). Auch Schilling geht auf den Wandel der Luther-Bilder ein (Zeile 20-24, 47-59). Seine Aussagen könnten noch ergänzt werden.
- Das appellative Urteil zum Schluss könnte eine Aufforderung bzw. Anregung für eine differenzierte Erinnerung an Luther enthalten, die einer einseitigen Mythisierung seiner Person vorbeugt und gleichzeitig die Bedeutung des Wirkens des Reformators für die Gegenwart herausstellt.

Zu Aufgabe 6

- Ausgehend von M4 sind verschiedene Begriffe wie „Wende", „Umbruch", „Zusammenbruch", „Implosion" und „Revolution" (darunter „friedliche Revolution" und „Bürgerrevolution") zur Beschreibung des historischen Geschehens von 1989/90 zu bewerten. Dies kann in Form einer Pro- und Kontra-Abwägung geschehen.
- Wesentliche Entwicklungen und Ereignisse und ihre Bedeutung für das Ende der DDR können dabei herangezogen werden. Zum Beispiel: Perestroika und Glasnost in der Sowjetunion unter Gorbatschow und die Folgen im Ostblock, Wirtschaftskrise, Bürgerrechtsbewegung (u.a. Neues Forum), Bürgerprotest und Kommunalwahlen in der DDR 1989, Grenzöffnung in Ungarn, Flucht in bundesdeutsche Botschaften in Budapest, Prag und Warschau im Sommer 1989, Massendemonstrationen (u.a. in Leipzig), Öffnung der Berliner Mauer, SED in Auflösung etc.
- Zudem können bekannte Theorien über Revolutionen auf die Entwicklungen von 1989/90 angewendet und ggf. in Kontrast zu M4 gesetzt werden.

Aufgabenstellung

In einer Abiturklausur werden die Aufgaben zusätzlich zum **Pflicht-** und **Kernmodul** eines Semesters ein Thema eines weiteren Semesters (**Semesterübergriff**) ansprechen, und Sie werden in Form einer offenen Frage Kenntnisse über ein **Wahlmodul** einbringen müssen. Im Abitur erhalten Sie unterschiedliche Aufgaben für gA- und eA-Kurse (grundlegendes und erhöhtes Anforderungsniveau).

Pflichtmodul

1. *Fassen Sie M1 und M2 jeweils nach einer textkritischen Einführung zusammen.*
2. *Setzen Sie M1 und M2 in Beziehung und erläutern Sie die historischen Bezüge in beiden Texten.*

Pflicht-, Kern- und Wahlmodul

3. *a) Erläutern Sie anhand eines Ihnen bekannten historischen Beispiels aus Antike oder Neuzeit das Phänomen Kulturkontakt.*
   b) Erläutern Sie ausgehend von M1, M2 und M3, inwiefern sich Vorgeschichte und Folgen von Flucht und Vertreibung im Umfeld des Zweiten Weltkrieges mithilfe einer Ihnen bekannten Theorie von Kulturkontakt bzw. -verflechtung vergleichen lassen.

Semesterübergriff

4. *Erörtern Sie ausgehend von M4 und unter Bezugnahme auf M1 und M2 die Problematik eines Erinnerns an Flucht und Vertreibung in Deutschland. Berücksichtigen Sie dabei auch den Zusammenhang mit dem nationalen Selbstverständnis in der Bundesrepublik.*

Materialien

M1 „Zentrum gegen Vertreibungen"

Im Jahr 2000 wird unter Federführung von Erika Steinbach, Präsidentin des Bundes der Vertriebenen, und Peter Glotz, ehemaliger SPD-Bundestagsabgeordneter, die Stiftung „Zentrum gegen Vertreibungen" gegründet. Das Vorhaben löst eine breite Debatte über die Formen des Erinnerns aus und stößt vor allem in Polen und Tschechien auf scharfe Kritik. Im Mai 2002 schreibt Steinbach:

Die Stiftung „Zentrum gegen Vertreibungen" hat sich zur Aufgabe gemacht, einen Überblick über die Integration von 15 Millionen Vertriebenen in Deutschland zu geben, Geschichte und Schicksal der deutschen Heimatvertriebenen aufzuarbeiten und der Vertreibung anderer Völker Raum zu geben. Sie will mit einem Informations- und Dokumentationszentrum dazu beitragen, dass Vertreibung als Mittel von Politik geächtet wird.

Das ist eine Aufgabe der Deutschen selbst. Deutschland muss diesen Teil seiner Geschichte aufarbeiten und sich mit ihm auseinandersetzen.

Es muss deshalb in Deutschland endlich einen Ort geben, an dem dieser dramatische Teil einer gigantischen Bevölkerungsverschiebung erfahrbar wird. Es muss einen Ort geben, an dem erkennbar wird, in welchem Ausmaß die Integration der deutschen Heimatvertriebenen das Land, seine Städte und Dörfer verändert hat. [...] Deshalb ist Berlin als deutsche Hauptstadt für das „Zentrum gegen Vertreibungen" der richtige Sitz.

Die Vertreibungsgebiete befinden sich in ganz Mittel-, Ost- und Südosteuropa und umfassen insbesondere Estland, Lettland, Russland, Rumänien, Jugoslawien, Polen, die Tschechoslowakei und Ungarn. Es ist erfreulich, dass sich in Polen ein lebhaftes Interesse für das „Zentrum gegen Vertreibungen" zeigt, ja, dass es Stimmen gibt, die diese Einrichtung in Breslau angesiedelt haben möchten. Es wäre begrüßenswert, wenn sich in Prag oder anderen europäischen Vertreibungsgebieten eine gleichermaßen offene Diskussion entfalten würde. [...]

Es ist ein zentrales Anliegen der Stiftung „Zentrum gegen Vertreibungen", das Schicksal anderer europäischer Heimatvertriebener nicht auszublenden, sondern zu einem integralen Bestandteil in Berlin zu machen. Dazu sind auch Persönlichkeiten aus unseren Nachbarländern als Ratgeber willkommen.

Der Bund der Vertriebenen hat am 6.9.2000 mit dieser gemeinnützigen Stiftung einen wichtigen Schritt getan. Über den Schmerz des eigenen Schicksals hinaus wird das Thema Vertreibung als ein universelles Menschenrechtsanliegen aufgegriffen. Nicht nur persönliches Leid, sondern der Blick und das Mitgefühl für andere Opfer prägen das Stiftungsanliegen.

Zentrum gegen Vertreibungen. Diskussion in Polen und in Deutschland. Pressemitteilung des Bundes der Vertriebenen Nr. 17 vom 16.5.2002, zitiert nach: www.bund-der-vertriebenen.de/presse/index.php3?id=19 (Zugriff: 4. März 2014)

M2 „Was haben wir uns angetan?"

In einem Interview mit der Wochenzeitung „Die Zeit" am 28. August 2003 spricht der damalige Außenminister Joschka Fischer über ein mögliches Zentrum gegen Vertreibungen und über das Geschichtsbild der Deutschen:

ZEIT: Herr Außenminister, in Berlin soll ein Zentrum gegen Vertreibungen gebaut werden. Sie selbst waren ungarndeutsches Flüchtlingskind. Wie stehen Sie zu der Idee?

Fischer: Die gegenwärtige Debatte über Deutsche als Opfer, die vor allem mit dem deutschen Rückzug und dem Vormarsch der Roten Armee beginnt, halte ich für völlig verkürzt. Ich sage das auch vor dem Hintergrund des Schicksals meiner eigenen Familie. Wenn wir über Vertreibung sprechen, kann man das, was vorher war, nicht außen vor lassen. Sonst kommt man zu einer völlig falschen Debatte, die da lautet: Die Deutschen waren auch Opfer. Damit relativiert man die historische Schuld und kommt in die unheilvolle Konfrontation einer verzerrten Geschichtswahrnehmung, die weder der Wirklichkeit entspricht noch unseren europäischen Interessen. Die Debatte, die noch offen ist, heißt: Was haben wir uns selbst angetan? Was haben wir dadurch verloren?

ZEIT: Haben das die Deutschen mehr als 50 Jahre nach dem Ende des Krieges noch nicht debattiert?

Fischer: Wir haben offenbar noch nicht wirklich debattiert, was wir verloren haben mit der Selbstzerstörung. Den Schmerz über das Verlorene kann ich gut verstehen. Aber es muss der Schmerz darüber sein, was wir uns selbst angetan haben, und nicht darüber, was andere uns angetan haben.

ZEIT: Aber auch das ist Opferschmerz.

Fischer: Der Schmerz über das Verlorene, über die Zerstörung der deutsch-jüdischen Symbiose, der Schmerz über den unwiederbringlichen Verlust an Kultur, der Schmerz, den man empfindet, wenn man heute etwa in Galizien [Südukraine und Westpolen] oder Thessaloniki [Griechenland] ist, der Schmerz über den Verlust dieser alten jüdischen Kultur, die dort von den Nationalsozialisten dauerhaft zerstört wurde – das alles ist auch eine Selbstzerstörung deutscher Kultur.

Das endete mit der Zerstörung alter deutscher Städte, mit dem Verlust der Heimat und mit der Zerstörung alter deutscher Minderheiten in Südost- und Osteuropa. Dieser Selbstzerstörung kann man allerdings nicht gedenken, indem man bei 1944 beginnt. Das muss früher beginnen. [...]
[...] Wenn man das Thema der Vertreibung national erinnern will, dann geht es nicht um eine Gedenkstätte zur Erinnerung an die Vertriebenen, sondern dann muss es ein Projekt sein, das die deutsche Selbstzerstörung thematisiert. Wenn man beim Aspekt „gegen die Vertreibung" ansetzen will, dann muss das in einem europäischen Kontext stehen, darf es also kein nationales Projekt sein. Denn sonst besteht der begründete Verdacht, dass es letztlich auf das Umschreiben von Geschichte hinausläuft, also eine Täter-Opfer-Verkehrung.

„Was haben wir uns angetan?" Interview der ZEIT mit Außenminister Joschka Fischer vom 28.8.2003, zitiert nach: www.zeit.de/2003/36/Fischer/ (Zugriff: 4. März 2014)

M3 Im Fremden zuhause

Der Journalist Norbert F. Plötzl schreibt 2011 über die Ausgrenzung der Flüchtlinge und Vertriebenen im Westen:

Als Millionen Vertriebene und Flüchtlinge aus den Siedlungsgebieten im Osten verjagt wurden und in das zerstörte Rest-Deutschland drängten, waren sie für die meisten Einheimischen keine Landsleute mehr, sondern unerwünschte Fremdlinge.
Sie wurden als „Polacken" beschimpft, obwohl sie gerade wegen ihres Deutschseins aus der angestammten Heimat ausgewiesen worden waren. Vertriebenensiedlungen wurden als „Neukorea" oder „Bolschewikien" verspottet. [...]
Für die Alteingesessenen waren sie bestenfalls Exoten. Die Neuankömmlinge brachten die hergebrachten Sitten und Strukturen durcheinander. Plötzlich wurden bislang rein evangelische Landstriche von katholischen Schlesiern und Sudetendeutschen bevölkert oder katholische Gegenden von protestantischen Pommern und Ostpreußen durchmischt. [...]
Sie hatten sich nicht aussuchen können, wohin sie kamen. Die Alliierten hatten sich auf bestimmte Kontingente für ihre Besatzungszonen geeinigt und brachten die Vertriebenen dort unter, wo noch Kapazitäten vorhanden schienen. [...]
Nicht nur der schon an der NS-„Volksforschung" beteiligte Vertriebenensoziologe Max Hildebert Boehm beklagte diese „vollkommene Zerstückelung, Zerstreuung und Zerstörung der ostdeutschen Volkstumsgruppen". Auch ein Linker wie Günter Grass erklärte, man habe „die ostdeutschen Provinzen zweimal verloren": zuerst territorial als Ergebnis des selbstverschuldeten Weltkrieges, dann aber auch kulturell durch die selbstverschuldeten Fehler der Nachkriegszeit.
Man hätte, meint Grass, die Flüchtlinge nach 1945 zwar nicht in isolierten, aber doch „geschlossenen Wohngebieten" ansiedeln sollen, „um so das gemeinsame Geisteserbe" Ostdeutschlands bewahren zu können – nicht zuletzt die unterdessen „praktisch verlorenen Dialekte"; immerhin sei zum Beispiel Schlesisch „die Wiege der deutschen Barockliteratur" gewesen. Grass: „Es ist auch ein Stück Kultur verloren gegangen, und zwar unwiederbringlich."

Norbert F. Plötzl, Hitlers letzte Opfer, in: Annette Großbongardt, Uwe Klußmann und Norbert F. Pötzl (Hrsg.), Die Deutschen im Osten Europas. Eroberer, Siedler, Vertriebene, Bonn 2011, S. 235-247, hier S. 235-240

M4 Die Bundesrepublik als „Opfergesellschaft"?

Der Historiker K. Erik Franzen schreibt 2003 zum neueren „Opferdiskurs" in der Bundesrepublik:

Opfer stellen Forderungen. Die Wiederkehr des Opferdiskurses der fünfziger Jahre im neo-nationalen Gewand wird jedoch in der politischen Ausrichtung anders instrumentalisiert: Die öffentliche Debatte dient heute nicht mehr zur innenpolitischen Stabilisierung der frühen Nachkriegsgesellschaft, für die der Integrationsprozess von Einheimischen und Neuhinzugekommenen auf vielen Ebenen ein ernsthaftes Problem – und eben keine einfache Erfolgsgeschichte – darstellte. Heute ist der Vertriebenendiskurs vielmehr außenpolitisch konnotiert, wie die kontroversen Diskussionen um den EU-Beitritt Polens und Tschechiens belegen: Ein neues Deutschland in der Mitte eines neuen Europa ringt mit seinem zunehmend extrovertiert zur Schau getragenen neuen Selbstbewusstsein.
[...] Die Gefahr der momentanen Debatte liegt darin, dass sich das Diskursklima in der Bundesrepublik von diesem einseitigen „Charme des Opferstatus" [Samuel Salzborn] beeindrucken und beeinflussen lässt und daraus eine Verschiebung der Erinnerungshaltung resultiert. „Neben die dominante Erinnerung an den Holocaust tritt eine Erinnerung an die Leiden der Deutschen, an die Vertreibung und die Opfer, die das deutsche Volk hat bringen müssen. [...] Es gibt Anzeichen dafür, dass die Bundesrepublik mehr und mehr als Opfergesellschaft konzipiert wird und sich somit moralisch einreiht in die Gesellschaften, die unter der nationalsozialistischen Herrschaft gelitten haben." [Harald Welzer]

K. Erik Franzen, In der neuen Mitte der Erinnerung. Anmerkungen zur Funktion eines Opferdiskurses, in: Zeitschrift für Geschichtswissenschaft, 51. 2003, H. 1, S. 49-53, hier S. 52

Erwartungshorizont

Zu Aufgabe 1

- Der Textauszug M1 stammt aus einer Pressemitteilung des Bundes der Vertriebenen zum Thema „Zentrum gegen Vertreibungen. Diskussion in Polen und in Deutschland“ vom Mai 2002. Darin beschäftigt sich Erika Steinbach, die Präsidentin des Bundes, mit der zwei Jahre zuvor gegründeten Stiftung „Zentrum gegen Vertreibungen“. Ihre Intention ist es, der interessierten Öffentlichkeit innerhalb und außerhalb Deutschlands darzulegen, was das Anliegen der Stiftung ist und warum diese ihren Sitz in Berlin haben soll. Steinbach benennt als Aufgaben der Stiftung die Aufarbeitung der Geschichte und des Schicksals der deutschen Flüchtlinge und Vertriebenen und auch anderer Zwangsmigranten in Europa. Ein geplantes Informations- und Dokumentationszentrum solle dazu beitragen, dass Vertreibung als ein universelles Menschenrechtsanliegen aufgegriffen und als Mittel der Politik geächtet werde. Dies sei vorrangig eine Aufgabe der Deutschen, da es sich um einen wichtigen Teil der deutschen Geschichte handele. Entsprechend müsse der Sitz des „Zentrums gegen Vertreibungen“, als Ort, an dem jener „dramatische Teil einer gigantischen Bevölkerungsverschiebung“ (Zeile 13 f.) sichtbar werde, in Berlin und nicht an einem anderen Ort in Europa liegen.
- Der Textauszug M2 stammt aus einem Interview, das der ehemalige deutsche Außenminister Joschka Fischer der Wochenzeitung „Die Zeit“ im August 2003 gegeben hat. Auf Nachfrage äußert sich Fischer darin zu den Plänen für ein „Zentrum gegen Vertreibungen“, das in Berlin entstehen soll. Mit Bezug auf das Geschichtsbild der Deutschen weist Fischer darauf hin, dass die Debatte über „Deutsche als Opfer“ im Zusammenhang von Flucht und Vertreibung zu kurz greife. Die Vorgeschichte dürfe nicht ausgeblendet werden, denn ansonsten laufe man Gefahr, durch eine Konzentration auf die Opferperspektive Täter und Opfer zu verkehren und die historische Schuld der Deutschen zu relativieren. Im Vordergrund müsse nicht die Frage stehen, was andere den Deutschen, sondern was die Deutschen sich selbst angetan hätten. Damit müsse man aber schon vor 1944 ansetzen. Wenn man also eine Gedenkstätte schaffen wolle, dann besser eine, die sich mit der Geschichte der deutschen Selbstzerstörung beschäftige. Es dürfe sich dabei außerdem keinesfalls um ein nationales Projekt handeln.

Zu Aufgabe 2

- Im Hintergrund beider Texte steht der Plan des Bundes der Vertriebenen, in Berlin ein „Zentrum gegen Vertreibungen“ zu gründen.
- Erika Steinbach (M1) tritt für die Schaffung einer solchen Gedenkstätte ein. Ihr Hauptaugenmerk gilt dabei den deutschen Flüchtlingen und Vertriebenen, die aus Ost-, Ostmittel- und Südosteuropa stammen, ihrer Geschichte, ihrem Schicksal und ihrer Integration in Deutschland.
- Steinbach nimmt damit Bezug auf die ca. 12,5 Millionen Flüchtlinge und Vertriebenen, die ab 1944 aus den ehemaligen Ostgebieten des Deutschen Reiches und den Siedlungsgebieten der „Volksdeutschen“ in das Gebiet der Bundesrepublik Deutschland und der DDR gelangt waren. Ihre Zwangsmigration fand unter menschenunwürdigen Bedingungen und Umständen statt. Die Integration der Flüchtlinge und Vertriebenen im Nachkriegsdeutschland gestaltete sich schwierig. Unterbringung und Versorgung waren häufig schlecht, die Eingesessenen reagierten nicht selten mit Ablehnung. Die Anstrengungen der Flüchtlinge und Vertriebenen sowie staatliche Maßnahmen wie die Währungsreform (1948) oder das Lastenausgleichsgesetz (1952) führten jedoch langfristig zu einer erfolgreichen Integration.

- Joschka Fischer (M2) gibt zu bedenken, dass, wenn man das Thema „Vertreibung“ erinnern wolle, es eingebettet sein müsse in den größeren Zusammenhang deutscher Selbstzerstörung. Dabei könne man allerdings nicht 1944 ansetzen, also mit dem deutschen Rückzug und dem Vormarsch der Roten Armee, sondern müsse viel früher beginnen. Zu berücksichtigen wären in diesem Zusammenhang etwa die Zerstörung der alten jüdischen Kultur und der deutsch-jüdischen Symbiose in Ost- und Südosteuropa, dann aber auch die Zerstörung alter deutscher Städte und deutscher Minderheiten in Südost- und Osteuropa.
- Fischer geht es um den größeren Zusammenhang von Flucht und Vertreibung, den er mit der „deutschen Selbstzerstörung“ umreißt. Dabei spielt die Vorgeschichte – vor 1944 – eine entscheidende Rolle: Die Politik der Nationalsozialisten sprengte mit dem Holocaust, dem deutschen Angriffskrieg und dem Besatzungsterror jegliche Maßstäbe. So wäre der Zweite Weltkrieg mit seinen genozidalen Erscheinungsformen als Ursache für Flucht und Vertreibung einzubeziehen.
- Schließlich spricht sich Steinbach zwar für eine Berücksichtigung anderer Vertreibungen in Europa aus, ihr Fokus liegt jedoch auf den deutschen Flüchtlingen und Vertriebenen, was sich auch in ihrem Eintreten für einen Sitz des geplanten Zentrums in Berlin zeigt. Demgegenüber plädiert Fischer mit Blick auf eine Auseinandersetzung mit Flucht und Vertreibung gegen ein nationales Projekt in Deutschland und für eine enge europäische Zusammenarbeit.

Zu Aufgabe 3a

- Kulturkontakt-Theorien gehen davon aus, dass Menschen einer bestimmten Kultur angehören und als deren Vertreter zu sehen sind. Die Geschichte der Menschheit wird entsprechend als Abfolge von Kulturkontakten betrachtet. So wird zum Beispiel die Geschichte des Römischen Reiches als Geschichte der Verbreitung der römischen Kultur, also als „Romanisierung“, angesehen.
- Gegen die Vorstellung einer einfachen „Übertragung“ von Kultur ist vielfach eingewendet worden, dass Kulturkontakt vielmehr immer eine Vermischung zur Folge habe. So habe das Römische Reich nicht nur seine Kultur verbreitet, sondern sei auch selbst durch den Kontakt mit anderen Kulturen verändert worden. Ein gutes Beispiel hierfür ist die Ausbreitung des Christentums im Römischen Reich. Daher ist es treffender, von einer fortwährenden Geschichte des Kulturaustausches und der kulturellen Vermischung zu sprechen. Entsprechend gibt es keine „reinen“ Kulturen, sondern Kulturen sind immer das Ergebnis eines kontinuierlichen kulturellen Austausches.

Zu Aufgabe 3b

- Am ehesten auf die Vorgeschichte und Folgen von Flucht und Vertreibung passend scheint Urs Bitterlis Ansatz der „Kulturverflechtung“. Hierunter versteht er ein länger dauerndes Zusammenleben und -wirken von Bevölkerungsgruppen verschiedener Kultur im selben geografischen Raum. Zum einen lässt sich in der Vorgeschichte von Flucht und Vertreibung die multikulturelle Welt Mitteleuropas, wo griechisch-orthodoxe und armenische Christen, Katholiken und Protestanten, Altgläubige und Juden zusammenlebten, als ein Raum intensiver kultureller Verflechtungen bezeichnen. Auch Joschka Fischer (M2) nimmt auf solche kulturellen Verflechtungszonen in Ost- und Südosteuropa Bezug. Diese wurden jedoch durch Völkermord und das Streben nach einer Homogenisierung von Nationalstaaten fast vollständig „entflechtet“.

- Auch den Prozess der Integration der Flüchtlinge und Vertriebenen in Deutschland, der nach Erika Steinbach (M1) das Land, seine Städte und Dörfer verändert hat, kann als Ausprägung von Kulturbegegnung und -verflechtung beschrieben werden. Zwar ist es fraglich, ob man in Bezug auf die Vertriebenen und die Einheimischen tatsächlich von Menschen, die verschiedenen Kulturen angehörten, sprechen kann, doch bei ihrer Ankunft wurden die Neuankömmlinge vielfach so behandelt. Wie Norbert F. Plötzl (M3) schreibt, brachten sie die Sitten und Strukturen ihrer neuen Heimat durcheinander: So wurden zum Beispiel bislang rein evangelische Landstriche von katholischen Schlesiern und Sudetendeutschen oder katholische Gegenden von protestantischen Pommern und Ostpreußen bevölkert. Langfristig kam es zwar zu einer erfolgreichen Integration, die auch Erika Steinbach erwähnt, jedoch verbreitet zum Preis eines Verlustes des ostdeutschen Kulturerbes, wie ihn etwa Günter Grass beklagt. Es liegt also ein kultureller Anpassungsprozess vor, der beide Seiten – sowohl Deutschland und die Einheimischen als auch die Flüchtlinge und Vertriebenen betrifft.

Zu Aufgabe 4

- Anfang des 21. Jahrhunderts steht das Erinnern an Flucht und Vertreibung in Deutschland an einem Wendepunkt: Die Generation, die Flucht und Vertreibung selbst bewusst erlebt hat, stirbt langsam aus. Deshalb gibt es ein Interesse daran, das kommunikative Gedächtnis an Flucht und Vertreibung hinüberzuretten in das kulturelle Gedächtnis. In diesen Zusammenhang gehört zum Beispiel auch das Anliegen, die Geschichtskultur in Deutschland durch ein „Zentrum gegen Vertreibungen“ zu ergänzen.
- Mit diesem Ansinnen hängen eine bestimmte Deutung der Vergangenheit sowie eine bestimmte Perspektive auf Gegenwart und Zukunft zusammen.
- Mit Blick auf die Vergangenheitsdeutung stellt sich die Konzentration der Erinnerung auf die Geschichte und das Schicksal der deutschen Vertriebenen, wie sie Erika Steinbach (M1) zu vertreten scheint, als problematisch dar. Werden nämlich die Vorgeschichte und damit die Hintergründe von Flucht und Vertreibung ausgeblendet, droht eine Perspektive, die die Deutschen immer stärker als Opfer und damit immer weniger als Täter wahrnimmt. Damit bestünde also die Gefahr einer „Täter-Opfer-Verkehrung“, vor der Joschka Fischer (M2) warnt.
- Diese Bedenken teilt auch K. Erik Franzen (M4). Er spricht mit Harald Welzer davon, dass die Bundesrepublik mehr und mehr als „Opfergesellschaft“ konzipiert werde, in der neben die Erinnerung an den Holocaust die Erinnerung an die Leiden der Deutschen trete und die sich moralisch in die Gesellschaften einreihe, die unter der nationalsozialistischen Herrschaft gelitten haben.
- Auch um dem zu begegnen, schlägt Joschka Fischer vor, eine Erinnerung an Flucht und Vertreibung nicht nur in einem weiteren zeitlichen Kontext zu fassen, sondern auch in Form einer intensiven europäischen Zusammenarbeit zu verwirklichen. Eine Kooperation mit europäischen Partnern schlägt zwar auch Erika Steinbach nicht aus, doch für sie ist das geplante Zentrum in erster Linie ein deutsches Projekt. Dabei will sie das Schicksal anderer europäischer Zwangsmigranten ausdrücklich mitberücksichtigt sehen, um so mit Blick auf die Zukunft dazu beizutragen, dass Vertreibung als Mittel der Politik geächtet wird. Zu bedenken ist dabei jedoch, dass eine europäische Gedächtniskultur und ein gemeinsames Eintreten „gegen Vertreibungen“ nicht dazu führen dürfen, dass deutsche Verbrechen „ebenbürtig“ gemacht werden und deutsche Schuld in Europa „abgeladen“ wird.

Aufgabenstellung

In einer Abiturklausur werden die Aufgaben zusätzlich zum **Pflicht**- und **Kernmodul** eines Semesters ein Thema eines weiteren Semesters (**Semesterübergriff**) ansprechen, und Sie werden in Form einer offenen Frage Kenntnisse über ein **Wahlmodul** einbringen müssen. Im Abitur erhalten Sie unterschiedliche Aufgaben für gA- und eA-Kurse (grundlegendes und erhöhtes Anforderungsniveau).

Pflicht- und Kernmodul

1. *Arbeiten Sie die nationalen Symbole heraus, die in M1 verwendet werden. Analysieren Sie anschließend ihre Bedeutung.*
2. *Interpretieren Sie die Selbstdarstellung (M2), die Jozef Piłsudski im Rückblick vornimmt.*
3. *Erörtern Sie, wie „polnisch“ oder wie „deutsch“ der Fußballverein Schalke 04 in den 1930er-Jahren war (M3). Nehmen Sie dazu Stellung, warum die Vereinsführung von Schalke 04 so viel Wert darauf legte, die deutsche Herkunft ihrer Spieler zu dokumentieren. Berücksichtigen Sie dabei das Jahr 1934.*

Wahl- und Kernmodul

4. *Fassen Sie die Überlegungen von Theodor Heuss (M4) mit eigenen Worten zusammen und kommentieren Sie die Botschaft der Rede.*
5. *Erörtern Sie, welches Selbstverständnis sich in der Rede von Heuss manifestiert. Ordnen Sie die Rede in den historischen Kontext ein und nehmen Sie dazu Stellung.*

Semesterübergriff

6. *Erörtern Sie, inwiefern sich Heuss in seiner Rede mit Formen und Funktion von historischer Erinnerung auseinandersetzt.*

Materialien

M1 Germania

Die Malerei auf einem Transparent (482 x 320 cm) fertigt Philipp Veit im März 1848 an. Das Bild wird in der Frankfurter Paulskirche, dem Tagungsort der verfassunggebenden deutschen Nationalversammlung, auf der Orgelempore oberhalb des Sitzes des Präsidenten angebracht. Heute befindet sich das Gemälde im Germanischen Nationalmuseum in Nürnberg.

M2 „Aber was kann ich Machtloser geben?"

Auf der ersten Tagung der Legionäre in Krakau hält Jozef Piłsudski am 6. August 1922 eine Ansprache. Zu diesem Zeitpunkt ist er polnischer Staatschef. Im Rückblick stellt er seine Überlegungen von 1914 folgendermaßen dar:

Die Rechnung machte ich folgendermaßen: Jede Politik und jede Tätigkeit ist auf dem einfachen und rohen Grundsatz „do ut des"[1] aufgebaut; wo man alle Kraft anstrengen muss, um zu siegen, da ist nur das etwas wert, was zum Siege verhilft [...] Aber was kann ich Machtloser geben? [...] Das war die Frage, meine Herren, und so entschloss ich mich, in diesem Falle das zu geben, was das Schwierigste war: den bewaffneten Arm, den Arm des Soldaten, der sich obendrein erst in schweren Mühen seinen Ruf als Soldat nicht nur bei den Fremden, sondern auch bei den eigenen Landsleuten erwerben musste. Das war der schwerste, der zweifelhafteste und der allen Teilungsmächten unangenehmste Weg.
Gleichzeitig fragte ich mich, wo, bei welcher der Teilungsmächte ich die Bedingungen vorfinden könnte, um eine Wehrmacht in Polen zu errichten, die am Ende des Krieges, wenn schon alle durch den Krieg entsprechend geschwächt wären, in der Waagschale etwas bedeuten könnte [...]. Bei dieser Rechnung sagte ich mir von Anfang an: Der einzige Staat unter den Teilungsmächten, in welchem eine solche Arbeit begonnen und entfaltet werden kann, ist Österreich. Das also ist meine Rechnung, die ich nur einigen, mir sehr ergebenen Menschen offen dargelegt habe:
Die Deutschen werden mit ihrer eisernen Organisation, mit ihrer furchtbaren Kriegsmaschinerie alles erfassen, was kriegstüchtig ist; das ganze Menschenmaterial wird für Kriegszwecke verbraucht. [...] Auf irgendeinen Aufbau der Wehrmacht dort zu rechnen und darauf zu hoffen, wäre geradezu Selbsttäuschung gewesen. Von dort konnte ich nichts haben.
Wenn ich an Russland dachte, so war ich von vornherein sicher, dass ein derartiger Versuch sofort auf große Schwierigkeiten stoßen würde, und zwar nicht nur auf moralisch-staatliche, sondern vor allem auf die allergrößten Hindernisse angesichts des inneren Machtbewusstseins des Staates, seines Bewusstseins der Macht und der Überlegenheit gegenüber seinen Untertanen. Daher nahm ich also bei der Berechnung im Voraus an: Dieser Plan kann nicht in Russland zur Ausführung gelangen, denn Russland würde nicht darauf eingehen.

[1] **do ut des** (lat.), deutsche Übersetzung: Ich gebe, damit du gibst.

So blieb mir nur Österreich, der schwächste von den dreien, mit dem sich daher am leichtesten reden ließ [...].
Der Entschluss vom 6. August gab Polen den Soldaten; er schuf das, was Polen vorher niemals besessen hatte: die Kraft, und ich möchte glauben, dass er vielleicht auch eine neue Art von Menschen schuf.

Jozef Piłsudski, Erinnerungen und Dokumente, Bd. 4: Reden und Armeebefehle, Essen 1936, S. 97-99 und 107

M3 Wurde 1934 eine polnische Fußballmannschaft Deutscher Meister?

1934 wird zum ersten Mal der FC Schalke 04 Deutscher Meister im Fußball. Da auch die polnische Presse darüber ausführlich berichtet, setzt sich der Herausgeber des Fußballmagazins „Kicker", Georg Nifka, am 10. Juli 1934 in dem Artikel „Die Deutsche Meisterschaft in den Händen der Polen" mit dem Problem auseinander:

„,Die Deutsche Fußballmeisterschaft in den Händen der Polen', ,Polen Deutscher Fußballmeister', ,Schalke 04, die Mannschaft unserer polnischen Landsleute' usw. Unter diesen und ähnlichen Schlagzeilen berichtet die gesamte polnische Presse [...] über das Ergebnis des Finalspiels der Deutschen Fußballmeisterschaft. Ja, der ,Przeglond Sportoury', das größte polnische Sportblatt, lässt sich von seinem Berliner Korrespondenten Gliner berichten, dass die Schalke-Mannschaft in den bisherigen Jahren wegen ihrer polnischen Nationalität vom Deutschen Fußballbund auf alle mögliche Weise benachteiligt wurde, nun allen Machinationen[1] zum Trotz Deutscher Fußballmeister geworden ist. Es wird weiter berichtet, dass die Spieler Kuzorra, Szepan, Badorek, Jarcyk, Zajons, Tibulski, Valentin, Kalwitzki, Urban, ja sogar Mellage und Czerwonski Polen seien, Söhne von polnischen Emigranten."

Zwei Wochen später, am 7. August 1934, antwortete die Vereinsführung von Schalke 04 in einem offenen Brief unter der Überschrift „Schluss mit den polnischen Gerüchten" im „Kicker", veröffentlichte die Geburtsdaten und Geburtsorte der Spieler und ihrer Eltern. Alle 13 aufgeführten Spieler waren entweder im Ruhrgebiet oder in Westfalen geboren worden. Bei den Eltern von 10 der 13 Spieler handelte es sich um Arbeitsmigranten aus dem preußischen Osten, zum größten Teil aus Masuren:

„Aus dieser Darlegung ist einwandfrei zu ersehen, dass die Eltern unserer Spieler sämtlich im heutigen oder früheren Deutschland geboren und keine polnischen Emigranten sind. Ihre Söhne sind alle im westfälischen Industriegebiet geboren, wodurch die Behauptungen, sie seien Emigranten widerlegt sind. [...] Nach unserer Wahrnehmung denkt in Deutschland niemand daran, unsere Mannschaft als Polen zu bezeichnen, das beweisen auch die nach tausenden zählenden Glückwünsche aus allen Kreisen Deutschlands."

Britta Lenz, „Polen deutscher Fußballmeister"? Polnischsprachige Einwanderer im Ruhrgebietsfußball der Zwischenkriegszeit, in: Dittmar Dahlmann, Albert S. Kotowski und Zbigniew Karpus (Hrsg.), Schimanski, Kuzorra und andere polnische Einwanderer im Ruhrgebiet zwischen der Reichsgründung und dem Zweiten Weltkrieg, Essen 2005, S. 237-250, hier: S. 248

[1] **Machination**: Machenschaft

▶ **Verabschiedung der Mannschaft von Schalke 04 am Bahnhof in Berlin.**
Foto von 1934.
Nach dem Sieg gegen den FC Nürnberg tritt die Mannschaft des neuen deutschen Meisters Schalke 04 die Heimreise an und posiert hier im Waggon auf dem Bahnhof Friedrichstraße in Berlin. Am Fenster links die Spieler Fritz Szepan (li.) und Ernst Kuzorra.

M4 „Diese Scham nimmt uns niemand ab!"

Zur Einweihung der Gedenkstätte Bergen-Belsen am 30. November 1952 hält der erste Bundespräsident der Bundesrepublik, Theodor Heuss, folgende Rede:

Als ich gefragt wurde, ob ich heute, hier, aus diesem Anlass ein Wort zu sagen bereit sei, habe ich ohne lange Überlegung mit ja geantwortet. Denn ein Nein der Ablehnung, der Ausrede, wäre mir als eine Feigheit erschienen, und wir Deutschen wollen, sollen und müssen, will mir scheinen, tapfer zu sein lernen gegenüber der Wahrheit, zumal auf einem Boden, der von den Exzessen menschlicher Feigheit gedüngt und verwüstet wurde. Denn die bare Gewalttätigkeit, die sich mit Karabiner, Pistole und Rute verziert, ist in einem letzten Winkel immer feige, wenn sie, gut gesättigt, drohend und mitleidlos, zwischen nutzloser Armut, Krankheit und Hunger herumstolziert. [...]
Aber nun will ich etwas sagen, das manchen von Ihnen hier erstaunen wird, das Sie mir aber, wie ich denke, glauben werden, und das mancher, der es am Rundfunk hört, nicht glauben wird: Ich habe das Wort Belsen zum ersten Mal im Frühjahr 1945 aus der BBC gehört, und ich weiß, dass es vielen in diesem Lande ähnlich gegangen ist. Wir wussten – oder doch ich wusste – Dachau, Buchenwald bei Weimar, Oranienburg, Ortsnamen bisher heiterer Erinnerungen, über die jetzt eine schmutzig-braune Farbe geschmiert war. Dort waren Freunde, dort waren Verwandte gewesen, hatten davon erzählt. Dann lernte man frühe das Wort Theresienstadt, das am Anfang sozusagen zur Besichtigung durch Neutrale präpariert war, und Ravensbrück. An einem bösen Tag hörte ich den Namen Mauthausen, wo sie meinen alten Freund Otto Hirsch „liquidiert" hatten, den edlen und bedeutenden Leiter der Reichsvertretung deutscher Juden. Ich hörte das Wort aus dem Munde seiner Gattin, die ich zu stützen und zu beraten suchte. Belsen fehlte in diesem meinem Katalog des Schreckens und der Scham, auch Auschwitz.
Diese Bemerkung soll keine Krücke sein für diejenigen, die gern erzählen: Wir haben von alledem nichts gewusst. Wir haben von den Dingen gewusst: Wir wussten auch aus den Schreiben evangelischer und katholischer Bischöfe, die ihren geheimnisreichen Weg zu den Menschen fanden, von der systematischen Ermordung der Insassen deutscher Heilanstalten. Dieser Staat, den menschliches Gefühl eine lächerliche und Kosten verursachende Sentimentalität hieß, wollte auch hier tabula rasa – „reinen Tisch" – machen, und der reine Tisch trug Blutflecken, Aschenreste – was kümmerte das? Unsere Fantasie, die aus der bürgerlichen und christlichen Tradition sich nährte, umfasste nicht die Quantität dieser kalten und leidvollen Vernichtung.
[...] [D]ie Deutschen dürfen nie vergessen, was von Menschen ihrer Volkszugehörigkeit in diesen schamreichen Jahren geschah. [...]
Nun höre ich den Einwand: Und die anderen? Weißt du nichts von den Internierungslagern 1945/46 und ihren Rohheiten, ihrem Unrecht? Weißt du nichts von den Opfern in fremdem Gewahrsam, von dem Leid der formalistisch-grausamen Justiz, der heute noch deutsche Menschen unterworfen sind? Weißt du nichts von dem Fortbestehen der Lagermisshandlung, des Lagersterbens in der Sowjetzone, Waldheim, Torgau, Bautzen? Nur die Embleme haben sich dort gewandelt.
Ich weiß davon und habe nie gezögert, davon zu sprechen. Aber Unrecht und Brutalität der anderen zu nennen, um sich darauf zu berufen, das ist das Verfahren der moralisch Anspruchslosen, die es in allen Völkern gibt, bei den Amerikanern so gut wie bei den Deutschen oder den Franzosen und so fort. [...]
Da steht der Obelisk, da steht die Wand mit den vielsprachigen Inschriften. Sie sind Stein, kalter Stein. Saxa loquuntur, Steine können sprechen. Es kommt auf den Einzelnen, es kommt auf dich an, dass du ihre Sprache, dass du diese ihre besondere Sprache verstehst, um deinetwillen, um unser aller willen!

Zitiert nach: Bulletin des Presse- und Informationsamtes der Bundesregierung, Nr. 189 vom 2. Dezember 1952, S. 1655 f.

Erwartungshorizont

Zu Aufgabe 1

- Die Germania stellt die nationale Personifikation Deutschlands dar. Auf dem Gemälde trägt sie einen Eichenlaubkranz, der für die Treue steht, das Reichsschwert symbolisiert Wehrhaftigkeit und Kampfbereitschaft. Um das Schwert ist aber ein Hanfzweig gelegt, der für die Friedensliebe steht, d.h., das Schwert soll nur zur Verteidigung und nicht ohne Not angewendet werden. Die deutsche Fahne (schwarz-rot-gold) ist das Symbol für die Einheit. Auf der Brust der Germania ist ein Doppeladler abgebildet, der für das Heilige Römische Reich Deutscher Nation steht und der seit Kaiser Sigismund (1368-1537) in dieser Form verwendet wird. Hinter der Germania geht die Sonne auf, die eine neue Zeit symbolisiert, ihr Blick ist in eine unbestimmte Zukunft gerichtet. Links zu ihren Füßen liegen die gesprengten Fesseln, ein Zeichen für die Freiheit und für die erfolgreiche Revolution.
- Die jeweiligen Symbole stellen eine Mischung aus politischen Forderungen und moralischen Tugenden dar. Politisch sind Schwert, Friedensliebe und gesprengte Fesseln, die Treue ist eher ein ethischer Wert, bei dem aber unklar ist, worauf er sich hier konkret bezieht. Mögliche Kategorien sind hier die Treue zum Vaterland, zum Volk, zur Regierung, zur (noch zu schreibenden) Verfassung oder zu bestimmten Wertvorstellungen. Von allen Symbolen ist dies das am wenigsten eindeutige. Einheit und die neue Zeit können hingegen – abhängig vom jeweiligen Zusammenhang – sowohl als politische als auch als moralische Kategorien verwendet werden. Berücksichtigt man die „Offenheit" von Symbolen (siehe hierzu Seite 266), handelt es sich eindeutig um einen gelungenen Versuch, integrierend zu wirken.

Zu Aufgabe 2

- Piłsudski stellt sich selbst als zentrale Figur der polnischen Unabhängigkeit dar, als ob er der einzige gewesen wäre, der diese erkämpft hätte. Andere zentrale Figuren, die ebenfalls für die Unabhängigkeit Polens gewirkt haben, wie z.B. seinen großen Rivalen Roman Dmowski mit seinen Nationaldemokraten, erwähnt er nicht einmal am Rande. Auch verschweigt er offenbar bewusst, dass seine Truppen später in den Nachkriegskämpfen keineswegs die einzigen polnischen militärischen Einheiten waren, sondern dass beispielsweise auch die in Frankreich ausgebildete Haller-Armee eine sehr wichtige Rolle gespielt hat. Aus seiner Interpretation entsteht der Eindruck, dass von Anfang August 1914 bis zum Ende der Grenzkriege eine einheitliche Entwicklung stets unter seiner Führung bestanden hätte.
- Die Einschätzung, dass zumindest bei Ausbruch des Krieges Russland und das Deutsche Reich als potenzielle Partner für eine größere polnische Unabhängigkeit ausschieden, ist weitgehend korrekt. Allerdings ist es unwahrscheinlich, dass Piłsudski bereits Anfang August 1914 derart weitsichtig seine Entscheidungen abgewogen und getroffen hat. Wie viele andere Polen dürfte er zwar die Möglichkeiten gesehen haben, die sich für einen neuen polnischen Staat aus dem Kriegsausbruch ergaben, wahrscheinlich hat er aber zunächst improvisiert, um seine Person überhaupt ins Spiel zu bringen und den eigenen, sehr kleinen Handlungsspielraum zu erweitern. Auch der Hinweis, dass er angeblich nur mit sehr wenigen Vertrauten über seine angeblichen Pläne gesprochen hat, deutet darauf hin, dass er in dieser Rede seine Einzigartigkeit und Unersetzlichkeit hervorheben möchte. Diese Personen werden nicht namentlich genannt, Piłsudskis Behauptung ist also nicht nachprüfbar.

- Berücksichtigt werden muss, dass Piłsudski hier vor seinen Legionären spricht, die zu seinen treuesten Anhängern gehören. Damit befindet er sich gleichzeitig in einer Doppelfunktion: Erstens ist er als Staatschef die politisch wichtigste Person in Polen, zweitens hat er aber auch als ehemaliger Führer der Legionen ein militärisches Amt innegehabt. Es ist unwahrscheinlich, dass er bereits hier an einen möglichen Militärputsch gedacht hat, wie er ihn dann vier Jahre später durchgeführt hat, aber Piłsudski versucht hier eindeutig, sich der Loyalität seiner ehemaligen Truppen zu versichern. Zudem muss ihm bewusst gewesen sein, dass er aus den Reihen seiner Zuhörer keinerlei Kritik oder Nachfragen zu erwarten hatte. Die Anwesenden dürften ihn im Gegenteil bewundert oder verehrt haben. Deshalb fielen seine Versuche, hier eine Art von Personenkult zu etablieren, wahrscheinlich auf fruchtbaren Boden.
- Piłsudskis Einschätzung, dass er alleine mit dem „Soldaten" den Polen einen neuen Menschentyp gegeben habe, ist eine erhebliche Selbstüberschätzung. Selbstverständlich hat es in Polen vor den Teilungen Soldaten gegeben, und während der Aufstände im 19. Jahrhundert haben Polen tapfer gekämpft. Piłsudski ignoriert dies vollständig, um sich selbst und indirekt auch seine Legionäre in das Zentrum der Politik zu rücken. Er stilisiert sich zum genialen Staatsmann, der gleichzeitig die Botschaft vermittelt, dass jemand wie er kaum ersetzbar sein dürfte.

Zu Aufgabe 3

- Auffällig ist in der Tat, dass eine große Zahl der Spieler polnische Namen tragen. Es handelt sich größtenteils um die Nachkommen von Arbeitsmigranten, die wahrscheinlich noch im Kaiserreich aus dem Osten in das Ruhrgebiet gekommen und dann dort geblieben sind. Vor dem Hintergrund der Herkunft dieser Spieler ist der Jubel der polnischen Presse also gerechtfertigt. Allerdings wird dabei nicht berücksichtigt, dass sich wahrscheinlich die meisten der Spieler selbst nicht mehr als „Polen", sondern als „Deutsche", eventuell mit (modern gesprochen) Migrationshintergrund bezeichnet hätten, weil sie und ihre Eltern freiwillig im Ruhrgebiet geblieben sind. Wenn sie gewollt hätten, hätten sie zumindest vor 1933 jederzeit nach Polen auswandern können.
- Zwar war am 26. Januar 1934 der deutsch-polnische Nichtangriffspakt abgeschlossen worden und damit hatte sich das außenpolitische Verhältnis zwischen Polen und dem Deutschen Reich vorübergehend entspannt. Aber dennoch scheint der Verein Schalke 04 die mögliche „polnische" Herkunft seiner Spieler als Makel empfunden zu haben. Die nationalsozialistische Rassenideologie, die auch bereits zu diesem Zeitpunkt stark antislawisch argumentiert, und die lange Tradition der antipolnischen Stereotype hat hier bereits ihre Wirkung erzielt.

Zu Aufgabe 4

- In seiner Ansprache zur Einweihung der Gedenkstätte Bergen-Belsen nimmt der erste Bundespräsident der Bundesrepublik Theodor Heuss zu der NS-Vergangenheit der Deutschen Stellung. Zu Beginn macht er die Notwendigkeit deutlich, sich mit den NS-Verbrechen auseinanderzusetzen. Dafür stehe seine Rede. Indem er die feigen Taten beim Namen nennt, wird sein Standpunkt und die eigene Betroffenheit deutlich.
- Dann gerät die Rede auf eine persönlichere Ebene. Heuss bekennt, von Konzentrationslagern wie Dachau, Buchenwald oder Mauthausen und damit von der Judenverfolgung und -ermordung gewusst zu haben. Von Bergen-Belsen oder Auschwitz – die Orte der systematischen Vernichtung – habe er jedoch erst 1945 gehört. Dennoch betont er, dass niemand sein Wissen über die „Dinge" leugnen könne. So habe man durch die Schreiben der Bischöfe von der „Euthanasie" in deutschen Heilanstalten gewusst. Vom Ausmaß des Holocaust hätte die „bürgerliche und christliche Fantasie" jedoch nichts geahnt.

- Gleichzeitig warnt Heuss davor, durch einen Vergleich der Verbrechen, etwa mit jenen der Besatzungsmächte in den Kriegsgefangenenlagern, die eigene Schuld vermindern zu wollen. Diese Gleichsetzung und damit die Relativierung der NS-Verbrechen sei die Logik der „moralisch Anspruchslosen“. Heuss schließt mit dem Appell, die Botschaft des Mahnmals zu verstehen: die Verpflichtung, sich zu erinnern und aus der Vergangenheit eine Lehre für die Zukunft zu ziehen.

Zu Aufgabe 5

- Die Rede von Heuss macht einen deutlichen Wandel im nationalen Selbstverständnis deutlich. In seiner Rede manifestiert sich die Einstellung der jungen Bundesrepublik zur NS-Vergangenheit, die nun zum entscheidenden Bezugspunkt wird. Anders als die DDR verstand sich die Bundesrepublik als Nachfolgerin des Deutschen Reiches, für dessen Erbe sie nun die Verantwortung übernahm. Dazu gehörte die öffentliche Auseinandersetzung mit dem Thema, die das gewandelte Selbstverständnis der westdeutschen Demokratie auch nach außen sichtbar machen sollte.
- Bemerkenswert ist, dass Heuss in seiner Rede den Begriff der Scham verwendet, nicht aber von Schuld spricht. Damit weist er auf die abstrakte kollektive Verantwortung der Deutschen hin, umgeht aber die konkrete Zuweisung individueller Schuld. In den frühen 1950er-Jahren wäre eine solch direkte Konfrontation wohl auch nicht möglich gewesen. Bei einem Großteil der Deutschen herrschte der Wunsch nach Vergessen und Verdrängen der Vergangenheit vor. Heuss wählte damit Worte, die nicht anklagten, sondern anregten und damit eine frühe Auseinandersetzung mit der Vergangenheit möglich machten.

Zu Aufgabe 6

- Bis 1945 betrieben die Deutschen eine Gedenk- und Erinnerungskultur, die an nationale Helden erinnern und nationale Größe versinnbildlichen sollte. Diese Gedenkkultur, die sich in zahllosen Denkmälern und in einem autoritären Geschichtsbild manifestierte, kam 1945 an ihr Ende. Seit dem Ende der nationalsozialistischen Diktatur steht bei der Gedenkkultur die Auseinandersetzung mit der NS-Vergangenheit im Vordergrund und dabei die Frage, wie an die Opfer des Nationalsozialismus gedacht und wie an die Verbrechen erinnert werden soll.
- In Heuss' Rede zeigen sich bereits die zentralen Elemente, die bis heute die historische Erinnerung in der Bundesrepublik bestimmen: Als Bundespräsident versteht sich Heuss als moralische Autorität, die mit ihren Reden die Deutschen zur Selbstbesinnung auffordern und gegenüber dem Ausland eine verantwortungsbewusste, auf Versöhnung zielende Haltung einnehmen will. Alle folgenden Bundespräsidenten verstehen bis heute ihr Amt in eben diesem Sinne. Heuss' Aufforderung, die Erinnerung wachzuhalten und Lehren aus der Geschichte zu ziehen, ist Bestandteil fast jeder Gedenkrede zum Nationalsozialismus. Vor allem aber verdeutlicht er mit seinem persönlichen Appell, die „Sprache der Steine“ zu verstehen, Zielsetzung und Funktion der modernen Gedenkkultur: Jeder Einzelne soll sich mithilfe eines Denkmals an die Vergangenheit – an die Opfer ebenso wie an die Täter – erinnern, dadurch Lehren aus der Vergangenheit ziehen und als Mahnung für die Zukunft verstehen.

Aufgabenstellung

In einer Abiturklausur werden die Aufgaben zusätzlich zum **Pflicht-** und **Kernmodul** eines Semesters ein Thema eines weiteren Semesters (**Semesterübergriff**) ansprechen. Im Abitur erhalten Sie unterschiedliche Aufgaben für gA- und eA-Kurse (grundlegendes und erhöhtes Anforderungsniveau). Bitte beachten Sie, dass das Rahmenthema „Geschichts- und Erinnerungskultur" kein **Wahlmodul** – im Gegensatz zu den Rahmenthemen eins bis drei – vorsieht.

Pflichtmodul und Semesterübergriff

1. *Analysieren Sie a) das Historiengemälde des Malers Anton von Werner (M1) und b) die filmische Umsetzung der Anhörung Luthers vor dem Wormser Reichstag (M2).*
2. *Vergleichen Sie die beiden Darstellungsarten inhaltlich und stilistisch miteinander. Ordnen Sie die Darstellungen anschließend rezeptionsgeschichtlich ein (M1 und M2).*

Pflicht- und Kernmodul sowie Semesterübergriff

3. *Diskutieren Sie, unter Berücksichtigung der Begriffe „Triftigkeit" und „Authentizität", inwieweit die Filmfassung geschichtswissenschaftlichen Ansprüchen genügt und welche Zugeständnisse filmische Darstellungen machen müssen (M2).*
4. *Erörtern Sie die jeweilige Funktion und Intention der beiden Geschichtsangebote in der Geschichts- und Erinnerungskultur (M1 und M2).*

Kernmodul und Semesterübergriff

5. *Geben Sie die zeitgenössische katholische Perspektive (M3) zu Luthers Auftritt auf dem Wormser Reichstag in eigenen Worten wieder, beurteilen Sie sie vor dem zeitlichen Horizont (Sachurteil) und erörtern Sie die Darstellung anschließend aus heutiger Perspektive (Werturteil).*

Pflichtmodul und Semesterübergriff

6. *Schreiben Sie ausgehend von M3 ein Szenenprotokoll für einen Spielfilm aus katholischer Sicht. Begründen Sie anschließend Ihren Vorschlag und gehen Sie auf andere filmische Geschichtsangebote ein. Sie können hierfür auch weitere historische Beispiele heranziehen.*

Beispiel für die Anlage eines Szenenprotokolls:

Szene	Inhalt	Filmsprachliche Mittel/ Authentifzierungsstrategien
...	...	...

Materialien

M1 Luther in der Malerei

Das um 1877 entstandene Ölgemälde „Luther vor dem Reichstag in Worms" (66 x 125 cm) stammt von dem Historienmaler Anton von Werner (1843-1915). Es handelt sich um die Replik eines Wandgemäldes, das der Künstler im Auftrag des Preußischen Königreiches zur Ausgestaltung der Kieler Gelehrtenschule 1870 anfertigte. Unter dem Wandgemälde steht geschrieben: „Hier stehe ich, ich kann nicht anders, Gott helfe mir, Amen."

M2 Luther im Film

In vielen Darstellungen bildet die Anhörung Luthers vor dem Wormser Reichstag einen dramatischen Höhepunkt, so auch im Geschichtsspielfilm „Luther" von 2003. Die fünfzehnminütige Szene (1:03 bis 1:18) ist gekennzeichnet durch einen Wechsel von langen und kurzen Einstellungen auf die Hauptfiguren, zunehmend in Naheinstellungen bzw. herangezoomt, die gegeneinander geschnitten werden. Der Betrachter nimmt dabei entweder die Perspektive der jeweiligen Gegenseite ein oder betrachtet Luther aus Zuschauersicht. Die katholische Seite wird aus der Froschperspektive dargestellt. Martin Luther wird umgekehrt erst aus der Vogelperspektive, dann auf Augenhöhe gezeigt. Auf Musik wird verzichtet, es sind nur natürliche Geräusche der Verhandlung sowie die Äußerungen Luthers und des päpstlichen Gesandten Hieronymus Aleanders zu hören.

In einem kommentierten Filmprotokoll fasst der Medienpädagoge Herbert Heinzelmann die Szene wie folgt zusammen:

Zweimal tritt Luther in Worms vor den Kaiser und Kurfürsten. Bei seinem ersten Erscheinen plagen ihn noch Zweifel. Kamera und Schnitt wechseln zwischen dem inzwischen von den Zuschauenden akzeptierten „Helden" und der Menge, die ihn beobachtet und jede seiner Regungen kommentiert. In der Handlung bereits eingeführte Personen (Staupitz[1], Hutten[2], Friedrich der Weise oder Aleander) geben der Menge vertraute Gesichter. In einer gewährten Bedenkzeit ringt Luther letztmals mit Zweifeln und Teufeln. Beim zweiten Auftritt wird ihm der päpstliche Gesandte Aleander als Gegenspieler gegenübergestellt und so die aus dem US-amerikanischen Kino vertraute Duell-Situation geschaffen. Seine Absage des Widerrufs bekräftigt Luther schließlich mit den historisch fraglichen, jedoch für die Luther-Legende unverzichtbaren Worten: „Hier stehe ich. Ich kann nicht anders. Gott helfe mir." Dazu sein Gesicht in Großaufnahme. Menschen springen auf, Geschrei bricht los, Musik setzt ein. Die be- oder entgeisterten Reaktionen der Menge werden in kurze Einzelszenen aufgelöst. Auf der Tonspur erschallen aus dem Off anschwellende „Luther! Luther!"-Rufe. Eine Menge stößt mit Fackeln ein Tor auf und rüttelt an einem Gitter. Das symbolische Bildzeichen für Revolution ist gesetzt.

Herbert Heinzelmann, Luther. Eric Till, Deutschland 2003, Filmheft herausgegeben von der Bundeszentrale für politische Bildung, Bonn 2004, S. 7

[1] **Johann von Staupitz** (um 1465-1524): deutscher Theologe, Förderer Martin Luthers

[2] **Ulrich von Hutten** (1488-1523): deutscher Humanist

M3 Der Wormser Reichstag aus katholischer Perspektive

Der Historiker Volker Reinhardt zeichnet auf breiter Quellenbasis die Details des Wormser Reichstages nach. Als Grundlage dient hier insbesondere die römisch-katholische Perspektive, die vor allem auf den schriftlichen Berichten des päpstlichen Gesandten Hieronymus Aleander fußt. Die Quellen sind vom Autor übersetzt und weitgehend sprachlich modernisiert worden.

Zur Anreise Luthers schreibt Aleander:

Er ist auf dem Weg und wird in zwei Tagen hier eintreffen. Auf seiner Reise betreibt er großen Aufwand; so führt er Edelleute und sechs Doktoren mit sich. Zuvor hat er in Erfurt gepredigt, wo er von Vertretern der freien Künste[1] und Juristen ehrenvoll abgeholt wurde. Doch darüber will ich nichts Näheres behaupten, weil viel geredet wird und Gerüchte umgehen. Doch kann ich versichern, dass sich der schurkische Herold[2], der ihn herführt, wie ein toller Hund verhält. Er ist unser bösartiger Feind und lässt Martin unterwegs, wie berichtet wird, wahre Triumphe feiern.

Zur Bitte Luthers um Bedenkzeit am ersten Verhörtag:

Der Verrückte war lachend eingetreten und hatte vor dem Kaiser andauernd mit dem Kopf gewackelt, nach links und nach rechts, nach oben und unten. Doch beim Weggehen sah er gar nicht mehr so fröhlich aus. [...]
Nachdem sie ihn gesehen haben, halten ihn viele von denjenigen, die ihn an sich begünstigen, entweder für verrückt oder für vom Teufel besessen, viele andere für heilig und voll des Heiligen Geistes. Doch wie dem auch sei, er hat unbestreitbar in der öffentlichen Meinung viel von seinem ursprünglichen Ansehen verloren.

Zum Abgang Luthers nach dem zweiten Verhörtag:

So wurde Luther entlassen und von einer großen Menge, vor allem Edelleuten des sächsischen Herzogs, begleitet. Und als er aus dem Kaisersaal heraustrat, hob Martin die Hand nach Art der deutschen Landsknechte, wenn sie im Wettkampf über einen gut gelungenen Schlag jubeln.

Volker Reinhardt fasst Aleanders Urteil wie folgt zusammen:

Den Ausgang des Treffens sah Aleander umgekehrt. Der Kaiser stand mehr denn je in Treue fest zum alten Glauben und damit auch zum Heiligen Stuhl, wie er am 19. April in einer ausführlichen Erklärung kundtat. Zudem hatte er den deutschen Eiferern den Wind aus den Segeln genommen. Nach dem Auftritt ihres Helden in Worms konnten sie nicht mehr behaupten, dass dieser ungehört der römischen Tyrannei zum Opfer falle. Ende gut, fast alles gut: Bald, so der Nuntius[3] in seiner Schlusswendung im Brief vom 19. April, werde man sich der überstandenen Unbill[4] mit Behagen erinnern!

Die Äußerungen Luthers zu weiteren Anhörungen noch während des Reichstages vor Fürsten und Geistlichen führen zu Aleanders abschließender Beurteilung:

Viele von denjenigen, die mit ihm diskutiert haben, haben bemerkt, dass er weder Grammatiker noch Dialektiker noch Theologe, sondern schlicht und ergreifend von Sinnen ist. Und so glauben alle, dass er den größten Teil seiner Schriften nicht selbst verfasst hat. Und er selbst hat insgeheim einigen Leuten gestanden, dass seine Freunde die schlimmsten seiner Schriften verfasst haben; doch müsse er diesen als Mitwisser seiner Verschwörung die Treue halten. [...] Und als der Offizial[5] auf dialektische[6] Art und Weise argumentierte, entgegnete ihm Luther, dass er nicht wolle, dass dieser sich der Logik bediene. Das ist nun wirklich der schiere Wahnsinn, so lohnt es sich nicht, überhaupt zu sprechen. Und mit solchen himmelschreienden Unsinnigkeiten gewinnt dieses Ungeheuer die Dummen für sich. [...] Aber es gibt keine Möglichkeit, ihn zu überzeugen, ja, nicht einmal die Hoffnung, sinnvoll mit ihm zu disputieren, weil er jeden Richter ablehnt und offen zugibt, kein Konzil oder irgendeine andere Autorität anzuerkennen, sondern allein das Wort des Alten und des Neuen Testaments, das er ganz und gar in seinem Sinne auslegt. Und wer es anders interpretiert, den verhöhnt er und behauptet, nicht überzeugt zu sein.

Nach: Volker Reinhardt, Luther, der Ketzer. Rom und die Reformation, München 2016, S. 174-181 (Quellenbelege wurden entfernt)

[1] **Freie Künste** (lat. artes liberales): Studienfächer, zu denen Grammatik, Rhetorik, Dialektik, Arithmetik, Geometrie, Musik und Astronomie gehören
[2] **Herold**: Bote eines Dienstherrn
[3] **Nuntius**: päpstlicher Gesandte
[4] **Unbill**: Unannehmlichkeit, ungerechte Behandlung
[5] **Offizial**: Vorsteher einer kirchlichen Gerichtsbehörde
[6] **dialektisch**, hier: ein festgelegtes Argumentationsverfahren, das sich auf die Lehrsätze der Kirche beruft

Erwartungshorizont

Zu Aufgabe 1

- a) Das um 1877 entstandene Ölgemälde Anton von Werners ist eine Replik seines Wandgemäldes für die Kieler Gelehrtenschule, das er im Auftrag der protestantisch geprägten preußischen Regierung 1870 anfertigte.
  Es handelt sich um ein Historiengemälde. Zwischen Ereignis und Darstellung liegen mehrere hundert Jahre. Es ist nicht bekannt, welche Vorlagen oder Quellen der Maler benutzt hat. Zur Bildanalyse:
  Figurenkonstellation: Kaiser Karl V., der päpstliche Gesandte Aleander und Vertreter des Klerus befinden sich in der linken Bildhälfte; Luther steht rechts davon, nahezu zentral; die Fürsten sitzen oder stehen im Hintergrund; trotz erhöhter Position der katholischen Seite ist Luther nur knapp unterhalb ihrer Augenhöhe; die katholische Seite wird als Gruppe gezeigt, Luther herausgelöst und allein; die Lichtführung (erhellter Hintergrund durch Lichteinfall, möglicherweise Symbol für eine heranbrechende „Aufklärung") lenkt den Blick zu Luther;
  Kontrastierung durch a) *Pose*: Karl V. wird sitzend, angespannt zuhörend gezeigt, während die Körperhaltung des stehenden Aleander Abwehr und Empörung ausdrückt; Luther wird in dramatischer und selbstbewusster Haltung dargestellt; b) *Farbgebung*: es dominieren rote und schwarze Farbtöne; c) *Kleidung*: (weltlicher und kirchlicher) Prunk versus dem schlichten Mönchsgewand Luthers; d) *Beleuchtung*: die linke Bildseite befindet sich teilweise im Halbdunkel (ausgenommen Aleander), möglicher Hinweis auf die bedeutende Rolle Aleanders und die Machtlosigkeit Karls V.; Luther erscheint dagegen voll ausgeleuchtet und „strahlend";
  Betrachterperspektive: leichte Untersicht; durch die Wahl des Ausschnittes wird der Betrachter des Bildes quasi als Zuschauer/Zuhörer eingebunden;
  Fazit: Das Gemälde reduziert die komplexe Durchsetzung der Reformation auf den Zweikampf zwischen Luther und dem Klerus sowie Karl V., mit dem er hier direkt spricht (historisch unwahrscheinlich). Luther wird als unerschrockener Sieger eines ungleichen Kampfes dargestellt. Das Gemälde steht in der visuellen Tradition des legendenhaft verklärten Luther.

- b) Die ausgewählte Filmszene zeigt Luthers Anhörung vor dem Wormser Reichstag. Sie stammt aus dem Geschichtsspielfilm „Luther" des Regisseurs Eric Till. Die US-amerikanisch-deutsch-britische Koproduktion entstand 2003. Zur Szenenanalyse:
  Die Szene inszeniert den Wormser Reichstag als dramatischen Höhepunkt der Auseinandersetzung Luthers mit der weltlichen und geistlichen Macht. Die päpstlichen Vertreter werden als treibende Kraft dargestellt. Luthers Auftreten ist zunächst zögerlich, er spricht leise und eingeschüchtert. Die Kamera zoomt auf die Gesichter der Protagonisten und zeigt so die zunehmende Empörung der katholischen Seite und den wachsenden Durchsetzungswillen Luthers. Das spiegelt sich auch in den schnellen Schnitten und unterschiedlichen Reaktionen des Publikums, zudem wird Luther erst von oben und die Gegenseite von unten, also unter- bzw. überlegen gezeigt. Im Lauf der Szene wechselt dieses Machtgefälle: Luther gewinnt an Sicherheit und kann seine Überzeugung in dem legendären Abschlusssatz zum Ausdruck bringen. Zudem werden die Anwesenden zwar in ihren Reaktionen zwiespältig gezeigt, das Volk aber unterstützt Luthers Ansichten und deutet den Beginn einer Revolution an.

Zu Aufgabe 2

- Gemälde und Film haben verschiedene mediale Erzählmöglichkeiten. Während das Gemälde nur den dramatischen Höhepunkt zeigen kann, zeigt der Film längere und zusammenhängende Ausschnitte. Das Gemälde stellt einen Höhepunkt dar, den der Film erst dramatisch aufbaut und in seiner Entwicklung zeigt. Die Botschaft ist beiden Darstellungen gleich. Sie stehen in der Tradition des legendenhaft überhöhten Luther, ein Zeichen dafür, dass diese Sicht bis heute in der Geschichtskultur vorherrschend ist.

Zu Aufgabe 3

- Folgende Schwierigkeiten, historisch triftig film- und publikumsgerecht zu erzählen, können hier genannt und auf das konkrete Filmbeispiel bezogen werden:
  Authentizität der Kulisse versus mangelnder Rekonstruktionskenntnisse / -möglichkeiten; Komplexität historischer Ereignisse (Fakten- und Personenauthentizität) *versus vereinfachtes filmisches Erzählen* (narrative Verdichtung der Zeiträume, Reduktion der Personenanzahl und Perspektiven (Typenauthentizität) sowie der Pluralität/Kontroversität späterer Deutungen (Triftigkeit));
  Visualisierung und Darstellung aller Details (Dialoge, Gefühle, Gedanken) *versus Quellenlücken* sowie
  Seh- und Unterhaltungserwartungen (zum Beispiel dramatische Liebesgeschichten, Aufstiegsgeschichten) *versus historische Möglichkeiten.*

Zu Aufgabe 4

- Die Ursprünge der „Historienmalerei" liegen in der Renaissancezeit. Die Kunstgattung inszeniert Vergangenheit als bedeutsame Geschichte. Im Laufe der Jahrhunderte entstanden sowohl Bilder, die sich auf weiter zurückliegende Ereignisse beziehen, als auch solche, die relativ zeitnahe Ereignisse als für die Gegenwart und Zukunft bedeutsam inszenieren („historische Augenblicke"). Es sind Versuche, den (Bild-)Betrachter von der Vergangenheitsdeutung der Künstler bzw. ihrer Auftraggeber zu überzeugen. Die Darstellungen sind daher dramatisch und mitreißend, appellieren an Gefühle. Häufig wird ein Höhepunkt einer Entwicklung oder eines Ereignisses hierfür ausgewählt oder als solches unhistorisch verdichtet dargestellt und mit bildsprachlichen Mitteln überhöht. Historienmalerei soll Orientierung bieten, Vorbilder zeigen, Identitätsangebote machen oder Herrschaft legitimieren. Sie ist keine Quelle für die dargestellte Zeit, sondern für zeitgenössische Geschichtsbilder mit politischer bis hin zu propagandistischer Intention. Im Original sind sie nur wenigen zugänglich, als Kopie, Abdruck oder in Ausstellungen weiteren Kreisen. Die Fotografie verdrängte diese Kunstgattung im 20. Jahrhundert weitgehend.
- Ähnlich verhält es sich mit Geschichtsspielfilmen, wenn sie Orientierungs-, Identitäts- oder andere Sinnbildungsangebote machen. Sie versuchen Zeitgenossen politisch oder moralisch zu beeinflussen, gegenwärtige Zustände oder herrschaftliches Handeln zu legitimieren. Manche Filme dienen primär der Unterhaltung. Hier wird Vergangenheit nur als Kulisse genutzt. Politische Geschichtsspielfilme sind eine moderne Version der Historienmalerei. Wegen ihrer weiten Verbreitung (Kino, TV) und Zugänglichkeit (DVD/Blu-ray Disc, Online-Portale) sind sie ein wichtiges Medium der Geschichts- oder Erinnerungskultur.

Zu Aufgabe 5

- Insbesondere wegen der tendenziell einseitigen Darstellung der Reformation bleibt die zeitgenössische katholische Sicht unterrepräsentiert. Sie ist uns zudem „fremd", weil sie auf einem Welt- und Menschenbild fußt, dass wir heute nicht mehr teilen. Gerade das Sachurteil stellt daher eine große Herausforderung dar.

- Aleander zeichnet Luther durchgängig negativ („vom Teufel besessen", „von Sinnen") und als einen nicht ernst zu nehmenden Gegner (nicht selbst Urheber der Schriften, diskussionsunfähig). Er verweist zwar darauf, dass Luther Anhänger hat, Aleander kommt aber zu dem Schluss, dass sich das „Problem" angesichts des kläglichen Auftritts Luthers wohl bald erledigt haben werde.
- Aleander verkennt die Schwäche Karls V., die eine effektive Umsetzung der Reichsacht verhinderte. Seine Darstellung Luther als einfältig, starrsinnig und wahnsinnig ist zeitgenössisch zu verstehen. Als Vertreter des Klerus glaubt Aleander an eine festgefügte, Gott gegebene Ordnung. Die Reformation muss daher scheitern. Für ihn ist Luther zu dieser Zeit wahrscheinlich nur ein weiterer „Ketzer", der in seine Schranken verwiesen werden muss und die bestehende Ordnung nicht ernsthaft gefährden kann.
- Der Erfolg der Reformation war nur durch die besondere Mächtekonstellation möglich: die Schwäche des Kaisers und das Emanzipationsstreben vieler deutscher Fürsten. Die weitere Entwicklung war für Aleander nicht vorhersehbar und wurde von ihm falsch eingeschätzt. Seine Darstellung erscheint daher aus heutiger Sicht hochmütig und arrogant. Zu diesem Zeitpunkt war ein Erfolg der Reformation allerdings für niemanden abzusehen.

Zu Aufgabe 6
- *Szenenprotokoll*:

Szene	Inhalt	Filmsprachliche Mittel / Authentifzierungsstrategien
Einstieg / Rahmung	Der schlicht gekleidete Aleander sitzt am Schreibtisch eines lichtdurchfluteten Arbeitszimmers. Er verfasst mit einem Gänsekiel einen Brief an den Papst. Er blickt auf und denkt nach, tunkt den Federkiel wiederholt in ein Tintenfass und schreibt weiter.	Aleander wird von der hereinscheinenden Sonne indirekt und weich ausgeleuchtet. Es folgt ein Kameraschwenk durch das Zimmer. Der Gesandte wird in der Halbtotalen gezeigt. Im Hintergrund ertönt Vogelgezwitscher. Nach einem Zoom auf Aleanders Gesicht schwenkt die Kamera über seine Schulter hinweg auf den Brief (Zoom in, während er schreibt; Überblende auf das Originaldokument). Aus dem Off spricht Aleander den Brieftext. Es schließt eine Überblende zum Wormser Reichstag an.

Das vollständige Szenenprotokoll können Sie unter dem Code 32031-67 abrufen.

- *Begründung*: Die „Gegendarstellung" Luthers aus katholischer Sicht ist eine subjektiv-zeitgenössische Wahrnehmung. Allerdings besteht hierdurch die Chance, die Reformation als Ganzes differenzierter zu erfassen. Es gab auch andere Reformatoren, deren Wirken nicht zu derart umfassenden gesellschaftlichen Veränderungen führte. Das legendär-überhöhte Lutherbild verwischt, dass es nicht die Tat eines Einzelnen, über alle Maßen außergewöhnlichen Menschen war, der diese Veränderung herbeiführte. Es sind vielmehr weitere Faktoren zu berücksichtigen, die letztlich die Voraussetzungen dafür boten, dass die Reformation sich behaupten konnte. Eine Dekonstruktion des filmisch gängigen Lutherbildes (z. B. „Luther" von 2003, auch „Katharina Luther" von 2017) durch Kontrastierung mit einem negativen Bild kann Diskussionen über das Fehlkonzept, „Geschichte wird von Mächtigen gemacht", ebenso fördern, wie es Anlass zum Nachdenken darüber bietet, wieso und unter welchen Bedingungen sich gesellschaftliche Umwälzungen vollziehen. Daher wäre es auch denkbar, Filme zu produzieren, die mit derartigen Geschichtsmythen brechen, umso zu einer vertieften Auseinandersetzung mit „Geschichte" und ihrer Verwendung anzuregen. So könnte beispielsweise die „Eroberung der Neuen Welt" aus der Perspektive der indigenen Bevölkerung gezeigt und damit ein Gegenpol zu Vergangenheitsverherrlichungen geschaffen werden.

Die hervorgehobenen Seitenzahlen verweisen auf kurze biografische Informationen.

Die hervorgehobenen Seitenzahlen verweisen auf Begriffserläuterungen.

Fachliteratur finden und nachweisen

Recherchieren und Ausleihen in der Bibliothek

- ☑ Um sich für ein Referat einen Überblick über ein Thema zu verschaffen oder es einzugrenzen, eignen sich Lexika und Nachschlagewerke als erste Informationsquellen. Für die gründliche Erarbeitung eines Themas benötigen Sie Fachliteratur.
- ☑ Angaben zu Fachbüchern spezieller Themen finden sich im Literaturverzeichnis von Handbüchern und Überblicksdarstellungen, im Internet und im Katalog der Bibliothek.
- ☑ In der Bibliothek sind Bücher alphabetisch in einem Verfasser- und in einem Sachkatalog aufgelistet und über eine Signatur, eine Folge von Zahlen und Buchstaben, im Karteikarten- oder Computersystem der Bibliothek für ein leichtes Auffinden genau verzeichnet.
- ☑ Bücher, die nicht in der örtlichen Bibliothek vorrätig sind, können über die Fernleihe aus anderen Bibliotheken entliehen werden. Über die Online-Kataloge können Titel nach Schlagworten oder dem Namen des Autors gesucht und direkt an die Ausgabestelle der Bibliothek bestellt werden.

Literatur auswerten und belegen

- ☑ Finden Sie zu einem Thema mehr Bücher, als Sie auswerten können, müssen Sie eine Auswahl treffen. Prüfen Sie anhand des Inhaltsverzeichnisses, der Einführung und/oder der Zusammenfassung sowie des Registers, ob das Buch ergiebig sein könnte. Benutzen Sie im Zweifel das Neueste.
- ☑ Weisen Sie jedes Buch, das Sie für Ihr Referat benutzt haben, am Schluss des Textes nach. Notieren Sie sich daher bei der Vorarbeit die Titel der Bücher. Aussagen, die Sie wörtlich oder indirekt zitieren, belegen Sie zusätzlich mit Seitenangaben. So kann jeder Leser nachlesen und überprüfen, woher und von wem die Aussagen stammen.
  Beispiel für eine korrekte Literaturangabe:

Buch

Vorname und Name des Autors | Titel | Verlagsort(e) und Jahr der Veröffentlichung | bei Zitat zusätzlich Seitenangabe

Mathias Beer, Flucht und Vertreibung der Deutschen. Voraussetzungen, Verlauf, Folgen, München 2011, S. 17

Aufsatz

Vorname und Name des Autors | Titel des Aufsatzes | Vorname und Name der Herausgeber des Sammelbandes

Rainer Traub, Raub der Geschichte – Polen als Verlierer unter den Siegermächten, in: Stefan Aust und Stephan Burgdorff (Hr
Die Flucht. Über die Vertreibung der Deutschen aus dem Osten, München 2005, S. 133-142, hier S. 138 f.

Titel des Sammelbandes | Verlagsort(e) und Jahr der Veröffentlichung | Seitenangabe

Quellenarbeit in Archiven

Vorbereitung und Recherche

- ☑ Für die Recherche zu regional- und lokalgeschichtlichen Themen bieten sich Archive an. Dort werden Urkunden, Pläne, Karten, Zeitungen, Briefe, Tagebücher, Fotos sowie Akten mit anderen Unterlagen von Behörden, Firmen, Vereinen und Privatleuten aufbewahrt.
- ☑ Vor der Arbeit im Archiv sollten Sie sich genau über das Thema informieren, die zu erarbeitenden Aspekte festlegen und Fragen formulieren.
- ☑ Inzwischen werden viele Archivstücke elektronisch erfasst und in Datenbanken archiviert. Auf den Internetseiten der Archive können Sie sich über den Bestand informieren, digital vorliegende Dokumente einsehen oder die Signatur der Akten heraussuchen.

Material erfassen, ordnen und auswerten

- ☑ Haben Sie geeignetes Material gefunden, notieren Sie sich die genaue Fundstelle. Eine Ausleihe ist nicht üblich. Erfassen Sie das Material sicherheitshalber vor Ort (handschriftlich, per Laptop oder Scanner).
- ☑ Nach der Rückkehr aus dem Archiv müssen Sie das gesammelte Material sichten und ordnen, bevor Sie es zu einer Darstellung verarbeiten können.